Theorien und Praktiken der Autorschaft

spectrum
Literaturwissenschaft/
spectrum Literature

Komparatistische Studien/Comparative Studies

Herausgegeben von/Edited by
Moritz Baßler, Werner Frick,
Monika Schmitz-Emans

Wissenschaftlicher Beirat/Editorial Board
Sam-Huan Ahn, Peter-André Alt, Aleida Assmann, Francis Claudon,
Marcus Deufert, Wolfgang Matzat, Fritz Paul, Terence James Reed,
Herta Schmid, Simone Winko, Bernhard Zimmermann,
Theodore Ziolkowski

Band 47

Theorien und Praktiken der Autorschaft

Herausgegeben von
Matthias Schaffrick und Marcus Willand

DE GRUYTER

ISBN 978-3-11-055363-5
e-ISBN (PDF) 978-3-11-040046-5
e-ISBN (EPUB) 978-3-11-040052-6
ISSN 1860-210X

Library of Congress Cataloging-in-Publication Data
A CIP catalog record for this book has been applied for at the Library of Congress.

Bibliografische Information der Deutschen Nationalbibliothek
Die Deutsche Nationalbibliothek verzeichnet diese Publikation in der Deutschen Nationalbibliografie; detaillierte bibliografische Daten sind im Internet über http://dnb.dnb.de abrufbar.

© 2017 Walter de Gruyter GmbH, Berlin/Boston
Dieser Band ist text- und seitenidentisch mit der 2014 erschienenen gebundenen Ausgabe.
Druck und Bindung: CPI books GmbH, Leck

♾ Gedruckt auf säurefreiem Papier
Printed in Germany

www.degruyter.com

Inhalt

Teil I: Forschungsüberblick

Matthias Schaffrick / Marcus Willand
Autorschaft im 21. Jahrhundert
    Bestandsaufnahme und Positionsbestimmung —— 3

I	**Ausgangslage** —— 3	
1	Prolog —— 3	
2	Kurze Theoriegeschichte der Autorschaft: 1950–2000 —— 9	
II	**Systematische Rekonstruktion der Forschung** —— 19	
1	**Hermeneutische Autorschaftstheorien** —— 19	
1.1	Hermeneutik und hermeneutischer Intentionalismus —— 19	
1.2	Poetik, Rhetorik, Generik und Stilometrie —— 26	
1.3	Funktionen und Argumente —— 30	
1.3.1	Autorfunktionen —— 30	
1.3.2	Argumente für einen Autorbezug —— 37	
2	**Poststrukturalistische Autorschaftstheorien** —— 41	
2.1	Subjektivierungen (Giorgio Agamben) —— 42	
2.2	Auktorialität —— 50	
2.3	Autofiktion —— 54	
2.4	Gender —— 59	
3	**Autorschaft in Fiktionstheorie und Narratologie** —— 61	
3.1	Theorien —— 62	
3.1.1	Fiktionstheorie —— 62	
3.1.2	Narratologie —— 68	
3.2	Exemplarische Studien —— 70	
3.2.1	Herausgeberfiktion —— 70	
3.2.2	Impliziter Autor —— 76	
4	**Theorien der Inszenierung von Autorschaft** —— 83	
4.1	Gegenbegriff ›Authentizität‹ —— 86	
4.2	Texte und Medien —— 88	
4.2.1	Paratexte —— 89	

4.2.2	Internet —— 94	
4.2.3	Stimme —— 96	
4.3	Mediengesellschaft und literarisches Feld —— 98	
4.4	Sozialhistorische Kontexte —— 105	
4.5	Soziale Systeme – Interdisziplinäre Erweiterungen —— 111	
4.5.1	Kunst —— 111	
4.5.2	Wissenschaft —— 113	
4.5.3	Politik —— 118	
III	Zur Konzeption des Bandes —— 120	
	Bibliographie —— 122	

Teil II: Theorien literarischer Autorschaft

Moritz Baßler
Mythos Intention
    Zur Naturalisierung von Textbefunden —— 151

Fotis Jannidis
Der Autor ganz nah
    Autorstil in Stilistik und Stilometrie —— 169

Ralf Klausnitzer
Autorschaft und Gattungswissen
    Wie literarisch-soziale Regelkreise funktionieren —— 197

Karin Peters
Bataille und der gespenstische Souverän
    Der »Tod des Autors« *revisited* —— 235

Maik Neumann
Der Autor als Schreibender
    Roland Barthes' Konzept einer ›freundschaftlichen Wiederkehr des Autors‹ —— 263

Evelyn Dueck
Diener zweier Herren
    Der Übersetzer zwischen Fergendienst und Autorschaft —— 287

Mirjam Horn
»Breeding monsters out of its own flesh«
    Der multiple Autor in postmoderner Plagiatsliteratur —— 307

Teil III: Praktiken literarischer Autorschaft

Seán M. Williams
C.F. Gellert als Vorredner des Genies
    Autorschaft um 1750 —— 333

Uwe Wirth
Autorschaft als Selbstherausgeberschaft
    E.T.A. Hoffmanns *Kater Murr* —— 363

Gero Guttzeit
Writing Backwards?
    Autorpoetik bei Poe und Godwin —— 379

Marcel Schmid
Auto(r)referentialität am Beispiel einer Collage von Kurt Schwitters —— 405

Clemens Götze
»Ein Autor ist etwas ganz und gar erbärmliches und lächerliches«
    Autorschaft als Inszenierung bei Thomas Bernhard —— 419

Nina Maria Glauser
Bewegtes Sprachleben
    Zum poetologischen Stellenwert des Autofiktionskonzepts
    im Werk Paul Nizons —— 439

Gerrit Lembke
Vielstimmiges Schweigen
    Auktoriale Inszenierung bei Walter Moers —— 461

Innokentij Kreknin
Der beobachtbare Beobachter
    Visuelle Inszenierung von Autorschaft am Beispiel von
    Rainald Goetz —— 485

Eva-Maria Bertschy
Der Autor ist anwesend!
    Zur poetologischen Bedeutung des leiblichen Autors bei den Auftritten der Autorengruppe *Bern ist überall* —— **519**

Birgitta Krumrey
Autorschaft in der fiktionalen Autobiographie der Gegenwart:
Ein Spiel mit der Leserschaft
    Charlotte Roches *Feuchtgebiete* und Klaus Modicks *Bestseller* —— **541**

Teil IV: Praktiken wissenschaftlicher Autorschaft

Felix Steiner
Wissenschaftliche Autorschaft zwischen Zeitschrift und Handbuch
    Überlegungen zu einer am Autorbegriff orientierten Poetologie wissenschaftlicher Texte —— **567**

Christina Riesenweber
Reputation, Wahrheit und *Blind Peer Review*
    Eine systemtheoretische Perspektive auf anonymisierte Autorschaft als Qualitätssicherungsstandard der Wissenschaften —— **595**

Teil V: Auswahlbibliographie

Matthias Schaffrick / Marcus Willand
Autorschaftsforschung zwischen 2000 und 2014 —— **615**

Teil I: Forschungsüberblick

Matthias Schaffrick / Marcus Willand
Autorschaft im 21. Jahrhundert
Bestandsaufnahme und Positionsbestimmung

I Ausgangslage

1 Prolog

Es gibt viele Argumente wissenschaftlicher und soziokultureller Provenienz, die dafür sprechen, dass Autorinnen und Autoren relevante und unverzichtbare Funktionen im Umgang mit Texten – keinesfalls bloß literarischen Texten – übernehmen. Diese Argumente können sich nicht nur auf wissenschaftsimmanente Quellen berufen, sondern ergeben sich ebenso aus alltäglich beobachtbaren Phänomenen der Autorschaft. Ob Skandale im Literaturbetrieb oder die Authentizität von Autorinnen und Autoren zur Diskussion stehen, ob die Wertigkeit anonymer politischer Meinungsäußerungen im Internet debattiert wird oder es um die Zurechnung von wissenschaftlicher Reputation geht, ob literarische oder wissenschaftliche Plagiate oder die Verletzung von Persönlichkeitsrechten feuilletonistisch und juristisch zu verhandeln sind, ob ein Maßstab für Faktualität und Fiktionalität oder auch Autorität gesucht wird, all diesen heterogenen und aktuellen Fragen liegt immer der gemeinsame Problembereich zugrunde, wer denn der Autor von ›etwas‹ ist und die Verantwortung für Ergebnisse und Folgen seines Kommunizierens, Schreibens oder Handelns zu übernehmen hat – oder auch nicht! Auf diesem sehr weiten Feld haben sich in den letzten zehn Jahren nicht nur unzählig viele neue literaturtheoretische Probleme und Fragestellungen entwickelt, die genannten Aspekte werden auch permanent in der Medienkulturgesellschaft problematisiert und diskutiert und sind längst selbst Gegenstand der literatur- und literaturbetriebsinternen Auseinandersetzung mit der Beziehung von Autor und Text geworden.[1]

---

[1] In der folgenden Einleitung versuchen wir die im letzten Jahrzehnt von der deutschen Literaturwissenschaft und insbesondere der Literaturtheorie meistdiskutierten Aspekte von Autorschaft zu systematisieren, müssen aber gleichzeitig konzedieren, dass wir nicht jedes Phänomen benennen oder bis ins letzte Detail diskutieren können.

Wenn ein Autor wie Peter Kurzeck es unternimmt, sein ganzes Leben sowohl als Hörbuch als auch in Form von Romanen zu archivieren, wird dabei nicht nur die althergebrachte Unterscheidung von Autor und Erzähler prekär,[2] sondern auch die von Leben und Werk, ganz abgesehen von der Frage, wer all das lesen oder sich anhören soll. Unter dem Titel *Stuhl, Tisch, Lampe*, gemeint sind damit die definierenden Requisiten einer Autoren-Lesung, berichtet Kurzeck in einem Hörbuch von einer seiner Lesungen. Diese verdoppelte Autorschaftsszene mit dem erzählenden Ich des Hörbuchs und dem erzählten Ich der Lesung exemplifiziert auf vielfach verspiegelte Weise wie sich das Autor-Leben und die damit gegebene Autorschaft in den medial-performativen Akten des Sprechens, Lesens und Schreibens konstituiert. Im Hörbuch berichtet Kurzeck von einer Lesung, bei der er einen Text liest, der in der Struktur einer *mise en abyme* in das Hörbuch eingegangen ist. Die Szene der Lesung wiederholt sich im Sprechen des Hörbuchs, das sich durch seine mediale Qualität jedoch markant von der berichteten Lesung unterscheidet. Die erzählte, einmalige und nicht-wiederholbare Lesung, bei der der Autor anwesend sein musste, wird durch das im Medium des Hörbuchs gespeicherte und das immer wieder hörbare Erzählen vom Körper des Autors gelöst, während seine Stimme präsent bleibt. Während für die Lesung die Requisiten »Stuhl, Tisch, Lampe« als konstitutive Merkmale genannt werden, gibt der Paratext der Hörbuchhülle die für Kurzecks Autorschaft essentiellen Angaben in schriftlicher Form an – und streicht das unwichtige aus.[3]

---

[2] Vgl. zuletzt Kablitz: Literatur, Fiktion und Erzählung; Köppe / Stühring: Against Pan-Narrator Theories. Zuvor Kania: Ubiquity; Alward: Ubiquity; Kania: Reply to Alward.
[3] Kurzeck: Stuhl, Tisch, Lampe.

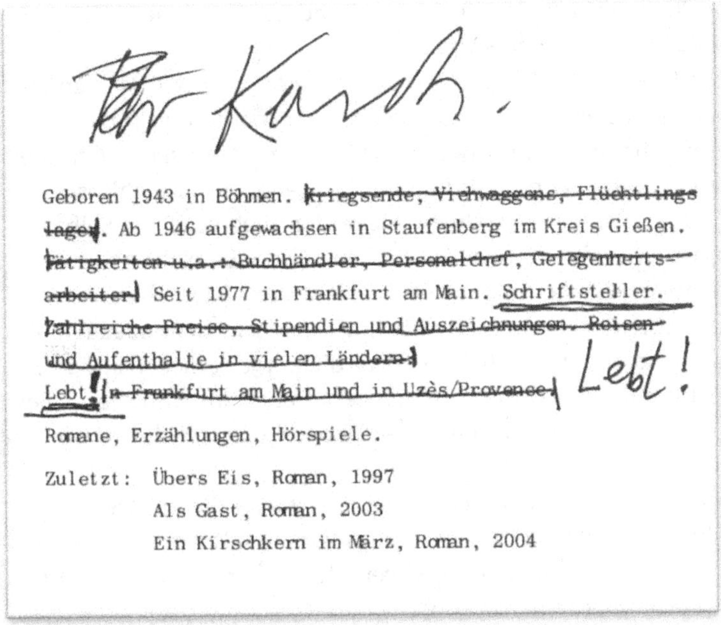

```
        ~~[signature: Peter Kurzeck]~~

Geboren 1943 in Böhmen. ~~Kriegsende, Viehwaggons, Flüchtlings-
lager~~. Ab 1946 aufgewachsen in Staufenberg im Kreis Gießen.
~~Tätigkeiten u.a.: Buchhändler, Personalchef, Gelegenheits-
arbeiter~~ Seit 1977 in Frankfurt am Main. Schriftsteller.
~~Zahlreiche Preise, Stipendien und Auszeichnungen. Reisen
und Aufenthalte in vielen Ländern~~
Lebt. ~~In Frankfurt am Main und in Uzès/Provence~~  Lebt!
Romane, Erzählungen, Hörspiele.
Zuletzt:   Übers Eis, Roman, 1997
           Als Gast, Roman, 2003
           Ein Kirschkern im März, Roman, 2004
```

Abb. 1: Peter Kurzeck lebt!

Jahreszahlen und Orte bzw. Regionen sind die für Kurzecks Autorschaft unverzichtbaren Angaben. Historische Begebenheiten und Berufe werden getilgt. Erst das doppelt unterstrichene »Schriftsteller« ist für die Autorschaft essentiell. Aber noch entscheidender, hervorgehoben durch mehrfache Unterstreichung und ein Ausrufezeichen, zudem noch einmal handschriftlich wiederholt, ist das Verb »lebt«. Der Autor lebt und diese von ihm unterstrichene und handschriftlich beglaubigte Vitalität lässt sich auch als Behauptung seiner ungebrochenen Aktualität und Relevanz in Literatur, Kultur und deren Theoretisierung begreifen.[4]

Kurzeck ist nur *ein* Beispiel dafür, dass jeder Autor, jede Form der Autorschaft, aber auch jedes Modell, jedes Konzept und natürlich jede Theorie von Autorschaft einen durch bestimmte Vorannahmen geprägten Umgang mit Sprache, Literatur und Gesellschaft impliziert. In diesen Wirkungszusammenhängen kann Autorschaft ganz verschiedene Funktionen erfüllen, je aus welcher Per-

---

4 Peter Kurzeck ist während der abschließenden Arbeiten an diesem Band, als dieser Teil der Einleitung längst geschrieben war, am 25. November 2013 verstorben. Der Band möge von der lebensüberdauernden Lebendigkeit der Literatur und ihrer Autorinnen und Autoren zeugen.

spektive man die Phänomene in den Blick nimmt und durch welche Medien und Institutionen hindurch Autorschaft dargestellt wird.

Auch aufgrund dieser Vielfalt von in Texten, Paratexten und Medien auffindbaren Autorschaftsphänomenen und deren Herausforderung für die wissenschaftliche Analyse floriert die Forschung zum Thema Autorschaft und breitet sich über die Literaturwissenschaft hinaus aus. Dennoch vernachlässigt die Literaturwissenschaft bislang zentrale Bereiche der theoretischen Selbstverständigung und der zu beobachtenden Phänomene. Diese Bereiche zu erschließen und zu diskutieren, ist die Aufgabe des vorliegenden Bandes. Daher ist er auf Fragen ausgerichtet, die sich aus neuen Phänomenen, neu entstandenen Forschungslücken und neuen Perspektiven auf die vergangenen Beiträge zur Autorschaftsdebatte um die 2000er Jahre ergeben. Dergestalt wird dieses Vorhaben – um mit dem Reihentitel zu sprechen – für das ganze *spectrum Literaturwissenschaft* geöffnet.

Der Band setzt sich damit kein geringeres Ziel, als an die um die Jahrtausendwende erschienenen, wegweisenden und programmatischen Sammelbände anzuschließen, die heute zum literaturwissenschaftlichen Grundlagenwissen zählen und neue Forschungsfelder sowohl erschlossen als auch eröffnet haben.[5] So lässt der Blick auf die in der folgenden Einleitung systematisch rekonstruierte literaturwissenschaftliche Theoriebildung der letzten zwölf bis vierzehn Jahre eine intensive Reflexion und Funktionalisierung des Autors und seiner gesellschaftlichen Ausprägungen erkennen, die im Vergleich mit den stark durch die poststrukturalistische Kritik beeinflussten 1980er und 1990er Jahren noch intensiviert wurden. Der vorliegende Band setzt eben diese Situation um das Jahr 2000 als den Initiationspunkt seiner Betrachtungen an und will die seitdem *fortgeführten* und *ausdifferenzierten* Debatten und Positionen, aber auch die in diesem Zeitraum *neu* entstandenen Forschungsfragen inventarisieren, problematisieren und konturieren.[6] – Althergebrachte, tief in die hermeneutische Tra-

---

[5] Jannidis / Lauer u. a. (Hrsg.): Rückkehr des Autors; sowie Detering (Hrsg.): Autorschaft.
[6] Vgl. hierzu eine Auswahl der jüngsten Tagungen und Workshops zur Autorschaft als theoretisches Phänomen: Anonymität & Autorschaft, Weimar (23.04.2009–25.04.2009); Kontroversen – Bündnisse – Imitationen: Geschichte und Typologie schriftstellerischer Inszenierungspraktiken, Göttingen (25.06.2009–27.06.2009); Il traduttore come autore – The translator as author, Siena (28.05.2009–29.05.2009); Picture YourSelf. Authorship and Media in Contemporary German Literature, Coventry (08.05.2010–08.05.2010); Text, Erzählen, Subjekt. Neue Perspektiven auf Text- und Erzähltheorie, Berlin (05.03.2011–06.03.2011); Adel und Autorschaft, Berlin (18.05.2011–19.05.2011); Autorschaft und Prophetie, Münster (27.05.2011–29.05.2011); »Aufgeschirrt für diese Welt«. Inszenierungen von Autorschaft in der Literatur der Zwischenkriegszeit, Salzburg (12.01.2012–14.01.2012); Zwischen autobiografischem Stil und

dition eingebundene Problemstellungen bilden etwa Fragen nach der Rolle von Intentionen, die durch ihre theoretische Reflexion im Kontext des hypothetischen Intentionalismus jüngst an Aktualität und Akzeptanz gewonnen haben, während es gegenläufige texttheoretische Bewegungen gibt, die Intentionen zum ›Mythos‹ erklären.[7] Völlig neue Arbeitsgebiete haben sich für die Autorschaftsforschung etwa im Bereich der neuen Medien eröffnet: Hier lassen sich Formen kollektiver Autorschaft, Inszenierungsstrategien und Imagebildungen beobachten, die bis vor zehn bis fünfzehn Jahren noch undenkbar waren. Dies sind jedoch nur einige Aspekte des hier vorgelegten Bandes. Darüber hinaus fragt er nach den Auswirkungen der bisweilen stark normativ nuancierten Beschreibung (oder war es doch die Forderung?) einer ›Rückkehr des Autors‹ um das Jahr 2000 herum. Er fragt nach neuen Bedingungen für Autorschaft in der Gesellschaft, bedingt durch veränderte Umgangsweisen mit literarischen Texten durch mediale, gesellschaftliche und institutionelle Einflüsse; er fragt darüber hinaus, wie sich die Literaturwissenschaft ihrer eigenen Praktiken im Umgang mit dem Phänomen Autorschaft bewusster werden kann, etwa indem auch Formen wissenschaftlicher Autorschaft wissenschaftstheoretisch problematisiert werden. Und nicht zuletzt fragt er so nach den Möglichkeiten einer sinnvollen Systematisierung der Hauptströmungen aktueller Autorschaftstheorien, autorschaftsbasierter Analyse- und Interpretationspraktiken und der Untersuchung von Autorinszenierungen. Durch diese Fokussierungen grenzt sich der

---

Autofiktion. Narrative Funktionen und Identitätskonstruktionen der Figur des Ich-Erzählers in der Gegenwartsliteratur, Halle/Saale (31.01.2012–01.02.2012); Dichter und Lenker. Die Literatur der Staatsmänner, Päpste und Despoten vom 16. Jahrhundert bis in die Gegenwart, Augsburg (09.02.2012–11.02.2012); Autorität und Autorschaft zwischen Wissenschaft und Öffentlichkeit, Bielefeld (16.02.2012 –17.02.2012); Nennen wir die Zeit jetzt, nennen wir den Ort hier. Poetologien des deutschsprachigen Gegenwartsromans, Leipzig (13.03.–15.03. 2012); Der Autor ist anwesend! Ou comment se mettre en scène avec son texte, Bern (13.04.2012); Weibliche Autorschaft in der Mystik. Erzählstrategien und Ich-Inszenierungen, Tübingen (23.05.2012–24.05. 2012); Fiktionen und Realitäten. Schriftstellerinnen im deutschsprachigen Literaturbetrieb, Bremen (11.07.2012–13.07.2012); Subjektform *Autor* – Inszenierungen von Autorinnen und Autoren als Praktiken der Subjektivierung, Oldenburg (20.09.2012–22.09.2012); Erzählung und Geltung. Wissenschaft zwischen Autorschaft und Autorität, Berlin (15.11.2012–15.11.2012); Schriftsteller und Diktaturen, Tartu (04.12.2012–04.12.2012); Dichterdarsteller – Selbstporträts des Autors als Autor, Zürich (27.06.2013–28.06.2013); Von sich selbst erzählen: Historische Dimensionen des Ich-Erzählens, Irsee (30.09.201302.10.2013); Das Plagiat. Ein multidisziplinäres Forum (Internationale Buchwissenschaftliche Gesellschaft, Jahrestagung 2013), St. Gallen (07.11.2013–08.11.2013) etc.
7 Vgl. den Beitrag von Baßler: Mythos Intention (in diesem Band).

Band von anderen jüngst erschienenen Aufsatzbänden zum Thema Autorschaft ab.[8]

Für die vorgenommene Bestandsaufnahme haben wir den folgenden Abriss in vier Abschnitte unterteilt, die auf den Sektionen einer 2011 von uns an der Humboldt Universität zu Berlin veranstalteten Tagung beruhen.[9] Der ursprüngliche Titel »Autorschaft zwischen Intention, Inszenierung und Gesellschaft. Positionsbestimmungen nach der ›Rückkehr des Autors‹« hat sich jedoch, wie auch die Sektionstitel, als zu eng für die inhaltliche Reichweite der Beiträge erwiesen. Aus diesem Grund haben wir die Tagungssektionen in die vier folgenden Kategorien überführt, die für die Systematik der Einleitung und der am Ende des Bandes platzierten Auswahlbibliographie grundlegend sind:

1) Hermeneutische Autorschaftstheorien
2) Poststrukturalistische Autorschaftstheorien
3) Autorschaft in Fiktionstheorie und Narratologie
4) Theorien der Inszenierung von Autorschaft

Da sich jede dieser Großkategorien aus eigenen Begründungszusammenhängen ergibt, wird ihre Relevanz für eine literaturwissenschaftliche Revision autorschaftsbezogener theoretischer Reflexion, Analysen und Lektüren durch die ausführliche Darstellung des jeweiligen Themenfeldes selbst zu plausibilisieren versucht. Dies folgt der Annahme, dass im Kontext aktueller literaturwissenschaftlicher Forschung die Frage, ob der Autor auf irgendeine Weise relevant ist, nicht mehr beantwortet werden muss bzw. durch *ein* bestimmtes Argument beantwortet werden kann. Eine systematische Rekonstruktion der zeitgenössischen Literaturwissenschaft muss auch in Autorfragen vielmehr die jeweiligen Begründungszusammenhänge einer Argumentation in Abhängigkeit von der

---

8 Insbesondere sind dies die Bände: Bannert / Klecker (Hrsg.): Autorschaft; Donovan / Fjellestad / Lundén (Hrsg.): Authority Matters; Dorleijn / Grüttemeier u. a. (Hrsg.): Authorship Revisited; Hadjiafxendi / Mackay (Hrsg.): Authorship in Context; Künzel / Schönert (Hrsg.): Autorinszenierungen; Kyora (Hrsg.): Subjektform Autor; Meier / Wagner-Egelhaaf (Hrsg.): Autorschaft; Meier / Wagner-Egelhaaf (Hrsg.): Prophetie und Autorschaft; Pabst (Hrsg): Anonymität und Autorschaft; Sieg / Wagner-Egelhaaf (Hrsg.): Autorschaften; Wagner-Egelhaaf (Hrsg.): Auto(r)fiktion.

9 Wir danken allen Teilnehmerinnen und Teilnehmern, den zahlreichen Besucherinnen und Besuchern der Tagung, unseren freiwilligen und unfreiwilligen Helferinnen und Helfern sowie den uns finanziell und materiell unterstützenden Institutionen: Der Studienstiftung des Deutschen Volkes, dem PhD-Net: »Das Wissen der Literatur«, der HU-Berlin, dem Exzellenzcluster »Religion und Politik« (WWU Münster) und der Graduate School »Practices of Literature«.

literaturtheoretischen Provenienz des Argumentierenden beurteilen. Demgegenüber sind Aussagen wie »The author clearly is back on the agenda of literary studies«[10] ebenso unzulässig verallgemeinernd wie das vielbejubelte und später ebenso vielgescholtene Postulat eines vermeintlichen Tod des Autors. Unser Vorschlag einer Systematisierung von autorbezogenen Forschungsbeiträgen aus der letzten Dekade muss demnach als Versuch einer vielschichtigen inhaltlichen Kategorisierung verstanden werden, der den jeweils unterschiedlichen Motivationen und Umsetzungen, den Modi und normativen Gehalten des Bezugs auf den Autor gerecht werden möchte.

Da sich die Beiträge zu diesem Band – auch durch die Fragestellung des *Call for Papers* für die genannte Tagung motiviert – nicht ausschließlich mit *theoretischen* Fragen beschäftigen, haben wir für den Band selbst – im Vergleich zu der Einleitung – eine offener Struktur gewählt. Sie versucht nicht, einem für Tagungsbände kaum zu veranschlagenden Vollständigkeitsanspruch gerecht zu werden, sondern orientiert sich lediglich an der Unterscheidung von *Theorien* und *Praktiken* der Autorschaft, wobei wir im letzten Fall zwischen Praktiken *literarischer* und Praktiken *wissenschaftlicher* Autorschaft differenzieren. Der Band schließt mit einer Auswahlbibliographie von gut 600 Titeln, die sich dezidiert mit autor(schafts)bezogenen Fragestellungen auseinandersetzen. Ihre Struktur orientiert sich an der Systematik der Einleitung.

2 Kurze Theoriegeschichte der Autorschaft: 1950–2000

Spätestens seit den 1980er Jahren und der Einführung des Begriffs »Anti-Hermeneutik« lässt sich eine stark irritierende Verwendung des Hermeneutik-Begriffs beobachten, der wir an dieser Stelle entgegentreten wollen.[11] So wird »Hermeneutik« von uns ausschließlich verwendet um eine bestimmte, auch rezent vertretene Theorietradition zu beschreiben. Diese zeichnet sich dadurch

---

10 Dorleijn / Grüttemeier: Aspects of Authorship.
11 Besonders hervorheben möchten wir die Publikation Rusterholz: Hermeneutik, da hier (unseres Wissens) in der ersten bis zur achten Auflage nur von »Hermeneutik« die Rede ist. Dieser Artikel – aus den auch in der akademischen Lehre gängigen »Grundzügen der Literaturwissenschaft« – wird dann Mitte der 1980er Jahre schon im Titel durch »neuere[ ] antihermeneutische[ ] Strömungen« erweitert und markiert so deutlich, dass sich der Begriff ›Antihermeneutik‹ zuvor im literaturwissenschaftlichen Kontext eingebürgert hatte. Vgl. ebenfalls »Anti-Hermeneutik« oder »Antihermeneutik« bei: Bergfleth: Antihermeneutik; Konersmann: Anti-Antihermeneutik; Laplanche: Psychoanalyse als Anti-Hermeneutik; Tepe: Kognitive Hermeneutik; Kreft: Theorie und Praxis.

aus, dass sie – und das ist ein für diesen Band durchaus hervorzuhebendes Bestimmungskriterium – seit ihren Anfängen die Beschäftigung mit dem *Autor* eines Textes zu ihrem Gegenstandsbereich zählt und ihn auf bestimmte Weisen funktionalisiert. Wenngleich diese Funktionen je nach hermeneutischem Ansatz (teilweise stark) differieren, so werden sie in der Regel stets als konstitutiv für das Verstehen des literarischen Textes betrachtet. Legt der vermeintliche Gegenbegriff ›Anti-Hermeneutik‹ zwar einerseits nahe, dass sich die von ihm umschriebenen Positionen *gegen* jegliche Art autoraffiner Bedeutungskonzeptionen aussprechen, impliziert er andererseits nicht weniger, dass diese Positionen dennoch auf irgendeine näher zu bestimmende Weise ebenfalls in der Tradition der Hermeneutik zu verorten sind oder sich zumindest aus ihr tradiert haben. Tatsächlich gehen sie aber nicht aus genuin hermeneutischen, sondern vielmehr aus verschärften formalistischen bzw. strukturalistischen und somit auf den ersten Blick kaum als »autoraffin« zu bezeichnenden Ansätzen hervor.

Doch sind auch unter diesen Positionen die wenigsten bereit gewesen, den *hermeneutischen* Autorbezug vollständig abzulehnen. Jan Mukařovský etwa denkt Mitte der 1940er Jahre den Autor als Schnittpunkt von äußeren Einflüssen, denen dieser aber nicht wehrlos ausgeliefert ist:

> [W]enn wir behaupten, daß der Weg von der Künstlerpersönlichkeit zum Werk nicht direkt und unmittelbar ist, vor allem nicht spontan, so sind wir weit entfernt davon, die Künstlerpersönlichkeit zu bestreiten. Vielmehr würden wir sie betonen wollen. Gesellschaftliche, allgemein kulturelle und künstlerische Einflüsse ergreifen die Persönlichkeit nur insoweit und in der Weise, als sie es (bewußt oder unbewußt) zulässt.[12]

Die später gerade in Frankreich prominent betriebene sprachphilosophische Radikalisierung dieser strukturalistischen Ansätze redet dann aber dezidiert der Negierung einer Relevanz des Autors für Bedeutungszuschreibungen an literarische Texte das Wort. Dabei gehen deren Vertreter weder in ihrer Kritik noch in ihrer Rhetorik wesentlich über die bereits 1928 von Roman Jakobson und Jurij Tynjanov beanstandete ›formalistische Kritik‹ am Autor hinaus. Diese hatten in ihrem Manifest »Probleme der Literatur- und Sprachforschung« – das als zentraler Text des Übergangs vom Russischen Formalismus in den Prager Strukturalismus zu gelten hat – bereits »eine entschiedene Distanzierung [gefordert,] von immer häufiger auftretenden mechanischen Vermengungen neuer Methodologie mit alten Methoden, von naivem Psychologismus und sonstigem metho-

---

12 Mukařovský [Vortrag/Erstdr. (tschech.) 1944/1966; dt. 1974]: Persönlichkeit, S. 79. Er behandelt die Persönlichkeit des Künstlers auch unter dem Begriff ›Individualität‹ in Mukařovský: Strukturalismus.

dologischem Kram«.[13] Es ist sicherlich kein Zufall, dass dieser frühe autorkritische Aufsatz ›erst‹ und ›schon‹ knapp 40 Jahre später, 1966, in deutscher Erstübersetzung im durchaus bekannten »Kursbuch« erscheint und so Agent zweier Bewegungen des internationalen Wissenstransfers wird:[14] Der nur *langsamen und späten* deutschen Aneignung der Ansätze des frühen Russischen Formalismus – daher das ›erst‹ – wie aber auch der *schnellen und frühen* – daher das ›schon‹ – Übernahme der nach 1945 formulierten autorkritischen Positionen (was wiederum einen Zeitraum betrifft, in dem der Prager Strukturalismus – wie Mukařovský oben – als Derivat des Russischen Formalismus eigentlich keine eigene Kritik am Autor mehr formuliert).

Angesichts einer dergestalt skizzierten theoriegeschichtlichen Großwetterlage Ende der 1960er Jahre bleibt nun aber weiterhin die zum Jahrtausendwechsel von den Verfechtern der »Rückkehr des Autors« gestellte Frage offen, »warum die poststrukturalistische Kritik den Autor als Interpretationskategorie so nachhaltig desavouieren konnte«.[15] Vielleicht findet sich eine Antwort, verfolgt man die Ausgangssituation dieser Kritik im bereits eingeschlagenen Weg von Russland und Tschechien aus weiter; genauer gesagt nicht nur chronologisch weiter, sondern – geographisch betrachtet – auch über Deutschland hinaus weiter Richtung Westen: Die Schriften Barthes', Foucaults und Derridas richten sich insbesondere gegen eine positivistische Literaturgeschichtsschreibung und Literaturwissenschaft à la Lanson und Picard,[16] die zwar in Frankreich bis in die 1960er tonangebend betrieben wurde,[17] in dieser Form im zeitgenössischen Deutschland jedoch gar nicht (mehr) existent war. Denn gegenüber der französischen muss die institutionalisierte deutsche Literaturwissenschaft der 1960er Jahre als einflussfreudiger betrachtet werden. Die Gründe hierfür sind zahlreich

---

13 Jakobson / Tynjanov: Literatur- und Sprachforschung [1995], S. 63.
14 Vgl. Jakobson / Tynjanov: Literatur- und Sprachforschung [1966], jedoch in einer weniger brauchbaren Übersetzung als in der in Anmerkung 13 genannten Poetik-Ausgabe Jakobsons. Weitere den Strukturalismus behandelnde und in diesem Heft abgedruckte Beiträge sind von A. Bryan, F. de Saussure, R. Carnap, M. Bierwisch, Fodor und Katz, C. Lévi-Stauss und R. Barthes.
15 Jannidis / Lauer u. a.: Rede über den Autor, S. 15.
16 Vgl. bes. Lanson: Histoire und Picard: Nouvelle Critique.
17 Vgl. zu dieser Kritik u. a. Barthes: Literatur oder Geschichte, bes. S. 67. Dort kritisiert er den *analogischen Determinismus* des französischen Positivismus, »dem zufolge die Einzelheiten eines Werkes denen eines Lebens ›ähnlich‹ sein müssen, die Seele einer erfundenen Person der Seele des Autors, usw.« Die einschlägige Kontroverse zwischen Barthes und Picard, dessen Beitrag in der vorherigen Fußnote aufgeführt ist, rekonstruiert Helmut Scheffel in seinem Vorwort zu dem von ihm übersetzen Pamphlet von Barthes: Kritik und Wahrheit.

und können anhand der wohl meistverbreiteten Interpretationsverfahren beider Länder aufgezeigt werden. So hatte die deutsche Werkimmanenz [18] weder die Verbreitung noch die Rigidität der französischen *explication de texte* mit der ihr eigenen strengen Abfolge von *introduction, développement* und *conclusion* erlangt. Gerade hinsichtlich der Implementierung textexterner Wissensbestände – zu denen freilich autorbezogene Argumente zählen – kann das deutsche Pendant eine stärkere Diffusionsaffinität aufweisen. Wolfgang Kayser, einer der zentralen Vertreter der Werkimmanenz, schreibt 1948 in seiner für die Nachkriegsgermanistik einflussreichen Monographie »Das sprachliche Kunstwerk«, dass die »rechte Erfassung eines Werkes sehr oft von der Kenntnis seines Verfassers abhängt«.[19] Emil Staiger bekennt sich ebenfalls nicht nur emphatisch, sondern auch interpretationspraktisch zum Autorbezug. In »Die Kunst der Interpretation« von 1951 vertritt er

> die Ansicht, dass es ein barer Hochmut sei, sich beim Erklären von Sprachkunstwerken auf den Text beschränken zu wollen. Wenden wir uns zu unserm Gedicht! Wir kennen den Dichter: Mörike! Aber nur schon den Namen des Dichters zu wissen, ist wichtig und keine geringe Erleichterung unseres Unternehmens. Wir wissen, wann dieser Dichter gelebt hat, und wissen Bescheid über seine Entwicklung. So werden wir auch erfahren wollen, aus welcher Zeit, womöglich aus welchem Jahr ›Auf eine Lampe‹ stammt.[20]

In Frankreich ist die Situation eine andere. Die *explication de texte* als das noch immer gängige Prüfungsverfahren zur Erlangung des Abiturs (*Baccalauréats*), der Aufnahme an einer *grande école* (*Concours*) und in das höhere Lehreramt in

---

[18] Als Vertreter gelten u. a. Kayser: Das sprachliche Kunstwerk; Staiger: Die Kunst der Interpretation; Trunz: Über das Interpretieren (bereits 1942 für eine Tagung geschrieben, aber wegen des Krieges nicht in vor 1952 in gesprochener oder geschriebener Fassung veröffentlicht); Hamburger: Die Logik der Dichtung; Kindermann: Theatergeschichte Europas; Klotz: Form im Drama und Stanzel: Formen des Romans, aber auch »Germanisten wie Kurt May, Heinz-Otto Bürger, Oskar Seidlin, Paul Stöcklein, […], August Closs und Heinrich Henel […]« können hier genannt werden (Hermand: Neuere Entwicklung, S. 567). Eine Überblicksdarstellung findet sich in Danneberg: Theorie der werkimmanenten Interpretation.
[19] Kayser: Das sprachliche Kunstwerk, S. 36. Er richtet sich *gegen* eine offensichtlich zuvor noch stärker auf Immanenz ausgerichtete Germanistik, die dem ›in neuester Zeit‹ aufgestellten ›Grundsatz‹ folgt, »jedes Kunstwerk [sei] ein in sich geschlossenes Ganzes und [könne] nur aus sich selbst heraus verstanden werden. Die Kenntnis eines Autors [könne] einer adäquaten Aufnahme keine Hilfe bieten« (S. 35).
[20] Staiger: Die Kunst der Interpretation, S. 17 (der Monographie; dieser erste Teil wurde im gleichen Jahr in *Neophilologus* 35, S. 1–15 abgedruckt). Vgl. zur werkimmanenten Interpretationskonzeption und ihres Zugriffs auf historische Kontexte auch Danneberg: Theorie der werkimmanenten Interpretation.

Sekundarstufen (*Agrégation*)[21] präsumiert allein schon durch den situativen Modus, in einer Prüfung angewandt zu werden – und eben daher auch immer für diese Anwendung in einer Prüfung erlernt worden zu sein – die Verstehbarkeit des Textes aus ›sich selbst heraus‹: Der Prüfling und Anwender der *explication de texte* erhält dabei weder Informationen über den Autor noch den Titel des zu bearbeitenden Textes oder der Textstelle, soll aber nach der formalen Analyse in der Lage sein, Rückschlüsse auf die Position der Textstelle im Gesamttext, auf den Autor und auf den historischen Kontext zu ziehen.[22] Der Grundsatz des Verfahrens ist jedoch, dass das »sprachliche Kunstwerk [...] von sich aus und durch sich selbst erklärt« wird,[23] was lediglich als Beleg der »immer schon vorausgesetzten Qualität einzelner Texte« verstanden wird und damit Ko-text, Autor und andere Kontexte als epistemologisch zweitrangig ausgezeichnet werden.[24] Diese Auffassung textimmanenter Analysen konfligiert mit einer bezüglich der Funktionalisierung von Kontextdaten freizügiger eingestellten deutschen Textimmanenz.[25] Doch wie lässt sich die Landesspezifik der literaturwissenschaftlichen Ausprägung beider als textimmanent zu bezeichnenden Ansätze erklären?

Eine mögliche Antwort ist die asymmetrische Offenheit der nationalen Wissenschaftssysteme gegenüber internationalen Theoriebewegungen. Die These wäre hier, dass man sich in Deutschland durchaus über die Landesgrenzen hinweg orientiert, während man in Frankreich größtenteils autonom bleibt und weiterhin den Ansatz Lansons verfolgte.[26] Plausibilisiert werden kann dies durch eine Erweiterung des Sichtfeldes hinsichtlich der Frage, in welchem Maße ein einigermaßen unabhängiges Drittes – etwa die anglophone Kritik autor-

---

21 Thiekötter: Explication de Texte, S. 371 schreibt, dass das Verfahren die »offizielle und für Schule und Universität verbindliche Methode der Betrachtung und Analyse von literarischen Texten« sei. Interessanterweise wurde Thiekötters Aufsatz in spätere Ausgaben der »Grundzüge der Literaturwissenschaft« (hrsg. v. Arnold / Detering) nicht mehr aufgenommen.
22 Vgl. Thiekötter: Explication de Texte, S. 371.
23 Ebd., S. 372.
24 Nünning (Hrsg.): Metzler Lexikon Literatur- und Kulturtheorie (4. Aufl.): Explication de Texte, S. 186.
25 Vgl. ebd.
26 Dass Thiekötter: Explication de Texte, S. 374f. bei seiner Beschreibung der historischen Entwicklung der Methode ausschließlich französische Einflüsse nennt, kann als Argument für die oben formulierte These verstanden werden. Für die Schule der Annales gilt dies nebenbei erwähnt nicht, da durch sie die »Lücken sozial- und wirtschaftsgeschichtlicher Forschung in Frankreich [...] in vieler Hinsicht wettgemacht [wurden]«, eben »durch den Import ausländischer Forschungsergebnisse und Forschungskonzepte« (Raphael: Erben von Bloch und Febvre, S. 102).

bezogener Theoriebildung aus den 1940er Jahren – von der deutschen und französischen Literaturwissenschaft jeweils rezipiert wurde. Als Exempel für solch ein Vorgehen soll der bekannte Aufsatz (bzw. das bekannte Schlagwort) von Wimsatt und Beardsley zur Kritik intentionsbezogener Argumentation ins Feld geführt werden.[27] Wie die Statistiken von *google Ngram-Viewer* zeigen[28] – vgl. die beiden Abbildungen auf der nächsten Seite[29] –, wurde der intentionale Fehlschluss (*intentional fallacy*) in Deutschland nicht nur über zehn Jahre früher als in Frankreich thematisiert (1), ab den frühen 1950er Jahren, sondern er erlangte in Deutschland bereits um 1960 ein (quantitatives) Niveau (N $_2$), das er in Frankreich erst 1972/73 erreichen sollte (2). Zu diesem Zeitpunkt aber hatte die deutsche Diskussion um das autorkritische Schlagwort bereits ein Ausmaß angenommen, das von der französischen Literaturwissenschaft nicht einmal mehr annähernd erreicht werden sollte (3).

---

[27] Wimsatt / Beardsley: Der intentionale Fehlschluss; vgl. hierzu Köppe: Hirsch versus Beardsley und Wimsatt.
[28] Das Analyse-*tool* Ngram-Viewer (http://books.google.com/ngrams) kann Häufigkeitsstatistiken über das Vorkommen von Wörtern aus 5,2 Mio. der von Google-Books gescannten Bücher erstellen. Die Wissenschaftsfähigkeit dieser Analysemethode und ihre Funktionen für die unterschiedlichsten Forschungsbereiche beschreiben Michel / Shen / Aiden / u. a.: Quantitative Analysis. Für eine ausgesprochen vorsichtige Verwendung im literaturwissenschaftlichen Kontext argumentiert Matthew Jockers (http://www.matthewjockers.net/2010/12/22/unigrams-and-bigrams-and-trigrams-oh-my/).
[29] Für Deutschland siehe: http://books.google.com/ngrams/graph?content=intentional+fallacy&year_start=1940&year_end=2010&corpus=8&smoothing=3. Für Frankreich siehe: http://books.google.com/ngrams/graph?content=intentional+fallacy&year_start=1940&year_end=2010&corpus=7&smoothing=3.

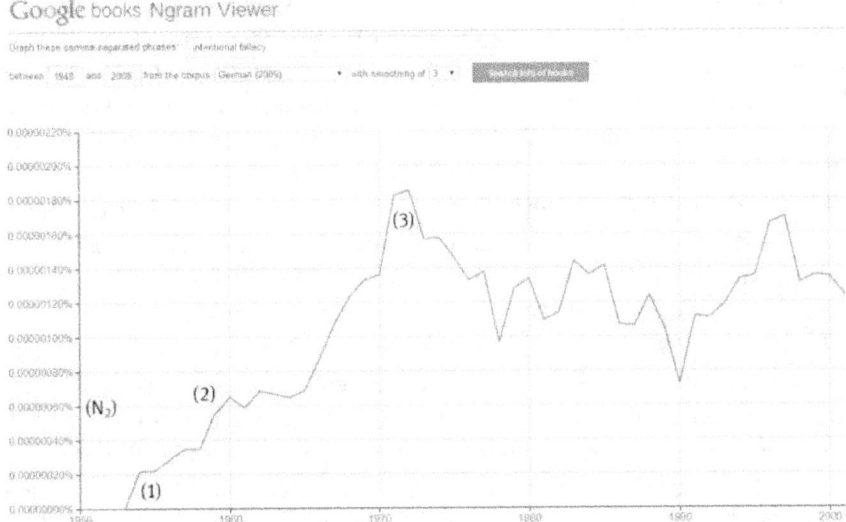

Abb. 2: *Google Ngram-Viewer:* »intentional fallacy« in Deutschland (1950-2000)

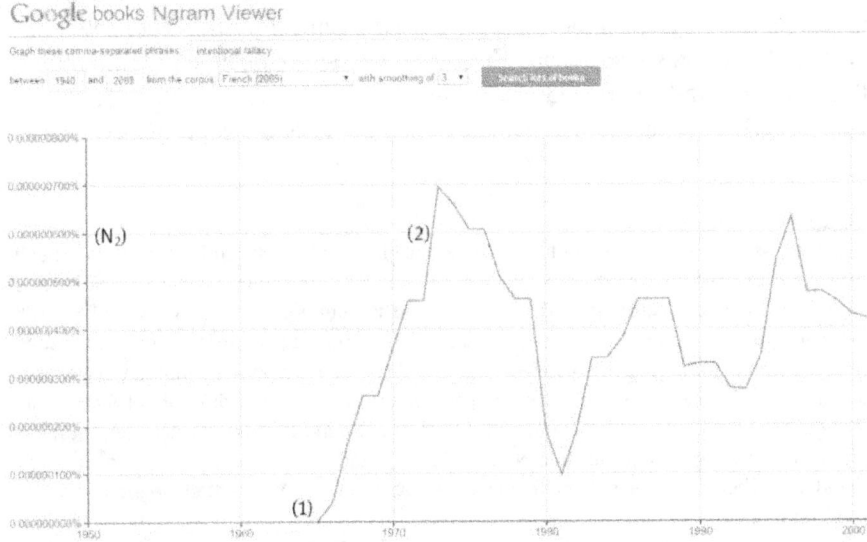

Abb. 3: *Google Ngram-Viewer:* »intentional fallacy« in Frankreich (1950-2000)

Ein wissenschaftshistorischer Erklärungsversuch dieser Daten [30] könnte mit der These argumentieren, dass in Deutschland auch für die ›werkimmanente Phase‹ ein permanenter Autorbezug beobachtbar ist. Durch den zu diesem Zeitpunkt vorhandenen Blick über die nationalstaatlichen Grenzen hinweg fanden *neue* Ausformulierungen der (eventuell seit der nationalsozialistischen Überhöhung des Autors bereits bekannten) Probleme dieses Autorbezugs offene Ohren. In Frankreich hingegen war der Autor seit dem späten 19. Jahrhundert und der Einführung der *explication de texte* keine derart prominente Kategorie der Interpretation, sondern wurde höchstens als historisches Datum einer positivistischen Literaturgeschichtsschreibung verstanden.[31] Seine theoretische Problematisierung im Ausland musste hier als unangemessen erscheinen.

Die Ende der 1960er durch Barthes (1967/68) und Foucault (1969) formulierte Autorkritik richtete sich nun gegen genau diesen naiv-positivistischen Autorbezug, wovon vor allem die Argumentation von Roland Barthes zeugt.[32] In Deutschland hingegen betrieb man in diesem Zeitraum bereits eine literaturwissenschaftliche Theoriebildung, die sich von der französischen Autorkritik hinsichtlich der Theoretisierung des Autors als Kategorie literaturwissenschaftlicher Interpretation deutlich unterschied. Zu diesen Unterschieden zählt unter anderem die deutlich frühere und stärkere Rezeption englischsprachiger Theorieimporte, für die es auch jenseits quantitativer Analysen Hinweise gibt. Strelka etwa spricht in der Einleitung zu einer literaturwissenschaftlichen Methodologie im Jahr 1970 von den beiden bereits zu diesem Zeitpunkt »bekannten und längst altehrwürdig gewordenen ›fallacies‹ des ›New Criticism‹, der ›intentional fallacy‹ und der ›affective fallacy‹«.[33] Man hielt sich Ende der 1960er Jahre also – wenn überhaupt – an eine im Wesentlichen gemäßigte werkimmanente Inter-

---

30 Man muss bei der Interpretation der Grafiken sicherlich berücksichtigen, dass es erhebliche (wissenschafts-)kulturelle Unterschiede in Deutschland und Frankreich bei der Übernahme fremdsprachlicher Begriffe gibt. Da der Aufsatz »The Intentional Fallacy« erst im Jahr 2000 ins Deutsche und u. W. bis heute nicht ins Französische übersetzt wurde, ist davon auszugehen, dass immer, wenn das von Wimsatt und Beardsley beschriebene Phänomen mit explizitem Verweis auf die beiden Theoretiker angesprochen wurde, auch die Formel »*intentional fallacy*« genannt und somit für die oben durchgeführte Suche greifbar wurde. Nicht nur, weil Phänomen und Aufsatz den gleichen Namen haben, sondern auch, weil aufgrund der nicht vorhandenen Übersetzungen der Quellennachweis nur über den Aufsatztitel möglich war.
31 Vgl. Anm. 16.
32 Vgl. Barthes: Der Tod des Autors (die schwer greifbare Druckfassung der engl. Erstpublikation ist inzwischen online verfügbar: http://www.ubu.com/aspen/aspen5and6/threeEssays.html#barthes (21.03.2012); Foucault: Was ist ein Autor?
33 Strelka: Essays zur Methodologie, S. 14.

pretationspraxis, war sich dank Kayser bereits seit den späten 1940ern – also seit 20 Jahren – der interpretationsrelevanten Unterscheidung von Autor und Erzähler bewusst und kannte seit Mitte der 1960er Jahre zumindest ansatzweise[34] die von Booth in »The Rhetoric of Fiction« (1961) ›zwischen‹ Autor und Erzähler verortete Instanz des *impliziten Autors*.[35] Versteht man dieses Konstrukt mit Kindt/Müller als Ergebnis einer besonderen theoriegeschichtlichen Konstellation, in der Booth als Vertreter seiner Generation »einerseits vom ›intentionalen Fehlschluß‹ überzeugt« war, andererseits »an der Idee fest[hielt], daß literarische Werke intentional strukturierte normative Welten darstellten, die einer ethischen Kritik zugänglich seien«,[36] so muss die Übernahme des impliziten Autors in die deutsche Literaturtheorie ebenso als Abkehr von naiven autorbezogenen, etwa biographistischen Argumentationen wie auch als eindeutiges Zeichen des Bedürfnisses nach einer theoretisch differenzierten Reflexion autorbezogenen Interpretierens verstanden werden.

Gerade angesichts dieser Ausführungen aber bleibt ein bereits angesprochenes Problem bestehen: Betrachtet man die rekonstruierten Faktoren der in Deutschland bereits einigermaßen etablierten und differenzierten Kritiken an der Konfundierung von Erzähler, implizitem und realem Autor, aber auch von Autorintention und Textbedeutung, bleibt die Durchschlagskraft der ›französischen‹ Autorkritik in ihrem gut drei Jahrzehnte überdauernden, die heutige Theorielandschaft noch immer mitbestimmenden Einfluss weiterhin nur schlecht zu plausibilisieren, will man sich nicht allein auf das Argument ihrer rhetorischen Schärfe stützen. *Dass* sie von nachhaltigem Einfluss war, ist jedoch unbestreitbar: Seit 1998 ist »Tod des Autors« ein literarlexikalisches Lemma.[37]

---

34 Siehe auch hierzu den Google-N-Gram-Viewer: http://books.google.com/ngrams/graph?cotent=implied+author%2CRhetoric+of+Fiction%2Cimplizite+Autor&year_start=1940&year_end=2008&corpus=8&smoothing=3. Unter der hier verlinkten Grafik finden sich den einzelnen Begriffen zugeordnete Zeitabschnitte, die wiederum zu den Einzeltexten führen, die etwa »impliziter Autor« im gewählten Zeitraum explizit nennen. Dort lassen sich (auf der linken Seite) ganz spezifische Zeiträume – etwa 1960 bis 1974 – auswählen.
35 Booth: Rhetoric of Fiction. Der hier stark gemachte *implied author* wird bereits vor der erst 1974 erscheinenden Übersetzung ins Deutsche (Booth: Rhetorik der Erzählkunst) als »impliziter Autor« in vielen deutschsprachigen interpretativen und theoretischen Texten verhandelt.
36 Kindt / Müller: Explikation und Verwendung, S. 279f. Alternative Erklärungsansätze finden sich (ideologiebezogen) bei Genette: Die Erzählung, S. 286 und (kohärenzbezogen) bei Abbott: Reading intended Meaning, S. 468.
37 Vgl. Nünning (Hrsg.): Metzler Lexikon Literatur- und Kulturtheorie (1. Aufl.), S. 534f.

Kehrt man zurück zu der eingangs angesprochenen Kritik am Begriff ›Anti-Hermeneutik‹, wird deutlich, dass im Folgenden zweierlei gezeigt werden muss: Erstens, dass es ebenso zu einfach ist, von »poststrukturalistischen Ansätzen« zu sprechen, wenn man *autorkritische* Ansätze meint und zweitens, dass »Hermeneutik« eben nur einen Teil, aber bei weitem nicht alle *autoraffinen* Ansätze beschreibt. Dies zeigt ein zentraler (und zumindest für das hermeneutische Lager wohl überraschender) Befund unserer Tagung: Entgegen der bis in die 2000er Jahre hinein monierten Situation, dass zumindest ein Teil poststrukturalistischer Theoriebildung den Autor *theoretisch* ablehne, *interpretationspraktisch* aber stark funktionalisiere,[38] zeigt sich nun, dass sich die literaturtheoretischen Verhältnisse in den letzten zehn Jahren offensichtlich verändert haben. Poststrukturalistische Positionen reduzieren sich nicht mehr (oder werden nicht mehr reduziert) auf die Kritik autorbezogener Ansätze, sondern bemühen sich um eine hochdifferenzierte und -reflektierte Einbindung autorschaftlicher Phänomene in ihren Theoriebau. Doch dazu erst im übernächsten Kapitel.

Vorerst sollen im Anschluss an diesen allgemeinen Überblick konkrete Varianten hermeneutischer Konzeptionen in den Fokus gerückt werden, die wir grob in (1.1) genuin hermeneutische bzw. intentionalistische und (1.2) poetische, rhetorische, generische und stilometrische Theoriezusammenhänge unterteilen.

---

[38] Winko: Autor-Funktionen; Jannidis: Der nützliche Autor; zuletzt Willand: Autorfunktionen in Theorie und Praxis.

II Systematische Rekonstruktion der Forschung

1 Hermeneutische Autorschaftstheorien

1.1 Hermeneutik und hermeneutischer Intentionalismus

Traditionell hermeneutische Verfahren (und damit ist größtenteils das gemeint, was Gadamer in Abgrenzung zu seiner eigenen Position »romantische Hermeneutik« nannte[39]) wurden auch im ersten Jahrzehnt des 21. Jahrhunderts keinesfalls *ad acta* gelegt. Neben der freilich noch immer nicht abgeschlossenen historischen Rekonstruktion einzelner hermeneutischer Ideen[40] und Gesamtdarstellungen der theoretischen Konzepte ihrer Vertreter,[41] wurden Vertiefungen der hermeneutischen Einflussgeschichte unternommen, etwa in Bezug auf den Strukturalismus Roman Jakobsons.[42] Aber auch epistemologische Fragen werden zu Recht immer wieder als genuin hermeneutische gestellt, etwa die nach den epistemischen Situationen des Textverstehens und der Möglichkeit des Vorhandenseins von (neuem) Wissen in literarischen Texten.[43] Wo in diesen theoretischen Kontexten der literarische Text als Zeugnis verstanden wird, muss auch der Autor als Zeugnisgeber reflektiert werden.[44]

Die umfassendste Monographie auf dem Gebiet hermeneutischer Autorschafts- und besonders Intentionalismusforschung – die wir nicht als (empirische) Erfassung einzelner ›realer‹ Intentionen, sondern als theoretische Auslotung der Relevanz von Intentionen für interpretative Bedeutungskonzeptionen verstehen – wurde 2007 von Carlos Spoerhase unter dem Titel »Autorschaft und Interpretation. Methodische Grundlagen einer philologischen Hermeneutik« vorgelegt.[45] Neben einer ausführlichen Rekonstruktion der Positionen in der

---

39 Vgl. Gadamer: Wahrheit und Methode, bes. S. 162–205.
40 U. a. Scholz: Verstehen und Rationalität, sowie Danneberg: Besserverstehen.
41 Zu Schleiermacher vgl. beispielsweise Danneberg: Schleiermacher; zu Dilthey etwa Kühne-Bertram / Rodi (Hrsg.): Dilthey.
42 Birus: Hermeneutik und Strukturalismus.
43 Vgl. die meisten Beiträge zu den Bänden von Danneberg / Vollhardt (Hrsg): Wissen in Literatur und von Spoerhase / Werle / Wild (Hrsg.): Unsicheres Wissen, aber auch Danneberg: Epistemische Situationen.
44 Scholz: Das Zeugnis anderer, sowie Maltzahn: Das Zeugnis anderer. S. hierzu auch den Band von Schmidt / Krämer / Voges (Hrsg.): Politik der Zeugenschaft.
45 Vgl. Spoerhase: Autorschaft und Interpretation und Spoerhase: Hypothetischer Intentionalismus.

Debatte um den Tod und die Rückkehr des Autors wie auch hermeneutischer Billigkeitsprinzipien zeichnet die Arbeit Varianten hermeneutischer Intentionalismen nach, insbesondere die des *faktischen* und des *hypothetischen* Intentionalismus.[46] Der faktische (auch aktuale/*actual*) Intentionalismus, der hier vorerst im Fokus stehen soll, postuliert in seiner *moderaten* Ausprägung die Möglichkeit der Rekonstruktion der Autorintention nur dann, wenn es dem Autor auch gelungen ist, seine Intention in oder mit dem Text umzusetzen.[47] In der *extremen* Ausprägung des faktischen Intentionalismus unterliegt die Rekonstruktion der *utterer's meaning*[48] keiner derartigen Bedingung; sie setzt die eigentliche Textbedeutung mit der Autorintention gleich. Vertreten wird diese Position in seiner radikalen Eingeschränktheit selten, am ehesten noch von William Irwin.[49] Im deutschen Sprachraum nimmt seit längerem Axel Bühler einen vergleichbaren Standpunkt ein,[50] wobei er seinen »hermeneutischen Intentionalismus«[51] allerdings stark wissenschafts- bzw. argumentationstheoretisch relativiert. Er argumentiert zwar, »dass sich Autorabsichten grundsätzlich auf empirische Weise feststellen lassen« und verfolgt somit die »traditionelle Programmatik des [faktischen] Autorintentionalismus«,[52] doch im gleichen Schritt bezieht er die angenommene Verifizierbarkeit nicht auf die Intentionen selbst, sondern auf Hypothesen über diese Intentionen und bewegt sich methodisch auf dem Feld des hypothetischen Intentionalismus. Dies zeigt einmal mehr, dass die Grenzen zwischen hypothetischen und faktischen Intentionalismen relativ unscharf sind. Hauptsächlich wurde dieses Problem auf den eher

---

46 Andere Rekonstruktionen des Forschungsfeldes in Kindt / Köppe: Conceptions of Authorship; Kindt / Müller: Implied Author; Kindt: Unzuverlässiges Erzählen und Spoerhase: Autorschaft und Interpretation. Hier finden sich einschlägige Literaturhinweise zur Differenzierung dieser Intentionskonzeptionen.
47 Vgl. unter anderem Carroll: Intentional Fallacy und Lintott: When Artists Fail (sie reagiert mit dieser Darlegung eines *moderate actual intentionalisms* auf Trivedi: An Epistemic Dilemma, der für einen *hypothetical intentionalism* argumentiert und dabei den faktischen Intentionalismus hinsichtlich der extremen und moderaten Position undifferenziert kritisiert); für weiterführende Hinweise vgl. Spoerhase: Hypothetischer Intentionalismus.
48 Tolhurst: On What A Text Is. Er unterscheidet diese Sprecherbedeutung von einer Äußerungsbedeutung, der *utterance meaning* als Zuschreibung im Sinne eines hypothetischen Intentionalismus und einer buchstäblichen Textbedeutung, der *word sequence meaning*.
49 Irwin: Intentionalist Interpretation.
50 Erstmals in Bühler: Hermeneutischer Intentionalismus; vgl. auch Bühler: Intentionalismus und Interpretation; Bühler: Funktion der Autorintention; Bühler: Grundprobleme der Hermeneutik.
51 Vgl. Bühler: Ein Plädoyer.
52 Bühler: Hypothesen über Autorabsichten, S. 141.

geringen »Abstraktionsgrad der bisherigen Terminologisierungsversuche« seitens der Debattenteilnehmer zurückgeführt.[53] Dies scheint wiederum – wie im Fall der fiktionstheoretischen Debatten[54] – mit der disziplinär sehr unterschiedlichen Herkunft der Debattenteilnehmer erklärbar zu sein. Im Extremfall führte dies bereits dazu, dass die »Selbst- und Fremdzuschreibungen« der jeweiligen Vertreter »im Hinblick auf die eingenommene Position« divergierten.[55]

Intentionsbezogene Hypothesen jedenfalls, so prononciert Bühler, können »empirisch überprüft werden«, so »dass nach der Aufstellung von Hypothesen über Autorabsichten diese Hypothesen gestützt oder geschwächt werden können«.[56] Dazu veranschlagt er Bedingungen, wie (1) die Übereinstimmung mit dem Kontext (was besonders als Präventionsmaßname zur Vermeidung anachronistischer Zuschreibungen zu verstehen ist), (2) die Übereinstimmung mit Absichtsfeststellungen des Autors selbst (die »verwendet werden dürfen, [...] aber keine unumstößliche Vorrangstellung [...] beanspruchen dürfen«). Die Übereinstimmung mit Rationalitäts- und Billigkeitsprinzipien, die (3) als »heuristische Hilfsmittel für die Hypothesenbildung vor allem im Alltag« fungieren, lehnt Bühler jedoch als lediglich moralische und normative Beurteilungsrichtlinie ab. Für die »Überprüfung von Interpretationshypothesen« seien sie irrelevant[57] (obgleich sie im Kontext hypothetischer Intentionalismen als Kriterien der Zuschreibung maximal-rationaler Sprecherintentionen kein unwichtiges Argument bilden[58]).

Insgesamt lässt sich an Bühler sehr gut nachvollziehen, wie vorsichtig sich ein hermeneutischer Intentionalismus inzwischen verhalten muss, um den strukturalistischen, neukritischen und poststrukturalistischen Warnungen Rechnung zu tragen. Wenngleich diese Positionen bisweilen hochdifferenzierte Kritik äußern,[59] so konvergieren sie vor allem in der oben schon zitierten Rede

---

53 Spoerhase: Hypothetischer Intentionalismus, S. 101.
54 Vgl. das Kapitel 3.1.1: Fiktionstheorie und Autorschaft, insb. den Bezug auf Walton.
55 Spoerhase: Hypothetischer Intentionalismus, S. 101, der als Beispiel den Anti-Intentionalisten Daniel Nathan anführt, der von Robert Stecker als Vertreter eines hypothetischen Intentionalismus bezeichnet wird. Um Überblicksdarstellungen, in denen die Kategorien »hypothetisch« / »faktisch« weiter ausdifferenziert werden, bemühen sich insb. Livingston: Art and Intention; Stecker: Relevant Intention und Carroll: Interpretation and Intention.
56 Bühler: Hypothesen über Autorabsichten, S. 141.
57 Ebd., S. 146–152.
58 Vgl. Tolhurst: On What A Text Is und Currie: Arts and Minds, S. 128.
59 Vgl. hierzu die Rekonstruktion dieser Kritik in Jannidis / Lauer u. a.: Rede über den Autor, bes. S. 11–18; referiert u. a. in Hoffmann / Langer: 5. Autor, S. 131f. und Hartling: Der digitale Autor, S. 71–74.

Jakobsons und Tynjanovs von 1928, man habe sich vor einem *naivem Psychologismus*, vor einem allzu unreflektierten Zugriff auf die mentalen Zustände des Autors vor oder bei dem Verfassen des literarischen Textes zu hüten.[60] Dass der vorsichtige Umgang mit Intentionszuschreibungen jedoch auch Vorteile hat, etwa bei dem Versuch der Vermeidung von Beliebigkeit bei interpretativen Bedeutungszuschreibungen an Texte, hat Lutz Danneberg herausgearbeitet: »Mit dem bei der Interpretation gewählten Autorkonstrukt werden dem Produzenten eines Textes Eigenschaften unterstellt, die dazu dienen können, Beschränkungen für die *unbeschränkte* Möglichkeit der Zuweisung von Bedeutung an gegebene Texte zu formulieren«.[61]

Doch wie ist die aktuelle Situation der germanistischen Literaturwissenschaft zu erklären, in der sich neben dem hypothetischen Intentionalismus vor allem die radikale Alternative des Anti-Intentionalismus durchgesetzt hat.[62] Denn ganz offensichtlich betreibt eine Vielzahl von nachbarwissenschaftlichen Forschungsfeldern gehörigen Aufwand, um gerade den Zugriff auf die *faktischen* Intentionen eines Sprechenden, Handelnden oder Schreibenden als wissenschaftsfähiges Vorgehen zu legitimieren. Nicht selten setzen sie den Zugriff auf mentale Zustände wie Intention als unproblematisch oder essentiell für Verstehensprozesse voraus.[63] Einer unter vielen ist Michael Tomasello am Leipziger *Max Planck Institute for Evolutionary Anthropology*. Er forscht seit den späten 1990er Jahren zu den Funktionen geteilter und kommunikativer Intentionen im phylo-, besonders aber ontogenetischen Entwicklungsprozess des Menschen.[64] Sozialphilosophisch nähert sich Margaret Gilbert dem Phänomen der *shared intentions*. Sie überführt die Tomasello im Prinzip nicht unähnlichen

---

[60] Diese Kritik findet sich auch in den oben genannten Texten von Wimsatt & Beardsley und Barthes.
[61] Danneberg: Zum Autorkonstrukt, S. 100.
[62] Für eine schematische Übersicht der Positionen und erste Hinweise auf ihre Vertreter vgl. Spoerhase: Autorschaft und Interpretation, S. 66f.; dass die anti-intentionalistische Position jedoch gar nicht immer trennscharf von der des hypothetischen Intentionalismus unterschieden werden kann, zeigt er in Spoerhase: Hypothetischer Intentionalismus, bes. S. 101.
[63] Beispielsweise stellt Georg Franck sich bei seinen Ausarbeitungen zur »Ökonomie der Aufmerksamkeit« die Frage, »[w]elch anderen Grund als die Projektion des eigenen Erlebens hinter das andere Verhalten«, womit er ›das Verhalten anderer‹ meint, es haben könnte, dass sich Menschen überhaupt um Aufmerksamkeit bemühen (S. 19f.). Dieses Streben setzt mit »fragloser Selbstverständlichkeit« die Annahme voraus, »daß hinter dem anderen Verhalten ein *Dasein* wie das eigene steckt« (Franck: Aufmerksamkeit, S. 19).
[64] Zuletzt (auch für Laien gut verständlich) zur *shared intentionality* Tomasello: Why We Cooperate, bes. S. 39–44 und zu *communicative intentions* Tomasello: Origins of Human Communication, bes. 130–150.

Grundannahmen über faktische Intentionen jedoch in das kontrafaktische Konstrukt eines »pluralen Subjekts«, das eine Art anthropomorphisierte Beschreibungsfigur für gemeinsame Handlungen, Glaubenseinstellungen und Ziele im Sinne eines *joint commitments* darstellt. Den Modus dieser Übereinkunft bestimmt sie sehr weit: »One is willing to be the member of a plural subject if one is willing [...] to put one's own will into a ›pool of wills‹ dedicated [...] to a single goal«.[65] Zwar ist Gilberts Ansatz schon etwas älter, so wird er doch gerade wegen seiner theoretischen Offenheit und großen Reichweite noch von der jüngeren Forschergeneration adaptiert, wie u. a. zur Beschreibung des Phänomens kollektiver Autorschaft (*coauthorship*) in der Film-, aber auch allgemeinen Kunsttheorie.[66] Ähnliches gilt für die intentionsaffinen ›Klassiker‹ auf dem Gebiet der linguistischen Pragmatik, wie etwa Searle und Grice. Auf Searle und das – unter anderem, aber nicht ausschließlich[67] – von ihm beschriebene Konzept der *communicative intention* bezieht sich Tomasello. Hinsichtlich des Phänomens der *shared cooperative activity* bezieht sich der (Moral-)Philosoph Michael Bratman sogar auf beide Theoretiker, besonders aber auf die Grice'schen Kooperationsprinzipien.[68]

Gemeinsam ist den genannten Ansätzen, wie schon angesprochen, dass sie an zentraler Stelle den Zugriff auf die Intentionen anderer als möglich erachten.[69] Genuin hermeneutische Positionen literaturwissenschaftlicher Interpretationstheorien haben dies erkannt und verwenden die genannten (und andere) nachbarwissenschaftlichen Ansätze, um ihre eigene interpretative Praxis – eine Praxis, die sich auf den Autor *und* seine Intentionen bezieht – theoretisch zu stützen. Um nur einige zu nennen: strikt kognitionswissenschaftlich orientieren

---

65 Gilbert: On Social Facts, S. 18.
66 Vgl. Bacharach / Tollefsen: From mere Contributors to Coauthors, bes. 28–31; Sellors: Collective Authorship in Film. Einen deutschsprachigen Beitrag zur »Wir-Intentionalität« bieten aus sozialtheoretischer Perspektive Schmid: Wir-Intentionalität und Schmid: Zweck und Norm. Für weitere Hinweise vgl. Anm. 490 dieser Arbeit.
67 Eine Übersicht, wie die Normalsprachphilosophen vor allem im Anschluss an Strawson das Konzept der kommunikativen Intentionen verstehen, findet sich bei Sperber / Wilson: Relevance, S. 60–64. Vgl. auch Searle: Collective Intentions.
68 Vgl. Bratman: Faces of Intention. Einschlägig zum Kooperationsprinzip (und seinen vier Maximen) im Zusammenhang der konversationellen Implikatur vgl. Grice: Logic and Conversation. Eine deutschsprachige Ausarbeitung unternimmt Kannetzky: Kooperative Struktur.
69 Kognitionswissenschaftlich beschreibt die Relevanz von Intentionen bei der kommunikativen Informationsverarbeitung Gibbs: Experience of Meaning.

sich Tepe[70] und Detl,[71] Jannidis[72] bezieht sich stärker auf Tomasello und die linguistische Pragmatik, Eibl[73] ebenfalls auf soziobiologische und aus der evolutionären Psychologie abgeleitete Argumente. Ein den genannten Positionen gegenläufiger Ansatz soll aber auch noch aufgeführt werden. Mark Bevirs *procedural individualism* beschränkt als ›weicher Intentionalismus‹ die Intentionalität von Bedeutung auf einzelne Individuen zu bestimmten Zeiten an bestimmten Orten. Der Autor ist demzufolge derjenige, der (s)einem Text als erstes Bedeutung zuschreibt. So kommt Bevir zu der etwas paradoxen Formulierung, »the author of an utterance might be, not its creator, but rather the first reader to ascribe meaning to it«.[74] Wenngleich auch bei Bevir der Bezug auf das rezipierende Subjekt im Zentrum steht, so unterscheidet sich dieser Ansatz von einem hypothetischen Intentionalismus dadurch, dass Bedeutung bei Bevir nicht als Fremd-, sondern lediglich als Selbstzuschreibung verstanden wird. Versucht man jedoch in der Intentionalismusforschung der letzten Jahre einen Trend zu erkennen, so ließe sich mit Spoerhase resümieren, dass »der hypothetische Intentionalismus [...] zunehmend als die plausibelste Formulierung eines hermeneutischen Intentionalismus« gilt.[75]

Vorerst bleibt jedoch zu klären, warum philologische Intentionalismen fast ausschließlich als *hypothetische* formuliert werden. Zwar reagiert die Literaturwissenschaft damit einerseits auf die genannte Kritik naiver Psychologisierung, andererseits rekrutiert sie – erstens – ihr Arsenal an theoretischen Begründungzusammenhängen wie oben dargelegt aus Positionen, die den Zugriff auf faktische Intentionen nahezu vollständig entproblematisiert haben. Zweitens muss sich auch der hypothetische Intentionalismus spätestens mit Robert Steckers Aufsatz »Interpretation and the Problem of Relevant Intention« (2006) einer sehr grundsätzlichen Kritik ausgesetzt sehen,[76] die ihn »als Theorie der Werkbedeutung ungeeignet erscheinen« lässt.[77]

---

70 Vgl. Tepe: Kognitive Hermeneutik und Tepe / Rauter u.a.: Interpretationskonflikte. Zum Verhältnis von *erklärender* und *kognitiver Hermeneutik* s. die Debatte zwischen Peter Tepe und Ralph Müller (urspr. auch Harald Fricke) in der Online-Zeitschrift *Mythos-Magazin* (vgl. die entspr. Einträge in der Bibliographie unten) und Madonna: Naturalistische Hermeneutik.
71 Vgl. Detel: Geist und Verstehen, S. 310–327 (rekonstruktiv), S. 393–470 (konstruktiv).
72 Vgl. Jannidis: Zur kommunikativen Intention; Jannidis: Verstehen erklären (vgl. auch die Hinweise im Kapitel zur historisierenden Literaturwissenschaft dieser Einleitung).
73 Vgl. Eibl: Animal Poeta.
74 Bevir: Meaning and Intention, S. 401.
75 Spoerhase: Autorschaft und Interpretation, S. 229.
76 Vgl. Stecker: Relevant Intention.
77 Köppe / Kindt: Moderne Interpretationstheorien, S. 131.

Die unterschiedlichen Theorien intentionalistischer Interpretations- und Bedeutungskonzeptionen konstituieren demnach ein noch immer offenes Forschungsfeld. Diese Offenheit soll abschließend mit der praxeologischen Frage umrissen werden, ob die bisher vertretenen Varianten des faktischen und hypothetischen Intentionalismus tatsächlich in den *Inhalten* ihrer Zuschreibungen unterscheidbar wären und in der interpretativen Praxis voneinander abweichende Textinterpretationen generieren würden. Denn die Rekonstruktion der genuin *theoretischen* Debatte zeigt, dass ihren Teilnehmern vor allem an der Rechtfertigung des jeweiligen Modus der Argumentationsführung und Modellbildung gelegen ist. Vorauszusetzen ist dabei eine Unterscheidung zweier ›Spielarten‹ des hypothetischen Intentionalismus, die Tom Kindt und Tilmann Köppe konzis dargestellt haben:

> Der hypothetische Intentionalismus geht [...] davon aus, eine Interpretation ziele auf die Bildung einer Bedeutungshypothese, die ein ideales Publikum über die Intentionen des Künstlers aufstellen würde (erste Spielart), oder sie ziele auf die Erschließung solcher Intentionen, von denen man mit guten Gründen annehmen kann, dass sie ein (»hypothetischer«) Autor gehabt haben *könnte* (zweite Spielart).[78]

Vertreter der zweiten Spielart des hypothetischen Intentionalismus müssten – um ein Beispiel für die bisherige Borniertheit der Debatte bezüglich interpretationspraktischer Fragen anzuführen – dann in der Lage sein, Folgendes zu zeigen: dass sich die von ihnen abgelehnte *direkte* Formulierung »Autor X setzt mit seinem Text die Intention Y um« auch inhaltlich und nicht bloß hinsichtlich ihres Argumentationsmodus unterscheidet von der von ihnen befürworteten *indirekten* Formulierung »Unter den Annahmen von $Z_{(1+2+...)}$ ist anzunehmen/plausibel/wahrscheinlich/[...], dass (der hypothetische) Autor X mit seinem Text die Intention Y umsetzen möchte«. Immerhin ist mit Bühlers Ansatz eine Variante des faktischen Intentionalismus denkbar geworden, der die argumentativen Vorsichtsmaßnahmen des hypothetischen Intentionalismus übernimmt. Die interpretativen Aussagen beider Positionen wären sprachlich kaum noch zu unterscheiden; zu prüfen bleibt, ob diese Ununterscheidbarkeit auch für die Interpretationsergebnisse, also die Inhalte der interpretativen Aussagen gilt.

---

78 Ebd.

1.2 Poetik, Rhetorik, Generik und Stilometrie

Prinzipiell ist die Beschäftigung mit Poetiken als Argument für die gewachsene Relevanz des Autors und seiner als privilegiert verstandenen Rolle für die Interpretation von Texten *qua* Reflexion seiner Produktionsweisen, Wissensbestände und Intentionen anzusehen. Neben einer Vielzahl an allgemeinen [79] und speziellen [80] Einzelstudien der letzten Forschungsjahre, wurde an deutschen Universitäten mindestens ein Dutzend (neuer) Poetikdozenturen, Poetikprofessuren und Poetikvorlesungen installiert,[81] die es den Autorinnen und Autoren nun gewissermaßen selbst überlassen, sich und ihre Texte dem akademischen Publikum zu explizieren.[82] Die Aufarbeitung historischer Poetiken hingegen hat vor allem Sandra Richter (etwa für den Zeitraum von 1770 bis in die 1950er Jahre) forciert, die systematisch Autorenpoetiken besonders hinsichtlich ihrer Bezugnahmen aufeinander untersucht.[83]

Auch in dem hier vorgelegten Band sind zwei innovative Studien zu Poetiken, in beiden Fällen aber zu spezifischen Poetiken einzelner Autorinnen und Autoren vertreten. Gero Guttzeit untersucht in einer historischen Studie die Anfänge der *modernen* Poetik im englischsprachigen Raum bei Poe und Godwin

---

[79] Neben vielen anderen vgl. Lüdeke: Revisionspraxis und Autorschaft, sowie Haas: Poetische Inauguration.

[80] Etwa zu den materiellen Voraussetzungen der literarischen Textproduktion: Aus mediengeschichtlicher Perspektive rekonstruiert durch und an Schreibwerkzeuge(n) akzentuierte »Widerstände im Prozeß des Schreibens« (S. 8, Einleitung) der Band von Giuriato / Stingelin u. a. (Hrsg.): Schreibszenen im Zeitalter der Typoskripte; vgl. auch das ›kontemporäre Äquivalent‹ Giuriato /Stingelin u. a.: Schreibszenen im digitalen Zeitalter. Vgl. auch Stingelin (Hrsg.): Schreibszenen im Zeitalter der Manuskripte.

[81] Neben den bekannteren Frankfurter, Leipziger, Zürcher, Göttinger, Kassler und Tübinger Poetikvorlesungen sind in den letzten Jahren vergleichbare Veranstaltungen und Reihen an mindestens den folgenden Universitäten eingerichtet worden: Poetikdozentur *Münster Lectures* (Literatur und Theorie im Dialog); INPOET: Hamburger Gastprofessur für Interkulturelle Poetik; Saarbrücker Poetikdozentur für Dramatik und Postdramatik; Poetikprofessur an der LMU München; Chamisso-Poetikdozentur Dresden; Poetikdozentur an der TU Dortmund; Thomas-Kling-Poetikdozentur, Univeristät Bonn; Literator: Poetikdozentur für Weltliteratur am Internationalen Kolleg Morphomata, Universität Köln; Poetikprofessur der Universität Bamberg. Für eine bis 2009 nahezu vollständige Liste von Poetikvorlesungen siehe: Schmitz-Emans / Lindemann / Schmeling (Hrsg.): Poetiken, S. 45–67; zuletzt Galli: The Artist ist Present.

[82] Vgl. zum systematischen Stellenwert von Poetikvorlesungen und anderen Paratexten für die Inszenierung von Autorschaft das Kapitel 4.2.1.

[83] Hier sollen stellvertretend für eine Vielzahl an Aufsätzen ihre Habilitationsschrift Richter: Poetiken und eine englischsprachige Monographie Richter: History of Poetics genannten werden.

anhand der Vorstellung des *writing backwards*. Dabei verfolgt er die These, »dass die Texte eine Grundeinstellung zeigen, die sich nicht als in die Moderne verweisende mechanisch verstandene Technik, sondern als Ergebnis einer im 18. Jahrhundert noch selbstverständlichen rhetorisch-pragmatischen Tradition literarischen Schreibens erweist«.[84] Seán M. Williams Studie geht noch knapp 100 Jahre weiter zurück und rekonstruiert mit einem ebenfalls stark rhetorisch orientierten Erkenntnisinteresse Autorschaft und ihre spezielle Beziehung »zum Geniebegriff in C. F. Gellerts Poetik der 1750er Jahre.«[85] Dabei untersucht er nicht nur die Funktion des Vorwortes als Freiraum auktorialer Selbstprojektion, sondern stellt dieses zugleich in den Zusammenhang von Poetik und Genie(begriff). Damit reiht er sich ein in einen Forschungszusammenhang zur Genieästhetik, der sich sowohl durch historische Einzelstudien,[86] als auch durch systematische Rekonstruktionen[87] weiter ausdifferenziert.

Eine ganz andere, weil gewissermaßen akademisch professionalisierte Form der Poetik untersucht Hans-Harald Müller, wenngleich er nicht den Begriff ›Poetik‹, sondern »Interpretationstheorie« verwendet um die hochelaborierten literaturtheoretischen Schriften Umberto Ecos zu rekonstruieren, der bekanntlich nicht nur literaturwissenschaftlicher Semiotiker, sondern auch (und in letzter Zeit besonders) Romanautor ist.[88] Müller interpretiert jedoch nicht die literarischen Texte Ecos mit dem von Eco selbst empfohlenen Interpretationswerkzeug, sondern reagiert – aus gutem Grund – mit Verwunderung darüber, dass sich Eco »gelegentlich explizit gegen die Autorintention ausspricht«, anderseits sein zentrales Konzept der *intentio operis* »zumeist auf die vom Autor intendierte Textstrategie« hin spezifiziert.[89]

Auch Gattungen wurden zum Gegenstand autor- und intentionsbezogener Forschung. Spoerhase etwa konnte zeigen,[90] dass auch bei postmodernen, in diesem Fall *antitheoretischen*[91] bzw. die *Lektüre*[92] eines Textes fokussierenden Denkern wie Paul de Man autorintentionale Verstehenskonstruktionen funktionalisiert werden. So ist de Mans Bestimmung eines literarischen Artefakts *als*

---

84 Vgl. Guttzeit: Writing Backwards? (in diesem Band).
85 Vgl. Williams: C.F. Gellert als Vorredner des Genies (in diesem Band).
86 Vgl. u. a. Berndt: Die Erfindung des Genies.
87 Vgl. Haynes: ›Genius‹ in Studies of Authorship.
88 Die jüngste Begriffsgeschichte rekonstruiert ebenfalls im akademischen Kontext Volk: Diskurs der Gegenwart.
89 Müller: Eco, S. 147.
90 Vgl. Spoerhase: ›Mere reading‹.
91 Vgl. De Man: Resistance to Theory.
92 Vgl. De Man: Allegories of Reading.

literarisches Artefakt abhängig von der Intention des Autors, einen literarischen Text zu produzieren.[93] Dies muss als eine Form des generischen Intentionalismus verstanden werden.[94] Auch aus pragmatischer Perspektive werden gattungsspezifische Textmerkmale betrachtet. Irmgard Nickel-Bacon, Norbert Groeben und Margrit Schreier entwerfen dem Titel ihres Aufsatzes nach zwar »ein medienübergreifendes Modell zur Unterscheidung von Fiktion(en) und Realität(en)«,[95] tatsächlich aber beschreiben sie *en detail* wie einzelne Textmerkmale im »kointentionalen Akt der Rezeption«, den sie im Rückgriff auf Landwehr entwickeln,[96] als *Fiktionssignale* fungieren. Neben dieser pragmatischen (Kommunikations-) Ebene enthält ihr »Modell einer integrativen Perspektiven- bzw. Ebenen-Kombination« auch eine inhaltlich-semantische und eine darstellungsformale Ebene,[97] die gemeinsam den gattungsspezifischen Modus der Kommunikation von und mit literarischen Texten beschreibbar machen.

Mit einem stärkeren Bezug auf systemische Aspekte der Literatur zwischen Produktion und Rezeption, zwischen Intention und Intentionszuschreibung beschäftigt sich der Beitrag von Ralf Klausnitzer in diesem Band. Seine Überlegungen, »die am Schnittpunkt von theoretischen und historiographischen Umgangsweisen mit den Kategorien ›Autor‹ und ›Autorschaft‹ angesiedelt sind«, thematisieren »die Konditionen gattungsbezogener Wissensbestände für die Produktion und Rezeption literarischer Texte«. Ins Zentrum seiner philologischen Aufmerksamkeit rückt er die Frage, wie regelhaftes und regelverletzendes Verhalten vor dem Hintergrund generischer Wissensbestände bei Autoren und Lesern zur Erklärung literarischer Evolution beitragen können.[98] Er systematisiert damit aus holistischer Perspektive, was bereits in früheren literaturwissenschaftlichen Fallstudien *en detail* untersucht wurde, wie etwa in Annett Volmers Arbeit zur weiblichen Autorschaft in der italienischen Renaissance. Die Romanistin konstatiert darin für die Mitte des 16. Jahrhundert eine Gattungserweiterung der Texte von Autorinnen, die durch spezifische Strategien ›weibli-

---

93 Vgl. die weiterführenden Literaturhinweise in Spoerhase: ›Mere reading‹.
94 Zu dem Konzept des generischen Intentionalismus bes. bei Levinson vgl. Spoerhase: Hypothetischer Intentionalismus, S. 89, Anm. 43.
95 Nickel-Bacon / Groeben u. a.: Fiktionssignale pragmatisch. Für eine transmediale Narratologie argumentierte zuletzt Thon: Transmedial Narratology.
96 Landwehr: Text und Fiktion, S. 72.
97 Nickel-Bacon / Groeben u. a.: Fiktionssignale pragmatisch, S. 22.
98 Klausnitzer: Autorschaft und Gattungswissen (in diesem Band).

chen Schreibens‹ Eingang in die zeitgenössischen Diskurse gefunden haben.[99] Tilman Fischers umfassender »Beitrag zur Poetik der Reisebeschreibung und zur Topik der Moderne« hingegen fragt weniger nach der Überschreitung von Gattungsgrenzen als vielmehr nach den normativen Funktionen von ›Gattungsbewußtsein‹ und den spezifischen »Leistungen der Gattung« *Reisebeschreibung*, etwa als »spezifisches Archiv von Wissen«.[100]

Vor allem auf der Ebene der Methodik haben *Digital Humanities* und quantitative Ansätze in den letzten Jahren zu einer Erweiterung der literaturwissenschaftlichen Arbeitspraktiken beigetragen und werden zukünftig wohl auch auf epistemologischer Ebene – das wird aber zu zeigen sein – die grundsätzliche Reichweite möglicher Fragestellungen an literarische Texte verändern. Hierzu zählen etwa diejenigen Ansätze, die unter dem Schlagwort *distant reading* eine nicht mehr einzeltextbezogene Form der Literaturgeschichte und Literaturwissenschaft betreiben, sondern – um beide Begriffsverwendungen aufzugreifen – entweder große Primärtextmengen oder ausschließlich Sekundärtexte (halb-) automatisiert untersuchen.[101]

Autorschaft steht in vielen dieser Projekte oft nicht im Vordergrund. Ganz in den Fokus rückt sie hingegen in einem Ansatz, der durch die Anwendbarkeit rechnergestützter Methoden auf digitalisierte Texte erneut Hochkonjunktur hat, aber letztlich bereits im 19. Jahrhundert betrieben wurde,[102] damals allerdings ›manuell‹: Die Stilometrie (oder quantitative Stilistik bzw. seltener Stilstatistik, engl. *stylometrics/stylometry*; frz. *stylométrie*). Sie richtet sich grundsätzlich an einer vergleichenden Fragestellung aus und stellt den Stil verschiedener Epochen, Werke, Gattungen oder eben Autoren gegenüber, wobei natürlich erst einmal die Individualstile der Vergleichsinstanzen identifiziert werden müssen. Wie auch die ›forensische Linguistik‹ bedient sich die genuin literaturwissenschaftliche Forschung bei der Aufdeckung anonymer, ungeklärter oder zweifelhafter Autorschaft dabei unterschiedlicher Analysemethoden, um Stileigenschaften zu definieren. Hierzu gehört unter anderem das Eruieren von Satz- und

---

99 Vgl. Volmer: Autorschaft und Gattungsbewusstsein. Vgl. auch den Abschnitt über »Gender und Genre« in dem ausführlichen Forschungsbericht von Keck / Günter: Weibliche Autorschaft, bes. S. 207–217.
100 Fischer: Poetik der Reisebeschreibung, bes. S. 210–351 (zum Gattungsbewusstsein) und S. 352–383 (zu den Leistungen der Gattung), hier S. 352.
101 Vgl. Moretti: Distant Reading; Moretti: Conjectures on World Literature.
102 Vgl. Kelih: Geschichte; ebenfalls zu den Anfängen vgl. Grzybek / Kelih: Vorgeschichte; zur Weiterentwicklung in der Mitte des 20. Jahrhunderts vgl. Kelih / Grzybek: Neuanfang und Etablierung; etwas systematischer Grzybek / Kelih: Empirische Textsemiotik.

Wortlänge in Form von Buchstaben, Silben, Lauten oder Wörtern,[103] aber auch die Anwendung komplexer statistischer Verfahren, wie sie Fotis Jannidis in seinem Beitrag »Der Autor ganz nah. Autorstil in Stilistik und Stilometrie« vorstellt. Mit der seit 2002 maßgeblichen Delta-Messung (›Burrows Delta‹)[104] fokussiert er allerdings ein Verfahren, das lediglich die häufigsten Treffer der Worthäufigkeitsliste eines Textes berücksichtigt und diese als Maß für die Ähnlichkeit oder Unähnlichkeit unterschiedlicher Texte nutzt. Dabei wird zugleich deutlich, dass »Stil« in der Stilometrie anders zu denken ist als in der ›traditionellen‹ Stilanalyse,[105] nämlich als Ergebnis der spezifischen Verwendung von Funktionswörtern, nicht von Inhaltswörtern. Delta-Messungen beziehen sich folglich auf die Textmerkmale, die vom Autor »kaum bewusst manipuliert werden«.[106] Jannidis liefert mit seiner begrifflichen Unterscheidung zwischen einer starken und einer schwachen Verwendung von »Autorstil« einen weiteren Vorschlag hinsichtlich der Lösung eines (zuletzt von Matthew Jockers reformulierten) Problems, das grundsätzlicher für die Analyse von Autorstilen nicht sein könnte: »A consistent problem for authorship researchers, however, is the possibility that other external factors (for example, linguistic register, genre, nationality, gender, ethnicity, and so on) may influence or even overpower the latent authorial signal«.[107]

1.3 Funktionen und Argumente

1.3.1 Autorfunktionen

Neben der Forschung zu genuin hermeneutischen Autorschaftstheorien bestellen die hinsichtlich ihres theoretischen Fundaments zum Teil stark divergierenden Positionen historisierender – aber damit nicht zwangsläufig hermeneutischer – Literaturwissenschaft eines der ausdifferenziertesten Forschungsfelder literaturwissenschaftlicher Theoriebildung. Versucht man den gemeinsamen Ertrag der Positionen dieses Feldes für die Autorschaftsforschung zu systematisie-

---

103 Vgl. Fucks: Mathematische Analyse; Fucks: Regeln der Kunst; Kelih [et al.]: Sentence Length und Grzybek [et al.]: Word Length.
104 Burrows: Delta; Burrows: All the Way; Burrows: The Englishing of Juvenal.
105 Vgl hierzu Abraham: Stil.
106 Jannidis: Der Autor ganz nah (in diesem Band); für weiterführende Literaturhinweise vgl. Anm. 35 seines Beitrags.
107 Jockers: Macroanalysis, S. 63.

ren, dann lässt sich vor allem die Vielfältigkeit der Autorfunktionalisierung für die historisierende Argumentation hervorheben. Vier Varianten lassen sich dabei als zentrale Argumentationsmuster rekonstruieren. Für jede möchten wir ein Beispiel aus der Forschung ausführen, dem wir jeweils eine These voranstellen:

a) *Der Autor als Instanz der Zuschreibung sprachlichen und kulturellen Wissens*

> Wird der literarische Text als Teil einer literarischen, immer historisch und lokal zu verortenden Kommunikationssituation verstanden, so ist es plausibel, für ein adäquates Verständnis des Textes die Wissensbestände zu rekonstruieren, die für sein Verfassen relevant waren.

In jüngster Zeit ist es im deutschsprachigen Raum vor allem Fotis Jannidis, der sich insgesamt seit gut fünfzehn Jahren um eine umfassend theoretisch konsolidierte und durch Fallstudien in ihrer interpretativen Praktikabilität belegte Konzeption einer historisierenden Literaturwissenschaft und Narratologie bemüht. Die frühen Arbeiten (wie zum Bildungsbegriff in Goethes »Dichtung und Wahrheit«) stützen sich methodisch insbesondere auf die historische Semantik und Soziologie nach Luhmann.[108] Zuletzt argumentierte er verstärkt kognitionswissenschaftlich und evolutionsbiologisch,[109] bettet dies jedoch stets in einen kommunikationspragmatischen Kontext, in dem sich der Literaturwissenschaftler als Beobachter (nicht als Teilnehmer) einer narrativen Kommunikationssituation zwischen realem Autor und realem Leser versteht.[110] Das Ziel der »Rekonstruktionsarbeit des Beobachters« ist es, den Modus der Funktionalisierung der Autorinstanz durch andere Kommunikationsteilnehmer aufzudecken: »[A]ls Zuschreibungsinstanz und als Verbindungsglied zum historischen und kulturellen Wissen hat [der Autor] dabei nur eine besonders hervorgehobene

---

108 Bes. Jannidis: Das Individuum.
109 Vgl. Abschnitt 1.1.1 dieser Einleitung.
110 Am dezidiertesten wird diese Position von Klaus Hempfer vertreten, der vom rekonstruierenden Wissenschaftler als »Analysator« spricht. Er begründet seinen Standpunkt wie folgt: »Die sicherlich nicht unproblematische Wissenschaft von der Literatur ist wohl kaum durch eine aktualisierende Reduktion ihres Objektbereichs nach dem Motto ›was sagt uns Goethe heute?‹ zu retten, um eine in hermeneutischen Ansätzen implizite Tendenz etwas pointiert zu formulieren, sondern vielmehr dadurch, dass sie Normen an die Hand gibt, die die Reduziertheit solcher Rezeptionen aufdeckbar machen, was nur mittels einer wie auch immer gearteten Rekonstruktion der historischen Textbedeutung gelingen kann« (Hempfer: Grundlagen der Textinterpretation, S. 19).

Rolle«.[111] Er bleibt als Zuschreibungsinstanz jedoch immer eine Konstruktion des Literaturwissenschaftlers, dessen Zuschreibungen ganz im Verständnis eines hypothetischen Intentionalismus lediglich auf regelgeleitetem Raten, auf »abduktiven Inferenzverfahren« beruhen.[112] Gegenüber anderen möglichen Zuschreibungsinstanzen (wie Text, Kontext, Leser, Literaturwissenschaftler) nimmt der Autor für die historisierende, *analytische Hermeneutik* einen besonderen »Platz ein, weil es mit ihm möglich war und trotz der poststrukturalistischen Kritik immer noch ist, zahlreiche Probleme der Analyse und Darstellung in plausibler Weise zu lösen. [...] Schafft man den Begriff [›Autor‹] ab, so wird damit noch nicht das Problemfeld beseitigt, daß den Begriff stabilisiert hat«.[113]

b) *Der Autor als Instanz der Absicherung interpretativer Güte*

> Das als privilegiert verstandene Verhältnis eines Autors zu dem von ihm produzierten literarischen Text setzt den Literaturwissenschaftler in die interpretative Verantwortung, der angenommenen Bedeutungsintention des Autors gerecht zu werden.

Nicholas Reschers »Hermeneutische Objektivität« erschien im englischsprachigen Original bereits 1997. Allein die Tatsache, dass der Text des Philosophen elf Jahre später in eine Anthologie von Basistexten »zur Einführung in die wissenschaftstheoretischen Grundlagen von Verstehen und Interpretation« (2008) aufgenommen und dafür ins Deutsche übertragen wurde, spricht für die Relevanz seines Ansatzes im Kontext hermeneutischer Fragestellungen.[114] Rescher funktionalisiert den Autor gleich für mehrere Operationen. Die von ihm vorausgesetzte dezidiert anti-dekonstruktivistische Grundannahme ist, dass der »Standard der systemischen Kohärenz innerhalb eines insgesamt auf Zwecke bezogenen Kontextes [...] eine indifferentistische Gleichbehandlung von Textinterpretationen« ausschließt und so »einen Objektivismus bei der Interpretation« ermöglicht.[115] Der Autor als Teil dieses Kontextes fungiert für Rescher also nicht bloß in der Minimalfunktion historisierender Positionen – nämlich zur Absicherung der Vermeidung anachronistischer Zuschreibungen an den Text –, sondern spielt darüber hinaus noch eine wichtige Rolle für die Objektivität die-

---

111 Jannidis: Figur und Person, S. 8.
112 Jannidis: Analytische Hermeneutik, S. 131, vgl. auch S. 138–141.
113 Jannidis: Der nützliche Autor, S. 389.
114 Rescher: Hermeneutische Objektivität (in dem Band Bühler: Hermeneutik; der Originalaufsatz »Hermeneutic Objectivity: Against Deconstructionism« erschien in Rescher: Objectivity, S. 197–209).
115 Rescher: Hermeneutische Objektivität, S. 187.

ser historisch adäquaten Zuschreibungen. Durch seine stark kontextrestringierende Funktion trägt der Autor zur »optimalen Interpretation« eines Textes bei; *optimal* ist für Rescher diejenige Interpretation »die am besten eine systematische Vereinheitlichung [der] hermeneutischen Faktoren erreichen kann: Kontext, Autorschaft, Philologie, Geistesgeschichte, usw.«.[116] Diese normativen Forderungen motiviert Rescher dann in einer ›moralphilologischen Wendung‹: »Letztlich geht es um den Besitz des Textes. Die Hermeneutiker erkennen die Eigentumsrechte des Autors an wie auch der Gelehrten, die sich mit dessen Produkten befassen«.[117]

Eine weitere Dimension des *Schutzes* von Autoren und Interpreten, die an bekannte Billigkeitsprinzipien anknüpft, beschreibt Lutz Danneberg:

> So kann eine Regel [...] beispielsweise festhalten: Von zwei Interpretationen desselben Textes, die aufgrund der Verbindung von Text und Autor letzterem bestimmte Intentionen (Auffassungen) zuschreiben *und* die im Hinblick auf die Befunde gleichwahrscheinlich sind, ist die zu wählen, die den Autor in geringere Konflikte mit sanktionsfähigen Auffassungen bringt. Doch nicht nur der Autor, auch der Interpret kann im Rahmen eines solchen Autorkonstruktes als schutzbedürftig erscheinen.[118]

Rein text-, kontext- oder etwa auch diskursbezogenen Arbeiten geht diese selbstreflexive Hermeneutik subjektgebundenen ethischen Handelns ab.

c) *Der Autor als ›Verwalter‹ von Diskursen*

> Während in der Diskurstheorie nach Foucault das Autorsubjekt fast vollständig zugunsten der archäologischen Rekonstruktion sprachlicher und nicht-sprachlicher diskursiver Praktiken disqualifiziert wird, geht eine hermeneutisch orientierte Kulturwissenschaft weniger restriktiv mit dem Autor um.

Steffen Martus behandelt in seiner einschlägigen Arbeit zur Werkpolitik das Werk nicht als *creatio ex nihilo*. Vielmehr geht er von einer seit dem 17. Jahrhundert evidenten literaturkritischen Kultur aus, die sich durch eine bestimmte (aber nur bedingt kritische) Form der *selektionslosen Aufmerksamkeit* auszeichnet und »Wäschelisten, Wäschereirechnungen und abgetragene Hosen in texttauglicher Fassung ›interessant‹ findet«.[119] Auf diesen doch sehr weiten Werk-

---

116 Rescher: Hermeneutische Objektivität, S. 184.
117 Ebd., S. 187.
118 Danneberg: Zum Autorkonstrukt, S. 97. Vgl. hierzu auch die Literaturhinweise in Anm. 58 dieser Einleitung.
119 Martus: Werkpolitik, S. 5.

begriff (seitens der Kritik) reagieren Autorinnen und Autoren mit bestimmten, von Martus untersuchten *Bewältigungsstrategien*. Dabei wird die Autorin bzw. der Autor jedoch nicht als freies, sondern von historischen Diskursen abhängiges Subjekt gedacht. Trotzdem ist es ihr/ihm möglich, mit dieser Abhängigkeit in gewissem Sinne aktiv umzugehen:

> Der Autor – verstanden als eine Stellvertreterfigur des Subjekts – ist nicht selbstständig, sondern gelangt immer auf Umwegen, nie allein durch sich selbst zur Sprache. Seine Aufgabe kann allenfalls darin bestehen, die Abhängigkeit von dem ihm vorgängigen, ihn ermöglichenden Diskursen erfolgreich zu verschleiern oder auf eine Weise offenzulegen, die ihn als souveränen *Verwalter* des literarischen Erbes erscheinen läßt.[120]

Das Werk *erscheint* so – und das unterscheidet diesen Ansatz von der klassischen Diskursanalyse – nicht direkt als Ergebnis einer Diskursformation, sondern als Resultat des Schreibprozesses eines Autors, der bestimmten diskursiven Herrschaftsverhältnissen unterworfen und sich dessen zumindest teilweise bewusst ist. Dieses Verhältnis lässt sich mit dem Begriff der Werkpolitik beschreibbar machen. Während Martus den Autor also noch in eine relativ starke Abhängigkeit von Diskursen stellt, gesteht eine ganze Reihe anderer Ansätze im Kontext der Diskurstheorie dem Autor einen größeren Gestaltungsspielraum zu.[121] Um dem weithin akzeptierten Gütekriterium der Konsistenz wissenschaftlicher Theorien gerecht werden zu können,[122] gehen diese Positionen von einem eher weicheren Diskursbegriff aus. Ursprünglich diskursimmanente Funktionen werden dabei auf den Autor übertragen und somit der Konflikt relativiert, der entsteht, wenn widersprüchliche Autorschaftskonzeptionen (»Der Autor ist a) *eine*, oder b) *keine* relevante Größe der Textinterpretation«) in einer einzigen

---

[120] Ebd., S. 64 [Herv. v. M.S./M.W.].

[121] Ein früher Vertreter dieser Position ist Luserke: J.M.R. Lenz, dessen Diskursanalyse stark sozialhistorisch (S. 19) beeinflusst ist. Als »spezifisches Phantasma im anthropologischen Kontext menschlicher Kommunikations- und Formulierungsfähigkeit« (S. 7) versteht den Autor Kleinschmidt: Autorschaft im Diskurs. In Landwehr: Historische Diskursanalyse findet sich eine sehr brauchbare Rekonstruktion unterschiedlicher (historischer und aktueller) Verwendungen des Diskursbegriffs, u. a. mit Hinweisen darauf, dass der Begriff in der Sprach- und Literaturwissenschaft oft in Anlehnung an das englische und französische ›Alltagswort‹ *discourse/discours* mit der trivialen Bedeutung »Unterhaltung, Gespräch, Darlegung oder Rede« verwendet wird (S. 61).

[122] Berühmteste Ausnahme ist sicherlich Stanley Fish (vgl. hierzu Bode: Theorietheorie als Praxis).

Theorie amalgamiert werden.[123] Diesen weicheren Ansatz hat Uwe Japp bereits 1988 bei Foucault selbst festgestellt. Was dieser beschreibe, sei eine »kritische Analyse der Funktionen des Autors *in* der Ordnung des Diskurses, nicht das Verschwinden des Autors *aus* dieser Ordnung«.[124] Bislang unbeachtet bleibt weiterhin die zumindest partielle Antizipation der Foucault'schen Autorfunktionalisierung durch den Prager Strukturalisten Felix Vodička Anfang der 1940er Jahre.[125]

d) *Der Autor als sozialgeschichtlicher Akteur*

> Während die bisher vorgestellten Ansätze historisierender Literaturwissenschaft von der literarischen Kommunikation und ihren Instanzen ausgehend den historischen Kontext als Begründungs- und Legitimationszusammenhang für *interpretative* Zuschreibungen an den Text betrachten, verbleibt die Sozialgeschichte meist im Modus der *Darstellung* und *Rekonstruktion*.

---

123 Vgl. zu diesen Problemen bes. anhand der Diskurstheorie Willand: Autorfunktionen in Theorie und Praxis, bes. S. 283–287 u. S. 295–299.
124 Japp: Ort des Autors, S. 232f.
125 Bekanntlich wurde »Was ist ein Autor?« lange Zeit im Bugwasser der Barthes'schen Verabschiedung des Autors interpretiert, wenngleich Foucault selbst dieses autorkritische Verständnis nicht nachvollziehen konnte (vgl. Spoerhase: Autorschaft und Interpretation, S. 38). In den 1990er und 2000er Jahren avancierte sein Text dann tatsächlich auch zum Argument einer Re-Legitimierung des Redens über den Autor. Zumindest eine der dabei zentralen Funktionen, die nun nicht mehr als Diskurskategorie, sondern als Ergebnis der Zuschreibungen durch einen Leser verstanden wurden – etwa die Funktion der Werkabgrenzung – wurde jedoch schon über 25 Jahre vor Foucault von Felix Vodička in »Die Struktur der literarischen Entwicklung« äußerst präzise formuliert; und zwar in einem für die sich *wieder* auf den Autor beziehenden Wissenschaftler theoretisch viel näheren, weil pragmatisch orientierten Sinne: »Neben dem literarischen Werk, das ein Objekt der Bewertung und des ästhetischen Erlebnisses ist, wird oftmals auch zwischen dem ›Autor‹ und der sich entwickelnden literarischen Struktur eine Beziehung hergestellt [sic!]. Wir denken hier nicht an den Autor als ein psychophysisches Wesen, sondern an den Autor in metonymischer Bedeutung, an die Einheit, die die Werke eines bestimmten Autors in ihrer Gesamtheit bilden. Komponenten dieser Struktur [...] sind Einzelwerke genauso wie bestimmte Konstanten, die sich aus dem Vorgehen des Autors bei der Bearbeitung seines Materials ergeben. [...]. Die Neigung, das Werk eines einzelnen Autors als Gesamtheit zu betrachten, entspricht einer schlichten Lesererfahrung. Wenn wir ein neues Werk eines Autors lesen, der uns bereits aus manchen seiner früheren Werke bekannt ist, so nehmen wir ganz instinktiv übereinstimmende oder auch von früheren Erfahrungen abweichende Zeichen wahr, und alle erfassten Eigenschaften [...] bilden eine verallgemeinerte, aus dem Werk hervorgehende, jedoch außerhalb des Werks existierende Autor-Konkretisation« (Vodička: Struktur, S. 114).

Eine der aktuelleren Monographien[126] sozialgeschichtlicher Autorschaftsforschung stammt von Rolf Parr, der unter Mitarbeit von Jörg Schönert »die wesentlichen Entwicklungsstränge im Dreieck von ästhetischen, ökonomischen und juristischen Faktoren für die Zeit von 1860 bis etwa 1930 aufzeigt«.[127] Das Erkenntnisinteresse wird dabei möglichst umfassend und multiperspektivisch auf die drei genannten Einflussgrößen verteilt: Der Band beschreibt unter anderem das Fremd- und Selbstverständnis, die soziale Stellung und monetäre Situation von Autorinnen und Autoren wie auch die Ausdifferenzierung ihres Berufsstandes in »wissenschaftliche und populärwissenschaftliche Autoren, Journalisten, Übersetzer oder Autoren von Kinder- und Jugendliteratur«.[128] Auf theoretischer Ebene bemüht sich diese Arbeit um eine Erweiterung des sozialgeschichtlichen Analyseinstrumentariums durch systemtheoretische und interdiskurstheoretische Elemente.

Auf theoretisch traditionellerem, dafür methodologisch hochelaboriertem Niveau agiert die umfangreiche Monographie Jost Schneiders zur »Sozialgeschichte des Lesens«, die auch im Kontext einer autorschaftsbezogenen historisierenden Hermeneutik erwähnt werden muss. Schließlich beschränkt sie sich nicht auf die sozialgeschichtliche Darstellung des Lesens, sondern ist ihren Kapitelüberschriften und der grundlegenden Argumentationsstruktur nach den Manifestationen der »literarischen Kommunikation« im Ganzen gewidmet; wobei sie in erster Instanz chronologisch, in zweiter Instanz soziostratisch (also nach Gesellschaftsschichten) organisiert ist. So geht die Studie nicht nur in vielen Details – etwa *autonomer Literatur* im bürgerlichen Zeitalter – explizit darauf ein, wie Autorinnen und Autoren strategisch auf konkrete historische Rezeptionssituationen reagierten,[129] sondern zeigt auf einer abstrakteren Ebene ebenso auf, dass sich Wissen aus sozialhistorischen Beschreibungen der Rezeption immer auch als Wissen über die Produktionsbedingungen zu diesem Zeitpunkt verstehen lässt (was der Beitrag von Ralf Klausnitzer zu diesem Band systematisch modelliert).

Neben diesen beiden im narrativen Modus der *Geschichte* verfassten sozialhistorischen Arbeiten finden sich in der rezenten Forschung wesentlich häufiger Einzelstudien oder Anthologien zu sozialhistorisch relevanten Phänome-

---

[126] Eine sehr gute, aber notwendig knappe Überblicksdarstellung seit der Antike gibt der Handbucharticle Hoffmann / Langer: 5. Autor, S. 153–159, wenngleich er kaum neuere Forschungsliteratur miteinbezieht.
[127] Parr / Schönert: Autorschaft, S. 7.
[128] Ebd.
[129] Schneider: Sozialgeschichte des Lesens, S. 258f.

nen, die bei der adäquaten Historisierung literarischer Texte wichtige Wissenslücken schließen. So etwa die Beiträge zu den Bänden von Stephan Pabst »Anonymität und Autorschaft. Zur Literatur- und Rechtsgeschichte der Namenlosigkeit« und von Christa Hämmerle und Edith Saurer »Briefkulturen und ihr Geschlecht. Zur Geschichte der privaten Korrespondenz vom 16. Jahrhundert bis heute«.[130] Beide Sammelbände eröffnen neue Zugänge zu historischen Phänomen, die erst durch ihre Erschließung als literarische Kommunikationsbedingungen in ihrer Relevanz für Autorschaftsfragen erkannt werden konnten.

Die sozialgeschichtliche Perspektive auf Autorschaft, die immer von *realen* Autorinnen und Autoren ausgeht, erscheint uns gerade angesichts der im letzten Jahrzehnt verstärkt theoretisch geführten Diskussion *um den Autor als Konstrukt* ein wichtiges Element der praxeologischen Erdung und Rückbindung theoretischer Autorschaftskonzeptionen an und durch die (historische) Wirklichkeit auktorialer Erscheinungsformen zu sein.

1.3.2 Argumente für einen Autorbezug

a) Linguistische Fundierungen historisierender Positionen

Wie schon vereinzelt deutlich wurde, haben sich gerade für die Hermeneutik in besonderem Maße sprach- und kommunikationswissenschaftliche Forschungsergebnisse der linguistischen Pragmatik bzw. kognitiven Linguistik als nützlich erwiesen. Neben Wittgenstein und (in seiner Nachfolge) der Oxforder Normalsprachphilosophie sind die wichtigsten Einflüsse auf diesem Gebiet sicherlich von Jürgen Habermas ausgegangen. Spätestens seit einer ganzen Reihe von Artikeln aus den 1970er Jahren, etwa zur Universalpragmatik[131] und besonders seit seiner Kontroverse mit Gadamer, in der er diesem u. a. die Abschwächung der reflexiven Kraft des Subjekts zugunsten der Privilegierung von Tradition vorwirft,[132] ist Habermas auch aus literaturwissenschaftlichen Debatten nicht mehr wegzudenken. In einem 1997er Band von Gerhard Preyer, Maria Ulkan und Alexander Ulfig (»Intention – Bedeutung – Kommunikation«) werden noch einmal neuere Kritiken an Habermas aus intentionalistischer, kognitionslingu-

---

130 Vgl. Pabst (Hrsg.): Anonymität und Autorschaft und Hämmerle / Saurer (Hrsg.): Briefkulturen.
131 Vgl. Habermas: Was heißt Universalpragmatik?
132 Die Beiträge zur Kontroverse finden sich in Habermas / Henrich u. a. (Hrsg.): Theorie-Diskussion.

istischer und sprechakttheoretischer Perspektive zusammengestellt.[133] Dabei wird als fachgeschichtliche Beobachtung deutlich, dass sich *linguistische* Ansätze wie etwa die Sprechakttheorie – für die kommunikative Intentionen durchweg eine zentrale Rolle einnehmen – gerade zu dem Zeitpunkt etablierten, als die New Critics begannen, intentionales (Fehl-)Schließen als ›Todsünde‹ *literaturwissenschaftlicher* Interpretation zu desavouieren. Während die Intention für einige Jahrzehnte aus der Literaturwissenschaft verbannt wurde, galt sie in den Nachbarwissenschaften als Baustein moderner Theoriebildung. Doch selbst in der Hochphase normalsprachlicher Theoriebildung (bis in die 1970er Jahre hinein) hatten diese Ansätze erstaunlicherweise kaum Einfluss auf die literaturwissenschaftliche Theoriekonzeption. Erst mit dem intensivierten Bezug auf ihre kognitionswissenschaftlichen Elemente, wie dem Ausbau der Grice'schen Konversationsmaximen Mitte der 80er Jahre durch Sperber und Wilson zu einer ebenfalls inferenzbasierten, aber stärker kognitionswissenschaftlich argumentierende Relevanztheorie,[134] galten pragmalinguistische Positionen wieder als wissenschaftsfähige Begründungszusammenhänge literaturwissenschaftlicher Theoriebildung. Durch die 1990er und 2000er Jahre hindurch näherten sich die beiden Disziplinen gerade in der deutschsprachigen Theoriebildung weiterhin an.

2007 erschien dann der Band »Linguistische Hermeneutik. Theorie und Praxis des Verstehens und Interpretierens«, der nun in umgekehrter Stoßrichtung den Einfluss der Hermeneutik auf die Linguistik darzustellen versucht. Er ist, wie die Herausgeber Fritz Hermanns und Werner Holly schreiben, das Ergebnis der Erkenntnis, »dass (fast) die gesamte Linguistik ihre Basis hat in kommunikativer, also hermeneutischer Erfahrung der die Linguistik praktizierenden SprachwissenschaftlerInnen«.[135] Grundlage dieser produktiven Übereinkunft sind sicherlich die durchaus vergleichbaren Annahmen über Intention. Denn Intention wird hierbei – ob nun in hermeneutischer Textauslegung oder sprechakttheoretischer Gesprächsanalyse – stets als Zuschreibungsphänomen verstanden, das im weitesten Sinne die rezipientenseitige Rekonstruktion der Situation des Textproduzenten voraussetzt.[136] In der Literaturwissenschaft resultierte daraus – die Diskursanalyse und artverwandte Ansätze ausgeschlossen –

---

133 Vgl. die Beiträge in dem Band Preyer / Ulkan u a. (Hrsg.): Intention – Bedeutung – Kommunikation.
134 Vgl. Sperber / Wilson: Relevance.
135 Hermanns / Holly: Linguistische Hermeneutik, S. 1. Vgl. den Band Kämper / Eichinger (Hrsg.): Sprache - Kognition - Kultur.
136 In bes. Bezug auf die Hermeneutik Diltheys vgl. hierzu Willand: Intention.

eine historisierende Ausrichtung des Textverstehens, für die soziale, sprachliche und andere kontextuelle Phänome den Rahmen der zu rekonstruierenden Kommunikationssituation bilden.

b) Empirische Fundierungen historisierender Positionen

Der Begriff ›empirische Literaturwissenschaft‹ beschreibt ein weites, in den letzten 10 Jahren in bedeutsamem Ausmaß gewachsenes Feld literaturwissenschaftlicher Theoriebildung. Es lässt sich gut nach den Methoden und Praktiken der Empirisierungsbemühungen kategorisieren. So versucht ein Teil der Forschung kognitionswissenschaftliche Forschungsergebnisse für die Hermeneutik[137] bzw. Erzähltheorie[138] stark zu machen. Hier bezieht sich ›empirisch‹ auf die Kognitionswissenschaften selbst und ihren spezifischen Modus der Eruierung von Untersuchungsergebnissen, wie etwa den der inzwischen zum Schlagwort avancierten ›bildgebenden Verfahren‹. Diese Ergebnisse werden dann auf die literarische Produktion, Rezeption und Interpretation übertragen. Die dafür zugrunde gelegte »empirisch gestützte Annahme« ist, »dass an der Bedeutungskonstitution literarischer Texte grundsätzlich die gleichen basalen kognitiven Prozesse beteiligt sind wie bei der Bedeutungskonstitution nicht-literarischer Texte«.[139] Ein anderer Teil der Forschung nuanciert – besonders im Anschluss an Karl Eibl – »Empirie« über den Begriff der Erfahrung und meint damit die über ihn als möglich gedachte Empirisierung genuin literaturwissenschaftlicher Forschung.[140] Zwar werden hierbei auch kulturwissenschaftliche und anthropologische Annahmen stark gemacht – etwa aus der Evolutions- und Soziobiologie –, diese dienen jedoch vor allem der *Kontrollpeilung*, also der Überprüfung eines Forschungsergebnisses oder einer These durch den Vergleich mit Ergebnissen anderer Wissenschaften. In diesem Sinne argumentieren auch die Her-

---

[137] 2007 stellt das JLT die Frage »In What Direction Is Literary Theory Evolving?« (1 (2007) H.1, S. 191). Als Antwort liefern Koepsell / Spoerhase einen Forschungsüberlick zum Wissenstransfer aus den Neurowissenschaften (Koepsell / Spoerhase: Neuroscience); Lauer: Going Empirical respondiert sehr affirmativ mit Bezug auf seine schon zuvor ausgebarbeite Übertragung der Spiegelneuronentheorie auf die Hermeneutik. Einen umfangreichen Band publizierten anschließend Huber / Winko (Hrsg.): Literatur und Kognition. Überblicksdarstellungen auch bei Mansour: Stärken und Probleme, sowie Mansour: Chancen und Grenzen.
[138] Vgl. Bortolussi / Dixon: Psychonarratology.
[139] Christmann / Schreier: Kognitionspsychologie der Textverarbeitung. Der Beitrag liefert zudem eine sehr ausführliche Bibliographie zur literaturwissenschaftlich fruchtbar gemachten Kognitionspsychologie.
[140] Vgl. Eibl: Animal Poeta.

ausgeber Philip Ajouri, Katja Mellmann und Christoph Rauen in dem Sammelband zur »Empirie in der Literaturwissenschaft« (2013). Sie rekonstruieren drei Erfahrungsbereiche: Textempirie (das Herstellen zuverlässiger Textausgaben, aber auch standardisierte und rechnergestützte Verfahren der Textanalyse, die man inzwischen *distant reading* nennt), Empirie der Kontexte (die Rekonstruktion der Gewohnheiten und Erwartungen zeitgenössischer Autoren und Leser besonders durch die Methode des immer wieder erneut durchzuführenden geschichtswissenschaftlichen Quellenstudiums) und interdisziplinäre Vergleichsempirie (die durch die Übernahme fachfremder Daten in die eigen Argumentation eine Überprüfung der oft implizit bleibenden Regelmäßigkeitsannahmen ermöglicht).[141]

Als eine weitere produktive Quelle für die literaturwissenschaftliche Arbeit hat sich die Übertragung der Ergebnisse aus der Empathie- und Emotionsforschung erwiesen,[142] wobei diese Ansätze eine Art Scharnier bilden zwischen Kognitions- und empirischer Theorie, wie wir sie oben rekonstruiert haben. Recht einflussreich ist darüber hinaus der Import der »*Theory of Mind*«, der kognitionswissenschaftlichen Formulierung einer Art allgemeiner Intentionstheorie, die zu erklären vermag, warum wir Kommunikationspartnern überhaupt Intentionen zuschreiben. Diese Annahmen überträgt Lisa Zunshine konsequent auf die literaturwissenschaftliche Interpretation, indem sie den Umfang aufzeigt, in dem Leser Intentionen nicht nur »different sources (that is, characteres including the narrator)« zuschreiben können,[143] sondern auch die Präzision verdeutlicht, mit der Leser auf Ebene der Metarepräsentation Zuschreibungen einer literarischen Figur an eine andere hypothetisch nachzuvollziehen in der Lage sind.[144] Anschlüsse und Transferleistungen könnten im Anschluss an kognitionswissenschaftliche Fundierungen eines empirischen Autorbezugs auch die praxeologische Reflexion kreativer Schaffensprozesse leisten. Zwar hat die Kreativitäts-[145] und Schreibforschung[146] kaum Einfluss auf hermeneutische The-

---

141 Vgl. die »Einleitung« von Ajouri / Mellmann / Rauen: Empirie in der Literaturwissenschaft, S. 12–17.
142 Vgl. Winko: Regeln emotionaler Bedeutung; Winko: Kodierte Gefühle; van Holt / Groeben: Emotionales Erleben; Mellmann: Emotionalisierung; Mellmann: Biologische Ansätze; Hillebrandt: Emotional Functions; zur Empathie u. a. Mellmann: Objects of ›Empathy‹; Schiewer: Kognitive Emotionstheorien.
143 Zunshine: Why We Read Fiction, S. 60.
144 Zu der evolutionären Entwicklung der Metarepräsentationen vgl. Cosmides / Tooby: Evolution of Adaptations.
145 Vgl. u. a. Holm-Hadulla: Kreativität und Holm-Hadulla: Schöpfung und Zerstörung.

oriebildung, so dürfte aber zumindest eine systematische Aufarbeitung von Autorenpoetiken, verstanden als ›produktionsempirische‹ Forschung, den oben skizzierten Forschungsfeldern fruchtbar sekundieren. Wenngleich postmodernen Ansätzen die hier veranschlagte Systematizität (teilweise konzeptionell) abgeht, so haben diese auf dem Gebiet der Material- und Schreibstudien aktuell das größte Innovationspotential.[147]

2 Poststrukturalistische Autorschaftstheorien

»The Death and Return of the Author«[148] oder »The Death and Resurrection of the Author?«:[149] Beide Titel benennen die Pole, zwischen denen die als poststrukturalistisch zu klassifizierende Diskussion über die Autorschaft zu verorten ist. Dabei herrscht in den poststrukturalistisch fundierten Beiträgen seit der ›Rückkehr des Autors‹ eine begrüßenswerte *Pragmatisierung* vor, die jenseits der literaturtheoretischen Graben- und »Glaubenskämpfe«[150] konkrete Verfahren und Praktiken der Autorschaft in den Fokus rückt. Diese Ansätze nehmen zur Kenntnis, dass Barthes selbst schon wenige Jahre nach dem »Tod des Autors« die »freundschaftliche Wiederkehr des Autors« in Erwägung zog.[151]

Die in diesem Kapitel zu behandelnden Konzeptionen von Autorschaft sind der Metaphysikkritik Friedrich Nietzsches und Martin Heideggers verpflichtet. Subjekt und Wirklichkeit werden von unhintergehbaren Gegebenheiten zu Konstruktionen, die im und durch den Gebrauch von Sprache und Zeichen entstehen. Das Autor-Subjekt, das über seinen ihm untergeordneten Text (Objekt) verfügt, betrachten die Poststrukturalisten als Ergebnis von Subjektivierungs-

---

146 Zur Schreibforschung ist in jüngster Zeit nahezu ausschließlich didaktisch orientierte oder Ratgeberliteratur erschienen. Gut fundiert erscheint uns gerade die etwas ältere Literatur, etwa Portmann-Tselikas: Erarbeitung von Textstrukturen, sowie die Beiträge des Bandes Baurmann / Weingarten (Hrsg.): Schreiben.
147 Vgl. hierzu etwa die Beiträge des Bandes Zemanek / Krones: Literatur der Jahrtausendwende, bes. Sektion II: Schreibverfahren der Jahrtausendwende, in der Themen wie ›phantomisches Erzählen‹, das ›Sammelsurium als Schreibverfahren‹, die ›Wiederkehr des Dokumentarischen‹, ›literarisches Sampling‹, ›existentielle Poetiken‹ und Versuche ›erzählerischer Kontingenzverwaltung‹ behandelt werden.
148 Burke: Death and Return of the Author.
149 Irwin (Hrsg.): Death and Resurrection.
150 Detering: Einführung, S. X.
151 Barthes: Sade, Fourier, Loyola, S. 12. Vgl. den häufig überlesenen Hinweis auf diese Stelle bei Miller: Wechseln wir das Thema/Subjekt, S. 254.

prozessen, die sich im Zusammenspiel mit medialen, politischen, ökonomischen oder technischen Dispositiven vollziehen.[152] Im Zentrum stehen dabei die dispositiven Bedingungen, unter denen die Subjekt-Objekt-Beziehung von Autor und Text in Prozessen der Subjektivierung und Objektivierung ausgehandelt werden. Text, Sprache, Schrift bilden hier den Ausgangspunkt, um über die Konstitution von Subjekt, Identität und Autor nachzudenken. Die subjektkritischen, poststrukturalistischen Konzeptionen treten mit dem Ziel an, die hierarchische, asymmetrische Beziehung von Autor und Text umzukehren, auszugleichen und auszutarieren sowie statt der Vorgängigkeit des Subjekts die Vorgängigkeit und den Vorrang des Textes zu behaupten, der durch seine auf keine starre Struktur zu reduzierende Mehrdeutigkeit und Eigendynamik gekennzeichnet ist. Die poststrukturalistischen Autorschaftskonzeptionen konstatieren die Nachträglichkeit und Pluralisierung der Autorschaft.

2.1 Subjektivierungen (Giorgio Agamben)

Die Beiträge, die sich seit der ›Rückkehr des Autors‹ mit poststrukturalistischen Autorschaftskonzeptionen auseinandersetzen, diese rezipieren, fortführen oder revidieren, sind grundsätzlich damit befasst, den »Tod des Autors« zu *relativieren*. »Insgesamt ist die zeitweilige oder absolute Eliminierung des Autors aus dem literarischen Prozess ein für bestimmte Zwecke nützliches Gedankenkonstrukt, aber für keine Zeit eine belegbare Tatsache«, resümiert Katrin Kohl die Auseinandersetzung mit Barthes' Position, um den »Tod des Autors« als eine jener poetologischen Metaphern der Autorschaft darzustellen, die äußerst wirksam die Wahrnehmung und Darstellung von Autorinnen und Autoren präfigurieren.[153] Eine im engeren und dogmatischen Sinne poststrukturalistische Forschung zur Autorschaft wäre letztlich wenig ergiebig. Denn wieso und wie sollte man etwas erforschen, von dessen Irrelevanz man ausgeht?

Ein Weg Barthes' Aussagen zu relativieren, besteht darin, den Anspielungsreichtum und die Metaphorizität seines Textes selbst zum Gegenstand der Analyse zu machen. Ähnlich wie Katrin Kohl beschreibt Jürgen Gunia den »Tod [des Autors] als Metapher für die Depotenzierung des Subjekts«[154] und zugleich als

---

152 Vgl. zum Dispositivbegriff im Anschluss an Foucault den Aufsatz von Agamben: Was ist ein Dispositiv?
153 Kohl: Poetologische Metaphern, S. 293.
154 Gunia: Souveränität der Sprache, S. 125.

Zitat von Nietzsches Diktum, dass Gott tot sei.[155] Barthes schreibt also einerseits die Große Erzählung vom Tod Gottes fort; andererseits, so Gunia, bestätige Barthes' Text in seiner Verfahrensweise, also auf der Ausdrucksebene, was Barthes selbst in seiner vielzitierten Definition des Textbegriffs, also auf der Inhaltsebene, festhält:

> Heute wissen wir, dass ein Text nicht aus einer Reihe von Wörtern besteht, die einen einzigen, irgendwie theologischen Sinn enthüllt (welcher die ›Botschaft‹ des Autor-Gottes wäre), sondern aus einem vieldimensionalen Raum, in dem sich verschiedene Schreibweisen [...] vereinigen und bekämpfen. Der Text ist ein Gewebe von Zitaten aus unzähligen Stätten der Kultur.[156]

So durchmischen sich die argumentativen und die poetischen Dimensionen des Textes. Um noch einmal Barthes' Konstruktion nachzuvollziehen: Im vieldimensionalen Textgewebe, das sich durch seine semantischen Mehrdeutigkeiten auszeichnet, besitzt der Autor keine herausgehobene und besonders autorisierte Position als Verstehensnorm. Der Text ist ein polysemes Zeichensystem und referiert auf keinen einheitlichen Ursprung, sondern multipliziert die Möglichkeiten der Lektüre, der Bedeutung und des Verstehens. Barthes greift bei dieser Textdefinition auf den Intertextualitätsbegriff Julia Kristevas zurück, den sie ihrerseits in einem Beitrag über Bachtins Dialogizitätskonzept festgehalten hat: »An die Stelle des Begriffs der Intersubjektivität tritt der Begriff der Intertextualität«.[157] An die Stelle des Begriffs ›Autor‹ tritt der Begriff ›Text‹. Der Text nimmt also strukturell gesehen die Position des Subjekts ein.[158]

Moritz Baßler zeigt in seinem Beitrag zu diesem Band ausgehend von Barthes' Mythos-Begriff als ›sekundärem semiologischen System‹, dass Intention selbst ein Mythos der Textinterpretation ist, die im Text nirgends nachweisbar ist und spricht im Anklang an Wimsatt und Beardsley von einer ›receptional fallacy‹. Er argumentiert dafür, Autoren aber auch Popstars, allgemein Medien-Personae als eine »Diskurskonstellation, eine Systemstelle im medialen Feld« zu lesen, und er findet einen interessanten Anschluss an Susan Sontag, die in »Notes on ›Camp‹« festhält: »The work tells all«.[159]

---

155 Vgl. ebd., S. 117. Vgl. dazu schon früher Detering: Die Tode Nietzsches.
156 Barthes: Der Tod des Autors, S. 190.
157 Kristeva: Bachtin, das Wort, S. 348.
158 Und darüber hinaus gilt: »Auch das Subjekt erweist sich, sobald es selbst Gegenstand der Analyse wird, als textförmig«. Vgl. Baßler: Die kulturpoetische Funktion, S. 344.
159 Vgl. Baßler: Mythos Intention (in diesem Band).

Die Ersetzung des Subjekts durch den Text bedeutet nicht, dass die Autorsubjektposition dadurch vollkommen obsolet und unbedeutend würde. Nein, Barthes selbst hat schon sehr bald nach dem »Tod des Autors« »eine freundschaftliche Wiederkehr des Autors«[160] projektiert und in der späteren Vorlesung über die »Vorbereitung des Romans« aktualisiert. *Diese* »Rückkehr zum Autor« ist bemerkenswerterweise weitaus weniger bekannt als sein Essay über den Tod des Autors.[161] Bei Barthes heißt es zum Beispiel in »Vom Werk zum Text«, einem inhaltlich eng mit dem »Tod des Autors« verbundenen Essay aus dem Jahr 1971: »Nicht daß der ›Autor‹ nicht in den ›Text‹, in seinen Text, ›zurückkehren‹ könne; dann aber, sozusagen, als Gast; ist er Romancier, so schreibt er sich als eine der Figuren ein, als Motiv im Teppich; seine Einschreibung ist nicht mehr vorrangig, väterlich, deontisch, sondern spielerisch: Er wird sozusagen zu einem Papierautor«.[162] Diese *Spiel*art der Rückkehr des Autors konzipiert einen Papier- oder Textautor, also kein vorgängiges, transzendentales Subjekt, kein Bewusstsein, keinen Ursprung, sondern einen Autor, der als nicht-gleichberechtigter Teil lediglich ein »Gast« des Textes im intertextuellen Spiel anderer Figuren, Motive und Metaphern ist.

Hier setzt Maik Neumann in seinem Beitrag zu diesem Band ein, um Barthes' poststrukturalistische Theorie der Autorschaft systematisch aus texttheoretischer Sicht zu rekonstruieren. Ausgehend von Barthes' eigentümlicher Studie *Sade – Fourier – Loyola* analysiert Neumann Barthes' Autorschaft selbst. Über das Konzept der ›Logothesis‹, der Sprachbegründung, wird deutlich, wie Barthes Autorschaft als Kombination von Lesen und Schreiben in seine Texttheorie integriert.[163]

Die Relativierung der Barthes'schen Polemik gegen den Autor, die in dieser Selbstrelativierung schon vorgezeichnet ist, setzt Giorgio Agamben fort. »Der Autor ist nicht tot«, heißt es dort in unmissverständlichem Widerspruch zu Barthes, »aber sich als Autor hinstellen heißt den Platz eines Toten einnehmen. Es gibt ein Subjekt ›Autor‹, doch wird es nur durch die Spuren seiner Abwesenheit bezeugt«.[164] In dem 2005 erschienenen Essay »Der Autor als Geste« übersetzt der italienische Philosoph den »Tod« des Autors in eine Metapher für dessen Abwesenheit. Der Ausdruck »Abwesenheit des *Autors*« verwendete bereits

---

160 Barthes: Sade, Fourier, Loyola, S. 12.
161 Vgl. dazu ausführlich den Beitrag von Maik Neumann: Der Autor als Schreibender (in diesem Band), der einen Überblick aus Sicht von Barthes' Texttheorie gibt.
162 Barthes: Vom Werk zum Text, S. 69f.
163 Vgl. den Beitrag von Maik Neumann: Der Autor als Schreibender (in diesem Band).
164 Agamben: Der Autor als Geste, S. 60f.

Barthes in seinem Essay von 1967/68,[165] Agamben aber setzt diese Abwesenheit nun in ein Verhältnis zur »irreduzible[n] Anwesenheit« des Autors,[166] sodass die paradoxe »Anwesenheit-Abwesenheit«[167] zum Paradigma der Autorschaft gerinnt. Agamben beschreibt den Autor als »unlesbare«, »ausdruckslose Geste [...], mit der der Autor von seiner Abwesenheit im Werk Zeugnis abgelegt hat«.[168] In dieser Geste, dem Zeugnis für sein Fehlen, ist der Autor in seiner Abwesenheit anwesend. Der Autor ist in seinem Werk also lediglich in und mit einer Geste präsent, die markiert, was im Ausdruck unausgedrückt bleiben muss.[169] Die flüchtige, nicht fassbare und nicht festzuhaltende, ebenso schnell auftauchende wie wieder verschwindende Geste vermittelt zwischen der An- und Abwesenheit, zwischen dem Ausdruck und dem, was darin unausgedrückt bleiben muss, dem Geheimnis, das sich nicht entschlüsseln lässt. Diese Geste lässt sich einerseits vor dem Hintergrund von Agambens Heidegger-Rezeption ontologisch und philosophiehistorisch verstehen: als Vermittlung zwischen Sein und Praxis, Potenz und Akt, Ursprung und Repräsentation. Andererseits lässt sich die Geste aber auch im Hinblick auf Autorschaft konkretisieren: Letztlich ist sie nichts anderes als die Freigabe eines Werkes zur Veröffentlichung, das Imprimatur, mit dem Autor und Text endgültig voneinander geschieden werden. Diese Geste, mit der ein Autor seinen Text frei gibt und, wie Agamben wiederholt formuliert, ›sein Leben im Werk aufs Spiel setzt‹, kommt im Text selbst nicht zum Ausdruck, ist jedoch Voraussetzung für dessen Verbreitung und Rezeption.

Agambens Text ist aber nicht nur eine Lektüre von Barthes, sondern vor allem eine luzide Auseinandersetzung mit Foucaults auf einem Vortrag basierendem Aufsatz »Was ist ein Autor?«. Foucault selbst hatte sich darin mit Barthes' Konzeption der Autorschaft zwischen Schreiben und Tod auseinandergesetzt und war zu dem Ergebnis gekommen, das die Toterklärung des Autors defizitär bleibe, da sie den Autor in eine beinahe mystisch zu nennende, »transzendentale Anonymität« übersetze und die Schrift und ihre Autonomie sakralisiere.[170] Man müsse, so Foucault, darüber hinaus die regulative und begrenzende *Funk-*

---

165 Vgl. Barthes: Der Tod des Autors, S. 189, 191.
166 Der Begriff taucht ebenfalls zweimal auf. Agamben: Der Autor als Geste, S. 66, 69.
167 Ebd., S. 62.
168 Ebd., S. 66f.
169 Vgl. zum Begriff ›Geste‹ Agamben: Noten zur Geste.
170 Foucault: Was ist ein Autor?, S. 1011.

tion des Autors im Diskursgewimmel untersuchen, seinen Status als diskursinternen Ordnungs- und Kontrollmechanismus.[171]

Mit der von Foucault profilierten Autor-Funktion wird die Einteilung, die Zirkulation von und der Umgang mit Texten kontrolliert und reglementiert. In einer diskursanalytisch ausgerichteten poststrukturalistischen Literaturwissenschaft stehen somit *diskursive, juristische und mediale* Bedingungen von Autorschaft zur Disposition.[172] Ausgehend von Foucaults diskursanalytischem Ansatz stehen Fragen im Raum, die bis heute einer Beantwortung harren und durch soziokulturelle Transformationsprozesse immer neu aktuell werden: Welche diskursiven Bedingungen entscheiden darüber, ob der »Bezug (oder der Nicht-Bezug) zu einem Autor und die verschiedenen Formen dieses Bezugs«[173] notwendig sind oder zutage treten? Auf welche Weise setzt die medientechnische Evolution den juristischen Regelungsbedarf von Autorschaft unter Druck?[174] Wie verändern sich die diskursive Funktion und die disziplinäre Verankerung von Autorschaft in diachroner Perspektive?

Agamben greift die zum Begriff der Autor-Funktion zusammengefasste, diskursanalytische Konzeption auf und definiert die »Autor-Funktion als ein[en] Prozess der Subjektivierung«.[175] Die in poststrukturalistischen Ansätzen lange Zeit als Leerstelle mitgeführte Subjektposition füllt Agamben auf, doch ist für das Subjekt keine privilegierte, begründende Position reserviert. Das Subjekt wird in seiner Abwesenheit und Unerreichbarkeit relevant. Die Revision der Subjektposition gibt die Sprach- und Handlungsmacht, das Selbstbewusstsein und Reflexionsvermögen des Subjekts nicht auf, aber diese Eigenschaften sind, sofern sie sich einstellen, das Ergebnis von Subjektivierungsprozessen und damit das Ergebnis von sozialen Praktiken und performativen Aktivitäten. Das Subjekt behauptet sich in der Auseinandersetzung (im »Nahkampf«[176]) mit diskursiven und nicht-diskursiven Praktiken, also Dispositiven. An diesen Dispositiven bildet sich das Subjekt heraus, es muss sich daran abarbeiten. Die Dispositive geben Formen der Subjektivierung vor, genauso wie das Subjekt durch neue kreative Subjektivierungen an der Modifizierung der Dispositive teilhat.[177]

---

171 Vgl. Foucault: Ordnung des Diskurses, S. 20–22.
172 Vgl. Horn: Literatur, S. 369f.
173 Foucault: Was ist ein Autor?, S. 1028.
174 Zu dieser Frage ist kurz vor dem Erscheinen unseres Bandes folgende rechts- und medienhistorische Studie herausgekommen, Dommann: Autoren und Apparate.
175 Agamben: Der Autor als Geste, S. 60.
176 Ebd., S. 68.
177 Vgl. erneut Agamben: Was ist ein Dispositiv?

Das Schreiben und die Schrift selbst stellen solche Dispositive dar, die an der Konstitution des Subjekts, seiner Subjektivierung teilhaben, ebenso wie Medien, Räume, Disziplinen, Rituale und Institutionen. Die Subjektposition wird nicht einfach intertextuell verflüssigt, wie bei Barthes, sondern als Ergebnis eines Subjektivierungsprozesses gefasst. Autorschaft stellt einen besonderen Fall dieser Subjektivierungsprozesse dar, der dadurch gekennzeichnet ist, dass er sich am Dispositiv der Schrift abarbeitet, durch den Text der Beobachtung preisgegeben wird und dadurch ein oszillierendes Spiel mit Anwesenheit und Abwesenheit, Beobachtbarkeit und Unbeobachtbarkeit initiiert.

Agambens Autorschaftsessay findet sich in einem Band mit dem Titel »Profanierungen«. Eine Profanierung, so erläutert Agamben in diesem Band, kehrt die für Religionen typische, sakrale »Absonderung«[178] um und gibt ein Ding oder einen Ort dem allgemeinen Gebrauch zurück, so wie zum Beispiel Kirchengebäude profaniert werden. Das Dispositiv der religiösen Absonderung ist das Opfer, was für die hier nachvollzogenen Zusammenhänge von Interesse ist, insofern als auch der »Tod des Autors« als Opfer verstanden wurde. Der Romanist Bernhard Teuber, der den »Tod des Autors« nicht »etwa als Tabuisierung, Verdikt oder Abschaffung, sondern als eine eigentümliche Variante der Autorschaft«[179] versteht und damit ebenfalls an der Relativierung von Barthes arbeitet, hat als erster die sozialanthropologische Analogie zwischen »opfern« und »schreiben« im Anschluss an Barthes herausgestellt. Die bei Barthes skizzierte Opferung des Autors, die darin besteht, dass der Autor seinen »Tod«, seine Abwesenheit, durch den Schreibakt auf sich nimmt, affiziert laut Teuber den Opfernden *und* Schreibenden selbst, da es sich sowohl beim Opfern als auch beim Schreiben um einen intransitiven, medial-selbstbezüglichen Vorgang handelt. »Wenn der Ritus des Opferns auf den Opfernden überspringt, um ihn zu affizieren, ja zu transformieren, dann geschieht genau dasselbe auch im Prozess des Schreibens unter den Bedingungen der Moderne«.[180] Schreiben ist ein Opferungsakt mit dem religiösen Ergebnis, dass der das Opfer Darbringende bzw. der Schreibende geheiligt wird. Schreiben, so Teuber, vollzieht sich als »sakrale Selbstaffektion«.[181] Diese heilige Autorschaft bleibt wie alles Heilige abgesondert und dem Zugriff entzogen. Teuber zeigt also, dass Barthes Vorhaben einer ›Entsakralisierung‹ der Autorinstanz einen seinem dezidiert ›gegen-

---

178 Agamben: Lob der Profanierung, S. 71.
179 Teuber: Sacrificium auctoris, S. 123.
180 Ebd., S. 127.
181 Ebd., S. 128.

theologischen‹ Vorhaben[182] entgegengesetzten Effekt hat und der Autor ein Nachleben als ›gespenstischer Souverän‹ führt,[183] was als weiterer Beleg für Agambens Feststellung einer »Anwesenheit-Abwesenheit« des Autors zu werten ist.[184]

Karin Peters geht dieser Spur in ihrem Beitrag für diesen Band weiter nach, indem sie ausgehend von einer semantischen Analyse von Barthes' *Tod des Autors*, die die theologisch-politischen Allusionen des Textes ernst nimmt, untersucht, vor welchem bis zur französischen Revolution zurückreichenden diskursgeschichtlichen Einfluss Barthes' Toterklärung des Autors zu verstehen ist. Die damit verbundenen national-imaginären und sozial-symbolischen Dispositive zeigt Peters in einer psychoanalytisch-kulturwissenschaftlichen Analyse von Georges Batailles Roman *L'Histoire de l'œil* (1928) auf. Peters erläutert Batailles Poetik des Opfers und seine Vorstellung von prekärer Subjektivität, in deren Verbindung die phantasmatische Aporie jeder Gemeinschaftsbildung erkennbar wird.[185]

Mit seinem Hinweis darauf, dass die »Auflösung des Autor- und Subjektbegriffs überhaupt in enger Analogie mit Nietzsches Wort vom ›Tode Gottes‹ zu verstehen« sei,[186] macht Teuber noch einmal deutlich, im Schatten welcher philosophischen Autorität Barthes und die Poststrukturalisten stehen. Den Gemeinsamkeiten von Nietzsche (Tod Gottes) und Barthes (Tod des Autors) im Hinblick auf Sprache und Subjekt ist Daniela Langer anhand von Nietzsches Autobiographie »Ecce Homo« sowie Barthes' »Roland Barthes par Roland Barthes« nachgegangen. In Folge des Ablebens der Autoritätsinstanzen wird die Identifikation zwischen einem schreibenden Ich und der dargestellten Figur zu einem Spiel mit Textsubjekten. Vor diesem Hintergrund und in deutlicher Abgrenzung zu Barthes und Derrida unterzieht Heinrich Detering Nietzsches »Antichrist« und »Ecce Homo« einer hermeneutisch vertrauensvollen Lektüre, die »Nietzsches letzte Texte« (so der Untertitel) als große und kohärente »Selbst-Erzählung« ernst nimmt, in der der Tod Gottes durch die kunstreligiöse Selbstautorisierung des Autors und sein »Eintreten in die Jesus-Rolle« überwunden

---

182 Vgl. Barthes: Der Tod des Autors, S. 188, 191.
183 Vgl. ausführlich Peters: Der gespenstische Souverän.
184 Vgl. zur gleichzeitigen Er- und Entmächtigung durch die Inszenierung heiliger Autorschaft, ob als Priester oder Prophet, Marx: Heilige Autorschaft?
185 Vgl. den Beitrag von Karin Peters: Bataille und der gespenstische Souverän (in diesem Band).
186 Teuber: Sacrificium auctoris, S. 140.

wird.[187] Deterings Lesart der Nietzsche-Texte bis hin zur »Vergöttlichung«[188] des Autors ruft schließlich die Frage nach der traditionsreichen kunstreligiösen Autor/Gott-Analogie auf den Plan, die durch Barthes' Essay überraschenderweise *ex negativo* neue Aktualität gewonnen hat.[189] Damit wären wir auf der anderen, der den poststrukturalistischen Ansätzen gegenüberliegenden Seite der Autorschaftskonzeptionen angekommen, die belegt, welche starke und einflussreiche religiöse bzw. kunstreligiöse Grundierung dem modernen, sich im 18. Jahrhundert herausbildenden Autorschaftsbegriff eigen ist, insbesondere insofern als der moderne Autor als säkularisierte *imago dei*, als *alter deus* zu verstehen ist.[190]

Agambens Profanierung des Autors zur Geste und seine Ausführungen über die Subjektivierung von Autorschaft bilden somit eine Art Richtschnur für die poststrukturalistisch orientierten Beiträge zur Autorschaftsdebatte. Die Gemeinsamkeit all dieser Forschungsbeiträge besteht darin, dass sie stets das Verhältnis behandeln, das sich bei Barthes abzeichnet und das Foucault zur Grundfrage jeder Autorschaftstheorie gemacht hat, »das Verhältnis von Text und Autor [...], die Art, in der der Text auf jene Figur verweist, die ihm, zumindest dem Anschein nach, äußerlich ist und ihm vorausgeht«.[191]

Claudia Hammerschmidt, um ein weiteres Beispiel zu nennen, befasst sich in ihrer Studie *Autorschaft als Zäsur* mit genau dieser systematisch äußerst bedeutsamen Schwelle zwischen Autor und Text, die Agamben als Geste fasst. Auch Hammerschmidt stutzt den »Tod des Autors« wie alle, die nach der »Rückkehr des Autors« Stellung beziehen, relativierend zurecht: »Autorschaft ist eine höchst problematische Textfunktion, die trotz Barthes' Toterklärung des Autors (und gerade Barthes weiß bekanntlich, daß Tote als Gespenster immer wiederkehren) aus den Texten nicht wegzudenken ist, sich aber auch kaum festlegen und analysieren läßt«.[192] Hammerschmidt wiederholt den Gedanken Agambens, dass der Autor vor allem in seiner Abwesenheit zur Möglichkeitsbedingung eines Textes und seiner Lektüre wird und insofern nicht zu verabschieden ist. Sie führt dies auf eine *mise-en-abyme*-Struktur zurück, die auch für die Beiträge zur Autofiktion von entscheidender Bedeutung ist, weil das »In-

---

187 Zitate nach Detering: Antichrist, S. 130f.
188 Ebd., S. 138.
189 Vgl. Kirchhofer: Refined out of Existence?
190 Vgl. Blumenberg: ›Nachahmung der Natur‹; Deupmann: Apostel; Reuter: Autorschaft als Kondeszendenz; Weidner: Himmelskarten.
191 Foucault: Was ist ein Autor?, S. 1007.
192 Hammerschmidt: Autorschaft als Zäsur, S. 41f.

den-Abgrund-Schicken« durch den Eintritt des Autors in die eigene Schrift, in den eigenen Text unweigerlich zu einer metaleptischen Verdopplung der Autorinstanz führt. Zwischen den Instanzen, der realen und der fiktionalen, besteht eine ontologische Differenz, die zu bemerkenswerten Konstellationen zwischen Leben und Werk, Vorgängigem und Nachträglichem, Realität und Fiktion führen kann.

Im Rückgriff auf die Etymologie des Autorbegriffs stellt Hammerschmidt Überlegungen zum Verhältnis von Autor und Autorität an. Der Autor erlange Autorität immer nachträglich, »denn die Autorität ist nicht selbstverständlich dem Schreiben antezedent, sondern begründet sich im eigenen Können, das, als objektive, veräußerte Form, der Beurteilung durch andere ausgesetzt ist und nur über die Akzeptanz durch diese als zugesprochene Autorität dem Autor *a posteriori* zukommen kann«.[193] Mit der Autorität bringt Hammerschmidt einen Begriff ins Spiel, der von der poststrukturalistischen Autorschaftsforschung – auf den ersten Blick überraschenderweise – aufgegriffen wird, um die Funktion und den performativen Effekt von Autorschaft zu beschreiben.[194]

2.2 Auktorialität

Gemeinhin geht die politische Philosophie schon seit langem von einer Krise der Autorität aus. Autorität und Autoritäten widerstreben der selbstbestimmten Individualität der Moderne. Der »Tod des Autors« ist eine Begleiterscheinung dieser Autoritätskrise, und sein Erscheinungsdatum 1967/68 im anti-autoritäten Umfeld unterstreicht diesen Zusammenhang. Zehn Jahre vor Roland Barthes postuliert Hannah Arendt einen »Autoritätsverlust der modernen Welt«.[195] In ihrer maßgeblichen, ideengeschichtlichen Erörterung der Frage »Was ist Autorität?« weist sie gleich zu Beginn darauf hin, dass die Fragestellung eigentlich »Was war Autorität?« hätte heißen sollen.[196] Im gleichen Stil hätte Barthes seinen Text »Was war der Autor?« nennen können. Mit dem »Tod des Autors« gerät der Autor selbst in eine poststrukturalistisch motivierte Krise, welche die Krise der Autorität verschärft. Der ebenso visionäre wie exzentrische Medienphilosoph Vilém Flusser geht von einem allgemeinen »Schwund des Autors und

---

193 Hammerschmidt: Autorschaft als Zäsur, S. 56.
194 Vgl. die Ausführungen zur Performativität in Kapitel 4 (»Theorien der Inszenierung von Autorschaft«).
195 Arendt: Was ist Autorität?, S. 117.
196 Ebd., S. 117.

der Autorität« aus. »Anstelle der Autorität treten die Medien. Das ist vielleicht das Wesen der Kommunikationsrevolution. Es ist eine wichtige Kulturkritik dank Kommunikologie«.[197] Die Ersetzung des Autors durch ›Medien‹ ist bislang jedoch eine kommunikologische Utopie Flussers geblieben.

Der etymologische Zusammenhang von Autor und Autorität ist offensichtlich und hat in den letzten Jahren bei der Formulierung von Forschungsprogrammen verstärkt Beachtung gefunden. Das Wort ›auctor‹ leitet sich ab vom lateinischen *augere,* was so viel bedeutet wie vermehren, vergrößern, etwas entstehen, wachsen lassen.[198] *Auctoritas* als Eigenschaft des *auctor* bedeutet Glaubwürdigkeit, Verantwortlichkeit, Urheberschaft, aber auch den Einfluss und die Vorbildlichkeit einer Person.[199] Zunächst einmal handelte es sich dabei um einen römischen Rechtsbegriff für einen Bürgen, Ratgeber oder Stifter.[200] Später wurde der Begriff auf Gott als Autor und Autorität übertragen, um im Mittelalter auf die von Gott autorisierten *auctores,* die Kirchenväter, übertragen zu werden. So entwickelte sich Autorität zu einer religiös konnotierten Kategorie. Im weiteren Verlauf der Geschichte wurde Autorität schließlich zu einer (nicht-institutionalisierten, nicht bindenden) Komponente des Politischen und später auch des Sozialen.[201]

Der romanistische Ideenhistoriker Jean Starobinski hat in einer kurzen Gedankenskizze über den etymologisch offensichtlichen Zusammenhang zwischen Autor (eine Person) und Autorität (eine Abstraktion) postuliert, dass »die moderne Figur des Autors« zwar aus einer »Krise der Autorität« entspringe, jedoch auch das Potenzial habe, solche Krisen zu kompensieren.[202] Das leuchtet ein, insofern als Krisen (der Autorität, des Autors, aber auch politische oder wirtschaftliche Krisen) ›Momente des Politischen‹[203] sind, in denen verschiede-

---

197 Flusser: Kommunikologie, S. 137f.
198 Vgl. Hoffmann / Langer: 5. Autor, S. 131.
199 Vgl. ebd. Zu den »theoretical complexities and consequences of the two concepts and their interrelationship« sowie zu möglichen Etymologien vgl. Donovan / Fjellestad u. a.: Introduction, hier bes. S. 2–4 (Zitat S. 2).
200 Vgl. Wetzel: Autor/Künstler, S. 480.
201 Vgl. die Kurzfassung der Autoritätsgeschichte bei Donovan / Fjellestad u. a.: Introduction, S. 4–7. Freilich gibt es noch ganz andere Arten der Autorität. Raymond Geuss unterscheidet zwischen persönlicher, moralischer, politischer, polizeilicher und kognitiver Autorität. Vgl. Geuss: Zwischen Athen und Rom, S. 36. Vgl. zur gegenwärtigen Transformation des sozialsymbolischen Autoritätsgefüges aus kulturwissenschaftlicher und subjekttheoretischer Sicht Härtel: Symbolische Ordnungen.
202 Starobinski: Der Autor, S. 14.
203 Vgl. Marchart: Die politische Differenz, S. 80.

ne Handlungsoptionen gegeneinander abzuwägen sind und die Kontingenz politischen Handelns offensichtlich wird. In solchen Krisenmomenten ist es notwendig, politische Entscheidungen gegenüber anderen möglichen Entscheidungen zu begründen.[204] Autorität erleichtert die Durchsetzung von Entscheidungen, weil sie von der Unterstellung lebt, »Entscheidungen könnten hinreichend erläutert und begründet werden«, und sie dadurch die krisenbedingte Unsicherheit absorbiert.[205] Zugleich muss jede Entscheidung jemandem, der sie trifft, zugerechnet werden. Diese Entscheidungsinstanz ist im weitesten Sinne ein Autor.

Sowohl das systematische als auch das historische Verhältnis von Autorschaft und Autorität ist viel komplizierter und vielschichtiger, als es dem etymologischen Zusammenhang nach den Anschein haben könnte. Autorschaft ist am besten als eine textbasierte Autorisierungsstrategie zu verstehen und hat daher gerade in Krisenzeiten Konjunktur. Diese Autoritäts-Funktion von Autorschaft hat etwa Foucault in seiner Erörterung der Frage »Was ist ein Autor?« nur randständig behandelt.[206] Daher liegen die Anschlussmöglichkeiten der Autorschaftsdebatte an gesellschaftspolitische und philosophische Diskurse, die sich über den Autoritätsbegriff eröffnen, in Foucaults blindem Fleck. Erstens besteht eine Funktion von Autor und Werk darin, die »Vermittlung von Literatur und Gesellschaft« praktikabel zu machen,[207] und zweitens betrifft Autorschaft immer auch »die Frage nach der Ermächtigung und Legitimation bestimmter Individuen, einen [...] Diskurs hervorzubringen«.[208] Auktorialität gilt als Schauplatz, auf dem das Verhältnis von voraussetzungsloser Autorschaft und der auf etwas

---

204 Es sei denn, die Bearbeitung von Krisen erfolgt mittels einer Rhetorik der Alternativlosigkeit.
205 Luhmann: Politik der Gesellschaft, S. 238. Niklas Luhmann spricht von Autorität als Mechanismus gesellschaftlicher »Unsicherheitsabsorption«. An anderer Stelle führt er aus: Autorität hat »ihr Fundament in *vergangener* Bewährung, beruht also auf Geschichte: Der Rat eines Mitmenschen hatte mehrfach Erfolg gehabt, seine Meinungen hatten sich als richtig herausgestellt, er hatte seine Äußerungen auf Rückfrage begründen können. Solche Erfahrungen werden dann gedeutet, erklärt, der Person oder bestimmten Qualitäten der Person zugerechnet und dadurch generalisiert. Es bildet sich Autorität dadurch, daß der Rat auch in anderen ›ähnlichen‹ Fällen in Anspruch genommen, die Meinung auch sonst als richtig unterstellt wird. Auf Grund der Vorerfahrungen können einzelne Äußerungen relativ kritiklos als richtig oder maßgebend angenommen werden«. Luhmann: Macht im System, S. 65.
206 Lediglich die Nennung von Autornamen als Wahrheitswert und Autoritätsverweis im ›wissenschaftlichen‹ Diskurs der Vormoderne findet bei Foucault Beachtung. Vgl. Foucault: Was ist ein Autor?, S. 1016.
207 Städtke: Auktorialität, S. XVI.
208 Ebd., S. XXII.

Vorausgehendem oder Vergangenem aufbauenden Autorität auszuhandeln ist.[209] Die Gestaltung dieses Verhältnisses führt zu einem Konflikt zwischen Autorschaft und Autorität, weil moderne, neuzeitliche Autorschaft voraussetzungslose und sich selbst begründende *Autonomie* impliziert, während Autorität als Teilhabe an etwas Vorausliegendem *Heteronomie* bedeutet. Dieser etymologisch-ideengeschichtliche Konflikt spiegelt sich im Begriff der Auktorialität wider. »Auktorialität hat eine doppelsinnige Bedeutung, die sowohl Autorität als auch Urheberschaft meinen kann«.[210] Wolfgang Iser löst diesen Konflikt, indem er Autorität von Geltung unterscheidet, und »diese muß im Gegensatz zur Autorität erst etabliert werden«,[211] während sich Autorität auf etwas Vorausliegendes, auf eine Quelle oder einen Ursprung bezieht. Iser argumentiert auf der Seite der Urheberschaft, die als »Hervorbringung ohne Autorität« fungiert.[212]

Grundsätzlich unterscheidet Iser zwischen der auktorialen Instanz und dem Diskurs, den diese Instanz hervorbringt. Aus der Relation zwischen diesen beiden gewinne etwas Gesagtes oder Geschriebenes *Geltung*, die als nachträglich zugeschriebene ›Autorität‹ zu verstehen ist. Auktorialität beschreibt Iser als »Nullstelle des Diskurses«, die erstens selbst nicht zum Diskurs gehört, also außerhalb des Diskurses liegt, sich zweitens auf nichts Vorausliegendes bezieht und drittens die »Bedingung des Hervorbringens« figuriert.[213] Diese Nullstelle ist als Null im Diskurs selbst nicht beobachtbar, kann jedoch durch eine »Verdopplung« der auktorialen Instanz markiert und in den Diskurs hinein gespiegelt werden. Dieses »Reflexivwerden«[214] der Nullstelle bedeutet, dass sich die auktoriale Instanz in den Operationen des Diskurses selbst zur Geltung bringt, indem sie als »Ich« oder als Autorfigur auftritt.

> Die Nullstelle der auktorialen Instanz doppelt sich daher im Diskurs selbst und gibt so zu erkennen, wie etwas entsteht. Sie ist eine Null, solange sie Urheberschaft markiert, die zwangsläufig außerhalb des Diskurses liegt. Ihre Doppelung im Diskurs macht sie zum Spiegel dafür, was in Urheberschaft als Bedingung des Hervorbringens angelegt ist.[215]

---

209 Vgl. das Luhmann-Zitat zum Fundament der Autorität in vergangener Bewährung (Anmerkung 205).
210 Iser: Auktorialität, S. 219.
211 Ebd., S. 220.
212 Ebd., S. 219.
213 Ebd., S. 240.
214 Ebd., S. 227.
215 Ebd., S. 230.

Isers Ausführungen über die Genealogie der Nullstelle und die verschiedenen Operationsweisen ihrer Verdopplung bzw. »Zweistelligkeit«[216] von Montaigne über Defoe, Swift, Kierkegaard und Nietzsche bis hin zu Beckett laufen auf eine Kritik an Foucaults Konzept der Autor-Funktion heraus. Der französische Diskursanalytiker habe durch seine Taxonomie vier mögliche Funktionen von Autorschaft festgehalten, die sich erstens durchaus ergänzen ließen[217] und die zweitens das für die poststrukturalistischen Ansätze bedeutsame Verhältnis von Autor und Text verfehlten. Dieses Verhältnis erschließt sich hingegen, so Iser, durch die Betrachtung der Auktorialität als Nullstelle des Diskurses, als »Bedingung des Hervorbringens«.[218] Die Abwesenheit des Autors wird dabei zur Voraussetzung für jeden Diskurs.

Wie in den unter Punkt 2.1 dargestellten Positionen, die ihr Augenmerk auf Subjektivierungsprozesse legen, rückt auch beim Auktorialitätsparadigma der Text in den Fokus der Analyse, der seine Geltung erst behaupten und durchsetzen muss. Wichtiger als die Autorautorität erscheint sodann die »Textautorität«,[219] die aber wiederum einen Autor voraussetzt. »Dass ein Text Autorität in sich trägt, setzt voraus, dass er nicht von einer beliebigen Hand geschrieben wurde«.[220] Den Ausgangspunkt bildet allerdings nicht die Autorität des Textes. Diese ist äquivalent zum Verhältnis von Subjektivierung und Subjekt das Ergebnis unterschiedlicher Verfahren der Autorisierung, die in einem Text beobachtbar sind und sich je nach Geltungsbereich – Literatur, Religion, Politik, Wissenschaft – eines Textes unterscheiden. Folgt man Isers Ausführungen zur Auktorialität als Nullstelle des Diskurses, so ist es auf jeden Fall erforderlich, dass sich der Autor in seinen Text hineinkopiert, und dieses Manöver führt in der Literatur unweigerlich zu autofiktionalen Konfigurationen.

2.3 Autofiktion

Seit der »Rückkehr des Autors« 1999 fand eine auffallend große Zahl von deutschsprachigen Büchern, die unter der Gattungsbezeichnung ›Roman‹ Autobiographisches über ihre Autorin oder ihren Autor erzählen, auf Anhieb viel

---

216 Ebd., S. 223 passim.
217 Vgl. die Vorschläge bei Jannidis: Der nützliche Autor; Winko: Autor-Funktionen; Willand: Autorfunktionen in Theorie und Praxis.
218 Iser: Auktorialität, S. 240.
219 Schneider: König im Text, S. 48.
220 Ebd.

Beachtung im Feuilleton, im Literaturbetrieb und in der Literaturwissenschaft. Diese Romane, viele von ihnen (bzw. ihre Autorinnen oder Autoren) wurden mit Literaturpreisen ausgezeichnet, bilden eine »Kombination aus autobiografischem Pakt und Fiktionspakt«, die für Autofiktionen typisch ist.[221] Zu diesen Romanen gehören, um nur eine Auswahl (in der Reihenfolge des Erscheinungsjahres) anzuführen, unter anderen Wolf Haas: *Das Wetter vor 15 Jahren* (2006), Thomas Glavinic: *Das bin doch ich* (2007), Elfriede Jelinek: *Neid* (2007/08, »Privatroman«), Hans-Ulrich Treichel: *Anatolin* (2008), Helene Hegemann: *Axolotl Roadkill* (2010), Andreas Maier: *Das Zimmer* (2011), Navid Kermani: *Dein Name* (2011), Peter Kurzeck: *Vorabend* (2011, ohne Gattungsbezeichnung), Andreas Maier: *Das Haus* (2011), Wolf Haas: *Verteidigung der Missionarsstellung* (2012), Felicitas Hoppe: *Hoppe* (2012).

Neben der literaturtheoretischen Position einer »Rückkehr des Autors«, derzufolge die Kategorie des Autors für die literaturwissenschaftliche Interpretationspraxis unverzichtbar ist, kristallisiert sich hier eine zweite, literarische Bedeutungsfacette für die »Rückkehr der Autors« heraus, zu der es gehört, dass der Autor selbst zum Gegenstand seiner Erzählungen wird und Autorschaft als literarisches Verfahren der Subjektivierung eingesetzt wird.[222] Der Autor tritt in sein Werk ein und Autorschaft entfaltet sich damit als ein autofiktionales Identitätsspiel, das Ausgangspunkt ebenso für Selbstfiktionalisierungen (Autofiktion) wie auch Selbstrealisierungen oder -objektivierungen sein kann. Andreas Maier, einer der Autoren in dieser Sparte der Literatur, bringt das autofiktionale Schreiben in seinen Frankfurter Poetikvorlesungen, die den programmatischen Titel »Ich« tragen, auf den Punkt: »In den Büchern suchte ich immer ein Ich, und jetzt bin ich ein Buch geworden. Ein Buch, auf dem Ich steht«.[223] Dieser Zusammenhang von Ich und Buch, die Überschreitung der Grenze zwischen Leben und Werk, zwischen Autor und Text steht in all diesen autofiktionalen Romanen auf dem Spiel.

Seitdem der Begriff ›Autofiktion‹ zum ersten Mal auftauchte, im Vorwort des 1977 erschienenen Romans »Fils« von Serge Doubrovsky, hat die »Fiktion von absolut realen Ereignissen«[224] eine bemerkenswerte Karriere hingelegt. Im deutschsprachigen Raum hat vor allem ein Zeitungsartikel zur Popularisierung des Begriffs beigetragen. Ivan Farron schrieb 2003 in der *Neuen Zürcher Zeitung*

---

221 Zipfel: Autofiktion, S. 33.
222 Vgl. Ingold: Ego_Firmen.
223 Maier: Ich, S. 127.
224 So Zipfel über das Verständnis der Autofiktion bei Doubrovsky. Vgl. Zipfel: Autofiktion, S. 31.

unter dem Titel »Die Fallen der Vorstellungskraft«, dass der Begriff ›Autofiktion‹ vor allem aufgrund seiner Unbestimmtheit und seiner »Zweideutigkeit(en)« eine erhebliche Konjunktur erfahre.[225] Zudem passe sich die Autofiktion gegenüber der traditionellen Autobiographie und ihrer christlichen Bekenntnis- und Rechtfertigungsgeste der modernen Medienkulturgesellschaft, die sich auf den Modus einer permanenten Beobachtung zweiter Ordnung eingestellt hat, an. In ihrer »performativen Dimension« konstituiere die Autofiktion nicht lediglich eine fiktionale Realität, sondern eine »Wirklichkeit, die über Literatur hinausgeht«.[226]

Damit stellt sich für die Autofiktion zweitens das Problem ihrer Fiktionalität, also des Verhältnisses der Romanfiktion zur außerliterarischen Realität.[227] Einem Soziologen ist es zu verdanken, deutlich gemacht zu haben, dass es im modernen Modus der Beobachtung zweiter Ordnung keinen Zugriff auf die Realität hinter der Beobachtung und schon gar nicht auf die Realität hinter dem Romangeschehen der Autofiktion gibt. »Auf den Durchgriff auf eine dahinterliegende, unbeobachtete Realität, die so ist, wie sie ist, kann, ja muß man verzichten«.[228] Die Autofiktion setzt nicht nur die Selbstbeobachtung des Schreibenden voraus, sondern, da er sich selbst in sein Werk kopiert, auch noch die Beobachtung dieser Selbstbeobachtung. Dieser Beobachtungszusammenhang zweiter Ordnung wird sodann der Beobachtung durch die Leserinnen und Leser, dem »Beobachtetwerden« ausgesetzt.[229] Und zwar geschieht dies einerseits im Vertrauen auf den zwischen Autor und Leser geschlossenen autobiographischen Pakt und andererseits unter den paratextuellen Fiktionalitätsvorzeichen der Gattungsbezeichnung ›Roman‹.[230]

Frank Zipfel unterscheidet drei Formen von Autofiktion. Als ersten Typ von Autofiktionen beschreibt er faktuale Autobiografien, die über paratextuelle Merkmale generisch als Fiktion ausgegeben werden, »eine List des Textes qua Paratext«.[231] Diese Form der Autofiktion problematisiert die Grenze zwischen Literatur und Nicht-Literatur und verweist auf den Konstruktionscharakter jeder Autobiografie, der immer Prozesse der Selektion und Komposition von Ereignis-

---

225 Vgl. Farron: Fallen der Vorstellungskraft.
226 Zitate nach Farron: Fallen der Vorstellungskraft.
227 Zu den fiktionstheoretischen und narratologischen Grundlagen vgl. die Ausführungen in Kapitel 3 (»Autorschaft in Fiktionstheorie und Narratologie«).
228 Luhmann: Gesellschaft der Gesellschaft, S. 767.
229 Luhmann: Kunst der Gesellschaft, S. 123.
230 Vgl. Wagner-Egelhaaf: Autofiktion & Gespenster, S. 138: »Autofiktionale Texte sind autobiografisch und fiktional zugleich«.
231 Zipfel: Autofiktion. Zwischen den Grenzen, S. 299.

sen und Geschehensmomenten vorausgehen. Zweitens, so Zipfel, gibt es Autofiktionen bei denen eine Namensidentität von Autor und Figur besteht, die jedoch klar als fiktionaler Text markiert sind. Diese Texte führen zumeist einen poetologischen Diskurs.[232] Schließlich erläutert Zipfel eine dritte Form der Autofiktion als Kombination aus autobiografisch-referenziellem und Fiktions-Pakt, in der keine Auflösung zu einer der beiden Seiten hin möglich erscheint. Solche Texte bleiben in der Schwebe zwischen Fakt und Fiktion, belassen Referenzialisierbarkeit und Fiktivität in einer oszillierenden Ungewissheit und thematisieren damit grundsätzlich das Prinzip der Referenz und die Fiktionalität des Realen.[233]

Bei der Autofiktion besteht permanent die Gefahr, vor der bereits William K. Wimsatt und Monroe C. Beardsley in ihrem Aufsatz über die *intentional fallacy* gewarnt haben, nämlich »biographische und poetische Studien durcheinander zu bringen; und«, so Wimsatt und Beardsley weiter, »man kann den Fehler begehen, über das Persönliche so zu schreiben, als wäre es das Poetische«.[234] Diese Unterscheidung wird in der Autofiktion zum Gegenstand der poetologischen Reflexion. Die poetologische Funktion dieser Texte besteht letztlich nicht darin, die Unterscheidung zwischen fiktionaler (Dichtung) und realer Realität (Wahrheit), zwischen Inszenierung und Authentizität, Referenzialisierbarkeit und deren Verneinung zu treffen und zu problematisieren, sondern darzustellen, auf welche Weise, also wie, diese Unterscheidungen getroffen werden können oder auch nicht.[235] Die systemtheoretische Figur dieses Verfahrens ist das *re-entry*,[236] die entsprechende rhetorische Figur nennt sich *mise-en-abyme*. Beide

---

232 Vgl. ebd., S. 302–304.
233 Vgl. Zipfel: Autofiktion. Zwischen den Grenzen, S. 304–311. Vgl. auch die Zusammenfassung von Zipfels Positionen bei Wagner-Egelhaaf: Einleitung, S. 11f. Im Anschluss an Zipfels dritten Typ der Autofiktion schlägt Innokentij Kreknin folgende Definition für autofiktionale Schreibweisen vor: »Demnach handelt es sich bei Autofiktionen um Schreibweisen, in denen literarische Autorschaft das Potenzial aufweist, zur Autorschaft transzendenter und alltagswirklich referentialisierbarer Subjekt-Figuren zu werden. Werden jedoch Metapositionen identifizierbar, dann verliert die Autofiktion ihre Grundeigenschaft der Nivellierung aller Grenzen. Wenn das Oszillieren zwischen den Diskursbereichen aufhört, werden aus der dann möglichen Zentralperspektive heraus wieder die alten Dichotomien von Autobiographie und Fiktion, Alltagsrealität und Literatur erkennbar« (Kreknin: Kybernetischer Realismus, S. 313).
234 Wimsatt / Beardsley: Der intentionale Fehlschluss, S. 88.
235 Vgl. dazu den Beitrag von Innokentij Kreknin: Der beobachtbare Beobachter (in diesem Band).
236 »Jedenfalls erzeugt das re-entry der Erzeugungsoperation in das erzeugte Werk die Paradoxie, daß das authentische, weil unmittelbare Handeln als inauthentisch beobachtet wird –

Figuren bedingen – narratologisch ausgedrückt – einen metaleptischen Ebenenwechsel, der die Aufmerksamkeit vor allem auf selbstreferentiell-metafiktionale Signale der Literatur und der Autorschaft lenkt.

Die Theorie der Autofiktion wird in dieser Einleitung den poststrukturalistischen Autorschaftskonzeptionen zugeordnet, da sie an die französischsprachig geprägte, poststrukturalistische Theoriebildung der Geisteswissenschaft anknüpft[237] und in der Tradition der diskursanalytisch und dekonstruktiv fundierten Autobiographieforschung steht.[238] So unterbreitet Nina-Maria Glauser in ihrem Beitrag zu diesem Band den Vorschlag, heuristisch zwischen einem ›französischen‹ und einem ›deutschen‹ Autofiktionsbegriff zu unterscheiden. Die ›französische‹ Autofiktion verhandelt stärker existenzielle Fragen des Schreibens, ihre literaturwissenschaftliche Konzeption ist von der poststrukturalistischen Psychoanalyse und Semiologie geprägt, während die deutsche Autofiktion spielerisch verfährt und ihre Konzeption vor allem medienkulturwissenschaftlich sowie subjekt- und fiktionstheoretisch vorgeht.[239] Beide Ansätze bleiben allerdings dem Poststrukturalismus verpflichtet und nähern sich mit der Weiterentwicklung des Ansatzes einander an.

In dem Zeitungsbeitrag von Farron wird der in Paris lebende, deutsch schreibende Schweizer Schriftsteller Paul Nizon als ›emblematisch‹ für die autofiktionale Literatur bezeichnet. Nizon fantasiere ein »Schriftstellerbild« herbei, dem er sich mit seinem Leben annähere. »Den Versuch, tatsächlich der Autor Paul Nizon zu werden, musste der zivile Paul Nizon mit seiner Person bezahlen«.[240] Insofern als Nizon tatsächlich die beiden Stränge der Autofiktion transkulturell verflicht, stellt er einen bemerkenswerten Fall und in Deutschland viel zu wenig wahrgenommenen Fall autofiktionaler Literatur dar, wie Glauser ausführt.[241]

Nizon setzt – um noch einmal Agambens Formulierung zu wiederholen – sein »Leben im Werk aufs Spiel«,[242] und an diesem Punkt korrelieren Autofikti-

---

und dies durch den Betrachter *und durch den Künstler, der es darauf anlegt, selbst* « (Luhmann: Kunst der Gesellschaft, S. 123).

237 Farron kommt in seinem Artikel auf Roland Barthes und Jacques Lacan zu sprechen. Vgl. Farron: Die Fallen der Vorstellungskraft.
238 Vgl. zu diesen Ansätzen Wagner-Egelhaaf: Autobiographie, S. 72–84.
239 Vgl. exemplarisch einerseits den romanistischen Sammelband Weiser / Ott (Hrsg): Autofiktion, andererseits den germanistischen Sammelband Wagner-Egelhaaf (Hrsg.): Auto(r)fiktion auf der anderen.
240 Farron: Die Fallen der Vorstellungskraft.
241 Vgl. den Beitrag von Nina Maria Glauser: Bewegtes Sprachleben (in diesem Band).
242 Agamben: Der Autor als Geste, S. 66.

on und Autorschaft. Zudem ist die Autofiktion wie bei Agamben die Autor-Funktion als Bündel von Subjektivierungsprozessen zu verstehen, die in ein Geflecht von sozialen Praktiken und performativen Aktivitäten in verschiedenen sozialen Feldern eingebunden sind.[243] Wenn die »Koordinaten des Autobiografischen«[244] Leben und Tod sind, dann zeigen sich die Autorinnen und Autoren von Autofiktionen als äußerst präsent und lebendig und überwinden den »Tod des Autors« auf diese Weise ganz konkret mit ihrer Rückkehr in die Literatur.

2.4 Gender

Immer wieder ist in den vergangenen Jahren bemerkt worden, dass der Autor nicht nur »eine diskursive Funktion, ein mediales Ereignis, Textfigur und Figur des Textes«, sondern »auch eine Autorin« ist.[245] Aus dieser an sich kaum überraschenden Einsicht resultiert eine folgenreiche Spannung, weil ›der Autor‹ in den traditionellen wissenschaftlichen und gesellschaftlichen Diskursen über eine ›eingebaute männliche Identität‹ verfügt.[246] Die Autorin oder, übergreifender formuliert, die »Künstler*in* als schöpferisch tätiges Subjekt war in historischer Hinsicht lange die Ausnahme«,[247] männliche Autorschaft hingegen der »Normalfall«.[248] Diese ›Mythen‹ genderspezifischer Autorschaft sind freilich von ihrer naturalisierten Ummantelung zu befreien und auf ihre semiotischen Mechanismen hin zu befragen.[249] Daher plädieren die Herausgeberinnen eines 2012 erschienenen Sammelbandes, dem sie die »Neukonzipierung« der Kategorie der Autorschaft »im Rahmen literatur-, kultur- und medienwissenschaftlich basierter Geschlechtertheorien« auf die Fahnen geschrieben haben, dafür, sowohl männliche ebenso wie weibliche Autorschaft als »›gegendertes‹ Produkt je spezifischer historisch-kultureller und medialer Konstellationen« zu untersu-

---

243 Vgl. Reckwitz: Subjekt/Identität. Vgl. auch Kreknin: Poetiken des Selbst.
244 Wagner-Egelhaaf: Autofiktion & Gespenster, S. 135. Vgl. auch Wagner-Egelhaaf: Dead Author's Identity.
245 Meier / Wagner-Egelhaaf: Einleitung, S. 10.
246 Vgl. die bei Kampmann (Künstler sein, S. 46) zitierte Formulierung von Irit Rogoff. Vgl. insgesamt den Abschnitt »Das Geschlecht der Künstler« bei Kampmann: Künstler sein, S. 46–54.
247 Kampmann: Funktionsrolle Autor, S. 156.
248 Gronemann / Schwan u. a.: Einleitung, S. 9.
249 Vgl. Zwierlein (Hrsg): Gender and Creation.

chen.[250] Auf diese Weise werde verhindert, weibliche Autorschaft auf die Differenz zu oder auf ›das andere‹ männlicher Autorschaft zu reduzieren.

Wenn wir die auf den Gender Studies beruhenden Konzeptionen der Autorschaft hier unter den poststrukturalistischen Ansätzen aufführen, so liegt das darin begründet, dass die Gender Studies disziplingeschichtlich eng mit der Diskursanalyse und der Dekonstruktion sowie daran anschließenden Theorien der Performativität und Subjektivierung verknüpft sind, denen gemeinsam ist, dass sie die Sprachlichkeit und Zeichenhaftigkeit von Geschlecht und Autorschaft zu ihrem Gegenstand machen. Hinzu kommt, dass die grundlegende Aporie genderorientierter Autorschaftstheorie auf den »Tod des Autors« zurückzuführen ist, da mit dem Autor auch die Autorin an analytischer und interpretativer Relevanz verliert. »Die Autorin ist weg, sie ist nicht der Weg«, lautet Elfriede Jelineks prägnantes Statement in dieser Angelegenheit.[251]

Demgegenüber hat bereits in den 1980er Jahren Nancy K. Miller in ihrem im deutschsprachigen Raum durch die »Texte zur Theorie der Autorschaft« bekannt gewordenen Beitrag »Wechseln wir das Thema/Subjekt« darauf aufmerksam gemacht, dass der »postmoderne Entschluss, dass der ›Autor tot‹ ist und mit ihm das Subjekt [...] nicht notwendigerweise auch für Frauen [...] und die Frage nach der weiblichen Autorschaft« gilt.[252] Denn, so argumentiert Miller weiter, »[h]istorisch gesehen steht Identität für die Frau nicht in jenem Verhältnis zu Ursprung, Institution und Produktion, das für die männliche Identität typisch ist.«[253] Die weibliche Identität und das weibliche Schreiben seien ursprungslos und fragmentiert, was wiederum bedeutet, dass sie sich gar nicht auf Universalbegriffe wie Identität (›Frau‹) und Autorschaft (›weibliche‹) festlegen lassen, sondern nur beobachtbar sind, wenn sie diskursiv und performativ hervorgebracht werden. Über Miller hinaus ist freilich davon auszugehen, dass es sich sowohl bei weiblichen als auch bei männlichen Identitäten und Autorschaften um sprachlich-kulturelle Konstrukte und Produkte von Subjektivierungsprozessen handelt, die sich in historisch wandelbaren sozialen Kontexten konstituieren.[254]

Neben der Verknüpfung feministischer Literaturtheorien (Judith Butler, Hélène Cixous, Luce Irigaray u. a.) mit Theorien der Autorschaft[255] sind es vor

---

250 Gronemann / Schwan u. a.: Einleitung, S. 9.
251 Jelinek: Macht nichts, S. 90.
252 Miller: Wechseln wir das Thema/Subjekt, S. 255.
253 Ebd., S. 255.
254 Vgl. Rinnert: Körper, S. 145.
255 Vgl. bes. ebd.

allem die literarhistorischen Genealogien weiblicher Autorschaft, die seit der Etablierung der Gender Studies von der Forschung in den Blick genommen worden sind.[256] Ein Schwerpunkt liegt dabei auf der Zeit um 1800 und der Ausdifferenzierung des Sozialsystems Literatur, moderner Autorschaft und den sich wandelnden Publikationsbedingungen für Schriftstellerinnen, unter denen sie ihre Texte orthonym, pseudonym, kryptonym, anonym oder heteronym veröffentlichen.[257] Für die historische Subjektform ›Autorin‹ gelten mithin all die subjektkonstituierenden, auktorialen und autofiktionalen Konstruktionsprozesse, die in den vorangegangenen Kapiteln erläutert wurden und die über verschiedene sozial-historische Kontexte und mediale Inszenierungsformen hinweg analysiert werden müssen.[258]

3 Autorschaft in Fiktionstheorie und Narratologie

Fiktions- und erzähltheoretische Perspektivierungen von Autorschaft zusammenzufassen bedarf einer Erklärung. Der Ansatz beruht nicht auf der Annahme, dass diese Felder hinsichtlich ihrer Fragestellungen gänzlich vergleichbar wären, wenngleich sie spätestens seit Hayden White in Relation zueinander gedacht werden.[259] Vielmehr wollen wir ihre Vermählung in diesem Kapitel mit der Beobachtung begründen, dass beide Disziplinen zumindest teilweise die gleichen autorschaftstheoretisch relevanten Problembereiche in den Blick nehmen. Dies soll hier anhand des fiktiven Herausgebers und des impliziten Autors aufgezeigt werden. Denn eine literaturwissenschaftliche Beschreibung dieser Instanzen erscheint uns nur dann zufriedenstellend umsetzbar, wenn sie Teilaspekte beider Theoriezusammenhänge berücksichtigt – eine Annahme, die Tilmann Köppe und Jan Stühring bereits für den fiktiven Erzähler formuliert

---

256 Vgl. den umfassenden Bericht über die facettenreiche Forschungsliteratur der 1990er Jahre von Keck / Günter: Weibliche Autorschaft. Die dort ausgewerteten Beiträge bleiben in unserer auf die Zeit seit 1999 beschränkten Bestandsaufnahme unberücksichtigt.
257 Hilmes: Skandalgeschichten, S. 43–59, bes. S. 51.
258 Vgl. zuletzt Günter: Geld oder Leben. Zur weiblichen Autorschaft vgl. ferner Böning: Weiblichkeit; Heinen: Literarische Inszenierung; Heipcke: Autorhetorik, die die Konstruktion weiblicher Autorschaft im ausgehenden 18. Jahrhundert diskutiert. Vgl. außerdem Poor / Schulman: Woman and Medieval Epic; bzw. Poor: Mechthild of Magdeburg, Studien, die die Genderaspekte mittelalterlicher Autoren untersuchen; sowie Volmer: Autorschaft und Gattungsbewusstsein.
259 Vgl. White: Metahistory; White: Fiction of Narrative.

haben.[260] In unserem Exemplifikationsbereich hilft uns die Narratologie, den fiktiven Herausgeber anhand bestimmter Textmerkmale überhaupt erst zu erkennen, zu beschreiben und ihn von anderen Instanzen des Textes abzugrenzen; die Fiktionstheorie bietet uns eine Erklärungsgrundlage für die spezifischen Rezeptionshaltungen und -effekte, die durch die Funktionalisierung dieser Instanz ›zwischen‹ realem Autor und fiktivem Erzähler ermöglicht werden. Für den impliziten Autor, so diffus das Konzept in den meisten theoretischen Bestimmungen auch ist,[261] gilt das in ganz ähnlichem Maße. Grob vereinfacht lässt sich an dieser Stelle bereits vorwegnehmen, dass narratologische Argumente besonders zur Beschreibung seiner Abgrenzung vom Erzähler, fiktionstheoretische und kommunikationspragmatische Argumente hingegen zur Abgrenzung vom realen Autor eingesetzt werden.[262]

3.1 Theorien

3.1.1 Fiktionstheorie

Doch wie gestaltet sich der von unterschiedlichen Literaturtheorien[263] angenommene Anteil des *realen* Autors am fiktionalen Charakter seiner Texte? Mit Blick auf die in dieser Einleitung berücksichtigen Positionen lässt sich festhalten, dass er von einem Gutteil der Forschung – wenngleich nicht als *maßgeblicher* – zumindest als *notwendiger* Aspekt bei der Entstehung von literarischer Fiktionalität eingeschätzt wird. Dabei kann er in unterschiedlichen Funktionen in Erscheinung treten, die nun zumindest ausschnittsweise angeführt werden sollen, ohne den Anspruch zu vertreten, den gesamten hochkomplexen Abgrenzungsdiskurs literatur- und kunstwissenschaftlicher bzw. -philosophischer oder erkenntnistheoretischer Ansätze zur Fiktionalität zu rekonstruieren.[264]

---

260 Vgl. Köppe / Stühring: Against Pan-Narrator Theories.
261 Rekonstruktiv Kindt / Müller: Concept and Controversy; theoriegeschichtlich zuletzt Willand: Lesermodelle und Lesertheorien, S. 265–297.
262 Dieses Verhältnis der jeweiligen Argumentationen für und wider den impliziten Autor stellen wir weiter unten dar.
263 Einen umfassenden Einblick in die Fiktionstheorie ermöglicht das Handbuch Klauk / Köppe: Fiktionalität, aber auch der Aufsatz Schaeffer: Fictional vs. Factual Narration in Hühn / Pier u. a. (Hrsg.): Handbook of Narratology, S. 98–114.
264 Wir grenzen hier mit Frank Zipfel das Reden über literarische Fiktion von einer wie auch immer gearteten »Fiktionalisierung der Wirklichkeit« ab, da Wirklichkeit »einen anderen

Besondere Aufmerksamkeit wird dabei sprach(handlungs)theoretischen Positionen der Fiktionstheorien zukommen, also einer Art pragmatischer Fiktionstheorie.[265] Diese basiert in der Regel zumindest teilweise auf kommunikationstheoretischen Annahmen, die der literarisch-fiktionalen Kommunikation eine Spezifik zuschreiben, die bei anderen Kommunikationsformen nicht eruierbar zu sein scheint. Früher wurde sie häufig im Anschluss an Genette als *verschachtelte* Kommunikationssituation wie folgt beschrieben:

> [Realer Aut. [impl. Aut. [Erzähler [Erzählung] Adressat] impl. Leser] realer Leser] [266]

Doch ergibt sich bei dieser Form der Beschreibung literarischer Kommunikation ein Problem. Es kann daran verdeutlicht werden, dass die einzelnen ›Schachteln‹ entweder *kommunikative* oder *literarische* Instanzen bzw. Erzählebenen repräsentieren. Das wäre soweit noch kein Problem, wenn sich nicht – je nach theoretischer Prägung der Beschreibungsperspektive – die Funktionen der verschachtelten Instanzen verändern würden: Kommunikationspragmatisch oder eben fiktionstheoretisch betrachtet kommunizieren nur die realen Instanzen auf der äußeren Ebene *aktiv* – zumindest von links nach rechts. Die fiktiven Instanzen auf den inneren Ebenen hingegen bleiben so gesehen *passiv*, denn sie werden kommuniziert. Konkret ist diese Perspektive mit der Annahme verknüpft, dass der Erzähler nicht selbst erzählt, sondern vom Autor erzählt wird. Extreme Varianten solch eines Ansatzes gehen im produktiven Anschluss an Lamarque und Olsen[267] jedoch bereits davon aus, dass der Erzähler selbst gar kein konstitutiver Teil aller fiktionalen Texte mehr ist und damit als Definitionskriterium von Fiktion ausscheidet. Diese Position – 2011 von Tilmann Köppe und Jan Stühring vertreten – postuliert demnach, dass fiktionale Wahrheiten nicht *nur* von einem ›erzählten Erzähler‹ berichtet werden können, sondern es durchaus auch fiktionale Erzählungen ohne Erzähler gibt. Wenngleich Köppe / Stühring

---

Bezugspunkt und damit eine andere Bedeutung als z. B. die Rede von fiktiven Ereignissen in Romanen« hat (Zipfel: Fiktion, Fiktivität, Fiktionalität, S. 76).
265 Verschiedene Ansätze dieser Art werden beschrieben von Bareis: Fiktionales Erzählen; bes. S. 88–95, Zipfel: Fiktion, Fiktivität, Fiktionalität; bes. S. 30–67, Weidacher: Fiktionale Texte, bes. S. 68–75 und Schabacher: Theorie der Autobiographie, bes. S. 50–63. Ein konkretes Modell wird vorgeschlagen von Nickel-Bacon / Groeben u. a.: Fiktionssignale pragmatisch. Schon etwas älter, aber die Abgrenzung zu semantischen Ansätzen wie dem Gottfried Gabriels forcierend Schmid: ›Fiktionalität‹. Weidacher (s.o.) hingegen führt Gabriel als pragmatischen Ansatz auf und betont dessen Anschluss an Searle.
266 Genette: Die Erzählung, S. 285.
267 Vgl. Lamarque / Olsen: Truth, Fiction, and Literature.

nicht als Vertreter eines faktischen Autorintentionalismus verstanden werden möchten,[268] wird der reale Autor hierbei als Erzähler re-funktionalisiert. Aus streng narratologischer Perspektive, die sich um die Lösung fiktionstheoretischer Problemstellungen nicht in diesem Maße bemüht, ergibt sich eine von dieser Einschätzung abweichende Auffassung. Hier erzählt der Erzähler (und nur der Erzähler) gewissermaßen noch selbst – auch wenn er im Zweifel nachträglich konstruiert werden muss; der Autor wird dabei nach dem oben referierten Schachtelmodell als textexterne Instanz nahezu vollständig ausgeklammert.

Diese Beschränkung wird jedoch nicht erst in jüngster Vergangenheit durch die Ablehnung sogenannter *Pan-Narrator-Theories* moniert, sondern stand – im Kontext autorschaftstheoretischer Debatten – schon in der ersten Dekade des 21. Jahrhunderts in der Kritik, in anderen Kontexten sogar früher.[269] Hier war es das strukturalistische Erbe einer zu starren Trennung von Autor und Erzähler, das von (dem realen Autor gewogenen und moderat autorintentionalistischen) Positionen als obsolet eingeschätzt wurde und zu einer Exploration des narratologisch-fiktionstheoretischen Grenzgebietes führte. Andreas Kablitz (2008) etwa will den Erzähler verstanden wissen als »im Grunde nichts anderes denn eine Reihe von Lizenzen, über die ein *Autor* fiktionaler Texte verfügt, allen voran die Entbindung von der Verpflichtung auf die Wahrheit seiner Aussagen«[270] Da es für diese Lizenzen laut Kablitz nicht erforderlich ist, sie »in der personalen Identität einer vom Autor verschiedenen Erzählerfigur zu konkretisieren [...] erweist sich die grundsätzliche Gegenüberstellung beider Instanzen im Grunde als irreführend«.[271] Nur ein Jahr später schreibt Fotis Jannidis (2009): »Alle Eigenschaften des Sprechers dem Autor zuzuschreiben ist sicherlich naiv, aber ihm keine zuzuschreiben ist nur mit der Hilfe einer gewaltigen theoretischen Bornierung möglich«.[272]

---

268 Köppe / Stühring: Against Pan-Narrator Theories, S. 64: »Calling the author ›narrator‹ in the weak sense does not imply that his intentions fix the meaning of the text«.
269 Vgl. etwa Cohn: Signposts of Fictionality, die bereits 1990 Fiktionalität mit *poetologisch-diskursiven* Kriterien zu fixieren versucht, oder aber Walsh: Fictionality and Mimesis, der 2003 »fictionality as a rhetorical resource« (S. 110) versteht. Martínez / Scheffel: Narratology and Theory of Fiction beantworten – ebenfalls 2003 – die Frage nach der Notwendigkeit einer »fictional narratology« (S. 222) aufgrund ihrer Forderung nach einer klaren Trennung zwischen fiktionalen und nicht-fiktionalen Erzählungen (S. 228) positiv.
270 Kablitz: Literatur, Fiktion und Erzählung, S. 33f.
271 Ebd.
272 Jannidis: Verstehen erklären, S. 55. Zu dieser Kritik auch Jannidis: Zwischen Autor und Erzähler, S. 543 und die dort in Anm. 7 genannte Forschungsliteratur.

Jannidis polemisiert hier aber nicht bloß, sondern entwirft im Gegenzug auch ein alternatives Beschreibungsmodell literarischer Kommunikation. Er versucht das oben umrissene ›Perspektivenproblem‹ verschachtelter Kommunikation zu lösen, indem er die fiktionstheoretische mit der narratologischen Beschreibungsfolie abdeckt. Gemäß dieses doppelt gefilterten Blicks verwandelt sich der literarische Text nicht mehr je nach theoretischer Perspektivierung, »vielmehr ist er beides zugleich: Element in der Kommunikation zwischen dem Autor und dem Leser sowie in der Kommunikation zwischen Erzähler und Zuhörer. Er ist ›kommunizierte Kommunikation‹, wie die glückliche Formulierung von Dieter Janik lautet«.[273] Auf den Status von Erzähler und Autor bezogen würde das bedeuten, eine vom Autor faktisch formulierte »literarische Erzählung kommuniziert nicht eine Geschichte, sondern jemanden« – den Erzähler – »der eine Geschichte kommuniziert«.[274] Auf diese Weise kann Jannidis narratologischen wie fiktionstheoretischen Bedürfnissen ganz pragmatisch gerecht werden und erklären, dass bestimmte Instanzen, die nicht explizit im Text genannt werden, aber in ihm enthalten sind, erst auf Grundlage eines konventionalisierten genrespezifischen Umgangs mit literarischen Texten von den (realen) kommunikativen Instanzen konstruiert werden. Der implizite Autor wäre solch ein Fall, in dem der reale Autor versucht, durch die strategische Einsetzung bestimmter Textmerkmale »die Lektüre des Lesers zu bedingen«, ohne dies über explizite Aussagen im Text formulieren zu müssen.[275] Mit einem Aufsatz zu Schillers »Der Geisterseher« kann Jannidis exemplarisch aufzeigen, wie in der interpretativen Praxis eine narratologisch fundierte Analyse der Erzählerfigur durch den fiktionstheoretisch reflektierten Verweis auf außerliterarische Instanzen – in diesem Fall zeitgenössische Rezipienten des Fragments – historisiert, präzisiert und erweitert werden kann.[276]

Es lassen sich zwar nicht alle fiktionstheoretischen Ansätze so gut mit narratologischen verschwistern, doch soll an dieser Stelle zumindest ein weiteres Beispiel gegeben werden: Immerhin beziehen sich Fiktionstheorien zur Erklärung ihres Gegenstandsbereiches häufig auf den Autor. Wir beziehen uns im Folgenden vor allem auf die in den letzten zehn Jahren maßgeblichen Überblicksdarstellung von Frank Zipfel zur Fiktion und zum Fiktionsbegriff in der Literaturwissenschaft von 2001 und auf die ebenfalls *Grundprobleme* literatur-

---

273 Jannidis: Zwischen Autor und Erzähler, S. 544; er verweist auf Janik: Kommunikationsstruktur, S. 12.
274 Jannidis: Zwischen Autor und Erzähler, S. 546.
275 Ebd., S. 547.
276 Vgl. Jannidis: Geisterseher.

wissenschaftlicher Fiktionstheorien ausführlich explizierende Arbeit von Alexander Bareis zu Waltons *make-believe* (2008).[277]

Neben der »mögliche Welten«-Theorie, semantischen, semiotischen und analytischen Ansätzen rekonstruiert Bareis auch genuin »[i]ntentionalistisch argumentierende Fiktionstheorien«.[278] Wenngleich »Waltons Theorie [...] ohne Intention eines Produzenten« auskommt,[279] versucht Bareis dessen spieltheoretisch abgeleitete Fiktionstrigger (*props*) gegen die Kritik von Lamarque und Olson abzuschirmen.[280] Diese Kritik moniert eben genau die Tatsache, dass Walton mit seinem Ansatz des *make-believe* fiktionsauslösende *props* und insbesondere *ad hoc props* nicht notwendig abhängig von der Intentionalität eines *creators* konstruiert.[281] Die Ursache des Konflikts wurzelt in der unterschiedlichen Reichweite des Geltungsanspruchs der jeweiligen Fiktionstheorie. Walton bestimmt »Fiktion« möglichst umfassend – Bareis spricht von einem »intermedialen Verständnis[ ] von Fiktion« –,[282] also auf einer epistemologisch ganz fundamentalen Ebene, seine Kritiker hingegen argumentieren auf literaturtheoretischer Ebene. Es erscheint jedenfalls plausibel, dass eine genuin literaturwissenschaftliche Fiktionstheorie besonderen Fokus auf die ihrem Zeichensystem eigene Form der Entstehung von Fiktion legen muss. Immerhin macht es sehr wohl einen Unterschied, ob ein (schriftliches) Textmerkmal, eine (bildliche, akustische, usw.) Darstellung oder ein nicht intentional produziertes Zeichen wie eine Wolkenformation – lässt man so etwas wie Gott der Einfachheit halber aus dem Spiel – *ad hoc* als Artefakt und ›fiktionsauslösender Reiz‹ erklärt wird.[283] Folgt man dieser Annahme, so lässt sich auch anhand der eigentlich eher rezeptionsbezogenen Perspektive von Lamarque und Olsen aufzeigen, dass in einem zweiten Schritt der intentionale Charakter der Produktion eines Textes

---

277 Vgl. Zipfel: Fiktion, Fiktivität, Fiktionalität, S. 30–61 und Bareis: Fiktionales Erzählen, S. 86–116; auch Bareis: Fiktionen als *Make-Believe*. Sie beziehen sich auf Walton: Mimesis as Make-Believe.
278 Bareis: Fiktionales Erzählen, S. 92–95.
279 Bareis: Fiktionen als *Make-Believe*, S. 61.
280 Vgl. Lamarque / Olsen: Truth, Fiction, and Literature und rekonstruktiv mit weiteren Literaturhinweisen Bareis: Fiktionales Erzählen, S. 92.
281 Vgl. Walton: Mimesis as Make-Believe, insb. S. 51–54.
282 Bareis: Fiktionen als *Make-Believe*, S. 61.
283 Vgl. hierzu Zipfel: Fiktion, Fiktivität, Fiktionalität, S. 22–29, und Bareis: Fiktionales Erzählen, S. 92–95. Ansätze, die eine »Auslegung der ›natürlichen Zeichen‹, d.h. der Welt als einer göttlich geordneten Zeichensprache« betreiben, gibt es spätestens seit Georg Friedrich Meiers 1757 publiziertem »Versuch[s] einer allgemeinen Auslegungskunst« (Kurz: Alte, neue, altneue Hermeneutik, S. 35).

generisch – nämlich *als* Literatur intendiert – zu spezifizieren ist: Einen Text zu verstehen »as literary work, to adopt the literary stance towards a text, is to construe it as being intended to convey a content of the appropriate kind«.[284] Der Autor übernimmt in diesem Fall insofern eine tragende fiktionstheoretisch relevante Funktion, als ihm vom Rezipienten die Intention, einen fiktionalen Text produziert haben zu wollen, zugeschrieben wird.[285]

Diese fiktionstheoretische Reformulierung des (oben bereits als elaborierte Form des hermeneutischen Intentionalismus herausgestellten) hypothetischen Intentionalismus ist durch ihre starke Rezipientenbezogenheit jedoch anfällig für fehlerhafte Zuschreibungen (im Sinne der faktischen Autorintention). Wenn der Leser in letzter Instanz bestimmt, was Fiktion ist und was nicht, dann kann es sein, dass er aufgrund seiner historisch bedingten Rezeptionsgewohnheiten einem Autor die Intention zuschreibt, einen fiktionalen Text produziert zu haben, obwohl der Autor das nicht intendierte. Ebenso kann der Leser sich irren, wenn der Autor – etwa im Falle fingierter Autobiographien – einen fiktionalen Text produziert, ihn aber (paratextuell entsprechend markiert) als faktualen Text vermarkten lässt.[286]

Zwei *Regeln*, eigentlich für das korrekte Ergänzen implizit bleibender Sachverhalte des literarischen Textes eingeführt, können erklären, wie der Leser sich bei der Konstruktion der fiktionalen Welt und der Entscheidung orientieren kann, ob es sich überhaupt um eine fiktionale Welt handelt. Das eine ist das *reality principle* (mit Ryan: *principle of minimal departure*), das andere das *mutual belief principle*.[287] Das zuerst genannte konstatiert (kurz gesagt), dass die fiktionale Welt wie die reale Welt zu konstruieren ist, es sei denn der Text nennt explizit Abweichungen davon. Bei historisch weiter entfernten Texten kann dabei eine präsentistische ›Auffüllung‹ des Textes ebenso zu Anachronismen

---

[284] Lamarque / Olsen: Truth, Fiction, and Literature, S. 437. Vgl. hierzu auch Spoerhase: Autorschaft und Interpretation, S. 95–105.

[285] Vgl. zum generischen Intentionalismus die im obigen Kapitel zum hermeneutischen Intentionalismus genannten Arbeiten von Spoerhase. Darüber hinaus spielen Paratexte in diesem Kontext eine große Rolle. Den unumgänglichen Bezug auf Genette stellt dabei Zipfel: Fiktion, Fiktivität, Fiktionalität, S. 37f. her.

[286] Im Kontext der Aufarbeitung des Holocaust kommt es immer wieder zu Diskussionen aufgrund solcher Texte. Ein Beispiel unter vielen, bei dem die Autorin die Fiktivität der von ihr publizierten Biographie später eingestand, ist der Text »Survivre avec les Loups« (2008) von Misha Defonseca.

[287] Walton bezeichnet so die eigentlich von Lewis formulierten Prinzipien (Vgl. Lewis: Truth in Fiction). S. hierzu Zipfel: Fiktion, Fiktivität, Fiktionalität, S. 85, Anm. 70; zu Ryans *principle of minimal departure* vgl. Ryan: Fiction.

führen wie zu einer grundsätzlich falschen Einschätzung, ob es sich überhaupt um einen fiktionalen Text handelt. Als die historische Adäquatheit der generischen Einschätzung des Textes im Ganzen und der Konstruktion der fiktionalen Welt *en detail* absichernde Instanz tritt mit dem *mutual belief principle* nun erneut der Autor auf die fiktionstheoretische Bildfläche. Er und die ihm zugeschriebenen (sprachlich-kulturellen) Enzyklopädien eröffnen dem Leser den Möglichkeitsraum einer reflektierten Einschätzung des Status eines Textes bzw. seiner Instanzen, oder wie Zipfel schreibt: »Das Prinzip der allgemeinen Überzeugung stellt somit eine auf die jeweilige Wirklichkeitskonzeption des Produktionszusammenhanges relativierte Form des Realitätsprinzips dar«.[288] Die Überzeugungen des Autors sind demnach eine relevante Kategorie bei der Beurteilung der Fiktionalität eines Textes. Wie diese Fiktionalität notwendig immer ein Konstrukt des Lesers ist, so ist es letztlich immer auch die dem Autor unterstellte Überzeugung. Die nächsten Kapitel wollen ungeachtet dieser rezeptionstheoretisch bedingten Warnung untersuchen, welche Möglichkeiten der reale Autor konkret bei der Produktion seines Textes hat, um auf den Modus der Rezeption seines Textes Einfluss zu nehmen.

3.1.2 Narratologie

»Die Unterscheidung zwischen ›Erzähler‹ und ›Autor‹ gehört zu den Binsenwahrheiten der Literaturwissenschaft« und – so führt Jannidis nicht ironiefrei weiter aus – gehöre es »zu den Anfängerfehlern, den Erzähler mit dem Autor zu verwechseln«.[289] Zwar ist es noch immer nicht falsch, Erzähler und Autor zu unterscheiden, nur ist es inzwischen auch nicht mehr ganz richtig, an dieser Unterscheidung rigoros festzuhalten. Warum dies so ist, soll nur aufgezeigt werden.[290]

Prima facie ist eine skeptische Haltung bezüglich der Frage, ob und wie der Autor für die *narratologisch* fundierte Analyse literarischer Texte überhaupt

---

[288] Zipfel: Fiktion, Fiktivität, Fiktionalität, S. 87.
[289] Jannidis: Zwischen Autor und Erzähler, S. 540.
[290] Nicht alle Einführungen diskutieren das Problem der Nichtidentität von Erzähler und Autor so ausführlich wie Martínez / Scheffel: Erzähltheorie, S. 83f. und so dezidiert wie Currie: Narratives and Narrator, S. 65–68, der wie Jannidis die strikte Trennung von Autor und Erzähler ablehnt, »for there is no distinction that should or can be made between narrative-making and narrative-telling« (S. 65). Fludernik: Erzähltheorie geht auf den Autor als narratologisch relevante Instanz u.W. nicht weiter ein.

eine Rolle spielen kann, nicht ganz unangemessen.[291] Immerhin ist mit »Autor« wohl in der Regel eine textexterne Instanz gemeint: Entweder der reale (historische) Autor oder das Autorkonstrukt, wie es der Leser in seiner Vorstellung vom Autor generiert. Betrachtet man die narratologischen Einführungs- und Übersichtsdarstellungen, so scheint dies soweit auch als mehr oder weniger konsensfähig akzeptiert zu sein. Schmid etwa schreibt in den »Elemente[n] der Narratologie«[292] vom realen Autor:

> Der *konkrete Autor*, die reale historische Persönlichkeit, der Urheber des Werks, gehört nicht zu diesem, sondern existiert unabhängig von ihm. Lev Tolstoj hätte auch existiert, wenn er keine Zeile geschrieben hätte. [...] Obwohl Autor und Leser in ihrem konkreten Modus nicht zum Bestand des Werks gehören, sind sie in ihm dennoch auf eine bestimmte Weise präsent. Jede beliebige sprachliche Äußerung enthält ein implizites Bild ihres Urhebers und auch ihres Adressaten.[293]

Dieses implizite Bild ist das Ergebnis eines »semiotischen Aktes«, aus dem »allerdings nicht der konkrete Autor« resultiert, »sondern das Bild des Urhebers, wie er sich in seinen schöpferischen Akten zeigt«.[294] Und dieser *implizite* (Booth) oder *abstrakte* (Schmid) Autor hat sehr wohl eine kontroverse Rolle in den vergangenen narratologischen Debatten gespielt. Doch dazu erst später im entsprechenden Kapitel. Zuvor soll auf eine grundsätzliche Eigenschaft der Narratologie hingewiesen werden. Dass es für sie aufgrund ihres Geltungsbereichs nicht ganz unproblematisch ist, eine realhistorische Person oder auch ihre mentale Repräsentation narratologisch zu funktionalisieren, wurde bereits gesagt. Beides – Subjekt und Subjektkonstruktion – existiert lediglich außerhalb des Textes.[295] Ein systematisches Problem in Bezug auf den impliziten Autor ergibt

---

291 In den Beiträgen zu dem Band Grethlein / Renkakos (Hrsg.): Narrative Form in Ancient Literature wird der Autor sehr stark als werk- bzw. textabgrenzende Instanz funktionalisiert, was als Hinweis darauf gelten kann, dass der Autor in der Regel eine Kategorie *vor* der narratologischen Analyse ist. Er wird dabei als Begründung für die Auswahl eines Textes oder einer Textgruppe herangezogen.
292 Das Buch ist 2003 erstmals auf Russisch erschienen, 2004 als Teilausgabe auf Tschechisch, 2005 dann auf Deutsch und 2010 auf Englisch.
293 Schmid: Elemente der Narratologie, S. 49.
294 Ebd., S. 50.
295 Vgl. hierzu das Lemma »Author« von Jörg Schönert im Handbook of Narratology: »The author (real or empirical) can be defined in a narrow sense as the intellectual creator of a text written for communicative purposes. In written texts in particular, the real author is *distinguished from from the mediating instances internal to the text* « (Schönert: ›Author‹, S. 1 [Herv. v. M.S./M.W]). Anders argumentieren freilich poststrukturalistische Ansätze, wie in Kapitel 2 (»Poststrukturalistische Autorschaftstheorien«) dargestellt.

sich für die Narratologie jedoch genau dann, wenn sie im Anschluss an strukturalistische Positionen als *deskriptives* »Werkzeug der Beschreibung« verstanden wird.[296] Doch auch hier lassen sich in den letzten Jahren Veränderungen in der theoretischen Funktionsbestimmung der Narratologie beobachten, nicht zuletzt weil man erkannt hat, dass bestimmte literarische Phänomenbereiche wie das, was mit ›impliziter Autor‹,[297] ›Erzähler‹ oder ›erlebter Rede‹[298] umschrieben wird, nicht realiter existiert, sondern immer schon das Resultat von *Interpretationsleistungen* darstellt. Ein zukunftsweisender, aber noch tentativer Vorschlag hinsichtlich des so umrissenen Problemfeldes kommt von Tom Kindt und Hans-Harald Müller. Sie wollen die Narratologie nicht als deskriptiv, sondern als *interpretationstheoretisch neutral* verstanden wissen.[299]

3.2 Exemplarische Studien

3.2.1 Herausgeberfiktion

Nach einer kurzen Rekonstruktion der Publikationsgeschichte des »Robinson Crusoe« heißt es in der Heidelberger Poetikvorlesung des Romanautors Louis Begley:

---

[296] Genette: Die Erzählung, S. 190; rekonstruktiv hierzu auch Kindt / Müller: Beschreibungen, bes. S. 301. Die Herausgeber des Bandes »Narratology and Interpretation« machen deutlich, dass sie die Narratologie nicht nur als »a highly apt tool« (S. 1) bzw. »a heuristic tool for interpretation« (S. 3) verstehen, sondern auch als »Hilfswissenschaft«, wenngleich diese »significant contributions to other approaches« (S. 3) zu leisten vermag (Grethlein / Rengakos: Introduction).
[297] Vgl. Kindt / Müller: Beschreibungen, S. 301: »Damit die Erzähltheorie eine Evaluationsfunktion im Hinblick auf Textauslegungen übernehmen kann, muss sie um Anschluss-Begriffe wie das Konzept der ›Textintention‹ oder das des ›impliziten Autors‹ erweitert werden, durch die sie gerade das verliert, was sie zur Bewertung von Interpretationen geeignet erscheinen lässt: den Charakter eines unproblematischen Bezugspunkts für Deutungen unterschiedlicher Zielrichtungen« (s. hierzu auch Kindt / Müller: Explikation und Verwendung, S. 286).
[298] Schmid: Elemente der Narratologie, S. 19f., etwa: »Bereits die Konstruktion des ›Erzählers‹, sofern sie auf die Semantisierung von Textsymptomen angewiesen bleibt, ist […] stark interpretationsabhängig. Auch die seit den zehner Jahren des 20. Jahrhunderts währende Kontroverse um die erlebte Rede zeigt, wie ›voraussetzungsreich‹ die erstellten Beschreibungsmodelle jeweils sind«.
[299] Vgl. Kindt / Müller: Beschreibungen, bes. S. 294–301.

Autobiographien, Lebenserinnerungen und Bekenntnisse verschiedener Art verkaufen sich noch immer besser als Romane, trotz *Harry Potter* und *Sakrileg*. Sogar in erklärtermaßen ausgedachten Geschichten suchen Leser und Kritiker ›Wahrheit‹, und in einem Roman gilt ihnen als Wahrheit, was immer sie als Teil der Biographie des Autors zu erkennen glauben.[300]

Was Begley an dieser Stelle in Kombination mit einer apologetischen Geste (»Der Romanautor kann nicht das ganze Universum erfinden. Er muss verwenden, was er zur Hand hat«) offensichtlich als ausreichenden Erklärungsansatz dafür versteht,[301] warum er selbst immer wieder mit biographistischen Lesarten seiner Texte und Figuren konfrontiert wird, ist gleichsam eine unter vielen anderen möglichen Deutungshypothesen für die Entstehung und Tradierung des Phänomens ›Herausgeberfiktion‹. Folgt man diesem Ansatz, so schafft der Autor eine Realitätssimulation, die dem nach Begley stets wahrheitssuchenden Rezeptionsverhalten der Leser entgegenkäme. Doch nähern wir uns der Herausgeberfiktion und der These wahrheitssuchender realer Leser historisch:

Die quantitativ noch ausgesprochen zurückhaltend vertretene Forschung wurde vor allem durch Uwe Wirth initiiert und seit den 2000er Jahren vorangetrieben. Will man seine und andere Forschungsarbeiten unter einen Nenner bringen, dann stünde dort so etwas wie die *Funktionsbeschreibung* des fiktiven Herausgebers, die in ihren Ausprägungen zwar historisch variiert, aber als Beschreibungskriterium stets bedeutend für eine Rekonstruktion dieser Instanz zu sein scheint. Zwar stammen die sich dem fiktiven Herausgeber widmenden Arbeiten aus höchst unterschiedlichen theoretischen Provenienzen, doch ist der Theoriezusammenhang hier offensichtlich kein ausschlaggebender Aspekt seiner Funktionalisierungen; denn für vergleichbare Epochen kommen unterschiedliche Arbeiten zu erstaunlich konsensfähigen Ergebnissen.

Yvonne Pietsch beobachtet etwa in ihrer klassisch-hermeneutischen Analyse zur Herausgeberfiktion in Ingo Schulzes »Neue Leben«, dass die Herausgeberfigur, »die den Duktus eines wissenschaftlichen Editors zunehmend verliert, eine Traditionslinie des Romans der Romantik« fortführt. Die für diesen Zeitraum konstatierte Herausgeberfiktion konkretisiert sie in ihrem Aufsatz dann vor allem über die romantische »Affinität fürs Fragmentarische« und das »Verwirrspiel mit den Identitäten von empirischem Autor, Herausgeber und Briefschreiber«.[302] Arata Takeda bezeichnet diese narrative Umstrukturierung durch den fiktiven Herausgeber in seiner Monographie zur Herausgeberfiktion im

---

300 Begley: Fakten und Fiktionen, S. 10.
301 Vgl. ebd., S. 36.
302 Pietsch: Hundeblick, S. 341.

Briefroman als »Netz von Identifikationsangeboten«[303] und auch Uwe Wirths 400 Seiten starke Habilitationsschrift kommt zu einem zwar differenzierteren, aber nicht kategorial anderen Ergebnis.[304] Seine Arbeit ist mit Abstand das ausführlichste Forschungsergebnis zur Herausgeberfiktion als *sekundärer Autorschaft*[305] auf dem Gebiet des Romans um 1800 und ist nicht nur eine (diskurs-) theoretisch elaborierte Reflexion dieser Instanz, sondern leistet darüber hinaus mit ihren Fallstudien zu Wieland, Goethe, Brentano, Jean Paul und E.T.A. Hoffmann auch eine gewissenhafte Rekonstruktion der Manifestationen dieses literarischen Phänomens.[306] Mit Lessing spricht er von »verschiedene[n] Möglichkeiten der Deutung«,[307] die der Roman durch diese Instanz eröffne und präzisiert dies als die Rahmung »der auktoriale[n] Intentionalität des griechischen Autors« durch die »editoriale Intentionalität des deutschen Herausgebers«.[308] Aus dieser Verkomplizierung der Erzählstruktur entspringt Wirths grundlegende und über die Monographie hinweg ausgebaute These, »dass die Geburt des modernen Erzählers aus der Verwandlung der im 18. Jahrhundert durchgängig anzutreffenden Herausgeberfiktion in eine auktoriale Erzählfunktion entsteht«.[309] Seine vorwiegend im Kontext der kulturwissenschaftlichen Diskurstheorie nach Foucault, der Performanz- (Austin/Searle) und Schrifttheorie Derridas beheimateten Analysen konstatieren das Ende der hier aufgezeigten spezifischen ›romantischen‹ Funktionen der Herausgeberfiktion des 18. Jahrhunderts mit romanpoetologischen Entwicklungen im Laufe des 19. Jahrhunderts. Diese konnten als solche nur entstehen, da sich der Roman nun »nicht mehr mit Hilfe einer Authentizitätsfiktion als ›wahre Geschichte‹ tarnen« musste,[310] sondern durch die weite Verbreitung der Herausgeberfiktion den Lesern des 18. Jahrhunderts eine entsprechende Rezeptionshaltung antrainiert wurde.

Ganz ähnlich argumentiert Hans-Edwin Friedrich, wenn er die These, »dass die Herausbildung des neuen Konzepts einer autonomen Literatur [im 18. Jahrhundert] zu Transformationen des Fiktionsbegriffs geführt hat«, historisch an

---

303 Takeda: Erfindung des Anderen, S. 9.
304 Wirth: Geburt des Autors.
305 Ebd., S. 44.
306 Theoretisch-systematisch (S. 35–104) und historisch-chronologisch (S. 105–260) erarbeitet Stefan Mommertz die Herausgeberfiktion in der englischsprachigen Literatur der Neuzeit (vgl. Mommertz: Herausgeberfiktion).
307 Das Lessing-Zitat aus der Hamburgischen Dramaturgie findet sich bei Wirth: Erzählen, S. 121.
308 Wirth: Erzählen, S. 132.
309 Ebd., S. 121.
310 Wirth: Geburt des Autors, S. 423.

Beispielen belegt, die aufzeigen, dass unter anderem die Einsetzung von fiktiven Herausgebern »eine Steigerung der Fiktionalität [bewirkt], die als Duplikation ausgestaltet wird. Praktisch wird sie als Explikation der literarischen Kommunikation innerhalb der Texte realisiert«.[311] Nach Wirth können dann bereits um 1900 die romantischen Funktionen der Herausgeberfiktion als vollends abgelöst gelten, denn »das Andere, das man herausgibt, [ist] tatsächlich Fundmaterial«, nicht mehr selbst Gestaltetes. Plausibel wird dieses Argument durch den Bezug auf Montagen und *ready-mades*.

Noch einmal 100 Jahre später setzt die bereits erwähnte Untersuchung von Pietsch, aber auch die Gerrit Lembkes an, dessen Beitrag zu unserem Band, »Vielstimmiges Schweigen. Auktoriale Inszenierung bei Walter Moers«, eine über den Einzeltext hinausgehende Herausgeberfiktion untersucht, die sich über sämtliche Zamonien-Romane Moers' erstreckt. In *Die Stadt der Träumenden Bücher*, einem Roman dieser Reihe, werden »historische Autorschaftsmodelle (*poeta doctus*, Genie, *scripteur* etc.) miteinander kontrastiert und in ein unauflösliches Amalgam überführt«.[312] Diese ›Poetik der Kopie‹, so Lembke, wird über diesen Roman hinaus nicht nur in anderen Romanen fortgesetzt, sondern ebenso »in den Bereich der (Pseudo-)Paratexte überführt, wo Walter Moers nicht die Rolle des Verfassers einnimmt, sondern sich auf die Position des Übersetzers zurückzieht«. Interviews in *DIE ZEIT* und der *FAZ* finden nicht mit dem realen Autor Moers, sondern dem fiktiven Autor Mythenmetz statt, der diese Öffentlichkeit nutzt, um seinen fiktiven Herausgeber und Übersetzer Moers etwa bezüglich der Qualität seiner Übersetzungen anzugreifen. Das konsequente ›Schweigen‹ des realen Autors in literarischen Anschlussdiskursen dieser Art entzieht der literaturkritischen Spekulation in Form biographistischer Lesarten jeglichen Nährboden und schafft eine Form Begley'scher Utopie.

Diese Utopie anti-biographistischer Rezeption literarischer Texte könnte im Anschluss an Moers – freilich auch nur hypothetisch – als *eine* der zeitgenössischen Funktionen der Einsetzung von Herausgeberfiktionen genannt werden. Dabei übernehmen die fiktionalen Herausgeber gänzlich andere Funktionen als ihre realen Pendants. Wo ›echte‹ Herausgeber in der Regel ihr subjektives Verhältnis zum herauszugebenden Text zugunsten von Objektivität und rigiden editorischen Normen disqualifizieren, so beglaubigt zwar auch der fiktive Her-

---

311 Friedrich: Fiktionalität im 18. Jahrhundert, S. 339. Er verwendet nicht explizit den Begriff ›fiktiver Herausgeber‹, sondern umschreibt ihn etwa anhand von Wielands *Don Silvio*, indem er die o.g. »Duplikation« der literarischen Kommunikation auf die Erzählinstanz überträgt: »Der Erzähler fungiert als Herausgeber eines Manuskripts [....]« (S. 354).
312 Lembke: Vielstimmiges Schweigen. (in diesem Band).

ausgeber – das editorische Arbeitsethos imitierend – die Authentizität des Textes, untergräbt sie jedoch im gleichen Atemzug, indem er etwa gängige Praktiken wie die »der Kommentierung von Texten« *hinterfragt, parodiert* und *ironisiert*.[313] An dieser Stelle setzt Uwe Wirths Beitrag zu diesem Band an. Sein Aufsatz »Autorschaft als Selbstherausgeberschaft. E.T.A. Hoffmanns *Kater Murr* geht von der Annahme aus, dass sich der Begriff ›Autorschaft‹ »sowohl auf das Hervorbringen von Geschriebenem als auch auf das ›Prinzip einer gewissen Einheit‹ (Foucault) von Geschriebenem beziehen« lässt.[314] Diese Gedanken fortführend impliziert »Autorschaft immer auch eine Form von Selbstherausgeberschaft«, was anhand der Herausgeberfiktion, »die eine fiktionale Verneinung der Autorschaft und ein fiktionales Prinzip einer gewissen Einheit des Schreibens darstellt«, exemplifiziert wird.

Insgesamt scheint sich die Produktion von Ambivalenzen durch den fiktiven Herausgeber als Teil des angesprochenen *Verwirrspiels* bis heute wenig verändert zu haben. Sie umfasst mindestens die folgenden ›Aufgabenbereiche‹, die der fiktive Herausgeber übernehmen kann, aber nicht muss:[315] formale editorische Anmerkungen, Verweise auf nicht mit herausgegebenes oder anderweitig publiziertes scheinauthentisches Material, Verweise auf fiktives biographisches Wissen, das der fiktive Herausgeber über den fiktiven Autor hat, Erläuterungen von relevantem fiktivem historisch-kontextuellem Wissen, Worterläuterungen und Übersetzungen sowie wertende Äußerungen über den fiktiven Autor oder dessen Text.

Während die meisten dieser möglichen Funktionen durch das Handwerkszeug der Narratologie durchaus befriedigend beschrieben werden können, machen die hier vorgestellten Studien allesamt deutlich, dass eine vollständige funktionale Beschreibung der Herausgeberfiktion nicht geleistet werden kann, ohne den entsprechenden literarischen Text einer umfassenden (auch) fiktionstheoretischen Historisierung zu unterziehen. Nur durch eine Koppelung narratologischer und fiktionstheoretischer Fragestellungen kann die jeweilige Funktionalisierung in eine nachvollziehbare Anschlusshandlung überführt werden. Die Fiktionstheorie muss spätestens dort einsetzen, wo die Narratologie traditi-

---

313 Pietsch: Hundeblick, S. 340, ähnlich auch Wirth: Geburt des Autors, bes. S. 120f., der das Spiel um Wahrheit und Fiktion im Kontext der Objektivitätsfrage in ihrer historischen Ausprägung des 18. Jahrhunderts anhand der Wahrscheinlichkeitsthematik darstellt.
314 Wirth: Autorschaft als Selbstherausgeberschaft (in diesem Band).
315 Diese basieren auf der Aufzählung von Pietsch: Hundeblick, S. 340, in der die Autorin die Funktionen der Herausgeberfiktion in Schulzes »Neue Leben« aufzählt. Wir haben sie jedoch stark verallgemeinert.

onell durch die Grenzen des Textes beschnitten wird und sogleich auf Rezeptionshaltungen und -effekte eingehen, gemäß der oben anhand Waltons Ansatz besprochenen medienspezifischen Abgrenzung genuin literarischer Fiktionstheorien in den meisten Fällen wohl sogar auch auf Rezeptionserwartungen. Diese Faktoren sind, wie Wirths historische Entwicklungsthese zeigt, offensichtlich nicht unerheblich, will man adäquat historisieren. So konstatiert auch Takeda, die Autoren des 18. Jahrhunderts würden ihr »Lesepublikum teils im aufklärerischen Gedankengut, teils in der empfindsamen Gefühlskultur [...] ›schulen‹« und erklärt die literaturgeschichtlich bemerkenswerte Stellung des *Werthers* durch die »entscheidende Verengung des identifikatorisch möglichen Funktionsspektrums des Lesers«, woraus eine »prädominante Leserorientierung an der Produktionsseite des Briefschreibers – d.h. eine Begünstigung des gefühlsmäßigen Mitbeteiligens am Entstehungsvorgangs der Briefe« resultiere.[316]

Auch Wirth pronociert die *Aufmerksamkeitslenkung* durch die Herausgeberfiktion und die *moralische Erwartung*,[317] die Autor und Leser bezüglich der Wirklichkeit teilen oder beide voneinander unterscheidet.[318] Der Bruch dieser Erwartungen, so lässt sich schließen, »forciert eine Form der Selbstbeobachtung, deren Effekt eine Präzisierung des ›Fiktivitätsbewusstseins‹ seitens der Leser ist.«[319] Durch Felicitas Menhard wurde jüngst ein rezeptionstheoretisch reflektierter Erklärungsansatz dieser These geliefert. Sie verbindet die von der Narratologie bis dato getrennt verhandelten Phänomene des unzuverlässigen Erzählens und der Multiperspektivität und exemplifiziert deren Zusammenhang u. a. am fiktiven Herausgeber.[320] Menhards Hinweis, dass »die Individualität der leserseitigen Synthetisierungsleistungen in multiperspektivischen Texten nicht unterschätzt werden« darf,[321] kann gleichsam als Begründung für die Attraktivität der das Aktivische des Lesens betonenden Texte angeführt werden. So scheint uns der sowohl rezeptionstheoretisch als auch systemtheoretisch gut ausgeleuchtete Begriff der »Erwartungserwartung« für zukünftige Forschungen zur Herausgeberfiktion nicht irrelevant zu sein, da er die angeführten poetolo-

---

316 Takeda: Erfindung des Anderen, S. 9 und S. 85. Er widmet sich den lesertheoretischen Grundlagen bes. auf S. 18–24.
317 Vgl. Wirth: Erzählen, S. 125.
318 Zum Konzept der ›Interaktion‹ in text-, leser- und interaktionsbezogen argumentierenden Literaturtheorien vgl. Willand: Lesermodelle und Lesertheorien, S. 216–249.
319 Wirth: Geburt des Autors, S. 423.
320 Vgl. Menhard: Conflicting Reports, bes. S. 32f. und S. 125–128.
321 Ebd., S. 33.

gischen als auch rezeptionsbezogenen Argumente theoretisch zusammenführen könnte.

Doch setzt dies voraus, dass zuvor die Rolle und Perspektive des Literaturwissenschaftlers differenzierter ausgelotet werden muss, als dies bisher geschehen ist. Dabei ergibt sich eine quasi-dilemmatische Situation: Fiktionstheorie und Narratologie setzen beide für den Literaturwissenschaftler eine Beobachterposition voraus, von der aus er die literarische Kommunikation ›betrachten‹ und rekonstruieren kann. Demgegenüber scheint das *interpretative Verstehen* stark inferenzbasierter Instanzen (wie dem impliziten Autor) gerade einen subjektiven Leser zu erfordern. Die historisch adäquate Rekonstruktion der Herausgeberfiktion und ihrer variierenden Funktionen ist ebenfalls bis zu einem gewissen Maße von diesem Problem der wissenschaftlichen Selbstpositionierung irgendwo zwischen subjektivem Interpreten und objektivem Beobachter abhängig.

3.2.2 Impliziter Autor

Die Forschung zum impliziten Autor hat seit der Einführung des Konzeptes durch Wayne Booth eine bemerkenswerte Entwicklung durchgemacht.[322] Diese kann hier freilich nicht vollständig nachvollzogen werden, muss sie aber auch nicht: Kindt / Müller haben mit einer ganzen Reihe von Aufsätzen in den letzten zehn Jahren und ihrer 2006 erschienenen Monographie »The Implied Author. Concept and Controversy« eine hervorragende Aufarbeitung der Forschung geleistet.[323] Dennoch soll im Folgenden die Argumentation einzelner Positionen noch einmal mit besonderer Aufmerksamkeit auf ihre theoretische Herkunft – Fiktionstheorie vs. Narratologie – nachvollzogen werden. Diese Unterscheidung lässt sich schon in der fiktionstheoretischen Prüfung des Konzepts, wie es bei Genette beschrieben wird, erkennen.[324] Denn auf *fiktionstheoretischer* Ebene argumentiert er für eine Beibehaltung des impliziten Autors, den er definiert als »das Bild dieses [realen] Autors, wie es sich (vom Leser natürlich) auf der Basis

---

[322] Booth: Rhetoric of Ficiton [1961], bes. S. 67–77 und seine Ausdifferenzierung des Konstrukts im Anschluss an Rabinowitz auf S. 421–425 im Nachwort der 1983 veröffentlichten zweiten Ausgabe.
[323] Vgl. u. a. Kindt / Müller: Explikation und Verwendung; Kindt / Müller: Karriere und Kritik; Kindt / Müller: Concept and Controversy.
[324] Genette: Die Erzählung, S. 283–295.

des Textes konstruieren ließ«.[325] Er begründet diese affirmative Haltung damit, dass man mit ihr etwas beschreiben kann, was über den reinen Text hinausgeht:

> Meint man damit, dass der narrative Text, wie jeder andere auch, durch verschiedene punktuelle oder globale Anzeichen über den Erzähler [...] hinaus eine *Vorstellung* [idée] (ein besserer Ausdruck als ›Bild‹) *vom Autor* induziert, so meint man damit etwas völlig Evidentes, dem ich nur zustimmen kann und in diesem Sinne schließe ich mich gern [...] Bronzwaer an: ›Das Feld der narrativen Theorie [...] schließt den realen Autor aus, den impliziten aber schließt es ein‹.[326]

Mit nicht wenig Aufwand versucht er dann jedoch zu zeigen, dass es kaum Fälle gibt, in denen das Bild, das der Leser vom Autor konstruiert, nicht mit dem tatsächlichen Autor übereinstimmt.[327] Demgegenüber stünden sehr viele Fälle, in denen der Leser sich ein korrektes Bild vom Autor mache, was Genette mit der Formel ›*IA = RA*‹ etwas überstrapaziert. Denn wie genau sich diese Ist-Gleichheit trotz der Heterogenität literarisch-fiktionaler Texte und Textumgangsformen rechtfertigen lässt, bleibt unklar.[328]

Soweit zur fiktionstheoretischen Beschreibung des impliziten Autors bei Genette, die sich bei ihm grundlegend von der *narratologischen* Funktionalisierung des Konzepts unterscheidet. Dort sieht er nämlich keinen Grund für die Beibehaltung der impliziten Autorfigur: »Will man aus dieser *Vorstellung vom Autor* aber eine ›narrative Instanz‹ machen, so bin ich dagegen, da ich immer noch der Ansicht bin, dass man die Instanzen nicht ohne Not vermehren soll«.[329] Nicht unproblematisch ist sicherlich, dass er die von Booth pronconcierte rhetorische Ebene und somit die Funktionen des impliziten Autors bezüglich der Rekonstruktionen von ethisch-moralischen Aspekten außer Acht lässt. Die damit einhergehende strukturalistische Perspektivierung des Konstrukts,[330] weg von (nicht ausschließlich) intentionalen Aspekten bei Booth und Chatman zu einer fast ausschließlich leserseitigen Betrachtung als *Vorstellung* wurde maß-

---

325 Genette: Die Erzählung, S. 285.
326 Ebd., S. 291; er zitiert Bronzwaer: Implied Author, S. 3.
327 Ebd., S. 290.
328 In dem durch die Formel nahegelegten streng mathematischen Sinne scheint die formale Gleichsetzung in jedem Fall problematisch zu sein, immerhin wird hier bereits auf ontologischer Ebene schwer Vergleichbares gegenübergestellt: eine reale Person und ein mentales Konzept dieser Person, wie es eine andere Person generiert.
329 Genette: Die Erzählung, S. 291.
330 Dass strukturalistische und formalistische Ansätze bereits stark rezeptionsbezogen argumentieren, zeigt Willand: Lesermodelle und Lesertheorien, S. 2–8.

geblich für nahezu alle folgenden Kritiken.[331] So auch für Kindt / Müller, die allerdings weniger strukturalistische Begründungszusammenhänge als vielmehr den oben bereits angesprochenen hypothetischen Intentionalismus zur Fundierung ihres Argumentes *gegen* die weitere Verwendung des impliziten Autors heranziehen:[332]

> The resultant analysis suggests that explicating the implied author as a participant in communication would not be sensible but that explicating it as an entity to which the meaning of a text is attributed could well be. More precisely, this means explicating it as the hypothetical or postulated author in the conceptual context of hypothetical intentionalism. This explication […] entails narrowing the meaning of the established implied author concept so specifically that it seems inappropriate to continue using the expression ›implied author‹ for the result.[333]

Deutlich wird hierbei, dass die angesprochene Verschiebung noch stärker als bei Genette zu fiktionstheoretischer und rezeptionsästhetischer Skepsis tendiert. Stärker fiktionstheoretisch ausgerichtet ist ihre Position, weil das Konzept keine primäre Funktion mehr hinsichtlich der Abgrenzung vom Erzähler (und bestimmten Wissensbeständen, Kompetenzen usw.) besitzt, sondern vor allem die Vorstellung des Lesers vom Autor beschreibt. Rezeptionsästhetischer ist sie, weil die Rezeption des impliziten Autors nicht empirisch eruiert, sondern auf Grundlage des Textes theoretisch postuliert wird.[334] Autorintentionale Elemente, die im Booth'schen Sinne bei der ›Konstruktion‹ des impliziten Autors eine Rolle gespielt haben (könnten), werden bloß noch als Hypothese des Lesers gedacht.[335]

Eine frühe vermittelnde Position in dieser Entwicklung nimmt Jannidis mit seinem Aufsatz »Zwischen Autor und Erzähler« (2002) ein,[336] dessen Titel bereits

---

331 Vgl. etwa Chatman: Story and Discourse, der auf S. 149 die rhetorisch-normative Ebene des Konstrukts stark autorintentionalistisch beschreibt: »The real author can postulate whatever norms he likes through his implied author«.
332 Kritisch hierzu Diengott: Implied Author.
333 Kindt / Müller: Concept and Controversy, S. 181.
334 Zur Kritik des rezeptionsästhetischen Ansatzes vgl. Willand: Lesermodelle und Lesertheorien, S. 69–74; 265–297 und Willand: Isers ›impliziter Leser‹.
335 Zu welchem Pol zwischen ›autorintentional‹ und ›leserkonkretisiert‹ hin tendierend einzelne Theoretiker das Konzept verorten, lässt sich meist schon an den (unzähligen) Alternativbegriffen oder -konzepten erkennen, die den impliziten Autor ablösen sollen. Eine Liste findet sich bei Abbott: Reading intended Meaning, S. 468f.
336 *Neu* ist die Position insofern, als Jannidis sich gegen Kindt / Müller: Explikation und Verwendung (von 1999) abgrenzt. In ihrer erst 2006 erschienenen Monographie (Concept and Controversy) wird die von Jannidis kritisierte Ablehnung des Konzepts beibehalten.

Genette frei zitiert und damit deutlich macht, welcher Wegmarke Jannidis mit seiner Definition des impliziten Autors folgt.[337] In fast wörtlicher Übereinstimmung schreibt Jannidis, der *implied author* sei »das Konstrukt eines Autors durch den Leser, d.h. seiner Intention, seiner Merkmale, usw., *aufgrund eines bestimmten Textes*«.[338] Wo Genette jedoch »das Bild dieses [realen] Autors, wie es sich (vom Leser natürlich) auf der Basis des Textes konstruieren ließ« auf narratologischer Ebene ablehnt,[339] so spricht sich Jannidis bei gleichem ›Objektbereich‹ dezidiert für die Beibehaltung und Funktionalisierung des Konstrukts aus. So betont er, dass sich Autorkonstrukte hinsichtlich ihrer ›Entstehung‹ differenzieren lassen und unterscheidet dabei Genesen etwa »aufgrund von biographischen Quellen«, aufgrund »von mehreren Texten« (*career author* bei Booth) und »eben aufgrund von einem [singulären] Text«.[340]

Bemerkenswert scheint uns hierbei, dass Jannidis sowohl auf fiktionstheoretischer als auch auf narratologischer Ebene für den impliziten Autor plädiert. Er amalgamiert beide Perspektiven, indem er wie oben referiert die strikte Trennung von Erzähler und Autor hinterfragt und ihre jeweiligen Kompetenzen als Maß der Überprüfung ansetzt: »Im Regelfall bildet der Grad der Autorkompetenz die Grenze dessen, was die Erzählinstanz an Merkmalen hat. Die Erzählinstanz kann nicht eine andere Sprache sprechen, mehr Wissen haben, dauerhaft witziger und intelligenter sein als der Autor«.[341] Der implizite Autor als die textbasierte Vorstellung über den Autor wird so, wie auch »Informationen darüber, wie sich das Verhältnis von Erzähler und implizitem Autor gestaltet, in die Inferenzprozesse beim Lesen miteinbezogen«.[342] Narratologisch ist er relevant, weil er hilft, die Kompetenzen des Erzählers zu bestimmen,[343] fiktionstheore-

---

337 Jannidis: Zwischen Autor und Erzähler; bei Genette: Die Erzählung, S. 285: »Die Frage ist also [...]: Ist der *implizite Autor* eine [...] Instanz zwischen dem Erzähler und dem realen Autor?«
338 Jannidis: Zwischen Autor und Erzähler, S. 548.
339 Vgl. Anm. 325.
340 Jannidis: Zwischen Autor und Erzähler, S. 548.
341 Ebd., S. 549.
342 Ebd., S. 555.
343 Die Frage nach den Kompetenzen des Erzählers ist nicht nur in Abhängigkeit der von Jannidis erörterten (unterstellten und daher impliziten) Autorkompetenz zu bestimmen, sondern auch von a) der Kompetenz der fiktionalen Instanz, an die der Erzähler sich wendet und b) der Kompetenz der/s realen Leser/s, an die der reale Autor sich wendet. Die auch nicht ganz unwichtige Unterscheidung von adressiertem und intendiertem Leser ist zwar sowohl auf der innerfiktionalen als auch auf der Kommunikationsebene von realem Autor und realem Leser relevant, soll hier aber nicht ausbuchstabiert werden. Größere Relevanz für die Bestimmung der Erzählerkompetenz hat die ganz grundsätzliche und zu selten in Betracht gezogene Ausrichtung des Erzählers an der Enzyklopädie seines Adressaten. Berücksichtigt man sie, wird

tisch ist er es, weil er nicht an die Grenzen des Textes gebunden ist. Die recht muntere Debatte über die Frage, ob eine Narratologie *überhaupt* kontextualisierend und damit text*interpretativ* sein darf, oder ob sie doch besser als Disziplin zu verstehen sei, die bloß Werkzeuge für ein rein text *analytisches* Arbeiten zu schmieden habe, stellt sehr klar David Darby dar. [344]

Zuletzt hat das Konzept des impliziten Autors H. Porter Abbott aus kognitionswissenschaftlicher Perspektive für diejenigen Texte verteidigt, die mehrere autorintentionale Bedeutungszuweisungen ermöglichen. Er bezieht sich hiermit wohl vor allem fiktionale Texte, denn er postuliert, dass »the free, unpredictable element of fictional world creation is matched by a freedom of fiction to accomodate competing intentional interpretations«. [345] Das damit angesprochene Problem ist tatsächlich frappant: Als textbasiertes Konstrukt wird der implizite Autor von der Forschung bisher als *eine* in ihrer Kohärenz ideale oder in ihrer Widersprüchlichkeit zu akzeptierende Instanz wahrgenommen: »[The implied author] harmonizes completely with the text by virtue of a wholeness that cannot be found in the fluid complexities of the real-life author«. [346] Diese *wholeness* deckt sich mit ähnlichen Formulierungen anderer Forschungsarbeiten zum impliziten Autor. Ansgar Nünning etwa möchte das implizite *Autorkonzept* zugunsten der Rede über die »Gesamtheit der strukturellen Merkmale eines Werks« disqualifizieren.[347] Kognitionswissenschaftliche Forschungsergebnisse

---

vor allem das narratologische Problem einer Rekonstruktion der möglicherweise unterschiedlichen Enzyklopädien des Erzählers und des fiktionalen Adressaten sichtbar. Wie beispielsweise lässt sich mit Sicherheit bestimmen, dass eine Erzählweise, z. B. das bisweilen einfältige Erzählen des Ich-Erzählers in *Huckleberry Finn* (1884, Mark Twain), Resultat der (dann als eingeschränkt zu bestimmenden) Erzählerenzyklopädie ist? Man müsste, um bei dem Beispiel zu bleiben, Huckleberry Finn ein mangelhaftes sprachliches Ausdrucksvermögen nachweisen und gleichzeitig ausschließen können, dass er sich nicht einfach an den von ihm angenommenen Lesern, also seinen Adressaten und den Kompetenzen *orientiert*, die er bei ihnen vermutet; gleiches gilt für realen Autor und das Publikum, an dem er sich orientiert. Das Problem der Orientierung des Erzählers beschreibt Schmid: Elemente der Narratologie, S. 106–108.

344 Darby: Form and Context. Wichtige Positionen dieser Debatte nach 2001, dem Publikationsdatum dieses Aufsatzes, wurden oben bereits genannt.
345 Abbott: Reading intended Meaning, S. 461.
346 Ebd., S. 468.
347 Nünning: Renaissance eines anthropomorphisierten Passepartouts, S. 1. Auch Iser macht diese Annahme, setzt als Alternativbegriff zu »impliziter Autor« bzw. »impliziter Leser« dann »Leserrolle« ein (und verwendet die beiden zuletzt genannten Begriffe durchgängig synonym; vorausgesetzt wird für das Verständnis des folgenden Zitates, dass der implizite Autor und der implizite Leser bei Iser (und nach Iser) sowohl in Theorie und Praxis funktionsgleich eingesetzt werden): »Das Konzept des impliziten Lesers [...] meint die im Text ausmachbare Leserrolle«

zur Entscheidungsfindung und zur Intentionalität sprechen jedoch dagegen, das Kohärenzdiktum bezüglich des impliziten Autors beizubehalten. Das Argument bezieht sich hier auf einen weiteren interessanten Aspekt des Konstrukts (und literarischer Bedeutung ganz allgemein), der weiter verfolgt werden soll: auf den realen Autor und seine faktische Intention. Durch die starke Vereinseitigung des impliziten Autors als Leserkonstrukt geriet diese von Booth noch prononcierte auktoriale Dimension des Konzepts gänzlich aus dem Blick. Begrifflich ist der produktionsästhetische Aspekt des impliziten Autors schwer zu fassen. Man kann sich ihm jedoch in einem ersten Schritt über eine Formulierung von Matías Martínez und Michael Scheffel zum unzuverlässigen Erzähler annähern.[348] Dieser kommuniziere eine »›explizite Botschaft, während der Autor dem Leser implizit, sozusagen an dem Erzähler vorbei, eine andere, den Erzählerbehauptungen widersprechende Botschaft vermittelt«.[349] Eine solche Konstruktion des impliziten Lesers auf der Basis des implizit Bleibenden kann jedoch immer nur eine Teilmenge des impliziten Autors bestimmen. Was die Forschung bisher viel zu wenig betont, ist, dass er (als vom Leser imaginierte textbasierte Vorstellung des Autors) mindestens ebenso, wenn nicht noch mehr vom tatsächlich Gesagten, also von dem Erzähler und dem Erzählerbild abhängig ist, als von dem, was ›an dem Erzähler vorbei‹ kommuniziert wird.

Booth, der das »moral and emotional engagement with the characters« als Forschungsaufgabe versteht,[350] nimmt vor allem das Problem des implizit Bleibenden in den Blick. Er nähert sich diesem auf ethisch-moralischer Ebene und versucht eine Antwort auf die Frage zu finden, wie sich faktische Autorintentionen in Form einer moralischen Gesamtkonzeption im Text niederschlagen beziehungsweise wie diese vom Leser erkannt werden können. Relevant wird

---

(Iser: Akt des Lesens, S. 66). Dass impliziter Autor und impliziter Leser theoretisch nicht divergieren, betont Ralf Klausnitzer: Literaturwissenschaft, S. 85: » Wie die Kategorie *impliziter Autor* fungiert der Begriff des *impliziten Lesers* als eine abstrakte Größe zur besseren Beschreibung von Wirkungspotentialen und Effekten, die in einem Text enthalten sind und im realen Akt des Lesens entdeckt werden können«. Dass die Konzepte interpretationspraktisch gleich funktionalisiert werden zeigen Kindt / Müller: Concept and Controversy, S. 141f.: »The fact that the two concepts have parallel functions rather than complementing each other can also be seen from the way they are used in interpretive practice, in which one or the other is usually employed but rarely both together«.

348 Wesentlich differenzierter hierzu Kindt: Unzuverlässiges Erzählen.
349 Martínez / Scheffel: Erzähltheorie, S. 101.
350 Booth: Rhetorical Critics, S. 137. Zu den biographischen Ursprüngen dieses Denkens vgl. Kindt / Müller: Concept and Controversy, S. 42–46.

solch eine Frage genau dann, wenn die Erzählerhaltung von den moralischen Normen des Autors abweicht:

> Finally, some of the most powerful literature is based on a successful reversal of what many readers would »naturally« think of as a proper response. Such reversals can only be achieved if the author is able to call to our attention relationships and meanings that the surface of the object obscures.[351]

Nach Booth ist es eine autoritative *elaborate rhetoric*, die es dem Autor erlaubt, unsere Sympathien zu steuern. Diese Intentionsbezogenheit wurde Booth bereits zum Vorwurf gemacht,[352] es lässt sich aber trotz aller rezeptionsästhetischer, strukturalistischer oder kognitionswissenschaftlicher Vorsichtsmaßnahmen nicht abstreiten, dass der implizite Autor eine intentionale Dimension besitzt, die sich nicht über die Kognition des Lesers, sondern nur über die des Autors erklären lässt – sei sie für eine unter epistemologisch strengen Gewissheitsbedingungen zu leistende Rekonstruktion auch noch so schwer erreichbar. Hier wird wieder die pragmatische Perspektive auf literarische Kommunikation wichtig. Versteht sich der Literaturwissenschaftler nicht als Teilnehmer, sondern Beobachter einer literarischen Kommunikationssituation, so hilft ihm der hypothetische Intentionalismus als theoretische Rahmung nur bedingt weiter, Aussagen über den impliziten Autor zu formulieren. Er kann lediglich über den (empirischen oder theoretischen) Leser und dessen (faktische oder mögliche) rezeptionsseitige Konstruktion des impliziten Autors sprechen.

Versteht sich der Literaturwissenschaftler selbst als Teilnehmer, ist sein Aussagespielraum noch geringer: Er kann als Leser bloß seine eigenen impliziten Autorkonstrukte darstellen. Diese sind so lange präsentistisch, bis sie durch eine entsprechende Kontextualisierung in ein historisch adäquates Modell des impliziten Autors überführt werden. Hier stellen sich dann erneut die Fragen, ob diese Historisierung nicht doch vor allem über den *realen Autor* und das vom Literaturwissenschaftler mühsam angeeignete historische Wissen geleistet wird und ob es aus einer literaturwissenschaftlichen Beobachterperspektive auf literarische Kommunikation vielleicht eher möglich ist, die eigenen Prämissen so deutlich zu machen, dass ein intersubjektiv nachvollziehbares und im forschungsgeschichtlichen Prozess korrigierbares Reden über die faktische Autorintention gewährleistet werden kann.[353] So muss die zukünftige Forschung vor

---

351 Booth: Rhetoric of Fiction, S. 115.
352 Vgl. die genannten Titel bei Kindt / Müller: Explikation und Verwendung, S. 280 Anm. 29.
353 Klaus Hempfer formuliert eine ähnliche Annahme in Bezug auf eine historisch angemessene Textinterpretation und versucht aus seiner rezeptionstheoretischen Orientierung heraus

allem zwei Dimensionen des impliziten Autors stärker in den Aufmerksamkeitsfokus rücken, die wir zu betonen versucht haben. Die erste lässt sich beschreiben durch eine Öffnung des Konstrukts von einer je rein narratologischen oder rein fiktionstheoretischen Funktionalisierung zu einer multiperspektivischen, wie es Jannidis bereits in ersten Zügen umgesetzt hat. Die zweite noch nicht annäherungsweise erforschte Dimension des impliziten Autors lässt sich als Frage umschreiben, wie dieser angemessen historisiert werden kann. Wie für die Forschung zum fiktiven Herausgeber gilt auch für die Forschung zum impliziten Autor, dass sie abhängig von der (Selbst-)Positionierung des Literaturwissenschaftlers als Teilnehmer oder Beobachter literarischer Kommunikation ist.

4 Theorien der Inszenierung von Autorschaft

Bereits in einer ausführlichen und zustimmenden Rezension der »Rückkehr des Autors« hat Ansgar Nünning, der Gießener Anglist und Kulturwissenschaftler, dazu aufgefordert, nach der intensiven literaturtheoretischen Grundlagenforschung vermehrt »Formen und Funktionen der literarischen Inszenierung von Autorschaft« zu untersuchen.[354] Dieses Feld sei nach der wegweisenden literaturwissenschaftlichen Standortbestimmung, die Jannidis & Co. geleistet hätten, das »größte Desiderat« der Autorschaftsforschung. Diese Anregung wurde in den vergangenen Jahren vielfach aufgegriffen,[355] und das Thema ›Inszenierung von Autorschaft‹ hat seit dem Jahrtausendwechsel in der Tat einen beachtenswerten Aufschwung erfahren. Kürzlich haben Christel Meier und Martina Wagner-Egelhaaf betont, dass »Inszenierungsakte, -logiken und -wahrnehmungen […] konstitutiv sind für die Bühnen der Kultur und der Geschichte, auf denen

---

»ein Textverständnis zu erstellen, das die Mängel und Defizite der konkret vollzogenen Rezeptionen löst und somit eine Konstruktion der historisch idealiter möglichen Rezeption darstellt. Daß die einzelnen Realisate eines solchen Interpretationstyps natürlicherweise im Prozeß der Wissenschaftsgeschichte überholbar sind, bedarf keiner näheren Ausführung« (Hempfer: Diskrepante Lektüren, S. 32).
354 Vgl. Nünning: Totgesagte leben länger, S. 365, 383.
355 Im Jahr 2007 erschien der Band von Künzel / Schönert (Hrsg.): Autorinszenierungen, ein Jahr darauf ein Sammelband von Grimm / Schärf (Hrsg.): Schriftsteller-Inszenierungen. Hinzuzuzählen ist auch der 2009er Band von Joch / Mix u. a. (Hrsg.): Mediale Erregungen?, sowie Jürgensen / Kaiser (Hrsg.): Schriftstellerische Inszenierungspraktiken; Meier / Wagner-Egelhaaf (Hrsg.): Autorschaft; sowie Kyora: Subjektform; dazu der Aufsatz von Kyora: Praxeologische Perspektiven; und die Monographien von Amstutz: Autorschaftsfiguren, und zuletzt John-Wenndorf: Der öffentliche Autor, sowie Schaffrick: In der Gesellschaft des Autors.

das Schauspiel der Autorschaft stattfindet«.[356] Die Formulierung dieses Plädoyers für einen unverkrampften Umgang mit dem Begriff ›Inszenierung‹, der jenseits von Manipulation und Entfremdung anzusiedeln ist, hebt dessen theatermetaphorischen Gehalt (»Bühne«, »Schauspiel«) hervor.

Die Theaterwissenschaftlerin Erika Fischer-Lichte definiert Inszenierung prägnant als »Erzeugungsstrategie«. In diesem Sinne stellen Inszenierungen nicht etwas Vorgängiges dar, sondern sie bringen Autorschaft erst performativ hervor, sie erzeugen Autorschaft. Inszenierungen sind außerdem nicht spontan, sondern geplant, sie folgen einer Strategie. Solche Erzeugungsstrategien liegen einer konkreten und einmaligen Aufführung zugrunde und sind im Bereich der Autorschaft notwendig, um Personen als Autoren auszuweisen, denn Personen, die öffentlich als Autoren wahrgenommen werden wollen, müssen *als* Autoren beobachtbar sein. Autorschaft umgekehrt ist zu verstehen als »eine sich immer neu erzeugende, nicht tot zu kriegende performative Funktion, Geste und künstlerisch-theatralische Inszenierung«.[357] Das Bemerkenswerte an der Inszenierung von Autorschaft besteht sicherlich darin, dass Autorinnen und Autoren bei ihrer Inszenierung zumeist Regisseur und Schauspieler ihrer Darbietung zugleich sind, sich die Bühnen ihrer Darbietung in ihren Texten zum einen selbst schaffen, zum anderen jedoch an die institutionellen Rahmenbedingungen einer Inszenierung etwa durch Verlage oder Literaturpreisverleihungen gebunden bleiben.[358]

Über den Begriff der Inszenierung macht der *performative turn* seinen Einfluss auf die Autorschaftsforschung geltend.[359] Schon Barthes beschreibt ja die Wirkung des Schreibens und die Erzeugung des ›scripteur‹ in Heideggerianischer Manier als performativen Prozess – »die Sprache ›handelt‹« und Schreiben ist »was die Linguisten im Anschluss an die Oxford-Philosophie ein Performativ nennen«.[360] Autorschaft ereignet sich, sie entsteht im Vollzug und erzeugt Präsenz. Die Inszenierung von Autorschaft trägt mit der performativen Medialität von Stimme und Schrift zur Verkörperung von Sprache bei und bewirkt dadurch eine Erweiterung des hermeneutisch rekonstruierbaren Bedeutungsspektrums von (literarischen) Texten.[361] Im Bereich der Theorie hält die Litera-

---

356 Vgl. Meier / Wagner-Egelhaaf (Hrsg.): Einleitung, S. 19.
357 Wagner-Egelhaaf: Auf der Intensivstation, S. 211.
358 Diese Überlegungen zur theatralischen Anordnung der Inszenierung gehen zurück auf unpublizierte Überlegungen von Martina Wagner-Egelhaaf.
359 Vgl. Bachmann-Medick: 2. Performative turn. Vgl. auch Künzel: Einleitung, S. 9f.
360 Barthes: Der Tod des Autors, S. 187, 189.
361 Vgl. Krämer: Sprache.

turwissenschaft damit Anschluss an sprachphilosophische und ritualtheoretische Debatten, und ihr Gegenstandsbereich erweitert sich um die textexternen Inszenierungen von Autorschaft.

In der Einleitung zu einem aus einer Göttinger Tagung[362] hervorgegangenen Sammelband zu »Schriftstellerischen Inszenierungspraktiken« entwerfen Christoph Jürgensen und Gerhard Kaiser ein Modell für die Analyse von Autorschaftsinszenierungen. Sie definieren ihren Gegenstand folgendermaßen:

> Inszenierungspraktiken, das meint hier zunächst jene textuellen, paratextuellen und habituellen Techniken und Aktivitäten von SchriftstellerInnen, in oder mit denen sie öffentlichkeitsbezogen für ihre eigene Person, für ihre Tätigkeit und/oder für ihre Produkte Aufmerksamkeit erzeugen.[363]

Jürgensen / Kaiser nennen »textuelle, paratextuelle und habituelle Techniken und Aktivitäten« der Inszenierung, aber auch andere Unterteilungen sind denkbar. So lässt sich zum einen zwischen *textinternen* und *textexternen* Inszenierungsformen unterscheiden, zum anderen können verschiedene mediale Erscheinungsformen der Inszenierung – Text, Ton, Bild und deren transmediale Verknüpfung – voneinander getrennt und anschließend miteinander verglichen werden. Letztlich geht auch der »Aspekt der Körperlichkeit«,[364] im Begriff des Habituellen klingt dies schon an, in die Inszenierung von Autorschaft ein. Immerhin erscheinen Autorinnen und Autoren aus Anlass von Literaturpreisverleihungen oder Lesungen leibhaftig vor dem Publikum und beziehen, ob bewusst oder unbewusst, ihre Körper und ihre Stimme in die »Praktiken der Selbstinszenierung und Selbststilisierung« mit ein.[365] Inszenierungen wiederum ereignen sich in einem Beziehungsgeflecht aus unter anderem medialen, sozialen, ökonomischen, politischen und ästhetischen Faktoren.[366]

Überblickt man die Entwicklung der vergangenen fünfzehn Jahre, so verdienen bei der Auseinandersetzung mit Inszenierungen von Autorschaft zukünftig der ›begrenzte Erklärungswert‹ des Begriffs,[367] seine spezifische theatermetaphorische Prägung, das Verhältnis von Inszenierung und Text und die Abgrenzung von anderen Konzepten wie etwa ›Ritualisierung‹[368] mehr Beach-

---

362 Vgl. Schaffrick: Kontroversen.
363 Jürgensen / Kaiser: Schriftstellerische Inszenierungspraktiken, S. 10.
364 Künzel: Einleitung, S. 11.
365 Ebd. Vgl. zudem den Beitrag von Eva-Maria Bertschy in diesem Band.
366 Vgl. Grimm / Schärf: Einleitung, S. 8.
367 Vgl. Früchtl / Zimmermann: Ästhetik der Inszenierung, S.18.
368 Vgl. dazu das gleichnamige Kapitel in Schaffrick: In der Gesellschaft des Autors, S. 72–78.

tung. Die Abgrenzung zum Gegenbegriff ›Authentizität‹ hingegen ist vielfach diskutiert worden.

4.1 Gegenbegriff ›Authentizität‹

Schließt man sich systemtheoretischen Überlegungen an, so führt in der modernen Gesellschaft, deren Funktionssysteme auf der Ebene der Beobachtung zweiter Ordnung operieren, kein Weg zurück »ins Paradies der Beobachtung erster Ordnung«.[369] Die »Unmittelbarkeit eines Weltverhältnisses«[370] geht verloren, da die Ausbreitung medialer Dispositive dazu führt, dass sich reflexive Beobachtungsstrukturen zweiter Ordnung ausbilden und sich schließlich nur noch Beobachter gegenseitig beim Beobachten beobachten. Das Ergebnis dieser Umstrukturierung der Gesellschaft lässt sich mit dem Begriff ›Kontingenz‹ zusammenfassen.[371] Mit der Ausdifferenzierung der Gesellschaft im 18. Jahrhundert und dem sich ausbreitenden Kontingenzbewusstsein gerät Authentizität in eine Krise. Diese Krise wird durch Inszenierungsvorgänge auf gesellschaftlicher, individueller und kultureller Ebene ausgelöst.[372] Vor diesem Hintergrund leuchtet es ein, die Sehnsucht nach Authentizität, die manche Autoren der Gegenwartsliteratur umtreibt, als antimodernen, häufig religiös begründeten Affekt mit kulturkritischen Implikationen zu beschreiben.[373]

Da unter anderem auch Texte, etwa sakrale Schriften, ihren autoritativen, authentischen Status einbüßen, wenn sie mit anderen Texten verglichen werden, verschiebt sich der Träger der Authentizität vom Objekt (Text) zum Subjekt (Autor). Authentisch im Sinne von original, zuverlässig und maßgebend ist ab einem bestimmten Zeitpunkt nicht mehr der Text, sondern der Autor, der ihn als Produkt seiner Originalität und Individualität erschafft.[374] Parallel zu ihrer Sub-

---

369 Luhmann: Kunst der Gesellschaft, S. 148.
370 Ebd.
371 Kontingente Ereignisse und Geschehnisse sind weder notwendig noch unmöglich.
372 Vgl. Früchtl / Zimmermann: Ästhetik der Inszenierung.
373 Vgl. die gegenmoderne Autorinszenierung Walter Kempowskis, die zwischen einem »*Modus der Selbstreflexivität*« und einem »*Modus der Authentizität*« changiert, wie Kai Sina: Sühnewerk, S. 35–42, Zitat hier S. 38, herausstellt. Der kulturkritisch-antimoderne Habitus prägt auch das öffentliche Image Martin Mosebachs, dessen Autorschaft jedoch durchaus differenzierter zu betrachten ist. Vgl. das Kapitel zu Mosebach in Schaffrick: In der Gesellschaft des Autors.
374 Adorno liegt mit seiner Definition dieses ›Wortes aus der Fremde‹ genau auf der Grenze von Subjektivität und Objektivität: Authentizität »soll der Charakter von Werken sein, der

jektivierung entwickelt sich Authentizität zu einer moralischen Kategorie, die von der Glaubwürdigkeit und Aufrichtigkeit des Individuums abhängt, wie Charles Taylor dargestellt hat.[375]

Der historische Umbruch von Objekt- zu Subjektauthentizität und die Moralisierung der Authentizität ist der Ausgangspunkt für Markus Wiefarns Studie über »Authentifizierungen«. Authentizität ist laut Wiefarn ein performativer Effekt, das Ergebnis von Authentifizierungen, die sich entweder spontan einstellen oder einer »Erzeugungsstrategie« (Inszenierung) folgen. Verfahrenstechnisch gibt es laut Wiefarn zwei Strategien der Authentifizierung. Zum einen seien dies hermeneutische Verfahren,[376] deren Funktion darin besteht, authentische Texte (*authentikos*) zu identifizieren und zu bestimmen, zum anderen übertragen sich diese Verfahren auf die Subjekte, die sich zwar nicht durch Autorschaft, aber durch Selbst-Identifikationen als authentisch ausweisen.[377] Allerdings, und hier liegt der entscheidende Unterschied zu den hermeneutischen Verfahren, ist diese zweite Form der Authentifizierung nicht auf der Suche nach einer vorgängigen, primären Authentizität, die durch eine zuverlässige Überlieferung gesichert wird, sondern bewirkt im Ergebnis eine sekundäre Authentizität, die sich als Ergebnis von Selbstdarstellungen und Selbstinszenierungen einstellt.[378]

In einer anderen Studie zum Authentizitätsbegriff aus den vergangenen Jahren untersucht Christoph Zeller die »Ästhetik des Authentischen« und beobachtet in der Literatur und Kunst der 1970er Jahre zwei Strategien der Authentifizierung zweiter Art, also der Darstellung oder Inszenierung von Unmittelbarkeit.[379] Eine erste Authentifizierungsstrategie ziele auf das Ideal von Amedialität, auf eine Intensivierung von Präsenz oder Transzendenz ab, die durch nichtfiktionale, nicht-künstlerische Verfahren Authentizität wahren. Eine zweite Strategie besteht darin, den Verlust von Authentizität selbst zu problematisie-

---

ihnen ein objektiv Verpflichtendes, über die Zufälligkeit des bloß subjektiven Ausdrucks Hinausreichendes, zugleich auch gesellschaftlich Verbürgtes verleiht« (Adorno: Wörter aus der Fremde, S. 231).

375 »Sich selbst treu sein heißt nichts anderes als: der eigenen Originalität treu sein, und diese ist etwas, was nur ich selbst artikulieren und ausfindig machen kann. Indem ich sie artikuliere, definiere ich zugleich mich selbst«, schreibt Taylor über die ›Quellen‹ der Subjektauthentizität (Taylor: Unbehagen, S. 39). Vgl. insgesamt auch Knaller / Müller (Hrsg.): Authentizität.
376 Vgl. hierzu das obige Kapitel 1 über »Hermeneutische Autorschaftstheorien«.
377 Vgl. Wiefarn: Authentifizierungen, S. 11f.
378 Vgl. Fischer-Lichte: Inszenierung, S. 149.
379 Vgl. zum Folgenden Zeller: Ästhetik, S. 282–296.

ren und die Thematisierung und Reflexion von Medialität als Authentifizierung einzusetzen.[380] Authentizität kann demnach entweder auf das Amediale reduziert werden oder als Produkt ästhetischer Operationen inszeniert werden.

Wenn man davon ausgeht, dass Autorschaft unvermeidlich Inszenierungspraktiken erfordert, weil die Repräsentation und Wahrnehmung von Autorschaft auf mediale Dispositive angewiesen und also immer nur mittelbar beobachtbar ist, so schließt diese Annahme Unmittelbarkeit und Authentizität systematisch aus. Im einfachsten Fall stehen Texte zwischen dem Autor und den Rezipienten, sodass jeder Autor immer als eine medial inszenierte Figur erscheint, deren Figuration sich durch die Spiegelungen über verschiedene Medien im Literaturbetrieb vervielfältigt und potenziert. Allein daher ist es sinnvoll sich dem emphatischen Appell der Schriftstellerin Juli Zeh anzuschließen: »Zur Hölle mit der Authentizität«,[381] und trotz der gewaltigen Faszinationskraft des Begriffs diesen bei der Diskussion von Autorschaft äußerst sorgsam und sparsam zu verwenden bzw. immer (nur) dann, wenn eine Unterscheidung zwischen Inszenierung und Authentizität, Inauthentischem und Nicht-Inszeniertem getroffen und beobachtbar wird.[382]

4.2 Texte und Medien

Die Inszenierung von Autorschaft manifestiert sich in einer Konfiguration von Texten, Paratexten und Kontexten und entsteht aus dem transmedialen Zusammenspiel verschiedener Medienformen und -formate. Jede Inszenierung sowie ihr performativer Charakter stehen im Wechselspiel mit den Medien der Inszenierung, die mit dem historischen Kontext der Autorschaft variieren und deren Spektrum mit der Medienevolution wächst. »Medien bilden«, so die Medienphilosophin Sybille Krämer, »die historische Grammatik des Performativen: Sie sind immer Medien der Verkörperung bzw. der Inkorporation. Performativität ist daher als Medialität zu rekonstruieren«.[383] Insofern sind Inszenierungen von Autorschaft nur im Zusammenhang mit ihrer medienhistorischen Präfiguration vorhanden. Die Performanz von Autorschaft bleibt an die Medialität der

---

[380] »Authentisch ist, daß es nichts Authentisches gibt« (Hörisch: Autor(itäts)-Probleme, S. 134).
[381] Zeh: Zur Hölle.
[382] Vgl. die aufschlussreichen Ausführungen zur Authentizität als Relation zwischen Autor und Werk in Selleri: Authorship.
[383] Krämer: Sprache, S. 345.

Texte, Fotos, Filme, Comics,[384] Internetseiten rückgebunden. »Medien der Autorschaft«[385] konstituieren die Ordnung der Repräsentation und Wahrnehmung von Autorschaft.

4.2.1 Paratexte

Jenseits der (autofiktionalen) Inszenierung der Autorinnen und Autoren in den von ihnen selbst verfassten Texten spielt sich die Inszenierung von Autorschaft zu einem bedeutenden Anteil in Paratexten, die einen Text rahmen, ab. Paratextuelle Hinweise auf die Autorschaft beginnen bei der Nennung oder Nicht-Nennung des Autornamens,[386] finden sich in Fotografien und biografischen Angaben auf dem Umschlag und im Klappentext und reichen bis hin zu Vorworten. Zu den Paratexten gehören außerdem die außerhalb des Buches liegenden Epitexte wie Verlagsankündigungen und Interviews, Briefe und Tagebücher. Die Analyse von Autorschaftsinszenierungen besteht zu einem bedeutenden und großen Teil aus der Auseinandersetzung mit Paratexten.

Folgt man Gérard Genettes begriffsprägender, umfassender Studie besitzt der Autor im Bereich der Paratexte die Autorität. An dieser Prämisse orientiert sich die primäre Funktion des Paratextes, dem gerahmten Text »ein Los zu sichern, das sich mit dem Vorhaben des Autors deckt. [...] Die Richtigkeit des auktorialen Standpunktes [...] ist das implizite Credo und die spontane Ideologie des Paratextes«.[387] Der Paratext folgt »defintionsgemäß« der Absicht des Autors, der den Paratext verantwortet.[388] Das Problem an Genettes naiv-hermeneutischen Autorbegriff besteht darin, dass Genette die von Foucault beschriebene Autor-Funktion im Diskurs und die performative Qualität der Autorschaft ignoriert. So ist die Kategorie der Autorschaft keinesfalls unhinterfragbar gegeben, sondern erfährt im Bereich der Paratexte selbst eine »aufschlussreiche

---

384 Vgl. Thon: Authors and Narrators in Graphic Narrative.
385 Vgl. Gisi / Meyer u. a. (Hrsg.): Medien.
386 Während die Nennung des Autornamens bei Büchern heute selbstverständlich erscheint, handelt es sich medien-, diskurs- und sozialgeschichtlich dabei um keine Selbstverständlichkeit. Zum Spiel mit der An/Onymität bei E.T.A. Hoffmann vgl. Pabst: Hoffmann macht sich einen Namen. Zur literarischen Inszenierung von Anonymität und den medienhistorischen Bedingungen vgl. Spoerhase: Die spätromantische Lese-Szene. Vgl. insgesamt den Sammelband Pabst (Hrsg.): Anonymität.
387 Genette: Paratexte, S. 388f.
388 Ebd., S. 11.

Relativierung«,[389] da der Autor keine feststehende Gegebenheit ist, sondern selbst erst aus paratextuellen Verhältnissen und Transaktionen zwischen biografischen Angaben, Vorworten und Epitexten entsteht.[390]

Uwe Wirth hat diese paratextuellen Mechanismen anhand von Herausgeberfiktionen im Roman des späten 18. und frühen 19. Jahrhunderts exemplarisch herausgearbeitet. Er widmet der Rahmungsfunktion der Paratexte ein eigenes theoretisches Kapitel, in dem er Genettes Überlegungen vor dem Hintergrund der poststrukturalistischen Autorkritik diskutiert und konzeptionell um Derridas, Goffmanns und Luhmanns Erörterungen zum Rahmen erweitert. Wirth hebt mit Derrida hervor, dass es sich bei Paratexten als Rahmen um bewegliche, niemals feststehende Grenzen handele, die sowohl einen Zugang als auch eine Begrenzung darstellen. Mit einer Beobachtung zweiter Ordnung, so Wirth mit Luhmann, werde ersichtlich, welche Beobachtungsweisen ein Rahmen ermöglicht und welche er ausschließt, insofern man immer nur eine Seite des Rahmens, also nur eine Seite der Unterscheidung von innen und außen bezeichnen kann. Darüber hinaus stelle, so Wirth mit Goffmann, ein Rahmenwechsel eine modulierende Transformation dar, die einen Wechsel der Bedeutungsebene und der semiotischen Relationen beinhalte, was Wirth schließlich zu dem Zeichenmodell von Peirce (zurück)führt.[391]

Jede paratextuelle Rahmung stellt einen Inszenierungsakt dar, der nicht allein der Absicht des Autors gehorcht, sondern eine eigene semiotische Dynamik entwickelt, indem durch den Rahmen das Gerahmte anders konfiguriert wird. Paratexte verweisen nicht nur auf die vorausgehende Intention eines Autors. Sie stehen in Interaktion mit dem von ihnen gerahmten Texten und den Referenten, auf die sie verweisen. Sie bilden die Schwelle, auf der dieses Zeichenverhältnis sich stets neu und variabel konstituiert. Beispielsweise regt die Fotografie einer Autorin oder eines Autors auf dem Umschlag eines Buches dazu an, im Text nach Spuren, Merkmalen und Hinweisen, allgemein also nach Zeichen zu suchen, die auf die Identität des Autors, seine Absichten und seine Autobiografie verweisen.[392] Dabei bleibt zunächst einmal unklar, auf wessen Idee die Gestaltung des Umschlags zurückgeht, ob auf den Autor, den Verleger, eine Designagentur, einen Fotografen etc. Jedenfalls rahmt das Bild den Text und präfigu-

---

389 Stanitzek: Texte, Paratexte, S. 9.
390 Vgl. ebd, S. 11.
391 Vgl. dazu insgesamt Wirth: Geburt des Autors, S. 81–86.
392 Bei einem Porträt oder einer Fotografie des Autors versuchen wir »in seinen rätselhaften Zügen vergeblich die Gründe und den Sinn des Werks zu entziffern« (Agamben: Der Autor als Geste, S. 66).

riert die Lektüre des Buches gerade dann, wenn eine Autor-Figur Protagonist der Handlung ist.

Zumeist jedoch dienen solche Fotografien und andere Paratexte dazu, das poetologische Prinzip eines Textes zu perpetuieren, zu spiegeln oder umzukehren. Der Umschlag von Wolf Haas' Roman *Verteidigung der Missionarsstellung* etwa zeigt auf dem Umschlag im Hintergrund die Augenpartie und den Oberkörper des Autors, der mit einer Lederjacke bekleidet ist. Vor sein Gesicht hält Haas ein rotes, dem Layout der *edition suhrkamp* nachempfundenes Buch mit seinem Namen, dem Titel des Romans, der Gattungsbezeichnung »Roman« und dem Verlagsnamen. Die paratextuelle Rahmung, die das Cover der *Verteidigung der Missionarsstellung* – Buch mit Bild des Autors, der sein Buch präsentiert – vorgibt, findet ihre Entsprechung auf der intradiegetischen Ebene in der autofiktional-metaleptischen *mise en abyme*-Struktur des Textes, dessen Manuskript innerhalb der Erzählung aufgefunden und in unlesbarer Kleinsttypografie reproduziert wird.[393] Inszenierungen von Autorschaft bewegen sich also nicht (nur) auf der Ebene der stabilisierenden auktorialen Referenzpunkte, die zwischen Text und Rahmen des Textes zu rekonstruieren sind, sondern entstehen aus den dynamischen poetologischen Relationen, die zwischen Text und Paratext bestehen.

In seinem Beitrag für diesen Band rekonstruiert Innokentij Kreknin dieses poetologische Prinzip anhand der visuellen Autorschaftsinszenierung von Rainald Goetz. Text-Bild-Collagen und (Selbst-)Fotografien des Autors suggerieren eine alltagsweltliche Referenzialität der Autor-Figur, deren Funktion jedoch über den Beglaubigungs- oder Authentizitätseffekt hinaus Manifestationen einer ›hybriden Poetik‹ darstellen, die eine Metaposition vermeidet und die Unterscheidung von Realität und Fiktion in Oszillation versetzt. Gegenstand dieser Poetik ist die Frage, wie Welt in den Text kommt, wie »das einfache wahre Abschreiben der Welt« gelingen kann, wie Goetz bei seinem skandalträchtigen, blutigen Auftritt in Klagenfurt formulierte. Kreknin kommt auf dem Weg einer detaillierten semiotischen Analyse zu dem Ergebnis, dass Goetz' Poetik des ›beobachtbaren Beobachters‹ die Leserschaft als Beobachtungsinstanz in die Sinnstiftung der Texte integriert, sodass die dokumentierte vergangene Gegenwart zur je neu aktualisierten Gegenwart der lesenden Beobachter wird.[394]

Fotografien sind in der Tat ein sehr prominenter und beachtenswerter Ort für paratextuelle Inszenierungspraktiken von Schriftstellerinnen und Schrift-

---

[393] Vgl. Haas: Verteidigung, S. 155–161.
[394] Vgl. Kreknin: Der beobachtbare Beobachter (in diesem Band).

stellern,[395] die ihre Vorläufer in der mittelalterlichen Autorenikonografie haben. Das Autorenfoto selbst durchläuft eine medienhistorische Evolutionsgeschichte, in deren Verlauf der Autor im Medium der Fotografie eine bemerkenswerte, unhinterfragte Konstanz behält, andererseits permanent intermediale Relationen von Bild und Schreiben, Schrift, Text eine Rolle spielen.[396] Martina Wagner-Egelhaaf verbindet – ausgehend vom prototypischen literarisch-ikonoklastischen Akt in Heiner Müllers »Hamletmaschine«, der »*Zerreißung der Fotografie des Autors*« – die ikonografische Tradition der Darstellung von Autoren, die Rede vom »Bild des Autors« in der Literaturtheorie und die moderne Autorenfotografie zu der These, dass das Bild des Autors die Heiligkeit, die Unantastbarkeit seiner Autorität transportiert und zugleich eine unabschließbare, semiotische Oszillation zwischen Bild, abgebildeter Person, Autor und Werk in Gang setzt.[397]

Die bisher dargestellten, paratextuellen Konstellationen spielen sich zwischen einem Text und den direkt mit dem Buch verbundenen Peritexten ab. Die außerhalb des Buches liegenden Epitexte zählen jedoch ebenso zum Inszenierungsrepertoire der Autorschaft, und ihre Rahmungsfunktion folgt den gleichen diskursiv-performativen Regeln. Nur ist ihr Status durch ihre textuelle Eigenständigkeit *per se* ein anderer. Ihnen wird, so Genette, seit jeher eine größere Aufmerksamkeit zuteil als den Epitexten, weil Kataloge, Briefe, Tagebücher, Interviews, Poetikvorlesungen und in den vergangenen Jahren vermehrt Internetseiten sowohl von Autoren als auch Verlagen stets eine kommentierende Funktion für das literarische Werk zukommt.[398] Zwar sollte man literarischen Text und Paratext begrifflich und strukturell trennen, da sie sich allein schon in Codierung und Funktion voneinander unterscheiden. Allerdings sollte man umgekehrt und besonders mit Blick auf ihre sprachlich-rhetorischen Verfahrensweisen nicht eilfertig zwischen primärer literarischer und sekundärer (kommentierender oder explikativer) Literaturbetriebskommunikation trennen.[399] Im Verhältnis dieser beiden Textsorten kommt es zu Überschneidungen und Nivellierungen, indem etwa die literarische Poetik in den Paratexten fortge-

---

395 Vgl. Blumenkamp: Typologie.
396 Vgl. Bickenbach: Das Autorenfoto.
397 Vgl. Wagner-Egelhaaf: Ikonoklasmus.
398 Vgl. Genette: Paratexte, S. 330. Epitexte gewinnen zunehmend an Bedeutung. Mit Blick auf Poetikvorlesungen fordert Matteo Galli eine »erweiterte Ausgabe von Gérard Genettes *Paratexte*« (Galli: The Artist is Present). Vgl. zu Poetikvorlesungen außerdem Bohley: Zur Konjunktur; sowie Hachmann: Poeta.
399 Vgl. Hoffmann: Interview, S. 278f.

schrieben, bestätigt, autorisiert und zugleich durch die präsupponierte Faktualität der Epitexte beglaubigt wird.

Erneut kann Wolf Haas als prägnantes Beispiel aus der Gegenwartsliteratur herangezogen werden, um die metaleptischen Vorgänge der Selbstinszenierung, die an der Grenze von literarischem Text und Paratext statthaben, zu veranschaulichen. Mit *Das Wetter vor 15 Jahren* hat Haas einen Roman geschrieben, der von der ersten bis zur letzten Seite aus einem fiktiven Interview zwischen einer »Literaturbeilage« genannten Interviewerin und der Autor-Figur »Wolf Haas« besteht. In diesem Interviewroman wird über einen Roman gesprochen, dessen Inhalt und Handlung sich lediglich aus dem Gespräch der Interviewpartner ergibt und der realiter nie erschienen ist. Der Roman bildet ein Geflecht aus poetologischen, narrativen und auktorialen Funktionen und Selbstinszenierungen, und zugleich reflektiert er auf äußerst kunstvolle und anspielungsreiche Weise über die Produktions-, Rezeptions- und dokumentarisch-realistischen Textverfahren von Interviews.[400]

Die Rekonstruktion und Interpretation der Text-Paratext-Relation sind stets, darauf weist schon Torsten Hoffmann in seinem wegweisenden »Plädoyer für die Analyse von Schriftstellerinterviews« hin, abhängig von den herangezogenen Autorkonzepten.[401] Insofern steht die Analyse von Paratexten im Zeichen der Autorschaft und ihrer jeweiligen medialen Bedingungen. Nicht nur in Interviews,[402] sondern auch in Briefen bilden sich dabei Kommunikationsstrukturen heraus, die mündliche Gespräche adaptieren und simulieren.[403] Es stellen sich Fragen wie, ob Briefe überhaupt einen Autor haben, oder nur einen Schreiber, und andererseits wie Archive, Nachlasse und Briefeditionen mit der intimen oder privaten Kommunikationssituation der Briefe umgehen.

Clemens Götze befasst sich in seinem Beitrag zu diesem Band mit beiden Textsorten, Interviews und Briefen, bei Thomas Bernhard, und kommt zu dem Ergebnis, dass Bernhard durch ein virtuoses Spiel mit Selbstzitaten ein intertextuelles Geflecht zwischen literarischem Text einerseits und Epitexten andererseits herstellt.[404] Diese Inszenierung lässt sich mit Erika Fischer-Lichte als im besten Sinne des Wortes ›Erzeugungsstrategie‹ verstehen, weil Bernhard Leben und Werk strategisch miteinander verknüpft, um dadurch eine auktoriale

---

[400] Vgl. Schaffrick: Interview als Roman.
[401] Vgl. Hoffmann: Interview, S. 276f.
[402] Vgl. umfassend Hoffmann / Kaiser (Hrsg.): Echt inszeniert.
[403] Zu »Figuren der Autorschaft in der Briefkultur« vgl. Strobel: Vom Verkehr.
[404] Vgl. Götze: ›Ein Autor ist etwas ganz und gar erbärmliches und lächerliches‹ (in diesem Band).

›Kunstfigur‹ zu erzeugen, die souverän über ihre Texte und Inszenierungen herrscht. Götze veranschaulicht Bernhards Strategie anhand eines von Bernhard verfassten Leserbriefes aus dem Jahr 1979, in dem Bernhard eine drohende Klage wegen des Textes *Exempel* aus seinem Band *Der Stimmenimitator* durch rhetorische Übertreibungen und Umkehrungen konterkariert und zugleich verhindert.[405] Wie hätten Bernhards Selbstinszenierungen wohl ausgesehen, wenn ihm die technischen Möglichkeiten des Internets zur Verfügungen gestanden hätten?

4.2.2 Internet

Das Internet als Paratext, Medium, Dispositiv verdient im Hinblick auf die sich wandelnden Kommunikationsstrukturen ein eigenes kleines Kapitel, auch wenn »zum gegenwärtigen Zeitpunkt noch in keiner Weise« absehbar ist, wie »die Entwicklungen von Autorschaftskonzepten unter den Bedingungen des Internet« ablaufen werden.[406] Die Möglichkeiten der Distribution und Rezeption sowie die Verarbeitung von Medienangeboten vervielfältigen sich, Urheberschaft erscheint fragwürdig oder jedenfalls labil, und Textsorten (Hypertexte oder Blogs), die an das digitale Medium gebunden sind, verändern die Produktionsbedingungen von Literatur. Bei allen technisch bedingten Veränderungen ist, folgt man Renate Giacomuzzi, die Veränderung der Autorrolle nicht zu überschätzen, da »der Autor immer noch und wie seit jeher über die Freiheit oder Verantwortlichkeit verfügt, den Grad seiner *An-* oder *Abwesenheit* selbst zu bestimmen«.[407]

Autorschaft im Internet ist ein »hochkomplexes Phänomen«,[408] und der Beobachtungsrahmen hängt entscheidend davon ab, wie man die Handlungsrolle »Autor« oder »Literaturproduzent« in Abhängigkeit vom medialen Dispositiv »Internet« konzipiert.[409] Es eröffnen sich verschiedene Dimensionen von Autorschaft, die aber nicht komplett neu sind, sondern denen nun neue mediale

---

405 Vgl. zum Skandalisierungspotenzial offener Briefe Braun: ›J'accuse‹.
406 Giacomuzzi: Veränderung der Autorrolle, S. 10.
407 Ebd., S. 27.
408 Hartling: Der digitale Autor, S. 321.
409 Vgl. ebd. und den Überblick »Forschungsliteratur zur Autorschaft im Internet«, ebd., S. 22–26.

Formate hinzugefügt werden können.[410] Neben Autoren, die im Netz publizieren – man denke an Elfriede Jelineks Internet-Roman *Neid* oder Rainald Goetz' später als Buch veröffentlichte Internet-Tagebücher *Abfall für alle* (1998/99) und *Klage* (2007/08) – können Internet-Seiten der Selbstinszenierung und Rahmung des literarischen Werkes dienen, deren Bedeutung und Nutzung jedoch stark genreabhängig ist.[411] Das Internet erweitert also einerseits den Bereich der Publikationsmöglichkeiten und ermöglicht zum Beispiel die Umgehung einer Buchpublikation, andererseits bietet es Spielraum für paratextuelle Inszenierungen. Netzliteratur, so bewertet Florian Hartling die zukünftige Evolution digitaler Autorschaft, werde sich zum Computerspiel hin entwickeln, was wiederum neue, interdisziplinäre Konzepte von Autorschaft von Seiten der Medienwissenschaft und der Game Studies erforderlich mache.[412] Letztlich können auch Social Media-Plattformen in die Autorschaft miteingebunden werden, sodass über die paratextuelle Inszenierung hinaus neue, rekursive und interaktive Formen der Selbstinszenierung möglich werden, als deren Ergebnis sich hybride, digitale Subjektformen konstituieren.

Gerhard Plumpe, der bereits seit den 1970er Jahren intensiv zur Geschichte des Urheberrechts und der Herausbildung moderner Autorschaft forscht, traut dem Recht vor dem Hintergrund der medienhistorischen Umbrüche durchaus zu, die globale Kommunikation im Internet urheberrechtlich zu handhaben. Von daher vollzieht sich im Internet kein zweiter Tod des Autors in der digitalen Welt, die das Subjekt ›verschluckt‹,[413] sondern die Autor-Funktion, um hier noch einmal Foucault zu bemühen, hängt vom Diskurs ab, das heißt davon, wie die im Internet dargebotenen Informationen präsentiert und vertrieben werden.

> Als schutzfähiges Eigentum ist diese [wertvolle Information, M.S./M.W.] im Recht werkförmig und daher Ergebnis einer wie immer kreativen Leistung ihres/ihrer Urheber. Soweit es sich um den [...] Sachverhalt literarischer Kommunikation im Netz handelt, bleibt der Urheber Rechtssubjekt in Gestalt des Autors.[414]

---

410 Vgl. neben Giacomuzzi: Veränderung der Autorrolle, vor allem Biendarra: Autorschaft 2.0; Fischer: Autor als Medienjongleur; Jürgensen: Ins Netz gegangen; Kreknin: Kybernetischer Realismus; Paulsen: Von Amazon bis Weblog.
411 Vgl. u. a. zur Homepage von Sibylle Berg die Überlegungen bei John-Wenndorf: Der öffentliche Autor, S. 298–318.
412 Vgl. Chris / Gerstner (Hrsg.): Media Authorship; Gray / Johnson (Hrsg.): A Companion.
413 Vgl. Assheuer: Tod des Autors.
414 Plumpe: Autor im Netz, S. 193.

Dass sich dieses Subjekt ›Autor‹ in anderen Diskursen als dem rechtlichen anders geriert, ist – betrachtet man die Geschichte der möglichen Formen von Autorschaft – nicht verwunderlich. Originalität, Individualität und Genialität mögen zwar bei der Herausbildung des Urheberrechtsanspruchs einen entscheidenden Anteil gehabt haben, aber als Merkmale von Autorschaft sind sie fakultativ. Das Recht als operativ geschlossenes System wird sich durch die mediale Inszenierung von Autorlosigkeit oder Autofiktionen im Internet kaum irritieren lassen, sowenig wie es sich vom »Tod des Autors« hat beirren lassen. »Der Tod des Autors interessiert hier [im Urheberrecht, M.S./M.W.] vor allem als Beginn der Regelschutzfrist, nach deren Ablauf – in der EU sind es 70 Jahre – die Werke gemeinfrei werden«.[415] Es ist allerdings eine Frage des Rechts und nicht der Autorschaft, wie es den Schutz von Urheberschaft und geistigem Eigentum den veränderten Kommunikationsbedingungen anpassen wird.

4.2.3 Stimme

Autoren verfassen Texte. Öffentlich wahrnehmbare Autorschaft beginnt mit der Veröffentlichung von Texten. Im privaten Bereich beginnt Autorschaft mit dem Schreiben. Erich Kleinschmidt aber situiert den »Beginn von Autorschaft« noch vor der Schreibszene. Autorschaft setze

> dort ein, wo Sprache aus der Zone unartikulierter Lautungen in die Zone gewollter und kontrollierter Lautordnung wechselt und über die lautlich, metrisch und stimmlich modulierten Signifikanten ihre Signifikate findet. [...] Mit Hilfe der Artikulation generiert das Medium Stimme Sprache und damit in weiterer Konsequenz auch Autorschaft. [416]

Autorschaft beginnt also bereits mit dem Sprechen. Im gesprochenen Wort, in der Stimme, vollzieht sich eine Verkörperung der Sprache, die sich nicht nur in Schriftzeichen als ihrer symbolischen Repräsentation fortsetzt, sondern auch konkret körperlich wird. »Das gesprochene Wort scheint in seiner Fluidität noch ein Attribut des Sprechers zu sein, ganz und gar verwoben mit ihm als Person«.[417] In dieser Verkörperung erfährt das Abwesenheitsparadigma der Autorschaft eine Wendung zu Anwesenheit und Präsenz.

»Der Autor ist anwesend!« Unter diesem Titel nimmt Eva-Maria Bertschy in ihrem Beitrag zu diesem Band Überlegungen zur Stimme zum Ausgangspunkt,

---

415 Weitin: Romantische Institution Urheberrecht, S. 73.
416 Kleinschmidt: Autorschaft der Stimme(n), S. 245.
417 Krämer: Sprache, S. 340.

um über den öffentlichen Epitext ›Autorenlesung‹ zu reflektieren. Bei dieser Form der Performanz von Autorschaft treten Autoren mit ihrem Körper und ihrer Stimme in Erscheinung. Bertschy untersucht das komplexe Geflecht von Stimme, Körper, Gesten, Text und Aufführungssituation, und sie zeigt, wie die Autorengruppe *Bern ist überall* – jenseits der konventionellen »Wasserglaslesung« – die Produktions- und Rezeptionsprozesse von Literatur in die Aufführung integriert, um dadurch das Aufgeführte sowie das sprachliche Material durch die Stimme semantisch zu differenzieren. Man kann den Inszenierungen ablesen, wie den Autoren die Worte nur schwer über die Lippen kommen, was die Rauheit der Stimme nach Roland Barthes bedeutet. Bertschy schließt mit einem Plädoyer für die Analyse von Autorenlesungen, deren Voraussetzungen zunächst einmal das Zusammentragen von Quellen über vergangene Lesungen sowie die Dokumentation und Archivierung gegenwärtiger Lesungen bilden.

Neben der Autorenlesung gibt es weitere Erscheinungsformen des Zusammenhangs von Autorschaft und Stimme. Dazu gehören Hörbücher; das am Beginn dieser Einleitung genannte Hörbuch von Peter Kurzeck *Stuhl, Tisch, Lampe* enthält ja einen Bericht über eine Autorenlesung im Medium des Hörbuchs. Auch im Hörbuch verkörpert sich Sprache, allerdings im technischen Medium und somit jenseits der konkreten Körperlichkeit des Sprechers. Auch hier lässt sich durch die Stimme das vorgetragene sprachliche Material semantisch differenzieren. Durch die Medialität der Aufnahme allerdings verliert die stimmliche Performanz die Unmittelbarkeit der Lesung. Das Lesen wird wiederholbar, die Stimme iterierbar.[418]

Schließlich und am nächsten zu Erich Kleinschmidts Position der »Autorschaft der Stimme(n)« liegt das Diktat, bei dem sich die Textproduktion, also Autorschaft, an der Schnittstelle von Oralität und technischer Aufzeichnung als Zwischenschritt zur schriftlichen Materialisierung konkretisiert. Hier wird Autorschaft konkret an das Sprechen, die Stimme gebunden, während eine Reihe von medialen Transformationsprozessen bis zur schriftlichen Realisation ablaufen, die sowohl die Selbstüberarbeitung des Diktierten als auch verschiedene Akteure wie Schreiber oder Sekretäre einschließen kann.[419]

---

418 Vgl. Binczek / Epping-Jäger (Hrsg.): Das Hörbuch.
419 Vgl. das Bochumer DFG-Forschungsprojekt zur »Poetik und Medialität des Diktats« von Natalie Binczek: http://staff.germanistik.rub.de/neugermanistik-3/dfg-projekt/poetik-des-diktats/ (Stand: 30.01.2014).

4.3 Mediengesellschaft und literarisches Feld

Die Distribution, Rezeption und Verarbeitung von Literatur befindet sich im Zusammenspiel mit sozialstrukturellen und medienkulturellen Umbrüchen in einem kontinuierlichen Transformationsprozess. Um 1800 hat die Ausdifferenzierung des Systems ›Literatur‹,[420] die Herausbildung des Urheberrechts, die zunehmende Ausweitung der Leserschaft und die Evolution literarischer Gattungen wie etwa des Romans das literarische Feld grundlegend verändert. Durch medienhistorische Umbrüche und die Professionalisierung literarischer Handlungsrollen hindurch halten diese Transformationen an. Insbesondere die institutionalisierten, sozialen und medialen Kontexte und Wirkungen dieser Prozesse auf die Autorschaft rücken in den vergangenen Jahren verstärkt in den Fokus der literaturwissenschaftlichen Beobachtungen.

Die Organisationsform dieser knapp umrissenen literatursoziologischen Gemengelage ist der Literaturbetrieb, und der Autor ist eine der wichtigsten Instanzen dieser Organisation. »Ohne Autoren ist ein Literaturbetrieb kaum denkbar«.[421] Autorinnen und Autoren als Akteure im Literaturbetrieb geben der Literatur ein Gesicht, sie repräsentieren und verkörpern ihre Texte, und sie tragen zur Inszenierung von Literatur jenseits der Lektüre bei, indem sie Lesungen abhalten, Bücher präsentieren, Literaturpreise entgegen nehmen, Interviews geben oder zum Gegenstand eines Skandals werden. Literaturbetrieb ist die Bezeichnung für einen raumgreifenden Bereich innerhalb des literarischen Feldes, in dem bestimmte feld- und habitusspezifische Praxisformen des Schreibens oder der Inszenierung das symbolische, kulturelle, ökonomische oder soziale Kapital und damit die Handlungschancen der Akteure erhöhen.[422] Der Literaturbetrieb lässt sich auch systemtheoretisch fassen: Literarische Kommunikation und Literaturbeobachtungskommunikation der Literaturkritik und der literarischen Öffentlichkeit überlagern, vermengen und beobachten sich gegenseitig in der Organisation »Literaturbetrieb«. In die Organisation gehen verschiedene literaturrelevante und literaturbeobachtende Kommunikationen der Systeme Literatur, Kunst, Massenmedien, Politik, Wirtschaft, Wissenschaft in Form einer strukturellen Kopplung ein.[423]

---

420 Zur Unterscheidung des ›Systems Literatur‹ vom ›Literatursystem‹ vgl. Jahraus: Kommunikationszusammenhänge, S. 2f.
421 Plachta: Literaturbetrieb, S. 24.
422 Vgl. Künzel: Einleitung, S. 12f.
423 Vgl. zum Organisationsbegriff Luhmann: Gesellschaft der Gesellschaft, S. 826–847. »Um die Funktion von Organisationen im Aufbau einer funktional ausdifferenzierten Gesellschaft

Die Bourdieu'sche Feldtheorie und Luhmanns Systemtheorie sind die beiden vorherrschenden literatursoziologischen Ansätze bei der Beobachtung des Literaturbetriebs. Sie ermöglichen es, Konzepte wie eine Kunst-Markt-Dialektik, eine literaturbetriebliche Determination der Literatur oder auch die Frage nach der ästhetischen Autonomie oder sozialen Heteronomie der Kunst zu überwinden und in eine »Literaturkybernetik« zu überführen.[424] So »wie ein Text ein Feld der Wahrnehmung und der Sagbarkeit konfiguriert«,[425] so macht die Inszenierung von Autorschaft die Verknüpfung und die Interaktion der textuellen Konfigurationen mit der Sozialstruktur sichtbar. Der ›kybernetische Blick‹ auf den Literaturbetrieb eröffnet, so hoffen jedenfalls Philipp Theisohn und Christine Weder in ihrer Einleitung zum Sammelband »Literaturbetrieb. Zur Poetik einer Produktionsgemeinschaft«, das »Feld einer *gemeinschaftlichen Poetik*«,[426] mit der die Kooperationen und Konkurrenzen, Gemeinsamkeiten und Differenzen literarischer Praktiken und Poetiken beobachtbar werden.

Neben einzelnen historischen Fallstudien liegt der Schwerpunkt der literaturwissenschaftlichen Beobachtungen von Autorschaft auf dem sich Tag für Tag erweiternden Gebiet der Gegenwartsliteratur. Deren Autorinnen und Autoren sind lebendig, präsent, ansprechbar und beobachtbar. Die Konzentration der Autorschaftsforschung auf die Gegenwartsliteratur dürfte zudem daran liegen, dass erstens die medialen Inszenierungsmöglichkeiten gegenüber der Vergangenheit besonders ausdifferenziert und zum Teil neuartig sind, dass zweitens der Zugang zu den verschiedenen Manifestationen der Inszenierung und deren Reproduzierbarkeit gewährleistet ist und dass drittens das gegenwärtige literarische Feld der »Mediengesellschaft« (K.-M. Bogdal) ganz besonders durch seine mediale Präsenz, aber auch zeitliche Gegenwärtigkeit, die Erzeugung medialer Erregungen[427] und Skandale sowie die Ausrichtung auf die Medienöffentlichkeit bestimmt ist.[428]

Andererseits sieht sich die Gegenwartsliteraturwissenschaft damit konfrontiert, ihren Gegenstandsbereich und dessen zeitliche Abgrenzung als Differenz von Vergangenheit und Zukunft festzulegen (Wann ist Gegenwart?) und zudem

---

erkennen zu können, muß man sich daran erinnern, daß Organisationen die einzigen Sozialsysteme sind, die mit Systemen ihrer Umwelt kommunizieren können« (Ebd., S. 842f.).
424 Theisohn / Weder: Literatur, S. 12. Vgl. auch Horn: Literatur, S. 363f.
425 Horn: Literatur, S. 364.
426 Theisohn / Weder: Literatur, S. 13.
427 Vgl. Joch / Mix u. a. (Hrsg.): Mediale Erregungen?
428 Diese drei zuletzt genannten Merkmale der Gegenwartsliteratur diagnostiziert jedenfalls Bogdal: Deutschland, S. 88–93. Natürlich gibt es auch Ausnahmen. Autoren zum Beispiel, die abseits der Öffentlichkeit arbeiten, schreiben und publizieren.

die Fluidität und permanente Modifikation ihres Gegenstandes zu reflektieren.[429] Als Gegenwartsliteraturwissenschaftlerin oder -wissenschaftler steht man in einem Verhältnis der Gleichzeitigkeit zu den Autorinnen und Autoren, die Gegenstand der Untersuchung sind, und man könnte sie befragen, sofern dies methodisch sinnvoll und begründet erscheint.[430] Daraus ergeben sich nicht nur zeitliche Gegenstandsbestimmungsprobleme, sondern auch Reflexivitätsschleifen, die dazu führen, dass nicht nur Literaturwissenschaft Literatur beobachtet, sondern auch umgekehrt usw.[431]

Diesen Zusammenhang untersucht Birgitta Krumrey aus Sicht zweier literarischer Texte in ihrem Beitrag zu diesem Band. Unter dem Titel »Autorschaft in der fiktionalen Autobiographie der Gegenwart« geht sie von der Annahme aus, dass die Vielzahl an fiktionalen Autorbiographien in der deutschsprachigen Gegenwartsliteratur zunehmend als Symptom einer stärkeren Berücksichtigung des Autor-Subjekts in ihren Werken verstanden werden muss. Sie diskutiert anhand von Charlotte Roche und Klaus Modick die These, inwiefern der »mit autobiographischem Material und dem Gestus autobiographischen Erzählens scheinbar einhergehende Wahrheitsanspruch« von den Autoren funktionalisiert wird, um ein marketingstrategisches »Spiel mit der Leserschaft« zu initiieren.[432]

Zu den wichtigsten Praktiken des Literaturbetriebs zählen Literaturpreisverleihungen. Autorinnen und Autoren sind dabei wie generell im Literaturbetrieb die entscheidende Instanz.[433] Zumeist werden Autorinnen und Autoren, seltener ihre Texte oder ihr Werk selbst geehrt, und häufig erfolgt die Ehrung im Namen

---

429 »Die Gegenwartsliteratur als Objekt der philologischen Aufmerksamkeit verändert sich also im Zuge ihrer philologischen Beobachtung und Bearbeitung« (Spoerhase: Literaturwissenschaft, S. 21).
430 Die methodologischen und epistemologischen Konsequenzen, zu reflektieren, die sich aus der Beschäftigung mit Gegenwartsliteratur und der auktorialen Selbstinterpretation für die Literaturwissenschaft ergeben, fordert Spoerhase: Literaturwissenschaft ein. Die Wechselwirkungen zwischen Literatur und Literaturwissenschaft in Realismus und Expressionismus untersucht Behrs: Der Dichter.
431 Erste Ansätze zur Reflexion über die Herausforderungen der Gegenwartsliteraturwissenschaft finden sich in Brodowsky / Klupp (Hrsg.): Wie über Gegenwart sprechen?, sowie in Bierwirth / Johannsen u. a. (Hrsg.): Doing Contemporary Literature. Zur »Literatur der Literaturwissenschaft« und zur »Literaturwissenschaft der Literatur« am Beispiel von Andreas Maier vgl. Wirth: Herr Maier, S. 133.
432 Vgl. Birgitta Krumrey: Autorschaft in der fiktionalen Autobiographie (in diesem Band). Vgl. auch Neuhaus: Der Autor als Marke.
433 Eine ausführliche Übersicht über deutschsprachige Literaturpreise und deren Preisträgerinnen und Preisträger geben Dücker / Neumann: Literaturpreise.

eines anderen Autors, zum Beispiel im Namen Ingeborg Bachmanns, Georg Büchners,[434] Heimito von Doderers oder Heinrich von Kleists.[435] Zusammengefasst sind Literaturpreisverleihungen als ritualisierte Praktiken durch fünf Merkmale und Funktionen gekennzeichnet: Sie bewirken eine Konsekration oder Sakralisierung der Autorin oder des Autors, sie versehen diese im Namen einer bestimmten Institution mit Legitimation, sie führen zu einer Dezentrierung der literarischen Texte, sie basieren auf performativen Verkörperungsmechanismen und beinhalten eine Kanonisierungs- und Gedächtnisfunktion sowohl für die geehrten Autorinnen und Autoren als auch für die Namengeberinnen und Namensgeber.[436]

Wie bei einer Papstwahl führen Literaturpreisverleihungen als Konsekrationspraxis zu einer Sakralisierung der Person.[437] Die geehrte Person erhält über sie hinausreichende, transzendente Eigenschaften und eine zusätzliche Legitimation durch die Übertragung der »überzeitlichen Ideale«. Das Maß dieser Werte korreliert mit der Geheimhaltung der Wahl.[438] Dieser Logik zufolge sind Literaturpreisverleihungen strukturidentisch mit religiösen Weiheakten. Im Vollzug des Rituals findet eine Wandlung (»Transsubstantiation«) der Person statt.[439] Mit Bezug auf die religions- und literatursoziologische Terminologie Pierre Bourdieus formuliert Burckhard Dücker: »Wie in einem religiösen Weihe-

---

434 Zum bedeutendsten Literaturpreise im deutschsprachigen literarischen Feld vgl. ausführlich Ulmer: Geschichte des Georg-Büchner-Preises.
435 Vgl. Hagestedt: 8.3 Autorenpräsentation und -förderung.
436 Vgl. zum Konzept der ›verkörperten Sprache‹ Krämer: Sprache.
437 »Jede Preisvergabe beruht auf einem ähnlichen Ritus wie die Papstwahl: Eine Jury tritt zusammen und fällt eine quantitative Entscheidung, deren Zustandekommen der Diskretion unterworfen ist – eine nach außen getragene Mißstimmigkeit schlägt sich stets auf Jury wie Preisträger aus. Die öffentliche Verkündung verleiht dem Preisträger dann jedoch eine Qualität, die über seine Person hinausreicht und ihn zum Träger jener überzeitlichen Ideale macht, für die die Auszeichnung ausgerufen wurde. Was ihn mit dieser Aura ausstattet, ist erneut eine Projektion, welche die Mechanismen der Wahl kaschiert und ihr profanes Umfeld weit in den Hintergrund rückt« (Schrott: Politik des Heiligen, S. 7).
438 Vermutlich hängen die Kraft der Konsekration und die durch die Verleihung bewirkte Aura davon ab, ob es sich um eine offene oder geschlossene Verleihung handelt. Vgl. zu dieser Klassifikation Dahnke: Auszeichnungen, S. 339f. Wird der Preisträger – wie der Papst – im Geheimen bestimmt, ist der Effekt der Konsekration größer als wenn er seine Ehrung öffentlich erstreiten müsste, da die geheime Wahl das Transzendenzpotenzial erhöht. Der zum Preisträger bestimmte Autor bezieht seine Legitimation aus dem Unbestimmten, dem Geheimen.
439 Vgl. zur Schriftsteller-Werdung durch »poetische Transsubstantiation« auch Wirth: Herr Maier, S. 128f.

akt wird dem Autor die Wertorientierung der Institution inkorporiert. Wer ›im Namen von‹ konsekriert worden ist, gehört dazu«. [440]

Literaturgeschichtlich und literaturpolitisch ist die Beobachtung von Literaturpreisen lohnenswert, da sie verdeutlicht, »wie ein Autor werden konnte und womöglich werden musste, was er für spätere Gegenwarten geworden ist«. [441] Der verborgene Vorgang wird durch das Ritual der Preisverleihung öffentlich sichtbar gemacht. Als Folge der Konsekration entsteht die narrative Logik eines ›vorher/nachher‹ derzufolge sich der Autor und seine Literatur vor der Preisverleihung vom Autor und Text nach der Preisverleihung unterscheiden. Dieser Bruch wirkt rückwirkend auf die schon vor der Preisverleihung publizierten Texte eines Autors, die ja durch den Preis gewürdigt werden. Verlage versehen die Bücher eines frisch gekürten Preisträgers mit einem Aufkleber oder einer Buchbinde, um auf den verliehenen Preis zu verweisen.

Der Autor wird ›im Namen einer Institution‹ geweiht, und sein Status verändert sich aufgrund eines solchen Konsekrationsaktes. Die Fähigkeit des prosopopoiieschen Sprechens ›im Namen von‹[442] eignet nicht nur der Institution, die den Preis verleiht, sondern im Anschluss an die Preisverleihung auch dem geehrten Autor, der dann ›im Namen von‹ dieser oder jener mit einem Literaturpreis verbundenen Wertorientierung und Institution spricht, er verleiht der Institution und ihren Werten ein Gesicht und gibt ihnen eine Stimme.

Dieser prosopopoiiesche Aspekt, das Sprechen ›im Namen von‹ und die Verknüpfung eines Namens mit dem Attribut ›Preisträger‹ hängt eng mit der Legitimationsfunktion von Literaturpreisen zusammen. »Bei Literaturpreisen geht es um Legitimationsprozesse, die als Übergangsrituale von der Nicht-Zugehörigkeit zur Zugehörigkeit des Autors zu einer Institution und deren Geschichte angelegt sind und seine öffentliche Geltung ›danach‹ betreffen«. [443] Freilich unterscheiden sich diese Legitimationsprozesse von politischen Wahlen oder religiösen Weiheakten, insbesondere der Papstwahl, durch die eine Person in eine institutionell verbürgte Rolle oder in ein Amt eingesetzt wird. Autorinnen und Autoren gewinnen durch die Einbindung in die Historie und die Institution des Literaturpreises zwar Legitimation und Popularität als kulturelle

---

440 Dücker: Literaturpreise, S. 58. Für Dücker besteht die Gemeinsamkeit der Literaturpreise in der rituellen oder ritualisierten Form der Preisverleihung. Seinem dezidiert rituaTheoretischen Überblick über die Thematik legt er ein Handlungsmodell mit den verschiedenen Akteuren ›Autor‹, ›Institution‹ und ›Öffentlichkeit‹ zugrunde.
441 Dücker: Literaturpreise, S. 56.
442 Vgl. Menke: Prosopopoiia, S. 226–251.
443 Dücker: Literaturpreise, S. 58.

bzw. kulturpolitische Instanzen, jedoch ist diese Performanz weder mit politischer Sanktionsmacht noch mit einer im engeren Sinne religiösen Amtseinführung verbunden.[444]

Literaturpreise und die dazugehörigen Zeremonien tragen zur Vergegenwärtigung von Autorinnen und Autoren bei. Durch Preisverleihungen erlangt der sonst hinter seinen Texten verborgene Autor die Priorität gegenüber seinen Büchern. »Durch seine Anwesenheit nimmt der Autor dem Text, dem er seine Ehrung verdankt, die Aufmerksamkeit des Publikums, er dezentriert ihn«.[445] Der Autor rückt durch seine Anwesenheit ins Zentrum – und mit ihm ein anderer, von der Preisverleihung ermöglichter und erforderter Text: die Preisrede. Die Preis- oder Dankrede gehört neben der Laudatio und der Überreichung der Preisinsignien zu den Kernelementen der Verleihung.[446] Sie lässt Raum für programmatische poetologische oder politische Ausführungen der Autorin oder des Autors, in der bereits bestehende Erwartungen an sie oder ihn erfüllt oder enttäuscht werden können. Dabei bietet sich die Dankrede zumeist für eine Lektüre als Autorpoetik,[447] als eine ›von Dichtern formulierte Poetik‹ an.[448]

Durch seine Präsenz drückt der Preisträger die Akzeptanz der Auszeichnung aus.[449] Der Preis wird zwar einem Text oder mehreren Texten verliehen, aber die Person des Autors wird durch die Verleihung bekannt und gerät in den Fokus der Aufmerksamkeit. Die Verleihung eines Literaturpreises macht also nicht nur die Wertorientierung sichtbar, sondern veranschaulicht, indem die Zeremonie den Autor präsentiert, dessen wenn auch triviale, nichtsdestoweniger »irreduzible Notwendigkeit«,[450] die darin besteht, dass es ohne den Autor keine Texte

---

444 Aber nicht nur der Autor, sondern auch das beglaubigende Publikum wird transformiert: Während der Verleihung wird das Publikum von Lesern zu Hörern und Zuschauern. Vgl. Dücker: Literaturpreise, S. 63.
445 Dücker: Literaturpreise, S. 60. Vgl. auch Dücker/Neumann: Literaturpreise, S. 26.
446 Dücker: Literaturpreis, S. 449.
447 Vgl. zur Textsorte ›Autorpoetik‹ den Beitrag von Gero Guttzeit in diesem Band.
448 Vgl. Allemann (Hrsg.): Ars Poetica, S. VII. Dücker / Neumann fassen die genannten Aspekte folgendermaßen zusammen: »Bei den Dankreden handelt es sich häufig um Selbstauslegungen, um programmatisch-autobiographische Ausführungen zur individuellen Poetik, zum Selbstbild als Schriftsteller oder allgemein zur soziokulturellen Situation« (Dücker/Neumann: Literaturpreise, S. 25). Vgl. zudem Dücker / Harth u. a.: Literaturpreisverleihungen, S. 59.
449 Vgl. Dücker: Literaturpreise, S. 59. Verstöße gegen die Erfordernis körperlicher Anwesenheit werden als Affront wahrgenommen, wie die Irritation aufgrund von Elfriede Jelineks (körperlicher) Abwesenheit bei der Nobelpreisverleihung 2004 verdeutlicht. Vgl. Degner: Kinder der Quoten.
450 Agamben: Der Autor als Geste, S. 57.

gibt. Das Verleihungsritual ist in doppelter Hinsicht körperbezogen: Einerseits ist der anwesende Körper des Autors Voraussetzung für den Vollzug des Rituals, andererseits werden die der Preisverleihung zugrundeliegenden Texte durch den Autor verkörpert.[451] Die Preisrede selbst haftet in ihrer stimmlichen Performanz am Körper der Autorin, des Autors.

Trotz der durch das Preisverleihungsritual bewirkten Dezentrierung der literarischen Texte bleiben diese Texte Voraussetzung für die Preisverleihung. »In szenariellen Konfigurationen entfalten literarische Texte ihre performative Kraft, sie generieren Formen des Sozialen«.[452] Die literarischen Texte geben der Preisverleihung also nicht nur den Anlass und die Begründung, sondern bestimmen auch die Inszenierung (Performanz) des Rituals. Die Texte der gewürdigten Autorin, des gewürdigten Autors wirken auf die Inszenierung der Preisverleihungen ein.

Ähnlich komplexe Konfigurationen wie bei Literaturpreisverleihungen ergeben sich aus der Beobachtung von Autorschaftsskandalen, die in den vergangenen Jahren vermehrt literaturwissenschaftliche Aufmerksamkeit erfahren haben.[453] Skandale um Autorschaft ergeben sich häufig aus Anlass von Literaturpreisverleihungen wie zum Beispiel bei der Verleihung des Österreichischen Staatspreises an Thomas Bernhard 1967[454] oder wie bei der medial übertragenen Nobelpreisansprache »Im Abseits« von Elfriede Jelinek 2004. Skandale folgen einer komplexen inszenatorischen Dramaturgie im Wechselspiel zwischen Skandalisierten, Skandalisierenden und der beobachtenden Öffentlichkeit. Die mediale Inszenierung von Skandalen macht soziale Transformationsprozesse, von denen oben bereits die Rede war, insbesondere auf normativer Ebene sichtbar. Ein Skandal entsteht, wenn eine Autorin oder ein Autor gegen die implizit geltenden Normen einer Gesellschaft verstößt. Diese ansonsten nicht thematisierten Normen werden sodann zum Gegenstand der Kommunikation und entweder bestätigt (im Fall von Politikern zumeist durch Rücktritte) oder aus Anlass des Skandals neu ausgehandelt.

Skandale sind unumkehrbar und zunächst ergebnisoffen. Die Besonderheit von Autorschaftsskandalen besteht darin, dass Autoren von ihrer Autorschaft

---

451 Dücker spricht andeutungsweise von »Fragen eines korporalen Textbegriffs« (Dücker: Literaturpreise, S. 66), ohne zu erklären, was damit gemeint ist.
452 Dücker: Literaturpreise, S. 73f.
453 Vgl. Neuhaus / Holzner (Hrsg.): Literatur als Skandal; sowie Friedrich (Hrsg.): Literaturskandale. Vgl. grundlegend Blasberg: Skandal.
454 Vgl. Bernhard: Meine Preise, S. 66–85, die Ansprache findet sich ebd. S. 121f. Vgl. zu Jelinek Degner: Kinder der Quoten.

zum Beispiel eines Buches (anders als Politiker von ihrem Amt) nicht zurücktreten können. Autorschaftsskandale im Bereich der Literatur können aber nicht nur durch Bücher, Preisreden oder Inszenierungen ausgelöst werden, die Normen (vermeintlich) verletzen und dadurch die Aufmerksamkeit des Literaturbetriebs bündeln.[455] Die Literatur selbst kann Konzepte ›skandalöser Autorschaft‹ inszenieren, ohne dass diese Inszenierungen »Skandalpotenzial« im Literaturbetrieb entfalten würden.[456] Der literarische Autorschaftsskandal, der stets Anklänge an die religiöse Etymologie des *skandalon* (der Abfall von Gott bzw. der Kreuzestod Jesu als Anstoß zum Glauben) bewahrt und aktualisiert, macht dieses Ereignis stattdessen in seiner poetologischen Dimension produktiv, insofern als der Skandal in der Verwechselbarkeit von Autor, Erzähler und Figur besteht und die intertextuellen und intermedialen Anteile einer nicht mehr autonomen und selbstbestimmten Autorschaft sichtbar macht.[457]

4.4 Sozialhistorische Kontexte

Eine Forschungslücke klafft im Bereich der theoretisch fundierten Untersuchung davon, wie sich Autorschaftsinszenierungen in Abhängigkeit von sozialgeschichtlichen Kontexten entwickeln und verändern. Zwar nehmen die unter Punkt 4 genannten Sammelbände stets historische Fallbeispiele in den Blick, aber eine systematische Aufarbeitung der Geschichte der Autorinszenierungen bleibt bislang Desiderat.[458] Eine Hypothese bieten Jürgensen und Kaiser an, die davon ausgehen,

---

[455] Vgl. zu Martin Walsers *Tod eines Kritikers* Hofer: Ein Literaturskandal.
[456] Vgl. am Beispiel von Arnold Stadlers Roman *Salvatore* Wagner-Egelhaaf: Autorschaft als Skandal.
[457] Vgl. erneut Wagner-Egelhaaf: Autorschaft als Skandal.
[458] Wie immer gibt es natürlich auch hier Ausnahmen. Zum einen schafft die kürzlich erschienene, ambitionierte Dissertation von Carolin John-Wenndorf nun Abhilfe. John-Wenndorf fasst die historische Entwicklung der ›dichterischen Selbstdarstellung‹ zusammen, indem sie die Beiträge der genannten Sammelbände auswertet und systematisiert, und erstellt zudem eine Typologie mit ›Zwölf Praktiken der Selbstdarstellung‹. Vgl. John-Wenndorf: Der öffentliche Autor. Zum anderen widmet sich das anglistische Forschungsprojekt »Research on Authorship as Performance« (Gent) diesen Fragen. »To study authorship as cultural performance [...] it is necessary to take into account the continuous interrelations and irritations between historical practices of writing and publishing« und »historical concepts of authorship« (Berensmeyer: ›An insane desire‹, S. 165). Die Ergebnisse dieses Projekts sind zum großen Teil veröffentlicht in der Online-Zeitschrift »Authorship«.

dass man die Geschichte der Inszenierungspraktiken als eine *Ernüchterungsgeschichte* erzählen kann. [...] Diese Ernüchterungsgeschichte reicht von der hochgestimmten, durch den Neuhumanismus beförderten Kunstemphase des späten 18. Jahrhunderts bis zum angeblichen ›Verschwinden des Autors‹ in der heutigen ›Mediengesellschaft‹. Zwar sind Autoren auch heute in der Öffentlichkeit präsent [...]. Aber ihre Rolle als Sprecher der Menschheit, als Repräsentanten der Nationalkultur, Historiker der Gesellschaft oder politisch einflussreiche Akteure an der literarischen Front der Klassenkämpfe scheint ausgespielt, auch wenn solche Rollenzuschreibungen für die eigene Werkproduktion – gleichsam als heroische Illusion – relevant bleiben können.[459]

Trotz der spontanen Plausibilität dieser Annahme, stellt sich dennoch die Frage, ob es erstens überhaupt sinnvoll und notwendig ist, eine solche große Erzählung der Inszenierungspraktiken zu entwerfen, und wie diese Geschichte zweitens zu erzählen wäre. Wahrscheinlich überwiegen hier die Brüche, Widersprüche und Gleichzeitigkeiten vollkommen gegensätzlicher Inszenierungen gegenüber der Kontinuität und dem Auseinanderfolgen verschiedener Praktiken. Allein diese Fragen verweisen wiederum auf das genannte Desiderat einer umfassenden Geschichte der Inszenierungspraktiken.[460]

Rolf Parr und Jörg Schönert unterstreichen in ihrer »kurze[n] Sozialgeschichte der literarischen Intelligenz in Deutschland zwischen 1860 und 1930« die Bedeutung der sozialhistorischen Kontexte für die Analyse von Autorschaft. Parr und Schönert monieren, dass durch die vehement geführten literaturtheoretischen Auseinandersetzungen über den Tod des Autors und seine Rückkehr die sozialgeschichtliche Seite der Autorschaft vernachlässigt worden sei. Sie schlagen vor, Autorschaft im Gefüge von ästhetischen, juristischen und ökonomischen Bedingungsfaktoren zu analysieren, und zu diesem Zweck den sozialgeschichtlichen Ansatz der Literaturwissenschaft mittels der Systemtheorie, der Interdiskursanalyse und der Feldtheorie zu erweitern.[461]

---

[459] Jürgensen / Kaiser: Schriftstellerische Inszenierungspraktiken, S. 16.
[460] Eine solche Geschichte zu schreiben, ist nur in einem größeren Forschungszusammenhang denkbar, weil sie eine schier unüberschaubare Materialfülle zu bearbeiten hätte, was darauf zurückzuführen ist, das eigentlich jeder Text seinen eigenen Autor inszeniert, oder zumindest jede Autorin oder jeder Autor anders sein muss als alle anderen, um sich zu profilieren. Vgl. zur Person/Rolle-Differenz im Bezug auf die Autorschaft Schaffrick: In der Gesellschaft des Autors, S. 49, 53–55.
[461] Vgl. Parr / Schönert: Autorschaft, S. 7. Eine Arbeit zum literarischen Feld der Zeit 1945–1990 entsteht derzeit im Münsterschen Exzellenzcluster »Religion und Politik in den Kulturen der Vormoderne und der Moderne«. Unter dem Titel »Autorschaft als Feldstrategie: Literarische Inszenierungen zwischen Religion und Politik von 1945 bis 1990« untersucht Christian Sieg die historische Modifikation von Autorschaftsmodellen.

Erste Schritte in diese Richtung unternehmen Jürgensen und Kaiser, die in einer exemplarischen und vergleichenden Analyse von Inszenierungspraktiken um 1800 (Friedrich Schiller) und um 1900 (Alfred Kerr) »markante Strukturhomologien« zwischen den Positionierungsstrategien im literarischen Feld aufzeigen.[462] Sie verknüpfen dabei die Untersuchung paratextueller und habituell-performativer Inszenierungspraktiken und können zeigen, dass einerseits *Kontroversen*, andererseits *Bündnisse* dazu beitragen, die Position im literarischen Feld zu stärken. Als zentral stellen Jürgensen und Kaiser den Konflikt heraus, der zwischen dem Interesse an aufmerksamkeitsträchtiger Inszenierung und der Inszenierung von Interesselosigkeit, die als Ausdruck künstlerischer Autonomie verstanden werden kann, besteht.

Anders als Jürgensen / Kaiser postulieren, beginnt die Geschichte der Inszenierungspraktiken von Schriftstellern allerdings nicht mit der Ausdifferenzierung des literarischen Feldes oder Systems und der »Entstehung des literarischen Marktes in der zweiten Hälfte des 18. Jahrhunderts«.[463] Allenfalls der Druck, die eigene Position im Feld durch Inszenierungen abzustecken und zu verteidigen, nimmt zu.[464] Die (Selbst-)Inszenierung von Schriftstellern oder Autoren hingegen gibt es so lange wie es Autoren gibt, jedenfalls insofern jeder Text zur Inszenierung seiner Autorschaft beiträgt.[465] Daher lässt sich kein Ursprung von Autorschaftsinszenierungen konstatieren, sondern es lassen sich lediglich Zäsuren in ihrer Entwicklung benennen, die sich mit sozial-, ideen-, medien- oder literaturgeschichtlichen Umbrüchen überschneiden. Dazu gehören sicherlich der Buchdruck – »[e]rst mit dem Buchdruck, also erst seit dem 15. Jahrhundert, bürgert sich eine Autorenschaft im modernen Sinne ein«[466] – ferner die transzendentale Wende der Subjektphilosophie mitsamt der Erfindung des geistigen Eigentums und dessen juristischer Absicherung durch das Urheberrecht Ende des 18. Jahrhunderts – »[d]ie These von der Entstehung des modernen Autors aus dem Geist des Urheberrechts ist ein Gemeinplatz der litera-

---

462 Vgl. Jürgensen / Kaiser: Der Dichter als Kritiker, S. 117.
463 Ebd., S. 88.
464 Zur Autorschaft im 18. Jahrhundert vgl. Zelle: Auf dem Spielfeld der Autorschaft.
465 Vgl. John-Wenndorf: Der öffentliche Autor, S. 133. Vgl. zur Antike z. B. Kimmel: Motive und Rollen; zum Mittelalter vgl. Haug: Die theologische Leugnung der menschlichen Kreativität, sowie Meier: Autorschaft im 12. Jahrhundert. Vgl. ferner die interdisziplinären, epochenübergreifenden Sammelbände Bannert / Klecker (Hrsg.): Autorschaft; Meier / Wagner-Egelhaaf (Hrsg.): Autorschaft; Meier / Wagner-Egelhaaf (Hrsg.): Prophetie und Autorschaft.
466 Luhmann: Gesellschaft der Gesellschaft, S. 889. Vgl. zuletzt Chartier: The Author's Hand.

turwissenschaftlichen Diskussion geworden«[467] – wie auch die Entgrenzung des Autor-Subjekts in der Kunst und Literatur der klassischen Moderne.[468]

Die immer noch maßgebliche literaturwissenschaftliche Studie zum Urheberrecht, dem sicherlich bedeutendsten, da bis heute wirksamen sozialhistorischen Kontext der modernen Autorschaft, stammt von Heinrich Bosse.[469] In »Autorschaft ist Werkherrschaft« vollzieht Bosse die verschiedenen Eigentumskonzeptionen von Philipp Erasmus Reich bis zu Johann Gottlieb Fichte nach, die entwickelt wurden, um geistiges Eigentum zu begründen und zugleich die verbreitete und den Buchmarkts gefährdende Praxis des Nachdrucks zu illegalisieren.[470] »Wir brauchen [...] neue und allgemeine Sicherheitsgesetze für das Büchereigentum«, fordert Jean Paul 1815, also schon recht spät in dieser Diskussion, in »Sieben letzte oder Nachworte gegen den Nachdruck«.[471]

Das Konzept, dass der Mensch Eigentum durch Arbeit erwirbt, geht auf John Locke zurück. Zwei Begründungsfiguren, das Eigentum an der eigenen Person und die Herstellung von Eigentum durch Arbeit, sind für Locke entscheidend. »Though the earth, and all inferior creatures, be common to all men, yet every man has a property in his own person [...]. The labour of his body, and the work of his hands, we may say, are properly his.«[472] Zuletzt hat Eric Achermann (gegen Bosse) auf John Lockes Bedeutung für die Begründung geistigen Eigentums aufmerksam und zudem Lockes »Einfluss auf die Konstitution des englischen Autoren- und Verlagsrechts« geltend gemacht.[473]

Die Entstehung des Urheberrechts steht also in einem Beziehungsgeflecht aus ökonomischen, rechtlichen und nicht zuletzt subjektphilosophisch-genieästhetischen Faktoren. Im semantischen Feld der Autorschaft liegen nicht nur Begriffe religiöser Transzendenz im Bereich der Genieästhetik, sondern auch die Semantik einer politisch-liberalen Eigentumsordnung.[474] Bei dem, was der Autor schafft, muss ihm größtmögliche Freiheit gewährt werden, und das, was er schafft, darf ihm von niemandem weggenommen werden. Diese urheberrechtliche Vorstellung von Autorschaft setzt sich bis heute fort, verdeckt jedoch, so

---

467 Lauer: Offene und geschlossene Autorschaft, S. 462.
468 Vgl. Kiesel: Geschichte der literarischen Moderne, S. 129–135.
469 Bosses Studie ist nun die rechts- und mediengeschichtliche Arbeit von Dommann: Autoren und Apparate zur Seite zu stellen. Vgl. unter den rechtswissenschaftlichen Darstellungen des Urheberrechts z. B. Rehbinder: Urheberrecht.
470 Vgl. Bosse: Autorschaft, S. 50–62.
471 Jean Paul: Sieben letzte oder Nachworte gegen den Nachdruck, S. 514.
472 Locke: Two Treatises of Government, S. 353f.
473 Achermann: Ideenzirkulation, S. 135.
474 Vgl. Achermann: Ideenzirkulation.

Martha Woodmansee, »ein offensichtliches Merkmal des Kreativen [...] – seine gemeinschaftlichen, kollektiven und kollaborativen Aspekte«.[475] Damit ist nicht nur das gemeinsame Arbeiten an Texten oder anderen intellektuellen Werken gemeint, sondern auch der Rückgriff auf und die Einflüsse des kulturellen Archivs. Der Zugriff auf diese kulturellen Vorlagen wird durch das Urheberrecht begrenzt. »War das Urheberrecht in seinen Anfängen ein Ansporn zu schöpferischer Produktion, hindert es heute Künstler und andere schöpferische Produzenten zunehmend daran, ihr kulturelles Erbe beim Schaffen neuer Werke in Anspruch zu nehmen«.[476] Darüber geraten Kopien, Montagen oder Parodien, an denen Autorinnen und Autoren eine originäre Autorschaft abgesprochen wird, in einen juristisch zwielichtigen Bereich. Um den autonomen Autor zu schützen, reglementieren Urheberrechte die Autorschaft und geraten dadurch zu einem Hemmnis künstlerischer Produktion.[477]

Vor dem Hintergrund der begriffsgeschichtlich eng verwobenen Bereiche Urheberrecht, Genieästhetik und Subjektphilosophie zeigt sich eine bis heute gültige semantische Norm für Autorschaft. »Nirgends ist [...] die Genie-Periode so nachhaltig rezipiert und aufbewahrt worden wie in der Jurisprudenz«,[478] schreibt Heinrich Bosse. Bis heute, so formuliert Gerhard Plumpe diesen Gedanken, »stabilisiert das Recht die Instanz ›Autor‹, unbeeindruckt von allen Tendenzen der Literatur, Autorensubjekte in der Anonymität der écriture verschwinden zu lassen«.[479] Diese ungebrochene Wirksamkeit der urheberrechtlich gesicherten Autorschaft zeigt sich bei Verstößen gegen die Norm. In juristischen Streitfällen um Plagiate (Hegemann, zu Guttenberg & Co.) oder Fälschungen, bei (vermeintlichen) Verletzungen des Urheberrechts durch *Open Access*[480] oder *Google Books* (eine moderne Form des Nachdrucks in digitaler Form), also bei Unrechtsfällen, debattiert die journalistische Öffentlichkeit Normen der

---

475 Woodmansee: Urheberrecht als Anreiz/Hemmnis, S. 292.
476 Ebd., S. 294.
477 Woodmansee exemplifiziert diese Normierung anhand eines Urheberrechtsprozesses zwischen Jeff Koons und Art Rogers: Eine von Koons in Auftrag gegebenen Skulptur, mit der er die Fotografie »Puppies« von Art Rogers parodierte, wurde als primär kommerziell eingesetzte und damit das Urheberrecht verletzende Kopie beurteilt und Rogers Klage stattgegeben. Vgl. dazu Woodmansee: Urheberrecht als Anreiz/Hemmnis, S. 297–303.
478 Bosse: Autorschaft, S. 11. Vgl. auch Woodmansee: Urheberrecht als Anreiz/Hemmnis, S. 302f.
479 Plumpe: Autor und Publikum, S. 380.
480 Vgl. Jochum: Urheber ohne Recht. Vgl. Assheuer: Tod des Autors; vgl. außerdem Reuß / Rieble (Hrsg.): Autorschaft.

Autorschaft, die sich nicht auf literarische Formen der Autorschaft beschränken.[481]

Je nachdem, wie man den Begriff der Moderne versteht, ob als sozialphilosophische oder klassisch-ästhetische Moderne, fallen auch die Beurteilungen von Urheberschaft und Autorschaft unterschiedlich aus. In einer im Mai 2012 in der Wochenzeitung DIE ZEIT geführten Debatte über die Herausforderung des Urheberrechts durch Digitalisierung und Internet war in einem Beitrag von Wolfgang Prinz zu lesen: »Wenn der Autor stirbt, stirbt die Person. Und wenn die Person stirbt, wird die Geschäftsgrundlage der Moderne hinfällig.«[482] Umgekehrt lassen sich nicht nur die an das Subjekt gebundene Autorschaft, sondern auch die Entgrenzung und Dezentralisierung des Subjekts, also Formen der Subjektivierung, die die Beziehung zwischen Autor und Text destabilisieren, als Signatur der Moderne verstehen.[483] Die Geburt des Autors (aus der Genieästhetik) ist ebenso gut ein Produkt der Moderne wie dessen Tod.

Mit dieser Ambivalenz der Moderne am Beispiel des Themas ›Plagiat‹, also Texten, die auf der unscharfen Grenze zwischen Intertextualität und Betrug balancieren, befasst sich der Beitrag von Mirjam Horn in diesem Band. Sie untersucht ›affirmative Plagiatspraktiken‹ in postmoderner, englischsprachiger Literatur. In diesen Texten wird das gesamte Narrativ des Plagiats, das erst im Öffentlichwerden Relevanz erlangt, thematisiert, um poststrukturalistische Autorschaftskonzepte im Horizont von Intertextualität und Dekonstruktion zu reflektieren. In der postmodernen Plagiatsliteratur werden alle »am Kommunikationsmodell teilnehmenden Instanzen« der Literatur ›vertextet‹, sodass der rechtlich sanktionierte, ausgestellte Verstoß gegen urheberrechtliche Normen der Literaturproduktion umgewandelt wird in ein poetisch reflexives Verfahren.[484]

Bislang vollkommen unbeachtet im Bereich der Autorschaftsforschung, allerdings eng verwoben mit der urheberrechtlichen Debatte, scheinen Übersetzungen und Übersetzer zu sein. Evelyn Dueck liefert mit ihrem Beitrag zu diesem Band erstmals eine Übersicht über die verschiedenen Konzeptionen von Übersetzern als zweite, häufig unbeobachtbare oder unbeachtete Autoren. Insbesondere die Sprach- und Literaturtheorie der Romantik wertet die Übersetzer-

---

481 Vgl. Theisohn: Plagiat; sowie Theisohn: Literarisches Eigentum.
482 Prinz: Auf die Person kommt es an!
483 Vgl. zu verschiedenen Spielformen von Autorschaft in der klassischen Moderne z. B. Bosincu: Autorschaft; Helduser: Autorschaft; King: Pilger; Marx: Heilige Autorschaft?; Metzler: De-Formationen.
484 Vgl. Mirjam Horn: ›Breedings monsters out of its own flesh‹ (in diesem Band).

tätigkeit gegenüber der Autorschaft auf, und diese Wertschätzung eines entscheidenden transkulturellen Prozesses wird von Walter Benjamin und Jacques Derrida aufgegriffen. Der Übersetzer, so Dueck, kann als Verbindung von drei Instanzen in einer Person begriffen werden, als Leser, Philologe und Autor, und er lässt sich daher, so Duecks Vorschlag, als ›Agentur der Differenz‹ konzeptualisieren.[485]

4.5 Soziale Systeme – Interdisziplinäre Erweiterungen

In einem Beitrag für das »Handbuch Literaturwissenschaft« (2007) postuliert Fotis Jannidis: »Der Autorbegriff spielt für systemtheoretische Literaturuntersuchungen keine prominente Rolle«.[486] Dies mag zwar zutreffen, insofern als für Luhmann »die Figur des ›Autors‹ nichts weiter ist als ein Artefakt« der gesellschaftlichen Kommunikation.[487] Andererseits erweist sich der systemtheoretische Ansatz gerade für die Untersuchung von Autorschaften jenseits der Literatur als produktiv. Besonders in den Systemen Kunst und Wissenschaft, aber auch in der Politik, der Religion und dem Recht (s. Urheberrecht) der Gesellschaft taucht die Figur des Autors als Artefakt der Kommunikation und mit unterschiedlichen Funktionen auf. So lässt sich Foucaults allgemeine Frage »Was ist ein Autor?« mittels der jeweiligen Systemreferenz spezifizieren zu der Frage: Was ist ein Autor in der Kunst, in der Wissenschaft, in der Politik usw.?[488]

4.5.1 Kunst

Gerade die Kunstwissenschaft, die sich mit dem der Literatur übergeordneten System befasst, hat die literaturtheoretischen Auseinandersetzungen mit der Autorschaft zur Kenntnis genommen und auf Künstlerinnen und Künstler über-

---

485 Vgl. Evelyn Dueck: Diener zweier Herren (in diesem Band).
486 Jannidis: 5.5.1 Gesellschaftstheoretische Ansätze, S. 345.
487 Luhmann: Gesellschaftsstruktur, S. 10.
488 Vgl. zur Begründung einer polykontextural argumentierenden Autorschaftstheorie ausführlich Schaffrick: In der Gesellschaft des Autors. Zurück geht dieser systemtheoretisch orientierte Ansatz auf Werber/Stöckmann: Das ist ein Autor! Vgl. auch Kampmann: Funktionsrolle Autor.

tragen.[489] Gleiches gilt übrigens für die Film- und Musikwissenschaft, wobei erstere mit dem Autorenfilm und der *Auteur Theory* bereits seit den späten 1950ern ein originäres Interesse an autorbezogenen Fragestellungen insbesondere bezüglich der Regie zeigt;[490] letztere hingegen den Komponisten eines Stücks als Autor begreift.[491] Aus diesen interdisziplinären Erweiterungen in Richtung Kunst-, Film- und Musikwissenschaft ergibt sich die Möglichkeit, die Einsichten der Autorschaftstheorie auf ganz unterschiedliche Handlungsrollen zu übertragen, um zu beobachten, wie sich Komponisten, Dirigenten, Regisseure, Künstler, Ausstellungsmacher als Autoren konstituieren und dadurch Autorität inszenieren.

Im Bereich der Kunst wären unter den Stichworten der Inter- und Transmedialität von Autorschaft,[492] der Körperlichkeit und Anwesenheit von Künstlern,[493] aber auch der Autofiktion und Autoreferenzialität weitere Forschungsbereiche zu erschließen. Unter dem letztgenannten Stichwort trägt Marcel Schmid mit seinem Beitrag in diesem Band zu dieser wünschenswerten interdiziplinären Erweiterung des Autorschaftskonzepts bei. Am Beispiel einer Collage von Kurt Schwitters untersucht Schmid semiotische Codes und Prozesse von Autoreferentialität. Zum Gegenstand der Referenz wird bei Schwitters die Reflexion selbst, wodurch der Autor als Referenz nicht verschwindet, sondern in einen fortwährend ablaufenden Autorisierungsprozess eingespannt wird, in dem Autorschaft zum Taschenspielertrick des Künstlers wird, der sich gleichzeitig entzieht und immer neu performativ hervorbringt. Insgesamt beweist Schmid die ungeheure Produktivität der Frage nach Autorschaft und den literaturtheo-

---

489 Vgl. Caduff (Hrsg.): Autorschaft; Hellmold / Kampmann u. a. (Hrsg.): Was ist ein Künstler?; Jaschke / Martinz-Turek u. a. (Hrsg.): Wer spricht?; Kampmann: Künstler sein; Kampmann: Funktionsrolle Autor.
490 Film-Autorschaft wird seit der Rezeption des Aufsatzes Bazin: Politique des auteurs (1957) auch unter dem Begriff der »Auteur Theory« verhandelt (etwa Sarris: Notes on Auteur Theory). Einschlägige Publikationen aus diesem Feld, die im Zuge einer zunehmend transmedialen Aufarbeitung auch autorschaftlicher Phänomenbereiche (vgl. Thon: Transmedial Narratology) für literaturwissenschaftliche Fragestellungen fruchtbare Anschlüsse bieten können, sind u. a. Lodemann: Regie als Autorschaft; Sellors: Film Authorship; Sellors: Collective Authorship; Carroll: Beyond Aesthetics; und Livingston: Cinematic Authorship.
491 Vgl. Calella: Patronage; Höink / Jacob: Krisen; Knaus / Kogler: Autorschaft – Genie – Geschlecht; Meyer / Scheideler: Autorschaft als historische Konstruktion.
492 Vgl. Nieberle: Literarhistorische Filmbiographien.
493 Abramović: The Artist is Present [DVD].

retischen Prämissen für die Beschreibung der Funktionsweise künstlerischer Selbstinszenierungen.[494]

4.5.2 Wissenschaft

Seit der Antike gehört der *poeta doctus* zu den festen Bestandteilen der historischen Autorschaftssemantik. Das Autorschaftsmodell des ›gelehrten Dichters‹ setzt sich aus fünf poetologischen Merkmalen zusammen, wie Torsten Hoffmann und Daniela Langer im Anschluss an Wilfried Barner erläutern. Konstitutiv für den *poeta doctus* seien der Traditionsbezug bzw. die Wahrung der literarischen Tradition, die Gelehrsamkeit in vielen Wissensgebieten, Handwerklichkeit und Arbeitsethos, Exklusivität sowie Reflexionsvermögen und Theorieaffinität.[495] Bis heute legitimieren sich literarische Autorinnen und Autoren durch diese Eigenschaften und aktualisieren auf diese Weise das antike und besonders in der Renaissance beliebte Autorschaftsmodell des *poeta doctus*.[496]

Etwas anderes meint die Rede von wissenschaftlicher Autorschaft. Die Frage nach der Konstitution und der Bedeutung von Autorschaft im Wissenschaftssystem und in wissenschaftlichen Texten ist zwar, wenn man sie weit fasst, nicht neu. Die Versuche, sie systematisch zu beantworten, häufen sich jedoch erst seit 2000 und fallen somit in den Zeitraum, die diese Einleitung behandelt.[497] Erneut ist Michel Foucault als Referenz zu nennen, denn mit dem berühmt gewordenen Foucault'schen Chiasmus veranschaulicht er das Verhältnis literarischer und wissenschaftlicher Autorschaft im Umbruch von der Vormoderne zur Moderne. Laut Foucault verlaufen die Koordinaten folgendermaßen:

---

494 Vgl. Marcel Schmid: Auto(r)referentialität (in diesem Band).
495 Vgl. Hoffmann / Langer: 5. Autor, S. 142f.
496 Als Beispiele aus der neueren deutschen Literatur lassen sich zum einen Alexander Kluge, der u. a. in seinen Interviews mit Wissenschaftlerinnen und Wissenschaftlern seine »Gelehrsamkeit« unter Beweis stellt bzw. inszeniert, zum anderen Martin Mosebach nennen, der seine umfassende Bildung, seine Traditionsverbundenheit von Homer bis Walter Kempowski und seine Vorliebe für das Handwerk in seinen Essays zum Ausdruck bringt. Ferner gilt z. B. der Lyriker Durs Grünbein als *poeta doctus* der Gegenwart. Vgl. zum letzten Fall den Beitrag von Ralf Klausnitzer in diesem Band.
497 In den bisher vorliegenden deutschsprachigen Sammelbänden zur Autorschaft spielt wissenschaftliche Autorschaft keine Rolle. Mit den Beiträgen von Christina Riesenweber und Felix Steiner in diesem Band wirken wir diesem Desiderat entgegen. Vgl. in der internationalen Diskussion den Sammelband von Biagioli / Galison (Hrsg.): Scientific Authorship; sowie den Aufsatz von Biagioli: L'autore della scienza.

> Es gab eine Zeit, in der die Texte, die wir heute »literarisch« nennen (Erzählungen, Geschichten, Epen, Tragödien, Komödien) aufgenommen, verbreitet und bewertet wurden, ohne dass sich die Frage nach ihrem Autor stellte. Ihre Anonymität bedeutete keine Schwierigkeit [...]. Umgekehrt wurden Texte, die wir heute als wissenschaftlich bezeichnen würden, [...] nur akzeptiert und besaßen nur dann einen Wahrheitswert, wenn sie den Namen eines Autors trugen. [...] Zum Chiasmus kam es im 17. oder 18. Jahrhundert; man begann, wissenschaftliche Texte als solche zu akzeptieren, in der Anonymität einer etablierten oder immer wieder neu beweisbaren Wahrheit. Ihre Garantie besteht in der Zugehörigkeit zu einem systematischen Ganzen, nicht im Verweis auf das Individuum, das sie hervorbrachte. Die Autor-Funktion verwischt sich [...]. Dagegen können »literarische Diskurse« nur noch dann rezipiert werden, wenn sie mit der Autor-Funktion ausgestattet sind. Bei jedem Text der Poesie oder der Fiktion fragt man danach, woher er kommt, wer ihn geschrieben hat, zu welchem Zeitpunkt, unter welchen Umständen oder in welcher Absicht. [...] Literarische Anonymität ist uns unerträglich; wir akzeptieren sie nur als Rätsel. Die Autor-Funktion kommt heute in den literarischen Werken voll zum Tragen.[498]

Bereits der narrative Einstieg (»Es gab eine Zeit«) in den zitierten Abschnitt macht deutlich, dass es sich bei dem Chiasmus um eine große Erzählung handelt, bei der man, Foucault selbst weist darauf hin, gewiss viele Punkte »differenzieren« könnte und müsste.[499]

Eine solche Differenzierung leistet Roger Chartier, der »Foucault's Chiasmus« einer gründlichen historischen Überprüfung unterzieht und unter anderem herausstellt, dass, ganz gleich ob es sich um literarische oder wissenschaftliche Texte handele, die Zensur durch den Index der katholischen Inquisition die Autor-Namen als entscheidendes Kriterium verzeichnete. Alle anonym publizierten Texte wurden sogar direkt zensiert. »The author-function was thus constituted in the late sixteenth and early seventeenth centuries as an essential weapon in the battle of the Catholic Church against the diffusion of texts suspected of heresy an heterodoxy«.[500] Ferner erörtert Chartier, dass die Anonymität wissenschaftlicher Texte nichts mit epistemologischen Konstruktionsprinzipien, sondern mit der Abgrenzung glaubwürdiger und richtiger wissenschaftlicher Erkenntnisse gegenüber ökonomischen Interessen zusammenhing. Insgesamt ist die Genealogie und Wissensgeschichte der Autorschaft also viel länger und verzweigter als Foucaults Chiasmus es berücksichtigt, was die Orientierungsleistung des Chiasmus jedoch keinesfalls schmälert.

Grundsätzlich bestehen zwei – freilich aufeinander bezogene – methodische Möglichkeiten, Formen wissenschaftlicher Autorschaft zu untersuchen.

---

498 Foucault: Was ist ein Autor?, S. 1016f.
499 Ebd., S. 1017.
500 Chartier: Foucault's Chiasmus, S. 23.

Autorschaft lässt sich einerseits über den wissenschaftlichen Text mitsamt seinen argumentativen Strategien und rhetorischen Verfahren untersuchen, oder andererseits über das soziale System der Wissenschaft und die darin ablaufenden Kommunikationen.[501]

Bemerkenswerterweise kommt Niklas Luhmann, für den der Autor lediglich ein ›Kommunikationsartefakt‹ darstellt, in der »Wissenschaft der Gesellschaft«, auf die Bedeutung und Funktion des Autors zu sprechen. Das ist darauf zurückzuführen, dass Luhmann in seiner Wissenschaftstheorie eine ungewöhnliche und ausschließlich für das Wissenschaftssystem vorgesehene Erweiterung des theoretischen Designs vornimmt: die Einführung eines Nebencodes, der Reputation. »Reputation wird in erster Linie an Autoren verliehen, also an Personen«.[502] Der Nebencode Reputation supplementiert das symbolisch generalisierte Kommunikationsmedium Wahrheit[503] und bietet Orientierung in der Fülle wissenschaftlicher Publikationen, indem Reputation es ermöglicht, neues Wissen, das nicht eindeutig als wahr oder falsch codiert ist, durch die Zuschreibung zu besser oder schlechter reputierten wissenschaftlichen Autorinnen und Autoren zu selektieren und zu klassifizieren.[504] Der Autorname wird zum Träger der Reputation, die über die Inklusion ins System, wissenschaftliche Themen und den Verlauf von Karrieren (mit-)entscheidet.

Der Reputationscode muss, so Luhmann, mit »Legitimationsschwierigkeiten«[505] rechnen, da der Nebencode der über Wahrheit integrierten Selbstbeschreibung des Wissenschaftssystems widerspricht. Idealiter gilt die Aufmerksamkeit der Wissenschaft den ›Sachinhalten‹. Wissen wird durch Theorien und Methoden als wahr qualifiziert. Dahinter steht das Ideal der wissenschaftlichen

---

501 Segal / Richardson gehen in ihren Ausführungen über Scientific Ethos einen ähnlichen Weg, wenn sie darlegen, dass es einen soziologischen und einen rhetorischen Zugang zur Beantwortung der Frage »why do we believe science?« gebe. Autorschaft sei dabei ein wichtiger Mechanismus der Autorisierung von Wissenschaftlern: »Scientific authorship is, in fact, a special case of scientific authority« (Segal / Richardson: Introduction, S. 140).
502 Luhmann: Wissenschaft der Gesellschaft, S. 250. Zur Konzeption des Nebencodes vgl. ebd., S. 244–251.
503 Diese auch Erfolgsmedien genannten Kommunikationsmedien, zu denen Wahrheit, Geld, Macht, Liebe usw. gehören, erfüllen die Funktion, die Wahrscheinlichkeit von Kommunikation zu erhöhen und Anschlussfähigkeit von Kommunikation herzustellen.
504 Vgl. Luhmann: Wissenschaft der Gesellschaft, S. 352.
505 Luhmann: Wissenschaft der Gesellschaft, S. 251.

Unperson, die ›rein der Sache dient‹ und hinter der Sache zurücktritt. [506] Nicht durch Autoren und ihre Reputation, so die der ernüchternden Alltagserfahrung häufig widersprechende Selbstbeschreibung der Wissenschaft, sollen Erkenntnisse an Relevanz gewinnen. Zusätzlich bewirkt Reputation einen Selbstverstärkungs- oder Übertreibungseffekt, der auf der von Luhmann als ambivalent bewerteten »Annahme ›einmal gut, immer gut‹« beruht. [507] Explizite, persönliche, namentliche Autorschaft irritiert und überlagert den Wahrheitscode der Wissenschaft.[508]

Christina Riesenweber erörtert anschließend an dieses systemtheoretische Modell die Praktiken und die Validität anonym ablaufender Begutachtungsprozesse, den sogenannten *Blind Peer Review* bei wissenschaftlichen Zeitschriften. Diese Begutachtungsverfahren dienen dazu, Reputations- und Gefälligkeitsbegutachtungen auszuschließen und eine Qualitätsorientierung bei der Auswahl der Beiträge zu gewährleisten. Wie Riesenweber anhand sich widersprechender empirischer Befunde belegt, ist die Effektivität des anonymisierten Begutachtens durchaus umstritten. Die Anonymisierung wissenschaftlicher Autorschaft geht mit einer Entsubjektivierung von Wahrheit und Wissen einher und präsupponiert dadurch durchaus umstrittene epistemologische Annahmen wie zum Beispiel diejenige eines universalen, beobachterunabhängigen Wissens, die sich unter wissenschaftstheoretischrn Vorzeichen etwa des Konstruktivismus und vor dem Hintergrund praxeologischer Erkenntnisse über kollektive oder kollaborative Autorschaft begründeterweise in Zweifel ziehen lassen. [509]

---

506 Vgl. den Beitrag von Felix Steiner in diesem Band. »Verehrte Anwesende! ›Persönlichkeit‹ auf wissenschaftlichem Gebiet hat nur der, der rein der Sache dient« (Weber: Wissenschaft, S. 15).
507 Luhmann: Wissenschaft der Gesellschaft, S. 251.
508 Irmela Schneider sieht mit der zunehmenden »Instabilität der Kopplung von Autorschaft und Eigentum« im Zeitalter der Digitalisierung auch die Bedeutung des Reputationscodes schwinden. Sie geht dabei von dezentralisierenden Prozessen der Entsubjektivierung und Entindividualisierung von Autorschaft aus. Vgl. Schneider: Konzepte von Autorschaft. Wie die Praktiken wissenschaftlichen Schreibens, die »Autorschaften löschen«, unter den gegenwärtigen medialen Bedingung ablaufen, skizziert Theisohn: Literarisches Eigentum, S. 112f. In Bezug auf die Reputation, bleibt zu überprüfen, ob es nicht so ist, dass ihre Bedeutung als erleichternder Informationsselektionsmechanismus bei zunehmender Dichte und Verfügbarkeit von Information zunimmt. Dabei wären die Vorannahmen, die über auktoriale Subjektierungsprozesse in digitalen Medien getroffen werden, zu berücksichtigen. Ferner gehören die Praktiken und die beteiligten Institutionen bei der Produktion und der Veröffentlichung wissenschaftlicher Erkenntnisse sowie die Materialität der Produkte und ihre Rezeptionsbedingungen zu den zu untersuchenden Faktoren.
509 Vgl. Christina Riesenweber: Reputation, Wahrheit (in diesem Band).

Neben diesem systemtheoretischen Ansatz, der von den Kommunikationszusammenhängen des Wissenschaftssystems ausgeht, steht ein zweiter Zugang zur wissenschaftlichen Autorschaft, bei dem von der Struktur und den Verfahren wissenschaftlicher Texte aus argumentiert wird. Die maßgebliche Studie dazu im deutschsprachigen Raum stammt von Felix Steiner, der als einer der ersten das »Autorkonzept und Autorsubjekt in wissenschaftlichen Texten« historisch-systematisch untersucht hat.[510] Steiner geht von einer wissenschaftlichen Texten eigentümlichen Ambiguität aus: »In gewisser Weise sind wissenschaftliche Texte *gleichzeitig* unpersönliche *und* persönliche Texte«.[511] Ausgehend von dieser Spannung rekonstruiert Steiner die sprachlichen und textuellen Verfahren, die an der Konstruktion von Autorfiguren in wissenschaftlichen Texten, einem ›Autor-im-Text‹, beteiligt sind, wozu paratextuelle Ordnungsraster wissenschaftlicher Texte, deiktische Markierungen, wissenschaftsrhetorische Topoi, wissenschaftstypische konstative und performative Sprechakte und die implizite oder explizite Entfaltung epistemischer Ansprüche gehören.

In seinem Beitrag zu diesem Band, der explizit an die literaturwissenschaftliche Diskussion um den Autorbegriff anknüpft, verbindet Steiner die Unterscheidung textsortenspezifischer epistemischer Modellierungen mit der Frage nach der im Text dargestellten Autor-Instanz, die entweder vorläufige, noch ungesicherte Erkenntnisse präsentiert oder bereits gesichertes, kanonisches Wissen kompiliert und dabei, bezogen auf die oben genannten Kriterien, im ersten Fall stärker als Person hervortritt, im zweiten Fall unpersönlich-neutral im Hintergrund bleibt. Im Rückgriff auf Ludwig Flecks Unterscheidung von Zeitschrift- und Handbuchwissenschaft konzeptualisiert Steiner zwei Modelle wissenschaftlicher Autorschaft, die er in seinem linguistischen Zugriff bis in die Sprachformen dieses Ansatzes hinein rekonstruiert.[512]

Riesenwebers und Steiners Ausführungen lassen sich als Beiträge zur Praxeologie der Wissenschaftsgeschichte und zu den Science Studies verstehen und eröffnen ein ganzes Feld weiterer zu untersuchender Phänomene wie die Konstruktion wissenschaftlicher Autorität, die textuelle und habituelle Inszenierung von Wissenschaftlerinnen und Wissenschaftlern als auch die Geschich-

---

510 Vgl. Steiner: Dargestellte Autorschaft.
511 Ebd., S. 4.
512 Vgl. Felix Steiner: Wissenschaftliche Autorschaft (in diesem Band).

te historisch sich wandelnder Formen wissenschaftlichen Schreibens sowie der Didaktik dieser Schreibpraktiken.[513]

4.5.3 Politik

Ganz ähnlich wie im Fall der Wissenschaft sind auch in Fragen politischer Autorschaft zwei Perspektiven zu unterscheiden. Zunächst fallen unter politische Autorschaft jene literarischen Autoren, die sich als politisch-moralische Instanz (»Gewissen der Nation«, ein typisches Autorschaftsmodell der deutschen Nachkriegszeit) oder als politisch engagierter Schriftsteller verstehen und entsprechend inszenieren,[514] die auf andere Weise als politisch-repräsentative Figuren in Erscheinung treten oder politisch-subversive Schreibweisen bevorzugen.[515] (Man denke an das politische Engagement von Günter Grass oder Juli Zeh.) Jenseits der Behandlung politischer Themen oder Stoffe in der Literatur oder gar der Umwertung von literarischer zu politischer Kommunikation, nutzen Autorinnen und Autoren ihre im literarischen Feld akkumulierte Autorität in Fragen gesellschaftspolitischer Streitfälle. Sie lassen sich am besten als im vorpolitischen Bereich agierende Reflexionsinstanzen politischen Wissens begreifen.[516] Bemerkenswert häufig greifen die politischen Inszenierungen auf religiöse Semantiken zurück, stellen Bezüge zur Politischen Theologie her oder aber sie sind durch eine dezidiert säkulare Haltung und die Negation religiöser Bezüge gekennzeichnet.[517] Andere distanzieren sich vom Label ›politischer Autor‹ wie Friedrich Christian Delius, der mit politisch-literarischer Autorschaft eine Verengung des Blicks (»eine politische Brille«) und bestimmte »anklagende Absichten« verbunden sieht.[518]

Andererseits gibt es politische Autorschaft als Autorschaft im politischen System, wo Autorschaft als Strategie der Autorisierung von politischen Akteuren dient.[519] Der enge, auch etymologisch evidente Zusammenhang von Autorität und Autorschaft kommt dabei ebenso ins Spiel wie Autorschaft zur Inszenie-

---

513 Vgl. Segal / Richardson: Introduction, S. 138, 142. Vgl. Pohl: Studien; sowie Pohl: Die studentische Hausarbeit.
514 Vgl. Sieg: Schriftsteller.
515 Vgl. Brodowsky: Die Erosionen; Ernst: Literatur.
516 Vgl. zum vielschichtigen Verhältnis von Politik und Literatur Conter: 9.7 Politik.
517 Vgl. die Beiträge in Sieg / Wagner-Egelhaaf (Hrsg.): Autorschaften.
518 Delius: Warum ich kein »politischer Autor« bin, S. 34.
519 Vgl. zu Autorität und Autorschaft auch unsere Ausführungen zur »Auktorialität« (Kapitel 2.2).

rung von Verantwortungsbewusstsein und Glaubwürdigkeit beitragen kann. Durch die möglichst weitgehende Identifikation zwischen einer politischen Aussage oder Idee und der sie repräsentierenden Person, also durch eine Autorschaftsbeziehung wie der zwischen Text und Autor, gewinnen Politiker Überzeugungskraft.[520] Man könnte von einer Autorschaft in einem erweiterten Sinne sprechen, bei der politische Entscheidungen mit eingeschlossen sind. Noch erhöht wird das Autorisierungspotenzial von Autorschaft, wenn Politiker selbst als Autoren in Erscheinung treten, wie es beispielsweise bei Altbundeskanzler Helmut Schmidt der Fall war und ist. Seine politische Autorschaft im weiteren Sinne wird so mit der im engeren Sinne, dem Schreiben von Büchern, verzahnt. Auf diese Weise autorisiert und legitimiert Schmidt sein politisches Handeln durch seine Buch-Autorschaft.[521] Insofern schafft Autorschaft im politischen System eine Instanz oder Rolle, die in der demokratischen Verfassung nicht vorgesehen ist: Autorität.

Eine andere Dimension politischer Autorschaft, nämlich den Extremfall ›dichtender Despoten‹ (u. a. Mussolini, Gaddafi, Saddam Hussein), behandelt ein Sammelband von Albrecht Koschorke und Konstantin Kaminskij. Sie beobachten, dass »gerade Gewaltherrscher auf ihre Weise oft die größten Kunstfreunde sind«, sich »als Künstler in Szene setzen« und zwei »Souveränitäten, die des Künstlers und diejenige des Regenten, in einem einzigen unumschränkten Herrschaftsanspruch« zusammenziehen.[522] In diesen Fällen wird erstens die soziale Ausdifferenzierung von Kunst und Politik annulliert und zweitens eine neue politische Ordnung aus dem Nichts geschaffen. Autorschaft fungiert daher als doppelte Erzeugungskraft sowohl des tyrannisch-diktatorischen Staatsgebildes als auch der poetischen Gebilde. Zugleich wird auch das biografische Narrativ des aus dem »Nirgendwo« stammenden Gewaltherrschers dem des sich ›voraussetzungslos selbst erschaffenden‹ Genies angepasst.[523]

Der Autor kann also systematisch nicht nur Autorität gewinnen, sondern auch die Stelle des Souveräns übernehmen. Schließlich steht er als »Figur der Souveränität«[524] ähnlich wie der Souverän der politischen Theologie an der Stelle der ›persönlichen Einheit und des letzten Urhebers‹.[525] Es wird also dort

---

520 Vgl. Rademacher: Politik als Autorschaft.
521 Zu den Formen und Verfahren politischer Autorschaft insgesamt und zum Beispiel Helmut Schmidt vgl. das Kapitel VI in Schaffrick: In der Gesellschaft des Autors, S. 174–208.
522 Korschorke / Kaminskij (Hrsg.): Despoten dichten, S. 13.
523 Ebd., S. 17.
524 Vgl. Balke: Figuren der Souveränität.
525 Vgl. Schmitt: Politische Theologie.

interessant, wo Autorschaft als Repräsentationsmechanismus der letztinstanzlichen Entscheidung fungiert bzw. dort, wo Erosionen souveräner Autorschaft durch postsouveränes Erzählen angezeigt werden, wo Königsfiguren ihre Macht verlieren oder politische Entscheidungsträger Unentscheidbares abwägen und entscheiden müssen, wo klassische politische Unterscheidungen (Freund/Feind, Frieden/Krieg) ihre Orientierungskraft verlieren.[526]

Das Verhältnis von Souveränität und Autorschaft kann auch auf andere Weise konzeptualisiert werden, so wie etwa Jürgen Habermas Volkssouveränität und die Legitimation demokratischer Verfahren darauf zurückführt, dass »sich die Adressaten der Gesetze zugleich als deren Autoren verstehen können«, sodass eigentlich jede Bürgerin und jeder Bürger als Autorin und Autor in politischer Hinsicht aufzufassen wären.[527] Habermas versteht Autorschaft als Konglomerat aus subjektiver Autonomie und gesellschaftlicher Legitimation. Auch das ist eine Form politischer Autorschaft, die zu den gesellschaftlichen Voraussetzungen gehört, die der Staat laut Ernst-Wolfgang Böckenförde selbst nicht garantieren kann.[528]

III Zur Konzeption des Bandes

Dieser Band ist nicht historisch, sondern systematisch nach den oben ausgeführten Kategorien der Autorschaftsforschung konzipiert: Hermeneutische, poststrukturalistische, fiktionstheoretische, narratologische und inszenatorische Aspekte erscheinen uns angesichts der aktuellen Forschungslage einschlägig genug, um die Systematik anzuleiten. Dennoch gibt dieses Schema nicht die Gliederung der folgenden Beiträge dieses Sammelbandes vor. Eine theoretische Systematisierung und Etikettierung, wie sie in der Einleitung vorgenommen wurde, hätte bei der geringen Anzahl an Beiträgen keinen Erkenntnismehrwert bedeutet. Daher haben wir uns für die Unterscheidung von Theorien und Praktiken der Autorschaft entschieden.

---

526 Vgl. Schaffrick: Helmut Schmidt im Nicht-Krieg; sowie Schaffrick: Martin Mosebachs Politische Theologie. Vgl. außerdem Peters: Der gespenstische Souverän; sowie ihren Beitrag in diesem Band.
527 Habermas: Religion, S. 267. Vgl. zur Bedeutung von Autorschaft für Person (Rechtfertigung) und Politik (Legitimation) auch Habermas: Glauben und Wissen, S. 15–20.
528 Vgl. zur Funktion von Autorschaft in der und für die (post-)säkulare Gesellschaft Schaffrick: In der Gesellschaft des Autors, S. 219–226, Erläuterungen zu Habermas' Autorschaftsbegriff finden sich ebd., S. 14–17.

Wir sehen uns heute vielleicht mehr denn je – aber grundsätzlich nicht erst seit der literarischen Reflexion literaturwissenschaftlicher Forschung durch die Literatur selbst – mit einem grundsätzlichen Problem konfrontiert, das gewissermaßen als Standardproblem des Theorie-Praxis-Verhältnisses gelten kann: Auf der einen Seite ist jede Autorin und jeder Autor höchst individuell und nutzt je eigene »Erzeugungsstrategien« der eigenen Autorschaft in historisch und kulturell variablen Kontexten. Auf der anderen Seite bedeutet die Theoretisierung eines Phänomens immer auch Modellbildung und Abstraktion von Einzelphänomenen, um bestenfalls allgemeingültige Aussagen über einen bestimmten Objektbereich, hier Autorschaft, formulieren zu können.

Mit diesem Band können wir das Problem nicht lösen, aber einen Weg verfolgen, der in der bisherigen Autorschaftsforschung zu wenig begangen, aber vorbereitet wurde. Durch in ihrer Summe viele, aber jeweils theoretisch stark einseitige Fokussierungen des Phänomens Autorschaft blieb häufig unsichtbar, was für eine progressive Forschungsgenese aber notwendig sichtbar zu machen ist: Sich gegenseitig bestätigende Forschungsergebnisse. So verlassen wir bewusst die alten Pfade und spannen mit diesem Band ein Koordinatensystem auf, das zwischen subjekt-, text-, kontext- und kommunikationstheoretischen Ansätzen ebenso wie zwischen Interpretation und Inszenierung als Beschreibungsfolie von Autorschaft changiert. Das Ziel dabei ist, die Punkte dieses Koordinatensystems in ihrer Relation zu bestimmen und das System als solches zu vermessen. Wie unterscheiden sich die genannten Ansätze, was haben sie gemeinsam, in welchen Aspekten konvergieren, in welchen divergieren ihre Aussagen und Befunde über Autoren im Einzelnen und über Autorschaft im Allgemeinen? Was die Beiträge dieses Bandes in dieser Hinsicht leisten, innovieren und an Ergebnissen präsentieren, all das kann diese Einleitung trotz ihres Umfangs nicht zusammenfassen, dafür kann sie nur eine Grundlage bilden.

***

Zu zeigen, dass diese Fragen weit über die Reichweite des für Einzelpositionen Sichtbaren hinausgehen, war die Absicht der obigen Überlegungen. Dabei den Autor *als Autor* und nicht per se *als Vorstellung* eines (wissenschaftlichen) Lesers zu funktionalisieren, scheint uns angesichts einer Auslagerung des Literaturwissenschaftlers aus der literarischen Kommunikationssituation ausgesprochen hilfreich zu sein. Nicht nur, weil uns beim gemeinsamen Verfassen dieser Einleitung wechselseitig die jeweiligen Grenzen unseres Blickfeldes und die ungleiche Tiefenschärfe unserer durchaus unterschiedlichen theoretischen Brillen bewusst wurden. Wir konnten uns darüber hinaus ebenso gegenseitig die Existenz unserer (gemeinsamen, teils aber auch unterschiedlichen) Intentionen bestätigen. Warum also nicht auch darüber reden? [529]

Bibliographie

Abbott, H. Porter: »Reading Intended Meaning Where None Is Intended: A Cognitivist Reappraisal of the Implied Author«. In: *Poetics Today* 32 (2011) H. 3, S. 461–487.
Abraham, Ulf: »Stil als ganzheitliche Kategorie: Gestalthaftigkeit«. In: Fix, Ulla / Andreas Gardt / Joachim Knape (Hrsg.): *Rhetorik und Stilistik*. Bd. 2. Berlin / New York 2009, S. 1348–1367.
Abramović, Marina: »Marina Abramović. The Artist is Present« [DVD]. New York 2010.
Achermann, Eric: »Ideenzirkulation, geistiges Eigentum und Autorschaft«. In: Schmidt, Harald / Marcus Sandl (Hrsg.): *Gedächtnis und Zirkulation. Der Diskurs des Kreislaufs im 18. und frühen 19. Jahrhundert*. Göttingen 2002, S. 127–144.
Adorno, Theodor W.: »Wörter aus der Fremde«. In: ders.: *Noten zur Literatur*. Frankfurt a. M. 1981, S. 216–232.
Agamben, Giorgio: »Der Autor als Geste«. In: ders.: *Profanierungen*. Frankfurt a. M. 2005, S. 57–69.
Agamben, Giorgio: »Lob der Profanierung«. In: ders.: *Profanierungen*. Frankfurt a. M. 2005, S. 70–91.
Agamben, Giorgio: »Noten zur Geste«. In: Georg-Lauer, Jutta (Hrsg.): *Postmoderne und Politik*. Tübingen 1992
Agamben, Giorgio: *Was ist ein Dispositiv?* Zürich / Berlin 2008.
Ajouri, Philip / Katja Mellmann / Christoph Rauen (Hrsg.): *Empirie in der Literaturwissenschaft*. Münster 2013.
Allemann, Beda (Hrsg.): *Ars Poetica. Texte von Dichtern des 20. Jahrhunderts zur Poetik*. Darmstadt 1971.
Alward, Peter: »For the Ubiquity of Nonactual Fact-Telling Narrators«. In: *The Journal of Aesthetics and Art Criticism* 65 (2007) H. 4, S. 401–404.
Amstutz, Nathalie: *Autorschaftsfiguren. Inszenierung und Reflexion von Autorschaft bei Musil, Bachmann und Mayröcker* 2004.

---

[529] Geredet haben wir auch mit Andrea Albrecht, Toni Bernhart, Jan Behrs, Lutz Danneberg, Tilmann Köppe, Stephanie Neu, Julian Schröter, Christian Sieg, Carlos Spoerhase, Jan-Noël Thon, Martina Wagner-Egelhaaf und Niels Werber, denen wir für ihre hilfreiche Unterstützung danken möchten. Ebenfalls danken möchten wir Christoph Pflaumbaum und Jan-Noël Thon für ihren Tagungsbericht, der in der ZfG 21/3 (2011), S. 620–621 erschienen ist. Erneut erwähnt sei, dass dieser Band nicht ohne die finanzielle Unterstützung der ihm zugrundeliegenden Tagung hätte entstehen können. Dafür danken wir der Studienstiftung des deutschen Volkes, dem PhD-Net: »Das Wissen der Literatur«, dem Institut für deutsche Literatur der HU-Berlin, dem Exzellenzcluster »Religion und Politik« (WWU Münster) und der Graduate School »Practices of Literature«.

Anz, Thomas (Hrsg.): *Handbuch Literaturwissenschaft. Gegenstände, Konzepte, Institutionen*. Stuttgart / Weimar 2007.
Arendt, Hannah: »Was ist Autorität?«. In: dies.: *Fragwürdige Traditionsbestände im politischen Denken der Gegenwart. Vier Essays*. Frankfurt a. M. 1957, S. 117–168.
Arnold, Heinz Ludwig / Matthias Beilein (Hrsg.): *Literaturbetrieb in Deutschland*. München 2009.
Assheuer, Thomas: »Tod des Autors. Der Kampf um die Urheberrechte im Internet ist mehr als nur ein Streit um die Vergütung. Dahinter steckt eine alte Frage: Verschluckt die moderne Gesellschaft das Subjekt?«. In: *Die Zeit* (03.05.12), S. 43.
»Authorship« [E-Journal]: www.authorship.ugent.be.
Bacharach, Sondra / Deborah Tollefsen: »We Did It: From Mere Contributors to Coauthors«. In: *The Journal of Aesthetics and Art Criticism* 68 (2010) H. 1, S. 23-32.
Bachmann-Medick, Doris: »2. Performative Turn«. In: dies.: *Cultural Turns. Neuorientierungen in den Kulturwissenschaften*. Reinbek 2009, S. 104–143.
Bachtin, Michail M.: *Autor und Held in der ästhetischen Tätigkeit*. Frankfurt a. M. 2008.
Balke, Friedrich: *Figuren der Souveränität*. München 2009.
Bannert, Herbert / Elisabeth Klecker (Hrsg.): *Autorschaft. Konzeptionen, Transformationen, Diskussionen*. Wien 2013.
Bareis, J. Alexander: *Fiktionales Erzählen. Zur Theorie der literarischen Fiktion als Make-Believe*. Göteborg 2008.
Bareis, J. Alexander: Fiktionen als *Make-Believe*. In Klauk, Tobias / Tilmann Köppe (Hrsg.): *Fiktionalität. Ein interdisziplinäres Handbuch*. Berlin 2014, S. 50–67.
Barthes, Roland: »Der Tod des Autors« [1967/68]. In: Jannidis, Fotis / Gerhard Lauer / Matías Martínez / Simone Winko (Hrsg.): *Texte zur Theorie der Autorschaft*. Stuttgart 2000, S. 185–193.
Barthes, Roland: »Vom Werk zum Text«. In: ders.: *Das Rauschen der Sprache*. (Kritische Essays IV). Frankfurt a. M. 2006, S. 64–72.
Barthes, Roland: *Die Vorbereitung des Romans. Vorlesung am Collège de France 1978–1979 und 1979–1980*. Frankfurt a. M. 2008.
Barthes, Roland: *Kritik und Wahrheit* [1966]. Frankfurt a. M. 1967.
Barthes, Roland: *Literatur oder Geschichte* [1963/1964]. Frankfurt a. M. 1969.
Barthes, Roland: *Sade, Fourier, Loyola*. Frankfurt a. M. 2002.
Baßler, Moritz: *Die kulturpoetische Funktion und das Archiv. Eine literaturwissenschaftliche Text-Kontext-Theorie*. Tübingen 2005.
Baßler, Moritz: »Mythos Intention. Zur Naturalisierung von Textbefunden« (in diesem Band).
Baurmann, Jürgen / Rüdiger Weingarten (Hrsg.): *Schreiben. Prozesse, Prozeduren und Produkte*. Opladen 1995.
Bazin, André: »De la politique des auteurs«. In: *Cahiers du Cinéma* 70 (1957), S. 2–11.
Begley, Louis: *Zwischen Fakten und Fiktionen. Heidelberger Poetikvorlesungen. Aus dem Amerikanischen von Christa Krüger*. Frankfurt a. M. 2008.
Behrs, Jan: *Der Dichter und sein Denker. Wechselwirkungen zwischen Literatur und Literaturwissenschaft in Realismus und Expressionismus*. Stuttgart 2013.
Bein, Thomas / Rüdiger Nutt-Kofoth / Bodo Plachta (Hrsg.): *Autor – Autorisation – Authentizität. Beiträge der Internationalen Fachtagung der Arbeitsgemeinschaft für Germanistische Edition in Verbindung mit der Arbeitsgemeinschaft Philosophischer Editionen und der Fachgruppe Freie Forschungsinstitute in der Gesellschaft für Musikforschung, Aachen, 20. bis 23. Februar 2002*. Tübingen 2004.

Bennett, Andrew: *The Author*. London 2005.
Berensmeyer, Ingo: »›An insane desire to see the author‹: Herman Melville, Henry James, and the Ambiguities of Gendered Authorship«. In: Zwierlein, Anne-Julia (Hrsg.): *Gender and Creation. Surveying Gendered Myths of Creativity, Authority, and Authorship*. Heidelberg 2010, S. 159–174.
Bergfleth, Gerd: *Antihermeneutik*. München 1984.
Berndt, Frauke: »Die Erfindung des Genies. F.G. Klopstocks rhetorische Konstruktion des Au(c)tors im Vorfeld der Autonomieästhetik«. In: Heinrich Detering (Hrsg.): *Autorschaft. Positionen und Revisionen*. Stuttgart / Weimar 2002, S. 24–43.
Bernhard, Thomas: *Meine Preise*. Frankfurt a. M. 2009.
Bertschy, Eva-Maria: »Der Autor ist anwesend! Zur poetologischen Bedeutung des leiblichen Autors bei den Auftritten der Autorengruppe *Bern ist überall*« (in diesem Band).
Bevir, Mark: »Meaning and Intention: A Defense of Procedural Individualism«. In: *New Literary History* 31 (2000) H. 3, S. 385–403.
Biagioli, Mario / Peter Galison (Hrsg.): *Scientific Authorship. Credit and Intellectual Property in Science*. New York, London 2003.
Biagioli, Mario: »L'autore della scienza: Definizioni e paradossi«. In: Santoni, Anna (Hrsg.): *L'autore multiplo. Pisa, Scuola normale superiore, 18 ottobre 2002*. Pisa 2005, S. 75–100.
Bickenbach, Matthias: *Das Autorenfoto in der Medienevolution. Anachronie einer Norm*. München 2010.
Biendarra, Anke S.: »Autorschaft 2.0: Mediale Selbstinszenierungen im Internet (Deutschland/USA)«. In: Amann, Wilhelm / Georg Mein / Rolf Parr (Hrsg.): *Globalisierung und Gegenwartsliteratur. Konstellationen – Konzepte – Perspektiven*. Heidelberg 2010, S. 259–280.
Bierwirth, Maik / Anja Johannsen / Mirna Zeman (Hrsg.): *Doing Contemporary Literature. Praktiken, Wertungen, Automatismen*. Paderborn 2012.
Binczek, Natalie / Cornelia Epping-Jäger (Hrsg.): *Das Hörbuch. Audioliteralität und akustische Literatur*. München 2014.
Birus, Hendrik: »Hermeneutik und Strukturalismus. Eine kritische Rekonstruktion ihres Verhältnisses am Beispiel Schleiermachers und Jakobsons«. In: Birus, Hendrik / Sebastian Donat / Burkhard Meyer-Sickendiek (Hrsg.): *Roman Jakobsons Gedichtanalysen. Eine Herausforderung an die Philologien*. Göttingen 2003, S. 11–37.
Blasberg, Cornelia: »Skandal. Politische Pragmatik, rhetorische Inszenierung und poetische Ambiguität«. In: Berndt, Frauke / Stephan Kammer (Hrsg.): *Amphibolie – Ambiguität – Ambivalenz*. Würzburg 2009, S. 269–289.
Blumenberg, Hans: »›Nachahmung der Natur‹. Zur Vorgeschichte der Idee des schöpferischen Menschen«. In: ders.: *Wirklichkeiten, in denen wir leben. Aufsätze und eine Rede*. Stuttgart 2009, S. 55–103.
Blumenkamp, Katrin: »Typologie des ›Als ob‹. Praktiken der Autorinszenierung um die Jahrtausendwende«. Jürgensen, Christoph / Gerhard Kaiser (Hrsg.): *Schriftstellerische Inszenierungspraktiken. Typologie und Geschichte*. Heidelberg 2011, S. 363–381.
Bode, Christoph: »Theorietheorie als Praxis. Überlegungen zu einer Figur der Unhintergehbarkeit, oder: Über eine Theorie-Praxis-Asymmetrie«. In: Grizelj, Mario / Oliver Jahraus (Hrsg.): *Theorietheorie. Wider die Theoriemüdigkeit in den Geisteswissenschaften*. München 2011, S. 79–94.
Bogdal, Klaus-Michael: »Deutschland sucht den Super-Autor. Über die Chancen der Gegenwartsliteratur in der Mediengesellschaft«. In: Kammler, Clemens / Torsten Pflugmacher

(Hrsg.): *Deutschsprachige Gegenwartsliteratur seit 1989. Zwischenbilanzen – Analysen – Vermittlungsperspektiven*. Heidelberg 2004, S. 85–94.
Bohley, Johanne: »Zur Konjunktur der Gattung Poetikvorlesung als ›Form für nichts‹. In: Schöll, Julia / dies. (Hrsg.): *Das erste Jahrzehnt. Narrative und Poetiken des 21. Jahrhunderts*. Würzburg 2011, S. 227–242.
Böning, Sylvia: *Weiblichkeit, weibliche Autorschaft und Nationalcharakter. Die frühe Wahrnehmung Mme de Staëls in Deutschland (1788–1818)*. Diss. Jena 2013.
Booth, Wayne C.: »Der implizite Autor«. In: Jannidis, Fotis / Gerhard Lauer / Matías Martínez / Simone Winko (Hrsg.): *Texte zur Theorie der Autorschaft*. Stuttgart 2000, S. 142–152.
Booth, Wayne C.: »Resurrection of the Implied Author: Why Bother?«. In: Phelan, James / Peter J. Rabinowitz (Hrsg.): *A Companion to Narrative Theory*. Malden, Oxford 2008, S. 75–88.
Booth, Wayne C.: »Rhetorical Critics Old and New: The Case of Gérard Genette«. In: Lerner, Laurence (Hrsg.): *Reconstructing Literature*. Oxford u. a. 1983, S. 123–213.
Booth, Wayne C.: *The Rhetoric of Fiction*. Chicago 1893.
Bortolussi, Marisa / Peter Dixon: *Psychonarratology. Foundations for the Empirical Study of Literary Response*. Cambridge 2003.
Bosincu, Mario: *Autorschaft als Widerstand gegen die Moderne. Über die Wende Ernst Jüngers*. Würzburg 2013.
Bosse, Heinrich: *Autorschaft ist Werkherrschaft. Über die Entstehung des Urheberrechts aus dem Geist der Goethezeit*. Paderborn 1981.
Bratman, Michael: *Faces of intention. Selected Essays on Intention and Agency*. Cambridge, U.K. / New York 1999.
Braun, Michael: »›J'accuse‹. Literarische Skandalisierung in Offenen Briefen am Beispiel der Grass- und der Walser-Debatte«. In: Neuhaus, Stefan / Johann Holzner (Hrsg.): *Literatur als Skandal. Fälle – Funktionen – Folgen*. Göttingen 2007, S. 588–597.
Brodowsky, Paul: »Die Erosionen wahrnehmen. Politische Literatur in Zeiten der funktionalisierten Krise«. In: *Bella triste* (2011) H. 29, S. 76–86.
Brodowsky, Paul / Thomas Klupp (Hrsg.): *Wie über Gegenwart sprechen? Überlegungen zu den Methoden einer Gegenwartsliteraturwissenschaft*. Frankfurt a. M. 2010.
Bronzwaer, W. J. M.: »Implied Author Extradiegetic Narrator and Public Reader: Genette's Narratological Model and the Reading Version of *Great Expectations*«. In: *Neophilologus* 62 (1978), S. 1–18.
Bühler, Axel (Hrsg.): *Hermeneutik. Basistexte zur Einführung in die wissenschaftstheoretischen Grundlagen von Verstehen und Interpretation*. Heidelberg 2008
Bühler, Axel: »Die Funktion der Autorintention bei der Interpretation«. In: Schönert, Jörg / Friedrich Vollhardt (Hrsg.): *Geschichte der Hermeneutik und die Methodik der textinterpretierenden Disziplinen*. Berlin 2005, S. 463–472.
Bühler, Axel: »Die Überprüfung von Hypothesen über Autorabsichten«. In: *Journal of Literary Theory* 4 (2010) H. 1, S. 141–156.
Bühler, Axel: »Ein Plädoyer für den hermeneutischen Intentionalismus«. In: Reicher, Maria E. (Hrsg.): *Fiktion, Wahrheit, Wirklichkeit. Philosophische Grundlagen der Literaturtheorie*. Paderborn 2007, S. 178–198.
Bühler, Axel: »Grundprobleme der Hermeneutik«. In: Bühler, Axel (Hrsg.): *Hermeneutik. Basistexte zur Einführung in die wissenschaftstheoretischen Grundlagen von Verstehen und Interpretation*. Heidelberg 2008, S. 3–19.
Bühler, Axel: »Hermeneutischer Intentionalismus und die Interpretation philosophischer Texte«. In: *Logos* 2 (1995), S. 1–18.

Bühler, Axel: »Der hermeneutische Intentionalismus als Konzeption von den Zielen der Interpretation«. In: *Ethik und Sozialwissenschaften* 4 (1993), S. 511–518.
Burke, Seán: *The Death and Return of the Author. Criticism and Subjectivity in Barthes, Foucault and Derrida*. Edinburgh 2008.
Burrows, John: »All the Way Through: Testing for Authorship in Different Frequency Strata«. In: *Literary and Linguistic Computing* 22 (2007), H. 1, S. 27–47.
Burrows, John: »Delta: A Measure for Stylistic Difference and a Guide to Likely Authorship«. In: *Literary & Linguistic Computing* 17 (2002), H. 3, S. 267–287.
Burrows, John: »The Englishing of Juvenal: Computational Stylistics«. In: *Style* 36 (2002), H. 4, S. 677–699.
Caduff, Corina (Hrsg.): *Autorschaft in den Künsten. Konzepte, Praktiken, Medien*. Zürich 2008.
Calella, Michele: »Patronage, Ruhm und Zensur. Bemerkungen zur musikalischen Autorschaft im 15. Jahrhundert«. In: Meier, Christel / Martina Wagner-Egelhaaf (Hrsg.): *Autorschaft. Ikonen – Stile – Institutionen*. Berlin 2011, S. 145–162.
Carroll, Noël: *Beyond Aesthetics. Philosophical Essays*. Cambridge / New York 2001.
Carroll, Noël: »Interpretation and Intention. The Debate Between Hypothetical and Actual Intentionalism«. In: *Metaphilosophy* 31 (2000), S. 75–95.
Carroll, Noël: »The Intentional Fallacy. Defending Myself«. In: *Journal of Aesthetics and Art Criticism* 55 (1997), S. 305–309.
Chartier, Roger: *The Author's Hand and the Printer's Mind*. Cambridge / Malden 2014.
Chartier, Roger: »Foucault's Chiasmus. Authorship between Science and Literature in the Seventeenth and Eighteenth Centuries«. In: Biagioli, Mario / Peter Galison (Hrsg.): *Scientific Authorship. Credit and Intellectual Property in Science*. New York, London 2003, S. 13–31.
Chris, Cynthia / David A. Gerstner (Hrsg.): *Media Authorship*. New York 2013.
Christmann, Ursula / Margrit Schreier: »Kognitionspsychologie der Textverarbeitung und Konsequenzen für die Bedeutungskonstitution literarischer Texte«. In: Jannidis, Fotis / Gerhard Lauer / Matías Martínez / Simone Winko (Hrsg.): *Regeln der Bedeutung. Zur Theorie der Bedeutung literarischer Texte*. Berlin 2003, S. 246–284.
Clery, Emma J. / Caroline Franklin / Peter Garside: *Authorship, Commerce and the Public. Scenes of Writing 1750–1850*. Basingstoke 2002.
Cohn, Dorrit: »Signposts of Fictionality«. In: *Poetics Today* 11 (1990) H. 4, S. 775–804.
Conter, Claude D.: »9.7 Politik«. In: Anz, Thomas (Hrsg.): *Handbuch Literaturwissenschaft. Gegenstände und Grundbegriffe*. Stuttgart, Weimar 2007, S. 419–425.
Cosmides, Leda / John Tooby: »Consider the Source. The Evolution of Adaptations for Decoupling and Metarepresentation«. In: Sperber, Dan (Hrsg.): *Metarepresentations. A Multidisciplinary Perspective*. Oxford 2000, S. 53–115.
Craig, Hugh / Arthur F. Kinney: »Methods«. In: Craig, Hugh / Arthur F. Kinney (Hrsg.): *Shakespeare, Computers, and the Mystery of Authorship*. Cambridge 2009, S. 15–39.
Craig, Hugh: »Is the Author Really Dead? An Empirical Study of Authorship in English Renaissance Drama«. In: *Empirical Studies of the Arts* 18 (2000) H. 2, S. 119–134.
Currie, Gregory: *Narratives and Narrators. A Philosophy of Stories*. Oxford 2012.
Currie, Gregory: *Arts and Minds*. Oxford 2004.
Dahnke, Michael: »Auszeichnungen deutschsprachiger Literatur gestern und heute:. Was wissen wir wirklich über sie?«. In: Arnold, Heinz Ludwig / Matthias Beilein (Hrsg.): *Literaturbetrieb in Deutschland*. München 2009, S. 333–343.

Danneberg, Lutz / Friedrich Vollhardt (Hrsg.): *Wissen in Literatur im 19. Jahrhundert*. Tübingen 2002.
Danneberg, Lutz: »Besserverstehen. Zur Analyse und Entstehung einer hermeneutischen Maxime«. In: Jannidis, Fotis / Gerhard Lauer / Matías Martínez / Simone Winko (Hrsg.): *Regeln der Bedeutung. Zur Theorie der Bedeutung literarischer Texte*. Berlin 2003, S. 644–711.
Danneberg, Lutz: »Epistemische Situationen, kognitive Asymmetrien und kontrafaktische Imaginationen«. In: Raphael, Lutz / Heinz-Elmar Tenorth (Hrsg.): *Ideen als gesellschaftliche Gestaltungskraft im Europa der Neuzeit. Exempel einer neuen Geistesgeschichte*. München 2006, S. 193–221.
Danneberg, Lutz: »Schleiermacher und die Hermeneutik«. In: Baertschi, Annette M. / Colin G. King (Hrsg.): *Die modernen Väter der Antike. Die Entwicklung der Altertumswissenschaften an Akademie und Universität im Berlin des 19. Jahrhunderts*. Berlin 2009, S. 211–276.
Danneberg, Lutz: »Zum Autorkonstrukt und zu einem methodologischen Konzept der Autorintention«. In: Jannidis, Fotis / Gerhard Lauer / Matías Martínez / Simone Winko (Hrsg.): *Rückkehr des Autors. Zur Erneuerung eines umstrittenen Begriffs*. Tübingen 1999, S. 77–105.
Danneberg, Lutz: »Zur Theorie der werkimmanenten Interpretation«. In: Barner, Wilfried / Christoph König (Hrsg.): *Zeitenwechsel. Germanistische Literaturwissenschaft vor und nach 1945*. Frankfurt a. M. 1996, S. 313–342.
Darby, David: »Form and Context. An Essay in the History of Narratology«, in: *Poetics Today* 22 (2001) H. 4, S. 829–852.
de Man, Paul: *Allegories of Reading. Figural Language in Rousseau, Nietzsche, Rilke, and Proust*. New Haven [u. a.] 1979.
de Man, Paul: *The Resistance to Theory*. Minneapolis 1986.
Defonseca, Misha: *Survivre avec les loups*. Paris 1997.
Degner, Uta: »Die Kinder der Quoten. Zum Verhältnis von Medienkritik und Selbstmedialisierung bei Elfriede Jelinek«. In: Joch, Markus / York-Gothart Mix / Norbert Christian Wolf (Hrsg.): *Mediale Erregungen? Autonomie und Aufmerksamkeit im Literatur- und Kulturbetrieb der Gegenwart*. Tübingen 2009, S. 153–168.
Delius, Friedrich Christian: »Warum ich kein ›politischer Autor‹ bin oder Die Bereicherung der Literatur durch politisches Bewußtsein«. In: ders.: *Die Verlockungen der Wörter oder Warum ich immer noch kein Zyniker bin*. Berlin 1996, S. 33–57.
Detel, Wolfgang: *Geist und Verstehen. Historische Grundlagen einer modernen Hermeneutik*. 1. Aufl. Frankfurt a. M. 2011.
Detering, Heinrich (Hrsg.): *Autorschaft. Positionen und Revisionen*. Stuttgart / Weimar 2002.
Detering, Heinrich: »Die Tode Nietzsches. Zur antitheologischen Theologie der Postmoderne«. In: *Merkur* 52 (1998), S. 876–889.
Detering, Heinrich: »Einführung«. In: ders. (Hrsg.): *Autorschaft. Positionen und Revisionen*. Stuttgart / Weimar 2002, S. 3–7.
Deupmann, Christoph: »Apostel und Genie? Zu Johann Georg Hamanns eigensinniger Behauptung der Einheit von Kunst und Religion«. In: Costazza, Alessandro / Gérard Laudin / Albert Meier (Hrsg.): *Kunstreligion. Bd. 1: Der Ursprung des Konzepts um 1800*. Berlin, New York 2011, S. 59–72.
Diengott, Nilli: »The Implied Author in the Conceptual Context of Hypothetical Intentionalism: A Good Explication of the Concept? On Kindt and Müller's *The Implied Author: Concept and Controversy*«. In: *Journal of Literary Semantics* 39 (2010) H. 2, S. 183–188.

Dommann, Monika: *Autoren und Apparate. Die Geschichte des Copyrights im Medienwandel.* Frankfurt a. M. 2014.
Donovan, Stephen / Danuta Fjellestad / Rolf Lundén (Hrsg.): *Authority matters. Rethinking the Theory and Practice of Authorship*. Amsterdam 2008.
Dorleijn, Gillis J. / Ralf Grüttemeier / Liesbeth Korthals Altes: »Aspects of Authorship: Professionalising - Posturing - Intention. An Introduction«. In: Dorleijn, Gillis J. / Ralf Grüttemeier / Liesbeth Korthals Altes (Hrsg.): *Authorship Revisited. Conceptions of Authorship Around 1900 and 2000*. Leuven 2010, S. xi–xvi.
Dorleijn, Gillis J. / Ralf Grüttemeier / Liesbeth Korthals Altes (Hrsg.): *Authorship Revisited. Conceptions of Authorship around 1900 and 2000*. Leuven 2010.
Dücker, Burckhard / Dietrich Harth / Marion Steinicke / Judith Ulmer: »Literaturpreisverleihungen:«. Heidelberg (27.09.2010).
Dücker, Burckhard / Neumann Verena: »Literaturpreise«. Heidelberg (27.09.2010).
Dücker, Burckhard: »Literaturpreis«. In: Burdorf, Dieter / Christoph Fasbender / Burkhard Moennighoff (Hrsg.): *Metzler Lexikon Literatur. Begriffe und Definitionen*. Stuttgart / Weimar 2007, S. 449f.
Dücker, Burckhard: »Literaturpreise«. In: *Zeitschrift für Literaturwissenschaft und Linguistik* 39 (2009) H. 154, S. 54–76.
Dueck, Evelyn: »Diener zweier Herren. Der Übersetzer zwischen Fergendienst und Autorschaft« (in diesem Band).
Dürr, Claudia: »›Das Gegenwärtige ist immer flüchtig.‹ Zur Erfassung des literarischen Schaffensprozesses«. In: Brodowsky, Paul / Thomas Klupp (Hrsg.): *Wie über Gegenwart sprechen? Überlegungen zu den Methoden einer Gegenwartsliteraturwissenschaft*. Frankfurt a. M. 2010, S. 91–104.
Edelman, Bernard: *Le sacre de l'auteur*. Paris 2004.
Eibl, Karl: *Animal Poeta. Bausteine der biologischen Kultur- und Literaturtheorie*. Paderborn 2004.
Ernst, Thomas: *Literatur und Subversion. Politisches Schreiben in der Gegenwart*. Bielefeld 2013.
Farron, Ivan: »Die Fallen der Vorstellungskraft. Autofiktion – ein Begriff und seine Zweideutigkeit(en)«. In: *Neue Zürcher Zeitung* (31.05.2003).
Fischer, Frank: »Der Autor als Medienjongleur. Die Inszenierung literarischer Modernität im Internet«. In: Künzel, Christine / Jörg Schönert (Hrsg.): *Autorinszenierungen. Autorschaft und literarisches Werk im Kontext der Medien*. Würzburg 2007, S. 271–280.
Fischer, Tilman: *Reiseziel England. Ein Beitrag zur Poetik der Reisebeschreibung und zur Topik der Moderne (1830–1870)*. Berlin 2004.
Fischer-Lichte, Erika: »Inszenierung«. In: Fischer-Lichte, Erika / Doris Kolesch / Matthias Warstat (Hrsg.): *Metzler Lexikon Theatertheorie*. Stuttgart / Weimar 2005, S. 146–153.
Fludernik, Monika: *Einführung in die Erzähltheorie*. Darmstadt 2006.
Flusser, Vilém: *Kommunikologie weiter denken. Die Bochumer Vorlesungen*. Frankfurt a. M. 2009.
Foucault, Michel: »Was ist ein Autor? (Vortrag) [1969]«. In: Defert, Daniel / François Ewald / Jacques Lagrange (Hrsg.): *Schriften in vier Bänden. Dits et Ecrits. Band I. 1954–1969*. Frankfurt a. M. 2001, S. 1003–1041.
Foucault, Michel: »Was ist ein Autor?« [1969]. In: Jannidis, Fotis / Gerhard Lauer / Matías Martínez / Simone Winko (Hrsg.): *Texte zur Theorie der Autorschaft*. Stuttgart 2003, S. 198–229.

Franck, Georg: *Ökonomie der Aufmerksamkeit. Ein Entwurf.* München 1998.
Frank, Manfred: *Die Unhintergehbarkeit von Individualität. Reflexionen über Subjekt, Person und Individuum aus Anlaß ihrer ›postmodernen‹ Toterklärung*. Frankfurt a. M. 1986.
Frank, Susi K. / Renate Lachmann / Sylvia Sasse / Schamm Schahadat u. a. (Hrsg.): *Mystifikation – Autorschaft – Original*. Tübingen 2001.
Freud, Sigmund: »Der Dichter und das Phantasieren«. In: Jannidis, Fotis / Gerhard Lauer / Matías Martínez / Simone Winko (Hrsg.): *Texte zur Theorie der Autorschaft*. Stuttgart 2000, S. 35–45.
Fricke, Harald / Ralph Müller: »Cognitive Poetics Meets Hermeneutics. Some Considerations about the German Reception of Cognitive Poetics«. In: *Mythos-Magazin* (2010): www.mythos-magazin.de/erklaerendehermeneutik/hf-rm_cognitivepoetics.pdf.
Friedrich, Hans-Edwin: »Fiktionalität im 18. Jahrhundert. Zur historischen Transformation eines literaturtheoretischen Konzepts«. In: Winko, Simone / Fotis Jannidis / Gerhard Lauer (Hrsg.): *Grenzen der Literatur. Zu Begriff und Phänomen des Literarischen*. Berlin 2009, S. 338–373.
Friedrich, Hans-Edwin (Hrsg.): *Literaturskandale*. Frankfurt a. M. 2009.
Früchtl, Josef / Jörg Zimmermann: »Ästhetik der Inszenierung. Dimensionen eines gesellschaftlichen, individuellen und kulturellen Phänomens«. In: Früchtl, Josef / Jörg Zimmermann (Hrsg.): *Ästhetik der Inszenierung. Dimensionen eines künstlerischen, kulturellen und gesellschaftlichen Phänomens*. Frankfurt a. M. 2008, S. 9–46.
Fucks, Wilhelm: *Mathematische Analyse von Sprachelementen, Sprachstil und Sprachen*. Köln 1955;
Fucks, Wilhelm: *Nach allen Regeln der Kunst. Diagnosen über Literatur Musik bildende Kunst. Die Werke, ihre Autoren und Schöpfer*. Stuttgart 1968.
Gadamer, Hans-Georg: *Wahrheit und Methode. Grundzüge einer philosophischen Hermeneutik*. Tübingen 1972.
Galli, Matteo: »The Artist is Present. Das Zeitalter der Poetikvorlesung«. In: *Merkur* 68 (2014) H. 1, S. 61–65.
Genette, Gérard: »Implizierter Autor, implizierter Leser?«. In: Jannidis, Fotis / Gerhard Lauer / Matías Martínez / Simone Winko (Hrsg.): *Texte zur Theorie der Autorschaft*. Stuttgart 2000, S. 233–246.
Genette, Gérard: *Die Erzählung* [1972/83]. München 1994.
Genette, Gérard: *Paratexte. Das Buch vom Beiwerk des Buches*. Frankfurt a. M. 2001.
Geuss, Raymond: »Zwischen Athen und Rom. Eine begriffsgeschichtliche Fabel«. In: *Zeitschrift für Ideengeschichte* 4 (2010) H. 4, S. 23–40.
Giacomuzzi, Renate: »Zur Veränderung der Autorrolle im Zeichen des Internets«. In: *Zeitschrift für Literaturwissenschaft und Linguistik* 39 (2009) H. 154, S. 7–30.
Gibbs, Raymond W.: *Intentions in the Experience of Meaning*. Cambridge 1999.
Gilbert, Margaret: *On Social Facts*. London 1989.
Gisi, Lucas Marco / Urs Meyer / Reto Sorg (Hrsg.): *Medien der Autorschaft. Formen literarischer (Selbst-)Inszenierung von Brief und Tagebuch bis Fotografie und Interview*. München 2013.
Giuriato, Davide / Martin Stingelin / Sandro Zanetti (Hrsg.): *»Schreibkugel ist ein Ding gleich mir: von Eisen«. Schreibszenen im Zeitalter der Typoskripte*. München 2005.
Giuriato, Davide / Martin Stingelin / Sandro Zanetti (Hrsg.): *»System ohne General«. Schreibszenen im digitalen Zeitalter*. München 2006.

Glauser, Nina Maria: »Bewegtes Sprachleben. (Zum poetologischen Stellenwert des Autofiktionskonzepts im Werk Paul Nizons)« (in diesem Band).
Götze, Clemens: »›Ein Autor ist etwas ganz und gar erbärmliches und lächerliches‹. Autorschaft als Inszenierung bei Thomas Bernhard« (in diesem Band).
Gray, Jonathan / Derek Johnson: *A companion to media authorship*. Malden, MA 2013.
Grethlein, Jonas / Antonios Rengakos (Hrsg.): *Narratology and Interpretation. The Content of Narrative Form in Ancient Literature*. Berlin [u. a.] 2009.
Grice, Herbert P.: »Logic and Conversation«. In: *Syntax and Semantics* 3 (1975), S. 41–58.
Grimm, Gunter E. / Christian Schärf (Hrsg.): *Schriftsteller-Inszenierungen*. Bielefeld 2008.
Grimm, Gunter E. / Christian Schärf: »Einleitung«. In: dies. (Hrsg.): *Schriftsteller-Inszenierungen*. Bielefeld 2008, S. 7–11.
Gronemann, Claudia / Tanja Schwan / Cornelia Sieber (Hrsg.): *Stategien von Autorschaft in der Romania. Zur Neukonzipierung einer Kategorie im Rahmen literatur-, kultur- und medienwissenschaftlich basierter Geschlechtertheorien*. Heidelberg 2012.
Gronemann, Claudia / Tanja Schwan / Cornelia Sieber: »Einleitung«. In: dies. (Hrsg.): *Stategien von Autorschaft in der Romania. Zur Neukonzipierung einer Kategorie im Rahmen literatur-, kultur- und medienwissenschaftlich basierter Geschlechtertheorien*. Heidelberg 2012, S. 7–16.
Grzybek, Peter / Emmerich Kelih: »Zur Vorgeschichte quantitativer Ansätze in der russischen Sprach- und Literaturwissenschaft«. In: Köhler, Reinhard / Gabriel Altmann / Rajmund G. Piotrowski (Hrsg.): *Quantitative Linguistik / Quantitative Linguistics. Ein internationales Handbuch / An International Handbook*. Berlin 2005, S. 23–64.
Grzybek, Peter / Ernst Stadlober / Emmerich Kelih / Gordana Antić: »Quantitative Text Typology: The Impact of Word Length«. In: Weihs, Claus / Wolfgang Gaul (Hrsg.): *Classification: The Ubiquitous Challenge*. Heidelberg, New York 2005, S. 53–64.
Grzybek, Peter / Emmerich Kelih: »Empirische Textsemiotik und quantitative Text-Typologie«. In: Bernard, Jeff / Jurij Fikfak / Peter Grzybek (Hrsg.): *Text & Reality. Text & Wirklichkeit*. Ljubljana / Wien, Graz 2005, S. 95–120.
Gunia, Jürgen: »Die Souveränität der Sprache. Der Tod als Denkfigur in der neueren Literaturtheorie: Barthes, Foucault, Derrida«. In: Begemann, Verena (Hrsg.): *Der Tod gibt zu denken. Interdisziplinäre Reflexionen zur (einzigen) Gewissheit des Lebens*. Münster 2010, S. 111–133.
Günter, Manuela: »Geld oder Leben. Diverses zur Subjektform ›Autorin‹ um 1800«. In: Kyora, Sabine (Hrsg.): *Subjektform Autor. Autorschaftsinszenierungen als Praktiken der Subjektivierung*. Bielefeld 2014, S. 23–37.
Guttzeit, Gero: »Writing Backwards? Autorpoetik bei Poe und Godwin« (in diesem Band).
Haas, Rosemarie: »Poetische Inauguration. Zu Jean Pauls Poetik der Autorschaft«. In: *Jahrbuch der Jean-Paul-Gesellschaft* 47 (2012), S. 107–124.
Haas, Wolf: *Verteidigung der Missionarsstellung*. Roman. Hamburg 2012.
Habermas, Jürgen / Dieter Henrich / Jacob Taubes (Hrsg.): *Theorie-Diskussion: Hermeneutik und Ideologiekritik*. Frankfurt a. M. 1971.
Habermas, Jürgen: »Was heißt Universalpragmatik?«. In: Apel, Karl-Otto (Hrsg.): *Theorie-Diskussion. Sprachpragmatik und Philosophie*. Frankfurt a. M. 1976, S. 174–272.
Habermas, Jürgen: *Glauben und Wissen. Friedenspreis des Deutschen Buchhandels 2001*. Frankfurt a. M. 2001.

Habermas, Jürgen: »Religion in der Öffentlichkeit. Kognitive Voraussetzungen für den ›öffentlichen Vernunftgebrauch‹ religiöser und säkularer Bürger«. In: ders.: *Politische Theorie. Philosophische Texte*, Bd. 4. Frankfurt a. M. 2009, S. 259–297.

Hachmann, Gundela: »Poeta doctus docens. Poetikvorlesungen als Inszenierung von Bildung«. In: Kyora, Sabine (Hrsg.): *Subjektform Autor. Autorschaftsinszenierungen als Praktiken der Subjektivierung*. Bielefeld 2014, S. 137–155.

Hadjiafxendi, Kyriaki / Polina Mackay (Hrsg.): *Authorship in Context. From the Theoretical to the Material*. Basingstoke 2007.

Hagestedt, Lutz: »8.3 Autorenpräsentation und -förderung: Lesungen, Ausstellungen, Preise«. In: Anz, Thomas (Hrsg.): *Handbuch Literaturwissenschaft. Gegenstände, Konzepte, Institutionen*. Stuttgart / Weimar 2007, S. 296–306.

Hamburger, Käte: *Die Logik der Dichtung* [1957]. [3. Aufl.]. München 1987.

Hämmerle, Christa / Edith Saurer: *Briefkulturen und ihr Geschlecht. Zur Geschichte der privaten Korrespondenz vom 16. Jahrhundert bis heute*. Wien 2003.

Hammerschmidt, Claudia: *Autorschaft als Zäsur. Vom Agon zwischen Autor und Text bei d'Urfé, Rousseau und Proust*. München 2010.

Härtel, Insa: *Symbolische Ordnungen umschreiben. Autorität, Autorschaft und Handlungsmacht*. Bielefeld 2009.

Hartling, Florian: *Der digitale Autor. Autorschaft im Zeitalter des Internets*. Bielefeld 2009.

Haug, Walter: »Die theologische Leugnung der menschlichen Kreativität und die Gegenzüge der mittelalterlichen Dichter«. In: Schlesier, Renate / Beatrice Trînca (Hrsg.): *Inspiration und Adaptation. Tarnkappen mittelalterlicher Autorschaft*. Hildesheim 2008, S. 73–87.

Haynes, Christine: »Reassessing ›Genius‹ in Studies of Authorship: The State of the Discipline«. In: *Book History* 8 (2005), S. 287–320.

Heinen, Sandra: *Literarische Inszenierung von Autorschaft. Geschlechtsspezifische Autorschaftsmodelle in der englischen Romantik*. Trier 2006.

Heipcke, Corinna: *Autorhetorik. Zur Konstruktion weiblicher Autorschaft im ausgehenden 18. Jahrhundert*. Frankfurt a. M. 2002.

Helduser, Urte: »Autorschaft und Prostitution in der Moderne«. In: Brüns, Elke (Hrsg.): *Ökonomien der Armut. Soziale Verhältnisse in der Literatur*. München 2008, S. 157–171.

Hellmold, Martin / Sabine Kampmann / Ralph Lindner / Katharina Sykora (Hrsg.): *Was ist ein Künstler? Das Subjekt der modernen Kunst*. München 2003.

Hempfer, Klaus W.: *Diskrepante Lektüren: Die Orlando-Furioso-Rezeption im Cinquecento. Historische Rezeptionsforschung als Heuristik der Interpretation*. Stuttgart 1987.

Hempfer, Klaus W.: *Grundlagen der Textinterpretation*. Stuttgart 2002.

Hermand, Jost: »Neuere Entwicklung zwischen 1945 und 1980«. In: Brackert, Helmut (Hrsg.): *Literaturwissenschaft. Ein Grundkurs*. Reinbek bei Hamburg 1992, S. 564–578.

Hermanns, Fritz / Werner Holly: »Linguistische Hermeneutik. Versuch eines Anfangs«. In: Hermanns, Fritz / Werner Holly (Hrsg.): *Linguistische Hermeneutik. Theorie und Praxis des Verstehens und Interpretierens*. Tübingen 2007, S. 1–7.

Herrmann, Britta: »›So könnte dies ja am Ende ohne mein Wissen und Glauben Poesie sein?‹ –. Über ›schwache‹ und ›starke‹ Autorschaften«. In: Heinrich Detering (Hrsg.): *Autorschaft. Positionen und Revisionen*. Stuttgart / Weimar 2002, S. 479–500.

Hillebrandt, Claudia: »Emotional Functions of Unreliable Narratives. An Outline for Future Research«. In: *Journal of Literary Theory* 5 (2011) H. 1, S. 19–36.

Hilmes, Carola: *Skandalgeschichten. Aspekte einer Frauenliteraturgeschichte*. Königstein/Taunus 2004.

Hirsch, Eric D.: »Objektive Interpretation«. In: Jannidis, Fotis / Gerhard Lauer / Matías Martínez / Simone Winko (Hrsg.): *Texte zur Theorie der Autorschaft*. Stuttgart 2000, S. 157–180.

Hofer, Daniel: *Ein Literaturskandal, wie er im Buche steht. Zu Vorgeschichte, Missverständnisse und medialem Antisemitismusdiskurs rum um Martin Walsers Roman »Tod eines Kritikers«*. Wien 2007.

Hoffmann, Torsten / Daniela Langer: »5. Autor«. In: Anz, Thomas (Hrsg.): *Handbuch Literaturwissenschaft. Gegenstände und Grundbegriffe*. Stuttgart, Weimar 2007, S. 131–170.

Hoffmann, Torsten: »Das Interview als Kunstwerk. Plädoyer für die Analyse von Schriftstellerinterviews am Beispiel W.G. Sebalds«. In: *Weimarer Beiträge* 55 (2009) H. 2, S. 276–292.

Hoffmann, Torsten / Gerhard Kaiser (Hrsg.): *Echt inszeniert. Interviews in Literatur und Literaturbetrieb*. Paderborn 2014.

Höink, Dominik / Andreas Jacob: »Krisen der Autorschaft bei Bruckner und Reger als Insignien der beginnenden musikalischen Moderne«. In: Meier, Christel / Martina Wagner-Egelhaaf (Hrsg.): *Autorschaft. Ikonen – Stile – Institutionen*. Berlin 2011, S. 299–316.

Holm-Hadulla, Rainer Matthias: *Kreativität zwischen Schöpfung und Zerstörung. Konzepte aus Kulturwissenschaften, Psychologie, Neurobiologie und ihre praktischen Anwendungen*. Göttingen 2011.

Holm-Hadulla, Rainer Matthias: *Kreativität. Konzept und Lebensstil*. Göttingen 2005.

Hörisch, Jochen: »Autor(itäts)-Probleme. Heißes Blut und kalte Buchstaben«. In: *Neue deutsche Literatur* 49 (2001) H. 539, S. 126–137.

Horn, Eva: »Literatur. Gibt es Gesellschaft im Text?«. In: Moebius, Stephan / Andreas Reckwitz (Hrsg.): *Poststrukturalistische Sozialwissenschaften*. Frankfurt a. M. 2008, S. 363–381.

Horn, Mirjam: »›Breeding monsters out of its own flesh‹. Der multiple Autor in postmoderner Plagiatsliteratur« (in diesem Band).

Horstkotte, Silke: *Androgyne Autorschaft. Poesie und Geschlecht im Prosawerk Clemens Brentanos*. Tübingen 2004.

Huber, Martin / Simone Winko (Hrsg.): Literatur und Kognition. Bestandsaufnahmen und Perspektiven eines Arbeitsfeldes. Paderborn 2009.

Ingold, Felix Philipp: »Ego_Firmen im Alltagsdiskurs« Internetadresse (23.08.2010).

Irwin, William (Hrsg.): *The Death and Resurrection of the Author?* Westport, Conn. 2002.

Irwin, William: Intentionalist interpretation. A philosophical explanation and defense. Westport Conn. [u. a.] 1999.

Iser, Wolfgang: »Auktorialität. Die Nullstelle des Diskurses«. In: Städtke, Klaus / Ralph Kray / Ingo Berensmeyer (Hrsg.): *Spielräume des auktorialen Diskurses*. Berlin 2003, S. 219–241.

Jahraus, Oliver: »Kommunikationszusammenhänge«. In: *Textpraxis* (2011) H. 3.

Jakobson, Roman / Jurij Tynjanov: »Probleme der Literatur- und Sprachforschung« [1982]. In: *Kursbuch* 5 (1966), S. 74–76.

Jakobson, Roman / Jurij Tynjanov: »Probleme der Literatur- und Sprachforschung« [1982]. In: Holenstein, Elmar (Hrsg.): *Poetik. Ausgewählte Aufsätze 1921 - 1971*. Frankfurt a. M. 1995, S. 63–66.

Jannidis, Fotis / Gerhard Lauer / Matías Martínez / Simone Winko (Hrsg.): *Texte zur Theorie der Autorschaft*. Stuttgart 2000.

Jannidis, Fotis / Gerhard Lauer / Matías Martínez / Simone Winko: »Rede über den Autor an die Gebildeten unter seinen Verächtern. Historische Modelle und systematische Perspektiven«. In: Jannidis, Fotis / Gerhard Lauer / Matías Martínez / Simone Winko (Hrsg.): *Rückkehr des Autors. Zur Erneuerung eines umstrittenen Begriffs*. Tübingen 1999, S. 3–35.

Jannidis, Fotis / Gerhard Lauer / Matías Martínez / Simone Winko: »Einleitung. Autor und Interpretation«. In: Jannidis, Fotis / Gerhard Lauer / Matías Martínez / Simone Winko (Hrsg.): *Texte zur Theorie der Autorschaft*. Stuttgart 2000, S. 7–29.

Jannidis, Fotis: »5.5.1 Gesellschaftstheoretische Ansätze«. In: Anz, Thomas (Hrsg.): *Handbuch Literaturwissenschaft. Gegenstände, Konzepte, Institutionen*. Stuttgart, Weimar 2007, S. 338–348.

Jannidis, Fotis: »Analytische Hermeneutik. Eine vorläufige Skizze«. In: Klein, Uta / Katja Mellmann / Steffanie Metzger (Hrsg.): *Heuristiken der Literaturwissenschaft. Disziplinexterne Perspektiven auf Literatur*. Paderborn 2006, S. 131–144.

Jannidis, Fotis: »Der nützliche Autor. Möglichkeiten eines Begriffs zwischen Text und historischem Kontext«. In: Jannidis, Fotis / Gerhard Lauer / Matías Martínez / Simone Winko (Hrsg.): *Rückkehr des Autors. Zur Erneuerung eines umstrittenen Begriffs*. Tübingen 1999, S. 353–389.

Jannidis, Fotis: »und die Erwartung ist aufs höchste gespannt«. Populäre Erzählexperimente in Schillers *Geisterseher*, in: Wolfgang Riedel (Hrsg.): *Würzburger Schiller Vorträge 2009*, Würzburg 2011, S. 83–107.

Jannidis, Fotis: »Verstehen erklären«. In: Huber, Martin / Simone Winko (Hrsg.): *Literatur und Kognition. Bestandsaufnahmen und Perspektiven eines Arbeitsfeldes*. Paderborn 2009, S. 45–62.

Jannidis, Fotis: »Zur kommunikativen Intention«. In: Eibl, Karl / Katja Mellmann / Rüdiger Zymner (Hrsg.): *Im Rücken der Kulturen*. Paderborn 2007, S. 185–204.

Jannidis, Fotis: »Zwischen Autor und Erzähler«. In: Heinrich Detering (Hrsg.): *Autorschaft. Positionen und Revisionen*. Stuttgart / Weimar 2002, S. 540–556.

Jannidis, Fotis: Das Individuum und sein Jahrhundert. Eine Komponenten- und Funktionsanalyse des Begriffs ›Bildung‹ am Beispiel von Goethes »Dichtung und Wahrheit«. Tübingen 1996.

Jannidis, Fotis: *Figur und Person. Beitrag zu einer historischen Narratologie*. Berlin / New York 2004.

Jannidis, Fotis: »Der Autor ganz nah. Autorstil in Stilistik und Stilometrie« (in diesem Band).

Japp, Uwe: »Der Ort des Autors in der Ordnung des Diskurses«. In: Fohrmann, Jürgen / Harro Müller (Hrsg.): *Diskurstheorien und Literaturwissenschaft*. Frankfurt a. M. 1988, S. 223–234.

Jaschke, Beatrice / Charlotte Martinz-Turek / Nora Sternfeld (Hrsg.): *Wer spricht? Autorität und Autorschaft in Ausstellungen*. Wien 2005.

Jean Paul: »Sieben letzte oder Nachworte gegen den Nachdruck« [1815]. In: *Sämtliche Werke*. Bd. II, 3. Hrsg. v. Norbert Miller. Darmstadt 2000, S. 493–516.

Jelinek, Elfriede: *Macht nichts. Eine kleine Trilogie des Todes*. Reinbek 1999.

Joch, Markus / York-Gothart Mix / Norbert Christian Wolf (Hrsg.): *Mediale Erregungen? Autonomie und Aufmerksamkeit im Literatur- und Kulturbetrieb der Gegenwart*. Tübingen 2009.

Jochum, Uwe: »Urheber ohne Recht. Wie Staat und Recht mittels Open Access Wissenschaftler enteignen«. In: *Lettre International* (2009) H. 87, S. 7–12.

Jockers, Matthew Lee: *Macroanalysis. Digital Methods and Literary History*. Urbana 2013.

John-Wenndorf, Carolin: *Der öffentliche Autor. Über die Selbstinszenierung von Schriftstellern*. Bielefeld 2014.

Jürgensen, Christoph: »Ins Netz gegangen – Inszenierungen von Autorschaft im Internet am Beispiel von Rainald Goetz und Alban Nikolai Herbst«. In: Jürgensen, Christoph / Gerhard

Kaiser (Hrsg.): *Schriftstellerische Inszenierungspraktiken. Typologie und Geschichte*. Heidelberg 2011, S. 405–422.
Jürgensen, Christoph / Gerhard Kaiser (Hrsg.): *Schriftstellerische Inszenierungspraktiken. Typologie und Geschichte*. Heidelberg 2011.
Jürgensen, Christoph / Gerhard Kaiser: »Der Dichter als Kritiker und der Kritiker als Dichter:. Schriftstellerische Inszenierungspraktiken um ›1800‹ und ›1900‹ am Beispiel von Friedrich Schiller und Alfred Kerr«. In: *DVjs* 86 (2012) H. 1, S. 87–120.
Jürgensen, Christoph / Gerhard Kaiser: »Schriftstellerische Inszenierungspraktiken – Heuristische Typologie und Genese«. In: Jürgensen, Christoph / Gerhard Kaiser (Hrsg.): *Schriftstellerische Inszenierungspraktiken. Typologie und Geschichte*. Heidelberg 2011, S. 9–30.
Kablitz, Andreas: »Literatur, Fiktion und Erzählung – nebst einem Nachruf auf den Erzähler«. In: Rajewsky, Irina O. / Ulrike Schneider (Hrsg.): *Im Zeichen der Fiktion. Aspekte fiktionaler Rede aus historischer und systematischer Sicht; Festschrift für Klaus W. Hempfer zum 65. Geburtstag*. Stuttgart 2008, S. 13–44.
Kämper, Heidrun / Ludwig M. Eichinger (Hrsg.): *Sprache - Kognition - Kultur. Sprache zwischen mentaler Struktur und kultureller Prägung*. Berlin [u. a.] 2008.
Kampmann, Sabine: »Funktionsrolle Autor – Andrea Fraser«. In: Werber, Niels (Hrsg.): *Systemtheoretische Literaturwissenschaft. Begriffe – Methoden – Anwendungen*. Berlin / New York 2011, S. 147–158.
Kampmann, Sabine: *Künstler sein. Systemtheoretische Beobachtungen von Autorschaft: Christian Boltanski, Eva & Adele, Pipilotti Rist, Markus Lüpertz*. Paderborn 2006.
Kania, Andrew: »Against the Ubiquity of Fictional Narrators«. In: *Journal of Aesthetics and Art Criticism* 63 (2005), S. 47–54.
Kania, Andrew: »Against Them, Too. A Reply to Alward«. In: *Journal of Aesthetics and Art Criticism* 65 (2007), S. 404–408.
Kannetzky, Frank: »Die kooperative Struktur individuellen Handelns und Intendierens. Überlegungen zur Topologie der Begriffe des Sozialen«. In: Albert, Gert / Rainer Greshoff / Rainer Schützeichel (Hrsg.): *Dimensionen und Konzeptionen von Sozialität*. Wiesbaden 2010, S. 65–85.
Kayser, Wolfgang: »Wer erzählt den Roman?«. In: Jannidis, Fotis / Gerhard Lauer / Matías Martínez / Simone Winko (Hrsg.): *Texte zur Theorie der Autorschaft*. Stuttgart 2000, S. 127–137.
Kayser, Wolfgang: *Das sprachliche Kunstwerk. Eine Einführung in die Literaturwissenschaft*. Bern 1948.
Keck, Annette / Manuela Günter: »Weibliche Autorschaft und Literaturgeschichte: Ein Forschungsbericht«. In: *IASL* 26 (2001) Heft 2, S. 201–233.
Kelih, Emmerich: *Geschichte der Anwendung quantitativer Verfahren in der russischen Sprach- und Literaturwissenschaft*. Hamburg 2008.
Kelih, Emmerich / Peter Grzybek / Gordana Antić / Ernst Stadlober: »Quantitative Text Typology. The Impact of Sentence Length«. In: Spiliopoulou, Myra / Rudolf Kruse / Andreas Nürnberger / Christian Borgelt / Wolfgang Gaul (Hrsg.): *From Data and Information Analysis to Knowledge Engineering*. Heidelberg / Berlin 2006, S. 382–389.
Kelih, Emmerich / Peter Grzybek: »Neuanfang und Etablierung quantitativer Verfahren in der sowjetischen Sprach- und Literaturwissenschaft (1956-1962)«. In: Köhler, Reinhard / Gabriel Altmann / Rajmund G. Piotrowski (Hrsg.): *Quantitative Linguistik / Quantitative Linguistics. Ein internationales Handbuch / An International Handbook*. Berlin 2005, S. 65–82.

Kiesel, Helmuth: *Geschichte der literarischen Moderne. Sprache, Ästhetik, Dichtung im zwanzigsten Jahrhundert*. München 2004.
Kimmel, Meike: *Motive und Rollen des Autors in Vergils Eklogen, den Oden des Horaz und den Elegien des Properz*. Münster 2014.
Kindermann, Heinz: *Theatergeschichte Europas*. Salzburg 1957.
Kindt, Tom / Hans-Harald Müller: »Der ›implizite Autor‹. Zur Explikation und Verwendung eines umstrittenen Begriffs«. In: Jannidis, Fotis / Gerhard Lauer / Matías Martínez / Simone Winko (Hrsg.): *Rückkehr des Autors. Zur Erneuerung eines umstrittenen Begriffs*. Tübingen 1999, S. 273–287.
Kindt, Tom / Hans-Harald Müller: »Der implizite Autor. Zur Karriere und Kritik eines Begriffs zwischen Narratologie und Interpretationstheorie«. In: *Archiv für Begriffsgeschichte* 48 (2006) (2006), S. 163–190.
Kindt, Tom / Hans-Harald Müller: »Wie viel Interpretation enthalten Beschreibungen? Überlegungen zu einer umstrittenen Unterscheidung am Beispiel der Narratologie«. In: Jannidis, Fotis / Gerhard Lauer / Matías Martínez / Simone Winko (Hrsg.): Regeln der Bedeutung. Zur Theorie der Bedeutung literarischer Texte. Berlin 2003, S. 286–305.
Kindt, Tom / Hans-Harald Müller: *The Implied Author. Concept and Controversy*. Berlin / New York 2006.
Kindt, Tom / Tilmann Köppe (Hrsg.): *Moderne Interpretationstheorien. Ein Reader*. Göttingen 2008.
Kindt, Tom / Tilmann Köppe: »Conceptions of Authorship and Authorial Intention«. In: Dorleijn, Gillis J. / Ralf Grüttemeier / Liesbeth Korthals Altes (Hrsg.): *Authorship Revisited. Conceptions of Authorship Around 1900 and 2000*. Leuven [u. a.] 2010, S. 213–227.
King, Martina: *Pilger und Prophet. Heilige Autorschaft bei Rainer Maria Rilke* 2009.
Kirchhofer, Anton: »Refined out of Existence? Modernist Authorship and the ›Deaths‹ of God and of the Author«. In: Dorleijn, Gillis J. / Ralf Grüttemeier / Liesbeth Korthals Altes (Hrsg.): *Authorship Revisited. Conceptions of Authorship around 1900 and 2000*. Leuven 2010, S. 175–193.
Klauk, Tobias / Tilmann Köppe (Hrsg.): *Fiktionalität. Ein interdisziplinäres Handbuch*. Berlin 2014.
Klausnitzer, Ralf: *Literaturwissenschaft. Begriffe – Verfahren – Arbeitstechniken*. Berlin / New York 2004.
Klausnitzer, Ralf: »Autorschaft und Gattungswissen. Wie literarisch-soziale Regelkreise funktionieren« (in diesem Band).
Kleinschmidt, Erich: »Autor und Autorschaft im Diskurs«. In: Bein, Thomas / Rüdiger Nutt-Kofoth / Bodo Plachta (Hrsg.): *Autor, Autorisation, Authentizität*. Tübingen 2004, S. 5–16.
Kleinschmidt, Erich: »Autorschaft der Stimme(n)«. In: *Neue Rundschau* 121 (2010) H. 3, S. 240–254.
Klotz, Volker: *Geschlossene und offene Form im Drama*. München 1960.
Knaller, Susanne / Harro Müller (Hrsg.): *Authentizität. Diskussion eines ästhetisches Begriffs*. München 2006.
Knaus Kordula / Susanne Kogler (Hrsg.): *Autorschaft – Genie – Geschlecht. Musikalische Schaffensprozesse von der Frühen Neuzeit bis zur Gegenwart*. Köln u. a. 2013.
Koepsell, Kilian / Carlos Spoerhase: »Neuroscience and the Study of Literature. Some Thoughts on the Possibility of Transferring Knowledge«. In: *Journal of Literary Theory* 2 (2008) H. 2, S. 363–374.

Kohl, Katrin Maria: *Poetologische Metaphern. Formen und Funktionen in der deutschen Literatur*. Berlin 2007.

Konersmann, Ralf: »Anti-Antihermeneutik«. In: Caysa, Volker / K.-D Eichler (Hrsg.): *Philosophiegeschichte und Hermeneutik*. Leipzig 1996, S. 159–176.

Köppe, Tilmann / Jan Stühring: »Against Pan-Narrator Theories«. In: *Journal of Literary Semantics* 40 (2011) H. 1, S. 59–80.

Köppe, Tilmann: »E. D. Hirsch versus M. C. Beardsley und W. K. Wimsatt. Zu einem Konzept des Fortschritts in der Debatte um den ›intentionalen Fehlschluss‹«. In: Klausnitzer, Ralf / Carlos Spoerhase (Hrsg.): *Kontroversen in der Literaturtheorie - Literaturtheorie in der Kontroverse*. Bern [u. a.] 2007, S. 299–310.

Koschorke, Albrecht / Konstantin Kaminskij (Hrsg.): *Despoten dichten. Sprachkunst und Gewalt*. Konstanz 2011.

Krämer, Sybille: »Sprache – Stimme – Schrift:. Sieben Gedanken über Performativität als Medialität«. In: Wirth, Uwe (Hrsg.): *Performanz. Zwischen Sprachphilosophie und Kulturwissenschaften*. Frankfurt a. M. 2007, S. 323–346.

Kreft, Jürgen: *Theorie und Praxis der intentionalistischen Interpretation. Brecht - Lessing - Max Brod - Werner Jansen*. Frankfurt a. M. / Berlin u. a. 2006.

Kreknin, Innokentij: *Poetiken des Selbst. Identität, Autorschaft und Autofiktion*. Berlin 2014.

Kreknin, Innokentij: »Kybernetischer Realismus und Autofiktion. Ein Ordnungsversuch digitaler poetischer Phänomene am Beispiel von Alban Nikolai Herbst«. In: Wagner-Egelhaaf, Martina (Hrsg.): *Auto(r)fiktion. Literarische Verfahren der Selbstkonstruktion*. Bielefeld 2012, S. 279–314.

Kreknin, Innokentij: »Der beobachtbare Beobachter. Visuelle Inszenierung von Autorschaft am Beispiel von Rainald Goetz« (in diesem Band).

Kristeva, Julia: »Bachtin, das Wort, der Dialog und der Roman«. In: Ihwe, Jens (Hrsg.): *Literaturwissenschaft und Linguistik. Ergebnisse und Perspektiven*. Bd. 3. Frankfurt a. M. 1972, S. 345–375.

Krumrey, Birgitta: »Autorschaft in der fiktionalen Autobiographie der Gegenwart: Ein Spiel mit der Leserschaft. Charlotte Roches Feuchtgebiete und Klaus Modicks Bestseller« (in diesem Band).

Kühne-Bertram, Gudrun / Frithjof Rodi (Hrsg.): *Dilthey und die hermeneutische Wende in der Philosophie. Wirkungsgeschichtliche Aspekte seines Werkes*. Göttingen 2008.

Künzel, Christine / Jörg Schönert (Hrsg.): *Autorinszenierungen. Autorschaft und literarisches Werk im Kontext der Medien*. Würzburg 2007.

Künzel, Christine: »Einleitung«. In: Künzel, Christine / Jörg Schönert (Hrsg.): *Autorinszenierungen. Autorschaft und literarisches Werk im Kontext der Medien*. Würzburg 2007, S. 9–23.

Kurz, Gerhard: »Alte, neue, altneue Hermeneutik. Überlegungen zu den Normen romantischer Hermeneutik«. In: Heinen, Sandra / Harald Nehr (Hrsg.): *Krisen des Verstehens um 1800*. Würzburg 2004, S. 31–54.

Kurzeck, Peter: *Stuhl, Tisch, Lampe* [Hörbuch]. Köln 2004.

Kyora, Sabine (Hrsg.): *Subjektform Autor. Autorschaftsinszenierungen als Praktiken der Subjektivierung*. Bielefeld 2014.

Kyora, Sabine: »›Ich habe kein literarisches Interesse, sondern bestehe aus Literatur‹. Praxeologische Perspektiven auf Autorinszenierungen und Subjektentwürfe in der Literaturwissenschaft«. In: Alkemeyer, Thomas / Gunilla Budde / Dagmar Freist (Hrsg.): *Selbst-Bildungen. Soziale und kulturelle Praktiken der Subjektivierung*. Bielefeld 2013, S. 251–274.

Lamarque, Peter / Stein Haugom Olsen: *Truth, Fiction, and Literature. A Philosophical Perspective*. Oxford 1994.
Lämmert, Eberhard: *Respekt vor den Poeten. Studien zum Status des freien Schriftstellers*. Göttingen 2009.
Landwehr, Achim: *Historische Diskursanalyse*. Frankfurt a. M. [u. a.] 2009.
Landwehr, Jürgen: *Text und Fiktion. Zu einigen literaturwissenschaftlichen und kommunikationstheoretischen Grundbegriffen*. München 1975.
Langer, Daniela: *Wie man wird, was man schreibt. Sprache, Subjekt und Autobiographie bei Nietzsche und Barthes*. München 2005.
Lanser, Susan S.: »(Im)plying the Author«. In: *Narrative* 9 (2001) H. 2, S. 153–160.
Lanson, Gustave: *Histoire de la littérature française*. Paris 1894.
Laplanche, Jean: »Die Psychoanalyse als Anti-Hermeneutik. Jean Laplanche«. In: *Psyche* 52 (1998) H. 7, S. 605–618.
Lauer, Gerhard: »Going Empirical. Why We Need Cognitive Literary Studies«. In: *Journal of Literary Theory* 3 (2009) H. 1, S. 145–154.
Lauer, Gerhard: »Offene und geschlossene Autorschaft. Medien, Recht und der Topos von der Genese des Autors im 18. Jahrhundert«. In: Heinrich Detering (Hrsg.): *Autorschaft. Positionen und Revisionen*. Stuttgart, Weimar 2002, S. 461–478.
Lembke, Gerrit: »Vielstimmiges Schweigen. Auktoriale Inszenierung bei Walter Moers« (in diesem Band).
Lewis, David: »Truth in Fiction«. In: *American Philosophical Quarterly* 15 (1978), S. 37–46.
Lintott, Sheila: »When Artists Fail: A Reply to Trivedi«. In: *The British Journal of Aesthetics* 42 (2002), H. 1, S. 64–72.
Livingston, Paisley: »Cinematic Authorship«. In: Allen, Richard / Murray Smith (Hrsg.): *Film Theory and Philosophy*. Oxford / New York 1997, S. 132–148.
Livingston, Paisley: *Art and Intention. A Philosophical Study*. Oxford 2005.
Locke, John: »Two Treatises of Government«. In: *The Works of John Locke*. A new Edition, corrected. Vol. 5. London 1823 (Nachdruck Aalen 1963), S. 207–485.
Lodemann, Caroline A.: *Regie als Autorschaft. Eine diskurskritische Studie zu Schlingensiefs ›Parsifal‹*. Göttingen 2010.
Lüdeke, Roger: *Wiederlesen. Revisionspraxis und Autorschaft bei Henry James*. Tübingen 2002.
Luhmann, Niklas: *Die Gesellschaft der Gesellschaft*. Frankfurt a. M. 1997.
Luhmann, Niklas: *Die Kunst der Gesellschaft*. Frankfurt a. M. 1997.
Luhmann, Niklas: *Die Politik der Gesellschaft*. Frankfurt a. M. 2008.
Luhmann, Niklas: *Gesellschaftsstruktur und Semantik. Studien zur Wissenssoziologie der modernen Gesellschaft*. Bd. 3. Frankfurt a. M. 1989.
Luhmann, Niklas: *Macht im System*. Berlin 2012.
Luserke, Matthias: *J.M.R. Lenz. »Der Hofmeister«, »Der neue Menoza«, »Die Soldaten«*. München 1993.
Maack, Ute: *Ironie und Autorschaft. Zu Friedrich Schlegels Charakteristiken*. Paderborn 2002.
Madonna, Luigi Cataldi (Hrsg.): *Naturalistische Hermeneutik. Ein neues Paradigma des Verstehens und Interpretierens*. Würzburg 2013.
Maier, Andreas: *Ich. Frankfurter Poetikvorlesungen*. Frankfurt a. M. 2006.
Maltzahn, Henrik von: *Das Zeugnis anderer als Quelle des Wissens. Ein Beitrag zur sozialen Erkenntnistheorie*. Berlin 2006.
Mansour, Julia: »Stärken und Probleme einer kognitiven Literaturwissenschaft«. In: *KulturPoetik* 7 (2007) H. 1, S. 107–116.

Mansur, Julia: »Chancen und Grenzen des Transfers kognitionspsychologischer Annahmen und Konzepte in der Literaturwissenschaft - das Beispiel der Theory of Mind«. In: Huber, Martin / Simone Winko (Hrsg.): *Literatur und Kognition. Bestandsaufnahmen und Perspektiven eines Arbeitsfeldes*. Paderborn 2009, S. 155-163.

Marchart, Oliver: *Die politische Differenz. Zum Denken des Politischen bei Nancy, Lefort, Badiou, Laclau und Agamben*. Berlin 2010.

Martínez, Matías / Michael Scheffel: Einführung in die Erzähltheorie. München 1999.

Martínez, Matías / Michael Scheffel: »Narratology and Theory of Fiction«. In: Kindt, Tom / Hans-Harald Müller (Hrsg.): *What is Narratology? Questions and Answers Regarding the Status of a Theory*. Berlin / New York 2003, S. 221-237.

Martus, Steffen: Werkpolitik. Zur Literaturgeschichte kritischer Kommunikation vom 17. bis ins 20. Jahrhundert mit Studien zu Klopstock Tieck Goethe und George. Berlin [u. a.] 2007.

Marx, Friedhelm: »Heilige Autorschaft? Self-Fashioning-Strategien in der Literatur der Moderne«. In: Heinrich Detering (Hrsg.): *Autorschaft. Positionen und Revisionen*. Stuttgart, Weimar 2002, S. 107-120.

Meier, Christel / Martina Wagner-Egelhaaf (Hrsg.): *Autorschaft. Ikonen – Stile – Institutionen*. Berlin 2011.

Meier, Christel / Martina Wagner-Egelhaaf: »Einleitung«. In: dies. (Hrsg.): *Autorschaft. Ikonen – Stile – Institutionen*. Berlin 2011, S. 9-27.

Meier, Christel / Martina Wagner-Egelhaaf (Hrsg.): *Prophetie und Autorschaft. Charisma, Heilsversprechen und Gefährdung*. Berlin 2014.

Meier, Christel: »Autorschaft im 12. Jahrhundert. Persönliche Identität und Rollenkonstrukt«. In: Moos, Peter von (Hrsg.): *Unverwechselbarkeit. Persönliche Identität und Identifikation in der vormodernen Gesellschaft*. Köln, Weimar, Wien 2004, S. 207-266.

Meier, Georg Friedrich: *Versuch einer allgemeinen Auslegungskunst*. Halle 1757.

Mellmann, Katja: »Biologische Ansätze zum Verhältnis von Literatur und Emotionen«. In: *Journal of Literary Theory* 1 (2007) H. 2, S. 357-375.

Mellmann, Katja: »Objects of ›Empathy‹. Characters (and Other Such Things) as Psycho-Poetic Effects«. In: Eder, Jens / Fotis Jannidis / Ralf Schneider (Hrsg.): Characters in Fictional Worlds. Understanding Imaginary Beings in Literature, Film, and other Media. Berlin [u. a.] 2010, S. 416-441.

Mellmann, Katja: Emotionalisierung - Von der Nebenstundenpoesie zum Buch als Freund. Eine emotionspsychologische Analyse der Literatur der Aufklärungsepoche. Paderborn 2006.

Menhard, Felicitas: *Conflicting Reports. Multiperspektivität und unzuverlässiges Erzählen im englischsprachigen Roman seit 1800*. Trier 2009.

Mertens, Mathias: *Figurationen von Autorschaft in Öffentlichkeit und Werk von Günter Grass*. Weimar 2005.

Metzler, Jan Christian: *De-Formationen. Autorschaft, Körper und Materialität im expressionistischen Jahrzehnt*. Bielefeld 2003.

Meyer, Andreas / Ullrich Scheideler: *Autorschaft als historische Konstruktion. Arnold Schönberg – Vorgänger, Zeitgenossen, Nachfolger und Interpreten*. Stuttgart 2001.

Michel, Jean-Baptiste / Yuan Kui Shen / Aviva Presser Aiden [u. a.]: »Quantitative Analysis of Culture Using Millions of Digitized Books«. In: *Science* (2011) H. 331, S. 176-182.

Miller, Nancy K.: »Wechseln wir das Thema/Subjekt. Die Autorschaft, das Schreiben und der Leser«. In: Jannidis, Fotis / Gerhard Lauer / Matías Martínez / Simone Winko (Hrsg.): *Texte zur Theorie der Autorschaft*. Stuttgart 2000, S. 251-274.

Mommertz, Stefan: *Die Herausgeberfiktion in der englischsprachigen Literatur der Neuzeit*. Berlin 2003.
Moretti, Franco: Distant Reading. London 2013.
Moretti, Franco: »Conjectures on World Literature«. In: *New Left Review 1* (2000), S. 54-68.
Müller, Hans-Harald: »Eco zwischen Autor und Text. Eine Kritik von Umberto Ecos Interpretationstheorie«. In: Kindt, Tom / Hans-Harald Müller (Hrsg.): Ecos Echos. Das Werk Umberto Ecos: Dimensionen, Rezeptionen, Kritiken. München 2000, S. 135–148.
Müller, Ralph: »Literatur der Leser und Literatur der Interpreten. Zur Arbeitsteilung von Kognitiver Poetik und Erklärender Hermeneutik«. In: *Mythos-Magazin* (2011): www.mythos-magazin.de/erklaerendehermeneutik/rm_leser.pdf.
Mukařovský, Jan: »Der Strukturalismus in der Ästhetik und in der Literaturwissenschaft«. In: *Kapitel aus der Poetik*. Frankfurt a. M. [u. a.] 1967, S. 7–33.
Mukařovský, Jan: »Die Persönlichkeit in der Kunst«. In: Jannidis, Fotis / Gerhard Lauer / Matías Martínez / Simone Winko (Hrsg.): *Texte zur Theorie der Autorschaft*. Stuttgart 2003 [Vortrag/Erstdr. (tschech.) 1944/1966; dt. 1974], S. 65–79.
Neubert, Christoph: *Wezel. Autor-Werk-Konstruktionen*. Würzburg 2008.
Neuhaus, Stefan: »Der Autor als Marke. Strategien der Personalisierung im Literaturbetrieb«. In: *Wirkendes Wort. Deutsche Sprache und Literatur in Forschung und Lehre* 61 (2011) H. 2, S. 313–328.
Neuhaus, Stefan / Johann Holzner (Hrsg.): *Literatur als Skandal. Fälle – Funktionen – Folgen*. Göttingen 2007.
Neumann, Maik: »Der Autor als Schreibender. Roland Barthes' Konzept einer ›freundschaftlichen Wiederkehr des Autors‹« (in diesem Band).
Nickel-Bacon, Irmgard / Norbert Groeben / Margrit Schreier: »Fiktionssignale pragmatisch. Ein medienübergreifendes Modell zur Unterscheidung von Fiktion(en) und Realität(en)«. In: *Poetica. Zeitschrift für Sprach- und Literaturwissenschaft* 32 (2000) 3/4, S. 267–299.
Nieberle, Sigrid: *Literarhistorische Filmbiographien. Autorschaft und Literaturgeschichte im Kino*. Berlin 2008.
Nünning, Ansgar: »Renaissance eines anthropomorphisierten Passepartouts oder Nachruf auf ein literaturkritisches Phantom? Überlegungen und Alternativen zum Konzept des Isers ›implied author‹«. In: *Deutsche Vierteljahrsschrift für Literaturwissenschaft und Geistesgeschichte* 67 (1993) H. 1, S. 1–25.
Nünning, Ansgar: »Totgesagte leben länger:. Anmerkungen zur Rückkehr des Autors und zu Wiederbelebungsversuchen des ›impliziten Autors‹«. In: *Literaturwissenschaftliches Jahrbuch* 42 (2001), S. 353–385.
Nünning, Ansgar (Hrsg.): *Metzler Lexikon Literatur- und Kulturtheorie. Ansätze – Personen – Grundbegriffe*. 1. Auflage. Stuttgart / Weimar 1998.
Nünning, Ansgar (Hrsg.): *Metzler Lexikon Literatur- und Kulturtheorie. Ansätze – Personen – Grundbegriffe*. 4., akt. u. erw. Auflage. Stuttgart / Weimar 2008.
Pabst, Stephan (Hrsg.): *Anonymität und Autorschaft. Zur Literatur- und Rechtsgeschichte der Namenlosigkeit*. Berlin / Boston 2011.
Pabst, Stephan: »Hoffmann macht sich einen Namen. Zur Konstitutionsgeschichte eines Autornamens«. In: Jürgensen, Christoph / Gerhard Kaiser (Hrsg.): *Schriftstellerische Inszenierungspraktiken. Typologie und Geschichte*. Heidelberg 2011, S. 175–198.
Parr, Rolf / Jörg Schönert: *Autorschaft. Eine kurze Sozialgeschichte der literarischen Intelligenz in Deutschland zwischen 1860 und 1930*. Heidelberg 2008.

Paulsen, Kerstin: »Von Amazon bis Weblog. Inszenierung von Autoren und Autorschaft im Internet«. In: Künzel, Christine / Jörg Schönert (Hrsg.): *Autorinszenierungen. Autorschaft und literarisches Werk im Kontext der Medien*. Würzburg 2007, S. 257–269.

Peters, Karin: *Der gespenstische Souverän. Opfer und Autorschaft im 20. Jahrhundert*. München 2013.

Peters, Karin: »Bataille und der gespenstische Souverän. Der »Tod des Autors« revisited« (in diesem Band).

Pflaumbaum, Christoph / Jan-Noël Thon: »Autorschaft zwischen Intention, Inszenierung und Gesellschaft. Positionsbestimmungen nach der Rückkehr des Autors [Tagungsbericht; Berlin 31.3.-2.4.2011]«. In: *Zeitschrift für Germanistik* (2011) H. 3, S. 620–621.

Phelan, James / Peter J. Rabinowitz (Hrsg.): *A Companion to Narrative Theory*. Malden, Oxford 2008.

Picard, Raymond: Nouvelle Critique ou nouvelle imposture. Paris 1965.

Pietsch, Yvonne: »Der ›Hundeblick‹ des Kommentators. Kommentierung und Herausgeberfiktion in Ingo Schulzes *Neue Leben*«. In: Zemanek, Evi / Susanne Krones (Hrsg.): *Literatur der Jahrtausendwende. Themen, Schreibverfahren und Buchmarkt um 2000*. Bielefeld 2008, S. 331–342.

Plachta, Bodo: *Literaturbetrieb*. München 2008.

Plumpe, Gerhard: »Autor und Publikum«. In: Brackert, Helmut / Jörn Stückrath (Hrsg.): *Literaturwissenschaft. Ein Grundkurs*. Reinbek 2000, S. 377–391.

Plumpe, Gerhard: »Der Autor im Netz. Urheberrechtsprobleme neuer Medien in historischer Sicht«. In: Städtke, Klaus / Ralph Kray / Ingo Berensmeyer (Hrsg.): *Spielräume des auktorialen Diskurses*. Berlin 2003, S. 177– 194.

Pohl, Thorsten: *Studien zur Ontogenese des wissenschaftlichen Schreibens*. Tübingen 2007.

Pohl, Thorsten: *Die studentische Hausarbeit. Rekonstruktion ihrer Ideen- und institutionsgeschichtlichen Entstehung*. Heidelberg 2009.

Poor, Sara S.: *Mechthild of Magdeburg and her Book. Gender and the Making of Textual Authority*. Philadelphia, PA 2004.

Poor, Sara S. / Jana K. Schulman (Hrsg.): *Women and the Medieval Epic. Gender, Genre, and the Limits of Epic Masculinity*. New York, NY 2007.

Portmann-Tselikas, Paul R.: »Erarbeitung von Textstrukturen. Zu einigen Verbindungen zwischen Schreibforschung und kognitiver Textlinguistik«. In: Antos, Gerd / Heike Tietz (Hrsg.): *Die Zukunft der Textlinguistik. Traditionen, Transformationen, Trends*. Tübingen 1997, S. 65–79.

Preyer, Gerhard / Maria Ulkan / Alexander Ulfig (Hrsg.): *Intention - Bedeutung - Kommunikation. Kognitive und handlungstheoretische Grundlagen der Sprachtheorie*. Opladen 1997.

Prinz, Wolfgang: »Auf die Person kommt es an! Wer den Tod des Autors feiert, läutet den Abschied von der Moderne ein«. In: *Die Zeit* (24.05.12), S. 46.

Rademacher, Lars: »Politik als Autorschaft. Bemerkungen zu einem alternativen Erklärungsmodell politischen Kommunizierens«. In: Rademacher, Lars (Hrsg.): *Politik nach Drehbuch. Von der Politischen Kommunikation zum Politischen Marketing*. Münster 2005, S. 52–61.

Raphael, Lutz: *Die Erben von Bloch und Febvre. Annales-Geschichtsschreibung und nouvelle histoire in Frankreich. 1945 - 1980*. Stuttgart 1994.

Reckwitz, Andreas: »Subjekt/Identität. Die Produktion und Subversion des Individuums«. In: Moebius, Stephan / Andreas Reckwitz (Hrsg.): *Poststrukturalistische Sozialwissenschaften*. Frankfurt a. M. 2008, S. 75–92.

Rehbinder, Manfred: *Urheberrecht. Ein Studienbuch*. München 2010.
Rescher, Nicholas: »Hermeneutische Objektivität«. In: Bühler, Axel (Hrsg.): *Hermeneutik. Basistexte zur Einführung in die wissenschaftstheoretischen Grundlagen von Verstehen und Interpretation.* Heidelberg 2008, S. 177–190.
Rescher, Nicholas: *Objectivity. The Obligations of Impersonal Reason.* Notre Dame / IND 1997.
Reulecke, Anne-Kathrin (Hrsg.): *Fälschungen. Zu Autorschaft und Beweis in Wissenschaften und Künsten*. Frankfurt a. M. 2006.
Reuß, Roland / Volker Rieble (Hrsg.): *Autorschaft als Werkherrschaft in digitaler Zeit*. Symposium Frankfurt, 15. Juli 2009. Frankfurt a. M. 2009.
Reuter, Christina: *Autorschaft als Kondeszendenz. Johann Georg Hamanns erlesene Dialogizität*. Berlin 2005.
Riesenweber, Christina: »Reputation, Wahrheit und Blind Peer Review. Eine systemtheoretische Perspektive auf anonymisierte Autorschaft als Qualitätssicherungsstandard der Wissenschaften« (in diesem Band).
Richter, Sandra: *A History of Poetics. German Scholarly Aesthetics and Poetics in International Context. 1770 - 1960.* Berlin 2010.
Richter, Sandra: *Poetiken. Poetologische Lyrik, Poetik und Ästhetik von Novalis bis Rilke.* Berlin 2004.
Rinnert, Andrea: *Körper, Weiblichkeit, Autorschaft. Eine Inspektion feministischer Literaturtheorien.* Königstein/Taunus 2001.
Rusterholz, Peter: »Zum Verhältnis von Hermeneutik und neueren antihermeneutischen Strömungen«. In: Arnold, Heinz Ludwig / Heinrich Detering (Hrsg.): *Grundzüge der Literaturwissenschaft*. München 2005, S. 157–177.
Ryan, Marie-Laure: »Fiction, Non-Factuals, and the Principle of Minimal Departure«. In: *Poetics* 9 (1980), S. 403–422.
Santoni, Anna (Hrsg.): *L'autore multiplo. Pisa, Scuola normale superiore, 18 ottobre 2002* . Pisa 2005.
Sarris, Andrew: »Notes on the Auteur Theory in 1962«. In: *Film Culture* 27 (1962/63), S. 1–8
Schabacher, Gabriele: *Topik der Referenz. Theorie der Autobiographie, die Funktion ›Gattung‹ und Roland Barthes‹ »Über mich selbst«.* Würzburg 2007.
Schaeffer, Jean-Marie: »Fictional vs. Factual Narration«. In: Hühn, Peter / John Pier / Wolf Schmid / Jörg Schönert (Hrsg.): *Handbook of Narratology*. Berlin 2009, S. 98–114.
Schaffrick, Matthias: *In der Gesellschaft des Autors. Religiöse und politische Inszenierungen von Autorschaft*. Heidelberg 2014.
Schaffrick, Matthias: »Das Interview als Roman. Das Wetter vor 15 Jahren von Wolf Haas«. In: Hoffmann, Torsten, Gerhard Kaiser (Hrsg.): *Echt inszeniert. Interviews in Literatur und Literaturbetrieb*. Paderborn 2014, S. 417–430.
Schaffrick, Matthias: »Helmut Schmidt im Nicht-Krieg. Souveräne Autorschaft und postsouveränes Erzählen bei Delius, Goetz und Strubel«. In: *Zeitschrift für Literaturwissenschaft und Linguistik* 43 (2013) Heft 170, S. 135–153.
Schaffrick, Matthias: »Kontroversen – Bündnisse – Imitationen: Geschichte und Typologie schriftstellerischer Inszenierungspraktiken (Tagung in Göttingen v. 25.–27.6.2009)«. In: *Zeitschrift für Germanistik* 20 (2010) H. 2, S. 431–433.
Schaffrick, Matthias: »Martin Mosebachs Politische Theologie der Autorschaft«. In: Sieg, Christian / Martina Wagner-Egelhaaf: *Autorschaften im Spannungsfeld von Religion und Politik*. Würzburg 2014, S. 119–143.

Schiewer, Gesine Lenore: »Kognitive Emotionstheorien - emotionale Agenten - Narratologie. Perspektiven aktueller Emotionsforschung für die Sprach- und Literaturwissenschaft«. In: Huber, Martin / Simone Winko (Hrsg.): *Literatur und Kognition. Bestandsaufnahmen und Perspektiven eines Arbeitsfeldes*. Paderborn 2009, S. 99–114.

Schlesier, Renate / Beatrice Trînca (Hrsg.): *Inspiration und Adaptation. Tarnkappen mittelalterlicher Autorschaft*. Hildesheim 2008.

Schley, Fridolin: *Kataloge der Wahrheit. Zur Inszenierung von Autorschaft bei W.G. Sebald*. Göttingen 2012.

Schmid, Hans Bernhard: »Zweck und Norm - Verteidigung eines sozialtheoretischen Intentionalismus«. In: Albert, Gert / Rainer Greshoff / Rainer Schützeichel (Hrsg.): *Dimensionen und Konzeptionen von Sozialität*. Wiesbaden 2010, S. 87–112.

Schmid, Hans Bernhard: *Wir-Intentionalität. Kritik des ontologischen Individualismus und Rekonstruktion der Gemeinschaft*. Freiburg [u. a.] 2005.

Schmid. Marcel: »Auto(r)referentialität am Beispiel einer Collage von Kurt Schwitters« (in diesem Band).

Schmid, Wolf: *Elemente der Narratologie*. Berlin [u. a.] 2005.

Schmidt, Siegfried J.: »Ist ›Fiktionalität‹ eine linguistische oder eine theoretische Kategorie?«. In: Gülich, Elisabeth / Wolfgang Raible (Hrsg.): *Textsorten. Differenzierungskriterien aus linguistischer Sicht*. Wiesbaden 1975, S. 59–71.

Schmidt, Sibylle / Sybille Krämer / Ramon Voges (Hrsg.): *Politik der Zeugenschaft. Zur Kritik einer Wissenspraxis*. Bielefeld 2011.

Schmitt, Carl: *Politische Theologie. Vier Kapitel zur Lehre von der Souveränität*. 9. Aufl. Berlin 2009.

Schmitz, Barbara: *Prophetie und Königtum. Eine narratologisch-historische Methodologie entwickelt an den Königsbüchern*. Tübingen 2008.

Schmitz-Emans, Monika / Uwe Lindemann / Manfred Schmeling (Hrsg.): *Poetiken. Autoren – Texte – Begriffe*. Berlin / New York 2009.

Schneider, Irmela: »Konzepte von Autorschaft im Überrgang von der ›Gutenberg‹- zur ›Turing‹-Galaxis«. In: *zeitenblicke* 5 (2006) H. 3

Schneider, Jost: *Sozialgeschichte des Lesens. Zur historischen Entwicklung und sozialen Differenzierung der literarischen Kommunikation in Deutschland*. Berlin / New York 2004.

Schneider, Manfred: »Der König im Text. Autorität in Recht und Literatur«. In: *Zeitschrift für Ideengeschichte* 3 (2009) H. 1, S. 48–63.

Scholz, Oliver Robert: »Das Zeugnis anderer. Prolegomena zu einer sozialen Erkenntnistheorie«. In: Grundmann, Thomas (Hrsg.): *Erkenntnistheorie. Positionen zwischen Tradition und Gegenwart*. Paderborn 2003, S. 354–375.

Scholz, Oliver Robert: *Verstehen und Rationalität. Untersuchungen zu den Grundlagen von Hermeneutik und Sprachphilosophie*. 2., durchges. Aufl. Frankfurt a. M. 2001.

Schönert, Jörg: »Author«. In: Hühn, Peter / John Pier / Wolf Schmid / Jörg Schönert (Hrsg.): *Handbook of Narratology*. Berlin 2009, S. 1–13.

Schöttker, Detlev: »Kampf um Ruhm. Zur Unsterblichkeit des Autorsubjekts«. In: *Sinn und Form* 53 (2001) H. 2, S. 267–273.

Schrott, Raoul: »Die Politik des Heiligen. Demarkationen«. In: *Lettre International* (2010) H. 88, S. 7–12.

Searle, John: »Collective Intentions and Actions«. In: Cohen, Philip R. / Jerry L. Morgan / Martha E. Pollack (Hrsg.): *Intentions in Communication*. Cambridge, Mass 1990, S. 401–415.

Segal, Judy / Alan Richardson: »Introduction Scientific Ethos:. Authority, Authorship, and Trust in the Sciences«. In: *Configurations* 11 (2003) H. 2, S. 137–144.
Selleri, Andrea: »Authorship, Authenticity and the Perceptual/Non-Perceptual Devide«. In: *Journal of Literary Theory* 7 (2013), S. 154–166.
Sellors, C. Paul: *Film Authorship. Auteurs and Other Myths*. London / New York 2010.
Sellors, C. Paul: »Collective Authorship in Film«. In: *The Journal of Aesthetics and Art Criticism* 65 (2007) H. 3, S. 263–271.
Sieg, Christian: »Schriftsteller als ›Gewissen der Nation‹. Religiöse und politische Aspekte eines Autorschaftskonzepts der Nachkriegszeit«. In: Meier, Christel / Martina Wagner-Egelhaaf (Hrsg.): *Autorschaft. Ikonen – Stile – Institutionen*. Berlin 2011, S. 317–330.
Sieg, Christian / Martina Wagner-Egelhaaf (Hrsg.): *Autorschaften im Spannungsfeld von Religion und Politik*. Würzburg 2014.
Sina, Kai: »Kafkas Nachlassbewusstsein. Über Autorschaft im Zeitalter des Literaturarchivs«. In: *KulturPoetik* 13 (2013) H. 2, S. 218–235.
Sina, Kai: *Sühnewerk und Opferleben. Kunstreligion bei Walter Kempowski*. Göttingen 2012.
Sperber, Dan / Deirdre Wilson: *Relevance. Communication and cognition*. Oxford 1986.
Spoerhase, Carlos / Dirk Werle / Markus Wild (Hrsg.): *Unsicheres Wissen. Skeptizismus und Wahrscheinlichkeit 1550 - 1850*. Berlin / New York, NY 2009.
Spoerhase, Carlos: »›Mere reading‹. Über das Versprechen eines ›posthermeneutischen‹ Verstehens«. In: Lepper, Marcel / Steffen Siegel / Sophie Wennerscheid (Hrsg.): *Jenseits des Poststrukturalismus? Eine Sondierung*. Interdisziplinäre Tagung, die vom 18. bis 20. Februar 2005 im Wissenschaftszentrum Berlin stattfand. Frankfurt a. M. 2005, S. 15–36.
Spoerhase, Carlos: »Hypothetischer Intentionalismus. Rekonstruktion und Kritik«. In: *Journal of Literary Theory* 1 (2007) H. 1, S. 81–110.
Spoerhase, Carlos: *Autorschaft und Interpretation. Methodische Grundlagen einer philologischen Hermeneutik*. Berlin 2007.
Spoerhase, Carlos: »Die spätromantische Lese-Szene:. Das Leihbibliotheksbuch als ›Technologie‹ der Anonymisierung in E.T.A. Hoffmanns *Des Vetters Eckfenster*«. In: *DVjs* 83 (2009) H. 4, S. 577–596.
Spoerhase, Carlos: »Literaturwissenschaft und Gegenwartsliteratur«. In: *Merkur* 68 (2014), S. 15–24.
Städtke, Klaus / Ralph Kray / Ingo Berensmeyer (Hrsg.): *Spielräume des auktorialen Diskurses*. Berlin 2003.
Städtke, Klaus: »Auktorialität. Umschreibungen eines Paradigmas«. In: Städtke, Klaus / Ralph Kray / Ingo Berensmeyer (Hrsg.): *Spielräume des auktorialen Diskurses*. Berlin 2003, S. VII–XXVI.
Staiger, Emil: »Die Kunst der Interpretation«. In: *Neophilologus* 35 (1951), S. 1–15.
Staiger, Emil: *Die Kunst der Interpretation*. Groningen 1951.
Stanitzek, Georg: »Texte, Paratexte, in Medien: Einleitung«. In: Kreimeier, Klaus / Georg Stanitzek: *Paratexte in Literatur, Film, Fernsehen*. Berlin 2004, S. 3–19.
Stanzel, Franz Karl: *Typische Formen des Romans*. Göttingen 1964.
Starobinski, Jean: »Der Autor und die Autorität. (Aus einem Notizbuch über die Beständigkeit und die Metamorphosen der Autorität)«. In: Ingold, Felix Philipp / Werner Wunderlich (Hrsg.): *Der Autor im Dialog. Beiträge zu Autorität und Autorschaft*. St. Gallen 1995, S. 11–14.

Stecker, Robert: »Interpretation and the Problem of Relevant Intention«. In: Matthew Kieran (Hrsg.): *Contemporary Debates in Aesthetics and the Philosophy of Art*. Oxford 2006, S. 269–281.
Steiner, Felix: *Dargestellte Autorschaft. Autorkonzept und Autorsubjekt in wissenschaftlichen Texten*. Tübingen 2009.
Steiner, Felix: »Wissenschaftliche Autorschaft zwischen Zeitschrift und Handbuch. Überlegungen zu einer am Autorbegriff orientierten Poetologie wissenschaftlicher Texte« (in diesem Band).
Stingelin, Martin (Hrsg.): *»Mir ekelt vor diesem tintenklecksenden Säkulum«. Schreibszenen im Zeitalter der Manuskripte*. Paderborn 2004.
Strelka, Joseph: *Vergleichende Literaturkritik. Drei Essays zur Methodologie der Literaturwissenschaft*. Bern u. a 1970.
Strobel, Jochen (Hrsg.): *Vom Verkehr mit Dichtern und Gespenstern. Figuren der Autorschaft in der Briefkultur*. Heidelberg 2006.
Takeda, Arata: *Die Erfindung des Anderen. Zur Genese des fiktionalen Herausgebers im Briefroman des 18. Jahrhunderts*. Würzburg 2008.
Taylor, Charles: *Das Unbehagen an der Moderne*. 3. Aufl. Frankfurt a. M. 1997.
Tepe, Peter: „Kooperation und Arbeitsteilung mit Ralph Müller". In: *Mythos-Magazin* (2011), http://www.mythos-magazin.de/erklaerendehermeneutik/pt_replik-leser.pdf.
Tepe, Peter: Tepe, Peter: »Zur Diskussion um die kognitive Hermeneutik«. In: *Mythos-Magazin* (2010): www.mythos-magazin.de/erklaerendehermeneutik/pt_diskussion.pdf.
Tepe, Peter / Jürgen Rauter / Tanja Semlow: *Interpretationskonflikte am Beispiel von E.T.A. Hoffmanns »Der Sandmann«. Kognitive Hermeneutik in der praktischen Anwendung*. Würzburg 2009.
Tepe, Peter: *Kognitive Hermeneutik. Textinterpretation ist als Erfahrungswissenschaft möglich*. Würzburg 2007.
Teuber, Bernhard: »Sacrificium auctoris. Die Anthropologie des Opfers und das postmoderne Konzept der Autorschaft«. In: Heinrich Detering (Hrsg.): *Autorschaft. Positionen und Revisionen*. Stuttgart, Weimar 2002, S. 121–141.
Theisohn, Philipp / Christine Weder (Hrsg.): *Literaturbetrieb. Zur Poetik einer Produktionsgemeinschaft*. München 2013.
Theisohn, Philipp / Christine Weder: »Literatur als/statt Betrieb – Einleitung«. In: Theisohn, Philipp / Christine Weder (Hrsg.): *Literaturbetrieb. Zur Poetik einer Produktionsgemeinschaft*. München 2013, S. 7–16.
Theisohn, Philipp: *Literarisches Eigentum. Zur Ethik geistiger Arbeit im digitalen Zeitalter*. Stuttgart 2012.
Theisohn, Philipp: *Plagiat. Eine unoriginelle Literaturgeschichte*. Stuttgart 2009.
Thiekötter, Friedel: »Explication de Textes«. In: Arnold, Heinz Ludwig / Volker Sinemus (Hrsg.): *Grundzüge der Literaturwissenschaft*. München 1983, S. 371–374.
Thon, Jan-Noël: »Toward a Transmedial Narratology: On Narrators in Contemporary Graphic Novels, Feature Films, and Computer Games«. In: Alber, Jan / Per Krogh Hansen (Hrsg.): *Beyond Classical Narration: Transmedial and Unnatural Challenges*. Berlin 2014, S. 25–56.
Thon, Jan-Noël: »Who's Telling the Tale? Authors and Narrators in Graphic Narrative«. In: Stein, Daniel / Jan-Noël Thon (Hrsg.): *From Comic Strips to Graphic Novels. Contributions to the Theory and History of Graphic Narrative*. Berlin 2013, S. 67–99.

Tolhurst, William E.: »On What A Text Is And How It Means«. In: *The British Journal of Aesthetics* 19 (1979) H. 1, S. 3–14.
Tomasello, Michael: *Origins of Human Communication*. Cambridge, MA 2008.
Tomasello, Michael: *Why We Cooperate*. Cambridge, MA 2009.
Tomaševskij, Boris: »Literatur und Biographie«. In: Jannidis, Fotis / Gerhard Lauer / Matías Martínez / Simone Winko (Hrsg.): *Texte zur Theorie der Autorschaft*. Stuttgart 2000, S. 49–64.
Trawny, Peter: *Die Autorität des Zeugen. Ernst Jüngers politisches Werk*. Berlin 2009.
Trivedi, Saam: »An Epistemic Dilemma For Actual Intentionalism«. In: *The British Journal of Aesthetics* 41 (2001), H. 2, S. 192–206.
Trunz, Erich: »Über das Interpretieren deutscher Dichtungen«. In: *Studium Generale* 5 (1952) H. 2, S. 65–68.
Ulmer, Judith S.: *Geschichte des Georg-Büchner-Preises. Soziologie eines Rituals*. Berlin 2006.
van Holt, Nadine / Norbert Groeben: »Emotionales Erleben beim Lesen und die Rolle text- sowie leserseitiger Faktoren«. In: Klein, Uta / Katja Mellmann / Steffanie Metzger (Hrsg.): *Heuristiken der Literaturwissenschaft. Disziplinexterne Perspektiven auf Literatur*. Paderborn 2006, S. 111–130.
Vodička, Felix: *Die Struktur der literarischen Entwicklung. Herausgegeben von der Forschergruppe für strukturale Methoden in der Sprach- und Literaturwissenschaft an der Universität Konstanz*. München 1976.
Volk, Ulrich: *Der poetologische Diskurs der Gegenwart. Untersuchungen zum zeitgenössischen Verständnis von Poetik dargestellt an ausgewählten Beispielen der Frankfurter Stiftungsgastdozentur Poetik*. Frankfurt a. M. [u. a.] 2003.
Volmer, Annett: *Die Ergreifung des Wortes. Autorschaft und Gattungsbewusstsein italienischer Autorinnen im 16. Jahrhundert*. Heidelberg 2008.
Wagner-Egelhaaf, Martina (Hrsg.): *Auto(r)fiktion. Literarische Verfahren der Selbstkonstruktion*. Bielefeld 2012.
Wagner-Egelhaaf, Martina: »Auf der Intensivstation. Oder: Die Autormaschine. Zu John von Düffels Missing Müller (Müllermaschine) (1997)«. In: Hellmold, Martin / Sabine Kampmann / Ralph Lindner / Katharina Sykora (Hrsg.): *Was ist ein Künstler? Das Subjekt der modernen Kunst*. München 2003, S. 195–211.
Wagner-Egelhaaf, Martina: »Autofiktion & Gespenster«. In: *Kultur & Gespenster* (2008) H. 7, S. 135–149.
Wagner-Egelhaaf, Martina: »Autorschaft als Skandal. Matthäus – Passolini – Stadler«. In: *DVjs* 85 (2011) H. 4, S. 585–615.
Wagner-Egelhaaf, Martina: »Dead Author's Identity in Doubt; Publishers Defiant. Zu Uwe Johnsons Selbstnachruf«. In: Suntrup, Rudolf / Kristina Rzehak / Iraida Borisova (Hrsg.): *Usbekisch-deutsche Studien III. Sprache - Literatur - Kultur - Didaktik*. Münster 2010, S. 201–213.
Wagner-Egelhaaf, Martina: »Ikonoklasmus. Autorschaft und Bilderstreit«. In: Meier, Christel / Martina Wagner-Egelhaaf (Hrsg.): *Autorschaft. Ikonen – Stile – Institutionen*. Berlin 2011, S. 347–363.
Wagner-Egelhaaf, Martina: *Autobiographie*. 2. Aufl. Stuttgart, Weimar 2005.
Wagner-Egelhaaf, Martina: »Einleitung: Was ist Auto(r)fiktion?«. In: dies. (Hrsg.): *Auto(r)fiktion. Literarische Verfahren der Selbstkonstruktion*. Bielefeld 2012, S. 7–21.
Walsh, Richard: »Fictionality and Mimesis. Between Narrativity and Fictional Worlds«. In: *Narrative* 11 (2003) H. 1, S. 110–121.

Walton, Kendall L.: *Mimesis as Make-Believe. On the Foundations of the Representational Arts*. Cambridge, MA [et al.] 1990.
Weber, Max: *Wissenschaft als Beruf* [1919]. Stuttgart 1995.
Weidacher, Georg: *Fiktionale Texte – fiktive Welten. Fiktionalität aus textlinguistischer Sicht*. Tübingen 2007.
Weidner, Daniel: »Himmelskarten und Erdkarten. Gott und der Romanerzähler bei Fielding und Jean Paul«. In: Meier, Christel / Martina Wagner-Egelhaaf (Hrsg.): *Autorschaft. Ikonen – Stile – Institutionen*. Berlin 2011, S. 231–251.
Weiser, Jutta / Christine Ott (Hrsg.): *Autofiktion und Medienrealität. Kulturelle Formungen des postmodernen Subjekts*. Heidelberg 2013.
Weitin, Thomas: »Romantische Institution Urheberrecht«. In: Lieb, Claudia / Christoph Strosetzki (Hrsg.): *Philologie als Literatur- und Rechtswissenschaft. Germanistik und Romanistik 1730–1870*. Heidelberg 2013, S. 73–91.
Werber, Niels / Ingo Stöckmann: »Das ist ein Autor! Eine polykontexturale Wiederauferstehung«. In: Berg, Henk de / Matthias Prangel (Hrsg.): *Systemtheorie und Hermeneutik*. Tübingen 1997, S. 233–262.
Wetzel, Michael: »Artefaktualitäten. Zum Verhältnis von Authentizität und Autorschaft«. In: Knaller, Susanne / Harro Müller (Hrsg.): *Authentizität. Diskussion eines ästhetisches Begriffs*. München 2006, S. 36–54.
Wetzel, Michael: »Autor/Künstler«. In: Barck, Karlheinz / Martin Fontius (Hrsg.): *Ästhetische Grundbegriffe. Historisches Wörterbuch in sieben Bänden*. Stuttgart / Weimar 2000, S. 480–543.
Wetzel, Michael: »Der Autor-Künstler. Von der Wiederkehr eines ästhetizistischen Konzepts in der Kunstpraxis der Gegenwart«. In: Hellmold, Martin / Sabine Kampmann / Ralph Lindner / Katharina Sykora (Hrsg.): *Was ist ein Künstler? Das Subjekt der modernen Kunst*. München 2003, S. 229–241.
White, Hayden V.: *Metahistory. The Historical Imagination in Nineteenth-Century Europe*. Baltimore, MD 1973.
White, Hayden V.: *The Fiction of Narrative. Essays on History, Literature and Theory (1957–2007)*. Hrsg. von Robert Doran. Baltimore, MD 2010.
Wiefarn, Markus: *Authentifizierungen. Studien zu Formen der Text- und Selbstidentifikation*. Würzburg 2010.
Willand, Marcus: »Autorfunktionen in literaturwissenschaftlicher Theorie und interpretativer Praxis. Eine Gegenüberstellung«. In: *Journal of Literary Theory* 5 (2011) H. 2, S. 297–301.
Willand, Marcus: »Intention in romantischer Hermeneutik und linguistischer Pragmatik«. In: Meierhofer, Christian / Eric Scheufler (Hrsg.): *Turns und Trends der Literaturwissenschaft: Literatur, Kultur und Wissenschaft zwischen Nachmärz und Jahrhundertwende im Blickfeld aktueller Theoriebildung*. Zürich 2011, S. 28–49.
Willand, Marcus: Isers ›impliziter Leser‹ im praxeologischen Belastungstest: Ein literaturwissenschaftliches Konzept zwischen Theorie und Methode. In: Albrecht, Andrea / Lutz Danneberg / Olav Krämer / Carlos Spoerhase (Hrsg.): *Theorien, Methoden und Praktiken der Interpretation*. Berlin (vsl 2014).
Willand, Marcus: *Lesermodelle und Lesertheorien. Historische und systematische Perspektiven*. Berlin 2014.
Williams, Seán M.: »C.F. Gellert als Vorredner des Genies« (in diesem Band).

Wimsatt, William K. / Monroe C. Beardsley: »Der intentionale Fehlschluss« [1946]. In: Jannidis, Fotis / Gerhard Lauer / Matías Martínez / Simone Winko (Hrsg.): *Texte zur Theorie der Autorschaft*. Stuttgart 2000, S. 84–101.
Winko, Simone: »Autor-Funktionen. Zur argumentativen Verwendung von Autorkonzepten in der gegenwärtigen literaturwissenschaftlichen Interpretationspraxis«. In: Heinrich Detering (Hrsg.): *Autorschaft. Positionen und Revisionen*. Stuttgart / Weimar 2002, S. 334–354.
Winko, Simone: »Über Regeln emotionaler Bedeutung in und von literaricshen Texten«. In: Jannidis, Fotis / Gerhard Lauer / Matías Martínez / Simone Winko (Hrsg.): *Regeln der Bedeutung. Zur Theorie der Bedeutung literarischer Texte*. Berlin 2003, S. 329–348.
Winko, Simone: *Kodierte Gefühle. Zu einer Poetik der Emotionen in lyrischen und poetologischen Texten um 1900*. 1. Aufl. Berlin 2003.
Winter, Christian: *Angst und Autorschaft. Umrisse einer Physiognomie des zerquälten Schriftstellers am Beispiel Franz Kafka*. Marburg 2009.
Wirth, Uwe: »Autorschaft als Selbstherausgeberschaft. E.T.A. Hoffmanns Kater Murr« (in diesem Band).
Wirth, Uwe: »Erzählen im Rahmen der Herausgeberfiktion«. In: Erhart, Walter / Lothar van Laak (Hrsg.): *Wissen - Erzählen - Tradition. Wielands Spätwerk* 2010, S. 121–138.
Wirth, Uwe: »Herr Maier wird Schriftsteller (und Schreiber). Oder: Die ›Literaturwissenschaft‹ der Literatur«. In: *Zeitschrift für Germanistik* 17 (2007) H. 1, S. 128–138.
Wirth, Uwe: *Die Geburt des Autors aus dem Geist der Herausgeberfiktion. Editoriale Rahmung im Roman um 1800: Wieland, Goethe, Brentano, Jean Paul und E. T. A. Hoffmann*. München 2008.
Woodmansee, Martha: »Das Urheberrecht als Anreiz/Hemmnis für die schöpferische Produktion«. In: Reulecke, Anne-Kathrin (Hrsg.): *Fälschungen. Zu Autorschaft und Beweis in Wissenschaften und Künsten*. Frankfurt a. M. 2006, S. 291–306.
Zeh, Juli: »Zur Hölle mit der Authentizität! Der Echtheitswahn der Unterhaltungsindustrie verführt dazu, auch in der Literatur nach wirklichen Personen und Vorgängern zu fahnden. Dabei geht verloren, was Literatur ist. Ein Zwischenruf«. In: *Die Zeit* (21.09.2006), S. 59f.
Zelle, Carsten: »Auf dem Spielfeld der Autorschaft. Der Schriftsteller des 18. Jahrhunderts im Kräftefeld von Rhetorik, Medienentwicklung und Literatursystem«. In: Städtke, Klaus / Ralph Kray / Ingo Berensmeyer (Hrsg.): *Spielräume des auktorialen Diskurses*. Berlin 2003, S. 1–37.
Zeller, Christoph: *Ästhetik des Authentischen. Literatur und Kunst um 1970*. Berlin / New York 2010.
Zemanek, Evi / Susanne Krones (Hrsg.): *Literatur der Jahrtausendwende. Themen, Schreibverfahren und Buchmarkt um 2000*. Bielefeld 2008.
Zipfel, Frank: *Fiktion, Fiktivität, Fiktionalität. Analysen zur Fiktion in der Literatur und zum Fiktionsbegriff in der Literaturwissenschaft*. Berlin 2001.
Zipfel, Frank: »Autofiktion. Zwischen den Grenzen von Faktualität, Fiktionalität und Literarität?«. In: Winko, Simone / Fotis Jannidis / Gerhard Lauer (Hrsg.): *Grenzen der Literatur. Zu Begriff und Phänomen des Literarischen*. Berlin / New York 2009, S. 285–314.
Zipfel, Frank: »Autofiktion«. In: Lamping, Dieter (Hrsg.): *Handbuch der literarischen Gattungen*. Stuttgart 2009, S. 31–36.
Zipfel, Frank: »Autofiktion«. In: Klauk, Tobias / Tilmann Köppe (Hrsg.): *Fiktionalität. Ein interdisziplinäres Handbuch*. Berlin 2014, S. 97–124.
Zunshine, Lisa: *Why We Read Fiction. Theory of Mind And the Novel*. Columbus 2006.

Zwierlein, Anne-Julia (Hrsg.): *Gender and Creation. Surveying Gendered Myths of Creativity, Authority, and Authorship.* Heidelberg 2010.

Teil II: Theorien literarischer Autorschaft

Moritz Baßler
Mythos Intention

Zur Naturalisierung von Textbefunden

Abstract: In der Literaturwissenschaft hat sich in den letzten Jahrzehnten bis in die Lehre hinein die Erkenntnis durchgesetzt, dass ›Intention‹ keine besonders sinnvolle oder ergiebige Kategorie für die Analyse und Interpretation von literarischen Texten ist. Insbesondere von hermeneutischer Seite wird dieses Dogma immer wieder einmal in Frage gestellt, oft unter dem Hinweis, dass die Rede über Intention auch bei ihren Verächtern in der Praxis kaum abzustellen ist. Mein Beitrag hat in dieser Situation nicht den Anspruch, wesentlich neue Argumente vorzubringen. Indem er versucht, Intention als Mythos zu beschreiben, will er vielmehr die argumentative Basis der sinnvollen und bewährten wissenschaftlichen Skepsis gegenüber ›Intention‹ noch einmal wiederholend bestätigen und von dort aus zu einer Beschreibung der rekurrenten Verwendung des Begriffes kommen.

> *But sense is much shorter in person*
> *and retreats*
> *from chamber to antechamber to text.*
> Ben Lerner

1

Als Literaturwissenschaftler sind wir gehalten, Kernbegriffe unserer Beschreibungssprache terminologisch zu verwenden. ›Poetisch‹ etwa sind uns nicht, wie in der Alltagssprache, Sonnenuntergänge und Kerzendiners, sondern die Projektion des Äquivalenzprinzips auf die syntagmatische Achse. Wenn im Folgenden die Intention als ›Mythos‹ beschrieben werden soll, dann wird ›Mythos‹ mit Roland Barthes verstanden als »*ein sekundäres semiologisches System*«.[1] Ein Signifikant und ein Signifikat ergeben ein Zeichen, das selbst wieder zum Signifikanten eines sekundären Zeichens wird, wobei seine Zusammensetzung auf der primären Ebene, seine Gemachtheit, quasi vergessen wird. Bemerkenswerterweise ist dieser Mythos strukturgleich mit dem literarischen Zeichen nach Jurij Lotman. Im einfachen, auf Kommunikation angelegten Text sind die pri-

---

1 Barthes: Mythen, S. 258.

mären Zeichen die Bedeutungsträger. Zum Beispiel könnte jemand einen Brief darüber schreiben, wie er Schwierigkeiten mit dem Gebrauch von Allgemeinbegriffen bekommt, und dieser Brief würde genau dies bedeuten und eine Anschlusskommunikation, zum Beispiel psychologische Hilfe, provozieren. Als literarisches Kunstwerk wäre ein solcher Brief, etwa *Ein Brief*, der sogenannte Chandos-Brief von Hugo von Hofmannsthal, jedoch nicht Ausdruck von irgendjemandes Sprachkrise, sondern seinerseits nur ein Objekt der Textwelt oder Diegese (also anzusiedeln auf der Darstellungsebene). Als Signifikant zweiter Ordnung verbindet er sich erst mit einem Signifikat zu seiner spezifisch literarischen Bedeutung.

Zumindest Texte, die man in einem semiotischen Sinne als ›realistisch‹ bezeichnen kann, teilen mit dem Barthes'schen Mythos eine wesentliche Eigenschaft: Weil der Übergang von der Textebene zur Darstellungsebene quasi automatisiert erfolgt – man sieht sofort die erzählte Welt mit ihren Figuren, Orten und Handlungen vor sich, und nicht erst die Zeichen des Textes – tritt ein Effekt ein, den man als Naturalisierung bezeichnen kann. Der Rezipient vergisst, dass die Diegese ›gemacht‹, also Effekt einer künstlichen Zeichenoperation ist, und nimmt sie als ›natürlich gegeben‹ hin. Diesen Naturalisierungseffekten gilt immer wieder Roland Barthes' Kritik, an den Mythen des Alltags und der Werbung ebenso wie am ›lesbaren‹, sprich: realistischen Text (zum Beispiel Balzacs Novelle *Sarrasine* in *S/Z*).

Meine erste These lautet nun: Die ›Intention des Autors‹ ist genau so ein Naturalisierungsphänomen. Stellen wir zunächst ein paar Banalitäten fest: Niemand, nicht einmal Roland Barthes, bestreitet, dass Texte von Autoren geschrieben werden, die, wie wir alle, Überzeugungen, Verdauungsprobleme und Intentionen haben. Die ontologische Ebene ist nicht die, um die es hier geht. Bereits in dem einflussreichen frühen Text von Wimsatt und Beardsley (*The Intentional Fallacy*, 1946) werden vielmehr zwei andere Fragen gestellt:

a) Kann man diese Intentionen, definiert als »design or plan in the author's mind«,[2] analysieren? Und
b) Was hätte man davon?

Bei Wimsatt und Beardsley fällt die Antwort bekanntlich ernüchternd eindeutig aus:

> the [...] intention of the author is neither available nor desirable as a standard for judging the success of a work of literary art.[3]

---

2 Beardsley / Wimsatt: The Intentional Fallacy, S. 4.
3 Ebd., S. 3.

Trotz zahlreicher scholastischer Einwände, die man seither dagegen vorgebracht hat,[4] und obwohl ich etwas andere Argumente ins Feld führen würde als der Text von Wimsatt und Beardsley, der aus der Sicht des *New Criticism* argumentiert, halte ich dieses Urteil im Wesentlichen für zutreffend.

2

(1) Das Hauptargument ist das eines logischen Zirkels, der sich mit der Verwendung des Intentionsbegriffes verbindet. Wir kennen einen Autor durch sein Werk, oder besser: als sein Werk. Dessen Charakteristika und dessen innere Stimmigkeit sind, was wir als Goethe oder Benn bezeichnen und wertschätzen. Dieses Werk ist für uns methodisch fundiert analysierbar. Wir können seine syntagmatischen und paradigmatischen Bezüge erforschen und beschreiben und kommen so zu einer immanenten Werkanalyse. Biographisches Wissen bleibt demgegenüber äußerlich – es gibt unzählig viele Ärzte für Haut- und Geschlechtskrankheiten, aber nur einen Gottfried Benn. Das ist im Wesentlichen der Punkt der *New Critics* Wimsatt und Beardsley. Aus heutiger Sicht müsste man die Analyse um einiges erweitern, insbesondere um die intertextuellen und diskursiven Bezüge zum Archiv der Kultur, zu dem auch das Œuvre des Autors gehört, um die Nähe und Ferne anderer Texte zum manifesten Text, um den ›relative ease‹, den Grad der Konventionalität dessen, was er sagt etc. Das Argument lautet nun ganz schlicht: Wenn wir das, was wir aufgrund der Textlage analysieren können (die innere Logik eines Textes, seine Aussage und deren Modus), der Intention des Autors zuschreiben, verdoppeln wir nur unser Ergebnis – ein Fall für Ockhams Skalpell.

(2) Ein starkes Argument, das zusätzlich anzuführen wäre, lautet: Jeder Text ist voller intra- und intertextueller Bezüge, deren Komplexität bei weitem das übersteigt, was wir ›intentional‹, also bewusst und gewollt, kontrollieren können. Für den Autor literarischer Texte gilt *mutatis mutandis,* was der Kunstkritiker Jörg Heiser für den bildenden Künstler konstatiert:

> die Frage nach dem Entscheidungsprozess in der Malerei [kann] weder mit dem Verweis auf rationale Intention noch irrationale Intuition des Malers befriedigend beantwortet

---

[4] Besonders ausführlich bemühten sich um eine Ehrenrettung: Danneberg / Müller: Der ›intentionale Fehlschluß‹ (mit ausführlicher Bibliographie).

werden. Bei beiden Varianten wird eine falsche Deckungsgleichheit zwischen Ausgangspunkt, Entstehung und Ergebnis von Bildern suggeriert.[5]

Um dies plausibel zu machen, sollte bereits ein wenig Introspektion hinreichen: Auch im wahren Leben ist unsere Intention eine in jeder Hinsicht heikle Sache, sobald man über sie Auskunft geben soll. In der Regel wird sie nachträglich konstruiert und verhält sich zur bewussten Kontrolle der vorhergegangenen Handlung ungefähr wie die Erzählung zum Traum. Und wie stellen wir uns das denn produktionsseitig beim Künstler vor? Er beherrscht sein Handwerk, und er hat ein Gespür für ästhetisches Gelingen, vulgo: Er sieht, dass es rockt, dass es gut, lustig, bewegend, stimmig oder neu ist. Aber er muss nicht zwingend auch formulieren können, wieso; denn dieses Gespür ist allenfalls teilweise diskursiv verfasst und auch nachträglich nur unzureichend und unzuverlässig diskursiv formulierbar. Künstleräußerungen über ihr Werk sprechen da eine beredte Sprache. Übrigens ist das alles völlig legitim, und was produktionsseitig gilt, gilt genauso gut auch für den Rezipienten. Auch dieser kann sich an einem Kunstwerk erfreuen und es verstehen, ohne die Komponenten zu explizieren.

Die Explikation ist allein die – allerdings unabdingbare – Aufgabe des Literaturwissenschaftlers. Dessen Verstehensauftrag ist mit einer Rezeption der Klasse ›Feeling dafür entwickeln‹ nicht erfüllt (auch wenn eine solche zweifellos förderlich sein kann) – seine Aufgabe ist es vielmehr, belegbare Bezüge herzustellen, und dies ist immer nur zwischen Textbefunden möglich und nie zwischen einem Autorenhirn und einem Textbefund. Der wissenschaftliche Leser kommuniziert also nicht hermeneutisch mit dem toten Autor, sondern ist mit Barthes zu bestimmen als jener »Raum, in dem sich alle Zitate, aus denen sich die Schrift zusammensetzt, einschreiben, ohne daß ein einziges verloren ginge«.[6] Letztlich ist das, wie Barthes ja auch betont, nicht der Ort eines empirischen Lesers – die Instanz des wissenschaftlichen Lesers kann »nicht mehr länger als eine Person verstanden werden«[7] – sondern eben der Ort der Literaturwissenschaft selbst.

Nebenbei bemerkt gehören zu diesen Zitaten, diesen Diskursfäden, die einen literarischen Text konstituieren, selbstverständlich auch intentionale Äußerungen seines Autors – warum denn nicht? Die hier vertretene strukturalistisch-kulturpoetische Methode bedeutet schließlich eine Öffnung, während der Rekurs auf ›Intention‹ in der Regel der Schließung des Textsinns dient. Im Unterschied zu Wimsatt und Beardsley halte ich es für eine relevante und für die

---

5   Heiser: Plötzlich diese Übersicht, S. 132.
6   Barthes: Tod des Autors [1968], S. 109.
7   Ebd., S. 110.

Textbedeutung womöglich entscheidende Information, zu wissen, ob ein Autor zum Beispiel etwas schreibt, das im Widerspruch zu seinen sonstigen geäußerten Überzeugungen steht (hier schließt auch die Frage der Ironie an). Greenblatt beispielsweise bezieht in seinem seminalen Aufsatz *Murdering Peasants* Diskursformation, Genrekonventionen und Autorposition in seine Lektüre ein.[8] Der Autor ist dabei allerdings genauso aus Texten zu (re-)konstruieren wie andere Diskurse auch, denn nur im kulturellen Kontext, das heißt im Vergleich mit den anderen Texten seines Archivs macht ein Text Sinn. Der Autor hat (beziehungsweise seine Texte haben), so gesehen, die Gestalt eines Paradigmas unter anderen, und ist (sind) daher analytisch relevant. Denn zur Textanalyse braucht man eben Paradigma und Syntagma – mehr nicht, aber das braucht man.

Die Autorintention als analytische Kategorie ist also nur in genau einer Hinsicht abzulehnen: als eigentlicher Ort oder Garant der Bedeutung jenseits oder hinter dem Text, als ein irgendwie Wesentlicheres als die Zeichenstruktur, aus der allein die Bedeutung analysierbar ist, kurz: als jene Instanz, die Barthes in *Der Tod des Autors* polemisch als den ›AUTOR-Gott‹ bezeichnet hat. Abgelehnt wird damit das hermeneutische Modell einer Emanation von Sinn aus einer personalen Instanz hinter dem Text. Dagegen lautet der schönste Satz in Barthes' Essay: »Der Raum der Schrift kann durchwandert, aber nicht durchstoßen werden«,[9] um zur Textbedeutung zu gelangen. Mit anderen Worten: Auf der Höhe ihrer Komplexität sind literarische Befunde nur textualistisch zu benennen. Sie erschließen sich nur einer mikrologischen Lektüre.

3

Nun lautet, wie gesagt, ein wiederkehrendes Argument der Verteidiger von ›Intention‹ und ›Autor‹, dass beide Konzepte in der Praxis ständig benutzt werden. Das stimmt! ›Die Expressionisten wollten‹, ›Carl Einstein war der Meinung, dass‹, ›Die Frau ist für Kafka‹ – Sätze, die so beginnen, sind in unserer Wissenschaft Legion. Greenblatt weist darauf hin, dass wir ohne solche Kollektivsubjekte keine zwei Sätze formulieren könnten, und bereits Foucault hat die wechselseitige Bedingtheit von historischen Subjekten und Metanarrationen benannt. Beide sind allerdings auch der Auffassung, dass solche Sätze im eigentlichen Sinne nicht (text-)wissen-schaftsfähig sind.

---

8 Vgl. Greenblatt: Murdering Peasants, bes. S. 112.
9 Barthes: Tod des Autors, S. 109.

Was genau geschieht in propositionalen Sätzen, die historischen Subjekten Intentionen zuschreiben, Sätzen vom Typ ›Heinrich der Löwe wollte seine Gleichwertigkeit gegenüber Barbarossa dadurch demonstrieren, dass er ihm die Gefolgschaft für den Italienfeldzug verweigerte‹? Hier wird eine hochkomplexe, nie mehr methodisch auch nur halbwegs solide rekonstruierbare historische Konstellation als Entscheidungssituation erzählt, die von der Intention eines Individuums bestimmt wird. Sie wird dadurch fasslich gemacht, und zwar in einem Akt der Naturalisierung. Das Medium dieser Naturalisierung ist die Narration nach dem Muster ›Subjekt – Prädikat – Objekt‹. Karl Eibl behauptet geradezu, der »Rekurs auf einen intentionalen Verursacher« (den Autor-Gott, mit anderen Worten) sei ein biologisch-kognitives Bedürfnis des Menschen.[10] Wie dem auch sei: Die Komplexität – und zwar nicht nur die der historischen Situation, sondern vor allem auch die ihrer historiographischen Rekonstruktion aus vermutlich spärlichen Quellen – wird im Rekurs auf Intention in einem unserer ›natürlichsten‹ Skripte gebannt; es handelt sich um eine Naturalisierung qua Metonymisierung, mit dem Effekt des ›Realismus‹ im oben definierten Sinne. ›Mythos‹ ist ja auch ein anderer Name für ›Erzählung‹.

»Ich fürchte, wir werden Gott nicht los, weil wir noch an die Grammatik glauben«, heißt es bei Nietzsche, der in der *Götzen-Dämmerung* Barthes' Naturalisierungskritik quasi vorwegnimmt: »*Das* sieht überall Thäter und Thun: das glaubt an Willen als Ursache überhaupt; das glaubt [...] an's Ich als Substanz und *projicirt* den Glauben an die Ich-Substanz auf alle Dinge«.[11] Es ist klar, dass ein naturalisierendes Zuschreiben auf eine begrenzte Autorintention stark komplexitätsreduzierend wirkt und also zum Zwecke der Kommunikation sinnvoll, ja notwendig sein kann. Aber wir wollen ja nicht kommunizieren, sondern literarische Texte analysieren, und da gilt: Ohne den ›normalen‹[12] oder besser: normalisierenden »Rekurs auf einen intentionalen Verursacher« wird es erheblich komplexer. Meine zweite These lautet also: *Die Narration ist der Tropus der Naturalisierung.* Und zwar erfolgt diese qua Metonymisierung, also Deutung in einem bekannten Frame. Mit anderen Worten: Intentionen gehören zwar nicht zu den analysierbaren Texteigenschaften, aber der Rekurs auf intentionale Verursacher naturalisiert die (angenommene) Textaussage in Form einer Erzählung.

---

10 Eibl: ›Autor‹ als biologische Disposition, S. 59.
11 Nietzsche: Götzen-Dämmerung, S. 78 u. 77.
12 Vgl. das Abstract von Danneberg / Müller: Der ›intentionale Fehlschluß‹: »we conclude that it [the intentional conception] represents a perfectly ›normal‹ conception of meaning and interpretation« (S. 103). In der Tat!

Und was wird erzählt? Kommunikation! Intentionale Textdeutungen erzählen Geschichten nach dem Muster: ›Der Autor wollte uns mit seinem Text xy sagen.‹ Alle Fürsprecher der Intentionalität, selbst Danneberg und Müller, gehen ganz selbstverständlich (und damit tendenziell unreflektiert) von der hermeneutischen Grundannahme aus, dass literarische Texte primär kommunizieren und also *sub specie communicationis* zu behandeln seien. Eben darin sitzen sie dem Mythos im oben explizierten Sinne auf: Indem sie den Text nicht als Zeichenverhältnis, sondern immer schon als Kommunikation begreift, praktiziert die Hermeneutik grundsätzlich eine Naturalisierung von Textbefunden. Mit dieser Voreinstellung ist die Sache dann aber im Grunde auch schon entschieden. Wenn literarische Texte primär Kommunikation sind, dann muss ich in der Tat fragen: ›Was will der mir sagen?‹, also, systemtheoretisch gesprochen, die Information mit allen Folgekosten als intentionale Mitteilung lesen.

Nun kann man unbestritten sowohl mit Texten kommunizieren als auch Kommunikation vertexten, dennoch kann man als Textwissenschaftler theoretisch und methodologisch gar nicht streng genug auf der elementaren Unterscheidung bestehen: Texte sind keine Kommunikationen. Kommunikationen sind, um nur einen sogleich ins Auge fallenden Unterschied zu benennen, flüchtig und dynamisch, Texte nicht. Kommunikationen sind Handlungen, Texte sind Objekte in paradigmatischen Bezügen.[13]

Man kann, je nachdem ob diese Unterscheidung getroffen wird oder nicht, geradezu eine naive (L_1) von einer wissenschaftlichen Leserposition (L_2) unterscheiden. Barthes' *Tod des Autors* geht ja direkt auf den seminalen Bachtin-Essay seiner Schülerin Julia Kristeva zurück, in dem sie die Umstellung von der Achse der Intersubjektivität (Autor – Leser) auf die Achse der Intertextualität (Text – Archiv) propagiert hatte, eine strukturalistische Grundentscheidung, die ebenfalls bis heute sinnvoll beziehungsweise, analytisch gesprochen, schlicht zutreffend ist. Nehmen wir noch einmal den Brief als Beispiel: Wenn ein Autor einen Brief schreibt, dann ist der Empfänger des Briefes L_1. Er nimmt den Brief nicht als literarisches Zeichen, sondern direkt als Mitteilung und Anlass zur Fortsetzung der Kommunikation. Der wissenschaftliche Leser aber muss nicht nur den Brieftext lesen, sondern auch Sender (Autor) und Empfänger aus weiteren Textdokumenten rekonstruieren. Er versteht den Brief nicht hermeneutisch aus der Empfängerposition heraus, sondern rekonstruiert seine Bedeutung aus den syntagmatischen und paradigmatischen Beziehungen des Textes innerhalb seines kulturellen Archivs. Er steht damit über diesem Archiv als L_2; und das ist genau jener Barthes'sche Leser, der die Textspuren sammelt und auswertet und

---

[13] Zur zugrundeliegenden Texttheorie vgl. Baßler: Die kulturpoetische Funktion.

den wir als das Prinzip der Literaturwissenschaft selbst benannt haben. Das gilt, wohlgemerkt, bereits bei Texten wie einem Privatbrief, der durchaus dem Zweck der Kommunikation dient – um wie viel stärker gilt es bei literarischen Texten!

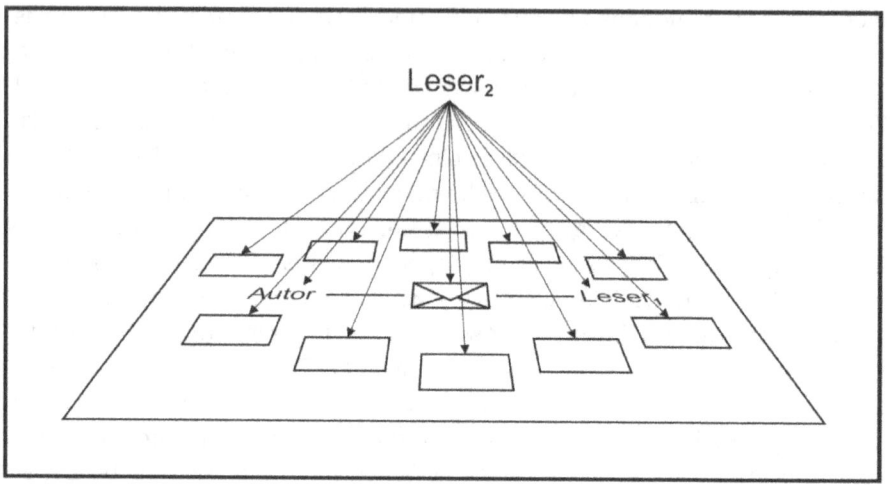

Abb. 1: Leserpositionen

Manche Kollegen argumentieren, sie selbst, und zwar auch als Leser $_2$, verlören sofort jedes Interesse an einem Text, sobald sich herausstellt, dass er nicht von einem Autor intentional verfasst ist (sondern zum Beispiel von einem Computerprogramm). Das ist aber kein systematisches, sondern ein rein pragmatisches Argument, dem entgegenzuhalten wäre: Semiotische Relevanz kann vielleicht, muss jedoch nicht intentional begründet sein oder werden. Wenn ich im Museum erst auf den zweiten Blick bemerke, dass die heruntergelassene Jalousie oder der Heizkörper nicht zur Ausstellung, sondern zur Raumausstattung gehört, gehe ich vielleicht peinlich berührt zum nächsten katalogisierten Objekt weiter – es bestünde aber durchaus die Möglichkeit einer sinnvollen (zum Beispiel kulturhistorischen, designkritischen oder ähnlichen) Lektüre auch der Jalousie (und sogar der Jalousie im Kontext der ausgestellten Werke).[14] Als kulturwissenschaftlich orientierter Literaturwissenschaftler gehe ich prinzipiell von der Möglichkeit aus (und habe durchaus auch das Interesse), vieles zu lesen, was nie mit einer konsistenten, personalisierbaren Intention verfasst wurde – auch an und in literarischen Texten.

---

[14] »Die Semiotik befaßt sich mit allem, was man als Zeichen *betrachten* kann« (Eco: Semiotik, S. 26).

Umgekehrt stelle ich an mir fest, dass sich mein literaturwissenschaftliches Interesse daran, Muster nachzuvollziehen, die ihre Intentionalität allzu sehr vor sich hertragen, deutlich in Grenzen hält. Es gibt ja Autoren wie sagen wir Arno Schmidt oder Helmut Krausser, die absichtlich irgendwelche Bedeutungen, Anspielungen und Rätsel wie Ostereier in ihren Texten verstecken und sich diebisch freuen, wenn selbst die professionellen Leser sie nicht (gleich) finden. Raten, was der Autor versteckt hat, ist aber für sich genommen keine der Literaturwissenschaft besonders würdige Aufgabe, sondern eher etwas für die Fangemeinde (die darin zumeist auch besser ist). Die meisten wissenschaftlichen Lektüren zielen auf andere Ebenen der Textbeobachtung, -beschreibung und -deutung als ein solches kultisches Lesen. Dabei können sie, anders als die Fans, durchaus auch unabhängig von oder sogar explizit gegen die unterstellte Intention des Autors lesen. Es ist allerdings richtig und vermutlich kein Zufall, dass es im hermeneutischen Paradigma immer wieder Konfusionen zwischen diesen beiden Arten von Lektüre gibt, etwa im Sinne Emil Staigers, der ausdrücklich verlangte, »daß jeder Gelehrte zugleich ein inniger Liebhaber sei, daß er mit schlichter Liebe beginne und Ehrfurcht all sein Tun begleite. [...] Das Kriterium des Gefühls wird auch das Kriterium der Wissenschaftlichkeit sein«.[15]

4

In den vergangenen Jahren gab es innerhalb der Literaturwissenschaften eine Reihe von Versuchen, das hermeneutische Paradigma neu zu plausibilisieren, ja womöglich seine Superiorität zu erweisen in Gestalt der sogenannten kognitiven Ansätze.[16] Dabei geht es um Versuche, das Lese- (und prospektiv auch Schreib-) Verhalten zu erfassen durch Abbildung der dabei ablaufenden neuronalen Prozesse. Wir erkennen das Grundmuster wieder: Das Wesentliche wird dabei erneut jenseits des Textes, jenseits von analysierbaren Zeichenverhältnissen gesehen, in einem Inneren, das diesmal naturwissenschaftlicher Analyse zugänglich sein soll. Das erscheint mir nun bereits im Ansatz naiv: Das wissenschaftliche Verstehen$_2$ richtet sich hier nicht mehr auf das textuelle Feld, sondern auf das Verstehen von L_1 bzw. dessen neuronale Entsprechung.[17] Im Modellieren seines naiven Textverstehens soll, so das Versprechen, eine Verwissen-

---

15 Staiger: Kunst der Interpretation, S. 10f.
16 Für eine erste Übersicht mit Bibliographie s. Zymner: Körper, Geist und Literatur.
17 Vgl. Winko: Verstehen, bes. S. 25f.

schaftlichung der Textwissenschaften erfolgen – ein Projekt, bei dem gleich drei Denkfehler zu erkennen sind:
(1) Gegenstand der Literaturwissenschaft ist nicht das Verstehen, schon gar nicht das ungeschulte, sondern der literarische Text. Man könnte hier von einem rezeptionstheoretischen Fehlschluss *(receptional fallacy)* sprechen.[18] Niemand würde schließlich auf die Idee kommen, das Hirn eines Biologen zu untersuchen, um etwas über den Frosch zu verstehen. Literatur im Kopf des Lesers ist aber nichts anderes als Vögel im Kopf des Ornithologen – vorausgesetzt, wir hätten es zumindest mit einem professionellen Leser zu tun.
(2) Selbst wenn ich eine komplette Spiegelung der Textphänomene in irgendeinem Gehirn und in analysierbarer Form vorliegen hätte, müsste ich ja zusätzlich auch die Phänomene selbst haben und analysieren, um zuordnen zu können. Andernfalls wüsste ich ja gar nicht, worauf sich die neuronalen Befunde beziehen lassen. Da würde ich doch sagen: Konzentrieren wir uns auf das, was wir können, nämlich die Analyse der Textbefunde, und zwar nicht hermeneutisch-verstehend, sondern strukturalistisch-deskriptiv, mit einer Methode also, die vom Vorwurf einer gewissen idiosynkratischen Beliebigkeit des Textverstehens nicht getroffen wird. Selbst zu einem eventuellen Dialog mit den Neurowissenschaften könnten wir dadurch im Zweifel am meisten beitragen.
(3) Literarische Semantik und die Bedeutung literarischer Texte entstehen niemals immanent (etwa durch Anwendung genau eines kognitiven Schemas), sondern immer nur paradigmatisch, das heißt im Vergleich mit anderen Größen, die im Moment der Textlektüre *in absentia* sind. Auch ein Frame oder Skript macht nur Sinn im Vergleich mit und im Unterschied zu anderen Frames. Nur auf diesem Wege kommen außerdem Bedeutungspluralismus und semantische Streuung zum Tragen.

Hier kann man, glaube ich, nur den Irrweg konstatieren. Man vergibt sich dabei auch nichts. So sind beispielsweise die ›kognitiven‹ Frames, die die Befürworter dieser Richtung immer wieder für sich reklamieren,[19] als Konzept schon lange

---

18 Ein solcher wird manifest in Formulierungen wie: »the real target of narrative analysis is the process by which interpreters reconstruct the storyworlds encoded in narratives« (Herman: Story Logic, S. 5). Nein! Ein Prozess kann überhaupt kein Ziel narratologischer Analyse sein, schon gar nicht rezeptionsseitig.
19 Die ›kognitiven‹ Frames, Skripte oder Schemata werden immer wieder als besondere Errungenschaften der Kognitionspoetik genannt. Vgl. etwa Stockwell: Cognitive Poetics, S. 75–90.

strukturalistisches Allgemeingut. Metonymische Zusammenhänge sind ja ganz generell über solche Frames definiert. Auch die kulturellen, hermeneutischen und proaïretischen Codes, die Barthes in *S/Z* diskutiert, konzeptualisieren dasselbe Phänomen bereits deutlich früher und tragen überdies – anders als die sich naturwissenschaftlich gerierende Kognitionspoetik – der Tatsache Rechnung, dass »[f]ast alle kognitiven *frames*, auf die sich Leser stützen, wenn sie einen Text naturalisieren [...] geschichtlich determiniert [...] und deshalb historisch und kulturell variabel« sind, wie Zerweck feststellt.[20] Daraus kann man aber nur den Schluss ziehen, dass sie dann auch nur kulturwissenschaftlich, also im Rückgriff auf historische Textarchive, zu analysieren sind. Unsere Aufgabe bestünde in jedem Fall darin, diese Schemata texttheoretisch zu formulieren und als rekurrente syntagmatische Muster im Archiv der Analyse zugänglich zu machen. – Der literaturwissenschaftliche Flirt mit den Kognitionswissenschaften entpuppt sich als der untaugliche Versuch einer Rettung der Hermeneutik in der Naturalisierung des Verstehens, einer Naturalisierung, die sich dieses Mal beinhart naturwissenschaftlich geriert. Im besten Falle bringen wir mit diesem Ansatz etwas über die Naturalisierungsstrategien des naiven Lesers L_1 heraus, nicht jedoch etwas über die Texte.

5

Wenden wir uns einem weiteren Residuum der Intention zu, dem Autor in der Narratologie. Auch hier herrscht vielfach[21] eine anthropomorphisierende Naturalisierung von Textinstanzen vor, die ihren klarsten Ausdruck in dem vermeintlichen Kontinuum findet, das vom Autor bis zum Leser reicht und somit die hermeneutische Achse der Intersubjektivität in den Text einschreibt. Vom Autor (A) ›nach innen‹, in Richtung Text, folgt der Implizite Autor (IA), als analysierbare Spur des Autors (und seiner Intention) im Text, dann der bzw. die Erzähler (E), ganz im Inneren des Textes die miteinander dialogisierenden Figuren (F), von denen aus es dann wieder ›nach außen‹ geht vom im Text angesprochenen (aL) über den Impliziten (IL) zum realen Leser (L).

$$A - IA - E - F1 - F2 - aL - IL - L$$

---

20 Zerweck: Der *cognitive turn*, S. 238.
21 Wenn auch längst nicht mehr überall, vgl. Fußnote 27.

Dieses Modell bringt nun allerdings Kategorien zusammen, die systematisch und analytisch überhaupt nicht auf einer Achse anzusiedeln sind. Dabei stützt es sich auf die allgemeine Vorstellung von der Entstehung eines Textes, die Gérard Genette wie folgt formuliert:

> Die tatsächliche Reihenfolge in einer nicht-fiktiven (bzw. historischen) Erzählung ist natürlich *Geschichte* (die vergangenen Ereignisse) – *Narration* (der narrative Akt des Historikers) – *Erzählung*: das Produkt dieses Akts, das diesen selbst eventuell oder virtuell als geschriebener Text, als Tonbandaufzeichnung oder im menschlichen Gedächtnis überdauern kann.[22]

Der Autor also will etwas bereits vor dem Text Gegebenes (die Geschichte) erzählen und tut das dann – immer noch vor dem Text – in der Narrationshandlung, deren Ergebnis der Text als Erzählung ist. Das ergibt einen metonymischen Frame Textentstehung. Aber Vorsicht: schon hier handelt es sich keineswegs um einen positiven Textbefund. Diese Entstehung ist uns mit dem Text ja nicht gegeben, schlimmer noch: Sie ist analytisch nicht zugänglich. Es handelt sich allenfalls um eine plausible, ›natürliche‹ Tiefenstrukturannahme, ausgedrückt in einer dynamischen Ermächtigungsmetapher. Die Instanz des ›Historikers‹, wie narratologisch üblich, ›Erzähler‹ zu nennen, rekurriert dabei auf ein Modell mündlichen Erzählens. Und es sei daran erinnert, dass man diese ganze Konstruktion in ein komplexes Als-ob-Modell transformieren muss, sobald es um fiktionale Texte geht.

Dies ist jedoch noch nicht das Genette'sche Modell literarischer Erzählung. Basisannahme seiner Narratologie ist vielmehr das Theorem, der Erzähler bringe die Diegese (*diégèse*) – »das raumzeitliche Universum der Erzählung«[23] mit seinen Regeln und Figuren – erzählend allererst hervor. »Die narrative Instanz einer ersten Erzählung ist also per definitionem extradiegetisch«.[24] Dieser Erzähler als hervorbringende Instanz wird dabei vorgestellt als Person – in Analogie also zur Person des Autors oder auch zu Figuren innerhalb der Diegese. Durch diesen Naturalisierungseffekt gerät ein reiner Texteffekt, der Erzähler, unmerklich auf eine Achse mit dem Autor. Als eine solche Person, so folgert Genette dann konsequent weiter, könne auch ein nicht-manifester heterodiegetischer Erzähler im Prinzip jederzeit »ich« sagen, selbst wenn die Erzählinstanz im ganzen Text nicht ein einziges Mal manifest wird. »Sofern sich der Erzähler

---

22 Genette: Erzählung, S. 199.
23 Ebd., S. 313. Der Begriff stammt von Etienne Souriau (Die Struktur des filmischen Universums [1951]).
24 Genette: Erzählung, S. 163.

jederzeit *als solcher* in die Erzählung einmischen kann, steht jede Narration per definitonem virtuell in der ersten Person«.[25] Unglaublich eigentlich!

Genettes Modell literarischer Erzählung nimmt also einerseits, wie im Fall der faktualen Erzählung, eine personale Stimme an. Andererseits soll diese Stimme die Welt, von der sie erzählt, im Erzählakt erst hervorbringen, sich also nicht auf sie als etwas Vorgängiges beziehen. Wunderlicherweise ist sie daher nicht als Ursprung des Textes konzipiert, sondern als Ursprung der Diegese. Wie soll man das verstehen? Genette geht ausdrücklich davon aus, dass der fiktionale Text einen faktualen vortäuscht:

> [I]n der Fiktion wird diese reale narrative Situation vorgetäuscht (und genau diese Vortäuschung oder *Simulation* [...] definiert das Fiktionswerk), aber die wirkliche Reihenfolge dürfte eher etwas sein wie Narration »zuerst« und dann das simultane Erscheinen von (erfundener) Geschichte und Erzählung, die hier nicht voneinander zu trennen sind.[26]

Ich fürchte, dass Genette hier seinen eigenen Ermächtigungsmetaphern aufsitzt. Der fiktionale Text simuliert eben nicht nur die *histoire*, sondern auch die Narration selbst – der analysierbare Erzähler ist, wie gesagt, ein reiner Texteffekt. Hier scheint mir ein echter Fehler vorzuliegen – man kann von jedem Text aus auf eine faktuale hervorbringende Instanz schließen (so wie wir von einem Kinofilm auf vorhergehende Dreharbeiten schließen können), diese Instanz ist aber eben nicht der homo- oder heterodiegetische Erzähler des fiktionalen Textes. Erzähler und Autor sind auf völlig verschiedenen kategorialen Ebenen anzusiedeln. Bei Genette entsteht unterschwellig genau jene »falsche Deckungsgleichheit zwischen Ausgangspunkt, Entstehung und Ergebnis«, die Heiser kritisiert – und zwar erneut als Naturalisierungseffekt. Die wirkliche Reihenfolge ist eben nicht: erst der Erzählakt, der zugleich Diegese und Text hervorbringt, wie Genette meint, sondern: erst der Text, der zugleich Erzähler und Diegese hervorbringt. Das ist unser Syntagma-Paradigma-Modell, und es erlaubt, ausgehend vom Text, die positive Analyse unter anderem von Erzähler und Diegese (aber nicht des Autors und seiner Intention). Es lässt sich historisch ergänzen durch ein indexikalisches Modell, das die Hervorbringung des Textes durch seinen Verfasser beschreibt, der aber – das dürfte unstrittig sein – nicht der Erzähler ist, wie denn auch das historische Modell streng genommen kein narratologisches mehr ist.

Mit dieser, wie ich meine, allfälligen, texttheoretisch inspirierten Korrektur müssen wir uns, wie gesagt, vom eleganten personalen Kontinuum zwischen

---

25 Ebd., S. 175.
26 Ebd., S. 200.

Autor, Erzähler, Figur und Leser verabschieden. Die jeweiligen Beziehungen liegen einfach nicht auf derselben Ebene. Dafür werden, soviel sei hier nur angedeutet, eine ganze Reihe von Problemen, die die Narratologie seit langem umtreiben, auf einmal hinfällig. Zum Beispiel besteht jetzt kein Zwang mehr, Texten ohne manifeste Erzählinstanz auf Krampf einen personenförmigen Erzähler zuordnen zu müssen, der jederzeit »ich« sagen kann. Ein Text kann narrativ sein, ohne einen solchen Erzähler zu fingieren. Das erhöht nebenbei die Kompatibilität mit der Narratologie des Films und anderer Medien beträchtlich.[27] – Dabei bleibt natürlich unbestritten, dass zahlreiche fiktionale Texte explizit Erzählerfiguren einführen. In solchen Fällen kommt der Text dann zweimal vor: einmal faktual als materiale Basis der Narration und einmal fiktional als Ergebnis des in ihm fingierten Erzählaktes.

Der Autor im Text, also der Implizite Autor, ist analytisch immer sekundär gegenüber dem Text und kann daher redlicherweise nicht als dessen Vergangenheit, Ursprung und Garant der Intention konstruiert werden. Argumentiert man im historischen Modell der Textentstehung, dann ist die Gleichsetzung von Implizitem Autor mit dem Autor, wie Kindt und Müller sie vorschlagen,[28] zwar richtig, aber eben auch trivial. Vor allem rückt sie den Autor und seine Intention keinen Deut näher an die Analysierbarkeit.

6

Abschließend könnte man fragen, ob nicht der Autor im Dispositiv der Popkultur, als Star, mit seiner persönlichen Intentionalität zurückkehre. Wenn wir bei Goethe und Benn die Person als Funktion des Œuvres benannt haben, dann könnte man vielleicht argumentieren, dass bei Autoren wie Benjamin von Stuckrad-Barre oder Charlotte Roche das Œuvre vielfach umgekehrt vor allem als Funktion der Person wahrgenommen wird. Hier wäre allerdings zu fragen: Was für eine Person? Ist das noch die klassische hermeneutische Subjekteinheit von Körper, Geschichte und Intention? Wohl kaum. Susan Sontag hat den Be-

---

27 Diese Position wird in der Narratologie, und nicht nur der des Films, denn auch bereits vielfach vertreten. Monika Fludernik ist zuzustimmen: »to hypostatize the existence of an anthropomorphized narrator figure in reflector mode narratives [und, so wäre zu ergänzen, in neutralen Erzählungen ohne manifesten Erzähler] is a type of naturalization on the part of literary critics. Like ordinary readers, critics import a scenario of ›somebody must be telling this story‹ into the text [...], thereby positing that we *always* have a communicational basic frame« (Metanarrative and Metafictional Commentary, S. 33).
28 Kindt / Müller: Der ›implizite Autor‹, S. 285.

griff ›*instant character*‹ geprägt; damit ist eine hoch wiedererkennbare Kombination aus äußeren Merkmalen, erwartbaren Positionen und Verfahren benannt: »Character is understood as a state of continual incandescence – a person being one, very intense thing«.[29] Medien-Personae wie beispielsweise der späte Heiner Müller (mit Hornbrille, Lederjacke, Zigarre und Whiskyglas) oder die schwarz gekleidete, grell geschminkte Nina Hagen seit *Nina Hagen Band* (1978) sind damit treffend bezeichnet: Die Persona codiert hier eine spezifische Diskurskonstellation, eine Systemstelle im medialen Feld. Der Popstar ist damit vielleicht der ultimative Mythos – die Naturalisierung einer Systemstelle im Markt- und Medienverbund als Person.

Entsprechend lässt er sich nicht mehr Instanz hinter (beziehungsweise zeitlich: vor) dem Text begreifen, sondern wird selber lesbar als Text: Wie der Barthes'sche Leser hat die Popikone keine Psychologie, keine Biographie und keine Geschichte, sondern ist jene Konstellation, in der, beziehungsweise jener Ort, an dem sich die für sie spezifischen Diskurselemente ein für alle Mal einschreiben. Elvis lebt! Generell gilt für den ästhetischen Modus der Massen-, Markt- und Medienkultur, der sich seit Sontags *Notes on »Camp«* aus dem Jahre 1964 von einer schwulen New Yorker Minderheitenkultur zu einem globalen, dominanten Modus ›Pop‹ ausdifferenziert hat, dass die nicht-naive Rezeption von kulturindustriellen Phänomenen ohne die Kategorie der Intentionalität auskommt: »The pure examples of Camp are unintentional«, und dabei handelt es sich nicht selten um ikonische Stars wie zum Beispiel Greta Garbo, Jane Russell, Steve Reeves oder Bette Davis. Aber gerade auch für die Werke gilt: »One doesn't need to know the artist's private intentions«, um sie ästhetisch zu schätzen. »The work tells all«.[30] Selbstverständlich gibt es, wie in der Literatur, auch im Pop die auf Authentizität gerichtete, naturalisierende Rezeption, die ungebrochene kultische Verehrung.[31] Dominant bereits in der vorwissenschaftlichen Rezeption (sogar in der, die man ›Kult‹ nennt) sind aber Modi der reflektierten Aneignung, wie Sontag sie 1964 erstmals beschrieben hat. Das unterscheidet sie gerade von der Hochkunst, bei der wir Sontag zufolge immer noch gern Intentionalität unterstellen: »We assume a proper, that is to say, straightforward relation between intention and performance« in der *Ilias*, bei Bach, Rembrandt oder Beethoven[32] – allerdings wird auch dieser Modus einer ernsthaften, gläubigen Rezeption von Kunst durch Camp generell in Frage gestellt.

---

29 Sontag: Notes on ›Camp‹ [1964], S. 286.
30 Ebd., S. 282.
31 Vgl. etwa Barker/ Taylor: Faking It.
32 Sontag: Notes on ›Camp‹, S. 286.

Camp, Trash, Exploitation, Pulp, Kult, Punk oder schlicht Pop – von einem irgendwie wesentlichen Innen, dessen Intention die Äußerungen mit Bedeutung versieht, sind wir hier jedenfalls weiter entfernt denn je.

***

Ob es tatsächlich, wie Eibl meint, eine biologische Disposition oder vielleicht doch eher eine kulturell eingeübte Praxis ist – der Mensch tendiert offenkundig dazu, Phänomene als intentionale zu naturalisieren: Wo ein Blitz ist, muss ihn ein Gott geschleudert haben, wo ein Sinn ist, hat ihn ein Autor hineingelegt – *intelligent design*. Diese Gewohnheit erfüllt sicher pragmatisch eine Reihe von Zwecken, als textanalytisches Werkzeug ist sie jedoch nicht positivierbar. Oder anders gesagt: Wir mögen ›natürlicherweise‹ in vielen Fällen von Intentionalität ausgehen und damit im Alltag auch Erfolg haben; in dem Moment aber, da, und in dem Maße, wie wir eine spezifische Intention eines literarischen Textes wissenschaftlich belegen sollen, löst sich der personalisierte Sinn in das auf, was er – jenseits des Mythos – immer schon war: ein Verhältnis zwischen Textbefunden.

Bibliographie

Barker, Hugh / Yuval Taylor: *Faking It. The Quest for Authenticity in Popular Music.* London 2007.
Barthes, Roland: »Der Tod des Autors« [1968]. Übers. v. Matías Martínez. In: Wirth, Uwe (Hrsg.): *Performanz. Zwischen Sprachphilosophie und Kulturwissenschaften.* Frankfurt a. M. 2002, S. 104–110.
Barthes, Roland: *Mythen des Alltags* [1957]. Übers. v. Horst Brühmann. Frankfurt 2010.
Baßler, Moritz: *Die kulturpoetische Funktion und das Archiv. Eine literaturwissenschaftliche Text-Kontext-Theorie.* Tübingen 2005.
Beardsley, Monroe C. / W.K. Wimsatt, jr.: »The Intentional Fallacy«. In: W.K.W.: *The Verbal Icon. Studies in the Meaning of Poetry.* New York 1954, S. 3–18.
Danneberg, Lutz / Hans-Harald Müller: »Der ›intentionale Fehlschluß‹ – ein Dogma? Systematischer Forschungsbericht zur Kontroverse um eine intentionalistische Konzeption in den Textwissenschaften«. In: *Zeitschrift für allgemeine Wissenschaftstheorie* XIV/1 (1983), S. 103–137, und XIV/2 (1983), S. 376–411.
Eco, Umberto: *Semiotik. Entwurf einer Theorie der Zeichen.* Übers. v. Günter Memmert. München 1987.
Eibl, Karl: »Der ›Autor‹ als biologische Disposition«. In: Jannidis, Fotis / Gerhard Lauer / Matías Martínez / Simone Winko (Hrsg.): *Rückkehr des Autors. Zur Erneuerung eines umstrittenen Begriffs.* Tübingen 1999, S. 47–60.
Fludernik, Monika: »Metanarrative and Metafictional Commentary. From Metadiscursivity to Metanarration and Metafiction«. In: *Poetica* 35 (2003), S. 1–39.

Genette, Gérard: *Die Erzählung*. Übers. v. Andreas Knop. München 1994.
Greenblatt, Stephen: »Murdering Peasants. Status, Genre, and the Representation of Rebellion« [1983]. In: *Learning to Curse. Essays in Early Modern Culture*. New York / London 1990, S. 99–130.
Heiser, Jörg: *Plötzlich diese Übersicht. Was gute zeitgenössische Kunst ausmacht*. 3. Aufl. Berlin 2007.
Herman, David: *Story Logic. Problems and Possibilities of Narrative*. Lincoln 2002.
Kindt, Tom /Hans-Harald Müller: »Der ›implizite Autor‹. Zur Explikation und Verwendung eines umstrittenen Begriffs«. In: Jannidis, Fotis / Gerhard Lauer / Matías Martínez / Simone Winko (Hrsg.): *Rückkehr des Autors. Zur Erneuerung eines umstrittenen Begriffs*. Tübingen 1999, S. 273–287.
Nietzsche, Friedrich: Götzen-Dämmerung oder Wie man mit dem Hammer philosophiert. In: *Sämtliche Werke. Kritische Studienausgabe in 15 Bdn.* Bd. 6. München 1980, S. 55–161.
Sontag, Susan: »Notes on ›Camp‹« [1964]. In: *Against Interpretation*. London 2001, S. 275–292.
Souriau, Etienne: »Die Struktur des filmischen Universums und das Vokabular der Filmologie« [1951]. In: *montage/av* 6/2 (1997), S. 140–157.
Staiger, Emil: *Die Kunst der Interpretation*. In: *Die Kunst der Interpretation. Studien zur deutschen Literaturgeschichte*. 5. Aufl. München 1982, S. 7–28.
Stockwell, Peter: *Cognitive Poetics. An Introduction*. London / New York 2002.
Winko, Simone: »Verstehen literarischer Texte versus literarisches Verstehen von Texten? Zur Relevanz kognitionspsychologischer Verstehensforschung für das hermeneutische Paradigma der Literaturwissenschaft«. In: *DVjs* 69 (1995), S. 1–27.
Zerweck Bruno: »Der cognitive turn in der Erzähltheorie. Kognitive und ›natürliche‹ Narratologie«. In: Nünning, Ansgar / Vera Nünning (Hrsg.) *Neue Ansätze in der Erzähltheorie*. Trier 2002, S. 219–242.
Zymner, Rüdiger: »Körper, Geist und Literatur. Perspektiven der ›Kognitiven Literaturwissenschaft‹ – eine kritische Bestandsaufnahme«. In: Huber, Martin / Simone Winko (Hrsg.): *Literatur und Kognition. Bestandsaufnahmen und Perspektiven eines Arbeitsfeldes*. Paderborn 2009, S. 135–154.

Fotis Jannidis
Der Autor ganz nah

Autorstil in Stilistik und Stilometrie

Abstract: Ausgehend von Foucaults These, das als Autorstil wahrgenommene Phänomen sei eine bloße Projektion des Rezipienten, entwickelt der Aufsatz in Auseinandersetzung mit Positionen der linguistischen und literaturwissenschaftlichen Stilistik sowie der Stilometrie, also der korpusbasierten, quantitativen Stilforschung, Unterschiede und Gemeinsamkeiten des Begriffs Autorstil in den genannten Forschungstraditionen. Unterschieden wird zwischen einer starken Variante des Begriffs (*alle* Texte eines Autors weisen charakteristische gemeinsame Merkmale auf) und einer schwachen Variante (*einige* Texte eines Autors, z.B. die Texte einer Gattung, weisen charakteristische gemeinsame Merkmale auf). Unterschieden wird auch zwischen den Verfahren zur Feststellung von Autorstil: die umfassende Charakterisierung erstellt eine vollständige, evtl. auch ganzheitliche Beschreibung des Autorstils. Weniger anspruchsvoll ist die unterscheidende Beschreibung, die lediglich Texte eines Autors von denen anderer Autoren zu differenzieren weiß.

Entscheidend für den Diskussionskontext des vorliegenden Bandes ist die Feststellung, dass Autorstil im Sinne des oben skizzierten schwachen Konzepts sehr häufig nachgewiesen worden ist – unabhängig vom wahrnehmenden Rezipienten. Allerdings beruhen die spezfischen Algorithmen, die dies ermöglichen, keineswegs auf den immer gleichen Merkmalen; es gibt also keine Merkmalskombination, mit der stets optimal zwischen Texten verschiedener Autoren zu differenzieren ist. Gerade diese Einsicht ist inzwischen sogar zu einer wesentlichen Maxime des Standardmodells der Stilometrie avanciert.

1

Im April 2013 erschien der Roman *The Cuckoo's Calling* von Robert Galbraith, der sich nur mäßig verkaufte, aber gute Kritiken erhielt. Im Juli wurde bekannt, dass es sich um ein Werk von J.K Rowling handelt. Inzwischen weiß man, dass die Zeitung, die diese Nachricht als erste brachte, einen anonymen Tipp erhielt und sich dann an zwei Spezialisten für Autorschaftszuschreibung wandte. Sie untersuchten den Text mit den Methoden der Stilometrie und kamen übereinstimmend zu dem Schluss, dass Rowling tatsächlich die Autorin des Textes sei, was sie auch kurze Zeit später bestätigte. Nach der Bekanntgabe schnellten die Verkaufszahlen in die Höhe. Diese Geschichte könnte kaum entfernter sein von der akademischen Literaturwissenschaft, deren Verhältnis zum Autorbegriff immer noch von Ablehnung und Misstrauen geprägt ist. Selbst solche Belege, dass es erfolgreich gelingen kann, unbekannte Autorschaft aufzudecken, haben bis jetzt wenig daran geändert.

In vielen Strategien, die das Konzept ›Autor‹ marginalisieren, wirkt immer noch die These, dass der Autor tot sei, auf jeden Fall uninteressant und wahrscheinlich sogar überflüssig für die literatur- oder kulturwissenschaftliche Arbeit. Tot – da gibt es doch diese Texte von Barthes und Foucault, die das zeigen. Uninteressant, da andere Bezüge doch fundamentaler und ergiebiger seien. Und überflüssig, weil man das Konzept ›Autor‹ für eine der wichtigsten textwissenschaftlichen Operationen, die Interpretation, nicht brauche. Bei genauerer Betrachtung erweisen sich diese drei Argumentationsfiguren jedoch als wenig robust. Die radikale Ermächtigung des Lesers bei Barthes schlägt eine Richtung ein, in die letztlich doch nur wenige gehen wollen, da nicht abzusehen ist, wie hier der reinen Beliebigkeit und Gleichwertigkeit aller Stellungnahmen zu einem Text zu entgehen ist. Viele folgen da eher Foucault, dessen historische Gegenüberstellung von Mittelalter und Neuzeit in der Verwendung des Autors doch erwiesen habe, dass der Autor tatsächlich eine Projektion auf Seiten des Lesers, eine Hervorbringung des Diskurses sei. Gerade weil der literarische Diskurs im Mittelalter keinen Autor kenne, heute aber davon beherrscht sei, würde deutlich, dass der Autor keine wirkliche Notwendigkeit im Umgang mit Literatur darstelle, sondern als ›Autorfunktion‹ nur von den Regeln des Diskurses abhänge. Die historische Forschung hat inzwischen auch in diesem Punkt deutlich gezeigt, dass Foucault in seinem oft zitierten Aufsatz die geschichtlichen Tatsachen bis zur Unkenntlichkeit vereinfacht hat und der einfache Chiasmus, der seine Argumentation trägt, eine unbrauchbare historische Konstruktion darstellt.[1] Foucaults Text hat also unbestreitbar das wissenschaftshistorische Verdienst, eine ganze Welle von Forschung angestoßen zu haben, die zwar seine ursprünglichen Thesen in vielen wichtigen Punkten widerlegt hat, aber durch die eine neue Perspektive und Frageweise überhaupt erst üblich wurde. Zu diesen Fragen ist, obwohl nicht weithin im Fach rezipiert, doch vieles Vernünftige und Erhellendes schon gesagt worden und das schon seit Jahrzehnten – die Herausgeber dieses Bandes gehen auf diese Entwicklung genauer ein. Insbesondere zur Frage der Bedeutung, also der Interpretation von literarischen Texten und der Rolle, die das Konzept Autor dabei spielt, scheinen mir die

---

[1] Vgl. etwa Bein: Zum ›Autor‹.

überzeugendsten Argumente bereits präsentiert und zu einer weitgehenden Differenzierung der Perspektiven auf den Begriff ›Autor‹ geführt zu haben. [2]

Ich will daher im Folgenden nicht dort ansetzen, sondern von einem anderen Aspekt ausgehen, der ebenfalls schon vor 20 Jahren diskutiert wurde, in der nachfolgenden Debatte aber keine Rolle gespielt hat: der Autor als stilistische Einheit. Foucault nennt bekanntlich mit Bezug auf den heiligen Hieronymus vier Kriterien als Kern der zeitgenössischen literaturwissenschaftlichen Definition von Autor: der Autor als konstantes Wertniveau, der Autor als Feld eines begrifflichen Zusammenhangs, der Autor als stilistische Einheit und der Autor als historischer Augenblick.[3] Über den Autor als stilistische Einheit in der Verwendung durch die Literaturkritik und -wissenschaft heißt es: »Schließlich ist der Autor ein bestimmter Brennpunkt des Ausdrucks, der sich in mehr oder minder vollendeter Form genauso und im gleichen Wert in den Werken, den Skizzen, den Briefen und den Fragmenten offenbart«.[4] Und auch diese Auffassung ist von seinem berühmten Verdikt betroffen:

> [T]atsächlich aber ist das, was man an einem Individuum als Autor bezeichnet (oder das, was aus einem Individuum einen Autor macht)[,] nur die mehr bis minder psychologisierende Projektion der Behandlung, die man Texten angedeihen läßt, der Annäherungen, die man vornimmt, der Merkmale, die man für erheblich hält, der Kontinuitäten, die man zuläßt, oder der Ausschlüsse, die man macht.[5]

Die Literaturwissenschaft, die Foucault hier wahrscheinlich vor Augen hat, ist von der Stilkritik Leo Spitzers geprägt: In einer intuitiv geleiteten, textnahen Analyse wird der besondere Wert des (kanonisierten) literarischen Textes ausgestellt. Da diese Art der Stilistik heute höchst selten zu finden ist, könnte man auch Foucaults Auseinandersetzung mit ihr zu den wissenschaftshistorischen Akten legen. Aber tatsächlich enthalten seine Überlegungen ja neben dem evaluativen Aspekt auch eine interessante sachliche These zum Stil: Der Autorstil, der angeblich in den Texten eines Autors sichtbar werde, sei nur eine Projektion des Lesers.

Wir können diese These nun etwas differenzieren. In ihrer starken Variante würde sie lauten: *Alle* Texte eines Autors, also unabhängig von der Gattung, dem Alter des Autors und anderen Faktoren, weisen einen einheitlichen Stil auf. In ihrer schwächeren Variante würde sie lauten: *Mehrere* Texte eines Autors

---

2 Vgl. z.B. Jannidis / Lauer u. a. (Hrsg.): Rückkehr; Winko: Autor-Funktionen; Spoerhase Autorschaft.
3 Foucault: Was ist ein Autor?, S. 215.
4 Ebd., S. 216.
5 Ebd., S. 214.

weisen einen einheitlichen Stil auf. Offensichtlich unterscheiden sich die Thesen vor allem durch die Eigenschaften, die dem Autorstil zugeschrieben werden. Ein starkes Konzept von Autorstil impliziert, dass er in allen Texten nachweisbar ist, während das schwache Konzept schon mit dem Nachweis zufrieden ist, dass mehrere Texte des gleichen Autors einen einheitlichen Stil aufweisen.

Was heißt hierbei nun »einen einheitlichen Stil aufweisen« und wie kann man prüfen, ob dieser Sachverhalt vorliegt? Ein anspruchsvoller Test würde darin bestehen, dass man jeweils eine vollständige Beschreibung des Stils der Texte erstellt, eine umfassende Charakterisierung, und prüft, ob diese Beschreibungen dann bei Texten des gleichen Autors übereinstimmen, während sie zugleich mit den Beschreibungen anderer Autoren nicht übereinstimmen. Deutlich moderater wäre ein Test, dem es gelingt, aufgrund bestimmter Merkmale und Merkmalskombinationen die Texte eines Autors von den Texten anderer Autoren zu unterscheiden, also ein individualisierendes oder unterscheidendes Verfahren. Und noch ein weiterer Punkt verdient hier Beachtung: Gilt der Test gescheitert, wenn es auch nur bei einem Autor nicht gelingt, seine Texte von den Texten anderer zu unterscheiden? Oder gehen wir umgekehrt davon aus, dass es bereits reicht, wenn es uns überzufällig häufig gelingt, Texte eines Autors zusammen zu gruppieren?[6]

Ziel der nachstehenden Überlegungen ist es in erster Linie, den Begriff Autorstil in Stilistik und Stilometrie zu klären und vor allem auch die Wissensdefizite in Bezug auf diesen Begriff in der Stilometrie herauszuarbeiten. Ich werde dabei zwischen den hermeneutischen (bzw. qualitativen) und den empirischen Konzepten von Autorstil unterschieden, auch wenn diese offensichtlich oft eng verwandt sind und sie wissenschaftsgeschichtlich eng miteinander verbunden sind. (I.) Zuerst werden die Begriffe ›Stil‹ und ›Autorstil‹ der Stilistik rekonstruiert. In einem zweiten Schritt (II.) werde ich ein Verfahren der Stilometrie, Burrows Delta, genauer untersuchen, um herauszuarbeiten, in welcher Weise

---

6 Bekannte Vertreter der Stilometrie wie John Burrows oder Hugh Craig haben sich kritisch mit Foucault auseinandergesetzt und festgestellt, dass seine Thesen nur schlecht mit den Befunden der Stilometrie zu vereinbaren seien. Burrows demonstriert u. a. an einem auf den 20 häufigsten Wörtern beruhenden Vergleich zwischen Texten von Rochester und Behn, dass sich konsistent und mit großer Wahrscheinlichkeit systematisch zwischen Texten zweier Autoren differenzieren lässt (Burrows: Computers). Craig zeigt mittels einer Clusteranalyse auf der Basis der 150 häufigsten Wörter in 100 Dramen von Shakespeare und seinen Zeitgenossen, dass sich das Autorsignal sogar sehr viel deutlicher zeigt als das der Gattung oder Datierung (Craig: Is the Author really Dead?). Sie widerlegen also erfolgreich die schwächere Variante der These, verwenden dabei ein unterscheidendes Verfahren und setzen voraus, dass ein Test bereits mit Wahrscheinlichkeitsaussagen valide Ergebnisse erbringt.

quantitative Verfahren zur Beantwortung der oben aufgeworfenen Fragen beitragen. (III.) Abschließend diskutiere ich, wie ›Autorstil‹ in der Stilometrie nun gefasst werden kann und auch welche Forschungsperspektiven sich daraus ergeben.

Stets werden dabei auch die Verfahren zur Ermittlung eines spezifischen Autorstils beziehungsweise zur Zuschreibung von Autorschaft thematisiert. Die Verfahren lassen Rückschlüsse auf die zugrundeliegenden Konzepte zu, sind aber nicht mit ihnen identisch und weisen evtl. einen Überschuss an Merkmalen auf, der nicht in den Verfahren, sondern nur in der diskursiven Verwendung der Begriffe sichtbar wird, oder sie enthalten deutlich weniger Informationen, da sie nur für die Unterscheidung von Autoren verwendet werden, nicht aber für eine vollständige Beschreibung des Autorstils.[7]

2

Der Begriff ›Stil‹ ist, wie die meisten geistes- und kulturwissenschaftlichen Begriffe notorisch schwer zu definieren. Im Folgenden kann es daher auch nicht darum gehen, einen Überblick über die komplexe Diskussion um das Phänomen ›Stil‹ zu bieten.[8] Vielmehr soll es darum gehen, einige Aspekte zu diskutieren, die in vielen Definitionen eine Rolle spielen, Verfahren zur Ermittlung des Stils von Autoren zu beschreiben und außerdem genauer auf den Begriff Autorstil einzugehen.

Die komplexe Intension des Begriffs Stil im Kontext der linguistischen Diskussion kann man gut an der Struktur des HSK Bands »Rhetorik und Stilistik 2« ablesen. Als Dimensionen des Stils werden Kultur, Moral, Zeichen, Bedeutung, Grammatik, Individuum, Sozialität und Epoche genannt. Hinzukommen Aspekte wie Muster und Abweichung, Situation, Handlung sowie Ganzheitlichkeit als wichtige Bausteine einer Explikation von ›Stil‹. Im Kontext dieses Aufsatzes geht es ja vor allem um das Phänomen des Autorstils, das in der Linguistik als

---

7 Ausgegangen wird von einem Begriff von ›Begriff‹, der für eine angemessene Beschreibung eine nach Prototypikalität geordnete Merkmalsliste angereichert um die Regeln der Verwendung des Begriffs vorsieht.
8 Der vielzitierte Abriss von Gumbrecht (Schwindende Stabilität) mit seiner insbesondere in der Neuzeit sehr idiosynkratischen Auswahl kann angesichts des reichen Materials im ersten Band von Fix /Gardt / Knape ([Hrsg.]: Rhetorik) als endgültig überholt gelten. Eine Geschichte der modernen literaturwissenschaftlichen Stilistik fehlt noch; Ansätze finden sich bei Meyer: Stilanalyse. Ich werde mich im Folgenden aus zeitökonomischen Gründen weitgehend auf die deutschsprachige Diskussion konzentrieren.

Personal- oder Individualstil diskutiert wird und häufig mit dem allgemeineren Begriff des Idiolekts verbunden ist. Als ›Idiolekt‹ wird in der Linguistik der »Sprachbesitz eines Individuums«, »seine sprachliche Verhaltensweise«, »die individuelle Realisierung des Sprachsystems« sowie die »Gesamtheit sprecherunterscheidender sprachlicher Besonderheiten« bezeichnet.[9] Zu beobachten ist die sprachliche Realität immer nur in einzelnen Äußerungsakten, zugleich aber bedarf es für das Gelingen der Kommunikation die von den Kommunikationspartnern geteilte Kenntnis eines überindividuellen Codes, daher finden sich in der Sprachwissenschaft Positionen, die jeweils dem einen der beiden Pole eine größere Wichtigkeit zuschreiben.[10] Im Stilbegriff wird die gleiche Spannung, die der Begriff Idiolekt in Bezug auf das Verhältnis von sprachlicher Äußerung von Individuen und dem Sprachsystem formuliert, auf den Gegensatz von individueller Realisierung eines sprachlichen Musters und dem Muster beziehungsweise den typischen Realisierungen des Musters bezogen.

Stil wird häufig als Wahl bestimmt; nach dieser Auffassung wird Stil dort sichtbar, wo eine Wahl besteht.[11] Diese Wahl kann bewusst und unbewusst sein – die meisten Stilkonzepte schließen beides ein; sie können außerdem markiert und unmarkiert sein. Die Beschreibung von Autorstil in traditioneller Linguistik und Literaturwissenschaft geht zumeist davon aus, dass besonders die markierte Wahl relevant ist. Grundlage dieser Beschreibung scheint zumeist das Sprachempfinden des Interpreten zu sein, manchmal auch Verweise auf Normen, deren Gültigkeit mit Korpusauswertungen belegt werden. In der modernen Linguistik seit den 1980er Jahren wird auch die unmarkierte Auswahl als relevant für die Stilanalyse gesehen.

In der Linguistik wird Stil, im Gegensatz zur literaturwissenschaftlichen Stilistik, zumeist handlungstheoretisch gefasst und nicht vor allem als Summe von Textmerkmalen.[12] Autor und Rezipient, etwa in Form von Handlungsabsicht und Textwirkung, ergeben einen Interpretationskontext von stilistischen Merk-

---

9 Alle Zitate Oksaar: Ideolekt, S. 37.
10 Vgl. Barber: Ideolects.
11 Z. B. Sowinksi: Stilistik, S. 23ff.; Sandig: Stilistik, S. 39ff.; Eroms: Stil, S. 23f.; Breuer / Spiess (Hrsg.): Textprofile, S. 9ff. Nach Püschel zeigt dies den Erfolg eines bestimmten strukturalistischen Stilbegriffs (Püschel: Stilistik, S. 172). Nach Fobbe ist das Konzept von Stil als Wahl auch für die forensische Arbeit besonders geeignet (Fobbe: Linguistik, S. 118f.).
12 Vgl. etwa Sandig: Stilistik, und Sandig: Handlung; Moennighoffs literarische Stilistik dagegen besteht weitgehend aus einer Liste von Stilmerkmalen, wenn er auch selbst eingangs zustimmend darauf hinweist, dass Stil oft als holistische Kategorie angesehen wird (Moennighoff: Stilistik). Ganz ähnlich konzentrieren sich Göttert / Jungen auf die Analyse von Textmerkmalen, die – im Sinne der Deviationsstilistik – besonders auffällig sind (Götter / Jungen: Einführung).

malen, zum Beispiel welche Funktion ein Stil hat. Damit ist keine Innovation bei der Beschreibung der textuellen Merkmale verbunden, aber man kann so erfassen, was als ›Stilbedeutung‹, als ein ›Mehr, eine zusätzliche Bedeutung‹[13] beschrieben worden ist.

Umstritten ist die Frage, inwieweit Stil eine ganzheitliche Kategorie ist. Schon Wolfgang Kayser, ein Vertreter der literaturwissenschaftlichen Stilforschung, betont, dass die Aufzählung der Stilebenen nur heuristischen Wert hat und eine strenge Orientierung an deren ›Tabellen‹ zu einer Zerstörung der ›Einheit des Stils‹ führen würde.[14] Seine Beschreibung des weitgehend intuitiven Prozesses der Stilanalyse zeigt, dass ausgehend von der wahrgenommenen Einheit des Stils dann die markanteren Merkmale in ihrem Beitrag zu diesem Gestalteindruck untersucht werden sollen und dabei auch die Wechselwirkungen der verschiedenen Sprachebenen individuell zu berücksichtigen sind. Abraham (2009) betont ebenfalls den holistischen Aspekt des Stilbegriffs: »Stil [ist] mehr als die Summe der vom Autor benutzten rhetorischen Figuren, stillagenspezifischen Vokabeln oder dergleichen«.[15] Stil sei daher ein Gestaltphänomen. Er kann für diese Position immerhin so renommierte Linguisten wie Ulla Fix oder Ulrich Püschel anführen.

Allerdings ergibt sich daraus ein handwerkliches Problem: Wie analysiert man Stil, wenn nicht über die einzelnen stilistischen Merkmale? Und wenn man ihn mittels einzelner Merkmale analysiert, wie gelangt man dann zu dem die Bausteine übersteigenden Ganzen? Abrahams wenig überzeugende Lösung für die erste Frage besteht darin, dass er den Begriff ›Klang‹ heranzieht und Stil zu einem vornehmlich rezeptionsästhetischen Phänomen machen will. Ulla Fix hebt hervor, dass ›Gestalt‹ »aufgrund der Handlungs-, Ganzheits- und Sinnvorstellung, die sie prägen«, unentbehrlich ist für eine handlungstheoretisch-pragmatische Stilistik, wie sie sie vertritt.[16] Eine ihrer zentralen Thesen lautet daher auch: »Gestalten ist auf Einheitlichkeit gerichtetes subsidiäres sprachliches Handeln«.[17] Sie betont in dieser Perspektive zwar ebenfalls den Aspekt der Ganzheit im Sinne von ›mehr als seine Teile‹, interessiert sich aber vor allem für den Aspekt der Einheit im Sinne von Einheitlichkeit: Die stilistischen Merkmale tragen zu einem Gesamteindruck bei, der eine eigene Stilbedeutung hat und als solche autorintentional rekonstruiert werden kann. Insgesamt kann man festhalten, dass die Annahme, Stil sei nur ganzheitlich fassbar, keineswegs zu einer

---

13 Fix: Gestalt, S. 118.
14 Kayser: Kunstwerk, S. 328.
15 Abraham: Stil, S. 1351.
16 Fix: Gestalt, S. 126.
17 Ebd., S. 127.

einheitlichen Methode, diesen Stil zu ermitteln, führt, sondern vielmehr zu sehr unterschiedlichen Verfahren, wobei manche Positionen, die die Gestalthaftigkeit im Sinne des Übersummarischen betonen, eine gewisse Betonung der Intuition des Rezipienten aufweisen.

Oben wurde schon darauf hingewiesen, dass Stil und Norm in enger Beziehung zueinander stehen. Der Begriff ›Stil‹ impliziert, wenn von Personalstil die Rede ist, auch stets den Bezug zur Norm; das heißt Autorstil wird als Abweichung von der Norm verstanden und beschreibbar. Von Individualstil oder Personalstil ist nach Sandig die Rede, »wenn der Sprecher/Schreiber sich in der Art der Handlungsdurchführung partiell und erkennbar absetzt vom konventionell Erwartbaren«.[18] Man kann zwischen dem sprachlichen Muster und seiner je einzigartigen Realisierung unterscheiden, letztere wird dann als Unikalisierung bezeichnet.[19] Eine Unikalisierung kann wiederum selbst mehr oder weniger typisch sein, also eine große Ähnlichkeit zu anderen Unikalisierungen dieses Musters aufweisen oder mehr oder weniger deutlich davon abweichen.

Mit welchen Verfahren kann nun ein Stil beschrieben werden? Hierbei sind, wie oben schon erwähnt, zwei Anliegen zu unterscheiden: die umfassende Charakterisierung und die individualisierende oder unterscheidende Beschreibung im Kontext einer fraglichen Autorschaftszuschreibung. Für die umfassende Charakterisierung gilt theoretisch immer noch, dass es sich, selbst bei einer Beschränkung auf sprachliche Mittel, um ein potentiell unendliches Geschäft handelt.[20] Bezeichnenderweise finden sich in den einschlägigen Äußerungen nicht nur lange, sondern oft offene Aufzählungen, welche sprachlichen Ebenen an der Konstitution von Stil beteiligt sind. Kayser etwa spricht von der Lautung, der Schicht des Wortes, den rhetorischen Figuren, der Wortstellung, den syntaktischen Formen, den übersatzmäßigen Formen (gemeint sind satzübergreifende Zusammenhänge, vor allem Absätze) sowie Redeweisen, worunter er so etwas wie Sprechakte versteht, und Redeformen, die den Redeweisen Gestalt verleihen.[21] Neben diesen Gesamtbeschreibungen von Stil finden sich differenzierende Beschreibungen, deren Hauptziel es ist, einen Autor vom anderen unterscheiden zu können.

Love nennt in seinem Kapitel über ›Stylistic Evidence‹ für Autorschaftszuschreibung etwa charakteristische Worte und Ausdrücke, zum Beispiel Präferenzen bei Synonymen, seltenes oder ungewöhnliches Vokabular oder die dis-

---

18 Sandig: Stilistik, S. 28.
19 Vgl. ebd., S. 147; Fix: Unikalität.
20 Vgl. Breuer: Stil.
21 Vgl. Kayser: Kunstwerk, S. 100–155.

tinkte Verwendung von Redewendungen und Tropen. Diese Hinweise sind zu ergänzen durch Vergleiche von Schreibung und Zeichensetzung (soweit sie vom Autor bestimmt sind), Tonfall, Betonung, Syntax, Eigenheiten der Prosodie und der Verwendung von Metren sowie der jeweiligen ideologischen Perspektive.[22] Love macht auch deutlich, dass die grundlegende Annahme hinter diesen Verfahren darin besteht, dass Autoren Gewohnheiten (›habits‹) in ihrer Sprachverwendung aufweisen, die ihre Ursache letztendlich in der individuellen Entwicklung des Gehirns haben.[23]

Auffällig ist, dass der Autorstil in den hier ausgewerteten Stilistiken eher ein Schattendasein führt und die Frage, wie man systematisch vom Stil des Einzeltexts zu übergreifenden Beschreibungen kommt, kaum diskutiert wird.[24] Verantwortlich dafür ist wohl der Erfolg der Handlungsstilistik, die Stil als Aspekt sprachlichen Handelns betrachtet und über Konzepte wie Stilbedeutung dann die Einheit des Stils bestimmt. So überzeugend dieser Ansatz zur Analyse von Einzeltexten ist, so problematisch scheint es, von dort einen Weg zu textübergreifenden Einheiten wie Autorstil zu bahnen, auch wenn dies wiederum für die linguistische Autorschaftszuschreibung und insbesondere die forensische Stilistik notwendig ist, die aber wiederum gut mit unterscheidenden Verfahren und ohne integrale Beschreibung leben kann.[25]

Der Autorstil ist also als Phänomen unbestritten, wenn er auch zugleich in vielfacher Weise bedingt ist: insbesondere durch kommunikative Muster, zum Beispiel Gattungen, Situationsadäquatheit und Zeit (im Sinne von Entstehungszeit eines Textes). Beschreibbar wird er vor allem durch den Bezug auf die typische Realisierung der kommunikativen Muster beziehungsweise den Grad der Abweichung davon. Doch trotz des recht komplexen Beschreibungsinventars finden sich gut begründete Zweifel, ob eine merkmalsbezogene Beschreibung dem Ganzheitscharakter von Stil genügt.

---

22 Vgl. Love: Attributing, S. 98–118.
23 Vgl. ebd., S. 4–13. Einen umfassenderen Überblick über verschiedene Vorschläge der deutschsprachigen Linguistik, sprachliche und außersprachliche Aspekte des Stils zu kategorisieren, bietet Hoffmann: Einheiten.
24 Bei Eroms etwa wird ohne weitere Problematisierung direkt von den Befunden des Einzeltexts über ein »Solche stilistischen Kunstgriffe finden sich bei Thomas Mann häufiger« zur Feststellung des Personalstils gesprungen (Eroms: Stil, S. 32).
25 Vgl. etwa die Methodendarstellung bei Fobbe: Linguistik. Auch die Ableitung von Merkmalen, etwa ›deutscher Muttersprachler‹, ›gebildet‹ usw., aus den Texten ergibt nur einen Steckbrief, also eine standardisierte Liste von Merkmalen.

3

Bei aller Distanz von Seiten der Stilistik teilt sie sich mit der Stilometrie die Grundannahme, dass Stil auf Wahl beruht und Autorstil sich als typische Wahl erfassen lässt.[26] Frühe Ansätze haben die Anforderungen an die linguistischen Merkmale zur Ermittlung von Autorschaft recht anspruchsvoll formuliert und sind dabei noch von einer vergleichsweise einfachen Sachlage bei der Produktion dieser Merkmale ausgegangen. Nach Morton, einem in den 1970er Jahren bekannten Stilometriker, muss ein Merkmal drei Bedingungen genügen, um brauchbar für die Bestimmung von Autorschaft zu sein: Erstens muss es ein Merkmal sein, das in einer Wahl sichtbar wird, mit der sich Autoren häufig konfrontiert sehen. Zweitens muss es ein Merkmal sein, das numerisch ausgedrückt werden kann. Drittens muss es ein Merkmal sein, von dem gezeigt werden kann, dass es unabhängig ist vom Thema, vom Verstreichen der Zeit, von Unterschieden in der literarischen Form usw.[27]

Gerade diese letzte Bedingung hat sich als problematisch erwiesen.[28] Mehrere Studien konnten keinen Autorstil nachweisen, wenn man Autorstil so definiert. Grimm zum Beispiel geht in seiner Arbeit über den ›Mythos Individualstil‹ von Merkmalen aus, die über Gattungen und die Lebenszeit des Autors hinweg stabil sind: »Da Elemente eines Individualstils sich in jeder individuellen Äußerung nachweisen lassen müßten, können außerdem Texte anderer Gattungen zur Untersuchung herangezogen werden«.[29] Dies gilt auch für die Veränderung des Individualstils im Laufe der Lebenszeit des Autors. Zwar stellt Grimm fest, dass es Hinweise für eine solche Veränderung gibt, definiert dann aber selbst Individualstil so, dass er zeitlich invariabel ist. In seinen auf Handzählungen

---

26 In Texten von literaturwissenschaftlichen oder linguistischen Stilisten finden sich nicht selten Äußerungen, die eine deutliche Distanz zur Stilometrie markieren. Die Gewährsleute für die Ablehnung sind dann häufig, skurril genug bei einer Wissenschaft, die so sehr von der Entwicklung der Statistik und des Computers getrieben ist, recht alt. Bei Göttert / Jungen taucht Stilometrie etwa nur im historischen Abriss über die 1920er Jahre auf, wo aus dem Umstand, dass Texte mit den gleichen Häufigkeitswerten unterschiedliche Wirkung haben können, geschlossen wird, dass dieses Unternehmen gescheitert sei (leider ohne Literaturangabe); vgl. Göttert / Jungen: Einführung, S. 26. Oder Breuer, der sich in seiner Ablehnung im Jahre 2009 auf eine stilometrische Arbeit von 1968 stützt und auf Göttert / Jungen; vgl. Breuer: Stil, S. 1237.
27 Vgl. Morton: Detection, S. 96.
28 Vgl. zur Debatte um Morton den Überblick bei Love: Attributing, Kap. 8 und Fobbe: Linguistik, S. 115f.
29 Grimm: Mythos, S. 35.

beruhenden Analysen von ausgewählten Texten Thomas Manns (und einiger Vergleichstexte von Heinrich Mann und Hermann Hesse) wertet er neben morphologischen, lexikalischen und syntaktischen Mitteln auch graphische Merkmale aus, worunter er etwa Semikola, Hervorhebungen durch andere Schrifttype oder drei Pünktchen versteht. Obwohl Grimm feststellt, dass die drei Pünktchen im hohen Maße charakteristisch für das Frühwerk Thomas Manns sind, gelangt er, da sie sich nicht im Spätwerk finden, zu dem Ergebnis, dass hier kein Individualstil vorliege.[30] Auch insgesamt kommt er zu dem Schluss, dass man durch keines der rund 70 Merkmale, die er in seiner Arbeit untersucht, und auch nicht durch Merkmalsbündel konsistent zwischen den Autoren seines Korpus unterscheiden könne.[31] Grimm hat also die starke Variante des Konzepts Autorstil gewählt, die besagt, dass er über alle Textsorten und auch über die gesamte Lebenszeit des Autors hinweg einheitlich oder zumindest identifizierbar sein muss. In seiner sehr sorgfältig angelegten Untersuchung ist es ihm gelungen, die starke Variante der These zu widerlegen: er konnte Autorstil in diesem Sinne nicht nachweisen. Allerdings muss man sich auch in diesem Fall über die beschränkte Reichweite der Widerlegung klar sein: Sie gilt nur bezogen auf die Merkmale, die er analysiert hat, und auch nur bezogen auf sein Auswertungsverfahren, die einfache Auszählung. Die Suche nach anderen Merkmalen und nach anderen Auswertungsverfahren, um die starke Variante der These zu bestätigen, geht immer noch weiter.

Einen interessanten Vorstoß in diese Richtung haben van Halteren und seine Kollegen publiziert.[32] Da sie davon ausgehen, dass die Texte von Berufsautoren einfacher zu unterscheiden sind, haben sie ein Korpus von studentischen Texten aufgebaut, das aus relativ kurzen Texten (ca. 1,5 Seiten) besteht: 8 Autoren haben je 9 Texte geschrieben, je drei argumentative Texte, drei beschreibende und drei kurze Erzählungen. Die Themen waren jeweils vorgegeben. Etablierte Verfahren der Stilometrie, zum Beispiel Principal Component Analysis auf der Basis der 50 häufigsten Wörter, ließen keine Autorschaftszuschreibung zu. Erst mit recht komplexen Verfahren gelang dies.[33] In einem Zweierver-

---

30 Vgl. ebd., S. 72.
31 Vgl. ebd., S. 272f.
32 Vgl. Halteren / Baayen u. a.: Methods.
33 Um einen Eindruck von der Komplexität des hier gewählten Merkmals zu gewinnen: In dem genannten Aufsatz wird zu jedem Token eines Textes (= Wort oder Satzzeichen) ein sechsdimensionaler Vektor erstellt, der das Token selbst enthält, außerdem das vorherige, das nachfolgende, eine Verkettung der Wortklasseninformationen der drei Token, eine Verkettung der Satzlänge und der Position des Tokens im Satz und eine Verkettung des part-of-speech Tags des aktuellen Tokens, der Häufigkeit des Tokens im Text, der Anzahl von Textblöcken, in

gleich wurde für jeden Autor, jedes Thema und jeden alternativen Autor ein Klassifikationsmodell basierend auf den jeweils acht anderen Texten der beiden Autoren erstellt und gepüft, ob aufgrund dieses Modells der fragliche Text dem richtigen Autor zugeschrieben wird. Die Autoren gehen davon aus, dass bei einer richtigen Zuschreibung von 50% aller Tests sich kein Autorstil zeigt, da dieses Ergebnis als Zufall interpretiert werden kann. Tatsächlich sind aber sogar 97,8% der Zuschreibungen korrekt. Da in das Klassifikationsmodell ja auch stets noch zwei Texte der gleichen Textsorte eingehen, kann man noch nicht von einem eindeutigen Nachweis für einen gattungsunabhängigen Autorstil sprechen, aber ohne Zweifel dominieren die beiden anderen Textsorten jeweils das Modell und man kann annehmen, dass gerade die gattungsübergreifenden Informationen sich hier durchsetzen.

Der größere Teil der stilometrischen Forschung aber verwendet den schwachen Begriff von Autorstil und setzt sich sozusagen mit der schwächeren These auseinander. Der zentrale Einfluss anderer Variablen, insbesondere der Gattung, aber auch der Lebenszeit auf die Verteilungen der linguistischen Merkmale ist heute Teil des Standardmodells der Stilometrie.[34] Nur wenn man durch eine sorgsame Auswahl der Vergleichstexte solche Variablen gezielt kontrolliert, kann man hoffen, valide Ergebnisse zu erzielen. Der Autorstil zeigt sich als Wahl aus den gegebenen Möglichkeiten, aber diese Möglichkeiten werden sehr stark durch die anderen Faktoren bestimmt.

Im Folgenden werde ich nach einem knappen Einblick in die prinzipielle Strategie von Autorschaftsuntersuchungen ein bestimmtes Verfahren, Burrows Delta, genauer untersuchen, um den Zusammenhang zwischen der Auswertung der Merkmale und bestimmten Annahmen über den Autorstil konkret diskutieren zu können. Delta verwendet zumeist den Anfang der Häufigkeitswortliste, beruht also auf den häufigsten Wörtern in einem Text. Die Bevorzugung von sehr häufigen Wörtern als Untersuchungsgegenstand, die sich auch sonst oft findet, wird doppelt begründet. Zum einen ergeben sich aus den hohen Zahlen statistisch solide Ergebnisse, zum anderen geht man davon aus, dass die semantik-armen Funktionswörter, die den oberen Bereich einer Häufigkeitswortliste dominieren, kaum bewusst manipuliert werden und daher über die

---

denen das Token zu finden ist, und die Distanz zum vorangehenden Satz, in dem das Token zu finden ist (Halteren / Baayen u. a.: Methods).

34 Nicht zuletzt weil es Studien wie Baayen / Halteren u. a.: An experiment gibt, die deutlich machen, wie zentral dieser Einfluss ist. Baayen hatte in einer ersten Auswertung der Ergebnisse seines Versuchs angenommen, dass Gattung dominant sei und Autorschaft überhaupt nicht ermittelt werden könne, dies aber nach der Verwendung weiterer Verfahren mit besserer Diskriminationsfähigkeit dann revidiert.

verschiedenen Texte hinweg besonders wenig variieren.[35] Anders ausgedrückt: Das Verfahren konzentriert sich auf die unbewussten Teile der Wahl.

In dem *bag-of-words* Modell des Textes, das den meisten stilometrischen Verfahren einschließlich Delta zugrunde liegt, werden Texte tokenisiert, also in die einzelnen Wörter zerlegt,[36] und dann werden die Wörter gezählt und nach Häufigkeit sortiert. Nehmen wir einen sehr kurzen Text:

> Wenn man doch ein Indianer wäre, gleich bereit, und auf dem rennenden Pferde, schief in der Luft, immer wieder kurz erzitterte über dem zitternden Boden, bis man die Sporen ließ, denn es gab keine Sporen, bis man die Zügel wegwarf, denn es gab keine Zügel, und kaum das Land vor sich als glatt gemähte Heide sah, schon ohne Pferdehals und Pferdekopf.[37]

Dann sieht der Anfang der Worthäufigkeitsliste so aus:

```
     man 3
     und 3
     bis 2
     dem 2
    denn 2
     die 2
      es 2
     gab 2
    keine 2
  sporen 2
   zügel 2
     als 1
     auf 1
  bereit 1
```

Auf den ersten Blick sieht es so aus, als blieben nur die Informationen übrig, dass diese Worte in dem Text vorkommen und in welcher Häufigkeit, als sei alles andere verloren gegangen, was den eigenartigen *sound* dieses und anderer Texte des Autors ausmacht. Aber das stimmt wohl nur zum Teil, da die Worte sich nicht beliebig neu anordnen lassen und viele Informationen über grammatische Position und anderes mehr erhalten geblieben sind. Leider scheint es keine empirischen Studien darüber zu geben, wieviel Informationen über den Text in einer Häufigkeitswortliste enthalten sind; man darf vermuten, dass es

---

35 Vgl. Hoover: Word; Oakes: Statistics, S. 209.
36 Eigentlich Tokens, da der Text nicht vorher lemmatisiert wird.
37 Kafka: Wunsch [1913].

mehr sind, als der Augenschein vermittelt, da solche Listen sonst keine so guten Stellvertreter für viele Aspekte von Texten wären.[38]

Auch wenn man nicht genau weiß, wieso Häufigkeitswörterlisten so gute Stellvertreter für Texte sind, insbesondere auch im Rahmen der Autorschaftsattribution,[39] kann man festhalten, dass die positiven Resultate von stilometrischen Verfahren zu den Erfolgsgeschichten der Digital Humanities gehören.[40] Allerdings halten spektakuläre Fehlzuschreibungen die Erinnerung daran wach, dass die genaue Kenntnis der verwendeten statistischen Verfahren und philologische Gründlichkeit stets wichtige Voraussetzungen bleiben.[41]

Im Prinzip besteht eine stilometrische Untersuchung zur Autorschaftszuschreibung aus den folgenden Schritten: Im ersten Schritt wird die Menge der möglichen Kandidaten für die Autorschaft des fraglichen Texts auf eine überschaubare Menge reduziert. Dies geschieht zumeist mittels philologischer Forschung, die potentielle Kandidaten ermittelt. Anschließend werden digitale Texte der Kandidaten erstellt. Im zweiten Schritt werden eine Reihe von Merkmalen festgelegt, deren Ausprägung in den Kandidatentexten ermittelt wird. Ziel ist es hierbei, die Kandidatentexte möglichst optimal zu gruppieren, sodass alle Texte des Autors A eine Gruppe bilden, die Texte des Autors B eine deutlich unterschiedene andere usw. Häufig werden die Merkmale und ihre Auswertung solange variiert, bis die Textgruppen deutlich unterschieden sind und keine unerklärlichen Fehlzuschreibungen vorliegen. Erst dann werden die gleichen Merkmale mit dem gleichen Auswertungsverfahren für den Text erhoben, dessen Zuschreibung fraglich ist. Im besten Fall wird der Text dann einer der Gruppen zugeordnet, sodass man annehmen kann, dass er mit großer Wahrscheinlichkeit von dem Autor stammt, der auch die anderen Texte der Gruppe verfasst hat. Das Standardmodell der Stilometrie besagt, dass es keine Merkmalskombi-

---

38 Wenig ertragreich in dieser Hinsicht ist Archer: Wordlist.
39 Van Halteren nimmt aufgrund seiner Untersuchungen an, dass die Wortwahl mehr Autorinformationen enthält als die syntaktische Struktur (Halteren / Baayen u. a.: Methods).
40 Einen guten Überblick über moderne Ansätze und Verfahren in der Stilometrie bieten Juola: Authorship, und Stamatatos: Survey; einen knappen Überblick über historische Ansätze in Oakes: Statistics, Kap. 5.2. Einen knappen, anglozentrischen Abriss traditioneller Autorschaftszuschreibung findet man in Love: Attributing, Kap. 2.
41 Neben der fatalen Erfolgsgeschichte von Mortons Cusum gehört auch das Debakel um die Fehlzuschreibung der ›Funeral Elegy‹ durch Donald W. Foster dazu; es beruht – wie auch seine erfolgreiche Zuschreibung des Romans *Primary Colors* – eher auf traditioneller Stilistik als stilometrischen Verfahren, da Foster besonders Parallelen bei der Verwendung von Redewendungen und seltene Wörter auswertet; vgl. Love: Attributing, S. 147ff. Einen guten Überblick über typische Probleme der ›nicht-traditionellen‹ Autorschaftszuschreibung gibt Rudman: State of Authorship.

nation gibt, die in allen Fällen die beste ist, sondern je nach Sprache, Gattung etc. die für den jeweiligen Problemfall beste Kombination gefunden werden muss. Allerdings besteht auch Einigkeit darüber, dass die sehr häufigen Funktionswörter dabei eine wichtige Rolle spielen.

In populären Darstellungen der Stilometrie taucht wiederholt der Ausdruck ›stilistischer Fingerabdruck‹ auf, um das Ziel dieser Untersuchungen zu kennzeichnen. Das ist, nach übereinstimmender Meinung der Forschung, ein falsches Bild, da es keine einzigartigen individuellen Merkmale gibt, die den Stil eines Autors kennzeichnen. Oakes fasst diesen Befund so zusammen: »However, to date, more success has been found in determining the constancy of style between texts written by the same author than the uniqueness of an individual's writing style«.[42] Die Verfahren basieren auf der Annahme, dass zumindest einige Merkmale innerhalb einer Gruppe von Texten, die von einem Autor stammen, weniger variieren als über die Texte von verschiedenen Autoren. Das gilt zumindest, wenn die Texte zum gleichen Genre gehören; Texte des gleichen Autors aus unterschiedlichen Genres variieren dagegen wiederum oft stärker und können so zu falschen Zuschreibungen führen. Auch die Zeit kann eine irreführende Rolle spielen, zum Beispiel wenn man Texte des jungen Goethe umstandslos in die gleiche Gruppe setzt wie die Werke des alten.

Im Folgenden werde ich näher auf ein sehr beliebtes stilometrisches Verfahren eingehen, das von seinem Erfinder John Burrows ursprünglich dafür gedacht war, die Menge von möglichen Kandidaten mit statistischen Mitteln zu verringern, wenn philologische Kriterien alleine nicht ausreichend sind. In diesem Verfahren wird die Verteilung der häufigsten Wörter ausgewertet; jedes Merkmal hat seine eigene Ausprägung im Einzeltext und den diversen Untergruppen, deshalb entspricht die Anzahl der Merkmale der Anzahl der Wörter. Delta wird so ermittelt:[43]

1. Es wird eine Hauptgruppe der Texte gebildet, die die Norm für den Typ der zu untersuchenden Texte repräsentiert; in Burrows Aufsatz sind das Werke von 25 Autoren des 17. Jahrhunderts mit insgesamt rund 540.000 Worten.
2. Die Häufigkeit aller Worte für die Hauptgruppe wird bestimmt: Berechnet wird die relative Häufigkeit, um Vergleichbarkeit über unterschiedliche Sample-Größe herzustellen. Anschließend wird nach abnehmender Häufigkeit sortiert und festgelegt, wie viele der häufigsten Wörter verwendet wer-

---

42 Oakes: Statistics, S. 226. Das Konzept eines Individualstils problematisiert auch Grimm: Mythos, auf den unten noch ausführlicher eingegangen wird.
43 Zum folgenden vgl. Burrows: Delta, S. 269ff. Spätere Verwendungen von Delta gehen aus Gründen, die im Folgenden klar werden, etwas anders vor, und die Hauptgruppe spielt keine oder keine entscheidende Rolle mehr.

den sollen, in dem Aufsatz von Burrows ist n = 30. Zuletzt werden Mittelwert und Standardabweichung für die Hauptgruppe berechnet, die die »norm for the Delta project« festlegt.[44]

3. Es werden zwei oder mehr Texte von zwei oder mehr Autoren als Bezugsgröße eingeführt und ebenfalls die relativen Häufigkeiten der n-häufigsten Wörter der Hauptgruppe berechnet. Das gleiche wird mit dem unbekannten Text gemacht, dessen Abstand zu den zwei oder mehr Texten berechnet wird. In seinem Aufsatz will Burrows testen, ob Milton, vertreten durch seine frühen Gedichte, einen besseren Anspruch auf einen Ausschnitt aus *Paradise Lost* hat als auf das Epos *The World's Infancy* von Nicholas Billingsley. Einfach gesagt: Ist der Abstand zwischen den Gedichten und *Paradise Lost* kleiner als der zwischen den Gedichten und Billingsleys Epos?

4. Berechnung der stilistischen Distanz:
   a) Für jedes der n-häufigsten Worte aller Texte wird der z-score berechnet und zwar bezogen auf den Mittelwert μ_i und die Standardabweichung σ_i der Hauptgruppe:[45]

$$z(f_i(D)) = \frac{f_i(D) - \mu_i}{\sigma_i}$$ [46]

Wobei $f_i(D)$ die Frequenz der n-häufigsten Worte ist (von i=1 bis i=n). Burrows wählt den z-score und nicht einfach den Rohwert, da es zu den Binsenweisheiten der Sprachstatistik gehört, dass die Häufigkeiten in den Wortlisten sehr schnell abfallen. Würde man die Rohwerte verwenden (oder die relativen Häufigkeitsangaben), dann würden die sehr häufigen Wörter am Anfang der Liste die Berechnung der Stildifferenz dominieren. Burrows aber geht es gerade darum, dass alle Worte dabei ein gleiches Gewicht bekommen: »The object is to treat all of these words as markers of potentially equal power in highlighting the differences between one style and another«.[47]

---

44 Burrows: Delta, S. 269.
45 Zur Erinnerung: Die Standardabweichung ist ein Maß, das angibt, wie sehr die Werte um den Mittelwert streuen. Berechnet wird es im Prinzip, indem alle Differenzen zwischen den Einzelwerten und dem Mittelwert addiert werden und das Ergebnis dann durch die Anzahl der Einzelwerte geteilt wird. Im Prinzip deshalb, weil die Differenzen auch noch quadriert werden und dann wiederum die Wurzel daraus gezogen wird, was aber nur dafür sorgen soll, dass die absoluten Differenzen in die Rechnung eingehen sollen.
46 Ich folge hier und im Folgenden der Notation in Argamon: Burrows's Delta.
47 Burrows: Delta, S. 271.

b) Dann wird Delta berechnet, das Burrows so definiert hat: »the mean of the absolute differences between the z-scores for a set of word-variables in a given text-group and the z-scores for the same set of word-variables in a target set«.[48] Das heißt, zuerst wird für jedes der n-häufigsten Worte die Differenz zwischen dem z-score des einen Texts beziehungsweise der einen Textgruppe und dem z-score eines zweiten Texts beziehungsweise einer Textgruppe berechnet (also zum Beispiel Miltons Gedichte und *Paradise Lost*). Diese Differenzen werden – ohne Berücksichtigung negativer Vorzeichen – aufaddiert und durch die Anzahl der Werte, also n, geteilt. Die mathematische Kurzform lautet:

$$\Delta(D,D') = \frac{1}{n}\sum_{i=1}^{n} |z(f_i(D)) - z(f_i(D'))|$$

wobei:
Δ = das Maß Delta
D = Dokument(gruppe); der Rest ist unter a) erläutert.

Delta kann also als ein Wert gesehen werden, der Komplexität reduziert, nämlich den Unterschied in der Verteilung der n-häufigsten Worte in den Texten D und D' auf einen Wert, eine Zahl. Wie wird dieser Delta-Wert nun praktisch interpretiert? Gegeben seien (neben einer Hauptgruppe) drei Texte A, B und C. Der Deltawert von A-B ist deutlich kleiner als der Deltawert von A-C. Das wird als größere stilistische Nähe von A zu B im Vergleich von A zu C interpretiert. Das sieht zuerst einmal nach einem großen Sprung aus: von der Verteilung von Worten in der Wortliste zu einer so komplexen Kategorie wie ›Stil‹.

Bevor wir über die inhaltliche Plausibilität dieser These nachdenken, ein Wort zur empirischen Nützlichkeit von Delta. Das Maß hat die bescheidenen Verwendungsszenarien, die sein Erfinder noch vorgesehen hat, schnell hinter sich gelassen. Es wird heute nicht mehr nur dazu eingesetzt, die Liste der möglichen Kandidaten für eine Autorschaftszuschreibung auf wenige Namen zu verkürzen, sondern aufgrund der verblüffend guten Ergebnisse, die es in einer Reihe von Untersuchungen in verschiedenen Sprachen und Genres gezeigt hat, für Autorschaftszuschreibungen, aber auch für die Untersuchung von Epochenzusammenhängen, Gattungen, Periodisierung innerhalb des Werks eines Au-

---

48 Ebd.

tors, Autor- vs. Übersetzer-Stilistik und anderes mehr verwendet.[49] Das große Interesse hat auch einige Studien hervorgebracht, die systematisch testen, wie groß die einzelnen Texte mindestens sein müssen, um zuverlässige Resultate zu erzielen, und wie groß n sein muss, also wie viele der häufigsten Worte verwendet werden sollten, um die besten Resultate zu erhalten. Dabei hat sich auch gezeigt, dass diese Angaben sprachabhängig sind.[50]

Selten hat also ein statistisches Verfahren in der Stilistik so viele überzeugende Belege für seine praktische Brauchbarkeit erbracht.[51] Umso wichtiger wäre es natürlich, genauer zu verstehen, was das Verfahren im Kern leistet. Wie sich gleich zeigen wird, gibt es, angesichts der Abstraktion des Verfahrens, schon in mathematischer Hinsicht unterschiedliche (aber gleichzeitig gültige) Sichtweisen auf Delta.

Wie Argamon zeigt, lässt sich die oben gegebene Formel für Delta nämlich vereinfachen, was einen inhaltlich überraschenden Effekt hat. Um die Schreibung etwas einfacher zu halten, ersetze ich im Folgenden $f_i(D)$ durch x und $f_i(D')$ durch x':

$$\Delta(D, D') = \frac{1}{n} \sum_{i=1}^{n} |z(x) - z(x')|$$

Nun kann man statt $z(x)$ die oben gegebene Formel zur Berechnung des z-scores einsetzen:

$$\Delta(D, D') = \frac{1}{n} \sum_{i=1}^{n} \left| \frac{x - \mu_i}{\sigma_i} - \frac{x' - \mu_i}{\sigma_i} \right|$$

Zur Erinnerung: μ_i steht für den Mittelwert der Hauptgruppe und σ_i für die Standardabweichung der Hauptgruppe. Das lässt sich weiter vereinfachen zu:

---

49 Zu nennen sind hier u.a. Burrows: Juvenal; Hoover: Burrows's Delta; Dalen-Oskam / Zundert: Delta; Rybicki / Eder; Delta; Eder / Rybicki: Birds; Jannidis / Lauer: Burrows Delta. Zugleich wurden eine Reihe von kleineren Veränderungen des Algorithmus vorgeschlagen, z.B. Hoover: Word oder auch Argamon: Burrows's Delta.
50 Vgl. dazu vor allem die genannten Arbeiten von Eder und Rybicki. Dabei hat sich auch gezeigt, dass Variationen im verwendeten Distanzmaß in bestimmten Sprachen bessere Ergebnisse bringen.
51 Vergleichbar ist wohl nur der Erfolg der Principal Component Analysis; vgl. dazu etwa Craig / Kinney. Methods.

$$\Delta(D,D') = \frac{1}{n}\sum_{i=1}^{n} \left|\frac{x - x'}{\sigma_i}\right|$$

Diese Vereinfachung macht deutlich, »that Delta does not actually depend on the mean frequencies in the comparison set, but may be viewed as a normalized difference measure between frequencies in D and D'«.[52] Der einzige Effekt der Hauptgruppe ist also hier seine Funktion als Normalisierungsfaktor:[53] Die Differenz zwischen x und x' wird als Einheit der Standardabweichung σ_i ausgedrückt. Inhaltlich bedeutet das: In seiner ursprünglichen Formulierung könnte man Delta für die statistische Umsetzung einer Deviationsstatistik halten. Delta wird in der Formel von von Burrows ja berechnet aus der Distanz der beiden Vergleichstexte zur Norm, wie sie durch das Hauptkorpus beschrieben wird. Argamons Transformation macht deutlich, dass diese Interpretation nicht korrekt ist, da der Bezug auf das Hauptkorpus verschwindet.[54] Anders ausgedrückt, aus der Tatsache, dass Delta so gut funktioniert, können wir nicht ableiten, dass eine Interpretation von Autorstil im Sinne einer Abweichungsstilistik hier empirisch bestätigt würde, vielmehr geht nur die Differenz der Verteilungen in das Maß ein.

Ein weiterer Punkt in Argamons Analyse von Burrows Delta ist für unsere Fragestellung von Belang: Er kann zeigen, dass an einigen Stellen der Formel Annahmen über das Verhalten von Verteilungen zugrunde liegen, die eigentlich selbst noch empirisch überprüft werden müssten, zum Beispiel ob die Delta zugrunde liegende Laplace'sche Verteilung angemessener ist oder doch, wie Argamon vorschlägt, eine Gauß'sche Normalverteilung.[55] Damit will ich nicht den hyperpositivistischen Gestus mancher Geisteswissenschaftler in der Auseinandersetzung mit empirischen Ergebnissen übernehmen, sondern darauf hinweisen, dass Burrows Delta ein aus langer Erfahrung mit stilometrischen Verfahren geborener großer Wurf ist, aber einige Intuitionen enthält, die durch

---

52 Argamon: Burrows's Delta, S. 132.
53 Argamon zeigt außerdem noch, dass Delta als Nearest-Neighbor-Klassifikation verstanden werden kann und bietet außerdem eine geometrische Interpretation des Distanzmaßes an.
54 Zumindest im Zähler. Im Nenner findet man noch die Standardabweichung der Hauptgruppe, aber sie dient, wie gesagt, nur dazu vergleichbare Einheiten herzustellen. Man könnte vermuten, dass Burrows dieser Effekt nicht wirklich bewusst war, da die Erstellung der Hauptgruppe ja ausgesprochen aufwendig ist und dieser Aufwand nun in keinem Verhältnis mehr zur Rolle der Hauptgruppe steht; außerdem spricht er selbst von der Hauptgruppe als »the norms of the Delta project« (Burrows: Delta, S. 269.
55 Vgl. Argamon: Burrows's Delta, S. 139f.

ein noch weiterführendes empirisches Programm zu klären sind. [56] So ist die Laplace'sche Verteilung geeigneter, wenn die Häufigkeiten sehr eng um ein Zentrum verteilt sind, zugleich aber auch eine nennenswerte Wahrscheinlichkeit vorhanden ist, dass einige Texte des Autors einige sehr untypische Worthäufigkeiten aufweisen. [57] Ob dies häufiger der Fall ist, ja ob diese Frage überhaupt generisch oder doch nur fallweise entschieden werden kann, kann erst durch weitere Forschung entschieden werden.

Bei unserem etwas genaueren Blick auf Burrows Delta ist deutlich geworden, dass einige Zusammenhänge noch unklar sind: Warum funktioniert Delta so gut? Welchen Wahrscheinlichkeitsverteilungen folgen denn die hochfrequenten Worte über verschiedene Texte hinweg? Einige der Merkmale, die erfolgreich für die Autorschaftsattribution verwendet wurden, lassen sich kaum erklären, da es – zumindest auf den ersten Blick – schwer fällt, ihnen Sinn zuzuschreiben. Das gilt zum Beispiel für die bemerkenswerte Leistungsfähigkeit von Ngrammen basierend auf Buchstaben, zum Beispiel Bigrammen wie ›ab‹ oder ›ch‹ und Trigrammen wie ›abs‹ oder ›sch‹. [58] Sie sind damit, wie wir gesehen haben, allerdings nur extreme Beispiele für auch sonst erst kaum verstandene kausale Zusammenhänge.

Ebenfalls unbekannt ist der genaue Bezug des Gemessenen zu dem Konstrukt Autorstil. Der Autor ist der kausale Urheber der spezifischen Verteilung der Funktionswörter, und vieles spricht dafür, dass dies im Fall dieser kleinen Wörter weitgehend unbewusst geschieht. [59] Aber was kann man über den Autorstil sagen, wenn man ihn nicht an einer Einheit festmacht, die auf Seiten des Produzenten oder des Rezipienten erzeugt wird, sondern auf der Ebene der Textmerkmale bleibt? Die Stilometrie kann aufgrund der gestiegenen Rechnerkapazitäten und der Komplexität der Textaufbereitungsprogramme immer längere Merkmalslisten extrahieren und in immer komplexeren Verfahren analysieren. Selbst wenn es gelingen sollte, auf diese Weise die starke Variante von Autorstil nachzuweisen und dazu ein wenn nicht erschöpfendes, doch umfassend beschreibendes Verfahren zu verwenden, wird man im besten Fall einen

---

56 Erste Befunde unserer Würzburger Arbeitsgruppe legen den Schluss nahe, dass die von Argamon vorgeschlagenen Variationen zumindest für deutsche und französische Texte keine Verbesserung der Autorschaftszuschreibung ergeben.
57 Vgl. Argamon: Burrows's Delta, S. 139f.
58 Koppel und Argamon weisen allerdings daraufhin, dass sich dieser Erfolg vielleicht dadurch erklären lässt, dass die Buchstaben-Ngramme Stellvertreter für Inhaltsworte (z. B. ›dsh‹ für spreadsheet), für Abkürzungen und Akronyme, für Funktionswörter, für part-of-speech und sogar für Formatierungen sein können (Koppel / Schler / Argamon: Methods).
59 Vgl. Pennebaker: Pronouns.

Steckbrief erhalten, aber kein ganzheitliches Bild. Zur Zeit aber wird Autorstil in der Stilometrie eher als ein ›Signal‹ verstanden,[60] das Teil eines umfassenderen Informationsgebildes ist und sich nicht exklusiv auf spezifische Merkmale zurückführen lässt, sondern nur in spezifischen Textkonstellationen aufgrund von spezifischen Merkmalskonstellationen in der Unterscheidung aufscheint.

Zusammenfassend kann man festhalten, dass auch innerhalb der Stilometrie nicht immer klar zwischen den verschiedenen Formen und Konzepten von Autorstil unterschieden wird. Der starke Begriff, der Konsistenz über alle vom Autor produzierten Texte postuliert, der also auch gattungs- und lebenszeitunabhängig ist, gilt als umstritten, wird aber auch kaum noch systematisch erforscht, da sich der relativierende Einfluss insbesondere der Gattung, zumindest bei der Verwendung von heute verbreiteten Methoden wie Delta oder PCA auf der Grundlage der häufigsten Wörter, immer wieder gezeigt hat. Die erfolgreicheren stilometrischen Verfahren, zu denen Delta gehört, beruhen sehr häufig auf Textmerkmalen, die im Allgemeinen eher das Ergebnis einer unbewussten Wahl sind. Der praktische Erfolg von Delta basiert auf Eigenschaften der Verteilung von Wörtern in Texten eines Autors, deren genaue Beschaffenheit noch nicht ganz bekannt sind. Offensichtlich aber ist die Variabilität von Merkmalen innerhalb der Texte eines Autors kleiner als über die Texte von mehreren Autoren hinweg, wenn man andere Variablen wie Gattung kontrolliert. Gerade weil die Wahlmöglichkeiten deutlich von der Gattung bestimmt werden, wird dadurch auch festgelegt, welche Merkmale sich besonders gut für die Differenzierung von Autoren eignen – es sind nicht immer die gleichen Merkmale. Ein Verfahren wie Delta ist wohl auch deshalb so leistungsfähig, weil es ein guter Stellvertreter für eine Reihe von anderen Merkmalen ist, wenn auch dieser Zusammenhang bislang nur schlecht verstanden ist. Geht man also von einem schwachen Autorstilbegriff aus, dann ist die schwache These, nämlich dass es eine textübergreifende Ähnlichkeit von Texten des gleichen Autors gibt, bislang sehr häufig bestätigt worden.

4

Beide Forschungsfelder, Stilistik und Stilometrie, verwenden den Begriff Autorstil, aber wie gut passen der hermeneutische und der empirische Begriff und die

---

60 So z. B. Jockers in seiner Zurückweisung von Foucaults These: »The signal derived from 161 linguistic features and extracted from books bearing the name ›Charles Dickens‹ on the cover is consistent« (Jockers: Macroanalysis, S. 93).

jeweiligen Verfahren zur Ermittlung des Autorstils zusammen? Über weite Strecken sehr viel besser, als man vielleicht erwarten würde. Beide verwenden Varianten des schwachen Begriffs von Autorstil: Es reichen Gemeinsamkeiten, die einige Texte eines Autors von den Texten anderer Autoren unterscheiden. In der Stilistik findet sich zumindest im Ideal noch die umfassende Beschreibung als Verfahren zur Ermittlung des Autorstils, aber in der Praxis, soweit ich sie beobachten konnte, beschränkt man sich auf eine Auswahl von auffälligen Merkmalen – auffällig bezogen auf eine allgemeine Sprachnorm oder konkrete andere Texte –, und es gibt, ebensowenig wie in der Stilometrie, keine etablierte Möglichkeit, verschiedene Merkmale in umfassendere Beschreibungen zu integrieren.

In einem Punkt sollte aber auch die Unvereinbarkeit der hermeneutischen und empirischen Begriffsbildung deutlich geworden sein. In der deutschsprachigen Linguistik und Literaturwissenschaft wird der holistische Charakter von Stil, beziehungsweise die Annahme, dass Stil Gestaltqualität habe, also mehr sei als die Summe seiner Teile, immer wieder hervorgehoben, auch wenn sich dabei das ungelöste methodische Problem ergibt, wie dieses emergente Phänomen dann aus der Analyse von einzelnen Merkmalen ermittelt werden soll. Wie oben ausgeführt finden sich zur Zeit zwei unterschiedliche Interpretationen dieser Gestaltqualität. Die eine schließt an literaturwissenschaftliche Intuitionen an, dass literarische Autoren eine ausgeprägte eigene Stimme haben, die man mit dem inneren Ohr hören kann.[61] Allerdings gibt es weit und breit keinen plausiblen Vorschlag, wie man diese Wahrnehmung kommunizieren und für einen auf intersubjektiv verbindliche Argumentation zielenden Forschungsdiskurs operationalisieren kann. Die andere Interpretation findet diese Einheit auf der Ebene der Stilbedeutung eines Textes, was sich nur schwer mit einer textübergreifenden Kategorie wie Autorstil vereinbaren lässt.

Wie oben ausgeführt ist im Kontext der Stilometrie erst deutlich geworden, was wir nicht wissen. So kann eine Häufigkeitswortliste für die Zwecke eines unterscheidenden Verfahren sehr oft als ein ausreichend guter Stellvertreter des Textes angesehen werden, und wir haben gesehen, wie der Autorstil als spezifische Verteilung in der Häufigkeitsliste greifbar wird, wenn wir die anderen Faktoren, von denen die Liste ebenfalls bestimmt wird, also zum Beispiel Gattung und Lebenszeit, nicht variieren. Genauer gesagt, die Häufigkeitsliste repräsentiert den Text mit seinem Stil, und wir können nun den Autorstil zumindest in einem unterscheidenden Verfahren bestimmen. Wenn wir nun die oben angeschnittene Frage, welche anderen Texteigenschaften noch in der Häufig-

---

61 Belege bei Abraham: Stil.

keitsliste sichtbar werden beziehungsweise wirken, beiseite lassen und die Häufigkeitsliste nur als Index dafür nehmen, welche Wörter ausgewählt wurden, dann sehen wir bereits hier, dass die Auswahl der Wörter ein komplexes, zusammengesetztes Phänomen ist. Es wird eben nicht durch den Autorstil allein bestimmt. Versuche, unterschiedliche Teile der Wortliste systematisch mit Faktoren wie Autor oder Gattung zu verbinden, sind bislang gescheitert.[62] Die gleichen Worte beziehungsweise ihre Verteilung enthalten Informationen, die sowohl zur Unterscheidung von Autoren wie von Gattungen herangezogen werden können. Hier stellt sich die Frage, welchen Status dann ein Konzept wie Autorstil hat, wenn es in allen Kontexten nur als Aspekt von mehrfach motivierten Verteilungen, die durch komplexe Selektionsprozesse zustande kommen, sichtbar wird? Ganz ähnlich stellt sich die Frage, wie die typischen Häufigkeitsverteilungen für diverse Merkmale aussehen, typisch für verschiedene Zeiten und Gattungen, und in welcher Hinsicht sie von Text zu Text, von Autor zu Autor, von Gattung zu Gattung und von Epoche zu Epoche variieren?

Die Stilometrie ermittelt die Ausprägung von Merkmalen, deren Verteilungen, aber wie verhalten sich diese Informationen nun zum Konzept (Autor-)Stil? Die unterscheidenden Verfahren in der Stilometrie können zum Verständnis des Autorstils kaum etwas beitragen. Sie messen Indikatoren, die in direkter und indirekter Weise mit dem Autorstil zusammenhängen, aber sie erfassen dabei immer nur einen Ausschnitt und sie ergeben keine Einheit. Auf der Ebene der Stilometrie als einer textanalytischen Wissenschaft scheint es keine Möglichkeit zu geben, einen integralen Begriff von Autorstil im untersuchten Material nachzuvollziehen. Die Merkmale sind eher Indikatoren von etwas, aber es stellt sich die Frage, ob dieses Etwas auf der Ebene des Textes wirklich eine Einheit hat oder ob diese Einheit nicht auf der Ebene der Produktion existiert und dann wieder auf der Ebene der Rezeption hergestellt wird.

Man kann sich das auf der Produktionsseite vielleicht so vorstellen: Die Auswahl der Merkmale innerhalb des Rahmens, der durch andere Faktoren wie etwa Gattung vorgegeben ist, wird durch Präferenzdispositionen bestimmt. Es handelt sich eher um Dispositionen als um streng regelhafte Zusammenhänge, weil wir stets Verteilungen mit einer gewissen Streuung vor uns haben. Auch wenn man in einem ersten Anlauf jedem Merkmal, das unabhängig von anderen Phänomenen ist, eine eigene Disposition zuordnen würde, wäre es eine Frage an die einschlägigen Wissenschaften, also etwa Psycho- und Neurolinguistik, wie diese zusammenhängen und evtl. letztlich der ganze Reichtum an Merkmalen durch einige wenige basale Präferenzdispositionen hervorgebracht

---

62 Vgl. etwa die Studie von Schöch: Corneille, S. 148f.

wird – oder auch nicht. Für die Stilometrie aber zeichnet sich hier eine Grenze ab, vor der sie stehenbleiben muss. Zwar kann sie evtl. Korrelationen, die sich empirisch zwischen Merkmalen in Texten zeigen, die auf der Sachebene unverbunden zu sein scheinen, als Hinweis auf solche Zusammenhänge nehmen, aber zuerst einmal wird sich das Forschungsprogramm zum Autorstil eher darauf konzentrieren, eine genauere Einsicht in die Formen der Häufigkeitsverteilung und deren Abhängigkeit von anderen Faktoren wie Sprache, Gattung, Epoche usw. zu gewinnen. Die Frage nach der Genese und Beschaffenheit der Präferenzdispositionen und damit auch nach der Einheit des Autorstils wird dagegen von anderen Wissenschaften zu beantworten sein. Vergleichbares gilt für die Rezeption von Texten und die menschliche Fähigkeit, zahlreiche Merkmale zu einer ›Stimme‹ zu synthetisieren. Auch dies liegt außerhalb der Reichweite der Verfahren der Stilometrie – und vielleicht auch der Stilistik.

Fassen wir zusammen: Es spricht einiges dafür, dass Autorstil als einheitliches, gestalthaftes Phänomen nur auf der Seite des Rezipienten zu suchen ist, aber das bedeutet noch nicht, dass die Textmerkmale, die die Grundlage für diese Erfahrung des Lesers sind, von ihm willkürlich zugeordnet werden, vielmehr ist der Autorstil, wie die stilometrische Forschung in den letzten Jahrzehnten wiederholt gezeigt hat, eine Konstellation von typischen Merkmalsverteilungen, die im Vergleich zu den Texten anderer Autoren weniger variieren, aber nicht immer und nicht immer die gleichen.

Bibliographie

Abraham, Ulf: »Stil als ganzheitliche Kategorie: Gestalthaftigkeit«. In: Fix, Ulla / Andreas Gardt / Joachim Knape (Hrsg.): *Rhetorik und Stilistik*. Bd. 2. Berlin / New York 2009, S. 1348–1367.
Archer, Dawn (Hrsg.): *What's in a Wordlist. Investigating Word Frequency and Keyword Extraction*. Farnham u. a. 2009.
Argamon, Shlomo: »Interpreting Burrows's Delta: Geometric and Probabilistic Foundations«. In: *Literary and Linguistic Computing* 23 (2008) H. 2, S. 131–147.
Baayen Harald / Hans van Halteren / Anneke Neijt / Fiona Tweedie: »An experiment in authorship attribution«. In: *Journees internationales d'Analyse statistique des Données Textuelles* 6 (2002), o. S.
Barber, Alex: »Idiolects«. In: Zalta, Edward N. (Hrsg.): *The Stanford Encyclopedia of Philosophy* (Winter 2012 Edition). http://plato.standford.edu/entries/ideolects/ (Stand: 02.03.2014).
Bein, Thomas: »Zum ›Autor‹ im mittelalterlichen Literaturbetrieb und im Diskurs der germanistischen Mediävistik. In: Jannidis, Fotis / Gerhard Lauer / Matias Martinez / Simone Winko (Hrsg.): *Rückkehr des Autors. Erneuerung eines umstrittenen Begriffs*. Tübingen 1999, S. 303–320.

Breuer, Ulrich: »Stil und Individuum«. In: Fix, Ulla / Andreas Gardt / Joachim Knape (Hrsg.): *Rhetorik und Stilistik*. Bd. 2. Berlin / New York 2009, S. 1230–1244.
Breuer, Ulrich / Bernhard Spiess (Hrsg.): *Textprofile stilistisch. Beiträge zur literarischen Evolution*. Bielefeld 2011.
Burrows, John F.: »Computers and the Idea of Authorship«. In: Jannidis, Fotis / Gerhard Lauer / Matias Martinez / Simone Winko (Hrsg.): *Rückkehr des Autors. Erneuerung eines umstrittenen Begriffs*. Tübingen 1999, S. 167–182.
Burrows, John: »Delta: A Measure for Stylistic Difference and a Guide to Likely Authorship«. In: *Literary & Linguistic Computing* 17 (2002) H. 3, S. 267– 287.
Burrows, John F.: »The Englishing of Juvenal: Computational Stylistics«. In: *Style* 36 (2002) H. 4, S. 677–699.
Craig, Hugh: »Is the Author Really Dead? An Empirical Study of Authorship in English Renaissance Drama«. In: *Empirical Studies of the Arts* 18 (2000) H. 2, S. 119–134.
Craig, Hugh / Arthur F. Kinney: »Methods«. In: dies.: *Shakespeare, Computers, and the Mystery of Authorship*. Cambridge 2009, S. 15–39.
Dalen-Oskam, Karina van / Joris van Zundert: »Delta for Middle Dutch – Author and Copyist Distinction in Walewein«. In: *Literary & Linguistic Computing* 22 (2007) H. 3, S. 345–362.
Eder. Maciej / Jan Rybicki: »Do Birds of a Feather Really Flock Together, or How to Choose Training Samples for Authorship Attribution«. In: *Literary & Linguistic Computing* 28 (2013) H. 2, S. 229-236.
Eroms, Hans-Werner: *Stil und Stilistik. Eine Einführung*. Berlin 2008.
Fix, Ulla / Andreas Gardt/ Joachim Knape (Hrsg.): *Rhetorik und Stilistik*. HSK 31. 2 Bde. Berlin, New York 2008f.
Fix, Ulla: »Unikalität von Texten und Relativität von Stilmustern« [1991]. In: dies.: *Stil – ein sprachliches und soziales Phänomen. Beiträge zur Stilistik*. Berlin 2007, S. 25–39.
Fix, Ulla: »Gestalt und Gestalten. Von der Notwendigkeit der Gestaltkategorie für eine das Ästhetische berücksichtigende pragmatische Stilistik« [1996]. In: dies.: *Stil – ein sprachliches und soziales Phänomen. Beiträge zur Stilistik*. Berlin: 2007, S. 115–134.
Fobbe, Eilika: *Forensische Linguistik*. Tübingen 2011.
Foucault, Michel: »Was ist ein Autor?« [1969]. In: Jannidis, Fotis / Gerhard Lauer / Matias Martinez / Simone Winko (Hrsg): Texte zur Theorie der Autorschaft. Stuttgart 2000, S. 198–229.
Göttert, Karl-Heinz / Oliver Jungen: *Einführung in die Stilistik*. München 2004.
Grimm, Christian: *Zum Mythos Individualstil. Mikrostilistische Untersuchungen zu Thomas Mann*. Würzburg 1991.
Gumbrecht, Hans Ulrich: »Schwindende Stabilität der Wirklichkeit. Eine Geschichte des Stilbegriffs«. In: ders. / Karl-Ludwig Pfeiffer (Hrsg.): *Stil. Geschichten und Funktionen eines kulturwissenschaftlichen Diskurselements*. Frankfurt a. M. 1986, S. 726–788.
Halteren, Hans van / Harald Baayen / Fiona Tweedie / Marco Haverkort / Anneke Neijt: »New Machine Learning Methods Demonstrate the Existence of a Human Stylome«. In: *Journal of Quantitative Linguistics* 12 (2005) H. 1, S. 65–77.
Hoffmann, Michael: »Mikro- und makrostilistische Einheiten im Überblick«. In: Fix, Ulla / Andreas Gardt/ Joachim Knape (Hrsg.): *Rhetorik und Stilistik*. HSK 31.2. Berlin / New York 2009, S. 1529–1544.
Holmes, David I.: »The Evolution of Stylometry in Humanities Scholarship«. In: *Literary & Linguistic Computing* 13 (1998) H. 3, S. 111–117.

Hoover, David L.: »Testing Burrows's Delta«. In: *Literary & Linguistic Computing* 19 (2004) H. 4, S. 453–475

Hoover, David L.: »Delta Prime«. In: *Literary & Linguistic Computing* 19 (2004) H. 4, S. 477–495.

Hoover, David L.: »Word frequency, statistical stylistics and authorship attribution«. In: Archer, Dawn (Hrsg.): *What's in a Word-list? Investigating Word Frequency and Keyword Extraction.* Farnham u. a. 2009, S. 35–52.

Jannidis, Fotis / Gerhard Lauer: »Burrows Delta and its Use in German Literary History«. In: Erlin, Matt / Lynne Tatlock (Hrsg.): *Distant Readings – Descriptive Turns. Topologies of German Culture in the Long Nineteenth Century.* Rochester 2014, S. 29–54.

Jannidis, Fotis / Gerhard Lauer / Matias Martinez / Simone Winko (Hrsg.): *Rückkehr des Autors. Zur Erneuerung eines umstrittenen Begriffs.* Tübingen 1999.

Jockers, Matthew L.: *Macroanalysis. Digital Methods & Literary History.* Urbana u. a. 2013.

Juola, Patrick: »Authorship Attribution«. In: *Foundations and Trends in Information Retrieval* 1 (2006) H. 3, S. 233–334.

Kafka, Franz: »Wunsch, Indianer zu werden« [1913]. In: ders.: Drucke zu Leben. Hrsg. v. Wolf Kittler, Hans-Gerd Koch und Gerhard Neumann. Darmstadt o.J., S. 32f.

Kayser, Wolfgang: *Das sprachliche Kunstwerk* [1948]. 17. Aufl. Bern 1976.

Koppel, Moshe / Jonathan Schler / Shlomo Argamon: »Computational Methods in Authorship Attribution«. In: *Journal of the American Society for Information Science and Technology* 60 (2009) H. 1, S. 9–26.

Love, Harold: *Attributing Authorship.* Cambridge 2002.

Meyer, Urs: »Stilanalyse«. In: Anz, Thomas (Hrsg.): *Handbuch der Literaturwissenschaft. Methoden und Theorien.* Stuttgart 2007, S. 70–80.

Moennighoff, Burkhard: *Stilistik.* Stuttgart 2009.

Morton, Andrew Q.: *Literary Detection. How to prove Authorship and Fraud in Literature and Documents.* New York 1978.

Oakes, Michael P.: *Statistics for Corpus Linguists.* Edinburgh 1998.

Oksaar, Els: »Idiolekt als Grundlage der variationsorientierten Linguistik«. In: *Sociolinguistica* 14 (2000), S. 37–41.

Pennebaker, James: *The Secret Life of Pronouns. What Our Words Say About Us.* New York 2011.

Püschel, Ulrich: »Stilistik der deutschsprachigen Länder vom Beginn des 20. Jahrhunderts bis zur Gegenwart«. In: Fix, Ulla / Andreas Gardt/ Joachim Knape (Hrsg.): *Rhetorik und Stilistik.* HSK 31.1. Berlin / New York 2008, S. 165–179.

Rudman, Joseph: »The State of Authorship Attribution Studies: Problems and Solutions«. In: *Computers and the Humanities* 31 (1998), S. 351–365.

Rybicki, Jan / Maciej Eder: »Deeper Delta Across Genres and Languages: Do We Really Need the Most Frequent Words?« In: *Literary & Linguistic Computing* 26 (2011) H. 3, S. 315–321.

Sandig, Barbara: *Stilistik der deutschen Sprache.* Berlin / New York 1986.

Sandig, Barbara: »Handlung (Intention, Botschaft, Rezeption) als Kategorie der Stilistik«. In: Fix, Ulla, Andreas Gardt, Joachim Knape (Hrsg.): *Rhetorik und Stilistik.* HSK. Bd. 2. Berlin / New York 2009, S. 1335–1347.

Schöch, Christof: »Corneille, Molière et les autres. Stilometrische Analysen zu Autorschaft und Gattungszugehörigkeit im französischen Theater der Klassik«. In: Schöch, Christof / Lars Schneider (Hrsg.): *Literaturwissenschaft im digitalen Medienwandel. Philologie im Netz*, (2014) Beiheft 7, 130–157.

Sowinski, Bernhard: *Deutsche Stilistik.* Frankfurt a. M. 1972.

Spoerhase, Carlos: *Autorschaft und Interpretation. Methodische Grundlagen einer philologischen Hermeneutik.* Berlin / New York 2007.

Stamatatos, Efstathios: »A survey of modern authorship attribution methods«. In: *Journal of the American Society for Information Science and Technology* 60 (2009) H. 3, S. 538–556.

Winko, Simone: »Autor-Funktionen. Zur argumentativen Verwendung von Autorkonzepten in der gegenwärtigen literaturwissenschaftlichen Interpretationspraxis«. In: Detering, Heinrich (Hrsg.): *Autorschaft. Positionen und Revisionen.* Stuttgart 2002, S. 334–354.

Ralf Klausnitzer
Autorschaft und Gattungswissen

Wie literarisch-soziale Regelkreise funktionieren

Abstract: Zu den zentralen Problemen der text- und zeicheninterpretierenden Disziplinen gehört die Frage, welche Rolle die Intentionen eines Autors bei der Konstitution von Bedeutung spielen und wie diese Absichten rekonstruiert und zugeschrieben werden können. Die in dieser Frage enthaltenen Aspekte sind ebenso vielfältig wie die verschiedenen Versuche zu ihrer Beantwortung, die von intentionalismuskritischen Auffassungen bis hin zu Positionen eines faktischen oder hypothetischen Intentionalismus reichen. Auch wenn diese Fragestellungen hier nicht entfaltet werden können, bilden sie einen Hintergrund für die nachfolgenden Überlegungen, die am Schnittpunkt von theoretischen und historiographischen Umgangsweisen mit den Kategorien »Autor« und »Autorschaft« angesiedelt sind und die Konditionen gattungsbezogener Wissensbestände für die Produktion und Rezeption literarischer Texte thematisieren. In ihrem Zentrum stehen die seit den Anfängen der poetologischen Reflexion bedachten, unter den Bedingungen des modernen Literatursystems jedoch eher wenig berücksichtigten und partiell sogar invisibilisierten Zusammenhänge zwischen dem Autor als kompetentem Kenner beziehungsweise absichtsvollem Anwender von Regeln und jenen Instanzen, die sein regelhaftes (oder auch Regeln verletzendes) Verhalten beobachten und in ihren Reaktionsweisen jene komplexen Rückkopplungseffekte generieren, die als ein Regelwissen die literarische Kommunikation konditionieren. Will man die mehrfach dimensionierten Verhältnisse in Form einer knappen Frage fixieren, kann diese lauten: Wie formieren sich Bestände eines generischen Regelwissens, die sowohl für konkrete Autoren als auch für ihre kritische beziehungsweise philologische Beobachtung relevant sind – und welche Konsequenzen haben diese konstitutiven beziehungsweise regulativen Ordnungen für die Konzeptualisierung und die Reflexion von Autorschaft?[1]

---

[1] Den Teilnehmern der Konferenz danke ich für die fruchtbare Diskussion, den Herausgebern Matthias Schaffrick und Marcus Willand für genaue Lektüre und produktive Hinweise.

1 Prämissen, Probleme

Wer schreibt, der bleibt. Wer schreiben und also bleiben will, benötigt nicht nur den Zuspruch von Musen oder anderer Inspirationsquellen. Wer Texte verfasst und als Autor in zeitinvestive Kommunikationen mit gegenwärtigen und zukünftigen Lesern einzutreten sucht, braucht auch mehr als nur individuelle Ausdrucksinteressen und technisch-apparative Aufschreibesysteme. Wer schreibt, muss zuallererst eine Menge von *Regeln* beherrschen: Regeln der Wortbildung und Satzverknüpfung, der Orthographie und der Grammatik; Regeln sprachlicher und rhetorischer Register, Regeln der Adressierung und der Textsorte. Denn Schreiben ist wie Lesen und andere zeichenbezogene Kulturtechniken ein *regelgeleitetes Verfahren*, das nur dann kommunikativ erfolgreich funktioniert, wenn Produzenten und Rezipienten von Äußerungen über zumindest partiell geteilte Kompetenzen verfügen, um sowohl die materiale Vergegenständlichung von Bedeutungen realisieren als auch die nicht weniger komplexen Vorgänge des Identifizierens und Verstehens von bedeutungstragenden Artefakten übernehmen zu können.

Kern dieser Kompetenzen, ohne die eine Aufzeichnung und Speicherung von Texten ebenso unmöglich wäre wie ihre Zirkulation in kulturellen Systemen und ihre Rezeption unter je konkreten kulturellen Umständen, ist ein *prozedurales Regelwissen*, dessen Komplexität bereits in den Vorgängen der Textproduktion deutlich wird. Schon im Prozess der Schriftaufzeichnung – ob mit dem Griffel oder der Feder, mit einem Bleistift oder der Tastatur eines Rechners – sind zahlreiche kognitive Schemata abzuarbeiten und dabei (a) relevante Informationen aus einer Menge verfügbarer Daten auszuwählen und in eine zeichenhaft repräsentierbare Ordnung zu bringen; (b) ganzheitliche Komplexe in Elemente zu zerlegen und dafür individuelle semiotische Ausdrücke zu finden, die im Prozess der Lektüre als Zeichen identifiziert, mit Bedeutung versehen und zu komplexen Ausdrücken zusammengefügt werden können; (c) aus einer begrenzten Menge von Schriftzeichen entsprechende Elemente zu wählen, die auf der Basis von Verknüpfungsregeln verbunden und materiell fixiert werden; (d) Leerstellen zu kalkulieren, die im Prozess der Rezeption geschlossen werden können. – Regelgeleitet vollziehen sich auch die inferenzbasierten Anschlusskognitionen in Lektüreprozessen: Während des textaufnehmenden Lesens sind gleiche beziehungsweise ähnliche Elemente zu identifizieren und von ähnlichen, doch irrelevanten Einheiten zu trennen; zugleich müssen relevante Bestandteile aus einer Menge von unwichtigen bzw. redundanten Teilen ausgewählt und individuelle Zeichen zu komplexen Ausdrücken zusammengefügt werden; Lücken der Informationsvergabe sind zu schließen und kommende

Elemente auf der Basis von semantisch-syntaktischen und enzyklopädisch-pragmatischen Regularitäten vorwegzunehmen. – Zahlreiche Regeln konditionieren schließlich auch den interpretativen Umgang mit den durch Lektüre gewonnenen Beobachtungen; so etwa, wenn abduktiv aus wahrgenommenen Äußerungen eines Sprechers (nicht explizit mitgeteilte) Absichten erschlossen und Bedeutungen zugewiesen werden.

Wie komplex und voraussetzungsreich diese regelgeleiteten Umgangsweisen mit Texten sind, haben die Diskussionen der letzten Jahrzehnte gezeigt. Sie sollen hier nicht noch einmal rekapituliert werden. Denn die nachfolgenden Überlegungen zielen auf andere Aspekte des Regelwissens im Umgang mit Literatur: Sie fragen nach den grundlegenden Funktionen *generischer Ordnungen* für eine literarische Kommunikation, die in der Befolgung wie in der Abweichung von Regeln *literarisch-soziale Regelkreise* konstituiert – wobei sowohl die Regeln der *Regelanwendung* als auch der (programmierten) *Regelabweichung* von zentraler Bedeutung für die Evolution wie für die Stabilisierung auktorialen Handelns und also in besonderer Weise zu thematisieren sind.

Ihren Ausgang nehmen die folgenden Überlegungen von zwei miteinander verbundenen Prämissen. Sie gehen zum einen davon aus, dass der Begriff »literarischer Text« ein hochgradig abstrakter Terminus ist, der nur durch weitreichende kategoriale Verallgemeinerungen und Distanzierungen von der konkreten Wirklichkeit kultureller Kommunikation gebildet und verwendet werden kann. Wenn Leser lesen, dann nehmen sie wohl hauptsächlich in der Perspektive distanziert beobachtender Literaturwissenschaftler »literarische Texte« wahr. Tatsächlich lesen sie – und so würden sie es als empirische Leser wohl auch selbst beschreiben – (Kriminal-) Romane und (Liebes-)Geschichten; (wissenspopularisierende) Sachbücher und (esoterische) Ratgeber, vielleicht sogar Gedichte. Mit anderen Worten: Texte erscheinen stets in konkreter Gestalt und in konkreten Kommunikationszusammenhängen; literarische Texte sind in generischen Manifestationen präsent. Dass ›Dichtung‹ beziehungsweise ›Literatur‹ stets in konkreten gattungsspezifischen Werken existiert, wusste schon Aristoteles, der den Begriff der Gattung seinen systematisierenden Beobachtungen der Poesie zugrunde legte. Nicht ohne Grund eröffnet er seine um 335 v. Chr. fixierten Vorlesungen über die Dichtkunst mit der Absicht, zu klären, »was Dichtung als Kunst ist und *was ihre Arten sind*, welche bestimmte Potenz *eine jede hat*«;[2] nicht grundlos behandelt er unterschiedliche Gattungen und labo-

---

[2] Aristoteles: Poetik 1447a8; hier zitiert nach der aktuellen Übertragung von Arbogast Schmidt, S. 3 [Herv. v. R.K.]; – Auch wenn es bereits vorher Reflexionen über Wesen und Ei-

riert zugleich an einem Allgemeinbegriff für ihre Gesamtheit.³ – Auch die in der Bibliothek von Alexandria unternommenen Anstrengungen zur Sammlung und philologischen Erschließung der Überlieferung ordnen das hier zusammengetragene Schrifttum nach generischen Prinzipien: Als Kallimachos von Kyrene, bedeutendster Dichter des Hellenismus und im zweiten vorchristlichen Jahrhundert Leiter der Bibliothek, von Ptolemaios II. den Auftrag erhält, die Buchbestände durch einen Katalog zu erschließen, fertigt er in 120 (verlorenen) Buchrollen eine Inventur der griechischen Literatur an, die nach Gattungen geordnet sämtliche Autoren mit Kurzbiographie und Werkverzeichnis aufführt.⁴

Gattungsbegriffe stellen jedoch nicht nur Kategorien für die ordnende Behandlung literarischer Werke dar. Sie sind mehr als nur Konzepte für Textgruppenbildungen, die es erlauben, unterschiedliche Werke nach bestimmten Kriterien zusammenzufassen und diese mit weiteren Umgangsformen – etwa inter-

---

genschaften poetischer Texte gegeben hat, kann die um 335 v. Chr. als Vorlesungsskript fixierte *Poetik* des Aristoteles als Auftakt für eine regelgeleitete Beobachtung der literarischen Kommunikation gelten. Die zentrale Bedeutung von regelgeleiteten Beobachtungen gattungsspezifischer Werke wird bereits in dieser Initialpassage deutlich, die nicht nur ankündigt, über »Dichtung als Kunst« und »ihre Arten« zu handeln, sondern »ebenso auch über die anderen Gesichtspunkte, die bei einer *methodischen Untersuchung von Dichtung* beachtet werden müssen. *Wir beginnen, dem natürlichen Gang der Methode folgend, zuerst mit den ersten ›allgemeinsten‹ Bestimmungen*« (Aristoteles: Poetik, S. 3; [Herv. v. R.K.]). – Zu Entstehung und Kontext siehe Halliwell: Aristotle's Poetics; zur Wirkung des Aristoteles, der bereits von antiken Philologen als ›Anfang‹ und Grundlagenstifter bezeichnet wurde, vgl. Pfeiffer: Geschichte, S. 92f. Eine kritische Prüfung und Präzisierung der Auffassungen über das Verhältnis von alexandrinischer Philologie und dem Peripatos gibt Pfeiffer ebenda, S. 115–125. Die besondere Bedeutung des von Aristoteles artikulierten Regelwissens unterstreicht Heinz Schlaffer, der ihm sogar die Leistung zuschreibt, »Komposition und Wirkung von Poesie berechenbar und damit von Rhetorik ununterscheidbar gemacht« zu haben (Schlaffer: Poesie und Wissen S. 79). Nicht zu unterschätzen bleiben die wissenstransferierenden und didaktischen Funktionen der *Poetik*, die sich an einen fortgeschrittenen Schülerkreis richtete und zu den esoterischen Schriften zählte; dazu Klausnitzer: Unter Druck.

3 Aristoteles: Poetik 1447a30–b10, hier nach der Übertragung von Manfred Fuhrmann, S. 5f.: »Diejenige Kunst, die allein die Sprache in Prosa oder in Versen [...] verwendet, hat bis jetzt keine eigene Bezeichnung erhalten. Denn wir können keine Bezeichnung angeben, die folgendes umgreift: die Mimen des Sophron und Xenarchos, die sokratischen Dialoge sowie – wenn jemand mit diesen Mitteln die Nachahmung bewerkstelligen will – die jambischen Trimeter oder elegischen Distichen oder sonstigen Versmaße. Allerdings verknüpft eine verbreitete Auffassung das Dichten mit dem Vers, und man nennt die einen Elegien-Dichter, die anderen Epen-Dichter, wobei man sie nicht im Hinblick auf die Nachahmung, sondern pauschal im Hinblick auf den Vers als Dichter bezeichnet«.

4 Vgl. Pfeiffer: Geschichte, S. 162f.

pretativer Art – zu verbinden. Gattungsordnungen und die in ihnen sedimentierten Bestände von *Gattungswissen* – hier zunächst tentativ als Gesamtheit orientierender beziehungsweise handlungsanleitender Kenntnisse über die Funktions- und Wirkungsprinzipien literarischer Textsorten verstanden – bilden vielmehr zentrale Parameter einer literarischen Kommunikation, in denen generisch formierte Texte hervorgebracht, mit Gattungsbezeichnungen verbreitet und von Lesern mit bestimmten Voreinstellungen und Erwartungen rezipiert werden. Gattungen übernehmen damit – so die zweite leitende Prämisse der nachfolgenden Überlegungen – grundlegende kommunikationsregulierende Funktionen in der dauerhaften Konstitution des Literatursystems: Sie funktionieren als noch näher zu bestimmende *Strukturen*, die den Umgang mit Literatur auf verschiedenen Ebenen *initiieren* und *konditionieren*, *problematisieren* und *diskutieren*, *fortsetzen* und *abbrechen lassen*. Bezogen auf die vielfältigen, diachron und synchron verlaufenden Interaktionen von Autoren, Texten, Lesern lassen sich Gattungen so als *Handlungsregulative* beschreiben, die mehrfach dimensionierte *Konsensbildungen* umfassen und Prozesse der Produktion, der Distribution und der Rezeption, aber auch der Evaluation und der wissenschaftlichen Analyse erst ermöglichen. Anders gesagt: Generische Muster sind einer wie auch immer beschaffenen ›Literatur‹ nicht äußerlich; Gattungen sind keine ›Container‹, die Ausdrucksinteressen und Bedeutungskonstitutionen nur in einer Form aufbewahren, die stets auch anders ausfallen könnte. Generische Muster und Regularien sind vielmehr Bedingung der Möglichkeit, damit sich Sprech- und Schreibakte überhaupt manifestieren können; die Formatierung von Äußerungen in wiedererkennbaren Strukturen macht diese überhaupt erst produzierbar und rezipierbar. Das in Gattungsbegriffen sedimentierte (und auf sehr unterschiedliche Weise präsente) Wissen über wiederholte Funktions- und Wirkungsprinzipien von Sprechakten und Textsorten bildet also die unhintergehbare Grundlage für die Generierung, Speicherung und Wiedereinschaltung von Akten des Sagens bzw. Schreibens, die ohne diese Formate nicht in Erscheinung treten und wirken würden.

Wie unlösbar die Varianten der Textproduktion mit sortenspezifischen Mustern und Regularien verknüpft sind, zeigt ein Blick auf Sektoren der kulturellen Bedeutungsproduktion. Lebensweltliches Regelwissen erzeugt sich in und mit »einfachen Formen«, die Redewendungen und Sprichwörter ebenso umfassen wie Rätsel und Ratgebertexte.[5] Spezialisierte Expertenkulturen, die Wissensan-

---

5 Dazu noch immer André Jolles: Einfache Formen [1930]. – Die Impulse dieses Ansatzes dokumentieren die Beiträge in Borgstedt / Wübben (Hrsg.): Einfache Prosaformen.

sprüche in institutionell ausdifferenzierten Bereichen generieren, bedienen sich generischer Muster wie der Fallgeschichte und des Lehrdialogs, des wissenschaftlichen Aufsatzes beziehungsweise Essays und der Enzyklopädie. Zugehörigkeit zu Gattungen und Partizipation an ihren Regeln kennzeichnen schließlich jene Werke, die aufgrund noch näher zu bestimmender sozio-kultureller Verabredungen als Literatur in Erscheinung treten: Medial präsentierte Handlungssequenzen konstituieren das weite Feld der ›Epik‹ beziehungsweise der Erzählliteratur, die von den Homerischen Epen bis zum postmodernen Roman reicht; szenisch organisierte Darbietungen von Interaktionen konfigurieren die Varianten einer ›Dramatik‹, die mit Satyrspielen und Tragödien beginnt und im postdramatischen Theater der Gegenwart ausläuft (beziehungsweise vom Film und dessen generischen Manifestationen beerbt wird); poetische Sprachverwendung bzw. paradigmatische Eigenschaften des ›überstrukturierten Textes‹ prägen jene Formen des Sagens beziehungsweise Schreibens, die in verschiedenen Konkretionen als ›Lyrik‹ seit der Antike produziert und poetologisch insbesondere seit dem 18. Jahrhundert verhandelt werden.[6]

Damit ergeben sich weitreichende Konsequenzen für literaturwissenschaftliche Analysen. Die von Autoren genutzten und reflektierten Wissensbestände über generische Strukturen können in ihren expliziten oder impliziten Realisierungen ebenso erforscht werden wie die Kenntnisse und Verfahren von Lesern, die in ihrem Umgang mit Texten spezifische Wissensbestände hinsichtlich generischer Ordnungen nutzen und modifizieren. – Aufmerksamkeit haben dabei

---

[6] Die Gattungsbezeichnung ›lyrisches Gedicht‹ erscheint zwar bereits in Barockpoetiken, jedoch noch nicht als eigenständige Gattung; wie in der Antike wird diese Gattung über die Fähigkeit zur Sangbarkeit und damit als primär mündliche Dichtung begriffen. Dabei liegen die Verhältnisse etwas komplizierter: Schon der in Alexandria wirkende Philologe Aristophanes von Byzanz etabliert anstelle der früheren Bezeichnung »Lieder-Macher« den neuen Begriff »Lyriker« (λυρικοι): Er meint »Dichter der zur Lyra gehörenden Dichtung« und fundiert einen Kanon der neun lyrischen Dichter: Alkman, Stesichoros, Alkaois, Sappho, Ibykos, Anakreon, Simonides, Bakchilydes, Pindar (Pfeiffer: Geschichte, S. 226; Görgemanns: Zum Ursprung). Die erfolgreiche Durchsetzung des Begriffs in der Antike zeigt sich daran, dass schließlich auch Elegien- und Iambendichtung eingeschlossen und deren alte Spezialbezeichnungen gleichsam aufgesaugt werden (Latacz Die griechische Literatur, S. 144). Die Selbstreflexion der literarischen Produktion im 1. Jahrhundert greift auf diese offenkundig erfolgreiche Begriffsprägung zurück: Horaz bezeichnet sich selbst als *lyricus* und die römischen Dichtungstheoretiker Quintilian und Plinius übernehmen diese Verwendungsweise. Die poetologische Wirkungsmacht der Bindung von Lyrik an sprachliche Performanz dokumentieren Schneider: Lyrik als akustische Kunst; Schwarz: Stimmen; zur neuzeitlichen Entwicklung und Differenzierung konzise Burdorf: Lyrik.

bislang vor allem die Bestände von Gattungswissen auf Leserseite gefunden. Nicht ohne Grund: Für die Beschreibung und Erklärung von Rezeptionsprozessen spielen Umgangsformen mit generischen Ordnungen eine wichtige Rolle. Dabei wird davon ausgegangen, dass die Bestände eines text- beziehungsweise medienbezogenen Gattungswissens in Prozessen der literarisch-kulturellen Sozialisation erworben werden und sowohl die Strukturierung von ›Literatur‹ als auch die Generierung von Erwartungen hinsichtlich der vermittelten Inhalte und ihrer Glaubwürdigkeit sowie den ›erfolgreichen‹ Umgang mit auftretenden Charakteren und deren Handlungen ermöglichen.[7]

Bislang vorliegende Forschungen zeigen, dass die Bestände eines solchen Gattungswissens in *generalisierten, episodisch organisierten Schemata* repräsentiert werden und sich in Prozessen der *Generalisierung* und *Differenzierung* aus vorgängigen Texterfahrungen, generellem Weltwissen und soziokulturellen Erfahrungen formieren.[8] Ein solches *schemabasiertes Gattungswissen* organisiert die Prozeduren eines *Situationsmodells*, das für das Verstehen konkreter Texte aktuell anzuwenden ist, indem es *Kriterien* angibt, die eine zielgerichtete Suche von Wissensbeständen zur Aktivierung der prinzipiell möglichen episodischen und narrativen Kategorien steuern. Damit werden nicht nur Erwartungen hinsichtlich der nachfolgenden Darstellungs- und Verlaufsformen geweckt, sondern zugleich im Ursprungstext weitere Hinweisreize gesucht, die mit der präsupponierten Gattung kompatibel sind. Auf diese Weise werden die Umgangsformen des Rezipienten konditioniert und koordiniert.[9] – Welches Spektrum dieses Gattungswissen aufweist und mit welchen zum Teil gravierenden Folgen für den Lektüreprozess es erscheint, zeigen Explorationen zur Lesekompetenz im Umgang mit literarischen Texte, die auch im Rahmen didaktischer Überlegungen angestellt wurden.[10]

---

[7] Vgl. Hauptmeier: Sketches; Rusch: Kognition.
[8] So die Mediengattungen thematisierenden Forschungsergebnisse von Rusch: Fernsehgattungen.
[9] Siehe dazu die auf empirischen Forschungen aufbauenden Arbeiten von Halász: Selfrelevent reading; László / Viehoff: Genre-Specific Knowledge.
[10] So etwa Eggert: Literarische Texte, mit einer Skala, welche die Umgangsformen mit Gattungswissen auf Leserseite ordnet und zwischen »unreflektiert-restriktiv«, »formalisiert-schemaorientiert« sowie »flexibel-historisch« unterscheidet (S. 189): Kennzeichnend für ein unreflektiert-restriktives Gattungswissen sei der Abbruch von Lektüre oder die Dementierung des Kunstcharakters, wenn der Lesestoff den gewohnten Normerwartungen widerspreche; als charakteristisch für ein formalisiert-schemaorientiertes Gattungswissen gilt die Fähigkeit, den Text in übergreifende Regelzusammenhänge poetologischer oder literaturgeschichtlicher

Doch auch das explizit oder implizite Wissen von Autoren über die Konventionen und Regularien der von ihnen genutzten Gattungen hat philologische und literaturwissenschaftlich Aufmerksamkeit gefunden. Schon Aristoteles – der mit seinen Vorlesungen über die Dichtkunst die seit den Verständniskrisen angesichts der homerischen Epen im sechsten vorchristlichen Jahrhundert einsetzenden und in ihrer kulturellen Tragweite kaum zu überschätzenden Differenzierungsprozesse zwischen »Poesie« und »Wissen« besiegelt und jene distanzierte Beobachterperspektive gewinnt, die das je Individuelle und Inkommensurable poetischer Produktionen und die ihnen korrespondierenden ästhetischen Erfahrungen begrifflich zu bündeln und zu bearbeiten erlaubt – formuliert die Einsicht, dass Verständnisprobleme durch Prüfung der Darstellungsabsichten und ihrer literarisch-kulturellen Regularien zu klären sind: Widersprüchliche Textbefunde sollen durch eine auf die Darstellungsgesamtheit bezogene Perspektive erklärt werden, wobei die »Erfordernisse der Dichtung« ebenso einzubeziehen sind wie die von Konventionen geleiteten Intentionen des Autors und ein zur Verfügung stehendes Weltwissen.[11] – Die sich auch auf Aristoteles berufenden Poetiken haben die hier vorgenommenen Beobachtungen und Hinweise zu teilweise rigiden Regelwerken ausgebaut. Vor allem im Rahmen normativer Gattungspoetiken spielen generische Muster und Gattungskonventionen – die von den Produzenten vormoderner Literaturverhältnisse zur Kenntnis zu nehmen und umzusetzen waren – eine kaum zu unterschätzende Rolle. Umso erstaunlicher scheint es, dass die Bestände eines *auktorialen Gattungswissens* beziehungsweise *Gattungsbewusstseins* erst in Ansätzen historisch differenziert sowie systematisch konzeptualisiert wurden.[12]

Herkunft einzuordnen. Die flexible Anwendung eines Gattungswissens in Bezug auf ein Einzelwerk sichert eine hohe ästhetisch-literarische Kompetenz.

11 So prägnant in Poetik 1461b10–12, hier nach der Übersetzung von Manfred Fuhrmann, S. 93: »Aufs Ganze gesehen muß man das Unmögliche rechtfertigen, indem man entweder auf die Erfordernisse der Dichtung oder die Absicht, das Bessere darzustellen, oder auf die allgemeine Meinung zurückgreift«.

12 Exemplarisch ist etwa die Monographie von Stavros A. Frangoulidis über »Theater, Metatheater und Gattungsbewußtsein in der römischen Komödie«, die ohne Reflexion des grundlegenden »Gattungsbewusstseins« auskommt. Auch Hermann Apfelböck thematisiert in seiner Untersuchung zu »Tradition und Gattungsbewusstsein im deutschen Leich« auktoriale Zusammenhänge nach luziden Rekonstruktionen der Überlieferungs- und Formgeschichte erst in der letzten Anmerkung, in der gefordert wird, sich nicht länger auf die »formale Seite der Verifizierbarkeit von Kontrafakturverhältnissen zu beschränken«, sondern auch den Autor und dessen Intentionen einzubeziehen. Als Beispiel für die explizit als »höchst unbefriedigend« bezeichnete Forschungssituation wird dann angeführt: »Seit Spankes Nachweis der Tannhäu-

Auch aus diesem Grund verfolgen die nachfolgenden Überlegungen ein grundsätzlicheres Ziel: Sie sollen ein konzeptuelles Gerüst für die weitere Beschreibung, Deutung und Erklärung auktorialen Gattungswissens vorstellen. Seine Motivation entnimmt dieser Versuch – dessen tentativer Charakter an dieser Stelle noch einmal zu betonen ist – aus den bereits angedeuteten Einsichten in die Verfassung von generisch formierten Texten, die in ihrer Produktion wie in den Prozessen ihrer Zirkulation und Rezeption *konstitutiven* und *regulativen Regeln* folgen und auch deshalb mit dauerhafter und regelgeleiteter Aufmerksamkeit beobachtet werden können.

2 Regeln und Regelanwendung

Wie andere soziale Interaktionen beruht auch literarische Kommunikation auf einer Vielzahl von Regeln: Schon die Generierung und Aufzeichnung von Tex-

---

ser-Kontrafaktur ›Sion egredere‹ vor nunmehr 59 Jahren fehlt jeder Hinweis, daß der lateinische Autor seinen Conductus als Aufwertung einer verachteten Laienkunst verstanden wissen will« (Apfelböck: Tradition und Gattungsbewusstsein, S. 179). – Theoretisch reflektiert verfährt dagegen Gert Hübner in seiner Untersuchung zur Rhetorik der Liebesklage im 15. Jahrhundert: Die Gattungszugehörigkeit von Texten wird nicht nur dadurch gestiftet, dass »eine Gruppe von Texten auf ein gemeinsames Reservoir an Topoi zurückgreift – im Fall von Minnesang und mittlerem System auf Begriffe und Begriffsverknüpfungen, metaphorische Modelle, Rollenmuster, unterstellte Situationen, Liedtypen«. Systemreferenz besteht darüber hinaus darin, »daß die topischen Elemente den Sinn, den sie im einzelnen Text tragen, aus ihrem Stellenwert im System (und aus der jeweiligen Positionierung im Text) beziehen. ›System‹ meint deshalb kein bloßes Reservoir von Bauelementen, sondern *eine im Gattungswissen von Produzenten und Rezipienten verankerte Sinn-Ordnung, die auf ein Kernkonzept ausgerichtet ist – auf die ›Systemdominante‹*« (Hübner: Rhetorik, S. 84f., [Herv. v. R.K.]). Umfänglicher und eindringlicher auch Fischer: Poetik der Reisebeschreibung, vor allem 210–351 (zum Gattungsbewusstsein) und 352–383 (zu den Leistungen der Gattung) und Volmer: Autorschaft und Gattungsbewusstsein. – Zu kurzschlüssig argumentiert auch der Beitrag von Linda Maeding zur Autobiographik von Germanisten im Exil, die in ihrem Vergleich der Lebenserinnerungen von Bernhard Blume und Egon Schwarz einen Abschnitt »Gattungswissen als Hintergrund: Der Germanist als Autobiograph« einschaltet, um die »narrativen Komponenten Spannungsaufbau, Umschwung und Wendung« zu erkennen und zu bewerten: »Der Germanist [Bernhard Blume] weiß gerade im Moment dieses Eingeständnisses ebenso wie Schwarz, mit welchem gattungsspezifischem Instrumentarium er zu hantieren hat, nur dass er gegensätzliche Schlüsse aus diesem Wissen zieht: Auf die ›abgenützte Metaphorik von der Lebensreise‹ verzichtet er; lieber streift er die ›metaphorischen Wanderschuhe‹ ab und versucht es ›barfuß‹ (Maeding: Autobiographik , S. 495–500).

ten sowie deren Einspeisung in einen wie auch immer beschaffenen Zirkulationszusammenhang setzt eine Fülle von Regelwissen voraus. Auch die unterschiedlichen Umgangsweisen mit Texten – ob durch profitorientierte Verleger oder hedonistische Leser, durch Instanzen kritischer Wertung oder begrifflich distanzierter Beobachtung – folgen Regularien, die so immens und vielgestaltig sind, dass sie an dieser Stelle nicht einmal angedeutet werden können. Und auch die hier zu verhandelnden Zusammenhänge von Autorschaft und Gattungswissen bleiben an *Regeln* gebunden, die in ihren mehrfachen epistemischen und institutionellen Dimensionen wie in den Praktiken ihrer Verletzung und Modifikation noch zu bestimmende *literarisch-soziale Regelkreise* konstituieren und damit von kaum zu unterschätzender Bedeutung für die Konstitution und Evolution des Literatursystems sind.

Um die These von der Regelhaftigkeit der literarischen Kommunikation erläutern und ihre nicht unbedeutenden Konsequenzen entfalten zu können, erweisen sich knappe Präzisierungen des verwendeten Regel-Begriffs als hilfreich. Denn die Rede von Regeln kann sich auf verschiedene Sachverhalte beziehen – auf bestimmte Regelmäßigkeitsannahmen über Naturerscheinungen oder auf Regularien in sozialen Zusammenhängen. Im letztgenannten Sinn lassen sich Regeln als *reflektierte* beziehungsweise prinzipiell reflektierbare *Handlungsschemata* begreifen. Ihre besondere Qualität – und damit auch ihr Unterschied zu regelhaften Abläufen in natürlichen Zusammenhängen, die empirisch beobachtet und in »Bauernregeln« oder Naturgesetzen formuliert werden können – ergibt sich aus dem Umstand, dass sie an sichtbare wie invisibilisierte *Praktiken der Interaktion* zwischen menschlichen Individuen, Kollektiven und Institutionen gebunden sind und mehr umfassen als nur schlichte Handlungskompetenzen. Regeln sind *formulierte* beziehungsweise prinzipiell *formulierbare Handlungskonditionen*: Sie werden aufgestellt, um Bedingungen für die Ausübung von Handlungen festzulegen.

Grundsätzlich lassen sich zwei Arten einer solchen Konditionierung von Handlungen unterscheiden. *Konstitutive Regeln* schaffen die Bereiche zulässiger Ausübungen und machen kompetente Handlungsvollzüge in ihnen möglich. *Regulative Regeln* funktionieren als einschränkende Bestimmung zulässiger Ausübungen und setzen bestimmte Kompetenzen voraus.[13] Um diese Bestim-

---

13 Vgl. Rawls: Two Concepts. Nicht näher zu diskutieren ist hier die Frage, ob schon eine Handlungskompetenz, also das Verfügen über ein Handlungsschema, als Fähigkeit verstanden werden kann, Handlungsvollzüge im Sinne von Aktualisierungen des Schemas regelgeleitet hervorzubringen. Hier muss der Hinweis genügen, dass sich auf der Ebene von Handlungskompetenzen noch keine Bedingungen an ihre Ausübung (und damit regulative Regeln zur

mungen an einem immer wieder herangezogenen Beispiel zu illustrieren: Während die Regeln des Straßenverkehrs eine Tätigkeit – die Bewegung von Subjekten im öffentlichen Raum – ordnen und damit einen Bereich regulieren, dessen Möglichkeit und Wahrnehmbarkeit auch unabhängig von diesen Regeln sein kann, entsteht die Praxis des Schachspiels allein durch gewisse Spielregeln. Mit anderen Worten: Wenn ein Bereich erst und nur durch seine Regeln entsteht, liegen *konstitutive Regeln* vor.[14]

Die konstitutive Dimension von Regeln hat verschiedene Aspekte. Hinsichtlich ihrer Seinsweise sind konstitutive Regeln *gegenstandsbestimmend*; sie begründen eine bestimmte Praxis, die aus distinkten und miteinander verbundenen Einheiten (»Praxemen«) besteht. Das Schachspiel hat etwa die Einheiten Läufer, Rochade, Schachmatt; das kommunikative Sprachspiel Literatur konstituiert sich durch Einheiten wie Autor und Werk, Verleger und Leser, Bedeutung und Bedeutungszuschreibung und so weiter. In semantischer Hinsicht sind konstitutive Regeln *sinnbestimmend*, das heißt sie legen den Sinn beziehungsweise die Intension der Praxembezeichnungen fest, indem sie Termini fixieren, die jeweilige Praxeme bezeichnen. Praxembezeichnungen des Schachspiels sind unter anderem »Läufer«, »Rochade«, »Schachmatt«; Praxembezeichnun-

---

einschränkenden Bestimmung zulässiger Ausübungen) artikulieren lassen. Dazu bedarf es weiterer Kompetenzen und vor allem des Verfügen über schematische Zusammenhänge zwischen Handlungsschemata. Auf dieser Stufe entsteht die Alternative zwischen den ontischen Modalitäten ›Können‹ (eine Aktualisierung selbst wählen) und ›Müssen‹ (zu einer Aktualisierung gezwungen werden) beziehungsweise den deontischen Modalitäten ›Dürfen‹ (eine Aktualisierung wird freigegeben) und ›Sollen‹ (zu einer Aktualisierung verpflichtet sein).
14 Konstitutive Regeln wurden von John R. Searle untersucht und in ihrer Opposition zu den ›regulative rules‹ erörtert, vgl. Searle: Derive ›Ought‹ from ›Is‹; Searle: Speech act? – Die Terminologie wurde allerdings nicht von ihm eingeführt; und auch der konzepthistorische Hintergrund ist weiterreichend. Die Regelbezogenheit von Schachfiguren wurde wohl erstmals von dem Mathematiker J. Thomae thematisiert; nach ihm ist eine Schachfigur »durch ihr Verhalten gegen die Spielregeln bestimmt« (Thomae: Gedankenlose Denker, S. 435). Auch nach Edmund Husserl werden Schachfiguren konstituiert durch »die Spielregeln, welche ihnen ihre feste Spielbedeutung geben‹ (Husserl: Logische Untersuchungen II/1, I, § 20). Die an Regeln gebundene Bedeutung von Schachfiguren betont Ludwig Wittgenstein: »Ich kann nicht sagen: das ist ein Bauer *und* für diese Figur gelten die und die Spielregeln. Sondern die Spielregeln *bestimmen* erst diese Figur: der Bauer *ist* die Summe der Regeln, nach welchen er bewegt wird« (Wittgenstein: Philosophische Bemerkungen, S. 327f.). Prägnant auch Wittgenstein: Philosophische Untersuchungen I, § 31: »Wenn man jemandem die Königsfigur im Schachspiel zeigt und sagt ›Das ist der Schachkönig‹, so erklärt man ihm dadurch nicht den Gebrauch dieser Figur, – es sei denn, daß er die Regeln des Spiels schon kennt«.

gen des sprachlich-kommunikativen Spiels Literatur sind »Autor« und »Text«, »Buch« und »Leser«, »Zeichen« und »Bedeutung« und so weiter.

Konstitutive Regeln lassen sich weitergehend unterscheiden. Es gibt *normative* beziehungsweise *deontische Regeln* (zum Beispiel »Der König soll dem Schach entzogen werden«; »Willst Du ein Sonett schreiben, musst Du ein vierzehn Verse umfassendes Gedicht mit einer festgelegten Reimfolge und Binnengliederung anfertigen«) und *deskriptive* beziehungsweise *adeontische Regeln* (zum Beispiel »Schachmatt liegt vor, wenn der König unter Schach ist und sich durch keinen Zug dem Schach entziehen kann«; »Ein Sonett ist ein Gedichtmaß, das einen Aufgesang aus acht Versen und einen im Reim unterscheidbaren Abgesang aus sechs Versen enthält und fixierte Reimfolgen aufweist«).

Die gleichsam fundamentierende Funktion konstitutiver Regeln wird klarer, wenn man die *Legitimität von Regelverletzungen* thematisiert. Eine Frage wie »Kann man die Regel, die das Schachmatt festlegt, verletzen?« ist bei Interesse an der Selbsterhaltung des so konstituierten Spiels ebenso unangebracht wie die Frage nach der Möglichkeit eines drei Verse umfassenden Sonetts. Wer den König trotz Schachmatt-Position weiter bewegt, spielt vielleicht weiter – doch kein Schach mehr. Und wer ein aus drei Verszeilen bestehendes Gedicht niederschreibt, hat vielleicht (bei entsprechender Silbenzahl) ein Haiku produziert – aber eben kein Sonett. Mit anderen Worten: Konstitutive Regeln können nicht verletzt werden, ohne dass sich das Spiel im Ganzen ändert beziehungsweise endet – was gravierende und an dieser Stelle noch nicht zu thematisierende Folgen haben kann.

Wichtig für die *Ausgestaltung* eines durch konstitutive Regeln ermöglichten Handlungszusammenhangs sind schließlich Regeln, die als einschränkende Bestimmung zulässiger Bewegungen funktionieren und bestimmte Kompetenzen voraussetzen. Diese *regulativen Regeln* basieren auf der grundlegenden Akzeptanz konstituierender Spielzüge und deren Anwendung in variierenden Situationen. Sie legen fest, wie nach Maßgabe der grundlegenden Regeln je individuelle Einsätze realisiert werden können: im Schach die Nutzung einer bestimmten Eröffnungsvariante (und deren Beantwortung); in der Gedichtform Sonett die Verwendung bestimmter Reimformen und Versmaße.

Angesichts des hier nur kursorisch dargestellten Begriffsfeldes dürfte klar geworden sein, welche Bedeutung und Funktion die Bestände eines regelhaft strukturierten Gattungswissens für die literarische Kommunikation haben. Auf der Ebene der *Textproduktion* umfassen die konstitutiven und regulativen Regeln generischen Wissens die in unterschiedlichen Formen und Formaten sedimentierten Kenntnisbestände, die von empirischen Autoren zur Formierung individueller Ausdrucksinteressen eingesetzt und modifiziert, problematisiert und immer wieder auch dementiert (und damit *ex negativo* bestätigt) werden können. Weitere Explorationen zu den Zusammenhängen von Autorschaft und Gattungswissen erweisen sich bereits auf dieser Ebene als überaus voraussetzungsreich. Denn zu rekonstruieren sind sowohl die in einer Zeit vorliegenden kodifizierten Regelsysteme (etwa in Rhetoriken oder Poetiken) als auch die Bestände eines ›tacit knowledge‹, die im Verbund mit Regelkenntnis *(ars)* durch Übung *(excercitatio)* und Nachahmung *(imitatio)* erworben werden können.[15] Zu rekonstruieren sind gleichfalls die Wissensbestände empirischer Autoren über generische Konventionen und Normen, die sich in expliziten poetologischen Reflexionen ebenso niederschlagen wie in impliziten Werk-Poetiken.[16] – Im

---

15 Die Begriffstrias *ars, excercitatio* und *imitatio* kennt bereits die römische *Rhetorica ad Herennium* (1, 3); sie fundiert die schon in der antiken Philologie zusammengestellten Listen von Klassikern, die als vorbildliche Werke die Ausbildung anleiten sollten. Bereits in der Antike wird gleichfalls das Problem diskutiert, wie aus den regelhaft strukturierten Kenntnisbeständen eine eigene (originäre) Leistung entstehen kann. Als Lösung bietet Seneca im 84. Brief seiner *Epistulae morales* das über Jahrhunderte hinweg tradierte ›Bienengleichnis‹ an: Wer schreiben will, muss zuvor gelesen, das Gesammelte aber auch verarbeitet und zu etwas Eigenem gemacht haben, so wie die Biene aus dem Saft vieler Blüten ihren Honig bereitet. Aufgenommen und umgestaltet wird diese Metapher von der Aufnahme des Fremden und seiner Verwandlung in Eigenes in den *Saturnalia* des Macrobius (um 400), im *Policraticus* des Johannes von Salisbury und in der Epistola 92 der Briefsammlung des Petrus von Blois, in der er sich gegen Plagiatsvorwürfe wehrt. Vgl. hierzu u. a. von Stackelberg: Bienengleichnis; Waszink: Bienen und Honig; de Rentiis: Beitrag der Bienen; dies.: Rückgriff; dies.: Geschichte der Nachahmungskategorie.

16 Bestände eines auktorialen Gattungswissens manifestieren sich einerseits auf der Textoberfläche, etwa in expliziten paratextuellen Markierungen und Gestaltungsweisen, die spezifizierten Mustern beziehungsweise Regeln folgen. Dabei kann die Vergabe peritextueller Merkmale variieren: Gattungsbezeichnungen können auch durch Verleger oder nachfolgende Herausgeber vorgenommen werden, wie etwa das Beispiel von Max Brods Kafka-Edition belegt: Mit der Intention, den verstorbenen Freund als Romancier zu etablieren, hat er nicht nur das Fragment *Der Process* als »Roman« zugerichtet und veröffentlicht. – Die erfolgreiche Anwendung dieser Regeln wird durch ein normenadäquates Verstehen des Textes dokumentiert. Gattungsbezogene Wissensbestände des Autors finden sich aber auch in späteren epitextuellen Kommentaren, die ihrerseits Vorgaben für Textumgangsformen enthalten können. Exemplarisch für ein solches werkpolitisches Verhalten ist etwa der literarische Start des jungen Thomas Mann, der den im Juni 1893 unter dem Pseudonym »Paul Thomas« in der eigenen Zeitschrift *Der Frühlingssturm* gedruckten Texte *Vision* als ›Prosa-Skizze‹ markiert und nicht nur entsprechend widmete (»Dem genialen Künstler, Hermann Bahr zugeeignet«), sondern zugleich auch sehr genau Inhalt und Form der Kunstprosa des ›Jungen Wien‹ kopiert. Im späteren autobiographischen Rückblick erinnert sich der Schriftsteller: »[...] ich weiß noch, wie ich auf der Schule den wunderlichen Stil der von Hermann Bahr geführten Symbolistenschule [...] in meinen Tagebüchern und erzählerischen Versuchen sklavisch-freudig genau kopierte und *eben darin* eine künstlerische Genugtuung fand« (Mann: On Myself, S. 132f.). Erfolg hatte diese

Zusammenhang damit stehen die *Funktionen* dieser Wissensbestände für die Textproduktion, die sich als gleichfalls klärungsbedürftig erweisen: Sind sie konstitutiv wie etwa in der auf *imitatio* vorbildlicher Muster beruhenden Tradition rhetorischen Dichtens, regulativ wie etwa in Devianz-Poetiken der Neuzeit oder bilden sie die Folie für radikale Normverstöße wie in den historischen Avantgarden des 20. Jahrhunderts?

Gattungsbezogene Wissensbestände betreffen jedoch nicht nur Entscheidungen konkreter Autoren (deren wissentlicher beziehungsweise bewusster Umgang mit generischen Regularien variieren kann[17]). Sie haben ebenfalls wichtige Konsequenzen für die *Distribution und Rezeption* von Texten sowie für die von ihnen initiierten *Textumgangsformen* und *Bedeutungszuschreibungen*. Auch hier sind die Verhältnisse heuristisch zu separieren und zu klären, welche Funktionen ein Gattungswissen für unterschiedliche Lesertypen beziehungsweise deren Lektüreverhalten übernimmt und wie sich diese epistemisch orientierenden und handlungsleitenden Wissensbestände durch (retrospektive) Beobachter rekonstruieren lassen. Die Relevanz gattungsbezogener Wissensbestände auf diesen Ebenen wird etwa an dem Umstand deutlich, dass schon antike Schreiber und frühneuzeitliche Drucker, antike Bibliothekare und moderne Verleger (eingeführte oder neu geprägte) Gattungsbezeichnungen zur Sortierung beziehungsweise Vermarktung von Schriften und Büchern gebrauchen.[18] Leser orientieren sich an paratextuellen Genremarkierungen bei der

---

Imitation zunächst nicht: »Um die Zeit meiner Schwärmerei für jene Wiener Kunstprosa mag es gewesen sein, daß ich eines meiner Schülerprodukte, ein Stück übertrieben-sensitiver und koloristischer Prosa unter dem Titel ›Farbenskizze‹ unter einem angenommenen Namen an die Feuilletonredaktion einer Zeitung meiner Vaterstadt Lübeck zu senden wagte. Es war ein Abenteuer mit demütigendem Ausgang, denn das Produkt war für die Zeitung zu schlecht und zu gut, es ging auf eine stümperhafte Weise über ihren Horizont hinaus. In der Redaktion aber saß ein schnoddriger Redakteur aus Berlin, der unter den höflich gedruckten Ablehnungszettel die Worte schrieb ›Wenn Sie öfters solche Einfälle haben, sollten Sie wirklich etwas dagegen tun‹« (Mann: On Myself, S. 133).

17 Die hier beschriebenen Phänomene der Konstitution, Regulation und Negation setzen präsente und den Akteuren auch bewusste Wissensbestände für die Textproduktion voraus. Ohne Frage ist diese grundsätzliche Ausrichtung an bewussten Regeln kritisierbar; gerade in der gegenwärtigen Verfassung des Literatursystems scheint die Bewusstheitsunterstellung nicht zuzutreffen. Andererseits sollte nicht unterschätzt werden, welches Regelwissen durch literarische Sozialisation vermittelt wird; auch junge Autoren wissen etwas über die Konventionen ihrer Texte.

18 Bereits hingewiesen wurde auf Aristoteles' Poetik als weitgehend deskriptive Beobachtung »der Dichtkunst selbst und ihrer Gattungen« (Poetik, 1447a), die auf der Basis markierter Differenzen (διάφορα) ihre Sortierungsleistungen vollzog. Auch in der Bibliothek von Alexandria,

Auswahl ihrer Lektüre. Professionalisierte Umgangsweisen mit Literatur – ob in der Literaturkritik oder in der Literaturwissenschaft – gebrauchen Gattungsbegriffe, um individuelle Äußerungen zu rubrizieren, Deutungen zu initialisieren und Aussagen zu systematischen beziehungsweise historischen Aspekten zu ermöglichen. Mit gattungstypologischen Klassifikationen können die Wahl von Beschreibungs- und Deutungsrahmen verbunden und Entscheidungen für interpretative Schrittfolgen begründet werden. Gattungsbegriffe ermöglichen schließlich Aussagen über poetologische Prinzipien wie über literaturgeschichtlich relevante Veränderungen in Produktionsnormen und Rezeptionshaltungen. Und sie ermöglichen die Typisierung von Produzenten und Rezipienten, wie es eine sozialwissenschaftlich orientierte Literaturwissenschaft oder eine an literarischen Prozessen interessierte Sozialforschung tut, deren Kategorien wie ›Sience-Fiction-Leser‹, ›Leser von Liebesromanen‹ sich an bestimmten Textgattungen orientieren.[19]

Mit diesen hier nur knapp angedeuteten Bestimmungen sind Dimensionen eines Feldes skizziert, das im Folgenden genauer vermessen werden soll. Die anschließenden Überlegungen zielen einerseits auf die Beschreibung und Deutung von Verfahren, mit denen textproduzierende Instanzen (Autoren) sich in Beziehung zu vorgängigen gattungsbezogenen Wissensbeständen setzen und literarische Äußerungen als Vermittlung von individuellen Ausdrucksinteressen, aktualisierten Gattungsmustern und Publikumserwartungen generieren. Sie widmen sich zum anderen den Institutionen Literaturkritik und Literaturwissenschaft, die mit spezifischen regelhaften Verfahren für die Formierung und Stabilisierung eines Gattungswissens sorgen und dabei vorliegende Vorstellungen beziehungsweise Konventionen mit je aktuellen Produktionen vergleichen.

---

die seit ihrer Gründung um 285 v. Chr. jene Gelehrten versammelt, welche die Liebe zum Wort in ihre Berufsbezeichnung eintragen sollten, spielen gattungsspezifische Einteilungen eine wichtige Rolle. Denn die alexandrinischen Philologen pflegen nicht nur die kritische Behandlung von Manuskripten, für die sie Verfahren wie Transkription und Kollation, Recension und Emendation entwickeln, sondern erfassen auch die schriftliche Überlieferung entsprechend generischer Ordnungen. Der 120 Buchrollen umfassende Katalog, den Kallimachos von Kyrene zur Erschließung der Bestände anlegte, soll eine vollständige Bestandsaufnahme der griechischen Literatur seiner Zeit enthalten und die Differenzierungsprozesse innerhalb der Textproduktion abgebildet haben: Geordnet nach Literaturgattungen wurden sämtliche Autoren in alphabetischer Reihenfolge mit Kurzbiographie und Werkverzeichnis aufgeführt; Titel und Anfangsworte der Werke waren ebenso vermerkt wie die Gesamtzeilenzahl; vgl. Pfeiffer: Geschichte, S. 162–166.

19 Vgl. Baumgärtner (Hrsg.): Lesen, ein Handbuch.

Dazu möchte ich zunächst eine Konstellation nachzeichnen, die im Herbst des Jahres 2010 zu beobachten war, als ein namhafter Literaturwissenschaftler sich kritisch mit dem *Zeichenbuch* eines gleichfalls nicht unbedeutenden Lyrikers auseinandersetzte – worauf der Autor auf bezeichnende Weise reagierte und spezifische Rückkopplungseffekte in Gang setzte. In einem zweiten Schritt möchte ich ein Modell für den Zusammenhang von auktorialem Handeln, Leser-Erwartungen und Werk-Antworten vorstellen und greife dazu auf Konzeptualisierungen von Regelkreisen in sozialen Systemen zurück. Die nicht unproblematischen Aspekte dieses Versuchs sind mir bewusst und werden entsprechend reflektiert; ihre Rechtfertigung finden sie in dem (hoffentlich anschlussfähigen) Versuch, komplexe Vorgänge und Konstellationen auf neue Weise zu beschreiben und zu erklären. In einem abschließenden dritten Abschnitt werden die gewonnenen Erkenntnisse zusammengeführt und mit Überlegungen zur Funktion generischer Regeln verbunden.

3 Regelkreise, exemplarisch

Wie literarisch-soziale Regelkreise funktionieren und in welcher Weise sie mit dem hier verhandelten Problem von Autorschaft und Gattungswissen verknüpft sind, demonstriert eine prägnante Begegnung im kulturellen Raum, die nicht allzu lange Zeit zurück liegt. Ausgelöst beziehungsweise initialisiert wurde dieses Zusammentreffen durch einen Autor, der sich mit zahlreichen Veröffentlichungen bereits einen Namen machen und symbolisches Kapital akkumulieren konnte – sodass er ein ehrenvolles Stipendium zugesprochen bekam, um literarisch produktiv zu werden und Texte zu verfassen, die sein gleichfalls nicht unbekannter Verlag in Buchform veröffentlichte. Am 16. August 2010 erschien im – damals noch in Frankfurt a. M. ansässigen – Suhrkamp-Verlag sein Band *Aroma. Ein römisches Zeichenbuch*. Der vom Verlag erstellte ›Waschzettel‹ zur Bewerbung des Buches versammelt wichtige Termini aus dem Reservoir von Gattungsbegriffen; typographisch hervorgehoben erscheint hier der Satz: »Einer der bedeutendsten deutschsprachigen Dichter der Gegenwert stellt sich in Vers und Prosa der Ewigen Stadt«.

Suhrkamp

Durs Grünbein / **Aroma**

Ein römisches Zeichenbuch

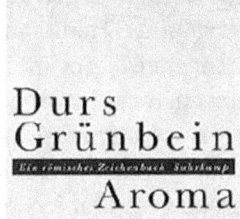

D: 19,90 €
A: 20,50 €
CH: 30,50 sFr

Erschienen: 16.08.2010
Gebunden, 184 Seiten
ISBN: 978-3-518-42167-3

Einer der bedeutendsten deutschsprachigen Dichter der Gegenwert stellt sich in Vers und Prosa der Ewigen Stadt.

„Aufblühen wird man hier, auch als kraut sich gern überlassen.
Dem wohligen Phototropismus. Der man im Norden war,
Dieser Eisblock Identität, Psyches Schneemann ist bald zerronnen."
Der so spricht, ist an einem Ort angekommen, wo viele seiner Schreib- und Lebensmotive zusammenlaufen. Durs Grünbeins Jahr in Rom hat Gestalt gewonnen in einem Zeichenbuch. Die Stadt – „Roma caput mundi" – wird als ein Schauplatz der Zeichen und Verweise erfahren und schlägt sich, wie bei den Reisenden früherer Zeiten, in Zeichnungen nieder – freilich in geschriebener Form. Aus vier Kapiteln gefügt, entstand so sein opus incertum, nach dem Vorbild des altrömischen Mauerwerks aus Bruchsteinen. Grünbeins Aroma eröffnet mit langzeiligen Gedichten in freiem, hexametrisch gewitterndem Versmaß: doch nicht auf der Suche nach dem verlorenen Gestern. Vielmehr sind es die kaleidoskopisch zu fassenden Momente der Gegenwart, die den Blick des Dichters auf Stadt und Umland lenken. Die geistige Bruderschaft im Zeichen der Urbanität findet der Dichter, über die Zeiten hinweg, in Juvenal, dessen Dritte Satire er neu übersetzt und erläutert. In einer Reihe von Prosabildern, die an römischen Erinnerungsorten den Apostel Paulus so gut einfangen wie den Antiquitätenhändler und den afrikanischen Immigranten, bricht Grünbein mit dem lyrischen Maß, bevor in freien Versen das Zeichenbuch ausklingt: „Die Städte träumen alle voneinander. / Sie rufen sich beim Markennamen, und das Echo / Hallt durch die engen Korridore der Straßen."

Abb. 1: Autor und Werk. ›Waschzettel‹ von Durs Grünbein: Aroma. Ein römisches Zeichenbuch

Nicht einmal zwei Monate später, am 2. Oktober 2010 veröffentlicht die *Frankfurter Allgemeine Zeitung* eine Besprechung dieses Bandes unter dem Titel *Das Jahr in der Milchschaumbucht*. Ihr Autor ist ein renommierter Professor für deutsche Literatur, der seinen Goethe ebenso exzellent kennt wie seinen George.

Und er geht hart mit dem *Römischen Zeichenbuch* des ›ewigen Durs‹ – so die Beschriftung des abgedruckten Autorenfotos, die den Verfasser Grünbein auf einem antiken Marmorblock zeigt – ins Gericht. Der Text wird gerahmt durch den erwähnten Titel (der Peter Handkes *Mein Jahr in der Niemandsbucht* und Grünbeins Cappuccino-Hymnik kombiniert) und einen Nebentitel, der die Marschrichtung angibt: »Rom hat viel alte Bausubstanz: Der Flaneur Durs Grünbein hat seine touristischen Tagestouren in Verse gepresst. Der Grund dafür ist das einzige Rätsel des Buchs«.[20] So vorbereitet, beginnt die Rezension mit einer knappen und zugleich wirkungsvollen Erinnerung an die Traditionen europäischer Rom-Dichtung. Sie überfliegt literarische Thematisierungen der ewigen Stadt zwischen spätantiker Admiratio, Goethes ›ungeheurem erotischen Wagnis‹ der *Römischen Elegien* und Rolf Dieter Brinkmanns ›bedingungslosem Hass‹, um anschließend das Rom-Buch des Lyrikers Grünbein zu annoncieren: »Nun hat also auch Durs Grünbein als Gast der Villa Massimo ein Jahr in Rom verbracht und legt mit der marktgerechten Hurtigkeit, die man von diesem Dichter mittlerweile leider gewohnt ist, schon wenige Monate später einen stattlichen Band mit den Erträgen seines Aufenthalts vor«.

Was der Rezensent an Grünbeins ›römischem Zeichenbuch‹ zu monieren hat, muss hier nicht im Einzelnen entfaltet werden. Es sind nicht nur die Haltung des touristischen Flaneurs (»dem es unendlich schwer fällt, ›ich‹ zu sagen, und der es deshalb vorzieht, sich hinter einer objektivierenden Instanz namens ›er‹ oder ›wir‹ oder ›man‹ zu verbergen«) oder der Titel »Aroma« (der nach Osterkamp ›tief aus den Niederungen des Kalauers‹ stammt und den ›peinlichsten Titel in der reichen Geschichte der Romliteratur‹ bildet).

Schwerwiegender, weil die hier verhandelte Frage nach dem Zusammenhang von Autorschaft und Gattungswissen betreffend, ist der zweimal formulierte Einwand gegen die vom Autor gewählte Form. »Und warum überhaupt Verse? Denn bei dieser durch Zeilenbruch versifizierten Prosa ist es im Grund gleichgültig, ob eine Wahrnehmung oder ein Gedanke in Versform oder in Prosa formuliert wird«, heißt es über den Eröffnungszyklus, um im anschließenden Absatz zu befinden: »Warum ein und derselbe Gedanke einmal in Prosa, und das andere Mal als Vers erscheint, erschließt sich nicht. Ohnehin bleibt es dem Leser dieses Bandes ein Rätsel, welche Versauffassung Grünbein hat; ob Vers oder Prosa, hier wie dort herrscht der selbe nachlässige Plauderton«.

Die kritischen Urteile erklären sich nicht nur aus der Beschaffenheit des vorliegenden Werkes. Sie speisen sich zugleich aus enttäuschter Erwartung des

---

20 Ernst Osterkamp: Das Jahr in der Milchschaumbucht, S. L 8.

Rezensenten, der dem Autor attestiert, ›Meisterwerke‹ wie das Descartes-Gedicht *Vom Schnee* produziert zu haben und ein ›bedeutender deutscher Lyriker der Gegenwart‹ zu sein. Die (enttäuschten) Erwartungen des Rezensenten sind nicht nur deshalb wichtig, weil sie einer noch näher zu bestimmenden Umgangsweise mit literarischen Konventionen entsprechen und demonstrieren, welchen Konditionen kritische Umgangsformen mit Texten folgen. Sie sind auch deshalb relevant, weil sich genau dagegen die Reaktionen des (seinerseits enttäuschten) Autors richten werden. Doch dazu später. – Noch einmal ist kurz auf die Besprechung zurückzukommen, die auch in ihrem letzten Absatz das Wechselspiel von Erwartung und Enttäuschung in Szene setzt. Zunächst zieht sich der Kritiker scheinbar zurück und konzediert: »Immerhin gibt es im letzten, ›Tänzerin in Tivoli‹ überschriebenen Teil des Bandes, in dem vermischte Gedichte italienischen Ursprungs versammelt sind, doch einige Texte, die den Leser daran erinnern, welch ein guter Lyriker Grünbein sein kann, wenn er sich nicht auf das Geschäft der poetischen Massenkonfektion verlegt«. Seine letzten Sätze aber eskalieren den Konflikt durch rhetorische Fragen, die eine Erkundigung nach der Sprecherinstanz in einen Angriff *ad personam* übergehen lassen – so wenn es nach einem Zitat aus dem besprochenen Band (»Und hier nun betrat man die Heiligtümer Pomonas«) heißt: »So schreibt ›man‹ über die Markthallen Roms. Wer aber ist ›man‹? Emanuel Geibel? Ein wilhelminischer Oberlehrer? Oder nicht doch etwa ein bedeutender deutscher Lyriker der Gegenwart?«

Die Antwort des tief verletzten Autors lässt nicht auf sich warten. Eine publizierte Version erscheint in der *Frankfurter Allgemeinen Zeitung* vom 14. Oktober 2010 in der Rubrik »Briefe an die Herausgeber«. Die stark polemischen Töne des ursprünglichen Textes VERRISS ALS CHANCE (EINE ERWIDERUNG) sind gekürzt; der Titel der veröffentlichten Fassung aber ist ebenso sprechend wie für die hier verhandelte Problemstellung relevant: *Die Wunschvorstellung vom homogenen Autor*. Schon die Auftaktzeilen dokumentieren die Betroffenheit eines Autors durch kritische Gewalt: »Ein renommierter Germanist zieht sich die Turnschuhe an und sprintet los, um den Zeitgeist zu überrunden, der ihm in Gestalt eines seltsam umtriebigen Gegenwartsdichters in die Quere kommt. Dabei werden sämtliche Hürden, die der Rezensent im Sprung nicht nehmen kann, einfach umgerissen in wildem Lauf. Wir müssen darüber keinen Xenienkampf beginnen, so groß die Versuchung auch ist nach dieser Rempelei mit

Geibel und Co. ›Eine spaßhafte Weisheit doziert hier ein lustiger Doktor/ Bloß dem Namen nach *Ernst*...‹«.[21]

Nach diesem Versuch einer spöttischen Abweisung wird der getroffene Autor seinerseits ernsthaft und kommt auf die zentralen Punkte der Rezension zu sprechen. Und es ist – kaum verwunderlich – der Vorwurf mangelnder Formkompetenz, gegen den er sich zu wehren sucht:

> Zwei Missverständnisse aber müssen doch ausgeräumt werden. Das eine betrifft die Publikationsgeschwindigkeit. Das zweite Missverständnis betrifft die Form. Von ihr wird gesagt, es bleibe dem Leser dieses Bandes ein Rätsel, welche Versauffassung der Autor hat, ob Vers oder Prosa. Das Kuriose an dieser Wahrnehmung ist nicht ihr konservatives Entweder-Oder, es ist die spielverderberische Behauptung einer Norm am Beispiel eines Autors, der allzu oft gerade in der Klassikerecke Strafe stehen darf. Der Hüter der kanonischen Ordnung (goetheerfahren, georgefest usw.) verübelt es dem Künstler, wenn er die Laufrichtung ändert, die Ausdrucksform lockert. [...] Bei meinen Streifzügen durch Rom war eine neue Empfindungsbereitschaft gefragt, eine Umweltsensitivität [...]. Daher der ›rauhe‹ Eindruck dieser Elegien, die Mörtelkleckse und die unverputzten Stellen darin, die bewusste Unregelmäßigkeit der Versoberflächen.[22]

Was hier mit Hilfe von sprachlichen Bildern aus dem Bereich von Sport und Spiel sowie aus dem Bauhandwerk artikuliert wird, ist in seiner Reichweite nicht zu unterschätzen. Der Autor behauptet *seine Kompetenz* hinsichtlich eines *Regelwissens*, das ihm eine spezifische Position (mit entsprechenden Vor- und Nachteilen) eingebracht hatte. Gegen die kritische Beobachtung, die eine Anwendung von Regelwissen vermisst hatte, setzt die Erwiderung ein probates Argument, das aus mehreren Teilen besteht: Es behauptet die innovative Qualität einer Regelüberschreitung, die dem Autor durchaus bewusst gewesen sei. Mit den Worten Grünbeins: Die ›unverputzten Stellen‹ und ›bewusste Unregelmäßigkeit der Versoberflächen‹ sind Ergebnis einer gesteigerten ›Empfindungsbereitschaft‹ für äußere Eindrücke; sie demonstrierten ein (neues) Formbewusstsein, dessen Antriebe wie Ergebnisse sich der Begreifungskraft eines Kanon-fixierten ›Ordnungshüters‹ entziehen.

---

21 Grünbein: Wunschvorstellung.
22 Grünbein: Wunschvorstellung. Ausführlicher und offensiv hieß es in der Langfassung VERRISS ALS CHANCE gegen den Vorwurf der Inkompetenz in Formfragen: »Was aber zum Vorschein kam war, für den Verfasser selbst überraschend, eine neue Variabilität metrischer und ametrischer Muster im Vers (der kritisierte ›nachlässige Plauderton‹). Und wie nebenbei entstand so ein neuer Typus im Werk: das Architekturgedicht. Was weiß der Kunsthistoriker von den Explosionen in einem Versuchslabor?«

Damit hat der Autor die Frage nach der Qualität seiner Texte endgültig *ad acta* gelegt und wird grundsätzlich. Nun kritisiert er seinerseits Textumgangsformen, die ihm symptomatisch für eine wissenschaftliche Praxis scheinen:

> Warum ich auf all das eingehe? Weil es ein Problem innerhalb der Gelehrtenzunft anzeigt: die Wunschvorstellung vom homogenen Autor. Dieser wird, wie der Musterschüler vom Lehrer, an seinen bisherigen Spitzenleistungen gemessen. Für Entwicklungssprunge, Abwege, neue Maltechniken bleibt kein Raum. ›Was für ein guter Lyriker‹ der Brave doch sein könnte, wenn er nur wollte. Er will aber nicht, und er will vor allem eines nicht: Lyriker sein. Denn das scheint eine Berufsbezeichnung, die sich nachgerade als Handicap entpuppt und schöpferische Prozesse behindert. Die Rede vom Formbewusstsein bezeugt es – sie läuft auf eine Festlegung hinaus, auf langweilige Qualitätshuberei. Gerade das Absichtslose kann fruchtbar sein, das ›Nächstliegende‹ gibt den neuen Akzent, Lockerung der Gelenke ist die Devise. Der Literaturforscher kann dem nur folgen, mit dem Abstand des souveränen Blicks.[23]

Wiederum kann aus verschiedenen Argumentationen und rhetorischen Strategien nur ein Element herausgehoben werden, das für das hier verhandelte Problem besondere Relevanz besitzt: Der Versuch, die vom Rezensenten eingeklagte Kontinuität der Spielfortsetzung mit einem neuen Spiel zu konfrontieren. Der angegriffene Autor geht zum Angriff über, in dem er die Optionen für den Umgang mit *eingeführten Regeln* explizit macht und sich ebenso explizit für eine alternative Variante entscheidet. Die Variante der Spielfortsetzung nach traditionellen Regeln – in diesem Fall ›Lyriker sein‹ und dem demonstrierten ›Formbewusstsein‹ weiterhin folgen – verwirft er zugunsten einer Lizenz, die ›schöpferische Prozesse‹ und also die Befreiung von einschränkenden Regeln ermöglicht. Die Dimensionen dieser Entscheidung sind an dieser Stelle nur anzudeuten, betreffen sie doch Voraussetzungen und Konsequenzen, die in einem komplexen Feld wie der literarischen Kommunikation nur schwer kalkulierbar sind und stets auch anders ausfallen können. Grundsätzlich lässt sich wohl sagen, dass die Variante der Spielfortsetzung nach traditionellen Gattungsregeln zeit- und arbeitsintensiv und nicht ohne Risiko ist: Wer tradierte generische Ordnungen akzeptiert und unter deren Beachtung neue Werke produziert, kann schnell mit Etiketten wie altmodisch oder langweilig bedacht werden. Der für das moderne Literatursystem bezeichnende Innovations- und Überbietungsdruck kann aber möglicherweise zu konträren Effekten führen und die kontinuierliche Fortsetzung des Spiels nach etablierten Regeln als Garant

---

[23] In der unveröffentlichten Erwiderung hieß es noch schärfer: »Nicht erlaubt ist seine Einmischung in das Geschehen, ein Archäologe ist schließlich kein Kunstrichter«.

konservierter Qualität gelten lassen. Denn auch der *Regelbruch* – der seit der Formierung literarischer Marktverhältnisse und der Verabschiedung normativer Regelwerke zum Programm gehört – ist nicht *per se* erfolgversprechend: Zwar können – nicht selten rhetorisch als ›Überwindung‹ proklamiert – Regeln mit einem Strich zu Makulatur erklären und Innovationen deklariert werden. Doch bleiben permanente Neuerfindungen ebenso riskant wie postulierte ›Revolutionen‹; insbesondere dann, wenn konkrete Realisationen hinter wortreichen Ankündigungen zurückbleiben.[24]

Die von Durs Grünbein gewählte Metaphorik zeigt, wofür sich der Autor entschieden hat. Wer die ›Lockerung der Gelenke‹ als Devise ausgibt und die Erinnerung an ein einst vorhandenes Formbewusstsein als ›langweilige Qualitätshuberei‹ abtut, dementiert nicht nur die bindende Kraft von Traditionen. Er tut noch mehr: Er löst sich aus bisherigen (Selbst-)Bindungen an formenbezogene Traditionen, um mit gelockerten Gelenken die ›Laufrichtung‹ zu ändern – und damit auch an den Vorwürfen des Kritikers vorbeizuziehen. Tatsächlich ist nicht zu übersehen, dass Autor und Kritiker aneinander vorbeireden: Während der Literaturkritiker die Qualität vorliegender Verse moniert, wird der Literaturproduzent grundsätzlich und wirft dem kritischen Beobachter – der besser Historiker und also auf Abstand bliebe – mangelndes Verständnis für die notwendig inhomogenen Aspekte von Autorschaft und Werk vor.[25]

Auch wenn nicht alle Aspekte dieser Konfrontation hier zur Sprache gebracht und ausgewertet werden könne, erlaubt die skizzierte Konstellation doch allgemeinere Aussagen. Bevor diese formuliert werden sollen, sind noch einmal die Akteure mit ihren spezifischen Attributen zu bezeichnen. Denn in dieser Auseinandersetzung um ein literarisches Werk und die ihm widerfahrene kritische Gewalt geht es nicht nur um einen Autor, der für seine Ausdrucksinteressen neuartige, zwischen Gattungen und Schreibweisen changierende Formen

---

24 Exemplarisch für die wechselnden Deklarationen von Richtungen und Stilen ist etwa die Literaturpolitik des Hermann Bahr, der zum Teil konträre literarische Konzepte wie Naturalismus und Décadence, Impressionismus und Expressionismus vertrat. Seine 1891 postulierte »Überwindung des Naturalismus« rief die Kritik von Karl Kraus auf den Plan (Kraus: Zur Überwindung des Hermann Bahr), der den umtriebigen Propagandisten des ›Jungen Wien‹ danach jahrzehntelang verspotten sollte.
25 Nicht zu diskutieren ist in diesem Zusammenhang die Frage, in wie weit der Autor damit implizit auch an eine bis zum 18. Jahrhundert gültige Argumentation anschließt, die erst mit der Etablierung kritischer Negativität obsolet wurde: dass nämlich ein Autor nur dann kritisiert werden dürfte, wenn der Kritiker auch über die Fähigkeiten verfügte, das kritisierte Werk besser zu machen.

wählt; es geht auch nicht nur um einen Literaturwissenschaftler mit nicht unbedeutender Reputation innerhalb und außerhalb des Faches, der diese Formen nach bestimmten Normen bewertet. Denn der hier zu beobachtende Autor ist kein Newcomer, sondern ein von der Literaturkritik zunächst gelobter und von der Literaturwissenschaft respektvoll beachteter Dichter; er gilt als Produzent gedankenschwerer Texte mit Bildungsinhalten, an denen sich ein gebildeter Kulturjournalismus ebenso begeistern konnte wie eine an ›Wissen‹ interessierte Literaturforschung.[26] Dieser Autor hatte mit seinen ersten Gedichtbänden *Grauzone, morgens* und *Schädelbasislektionen* schon frühzeitig demonstriert, wie sich die Aufmerksamkeit philologisch-historisch interessierter Leser gewinnen ließ; damit verbunden war die Prägung eines umrissenen Profils, das im Zeitalter flüchtiger Aufmerksamkeit ein nicht zu unterschätzendes symbolisches Kapital darstellt. Konstitutiv für dieses Profil und das dadurch akkumulierte Kapital waren nicht zuletzt Präferenzen für Gattungen und Gattungskonventionen, die mit spezifischen Themen und Textverfahren verbunden wurden. Um es betont einfach zu formulieren: Seine Position innerhalb eines von Konkurrenz und Überbietungsritualen geprägten Feld hat dieser Autor mit intellektuell anspruchsvollen und traditionsbewussten Formspielen erwirtschaftet; auch deshalb wurde er in die Villa Massimo eingeladen. Die Textverfahren des ›römischen Zeichenbuches‹ stellen diesem traditionellen Formbewusstsein gegenüber einen Bruch dar – und genau dieser Bruch wird durch den beobachtenden Literaturkritiker durch Vergleich mit vorgängigen Produktionen und Gattungsmustern markiert.

Wechselt man nun die Seiten und beobachtet den kritischen Beobachter, werden als dessen zentrale epistemische Anschlussoperationen die (überaus komplexen) Tätigkeiten des Sortierens, Vergleichens und Bewertens erkennbar: Aktuelle Textereignisse – die so neu sind, dass für sie noch kein durch rekursive Beobachtungen gewonnenes ›kondensiertes‹ Wissen bereitstehen – werden als Eingangsinformationen registriert und nach Maßgabe vorhandener Vergleichsbeziehungsweise Regelgrößen sortiert und bewertet. Ergebnis der so fundierten Primärrezeption sind Aussagen, die – und das macht ihre besondere Leistung innerhalb des regelhaft strukturierten Sprachspiels der literarischen Kommunikation aus – *mehrfach adressiert* sind: Sie werden nicht nur nach ›außen‹ und also in eine literarisch-kulturelle Öffentlichkeit kommuniziert, wo sie empfeh-

---

26 Die Beiträge der Literaturwissenschaft konzentrieren sich nicht ohne Grund auf die epistemischen Bestände dieses Autors; symptomatisch etwa Bremer / Lampart u. a. (Hrsg.): Schreiben am Schnittpunkt.

lende Funktionen für interessierte Leser übernehmen; sie informieren zugleich den Autor über die Realisierung seiner Ausdrucks- und Distinktionsinteressen; und sie instruieren die literaturwissenschaftliche Sekundärrezeption, die sich zu den Bewertungsmuster des kritischen Rezensenten verhalten muss. Eine besondere Pointe der hier beobachtbaren Konstellation besteht darin, dass der beobachtete Autor auf seine kritische Wahrnehmung reagierte – und dabei Signale aussandte, die für Anschlussoperationen in Form fortgesetzter Textumgangsformen relevant werden können. So hat er ein spezifisches Formbewusstsein artikuliert (das dem kritischen Rezensenten verschlossen bleiben musste); und er hat mit der Rubrizierung von Texten als ›Architekturgedicht‹ eine generische Kategorie deklariert, die bei anschließenden Observationen seiner Texte verwendet werden kann.

Was verbindet nun diese komplexen Konstellationen aus (a) literarischer Produktion, (b) kritischer Primärrezeption, (c) auktorialer Reaktion auf die Primärrezeption und (d) retrospektiver Rekonstruktion dieser Konstellation, die als Auftakt einer Sekundärrezeption angesehen werden kann? Überschaut man die Gesamtheit auktorialen Handelns und kritischer Observation, lässt sich als verbindendes Element die *Thematisierung von Regeln* benennen. Explizite und implizite Regeln beziehungsweise Regelverstöße konditionieren Interaktionen, die als Regelkreise im literarisch-sozialen Raum mit spezifischen Rückkopplungseffekten beschrieben werden können.[27] Diesen ist nun nachzugehen.

4 Regelkreise, modelliert

Die Konzeptualisierung der Vorgänge zwischen (a) literarischer Produktion, (b) kritischer Primärrezeption, (c) auktorialer Reaktion auf Primärrezeption, (d) retrospektiver Rekonstruktion dieser Konstellation erlauben den Übergang zum zweiten Teil meiner kurzen Überlegungen. Dabei soll ein Modell entworfen werden, das die knapp skizzierten Beziehungen als einen ›Regelkreis‹ erfasst und möglicherweise dazu beitragen kann, die Relationen zwischen Autorschaft, Beobachtung und regelhaftem Gattungswissen in anschlussfähiger Weise zu

---

[27] Diese »Rückkopplungseffekte« wurden bereits in der Antike wahrgenommen und genutzt: Schon Rhapsoden, die ihre Werke vortrugen, verglichen das Publikumsecho auf bestimmte Textstellen mit den von ihnen erwarteten Reaktionen und arbeiteten den Text entsprechend um; vgl. Manguel: Geschichte des Lesens, S. 289–303 (Der Autor als Leser).

charakterisieren.[28] Als hilfreich wird dabei der Begriff des Regelkreises verstanden, der aus der Steuerungs- und Regeltechnik stammt und hier eine Anordnung beschreibt, die dazu dient, eine vorgegebene physikalische Größe (Regelgröße) auf einen gewünschten Wert (Sollwert) zu bringen und dort zu halten, unabhängig von eventuell auftretenden Störungen. Um die Regelungsaufgabe zu erfüllen, muss der Augenblickswert der Regelgröße – der Istwert – gemessen und mit dem Sollwert verglichen werden. Bei auftretenden Abweichungen muss in geeigneter Art und Weise nachgestellt werden.

Die zentralen Eigenschaften eines technischen Regelkreises sind damit benannt:

a) Geschlossenheit: Ein Regelkreis funktioniert als in sich geschlossener Wirkungsablauf, der die Beeinflussung einer bestimmten Größe beziehungsweise eines spezifischen Niveaus in einem Prozess bezeichnet.

b) Kontinuierlicher Soll-Ist-Vergleich: In einem Regelkreis werden permanente Messungen vorgenommen, die eine Differenz von gewünschtem Wert (›Soll‹, ›Sollwert (w)‹ und gegebener Größe (›Ist‹, ›Regelgröße (x)‹) ermitteln.

c) Negative Rückkopplung (als entscheidende Leistung): Aktuell ermittelte Werte werden an den Regler zurückgeführt, der eine Steuergröße (u) ausgibt und mit Hilfe einer Stelleinrichtung in eine Stellgröße (y) zur Erzeugung von regulierenden Aktionen überführt.

Schematisch lässt sich ein solcher Regelkreis etwa so darstellen:

---

28 Zur Beschreibung und Erklärung von Regelkreisen und Rückkopplungseffekten in der literarischen Kommunikation wurden bereits Versuche unternommen, nicht zuletzt im Gefolge von kybernetischen Modellierungen des Literaturprozesses. Ein weitreichender Versuch findet sich in Haubrichs: Relevanz von Rezeption, bes. S. 103: Das »Modell der pragmatischen Textrelationen« bezieht neben den ›Konditionierungen‹ von Autoren und Lesern durch die ›Regelkreise‹ von Sozialsystem, Kultursystem, Biologischem System und Personalsystem auch die Gattungen als ›Repertoire‹ ein. Eine aufschlussreiche Rekonstruktion von Verlaufsformen und Typen der ›Rückkopplung‹ findet sich auch in Link: Rezeptionsforschung, S. 53–63; hier klassifiziert sind »Rezeptionserfolg«, »Fehlrezeption« und »Esoterische und pädagogische Nichtanerkennung der Ansprüche des Publikums«.

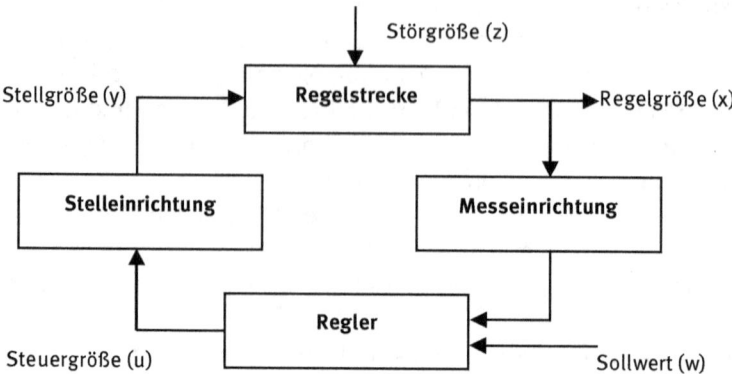

Abb. 2: Technischer Regelkreis

Ein solches Modell technischer Regelkreise ist jedoch nur bedingt für die Beschreibung literarischer Zusammenhänge geeignet. Als günstiger erweist sich die Modellierung von Rückkopplungsleistungen bei der Informationsverarbeitung in der menschlichen Psyche:

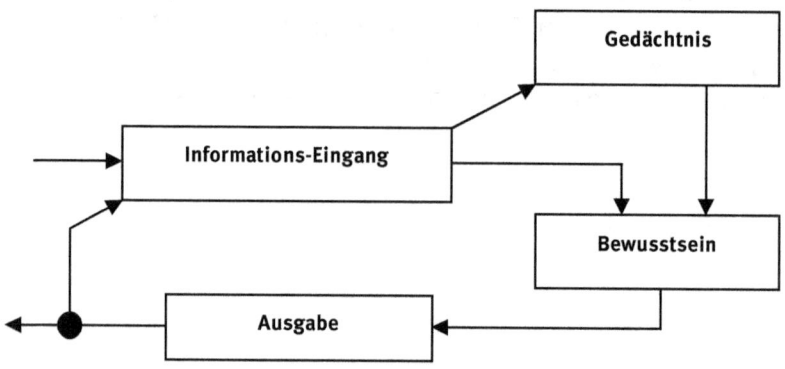

Abb. 3: Regelkreis der Informationsverarbeitung in der menschlichen Psyche

Bei diesem Regelkreis-Modell wird gleichfalls von einer rückkoppelnden Verarbeitungsroutine ausgegangen:
a) Sinnliche Reize werden visuell oder auditiv, sensorisch oder olfaktorisch aufgenommen und in körpereigene Impulse umgewandelt; sie werden als ›Informationen‹ registriert.

b) Diese eingehenden Informationen werden vom Bewusstsein unter Rückgriff auf Gedächtnisinhalte verarbeitet. Die Verarbeitung erfolgt zumeist durch Vergleich mit früheren Erfahrungen.
c) In Reaktion auf die (interne) Verarbeitung der eingehenden Reize werden Entscheidungen getroffen und als Handlungsaufforderungen weitergeleitet. Diese Handlungen werden als ›Ausgang‹ bezeichnet und können sowohl auf motorischer, emotionaler oder intellektueller Ebene erfolgen oder sich vegetativ auswirken.
d) Der konstitutive Rückkopplungseffekt besteht darin, dass diese Handlungen hinsichtlich ihrer Wirkungen und mit den sie verursachenden Empfindungen wieder als Eingangssignal aufgenommen und ausgewertet werden, um schließlich im Gedächtnis abgespeichert zu werden.

Regelkreise gibt es auch in sozialen Zusammenhängen. Hier werden Informationen über Gegebenheiten in Handlungszusammenhängen aufgenommen, mit bereits vorliegenden Schemata und Skripts verglichen und in Verhaltensweisen beziehungsweise Handlungen umgesetzt. Der wesentliche Rückkopplungseffekt besteht hier darin, dass dieses Verhalten und seine davon ausgelösten Wirkungen erneut als Informationen aufgenommen werden. Diese Informationen – etwa über eine als ›Erfolg‹ bewertete Handlung – wird wiederum mit den vorliegenden Mustern verglichen und führt zum einen zu einer Bestätigung beziehungsweise zu einer Korrektur vorliegender Handlungsmuster. Zum anderen werden auf dieser Basis neue Handlungen generiert.[29]

Möglich wäre es, Parameter zur näheren Beschreibung des Verhaltens von Regelkreisen einzuführen: so etwa die nicht unwichtigen Eigenschaften der Verzögerung einer Antwort auf ein Eingangssignal und Möglichkeiten zum

---

[29] Ein Beispiel dafür ist eine bekannte Kommunikationssituation. Werden wir in der Universität von einer uns fremden Person angesprochen, kommen Konversations- und Höflichkeitsroutinen in Gang, die aktuell gegebene Ist-Werte (unbekannte Person, möglicherweise wichtig, knappe Zeit) und bestimmte ›Sollwerte‹ (soziale Normen) abgleichen. Die gefällten Entscheidungen werden nicht nur in Form von Handlungen ausgegeben, die etwa in der Alternative ›Ignorieren und Weitergehen‹ oder ›Stehenbleiben und Nachfragen‹ ausfallen können. Entscheidungen und ihre Folgen werden sofort auch als (neue) Informationen aufgenommen und setzen weitere Verarbeitungsroutinen in Gang: Wenn ich jetzt stehenbleibe und mich unterhalte, ruft das bestimmte Reaktionen hervor. Diese Reaktionen – etwa in Form eines positiven Gefühls in mir, dass ich bestimmte Höflichkeitsformen eingehalten habe und dafür mit einer freundlichen Reaktion meines Gegenübers belohnt werde – setzt neue Entscheidungen frei, sodass nun eine Kommunikation in Gang kommt, die schließlich zur Bestätigung der bereits abgespeicherten Konversations- beziehungsweise Höflichkeitsmaximen im Gedächtnis führt.

programmierten Ausgleich von Störungen beziehungsweise Irritationen.[30] Das möchte ich an dieser Stelle aber nicht. Vielmehr will ich kurz ein Regelkreis-Modell vorstellen, um den Zusammenhang von Autorschaft und Gattungswissen als ein System wechselseitiger Rückkopplungen beschreiben und erklären zu können.

Bekannt ist das auf Karl Bühlers *Sprachtheorie* zurückgehende und von Roman Jakobson formulierte Kommunikationsmodell, das – stark vereinfacht ausgedrückt – sprachlichen Austausch in der Trias Sender → Botschaft → Empfänger konzeptualisiert.

Daraus ergibt sich ein triviales Modell literarischer Kommunikation:

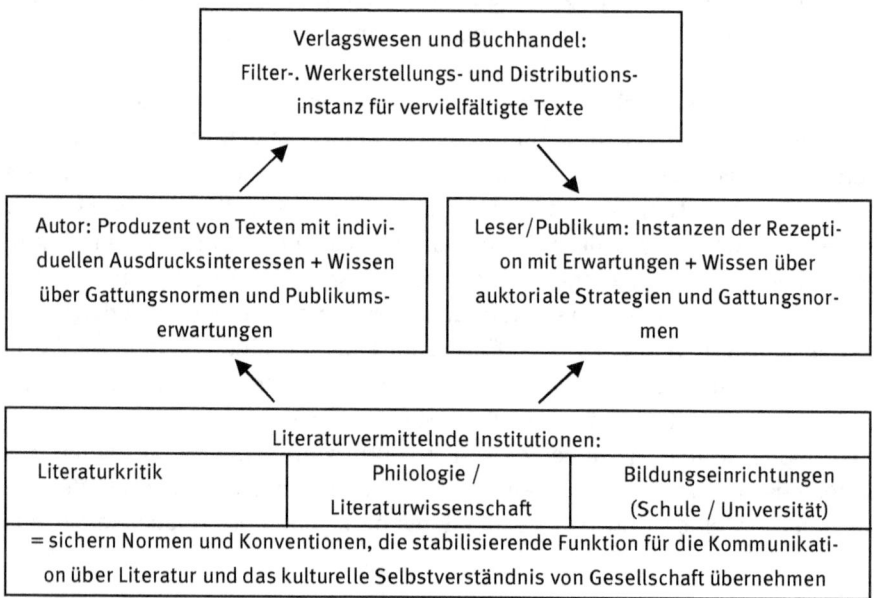

Abb. 4: Triviales Modell der literarischen Kommunikation

---

30 So weist die Zeitabhängigkeit des Verhaltens von Regelkreisen unterschiedliche Aspekte auf. Nachdem ein Eingangssignal aufgenommen wurde, erscheint die zugehörige Antwort zumeist verzögert. Man spricht hier von einem Einschwingverhalten des Regelkreises. Auch die Verarbeitung von Informationen variiert: Nach einer gewissen Zeit, in der ein Regelkreis aufgrund von Verzögerung noch keine Antwort auf das Eingangssignal gibt, steigt das Ausgangssignal an, schwingt über den Sollwert hinaus, unterschreitet ihn dann und schwingt sich schließlich auf ein bestimmtes Niveau ein und bleibt bis zum nächsten Eingangssignal konstant

Etwas anders stellt sich das Modell für einen literarisch-sozialen Regelkreis in Bezug auf die Formierung und Auskristallisation von bestimmten Textsortenmustern beziehungsweise Gattungen dar:

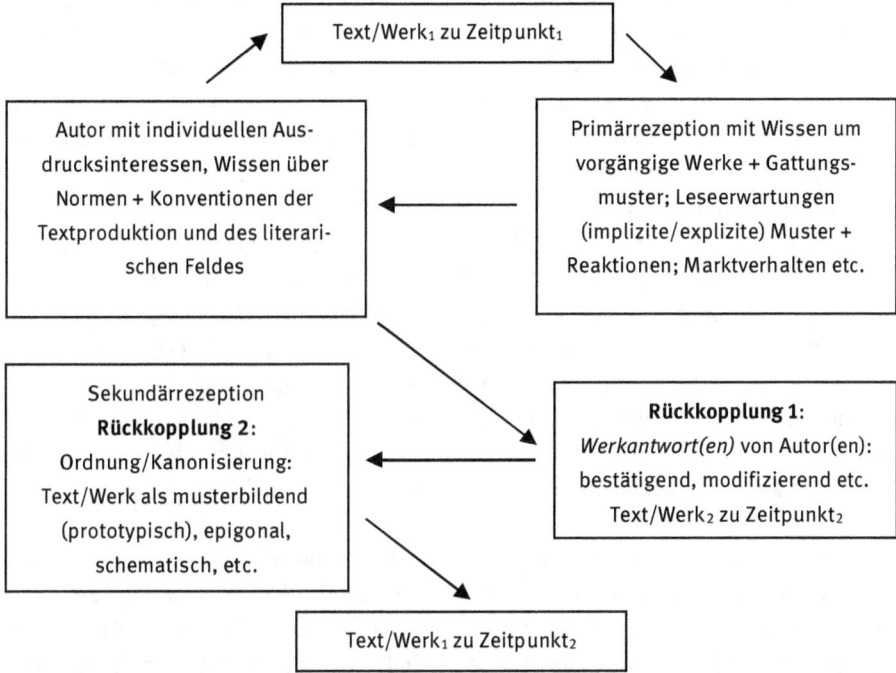

Abb. 5: Komplexeres Modell literarischer Kommunikation

Das hier entwickelte Schema versucht die Dimensionen literarischer Kommunikation in ihren fortgesetzten Operationen abzubilden. Überführt man die schematische Darstellung in dynamische Sequenzen, ergeben sich Aussagen zu folgenden Verlaufsformen:

a) Literarische Texte entstehen als Vermittlung von individuellen Ausdrucksinteressen, vorhandenen beziehungsweise auktorial modifizierten Gattungskonventionen und Publikumserwartungen, die als ›Erwartungs-Erwartung‹ konditionierende Funktionen übernehmen.

b) Diese Texte werden in einen vorstrukturierten Kommunikationszusammenhang eingespeist; sie erfahren eine entsprechende Gestaltung und bilden ein ›Werk‹ zum Zeitpunkt t_1.

c) Die Aufnahme dieser Werke erfolgt in der *Primärrezeption* auf der Basis von Wissensbeständen und durch den Abgleich mit vorliegenden Texten und Verfahren. Diese erste Rezeption wird durch unterschiedliche Lesertypen realisiert: durch den hedonistischen Leser, den urteilenden Kritiker, den distanzierten Literaturwissenschaftler und so weiter.

d) Die Primärrezeption schlägt sich in spezifischen Reaktionen (Rezensionen) nieder, die ihrerseits durch Autoren beobachtet werden. Diese bilden die Basis für mehrfach dimensionierte *Rückkopplungseffekte*. Eine erste Reaktion (Rückkopplung$_1$) besteht in der Formulierung von ›Werk-Antworten‹: Autoren nehmen wahr, welche Leser-Erwartungen virulent sind und richten ihre Produktion danach aus. Dieser erste Akt der Rückkopplung muss nicht in einer expliziten Reaktion auf Reaktionen des lesenden Publikums bestehen; er ist also optional.

e) Rückkopplung$_2$ erfolgt in beziehungsweise mit einer Sekundärrezeption und führt zu veränderten Umgangsformen mit dem Werk: Nun wird ein Text als ›normbildend‹ oder ›prototypisch‹ kanonisiert und entsprechend erforscht, als epigonal disqualifiziert oder als Schema-Literatur rubriziert. Diese zweite Rückkopplung kann auch ohne Apologien oder Interventionen des Autors stattfinden; sie beruht auf einer zeitlichen Distanz, die als hermeneutische Differenz konzeptualisiert wird und mit dem historischen Abstand auch die primären Rezeptionszeugnisse berücksichtigen kann.

Selbstverständlich stellt dieses Regelkreis-Modell eine sehr allgemeine Schematisierung komplexer Zusammenhänge dar, die auch alternativ abgebildet werden können. So diskutiert man in der Lernpsychologie beziehungsweise in der kybernetischen Lerntheorie Regelkreis-Modelle, welche die von Lehrenden und Lernenden ausgehenden Effekte als unterschiedliche Ebenen der Rückkopplung beschreiben. Möglicherweise sind solche Überlegungen eine sinnvolle Erweiterung des hier vorgelegten Schemas. Mit ihnen könnten unterschiedliche Rezeptionsformen und Lesertypen abgebildet werden, um so zwischen privathedonistischer, kritisch urteilender und wissenschaftlich distanzierter Rezeption und ihren spezifischen Rückkopplungswirkungen präziser zu unterscheiden.

5 Historischer Rekurs, Schluss

Bevor diese Überlegungen zusammengefasst und mit Bemerkungen zur Funktionsweise generischer Ordnungen verbunden werden, ist knapp auf bereits vorliegende Exploration hinzuweisen, die diesen Zusammenhang gleichfalls thematisieren. Sie stammen nicht zufällig aus der Zeit, in der die Evolution des modernen Literatursystems ihren Anfang nimmt, die Prägekräfte verbindlicher Gattungsordnungen und rhetorischer Regularien gleichwohl noch präsent sind.

Und sie behandeln sowohl die Produktionsaspekte generischen Regelwissens als auch ihre Konsequenzen für die Rezeption.

Schon der Theologe und Platon-Übersetzer Friedrich Daniel Ernst Schleiermacher – der im Kreis der Jenaer Frühromantiker aktiv an der Gestaltung neuer Literaturverhältnisse teilgenommen und dafür entsprechende Schelte eingesteckt hatte – vergleicht den Charakter von Gattungen mit einem ›Flussbett‹, das als »Gewalt der schon feststehenden Form« nicht erst den ›Ausdruck‹, sondern schon die ›Erfindung‹ sprachlich-literarischer Äußerungen konditioniert. Diese Funktion muss vor allem auch bei der Interpretation von Texten beachtet werden.

> Wer also in dem Geschäft der Auslegung das nicht richtig durchsieht, wie der Strom des Denkens und Dichtens hier gleichsam an die Wände seines Bettes anstieß und zurückprallte, und dort in eine andere Richtung gelenkt ward, als die er ungebunden würde genommen haben: der kann schon den inneren Hergang der Komposition nicht richtig verstehen und noch weniger dem Schriftsteller selbst hinsichtlich seines Verhältnisses zu der Sprache und ihre Formen die richtige Stelle anweisen. [31]

Wenn Produktion und ›Komposition‹ nur unter Berücksichtigung von Autorintention und Gattungsmuster zu verstehen sind, bedeutet das für den Interpreten, den Entwicklungsstand der vom Autor gewählten Gattung im Gesamtsystem der Gattungen einer Epoche zu kennen: »Diese Einsicht in das Verhältnis eines Schriftstellers zu den in seiner Literatur schon ausgeprägten Formen ist ein so wesentliches Moment der Auslegung, daß ohne dasselbe weder das Ganze noch das Einzelne richtig verstanden werden kann«. [32]

Der gleichfalls bei Friedrich August Wolf ausgebildete August Boeckh weist Gattungen und ihrer Behandlung in seiner *Encyklopädie und Methodologie der philologischen Wissenschaften* ebenso zentrale Positionen zu. Der Gattungsbegriff erscheint in seinem zwischen 1809 und 1865 in wirkungsmächtigen Vorlesungen vorgetragenen Grundlagenwerk an exponierter Stelle im ersten Abschnitt (»Theorie der Hermeneutik«) und stellt hier eine Kategorie dar, um Erscheinungsweise beziehungsweise prägende Form für ›Zwecke der Mittheilungen‹ zu kennzeichnen. Ein solcher Gattungsbegriff fasst die ›ideale höhere Einheit des Mitgetheilten‹ zusammen und macht spezifische Interpretationsanstrengungen erforderlich: »Die Auslegung der Mittheilung nach dieser Seite hin wird man daher am besten als generische Interpretation bezeichnen; sie

---

31 Schleiermacher: Hermeneutik, S. 136.
32 Ebd.

schließt sich ebenso an die individuelle an, wie die historische an die grammatische«.³³ Der Gattungsbegriff und seine Derivate übernehmen grundlegende Funktionen für Analyse und Interpretation von Texten: Bei der »Vergleichung des individuellen Stils« müsse man »von Sprachwerken derselben Gattung ausgehen«, bildet doch der ›Gattungsstil‹ den »Grund, von dem sich der individuelle abhebt«.³⁴ Den zirkulären Charakter der so konstituierten Beziehung zwischen individueller und generischer Auslegung erkennt Boeckh selbst: »Hiernach setzt die individuelle Auslegung die generische voraus, während doch andrerseits erst aus dem Wesen der Individualität selbst die Zwecke und Richtungen verstanden werden können, in die sie eingeht, also die generische auf der individuellen beruht«. Der Zirkel wird ›approximativ‹ und also dadurch gelöst, »dass sich der die Gattungen bestimmende Zweck z.Th. ohne die vollständige Kenntniss der Individualität erkennen lässt«.³⁵

Im Abschnitt ›Generische Interpretation‹ werden diese Bestimmungen weiter entfaltet. Hier verbindet Boeckh das Programm einer universal ausgeweiteten Philologie (»Denn um den Stil eines hervorragenden Schriftstellers, seine ganze Anschauung und Darstellung zu würdigen muss man nicht selten die Geschichte der Gattung, welcher er angehört, durch alle Zeitalter der Nation verfolgen«³⁶) mit dem alten philologischen Grundsatz, vom ›Hellen‹ zum ›Dunklen‹ vorzugehen. An ›klarern Beispielen‹ sei das ›Gesetz der Darstellungsweise‹ zu ermitteln und danach mittels Analogieschluss auf schwierigere Aufgaben anzuwenden, bei denen »zuerst der Zweck und der Gattungscharakter soweit als möglich« erfasst und nachfolgend den »Sinn für die Unterscheidung der individuellen Form und zugleich für die Entdeckung feiner geschichtlicher Beziehungen« entwickelt.³⁷

---

33 Boeckh: Encyklopädie, S. 82f.
34 Boeckh: Encyklopädie, S. 130.
35 Ebd., S. 131.
36 Ebd., S. 142.
37 Ebd., S. 143. Die dazu entworfene Gattungseinteilung geht nicht von formalen Eigenschaften wie dem Redekriterium, sondern vom ›Zweck‹ einer Rede aus und bestimmt als deren ›nächsten Zweck‹ die Vergegenständlichung von Wissen. Da ›Sprache die Form des Wissens‹ bilde, haben sprachliche Äußerungen kein anderes Ziel als die Artikulation von kognitiven Prozessen; »es sollen Gedanken ausgedrückt werden, um sie für den Redenden selbst und für andere zu objektiviren« (ebd., S. 144). Der Unterschied zwischen prosaischer und poetischer Darstellung beruhe auf den differierenden Möglichkeiten, einheitliche Gegenstände darzustellen: Dichtung ermögliche ›Anschauung‹ in der Form eines ›Phantasiebildes‹; Prosa entwickle dagegen eine »durch discursives Denken aufgefasste Tathsache« (ebd., S. 144).

Im zweiten Abschnitt (»Theorie der Kritik«), der sich den Verhältnissen eines Gegenstandes zu anderen Gegenständen widmet, entfaltet Boeckh die Aufgaben einer ›Gattungskritik‹. Erste Aufgabe sei die Untersuchung, »ob das Werk seiner Kunstregel wirklich angemessen ist oder nicht«.[38] Boeckh weiß, dass es unter den Bedingungen der modernen Text- und Bedeutungsproduktion nicht mehr um die Aufstellung und Anwendung abstrakter Regeln gehen kann. Da »das Genie selbst die Gattungsregel ist«, hängt eine adäquate Kritik letztlich davon ab, »dass man unterscheiden zu vermag, was in einem Werke die Wirkung des Genies ist und was nicht«.[39] Da das ›Wesen des Genies‹ sich jedoch nicht in Formeln einfangen lasse, werden Regelbildungen notwendig, als deren Muster die Poetik des Aristoteles erscheint: Gebraucht werden ›gewisse Begriffe‹ und »allgemeine Umrisse für die Wiedererinnerung, [..] welche aus den Werken des Genies abstrahiert und durch den wissenschaftlichen Geist verbunden und lebendig erhalten werden müssen, um nicht im System zu erstarren«.[40]

– Mit der Formel von der flexibel zu gebrauchenden ›Kunstregel‹, die als Abstraktionsleistung aus musterbildenden Werken gewonnen werden kann, ist der Begriff gefallen, der den Übergang zu abschließenden Thesen erlaubt. Denn wenn die Regelkreise des Literarischen sich als komplexe und je kulturell konditionierte Abstimmungsverfahren zwischen ›Gattungserwartungen‹ seitens der Rezipienten und ›Werkantworten‹ durch Autoren formieren, kommt es auf eine nähere Bestimmung dieser Termini ebenso an wie auf eine operationalisierbare Definition von Regeln, mit denen die komplizierten Verhältnisse zwischen diesen Steuergrößen beschrieben werden können. – Thesenhaft knapp lässt sich formulieren:

(1) ›Gattungserwartungen‹ werden initialisiert durch normbildende und also gleichsam prototypische Werke, die ein Profil ausprägen oder eine Tradition begründen. Der Einstieg eines Autors ins literarische Feld legt gewissermaßen die Regeln seiner weiteren Bewegungen fest. Permanente Neuerfindungen mit häufigem Gattungswechsel, neuen Themen und veränderter Sprache erschei-

---

38 Ebd., S. 240.
39 Boeckh: Encyklopädie, S. 240.
40 Ebd., S. 241. – Aufschlussreich ist, dass Boeckh hier – seiner Auffassung von einer universalen Philologie treu – nicht nur die Bewertung von poetischen Texten nach »Uebereinstimmung des Bildes mit der künstlerischen Idee«, sondern auch eine Evaluation wissenschaftlicher Texte vorsieht. Auch diskursive Äußerungen sind zunächst »in ihrer Eigenthümlichkeit durch Analyse der Werke selbst« und durch immanente Kritik auf ihre interne Kohärenz zu prüfen, ehe durch kumulative Entwicklung wissenschaftsgeschichtlicher Verlaufsformen ein Maßstab für einzelne Werke gewonnen werden kann.

nen als Versuch, diesem einmal festgelegten Profil zu entkommen; ein ausgeprägter Personalstil ist ein Versuch, dieses Profil weiter zu schärfen: besonders deutlich etwa bei Thomas Mann, der schon unmittelbar nach dem beginnenden Erfolg des Romandebuts *Buddenbrooks* darüber nachdenkt, wie man den Lesern sein ›Profil‹ möglichst deutlich einprägt. Dieser Einstieg ist nicht nur die Realisierung individueller Ausdrucksinteressen, sondern immer auch eine Intervention in einem bereits funktionierenden, durch Regeln von Normerfüllung und Normdurchbrechung strukturierten System: Die Publikation eines Textes situiert die Regelgröße ›Autor‹ in einen kommunikativen Zusammenhang, der von seiner Wahrnehmung und zunehmend genaueren Beobachtung bis zu Auszeichnungen und Kanonisierungen reicht.

(2) Ein spezifischer Aspekt von literarisch-sozialen Regelkreisen besteht darin, dass sich das mehrfach dimensionierte Wechselspiel von ›Gattungserwartungen‹ (auf Seiten der Rezipienten) und ›Erwartungs-Erwartungen‹ beziehungsweise ›Werkantworten‹ (durch Autoren) auf der Basis von *Wissensbeständen* realisiert, die in unterschiedlicher Weise verteilt sind:

(a) Autoren verfügen über ein spezifisches Gattungswissen und also über mehr oder weniger systematische Bestände von Regeln, die aber – vor allem seit dem Beginn der ›modernen‹ Literatur ab etwa 1750 – immer auch in Frage gestellt und gebrochen werden (müssen). Dieses Gattungswissen basiert auf Beobachtungen einer literarischen Kommunikation, die eben nicht ohne Gattungsbegriffe auskommt. Dass Autoren die jeweils geltenden Formatierungsregeln für ihre Produktionen kennen, zeigen einerseits Autorpoetiken, die explizit über ihr Gattungswissen Auskunft geben; Kenntnisse manifestieren sich andererseits in der normenadäquaten Produktion literarischer Texte.

(b) Literarische Texte realisieren ein mitunter differenziertes Wissen über Genreregeln und deren Verletzung. Paratextuelle Markierungen wie »Schauspiel für Liebende« oder »Ein verwilderter Roman« und die eingesetzten Textverfahren demonstrieren ein Wissen über Regelanwendung und Regelbruch; auktoriale Äußerungen zur Leserlenkung legen die Motivationen und Erwartungserwartungen von Textproduzenten offen.

(c) Leser, Literaturkritiker und Literaturwissenschaftler – und also die Angehörigen des ›Literatursystems‹ – besitzen ihrerseits unterschiedliche Wissensbestände über die Normen und Konventionen von Erwartungsmustern. Diese beruhen auf Beobachtungen und Anschlusskognitionen, die unterschiedliche Verallgemeinerungsgrade aufweisen.

(3) Eine wesentliche Form dieses Gattungswissens besteht in der *Kenntnis von Alternativen*. Denn zu beachten bleibt, dass Werke stets in eine Situation kon-

kurrierender, strukturverwandter oder konträrer Gestaltungen im literarischen Gesamtsystem einer historischen Epoche eintreten und Wirkungen entfalten – sodass erst die Rekonstruktion von Parallelentwicklungen und Alternativen präzisere Aussagen über ein Einzelgenre und seine Funktionen innerhalb des Literatursystems erlaubt: Ist eine Gattung (zu einem bestimmten Zeitpunkt) initiatorisch oder summierend, speichernd oder auslöschend, affirmativ oder kritisch?

(4) Gattungen funktionieren also, um es knapp und mit wenigen Worten zu sagen, als Synthesen von antizipierten Erwartungen (beziehungsweise ›Erwartungs-Erwartungen‹, wie Luhmann sagen würde) in einem durch vorgängige Werke, Konventionen und Normen vorstrukturierten kulturellen Raum. Sie bilden einen immer schon vorhandenen ›Möglichkeitspool‹ von / durch Regeln für Autoren, die zur Formierung ihrer individuellen Ausdrucksinteressen daraus wählen müssen – ob sie sich nun affirmativ oder kritisch, modifizierend oder bestätigend dazu verhalten. Das Wissen um die konstitutiven und regulativen Regeln von Gattungen scheint also eine Art Problemlösungskapazität zu sein, und zwar für das *Problem von Kontingenz*. Ein Autor kann anders schreiben, ein Kritiker anders urteilen. Dass diese und nicht andere Formen und Formate gewählt werden, hat mit einem Gattungswissen, das als ›Erwartungs-Erwartung‹ beziehungsweise als »Orientierungs-Orientierung«[41] in Wirkung tritt, ebenso zu tun wie mit den sich wandelnden Ausdrucks- und Distinktionsinteressen und kalkulierten Erwartungen des Publikums. – Nur eine Berücksichtigung aller dieser Aspekte erlaubt es, die stets konkreten generischen Manifestationen auktorialen Handelns in ihren Veränderungen und Verlaufsformen zu beobachten und zu beschreiben, möglicherweise sogar mit Begriffen wie ›Vorbereitung‹ und ›Erfüllung‹, ›Variation‹ und ›Erweiterung‹, ›Korrektur‹ oder ›Verfall‹, ›Nachleben‹ und ›Wiederkehr‹. – Welche Folgen die polemisch-konfrontativen Wertungen eines Literaturkritikers im Umgang mit einem zwischen Vers und Prosa wechselnden Lyriker haben sollten, wird die Zukunft zeigen.

---

41 So Schmidt: Geschichten & Diskurse, S. 25, 33, der Gattungen zugleich als operative Fiktionen bezeichnet, die eine »gesellschaftliche Ko-Orientierung durch einen Reflexivmodus« ermöglichen.

Bibliographie

Apfelböck, Hermann: *Tradition und Gattungsbewusstsein im deutschen Leich. Ein Beitrag zur Gattungsgeschichte mittelalterlicher musikalischer »discordia«*. Tübingen 1991.
Aristoteles: *Poetik*. Übersetzt von Manfred Fuhrmann. Bibliogr. erg. Ausg. Stuttgart 1994.
Aristoteles: *Werke in deutscher Übersetzung*. Begründet von Ernst Grumach. Hrsg. von Hellmut Flashar. Bd. 5: Poetik. Übers. v. Arbogast Schmidt. Berlin 2008.
Baumgärtner, Alfred Clemens (Hrsg.): *Lesen, ein Handbuch. Lesestoff, Leser und Leseverhalten, Lesewirkungen, Leseerziehung, Lesekultur*. Hamburg 1973.
Boeckh, August: *Encyklopädie und Methodologie der philologischen Wissenschaften*. Hrsg. von Ernst Bratuschek. Leipzig 1877.
Borgstedt, Thomas / Yvonne Wübben (Hrsg.): *Einfache Prosaformen der Moderne*. Bielefeld 2009 (Mitteilungen des Deutschen Germanistenverbands).
Bremer, Kai / Fabian Lampart / Jörg Wesche (Hrsg.): *Schreiben am Schnittpunkt. Poesie und Wissen bei Durs Grünbein*. Göttingen 2007.
Burdorf, Dieter: »Lyrik«. In: Jäger, Friedrich (Hrsg.): *Enzyklopädie der Neuzeit*. Bd. 7. Stuttgart, Weimar 2008, Sp. 1052–1063.
Eggert, Hartmut: »Literarische Texte und ihre Anforderungen an die Lesekompetenz«. In: Groeben, Norbert / Bettina Hurrelmann (Hrsg.): *Lesekompetenz. Bedingungen, Dimensionen, Funktionen*. Weinheim, München 2002, S. 186–194.
Fischer, Tilman: *Reiseziel England. Ein Beitrag zur Poetik der Reisebeschreibung und zur Topik der Moderne (1830–1870)*. Berlin 2004.
Frangoulidis, Stavros A.: *Handlung und Nebenhandlung. Theater, Metatheater und Gattungsbewußtsein in der römischen Komödie*. Stuttgart 1997.
Görgemanns, Herwig: »Zum Ursprung des Begriffs ›Lyrik‹«. In: Albrecht, M. von / W. Schubert (Hrsg.): *Musik und Dichtung. Neue Forschungsbeiträge, Viktor Pöschl zum 80. Geburtstag gewidmet*. Frankfurt a. M. / Bern / New York / Paris 1990, S. 51–61.
Grünbein, Durs: »Die Wunschvorstellung vom homogenen Autor«. In: Frankfurter Allgemeinen Zeitung (14. 10.2010), S. 34.
Halász, László: »Self-relevent reading in literary understanding«. In: Nardocchio, Elaine F. (Hrsg.): *Reader Response to Literature. The Empirical Dimension*. Berlin 1992, S. 229–245.
Halliwell, Stephen: *Aristotle‹s Poetics*. London 1986.
Haubrichs, Wolfgang: »Zur Relevanz von Rezeption und Rezeptionshemmung in einem kybernetischen Modell der Literaturgeschichte. Ein Beitrag zum Problem der Periodisierung«. In: Müller-Seidel, Walter (Hrsg.): *Historizität in Sprach- und Literaturwissenschaft*. Vorträge und Berichte des Stuttgarter Germanistentagung 1972. München 1974, S. 97–121.
Hauptmeier, Helmut: »Sketches of theories of genre«. In: *Poetics: Journal of Empirical Research on Literature, the Media and the Arts* 16 (1987), S.397–430.
Hübner, Gert: »Die Rhetorik der Liebesklage im 15. Jahrhundert. Überlegungen zu Liebeskonzeption und poetischer Technik im ›mittleren System‹«. In: ders. (Hrsg.): *Deutsche Liebeslyrik im 15. und 16. Jahrhundert*. Amsterdam 2005 (Chloe: Beihefte zum Daphnis, 36), S. 83–118.
Husserl, Edmund: *Logische Untersuchungen*. Göttingen [1901]. Zweite Aufl. 1913.
Jolles, André: *Einfache Formen. Legende, Sage, Mythe, Rätsel, Spruch, Kasus, Memorabile, Märchen, Witz* [1930]. 7., unveränderte Auflage. Tübingen 1999.

Klausnitzer, Ralf: »Unter Druck. Kategoriale Erkenntnis und ästhetische Erfahrung in Lehrwerken«. In: *Zeitschrift für Germanistik* 21 (2011), S. 25–51.
Kraus, Karl: »Zur Überwindung des Hermann Bahr«. In: *Die Gesellschaft* 9 (1893), S. 627–636.
László, János / Reinhold Viehoff: *Genre-Specific Knowledge and Literary Understanding. Some Empirical Investigations*. Siegen: LUMIS-Publications 33 (1992).
Latacz, Joachim (Hrsg.): *Die griechische Literatur in Text und Darstellung*. Bd. 1: Archaische Periode. Zweite, durchgesehene und verbesserte Auflage. Stuttgart 1998
Link, Hannelore: *Rezeptionsforschung. Eine Einführung in Methoden und Probleme*. Stuttgart / Berlin u. a. 1976
Maeding, Linda: »Zur Autobiographik von Germanisten im Exil: Selbstbestimmung und Selbstreflexivität bei Bernhard Blume und Egon Schwarz«. In: *The German Quarterly* 83 (2010) H. 4, S. 485-502.
Manguel, Alberto: *Eine Geschichte des Lesens*. Berlin 1998.
Mann, Thomas: »On Myself«. In: *Gesammelte Werke in dreizehn Bänden, Bd. XIII*. Frankfurt a. M. 1990, S. 127–168.
Osterkamp, Ernst: »Das Jahr in der Milchschaumbucht«. In: *Frankfurter Allgemeinen Zeitung* (2.10.2010), S. L 8.
Pfeiffer, Rudolf: *Geschichte der klassischen Philologie. Von den Anfängen bis zum Ende des Hellenismus* [History of Classical Scholarship 1968]. Reinbek bei Hamburg 1970.
Rawls, John: »Two Concepts of Rules«. In: *Philosophical Review* 64 (1955), S. 3–32.
Rentiis, Dina de: »Der Beitrag der Bienen. Überlegungen zum Bienengleichnis bei Seneca und Macrobius«. In: *Rheinisches Museum für Philologie* 141 (1998), S. 30–44.
Rentiis, Dina de: »Für eine neue Geschichte der Nachahmungskategorie: Imitatio morum und lectio auctorum in ‚Policraticus‹ VII, 10«. In: Schaefer, Ursula (Hrsg.): *Artes im Mittelalter*. Berlin 1998, S. 161–173.
Rentiis, Dina de: »Zum Rückgriff auf Grundprinzipien der klassisch-römischen imitatio auctorum im 12. und 13. Jahrhundert«. In: *Das Mittelalter* 2 (1997), S. 83–92.
Rusch, Gebhard: »Kognition, Mediennutzung, Gattungen«. In: *SPIEL: Siegener Periodicum zur Internationalen Empirischen Literaturwissenschaft* 6.2 (1987), S. 227–272.
Rusch, Gebhard: »Fernsehgattungen in der BRD. Kognitive Strukturen im Handeln mit Medien«. In: Hickethier, Knut (Hrsg*.): Institution, Technik und Programm. Rahmenaspekte der Programmgeschichte des Fernsehens. Geschichte des Fernsehens in der Bundesrepublik Deutschland*. Bd. 1. München 1993, S. 289–321.
Schlaffer, Heinz: *Poesie und Wissen. Die Entstehung des ästhetischen Bewußtseins und der philologischen Erkenntnis*. Erweiterte Ausgabe. Frankfurt a. M. 2005.
Schleiermacher, Friedrich Daniel Ernst: *Hermeneutik*. Nach den Handschriften neu hrsg. u. eingel. von Heinz Kimmerle. Heidelberg 1959.
Schmidt, Siegfried J.: *Geschichten & Diskurse*. Reinbek bei Hamburg 2003.
Schneider, Johann Nikolaus: *Ins Ohr geschrieben. Lyrik als akustische Kunst zwischen 1750 und 1800*. Göttingen 2004.
Schwarz, Sandra: Stimmen. Theorien lyrischen Sprechens. In: H. V. Geppert (Hrsg.): *Theorien der Literatur. Grundlagen und Perspektiven*. Tübingen 2007, S. 91–123.
Searle, John R.: »How to derive ›Ought‹ from ›Is‹«. In: *Philosophical Review* 71 (1964), S. 43–58.
Searle, John R.: »What is a speech act?« in: Black, Max (Hrsg.): *Philosophy in America*. London 1964, S. 121–139.
Stackelberg, Jürgen von: »Das Bienengleichnis. Ein Beitrag zur Geschichte der literarischen Imitatio«. In: *Romanische Forschungen* 68 (1956), S. 271–293

Thomae, Johannes.: »Gedankenlose Denker«. In: *Jahresberichte der Deutschen Mathematiker-Vereinigung* 15 (1906).

Volmer, Annett: *Die Ergreifung des Wortes. Autorschaft und Gattungsbewusstsein italienischer Autorinnen im 16. Jahrhundert.* Heidelberg 2008.

Waszink, Jan W.: *Bienen und Honig als Symbol des Dichters und der Dichtung der griechisch-römischen Antike.* Düsseldorf 1974.

Wittgenstein, Ludwig: *Philosophische Bemerkungen. Zweiter Anhang.* Oxford 1964.

Wittgenstein, Ludwig: *Philosophische Untersuchungen.* Oxford 1953.

Karin Peters
Bataille und der gespenstische Souverän

Der »Tod des Autors« *revisited*

Abstract: 30 Jahre nach seinem Tod erlebt Roland Barthes in Deutschland derzeit eine Renaissance.[1] Dabei wird freilich weniger der strukturalistische Glaube an vollständige Interpretierbarkeit wiederholt, den Barthes selbst vielleicht schon in der codegestützten Analyse seines *S/Z* eher karikierte, indem er ihn auf die Spitze trieb. Vielmehr interessiert aus Sicht der Literaturwissenschaft und insbesondere aus Sicht der Romanistik der ›literarische‹ Barthes und mithin die Textualität seiner eigenen Texte. In diesem Sinne wird auch hier ein neuer Blick auf einen seiner wohl berühmtesten Texte geworfen: den kleinen Aufsatz zum »Tod des Autors«. Der Beitrag untersucht, warum Roland Barthes darin von der »Herrschaft des Sinns«, also der Autor-Intention auf der einen und der »revolutionären Tätigkeit« einer Quasi-Opferung des Autors in der Lektüre auf der anderen Seite sprechen kann – sich mithin einer dezidiert politischen Terminologie bedient: Mit Bezug auf das politische Phantasma der Französischen Revolution und den Regizid als prekärem Opfer für die Nation – dem neuen, transzendentalen »absoluten Signifikat« (R. Barthes) der ›gottlosen‹ republikanischen Gesellschaft – wird klarer, warum Barthes moderne Literatur im Zwillingsaufsatz »Écrire, un verbe intransitif?« sogar als (durchweg fruchtbares) Opfer für eine ›demokratische‹ Lektüre bezeichnet.
Aus Sicht einer Literaturwissenschaft, die sich mit der Insistenz der »Autorfunktion« und mithin mit der Funktionalität des Autors nach dessen Rückkehr – aus dem (Schrift-)Grab? – befassen muss, wird die diskursgeschichtliche Herkunft von Barthes' Text auf diese Weise kontextualisierbar. Ich setze ihn schließlich in Verbindung mit einem von vielen Postmodernen zum Vorzeige-Ikonoklasten erklärten Modernen, dem Philosophen und Schriftsteller Georges Bataille. Bemerkenswerterweise bedient sich dessen obszöner Roman *L'Histoire de l'œil* (1928) gleichermaßen an einer Semiotik des Opfers, die – so meine These – das Diskursgedächtnis einer postrevolutionären, ›heillosen‹ Gemeinschaft in den Mittelpunkt rückt und Autorschaft als problematische Subjektivität inszeniert.

---

1 Siehe zur Aktualität und aktuellen Rezeption Barthes' in Deutschland die von Ottmar Ette kommentierte Neuübersetzung des *Plaisir du texte*: Barthes: Lust am Text, sowie Ette: Einführung und Oster / Peters: Jenseits der Zeichen.

1 Von der Herrschaft des Sinns zur Revolution des Lesens

»L'écriture, c'est ce neutre, ce composite, cet oblique où fuit notre sujet, le noir-et-blanc où vient se perdre toute identité, à commencer par celle-là même du corps qui écrit«.[2] Mit Barthes beginnt das Schreiben immer mit dem Körper – und endet mit der Flucht des Subjekts. In »La mort de l'auteur« beschreibt er so, was er unter moderner *écriture* versteht: Sobald das Erzählen beginnt, »la voix perd son origine, l'auteur entre dans sa propre mort, l'écriture commence«.[3] Seine scheinbaren Definitionskaskaden machen das Konzept eines ›toten‹ Autors kaum verständlicher. Die unheimlich anmutende Befremdlichkeit dieser performativen Königstötung, der die systematische ›Hinrichtung‹ des Autors bei Barthes gleicht, kann jedoch mit Blick auf die französische Geschichte an Klarheit gewinnen.

Denn Barthes selbst argumentiert vorerst historisch: Noch die Glorifizierung des Autor-Genies in der Romantik interpretiert er als Fernwirkung des modernen Individualismus in Europa, geprägt durch englischen Empirismus, französischen Rationalismus und die intime Glaubensvorstellung des protestantischen Reformismus.[4] Warum also sollte der »tote Autor« der Postmoderne nicht auch Produkt der – zumal französischen – Geschichte[5] sein? Wird dessen quasi

---

[2] Barthes: Mort, S. 40. Übersetzung dt.: »Die Schrift ist der unbestimmte, uneinheitliche, unfixierbare Ort, wohin unser Subjekt entflieht, das Schwarzweiß, in dem sich jede Identität aufzulösen beginnt, angefangen mit derjenigen des schreibenden Körpers« (Barthes: Tod des Autors, S. 185).

[3] Barthes: Mort, S. 40. Dt.: »verliert die Stimme ihren Ursprung, stirbt der Autor, beginnt die Schrift« (Barthes: Tod des Autors, S. 185).

[4] »L'*auteur* est un personnage moderne, produit sans doute par notre société dans la mesure où, au sortir du Moyen Age, avec l'empirisme anglais, le rationalisme français, et la foi personnelle de la Réforme, elle a découvert le prestige de l'individu, ou, comme on dit plus noblement, de la ›personne humaine‹« (Barthes: Mort, S. 40). Dt.: »Der *Autor* ist eine moderne Figur, die unsere Gesellschaft hervorbrachte, als sie am Ende des Mittelalters im englischen Empirismus, im französischen Rationalismus und im persönlichen Glauben der Reformation den Wert des Individuums entdeckte – oder, wie man würdevoller sagt, der ›menschlichen Person‹« (Barthes: Tod des Autors, S. 186).

[5] Auch die Herausgeber der maßgeblichen Anthologie *Texte zur Theorie der Autorschaft* bemerken in ihrer Einführung zu Barthes' Text: »Der Titel des Essays ist nahezu sprichwörtlich geworden. Seine polemische, revolutionär-utopische Rhetorik ist allerdings nur vor dem besonderen Hintergrund der französischen Tradition zu verstehen« (Jannidis / Lauer u. a.: Autorschaft, S. 181). Im Folgenden soll es jedoch nicht um die bereits geklärte Abstandnahme Barthes' gegenüber der französischen Exegese-Tradition der *explication du texte* und insofern

performative Ausrufung auch nicht weiter von Barthes kommentiert, hält dies den aufmerksamen Leser dennoch kaum davon ab, in Barthes' Text in der deutlichen Isotopie der Herrschaft eine Reminiszenz an die Topoi der Französischen Revolution zu erkennen: »L'*auteur* règne«[6] – »l'image de la littérature que l'on peut trouver dans la culture courante est tyranniquement centrée sur l'auteur«[7] – »l'empire de l'Auteur«[8] – Barthes erschafft sich eine Kulisse der »Herrschaft des Sinns«, um schließlich dazu anzusetzen, im Namen der *Nouvelle Critique* und gegen die hermeneutische Tradition der *explication du texte* den Tyrannen namens Autor[9] vor Gericht zu stellen. Natürlich hat dies keinen reinen Unterhaltungswert, sondern das semiologische Argument lautet: Nimmt man die institutionalisierte Stimme eines Autors im Text an, so lauert hinter der Allegorie der Fiktion immer und »finalement«»la voix d'une seule et même personne«,[10] ein absoluter Sinn-Stifter, der die Offenheit der Interpretation begrenzt. Den Streit zwischen Sprache und Autor um die »place souveraine«[11] im Text entscheidet Barthes aus Sicht eines modernen Subjektskeptizismus[12] also immer für die Sprache. Im Surrealismus sieht er schließlich den Beginn jener dezidert modernen *écriture*, da dem Bewusstsein hier der souveräne ›Kopf‹ symbolisch abge-schlagen wird: »en confiant à la main le soin d'écrire aussi vite que possible ce que la tête même ignore (c'était l'écriture automatique), en acceptant le prin-

---

um die Konstituierung der *Nouvelle Critique* gehen, sondern um die Herleitung politischer und literarischer Diskurstraditionen, die in der Postmoderne die Rede eines toten (bzw. geopferten) Autors ermöglichen.
6 Barthes: Mort, S. 41 [Herv. v. K.P.]. Dt.: »Der *Autor* beherrscht« (Barthes: Tod des Autors, S. 186).
7 Barthes: Mort, S. 41. [Herv. v. K.P.]. Dt.: »Unsere heutige Kultur beschränkt die Literatur tyrannisch auf den Autor« (Barthes: Tod des Autors, S. 186).
8 Barthes: Mort, S. 41. In der deutschen Übersetzung heißt es etwas geradlinig: »die Vorherrschaft des *Autors*«, wobei man Empire hier sinngemäß auch mit »Reich« übersetzen könnte (vgl. Barthes: Tod des Autors, S. 186).
9 Bereits Seán Burke betont 1992, dass Barthes es in seinem Text zum »Tod des Autors« zuerst rhetorisch gelingen muss, einen »king worthy of the killing« zu erschaffen. Auch dieses *killing* besteht schließlich aus effektvoll komponierten Elementen eines traditionsreichen Diskurspositivs. Burke: Death and Return, S. 26.
10 Barthes: Mort, S. 41. Dt.: »als ob sich hinter der mehr oder weniger durchsichtigen Allegorie der Fiktion letztlich immer die Stimme ein und derselben Person verberge« (Barthes: Tod des Autors, S. 186).
11 Barthes: Mort, S. 42. [Herv. v. K.P.]. Dt.: »souveräne Stellung« (Barthes: Tod des Autors, S. 188).
12 Vgl. Bürger: Verschwinden des Subjekts.

cipe et l'expérience d'une écriture à plusieurs, le Surréalisme a contribué à <u>désacraliser</u> l'image de l'Auteur«.[13]

Zur heiligen Natur eines Herrschers gehört jenes *corpus mysticum*,[14] das die genealogische Herrschaft und transzendentale Legitimation auch der französischen Könige bis zur Hinrichtung Ludwigs XVI. absicherte. Barthes verleiht dem Autor, wenn er von Entsakralisierung spricht, insofern nicht nur den Status eines weltlichen, sondern den eines gottgleichen Souveräns, wenn er ihm vorwirft, »un sens unique, en quelque sorte théologique (qui serait le ›message‹ de l'Auteur-Dieu)«[15] in die Literatur einzuführen. Gegen das genealogische Herrschaftssystem des *Ancien Régime,* nach dessen Logik analog auch der souveräne Autor zum Vater[16] des Textes wird, gelangt Barthes schließlich bei der linguistischen Seite seines Arguments an, die das Schreiben zum Abstecken eines ursprungslosen Feldes multipler Dimensionen[17] und den Autor zum reinen Aussagesubjekt erklärt:

---

13 Barthes: Mort, S. 43 [Herv. v. K.P.]. Dt.: »indem er der Hand auferlegte, schnellstmöglich aufzuschreiben, was dem Kopf verborgen bleibt (die ›automatische Schreibweise‹ [*écriture automatique*]), und indem er das Prinzip und die Erfahrung des kollektiven Schreibens akzeptierte, trug auch der Surrealismus dazu bei, das Bild des *Autors* zu entsakralisieren« (Barthes: Tod des Autors, S. 188).
14 Vgl. dazu Kantorowicz: Zwei Körper, S. 208f. und Agamben: Homo sacer. Kantorowicz hat gezeigt, wie sich im Übergang zur Frühen Neuzeit das politische Konzept der königlichen Doppelnatur (die natürlich als Reminiszenz an die Doppelnatur Christi zu verstehen ist) entwickelt. Der König besitzt demnach nicht nur einen natürlichen Körper, der auch eines natürlichen Todes sterben kann, sondern darüber hinaus jenes *corpus mysticum*, das seine Erwähltheit von Gottes Gnaden und seine Nähe zu Gott markiert. Das *corpus mysticum* ist in diesem Sinne unsterblich und wird auf den Nachfolger des Königs übergehen – »Der König ist tot, es lebe der König«. Dies garantiert eine kontinuierliche Herrschaftsfolge, da das transzendentale Leben des Königs bzw. der Herrschaft nie erlischt.
15 Barthes: Mort, S. 43. Dt.: »einen einzigen, irgendwie theologischen Sinn enthüllt (welcher die ›Botschaft‹ des *Autor*-Gottes wäre)« (Barthes: Tod des Autors, S. 190).
16 »[L]'Auteur est censé *nourrir* le livre, c'est-à-dire qu'il existe avant lui, pense, souffre, vit pour lui; il est avec son œuvre dans le même rapport d'antécédence qu'un père entretient avec son enfant« (Barthes: Mort, S. 43). Dt.: »Der *Autor ernährt* vermeintlich das Buch, das heißt, er existiert vorher, denkt, leidet, lebt für sein Buch. Er geht seinem Werk zeitlich voraus wie ein Vater seinem Kind« (Barthes: Tod des Autors, S. 189).
17 »[U]n pur geste d'inscription (et non d'expression), trace un champ sans origine«; »un espace à dimensions multiples, où se marient et se contestent des écritures variées, dont aucune n'est originelle« (Barthes: Mort, S. 43). Barthes' Konzept der multidimensionalen *écriture* reiht sich in zeitgenössische Intertextualitätsdebatten ein, wenn er schließt: »le texte est un tissu de citations, issues de mille foyers de la culture« (ebd.). Dt.: »geführt von einer reinen Geste der Einschreibung (nicht des Ausdrucks), ein Feld ohne Ursprung«, »einem vieldimensionalem Raum, in dem sich verschiedene Schreibweisen [*écritures*], von denen keine einzige

> [L]'énonciation dans son entier est un processus vide, qui fonctionne parfaitement sans qu'il soit nécessaire de le remplir par la personne des interlocuteurs: linguistiquement, l'Auteur n'est jamais rien de plus que celui qui écrit, tout comme *je* n'est autre que celui qui dit *je*: le langage connaît un ›sujet‹, non une ›personne‹, et ce sujet, vide en dehors de l'énonciation même qui le définit, suffit à faire ›tenir‹ le langage, c'est-à-dire à l'épuiser.[18]

Der ›gespenstische Souverän‹ des *scripteur moderne* sei demzufolge zugleich tot und begraben (*enterré*) und wird im selben Augenblick wie sein Text (wieder-) geboren:[19] Im Sinne der performativen Sprachäußerung[20] erklärt Barthes das *Je chante* des Schreibens seinerseits analog zum »*Je déclare* des rois«[21] – auch wenn es sich dabei um eine seltsam postmortale Souveränität handelt.[22] Zuletzt ruft Barthes ein neues und demokratisches Primat des Lesens aus, indem er die multiple *écriture*[23] um die konter-theologische, ja revolutionäre Tätigkeit des Lesens erweitert:

> Par là même, la littérature (il vaudrait mieux dire désormais l' *écriture*), en refusant d'assigner au texte (et au monde comme texte) un ›secret‹, c'est-à-dire un sens ultime, libère une activité que l'on pourrait appeler contre-théologique, proprement révolutionnaire, car refuser d'arrêter le sens, c'est finalement refuser Dieu et ses hypostases, la raison, la science, la loi.[24]

---

originell ist, vereinigen und bekämpfen«, »Der Text ist ein Gewebe von Zitaten aus unzähligen Stätten der Kultur« (Barthes: Tod des Autors, S. 190).

18 Barthes: Mort, S. 42. Dt.: »eine Äußerung [*énonciation*] [ist] insgesamt ein leerer Vorgang [...], der reibungslos abläuft, ohne dass man ihn mit der Person des Sprechers ausfüllen müsste. Linguistisch gesehen, ist der *Autor* immer nur derjenige, der schreibt, genauso wie *ich* niemand anderes ist als derjenige, der *ich* sagt. Die Sprache kennt ein ›Subjekt‹, aber keine ›Person‹. Obwohl dieses Subjekt außerhalb der Äußerung, durch die es definiert wird, leer ist, reicht es hin, um die Sprache zu ›tragen‹, um sie auszufüllen« (Barthes: Tod des Autors, S. 188).

19 Barthes: Mort, S. 43. Dt.: »der moderne Schreiber den *Autor* begraben« (Barthes: Tod des Autors, S. 189).

20 Siehe dazu einschlägig Austin: Words, und Wirth: Performanzbegriff.

21 Barthes: Mort, S. 43. Dt.: »das *Ich erkläre* von Königen« (Barthes: Tod des Autors, S. 189).

22 Siehe dazu die Dissertationsschrift der Verf., *Der gespenstische Souverän. Opfer und Autorschaft im 20. Jahrhundert*. München 2013. Teile der folgenden Analyse sind inhaltlich dieser Schrift entnommen.

23 Vgl. dazu Kolesch: Schreiben, S. 119.

24 Barthes: Mort, S. 44. Dt. »Genau dadurch setzt die Literatur (man sollte von nun an besser sagen: die *Schrift*), die dem Text (und der Welt als Text) ein ›Geheimnis‹, das heißt einen endgültigen Sinn, verweigert, eine Tätigkeit frei, die man gegentheologisch und wahrhaft revolutionär nennen könnte. Denn eine Fixierung des Sinns zu verweigern, heißt letztlich, Gott und

An die Stelle des singulären – absolutistischen – Ursprungs der Bedeutung setzt Barthes ihre multiple – demokratische – Destination: die unendliche Vielzahl möglicher Leser.[25] So schließt er mit der berühmten, auf einen gesichtslosen Leser ausgerichteten ›Mythenumkehr‹: »pour rendre à l'écriture son avenir, il faut en renverser le mythe: la naissance du lecteur doit se payer de la mort de l'Auteur«.[26] Die revolutionäre, demokratisch gewordene Literatur führt er als neugeborene Sakralität, als neuen Mythos des offenen Sinns ein.

Wird die Geburt des neuen Lesers aber mit dem Tod des Autors bezahlt, handelt es sich nach der gebräuchlichen Semantik um ein Opfer: *do ut des*. Bereits in dem Vortrag »Écrire, verbe intransitif?« aus dem Jahr 1966 (publ. 1970) stellt Barthes beim Versuch, die moderne *écriture* zu beschreiben, fest, Schreiben sei grammatikalisch analog zum Opfern zu begreifen. Anstatt eines aktiven »ich schreibe« setzt er ein mysteriöses »je suis écrit«, im Sinne der medialen Selbstaffektion,[27] die dem Selbstopfer gleicht.[28] Er bereitet hier sein

---

seine Hypostasen (die Vernunft, die Wissenschaft, das Gesetz) abzuweisen« (Barthes: Tod des Autors, S. 191).

25 »[L]'unité d'un texte n'est pas dans on origine, mais dans sa destination, mais cette destination ne peut plus être personnelle: le lecteur est un homme sans histoire, sans biographie, sans psychologie; il est seulement ce *quelqu'un* qui tient rassemblées dans un même champ toutes les traces dont est constitué l'écrit« (Barthes: Mort, S. 45). Dt.: »Die Einheit eines Textes liegt nicht in seinem Ursprung, sondern in seinem Zielpunkt – wobei dieser Zielpunkt nicht mehr länger als eine Person verstanden werden kann. Der Leser ist ein Mensch ohne Geschichte, ohne Biographie, ohne Psychologie. Er ist nur der *Jemand*, der in einem einzigen Feld alle Spuren vereinigt, aus denen sich das Geschriebene zusammensetzt« (Barthes: Tod des Autors, S. 192).

26 Ebd. Dt.: »Wir wissen, dass der Mythos umgekehrt werden muss, um der Schrift eine Zukunft zu geben. Die Geburt des Lesers ist zu bezahlen mit dem Tod des *Autors*« (Barthes: Tod des Autors, S. 193).

27 Vgl. dazu ebenso am Beispiel der Poetik Mallarmés: »pour lui, comme pour nous, c'est le langage qui parle, ce n'est pas l'auteur; écrire, c'est, à travers une impersonnalité préalable [...] atteindre ce point où seul le langage agit, ›performe‹, et non ›moi‹ [...]« (Barthes: Mort, S. 41). Dt.: »Für Mallarmé (und für uns) ist es die Sprache, die spricht, nicht der Autor. Schreiben bedeutet, mit Hilfe einer unverzichtbaren Unpersönlichkeit [...] an den Punkt zu gelangen, wo nicht ›ich‹, sondern nur die Sprache ›handelt‹ [›*performe*‹]« (Barthes: Tod des Autors, S. 187).

28 Mittels der Diathese konstruiert Barthes ein neues, der Moderne zugeschriebenes » *écrire moyen*«: »écrire, c'est aujourd'hui se faire centre du procès du parole, c'est effectuer l'écriture en s'affectant soi-même, c'est faire coïncider l'action et l'affection [...] en sorte que le vrai passé, le passé droit de ce nouveau verbe, est non point *j'ai écrit*, mais plutôt *je suis écrit*, comme on dit *je suis né, il est mort* [...]« (Barthes: Écrire, S. 624). Dt.: »Schreiben heißt heute, sich zum Mittelpunkt der Aussage zu machen, heißt im Schreiben sich selbst aufs Spiel zu setzen, das heißt, Handlung und Wirkung in eins fallen zu lassen [...], so dass das wahre Per-

soeben dargelegtes, linguistisch-strukturalistisches Argument vor und untersucht die Grammatik der *écriture* ausgehend von der Prämisse der strukturalistischen Linguistik und Poetik Jakobsons und Benvenistes. Die dabei entworfene »sémio-critique«[29] schließt aber nicht allein auf die reine Aussagefunktion des ›Autors‹, sondern ebenfalls auf die Einheit des Symbolischen, auf ein Homologiegefüge zwischen Kultur und Sprache,[30] oder – um es mit der Psychoanalyse zu halten – auf die homologe Strukturierung der symbolischen Ordnung und ihres Ausdrucks, der Sprache. Insofern entpuppt sich auch Barthes' ›semiokritischer‹ Text zum »Tod des Autors« als ein Beitrag zur modernen Geschichte des Subjekts, dessen Eingang in die symbolische Ordnung und beider prekärem Verhältnis zu dem, was wir Literatur nennen.[31]

Jedoch erst in der Auseinandersetzung um die »Rückkehr des Autors«[32] führen Theoretiker wie Giorgio Agamben diese subjektivitätskonstitutive Prozessualität der *écriture* weiter und kehren damit expliziter zu dem Problemkreis zurück, der bereits für die Literatur der ersten Hälfte des 20. Jahrhunderts – unter ihnen die obszönen, surrealistischen Romane Georges Batailles – zentral war: der gewaltsamen Auseinandersetzung zwischen Individuum und Gesellschaft, Subjekt und Symbolischem. So beschreibt Agamben in dem Aufsatz »Der Autor als Geste« Autorschaft als die gespenstische »Anwesenheit-Abwesenheit des Autors im Werk«,[33] als gestisch-theatrale Leere und zugleich Inszenierung von Subjektivität. Auch im hier ausgewählten literarischen Text Batailles schließlich erscheint der Autor in Form jenes gespenstischen Souveräns, als – so Bernhard Teuber – enthauptete Autorität im »spektralen Modus der unheimlichen ›Heimsuchung‹«.[34] Bleibt die Frage, warum in der französischen Moderne und Postmoderne Subjektivität mit Bezug auf den toten Souverän und Autorschaft als

---

fekt, das rechte Perfekt dieses neuen Verbs nicht mehr lautet *ich habe geschrieben*, sondern vielmehr *ich bin geschrieben*, wie man sagt *ich bin geboren, ich bin gestorben* « [Übers. v. K.P.].
29 Barthes: Écrire, S. 618. Dt.: »Semio-Kritik« [Übers. v. K.P.].
30 Ebd., S. 619.
31 Siehe zum Verhältnis zwischen Opfer, Subjekt, Literatur und symbolischer Ordnung einschlägig Kristeva: Revolution, S. 83: »Mit der Opferung werden gleichzeitig Symbol und symbolische Ordnung eingeführt, und dieses ›erste‹ Symbol – das Opfer eines Mordes – repräsentiert lediglich die strukturelle Gewalt, die das Hereinbrechen der Sprache als Mord am Körper ist«.
32 Vgl. dazu erstmals explizit Burke: Death and Return, sowie Jannidis / Lauer u. a.: Rückkehr.
33 »Wenn wir das, was bei jedem Akt des Ausdrucks unausgedrückt bleibt, Geste nennen, dann könnten wir sagen, daß, genau wie der Infame, der Autor im Text nur in einer Geste gegenwärtig ist, die den Ausdruck in dem Maß möglich macht, wie sie in seiner Mitte eine Leere erstellt« (Agamben: Geste, S. 62).
34 Teuber: Sacrificium auctoris, S. 122.

»Poetik des Opfers« denkbar ist, und ob nicht Michel Foucaults früher Kritik [35] zuzustimmen wäre, dass die Vorstellung einer ursprungslosen *écriture* weitaus weniger revolutionär ist als angenommen, da sie nur eine der neuen Transzendentalien einer gottlosen Moderne (re-)produziert.

2 Das Opfer als politisches Phantasma

Seit der Hinrichtung Ludwigs XVI. am 21. Januar 1793 spukt das politische Phantasma einer ›Opferung‹ des Monarchen in der französischen Geschichtsschreibung und der französischen Literatur. Susan Dunn ist es in *The Deaths of Louis XVI. Regicide and the French Political Imagination* (1994) gelungen, anhand zahlreicher Textbelege unter anderem bei Michelet, Hugo, Lamartine und Camus nachzuweisen, wie aus der republikanischen Notwendigkeit, die neue Staats- und Gesellschaftsform zu legitimieren, ein zum abgeschlagenen *corpus mysticum* des französischen Staatskörpers supplementärer Mythos [36] die intellektuelle Bühne betrat: Ludwig taucht in den Dokumenten seiner Zeit und der, die auf ihn folgen sollte, erst als Monster auf, dessen hydraartige Köpfe, die Köpfe der jahrhundertealten ›Sünde‹ monarchischer Herrschaft, es abzuhauen gilt, dann als Sühneopfer und schließlich als Sündenbock, der sein Blut für die *Grande Nation*, für die Republik[37] geben musste: »Vive la République« – das Leben der Gemeinschaft wird über den Tod eines Einzelnen gestiftet beziehungsweise geheilt, und zu guter Letzt selbst geheiligt. Am Ende der Revolution

---

[35] »Wenn man nämlich dem Schreiben ein ursprüngliches Statut zuweist, so ist das wohl nur eine Art, einerseits die theologische Behauptung vom geheiligten Charakter des Geschriebenen und andererseits die kritische Behauptung seines schöpferischen Charakters ins Transzendentale rückzuübersetzen« (Foucault: Was ist ein Autor?, S. 206f.).

[36] Dunn spricht von der Hinrichtung als ideologischem »ritualistic founding act of a new [s.c. republikanischen] social order«, und nennt die Darstellung Ludwigs als »sacrificial victim« den »essential founding act and founding myth« der jungen Republik (Dunn: Deaths of Louis XVI, S. 4 u. 15).

[37] »In Frankreich [...] ersetzte nun die Idee der Nation das Vakuum nach dem Tod des Königs. Die Revolution hatte zwar die Sterblichkeit des für unsterblich reklamierten politischen Körpers des Königs bewiesen, allerdings begann auch hier die Suche nach einer neuen Verkörperung der nationalen Idee, und bald zog die Marianne für Freiheit und Demokratie in die Schlacht [...]« (Manow: Schatten, S. 46f.). Philip Manow weist hier auf die Kontinuität politischer Repräsentationstopoi hin, die ein Fortleben der symbolischen Korporalität des *Ancien Régime* auch in der »Anatomie demokratischer Repräsentation« – so der Untertitel seiner Studie – nachweisbar machen. Vgl. zur Aktualität dieser Debatte und anderen »Konstruktionen des politischen Körpers« Koschorke / Lüdemann u. a.: Der fiktive Staat.

steht somit Dunn zufolge eine neue mystische Korporalität: die der republikanischen Nation.

Dennoch hat sich die Heilserwartung, der auch Ludwig selbst auf dem Schafott Ausdruck verliehen haben soll, nicht erfüllt: auf die Hinrichtung folgt die Zeit der *Terreur*, auf die Republik schließlich die Restauration. So reicht das Phantasma vom fruchtbaren Opfer des Monarchen [38] als dysphorische ›Urszene‹ französischen modernen Denkens bis weit ins 20. Jahrhundert hinein. Noch Lyotard hält in einer Übertragung von politischen auf literarische Phantasmen fest:

> Nous Français nous n'arrivons à penser ni la politique, ni la philosophie, ni la littérature, sans nous souvenir que tout cela, politique, philosophie, littérature, a eu lieu, dans la modernité, sous le signe du crime. [...] La difficulté que les Américains, et aussi bien les Anglais ou les Allemands, ont à comprendre ce qui chez nous s'appelle écriture est lié à cette mémoire du crime. Quand nous parlons d'écriture, l'accent est mis sur ce qu'il y a de nécessairement criminel dans l'écriture, chose qui est aussitôt oubliée dès l'instant où l'on se met à parler de la littérature en termes purement académiques. [39]

Die Symbolik des Opfers figuriert also als Symptom eines politischen Unbewussten,[40] das den entsorgten Souverän auch in republikanischem Kontext in gespenstischer Präsenz hält.

---

38 »Die Hinrichtung war ein Akt der Souveränitätsübertragung vom König auf die Nation, ein Lebenstransfer von dem einen, alten politischen Körper auf einen anderen, neuen [...]. Das dynastische Blut, das die Nachfolge in der Monarchie legitimierte, beglaubigte jetzt den demokratischen Nachfolger. [...] Der tote Körper des Königs inauguriert den neuen republikanischen Volkskörper, die Todesstunde des Monarchen markiert die Geburtsstunde der Demokratie: ›Der König ist tot, es lebe die Republik.‹ Durch das ›Fenster‹ der Guillotine, durch das das Messer hinabgefallen ist, betritt – nach der Enthauptung des Königs – der neue *body politic* die Bühne« (Manow: Schatten, S. 60).
39 Lyotard: Discussion, S. 583. Dt.: »Wir Franzosen können weder Politik, Philosophie, noch Literatur denken, ohne uns daran zu erinnern, dass all dies, Politik, Philosophie, Literatur, in der Modernität unter dem Zeichen des Verbrechens steht. [...] Die Schwierigkeit, die Amerikaner, genauso Engländer oder Deutsche damit haben zu verstehen, was wir *écriture* nennen, ist an dieses Gedächtnis des Verbrechens gebunden. Wenn wir von *écriture* sprechen, legen wir den Akzent auf das, was notwendigerweise kriminell ist im Schreiben, ein Aspekt, der sofort vergessen wird ab dem Moment, in dem man über die Literatur rein akademisch zu sprechen sich anschickt« [Übers. v. K.P.].
40 Jameson bindet Text und *hors-texte* aneinander in der Vorstellung eines allegorischen »political unconscious« der Literatur: »We would therefore propose the following revised formulation: that history is *not* a text, not a narrative, master or otherwise, but that, as an absent cause, it is inaccessible to us except in textual form, and that our approach to it and to the Real itself necessarily passes through its prior textualization, its narrativization in the political unconscious« (Jameson: Political Unconscious, S. 20).

> Indeed, the specter of the decapitated monarch stood at the crossroads of the old world and the new – on the one hand, signifying the audacious repudiation of magical political authority, and, on the other, evoking for decades to come a profound sense of nostalgia and loss.[41]

Spätestens um 1900 werden soziologische und anthropologische Forschungen zum Opfer, zur rituellen Königstötung und der darin gespeicherten unsterblichen *vie* des gesellschaftlichen Globalorgans schließlich quasi ›nostalgisch‹ mit dem vitalen Mortalismus einer spätdekadenten Lebensphilosophie [42] verknüpft. Anthropologen, Ethnologen und Soziologen in Frankreich und England untersuchen schier obsessiv das Ritual vom »Königsmord als ›magische Verjüngungspraxis‹«.[43] Die Vorstellung von Opferritualität kreist dabei immer noch um Verlust und Restabilisierung der symbolischen Ordnung eines um den Kopf des regalen *corpus mysticum* gekürzten Gesellschaftskörpers, oder eben einer *magical political authority*. Aus dem traumatischen *foundational act* der Republik, wie Susan Dunn die Hinrichtung Ludwigs unter der Guillotine nennt, emergiert in der Soziologie Durkheims und Mauss', aber auch in der englischen Ethnologie zum Beispiel bei Frazer die Wunschvorstellung eines zuerst heilenden Märtyrertods des Monarchen und schließlich der Glaube an die soziale Heilkraft des Opferns überhaupt.[44] René Girard liefert 1972 mit seinen Thesen zum Opfer die Interpretation dieses ›Gewalt-Motors‹ von Sozialisation und erläutert die Sakralisierungsprozesse, die dabei im Spiel sind.[45] Das Opfer erscheint so aus Sicht der Humanwissenschaften als mythische Figuration, die zur Symbolisierung kultureller und politischer Wiedergeburt dient, und kehrt beim disziplinären Grenzgänger Bataille, der zugleich Soziologe als auch Schriftsteller war, als Heilungsphantasie wieder: Für den vom Ersten Weltkrieg schwer traumatisierten Surrealisten Bataille stiftet und konsolidiert gewaltsame Verschwendung des einzelnen Lebens die Gemeinschaft.

---

41 Dunn: Deaths of Louis XVI, S. 4.
42 »[I]n dieser Erfahrung war der Tod die einzige Möglichkeit, dem Leben eine positive Wahrheit zu verleihen. Daß sich das Lebendige auf das Mechanische und Chemische nicht reduzieren läßt, ist sekundär gegenüber dem fundamentalen Band zwischen dem Leben und dem Tod. Der Vitalismus beruht auf einem ›Mortalismus‹« (Foucault, Klinik, S. 159).
43 Drexler: Illusion des Opfers, S. 22.
44 Vgl. dazu Frazer: Golden Bough, Durkheim: Vie religieuse und Mauss / Hubert: Essai.
45 Vgl. die einschlägige Darstellung der sozialen Funktion des Opferns, welches nicht nur als ursprünglicher Akt sozialen Zusammenschlusses Aller gegen Einen fungiert, sondern auch in der rituellen Wiederholung gewaltsame Entdifferenzierungen entlädt und Rachekaskaden auf einen zu opfernden Dritten verschiebt, in Girard: Violence.

3 Autorschaft als Poetik des Opfers bei Georges Bataille

Georges Bataille zählt zu den federführenden Mitgliedern des so genannten *Collège de Sociologie*, das sich zu Beginn des 20. Jahrhunderts in Paris mit zentralen Fragen des menschlichen Zusammenlebens auseinandergesetzt hat.[46] Besonders im Mittelpunkt stand für die französischen Soziologen die Religionsbeziehungsweise Ritualsoziologie, und eben darin nimmt die Auseinandersetzung mit dem Opfer eine zentrale Stellung ein. Bataille ist daher auch bekannt dafür, dass er sich die quälende Frage stellte, wie der moderne Mensch ohne das blutige Opfer und gegen das zivilisierte Bewusstsein den Schauer des Heiligen überhaupt noch erfahren kann. Für ihn boten weder die christliche Religion noch die kapitalistische Ökonomiegesellschaft dazu eine Möglichkeit, weil sie die Erfahrbarkeit von Immanenz, eines ›In-der-Welt-Seins‹,[47] gegen das als eigene Sterblichkeit empfundene, kontinuierliche Sein (des ›Lebens‹) nicht garantieren, sondern vielmehr dem modernen Individualismus verpflichtet sind. Sie haben die dunkle, gewaltsam das Individuum in die Weite des Universums ›reißende‹ Seite von Religion den westlichen Gesellschaften quasi ausgetrieben. Erst in der sakrifiziellen und/oder erotischen Verschwendung (*dépense*) sieht Bataille diesen Aspekt menschlicher Existenz wieder eingelöst.

Auch das literarische Werk Batailles sieht sich davon infiziert.[48] Seine philosophische ›Umwertung‹ der Werte im Zeichen gewaltsam-obszöner Verschwendung und der Versuch, philosophisches Schreiben grundlegend als paraDOXAle *innere Erfahrung* zu revolutionieren,[49] wurde von intellektuellen

---

46 Vgl. Moebius: Zauberlehrlinge und Marroquín: Religionstheorie.
47 Zum Begriff der ›Immanenz‹ bei Bataille muss hervorgehoben werden, dass es sich dabei in gewisser Weise um eine neue, nur horizontale statt vertikale Transzendenz handelt. *Immanenz* wird nicht im Sinne individueller Introspektion gebraucht, sondern im Sinne all jener Möglichkeiten der inneren Erfahrung, die Individualitätsempfinden gerade auflösen und einen Zustand des ›Einsseins‹ oder ›Innigseins‹ mit der Welt herbeiführen, die diskontinuierliche Existenz eines Lebewesens in das Kontinuum des ›Lebens‹ überführen; siehe u. a. Bataille: Expérience intérieure, S. 67 u. 111, sowie allgemein Bataille: Érotisme.
48 »Le terme de poésie […] peut être considéré comme synonyme de dépense: il signifie, en effet, de la façon la plus précise, création au moyen de la perte. Son sens est donc voisin de celui de *sacrifice*« (Bataille: Part maudite, S. 30f.). Dt.: »Der Begriff Poesie […] kann als Synonym für Verschwendung betrachtet werden: er bedeutet nämlich, auf denkbar präziseste Weise, Kreation mittels des Verlusts. Seine Bedeutung steht also derjenigen des *Opfers* nahe« [Übers. v. K.P.].
49 Vgl. Bataille: Expérience intérieure.

Zeitgenossen wie Jean-Paul Sartre jedoch als anachronistischer Mystizismus abgetan.[50] Die Postmoderne dagegen ›entdeckt‹ Bataille. Auch sein wohl bekanntester literarischer Text – die *Histoire de l'œil* – ist uns deshalb vor allem über die postmoderne französische Theorie übermittelt. Michel Foucault etwa hat in der Hommage an den 1963 verstorbenen Bataille seine skeptische Revision des philosophischen Sprechens am Doppelspiel von Grenze und Überschreitung der *Histoire* erarbeitet.[51]

Bereits seit dem *Fin de siècle* wird das Opfer als poetologische Metapher[52] für das Verhältnis von künstlerisch-ingeniöser und gewaltsamer Textgeburt, Text und Autorschaft einsetzbar. Auch Bataille und seine Zeitgenossen[53] bezeichnen die *poésie*, die keinen Zweck verfolgt und daher maßlose, verschwendende *perte* ist, als *sacrifice*.[54] In seinen poetologischen Texten verschaltet Bataille schließlich Ritualität, rituelle Theatralität und inszenierte Autorschaft zu einer quasi kollektiven »mise à mort spéctaculaire«[55] – so auch in der *Histoire de l'œil*. Damit ist künstlerische Schöpfung für den Nietzsche-begeisterten Bataille nicht mehr allein als Akt der Generation, sondern auch als dionysischer Akt[56] gewaltsamer Regeneration, als sakrifizielle Gründung einer prekären Autorität denkbar geworden, die sowohl traumatisch als auch ›fruchtbar‹ ist.[57]

Bataille selbst nennt die romantische Erhöhung des Autors zu einer gottgleichen Autorität über den Text einen megalomanen Zustand: »nous nous sentons devenir Dieu«,[58] und betreibt daher ein ums andere Mal nichts Anderes als literarische Theomachien, die zu Gunsten einer euphorisch erfahrenen,

---

50 Vgl. Sartre: Nouveau mystique.
51 Vgl. Foucault: Préface. In der gleichen Ausgabe der Zeitschrift *Critique* interpretiert Roland Barthes das erotische, verschwenderische Signifikantenspiel der Geschichte des Auges als Geschichte, die den Signifikanten *œil* zum eigentlichen Subjekt erhebt und damit *écriture* über den *écrivain* obsiegen lässt. Vgl. Barthes, La métaphore de l'œil.
52 Aus Sicht der Gemanistik einschlägig ist in diesem Zusammenhang der kurze Text »Das Gespräch über Gedichte« von Hugo von Hofmannsthal, in dem Hofmannsthal die Geburt des Symbols mit einem ›ersten‹ Opfer verbindet; Hofmannsthal: Gespräch. Siehe zum Einfluss der Lebensphilosophie auf den Text Hofmannsthals ebenso Wellbery: Opfer-Vorstellung.
53 »L'œuvre poétique est sacrée en ce qu'elle est création d'un événement topique, ›communication‹ ressentie comme *la nudité*« (Laure: Le sacré, S. 134). Dt.: »Das poetische Werk ist heilig, weil es die Kreation eines topischen Ereignisses ist, einer als *Nacktheit* empfundenen ›Kommunikation‹« [Übers. v. K.P.].
54 Bataille: Le sacré, S. 563.
55 Bataille: L'Érotisme, S. 27. Dt.: »spektakulären Tötung« [Übers. v. K.P.].
56 Vgl. zur Auseinandersetzung Batailles mit Nietzsche und der Rezeption des dionysischen Prinzips im Rahmen der Zeitschrift *Acéphale* Bataille: Sur Nietzsche.
57 Vgl. dazu Peters: Vaine grossesse.
58 Bataille: Expérience intérieure, S. 178. Dt.: »wir fühlen uns Gott werden« [Übers. v. K.P.].

obszönen ›Lese-/Opfergemeinschaft‹ auch den gottgleichen Autor um seinen souveränen Kopf bringen müssen. Grob gesprochen: Autorschaft wird fortan nicht mehr als *imitatio* oder künstlerische Vermittlung der absoluten Souveränität Gottes beziehungsweise des gottgleichen Monarchen betrieben, sondern in *imitatio* seines Todes, der dennoch den ›Glauben‹ an eine schier ›magische‹ Autorität des Souveräns nicht auszulöschen vermag. An die Stelle des romantischen Genies als Autor-Souverän treten im Rahmen postrevolutionärer Subjektivität sakrifizielle Text- und Subjektpraktiken, die sich nicht nur an der christlichen Kenosis sondern auch an der Pragmatik des blutigen, vorchristlichen Opferrituals orientieren, um die Funktion(en) des Autors semiotisch in den literarischen Text einzutragen und einen ›demokratisch‹ rezipierbaren Text zu konstituieren.

Denn jedes Opferritual und nicht erst die zeichenhafte *communio* der Eucharistie ist ganz wesentlich ein Zeichenakt. Darin wird einem Objekt der Zeichenstatus der Gabe verliehen; Akteure spielen – im Sinne des frühen *Essai sur la nature et la fonction du sacrifice* von Hubert und Mauss (1899) – in einem abgegrenzten Ritualraum für eine zeitlich begrenzte Ritualzeit eine *pièce*[59] – ein rituelles Theaterstück, tragen Kostüme, sprechen gewählte Worte und handeln miteinander, als ob ihnen ein Drehbuch zur Verfügung stünde. Schließlich wird vor Zeugen – die Theatralität des Opfers wird hier immer deutlicher – die Opfergabe getötet und/oder zerstört. Erst die Bezeugung, dass eine Gabe für eine Gottheit getötet und gespendet wurde, und die Bezeugung, dass es sich um ein inszeniertes Opferritual handelt, unterscheidet das Opfer schließlich von einer schlichten Tötung.[60]

Jacques Lacan und mit ihm Slavoj Žižek gehen sogar so weit, die religiöse Bedeutung des Opferns über diese Struktur der *Voraus-Setzung* zu erklären:

> *Das Opfer bildet die Garantie dafür, daß ›der Andere existiert‹, daß es einen Anderen gibt,* der durch das Opfer besänftigt werden kann. Der Trick mit dem Opfer besteht also in dem, was Theoretiker des Sprechakts eine ›pragmatische Voraussetzung‹ nennen würden: *Durch den Akt des Opfers setzen wir die Existenz seines Adressaten (voraus)*.[61]

---

59 »La mise en scène est maintenant réglée. Les acteurs sont prêts. L'entrée de la victime va commencer la pièce« (Mauss / Hubert: Essai, S. 226). Dt.: »Die *mise en scène* ist nun geregelt. Die Darsteller sind bereit. Der Auftritt des Opfers wird das Stück beginnen lassen« [Übers. v. K.P.].
60 Insofern ist Barthes' performativer Gestus in »Der Tod des Autors« besonders sinnfällig, denn nur durch unsere ›Bezeugung‹ der quasi-rituellen Abschaffung der klassischen Autorinstanz vollzieht sich darin vielleicht so etwas wie deren »Opferung«.
61 Žižek: Grimassen, S. 56.

Religion benötigt insofern eine Form der bezeugten Opferritualität, in der eine transzendente Instanz als Empfänger innerhalb eines Kommunikationsdreiecks vorausgesetzt wird, um eben diese Transzendenz überhaupt annehmen zu können. Das Opfer setzt *voraus*, dass es einen Gott gibt, der das Opfer empfängt, und es *setzt* diesen Gott zugleich, indem es ihn als Gabenempfänger *in Szene* setzt. Was hier produziert wird, nennen Barthes beziehungsweise Lacan das *signifié absolu*[62] des *Dieu obscur*.[63] Die Adressierung des Opfers zielt also auf den großen Anderen,[64] und das Opfer selbst ist so, mit dem Soziologen Mauss aber auch mit der anthropologischen Psychoanalyse Lacans gedacht, ›Symbol des Symbolischen‹.

Dies kann am Falle Ludwigs ausbuchstabiert werden: Das ›Opfer‹ Ludwig wird unter der Guillotine vom Leben zum Tod befördert, vor Zeugen. Diese Bezeugung findet massenhaft Eingang in die Vertextungen[65] der Szene, und die Texte wiederum zeugen von dem absoluten Willen, dieses Ereignis nicht so zu deuten, als wäre hier menschliche Rechtsprechung am Werk, sondern den Getöteten zum heilenden, ja heiligen Sündenbock *um*zudeuten, der die neue Transzendentalie der Nation und der Geschichte begründet.

Was hat das nun wiederum mit Literatur im Allgemeinen und mit Autorschaft im Besonderen zu tun? Wenn man Barthes' Behauptung, Schreiben und Opfern seien äquivalent, einmal jenseits der Selbstaffektion zu Ende denkt, und dabei annimmt, dass Texte über bewusst eingesetzte Sprachritualität auf *discours*-Ebene und inszenierte Rituale auf *histoire*-Ebene den Fokus verstärkt sowohl auf ihre (adressierende) Rahmen- als auch Binnenpragmatik legen, so wird dabei anscheinend auch die innerhalb des literarischen Textes nicht nachweisbare, quasi transzendentale ›Existenz‹ oder Intention des Autors nur im *Schreib-Spiel*[66] zwischen Text und Leser be- oder gezeugt. Der literarische

---

62 Barthes: Comment vivre ensemble, S. 43.
63 Vgl. Lacans Definition: »le sacrifice signifie que, dans l'objet de nos désirs, nous essayons de trouver le témoignage de la présence du désir de cet Autre que j'appelle ici *le Dieu obscur*« (Lacan: Le Séminaire XI, S. 247). Dt.: »das Opfer bedeutet, dass wir im Objekt unserer Begehren das Zeugnis einer Präsenz jenes Anderen Begehrens, das ich hier den *Dieu obscur* nenne, zu finden versuchen« [Übers. v. K.P.].
64 Der große Andere ist in der Psychoanalyse Lacans die am Subjekt wirkende Domestizierung im Sinne der symbolischen Ordnung. Vgl. Lacan: Le Séminaire III.
65 In den Berichten und Verarbeitungen, die Susan Dunn bespricht, wird immer wieder deutlich, dass der Tod Ludwigs als notwendige Voraussetzung für den Progress der Geschichte und für die Konsolidierung der französischen, republikanischen Nation *gesetzt* wird. Dabei wird *voraus*gesetzt, dass Fortschritt und Vaterland – als neue Götter – Opfer fordern – eine Linie, die Dunn bis zu den Faschismen des 20. Jahrhunderts nachverfolgt.
66 Foucault: Was ist ein Autor?, S. 204.

Text setzt ebenfalls voraus, dass es einen Autor gibt, und setzt beziehungsweise produziert den Autor *als* Autor – der Autor ist aber, das betonen schon Barthes und Foucault,[67] dem Text insofern weder vorgängig noch lässt er sich in der semiotischen Struktur des Textes nachweisen: er bleibt ›transzendent‹.

Die Poetik sakrifizieller Autorschaft scheint dieser basalen Logik nur Ausdruck zu verleihen beziehungsweise sie auf die Spitze zu treiben. In ihr absentiert sich der Autor willentlich, bietet sich scheinbar als ›Opfer‹ an, um den Text – oder, so Barthes: den Leser – auszulösen. Wenn sich der Autor absentiert oder ›opfert‹, geht er nicht einfach verloren, sondern der Text verwandelt den (sich opfernden) Autor in sein ›absolutes‹ Signifikat. Um es mit Aleida Assmann zu sagen: Der Autor exkarniert sich in der Schrift. Assmann begreift den materiellen Verschriftungsakt der Niederschrift oder des Buchdruckes als Gegenbewegung zur Inkarnation.

> Konkret gelebte Erfahrung wird durch Transformation in Schrift abstrakt, [...] herausgehoben aus der mit allem Konkreten verbundenen Flüchtigkeit und Einmaligkeit. Sinnliches Leben wird umgeformt in schwarze Lettern auf weißem Grund. Diese Übersetzung von lebendigen Körpern in abstrakte Zeichen nenne ich »Exkarnation«.[68]

Erst die exkarnierte Autorität im Werk stellt die so genannte Autorfunktion[69] her, und der von der Schreibhand losgelöste ›Textkörper‹ – Batailles Textur verschwenderischer Signifikanten – zeugt vom »Versprechen einer Wiedergeburt«[70] im Text, einer gespenstischen Souveränität.

---

67 »Für den Moment möchte ich nur den Bezug Text-Autor ins Auge fassen, die Art, in der der Text auf jene Figur verweist, die ihm, wenigstens dem Anschein nach, äußerlich ist und ihm vorausgeht« (ebd., S. 202 [Herv. v. K.P.]).
68 Assmann: Exkarnation, S. 133.
69 »[D]as Schreiben ist heute an das Opfer gebunden, selbst an das Opfer des Lebens; an das freiwillige Auslöschen, das in den Büchern nicht dargestellt werden soll, da es im Leben des Schriftstellers selbst sich vollzieht. Das Werk, das die Aufgabe hatte, unsterblich zu machen, hat das Recht erhalten, zu töten, seinen Autor umzubringen [...] das Kennzeichen des Schriftstellers ist nur noch die Einmaligkeit seiner Abwesenheit; er muß die Rolle des Toten im Schreib-Spiel übernehmen« (vgl. Foucault: Was ist ein Autor?, S. 204).
70 Assmann: Exkarnation, S. 146.

4 Georges Bataille: *L'Histoire de l'œil* (1928)

»Wetten, dass... du es nicht wagst«[71] – so beginnt das erotische Transgressionsspiel in Georges Batailles *Geschichte des Auges* aus dem Jahre 1928. Gewettet wird hier auf das Wagnis, die Grenzen sexueller Moral, aber auch die Grenzen der Sprache zu sprengen: Während die weibliche Hauptfigur Simone darauf wettet, eine *assiette* – also ein Teller – sei dazu da, sich auf diesen zu setzen: *s'asseoir*, wettet der männliche Erzähler, dass sie dies in der Tat nicht wagen würde. Simone ›setzt‹ also gewissermaßen den Gebrauchswert einer alltäglich gewordenen Sprache aus und ›setzt‹ spielerisch und lustvoll eine neue Bedeutung, eine am Wort und seiner Etymologie orientierte Bedeutung ein. Setzen wird sie sich schließlich tatsächlich auf den Teller mit Milch, der – im Sinne des Gebrauchs – für die Katze gedacht war, aber für die erotische Lust und von *le chat*, also dem weiblichen Geschlecht, verbraucht wird. Was hat nun diese Urszene lustvollen Wortspiels mit Autorschaft und insbesondere mit Autorschaft als Poetik des Opfers, mit sakrifizieller Ritualität zu tun?

Die Antwort auf die zweite Frage, auf die Frage nach der Bedeutung von Ritualität für die Batailleschen Poetik, liegt in der Wette verborgen. Die Wette ist selbst ein Sprachritual und die Wette im Text somit der erste Verweis auf die Verschwisterung von Sprache und Ritualität, von Semantik und Pragmatik, die der Text Batailles seinem Leser anbietet. Dabei gilt: »Ich wette, dass ich ...« muss nach den (Sprach-)Regeln des Rituals erwidert werden durch das verneinende »Ich wette, dass du nicht ...«, um die darauf folgende, eigentliche Handlung als eine Handlung der Transgression zu markieren. Nicht zufällig wettet der Erzähler darauf, dass Simone es nicht *wagen* wird: das Wagnis der Überschreitung reibt sich am Zitat des Verbots und erzeugt unverzögert – erotisch aufgeladene – Reibungshitze.

Auch das genuine Opferritual verletzt dem Religionssoziologen Bataille zufolge eine der wichtigsten Verbotsregeln sozialen Zusammenlebens – das Tötungsverbot –, und restabilisiert es gleichzeitig für den Bereich des Außen, den Bereich des Profanen.[72] Ist das Ritual beendet und verlässt man den Ritualraum, darf nicht mehr getötet werden. In der literarischen Wette wird nicht Leben sondern das Wort ›verausgabt‹, weil die Befreiung des Signifikanten aus seiner Verbindung zum Signifikat hier neuen Un-Sinn[73] oder obszönen Wahn-Sinn

---

71 »Je parie que tu n'oses pas« (Bataille: Histoire, S. 13). Dt.: »Ich wette, dass Du es nicht wagst« [Übers. v. K.P.].
72 Vgl. zur Rolle der Profanierung insb. Agamben: Profanierung.
73 Derrida: L'économie générale, S. 394.

produziert. Darüber hinaus sticht aber auch das zwischen den Protagonisten geführte, spielerisch lustvolle Kommunikationsritual ins Auge, das gleichzeitig den zentralen Topos des obszönen Blickens wird entfalten können: denn der – zugleich pornographische, wie auch kastrierte – Blick des Erzählers auf das, was Simone wagt, mit dem Teller zu tun, und die deutlich über ihn fokalisierte ›Erotik auf Distanz‹ stehen im Mittelpunkt der Geschichte des Auges.

In der *Histoire de l'œil* sind der namenlose Adoleszente, seine erotische Erfahrungsgenossin Simone und die von Unschuld zu Perversion ›bekehrte‹, katholisch gläubige Marcelle zu einer Triade angeordnet. Scham und Tränen der vorerst keuschen und scheuen Marcelle sind für ihre Rolle innerhalb des Plots ebenso entscheidend wie die Vermittlerfunktion, die sie zwischen dem Erzähler und Simone einnimmt. Seit diese Marcelle in ihre sexuelle Spiele eingeweiht haben, ist jene für das Erreichen des Höhepunktes unabdingbar geworden: »[a]vec Marcelle seulement«,[74] oder der Exzess entbehrt seiner *jouissance*. Exzess und Transgression um ihrer selbst willen sind nichts, nur vor dem Hintergrund der Moral, Empfindsamkeit oder Pietät, von denen sie sich abheben, treten sie hervor.[75] Die Schamlosen bedürfen also der Opfergabe der Scham, um sexuelle Lust erfahren zu können. Allerdings nimmt bereits im zweiten Kapitel des ersten Teils (»L'armoire normande«) das Verhängnis seinen Lauf, als eine Massenorgie von Jugendlichen Scham und Exzess für Marcelle auf zerstörerische Art und Weise zusammen bringt. Weinend schließt sich Marcelle eigenhändig in einen Schrank ein und kommt darin masturbierend zum Höhepunkt. Hier wird neben den Tränen ein weiteres Element in eine der wichtigsten Assoziationsketten des Textes eingeführt: das Paradigma des Flüssigen.[76] Marcelles Urin läuft aus dem Schrank und überwindet zeichenhaft den Raum der Begrenzung. Nachdem der Erzähler zuerst den Schrank und dann die Zimmertür öff-

---

74 Bataille: Histoire, S. 25. Dt.: »nur mit Marcelle« [Übers. v. K.P.].
75 Susan Rubin Suleiman betont bezüglich der Rolle von Transgressionen im Unterschied zum Marquis de Sade und unter Hinweis auf die katholische Gläubigkeit des jungen Bataille: »transgression in Sade occurs when a sovereign subject defies an external Law [...]. In Bataille, the Law is internalized; the drama of transgression occurs within the subject« (Suleiman: Subversive Intent, S. 82).
76 Barthes beschreibt die zweite Signifikantenkette als »tous les avatars du liquide dont l'image est aussi bien liée à l'œil, à l'œuf et aux glandes, et ce n'est pas seulement la liqueur elle-même qui varie (larmes, lait de l'assiette-œil de chat, jaune mollet de l'œuf, sperme ou urine), c'est, si l'on peut dire, le mode d'apparition de l'humide« (Barthes: La métaphore de l'œil, S. 490). Dt.: »alle die Avatare des Flüssigen, deren Bild genauso an das Auge, das Ei und die Hoden geknüpft ist, und es ist nicht nur die Flüssigkeit, die variiert, (Tränen, Milch des Teller-Auges der Katze, weiches Eigelb, Sperma oder Urin), sondern auch, wenn man es so sagen kann, die Erscheinungsweise des Flüssigen« [Übers. v. K.P.].

net, wird die Scham über die eigene Enthemmung und den öffentlichen Skandal für Marcelle so unerträglich, dass sie den Verstand verliert und in eine »maison de santé«[77] eingewiesen wird. Dieser erste Entzug der Begehrensvermittlerin wird durch ihren endgültigen Entzug im Selbstmord nur noch einmal unterstrichen. Nachdem dem Paar im zweiten Versuch die Befreiung Marcelles gelingt, Marcelle aber im Erzähler das Trauma ihrer Scham wieder erkennt, nimmt sie sich im symbolträchtigen normannischen Schrank das Leben.

Verstört vom Anblick des Todes fliehen Simone und der Erzähler nach Spanien, wo sich der zweite Handlungsstrang entfaltet. An die Stelle der vermittelnden Marcelle tritt hier der voyeuristische Engländer Sir Edmond, der ab sofort die extravagantesten sexuellen Wünsche Simones erfüllt, ohne selbst daran direkt teilzunehmen. Zugespitzt formuliert könnte man festhalten: Die schamvolle Perverse wird in einem partiellen Supplement vom perversen Voyeur ersetzt, der zuerst den Tod Marcelles mit einer Schaufensterpuppe nachinszeniert und dann die Begehrensvermittlung zwischen dem Erzähler und Simone anhand von Partialobjekten[78] stiftet – er dient als derjenige, der Simone nacheinander die Gegenstände reicht, die sie und den Erzähler erneut Lust erfahren lassen. Deren wichtigstes ist schließlich das Auge, das motivisch über die Faszination des Blickens und die erotischen Spiele mit allerlei Ersatzobjekten vorbereitet wird, bevor Marcelles eigenes, jedoch bereits totes Auge die Weichen stellt für die erotische Obsession der Übriggebliebenen. Ihr Tod wird am Ende noch einmal symbolisch anhand des herausgerissenen Auges eines Priesters nachvollzogen. Hier kommt also das Okularobjekt des Textes zum Tragen, das für Roland Barthes das eigentliche Sujet des Romans ausmacht. Als »cycle des avatars«[79] bedient sich die *Histoire* metaphorischer beziehungsweise metonymischer Verkettungen, um Barthes zufolge weniger die Reise der Hauptfiguren als vielmehr die versponnenen Pfade des Auges auszuschreiben, das in einer finalen Epiphanie – dem grotesk-obszönen, ›weinenden‹ Vulvenauge – zum Telos des Textes wird.

Während eines Stierkampfes erbittet sich Simone die Hoden eines getöteten Stieres, die sie sich in dem Moment per Mund und Vagina einverleibt, als der Matador in der Arena vom nächsten Stier auf die Hörner genommen wird. Das Auge des Stierkämpfers Granero tritt zeitgleich aus der Augenhöhle hervor, als der in seiner Form Ei und Auge ähnliche Hoden in Simones Vagina verschwin-

---

[77] Bataille: Histoire, S. 27. Dt.: »Heilanstalt« [Übers. v. K.P.].
[78] Judith Surkis weist darüber hinaus darauf hin, dass für Bataille bereits der weibliche Körper an sich das Wesen des Partiellen besitzt: »the feminine side is already lost as a subject, a partial object from the beginning« (Surkis: Transgression and Masculinity, S. 20).
[79] Barthes: La métaphore de l'œil, S. 488. Dt.: »Zyklus der Avatare« [Übers. v. K.P.].

det. Das Gleiten der Signifikanten *œil-œuf-couilles* wird dabei nicht nur semantisch und phänotypisch motiviert, sondern ebenso phono- und semiologisch. Dennoch handelt es sich hier nicht einfach nur um eine »signification sans signifié«,[80] ein reines Spiel der Signifikanten, wie Barthes' Analyse suggeriert. Simones Eierspiele, die im ersten Teil der Handlung auftauchen, treten mittels der metaphorischen Ketten (des Augen- oder Eiförmigen und des Flüssigen) in eine rituelle Matrix der klimaktischen Wiederholung ein, die den Gegenstand des Rituals[81] immer näher an das ›eigentliche‹ Medium und das verlorene Objekt des Begehrens heranführt: »the novel's pornographic purpose of fucking the eye«[82] wird erst metaphorisch mit den *couilles* des Stieres, die mit dem *œil* des Stierkämpfers korrespondieren, und dann realiter eingelöst, wenn sich Simone in einer Wiederholung der Stierkampfszene in der letzten großen Orgie des Textes das Auge eines von ihr getöteten Priesters einführt. Dieses verwandelt sich vor den, so der Text, *erigierten* Augen des Erzählers in eine Vision der verloren geglaubten Marcelle und ihres vor Scham weinenden Auges:

> Ensuite je me levai et, en écartant les cuisses de Simone, qui s'était couchée sur le côté, je me trouvai en face de ce que, je me le figure ainsi, j'attendais depuis toujours de la même façon qu'une guillotine attend un cou à trancher. Il me semblait même que mes yeux me sortaient de la tête comme s'ils étaient érectiles à force d'horreur; je vis exactement, dans le vagin velu de Simone, l'œil bleu pâle de Marcelle qui me regardait en pleurant des larmes d'urine. Des traînées de foutre dans le poil fumant achevaient de donner à cette vision
> lunaire un caractère de tristesse désastreuse. Je maintenais ouvertes les cuisses de Simone qui étaient contractées par le spasme urinaire, pendant que l'urine brûlante ruisselait sous l'œil sur la cuisse la plus basse...[83]

---

80 Barthes: La métaphore de l'œil, S. 491. Dt.: »Signifikation ohne Bedeutung« [Übers. v. K.P.].
81 Vgl. zum rituellen Charakter der Einverleibungen Fisher: The Cat's Eye, S. 539–548.
82 Brower: Fantasy of the Orgy, S. 84.
83 Bataille: Histoire, S. 69 [Herv. v. K.P.]. Dt.: » Dann erhob ich mich und fand mich, indem ich die Schenkel Simones, die sich auf die Seite gelegt hatte, beiseiteschob im Angesicht dessen, was, so stelle ich es mir vor, ich schon immer erwartet hatte, auf die gleiche Art, wie eine Guillotine einen Hals zum Schneiden erwartet. Es schien mir sogar, dass meine Augen mir aus dem Kopf quollen, als wären sie erigiert vor lauter Schrecken; ich sah genau, in der haarverschleierten Vagina Simones, das blasse, blaue Auge Marcelles, das mich anblickte und dabei Tränen von Pisse weinte. Schlieren von Sperma im dampfenden Haar verliehen dieser mondförmigen Vision vollends den Charakter ungeheuerlicher Traurigkeit. Ich hielt die Schenkel Simones geöffnet, die vom Krampf der Pisse zusammengezogen wurden, während die heiße Pisse unter dem Auge auf den tiefer liegenden Schenkel rann...« [Übers. v. K.P.].

Hier ist kontrapunktisch die Replik auf einen quasi ›kosmischen‹ Orgasmus der ersten Hälfte der Narration eingelöst, wo im Genuss der befreiten Marcelle schon einmal eine Epiphanie der Immanenzerfahrung [84] beim Erzähler ausgelöst wurde.

Besonders augenfällig an dieser Textstelle sind die vielen Verben des Sehens und Wahrnehmens, alles läuft auf das halluzinatorische *je vis* hinaus. Immer wieder verbindet die Erzählung im Übrigen den erotischen Genuss mit dem Blick. Deshalb wurde auch mehrfach Kritik [85] an Foucaults Analyse der Erzählung geübt, weil er die narrative Perspektivlenkung außer Acht ließ und das inwändige Auge einzig als Allegorie einer Katastrophe des philosophischen Sprechens nach dem Tod Gottes verstanden wissen wollte. Die Verbindung sprachlicher Ritualität (Wette), verschwendender Erotik, sakrifizieller Hinrichtung und binnenpragmatischer Bezeugungsstrukturen, die das Bezeugen zum eigentlichen *eroticum* werden lassen, ist dagegen Batailles Version eines literarischen Opfers. Dieses wird sowohl auf der Handlungsebene durchgespielt, als auch schließlich poetologisch gewendet.

---

84 Ebd., S. 44f. Das Betrachten, ja, Bezeugen von Gewalt stellt laut Bataille die Möglichkeit bereit, sich von dem gewaltsamen Tod eines diskontinuierlichen, einzelnen Wesens so ›tangieren‹ zu lassen, dass man aus sich selbst ›in‹ das Kontinuum der Gemeinschaft und des Lebens ›fällt‹: eine heilige Erfahrung, die andernorts als Transzendenz, von Bataille dagegen als Immanenz bezeichnet wird; vgl. Anm. 46.

85 Die Bataille-Rezeption im französischen und amerikanischen Kontext hat verschiedene Phasen durchlaufen. Nachdem direkt in Anschluss an seinen Tod die *Critique*-Ausgabe von 1963 den Auftakt zu einer poststrukturalistischen und dekonstruktivistischen Lektüre markiert, setzt ab den 1990er Jahren eine kritische Revision ein, die sich nicht nur an der ideologisch stark kontextgebundenen Philosophie Batailles, sondern auch immer wieder an Foucault selbst reibt, der sicherlich als Patron der zeitweisen Idolisierung Batailles gelten darf; exemplarisch für den *political turn* in der Auseinandersetzung mit Bataille ist die Ausgabe »On Bataille« der *Yale French Studies* von 1990. Darin wird v. a. die vorschnelle Übertragung des Transgressions- und Souveränitätsdenkens auf reine Signifikantensouveränität kritisiert. Neben berechtigten Einwänden aus gendertheoretischer Warte betont Judith Surkis schließlich in *Diacritics*, dass das zentrale Foucaultsche Argument, die Figur des Auges weise bei Bataille auf eine reine Dimension der Sprache – die Aporie des philosophischen Sprechens nach dem Tod Gottes – hin, an den eigentlichen Texten überprüft in dieser Form nicht haltbar ist: »Foucault paradoxically *animates* Bataille's rhetorical figure for the sovereign philosopher's self-loss, bringing this figurative death to life. However, if we examine the context of exorbitated eyes in the narrative of Bataille's *Story of the Eye*, it appears that the exorbitated subject does not coincide with the subject who speaks. Exorbitation is rather consistently offered as a spectacle to be witnessed by the narrating subject« (Surkis: Transgression and Masculinity, S. 26). Insofern ist der hier vorgelegte Versuch, die *Histoire de l'œil* vor dem Hintergrund sakrifizieller Autor- und literarisch inszenierter Zeugenschaft neu zu deuten, der Versuch, diesem Desiderat zu begegnen.

Der starke Fokus auf die passive Bezeugung weiblich ausagierter, ›gefährlicher‹ Erotik und die eigentümliche Figur des erigierten Auges des männlichen Erzählers fallen in der *Histoire de l'œil* semantisch mehrfach mit expliziten Kastrationsphantasien zusammen. Von Anfang an ist der Erzähler auch ein kastrierter Voyeur und sein erigiertes Auge nichts anderes als eine dionysische Erektion.[86] Das Zitat der Guillotine – ergänzt durch andere Motive der Revolution, die mit der Traumatisierung Marcelles zusammen fallen[87] – steht im Zentrum dieser neuen, zugleich euphorisch wie dysphorisch erlebten ›Opfergemeinschaft‹ und aktualisiert parallel dazu das für Frankreich zentrale politische Phantasma des 19. Jahrhunderts. Bataille inszeniert den Blick in das Auge der Guillotine als bezeugte Enthauptung der patriarchalen Ordnung und dennoch als Geburt eines erzählenden Subjekts: Denn im letzten ›Kommentar‹ des Romans wird zwischen Ich-Erzähler und einer *figura auctoris* namens »Bataille« diese azephalische Selbstverstümmelung[88] des kastrierten Voyeurs zu einem neuen Modell männlicher Autorschaft erhoben.

5 Azephalische Souveränität und (post-)moderne Autorschaft

Akephalos – die Symbolfigur dieser Autorschaft – ist ein kopfloser Dämon, der in der Moderne immer auch als Metapher des Unbewussten, als mahnende Reminiszenz der Selbstbestrafung oder als kastrierter Phallus kursiert. Bataille sieht ihn als Figura des *mort de dieu*[89] und so gilt Akephalos als Symbol für dessen *Thanatopoetik*.[90] Als poetologische Metapher erscheint Akephalos in der *Histoire de l'œil* jedoch vor allem in verschlüsselter Form. Insofern verwundert es kaum, wenn Bataille seiner *narratio* noch eine scheinbare *explicatio* beigibt. In den nachgestellten »Réminiscences« wird eine metapoetische ›Entschlüsselung‹ des Textes angeboten, die sich darauf zu berufen scheint, dass Bataille selbst in psychoanalytischer Behandlung war, als er die *Histoire* – auf Bitten

---

86 Carolyn Dean hat 1996 darauf hingewiesen, dass Bataillesche Sexualität immer eine Allegorie der Selbstzerstörung des phallischen Körpers ist: »[S]exuality as an allegory for the self-shattering of the phallic body« (Dean: Introduction, S. 4).
87 Bataille: Histoire, S. 43.
88 Zur »azephalischen Souveränität« als präsubjektives Attribut des Subjekts vgl. Gondek: Azephalische Souveränität, S. 167.
89 Bataille: Propositions, S. 470.
90 Vgl. zu Batailles Thanatopoetik einschlägig Mattheus: Thanatographie.

seines Psychiaters und quasi im Sinne eines Therapeutikums – verfasste. Dies als reinen autobiographischen Gestus zu verstehen, führt jedoch in die Irre. Bataille inszeniert vielmehr ironisch die einschlägigen Szenen des Textes noch einmal neu, unter der Annahme, jetzt vom Schöpfungsakt selbst zu sprechen. In der ersten Fassung des Textes 1928 wird darauf explizit hingewiesen, wenn das nachgestellte Kapitel einsetzt mit dem Verweis auf den Moment des Schreibens: »Pendant que j'ai composé ce récit ...«.[91]

Nicht ohne Grund hatte Bataille seinen Text unter einem Pseudonym veröffentlicht – Lord Auch, der Bedeutung nach der »Gott des Scheißhauses«.[92] Dieser ›Text-Gott‹ wird von ihm nun als traumatisiertes Würstchen vorgeführt – und dennoch für den Text vorausgesetzt. Sein von der Syphilis geschundener, damit weder generations- noch regenerationsfähige Vater sei die Ursache allen obszönen Text-Übels gewesen. Der Anblick des bereits erblindeten Vaters, der wahnsinnig und mit in die Höhlen zurückgedrehten, weißen Augen im Stuhl über einem Gefäß urinierte, habe sich in das Gedächtnis des Autors eingebrannt und sich in die metaphorische Obsession der Eier- und Urinspiele Simones verwandelt.[93] Der sich erleichternde, urinierende und obszöne Vater *ist* »Dieu se soulageant«, also Lord Auch, der ›Autor‹; sein Augenpaar – »paire d'yeux« – *ist* »père-Dieu«.[94] Die ›Autorität‹ eines gottgleichen Sinnstifters tritt hier nur in obszöner Gestalt auf. Batailles poetologischer Kommentar spielt dabei nicht nur mit den Erwartungen an das autobiographische Genre, sondern dekonstruiert im Zuge dessen auch den Glauben an ein souveränes, Sinn stiftendes Subjekt, das gleich Gott-Vater für die Bedeutung eines Textes verantwortlich zeichnet. Im Gegenteil demontiert er dessen fast heilige Transzendenz, sodass *seine* Stellvertreterfigur des Autors die ›demokratische‹ Lektüre Barthes' vorwegzunehmen und gleichzeitig zu karikieren scheint.

Susan Dunn nennt Lyotards Bemerkung, die politische ›Opferung‹ Ludwigs unter der Guillotine müsse als Urszene jeglichen modernen Denkens in Frankreich gelesen werden, eine »hallucinatory assertion«.[95] Dennoch erhärtet sich der Verdacht, dass nicht grundlos sowohl in den Humanwissenschaften Ende

---

91 Bataille: Histoire, S. 73. Dt.: »Als ich diese Erzählung verfasste...« [Übers. v. K.P.].
92 Vgl. dazu Sweedler: Lord Auch, S. 272f; sowie Bataille selbst: »Le nom de Lord Auch se rapporte à l'habitude d'un de mes amis: irrité, il ne disait plus ›aux chiottes!‹, abrégeait, disait ›aux ch'‹. Lord en anglais veut dire Dieu (dans les textes saints): Lord Auch est Dieu se soulageant« (Bataille: Le Petit, S. 59).
93 Vgl. Bataille: Histoire, S. 74.
94 Dragon: Alterity, S. 40. Dt.: »der sich erleichternde Gott«, »Augenpaar«, »Gott-Vater« [Übers. v. K.P.].
95 Dunn: Deaths of Louis XVI, S. 165, Anm. 1.

des 19. Jahrhunderts vermehrt Theorien zum Opfer auftauchen, die jenes als Regeneration einer gemeinschaftlichen *vie* bezeichnen, als auch postmoderne Literaturtheorie die *survie* des Werkes als Ergebnis eines Autorenopfers begreifen, wie Derrida dies tut:

> Dans le calcul de cette économie, pour que cela »marche«, c'est le mot de Valéry, le prix à payer se négocie avec la mort; avec ce qui coupe l'»œuvre« de sa source (»il n'y a donc point d'auteur«) et lui imprime dès lors une durée de survie nécessairement discrète et discontinue.[96]

In der französischen Literatur mündet die Diskursgenealogie der *coupure* in einer Form inszenierter Autorschaft, welche sich als sprachliche Trauer- oder Trauma-Arbeit anbietet und ein politisches Imaginäres perpetuiert. Die moderne Literatur der Zwischenkriegsgeneration ist hier der *missing link*, der die Vorstellung sakrifizieller Souveränität an die Nachkriegsgeneration der zweiten Hälfte des 20. Jahrhunderts vermittelt, und doch hat die Postmoderne an der Komplexität ihrer Texte vorbeiargumentiert. Die azephalische Autorschaft, die Bataille seinen Texten einschreibt, ist eben nicht als reines Spiel der *écriture* und nicht ohne das *hors-texte* zu denken. Auch außerhalb seiner Texte blieb Georges Bataille schließlich vom französischen Akephalos in den Bann geschlagen: Auf der Place de la Concorde feierten er und seine Mitstreiter der antifaschistischen Gemeinschaft *Contre-Attaque* am 21. Januar 1936 den Jahrestag der Hinrichtung Ludwigs XVI. Mit der Erinnerung an den ›gespenstischen Souverän‹ einen wirksamen politischen Mythos ins Leben zu rufen, ist Bataille zwar nicht gelungen. Der literarische Mythos gespenstischer Autorsouveränität hat dagegen einen langen Schatten auf die postmoderne Literaturtheorie geworfen. Gerade den Texten Batailles gebührt daher eine aufmerksame Relektüre nach der »Rückkehr des Autors«. Denn anders als anthropologische oder politische Fortschreibungen des Opfers, die den toten Souverän als Mythos des demokratischen Zeitalters instrumentalisieren, zeigt die Literatur, warum dieser Mythos einer neuen Gemeinschaft ihre Gründungsgewalt beschönigt oder verdrängt. Batailles obszöner Roman entblößt mit seiner dionysischen Figurenkonstellation, dass die postrevolutionäre Suche nach neuer Transzendenz auf Mord basiert und im Mord endet. Insofern ist der Text auch nicht diskursiv, sondern konter-

---

[96] Derrida: qual quelle, S. 331f. Dt.: »Im Kalkül dieser Ökonomie, damit dies ›läuft‹, so das Wort Valérys, wird der zu bezahlende Preis mit dem Tod ausgehandelt; mit dem, was das ›Werk‹ von seiner Quelle abschneidet (›es gibt also keinen Autor‹) und ihm in Folge eine Überlebensdauer verleiht, die notwendigerweise diskret und diskontinuierlich sein muss« [Übers. v. K.P.].

diskursiv,[97] er offenbart, wohin die Ideologisierung des Opferns für die Gemeinschaft führen kann, und woher sie stammt. In Batailles Text platzt die traumatische Wunde der Revolution also in dem Sinne auf, dass er postrevolutionäre Subjektivität immer nur aus dem Gedächtnis an den Regizid ableiten kann. Deshalb muss die Inszenierung von azephalischer, gespenstischer Autorschaft bei Bataille – aber auch bei Roland Barthes – als Inszenierung von Subjekt *und* Gemeinschaft *post mortem regis* gedeutet werden.

Bibliographie

Agamben, Giorgio: *Homo sacer. Die souveräne Macht und das nackte Leben.* Übers. v. Hubert Thüring. Frankfurt a. M. 2002.
Agamben, Giorgio: »Der Autor als Geste«. In: *Profanierungen.* Übers. v. Marianne Schneider. Frankfurt a. M. 2005, S. 57–69.
Agamben, Giorgio: »Lob der Profanierung«. In: *Profanierungen.* Übers. v. Marianne Schneider. Frankfurt a. M. 2005, S. 70–91.
Assmann, Aleida: »Exkarnation: Gedanken zur Grenze zwischen Körper und Schrift«. In: Huber, Jörg / Alois Martin Müller (Hrsg.): *Raum und Verfahren. Interventionen 2.* Basel / Frankfurt a. M. 1993, S. 133–155.
Austin, John Langshaw: *How to Do Things with Words.* London 1971.
Barthes, Roland: »La métaphore de l'œil« [1963]. In: *Œuvres complètes.* Nouvelle édition revue, corrigée et présentée par Éric Marty. Bd. II. Paris 2002, S. 488–495.
Barthes, Roland: »Écrire, verbe intransitif?« [1966/70]. In: *Œuvres complètes.* Nouvelle édition revue, corrigée et présentée par Éric Marty. Bd. III. Paris 2001, S. 617–626.
Barthes, Roland: »La mort de l'auteur« [1967 (engl.) / 1968 (frz.)]. In: *Œuvres complètes.* Nouvelle édition revue, corrigée et présentée par Éric Marty. Bd. III. Paris 2002, S. 40–45 (Dt.: Barthes, Roland: »Der Tod des Autors«. In: Jannidis, Fotis / Gerhard Lauer / Matías Martínez / Simone Winko (Hrsg.): *Texte zur Theorie der Autorschaft.* Stuttgart 2000, S. 185–193.).
Barthes, Roland: *Comment vivre ensemble. Cours et séminaires au Collège de France* [1976/77]. Hrsg. v. Éric Marty. Paris 2002.
Barthes, Roland: *Die Lust am Text.* Übers. u. komm. v. Ottmar Ette, Frankfurt a. M. 2010.
Bataille, Georges: »L'histoire de l'œil« [1928]. In: *Œuvres complètes*, Bd. I. Paris 1973, S. 9–78.
Bataille, Georges: »Le Petit« [1934]. In: *Œuvres complètes.* Bd. III. Paris 1971, S. 33–69.
Bataille, Georges: »Propositions« [1937]. In: *Œuvres complètes.* Bd. I. Paris 1973, S. 467–473.

---

[97] Rainer Warning beschreibt die »Dialektik von Einbettung und Ausbettung« als das Wesentliche der poetischen Konterdiskursivität. Der literarische Konterdiskurs ist insofern nicht zwingend identisch mit den Diskursformationen, in die er eingebettet ist, weil er deren systemische Verkrustungen vielmehr ausstellt. Dieser Struktur ist der hier vorgelegte Ansatz zum Zusammenhang anthropologisch-soziologischer Opferdiskurse einerseits und literarischer Opferpoetiken andererseits geschuldet. Vgl. Warning: Poetische Konterdiskursivität, S. 328.

Bataille, Georges: »Le sacré« [1939]. In: Œuvres complètes. Bd. I. Paris 1973, S. 559–563.
Bataille, Georges: »Sur Nietzsche« [1945]. In: Œuvres complètes. Bd. VI. Paris 1973, S. 11–205.
Bataille, Georges: La part maudite, précédé de La notion de dépense [1949]. Hrsg. v. Jean Piel. Paris 2007.
Bataille, Georges: »Le Surréalisme au jour le jour« [1951]. In: Œuvres complètes. Bd. VIII. Paris 1976, S. 167–184.
Bataille, Georges: »L'expérience intérieure« [1954]. In: Œuvres complètes. Bd. V. Paris 1973, S. 7–189.
Bataille, Georges: »L'Érotisme« [1957]. In: Œuvres complètes. Bd. X. Paris 1987, S. 7–270.
Brower, Brady: »Story of the Eye: Fantasy of the Orgy and Its Limit«. In: American Imago. Studies in Psychoanalysis and Culture 59 (2002) H. 1, S. 73–89.
Bürger, Peter: Das Verschwinden des Subjekts. Frankfurt a. M. 1998.
Burke, Seán: The Death and Return of the Author. Criticism and Subjectivity in Barthes, Foucault and Derrida. Edinburgh 1992.
Dean, Carolyn: »Introduction«. In: Diacritics. A Review of Contemporary Criticism 26 (1996), S. 3–5.
Derrida, Jacques: »De l'économie restreinte à l'économie générale. Un Hegelianisme sans resérve«. In: L'Écriture et la différence. Paris 1967, S. 369–407.
Derrida, Jacques: »qual quelle. Les sources de Valéry« [1971]. In: Marges de la philosophie, Paris 1972, S. 325–363.
Dragon, Jean: »The Work of Alterity. Bataille and Lacan«. In: Diacritics. A Review of Contemporary Criticism 26 (1996), S. 31–48.
Drexler, Josef: Die Illusion des Opfers. Ein wissenschaftlicher Überblick über die wichtigsten Opfertheorien ausgehend vom deleuzianischen Polyperspektivismusmodell. München 1993.
Dunn, Susan: The Deaths of Louis XVI. Regicide and the French Political Imagination. Princeton, N.J. 1994.
Durkheim, Émile: Les formes élémentaires de la vie religieuse. Le système totémique en Australie [1912]. Paris 1960.
Ette, Ottmar: Roland Barthes zur Einführung. Hamburg 2011.
Fisher, Sova: »The Vision Thing: The Cat's Eye and the Sacred in Georges Bataille's Histoire de l'œil«. in: The Romanic Review 89 (1998) H. 4, S. 539–548.
Frazer, James George: The Golden Bough. A Study in Magic and Religion [1890]. 3 Bde. London 1900.
Foucault, Michel: »Préface à la transgression« [1963]. In: Dits et Ecrits. Bd. I, 1954–1988. Paris 1994, S. 233–250.
Foucault, Michel: »Was ist ein Autor?«. Übers. v. Karin Hofer. In: Jannidis, Fotis / Gerhard Lauer / Matías Martínez / Simone Winko (Hrsg.): Texte zur Theorie der Autorschaft. Stuttgart 2000, S. 198–229.
Foucault, Michel: Die Geburt der Klinik. Eine Archäologie des ärztlichen Blicks. Übers. v. Walter Seitter. Frankfurt a. M. 2008.
Girard, René: La violence et le sacré [1972]. Paris 1979.
Gondek, Hans-Dieter: »Azephalische Souveränität. Gabe, Gesetz und Überschreitung bei Bataille und Lacan«. In: Hetzel, Andreas / Peter Wiechens (Hrsg.): Georges Bataille. Vorreden zur Überschreitung. Würzburg 1999, S. 157–184.
Guerlac, Suzanne: »Bataille in Theory. Afterimages (Lascaux)«. In: Diacritics. A Review of Contemporary Criticism 26 (1996), S. 6–17.

Hofmannsthal, Hugo von: »Das Gespräch über Gedichte« [1903]. In: *Der Brief des Lord Chandos. Erfundene Gespräche und Briefe*. Frankfurt a. M. 2002, S. 33–47.
Jameson, Fredric: *The Political Unconscious. Narrative as a socially symbolic act* [1981]. London / New York 2009.
Jannidis, Fotis / Gerhard Lauer / Matías Martínez / Simone Winko (Hrsg.): *Rückkehr des Autors. Zur Erneuerung eines umstrittenen Begriffs*. Tübingen 1999.
Jannidis, Fotis / Gerhard Lauer / Matías Martínez / Simone Winko (Hrsg.): *Texte zur Theorie der Autorschaft*. Stuttgart 2000.
Kantorowicz, Ernst H.: *Die zwei Körper des Königs. Eine Studie zur politischen Theologie des Mittelalters* [1957]. Übers. v. Walter Theimer. Stuttgart 1992.
Kolesch, Doris: *Das Schreiben des Subjekts. Zur Inszenierung ästhetischer Subjektivität bei Baudelaire, Barthes und Adorno*. Wien 1996.
Koschorke, Albrecht / Susanne Lüdemann / Thomas Frank / Ethel Matala de Mazza (Hrsg.): *Der fiktive Staat. Konstruktionen des politischen Körpers in der Geschichte Europas*. Frankfurt a. M. 2007.
Kristeva, Julia: *Die Revolution der poetischen Sprache*. Frankfurt a. M. 1978.
Lacan, Jacques: *Le Séminaire III. Les Psychoses*. Paris 1981.
Lacan, Jacques: *Le Séminaire XI. Les quatre concepts fondamentaux de la psychanalyse*. Paris 1985.
Laure (Colette Peignot): »Le sacré«. In: *Écrits*. Précédé de *Ma Mère diagonale* par Jérôme Peignot, avec une »vie de Laure« par Georges Bataille. Paris 1971, S. 131–142.
Lyotard, Jean-François / Richard Rorty: »Discussion entre Jean-François Lyotard et Richard Rorty«. In: *Critique* 456 (1985), S. 581–584.
Manow, Philip: *Im Schatten des Königs. Die politische Anatomie demokratischer Repräsentation*. Frankfurt a. M. 2008.
Marroquín, Carlos: *Die Religionstheorie des Collège de Sociologie. Von den irrationalen Dimensionen der Moderne*. Berlin 2005.
Mattheus, Bernd: *Georges Bataille. Eine Thanatographie*. 3 Bde. München 1984–1995.
Mauss, Marcel / Henri Hubert: »Essai sur la nature et la fonction du sacrifice« [1899]. In: Victor Karady (Hrsg.): *Marcel Mauss: Les fonctions sociales du sacré*. Paris 1968, S. 193–307.
Moebius, Stephan: *Die Zauberlehrlinge. Soziologiegeschichte des Collège de Sociologie (1937–1939)*. Konstanz 2006.
Oster, Angela / Karin Peters (Hrsg.): *Jenseits der Zeichen. Roland Barthes und die Widerspenstigkeit des Realen*. München 2012.
Peters, Karin: »Une vaine grossesse: Das Opfer als moderne Kreationsmetapher«. In: Leopold, Stephan / Dietrich Scholler (Hrsg.): *Von der Dekadenz zu den neuen Lebensdiskursen. Französische Literatur und Kultur zwischen Sedan und Vichy*. München 2010, S. 231–255.
Sartre, Jean-Paul: »Un nouveau mystique« [1943]. In: *Situations I*. Paris 1947, S. 143–188.
Suleiman, Susan Rubin: *Subversive Intent. Gender, Politics, and the Avant-Garde*. Cambridge, Mass. 1990.
Surkis, Judith: »No Fun and Games until Someone loses an Eye. Transgression and Masculinity in Bataille and Foucault«. In: *Diacritics. A Review of Contemporary Criticism* 26 (1996), S. 18–30.
Sweedler, Milo: »Le Sacré de Lord Auch«. In: *Revue des sciences humaines* 266/267 (2002), S. 271–283.

Teuber, Bernhard: »Sacrificium auctoris. Die Anthropologie des Opfers und das postmoderne Konzept der Autorschaft«. In: Detering, Heinrich (Hrsg.): *Autorschaft – Positionen und Revisionen*. Stuttgart / Weimar 2002, S. 121–141.

Warning, Rainer: »Poetische Konterdiskursivität. Zum literaturwissenschaftlichen Umgang mit Foucault«. In: ders.: *Die Phantasie der Realisten*. München 1999, S. 313–345.

Wellbery, David E.: »Die Opfer-Vorstellung als Quelle der Faszination. Anmerkungen zum Chandos-Brief und zur frühen Poetik Hofmannsthals«. In: *Hofmannsthal Jahrbuch. Zur europäischen Moderne* 11 (2003), S. 281–310.

Wirth, Uwe: »Der Performanzbegriff im Spannungsfeld von Illokution, Iteration und Indexikalität«. In: ders. (Hrsg.): *Performanz. Zwischen Sprachphilosophie und Kulturwissenschaften*. Frankfurt a. M. 2002, S. 9–60.

Žižek, Slavoj: *Grimassen des Realen. Jacques Lacan oder die Monstrosität des Aktes*. Köln 1993.

Maik Neumann
Der Autor als Schreibender

Roland Barthes' Konzept einer ›freundschaftlichen Wiederkehr des Autors‹

Abstract: Der vorliegende Beitrag fokussiert mit *Sade – Fourier – Loyola* einen sowohl in der theoretischen Zusammenstellung als auch formalen Ausgestaltung äußerst eigentümlichen Band Roland Barthes'. Ausgehend von einer detaillierten Nuancierung des fragmentarischen sowie zum Teil assoziativen Charakters der von Barthes eröffneten Analyseperspektive leitet die Frage nach der konzeptionellen Motivation einer derart angelegten Publikation in einem zweiten Schritt die Rekonstruktion einer innovativ arrangierten Autor-Konzeption ein. So reduziert Barthes seine texttheoretische Annäherung an den Autor-Begriff nicht allein auf die pointierte Proklamation vom ›Tod des Autors‹. Vielmehr lässt sich in einem dritten Schritt in der von ihm akzentuierten ›Logothesis‹ – einer Sprachbegründung, die er als einheitliches Bemühen im heterogenen Schreiben Sades, Fouriers sowie Loyolas herausstellt – die mit dem Tod der Autorfigur verknüpfte ›freundschaftliche Wiederkehr‹ derselben exemplarisch nachvollziehen. Den abschließenden Ausführungen obliegt es dann, zu zeigen, wie Barthes die spezifisch verschobene Autorfunktion im Rahmen seiner texttheoretischen Prämissen in der Dreiteilung ›Schreibender‹, ›Leser‹ sowie ›Autor‹ kreativ ausdifferenziert.

1 Der ›Tod des Autors‹ als Einsatzpunkt für seine ›Wiederkehr‹

Im Kontext der gegenwärtig weiterhin intensiv geführten literaturwissenschaftlichen Debatte um eine Rehabilitierung der Autorkategorie beziehungsweise deren Wiederauferstehung nach ihrem Ende der 60er Jahre proklamierten Tod wird Roland Barthes im Rückblick zumeist die Rolle des Totengräbers zugewiesen. Mit seiner 1967 publizierten, äußerst pointiert gehaltenen Schrift *Der Tod des Autors* habe er dem Autor als wissenschaftlicher Analysekategorie den Todesstoß versetzt.¹

Doch zwingt bereits die von Barthes in *Der Tod des Autors* arrangierte Typographie zu einer differenzierten Sichtweise: Er unterscheidet im Schriftbild durchgängig zwischen einer global-abstrakten Autorkategorie, die ohne Markierung verbleibt, und einer spezifischen, der nachhaltigen Entfernung zuzuführenden Konzeption von Autorschaft, die er in zunehmender Ablehnung erst kursiv und dann in einfache Anführungszeichen setzt.² Barthes' zugespitzte Thesenführung proklamiert nun nicht indifferent den Tod jedweden Autorbezugs, sondern richtet sich vor dem Hintergrund der im Frankreich der 60er Jahre zum Teil ungemein polemisch geführten Kontroverse um Anspruch und Form von Literaturkritik³ primär gegen eine (vermeintlich seit der Etablierung empiristischer sowie positivistischer) wissenschaftlich sowie gesellschaftlich normierte Autorkonzeption (›Autor‹ / ›'Autor'‹ – frz. ›auteur‹ / ›Auteur‹), in der die Autorintention als letztgültige Deutungsinstanz die (hermeneutische) Rezeption des literarischen Textes wesentlich determiniert. Beerdigt wird somit allein der ›Autor‹ beziehungsweise ›'Autor'‹ und nicht die Autorfigur generell (›Autor‹ – frz. ›auteur‹).

Zudem fokussieren bereits Barthes' Schriften selbst wiederholt dezidiert eine ›Wiederkehr‹ des Autors, wenn auch in der Gestalt eines Neu-Arrangements unter den Vorzeichen der eigenen Theoriebildung sowie Schreibpraxis.⁴ Die Autorfigur ist demnach, wie Carlos Spoerhase treffend hervorhebt, »nie verschwunden oder gestorben, sondern war in Barthes' Texten durchgängig anwesend«.⁵ Doch wie im Detail – so stellt sich unmittelbar die Frage – entfalten

---

1 Vgl. hier vor allem Jannidis/Lauer u. a.: Rede über den Autor, S. 3 und 14–18; Lauer: Kafkas Autor, S. 214–216; Martínez: Autorschaft und Intertextualität, S. 465f.; Detering: Vorbemerkung; sowie differenzierter Teuber: Sacrificium auctoris.
2 Carlos Spoerhase weist bereits grundlegend auf diese typographische Unterscheidung hin. Vgl. Spoerhase: Autorschaft und Interpretation, S. 23.
3 Zu einer ausführlichen Darstellung der sich in der französischen Literaturkritik seit den frühen 60er Jahren zunehmend intensivierenden »Querelle des Anciens et des Modernes« (Ette: Roland Barthes, S. 170) zwischen einer sogenannten *ancienne critique* und einer *nouvelle critique*, auf die an dieser Stelle nicht näher eingegangen werden kann, in der Barthes jedoch in der Auseinandersetzung mit Raymond Picard eine prominente Position einnahm, vgl. u. a. Neumann: Die ›Mythen‹ Roland Barthes', S. 120f.; Ette: Roland Barthes, S. 169–186; Brune: Roland Barthes, S. 109–117; Calvet: Roland Barthes, S. 211–219; Spoerhase: Autorschaft und Interpretation, S. 26–29.
4 Vgl. vor allem Barthes: Sade – Fourier – Loyola, S. 12f.; Barthes: Vorbereitung des Romans, S. 319–326; Barthes: Vom Werk zum Text, S. 69f.
5 Spoerhase: Autorschaft und Interpretation, S. 18f.

Barthes' Texte eine den eigenen Paradigmen angepasste Konzeption von Autorschaft im Kontrast zu dem für tot erklärten ›Autor‹? Der vorliegende Beitrag setzt an dieser Fragestellung an, der anhand einer detaillierten Analyse der in der deutschsprachigen Forschung bislang wenig rezipierten Publikation *Sade – Fourier – Loyola*, die vier Jahre nach *Der Tod des Autors* erscheint und in ihrem Vorwort explizit »eine freundschaftliche Wiederkehr des Autors« akzentuiert, [6] nachgegangen werden soll. In diesem Zusammenhang ist als zentrale These zu exemplifizieren, dass Barthes den von ihm beschworenen ›Tod des Autors‹ wesentlich als Einsatz- beziehungsweise negativen Kontrastpunkt inszeniert, um die eröffnete Leerstelle sowohl konzeptionell als auch in einer sich stets modifizierenden Schreibpraxis innovativ auszugestalten. Damit verbunden wird ersichtlich, dass Barthes' wiederholte Annäherungen an den Autor grundlegend von den Leitlinien der von ihm verfolgten texttheoretischen Fluchtpunkte ausgehen.

2 Das fragmentarische Subjekt – der konzeptionelle sowie »biographische Sternhaufen«

Seinen kompilatorisch im 1971 erschienenen Band *Sade – Fourier – Loyola* arrangierten Studien zu Marquis de Sade, Charles Fourier und Ignatius von Loyola, die in der Mehrheit zwischen 1967 und 1970 bereits als Zeitschriftenpublikationen separat veröffentlicht wurden,[7] fügt Roland Barthes unter der Überschrift »Lebensläufe« einen an eine klassische Biographie erinnernden Abschnitt an. Doch anstatt einer chronologischen Darstellung wesentlicher Lebensstationen, -entwicklungen beziehungsweise -kontexte im Rahmen kohärent angeordneter Biographien der von ihm fokussierten Autoren, eröffnet Barthes in nummerierten Fragmenten eigentümliche Sammlungen von Details sowie Anekdoten, die äußerst heterogene Eindrücke aus dem jeweiligen Lebenslauf aufrufen. So integrieren die zu »Sades Leben« – so der entsprechende Abschnittstitel – aufgenommenen Biographeme (zumeist aus einschlägigen Quellen übernommene

---

6 Barthes: Sade – Fourier – Loyola, S. 12.
7 Vgl. im Hinblick auf die bis in die frühen 60er Jahre zurückreichende Beschäftigung Barthes' mit den Schriften Sades, Fouriers und Loyolas ausführlich u. a. Ette: Roland Barthes, S. 330–349.

Versatzstücke)⁸ verschiedene Vorlieben sowie Phobien des Marquis.⁹ Auf eine prägnante, historisch-soziologische Charakterisierung der »äußerste[n] Mobilität« Sades, »der jedes beliebige Kästchen im System der Klassen einnehmen kann«,¹⁰ folgt eine Darlegung seiner Zuneigung zu Hunden sowie sein Präferieren spezifischer Schlafpositionen:

> Als Sade plötzlich von Vincennes in die Bastille gebracht wurde, schlug er Krach, weil man es ihm nicht gestattet hatte, sein großes Kopfkissen mitzunehmen, ohne das er nicht schlafen konnte, denn er mußte den Kopf ungewöhnlich hoch liegen haben: ›Oh diese Barbaren!‹¹¹

Daneben zeugen auch die zu Fourier versammelten Fragmente von einer wesentlichen Heterogenität, deren anekdotisch pointierte Konstruktion vor allem in den abschließenden Biographemen markant hervortritt:

> 9. Seine Kenntnisse: mathematische und experimentelle Wissenschaften, Musik, Geographie und Astronomie.
> 10. Sein Alter: er umgibt sich mit Katzen und Blumen.
> 11. Seine Hausmeisterin fand ihn tot, im Gehrock, kniend mitten in den Blumentöpfen.
> 12. Fourier hatte Sade gelesen.¹²

Die über den Eigennamen »Fourier« sowie die Pronomen »sein« beziehungsweise »seine« aufgerufene Subjektkonstellation entbehrt an dieser Stelle einer einheitsstiftenden Kontur, einer konstitutiven Perspektive, unter der erst die Details eines Lebens zu einer Biographie zusammenlaufen – und mündet in einem »*biographischen Sternhaufen*«.¹³

Einer vergleichbaren Strukturierung unterliegen darüber hinaus auch die einzelnen im Band versammelten Studien, die in immer wieder neu einsetzenden Ansatzpunkten die Texte beziehungsweise Kontexte von Sade, Fourier sowie Loyola fokussieren. In dieser Hinsicht akzentuiert die früheste der vier Abhandlungen – »Sade I«, zuerst publiziert im Jahr 1967 in *Tel Quel* – noch weitgehend über eine geschlossene Textform verschiedenste Aspekte der Schriften Sades (unter anderem Reisen, Örtlichkeiten, Kleidung, Gesellschaftskonsti-

---

8 Vgl. Barthes: Sade – Fourier – Loyola, S. 13 und 16; sowie daneben zu Barthes' Kontrastierung von kohärenter Biographie und fragmentarischem Biographem u. a. Spoerhase: Autorschaft und Interpretation, S. 20.
9 Vgl. Barthes: Sade – Fourier – Loyola, S. 197–207.
10 Ebd., S. 204.
11 Ebd., S. 205f.
12 Ebd., S. 209.
13 Barthes: Vorbereitung des Romans, S. 321.

tution, Erotik) verknüpft mit generellen, theoretischen Reflexionen (unter anderem zu Sprache, Schreiben, Text, Diskurs). Die übrigen drei Studien – »Loyola« (zuerst 1969 in *Tel Quel*), »Fourier« (zum Teil bereits 1970 in *Critique*) sowie »Sade II« (erst für den Band verfasst) – gliedern sich dagegen parallel in nummerierte Abschnitte, in deren Auffächerung die plurale Perspektivik der Barthes'schen Schrift eine konsequente Ausprägung findet. Die Systematisierung der Ausführungen zu Loyola vermittelt in diesem Zusammenhang einen exemplarischen Eindruck:

1. Das Schreiben
2. Der multiple Text
3. Die Mantik
4. Die Imagination
5. Die Gliederung
6. Der Baum
7. Toik
8. Zusammensetzungen
9. Das Phantasma
10. Orthodoxie des Bildes
11. Die Zählsucht
12. Waage und Markierung[14]

Ausgehend von einem dergestalt inszenierten ›Sternhaufen‹ stellt sich unmittelbar die Frage nach der konzeptionellen Motivation, über die sich die in Details und Brüchen angelegten Lebensläufe sowie die in fragmentarische Analyseblickwinkel unterteilten Abhandlungen arrangieren.

3 Der ›Logothet‹ – der Begründer einer Sprache

Einen entscheidenden Anhaltspunkt bietet in dieser Hinsicht das programmatische Vorwort, durch das Barthes – ähnlich wie bereits in den *Mythen des Alltags*[15] – die zuvor isoliert publizierten Studien mit einem konzeptionellen Fluchtpunkt hinterlegt. Das verbindende Moment, welches die drei in ihrem Schreiben sowie in ihrer Rezeption äußerst heterogenen Autoren zu einem ko-

---

14 Vgl. Barthes: Sade – Fourier – Loyola, S. 49–88.
15 Dort allerdings durch eine nachträgliche Einrahmung der zuvor publizierten Alltagsreflexionen, die sich aus einem knappen Vorwort sowie der den versammelten Texten angeschlossenen, programmatischen Abhandlung »Der Mythos heute« zusammensetzt. Vgl. Barthes: Mythen des Alltags, S. 11f. und 250–316.

härenten Gegenstandsbereich zu verknüpfen erlaubt, identifiziert Barthes mittels einer eigentümlichen Wortprägung, durch die er Sade, Fourier sowie Loyola als ›Logotheten‹, als ›Begründer von Sprachen‹ charakterisiert:

> Und hier sind sie nun alle drei vereint, der verfemte Schriftsteller, der große Utopist und der heilige Jesuit. In dieser Zusammenstellung steckt keine Herausforderung […], und ich füge hinzu (und das ist der Sinn dieses Vorworts), keine Willkür; jede dieser Studien wurde, obgleich zunächst (teilweise) getrennt veröffentlicht, so konzipiert, daß sie mit den anderen beiden in ein und demselben Buch zusammengestellt werden konnte, dem Buch der Logotheten, der Begründer von Sprachen. [16]

Über die an dieser Stelle weitgehend abstrakt anmutende Kategorie des ›Sprachbegründers‹ motiviert Barthes zum einen die von ihm arrangierte Bandkonstellation, in der er seine Analysen in Bezug auf den »verfemte[n] Schriftsteller«, den »große[n] Utopist[en]« sowie den »heilige[n] Jesuit« zu einem »Buch der Logotheten, der Begründer von Sprachen« organisiert. Darüber hinaus etabliert er eine Beobachtungsperspektive, von der ausgehend maßgeblich formal-sprachliche Strukturelemente beziehungsweise Prozesse in den Fokus rücken, um den Komplex einer ›Sprachgründung‹ in seinen Prämissen sowie Modalitäten sowohl abstrakt (Vorwort) als auch konkret (vier Abhandlungen) nachzuzeichnen. Der in dieser Hinsicht angelegte Ansatz zeigt sich grundlegend auf eine semiologische Methodik angewiesen: Die zu gründende beziehungsweise gegründete Sprache erweist sich als »eine neue Sprache, von der natürlichen Sprache durchsetzt (oder diese durchsetzend), die sich nur der semiologischen Erklärung des Textes anbietet«.[17]

Doch wie ist die Gründung einer Sprache präzise zu charakterisieren, auf welche Weise sind die fokussierten Autoren als Sprachbegründer zu fassen? Wie Barthes mit Blick auf Sade, Fourier und Loyola hervorhebt, gliedert sich die Arbeit des Logotheten in vier Schritte:

1. »sich abschließen« – Eine konstitutive ›Leere‹ soll die zu schaffende Sprache von jedem sie störenden ›Geräusch‹ isolieren, »ein Vorraum soll sie von anderen geläufigen, entleerten, überholten Sprachen trennen«.[18] Barthes verdeutlicht die von ihm akzentuierte ›Leere‹ mit Verweis auf Loyola exemplarisch: »um die Sprache zu entwickeln, mit deren Hilfe sich der Exerzitant der Gottheit zuwenden kann, fordert Loyola Abgeschiedenheit: kein Geräusch, wenig Licht, Einsamkeit«.[19]

---

16 Barthes: Sade – Fourier – Loyola, S. 7.
17 Ebd., S. 7.
18 Ebd., S. 8.
19 Ebd., S. 8.

2. »gliedern« – Es gilt im zweiten Schritt, Zeichen zu unterscheiden, auf deren Basis sich eine Sprache zu etablieren vermag. Damit verbunden bedürfen die entsprechenden Zeichen konstitutiver Regeln, über die sie sich zusammensetzen lassen: »Auch keine Sprache, wenn diese abgetrennten Zeichen sich nicht von neuem in eine Kombinatorik einfügen lassen. Unsere drei Autoren rechnen, kombinieren, ordnen, produzieren unablässig Zusammensetzregeln; an die Stelle der Schöpfung setzen sie die Syntax, die *Komposition* [...] für Sade und für Fourier müssen Eros und Psyche *gegliedert* werden«.[20]
3. »ordnen« – Die großen Sequenzen, die übergeordneten Einheiten sind vom Logotheten unter eine »höhere Ordnung« zu stellen, »die nicht mehr die der Syntax, sondern die der Metrik ist«.[21] Allerdings leiten sich aus dem höheren Ordnungsprinzip keine subjektgeleiteten respektive restriktiven Bildungsprinzipien ab, vielmehr betont Barthes den lediglich konzipierenden, planenden Charakter der Sequenzanordnung: »Der von unseren drei Autoren geforderte Ritus ist daher nur eine Form der Planung: die für die Lust, das Glück, die göttliche Anrede notwendige Ordnung [...]. Nur ist diese Ökonomie nicht besitzergreifend, sie ›deliriert‹ weiter und sagt nur, daß die bedingungslose Hingabe keine unkontrollierte Hingabe sein soll«.[22]
4. »das *Theatralisieren*« – An dieser Stelle fügt Barthes seiner entfalteten Sprachgenese, die sich in den genannten drei Schritten unter anderem der Rhetorik vergleichbar über formale Prinzipien der Auffindung sowie der Anordnung (beziehungsweise der Einteilung sowie Strukturierung) entwickelt, das entscheidende Theoriemoment hinzu, mit dem sich die Logothesis von einer sprachlichen Konsistenz, einem Sprachgrund, einem letztgültigen Signifikat löst:

> Was heißt das? Nicht die Darstellung ausschmücken, sondern die Sprache grenzenlos machen. Auch wenn unsere Logotheten alle drei auf Grund ihrer historischen Stellung noch in einer Ideologie der Darstellung und des Zeichens befangen sind, produzieren sie dennoch bereits Text, d. h. es gelingt ihnen an die Stelle der Plattheit des Stils (wie man ihn bei den ›großen‹ Schriftstellern finden kann) das Volumen des Schreibens zu setzen. [...] Das Schreiben aber setzt in dem Moment ein, wo die Signifikanten sich so staffeln, daß kein Sprachgrund mehr ausgemacht werden kann.[23]

---

[20] Barthes: Sade – Fourier – Loyola, S. 8f.
[21] Ebd., S. 9.
[22] Ebd., S. 9.
[23] Ebd., S. 10.

Mit dem Textbegriff scheint in diesem Zusammenhang die sich in der Begründung einer Sprache ausbildende Produktionsform auf, deren wesentliche Ausdrucks- beziehungsweise Produktionsweise die Praxis des Schreibens bildet. Die Ablösung vom ›Sprachgrund‹ als grundlegender Einsatzpunkt des Schreibens unterstreicht daneben, dass im Zentrum der von Barthes fokussierten Logothesis kein sinnstiftendes Subjekt auftritt, sondern vielmehr die Textproduktion, das Schreiben selbst. Die Sprache ist nicht monovalent auf ein Schöpfersubjekt beziehungsweise dessen zu vermittelnde Botschaft zurückzuführen, vielmehr ist im Einsetzen sowie im Prozess des Schreibens der Ausgangspunkt für die Begründung einer Sprache sowie deren analytische Beobachtung zu erkennen:

> Wenn also Sade, Fourier und Loyola Sprachbegründer sind und nichts anderes, dann nicht um etwas zu sagen, sondern um auf eine Leere hinzuweisen (wenn sie *etwas* sagen wollten, hätten die linguistische Sprache, die Kommunikationssprache oder die philosophische Sprache ausgereicht: man könnte sie *resümieren*, was jedoch bei keinem von ihnen gelingt). Sprache, als Feld des Signifikanten, inszeniert Bezüge des Insistierens und keine Bezüge der Konsistenz. Zentrum, Gewicht und Sinn verlieren ihren Stellenwert. [...] Für Loyola ist Gott die Markierung, der innere Tonfall, der Schoß, und keiner macht der Kirche diesen Heiligen abspenstig. Doch im Eifer des Schreibens fallen dann diese Markierung, dieser Tonfall, dieser Schoß weg [...].[24]

Ausgehend von dem an dieser Stelle weitgehend vage pointierten »Eifer des Schreibens« sowie dem dezentrierten »Feld des Signifikanten« evoziert die von Barthes markierte Differenzierung zwischen der Inszenierung von »Bezüge[n] des Insistierens« sowie »Bezüge[n] der Konsistenz« einen für die prekär arrangierte Autor-Konzeption grundlegenden Fragekomplex: Welche initiativ produzierende Funktion übt der Logothet gemäß Barthes aus, »um auf eine Leere hinzuweisen«? Worin ist konkret die Motivation zu einem dergestalt angelegten Verweis zu charakterisieren, und was meint in diesem Zusammenhang der Terminus »Leere«?

4 Der ursprungslose Text und der ›Trieb‹ zum Schreiben

Zunächst ist zu konstatieren, dass die in wenigen Konturen aufgerufenen Kategorien ›Logothet‹ beziehungsweise ›Logothesis‹, ›Schreiben‹ sowie ›Text‹ die

---

[24] Barthes: Sade – Fourier – Loyola, S. 10f.

entscheidenden Fluchtpunkte einer im Kern des programmatischen Vorwortes angelegten Texttheorie darstellen, die sich vielfältig mit ferneren Arbeiten Barthes' verknüpft. So greift der 1967 zuerst in englischer Übersetzung im Magazin *Aspen* erschienene Essay *Der Tod des Autors*[25] die Konzeption einer ›Praxis des Schreibens‹ in einer vergleichbaren Konstellation auf, um im Rahmen einer exemplarischen Betrachtung der Novelle *Sarrasine* (Balzac) ausgehend von der Frage »Wer spricht so?« die folgende Reflexion zu eröffnen:

> Dies wird sich schon allein deshalb nie herausfinden lassen, weil das Schreiben Zerstörung jeder Stimme, jedes Ursprungs ist. Das Schreiben ist dieses Neutrum, dieses Zusammengesetzte, diese Schrägheit, die unser Subjekt ausrinnen, das Schwarzweiß, das jede Identität, angefangen bei der des schreibenden Körpers, verlorengehen läßt. [...] [K]ommt es zu dieser Versetzung, verliert die Stimme ihren Ursprung, tritt der Autor in seinen eigenen Tod ein, beginnt das Schreiben.[26]

Wie bereits einführend hervorgehoben, ist der an dieser Stelle pointierte Eintritt des Autors »in seinen eigenen Tod« nicht mit einer generellen Verabschiedung der Autorkategorie gleichzusetzen, auch wenn der Autorbegriff zu Beginn von *Der Tod des Autors* sowohl in der Konzeption als auch im Schriftbild weitegehend indifferent verbleibt. Noch im selben Absatz markiert Barthes dann den spezifischen Aspekt der Autorkategorie, gegen den sich sein Schreiben wendet: »Der *Autor* ist eine moderne Figur«.[27] Die Kursivsetzung ruft die entscheidende, vermeintlich ›moderne‹ Autorkonzeption auf, die der Essay daraufhin unter verschiedenen Perspektiven kritisch reflektiert.

Die prägnant akzentuierte ›Zerstörung‹ eines konstitutiven, sinnstiftenden Ursprungs, die das ›Subjekt ausrinnen‹ lässt, relativiert somit in der hier aufgerufenen Ausformung die grundlegenden Konstituenten einer von Barthes als gegenwärtig konventionell identifizierten Autorfiguration beziehungsweise der entsprechenden literaturwissenschaftlichen, respektive -kritischen Interpretationskategorie ›Autor‹: Das wesentlich als dem Text vorgängig, individuell, intentional sowie kohärent verstandene Subjekt verliert seine Position als letztbegründende Bedeutungsinstanz sowie seine Konsistenz.[28] In der Praxis des

---

25 Die französische Fassung erscheint ein Jahr später in der Zeitschrift *Manteia*. Vgl. die detaillierte Schilderung des Publikationsverlaufs bei Ette: Roland Barthes, S. 296–300.
26 Barthes: Tod des Autors, S. 57.
27 Ebd., S. 57. Demgemäß unterscheidet der Text in der Folge zwischen einer spezifischen, markierten Autorkategorie (›*Autor*‹ bzw. ›'Autor'‹) sowie einer unspezifisch gehaltenen, allgemeinen Begriffsverwendung (›Autor‹).
28 Daniela Langer resümiert die von Barthes entgegen den Vorstellungen vermeintlich ›antiquierter‹ Subjekttheorien angelegte Schreibpraxis, in der das Subjekt im Text aufgeht, wie

Schreibens zeichnet sich das intertextuelle Geflecht eines Textgewebes ab, für das kein ›Außerhalb‹ mehr zu denken ist und hinter dem keine vortextliche Wahrheit, kein Sinn zu rekonstruieren ist, »da der ›Text‹ jener *gesellschaftliche* Raum ist, der keine Sprache unangetastet oder außerhalb und kein Subjekt der Äußerung in der Situation des Richters, Herrn, Analytikers, Beichtvaters oder Entzifferers beläßt«.[29]

Der ›Tod des Autors‹ beziehungsweise das ›Ausrinnen‹ des Subjekts evoziert in letzter Konsequenz allerdings eine konzeptionelle Leerstelle, da auch das Schreiben, die Textproduktion als bedeutungsgenerierender Prozess (ist dieser auch als unabschließbar zu denken) notwendig eines initiatorischen Moments, eines intentionalen Einsatzes bedarf. Barthes selbst ruft diese Initiationsdynamik im Rahmen seiner Vorlesung *Die Vorbereitung des Romans* als ›Trieb‹ zum Schreiben, als ›Schreibenwollen‹ auf.[30] Erst in diesem Einsatz des Schreibens, in diesem Schreibenwollen offenbart sich die Möglichkeit zu einem subjektiven Engagement, das Barthes ausgehend von seiner ersten Publikation *Am Nullpunkt der Literatur* von einer inhaltlichen Fokussierung löst und in eine formale Dimension überführt.

Eine detaillierte Konturierung der im ›Trieb des Schreibenden‹ verschoben aufscheinenden Autorkonstellation lässt sich an der von Michel Foucault 1969 in seiner Vortragsschrift *Was ist ein Autor?* in Bezug auf das theoretische Erbe des für tot erklärten Autors wie folgt formulierten Fragestellung ausrichten:

---

folgt: »Eine ›Person‹ wäre die Instanz des Autors [...]. Diese Vorstellung ist nach Barthes antiquiert und wird dem modernen Schreiber (scripteur) nicht gerecht, [...]. In dieser Selbstreferenz konstituiert sich das Ich allein im Akt des Ich-Schreibens. Derjenige, der also ›ich‹ schreibt, nimmt dabei auf nichts anderes, – dem Geschriebenen vorgängiges – Bezug als auf eben dieses geschriebene Ich« (Langer: Wie man wird, S. 249). Vgl. daneben u. a. Bürger: Schwierigkeit; Brune: Roland Barthes, S. 246–252.
29 Barthes: Vom Werk zum Text, S. 72. Vgl. daneben ebd., S. 68; Barthes: Lust am Text, S. 47.
30 Vgl. Barthes: Vorbereitung des Romans, S. 39–41. Wassily Kandinsky akzentuiert in seinem 1912 erschienen Essay *Über die Formfrage* eine vergleichbare Initiationsbegrifflichkeit, indem er die ›Sehnsucht‹, den ›innerlichen Drang‹ eines zur ›Seele‹ vordringenden ›schaffenden Geistes‹ als Bedingung für das Schaffen eines ›neuen Wertes‹ und damit verbunden der ›materiellen Form‹ identifiziert. Kandinsky: Über die Formfrage, S. 15–45.

Es genügt freilich nicht, als leere Aussage zu wiederholen, dass der Autor verschwunden ist. [...] Was man tun müsste, wäre, das Augenmerk auf den durch das Verschwinden des Autors leer gelassenen Raum zu richten, der Verteilung der Lücken und Bruchstellen nachzugehen und die durch dieses Verschwinden frei gewordenen Stellen und Funktionen auszuloten.[31]

Den ›durch das Verschwinden des Autors leer gelassenen Raum‹ füllt Barthes nicht allein durch die begriffliche Neuausrichtung hin zum ›Schreiber‹, in der er die bedeutungsdeterminierende Instanz des Autors zugunsten einer bedeutungsgenerierenden Instanz des Schreibenden verabschiedet. Ausgehend von seiner texttheoretischen Konzeption einer Praxis des Schreibens – verbunden mit einer als aktive Tätigkeit gedachten Praxis des Lesens – ist vielmehr eine komplexe Konstellation zu konstatieren, die sich im Rahmen von *Sade – Fourier – Loyola* in ihren wesentlichen Konturen exemplarisch verdeutlicht.

5 Der Schreibende – der Leser – der Autor

Die von Barthes in *Sade – Fourier – Loyola* entfaltete Texttheorie lässt sich in der von ihr spezifisch verschobenen Autorfunktion[32] über eine heuristische Dreiteilung in die wesentlichen Kategorien ›Schreibender‹, ›Leser‹ sowie ›Autor‹ ausdifferenzieren:

---

31 Foucault: Was ist ein Autor?, S. 242. Auf die diskursanalytisch orientierte Konzeptionalisierung, mit der Foucault im Fortgang seines Vortrags selbst ein Wiedereinsetzen des ›verschwundenen Autors‹ realisiert (durchaus in kritischer Auseinandersetzung zu den Thesen Barthes' aus *Der Tod des Autors*, auch wenn er diesen nicht namentlich erwähnt – vgl. für eine ausführlichere Schilderung der kritischen Bezugnahme u. a. Spoerhase: Autorschaft und Interpretation, S. 38; Wolf: Wie viele Leben hat der Autor?, S. 393f.), kann an dieser Stelle nicht detailliert eingegangen werden. Es ist jedoch anzumerken, dass u. a. Foucaults im abschließenden Resümee artikulierter Forschungsfluchtpunkt (Foucault: Was ist ein Autor?, S. 259: »Kurzum, es geht darum, dem Subjekt [oder seinem Substitut] seine Rolle als ursprüngliche Begründung zu nehmen und es als variable und komplexe Funktion des Diskurses zu analysieren«.) trotz divergierender methodischer Prämissen zumindest in eine grundlegend vergleichbare Richtung weist, wie sie auch Barthes bei seinem Ausfüllen der Autor-Leerstelle verfolgt. Wie noch näher zu zeigen sein wird, integriert Barthes seine spezifisch gefassten Konzeptionen von Autorschaft und Schreiben in eine umfassende Konstellation, die das engagierte Subjekt ebenfalls nicht generell verabschiedet, sondern in ein Neu-Arrangement überführt.
32 Vgl. im Hinblick auf die für das Barthes'sche Schreiben charakteristische »De-Komposition« von ihm aufgenommener Theoreme bzw. Begriffe durch deren »Dekontextualisierung« sowie »Deplazierung« vor allem Ette: Schriftsteller; Neumann: Die ›Mythen‹ Roland Barthes'.

5.1 Der Schreibende

Mit dem Begriff des ›Schreibenden‹ intendiert die an dieser Stelle eröffnete Perspektive in der Akzentuierung einer konzeptionellen Verschiebung innerhalb des Textgefüges ›Autor‹ – ›Werk‹ – ›Leser‹ einen heuristischen Ansatzpunkt, der es erlaubt, Barthes' vielfältige, immer wieder neu ansetzenden Determinationen, die sich durch eine zum Teil uneinheitliche Übersetzung in deutsche Termini zusätzlich ›verdunkelt‹ zeigen, heuristisch in einen Zusammenhang zu stellen. So lässt sich unter anderem der in *Der Tod des Autors* innovativ angelegte ›scripteur‹ (dt.: ›Schreiber‹), den Barthes gegenüber dem ›auteur‹ (dt.: ›Autor‹) sowie dem ›écrivain‹ (dt.: ›Schriftsteller‹) konturiert, gleichermaßen in der aktiv-prozessualen Tätigkeit des ›Schreibenden‹ erfassen, wie der in *Schriftsteller und Schreiber* pointiert definierte ›Schriftsteller-Schreiber‹, den Barthes als ›Bastard-Typus‹ in der Verbindung aus ›Schriftsteller‹ (frz.: ›écrivain‹) und ›Schreiber‹ (frz.: ›écrivant‹) konzipiert.[33]

Im Hinblick auf die Autorfigur apostrophiert Barthes den Schreibenden beziehungsweise ›scripteur‹ bereits in *Der Tod des Autors* als Nachfolger des Autors (im Sinne der im Schriftbild hervorgehobenen Konzeption),[34] wobei der Schreibende allerdings keine kohärente, dem Text vorgängige Entität darstellt, sondern sich erst beziehungsweise nur im Schreiben ausbildet:

> Der Autor, heißt es, *speise* das Buch, existiere also vor ihm, denke, leide und lebe für es; [...]. Der moderne Schreiber hingegen entsteht gleichzeitig mit seinem Text; er besitzt keineswegs ein Sein, das vor oder über seinem Schreiben läge, er ist mitnichten das Subjekt, dessen Prädikat sein Buch wäre [...].[35]

Sowie im Kontext einer assoziativen Auseinandersetzung mit Proust:

> Proust, das kommt mir einfach, das ziehe ich nicht heran; das ist keine ›Autorität‹; nur *eine zirkulare Erinnerung*. Und eben das ist der Inter-Text: die Unmöglichkeit, außerhalb des

---

33 Vgl. in dieser Hinsicht Barthes: Tod des Autors; Barthes: Schriftsteller und Schreiber, S. 52f. Zudem knüpft der ›Schreibende‹ auf diese Weise an die zahlreichen Annäherungen an, in denen Barthes die von ihm hervorgehobene ›Praxis des Schreibens‹ jeweils leicht verschoben zu detaillieren versucht. Vgl. u. a. Barthes: Vom Werk zum Text, S. 72; Barthes: Schriftsteller, Intellektuelle, Professoren, S. 350; Barthes: Lust am Text, S. 12. Eine ausführliche, die Differenzen der einzelnen Konstellationen nuancierende Analyse der verschiedenen Begrifflichkeiten bzw. Theoreme muss mit Blick auf den Umfang der vorliegenden Studie allerdings ausgeklammert bleiben.
34 Vgl. Barthes: Tod des Autors, S. 61.
35 Ebd., S. 60. Der an dieser Stelle im Schriftbild unmarkiert verbleibende Autorbegriff leitet sich aus der Wiedergabe einer, nach Barthes, unspezifischen, stereotypen Autorkonzeption ab.

unendlichen Textes zu leben – ob dieser Text nun Proust oder die Tageszeitung oder der Fernsehschirm ist: das Buch macht den Sinn, der Sinn macht das Leben.[36]

Der ›moderne Schreiber‹ vermag nun allein innerhalb der schreibenden Textproduktion unter Aufgreifen konstitutiver Zeichensysteme, die zwangsläufig Macht- sowie Ideologiestrukturen tradieren,[37] ein Engagement beziehungsweise eine Individualität zu entfalten. Dementsprechend gilt es aus einem Gefühl der Unzufriedenheit heraus, diese zwangsläufig übernommenen Strukturen in einer innovativen Verschiebung als individuelle Schreibweise zu arrangieren.[38] Im Kontext seiner 1977 gehaltenen Antrittsvorlesung am Collège de France reflektiert Barthes diesen Komplex, den er bereits in seiner ersten Publikation 1953 in Verbindung mit dem Begriff ›écriture‹ (dt.: ›Schreibweise‹) grundlegend skizziert,[39] wie folgt:

> Andererseits existieren die Zeichen, aus denen die Sprache besteht, nur insoweit sie anerkannt sind, das heißt, soweit sie sich wiederholen; das Zeichen ist mitläuferisch, herdenhaft; in jedem Zeichen schlummert das Monstrum ›Stereotypie‹: [...]. In der Sprache verschmelzen also unvermeidlich Unterwerfung und Macht. Unglücklicherweise besteht für die menschliche Rede kein Außerhalb: sie ist ein geschlossener Ort: [...] bleibt nichts, wenn ich so sagen kann, als listig mit der Sprache umzugehen, als sie zu überlisten. [...] und weil die Sprache in ihrem Innern selbst bekämpft und umgelenkt werden muß: nicht

---

36 Barthes: Lust am Text, S. 53f. Vgl. darüber hinaus u. a. Barthes: Sade – Fourier – Loyola, S. 127. Auf die hier anklingenden Theoreme einer bei Barthes als unhintergehbar gedachten Intertextualität sowie deren Bezugspunkte u. a. zu Michail Bachtin und Julia Kristeva kann in den vorliegenden Ausführungen, die primär die Rolle des Schreibenden fokussieren, nicht näher eingegangen werden. Vgl. zu einer detaillierten Übersicht vor allem Brune: Roland Barthes, S. 135–170; sowie in einer kritischen Reflexion Martínez: Autorschaft und Intertextualität.
37 Vgl. u. a. Barthes: Leçon/Lektion, S. 15–25.
38 Somit ist Carlos Spoerhases aus hermeneutischer Perspektive entwickelte Einschätzung zumindest zu differenzieren, wenn er Barthes' Diktum vom ›Tod des Autors‹ wie folgt resümiert: »Die Instanz, deren Tod Barthes verkündet, ist eine Sprecherinstanz, die dem literarischen Artefakt zugewiesen werden müsste, wenn es als Äußerungsakt konzipiert würde. Diese Sprecherinstanz gewährleistet die historische Einbettung des literarischen Artefakts« (Spoerhase: Autorschaft und Interpretation, S. 37). Barthes löst das literarische Artefakt zwar aus einem ihm vorgängigen bzw. es letztgültig fixierenden Äußerungskontext und somit von einer damit verbundenen Sprecherinstanz. Doch der Einsatzpunkt einer historischen Einbettung, eines engagierten Subjekts sowie einer individuellen Prägung verlagert sich lediglich in die Textebene, in die Praxis des Schreibens selbst, wodurch das literarische Artefakt seine Sinnproduktion immer wieder aufs Neue zu entfalten vermag. Wie noch näher zu zeigen sein wird, erstreckt sich die dergestalt formal gewendete, historische Einbettung nicht allein auf den ›Schreibenden‹, sondern auch auf den ›Leser‹ sowie den ›Autor‹.
39 Vgl. Barthes: Am Nullpunkt der Literatur.

durch die Botschaft, deren Instrument sie ist, sondern durch das Spiel der Wörter, für das sie die Bühne abgibt. Ich kann also unterschiedslos sagen: Literatur, Schreibweise oder Text.[40]

In Marquis de Sade, Charles Fourier sowie Ignatius von Loyola erkennt Barthes nun das ihnen gemeinsame, sprachbegründende Bemühen um eine innovative Ausdrucksweise, die er in ihren heterogenen Gegenstandsfeldern sowie Konstitutionsmustern in seinen Studien jeweils kompilatorisch nachzeichnet:

> Wenn ich Texte und nicht Werke lese und sie mit einem Blick absuche, der nicht ihr Geheimnis, ihren ›Inhalt‹, ihre Philosophie, sondern einzig und allein ihr Glück beim Schreiben genießen will, kann ich hoffen, Sade, Fourier und Loyola ihrer Bürgschaften zu entledigen (der Religion, der Utopie, des Sadismus); [...]. Dadurch erzwinge ich (das jedenfalls ist die theoretische Absicht dieser Studien) eine Verschiebung (auf keinen Fall eine Unterdrückung, eher sogar eine Akzentuierung) der gesellschaftlichen Verantwortung des Textes.[41]

Mit dem von ihm hervorgehobenen ›Glück beim Schreiben‹ evoziert Barthes eine an den individuell-subversiven Strukturierungen beziehungsweise Formprozessen orientierte Beobachtung, die es erlaubt, ›Sade, Fourier und Loyola ihrer Bürgschaften zu entledigen‹, das heißt ihrer aus verschiedenen Kontexten rekonstruierten Motivfelder. Eine darin sowohl literaturtheoretisch als auch politisch gedachte Produktivität des Schreibenden löst sich von einer als ›überkommen‹ und ›unterdrückend‹ markierten Werkkonstellation in der Form eines konsistenten Autorsubjekts, einer Form-Inhalt-Differenzierung, fester Sinnbezüge sowie vorgängigen Intentionalität, indem das Schreiben nicht mit einer zu vermittelnden Intention einer vorsprachlichen Instanz einsetzt, sondern mit dem unzufriedenen Bedürfnis nach beziehungsweise der ›Lust‹ an innovativen Ausdrucksformen. Der Schreibende begibt sich mithin in ein ›Spiel der Wörter‹, in dem er sich als ›Entdecker‹ konstituiert:

> Die Fouriersche Erfindung (›In meinen Augen bin ich ein Entdecker und kein Redner‹) geht auf das absolut Neue aus, von dem noch niemals gesprochen wurde. Die Regel der Entdeckung ist eine Regel der Verweigerung: [...]. Die Fouriersche Entdeckung ist ein Faktum des Schreibens, eine Entfaltung des Signifikanten. Diese Wörter müssen im modernen Sinn verstanden werden: Fourier verschmäht den *Schriftsteller*, d. h. den akkreditierten Verwalter des guten Schreibens und der Literatur, der die dekorative Vereinigung und damit die grundlegende Trennung von Form und Inhalt garantiert. Indem er sich als Entdecker affirmiert (›Ich bin Entdecker, kein Schriftsteller‹), begibt sich Fourier an die Grenze des Sinns, die wir heute Text nennen. Vielleicht müssen wir von nun an darin Fourier

---

40 Barthes: Leçon/Lektion, S. 21, 23 und 25.
41 Barthes: Sade – Fourier – Loyola, S. 14.

folgen und denjenigen einen *Entdecker* (und nicht *Schriftsteller* oder *Philosophen*) nennen, der neue Formulierungen zutage bringt und auf diese Weise, fragmentarisch, den Raum des Signifikanten ausfüllt, *unendlich und im Detail*.[42]

5.2 Der Leser

Mit dem Schreiben wechselseitig verbunden bedarf der konstituierte Text einer immer wieder neu ansetzenden Lektüre, und darin eines Lesers, der entgegen tradierter Rezeptionsmuster mit dessen Bedeutungspotentialen ›spielt‹, das heißt ihre Relevanz in jeweils neuen Kontexten aktualisiert:

> Der ›Text‹ schlämmt (schon allein durch seine häufige Unlesbarkeit) im Werk (wenn es dies gestattet) den Konsum aus und fängt ihn als Spiel, Arbeit, Produktion und Praxis wieder auf. Das heißt, der ›Text‹ verlangt, daß man versucht, die Distanz zwischen Schreiben und Lesen aufzuheben (oder zumindest zu verringern), und zwar keineswegs durch eine verstärkte Projektion des Lesers in das Werk, sondern durch eine Verbindung beider in ein und derselben Bedeutungspraxis.[43]

Die intendierte ›Verbindung beider in ein und derselben Bedeutungspraxis‹ markiert den Einsatzpunkt, von dem ausgehend Barthes den literarischen Text aus den starren Determinationen einer festen Bedeutungszuweisung (traditioneller Autor-, Werk-, Subjekt- und Deutungskonzepte) löst,[44] um ihn in einen aktiven sowie grundlegend unabschließbaren Prozess der Bedeutungsbildung zu überführen – ›als Spiel, Arbeit, Produktion und Praxis‹. Seine Pointierung

---

42 Barthes: Sade – Fourier – Loyola, S. 103.
43 Barthes: Vom Werk zum Text, S. 70.
44 Auch im Kontext der bereits erwähnten Kontroverse um eine ›neue Literaturkritik‹ zu Beginn der 60er Jahre geht Barthes auf das vielfältig verknüpfte Verhältnis von ›Lesen‹ und ›Schreiben‹ ein, wenn auch primär mit zuspitzendem Akzent auf das zwangsläufige Aufnehmen bzw. Ausprägen einer Schreibweise jedweder Literaturkritik, deren Implikationen von den Kritikern bisher weitgehend ausgeblendet worden seien: »So an einen Text nicht mit den Augen, sondern mit einer Schreibweise rühren, schafft zwischen Kritik und Lektüre einen Abgrund [...]. Allein der Lesende liebt das Werk und unterhält zu ihm eine Beziehung des Begehrens. Lesen heißt, das Werk begehren, heißt das Werk sein wollen, heißt sich weigern, das Werk außerhalb seiner Sprache durch eine andere Sprache zu verdoppeln; [...]. Von der Lektüre zur Kritik übergehen heißt, das Begehren verändern, heißt: nicht mehr das Werk begehren, sondern seine eigene Redeweise; aber gerade deswegen heißt es auch, das Werk zurückverweisen an das Begehren des Schreibens, aus dem es hervorgegangen ist. So kreist das Sprechen um das Buch: *lesen, schreiben*, von dem einen Begehren zum anderen geht jede Literatur« (Barthes: Kritik und Wahrheit, S. 90f.). Vgl. daneben u. a. Barthes: Das Lesen schreiben; Barthes: Über das Lesen.

einer Praxis des Lesens schließt daran an, indem sich in der Leserfigur nicht erneut eine personale Subjektposition und darin eine die Sinnproduktion abschließende Instanz abzeichnet: Wie der moderne Schreiber bildet sich auch der Leser erst innerhalb der Bedeutungspraxis in der Form eines je neu einsetzenden Aktualisierens der in der Textlektüre aufgerufenen Sinnpotentiale aus:

> Der Leser ist der Raum, in den sich sämtliche Zitate, aus denen das Schreiben besteht, einschreiben, ohne daß auch nur ein einziges verlorenginge; die Einheitlichkeit eines Textes liegt nicht an seinem Ursprung, sondern an seinem Bestimmungsort, aber dieser Bestimmungsort kann nicht mehr personal sein: Der Leser ist ein Mensch ohne Geschichte, ohne Biographie, ohne Psychologie; er ist nur dieser *jemand*, der in einem einzigen Feld alle Spuren zusammenhält, aus denen das Geschriebene besteht. [45]

Der historisch, biographisch sowie psychologisch unbestimmte Leser findet allein als Knotenpunkt der im Geschriebenen angelegten ›Spuren‹ Kontur, die er in einem ephemeren Lektüreakt zu einem Sinngewebe verknüpft, um sich auf diese Weise als lesendes Subjekt zu konstituieren beziehungsweise zu erfahren.

Die Indifferenz der Leserfigur – ›ohne Geschichte, ohne Biographie, ohne Psychologie‹ mündet nun allerdings nicht in einer generell ahistorischen Verneinung jedweder individuellen Konstitution. Sie erfährt eine texttheoretische Perspektivierung, indem Barthes wiederholt die Unhintergehbarkeit der von ihm akzentuierten ›Bedeutungspraxis‹, das heißt der Textproduktion, hervorhebt: Demnach erweisen sich die historischen, biographischen sowie psychologischen Determinanten des Lesersubjekts ebenfalls als zwangsläufig textuell arrangiert, wodurch sich der Leser auf kein ›Außerhalb‹ des Textes zu berufen vermag und sich in einer beständigen Bedeutungsgenerierung fortzubilden hat. In *Die Lust am Text* beschreibt Barthes die hier aufscheinende, unaufhörliche Textproduktion in einer äußerst eindringlichen Metaphorik:

> *Text* heißt *Gewebe*; aber während man dieses Gewebe bisher immer als ein Produkt, einen fertigen Schleier aufgefaßt hat, hinter dem sich, mehr oder weniger verborgen, der Sinn (die Wahrheit) aufhält, betonen wir jetzt bei dem Gewebe die generative Vorstellung, daß der Text durch ein ständiges Flechten entsteht und sich selbst bearbeitet; in diesem Gewebe – dieser Textur – verloren, löst sich das Subjekt auf wie eine Spinne, die selbst in die konstruktiven Sekretionen ihres Netzes aufginge. [46]

Dem sich in seinem ›Spurengewebe auflösenden‹ Leser (der sich jedoch nicht ›auslöscht‹, sondern vielmehr in das von ihm gesponnene Netz ›aufgeht‹) entzieht sich in der Wendung vom fertigen Produkt ›Text‹ hin zu dessen Produkti-

---

45 Barthes: Tod des Autors, S. 63.
46 Barthes: Lust am Text, S. 94.

on die Möglichkeit einer Rekonstruktion der die Bedeutungspraxis feststellenden Autorinstanz. Als Teil des Schleiers gibt es für den Leser keine dahinter verborgene Wahrheit oder Entität zu entschlüsseln – Schreiben und Lesen verbinden sich ›in ein und derselben Bedeutungspraxis‹:

> Oder vielmehr im Karussell der Signifikanten kann niemand sagen, *wer beginnt*, [...]. Der Signifikant (Fourier hat zu ihm vollen Zugang) ist ein ursprungsloses, undeterminiertes Gewebe, ein Text.[47]

Sowie in einer weiteren Anmerkung zu Fourier:

> Wo ist Fourier? [...] Der Verlust des Subjekts im Schreiben ist nirgends so vollständig (da das Subjekt völlig unauffindbar wird) wie in diesen Aussagen, deren ständige Folge sich bis ins Unendliche fortsetzt, ohne Blockade, wie jenes Spiel, bei dem die unterste der aufeinanderliegenden Hände immer wieder obendrauf gelegt wird, oder jenes andere Spiel mit Stein, Schere und Blatt Papier: Texte, deren ›Lächerlichkeit‹ oder ›Dummheit‹ auf keinen sicheren Aussagenden zurückgehen und auf die demnach der Leser niemals seine Hand legen kann [...]. Welcher Leser könnte behaupten, eine solche Aussage zu *beherrschen* – sie sich anzueignen als Gegenstand von Gelächter oder Kritik, mit einem Wort, *ihr die Lektion zu erteilen?* – im Namen *welcher anderen Sprache?*[48]

Mit der pointierten Frage »Wo ist Fourier?« – die mit der zentralen Fragestellung von *Der Tod des Autors* korrespondiert: »Wer spricht so?«[49] – leitet Barthes allerdings nicht allein die Akzentuierung der im Kontext seiner entwickelten Texttheorie nicht mehr zu leistenden Rekonstruktion eines kohärenten, vorgängigen Autorsubjekts ein, vielmehr gewinnt der Autor als Teil eines unhintergehbaren ›Spiels‹ eine neue, innovative Ausgestaltung: »sein Ursprung, seine Stimme liegt im Lesen, und nicht im eigentlichen Ort des Schreibens«.[50] Indem der Autor in der sich beständig perpetuierenden Bedeutungspraxis aufgeht, obliegt es dem Leser, den Autor im Rahmen seiner individuellen Bündelung der ›Sinnspuren‹ als (lediglich) einen Aspekt der Textproduktivität immer wieder neu zu aktualisieren.

---

47 Barthes: Sade – Fourier – Loyola, S. 135.
48 Ebd., S. 110f. Die in dem Spiel mit den aufeinanderliegenden Händen sowie dem »Spiel mit Stein, Schere und Blatt Papier« angelegte Bildlichkeit einer von jedem festen Bezugspunkt gelösten Sprach- bzw. Bedeutungsgenerierung ruft Barthes im Rahmen seiner vordergründig äußerst heterogenen Publikationen wiederholt auf. Vgl. u. a. Barthes: Über mich selbst, S. 55; Barthes: Sade – Fourier – Loyola, S. 188.
49 Barthes: Tod des Autors, S. 57.
50 Ebd., S. 62.

5.3 Der Autor

»Als Institution ist der Autor tot: als juristische, leidenschaftliche, biographische Person«, bestätigt Barthes in *Die Lust am Text* den von ihm sechs Jahre zuvor pointiert konstatierten ›Tod des Autors‹.[51] Doch noch bevor der 1999 erschienene Sammelband *Rückkehr des Autors* eine polymorphe ›Reinkarnation‹ der Autorfigur diskutiert,[52] hebt Barthes bereits in *Sade – Fourier – Loyola* sowie in *Vom Werk zum Text* neben dem Tod des institutionellen Autors eine Wiederkehr desselben explizit hervor, jedoch verlagert er diesen als einen aktiv anzueignenden Bedeutungsaspekt in den Prozess einer unabschließbar gedachten Textstrukturierung:

> [...] der ›Text‹ läßt sich ohne die Bürgschaft des Vaters lesen; die Wiederherstellung des Intertextes schafft paradoxerweise das Erbe ab. Nicht daß der ›Autor‹ nicht in den ›Text‹, in seinen Text, »zurückkehren« könne; dann aber, sozusagen, als Gast; [...] es gibt eine Rückwendung des Werks auf das Leben (und nicht mehr umgekehrt); [...] Das Wort ›Biographie‹ erhält wieder eine starke etymologische Bedeutung; und gleichzeitig wird die Aufrichtigkeit der Äußerung, die wahre ›Crux‹ der literarischen Moral, zu einem falschen Problem: Das *Ich*, das den Text schreibt, ist selbst immer nur ein Papier-*Ich*.[53]

In seinem Vorwort zu *Sade – Fourier – Loyola* formuliert Barthes daneben wie folgt:

> Die Lust am Text bringt auch eine freundschaftliche Wiederkehr des Autors mit sich. [...] Der aus seinem Text heraus- und in unser Leben eintretende Autor ist keine Einheit: er ist für uns ganz einfach eine Vielzahl von ›Reizen‹, der Ort einiger zerbrechlicher Details [...]. Wenn aber eine List der Dialektik will, daß in dem jedes Subjekt zerstörenden Text doch ein liebenswürdiges Subjekt sei, so ist dieses Subjekt doch verstreut, wie Asche, die man nach dem Tode in alle Winde streut [...].[54]

---

51 Vgl. Barthes: Lust am Text, S. 43; Barthes: Tod des Autors.
52 Vgl. Jannidis / Lauer u. a. (Hrsg.): Rückkehr des Autors.
53 Barthes: Vom Werk zum Text, S. 69f.
54 Barthes: Sade – Fourier – Loyola, S. 12f. In *Die Vorbereitung des Romans* reflektiert Barthes ebenfalls explizit eine ›Wiederkehr des Autors‹, die er dort im Rückblick – vor allem auf seine eigenen Schriften – in eine dreiteilige Entwicklung aufgliedert: 1. ›Einzelfälle‹, bei denen große Autoren »wie erratische Monumente in den Verlauf einer Literaturgeschichte hereinbrechen« – einzelne Autorpersönlichkeiten, denen es gelänge, Leben und Schreiben miteinander zu verknüpfen, um auf diese Weise eine normierte Literaturgeschichts-schreibung zu durchbrechen; 2. Wie bereits in *Der Tod des Autors* kritisch hervorgehoben etabliere der Positivismus eine neue Konzeption von Autorschaft – »der damit eine ›Wiederkehr‹ erlebte; allerdings grausam entstellt und verfälscht: Der Autor, der in diesen Untersuchungen wiederkehrt, ist der *externe*

Der Autor konstituiert sich unter dieser Perspektive nicht als eine vorgängige Entität im Rahmen einer kohärenten Biographie. Vielmehr scheint er allein durch ›eine Vielzahl von ›Reizen‹‹ innerhalb des Textes sowie der entsprechenden Para- und Intertexte, über eine wiederholte Aneignung auf: »Die Autorfigur ist keine ›biographische Transzendenz‹, sondern wird selbst fiktionalisiert, wird ›romanesk‹‹.[55]

Doch worin ist nach Barthes konkret die Motivation zu einer solchen kompilatorischen Rezeption zu erkennen, über die sich das verstreute Autorsubjekt in der Form eines Aneignungsprozesses als ›liebenswürdiges Subjekt‹ erneuert – wodurch gewinnt der eingeäscherte Leichnam des Autors immer wieder aufs Neue an Relevanz?

Einen entscheidenden Anhaltspunkt stellen in dieser Hinsicht die ›Reize‹ beziehungsweise ›zerbrechliche[n] Details‹ dar, die im Lesen und/oder Schreiben das jeweils individuelle Weiterführen des gegebenen Textgewebes motivieren, und damit überhaupt erst eine Auseinandersetzung anregen. Denn vor allem das Bemühen eines Textes um eine innovative Ausdrucksform, in der der ursprünglich Schreibende verstreut zwischen den von ihm arrangierten – als sprachliche Basis zwangsläufig übernommenen – stereotypen Versatzstücken in seiner handelnden Individualität aufscheint, nimmt den Schreibenden und/oder Leser für sich ein, wodurch sich dieser von einem unreflektierten Konsumieren entfernt, hin zur Integration des Aufgenommenen in die Praxis einer eigenen Produktivität.[56]

Autor«; 3. Der literarische Strukturalismus, die Semiologie habe den Autor in den 60er Jahren zu Grabe getragen bzw. »zugunsten des TEXTES« ausgelöscht – allerdings sei nun davon ausgehend eine neue Entwicklung wahrzunehmen, die einer spezifischen Neugier an der Autorfigur folgt: »Nach meinem Eindruck (noch einmal: Ich weiß nicht, ob ich verallgemeinern darf) kippte die Entwicklung in dem Moment um, als *Die Lust am Text* erschien: Erschütterung des theoretischen Über-Ichs, Rückkehr der geliebten Texte, ›Entdrängung‹ oder ›Entverdrängung‹ des Autors. Mir schien, als regte sich hier und dort, auch in meiner Umgebung, ein Vergnügen, an dem, was man – ohne an das Problem der Definitionen zu rühren – den *biographischen Sternhaufen* nennen könnte« (Barthes: Vorbereitung des Romans, S. 319–321).
55 Spoerhase: Autorschaft und Interpretation, S. 20.
56 In einer vergleichbaren Konstellation etabliert Barthes in *S/Z* die für seine Ausführungen wesentliche Grundunterscheidung: »Was die Bewertung des Textes findet, ist ein Wert: das, was heute geschrieben (neu geschrieben) werden kann: das *Schreibbare*. Warum ist das Schreibbare unser Wert? Weil es das Vorhaben der literarischen Arbeit (der Literatur als Arbeit) ist, aus dem Leser nicht mehr einen Konsumenten, sondern einen Textproduzenten zu machen. [...] Als Gegenüber des schreibbaren Textes etabliert sich also ein negativer, reaktiver Wert, sein Gegenwert: das, was gelesen, aber nicht geschrieben werden kann: das *Lesbare*. Jeden lesbaren Text nennen wir einen klassischen Text« (Barthes: *S/Z*, S. 8). Mit der Unterscheidung zwischen einer ›Lust am Text‹ und einer ›Wollust am Text‹ differenziert Barthes in *Die Lust am*

In der Tendenz verbindet sich ein auf diese Weise angeregtes Lesen sowie Schreiben mit der von Barthes in *Die helle Kammer* eröffneten Differenzierung zwischen ›studium‹ und ›punctum‹, in denen er die wesentlichen Konstituenten seines Interesses für spezifische Photographien konturiert. Mit dem Terminus ›studium‹ ist auf der einen Seite generell »die Hingabe an eine Sache, das Gefallen an jemandem, eine Art allgemeiner Beteiligung, beflissen zwar, doch ohne besondere Heftigkeit«, gefiltert »durch das Relais einer moralischen und politischen Kultur« benannt.[57] Darin ähnelt das ›studium‹ der allgemein interessierten, eingeübten Rezeption eines sprachlichen Gebildes ohne den engagierten Einsatzpunkt einer persönlichen Ergriffenheit. Das ›punctum‹ markiert auf der anderen Seite ein Element, das ›wie ein Pfeil‹ aus dem Zusammenhang des ›studiums‹ hervorschießt, um das ›ziellose Interesse‹ nachhaltig zu durchbrechen: »Das *punctum* einer Photographie, das ist jenes Zufällige an ihr, das *mich besticht* (mich aber auch verwundet, trifft)«.[58] Im ›punctum‹ zeigt sich dergestalt eine grundlegend angeregte, über einen innovativen Einsatzpunkt ergriffene Textrezeption, die sich demgemäß in das beobachtete Sinngewebe einschreibt respektive dieses weiter fortschreibt.

Entsprechend arrangiert Barthes seinen eigenen Analyseansatz in *Sade – Fourier – Loyola* nicht allein in der konzeptionell-theoretischen Durchdringung der von ihm fokussierten Logotheten, vielmehr geht auch er – wie zu Beginn anfänglich hervorgehoben – von eigentümlichen ›Reizen‹ sowie ›Details‹ aus, um diese produktiv aufzunehmen. Die jeweils über ein dergestalt angelegtes Schema eröffneten Fragmente Barthes' schreiben sich zumeist bis hin zu einer nahezu aphoristischen Theoriebildung fort. Ein Produktionsprinzip, das sich exemplarisch in dem mit »Der Widerwille gegen Brot« überschriebenen Teilabschnitt des zweiten Kapitels zu Sade nachverfolgen lässt:

> Sade mag kein Brot. Das hat zwei politische Gründe. Einmal ist das (tägliche) Brot Emblem für Tugend, Religion, Arbeit, Mühe, Bedürfnis, Armut und muß deshalb als *moralisches* Objekt verachtet werden; andererseits ist es ein Erpressungsmittel: Tyrannen knechten das Volk dadurch, daß sie mit Brotentzug drohen. Insofern ist es ein Unterdrückungssymbol. Das Sadesche Brot ist also ein widersprüchliches Zeichen: […].
> Der Text jedoch kann nicht bei einem ideologischen (wenn auch widersprüchlichen) Sinn stehenbleiben: zum christlichen und tyrannischen Brot gesellt sich ein drittes, ein

---

Text die eröffnete Perspektive weiter aus, auf deren wechselseitige Implikationen und entscheidenden Verschiebungen im Rahmen der vorliegenden Arbeit nicht detailliert eingegangen werden kann. Vgl. in dieser Hinsicht vor allem Barthes: Lust am Text; Ette: Roland Barthes, S. 305–325; Brune: Roland Barthes, S. 135–172.

57 Vgl. Barthes: Die helle Kammer, S. 35.
58 Ebd., S. 35f.

›Text‹-Brot. [...] so drehen sich die Sinngebungen: ein Karussell von Bestimmungen, das nirgendwo anhält und dessen unablässige Bewegung der Text ist. [59]

Barthes' Theorieverfahren sowie sein Schreibprinzip lassen sich hier in einem Dreischritt exemplifizieren: In einem ersten Schritt werden die zu entwickelnde Argumentation und damit verbunden die resümierende Sentenz – ›ein Karussell von Bestimmungen, das nirgendwo anhält und dessen unablässige Bewegung der Text ist‹ – durch das Aufgreifen eines biographischen Details initiiert: ›Sade mag kein Brot‹ (1. Detail). Eine damit einsetzende Analyse dieses Widerwillens leitet in einem zweiten Schritt relativ unvermittelt zu einer strukturähnlichen texttheoretischen Konstellation über – das überdeterminierte Brot in Verbindung mit dem sich unablässig bewegenden Text –, die in einer pointierten Formulierung Kontur findet (›dessen unablässige Bewegung der Text ist‹ – 2. Theorem) und sich darüber in einem dritten Schritt in eine dynamische Reihe von Fragment-Sentenzen einreiht. Jeder mit einer Überschrift versehene Teilabschnitt spitzt sich zumeist in knappen Theoremen zu, wobei die Theoreme der verschiedenen Abschnitte in ihrer Abfolge vordergründig unverknüpft nebeneinander stehen (3. Reihung). In einer exemplarischen Auswahl der in »Sade II« formulierten Sentenzen findet diese textpraktische sowie zugleich texttheoretische Reihung eine eindringliche Veranschaulichung:

Das wirkliche Instrument der Zensur ist nicht die Polizei, sondern die *Endoxa*. [...] [S]o ist auch die gesellschaftliche Zensur nicht da, wo man zu sprechen hindert, sondern da, wo man zu sprechen zwingt. [...] [D]ie *Erfindung* (nicht die Provokation) ist eine revolutionäre Tat: nur in der Begründung eines neuen Sprachsystems kann sie sich vollenden. [60]

Da die Sprache analytisch ist, kann sie den Körper nur erfassen, wenn sie ihn zerstückelt. Der Körper als Ganzes ist außerhalb der Sprache. Nur Körperteile können in den Schreibprozess eingehen. [...] Dennoch gibt es ein Mittel, diesen faden und perfekten Körpern eine Existenz im Text zu geben. Dieses Mittel ist das Theater [...]. [61]

Die Vielfältigkeit der Codes begründet das Plurale des Textes; was diesen aber letztlich vollendet, ist die Ungezwungenheit, mit der der Leser bestimmte Seiten ›vergißt‹ [...]. [62]

[N]icht die Wahrheit führt meine Hand, sondern das Spiel, die Wahrheit des Spiels. Es gibt keine Metasprache, heißt es. Oder vielmehr: es gibt nur Metasprachen: *Sprache auf Sprache*, wie ein lockerer Teig ohne Kern [...]. [63]

Die Diffraktion des Subjekts setzt sich an die Stelle seiner Auflösung. [64]

---

59 Barthes: Sade – Fourier – Loyola, S. 145.
60 Ebd., S. 144f.
61 Ebd., S. 146. Vgl. daneben zum komplexen Verhältnis zwischen ›Körper‹ und ›Text‹ bzw. ›Sprache‹ in den Schriften Barthes' u. a. Brune: Roland Barthes, S. 212–217.
62 Barthes: Sade – Fourier – Loyola, S. 155.
63 Ebd., S. 188.

Ausgehend von einem ›bestechenden Reiz‹ beziehungsweise einem biographischen Detail des in den Texten verstreuten Autorsubjekts rekonstruiert die produktive Lektüre Barthes' eine jeweils innovative ›Logothesis‹ (Barthes als Leser), die ihn zu immer neuen Annäherungen an eine Text- und Literaturkonzeption führt (Barthes als Schreibender), die gemäß der eigenen Texttheorie über keine starre Strukturierung sowie über keinen abschließenden Fluchtpunkt verfügt. Demnach ist in dem skizzierten Dreischritt (1. Detail – 2. Theorem – 3. Reihung) präzise der Ansatz zu erkennen, den Barthes ausgehend von dem eingangs fokussierten Abschnitt »Lebensläufe« in *Sade – Fourier – Loyola* grundlegend verfolgt: eine sowohl konzeptionell-theoretisch als auch formalpraktisch inszenierte Texttheorie, die die Schriften und ›Biographeme‹ Sades, Fouriers sowie Loyolas im Rahmen einer eigenen Produktivität fortschreibt.

In dieser ›Wiederkehr des Autors‹ als ›Ort einiger zerbrechlicher Details‹ und damit als Ausgangspunkt eigener theoretischer Reflexionen füllt Barthes die in *Der Tod des Autors* grundlegend eröffnete und später von Foucault hervorgehobene Leerstelle innovativ aus. Er verabschiedet eine Autorkonzeption, die den Autor als kohärentes Subjekt und letztgültige Deutungsinstanz dem Text vorgängig einsetzt, und arrangiert die Autorfigur sowie den Gedanken eines historisch-engagierten Subjekts im Kontext seiner texttheoretischen Fluchtpunkte in Verbindung mit dem ›Schreibenden‹ und dem ›Leser‹ neu. Somit betreibt bereits der vermeintliche Totengräber des Autors eine produktive Wiedereinsetzung der äußerst vitalen Autorkategorie.

Barthes' fiktive Autobiographie *Über mich selbst* lässt sich davon ausgehend zudem als eine innovativ verschobene Fortsetzung der in *Sade – Fourier – Loyola* konstituierten Praxis des Schreibens charakterisieren, indem er nun seine eigenen Texte, Biographeme sowie Photographien in den Analysefokus rückt (Barthes als Leser vom im Text verstreuten Autor Roland Barthes) und seinen Band zudem mit dem folgenden Motto einleitet: »All dies muß als etwas betrachtet werden, was von einer Romanperson gesagt wird«.[65] Das Leben verbindet sich mit dem Schreiben, der Autor mit dem Text.

Bibliographie

Barthes, Roland: *Am Nullpunkt der Literatur* [frz.: *Le degré zéro de l'écriture*. Paris 1953]. Übers. v. Helmut Scheffel. Frankfurt a. M. 1982.

---

64 Ebd., S. 190.
65 Barthes: Über mich selbst, S. 5. Vgl. den Beitrag von Nina-Maria Glauser in diesem Band.

Barthes, Roland: *Mythen des Alltags* [frz.: *Mythologies*. Paris 1957]. Übers. v. Horst Brühmann. Berlin 2010.
Barthes, Roland: *Kritik und Wahrheit* [frz.: *Critique et vérité*. Paris 1966]. Übers. v. Helmut Scheffel. Frankfurt a. M. 1967.
Barthes, Roland: *S/Z* [frz.: *S/Z*. Paris 1970] Übers. v. Jürgen Hoch. Frankfurt a. M. 1987.
Barthes, Roland: *Sade – Fourier – Loyola* [frz.: Sade, *Fourier, Loyola*. Paris 1971]. Übers. v. Maren Sell und Jürgen Hoch. 2. Aufl. Frankfurt a. M. 2002.
Barthes, Roland: *Die Lust am Text* [frz.: *Le Plaisir du Texte*. Paris 1973]. Übers. v. Traugott König. 11. Aufl. Frankfurt a. M. 2006.
Barthes, Roland: *Über mich selbst* [frz.: *Roland Barthes par Roland Barthes*. Paris 1975]. Übers. v. Jürgen Hoch. München 1978.
Barthes, Roland: Leçon/Lektion. Französisch und Deutsch. Antrittsvorlesung im Collège de France. Gehalten am 7. Januar 1977 [frz.: Leçon. Paris 1978]. Übers. v. Helmut Scheffel. Frankfurt a. M. 1980.
Barthes, Roland: *Die helle Kammer. Bemerkung zur Photographie* [frz.: *La chambre claire. Note sur la photographie*. Paris 1980]. Übers. v. Dietrich Leube. 5. Aufl. Frankfurt a. M. 1997.
Barthes, Roland: *Die Vorbereitung des Romans. Vorlesung am Collège de France 1978 –1979 und 1979–1980* [frz.: *La Préparation du Roman* (I et II). Notes de cours et de séminaires au Collège de France. 1978–1979 et 1979–1980. Paris 2003]. Hrsg. v. Éric Marty, übers. v. Horst Brühmann. Frankfurt a. M. 2008.
Barthes, Roland: *Das Rauschen der Sprache (Kritische Essays IV)* [frz.: *Essais Critiques IV. Le bruissement de la langue*. Paris 1984]. Übers. v. Dieter Hornig. Frankfurt a. M. 2006.
Barthes, Roland: »Das Lesen schreiben«. In: *Das Rauschen der Sprache*, S. 29–32.
Barthes, Roland: »Über das Lesen«. In: *Das Rauschen der Sprache*, S. 33–43.
Barthes, Roland: »Der Tod des Autors«. In: *Das Rauschen der Sprache*, S. 57–63.
Barthes, Roland: »Vom Werk zum Text«. In: *Das Rauschen der Sprache*, S. 64–72.
Barthes, Roland: »Schriftsteller, Intellektuelle, Professoren«. In: *Das Rauschen der Sprache*, S. 339–362.
Brune, Carlo: *Roland Barthes. Literatursemiologie und literarisches Schreiben*. Würzburg 2003.
Bürger, Peter: »Von der Schwierigkeit, Ich zu sagen: Roland Barthes«. In: *Das Verschwinden des Subjekts. Eine Geschichte der Subjektivität von Montaigne bis Barthes*. Frankfurt a. M. 1998, S. 203–216.
Detering, Heinrich (Hrsg.): *Autorschaft. Positionen und Revisionen*. Stuttgart / Weimar 2002.
Detering, Heinrich: »Vorbemerkung«. In: Detering (Hrsg.): *Autorschaft*, S. IX–XVI.
Ette, Ottmar: »Der Schriftsteller als Sprachendieb. Versuch über Roland Barthes und die Philosophie«. In: Nagl, Ludwig / Hugh J. Silverman (Hrsg.): *Textualität der Philosophie*. Wien 1994, S. 161–189.
Ette, Ottmar: *Roland Barthes. Eine intellektuelle Biographie*. Frankfurt a. M. 1998.
Foucault, Michel: »Was ist ein Autor?«. In: *Schriften zur Literatur*. Hrsg. v. Daniel Defert und François Ewald, übers. v. Michael Bischoff, Hans-Dieter Gondek und Hermann Kocyba. 2. Aufl. Frankfurt a. M. 2008, S. 234–270.
Jannidis, Fotis / Gerhard Lauer / Matías Martínez / Simone Winko (Hrsg.): *Rückkehr des Autors*. Tübingen 1999.
Jannidis, Fotis / Gerhard Lauer / Matías Martínez / Simone Winko: »Rede über den Autor an die gebildeten unter seinen Verächtern. Historische Modelle und systematische Perspektiven«. In: Jannidis / Lauer u. a. (Hrsg.): *Rückkehr des Autors*, S. 3–35.

Kandinsky, Wassily: »Über die Formfrage«. In: *Essays über die Kunst*. Hrsg. v. Max Bill. Stuttgart 1955, S. 15–45.

Langer, Daniela: *Wie man wird, was man schreibt. Sprache, Subjekt und Autobiographie bei Nietzsche und Barthes.* München 2005.

Lauer, Gerhard: »Kafkas Autor. Der Tod des Autors und andere notwendige Funktionen des Autorkonzepts«. In: Jannidis / Lauer u. a. (Hrsg.): *Rückkehr des Autors,* S. 209–234.

Martínez, Matías: »Autorschaft und Intertextualität«. In: Jannidis / Lauer u. a. (Hrsg.): *Rückkehr des Autors,* S. 465–479.

Neumann, Maik: »Die ›Mythen‹ Roland Barthes' – ›Mythos‹ als Verfahren einer dynamischen Schreibweise«. In: Jamme, Christoph / Stefan Matuschek (Hrsg.): *Die mythologische Differenz. Studien zur Mythostheorie.* Heidelberg 2009, S. 95–126.

Spoerhase, Carlos: *Autorschaft und Interpretation. Methodische Grundlagen einer philologischen Hermeneutik.* Berlin 2007.

Teuber, Bernhard: »Sacrificium auctoris. Die Anthropologie des Opfers und das postmoderne Konzept der Autorschaft«. In: Detering (Hrsg.): *Autorschaft,* S. 121–141.

Wolf, Norbert Christian: »Wie viele Leben hat der Autor? Zur Wiederkehr des empirischen Autor- und des Werkbegriffs in der neueren Literaturtheorie«. In: Detering (Hrsg.): *Autorschaft,* S. 390–405.

Evelyn Dueck
Diener zweier Herren
Der Übersetzer zwischen Fergendienst und Autorschaft

Abstract: Der folgende Beitrag behandelt ein von der Problematik und von der Theorie der Autorschaft scheinbar unberührtes Thema: den Übersetzer. In einem ersten Teil soll die vor allem in der Übersetzungskritik vorherrschende Auffassung illustriert werden, nach der Übersetzer und Autor in einem klar hierarchischen Verhältnis zueinander stehen und ihre Tätigkeiten eindeutig voneinander zu unterscheiden sind. Im Gegensatz zum Übersetzer zeichnet sich nach dieser Auffassung der Autor durch Einmaligkeit, Ursprünglichkeit und Schöpferkraft aus. Der Übersetzer hingegen ist vor allem ein Dienstleister. Der zweite Teil zeigt auf, dass seit dem späten 18. Jahrhundert auch Überlegungen angestellt werden, nach denen Übersetzertätigkeit und Autorschaft eng miteinander verbunden sind. Diese Verbindung resultiert ganz wesentlich aus der frühromantischen Sprach- und Literaturtheorie und wird in Teilen sowohl von Walter Benjamin als auch von Jacques Derrida produktiv aufgenommen. In einem dritten Teil wird der Frage nachgegangen, was der ›Tod des Autors‹ für den Übersetzer bedeutet und inwiefern eine moderne Übersetzungswissenschaft vom Tod des Übersetzers auszugehen hat.

1 Autor*schaft* versus Übersetzer*tätigkeit*

Es mag überraschen, dass in einem Band zur Autorschaft vom Übersetzer die Rede sein soll, scheint dieser doch eher so etwas wie der negative Beweisgrund jeder Autorschaft zu sein. Je mehr Übersetzungen eines literarischen Werkes entstehen, desto deutlicher wird, dass das Original (in der übersetzungswissenschaftlichen Terminologie: der ›Ursprungs-‹ oder ›Ausgangstext‹, ›*source text*‹) und sein Autor einmalig sind. Die Pluralität der Übersetzungen bezeugt gewissermaßen in ihrer Vielfältigkeit die Singularität des Originals. Man geht in diesem Sinne davon aus, dass die Übersetzung altert und ständig erneuert werden muss, wohingegen der Ausgangstext in seiner Einmaligkeit gegeben bleibt. Dieses einmalige Gegebensein bestimmt auch – ganz im Sinne der Genie- und Werkästhetik – die Rezeption des Originals, oft bis in den Bereich seiner Übersetzungen hinein, das heißt, wenn diese gelesen werden, als seien sie Originale. Dennoch wird die Übersetzung – gerät sie selbst in den Blickpunkt – nach vollkommen anderen

Kriterien untersucht als der Originaltext und diese Differenz spiegelt sich in der klaren Unterscheidung von Autor und Übersetzer wider: welcher Germanist kennt schon die Genese aller Übersetzungen von Goethes *Faust* und wer würde sich die Mühe machen, all die Biographien und Beweggründe seiner Übersetzer herauszuarbeiten? Während das Ziel einer Lektüre des Originals – grob vereinfachend gesagt – im (nicht nur semantischen) *Verstehen* liegt, sucht die Analyse der Übersetzung nach Kriterien für ihre *Beurteilung*. Die Übersetzung ist nur Text im Bezug auf das Original. Ihre Fähigkeit, zu ihm zu führen oder ihn in einer anderen Sprache zu vermitteln, wird beurteilt, nicht ihre eigene Literarizität. In der Übersetzungskritik gilt es sogar eher als problematisch, wenn Übersetzungen literarischen Kriterien genügen wollen. Es handelt sich also sowohl unter synchronen, als auch unter diachronen Gesichtspunkten um ein hierarchisches Verhältnis.

Dementsprechend beschränkt sich die Übersetzungswissenschaft allzu oft auf kritische (im Sinne von beurteilend) oder didaktische Gesichtspunkte (der bestmöglichen Ausbildung von Übersetzern). Mit der Entwicklung der Polysystemtheorie in Israel (insbesondere durch Itamar Even-Zohar und Gideon Toury) in den 1960er Jahren ensteht zwar eine im weitesten Sinne genetische Übersetzungswissenschaft,[1] die sich darum bemüht, Übersetzungen aus ihren kulturellen und biographischen Voraussetzungen her zu erklären. Dieser Forschungszweig hebt sich jedoch in seiner Vorgehensweise und seinen Zielen klar von hermeneutischen und selbst von texttheoretischen Überlegungen ab. Es geht ihm nicht darum, die Übersetzung als Text zu verstehen, sondern herauszuarbeiten, aus welchen Gründen eine bestimmte Übersetzung mehr oder weniger gut gelungen ist. Die Innovation der Polysystemtheorie liegt darin, die Gründe für eine misslungene Übersetzung zu fokalisieren und sie nicht mehr allein beim Übersetzer (aus mangelndem Wissen oder Können) zu suchen, sondern (wie auch schon Humboldt) den gesamten Kontext verantwortlich zu machen, in dem sich dieser bewegt. Seine gesellschaftliche, kulturelle und sprachliche Konditionierung erklärt zu einem großen Teil die Übersetzung. In diesem Sinne schlägt der Gründer der modernen französischen Übersetzungswissenschaft Antoine Berman vor, die berufliche Karriere als einen der wichtigsten Ausgangspunkte jeder Übersetzungskritik anzusehen.[2] Wann und unter welchen Umständen hat der Übersetzer

---

[1] Vgl. Even-Zohar: Polysystem studies. Itamar Even-Zohar ist emeritierter Professor für Kulturwissenschaften an der Universität Tel Aviv. Ausgangspunkt seiner Übersetzungstheorie sind seine Überlegungen zur dynamischen Enstehung von Kulturen (und Nationen), die wesentlich auf den Austausch (Interferenz) mit anderen Kulturen zurückgeht. Sprache ist für ihn demnach auch nicht ein vorhandenes Regelwerk – auf das der Übersetzer zugreifen könnte – sondern ein sich in ständiger Wandlung begriffenes und produktives Kulturgut.
[2] Berman: Pour une critique des traductions, S. 73f.

die Fremdsprache erlernt? Ist er zweisprachig aufgewachsen? Handelt es sich um eine hauptberufliche Tätigkeit oder ist der Übersetzer gar selbst Schriftsteller? Berman unterstreicht, dass es sich nicht um eine psychologisch biographische Analyse handelt, sondern um eine auf den beruflichen Werdegang des Übersetzers beschränkte Untersuchung. Es geht dabei nicht darum, zu verstehen, *was* ein Text sagt, sondern *wie* und *warum* ein bestimmtes Wort eher als ein anderes gewählt worden ist.

Der Mangel an *Treue* gilt als eine der Hauptsünden der Übersetzung und wird vor allem Dichtern vorgeworfen: sie seien zwar die Einzigen, die Gedichte adäquat übersetzen könnten, wären aber nicht im Stande, ihre eigenen poetischen Impulse zurückzunehmen und dem anderen Text somit rückhaltlos zu dienen. Bekanntestes Beispiel eines solchen Vorwurfs im letzten Jahrhundert ist vielleicht die Goll-Affäre, welche Paul Celan über zehn Jahre verfolgte und nicht nur seinen guten Ruf als Übersetzer, sondern auch als Dichter bedrohte.[3] Dieser Vorwurf der Untreue trägt beinahe ödipale Züge: der Übersetzer nimmt den Platz eines Älteren ein, der ihm nicht zusteht; er schreibt einen Text, der nicht sein eigener ist und übt damit eine Macht aus, die nicht auf seiner eigenen Stärke beruht. Er kann Veränderungen vornehmen, die nur schwer zu überprüfen sind und für den einsprachigen Leser zwangsläufig Teil des Ausgangstextes zu sein scheinen. In vielen übersetzungstheoretischen Schriften wird der Übersetzer folglich als Gefahr für den Ausgangstext gesehen. Seine Vermittlertätigkeit stellt eine Verfremdung dar, die nur der Notwendigkeit geschuldet ist, einen Text über die Sprachgrenzen hinweg bekannt zu machen. Kann eine Übersetzung nicht vermieden werden, so wird von ihr wenigstens die möglichst perfekte Treue zum Ausgangstext erwartet. Der Übersetzer kommt diesem Unbehagen oft entgegen, indem er bereits im Vorwort darauf aufmerksam macht, dass seine Arbeit sich mit dem Original weder messen kann, noch will.[4] Damit signalisiert er seine Anerkennung vor der Autorität des Ausgangstextes und schützt sich vor allzu harter Kritik.

---

3 Die Dichterin Claire Goll warf Paul Celan vor, die Gedichte ihres Mannes Ivan Goll plagiiert zu haben. Der Vorwurf und die ihm folgenden öffentlichen Diffamierungsversuche nahmen ihren Ausgang in Paul Celans Übersetzungen der Gedichte Ivan Golls, die seine Frau als dichterische Aneignungen Celans ablehnte. Mit der sog. Goll-Affäre hat sich insbesondere Barbara Wiedemann beschäftigt. Vgl. Wiedemann (Hrsg.): Paul Celan – die Goll-Affäre.
4 Wie das Vorwort, so dienen auch viele Anmerkungen, Fußnoten und Hinweise des Übersetzers im Text der Anerkennung der Einzigartigkeit des Originals, z. B. wenn auf unübersetzbare Worte oder Wendungen hingewiesen wird. Darüber hinaus markieren sie den Text als Fremden und verhindern die Illusion einer restlosen Übertragung gegen die sich auch Sigrid Weigel in

Alle über notwendige linguistische Veränderungen hinausgehende Freiheiten werden abgelehnt und von den Übersetzungskritikern scharf verurteilt. Der Übersetzer wird zuweilen sogar als Verräter bezeichnet. Das italienische Diktum *tradittore traductore* suggeriert beispielsweise eine paronomastische Verstrickung von Übersetzertätigkeit und Verrat und der belgische Dichter und Literaturtheoretiker Fernand Verhesen wirft der Übersetzung vor, sich das Vertrauen des Ausgangstextes zu erschleichen, um ihm dann sein innerstes Wesen entwenden zu können.[5] Ein besonders drastisches Beispiel dieser Auffassung findet sich bei Jean-René Ladmiral, der das Bild der *Vergewaltigung*[6] einführt, um das Verhältnis von Übersetzung und Original zu charakterisieren. Auch Françoise Wuilmart macht 2009 auf die Problematik der Übersetzung aufmerksam, wenn sie den Übersetzer mit einem Geisterfahrer vergleicht, der alles falschherum macht und damit zu einem gefährlichen Blindgänger wird.

> Le conducteur fantôme : c'est ainsi que l'on qualifie celui qui roule à contresens, alors qu'il est bien réel, notamment dans le danger qu'il représente là où il n'est pas à sa place. Reprenons la même phrase en changeant une syllabe et un verbe : le *tra*ducteur fantôme : c'est ainsi que l'on qualifie celui qui *écrit* à contresens, alors qu'il est bien réel, notamment dans le danger qu'il représente pour le texte qu'il hante et entache de sa présence. Cela dit, le traducteur peut aussi être un fantôme d'une autre manière, la bonne cette fois, quand il se plie à une éthique louable qui prône son effacement total, alors que paradoxalement il est toujours bel et bien là, caché derrière chaque mot, chaque phrase. C'est l'éthique du fantôme ancillaire.[7]

---

ihrem Buch zu Walter Benjamins Sprachschöpfungen wehrt. (Weigel: Walter Benjamin.) Kehrseite einer solchen Markierung ist die potentiell unendliche Anhäufung von Anmerkungen und Fußnoten, welche die Übersetzung überschreiten und in gewissem Sinne disqualifizieren. Paradoxerweise suggeriert diese Anhäufung die Möglichkeit eines restlosen Verständnisses des Originals. Sie markieren damit einerseits das Fremde, suchen aber andererseits – zumindest tendenziell – nach dessen Auflösung. Beispiele einer extremen Häufung von Anmerkungen sind die Übersetzungen der Prosa Kafkas durch Claude David und die Übersetzungen der Lyrik Paul Celans durch Jean-Pierre Lefebvre, bei denen der Anmerkungsapparat ebensoviele oder gar mehr Seiten füllt als der Text selbst.

5 Verhesen: À la lisière des mots, S. 5.
6 Ladmiral: Sourciers et ciblistes, S. 295f. So unangemessen der Vergleich auch scheint, unterstreicht er doch den oft polemischen Charakter der Übersetzungskritik. Seit den 1990er Jahren gehört Jean-René Ladmiral – der in Paris deutsche Philosophie und Übersetzung unterrichtet – zu den führenden französischen Übersetzungswissenschaftlern. Er übersetzt vor allem Habermas, aber auch Kant und Adorno.
7 Wuilmart: Le traducteur fantôme, S. 43. Françoise Wuilmart gründet 1996 das *Centre Européen de Traduction littéraire,* dessen Direktorin sie bis heute ist.

In einer bekannten Novelle des Ungarn Dezsö Kosztolányi ist der Übersetzer ein Kleptomane, der alle Wertgegenstände, die im Ausgangstext vorkommen, entwendet. Auch er ist – wie wir später bei Handke zeigen werden – kein ausgebildeter Übersetzer, sondern gescheiterter Schriftsteller. Nachdem er aus dem Gefängnis entlassen wird, kann er nicht mehr unter eigenem Namen veröffentlichen und soll so einen englischen Groschenroman ins Ungarische übersetzen. Die Bilanz ist fatal:

> Zu guter Letzt stellte sich heraus, dass unser verwirrter Schriftstellerkollege im Laufe seiner Übersetzertätigkeit aus dem englischen Original ungehöriger und unerlaubter Weise 1 579 251 Pfund Sterling entwendet hatte, dazu 177 Goldringe, 947 Perlenhalsbänder, 181 Taschenuhren, 309 Paar Ohrringe, 435 Koffer, nicht zu reden von den Besitztümern, den Wäldern und Wiesen, den Schlössern von Herzogen und Baronen nebst anderem Krimskrams wie Taschentüchern, Zahnstochern und Glöckchen, die im einzelnen aufzuzählen langwierig und vermutlich überflüssig wäre.[8]

In diesem Sinne bezeichnet der Germanist Jean-Pierre Lefebvre – der aktuelle französische Übersetzer von Paul Celans Lyrik – den Übersetzer als einen ›kleinen Woyzeck‹ des literarischen Betriebes.[9] Auch hier wird die Übersetzung als Gefahr für das Original gedeutet, ist Woyzeck doch ein Krimineller, der (wie der Kleptomane bei Kosztolányi) Opfer seiner Triebe wird.

Diese Gefahr scheint den Kritikern nur gebannt, wenn der Übersetzer sich dem Ausgangstext unterordnet, also nur im Text wirklich vorhandene Bedeutungen möglichst treu übersetzt. Von einem Übersetzer erwartet man, dass er nicht mehr als unbedingt notwendig verändert, nichts hinzufügt und möglichst nichts weglässt. Dieser Anspruch ist denn auch einer der zentralen Punkte der von der *International Federation of Translators* herausgegebenen Charta: »Every translation shall be faithful and render exactly the idea and form of the original. This fidelity constituting both a moral and a legal obligation for the translator«.[10] Original und Übersetzung unterscheiden sich also im wesentlichen dadurch, dass das Original in jedem Fall fehlerfrei ist. Der Übersetzer hingegen ist ein Dienstleister, der ein Produkt abliefert, das möglichst keinerlei überflüssige Spuren seiner Arbeit enthalten, das also objektiv richtig sein soll. Der spanische Philosoph und Soziologe José Ortega y Gasset geht sogar so weit, die prinzipielle ›Hässlichkeit‹ der Übersetzung zu fordern,[11] damit nicht der Eindruck entstehe, dass es sich

---

8 Kosztolányi: Der kleptomanische Übersetzer, S. 162.
9 Lefebvre: Paul Celan, S. 101.
10 International Federation of Translators: Translator's Charter.
11 Ortega y Gasset: Miseria y esplendor, S. 345f.

um ein Original handele, und der Philosoph Michel Deguy spricht von einer prinzipellen ›Trauer‹,[12] die den Übersetzungsvorgang begleite; Trauer darüber, dass eine perfekte, das heißt transparente Übersetzung nicht möglich ist und ein ganz wesentlicher Teil der Texte – ihre Form nämlich – verloren gehen muss. Die erste bildliche Widergabe der Übersetzertätigkeit zeigt denn auch den Dolmetscher als ganz kleines Männchen, welches zwischen dem ägyptischen Statthalter und den knieenden Fremden dolmetscht. Es ist dabei nicht einmal halb so groß wie der Statthalter und sogar kleiner als die Fremden, die kniend auf seiner Höhe sind.[13] Diese Haltung ist noch heute beim sogenannten Dolmetschen im ›Flüstermodus‹ präsent, bei dem die persönlichen Dolmetscher der Staats- und Regierungschefs auf kleinen Schemeln hinter ihnen sitzen, um möglichst unauffällig das Gespräch über die Sprachgrenzen hinweg zu ermöglichen.[14] Der Übersetzer darf nichts Eigenes einbringen, er beschränkt sich auf die Rolle des neutralen Vermittlers. Im Grunde ist seine Präsenz ein Ärgernis, erinnert sie doch an die Strafe der Sprachverwirrung, die Gott nach dem Turmbau zu Babel über die Menschen bringt.

In Peter Handkes Erzählung *Nachmittag eines Schriftstellers* lässt sich diese Abgrenzung des Übersetzers vom Autor sehr gut beobachten: gegen Ende des Nachmittags trifft sich der Schriftsteller in einer Bar mit seinem Übersetzer der »ihn noch zu ein paar Sachen und Wörtern befragen wollte«.[15] Die Hierarchie im Bezug zum Text ist schnell geklärt: der Übersetzer ist »kaum als lebender Mensch vor den wandfüllenden Filmstar-Photos« zu erkennen, er »blickt verschmitzt« und stellt seine Fragen zum Text, deren Beantwortung dem Schriftsteller keinerlei Mühe bereitet, »denn immerhin konnte der Verantwortliche von jedem Wort sagen, was er da getan hatte«.[16] Der Übersetzer outet sich dann als ehemaliger Schriftsteller, dem »die Klarheit der Umrisse« und der Zusammenhang zwischen der Welt und der »verlässlichen Folge von Bildern« verloren ging:[17]

> Von allen meines Berufs, die ich kannte, war ich meines Wissens der einzige, der vor dem Schreiben Angst hatte, und zwar tagaus und tagein. Und Nacht für Nacht der gleiche Alptraum: Eine gemeinsame Aufführung, vor großem Publikum, stand bevor, und alle anderen hatten ihren Text, nur ich nicht. Als dann das Ende kam, mitten in einem vollkommen ungefühlten Satz ohne Anschauung, ohne Rhyhtmus, traf mich das als ein Schreibverbot, für

---

12 Deguy: La raison poétique, S. 112.
13 Es handelt sich um das sogenannte ›Dolmetscherrelief‹ aus dem Grab des Haremhab in Memphis. Vgl. Stolze: Übersetzungstheorien, S. 15f.
14 Bernard: Babel 2007, S. 1.
15 Handke: Nachmittag eines Schriftstellers, S. 78.
16 Ebd.
17 Ebd., S. 79.

immer. Nichts Eigenes mehr! Ich erinnere mich, wie ich an jenem Tag hinaus in die heißeste Sonne trat, da stundenlang unter blühenden Apfelbäumen stand, kalt wie nur je ein Kadaver, und dann doch lachte in Gedanken an den Spruch eines Großen: ›Man muss nur in die Hand blasen, dann geht's schon!‹ Und nach einem Übergang der Stummheit wurde ich der, den du kennst: Bloß nichts Eigenes mehr! Die Schwelle nicht überschreiten! Im Vorhof bleiben! Endlich kann ich mitspielen, statt wie ehedem der Alleinspieler sein zu müssen, und nur so, als Mitspieler, darf ich endlich auch auftrumpfen! Nur im Übersetzen – eines sicheren Textes – genieße ich meine Geistesgegenwart und fühle mich klug. Denn anders als früher weiss ich, dass jedes Problem dabei ein lösbares ist. Zwar quäle ich mich immer wieder, aber ich leide keine Qualen mehr und warte auch nicht mehr auf die Qual, dass sie sich auftue, damit ich ein Recht zu schreiben spüre. Der Übersetzer hat die Gewissheit, er wird gebraucht.[18]

Bei Handke ist der Übersetzer also auch ein befreiter Autor, der sich von der Unsicherheit literarischer Kreativität losgesagt hat und auf den bereits vorliegenden Text eines Anderen stützt. Er wird gebraucht und erfüllt seine klar umrissene Funktion in der Gesellschaft, die ihm ohne Zögern einen Platz zuweist. Bedingung dafür ist die Unterdrückung der eigenen schöpferischen und damit unberechenbaren Kraft. Befreit von der Unsicherheit literarischer Autorschaft ist er dennoch unfrei in seiner auf Nützlichkeit ausgerichteten Tätigkeit.

2 Autorschaft *und* Übersetzertätigkeit

In Literatur und Übersetzungswissenschaft ist die Trennung von Autor und Übersetzer also mehr als deutlich: wo sich dieser durch Einmaligkeit, Ursprünglichkeit und Schöpferkraft auszeichnet, ist jener ein zwar notwendiger, aber doch am liebsten verdrängter Doppelgänger, der dem Autor im besten Fall einen Fergendienst leistet. Er erlaubt ihm, scheinbar klar gezogene Sprachgrenzen zu überschreiten und bestätigt indirekt damit die kulturelle und sprachliche Identität des Ausgangstextes. Die weltweite Bekanntheit eines Werkes hängt ganz grundsätzlich von seinen Übersetzungen ab. Dies ist einer der Aspekte, den schon Goethe hervorhebt und den er für sein Konzept der ›Weltliteratur‹ fruchtbar macht. Seine wenigen Überlegungen zur Übersetzung sind Ausgangspunkt der modernen französischen Übersetzungswissenschaft wie sie Antoine Berman Ende des 20. Jahrhunderts entwickelt. Der Grund für diesen Rückgriff auf das beginnende 19. Jahrhundert ist die Tatsache, dass Goethes Überlegungen – ebenso wie die der

---

18 Ebd., S. 80f.

frühen Romantiker – die Übersetzung von ihrer reinen Transport- und Kommunikationsfunktion lösen oder zumindest eine mögliche Öffnung in diese Richtung erahnen lassen. Goethe unterscheidet drei (diachrone) Stufen der Übersetzung, die häufig als Übersetzungstypen missverstanden werden: die erste ermöglicht einen ersten, vorsichtigen Kontakt mit dem Fremden im Bereich »unserer nationellen Häuslichkeit«.[19] Sie erlaubt den Blick nach Außen, ohne zu schockieren und ohne eine zu große Beweglichkeit vom Leser zu erwarten. Die Prosaübersetzung scheint Goethe für diesen ersten Kontakt am geeignetsten und er nennt beispielhaft Luthers Bibel. Ist diese erste Öffnung erfolgt, kann das Fremde im Eigenen aufgenommen und die »fremden Worte mundgerecht« gemacht werden.[20] Goethe spricht hier von einer ›parodistischen‹ Übersetzung, die sich in gewisser Weise über das Original erhebt, weil sie nur übersetzt, was »angenehm und genießbar« ist.[21] Diese beiden Übersetzungsformen sind 1813 im Wieland-Nekrolog in der ersten von zwei Übersetzungsmaximen zusammengefasst: »Es gibt zwei Übersetzungsmaximen: die eine verlangt, daß der Autor einer fremden Nation zu uns herübergebracht werde, dergestalt, daß wir ihn als den Unsrigen ansehen können«.[22] Nach dieser vorsichtigen Öffnung und der selbstbewussten Aneignung kann in einer »höchsten und letzten« Stufe die reine Transportfunktion der Übersetzung überwunden werden.[23] Hier geht es nicht mehr darum, einen Inhalt in eine andere sprachliche Form zu über-tragen, sondern ein *Drittes* zu schaffen, welches aus der »Annäherung des Fremden und Eigenen, des Bekannten und Unbekannten« resultiert.[24] Dieses Dritte ist weder ganz Ausgangstext, noch ganz Zieltext, sondern der Versuch einer Identifizierung, das heißt die unabschließbare Suche nach einer möglichen Anverwandlung.[25] Goethe spricht hier von einer Zirkelbewegung, welche der Übersetzer in Bewegung bringt und die auch und gerade den Ausgangstext erfasst. Diese Bewegung ergreift das Original dort, wo

---

19 Goethe: Zu besserem Verständnis, S. 280.
20 Ebd.
21 Ebd., S. 281.
22 Goethe: Zu brüderlichem Andenken, S. 955.
23 Goethe: Zu besserem Verständnis, S. 281.
24 Ebd.
25 Hervorzuheben ist, dass der Übersetzer zwar als potenziell bedrohlicher Dritter zum Paar Autor-Leser hinzukommt, diese Einordnung jedoch ganz grundsätzlich nuanciert werden muss: erstens, weil die Arbeit des Übersetzers darauf ausgerichtet ist, Leser und fremdsprachigen Autor zusammenzuführen und keine bereits vorhandene Einheit aufzubrechen und zweitens, weil der Übersetzer letztendlich kein hinzukommender Dritter, sondern eher eine Wandlungsfigur ist, die beide Stadien (Leser und Autor) durchläuft. Für den Hinweis auf den Band Eßlinger / Schlechtriemen u. a. (Hrsg.): *Die Figur des Dritten* danke ich Marcus Willand und Matthias Schaffrick.

es bereits in sich eine Öffnung zum Fremden hin besitzt. Es ist nicht mehr nur unhintergehbare und gleichsam statische Referenz, sondern Ausgangspunkt einer zirkulären Dynamik, die man als romantische bezeichnen kann, treibt sie doch das Bekannte in den Bereich des Unbekannten (und umgekehrt). Dabei wird einerseits das Verständnis des Fremden *höchlich* vereinfacht und andererseits der Bereich des Eigenen erweitert.[26] Die Arbeit des Übersetzers erinnert hier insofern an die des Autors, als er den Ausgangstext durch seine Suche erneut in Bewegung versetzt, ihn an seinen Anfang zurückführt und zugleich die eigene Sprache schöpferisch bereichert. Seine Arbeit ähnelt vielmehr dem bei Handke als unberechenbar bezeichneten literarischen Schreiben als einer nützlichen und klar umrissenen Dienstleistung. Bei Goethe öffnet sich der Übersetzer der Unberechenbarkeit des literarischen Schreibens und dies vielleicht sogar in einem radikaleren Sinne als der ausgangssprachliche Autor, der zumindest am Rahmen der eigenen Sprache festhält.

Dieser Aspekt der Öffnung und des Aufbruchs liegt auch dem Interesse der Frühromantik für die Übersetzung zu Grunde. Hinzu kommt ihr kritisches Potential, welches vor allem von Friedrich Schlegel hervorgehoben wird. Als kritische Auseinandersetzung mit einem Text ist die Übersetzung ganz selbstverständlich Teil der neu zu entwerfenden ›progressiven‹ Philologie, die keine statischen Regelwerke mehr hervorbringt, sondern die Zeitlichkeit literarischer Texte in den Vordergrund rückt. Die Übersetzung ist hier Teil eines neuen Bewusstseins für die Geschichtlichkeit menschlicher Kultur und Zivilisation, die sich von der Nachahmung antiker Vorbilder löst. So wird auch die Übersetzungstheorie erstmals nicht mehr als didaktische Entwicklung von gültigen Normen für eine praktische Tätigkeit angesehen. Sie versinnbildlicht eher die drei wesentlichen Aspekte der romantischen Philologie: Kritik, Differenz und Erweiterung. Nach Schlegel ›eignet‹ sich die Übersetzung den fremden Text ›zu‹ und bildet sich ihm nicht ›nach‹: »Eine Uebersetzung ist durchaus keine *Nachbildung*. Ueber das Wörtchen *Nach* bei Uebersetzungen«.[27] Der Übersetzer handelt nicht *wie* das Original, sondern »in seinem Geiste«, das heißt nicht treu im statischen, sondern im dynamischen Sinne, Veränderungen durchaus begrüßend: »Bei der Frage von der Möglichkeit, die alten Dichter zu übersetzen, kömmts eigentlich darauf an, ob das treu aber [und] in das reinste Deutsch Übersetzte nicht etwa immer noch griechisch sei«.[28] Die Übersetzung wird hier nicht als eine Aneignung des Fremden durch vollkommenes Verstehen im logisch-rationalen Sinne verstanden. Die

---

26 Goethe: Zu besserem Verständnis, S. 283.
27 Schlegel: Zur Philologie. II, S. 63.
28 Schlegel: Athenäum, S. 214 und S. 241.

Fremdheit des ausgangssprachlichen Textes und seiner Kultur soll durchaus erhalten bleiben, denn sie ist für sich gesehen eine Bereicherung der Zielsprache und -kultur. Es besteht bei Schlegel keine grundsätzliche Trennung mehr zwischen dem Übersetzer und dem Autor; beide üben eine kritische Tätigkeit aus, die sich nicht auf semantischen Transfer (nach dem Schema: Referenz/Zeichen, Ausgangstext/Zieltext) beschränkt, sondern die jeweilige Sprache bildet, indem sie sie in Bewegung versetzt. Schlegel hebt insbesondere den schöpferischen Aspekt der Übersetzung hervor: indem sie Grenzen überschreitet und Fremdes ins Eigne holt, erweitert sie den Raum der Sprache und erkennt zugleich die sprachliche Bedingtheit jedes Verstehens. Übersetzung ist ihm denn auch »die vielseitigste Bildung der Sprache«.[29] Das Fremde soll weder im Eigenen aufgelöst, noch seine Qualitäten assimiliert werden, sondern es potenziert in seiner Fremdheit das Eigene. Aus diesem Grund handelt es sich um eine prinzipiell unabschließbare Tätigkeit: »Jede Uebersetzung ist eine unbestimmte, unendliche Aufgabe«.[30]

Wenn bei Schlegel die Übersetzung über das Konzept der Kritik bereits in den Bereich der Philologie geholt und damit von der Reduzierung auf reine Nützlichkeit befreit wird, so intensiviert Hölderlin die Verflechtung von Übersetzung und Original durch eine grundsätzliche Inversion: es ist hier nicht mehr die Zielkultur, die sich mittels Übersetzung das Fremde zugänglich macht, sondern der Ausgangstext und über ihn die Ausgangskultur, die nach Übersetzung verlangen.[31] Nicht weil sie sich davon eine erhöhte Verbreitung ihrer kulturellen Werke erhoffen, sondern weil sie ohne die Übersetzung nicht zu sich selbst finden können. Bei Hölderlin möchte die Übersetzung weder kommunizieren, noch verstehen. Sie möchte helfen, damit ihr geholfen werde. Original und Übersetzung brauchen einander und ermöglichen, im besten Fall, die Entstehung eines empfindlichen und niemals definitiven Gleichgewichts. Dieses Angewiesensein auf den anderen Text, auf seine Sprache und Kultur, findet sich auch bei Novalis. Er unterscheidet zwischen ›grammatischer‹, ›verändernder‹ und ›mythischer‹ Übersetzung. Erfordert die grammatische »sehr viel Gelehrsamkeit«, aber keine poetischen Fähigkeiten vom Übersetzer, so bedarf es bei der verändernden Übersetzung vor allem dieses »höchste[n], poetische[n] Geist[es]«.[32] Novalis nennt das Beispiel der französischen Übersetzungen und warnt vor ihrem leichten Abgleiten in die ›Traves-

---

29 Schlegel: Zur Poesie und Literatur 1808. I, S. 143.
30 Schlegel: Zur Philologie. II, S. 60.
31 Vgl. vor allem Hölderlin: An Casimir Ulrich Böhlendorff. Die Komplexität des Hölderlinschen Übersetzungsdenkens erfordert ohne Zweifel eine ausführlichere Darstellung, als sie im Rahmen dieses Artikels geleistet werden kann.
32 Novalis: Vermischte Bemerkungen 1797–1798 [Urfassung von ›Blütenstaub‹], S. 337.

tie‹. Oftmals wird davon ausgegangen, dass Novalis diese verändernde Übersetzung, bei der der Übersetzer der »Dichter des Dichters« ist, favorisiere.[33] Ebenso wie bei Goethe handelt es sich aber nicht um eine wertende Aufteilung. Die drei Arten der Übersetzung erfüllen bei Novalis eher unterschiedliche Zwecke: die ›grammatische‹ kommuniziert, die ›verändernde‹ poetisiert und die ›mythische‹ erhöht. Diese ›mythische Übersetzung‹ erreicht nach Novalis den »höchsten Stil« indem sie den »reinen, vollendeten Charakter des individuellen Kunstwerkes« darstellt.[34] Der Übersetzer muss hier zugleich Dichter und Philosoph sein: »Es gehört ein Kopf dazu, in dem sich poetischer Geist und philosophischer Geist in ihrer ganzen Fülle durchdrungen haben«.[35]

Mehr als ein Jahrhundert später nimmt Walter Benjamin im Vorwort zu seinen Baudelaire-Übersetzungen den Gedanken des mythischen Potentials der Übersetzung wieder auf, die – wenn auch nur in »hellen Spuren« – das ›Ideal‹ des Ausgangstextes zu schauen gibt.[36] Die mythische Übersetzung erweitert nicht nur den Raum der Zielsprache, sie ist nicht nur in der Lage, den reinen Charakter des Ausgangstextes darzustellen und in seinem Geiste zu handeln, sie erhöht den Text und überschreitet ihn damit. Das empfindliche Gleichgewicht zwischen den beiden Texten ist nicht nur eine Hilfestellung, bei der der eine den andern hält, sondern dieses Gleichgewicht lässt ein Drittes erahnen, welches den konkreten Bereich der beiden Texte überschreitet und zugleich ihr reinstes Wesen offenbart. Benjamin wird in diesem Sinne von der ›reinen Sprache‹ sprechen und er findet eines der schönsten Bilder der Übersetzungstheorie:

> Wie nämlich Scherben eines Gefäßes, um sich zusammenfügen zu lassen, in den kleinsten Einzelheiten einander zu folgen, doch nicht so zu gleichen haben, so muß, anstatt dem Sinn des Originals sich ähnlich zu machen, die Übersetzung liebend vielmehr und bis ins Einzelne hinein dessen Art des Meinens in der eigenen Sprache sich anbilden, um so beide wie Scherben als Bruchstück eines Gefäßes, als Bruchstück einer größeren Sprache erkennbar zu machen.[37]

Man könnte – wieder grob vereinfachend gesagt – behaupten, Walter Benjamin habe die Übersetzungstheorie geschrieben, die bei den Frühromantikern nur angedeutet ist. Auch er unterstreicht die Bedeutung der Übersetzung für das Fortleben des Originals, für seinen Ruhm bei den Nachgeborenen, das heißt ihre unbedingte Geschichtlichkeit. Ebenso wie Schlegel siedelt er die Übersetzung

---

33 Ebd. So, zum Beispiel, bei Friedmar Apel. Apel: Literarische Übersetzung, S. 84.
34 Novalis: Vermischte Bemerkungen 1797–1798 [Urfassung von ›Blütenstaub‹], S. 337.
35 Ebd.
36 Ebd.
37 Benjamin: Die Aufgabe des Übersetzers, S. 18.

zwischen Philosophie und Dichtung an und weist die Beschränkung auf reine Nützlichkeit und Kommunikation zurück. Gleich zu Beginn des Vorworts zu seinen Baudelaire-Übersetzungen stellt Benjamin klar, dass die Übersetzung – ebenso wie die Dichtung, das Bild oder die Musik – nicht für den Rezipienten gemacht wird: »Nirgends erweist sich einem Kunstwerk oder einer Kunstform gegenüber die Rücksicht auf den Aufnehmenden für deren Erkenntnis fruchtbar«.[38] Sie erschöpft sich nicht in der Vermittlung eines laut Benjamin unwesentlichen Inhalts. Um eine Theorie der Übersetzung zu erarbeiten, muss demnach nicht ihre Vermittlungsfunktion fokussiert werden, sondern der Ausgangstext *vor* dem Beginn jeder Übersetzung: »Denn in ihm liegt deren Gesetz als in dessen Übersetzbarkeit beschlossen«.[39] Benjamin verweist die Übersetzungswissenschaft also auf die Philologie im engeren Sinne, indem nicht mehr das Verhältnis Ausgangstext/Zieltext, Ausgangskultur/Zielkultur untersucht werden soll, sondern das Verhältnis von Text und Sprache. Es geht hier nicht so sehr um Übertragung als vielmehr um Textualität und Literarizität. Löst Benjamin damit die Übersetzung in einem übergreifenden Textbegriff auf? Er scheint sich dieser Gefahr bewusst, denn eben diese Verallgemeinerung kritisiert er an den frühromantischen Überlegungen zur Übersetzung: »Freilich haben sie diese [die Übersetzung] als solche kaum erkannt, vielmehr ihre ganze Aufmerksamkeit der Kritik zugewendet, die ebenfalls ein wenn auch geringeres Moment im Fortleben der Werke darstellt«.[40] Benjamin unterscheidet klar zwischen Übersetzung und Original und erst aus dieser Unterscheidung heraus gewinnt er die spezifische Bedeutung der Übersetzung: »In ihnen erreicht das Leben des Originals seine stets erneute späteste und umfassendste Entfaltung«.[41] Was im Original enthalten ist, kann sich in jeder Übersetzung aufs Neue entfalten und aus diesem Grund darf sich die Übersetzung nicht auf die statische und in jedem Fall nur scheinbare Kopie des Originals beschränken. Ebenso wie die Sprache nicht als Abbild der Wirklichkeit verstanden werden kann, will man ihrer produktiven und wandelnden Kraft Rechnung tragen, so verpasst auch die semantisch treue Übersetzung das Wesen des Originals: sie leugnet »aus Unkraft des Denkens« »einen der gewaltigsten und fruchtbarsten historischen Prozesse« der Sprache.[42] Original und Übersetzung verbindet bei Benjamin so etwas wie eine umgekehrte Verwandtschaft. Nicht etwa Ähnlichkeit oder der Rückbezug auf den gemeinsamen Ursprung ist

---

38 Ebd., S. 9.
39 Ebd.
40 Ebd., S. 15.
41 Ebd., S. 11.
42 Ebd., S. 13.

ihr Ziel, sondern die nur gemeinsam mögliche Darstellung »des innersten Verhältnisses der Sprachen zueinander«.[43] Man könnte dieses Verhältnis als eine nach oben offene Pyramide darstellen, bei der zwei unterschiedliche ›Arten des Meinens‹ mit Hilfe der durch die Übersetzung hergestellten gegenseitigen Anziehung hin zum ›Gemeinten‹ streben. Bei Benjamin bedeutet die Unterscheidung zwischen der ›Art des Meinens‹ und dem ›Gemeinten‹ nicht einfach die Differenz von Zeichen (Signifikat und Signifikant) und Referenz. Die ›Art des Meinens‹ zielt eher auf so etwas wie die kulturelle, sprachliche und individuelle Gebundenheit der sprachlichen Zeichen, ihre Verankerung im jeweiligen Hier und Jetzt wohingegen das ›Gemeinte‹ die Sprache an sich, losgelöst von allen Verankerungen bezeichnet, das heißt in ihrer maximalen Öffnung und Potenzialität, die über alle Grenzen hinweg den Sprachen gemeinsam ist: »[das] unendliche Aufleben der Sprachen«.[44] Diese Gemeinsamkeit kann allein die Übersetzung darstellen. Sie muss sich dabei aber – auch hier stimmt Benjamin mit Schlegel überein – ihrer Vorläufigkeit stets bewusst sein. Die Weite der Übersetzung gegenüber der ›Art des Meinens‹ hat Benjamin in ein Bild gefasst:

> Mag man nämlich an Mitteilung aus ihr [der Übersetzung] entnehmen, soviel man kann und dies übersetzen, so bleibt dennoch dasjenige unberührbar zurück, worauf die Arbeit des wahren Übersetzers sich richtete. Es ist nicht übertragbar wie das Dichterwort des Originals, weil das Verhältnis des Gehalts zur Sprache völlig verschieden ist in Original und Übersetzung. Bilden nämlich diese im ersten eine gewisse Einheit wie Frucht und Schale, so umgibt die Sprache der Übersetzung ihren Gehalt wie ein Königsmantel in weiten Falten. Denn sie bedeutet eine höhere Sprache als sie ist und bleibt dadurch ihrem eigenen Gehalt gegenüber unangemessen, gewaltig und fremd.[45]

Die Übersetzung baut hier als Vermittlerin keine Fremdheit ab, sie führt eine Fremdheit in das sprachliche Zeichen ein. Erst diese Verfremdung weist auf die Sprache als solche. Ebenso wie Ausgangstext (als konkretes raum-zeitliches Werk) und Übersetzung (als Verweis auf das Wesen der Sprache) unterscheidet sich bei Benjamin auch die Aufgabe des Dichters klar von der des Übersetzers: »... die des Dichters ist naive, erste, anschauliche, die des Übersetzers abgeleitete, letzte, ideenhafte Intention«.[46] Der Übersetzer verweist die Dichtung in den Bereich der Philosophie und Benjamin erhofft sich dementsprechend von seiner Tä-

---

43 Ebd., S. 12.
44 Ebd., S. 14.
45 Ebd., S. 15.
46 Ebd., S. 16.

tigkeit die Darstellung einer ›wahren Sprache‹ »in welcher die letzten Geheimnisse, um die alles Denken sich müht, spannungslos und selbst schweigend aufbewahrt sind«.[47]

3 Der Übersetzer als ›Quasi‹-Autor?

Dieser im wörtlichen Sinne utopische Entwurf der Übersetzung wird von den Übersetzungstheoretikern nach dem Zweiten Weltkrieg kaum aufgegriffen (Ausnahmen wären – in Ansätzen – die Arbeiten Henri Meschonnics und auch der Gedanke – bei George Steiner, Octavio Paz und auch Heidegger – dass Denken Übersetzen sei).[48] Es findet sich aber sehr wohl die These wieder von der Verankerung der Übersetzbarkeit und der immanenten Fremdheit im Ausgangstext selbst. In seinem Aufsatz zum Mythos von Babel setzt Jacques Derrida beispielsweise den Akzent nicht auf eine mögliche zukünftige Vereinigung der Sprachen, sondern sieht im Turmbau deren ursprünglichen Fragmentcharakter versinnbildlicht. Er schlägt nicht wie Benjamin vor, die Scherben zu einem Ganzen zusammenzufügen, sondern die Bruchstückhaftigkeit als wesentlich zu begreifen.

> La »tour de Babel« ne figure pas seulement la multiplicité irréductible des langues, elle exhibe un inachèvement, l'impossibilité de compléter, de totaliser, de saturer, d'achever quelque chose qui serait de l'ordre de l'édification, de la construction architecturale, du système et de l'architectonique.[49]

Die Übersetzung lenkt die Aufmerksamkeit auf die Unvollkommenheit und Unabschließbarkeit der Sprache als solcher. Ist die Übersetzung nicht in der Lage, vollkommen transparent zu sein, das heißt, im besten Falle sich selbst zu überwinden, so weil das von ihr zu transportierende, das eigentlich Gemeinte, das Ding an sich ebenso wie die Ausgangssprache selbst nicht abschließend zu fassen sind. Man könnte hier vom Unbehagen der Übersetzung sprechen, welches sicher in Teilen ihre Marginalisierung und ihre Zurückweisung erklären kann. Dieses Unbehagen weist auf etwas hin, das nicht vor den Toren der ›nationalen Häuslichkeit‹ Halt macht und sogar deren architektonische Konstruktion bedroht. Die Bruchstückhaftigkeit der Übersetzung deutet, ohne es zu wollen, auf

---

47 Ebd.
48 Die Übersetzungswissenschaftlerin Inês Oseki-Dépré zeigt – in ihrem Buch *De Walter Benjamin à nos jours…* – die Bedeutung Benjamins für die Übersetzungswissenschaft des 20. Jahrhundert auf. Vgl. Oseki-Dépré: *De Walter Benjamin à nos jours…*.
49 Derrida: Des tours de Babel, S. 203.

die Risse in den Mauern des Originals und – noch weiter greifend – auf die Verunsicherung jedes stabilen Eigentlichen: »Et si l'original appelle un complément, c'est qu'à l'origine il n'était pas là sans faute, plein, complet, total, identique à soi. Dès l'origine de l'original à traduire, il y a chute et exil«.[50] Die Übersetzung potenziert die Differenz und lässt sie so als Teil des Ausgangstextes sichtbar werden. Wie Benjamin fordert denn auch Derrida, dass die Übersetzung immer als solche erkennbar bleiben muss und nicht der Schein eines ursprünglich in der Zielsprache verfassten Textes entstehen darf. Dort wo der Ausgangstext übertragbar scheint, das heißt in seinem semantischen Gehalt (pain – Brot), soll sich die Übersetzung zurücknehmen. Dort wo das Original in seiner Ausgangssprache zurückbleibt – in seiner sprachlichen Form – soll die Übersetzung sich in seine Richtung bewegen, ganz so wie eine zerbrochene Scheibe nur dann wieder zusammengefügt werden kann, wenn die Ausbuchtungen der einen Hälfte den Einbuchtungen der anderen entsprechen. Benjamin geht davon aus, dass diese Vorsprünge auf semantischer Ebene liegen. Hier ragt eine Sprache in den Bereich der anderen hinein. Die Anstrengungen der Übersetzung sollen dementsprechend auf die Form gerichtet sein, das heißt auf das, was zurückbleibt und was erst und jedes Mal neu gesucht werden muss. Einheit seiner Übersetzungstheorie ist das Wort und nicht die sogenannte Sinneinheit. Übersetzen heißt hier nicht, dem anderen ähnlich zu werden, sondern die entsprechende Fremde zu finden.

Eine solche Übersetzungstheorie kann den Übersetzer konsequenterweise nicht mehr als reinen Dienstleister begreifen. Seine Rolle für Original und Zieltext gleicht in vielen Belangen der des Autors. Wie dieser öffnet er sich der Sprache mit all ihren Unwägbarkeiten. Die Frage ist nur: von welchem Autor sprechen wir? Vom schöpfenden Genie, vom sogenannten empirischen Autor, von der Autorfunktion und wenn ja, von welcher? Umberto Eco hat die Übersetzung als ›Quasi‹-Text bezeichnet, bei dem der Wert und die Reichweite dieses ›quasi‹ jedes Mal neu zur Verhandlung stehen und in dem das Wesen der Übersetzung zu suchen sei.

> Darum wird es in den folgenden Kapiteln gehen: zu erkennen, wie man, obwohl man weiss, dass man niemals dasselbe sagt, *quasi* dasselbe sagen kann. [...] Die Bestimmung und Ausdehnung dieses quasi hängt von Kriterien ab, die im vorhinein ausgehandelt werden müssen. *Quasi* dasselbe zu sagen, ist ein Verfahren, das, wie wir sehen werden, unter dem Zeichen der *Verhandlung* steht.[51]

---

50   Ebd., S. 222.
51   Eco: Quasi dasselbe mit anderen Worten, S. 10f.

Ist der Übersetzer ein ›Quasi‹-Autor? Ausgehend von Bermans Überlegungen zum beruflichen Werdegang des Übersetzers wird diesem in der aktuellen Übersetzungswissenschaft tatsächlich immer mehr Bedeutung beigemessen. Diese Aufwertung der ›Aufgabe des Übersetzers‹ fußt auf der Erkenntnis, dass ein Text keinen an sich vorliegenden und problemlos zu transportierenden Inhalt hat. In dem Maße, in dem die vollkommene Transparenz als Illusion erkannt wird, wird eine Erforschung der Übersetzertätigkeit notwendig. Eine solche Erforschung muss aus zwei Teilen bestehen: erstens, aus der Untersuchung der Rolle des Übersetzers (interkulturell, linguistisch, literarisch, historisch) und zweitens, aus der autoreflexiven Frage, welche Funktion dem Übersetzer in der Übersetzungstheorie zugewiesen wird, welche Aufgabe er als theoretische Größe hat. Die aktuelle Übersetzungswissenschaft beschränkt sich bislang auf den ersten der beiden Teile. Noch trifft allein die Forderung nach der Anerkennung der entscheidenden Rolle des Übersetzers auf solche Widerstände, dass diese erst einmal erarbeitet und begründet werden muss. Dieser Widerstand erklärt in Teilen auch den polemischen Charakter vieler Arbeiten zum Übersetzer. Der Anglist und Übersetzungstheoretiker Lawrence Venuti wirft beispielsweise der anglophonen Übersetzungskritik vor, ebenso naiv wie autoritär vorzugehen. In seinem 1995 veröffentlichten Buch *The Translator's Invisibility* zeigt Venuti, dass die englischen Übersetzungen fast ausschließlich am Kriterium der Transparenz gemessen werden mit der Konsequenz, dass nicht nur der Übersetzungsvorgang (und der Übersetzer) ignoriert, sondern auch der Ausgangstext selbst begradigt wird. Als Zeichen für eine möglichst vollkommene Transparenz gilt eine flüssige Übersetzung, die sich wie ein Original liest: : »The more fluent the translation, the more invisible the translator, and, presumably, the more visible the writer or meaning of the foreign text«.[52] Ein flüssiger Text soll die freie Sicht auf das Original ermöglichen. Der Übersetzer soll den Autor nicht verdecken. Die anglophone Übersetzungskritik positioniert sich damit genau gegensätzlich zur deutschsprachigen: ein besonders flüssiger Text, das heißt einer, der die Normen der Zielsprache respektiert, wird als besonders treu empfunden. Venuti zitiert beispielhaft Norman Shapiro:

> I see translation as the attempt to produce a text so transparent that it does not seem to be translated. A good translation is like a pane of glass. You only notice that it's there when there are little imperfections – scratches, bubbles. Ideally, there shouldn't be any. It should never call attention to itself.[53]

---

[52] Venuti: The Translator's Invisibility, S. 1.
[53] Ebd.

Venuti kritisiert diese Haltung scharf und verweist auf die historische Bedeutung des Übersetzers, der nicht nur bei der Auswahl der Texte, sondern auch bei der Wahl eines bestimmten Stils und beim Zuschnitt auf bestimmte diskursive Normen der Zielkultur entscheidend ist: unterwirft der Übersetzer sich beispielsweise dem Primat des flüssigen Textes oder nicht? Wie deutlich lässt er die fremde Kultur durchscheinen, selbst wenn sie in Konflikt mit der Zielkultur geraten könnte oder durch ihre Fremdartigkeit keine Leser fände? Ein eindrückliches Beispiel für die kulturelle und politische Reichweite solcher Entscheidungen ist die persische Übersetzung von Nabokovs *Lolita*.[54] Venuti attestiert der anglophone Übersetzung ein Verharren in dem, was Goethe als ›prosaische‹ Übersetzung bezeichnet hat. Die Übersetzungskritik trägt wesentlich zu diesem Stillstand bei, indem sie den Schein der Transparenz durch gesellschaftliche Normen erzwingt und damit, so Venuti, nicht zuletzt der Zielkultur schade. Sie produziert eine Illusion, die aus interkultureller Perspektive gar nicht der Wirklichkeit entsprechen kann. Venuti fordert deswegen, den Übersetzer und seinen kulturellen und gesellschaftlichen Hintergrund in eine Theorie und Kritik der Übersetzung mit einzubeziehen. Nur so ließe sich die aktuelle Übersetzungspraxis begreifen und zu einem Besseren entwickeln.

> For the scholar, the choices that comprise a translation must always be described, explained, and evaluated in relation to the cultural and social contexts in which that translation is produced and received. The contexts of production and reception may be riven with conflicts and contradictions that outstrip the translator's conscious control and complicate the ethical effect of the translation. Still, these contexts need to be reconstructed in a nuanced form because they are the key factors in any evaluation. What hangs in the balance is an understanding of the ethics of an intercultural relation and its potential cultural and social consequences.[55]

Der Übersetzer als empirisch-historische Person rückt so seit den 1990er Jahren vermehrt ins Zentrum des Interesses, wobei seine Bedeutung weniger an linguistischen, als vielmehr an interkulturellen Gesichtspunkten gemessen wird. Seine Tätigkeit wird als interkulturelles Handeln verstanden, dessen Konsequenzen in keinem Fall geleugnet werden dürfen. Wird der Übersetzer aber derart (und zurecht) in die Nähe des Autors gerückt, darf auch die Frage nicht ausbleiben: von welchem Übersetzer ist hier die Rede? Ist er ebenso wie der Autor der Verantwortliche des Textes? Ist sein Schreiben ebenso schöpferisch? Geht es um die empirische und historische Person, seine Biografie, seinen Werdegang oder um eine Funktion im Gedankengebäude der Übersetzungstheorie? Werden dabei nicht

---

54 Vgl. Nafizi: Reading Lolita in Tehran.
55 Venuti: The Translator's Invisibility, S. 268.

Kriterien an den Übersetzer herangetragen, die auf dem Gebiet der Autorschaft gerade erst in Frage gestellt worden sind? Soll damit nicht indirekt die Möglichkeit einer perfekten Übersetzung aufrecht erhalten werden? Zwar erobert sich die noch junge Übersetzungswissenschaft mit der Sichtbarmachung des Übersetzers ihr eigenes Forschungsfeld, sie stellt sich aber noch zu selten wissenschaftstheoretischen Fragen. Welche Problematiken die Forderung nach der Sichtbarkeit des Übersetzers mit sich bringt, wird in den meisten Fällen vollkommen ignoriert. Erobert die Übersetzungswissenschaft damit nicht ein bereits leckes Schiff? Nur wenn sie die literaturtheoretischen Debatten der letzten fünfzig Jahre ignoriert, kann sie nämlich den Übersetzer als ›Quasi‹-Autor (im Sinne von *Schöpfer* oder *Ursprung*) einführen. Will sie aber ihre Bedeutung für die aktuelle Sprach- und Literaturwissenschaft unterstreichen und selbst als Wissenschaft anerkannt werden, muss sie sich die Frage stellen, welche Funktion sie dem Übersetzer zuweist und welche Lücke – mit Foucault – bleibt, wenn der Übersetzer aus ihrer Argumentationslinie herausgenommen wird. Wird der Text wesentlich als dynamischer, das heißt sich wandelnder und immer schon fremder, definiert, so kann der Autor nur noch scheinbar seine Identität bezeugen. Er ist dem Text ebenso fremd wie jeder Leser – und mit ihm auch der Übersetzer. Seine Schöpferkraft verleiht ihm keine Autorität über das Geschaffene und ist wesentlich Mythos. Was bleibt, wenn dieser Mythos keine Anhänger mehr findet? Wollte man kalauern, so könnte man sagen: Ursprünge. Es bleibt eine nicht arbiträre, aber doch sehr weit offene Vielzahl von Lektüren, von Deutungen, von Fiktionen, von Fissuren, die weder der Autor noch der Übersetzer letztgültig zu stabilisieren vermag. Es bleibt, was Benjamin als ›Sprache an sich‹ bezeichnet hat und was über alle Sprachgrenzen hinweg zu beobachten ist. Der Übersetzer ist ebenso wie der Autor weder unsichtbar noch transparent, er ist nicht ohne jede Bedeutung für den Text, aber er ist eben doch eine von vielen Facetten, aus denen der Text sich zu lesen gibt. Diese Dynamik ist eine doppelte Herausforderung für jeden empirischen Übersetzer: einerseits ist der Ausgangstext nicht mehr durch den Rückgriff auf den Autor stabilisierbar (was hat er wirklich gemeint?) und andererseits kann das übersetzerische Schreiben selbst nicht außerhalb der Sprache gedacht werden. Die Chance des Übersetzers liegt darin, dass er sein eigenes Schaffen immer schon unter dem Aspekt der Fremdheit und der Vorläufigkeit begreift und damit für die Dynamik des Schreibens – die ihm bei jedem Wort entgegenscheint und die er aufgreift – ohnehin offen ist. Die Übersetzungswissenschaft könnte einen wichtigen Beitrag zu literaturtheoretischen Debatten leisten, die sich mit Problematiken der Interkulturalität, der Übertragung und der Alterität beschäftigen, da diese von jeher zu den Grundfragen jeder Übersetzungstheorie gehören. Sie verkennt ihre Bedeutung und ihr Potenzial, wenn sie hinter den aktuellen literaturtheoretischen Fragestellungen zurückbleibt und den Übersetzer mit dem

Autor zu identifizieren sucht. Begreift man die Übersetzung nicht als Kommunikation eines feststehenden Inhalts über Sprachgrenzen hinweg (die bestenfalls optimiert werden kann), wird auch der Übersetzer von seinem Fergendienst befreit. Ganz im Sinne der Frühromantik kann er dann als Verbindung von drei Personen gesehen werden: er ist Leser, Philologe und Autor eines Textes, der sich ganz wesentlich – um mit Haverkamp zu sprechen – als eine ›Agentur der Differenz‹ begreift.[56]

Bibliographie

Apel, Friedmar / Annette Kopetzki: *Literarische Übersetzung*. Stuttgart / Weimar 2003.
Benjamin, Walter: »Die Aufgabe des Übersetzers«. In: *Gesammelte Schriften,* Bd. IV.1. Hrsg. v. Rolf Tiedemann / Hermann Schweppenhäuser. Frankfurt a. M. 1972, S. 9–21.
Berman, Antoine: *Pour une critique des traductions: John Donne.* Paris 1995.
Bernard, Andreas: *Babel 2007*, 2007. http://sz-magazin.sueddeutsche.de/texte/an-zeigen/29 25/1/1 (Stand: 02.09.2011).
Bernhard, Thomas: »Der Stimmenimitator«. In: ders.: *Der Stimmenimitator.* Frankfurt a. M. 1978, S. 9–10.
Deguy, Michel: *La raison poétique.* Paris 2000.
Derrida, Jacques: »Des tours de Babel«. In: *Psyché. Inventions de l'autre.* Paris 1987–1998, S. 203–235.
Eco, Umberto: *Quasi dasselbe mit anderen Worten. Über das Übersetzen.* München / Wien 2006.
Eßlinger, Eva / Tobias Schlechtriemen / Doris Schweitzer / Alexander Zons (Hrsg.): *Die Figur des Dritten. Ein kulturwissenschaftliches Paradigma.* Berlin 2010.
Even-Zohar, Itamar: »Polysystem studies«. In: *Poetics Today* 11 (1990) H. 1, S. 1–130.
Goethe, Johann Wolgang: »Noten und Abhandlungen zu besserem Verständnis des West-östlichen Divan« [1819]. In: *Sämtliche Werke. Briefe, Tagebücher und Gespräche,* Bd. 3.1. Hrsg. v. Hendrik Birus. Frankfurt a. M. 1994, S. 137–299.
Goethe, Johann Wolfgang: »Zu brüderlichem Andenken Wielands« [1813]. In: *Sämtliche Werke nach Epochen seines Schaffens,* Bd. 9. Hrsg. v. Christoph Siegrist / Hans J. Becker / Dorothea Hölscher-Lohmeyer / Norbert Miller / Gerhard H. Müller / John Neubauer. München 1987, S. 945–965.
Handke, Peter: *Nachmittag eines Schriftstellers.* Salzburg / Wien 1987, S. 945–965.
Haverkamp, Anselm: »Zwischen den Sprachen. Einleitung«. In: ders.: *Die Sprache des Anderen. Übersetzungspolitik zwischen den Kulturen.* Frankfurt a. M. 1997, S. 7–12.
Hölderlin, Friedrich: »An Casimir Ulrich Böhlendorff, 4. Dezember 1801«. In: *Sämtliche Werke und Briefe in drei Bänden,* Bd. 3. Hrsg. v. Jochen Schmidt. Frankfurt a. M. 1992, S. 459f.
International Federation of Translators: Translator's Charter, 1994. http://fit-ift.org.dedi303.nur4.host-h.net (Stand: 02.09.2011).

---

56 Haverkamp: Zwischen den Sprachen, S. 7.

Kosztolányi, Deszö: »Der kleptomanische Übersetzer«. In: Gschwend, Ragni Maria (Hrsg.): *Der schiefe Turm von Babel*. Straelen 2000, S. 158–163.

Ladmiral, Jean-René: »Sourciers et ciblistes«. In: Holz-Mänttäri, Justa / Christine Nord (Hrsg.): *Traducere navem. Festschrift für Katharina Reiß zum 70. Geburtstag*. Tampere 1993, S. 287–300.

Lefebvre, Jean-Pierre: »Paul Celan – unser Deutschlehrer«. In: *Arcadia. Zeitschrift für Allgemeine und Vergleichende Literaturwissenschaft* 32 (1997), S. 97–108.

Nafizi, Azar: *Reading Lolita in Tehran. A Memoir in Books*. New York / Toronto 2004.

Novalis: »Vermischte Bemerkungen 1797-1798 [Urfassung von ›Blütenstaub‹]«. In: *Werke*. Hrsg. v. Gerhard Schulz. München 1987, S. 323-352.

Ortega y Gasset, José: »Miseria y esplendor de la traducción«. In: Störig, Hans Joachim: *Das Problem des Übersetzens*. Stuttgart 1963, S. 322–346.

Oseki-Dépré, Inês: *De Walter Benjamin à nos jours…* (Essais de traductologie). Paris 2007.

Schlegel, Friedrich: »Athenäums-Fragmente«. In: *Kritische Friedrich-Schlegel-Ausgabe*, Bd. 2. Hrsg. v. Hans Eichner. Paderborn / München 1967, S. 165–255.

Schlegel, Friedrich: »Zur Philologie. II«. In: *Kritische Friedrich-Schlegel-Ausgabe*, Bd. 16. Hrsg. v. Hans Eichner. Paderborn / München 1981, S. 33–56.

Schlegel, Friedrich: »Zur Poesie und Literatur 1808. I«. In: *Kritische Friedrich-Schlegel-Ausgabe*, Bd. 17.2. Hrsg. v. Ernst Behler. Paderborn / München 1991, S. 111–170.

Stolze, Radegundis: *Übersetzungstheorien. Eine Einführung*. Tübingen 2005.

Venuti, Lawrence: *The Translator's Invisibility. A History of Translation*. London / New York 2008.

Verhesen, Fernand: *À la lisière des mots. Sur la traduction poétique*. Bruxelles 2003.

Weigel, Sigrid: Walter Benjamin. *Die Kreatur, das Heilige, die Bilder*. Frankfurt a. M. 2008.

Wiedemann, Barbara (Hrsg.): *Paul Celan – die Goll-Affäre. Dokumente zu einer ›Infamie‹*. Frankfurt a. M. 2000.

Wuilmart, Françoise: »Le traducteur fantôme«. In: Nowotna, Magdalena / Amir Moghani (Hrsg.): *Les traces du traducteur. Actes du colloque international* (Paris, 10–12 avril 2008). Paris 2009, S. 43–52.

Mirjam Horn

»Breeding monsters out of its own flesh«

Multiple Autorschaft in postmoderner Plagiatsliteratur

Abstract: Im Zentrum des Beitrags steht die Ausdifferenzierung sowohl konsistenter als auch widersprüchlicher theoretischer Autorschaftskonzepte, wie sie sich in affirmativen Plagiatspraktiken der amerikanischen postmodernen Literatur manifestieren. Das Schlachtfeld, auf dem diese Erörterung stattfindet, wird als Schnittstelle ästhetischer, legaler und literaturbetriebswirtschaftlicher wie auch literaturtheoretischer Diskurse definiert, die in der Diskussion absichtsvoller Plagiatstexte um die Definitionsmacht über Autorsubjekt und Textidentität buhlen. Vor dem Hintergrund einer ideengeschichtlichen Annäherung folgt nach einer Bestandsaufnahme des ›herkömmlichen‹ Plagiats als öffentliches Narrativ und notwendiges publikatorisches Korrektiv innerhalb des zeitgenössischen Literaturbetriebs die Einführung absichtsvoller Plagiatspraktiken und deren Diskussion bezüglich multiplizierter Autorsubjekte und korrumpierter Textidentitäten, die in den Vorschlag einer in diesem ›Genre‹ exerzierten Agenda münden. Im Folgenden soll untersucht werden, wie sich diese Programmatik auf sprachkritische Theoreme des Poststrukturalismus und der Dekonstruktion beruft und wie dieses plagiierende Schreiben trotz behaupteter Entautorisierung und -subjektivierung Schemata der Innovation und Imagination bedient, um die Komplexität konkurrierender Autorschaftskonzepte zu verdeutlichen wie auch dichotomische Debatten um Tod und Rückkehr des literarisch Schreibenden zu relativieren.

1 Das Plagiat – Ein Pathogen des Literaturbetriebs

Das Verderben der guten (literarischen) Sitten, also die mutwillige Verletzung ethischer Maßstäbe mittels tadelhafter Schreibproduktion, gilt nicht zuletzt seit den akademischen Anmaßungen eines ehemaligen deutschen Verteidigungsministers – »Der Malus wird immer bleiben, aber seine Arbeit als Minister hat er gut gemacht«[1] –, zunächst bejubelter, dann geächteter Romandebütantinnen

---

[1] So Stefan Murr im Interview mit Boehringer / Hagelüken: Ministerpräsident.

(wie zum Beispiel Kaavya Viswanathan 2006, Helene Hegemann 2010) oder journalistischer Zeitnotplagiate als zuverlässiger Einrichtungsgegenstand des feuilletonistischen wie literaturbetrieblichen Haushalts.[2] Neben periodisch wiederkehrenden Debatten um Herkunft des Prätextes, um die Motivation des Plagiierenden, um Reaktionen und Kompensationsforderungen der Plagiierten und schließlich um die Wiederherstellung der (literarischen) Ordnung werden hier ebenso regelmäßig vergangene Fälle und ›kanonische Plagiatoren‹ – in Deutschland zum Beispiel Goethe, Mann oder Brecht, im anglo-amerikanischen Raum Milton, Wordsworth oder Nabokov – benannt. Es werden also nicht nur Autorinnen, sondern ebenso Plagiatorinnen in die Tradition Vorgängiger eingereiht und damit als Teil des Gesamtbetriebs historisiert.

In der feuilletonistischen Auswertung, die den Formeln des öffentlichkeitswirksamen Skandals folgt und die das Plagiat als Pathogen, also als abnormes Indiz innerhalb eines ansonsten gesund geheißenen Produktionsorganismus begreift, spielt die Metaphorik des umschriebenen Umstandes eine signifikante Rolle, die an dieser Stelle zur Feindbildetablierung postmoderner Plagiatspraktiken kurz skizziert werden soll.[3]

Innerhalb dieser Bildsprache sind zwei maßgebliche Richtungen zu identifizieren, die sich zum einen an legalen, zum anderen an medizinisch-pathologischen Diskursen orientieren. Das legale Sprechen befindet über die ›Tat‹, die als Diebstahl, Betrug, Menschenraub (nach Martial), oder bei Nick Groom sogar als Mord definiert wird.[4] Weiterhin bestimmt es über Klägerinnen/Opfer, Beklagte/Täterinnen, Beweise und deren Art der Anführung, Zeuginnen und Mittäterinnen.[5] Dieses Sprechen soll zusammengenommen zu einer möglichst abschließenden Urteilsfindung führen, transportiert hierbei juristisch-normative Prinzipien bezüglich geistigen Eigentums und verbindet diese

---

2 Vgl. z. B. Luscombe: Is Maureen Dowd Guilty; Clark: Unoriginal Sin.
3 Zur literarischen Skandalisierung vgl. u. a. Burkhardt: Medienskandale, S. 184–205; Ladenthin: Literatur als Skandal, S. 19–23; Moritz: Wer treibt die Sau durchs Dorf, S. 54–60.
4 Zur Konzeption als Betrug vgl. z. B. Goschler: Dünne Bretter; zur Mordmetaphorik vgl. Groom: Forger's Shadow, S. 27.
5 Bezogen auf die Art der Anführung sei an dieser Stelle auf die im Zuge der Guttenberg-Plagiatsaffäre entstandene Plattform *GuttenPlag* Wiki verwiesen, die sich als Forum »kollektiver Plagiatsdokumentation« versteht und in der Folge Epigonen wie das VroniPlag (zu den Dissertationen von u. a. Veronica Saß, Silvana Koch-Mehrin und Georgios Chatzimarkakis) hervorgebracht hat (vgl. http://de.guttenplag.wikia.com/wiki/Gutten-Plag_Wiki). Diese kollektiven Beweisführungen durch professionelle und amateurhafte Leserinnen dienten im erstgenannten Fall ebenso der offiziellen Untersuchung unredlicher wissenschaftlicher Methoden und können hierin als Katalysatoren des Plagiats als öffentliches Narrativ, wie ich es im Folgenden erläutere, verstanden werden.

mit dem amateurhaft öffentlichen, und darin ethischen Verdikt eines Vergehens gegen die erwähnten guten Sitten individueller Autorschaft.

Als Beispiel soll an dieser Stelle ein Fall kurz erläutert werden, der in den letzten Jahren zu den am besten ausgeleuchteten zählen kann. 2010 galt die 17-jährige Helene Hegemann ob ihrer Jugend, ihrer adoleszent-abgeklärten Beobachtung urbaner Erlebniswelten (»Furor der Beschreibung«[6]) im Debut *Axolotl Roadkill* (»großer Coming-of-age-Roman der Nullerjahre«[7]) und ihres bereits vorhandenen Halbruhms als Regisseurin und Tochter des Dramaturgen Carl Hegemann als literarisches Fräuleinwunderkind. Nach der Entlarvung des Plagiats und der gewissenhaften Beweisführung in zahlreichen Blogs und im analogen Feuilleton konnte ihr schwerer Diebstahl geistigen Eigentums – als hypothetische Urheberrechtsverletzung – sowie der Tatbestand der arglistigen Täuschung der Öffentlichkeit – als Vergehen an den guten literarischen Sitten – nachgewiesen werden. Hierzu wurden noch lebende Geschädigte wie der Autor Airen in den Zeugenstand gerufen, Nebenklägerinnen und Anwältinnen veröffentlichten ihre Plädoyers und Ersatzforderungen[8] und die Motivsuche (unter anderem Geltungsdrang, Ignoranz, billige Provokation) führte in die Untiefen ›rechtmäßiger‹ Remix-Kulturparallelwelten im Theater und in der Musik.[9] Die Schuld, über die nach weniger als einer Woche befunden werden konnte, wurde von der Autorin und Ullstein als sie vertretenden Verlag trotz fehlender Reuebezeugung gesühnt, indem die folgenden Auflagen des Romans ein halbherziges Nachwort mit Quellennachweisen enthielten. Der legale Diskurs äußerte sich somit in der nachvollziehbaren Abfolge schauprozesshafter Elemente, die durch die Überführung der Täterin und erfüllte Forderungen nach Gerechtigkeit zum Abschluss gebracht wurden.

In Ergänzung zu diesen aus der Gesetzessprache informierten Kategorien bedenkt der medizinische Diskurs in der Beschreibung des Plagiats die ›Tat‹ mit pathologischem Vokabular: So kommt es durch die illegitime Aneignung fremden, originären Materials anderer Autorpersonen zu einer ›Bastardisierung‹

---

6 Dieckmann: Nicht gesellschaftsfähig?
7 Delius: Mir zerfallen die Worte im Mund.
8 Neben zahlreichen Expertenmeinungen zum ›Fall Hegemann‹ soll hier stellvertretend für die affirmative Ehrenrettung zeitgenössischer Literaturproduktion die sogenannte ›Leipziger Erklärung‹ stehen, in der etablierte Autorinnen wie Günter Grass, Martin Walser, Christa Wolf und Sybille Lewitscharoff die Verurteilung jeglichen Plagiats forderten und gegen die Verunglimpfung der Kunst als Verfälschung mobilisierten. Vgl. hierzu z. B. Bartels: Grass, Wolf & Co.; Schramm: Abrechnung mit Helene Hegemann; Bruck: Urheberstreit.
9 Zur Verteidigungshaltung bezüglich der Parallelen zu anderen Kunstformen und Medien vgl. Hegemann / Bublitz: Axolotl Roadkill.

vormals reinen Materials, das nun als inzestuöses Gebilde existiert, da die Plagiatorin kanonischen Text sozusagen aufbricht, infiziert und die zugefügte Wunde nachträglich verunreinigt. In Kombination dieser beiden Analogien zur Beschreibung unrechtmäßiger Aneignung und deren Verschleierung befindet Nick Groom deshalb Folgendes: »imagined as despotic – contagious, sickening, unnatural, and terminal [...] [p]lagiarism is a bastard offspring, an illegitimate child that enacts a primal crime: patricide (murdering its origin) followed by incest (breeding monsters out of its own flesh)«.[10] Das Plagiat im zeitgenössischen Literaturbetrieb gestaltet sich in der metaphorischen Auseinandersetzung somit als maximal zu verwünschende Verfasstheit von Text, die mit Tabus wie Vatermord und Inzest als ultimativer Perversion belegt ist.[11]

Neben diesen Beschreibungsebenen von Seiten der Betroffenen und deren Advokatinnen gestaltet sich die kultur- und literaturwissenschaftliche Diskussion des geistigen Diebstahls respektive Vatermords weitaus nüchterner. Der prozesshaften Abfolge der vom juristischen Diskurs beeinflussten Elemente folgend klassifiziert Philipp Theisohn den Tatbestand ›Plagiat‹ in seiner »unoriginelle[n] Literaturgeschichte« als Narrativ und bestimmt als dem Phänomen zugrundeliegende Struktur eine sogenannte »Plagiatserzählung«.[12] Diese generiere in ihrer nachweisbaren Kohärenz einen Plot, der einem bestimmten Erzählschema, also einer sequenziellen und kausalen Struktur, folgt – der Kriminalerzählung darin nicht unähnlich.[13]

Dieses öffentliche Narrativ[14] finde in jedem neuen aufgedeckten Fall Verwendung und perpetuiere darin zwei zentrale soziokulturelle Funktionen des Erzählten: Zum einen wird die Praxis illegitimer Textaneignung als Instrument der Exklusion aus dem etablierten Literaturbetrieb gebraucht, an dem die Plagiatorin als Diebin und Vatermörderin gerne teilhaben möchte – das verschleierte Plagiat erschüttert grundlegend also etablierte Annahmen und Funktionalisierungen von individueller Autorin und originärer Textidentität. Zum anderen

---

10 Groom: Forger's Shadow, S. 27.
11 Andere Konnotationen verlegen sich auf das Plagiat als Parasit, der von der Leistungsfähigkeit seiner Wirtin ohne Gegenleistung wie bei einer Symbiose profitiert und diese dabei schwächt oder tötet. Michel Serres zum Beispiel begreift in seinem *Parasit* (1980) diese Lebensform im übertragenen Sinn als das Kommunikationssystem missbrauchendes und subvertierendes Element (wobei das System bei ihm durch Missbrauch und Subversion allerdings positiv beeindruckt wird). Vgl. Serres: Parasit, S. 13.
12 Theisohn: Plagiat, S. 14.
13 Vgl. ebd., S. 16.
14 Dem Plagiat als Erzählung geht die Annahme voraus, dass ein Plagiat, das niemand bemerkt ja noch keines ist (vgl. Theisohn: Plagiat, S. 3). Erst durch das Entdecken der unzulässigen Aneignung geistigen Materials anderer wird das Narrativ in Gang gebracht.

dient das Plagiat innerhalb dieser Annahmen als Korrektiv, indem es als exkludiertes Element die Gültigkeit von Individualität und Werkautonomie *ex negativo* erst bestätigt. Das Plagiat als Erzählung wird somit als oppositionales Moment gegenüber tradierten Autorschaftsfigurationen, wie sie der Literaturbetrieb mit konzipiert und kapitalisiert, verstanden und weist dabei sowohl Qualitäten der Durchbrechung als auch der Wiederherstellung von Ordnung auf.

Als zweiter Teil dieser Vorrede, die bisher das Reden über ›herkömmliches‹ Plagiat in seiner bildsprachlichen und narrativen Beschreibung zum Thema hatte, sollen vor der Einführung absichtsvoller Plagiatspraktiken, wie sie sich in postmodern-experimentellen Texten manifestieren, die im Kontext herkömmlicher Plagiate gedachten literaturbetriebswirtschaftlichen Autorfigurationen und die Definitionen von *realem,* das heißt *biografischem Autor*, *Autorsubjekt* und *Autorfunktion*, wie ich sie für die vorliegende Analyse konzipiere, vorgestellt werden.

Die »Rede über den Autor«[15] innerhalb des gegenwärtigen Literaturbetriebs, der im Folgenden die Debatte um absichtsvolles postmodernes Plagiat kontextualisiert, findet sich an der Schnittstelle ökonomisch gesteuerter literarischer Öffentlichkeit und dadurch informierter soziokultureller Belegungen der Entität ›Autorin‹ in Produktion, Distribution und Rezeption literarischen Materials. Was die reale, biografische Autorin betrifft, wird hierin eine eklektische Gemengelage historischer Autorschaftskonzepte sichtbar, die den individuell kreativen (individuell-imaginativ), stilistisch fortschrittlichen (formästhetisch-innovativ), handwerklich versierten (methodisch-imitativ) und kanonisch kategorisierbaren (historisch-imitativ) Künstlerinnentypus miteinander verquickt: So gilt zum Beispiel der US-amerikanische *Pulitzer Prize*-Träger Richard Ford als Vertreter des *dirty realism*, der in der Südstaatentradition William Faulkners stehe und das sprachökonomische Schreiben Ernest Hemingways nachempfinde, dabei postmodernes Sprachspiel mit der Beobachtung männlicher Subjektivität zu verbinden vermag und auf Buchrückseiten als nachdenklicher Chronist mit hoher Denkerstirn und in handgestützter Pose abgebildet ist.[16] Ford verbindet als zeitgenössischer Autor also Traditionsverbundenheit, etablierte wie auch innovative Formästhetik, Zeitgeistsensibilität, soziales Abstraktionsvermögen und nicht zuletzt phänotypischen Habitus – Elemente, die ihn als öffentliche Künstlerperson figurieren und kommodifizieren.

---

15 Vgl. Jannidis / Lauer u. a.: Rede.
16 Vgl. Lyons: Interview Richard Ford; Bonetti: An Interview, S. 79; Armengol: Gendering Men, S. 86; Paul: Forget the Hemingway Comparisons, S. vii.

Im Kommodifikationsprozess lädt der Betrieb – Autorinnen als vordergründige Produzentinnen, mit-schreibende und distribuierende Intermediären wie Verlage, deren Lektorinnen, Agentinnen und Franchise-Buchläden sowie das rezipierende und bewertende Feuilleton als professionalisierte und die gemeinen Amazon.de-Konsumentinnen als ›naive‹ Leserschaft [17] – Autorschaft und generierten Text mit diesen historisch so disparaten Resonanzen auf und kodiert beides in der Synthese als zu veräußernde Ware mit festgelegtem Tauschwert. Dieses »ästhetische Engineering« [18] vermag als Mittlerinstanz zwischen kommodifizierter Autorin und konsumierender Leserin zentrale Qualitäten und Autorfunktionen dieser biografischen Autorin und nun auch eines Autorsubjekts zu verhandeln: Dieses Subjekt gilt in diesem Wirkungszusammenhang als dominierender Referenzpunkt für unverfälschte Individualität (Authentizität), systematisierbare und einheitliche Gültigkeit (Klassifikation), daran orientierte Wertzuschreibung (Evaluation) und entsprechenden langfristigen Bestand (Nachhaltigkeit) als auch für die mögliche Initiation in die Riege etablierter Literatinnen, die alle vorherigen Qualitäten bereits erfüllen (Kanonisierung). [19]

Parallel und ergänzend zu diesem Prozess der Kommodifizierung geraten vor allem die Parameter der authentischen Individualreferenz und Wertattribution bzw. Wertschöpfung in den Blick einer juristischen Autorschaftsfiguration, die sich in nationalen Rahmenbedingungen – zum Beispiel als das Copyright im angloamerikanischen Raum sowie das Urheberrecht in Deutschland – manifestieren. [20] Diese Bedingungen erleben nicht zuletzt durch die mittels Digitalisierung stark veränderte Medienumgebung und den damit einhergehenden Para-

---

17 Zu ergänzen wären diese Agentinnen literaturbetrieblichen Schaffens durch Literaturgesellschaften, Stiftungen und Ereignisse wie Buchmessen, Medienverhandlungen (zum Beispiel Film- und Hörbuchadaptionen) oder Literaturpreise.
18 Vgl. Grau: Ästhetisches Engineering.
19 Jannidis hat in der *Rückkehr des Autors* (»Der Autor in Gesellschaft und Geschichte«, S. 297–301) als die drei maßgeblich definierenden »Rolle[n] des Autors für die Bedeutungskonstitution« (S. 297) im sozialen Gefüge ›Eigentum‹, ›Verantwortung‹ und ›Gedächtnis/Geschichte‹ benannt. Die von mir angeführten Differenzierungen orientieren sich gleichermaßen an seiner Kategorisierung wie an der Michel Foucaults in „Was ist ein Autor?" (1969).
20 Beide nationalen Ausprägungen begründen sich im positiven Recht, das Besitz qua Herkunft oder Leistung anerkennt und verteidigt bzw. die Nichteinhaltung zur Grundlage einer weitläufigen Ahndung macht. Das angloamerikanische Copyright stützt sich hier auf das *common law* und wurde zuvorderst in der *US Constitution* verankert, um den Fortschritt von Wissenschaft und nützlichen Künsten zu fördern (vgl. 1787, Art. 1 Abs. 8); im deutschen Rechtskreis steht vor allem eine Sicherung des Verhältnisses zwischen Urheberin und Werk mittels Individualleistung und »eigenpersönlicher Prägung« (UrhG, §2 Abs. 2) im Mittelpunkt. Vgl. zu diesen jeweiligen juristischen Besonderheiten v. a. Lutz: Grundriss; Goldstein / Hugenholtz: International Copyright.

digmenwechsel eine rigide Verstärkung und Modifikation dezidiert individuell besetzter Autorschaftsvorstellungen und sprechen Autorinnen beziehungsweise deren unternehmerischen Vertreterinnen exklusive Nutzungsrechte ihrer Texte zu, was mitunter Vervielfältigung, Zugänglichkeit und technische Schutzmaßnahmen einschließt.[21] Individualität und Wertschöpfung werden hier besondere Bedeutung zugeschrieben, indem sie die Eckpunkte auktorialer Eignerschaft und damit zivil- und strafrechtlicher Verfolgung definieren und das finanzielle wie auch das Reputationsplagiat als die willentliche Unterschlagung fremder Individualleistung einordnen. Wie schon in der Ausdifferenzierung von geistigem Diebstahl als Plagiatserzählung, die das Tabu vermittelt und im öffentlichen Diskurs korrigiert, wird das Plagiat bezüglich der Zuschreibung authentischer (und nachweisbarer) Individualität in der juristischen Diskussion als zu ahndende Gegenpraxis verstanden und festgelegt.

Die genannten Operationen und Operatoren sollen zum Zwecke der Gegenüberstellung bzw. der oben genannten Feindbildgenese für absichtsvolle Plagiatsstrategien in der Folge auf ein Autorschafts- und ein Textverständnis reduziert werden, die auf den zentralen literaturbetriebswirtschaftlichen und legalen Eckpunkten basieren: homogene Autorindividualität und das Werk als die veräußerbare Einheitlichkeit einer dem Autorsubjekt korrelierbaren Textidentität.

2 »The kind of literature we need now« – Strategisches Plagiieren als postmoderne Schreibpraxis

Die öffentliche Autorin ist in dieser Untersuchung vornehmlich als Repräsentantin eklektischer Autorschaftskonzepte, derer sich der ökonomisch und juris-

---

21 An dieser Stelle sind zwei Phänomene des 20. Jahrhunderts zu nennen, die eine graduelle Intensivierung – manche meinen Eskalation – dieser Rechte veranschaulichen: zum einen die kontinuierliche Verlängerung der Nutzungsdauer einer Texteinheit, die sich im Laufe des 20. Jahrhunderts auf bis zu aktuell 70 Jahre nach dem tatsächlichen Tod der realen Autorin ausgeweitet hat (quantitative Erweiterung des Schutzes geistigen Eigentums); zum anderen die rigorose Verschärfung und Ausführung urheberrechtlicher Interessen mittels supranationaler Vereinigungen wie dem DMCA (*Digital Millenium Copyright Act*, seit 1998) oder der EG-Urheberrechtsrichtlinie (seit 2001), die neben den Verantwortlichkeiten unterschiedlicher Vertriebswege (z. B. über Internetdienstleister) auch die Art des erlaubten Nutzungsspielraumes (*Fair Use*, Zitatrecht u. ä.) regulieren (qualitative Intensivierung).

tisch informierte Literaturbetrieb bedient, definiert worden. Eine dementsprechend verstandene Beschreibung des Plagiats, welches die resultierenden Tabubrüche ›Diebstahl‹ und ›Bastardisierung‹ als ›Tat‹ und ›Pathogen‹ ausagiert, orientierte sich bisher an Praktiken, die den Umstand illegitimer Aneignung absichtlich verschweigen, um aus Gründen materieller (Buchvertrag, Honorar) und immaterieller (Ruhm, Reputation) Bereicherung Textmaterial fremder Autorsubjekte als eigenes auszugeben und dies nicht zu kennzeichnen.

Bezüglich der Primärtexte, die dieser Analyse zugrunde liegen, ist die illegitime Aneignung des Materials anderer, in der Hauptsache kanonischer Autoren in zweierlei Hinsicht zu verstehen: Erstens handelt es sich bei den vorliegenden Gegenständen um absichtsvolle, jedoch unverhohlen freimütige ›Plagiarismen‹, die weder eine Entdeckung von Seiten der Rezipientinnen noch die konfrontative Debatte scheuen, die ihnen wie der verbergenden, dann jedoch aufgedeckten Variante entgegenschlägt. Literatinnen, die diese Schreibpraxis vertreten und die im Folgenden stellvertretend für unterschiedliche Ausformungen vorgestellt werden sollen, geben nicht nur zu, sich ohne Einschränkungen fremden Stoffes und wortwörtlicher Formulierungen zu bedienen, sondern sie thematisieren diese Methode in ebenso unverhohlener Weise mittels kritischer Essays, Manifeste und ähnlicher programmatischer Textsorten. Zweitens ist diese Thematisierung in meiner Auseinandersetzung an sowohl nationale als auch zeitlich eingeschränkte Phänomene gebunden, nämlich Plagiatsstrategien der US-amerikanischen Postmoderne der 1970er und 1980er Jahre. Diese von der programmatischen Ausrichtung her verschiedenen Beispiele verlangen vor einer Diskussion theoretischer Einflüsse und schreibpraktischer Konsequenzen deshalb nach einer Übersicht gemeinsamer Qualitäten, deren Kontext in eben dieser konkreten Verortung angelegt ist.

Die historische Aktivität, die diese Verortung mitbestimmt, ist, wie erwähnt, auf Texte der 70er und 80er Jahre des vergangenen Jahrhunderts einzuengen, die in der US-amerikanischen Literaturgeschichte als Hochsaison des Postmodernen kanonisiert ist. Den Texten von unter anderem Raymond Federman (1928-2009) oder Kathy Acker (1946/47-1997) ist hierin eine Auseinandersetzung mit Begriffen wie ›Realität‹, ›Geschichte‹ und ›Wahrheit‹ sowie mit Betrachtungsweisen wie ›Faktizität‹ und ›Historizität‹ gemein, die entscheidend von Erfahrungen der Nachkriegsgesellschaft und sich daraus entwickelnder Phänomene geprägt sind.

Die Vereinigten Staaten, die aus dem zweiten Weltkrieg als große Heilsbringer (D-Day, Marshall-Plan, Charta der Vereinten Nationen) wie auch als übermächtige politische und ökonomische Gewinner mittels einer florierenden Rüstungsindustrie hervorgegangen waren, entwickelten sich durch Hiroshima und Nagasaki bestätigt zur dominierenden Atomwaffennation, die sich in den folgenden Jahrzehnten sichtbare wie unsichtbare Kriege vor allem im Kontext des Kalten Krieges mit der Sowjetunion lieferte. Das atomare Wettrüsten, antikommunistische Propaganda während der McCarthy-Ära (*Second Red Scare*), die unamerikanische Aktivitäten geißelte, Studentenproteste als Reaktion auf den als unrechtmäßig wahrgenommenen und als aussichtslos verstandenen Vietnamkrieg sowie etliche einzelereignisabhängige Nationaltraumata wie die Attentate auf John F. Kennedy (1963), Martin Luther King (1968) und Robert F. Kennedy (1968) stellten Erfahrungen bereit, die in einer rasant wachsenden Medien- und Wohlstandsgesellschaft wie den USA als uniform verkraftbar vermittelt wurden; das Misstrauen gegenüber den ›großen Erzählungen‹ – Lyotards integrierenden Metadiskursen –, auf deren Basis ideologisch-politische Entscheidungen getroffen wurden, und die Erkenntnis durchgängiger Fragmentarisierung und Dissoziation als tatsächliche Erfahrungsqualität legten jedoch eine grundsätzliche Täuschung dieser uniformen Realitätswahrnehmung nahe.

Für die postmoderne Literatur stellten sich seit Mitte der 1960er Jahre Herausforderungen ein, die dieser Erfahrungswelt in thematischer und vor allem formalästhetischer Hinsicht zu begegnen suchten. Hierfür spielte die fundamentale Kritik an einer Sprache, die ein uniformes Erleben und Beschreiben ermöglichen sollte und darin über die Fiktionalität und das Nicht-Authentische des Realen hinwegtäuschte, eine besondere Rolle. Dieses Interesse an den Verfasstheiten und ideologischen Potenzialen linguistischer Codes und literarischer Fiktion als narrativem Komplex und Verstärker der kritisierten Realitätsmaschinerie äußerte sich in spezifischen Phänomenen wie Intertextualität und Metafiktionalität, die die Adressierung, Thematisierung und Kritik versprachlichter Erfahrung in den Mittelpunkt stellte. Literatur, die sich als Repräsentationsinstrument und damit als realistische Abbildungsmöglichkeit der außertextuellen Welt verstand, galt Vertreterinnen metafiktionaler Verfahrensweisen wie der *New Fiction* als Verleugnung tatsächlich innovativer Schreibweisen: »It will most certainly not be in the mode of an easy, facile, positive literature written in an industrial high-tech prose, it will not be a literature which has sold out to the Spectacle whose rich territory it wants to enter by any means, by compromise or by prostitution«,[22] wie Federman im Gegensatz zu realistischer, linearer (»easy, facile«) und affirmativer Prosa (»positive«) fordert:

> The kind of literature we need now is the kind that will systematically erode and dissipate the setting of the Spectacle, frustrate the expectation of its positive beginning, middle,

---

22 Federman: The Real Begins Where the Spectacle Ends.

and end, and cheap resolution. This kind of writing will be at the same time frugal and denuded, but rhetorically complex, so that it can seize the world in a new way. [23]

Die Forderung nach einem »new way« meint offensichtlich nicht das schriftstellerische Schaffen aus dem Nichts heraus, versteht die Autorin nicht als *altera dea,* das schöpferische Genie, dem innovative Imagination und Originalität nachgesagt wird. In zweierlei Hinsicht – zum einen destruktiv-chaotisch (»systematically erode and dissipate«), zum anderen nüchtern-unsentimental (»frugal and denuded«) – soll hier gegen die minderwertige Auseinandersetzung und Auflösung (»cheap resolution«) angeschrieben werden, und das mit Mitteln, die so vielschichtig und beziehungsreich geartet sind (»rhetorically complex«), dass sie sich einer einfachen Kategorisierung entziehen. Die von Federman geforderte komplexe Handhabe, die sich nicht einer klaren Schreibanweisung hingibt, äußert sich nun gerade in Hinblick auf Intertextualität und Metafiktion in Form von illegitimer Aneignung fremden Textmaterials.

Die untersuchten Plagiatspraktiken, die offensiv zum Beispiel als *playgiarism* und *Critifiction* konzeptualisiert werden, stellen in dieser Hinsicht sozusagen eine Radikalisierung intertextuellen Schreibens dar. In der teilweise wortwörtlichen Übernahme des Textmaterials anderer Autorinnen und damit einer als homogen definierten Textidentität und auktorialen Individualität werden gerade diese zementierten Vorstellungen aufgebrochen, in einer im Text selbst unartikulierten Vermischung relativiert und sie erfahren aufgrund des als Tabu inszenierten Umstandes ›Plagiat‹ eine breite Öffentlichkeit. Diese dem Großteil der Beispiele gemeinsame Strategie ist mit Blick auf das zweitgenannte Phänomen der Metafiktionalität durch drei Aspekte geprägt: erstens lassen sich Anleihen an poststrukturalistische und dekonstruktivistische Theoreme der Sprachphilosophie und Textkritik finden; zweitens kommt es zu einer Verquickung literaturtheoretischer, sprachkritischer und narrativer Elemente; drittens identifiziere ich eine Positionierung von Literatur als Schnittfläche der Infragestellung von Realismusorientierung, das heißt von Formen der Repräsentation und des Ausdrucks und von gesellschaftspolitischer Strahlkraft bezüglich historisch gewordener, ideologisch informierter und darin überkommener Autorschaftsfigurationen und Textfiktionen.

Was das offensichtliche Verhandeln sprachkritischer Positionen der 1960er und 70er betrifft, sind hier stellvertretend ›Klassiker‹ autorsubjektnegierender, oder zumindest stark relativierender, Richtungen zu nennen wie der ›Tod des Autors‹ mit seiner schnell etablierten »Breitenwirkung als marktschreierische

---

23 Federman. The Real Begins Where the Spectacle Ends.

Parole«[24] oder Derridas Vorstellung einer durchgängig weiter verschobenen Bedeutungszuschreibung *(différance)*, einem Zustand drastisch flexibler Denotation und Konnotation, der der Texteinheit und auch der Leserin aufgrund der eigentlichen Differenz zwischen Bezeichnendem und Bezeichnetem eindeutig zuschreibbaren Sinngehalt verwehrt.

Dekonstruktivistische Theoreme spielen auch für den zweiten Aspekt, die affirmative Synthese literaturtheoretischer, sprachkritischer und narrativer Elemente, eine Rolle. Mit Derrida steht hierbei die Selbstverständlichkeit des Textsystems ›Literatur‹ in Abgrenzung zu anderen textlichen Äußerungsformen – in unserem Fall Theorie und Kritik – zur Disposition. In seinen *Statements und Binsenwahrheiten* (1997) problematisiert er die Grenzziehungen zwischen literarischem und nicht-literarischem Material und behauptet die Erklärbarkeit textueller Praxis durch die »Schließung eines Ensembles über einem organisierten Netzwerk von Theoremen, Gesetzen, Regeln und Methoden«,[25] die der zentrale Effekt der Literaturtheorie sei. Für die Dekonstruktion bedeutet diese Systematisierung funktionaler Zuständigkeiten einen Fehlschluss in der Auseinandersetzung mit Literatur, der wiederum mittels des bekannten Diktums ›kein Außerhalb des Textes‹ infrage gestellt wird.

Bezüglich absichtsvoller Plagiatsstrategien ist in dieser Vermengung vorher distinkter Beschreibungs-, Analyse- und Interpretationskategorien die Programmatik der Text- und Autorsubjektaneignung zu erkennen. Federman nennt diese Verquickung als Genre *Critifiction*, dessen intrinsische Qualität eben ein sprach- und repräsentationskritisches Moment ist, das Theoreme eines freien Textes und einer korrumpierten Autorsubjektivität vor Augen führt und diese in vormals als fiktional kategorisierten Text einspeist. Die ebenso selbstbenannte Methode des *playgiarism* dient dabei in der radikalen Aneignung nicht nur erzählerischen Materials, sondern auch theoretischer Formulierungen der Gleichschaltung aller drei Schreib-Weisen auf derselben materiellen Oberfläche des postmodernen Romans (z.B. Federmans *Double or Nothing* von 1972).[26] Das Plagiieren stellt in dieser Hinsicht das Werkzeug einer durch und durch konzeptualisierten Hinterfragung und Relativierung angenommener Grenzziehungen dar und beauftragt durch seine Wirkungsweisen die Literatur, oder eben die ge-

---

24 Eibl: ›Autor‹ als biologische Disposition, S. 47.
25 Derrida: Einige Statements und Binsenwahrheiten, S. 47.
26 Dass diese experimentelle Verquickung von Theorie, Kritik und Fiktion sich auf der Gattungsebene des Romans abspielt sei wiederum der Herausforderung realistischer Modi geschuldet, die seit dem 19. Jahrhundert mit der prosaischen Langform zusammenfallen und die lineare Narration als bestmögliche Form nutzen. Vgl. hierzu Scholes: On Realism and Genre, S. 269; Baumgarten: From Realism to Expressionism, S. 414–416.

schaffene Synthese aus Theorie, Kritik und Fiktion, mit den Kompetenzen der Analyse, Interpretation, Erklärung und Neuverhandlung von Erfahrung, Realität und Text. Ähnlich der Metafiktion erzeugt diese Literatur ihre eigene Kritik; jedoch entstehen Kritik und theoretische Selbstreflexion nicht nur als Effekt des neuen literarischen Schreibens, sondern sie sind in dieser offenen Variante plagiatorischen Schreibens bereits in das Narrativ eingeschrieben und entheben dieses einer einfachen Verhandlung von Mimesis und Diegese.

Ähnlich den Charakteristika postmoderner Metafiktion – Thematisierung der eigenen Fiktionalität und Literarizität, Offenlegung fiktionaler Mittel und Effekte und die Betonung einer Orientierung der Leserin innerhalb der Wirren der innertextuellen Welt[27] – gilt für viele postmoderne Plagiarismen Selbstreferentialität als wichtiges Element in der Grenzüberschreitung von Theorie, Kritik und Fiktion. Literarischer Selbstbezug bietet hierbei neben der beschriebenen Gleichschaltung die geforderte Möglichkeit, das naturalisierte, da ansonsten bereits abgeschlossene, Schreibprodukt nicht nur selbst zu thematisieren, sondern in einer ›Prozessmimesis‹ (»mimesis of process«[28]) eine Alternative vorzustellen. Zum einen geht es hierbei um die Nachahmung des Entstehungsprozesses von Fiktion, und damit auch von Literaturtheorie und -kritik, die dem klassifizierten Produkt Roman, Gedicht, Essay und der kommodifizierbaren Einheit Buch (oder Datei) ihre Endgültigkeit und Statik nimmt. Zum anderen verweist diese Art der Mimesis auf die Nachvollziehbarkeit des Dekodierens sprachlicher Zeichen durch die Leserin: »The novel no longer seeks just to provide an order and meaning to be recognized by the reader. It now demands that he be conscious of the work, the actual construction, that he too is undertaking, for it is the reader who, in Ingarden's terms, ›concretizes‹ the work of art and gives it life«.[29]

Die Leserverantwortlichkeit der Metafiktion, den Prozess der Bedeutungszuschreibung nicht nur nachzuverfolgen, sondern in der Dekodierung aktiv mitzubestimmen, erhält für die Plagiarismen postmoderner Prägung besondere

---

27 Vgl. hierzu Linda Hutcheons Untersuchung *Narcissistic Narrative* (1991), in der sie zentrale Argumente der Metafiktion benennt: »parallels drawn by self-conscious texts themselves between the acts of writing and reading, that of the subsequent paradox of the reader (drawn into yet out of the text), [and] that of the responsibility of freedom demanded of the reader« (S. 36). Vgl. außerdem Currie: Metafiction; Waugh: Metafiction.

28 Hutcheon: Narcissistic Narrative, S. 36. In ihrem zweiten Kapitel zu *Narcissistic Narrative* legt Linda Hutcheon den Unterschied zwischen »mimesis of process« und »mimesis of product«, also der realitätsbezogenen Abbildungsweise einer für abgeschlossen gehaltenen Realitätskonstellation, dar. Vgl. hierzu ebd., S. 36–47.

29 Ebd., S. 39.

Bedeutung. Natürlich muss der illegitim angeeignete Text anderer Autorsubjekte erst als solcher und damit die Möglichkeit einer Plagiatserzählung erkannt werden, um die postmoderne Schreiboberfläche per se aufzubrechen und kritische Positionen gegenüber einer diagnostizierten ›Tyrannei‹ des Realismus einzunehmen.[30] Die Synthese aus Theorie, Kritik und Fiktion im plagiatorischen Schreiben erfährt somit eine Einschreibung poststrukturalistischer Sprachkritik und metafiktionaler Selbstreflexivität.

Schließlich werden in der Folge der ersten beiden Aspekte Plagiarismen, wie sie in den postmodernen Texten auftauchen, letztendlich als komplexe Nuklei verstanden beziehungsweise als doppelbödige Spreng-sätze im Roman gelegt, um Formen der eindeutigen Repräsentation und des homogenen Ausdrucks einerseits, und literaturbetriebswirtschaftliche Paradigmen kommodifizierter Veräußerung von Text andererseits *ad absurdum* zu führen. Die textuelle Eskalation, zu der das eingesetzte Plagiat mit all seinen angeführten Konnotationen – legal und pathologisch – führt, stellt für *Critifictionists* deshalb eine mögliche Methode bereit, folgende Fragen zu beantworten:

> Is it possible for these writers to escape the generalized recuperation that is taking place in the marketplace of books? [...] Is it possible for fiction to escape the way publicity and advertising ingest and digest culture? Is it possible for fiction to survive the hypnosis of marketing, the sweet boredom of consensus, the cellophane wrapping of thinking, the commercialization of desire?[31]

Literatur wird also in ihrer Gänze als verseucht von lähmender Werbung, geforderter Uniformität und unvermeidlicher Kommodifikation verstanden, die sich in der Folge Kultur einverleiben (»ingest«) und verdauen (»digest«).

Zusammenfassend lässt sich für plagiatorische Praktiken in postmodernen US-amerikanischen Romanen sagen, dass sie als Strategien der provokativen Herausforderung des gemachten, im Sinne eines übereingekommenen Regelwerks für das Literatursystem hinsichtlich seiner kultivierten Vorgaben zu Produktion, Distribution, Rezeption, Kritik, Valorisierung, Nachhaltigkeit und Kanonisierung einer abgeschlossenen Texteinheit zwischen zwei Buchdeckeln gelten. Programmatischer Plagiarismus steht in einer Korrelation literarischer Praxis als Subversion eines an Realismus und Individuation orientierten Schreibens und literaturtheoretischen Überlegungen der Sprachkritik der 1960er Jahre. Somit muss die Strategie noch vor der Differenzierung in ihre praktizierten Varianten als Infragestellung an Realismus orientierter Literaturproduktion und

---

30 Zu dieser Wortwahl vgl. Hutcheon: Narcissistic Narrative, S. 40.
31 Federman: The Real Begins Where the Spectacle Ends.

des gewinnorientierten Literaturbetriebs verstanden werden, die die öffentliche Autorin als uniform wahrnehmbares und kommodifizierbares Subjekt und ihren Text als ebenso zu behandelnde Entität konzipieren. Dem postmodernen Plagiat geht es also um die Demaskierung eines als homogen wahrgenommenen Autorsubjekts, das sich letztlich als eklektischer Repräsentant vielfältiger korrespondierender wie auch kontrastiver Autorschaftskonzepte und Autorschaftsfigurationen herausstellt.

Im Folgenden nun gilt es, diese Hypothesen für die plagiatorische Praxis zu untermauern. Hierzu werden Einzelbeobachtungen in Bezug auf Autorindividualität und Texteinheit gemacht, die Gesten der Aufbrechung und Demaskierung erkennen lassen. Und es sind diese Gesten, die als zentrale Elemente verschiedene plagiatorische Strategien konzeptualisieren und von herkömmlichem Textdiebstahl für die literaturwissenschaftliche Analyse und Interpretation unterscheidbar machen.

3 Textkorruption und Autormultiplikation

Die Auseinandersetzung mit den Gemeinsamkeiten plagiatorischen Schreibens hat bereits die Vereinnahmung poststrukturalistischer Theoreme, die synkretistische Gleichschaltung von theoretischem, kritischem und narrativem Text und die programmatische Eskalation des Textes vor dem Hintergrund industrieller Literaturproduktion verdeutlicht. Doch wie werden nun auf dieser Basis propagierte Texteinheitlichkeit und Autorindividualität konkret herausgefordert und neu verhandelt?[32]

3.1 Textkorruption

In Hinblick auf die Beschreibung einer durch illegitime Textaneignung hervorgerufenen Korruption bereits kanonisierten Materials möchte ich zunächst auf die Neuverhandlung textueller Einheiten durch die untersuchte plagiatorische Praxis eingehen. Der gewählte Begriff ›Korruption‹ soll hierbei Konnotationen sowohl des erläuterten medizinischen Diskurses wie ›das Verdorbene‹, ›Verwesende‹ oder die organische Zersetzung durch Fremdeinwirkung als auch der

---

[32] Der Aspekt der Autormultiplikation erfährt aufgrund des Fokus auf Autorschaft eine ausführlichere Analyse als der Aspekt der Textkorruption.

juristischen oder moralischen Auseinandersetzung wie die Missachtung universalistischer Verhaltensnormen oder des Naturrechts (auf Besitz) umfassen.

Der Bewegung folgend, die ich oben für die Applikation medizinisch-pathologischer Diskurse skizziert habe, verletzt, infiziert und kontaminiert das Plagiat nachhaltig eine bestimmte Menge von Text, die als Materialeinheit – ein Werk – veräußert wurde und immer noch wird und mit ebenso kanonisierten Bedeutungen und Valenzen aufgeladen ist. Die verletzende Qualität entwindet dieser Einheit Teilmengen und entfremdet sie ihrem ›ursprünglichen‹ Kontext und der bereits valorisierten Narration. Die Teilmenge infiziert dann in ihrer entdeckten Fremdheit nicht nur die vermeintlich neue und originäre Einheit, sondern kontaminiert rückwirkend auch das zugrundeliegende Werk und führt diesem zusätzliche Bedeutungsebenen zu. Zusammen bedeuten metaphorische Verletzung, Infektion und Kontamination für die programmatische Plagiatspraxis ein konzeptuelles Aufbrechen getätigter Systematisierung zwischen Texteinheiten, Textsorten und den übergeordneten Diskursen Literaturgeschichtsschreibung, Urheberrecht und Literaturbetrieb. Diese Konzeptualisierung vermag also in dieser Trias das vermeintlich organische Ganze, um hier die legale Rede über das Plagiat hinzuzufügen, seiner messbaren Einheitlichkeit und be- und verwertbaren Integrität zu berauben.

Was sich hier noch als gewaltsame Verneinung betrieblicher Ausdifferenzierung und Funktionalisierung liest und missbilligt werden mag, entfaltet mit Blick auf die selbstreflexive Ebene dieser Strategien – Literatur verhandelt Literatur – ein Potenzial, das gerade wegen seiner provokativen und damit Aufmerksamkeit steuernden Qualität Literatur als künstlerische Praxis, kulturelle Implementierung und kollektives Wissensarchiv stören, demaskieren und erörtern kann. Experimentelle Disruption, also ein postmodernes Interesse, das narrative Inkohärenz und Fragmentierung bereits verinnerlicht hat, stellt dabei den idealen Nährboden für diese Schreibtaktik und wirkt für das programmatische Plagiat zusätzlich als Katalysator.

Raymond Federmans *Double or Nothing* (1972) zum Beispiel zelebriert gerade in der Propagierung seiner eigenen Unlesbarkeit und andauernd unterbrochener Erzählstränge das Aufbrechen vom Realismus geprägter Lesekonventionen. In seinen auch visuell anspruchsvoll gestalteten Textabenteuern tauchen regelmäßig kanonische Versatzstücke aus unter anderem Samuel Becketts Roman *The Unnamable* oder Friedrich Nietzsches *Zarathustra* auf, die die Leserin als etablierte Elemente erkennen und individuellen Autorsubjekten zurechnen kann, und die sie im Plagiatstext als innerhalb eines ›neuen‹ Textgewebes korrumpiert sieht.

Der im beziehungsweise für den Prätext suggerierte Bedeutungszusammenhang, der stark auf den individuellen Autor »als Bindungsfaktor für die gefährdete Kohärenz des literarischen Textes«[33] angewiesen ist, wird in seiner nun erzeugten syntagmatischen Varianz kurzum für obsolet erklärt und der nach Derrida – »Es gibt kein Außerhalb des Textes (*Il n'ya pas de hors-texte*)«[34] – immer schon aktiven Dynamik sprachlicher Zeichen geöffnet. Mit der Korruption individueller Texteinheiten und der Einebnung in ein weiteres vornehmlich originäres Werk wird also eine eindeutige Verweisbarkeit von Texteinheit auf Autorsubjekt getilgt wie auch eine post-strukturalistische Umsetzung der Konzeption von Text als offene Textur verteidigt.

3.2 Autormultiplikation

Während Federman als Beispiel einer korrumpierten Texteinheitlichkeit Elemente der Hommage (vor allem an Beckett) spielerisch formästhetisch praktiziert, möchte ich zur Veranschaulichung des zweiten Phänomens plagiatorischer Praxis, der Autormultiplikation, ein Romanbeispiel aus den 1980er Jahren heranziehen.

Für Kathy Acker, die seit den frühen 1970er Jahren in mehr als 20 Romanen, zahlreichen Essays und Libretti eine postfeministische Variante plagiatorischen Schreibens betrieb, stellten vor allem von männlichen Autoren verfasste und als stilbildend oder anderweitig vorrangig kategorisierte Prätexte ihr bevorzugtes Material dar, das es offensiv aufzubrechen und zu kontaminieren galt. Ackers Plagiate wie *Great Expectations* (1982) oder *Don Quixote: Which Was a Dream* (1986) bedienen sich zum Beispiel motivischer Versatzstücke, Namen, Figuren, Szenen und anderer, wortwörtlicher Übernahmen aus Charles Dickens' homonymem Bildungsroman des 19. Jahrhunderts, Virginia Woolfs *Orlando* (1928), *À la recherche du temps perdu* (1913–1927) von Marcel Proust oder John Keats' Gedicht »The Eve of St. Agnes« (1820) (alle *Great Expectations*) und, im Fall von *Don Quixote*, aus Cervantes' gleichnamiger Pikareske (1605, 1615), Frank Wedekinds Tragödie *Lulu* (*Erdgeist* 1895 und *Die Büchse der Pandora* 1902), George Bernard Shaws *Pygmalion* (1912) oder *Il Gattopardo* (1958) von Guiseppe Tomasi di Lampedusa. In Ackers *Empire of the Senseless* (1988), anhand dessen die sich aus der Textkorruption ergebende Autormultiplikation belegt werden soll, konkurrieren unter anderem Marquis de Sades *Histoire de Juliette* (1796), Mark Twa-

---

[33] Eibl: ›Autor‹ als biologische Disposition, S. 59. Vgl. ebenfalls Foucault: Was ist ein Autor?, S. 211-216.
[34] Derrida: Grammatologie, S. 274. Andere Übersetzungen betonen, dass der Ursprungsfassung nähere »Es gibt nichts außerhalb des Textes« bzw. »There is no outside-text« (vgl. Derrida: Of Grammatology, S. 158).

ins *Adventures of Huckleberry Finn* (1884), Allen Ginsbergs Gedicht »Howl« (1956) und William Gibsons Cyberpunk-Roman *Neuromancer* (1986) mit anderen narrativen, theoretischen, kritischen und vermeintlich autobiografischen Elementen um die Bedeutungsmacht auf ein und derselben materiellen Ebene. Mit Blick auf diese kleine Auswahl identifizierter Prätexte ist eine Vorliebe für hochmodernistisches Material und für bestimmte Genres (Bildungsroman und weibliches Entwicklungsdrama) zu erkennen.

Acker, die *Empire* vor dem soziohistorischen Hintergrund der Regierung Ronald Reagans, seines entfesselten Turbokapitalismus, der Hoch-Zeit politischer (Fortführung des Kalten Krieges) wie auch gesellschaftlicher Krisen (AIDS) ›kompilierte‹, realisiert in ihrer plagiatorischen Praxis des *ConText* ebenso poststrukturalistische Theoreme wie feministische Textansprüche bezüglich eines männlich belagerten Kanons. Ihre in *Empire* eingebettete Sprachkritik zeugt deshalb zum einen von einer postmodern-narrativen Übersetzung dieser Theoreme – »Literature is that which denounces and slashes apart the repressing machine at the level of the signified«.[35] Sowohl die erzählte textuelle Welt (»the level of the signified«) als auch die Sprache, die diese zu vermitteln sucht, wird also im Sinne von Derridas *différance* als Problem und gleichzeitig Potenzial des Ausdrucks verstanden, indem Sprache nicht nur zur Äußerung befähigt, sondern auch die eigene Funktionsweise und ideologische Aufladungsmaschinerie dekonstruiert (»denounces and slashes apart the repressing machine«).

Zum anderen gilt es, die dezidiert weibliche Ausdrucksfähigkeit und auch die Künstlerperson – also gerade wieder eine Bekräftigung individueller Authentizität – innerhalb dieser Komplexität zu verhandeln. Acker selbst sieht dies in der Radikalisierung ihres eigenen Schreibprozesses gegeben: »Women need to become literary ›criminals‹, break the literary laws and reinvent their own, because the established laws prevent women from presenting the reality of their lives«.[36] Es sind nun dieser beabsichtigte Bruch und die Neuerfindung eigener Spielregeln der Textgenese, die (weibliche) literarische Delinquenten dazu veranlassen, etablierte Regeln – hier sind sowohl tatsächlich juristische, literaturbetriebliche und ästhetische Normen gemeint – mittels grundsätzlicher Textkorruption und daraus folgender Autormultiplikation zu untergraben.

ConText folgt im Gegensatz zu Federmans *Critifiction* und *playgiarism* keiner Selbstdefinition plagiatorischen Schreibens, sondern wird von mir als für die postfeministische Variante konzeptueller Strategien verstanden. Der Begriff

---

35 Acker: Empire, S. 12.
36 In McCaffery: The Artists of Hell, S. 218.

vereint dabei folgende Eigenheiten: Während das englische *to con* (›täuschen‹, ›betrügen‹) kriminelle Implikationen illegitimer Aneignung an den Text bindet, ruft es ebenso Assoziationen zu sogenannten *con artists* auf, die ihr Publikum auf Basis eines gemeinsamen Hausverstandes hinters Licht führen; weiterhin bezeugt *ConText* in der Homophonie zu ›Kontext‹ die enge Integration und Interaktion zeitlich und räumlich disparater Textfragmente und deren Vereinigung in sozusagen absoluter Kontextualität. Schließlich und mit Blick auf die Einbindung eines kollektiven Miteinanders wie auch eines imperativischen ›mit Text‹ spannt der Begriff den Bogen zurück zur programmatischen Realisierung poststrukturalistischer und feministischer Vorstellungen einer *écriture*.

Eines der wortwörtlichen Versatzstücke in *Empire of the Senseless* ist zum Beispiel der Beginn des kanonischen Gedichts »Howl« des Beat-Autoren Allen Ginsberg, dem die Leserin ohne jegliche paratextuelle (Fußnoten, Quellenangaben) oder intratextuelle (sehr plump zum Beispiel mittels »as Allen once said...«) Markierungen begegnet. Nur wenn wir kanonisches Wissen über die Zeilen »I saw the best minds of my generation, destroyed by madness, starving hysterical naked, dragging themselves through the Negro streets at dawn looking for an angry fix [...]«[37] besitzen, kann es zu einer Entdeckung des Plagiats und damit nach Theisohn ja überhaupt erst zu dessen Entstehung – ein unentdecktes Plagiat ist ja keines – kommen. Und da wir uns innerhalb der textuellen Welt eines postmodernen Romans und damit innerhalb ständig unterbrochener Teilhandlungen, motivischer Fragmente und unzusammenhängender Dialoge zurechtfinden müssen, enttäuscht auch die Suche nach Fremdmaterial beziehungsweise, Broich und Pfister folgend, nach Markierungen im äußeren Kommunikationssystem wie zum Beispiel einem eventuell offensichtlichen Stilkontrast.[38]

Allen Ginsberg ist als Vertreter der literarischen Nachkriegsbewegung der *Beat Generation* kanonisiert und wird in sozio-kulturellen wie literaturwissenschaftlichen Diskussionen regelmäßig als Wegbereiter künstlerischer Redefreiheit figuriert. Das lyrische Ich in »Howl« beschreibt eine Jugendgeneration in ihrer Verlorenheit inmitten der endzeitlichen Verfasstheit einer nuklear bedrohten (und bedrohenden) amerikanischen Gesellschaft, eine Generation, die nicht nur einen neuen Rhythmus (*beat*) definieren, sondern auch die soziale Außenseiterrolle (*beaten*) in der Umwidmung und Neuerfahrung US-amerikanischer Vorstellungen und Werte – protestantische Arbeitsethik, Prämillenialismus, das Versprechen von Wohlstand und Erfolg – in spirituelle Alternativen wie den

---

37 Ginsberg: Howl, S. 9; Acker: Empire, S. 145.
38 Vgl. Broich / Pfister: Intertextualität, S. 41–44.

Zen-Buddhismus (*beatific*), experimentelle Sexualität und spontane Kreativität als formästhetisches Merkmal erfahren wollte. »Howl« beschwört diesen Rhythmus und diese Generation elegisch und setzt, wie zahlreiche Lesarten erörtern, darin letzterer gleichzeitig ein literarisches Denkmal.[39]

In Hinblick auf Ginsbergs Autorsubjekt lassen sich trotz, oder gerade wegen seiner Positionierung als Avantgarde-Autor Parallelen zur oben skizzierten eklektischen Repräsentation vielfältiger korrespondierender wie auch kontrastiver Autorschaftskonzepte und Autorschaftsfigurationen ziehen. Ginsberg war seit den 1960er Jahren offen homosexuell, Befürworter bewusstseinsverändernder Praktiken und Stimulanzien (Drogen, Zen, Yoga) und linker Intellektueller. Außerdem verkörperte er in seiner Weiterführung des epischen *vers libre* (in der amerikanischen Tradition nach Walt Whitman) und durch das Brechen literarischer Tabus in Bezug auf Sexualität, Gesellschaft und Politik formästhetische Innovation und Imagination. Und schließlich füllte er auch des Dichters traditionsverbundenes Verantwortungsbewusstsein in der Rolle des buchstäblichen *avant-gardiste* aus. Die Figuration eines ›Vorangehens‹ vor bereits etablierten und kanonisierten literarischen Ideen und Werterzeugnissen, die gleichzeitig immer auch ein zumindest anfängliches ›Außen-vor‹ bedeutet, folgt hierin einer ähnlichen, wenn nicht sogar derselben eklektischen Zusammensetzung unterschiedlicher historischer Autorschaftskonzepte, die oben erörtert wurden.

Das Gedicht »Howl«, 1955 vor der eigentlichen Veröffentlichung von Ginsberg während des *Six Gallery Reading* in San Francisco vorgetragen, wurde als Band *Howl and Other Poems* der neuen Pocket Series des *City Lights*-Verlages kurz nach der Veröffentlichung konfisziert, der Verleger Lawrence Ferlinghetti verhaftet und in einem Schauprozess des Vorwurfs der Verbreitung obszönen Materials nach der Anhörung literaturwissenschaftlicher Experten freigesprochen. In der Urteilsverkündung maß das Gericht dem Gedicht »redeeming social importance« bei.[40] So zählten die elegischen (Anfangs-)Verse nicht nur als einnehmende Beschreibung einer literarischen Bewegung, sondern erfuhren durch ein offizielles Verdikt Wertstellung, Nachhaltigkeit und Kanonisierung. Das Autorsubjekt Ginsberg steht somit als *Beat Poet Laureate* gerade auch zusammen mit seiner wichtigsten Veröffentlichung und dessen Skandalisierung für eine öffentliche Autorindividualität, die in der Entsprechung ›»Howl« ist ein Werk von Ginsberg / Ginsberg ist der Autor von »Howl«‹ mit der Textidentität des Gedichts korreliert wird.

---

39 Zur autobiografischen und generationenbestimmten Interpretation von »Howl« vgl. z. B. Hyde: On the Poetry, S. 29–32, S. 222–230; und Raskin: American Scream.
40 Ferlinghetti: Horn on Howl, S. 41.

Was passiert nun mit diesem figurierten Autorsubjekt, wenn der kanonisierte und darin bekannte und für wert gehaltene Gedichtanfang »I saw the best minds of my generation...« in einem dystopischen, postmodernen Roman einer feministischen Autorin auftaucht, deren Schreibpraxis von poststrukturalistischen Annahmen zu Text, Sprache und Subjekt durchzogen ist? Gesetzt dem Fall, dass die Verse von der Leserin dekodiert und in ihrer aufgebrochenen Textidentität als fremd erkannt werden – und von diesem rezeptiven Idealfall müssen wir hier wie bei Federman für die Interpretation ausgehen –, wird nicht nur die vereinfachte Entsprechung ›Autorin = Werk = Autorin‹ irritiert und korrumpiert,[41] sondern das Autorsubjekt des Prätextes multipliziert sich mit den anderen präproduzierenden Subjekten des Romantextes *Empire of the Senseless* und löst sich schließlich in der undurchschaubaren Praxis der *écriture* auf.

Ähnlich der Textkorruption in Federmans *Double or Nothing* erfährt die plagiierte Textpassage im Romangeflecht von 1988 sowohl eine Aktualisierung als auch eine Revidierung getroffener Interpretationen, vergangener Kontexte und Bedeutungsgenesen: Das lyrische (bzw. das oft auch als autobiografisch identifizierte) Ich ›sieht‹ nun sowohl die bereits kodifizierte Generation der *Beats*, die teilnahmen an einer gemeinsamen Nachkriegserfahrung und zerstört wurden von der ›Irrsinnigkeit‹ (»madness«) westlicher Gesellschaftszwänge, als auch die intratextuelle Äußerung (in *Empire*) des männlichen Protagonisten Thivai, der mit diesen Zeilen im Unterkapitel »For Those Who Are Alone in Jail / The Violence of Roses« von CIA-Experimenten der Bewusstseinskontrolle unter Drogeneinfluss in französischen Bordellen berichtet. Da diese Tests in den Projekten MK-ULTRA und OMC *(Operation Midnight Climax)* der 1950er und 60er Jahre eine nachweisbare historische Entsprechung finden, lädt sich durch die Verbindung beider eingespeister Texte und Informationen auch Ginsbergs Prätext mit weiterer Bedeutung und mit Interpretationsspielraum auf.

Vor dem Hintergrund enteigneten Texts multipliziert sich das konzipierte Autorsubjekt Allen Ginsberg nun zum einen natürlich mit dem zweiten bekannten Autorsubjekt Kathy Acker, die der Materialeinheit *Empire* offiziell als Autorin ›vorsteht‹ und in ihrer vorgeblich individuell-originären Erzählung Thivai die angegebenen Zeilen zuerkennt. Dieses Subjekt wird durch das in den Roman Ackers übernommene Textversatzstück also gleichzeitig enteignet und sozusagen als übergeordneter Signifikant vom Text als Referenzsystem abgekoppelt und geht in die ›Autorfiguration‹[2] mit ein. Diese Potenzierung erhält letztlich

---

[41] Das mathematische Symbol der Äquivalenz ist an dieser Stelle als dezidierter Verweis von der Autorin auf das Werk / des Werkes auf die Autorin zu verstehen und nicht als komplexitätsreduzierende und damit ungenaue Gleichsetzung dieser Elemente.

eine unendliche Fortschreibung, wenn weitere Autorsubjekte im Text zu vermuten sind. So lösen sich also die sozial konstruierten Autorfigurationen in Bedeutungsgewebe und letztlich in Barthes'scher *écriture* auf.

4 Ausblick: Double – Or Nothing?

In der vorangegangenen Analyse erwiesen sich postmoderne Plagiatspraktiken als komplexes Szenario umkämpfter Autorschaft und korrumpierter Texteinheit. Die Ebenen, auf denen sich dieses Szenario abspielt, sind von literarischer, literaturtheoretischer, literaturbetriebswirtschaftlicher und nicht zuletzt literaturkritischer Qualität. Auf diesen Ebenen kommt es schließlich zum eskalierenden Showdown vielfältiger Autorschaftskonzepte, die den öffentlichen Urheber als eklektischen Repräsentanten kontrastiver Autorfigurationen demaskieren und immer wieder neu verhandeln. Das schreibende Autorsubjekt wird zur umkämpften Instanz und die als uniform verstandene Texteinheit(lichkeit) zum Ort dieses Zusammenstoßes von literatur*theoretischer* ›Befreiung‹ und literatur*betrieblichem* Individualismuszwang. Dies passiert in den untersuchten Beispielen innerhalb der literarischen Arena experimenteller Provokationsprosa.

Das absichtsvolle postmoderne Plagiat verfolgt in dieser Konstellation eine kulturelle Agenda, eine programmatische Vergegenständlichung innerhalb des Erzähltextes, um diesen von innen heraus mittels Textkorruption und Autormultiplikation zu sprengen. Die Einimpfung fremden literarischen Materials in eine ›neue‹ Textoberfläche irritiert die Möglichkeit, jegliches Versatzstück einem bereits kanonisierten Werk zuzuordnen, beziehungsweise es schürt ein generelles Misstrauen gegenüber den Texteinheiten *Double or Nothing* oder *Empire of the Senseless*, die hypothetisch zahllose Prätexte vereinnahmen.

So wirkt freimütiger Plagiarismus als Schreibpraxis vor allem in der Entführung zementierter Autorsubjekte, die im literarökonomischen Diskurs als biografische oder als funktionale Verweise auf die ihnen zugeschriebenen Texteinheiten konzipiert und definiert werden. *Critifiction / Playgiarism* und *ConText* erörtern mit jeder vermuteten Bedeutungseinheit die um sie buhlenden Extreme und suchen der Leserin freien Text innerhalb versklavender Sprache vorzustellen. Letztendlich belangt diese Strategie dann auch in erster Linie die lesende Konsumentin/Kriti-kerin/Rezipientin mit der Enttarnung, Diskussion und Bekanntmachung (»Ein Plagiat, das niemand bemerkt...«) des literarischen Diebstahls. Dieser Umstand offenbart eine dem Programm inhärente Notwendigkeit, die zu dessen radikal de-hierarchisierender Funktion konträr verläuft: Die Leserin muss zur angelegten Lösung des ›Rätsels‹ im Roman das notwendige Kanonwissen (Nietzsche, Beckett, Ginsberg) besitzen; ansonsten bleibt sie als >naive< Rezipientin im fragmentierten Textfundus zurück, während sich die ausreichend versierte Leserin am vermeintlichen Ziel des angelegten Textlabyrinths wähnen darf. Der Vorwurf des hermetischen Elitarismus ist es dann auch, der plagiatorische Texturen zum genussvollen Scheitern verurteilt. So verliert sich auch die Leserin als dekodierende Konsumentin und elitäre Archäologin in der Komplexität unendlicher Bedeutungen – ein Umstand, der letztlich alle funktionalen Teilnehmerinnen des literarischen Kommunikationssystems der Vertextung anheim stellt.

Plagiarismus als postmoderne Textstrategie gibt somit Möglichkeiten jeglicher bedeutungskonstituierender Narration zugunsten einer umfassenden Vertextung aller am Kommunikationsmodell teilnehmenden Instanzen auf und vermag sich so kompromittierenden Schreibweisen realistischer Prägung und kommodifizierten Autorfigurationen entgegenzu-stellen wie auch sich der einfachen Eingemeindung als betriebliches Korrektiv zu entziehen.

Bibliographie

Acker, Kathy: *Great Expectations.* New York 1982.
Acker, Kathy: *Don Quixote: Which Was a Dream.* New York 1986.
Acker, Kathy: *Empire of the Senseless.* New York 1988.
Armengol, Josep M: »Gendering Men. Re-Visions of Violence as a Test Of Manhood in American Literature«. In: *Atlantis* 29 (2007) H. 2, S. 75–92.
Bartels, Gerrit: *Grass, Wolf & Co. sorgen sich ums Urheberrecht*, 2010.
    http://www.tagesspiegel.de/kultur/literatur/grass-wolf-und-co-sorgen-sichums-urheberrecht/1719662.html (Stand: 31.08.2011).
Baumgarten, Murray: »From Realism to Expressionism: Toward a History of the Novel«. In: *New Literary History* 6 (Winter 1975), S. 415–427.
Boehringer, S. / A. Hagelüken. »Dann werden wir halt Ministerpräsident«. In: *Süddeutsche Zeitung online,* 04.03.2011. http://www.sueddeutsche.de/geld/reden-wir-ueber-geld-stefan-murr-dann-werden-wir-halt-ministerpraesident-1.1067800 (Stand: 31.08.2011).
Bonetti, Kay: »An Interview With Richard Ford«. In: *Missouri Review* 10 (1987) H. 2, S. 71–96.
Broich, Ulrich / Manfred Pfister: *Intertextualität. Formen, Funktionen, anglistische Fallstudien.* Tübingen 1984.
Bruck, Jan: »Urheberstreit. Leipziger Erklärung«. In: *Deutsche Welle online,* 17.03.2010.
    http://www.dw-world.de/dw/article/0,,5361813,00.html (Stand: 31.08.2011).
Burkhardt, Steffen: *Medienskandale. Zur moralischen Sprengkraft öffentlicher Diskurse.* Köln 2006.
Clark, Roy Peter: *The Unoriginal Sin.* In: *Poynter Media News,* 26.11.2007.
    http://about.poynter.org/about-us/mission-history (Stand: 31.08.2011).
Currie, Mark (Hrsg): *Metafiction.* New York 1995.

Delius, Mara: »Mir zerfallen die Worte im Mund wie schlechte Pillen«. In: *Frankfurter Allgemeine Zeitung online*, 22.01.2010. http://www.faz.net/artikel/S30347/helene-hegemann-axolotl-roadkill-mir-zerfallen-die-worte-im-mund-wie-schlechte-pillen-30081333.html (Stand: 31.08.2011).
Derrida, Jacques: *Grammatologie* [1967]. Übers. v. Hans-Jörg Rheinberger / Hanns Zischler. Frankfurt a. M. 1994.
Derrida, Jacques: *Of Grammatology* [1967]. Übers. v. Gayatri Spivak. Baltimore 1998.
Derrida, Jacques: *Einige Statements und Binsenwahrheiten über Neologismen, New-Ismen, Post-Ismen, Parasitismen und andere kleine Seismen*. Berlin 1997.
Dieckmann, Dorothea: »Nicht gesellschaftsfähig? Die gemässigte Rebellion von Helene Hegemanns Roman ›Axolotl Roadkill‹«. In: *NZZ Online*, 04.02.2010. http://www.nzz.ch/nachrichten/kultur/aktuell/nicht_gesellschaftsfaehig_1.4790838.html (Stand: 13.02.2012).
Eibl, Karl: »Der ›Autor‹ als biologische Disposition«. In: Jannidis, Fotis / Gerhard Lauer / Mathías Martínez / Simone Winko (Hrsg.): *Rückkehr des Autors. Zur Erneuerung eines umstrittenen Begriffs*. Tübingen 1999, S. 47–60.
Federman, Raymond: *Double or Nothing* [1972]. Normal 1998.
Federman, Raymond: »The Real Begins Where the Spectacle Ends«. In: *Federman.com*, 1996. http://www.federman.com/rfsrcr1.htm (Stand: 31.08.2011).
Ferlinghetti, Lawrence: »Horn on Howl«. In: Hyde, Lewis (Hrsg.): *On the Poetry of Allen Ginsberg*. Ann Arbor 1984, S. 42–53.
Foucault, Michel: »Was ist ein Autor?« In: Jannidis, Fotis / Gerhard Lauer / Matías Martínez / Simone Winko (Hrsg.): *Texte zur Theorie der Autorschaft*. Stuttgart 2000, S. 198–229.
Ginsberg, Allen: *Howl and Other Poems*. San Francisco 1956.
Goldstein, Paul / Bernt Hugenholtz: *International Copyright*. Oxford 2010.
Grau, Renate: *Ästhetisches Engineering. Zur Verbreitung von Belletristik im Literaturbetrieb*. Bielefeld 2006.
Groom, Nick: *The Forger's Shadow. How Forgery Changed the Course of Literature*. London 2002.
Hegemann, Helene / Siv Bublitz. »*Axolotl Roadkill:* Helene Hegemann und Ullstein Verlegerin Dr. Siv Bublitz antworten auf Plagiatsvorwurf«. In: *BuchMarkt*, 07.02.2010. http://www.buchmarkt.de/content/41393-axolotl-roadkill-helene-hegemann-und-ullstein-verlegerin-dr-siv-bublitz-antworten-auf-plagiatsvorwurf.htm (Stand: 31.08.2011).
Hutcheon, Linda: *Narcissistic Narrative. The Metafictional Paradox*. New York 1991.
Hyde, Lewis: *On the Poetry of Allen Ginsberg*. Ann Arbor 1999.
Jannidis, Fotis / Gerhard Lauer / Mathias Martinez / Simone Winko: »Rede über den Autor an die Gebildeten unter seinen Verächtern. Historische Modelle und systematische Perspektiven«. In: dies. (Hrsg.): *Rückkehr des Autors. Zur Erneuerung eines umstrittenen Begriffs*. Tübingen 1999, S. 3-35.
Ladenthin, Volker: »Literatur als Skandal«. In: Neuhaus, Stefan / Johann Holzner (Hrsg.): *Literatur als Skandal. Fälle – Funktionen – Folgen*. Göttingen 2007, S. 19–28.
Luscombe, Belinda. »Is Maureen Dowd Guilty of Plagiarism?«. In: *Time Magazine online*, 18.05.2009. http://www.time.com/time/arts/article/0,8599,1899530,00.html (Stand: 31.08.2011).
Lutz, Peter: *Grundriss des Urheberrechts*. Heidelberg 2009.
Lyons, Bonnie: »Interview Richard Ford: The Art of Fiction«. In: *Paris Review* 140 (1996), S. 42–77.

McCaffery, Larry: »The Artist of Hell: Kathy Acker and ›Punk‹ Aesthetics«. In: Friedman, Ellen G. / Miriam Fuchs (Hrsg.): *Breaking the Sequence: Women's Experimental Fiction*. Princeton 1989, S. 215–230.
Moritz, Rainer: »Wer treibt die Sau durchs Dorf? Literaturskandale als Marketinginstrument«. In: Neuhaus, Stefan / Johann Holzner (Hrsg.): *Literatur als Skandal. Fälle – Funktionen – Folgen*. Göttingen 2007, S. 54–62.
Paul, Steve: »Forget the Hemingway Comparisons. Richard Ford Is an American, Yes, But He Has His Own Voice«. In: Guagliardo, Huey (Hrsg): *Conversations with Richard Ford*. Jackson 2001, S. vii–xii.
Raskin, Jonah: *American Scream: Allen Ginsberg's »Howl« and the Making of the Beat Generation*. Berkeley u. a. 2004.
Scholes, Robert: »On Realism and Genre«. In: *Novel* 2 (Spring 1969), S. 269–271.
Schramm, Franziska: »Abrechnung mit Helene Hegemann«. In: *Litaffin: Literatur lesen, diskutieren, erleben*, 16.03.2011. http://www.litaffin.de/literaturbetrieb/abrech-nung-mit-helene-hegemann/ (Stand: 31.08.2011).
Serres, Michel: *Der Parasit* [1981]. Frankfurt 1987.
Theisohn, Philipp: *Plagiat. Eine unoriginelle Literaturgeschichte*. Stuttgart 2009.
Waugh, Patricia: *Metafiction: The Theory and Practice of Self-conscious Fiction*. New York 1988.

Teil III: Praktiken literarischer Autorschaft

Seán M. Williams
C.F. Gellert als Vorredner des Genies

Autorschaft um 1750

Abstract: Vor der Mitte des 18. Jahrhunderts waren »Autorschaft« und »Genie« im Deutschen noch fast unbekannte Fremdwörter. Ersteres wurde aus dem Englischen, letzteres aus dem Französischen entlehnt. Der folgende Beitrag betrachtet den Begriff ›Autorschaft‹ aus historischer Perspektive, speziell dessen Beziehung zum Geniebegriff in C.F. Gellerts Poetik der 1750er Jahre. Zunächst wird aufgezeigt, dass Gellert das literarische Werk in metonymischer Beziehung zum Selbst konzipiert und dessen Vorrede (oder Vorwort) als Forum auktorialer Apologie fungiert. In einem zweiten Schritt wird auf Gellerts Vorrede zu den *Geistlichen Oden und Liedern* von 1757 eingegangen. In der deutschen Poetik der 1750er Jahre entsprach »Genie« generell dem rhetorischen »*ingenium*«. Dieser Genietopos wurde zum Dreh- und Angelpunkt von Gellerts Autorschaftsverständnis, wie es sich an Gellerts Selbstprojektion in der Vorrede von 1757 ablesen lässt. Die behandelte Vorrede wird abschließend als eine von vielerlei Varianten eines deutschen poetologischen Musters in jener Zeit diskutiert, welches das Begriffspaar »Autorschaft« und »Genie« umfasste, aber zu anderen Begriffen hin offen war. Diese gedankliche Schablone, die den Konturen der klassischen Rhetorik sowie den Umrissen vor allem früherer englischer Beispiele folgte, wurde auch von anderen Autoren um 1750 beim Entwurf ihres jeweiligen Autorenbilds sowie in der Gestaltung von Vorreden und anderen einleitenden Texten produktiv eingesetzt. Gellert ist besonders erhellend für das Autorschaftsverständnis der Zeit, weil bedeutsame Autoren ihn einerseits zum Vorbild und andererseits zum Gegenbild stilisierten. Die eigentliche Bedeutung Gellerts für die Autorschaftsdebatte ist bisher unerforscht geblieben, da der Topos aufgrund seiner materiellen Umstände eine nähere Beschäftigung mit seiner Poetik verhindert hat.

1 Der Autor und seine Autorschaft

Christian Fürchtegott Gellert (1715–1769) gilt als der meistgelesene deutsche Autor des 18. Jahrhunderts.[1] Für große Teile des wachsenden kommerziellen

---

1 Vgl. Jung: Gellert, S. 104.

Publikums verkörperte er als literarische Persönlichkeit geradezu die Figur des Autors, während andere deutsche Autoren ihn imitierten oder mit ihm wetteiferten. Noch 1780 erschien Gellerts literarischer Status so bedeutend, dass ihn Friedrich der Große – wenn auch nur unter explizitem Bezug auf seine Fabeldichtung – in seinem kontroversen Aufsatz *De la littérature allemande* zu einer der wenigen rühmenswerten deutschen Ausnahmen in einer sonst desolaten literarischen Literaturlandschaft erhob.[2] Gellerts literarische Nachfolger stilisierten ihn demgegenüber besonders ab Anfang der 1770er Jahre zu ihrem auktorialen Gegenbild – einem kurzlebigen Erfolgsautor. So dient er Jean Paul Richter als spielerischer Gegenstand einer im Jahre 1801 veröffentlichten fiktionalen Selbstreflexion. Jean Paul gibt vor, sich als publikumsorientierter »zeitiger Schreiber« davor zu fürchten, alsbald wie ein »zweiter Gellert, der bloß glatt- und matten Leipzigern gefallen will«, in Vergessenheit zu geraten.[3] Im ironischen Umkehrschluss wünscht er sich dann doch nur eine kurze ›kompaktere‹ Unsterblichkeit, wie sie etwa Friedrich II. nach dessen Tod zuteil geworden sei. Das zeitgenössische Verständnis dieses komplexen Witzes gegen einen verstorbenen Autor und einen ehemaligen Monarchen beruhte allerdings auf der Anerkennung Gellerts noch um die Jahrhundertwende.[4] In Anbetracht dieser Entwicklung bietet sich Gellert als Paradebeispiel für eine neuerliche Betrachtung der Vorstellung und Praktik von Autorschaft um 1750 an.

Die Forschungsliteratur zu diesem Thema hat bisher lediglich nur und immer wieder die monetären Aspekte von Gellerts Begriff des ›Schreibens‹ historisch untersucht. Mit diesem Schwerpunkt hat sie sich in der Geschichtsschreibung vor allem an Goethe orientiert. Denn im zwölften Buch von *Dichtung und Wahrheit* dient Gellert zusammen mit Gottlieb Wilhelm Rabener (1714–1771) als repräsentative Figur einer Generation, deren schlechte finanzielle Situation aufkommende Autoren – allen voran den Epochemacher des ›Dichtergenies‹ Friedrich Gottlieb Klopstock (1724–1803) – nach größerem Einkommen streben ließ.[5] Für den Gellert'schen Autorentypus, so Goethe, sei Schreiben etwas Göttliches, und geldlicher Gewinn komme quasi der Simonie gleich. Ihm zufolge entsprach – zu einer Zeit, da Hofpoeten aus der Mode kamen – die immer wichtiger werdende Beziehung zwischen Schriftstellern und ihren Verlegern einer Form des Mäzenatentums. Die Autoren erfreuten sich demnach des Ruhms,

---

2 Friedrich II: Deutsche Literatur, S. 63.
3 Jean Paul: Wunderbare Gesellschaft, S. 1128f.
4 Zur Rezeption von Friedrichs Aufsatz im 18. Jahrhundert vgl. Kohl: Hero or Villain. Kohl geht jedoch nicht auf Jean Paul ein.
5 Goethe: FA, 1. Abt., Bd. 14, S. 563f. Zum Aufbruch des ›Dichtergenies‹: Ebd., S. 433f. (Zehntes Buch).

verdienten jedoch nur wenig Geld, während ihre Verleger reich wurden. Demgemäß gehört Gellert auch in neueren literaturgeschichtlichen Auffassungen zur Vorgeschichte der modernen Autorschaft; wie unten gezeigt wird, steht er an der Schwelle zur Entwicklung eines juristischen und kommerziellen Verständnisses von Autorschaft – eines, das vornehmlich die spätere ›Geniezeit‹ prägt. Diese Vorgeschichte ist dementsprechend negativ durch auktorialen Geldverzicht charakterisiert. Das positive Pendant, die von Goethe ebenfalls konstatierte soziale Anerkennung eines Gellert oder Rabener, hat hingegen bislang wenig Aufmerksamkeit auf sich gezogen. Im Folgenden soll der Aspekt des Ruhms bezüglich der Autorschaftsdebatte im Zentrum stehen und der Frage aus empirisch-historischer Perspektive nachgegangen werden, wie Gellert und seine Zeitgenossen ›Autorschaft‹ positiv definierten und praktizierten.

In der Tat bestätigen die Zahlen zu Gellerts kommerziellen Beziehungen Goethes Ausführungen zu den geschichtlichen Zusammenhängen, und die Finanzen von Gellert und seinem ›ersten‹ Verleger Johann Wendler sind demzufolge Allgemeinplätze der Literatur zur Autorschaft sowie zum literarischen Markt geworden. Martha Woodmansee beschreibt diesen Fall zwar als gut bekannt, doch faktisch wird er in seinem Zirkulieren ungenau oder unklar wiedergegeben (nicht zuletzt deshalb, weil Gellerts erste Schriften bei Bernhard Christoph Breitkopf herauskamen).[6] Johann Goldfriedrich führt an, dass Wendler alle Rechte an den *Fabeln und Erzählungen* für einen Dukaten (weniger als drei Taler) pro Blatt kaufte.[7] Zumindest einmal wurden die Rechte daran zusammen mit den Rechten an Gellerts anderen Werken sowie allen Restauflagen angeblich für 10.000 Taler verkauft. Diese Summe habe Wendler nach Hans Jürgen Haferkorn im Jahre 1766 erhalten; laut Helmuth Kiesel und Paul Münch sowie Woodmansee habe er sie jedoch 1786 bekommen.[8] 1766 übergab Wendler seinen Verlag an Caspar Fritsch, und Ulrike Bardt und Bernd Witte stellen fest, dass Fritsch damals auch die Gellert'schen Rechte kaufte.[9] Allerdings behaupten Eda Sagarra und Peter Skrine, dass die Rechte bezüglich Gellerts Werk als gesondertes Vermögen von Gellerts zweitem (beziehungsweise drittem) Verleger Philipp Erasmus Reich akquiriert worden seien.[10] John Reynolds zufolge soll 1787 Reich die ewigen Rechte von Wendlers Witwe erworben haben, Gellerts Schriften

---

6 Woodmansee: Publishers, Privateers, Pirates, S. 194, Fußnote 36.
7 Goldfriedrich: Buchhandel, S. 118f. Auch zit. in Bruford: Germany in Eighteenth Century, S. 277.
8 Haferkorn: Freier Schriftsteller, S. 183; Kiesel / Münch: Gesellschaft und Literatur, S. 147f.; Woodmansee: Genius and Copyright, S. 436.
9 Gellert: Gesammelte Schriften, Bd. 1, S. 282.
10 Sagarra / Skrine: Companion German Literature, S. 34.

herauszugeben – obwohl Reich in demselben Jahr starb, und obgleich Wendler eigentlich bis 1799 lebte.[11] Sowohl bei Sagarra und Skrine als auch bei Goldfriedrich ist hingegen zu lesen, dass 1787 Reichs Witwe für 10.000 Thaler die Rechte an die Firma Weidmann kaufte, für die ihr Mann seit 1747 gearbeitet hatte und seit 1762 Geschäftsteilhaber gewesen war.[12] Tatsächlich ist Arto Haumacher gründlicher und maßgebend auf diesen verwirrenden Forschundszustand eingegangen.[13] Aber mein Punkt ist eigentlich ein zweifacher: Diesen Zahlen, wie unzuverlässig sie auch immer sein mögen, ist generell zu entnehmen, dass die Verleger von den Rechten sowie den vielen Auflagen des Werks profitierten und dass sie somit eine unternehmerische Einstellung hatten. Zweitens ist es der finanzielle Erfolg des Verlegers, den die Sekundärliteratur unaufhörlich, wenn auch ungenau, hervorhebt. Wendler wurde auf jeden Fall zum reichen Mann, sodass er unter anderem Freischulen in seinem eigenen Namen stiften konnte.

Im Gegensatz dazu steht der freiwillig bescheidene Lebensstil des Autors. Gellert etwa erwarb noch 150 Taler, als 1756 eine Ausgabe seiner *Sammlung Vermischter Schriften* von der Firma Weidmann herausgebracht wurde, doch er schenkte einen Teil des Geldes seiner Mutter.[14] Ihm zufolge verlangte er im folgenden Jahr zunächst nichts von seinem Verleger Philipp Reich für die Veröffentlichung seiner *Geistlichen Oden und Lieder*, da er der Ansicht war, solch eine Ausgabe sei »dem Publico zum Besten« gewesen.[15] Aus finanzieller Not heraus forderte er dann später eine bestimmte Summe für das Werk, die aber im Vergleich zum Gewinn des Verlegers als sehr gering einzuschätzen ist. Er verstand demnach seine literarischen Ambitionen in keiner Hinsicht als Mittel, individuellen Reichtum zu erlangen.

Insgesamt generierte Gellert sein Einkommen tatsächlich weniger aus der Literatur als aus anderen Quellen, etwa aus seiner Tätigkeit als außerordentlicher Professor an der Universität Leipzig. Er bekam etwa 100 Taler im Jahr für seine Vorlesungen in den 1760er Jahren; hinzu kamen die Gebühren für seine Kolloquien und für Privatunterricht.[16] Insofern steht Gellerts materielle Lage als Schriftsteller exemplarisch für seine Zeit. Wenn auch das Einkommen aus der eigenen schriftstellerischen Tätigkeit allmählich wuchs, ließ sich daraus zu-

---

11 Gellert: Briefwechsel, Bd. 1, S. 307.
12 Goldfriedrich: Buchhandel, S. 119; Sagarra / Skrine: Companion German Literature, S. 34.
13 Arto-Haumacher: Gellert, S. 31-55.
14 S. Gellerts Brief an seine Schwester, Johanna Wilhelmine Biehle, vom 15. November 1756 in Gellert: BW, Bd. 2, S. 76.
15 Brief an Biehle vom 25. Februar 1760 in Gellert: BW, Bd. 3, S. 19. Dieser wird nach Schlingmann (Gellert, S. 37) oft in der Forschung zitiert.
16 Haferkorn: Freier Schriftsteller, S. 209.

meist kein Lebensunterhalt bestreiten – die Einkünfte aus dem Werk Klopstocks zum Beispiel betrugen bloß etwa 17% seines gesamten Einkommens – [17] und die meisten Autoren hatten weiterhin hauptsächlich andere Einkommensquellen, so offizielle Stellen am Hofe oder im Staatsapparat.

Darüber hinaus belegen die Argumente aus Gellerts Briefen auch den graduellen Übergang von einem Zeitalter des Hofpoetentums zu einer Zeit, in der Autoren sich zunehmend kommerziellen Rahmenbedingungen ausgesetzt sahen beziehungsweise davon zu profitieren suchten. Gellert schrieb in einem Brief an Moritz Ludwig Kersten am 25. Oktober 1748 – den er 1751 in Auszügen als vierzehnten Brief seines so genannten ›Briefstellers‹ veröffentlichte, der *Briefe, nebst einer praktischen Abhandlung von dem guten Geschmacke in Briefen* –, dass »ein rechter deutscher Autor« weder die Oster- noch die Michaelismessen verstreichen lassen solle, ohne ein literarisches Werk herausgebracht zu haben, egal wie kurz es auch sein möge.[18] 1748 vertritt Gellert in der Originalversion dieses Briefes ferner die Einstellung, dass das Einkommen aus anderen Berufen vom Autor abhinge. Der Autor möge seinerseits auf finanzielle Vergütung verzichten, aber: »Wovon sollten die Setzer und Buchführer leben, wenn der Autor nicht schreiben wollte? Und was sollte der Autor anfangen, wenn er nicht von Messe zu Messe schreiben könnte?«[19] Der Autor schreibt also nicht mehr aus Muße (*otium*), sondern für den Markt. Es geht Gellert zudem um die genaue Form der auktorialen Entlohnung und er führt diesen Brief mit einer Diskussion darüber fort.

In diesem Zusammenhang erläutert Gellert, und zwar in beiden Versionen des Briefes, er selbst verstehe die Entlohnung des Autors nicht als finanziellen Vorteil, sondern tatsächlich, wie Goethe behauptet, als Zeichen öffentlicher Wertschätzung. Es sei Gellert eine Freude, wenn er seine Werke in Messekatalogen, in der Zeitung oder in Zeitschriften angekündigt sehe. Zudem erklärt er, dass der weitgehende Zuspruch ihn dazu motiviert habe, weitere Werke zu verfassen. Er versichert, dass er selten jemandem begegnet sei, der ihn nicht für seine literarischen Bemühungen gepriesen und der nicht eine Ausgabe seiner Schriften auf dem Fenstersims oder auf dem Nachttisch liegen habe. Bei solchen Gelegenheiten, so behauptet er von sich, geschehe Folgendes: »Ich eile nach Hause, und nehme die Feder in die Hände, und schreibe, was ich schreiben kann, und stelle mir schon einen neuen Ort vor, wo ich mich wieder finden

---

17 Pape: Autorenhonorare, S. 192f.
18 Gellert: BW, Bd. 1, S. 25–28; Gellert: GS, Bd. 4, S. 168f.
19 Gellert: BW, Bd. 1, S. 25.

werde, wenn es auch in den Händen eines Holzbauers seyn sollte«.[20] Für Gellert soll eben dieses Bekanntheitsbedürfnis auch der Ansporn dazu gewesen sein, den zweiten Teil seines Romans *Leben der schwedischen Gräfin von G...* (1748) zu verfassen. In solchen Bemerkungen stellt er sein Werk in metonymischer Beziehung zu sich selbst dar: Lob für das Erstere ist zugleich Lob für das Letztere, was den Schaffenden und das Geschaffene eins werden lässt. Gellert sieht sich selbst und seine Werke fest in den Händen seiner Leserschaft. Es liegt nahe anzunehmen, dass der Autor an jenem ›Ort‹, in welchem er sein Werk präsentiert, sein eigenes Bild auf überzeugende Weise darstellen muss, um persönliche Anerkennung zu erlangen.

Dass Gellerts Schriften eine Darstellung seiner selbst sind, hat die Gellertforschung bereits überzeugend dargelegt, allerdings in der Absicht, seine öffentlichen Briefen in die Tradition des Briefromans einzugliedern, die in der persönlichen Innerlichkeit des Goethe'schen *Werthers* kulminiere.[21] Bernd Witte interpretiert Gellerts ›Briefsteller‹ von 1751, in dem Gellerts bereits erwähnte poetologische Kommentare enthalten sind, als einheitlichen »Ausdruck des Individuums [...], eines historisch genau bestimmbaren Individuums, das des Autors selber«.[22] Daraus lässt sich schließen, dass seine *Briefe, nebst einer praktischen Abhandlung von dem guten Geschmacke in Briefen* prägend für sein Autorenbild als Mann des Volkes waren – ein Image, das Gellert demnach bewusst zu beeinflussen suchte. Denn für Gellert, so Witte, wirkte die Schriftstellerei identitätsstiftend.[23]

Gellerts ›Briefsteller‹ von 1751 kann mit der literarhistorischen Debatte um Autorschaft explizit verknüpft werden. Immerhin kommt das Wort »Autorschaft« selbst in seinem 46. Brief ausdrücklich vor. Darüber hinaus wiederholt Gellert im Jahre 1751 seine ursprünglich am 15. März 1748 in einem Brief an Kersten formulierte Vorstellung, ein Autor müsse sich notwendigerweise – wenn eventuell auch irrtümlich – einbilden, dass ein Leser an seinem Werk Gefallen finde, weil dieser ihm das schuldig sei: »Mit diesem unverschämten, doch süssen Irrthume muß sich ein Autor für seine Mühe bezahlt machen«.[24] Diese metaphorische Verwendung des Bezahlungsbegriffs unterstreicht, dass nicht Geld Gellerts Verständnis von Autorschaft untermauert, sondern Erfolg; dass Beifall als Währung des Literarischen erdacht wird. Er fährt in seinem Brief damit fort,

---

20 Gellert: BW, Bd. 1, S. 25f.; Gellert: GS, Bd. 4, S. 168.
21 Siehe Witte: Individualität des Autors.
22 Ebd., S. 5/89.
23 Ebd., S. 12/96.
24 Gellert: BW, Bd. 1, S. 24; Gellert: GS, Bd. 4, S. 198.

sich in Erinnerungen an seine Erfolge als Schüler in Sankt Afra, seiner Fürstenschule in Meißen, zu ergehen und schreibt:

> Habe ich nicht in Tertia alle Periodos simplices und compositas, adversativas, concessivas etc. in Verse gebracht? Habe ich nicht in einer Secunde mehr als eine Zungenübung in ganz hübschen Versen gehalten? Sind dieß nicht alle Vorbedeutungen von der Autorschaft gewesen? Ich wollte, daß ich jetzt so vergnügt wäre, als wir uns damals zu seyn einbildeten, wenn wir beide bey dem Examen einen öffentlichen Lobspruch bekamen. [25]

Indem Gellert hier den Begriff ›Autorschaft‹ verwendet, bedient er sich einer Lehnübersetzung des englischen Wortes *authorship*, das um die Mitte des 18. Jahrhunderts Einzug in die deutsche Poetik hielt.[26] Es bedeutet hier den Akt des reifen Verfassens sowie der performativen Tätigkeit des Schreibens, die auf das Ausführen schulischer Übungen in den Bereichen Grammatik, literarische Form und mündliche Präsentation folgen. Vor allem aber ist Autorschaft im obigen Abschnitt von ersehntem Beifall abhängig. Schriftstellerei wird mit der Sicherung öffentlicher Gefallensbekundungen gleichgesetzt – für den jungen Gellert ein offizieller Lobspruch.

Zwei Fragen resultieren aus einer solchen Analyse von Gellerts Verwendung des Autorschaftsbegriffs. Bei der ersten geht es um den ›Ort‹, die mündliche beziehungsweise textuelle Sphäre oder – metaphorisch formuliert – das rhetorische Forum der auktorialen Selbstprojektion. Spezifisch geht es darum, ob der Autor in Hinblick auf die Widerspiegelung der eigenen Person beliebigen Textsorten beziehungsweise Textteilen oder sogar literarischen Gattungen die gleiche Bedeutung zumisst. Ist beispielsweise ein Roman in den Händen der Leserschaft genauso signifikant wie die Strophe eines Gedichts, die während einer Prüfung laut verlesen wird? Ist eine Vorrede bedeutsamer als eine selbstreflexive fiktionale Textstelle? Bei der zweiten Frage geht es um die Wahl der Topoi, mittels derer sich Gellert als Autor projiziert, sowie um deren Einsatz. Präsentiert er sich selbst je nach Textsorte, Textteil oder literarischer Gattung (Roman, Gedicht und so weiter) unterschiedlich oder hängen die Topoi seiner Selbstdarstellung vom jeweiligen Stadium seiner literarischen Karriere beziehungsweise von dem historischen Augenblick ab, zu dem ein bestimmter Text veröffentlicht wurde?

Hinsichtlich der ersten Frage versucht dieser Beitrag darzulegen, dass Gellert sich vor allem in einem textuellen ›Ort‹ explizit und ausschließlich als Autor projiziert: In der Vorrede. Am 15. November 1756 schrieb er an Johann Friedrich

---

25 Ebd.
26 S. Beispiele in Schulz / Basler u. a.: Deutsches Fremdwörterbuch, S. 611f.

von Cronegk und er bezog sich auf seine *Sammlung vermischter Schriften*: »Das Buch mag nun unter die guten oder die bösen Bücher gehören. Lesen Sie ja die Vorrede, ehe Sie das Werk selbst lesen; Sie werden sonst nicht wissen, was Sie aus mir machen sollen«.[27] In ähnlicher Weise betont Gellert die Vorrede in seinem Brief an Johanna Wilhelmine Biehle vom selben Tag.[28] Seine Bemerkungen deuten an, dass er die Vorrede als besondere metonymische Erweiterung des Autors betrachtet, dessen Schreiben – oder Autorschaft – aus der Hoffnung auf die positive Anerkennung des Lesers entsteht. Die Vorrede ist demnach eine Textsorte, in welcher der Autor in seiner empirisch-auktorialen Stimme einen ersten Eindruck auf seine Leser macht und versuchen kann, die Leserschaft vom Wert des Werks und damit vom Wert der eigenen Person zu überzeugen. Gellert nimmt keine Autorfiktion an, und ferner steht keine Vorrede vor denjenigen Werken, die er zuerst anonym veröffentlichen ließ.

Eine solche Auffassung von der Vorrede entstammt der rhetorischen Tradition, der zufolge der Redner im *exordium* die Gunst des Publikums zu gewinnen sucht – eine Funktion, die bei Autoren um 1750 als *captatio benevolentiae* weithin bekannt war. So erzielte dem römischen Redner Cicero zufolge die Einleitung erst dann eine positive Einstellung der Zuhörer, wenn sie auf ein gerechtes Bild des Sprechenden schließen ließ.[29] Außerdem ist Gellerts Auffassung von der Vorrede innerhalb eines spezifisch poetologischen Diskurses zu verorten. Dies lässt sich anhand von Rabeners Satire *Der Autor* verfolgen, die in den Jahren 1743 und 1744 in zehn Fortsetzungen erschien. Rabener vergleicht hier scherzhaft die Funktion eines einleitenden Autorenportraits mit der Funktion der geschriebenen Vorrede, die – wie Gellert andeutet – den Schreibenden als Autor sichtbar macht und den Charakter des Schriftstellers skizziert:

> Mein Herr! Sie sind ohne Vorrede ein Autor geworden. Etwas seltenes! [...] Die Vorreden sind gleichsam das Antlitz des Autors. Man glaubet vernünftig zu handeln, wenn man einem Menschen zuerst in das Gesicht sieht, und dann seinen ganzen Körper bis auf die Füße betrachtet. Einige hochweise unterstehen sich aus dem Gesichte den ganzen Menschen zu beurtheilen: Und die können aus einem Blicke in die Vorrede den ganzen Autor kennen lernen. Einige haben die Metoposcopie zum eigenen Theile der Physiognomie gemacht. Diese Antlitzwissenschaft und Gesichtswahrsagung wird so gar auch bey den Autoren gebraucht.[30]

---

27 Gellert: BW, Bd. 2, S. 76.
28 Ebd.
29 Diese Idee ist allen Texten Ciceros zur Rhetorik gemein. Siehe z. B. Cicero: Über den Redner, S. 318–321. (II, 182–185).
30 Rabener: Der Autor, S. 499f. (Dezember 1743).

Rabener spottet unverhohlen über auktoriale Portraits. Die einleitenden Seiten eines zweiteiligen, 1760 anonym veröffentlichten und nachträglich Friedrich Dominicus Ring zugesprochenen Artikels *Meine Autorschaft* beziehen sich implizit auf Rabeners Text: Der Autor tritt im spielerischen Wettstreit mit demjenigen aus dem Jahre 1744, der sich durch sein selbstironisches Portrait mit einer Husarenmütze »verewigt hat«.[31] Bei Ring folgen satirische Empfehlungen an Autoren, zur Erlangung persönlichen Ruhmes Kupferstiche von sich anfertigen zu lassen. Potenzielle Leser in einer Buchhandlung sähen ein Autorenportrait von Kupferstechern wie Johann Martin Bernigeroth und »geben ihr Geld mit Freuden aus«.[32]

Auch Gellert verwendete diesen stets wiederkehrenden Scherz in seiner früheren Fabel *Der unsterbliche Autor*, in welcher er Witze über den gängigen Autorentypus macht, der seine Werke in Hinblick auf den unmittelbaren Ruhm schreibt, während seiner Lebenszeit von mehreren Auflagen profitiert und »sich mit tiefgelehrtem Blicke / In einer spanischen Perücke / Vor jedes Titelblatt geprägt« sieht.[33] Friedrich von Hagedorn hingegen satirisiert den Autortypen, der sich einen dauerhaften Ruhm erhofft. Nach diesem Ende persifliert in seinem Epigramm *Die Schriftsteller* den ›Vorbericht‹, der allerdings von einem Befürworter verfasst werden soll. In der Vorrede setzten Autoren demnach angeblich einen »beredten Helden« mit seinen gut bekannten »Tropen« für den Ruhm des Autors ein.[34] Desgleichen verbindet Gellert die Vorrede mit der Erlangung einer gerechten Reputation, jedoch, und das ist signifikant, greift er in seiner Poetik zu keinem Zeitpunkt die Vorrede satirisch an. Er scheint ausgerechnet diesen Ort der Selbstdarstellung ernst zu nehmen. Ferner hat er tatsächlich eine auktoriale Selbstprojektion mittels eines visuellen Bildnisses konsequent abgelehnt. Gellert schrieb am 3. Mai 1758 Christoph Friedrich Nicolai einen Brief, um sich über den Kupferstich von ihm vor der *Critischen Bibliotheck* zu beschweren. Er erklärt, er habe seinen eigenen Verlegern Wendler und Reich keinerlei Autorenportraits genehmigt, geschweige denn welche vor seinen Schriften.[35] Insofern hat Gellert zwar wenig finanzielle Kontrolle bezüglich seiner Werke ausgeübt, doch er war über die personbezogenen Strategien zum Erwerb auktorialen Ruhms vergleichsweise souverän.

In Bezug auf die von Gellert für die Selbstprojektion gewählten Topoi ist festzustellen, dass Gellerts Vorreden zwar in vielerlei Hinsicht nuanciert auf den

---

31 Ring: Meine Autorschaft, S. 112; Rabener: Der Autor, S. 461 (Mai 1744).
32 Ring: Meine Autorschaft, S. 187.
33 Gellert: GS, Bd. 1, S. 113f.
34 Hagedorn: Werke, Bd. 1, S. 89.
35 Gellert: GS, Bd. 2, S. 165f.

jeweiligen Kontext ausgerichtet sind, dass jedoch um 1750 für seinen Autorschaftsbegriff ein neuer Allgemeinplatz elementar wird. In seinem bereits erwähnten Originalbrief an Kersten im März 1748 schreibt Gellert, dass sein Freund sicher niemals habe erahnen können, dass Gellert »ein großer Scribent, ein Fabeldichter, ein Comödienschreiber, ein Romanmacher, und ich weis selbst nicht was noch mehr« werden würde.[36] In der öffentlicheren Version des Briefes von 1751 wird Gellert bescheidener, indem er die Andeutung auslässt, dass er herausragend sei; stattdessen bezeichnet er sich lediglich als »ein so fruchtbarer Scribent«.[37] Hier wird ein terminologischer Wendepunkt erkennbar, der diese Phase deutscher auktorialer Selbstdarstellung von einer späteren trennt, in der Gellert wie viele deutsche Autoren auch beginnt, ein anderes Autorenbild zu entwickeln – dasjenige des Autors, der Genie als Fakultät beziehungsweise Können besitzt.

Dieser aufkommende Topos des Genies folgt ebenfalls rhetorischen Vorgängern. Am Anfang von Ciceros juristischer Rede *Pro Archia Poeta*, mit der Gellert vertraut war und welche Auseinandersetzungen mit der Literatur rechtfertigt,[38] findet sich eine Aufforderung an die Jury zu beurteilen, ob der Sprecher (das heißt Cicero) auch nur über ein Fünkchen naturgegebener Begabung verfügt. Der Sprecher wirkt dadurch auch bescheiden, da er erstens selber vorgibt, an seinem *ingenium* zu zweifeln und da er zweitens behauptet, sein natürliches Können müsse der Erziehung des Dichters Archias zugutegehalten werden.[39] In diesem einleitenden Zusammenhang nutzt Cicero den rhetorischen Begriff vom *ingenium* oder angeborenen Talent sowie die Wirkung der vorgeblichen Bescheidenheit, um die Zuhörer von seinem Charakter als Sprecher sowie von dem Charakter Archias als Angeschultigtem zu überzeugen. In der klassischen Rhetoriktheorie wurde *ingenium* generell als notwendig für das Können in der öffentlichen Redekunst angesehen, und es kommt explizit in der Einleitung zu Quintilians *Institutio Oratoria* zur Sprache.[40] Für Gellert wurde in ähnlicher Weise die Andeutung seines eigenen *ingeniums* beziehungsweise Genies Teil seiner auktorialen Selbstprojektion in einer seiner Vorreden, die in seinen erhaltenen Briefen gelobt wurde und die einen wichtigen Stellenwert in der öffentlicheren literarischen Debatte um seine Autorschaft einnahm.

---

36 Gellert: BW, Bd. 1, S. 25.
37 Gellert: GS, Bd. 4, S. 198.
38 Gellert erwähnt diese Rede in seiner Antrittsvorlesung, siehe Gellert: GS, Bd. 5, S. 190. Zit. nach Cicero: Rede für den Dichter, S. XX (16).
39 Ebd., S. XX (1).
40 Quintilian: Ausbildung des Redners, Bd. 1, S. 12f. (I, Pr., 26). Zur Quintilian-Rezeption bei Gellert im Allgemeinen siehe Wychgram: Quintilian, S. 103–110.

Insofern ist Gellert einer reichen, seit dem Barock besonders produktiven Tradition deutscher Schriftsteller zuzurechnen, die eingangs auf das *ingenium* zu sprechen kommen und dabei versuchen, ihr eigenes Genie subtil anzupreisen.[41] Doch Gellerts Vorgäner leiteten zumeist nicht literarische Werke, sondern ihre eigenen Poetiken mit dem Gedanken des *ingeniums* ein – Werke, die expliziter auf den rhetorischen Handbüchern aufbauten. Folglich implizierten diese Schriftsteller ihr eigenes *ingenium* mit jener Erscheinung theoretischer Objektivität, die zu der Gattung passte. Des Weiteren unterscheidet sich Gellerts Autorschaft von dem Schreibverständnis früherer Autoren, indem sich Gellert, so die Formulierung des vorliegenden Beitrages, als »Vorredner des Genies« bezeichnen lässt. Diese Bezeichnung kann auf zweierlei Art und Weise gedeutet werden. Erstens bezeichnet im 18. Jahrhundert der Begriff »Vorredner« unter anderem denjenigen, der Einleitendes zu einem Werk schreibt.[42] Zweitens thematisiert Gellert mit dem Begriff »Autorschaft« in Bezug auf »Genie« einen Begriff, der erst in späteren Jahren als Kriterium des erfolgreichen Schreibens in den Vordergrund rücken sollte. Dass Gellert der Poetik der ›Geniezeit‹ nicht zuletzt in einer Vorrede gewissermaßen vorgriff (beziehungsweise ›vorredet‹) oder sie sogar bedingte, ist seit langem ein etabliertes Argument der Forschung. Hermann Wolf behauptet ohne jegliche Klarstellung, dass Gellert Gedanken über das Genie ausgesprochen habe, »die beweisen, daß er als Theoretiker einer der fortgeschrittensten Geister jener Zeit war«.[43] Werner Jung vertritt die These, spätere Vorstellungen von ›Genie‹ seien erst »durch die Vermittlung und die Vorarbeiten Gellerts« möglich geworden.[44] Die letztere Formulierung ist jedoch insofern bedauerlich, als sie eine einfache Kette von Gellert zu Klopstock bis Goethe hin impliziert. Vielmehr ist die Metapher einer komplexeren Konstellation im Vorfeld des Geniegedankens zutreffend. Denn Klopstock und Gellert thematisierten den Geniebegriff gleichzeitig, und hinsichtlich ihrer Praktik der Autorschaft sowie der Vorrede spornten sie einander an. Angesichts der Bedeutung Gellerts sowohl für die Aussagekraft des Geniebegriffs innerhalb dieses literarischen Diskurses als auch für die Etablierung eines modernen Autorschaftsverständnisses soll seine Vorstellung vom Genie näher beleuchtet werden.

---

41 Siehe Kohl: Ingenium, S. 979.
42 Siehe Adelung: Wörterbuch, Bd. 3, S.1287f.
43 Wolf: Geniebegriff, S. 111.
44 Jung: Beste Regeln: S. 124. Zum Gellerts Einfluss auf den Geniegedanken des jungen Goethes siehe auch Kramer: Goethe, S. 42. Der vorliegende Beitrag verzichtet auf die umfassenden kanonischen Quellen zur Begriffsgeschichte des ›Genies‹, da die Literatur zu Gellerts Geniegedanken auf diesen fundiert sind.

2 Gellerts Geniebegriff

In seinen bereits erwähnten, an Cronegk gerichteten Ausführungen von 1756, die den Autor zum Kernthema haben, bezieht sich Gellert speziell auf die Vorrede seiner *Sammlung vermischter Schriften* aus dem gleichen Jahr. Im Folgenden geht er auf sein Vorhaben ein, seine *Geistlichen Oden und Lieder* zum kommenden Osterfest zu veröffentlichen. Die Vorrede, die er in der Folge für sein Werk im März 1757 schrieb, wurde besonders von seinen Korrespondenten bewundert. Ernst Samuel von Borchward schreibt in einem Brief vom 15. April: »Ihre Vorrede zu den geistl. Liedern nenne ich billig ein Meisterstück in Ihrer Art, werther Freund. Ich habe sie wohl schon 4mahl gelesen«.[45] Als Ganzes ist dieses Werk ausgesprochen bedeutsam für Gellerts Autorschaftsverständnis, das er mit seinem Bekanntheitsbedürfnis gleichsetzte. Es trug erheblich dazu bei, Gellert allgemein als Schriftsteller zu etablieren: Zu seinen Lebzeiten gab es bereits sechs Auflagen der *Geistlichen Oden und Lieder*; dementsprechend gelangte der Band in die Hände vieler Leser.[46] In der Tat schreiben Helmuth Kiesel und Paul Münch Gellert in die Literaturgeschichte als einen Autor ein, der »mit seinem Werk das Bindeglied zwischen der überkommenen Erbauungsliteratur und der neuen Belletristik« schuf.[47] Zudem ist die Vorrede zu seinen *Geistlichen Oden und Liedern* die erste und einzige Gelegenheit, bei der er, wenn auch subtil, auf sein eigenes *ingenium* hindeutet, indem er nämlich den Begriff »Genie« in einem Versuch verwendet, die Wahrnehmung der Öffentlichkeit durch seine auktoriale Person zu beeinflussen.

In seiner Selbstdarstellung und seinem Rat an das schreibende Publikum in den *Briefen, nebst einer praktischen Abhandlung von dem guten Geschmacke in Briefen* von 1751 verwendet Gellert ein anderes französisches Lehnwort, um das rhetorische *ingenium* zur Anwendung zu bringen: »Wenn man selbst Briefe schreiben will, so vergesse man die Exempel, um nicht knechtisch nachzuahmen, und folge seinem eigenen Naturelle«.[48] Eine solche Behauptung steht in der Tradition Ciceros, wonach Redner mit naturgegebenem Talent (auch *natura* genannt) keine Vorbilder kopieren müssen.[49] In den frühen 1750er Jahren, aber

---

45 Gellert: GS, Bd. 2, S. 104.
46 Ebd., S. 397. Nach der Herausgeberin Heidi John spielte »in Gellerts Selbstverständnis als Autor [dieses Werk] eine zentrale Rolle«. Zu dessen Bedeutung für die Literaturszene im Allgemeinen siehe auch Siegert: Leserevolution.
47 Kiesel / Münch: Gesellschaft und Literatur, S. 170.
48 Gellert: GS, Bd. 4, S. 135.
49 Cicero: Über den Redner, S. 268f. (II, 98).

noch nicht in seinem ›Briefsteller‹, beginnt Gellert verstärkt den Begriff »Genie« in Privatbriefen und (auch gedruckten) Vorlesungen zu verwenden. Anlass zu diesem Begriffswechsel war wohl zum Teil Johann Adolf Schlegels 1751 erschienene Übersetzung des einflussreichen poetologischen Werks von Charles Batteux, *Les beaux arts réduits à un même principe* (1746), die Gellert förderte. Denn dieser Text fordert die Nachahmung der Natur als alleiniges Kunstprinzip und tritt für die verbreitete Entlehnung des Wortes »Genie« ein.[50]

Ciceros allgemeinem Rat zum *exordium* folgend, ist Gellerts Tonfall in seiner Selbstdarstellung von 1757 ernsthaft und würdevoll. Gellert präsentiert sich als Dichter, ein Begriff, den er in seiner Poetik häufig synonym mit Autor gebraucht. Wie Cicero in der *Pro Archia* Rede argumentiert er weiterhin, dass *ingenium* für literarische Bemühungen grundlegend ist: »So wird auch ein frommer Mann, bloß darum, weil er fromm ist, noch nicht mit Glücke in der Poesie arbeiten, wenn er mit ihren Regeln nicht bekannt und mit keinem poetischen Genie begabt ist«.[51] Durch die Andeutung, dass poetisches Talent für das Gelingen von geistlichen Oden und Liedern unentbehrlich ist, versucht Gellert hier der Verachtung, mit der die Zeitgenossen der Gattung angeblich begegneten, Rechnung zu tragen. Da er sein Werk in einer metonymischen Beziehung zu sich selbst versteht und da die Vorrede für ihn das primäre, rhetorische Forum für auktoriale Selbstpräsentation darstellt, impliziert er, dass er als Autor der nachfolgenden geistlichen Oden und Liedern mit den Regeln vertraut ist und lädt seine Leser ein, das Genie-Kriterium auf ihn selber anzuwenden. Somit stellt Gellert in dieser Vorrede einen Kreativitätsgedanken vor, der zugunsten seines eigenen, öffentlichen Autorenbilds erschaffen wurde.

Darüber hinaus scheint er in seiner Vorrede die Fokussierung literarischer Autorschaft zu befürworten und der Verflechtung verschiedener Disziplinen, die nicht zuletzt Ciceros Rede *Pro Archia* zugrunde liegt, entgegenzutreten. Obwohl er mehrfach Vergleiche zwischen der Rhetorik einerseits und spezifischen Kunstgattungen andererseits anführt (zum Beispiel wenn er argumentiert, so, wie die Declamation eines Redners seiner Rede »Leben« verleihe, verleihe die Melodie dem Lied seine »Kraft«),[52] legt er zugleich eine grundsätzliche Differenzierung dar. Gellert deutet an, es sei mehr dazu nötig, erfolgreich geistliche Oden und Lieder zu schreiben, als ein herausragender Redner zu werden. Speziell für Ersteres bedürfe es angeborener Begabung, *ingenium*; für Letzteres sei solch eine natürliche Anlage nicht unbedingt erforderlich:

---

50 Schlegel: Schöne Künste, S. viii. f.
51 Gellert: GS, Bd. 2, S. 105–109. Hier: S. 106.
52 Ebd., S. 109.

> Man kann, wenn man, die Fesseln der Dichtkunst zu tragen, und die Menge ihrer Schwierigkeiten zu überwinden, nicht gewohnt ist, gezwungne, elende und frostige Lieder zur Andacht verfertigen, und doch außerdem ein guter, ja gar ein großer Redner seyn. Um desto mehr sollten diejenigen, die von der Natur die Gabe der Poesie empfangen haben, dieses Geschenk der Religion heiligen, da es nicht bloß auf unser gutes Herz, nicht bloß auf den Verstand und die Gelehrsamkeit, ja selbst nicht auf die Beredsamkeit allein ankömmt, wenn wir Gesänge der Religion verfertigen wollen. [53]

Dies ist die überspitzte Formulierung eines Arguments, das er in seiner letzten (und einzigen schriftlich erhaltenen) Vorlesung der Reihe *Wie weit sich der Nutzen der Regeln in der Beredsamkeit der Poesie erstrecke* verwendete. Er hielt diese Vorlesung regelmäßig während seiner gesamten akademischen Karriere in Leipzig, und sie wurde 1756 für den öffentlichen Gebrauch gedruckt. Hier diskutiert Gellert Rhetorik und Poetik als eng verwandte Disziplinen, konstatiert jedoch einen grundlegenden Unterschied. Während er für die Poesie Genie als zwingende Voraussetzung versteht, sei es für die gute Redekunst lediglich vorteilhaft. Er verweist auf einen unterschiedlichen Grad der Notwendigkeit:

> Gilt dieses von der Beredsamkeit, so gilt es noch weit mehr von der Dichtkunst. Man kann ihre Hauptregeln wissen und ausüben, und dennoch das elendeste Werk hervorbringen. Wie glücklich wären wir, wenn wir hiervon weniger Zeugen aufzustellen hätten; wenn es nicht so wahr wäre, daß die erste Regel in der Poesie diese sey: Man muß Genie haben! [54]

Gellert rechtfertigt seine Intoleranz gegenüber mittelmäßigen Schriftstellern in seiner Vorlesung besonders dadurch, dass er auf Horaz und dessen Vorstellung von der Funktion des Dichters zurückgreift: Die Welt könne Dichtern gegenüber anspruchsvoller sein (vor allem im Vergleich zu Rednern), weil sie auch gut ohne sie auskomme. [55] In einer Vorrede, in der Gellert persönliche Anerkennung herbeizuführen versucht, lässt er diesen Teil seiner früheren Argumentation aus. Denn er kehrt immer wieder zu dem Punkt zurück, dass er sich zuallererst als Autor versteht und seine Rolle als solchen verteidigen möchte. Solange sein Werk gelesen wird, ist er zufrieden. »Vieles wird durch den Gesang eindringender und sanfter, als es im Lesen war«, aber wenn einige Lieder nicht dazu geeignet sind, gesungen zu werden, »so wird es doch genug Belohnung für mich seyn, wenn sie sich mit Erbauung lesen lassen«. [56]

Die Verbindung zwischen ›Genie‹ und ›Schreiben‹ wird bei einer der ersten Gelegenheiten offensichtlich, bei denen Gellert den Begriff verwendet. In einem

---

53 Gellert: GS, Bd. 2, S. 106.
54 Gellert: GS, Bd. 5, S. 203.
55 Ebd., S. 209. Siehe auch Horaz: Ars Poetica, S. 26f. (V. 367).
56 Gellert: GS, Bd. 2, S. 109.

Brief an Borchward vom 21. Dezember 1751 – dem Jahr, in dem Gellert außerordentlicher Professor in Leipzig wurde – klagt er über eben jene neue akademische Position, um die er sich so bemüht hatte, sowie auch über die damit einhergehende Einschränkung seiner seine literarischen Betätigung:

> Warum hat man mir ein öffentlich Amt gegeben? Ich habe es zum voraus gewußt, daß das Amt den Autor verdrängen würde; denn ich bin ein Genie, das durch eine einzige gemeßne Beschäftigung zu den andern ungeschickt gemacht wird. [...] Der Gedanke, du must dir Mühe geben, sitzen, studiren, mühsam lesen, schon der Gedanke, ohne die Ausführung von derselben, raubt mir die Munterkeit, die Leutseligkeit, die zu den Schriften des Geschmacks, wo die Natur herrschen soll, so nöthig ist.[57]

»Genie« bedeutet an dieser Stelle eine Neigung, sich jeweils nur einer Aufgabe zu widmen; diese Aufgabe bestand offenbar in Gellerts kreativen Bestrebungen, nicht in seiner akademischen Laufbahn. Er beginnt daher mit der allgemeinen Feststellung, Autorschaft sei mit einem Amt nicht vereinbar; es liege in seiner Natur, dass eine Beschäftigung die andere ausschließe. Weiterhin führt er aus, dass literarische Werke – »Schriften des Geschmacks« – einer lebhaften, natürlichen Disposition bedürfen, und dass sie daher die geistige Haltung eines Autors mit *ingenium* erfordern. Genie als natürliches Talent ist also essenziell für einen Autor. Genie und Autorschaft stehen dementsprechend in einer sich gegenseitig ermöglichenden und sich begrenzenden Wechselbeziehung zueinander: Wenn ein Autor die Fähigkeit zum Schreiben zeigt, so muss er diese zwangsläufig pflegen. Als Gellert bei seiner in Latein gehaltenen Antrittsrede erklärte, dass der Wissenschaftler eher des *ingeniums* bedürfe als des Lernwillens, wollte er möglicherweise einer Situation entfliehen, von der er fürchtete, dass sie seine Kreativität als Autor kompromittieren würde.[58] Hiermit passte er die Gestaltung des Geniebegriffs ihrer rhetorischen, selbstapologetischen Funktion an. In seiner Vorrede von 1757 wurde diese Funktion wiederum dazu verwendet, den eigenen Ruf in erster Linie als Autor zu etablieren, der Genie besitzt.

Die Betonung der Notwendigkeit von Genie schließt jedoch für Gellert andere Voraussetzungen bezüglich des Autors nicht aus, so die Forderung, man solle von gutem moralischem Charakter sein. Tatsächlich ist Gellert zufolge Frömmigkeit der Maßstab für alle Menschen auf der Welt; der wahre Autor unterscheidet sich von diesen dadurch, dass er Genie besitzt. Dieses Autorschaftsverständnis ist auf eine weitere Maxime der rhetorischen Tradition zurückzu-

---

57 Gellert: BW, Bd. 1, S. 99f.
58 Gellert: GS, Bd. 5, S. 178.

führen. In Quintilians Handbuch der Redekunst besitzt der vollkommene Redner nicht nur angeborenes Talent, sondern er ist auch von untadeligem Charakter. Auch dieses Charakteristikum des Redners stellt Quintillian in der Einleitung vor.[59] Er folgt rhetorisch betrachtet der allgemeinen römischen Denkart in seinen beiden Idealen, dem *ingenium* und dem *vir bonus dicendi peritus* – der rechtschaffene Mensch, der gut spricht. Gellert übernimmt dieselbe Abfolge letzterer Maxime in seiner Vorrede: Bevor er damit fortfährt, die Bedeutung des Genies für das Verfassen von geistlichen Oden und Liedern hervorzuheben (nicht ohne sein eigenes Genie damit zu implizieren), versucht er seine Leserschaft von seiner Frömmigkeit zu überzeugen, wobei er den *vir bonus* als Christen versteht:

> Scaliger sagt von einer gewissen Ode des Horaz, daß er lieber der Verfasser derselben, als König in Arragonien seyn möchte. Ich weis alte Kirchgesänge, die ich mit ihren Melodien lieber verfertiget haben möchte, als alle Oden des Pindars und Horaz. Man wird es mir nicht zutrauen, daß ich die Meisterstücke des menschlichen Witzes verachte; aber wenn es selbst die heidnischen Dichter für eine Pflicht, oder für eine Ehre gehalten, die Poesie ihrer verderbten Religion zu widmen; sollten sichs christliche Dichter zu keiner Pflicht, zu keiner Ehre machen, für eine göttliche Religion zu dichten?[60]

Die Anspielung auf Scaliger ist signifikant: Dieser zelebriert nämlich den Poeten im Besonderen und gesteht ihm ferner in seinem Vorwort kreatives Handeln als zweiter Gott (*alter deus*) zu.[61] Gellerts Autorschaftsverständnis, hier mit Blick auf heilige Oden, ähnelt dem Gedanken Scaligers und unterscheidet sich von der Vorstellung vom Dichter als bloßem Vehikel, durch welches Gottes Werk vornehmlich aufgrund göttlicher Inspiration verwirklicht wird. Am 21. März 1757 schreibt Gellert freilich in einem Brief an Borchward, dass seine *Geistlichen Oden und Lieder* aus diesem Jahr Gott geschuldet seien (sie entstünden aus Gellerts »Schuldigkeit«), »da er [Gott] mir das Genie dazu verliehn«.[62] Dennoch präsentiert sich Gellert hier sowie in seiner Vorrede – wie im obigen Abschnitt deutlich wurde – als Autor mit Qualitäten, die auf menschliches Handeln schließen lassen. Denn »Pflicht« konnotiert einen damit verbundenen Fleiß, sogar eine angestrengte Aktivität. Hiermit deutet er im Kontext heiliger Poesie an, dass seine eigene, emsige Anwendung seines angeborenen, gottgegebenen Talents eine menschliche Fähigkeit darstellt. Diesem Beispiel lässt sich dem-

---

59 Quintilian: Ausbildung des Redners, Bd. 1, S. 6f. (I, Pr., 26).
60 Gellert: GS, Bd. 2, S. 105.
61 Scaliger: Poetices Libri Septem, Bd. 1, 12f. Zur Bedeutung Scaligers in der Poetik der Frühen Neuzeit siehe Kohl: Ingenium, S. 982.
62 Gellert: BW, Bd. 2, S. 95.

nach entnehmen, dass sich Gellerts Auffassung von »Genie« je nach rhetorischer Situation ändert, dass er dem menschlichen Schaffenden jedoch stets – dem rhetorischen Gedankengut folgend – Agens zuschreibt. Es stehen entweder Genie und angestrengtes Können in positiver Relation zueinander oder – wie der zuvor zitierte Brief an Borchward aus dem Jahr 1751 belegt – sie stehen in produktivem Gegensatz.

Der obige Vergleich mit den heidnischen Poeten der Antike dient dazu, Gellert zu einer breiten, für die Geschichte des Geniegedankens äußerst ergiebigen Debatte über die Antike und die Moderne in Beziehung zu setzen; genau diese Debatte ist es, die ihn befähigt, sich als moderner Autor zu etablieren. Im vorherigen Jahr, 1756, hatte er seine Erwiderung auf die französische *Querelle des Anciens et des Modernes* verfasst, eine Erwiderung, die wahrscheinlich zu seiner Vorlesungsreihe über Rhetorik und Poetik beitrug. In dieser Schrift behauptet Gellert, die Religion liefere das Material für die modernen Rhetoriker, welche er in dieser Rede, anders als in seiner Vorrede, mit den Dichtern in eine Reihe stellt. Darüber hinaus erklärt er, solch ein christlicher Inhalt befähige moderne Redner dazu, mit den antiken zu wetteifern und letztendlich über sie zu triumphieren: »Giebt die Materie der Religion einem Bossuet, Tillotson, Saurin, Mosheim, Jerusalem, weniger Gelegenheit beredt und groß zu seyn, als die Angelegenheiten des Staats einem Demosthenes, einem Cicero gaben?«[63] Gellert fährt fort: »Sollten nicht vielmehr eben diese Gegenstände die neuern Redner über die Alten erheben?«

Indem Gellert in seiner Vorrede von 1757 Autorschaft als angeborenes Talent auffasst, das zu guter Anwendung zu bringen ist, entspricht seine Selbstprojektion den gängigen institutionellen Ansprüchen an Autoren. Diese wurden zum Teil schon vor Jahrzehnten, seit der Entstehung des literarischen Marktes verfasst. 1723 schreibt zum Beispiel ein juristisches Gutachten der Universität Jena vor, dass Autoren aus ihrem Schreiben keinen Profit schlagen sollen: Stattdessen sollten sie »die herrlichen Gaben, wodurch sie einen so herrlichen und vortrefflichen applausum vor der Welt erlanget« dazu nutzen, Gottes Wort zu fördern und »ihren Mitnächsten im Leben erbauen.«[64] Diese Definition deutet jedoch auch an, dass die Resonanz von dem *ingenium* abhängig ist: Die Anerkennung der Leserschaft ist eine Folge der ›Gaben‹. In seiner Vorrede zu den *Geistlichen Oden und Liedern* benutzt Gellert dieses Argument, indem er die Begriffe »Genie« und »Gabe« zusammenführt, da auch die »Gabe der Poesie« dem Dichter von Natur aus angeboren sei. Er erklärt es zunächst für seine Ab-

---

63 Gellert: GS, Bd. 5, S. 219.
64 Zit. nach Haferkorn: Schriftsteller, S. 183.

sicht, »die Erbauung der Leser zu befördern, den Geschmack an der Religion zu vermehren und Herzen in fromme Empfindungen zu setzen«.[65] Im Folgenden legt er die Grundvoraussetzungen für den Ausdruck von Genie fest und nimmt diese dann für sich in Anspruch. Er führt aus, dass die mit der Gabe der Poesie Gesegneten imstande seien, die Fallstricke »gezwungene[r], elende[r] und frostige[r] Lieder« zu vermeiden und in die Höhen eines Publikums hinaufzusteigen, das sich in erhabener Verzückung befindet.[66] Gellert zufolge ist Genie eine Vorbedingung für die positive Wahrnehmung seiner Autorschaft.

Am Ende der Vorrede legt Gellert seine Oden und Lieder in Hinblick auf die klassische rhetorische Aufteilung der Rede fest, die erdacht wurde, um die Leser beziehungsweise Zuhörer zu lehren (*docere*), zu vergnügen (*delectare*) oder zu bewegen (*movere*). Er entwirft eine Unterscheidung zwischen zwei Arten von geistlichen Gesängen, wobei Lieder und Oden zusammengedacht werden: *Lehroden* und *Oden für das Herz*. Der rhetorische Stil, der bloß erfreut, wird damit redundant; Gellerts Oden sind ›nützlich‹ und ›erhaben‹. Hieraus entwickelt er folgende Argumentation:

> So soll man für den Wohlklang weniger besorgt seyn, als für das Nachdrückliche und Kräftige. Das Ohr leide bey einer kleinen Härte, bey einem abgerißnen e, bey einem nicht ganz reinen Reime; wenn nur das Herz dabey gewinnt. Ein kleiner Fehler, ohne den eine größre Schönheit nicht wohl erreicht werden kann, hört auf an demselbigen Orte ein Fehler zu seyn.[67]

Diese einleitende Behauptung ordnet Gellert einer Übergangperiode des Geniebegriffs im 18. Jahrhundert zu. Hierbei behauptet er zum ersten Mal in seiner Poetik, dass große Schönheit, obwohl sie aus dem Fleiß des Dichters resultiere, nicht ohne winzige Unvollkommenheiten erreicht werden könne und dass diese sogar einen positiven Effekt zu zeitigen vermögen, sofern sie das Herz bewegen. Dies läuft den Überzeugungen von Gellerts direkten literarischen Vorgängern und einigen seiner Zeitgenossen zuwider, welche vor allem nach der Horaz'schen Vorstellung der Fleißarbeit annehmen, dass Werke von Größe oder sogar von *ingenium* nur minimale oder gar keine Fehler haben dürfen.[68] Friedrich von Hagedorns Vorbericht zu seiner *Sammlung Neuer Oden und Lieder*, der

---

65 Gellert: GS, Bd. 2, S. 105.
66 Ebd., S. 106.
67 Ebd., S. 108.
68 Horaz: Ars Poetica, S. 22–24. (V. 285–308). Diese Ausdifferenzierung zwischen Gellert und Hagedorn schließt allerdings die Gültigkeit des von Steffen Martus postulierten Paradigmas nicht aus, nach dem im Großen und Ganzen beiden Autoren eine »Verbesserungsästhetik« zuzuschreiben ist.

1742 erschien und noch die posthume 4. Auflage von 1756 einleitete, führt ein ins Deutsche übersetzte Zitat aus dem britischen *Guardian* an, das das Ideal perfekter Formulierung anerkennt:

> Größere Werke können nicht wohl ohne Unrichtigkeit und Fehler der Unachtsamkeit seyn; aber ein Lied verliert allen Glanz, wenn es nicht mit äusserster Sorgfalt poliret und ausputzet wird. Der geringste Fehler desselben gleichet einem Flecken in einem Edelgestein und benimmt ihm seinen ganzen Werth.[69]

In einer Anmerkung hierzu fährt Hagedorn freilich damit fort, diese Idee zu revidieren – allerdings nur in Bezug auf seine ›Lieder‹. Ihm zufolge sind grammatikalische Vollkommenheit und zierliche Wortwahl Liedern »nicht so eigen, als den Oden und der höhern poetischen Schreibart«. Johann Adolf Schlegels und Gottlieb Leberecht Heyers Vorrede zu der posthumen Ausgabe von Gellerts *Moralischen Vorlesungen* nehmen beide an, dass Genie für reine Perfektion steht. Sie müssen daher die Unzulänglichkeiten des Autors entschuldigen, indem sie behaupten: »Es ist von der menschlichen Natur zu viel gefordert, daß ein Genie überall, als Genie, sich zeigen soll«.[70]

Im Gegensatz zu der idealen Annahme, dass das *ingenium* eines Autors umso mehr wahrgenommen wird, desto aufpolierter das literarische Werk erscheint, wurde in der zweiten Hälfte des 18. Jahrhunderts der klassische Text *peri hupsous* von Longinus zunehmend und europaweit rezipiert. Dieser Text billigte nicht nur eine stilistische Rauheit, sondern rief sie hervor. Der Diskurs um die Erhabenheit führte dazu, dass Autoren das Herz in den Vordergrund stellten und immer mehr zur Nachsicht neigten – oder sogar den Fehler als Teil des Geniebegriffs feierten. Longinus erklärt, dass Homer weniger ausgereift gewesen sei als spätere Dichter, dass er aber aus diesem Grund der größere Geist gewesen sei. Denn Korrektheit »birgt die Gefahr, kleinlich zu werden«, und die – wenn auch ungewollten – Fehler solch begabter Dichter wie Homer seien offensichtlich deren speziellem, mutigem Chaos zuzuschreiben und sollten deshalb nicht beachtet werden.[71] Gellert geht nicht so weit. Aber seine Vorrede bezeichnet einen wichtigen poetologischen Übergang. Dieser Topos der Longinusrezeption setzte sich in der europäischen, wenn auch noch nicht durchgehend in der deutschen Poetik zeitgleich mit Gellerts Vorrede von 1757 durch. So verflechtete der Artikel *Génie*, der im selben Jahr in Diderots *Encyclopédie* veröffentlicht wurde, den Geniegedanken mit dem Begriff des ›Fehlers‹:

---

69 Hagedorn: Werke, Bd. 3, S. XIIf.
70 Gellert: GS, Bd. 6, S. 323.
71 Longinus: Vom Erhabenen, S. 80–83. (33).

Er vertritt die These, dass das Werk des englischen Philosophen Locke wenige Fehler beziehungsweise verbesserungswürdige Stellen enthalte, das seines Landsmannes Shaftsbury hingegen wenige Wahrheiten, weshalb Shaftsbury – so die Implikation – ein *génie* sei und Locke nicht.[72] Dieser Gedankengang wurde für Autoren nicht zuletzt deswegen fruchtbar, weil der unautorisierte Nachdruck im 18. Jahrhundert gang und gäbe war. Selbst Gellert wurde 1756 von einer unerlaubten Edition seiner *Fabeln* getroffen, die mehrere Fehler beinhaltete und verbesserungsbedürftig war; daraufhin wurde Gellerts *Sammlung vermischter Schriften* zusammen mit deren Vorrede veröffentlicht.[73] Diese Vorrede verteidigte jedoch den wirklichen Autor und sein Werk noch nicht anhand eines Geniebegriffs.

Die *Geistlichen Oden und Lieder* von 1757, in deren Vorrede das Wort »Genie« vorkommt, markieren das Ende von Gellerts bedeutsamer literarischer Produktivität. Johann Andreas Cramer zitiert in seiner Biographie *Christian Fürchtegott Gellerts Leben* aus dem Jahr 1774 einen von Gellerts Briefen, der sich offensichtlich mit der Entscheidung befasst, endgültig mit dem Schreiben aufzuhören. Dieser Brief, an Moritz von Brühl gerichtet, ist offenbar nicht mehr erhalten. Laut Cramer schrieb Gellert von seinen »Pausen in meiner poetischen Autorschaft«, mit welchen er seine Entscheidung unterstreichen wollte, keine Gedichte mehr zu schreiben.[74] Charakteristischerweise meint »Autorschaft« in diesem Brief das Schaffen ausschließlich literarischer Werke. Hier wird dieser Umstand durch die Hinzufügung des Wortes »poetisch« betont. Gellert schrieb weiterhin akademische Texte, aber das Wort »Autorschaft« wird in diesem Zusammenhang nicht verwendet. Darüber hinaus ist diese literarische Spezifizierung der Autorschaft mit Genie verknüpft, denn Gellert behauptet: »Daß es auch ein Verdienst sey, zu rechter Zeit aufzuhören, und nicht wie Pope sagt, die letzten heefichten [sic] Tropfen seines Genies auszupressen«. In seiner Vorrede von 1757 impliziert er, dass er Genie besitze; im Anschluss an dieses Werk macht er sich Sorgen, dass seine kreativen Reserven fast aufgebraucht sind. Außerdem deutet dieses letzte Zitat noch einmal an, dass sein Verständnis von Autorschaft und Genie aus einer breiteren, europaweiten Diskussion abzuleiten ist, da seine Gedankengänge zum Teil auf die Poetik von Pope rekurrieren, über den er nicht nur schrieb, sondern über den er auch Vorlesungen hielt.

---

72 Jaucourt: l'Encyclopédie, Bd. 7, S. 583.
73 Gellert: GS, Bd. 5, S. 411.
74 Cramer: Gellerts Leben, S. 99.

3 Allgemeinplätze: Autorschaft und Genie

Um 1750 wurden die Begriffe »Autorschaft« und »Genie« in der Poetik des deutschsprachigen Raumes ausgiebig verwendet und standen häufig zueinander in Beziehung. Daher sind sie als Allgemeinplätze oder genauer – im rhetorischen Sinne – als *loci* oder Topoi zu verstehen, innerhalb deren klischeehaftem Gedankengut sich Autoren auf originelle Orte zu begeben suchten, in der Hoffnung, im öffentlichen Diskurs Aufmerksamkeit zu erlangen. 1760 thematisierte der bereits erwähnte Artikel *Meine Autorschaft* in den *Carlsruher Beyträgen zu den schönen Wissenschaften* Autorschaft als literarisches Schaffen, das dem Schreiber dazu diene, sich als renommierten Autor zu etablieren. In diesem Zusammenhang wird Genie als angeborenes Potenzial sowie stellvertretend als gesamte auktoriale Persönlichkeit aufgefasst: »Eine Sache geschwind und doch glücklich und folglich rühmlich ausführen [...] das macht eben den Unterschied unter einem langsamen Kopf und unter einem großen, oder, welches einerley ist, heutigen Genie aus«.[75] Diese Auffassung, dass der literarische Autor ein Genie *sei*, wird nach Gellerts Tod für die europäische Poetik besonders charakteristisch: Alle Geschichten des Geniebegriffs behaupten – größtenteils zu Recht –, dass erst in der zweiten Hälfte des 18. Jahrhunderts im allgemeinen Sprachgebrauch ein Individuum ein Genie *sein* konnte – anstatt es einfach nur zu besitzen. Die Ähnlichkeit zwischen dem Verständnis von Genie als Begabung und dessen Verständnis als Person entspringt in diesem Zitat eindeutig dem metonymischen Gebrauch des Begriffs (durch die Analogie mit »Kopf«, der hier für eine Person steht). Beide Bedeutungen verblieben während der zweiten Hälfte des Jahrhunderts im allgemeinen Sprachgebrauch. Die erstere, die um 1750 in der deutschen Poetik gängig war, wurde auch für spätere Vorstellungen von Autorschaft konstitutiv. 1777 schlug eine Artikelreihe über *Die Kunst berühmt zu werden* im *Hannoverischen Magazin* vor, dass man »den Triumph der Autorschaft [erlangt, indem] man den Sporn der Ehre und etwas bey sich fühlt, das Genie heißt oder ihm ähnlich sieht«.[76] Dies belegt die weitverbreitete Auffassung vom Schreiben als erfolgreiche Selbstprojektion, ermöglicht durch das Genie – oder genauer, durch die Selbstüberzeugung seitens des Autors, dass er es habe –, ein Gedanke, den Gellert in die Praxis der Vorrede umsetzte.

Wie fast jede deutsche Vorrede um 1750 und durch das ganze 18. Jahrhundert hindurch war Gellerts Vorrede von 1757 von der Rezeption englischer Poetik geprägt, in welcher der Terminus ›Autorschaft‹ seinen Ursprung hat. Wie

---

75 Ring: Meine Autorschaft, S. 208.
76 Anon.: Kunst, S. 1493 (24. November).

Johann Wilhelm Archenholz, Georg Forster und Johann Joachim Eschenburg in den *Annalen der Brittischen Geschichte des Jahrs 1788* von der britischen Literaturszene feststellen: »In jenem für wissenschaftliche Aufklärung so berühmten Lande ist die Autorschaft weniger anderwärts als ein Gewerbe«.[77] »Autorschaft« bezieht sich in diesem Kontext auf spezifisch literarische, im Gegensatz zu wissenschaftlichen Anstrengungen; Autoren »rechnen es sich zur Ehre, [...] ihrem Genie oder ihrem Ehrgeiz, oder beiden zugleich huldigen zu lassen«.[78] Englische Schriftsteller versuchten schon zu Beginn des 18. Jahrhunderts bei ihrer Leserschaft für sich und ihr Genie zu werben und taten dies nicht zuletzt mit Hilfe der Vorrede. In der Vorrede zu seinen *Works* 1717 thematisiert Alexander Pope das Genie in Abhängigkeit vom Urteil der Leser – wie es Gellert ein halbes Jahrhundert später ähnlich präsentierte: »What we call a genius, is hard to be distinguished by a man himself from a strong inclination«, und demnach muss ein Autor, der herauszufinden will, ob sein Genie tatsächlich vorhanden ist, sich beurteilen lassen: »The only method he has is to make the experiment by writing, and appealing to the judgment of others«.[79] In Gellerts Vorrede jedoch ist die Ausprägung des Genies nicht von kritischer Beurteilung abhängig, sondern von dem Maß, in dem ein Leser in seiner religiösen Erhabenheit gebessert und bewegt wird.

Es besteht zudem ein weiterer Unterschied zwischen Pope und Gellert: Gellert etabliert zunächst die Notwendigkeit der Rechtschaffenheit und Gläubigkeit des modernen Autors, bevor er sich im nächsten Schritt dem Genie zuwendet und diesem den Vorrang gibt. Pope verfährt in seiner Vorrede von 1717 mit seiner Hervorhebung genau umgekehrt. Nachdem er ein weiteres Kriterium für einen Autor genannt hat, nämlich die Vernunft, führt er aus, dass diese nicht nur einen guten Autor bezeichne, sondern auch einen guten Menschen. Er fährt fort: »And if I have made any acquisition in the opinion of any one under the notion of the former, let it be continued to me under no other title than that of the latter«.[80] Mit anderen Worten: Pope versucht seine Glaubwürdigkeit als Autor dadurch zu etablieren, dass er die Vorbildlichkeit für gute Menschen beansprucht. Pope bewegt sich hier wie Gellert innerhalb einer Konstellation rhetorischer Begriffe, die sowohl den Begriff *ingenium* als auch den Begriff *vir bonus* umfasst.

---

77 Archenholz / Forster u. a.: Britische Geschichte, S. 276.
78 Ebd., S. 276.
79 Pope: Poems, S. XXIX.
80 Ebd., S. XXIV.

Diese rhetorische Schablone bleibt das gesamte 18. Jahrhundert hindurch für die europäische Poetik bedeutsam. So findet sie sich besonders einflussreich in Edward Youngs *Conjectures on Original Composition* aus dem Jahre 1759, wenn er beide möglichen Schwerpunkte in der einen Formulierung ausdrückt: »*Tully* [Cicero], *Quintillian*, and all true critics allow, that virtue assists Genius, and that the writer will be more able, when better is the man«.[81] Ein Jahr später wurde dieser Text von Hans Ernst von Teubern ins Deutsche übersetzt und von vielen gelesen; sein Einfluss erstreckt sich in die 1770er Jahre hinein.

Popes Strategie in der oben behandelten Vorrede, den Topos vom guten Menschen auf Kosten des Topos vom Genie zum Kernthema zu machen, gleichzeitig jedoch die Notwendigkeit des letzteren anzuerkennen, spiegelt sich in den texteinleitenden poetologischen Betrachtungen eines Zeitgenossen Gellerts. Denn Friedrich Gottlieb Klopstock leitete 1755 nach einer Widmung (die ein »Vorbericht« genannt wird) sowie einer Ode auf Friedrich V. seinen ersten Band des *Messias* mit dem Aufsatz *Von der heiligen Poesie* ein, der ihm zufolge nicht das Werk speziell betrifft, sondern die religiöse Poesie im Allgemeinen.[82] Joachim Jacob bestätigt, dass sich der Inhalt dieses Essays eher spezifisch auf das nachstehende Werk Klopstocks beziehe.[83] Die verallgemeinernde Behauptung Klopstocks ist jedoch ein typisch rhetorischer Argumentationszug der Bescheidenheit: Klopstock rät dem Autor in seiner 1774 erschienen *Gelehrtenrepublik* von der Form des ›Selbstlobes‹ ab, nach der jener »seinem Buche in der Vorrede liebkoset«.[84] Allein der Bescheidenheitstopos bedingt die doppelte Funktion des Geniegedankens in der Vorrede zum *Messias*, die Frauke Berndt in einem Beitrag zur Autorschaftsdebatte feststellt: Das Stichwort »Genie« spiele in *Von der heiligen Poesie* eine argumentationsinterne, sogar fiktive Rolle und beziehe sich implizit zugleich auf einen »anthropologisch codierten souveränen Au(c)tor«.[85] Wie Gellert setzte somit Klopstock das Werk des Dichters in eine metonymische Beziehung zum Selbst: In *Von der heiligen Poesie* wird Poesie als eine *Hand* angesehen, eine Verlängerung des ganzen, moralisch einwandfreien, schreibenden Individuums. Und wiederum wie Gellert nimmt Klopstock an, dass ein Dichter sowohl Genie besitzen als auch Frömmigkeit zeigen muss. Aber er unterscheidet sich von Gellert darin, dass er der Frömmigkeit den Vorrang gibt:

---

81 Young: Conjectures, S. 73.
82 Klopstock: Werke, Bd. 2, S. 998.
83 Jacob: Heilige Poesie, S. 136.
84 Klopstock: Werke und Briefe, Abt. Werke, VII, Bd. I, S. 38
85 Berndt: Erfindung des Genies, S. 35f.

> Ein Teil des Entwurfs und der Ausbildung eines heiligen Gedichts hängt zwar von dem Genie und dem Geschmacke des Poeten ab; ein anderer Teil aber, und vielleicht der größte, gehört vor den Richterstuhl der Religion. Es ist hier sogar nicht genug, daß der Verfasser des heiligen Gedichts den Riß der Religion tiefsinnig studiert habe, ihren großen Umfang, nebst allen ihren Verhältnissen genau kenne; sie muß auch seyn Herz, mit derjenigen starken Hand gebildet haben, die an dem rechtschaffnen Manne, der sie versteht, so kennbar ist.[86]

Klopstock übertreibt diesen Standpunkt in der Einleitung zum ersten Band seiner *Geistlichen Lieder*, die 1758, ein Jahr nach Gellerts Sammlung, veröffentlicht wurden. Wie Gellerts Band kommt Klopstocks Liedersammlung ohne Widmung heraus und richtet sich ab der ersten Seite zweifelsohne an das breite deutsche Publikum. Ferner unterschreibt Klopstock seine Einleitung mit dem eigenen Nachnamen. Wiederum leugnet er hier zwar nicht die Notwendigkeit von Genie als Vorbedingung für Autorschaft, aber es wird gleichsam vorausgesetzt und mit einem ›bloss‹ abgetan. Vielmehr verstärkt Klopstock seine bereits andernorts unternommenen schriftlichen Versuche, sich als auktoriale Person in primärer Beziehung zu seiner religiösen Hingabe zu etablieren:

> Derjenige würde mich falsch beurteilen, der von mir glaubte, daß ich die Art zu denken der Christen bey der Anbetung, der wichtigsten Handlung des Gottesdienstes, in ein blosses Werk des Genie und der Kunst verwandeln wollte. Ich bin so weit hiervon entfernt, daß ich jeden Dichter, der es nicht von ganzem Herze mit der Religion meint, wenn er auch gleich jene Eigenschaften in hohem Grade besätze, für sehr unfähig halte, Gedichte zu machen. Er wird nachahmen.[87]

Ein Hinweis darauf, dass Klopstocks frühere Selbstdarstellung im einleitenden *Messias*-Aufsatz Gellert den Impuls für seine Autorschaftspraxis in seiner Vorrede von 1757 lieferte, ist der Brief Gellerts an die Gräfin Charlotte Sophie von Bentinck aus dem Jahre 1755. Darin schlägt Gellert vor, dass Klopstocks angeborenes Talent auf eine ganz bestimmte Form von Dichtung beschränkt ist: »Kloppstock [sic] hat ein grösser [sic] Genie als ich und meine Freunde, nämlich zum Heldengedichte«.[88] Und darüber hinaus erklärt er: »[...] Sein Charakter ist gut«.[89] Obwohl Klopstock offensichtlich ein guter Mensch sei, sogar im selben Freundeskreis wie Gellert verkehre, beherrsche er nicht die ›Kunst‹, seine großartigen Ideen zu regieren. Und so findet Gellert nach der Lektüre von Klopstocks

---

86 Klopstock: Werke, Bd. 2, S. 999. Zum Topos des rechtschaffenen Mannes sowie zur Rhetorik bei Klopstock siehe Hilliard: Klopstock's Thought, S. 91–113.
87 Klopstock: Werke und Briefe, Abt. Werke, III, Bd. 1, S. 4.
88 Gellert: BW, Bd. 2, S. 273.
89 Ebd.

Aufsatz scheinbar seine Nische: 1757 stellt er sich explizit als gläubigen Menschen dar, aber als einer, der um die Regeln der Kunst weiß und gleichzeitig ein Autor ist, der Genie besitzt. Außerdem distanziert er seine geistliche Oden und Lieder dezidiert von jeglicher Bestrebung, als ›Heldendichter‹ Ruhm zu erlangen.[90] Gellert befindet sich hierbei nicht unbedingt im Konflikt mit Klopstock, aber er sucht nach einer Position, die sich von Klopstocks unterscheidet und dennoch mit den gängigen Mustern zeitgenössischer, rhetorischer und englischer Ideen zu Autorschaft und Genie einhergeht.

Da Genie in dieser Zeit zum Allgemeinplatz wurde, der sich bei jedem Autor in je eigener Ausprägung findet, so wurde Gellert als der meistgelesene Autor des 18. Jahrhunderts selbst zu einem Allgemeinplatz im zeitgenössischen poetologischen Diskurs um Autorschaft und Genie. Allerdings wurde seine Gestaltung des Geniebegriffs mit Bezug auf seine Autorschaft schnell in Frage gestellt. Im Dezember 1758 veröffentlichte Johann Adolf Schlegel die Vorrede zur zweiten Auflage der Batteux-Übersetzung in Form eines fiktiven Briefes, den er an Gellert als beispielhaften Autor richtet. Hier kommt er auf den Status der auktorialen Genie-Identität zu sprechen:

> In der vertrauten Freundschaft, die ich nun so viele Jahre von Ihnen genossen, habe ich Verdienste an Ihnen kennen gelernt, die, wenn nicht so glänzend, dennoch in der That größer sind. Die Arbeiten, durch welche das Genie sich hervorthut, mögen noch so vortrefflich, und der Ruhm, den es sich dadurch erwirbt, mag noch so gegründet seyn; Güte des Herzens, eine offne Redlichkeit, und, wie wir beide, auch im Angesichte der Welt zu gestehen, uns niemals schämen werden, eine gründliche Frömmigkeit, behaupten allezeit vor dem Genie den Vorzug.[91]

Schlegel hatte die Entwürfe von Gellerts Vorrede 1757 gelesen und kommentiert. Im obigen Abschnitt erkennt er Genie als Eigenschaft an, die eine positive literarische Resonanz sichert; aber er verlagert den Schwerpunkt auf Gellerts Charakter als herzensguter und frommer Mann. Seine Betonung liegt nicht auf dem Genie. Kurz nach Gellerts Tod im Jahre 1769 schreibt Johann Timotheus Hermes in seiner ersten Vorrede zu *Sophiens Reise von Memel nach Sachsen*, es sei mittels nachstehenden Werks seine Absicht, »irgendeinen rechtschafnen Mann (ach, wenns möglich wäre, einen Mann, wie Gellert war!) aufzuwerten«.[92] Indem er die Lektüre seines Werks mit einem renommierten Autor in Verbindung setzt, teilt er hier Gellerts Verständnis von Autorschaft als einleitende Selbstprojekti-

---

90 Gellert: GS, Bd. 2, S. 105.
91 Ebd., S. 464.
92 Hermes: Sophiens Reise, S. 8.

on; jedoch stellt er, ähnlich wie Schlegel, Gellert primär als ausgezeichnetes Beispiel für den *vir bonus* dar.[93]

Diese Privilegierung von Gellerts moralischen Attributen wurde schließlich in das Argument umgewandelt, welches Gellerts (nicht) geniale Reputation in den 1770er Jahren prägt. Anlässlich von Rabeners Tod im Jahre 1771 wurde eine anonyme, fiktive Korrespondenz zwischen Jakob Mauvillon und Leopold August Unzer veröffentlicht: *Über den Werth einiger Deutschen Dichter und über andere Gegenstände den Geschmack und die schöne Litteratur betreffend*. Diese trachtete danach, Gellert von seinem Thron der auktorialen Eminenz zu stoßen und stattdessen den Ruf Rabeners, um den vergleichbar wenig öffentlich getrauert worden sei, in der deutschen Literaturtradition aufzuwerten. Im Anschluss an Gellerts Ableben gab es öffentliche Trauerbekundungen, die in einem anonymen Gedicht als unaufrichtig dargestellt wurden, um sich über den Dichter als »niedliches Genie« zu mokieren.[94] Der fiktive Briefwechsel hingegen zollt Gellert Respekt als moralischem Menschen und bis zu einem gewissen Maß als öffentlichem Pädagogen, spricht ihm jedoch jeglichen Funken literarischen Genies ab. Carina Lehnen bemerkt zu Recht, dass diese Darstellung als moralischer und bestenfalls mittelmäßiger Autor »Gellerts Position innerhalb der Literaturgeschichte bis heute fest[schreibt]«.[95] Diese Korrespondenz ist für den gegenwärtigen Kontext insofern signifikant, als sie Autorschaft, und vor allem die Autorschaft Gellerts, satirisch als Selbstprojektion darstellt. Sie beklagt, dass Kritiker eher auf den Ruf eines Autors aus der Mitte des 18. Jahrhunderts reagierten – den Ruf des Autors, der Genie besitze – als dass sie sich mit dem Werk des jeweiligen Autors selbst befassen: »Der Fehler ist immer noch, [...] daß das Lob bloß nach dem Rufe, den die Leute vor sich haben, und nicht nach dem Verdienste des Werks selbst abgemessen ist, das heraus kommt«.[96] Gerade Gellert ersehnte einen Ruf als Mann von Genie und wurde als solchen rezipiert. Laut dieser Korrespondenz verdiene er solches Lob jedoch nicht.

So ist es vor allem die Vorrede von Gellerts *Geistlichen Oden und Liedern*, die zu der Argumentation dieser Briefe beiträgt. Seine Gesänge werden in dieser Korrespondenz als »öffentliches Denkmal« dafür dargestellt, dass Gellert »ohne alles Genie zur Dichtkunst war«.[97] Obwohl er »wirklich ein vortreflicher Mann

---

93 Zur eingeschränkten positiven Resonanz Gellerts in der späteren deutschen Poetik, s. Meyer-Krentler: Gellert und Legende.
94 [Anonym]: Gellerts Tod.
95 Lehnen: Gellerts Grabpoesie, S. 182.
96 Anon: Werth deutscher Dichter, S. 18f.
97 Ebd., S. 243.

im Leben« war, wird er als »ein sehr mittelmäßiger Scribent« beschrieben.[98] Die Autoren dieser Briefe unterminieren damit Gellerts in der Vorrede dargebotene Einladung, ihn nicht nur als frommen Mann anzuerkennen, sondern ihm auch Genie zuzugestehen. Die Briefe selbst geben zwar Gellerts Worte wieder, benutzen sie jedoch, um seinen Genie-Anspruch zu widerlegen. So wurde Gellert um die 1770er Jahre ausgerechnet von Schriftstellern abgetan, welche die Bedeutung der Vorrede von 1757 anerkannten und größtenteils Gellerts Autorschaftsverständnis teilten.[99]

Bibliographie

Adelung, Johann Christoph: *Grammatisch-kritisches Wörterbuch der Hochdeutschen Mundart*, 4 Bde. Vienna 1774–1786.
[Anonym]: *Über den Werth einiger Deutschen Dichter*. Frankfurt / Leipzig 1771/72.
[Anonym]: »Gellerts Tod«. In Heinse, Wilhelm (Hrsg.): *Erzählungen für junge Damen und Dichter, 2 Bde, Bd. 2.25*. Lemgo 1775, S. 191.
[Anonym]: »Die Kunst berühmt zu werden«. In: *Hannoverisches Magazin* 94 (1777), S. 1489–1504.
Archenholz, Johann Wilhelm / Georg Forster / Johann Joachim Eschenburg: *Annalen der Brittischen Geschichte des Jahrs 1788*. Hamburg 1790.
Arto-Haumacher, Rafael: *Verehrt – verkannt – vergessen. Christian Fürchtegott Gellert zum 280. Geburtstag*. Egelsbach 1996.
Berndt, Frauke: »Die Erfindung des Genies. F.G. Klopstocks rhetorische Konstruktion des Au(c)tors im Vorfeld der Autonomieästhetik«. In Detering, Heinrich (Hrsg.): *Autorschaft. Positionen und Revisionen*. Stuttgart / Weimar 2002, S. 24–43.
Bruford, W.H.: *Germany in the Eighteenth Century: The Social Background of the Literary Revival*. 3. Aufl. Cambridge 1952.
Cicero, Marcus Tullius: *De oratore / Über den Redner*. Lat. /dt. Übers. u. hrsg. v. Harald Merklin. Stuttgart 1976.
Cicero, Marcus Tullius: *Pro Archia poeta oratio / Rede für den Dichter*. Lat. / dt. Übers. u. hrsg. v. Otto Schönberger. Stuttgart 2011.
Cramer, Johann Andreas: *Christian Fürchtegott Gellerts Leben*. Leipzig 1774.
Friedrich II: »Über die deutsche Literatur. Die Mängel, die man ihr vorwerfen kann, ihre Ursachen und die Mittel zu ihrer Verbesserung« [Übers. v. Christian W. von Dohm 1780]. In: Steinmetz, Horst (Hrsg.): *Friedrich II., König von Preußen, und die deutsche Literatur des 18. Jahrhunderts. Texte und Dokumente*. Stuttgart 1985, S. 60–99.

---

98 Ebd., S. 269.
99 Mein besonderer Dank gilt Dr. Kevin Hilliard und Prof. Katrin Kohl für wichtige Anregungen. Anne Köhlhofer, Nicole Sütterlin und Dr. Almuth Wietholz haben mir bei sprachlichen Formulierungen geholfen. Ein Stipendium des *Arts and Humanities Research Council* hat mich finanziell unterstützt.

Gellert, Christian Fürchtegott: *Gesammelte Schriften*. Kritische, kommentierte Ausgabe, 7 Bde. Hrsg. v. Bernd Witte. Berlin / New York 1988–2008.
- Bd. 1: *Fabeln und Erzählungen*, hrsg. v. Ulrike Bardt / Bernd Witte, unter Mitarb. v. Tanja Reinlein. Berlin / New York 2000.
- Bd. 2: *Geistliche Oden und Lieder*, hrsg. v. Heidi John. Berlin / New York 1997.
- Bd. 4: *Roman und Briefsteller*, hrsg. v. Bernd Witte. Berlin / New York 1988.
- Bd. 5: *Poetologische und Moralische Abhandlungen; Autobiographisches*, hrsg. v. Werner Jung / John F. Reynolds / Bernd Witte. Berlin / New York 1994.
Vol. 6: *Moralische Vorlesungen. Moralische Charaktere*, hrsg. v. Sibylle Späth. Berlin / New York 1992.
Gellert, Christian Fürchtegott: *Briefwechsel, 4 Bde.* Hrsg. v. John F. Reynolds. Berlin / New York, 1983–1996. Bd. 1: Berlin / New York 1983; Bd. 2: Berlin / New York 1987.
Goethe, Johann Wolfgang: *Aus meinem Leben. Dichtung und Wahrheit. Sämmtliche Werke.* Hrsg. v. Klaus-Detlef Müller. Abt. 1, Bd. 14. Frankfurt a. M. 1986.
Goldfriedrich, Johann: *Geschichte des deutschen Buchhandels, 4 Bde.* Leipzig 1908–1913, Bd. 3: Geschichte des deutschen Buchhandels vom Beginn der klassischen Litteraturperiode bis zum Beginn der Fremdherrschaft (1740–1804). Leipzig 1909.
Haferkorn, Hans Jürgen: »Der freie Schriftsteller. Eine literatur-soziologische Studie über seine Entstehung und Lage in Deutschland zwischen 1750 und 1800«. In: *Börsenblatt für den Deutschen Buchhandel.* Frankfurter Ausgabe 19 (1963), S. 125–219.
Hagedorn, Friedrich von: *Poetische Werke, 5 Bde.*, hrsg. v. Johann Joachim Eschenburg. Hamburg 1800.
Hermes, Johann Timotheus: *Sophiens Reise von Memel nach Sachsen.* Leipzig 1769.
Hilliard, Kevin: *Philosophy, Letters and the Fine Arts in Klopstock's Thought.* London 1987.
Horatius Flaccus Quintus (Horaz): *Ars Poetica / Die Dichtkunst.* Lat. / dt. Übers. u. hrsg. v. Eckart Schäfer. Stuttgart 1984.
Jacob, Joachim: *Heilige Poesie: Zu einem literarischen Modell bei Pyra, Klopstock und Wieland.* Tübingen 1997.
Jaucourt, Louis: »Génie«. In: *L'Encyclopédie de D'Alembert et Diderot* (1751–1772), Bd. 7 (1757), S. 582–584.
Jung, Werner: »Gellert«. In Killy, Walther (Hrsg.): *Literatur Lexikon. Autoren und Werke deutscher Sprache*, 14 Bde., Bd. 4. München 1989, S. 104–106.
Jung, Werner: »›Die besten Regeln sind die wenigsten.‹ Gellerts Poetik«. In: Witte (Hrsg.): *Lehrer*, S. 116–124.
Kiesel, Helmuth / Paul Münch: *Gesellschaft und Literatur im 18. Jahrhundert.* München 1977.
Klopstock, Friedrich Gottlieb: *Historisch-kritische Ausgabe* (Hamburger Klopstock-Ausgabe), hrsg. v. Elisabeth Höpker-Herberg / Klaus Hurlebusch / Rose-Maria Hurlebusch.
- Abt. Werke III, Bd. 1: *Geistliche Lieder*, hrsg. v. Laura Bolognesi. Berlin / New York 2010.
- Abt. Addenda III Bd. 2: *Die zeitgenössischen Drucke von Klopstocks Werken: Eine descriptive Bibliographie,* hrsg. v. Christiane Boghardt / Martin Boghardt / Rainer Schmidt. Berlin / New York 2005.
- Abt. Werke VII. Bd. 1: *Die deutsche Gelehrtenrepublik. Ihre Einrichtung. Ihre Gesetze. Geschichte des letzten Landtags.* Auf Befehl der Aldermänner durch Salogast und Wlemar. Herausgegeben von Klopstock. Ersther Theil, hrsg. v. Rose-Maria Hurlebusch. Berlin / New York 1975.
Klopstock, Friedrich Gottlieb: »Von der heiligen Poesie«. In *Ausgewählte Werke*, 2 Bde, Bd. 2. Hrsg. v. Karl August Schleiden. 4. Aufl. München 1981, S. 997–1009.

Kohl, Katrin: »Inspiration. Ingenium. Technik. Die apologetische Bedeutung der Ursprungspoetik in der deutschsprachigen Kunsttheorie und Poetik der Frühen Neuzeit«. In Heinen, Ulrich (Hrsg.): *Welche Antike? Konkurrierende Rezeptionen des Altertums im Barock,* 2 Bde., Bd. 2. Wiesbaden 2011, S. 971-985.
Kohl, Katrin: »Hero or Villain? The Response of German Authors to Frederick the Great«. In *Publications of the English Goethe Society* 81.1 (2012), S. 51-72.
Kramer, Olaf: *Goethe und die Rhetorik.* Berlin / New York 2011.
Lehnen, Carina: »›Und ließ in seinem Bilde / Der Welt die deutlichste Moral‹. Zur Grabpoesie auf Gellerts Tod«. In Witte (Hrsg.): *Lehrer,* S. 172–191.
(Pseudo-)Longinus: *Vom Erhabenen.* Übers. u. hrsg. v. Otto Schönberger. Stuttgart 1988.
Martus, Steffen: »Die Entstehung von Tiefsinn im 18. Jahrhundert. Zur Temporalisierung der Poesie in der Verbesserungsästhetik bei Hagedorn, Gellert und Wieland«. In *Deutsche Vierteljahrsschrift für Literaturwissenschaft und Geistesgeschichte* 74 (2000), S. 27-43.
Meyer-Krentler, Eckhardt: »›[...] weil sein ganzes Leben eine Moral war.‹ Gellert und Gellerts Legende«. In Witte (Hrsg.): *Lehrer,* S. 221–257.
Pape, Helmut: »Klopstocks Autorenhonorare und Selbstverlagsgewinne«. In: *Archiv für Geschichte des Buchwesens* 10 (1969), S. 1–268. Auch in: *Börsenblatt für den Deutschen Buchhandel.* Frankfurter Ausgabe 24 (1968), S. 3343–3404 und Ausgabe 25 (1969), S. 143–215).
Pope, Alexander: *The Poems of Alexander Pope,* hrsg. v. John Butt, London 1963.
Quintilianus, Marcus Fabius (Quintilian): *Institutionis oratoriae libri XII / Ausbildung des Redners.* Zwölf Bücher, 2 Bde. Hrsg. u. übers. v. Helmut Rahn. 3. Aufl. Darmstadt 1995.
Rabener, Gottlieb Wilhelm: »Der Autor«. In: *Belustigungen des Verstandes und des Witzes* (August 1743-May 1744) [Kontinuerlich in zehn Folgen]. Insbesondere: »Fünftes Stück« [Dezember 1743], S. 497–517.
Richter, Jean Paul: »Die wunderbare Gesellschaft in der Neujahrsnacht«. In: Jean Paul: *Sämmtliche Werke,* Abt. 1, Bd. 4. Hrsg. v. Norbert Miller. München 1962: Kleinere erzahlende Schriften 1796- 1801, S. 1121–1138.
Ring, Friedrich Dominicus: »Meine Autorschaft«. In: *Carlsruher Beyträgen zu den schönen Wissenschaften* 2 (1760), S. 109–138 u. 3 (1760), S. 187–216.
Sagarra, Eda u. Peter Skrine: *A Companion to German Literature.* 2. Aufl. Oxford 1999.
Scaliger, Iulius Caesar: *Poetices Libri Septem* [1571]. *Sieben Bücher über die Dichtkunst.* 5 Bde. Hrsg., übers. eingel. und erl. v. Luc Deitz. Stuttgart 1994–2003.
Schlegel, Johann Adolf: *Einschränkung der schönen Künste auf einen einzigen Grundsatz.* Leipzig 1751.
Schlingmann, Carsten: *Gellert: Eine literarhistorische Revision.* Bad Homburg 1967.
Schulz, Hans / Otto Basler / Gerhard Strauss (Hrsg.): *Deutsches Fremdwörterbuch,* 2 Bde., 2. Bd. Berlin / New York: 1996.
Siegert, Reinhart: »Theologie und Religion als Hintergrund für die ›Leserevolution‹ des 18. Jahrhunderts«. In: Friedrich, Hans-Edwin / Wilhelm Haefs / Christian Soboth (Hrsg.): *Literatur und Theologie im 18. Jahrhundert. Konfrontationen – Kontroversen – Konkurrenzen.* Berlin / New York 2011, S. 14-31.
Witte, Bernd: »Die Individualität des Autors. Gellerts Briefsteller als Roman eines Schreibenden«. In: ders. (Hrsg.): *Lehrer,* S. 86–97. Auch in: *The German Quarterly* 62 (1989), S. 5–14.
Witte, Bernd (Hrsg.): *»Ein Lehrer der ganzen Nation« Leben und Werk Christian Fürchtegott Gellerts.* München 1990, S. 86–97.

Wolf, Herman: *Versuch einer Geschichte des Geniebegriffs in der deutschen Ästhetik des 18. Jahrhunderts.* Bd. 1: Von Gottsched bis auf Lessing. Heidelberg 1923.

Woodmansee, Martha: »Publishers, Privateers, Pirates: Eighteenth-Century German Book Piracy Revistied«. In: Biagioli, Mario / Peter Jaszi / dies. (Hrsg.): *Making and Unmaking Intellectual Property. Creative Production in Cultural and Legal Perspective.* Chicago 2011, S. 181–198.

Woodmansee, Martha: »The Genius and the Copyright. Economic and Legal Conditions of the Emergence of the ›Author‹«. In: *Eighteenth-Century Studies* 17 (1984), S. 425–448.

Wychgram, Marianne: *Quintilian in der deutschen und französischen Literatur des Barocks und der Aufklärung.* Langensalza 1921.

Young, Edward: *Conjectures on Original Composition in a Letter to the Author of Sir Charles Grandison.* 2. Aufl. London 1759.

Uwe Wirth
Autorschaft als Selbstherausgeberschaft

E.T.A. Hoffmanns *Kater Murr*

Abstract: Der Begriff der Autorschaft lässt sich sowohl auf das Hervorbringen von Geschriebenem als auch auf das »Prinzip einer gewissen Einheit« (Foucault) von Geschriebenem beziehen. Allerdings gilt es im zweiten Fall zu klären, ob es nicht sinnvoller wäre, statt von einer Funktion Autor von einer Funktion Herausgeber als jener Instanz zu sprechen, die für die Prinzipien einer gewissen Einheit verantwortlich zeichnet. Ein beide Aspekte umfassender Begriff von Autorschaft würde dann immer auch eine bestimmte Form von Selbstherausgeberschaft implizieren. Diese These, die sowohl für faktuale als auch für fiktionale Kontexte Geltung beansprucht, soll an einem Grenzfall der Frage nach dem Autor exemplifiziert werden: der Herausgeberfiktion, die eine fiktionale Verneinung der Autorschaft und ein fiktionales Prinzip einer gewissen Einheit des Schreibens darstellt.

Der Begriff der Selbstautorschaft als Hilfsbegriff einer Positionsbestimmung von Antworten auf die Frage nach dem Autor erscheint rätselhaft: Was sonst als ein Urheber, der *selbst* Geschriebenes hervorbringt respektive der *Selbstgeschriebenes* hervorbringt, könnte der Autor sein? Autor, so lesen wir etwa in Zedlers *Universallexikon* »heißt ein Anfänger, Anstifter, ingleichen der ein Werk gemacht hat, der Urheber, Verfasser«.[1] Der Begriff Selbstautorschaft impliziert, dass es noch eine andere Form von Autorschaft, eine *Fremdautorschaft* geben könnte. Doch wie sollte so etwas möglich sein, wo der Autor doch *qua definitionem* derjenige ist, der selbst geschrieben, und damit selbst das Werk gemacht hat? Eine Möglichkeit besteht darin, Autorschaft als Herausgeberschaft in Szene zu setzen, also, mit Gérard Genette zu sprechen, durch einen Akt auktorialer Verneinung, Selbstgeschriebenes als *Allographie* auszugeben.[2] Eben dies ist eine Standardsituation in der Briefromanpoetik des 18. Jahrhunderts. So zum Beispiel in der »Préface« zu Jean Jacques Rousseaus *Nouvelle Héloise,* die zum Prototyp einer ab der zweiten Hälfte des 18. Jahrhunderts häufig zu beobachteten Vorredenreflexion wird, der es – so die gängige Auffassung in der For-

---

[1] Zedler: Universal-Lexicon, Lemma »Autor«.
[2] Genette: Paratexte, S. 173.

schungsliteratur – um eine Schärfung des »Fiktivitätsbewußtseins« geht.[3] Der Vorredenverfasser – er trägt den Namen Jean Jacques Rousseau – beginnt mit den Worten:

> Wiewohl ich hier bloß des Herausgebers Namen führe, habe ich doch selbst mit an dem Buch gearbeitet und mache daraus kein Geheimnis. Habe ich es darum ganz verfertigt, und ist der ganze Briefwechsel erdichtet? Weltleute! Was liegt euch daran? Für euch ist er gewiß Erdichtung.[4]

Wenig später merkt der Vorredenverfasser sogar an,

> daß man an einigen Stellen grobe Fehler wider die Beschreibung der Gegenden begangen hat; sei es nun entweder, um den Leser leichter zu hintergehen, oder weil der Verfasser es wirklich nicht besser wußte. Das ist alles was ich sagen kann. Ein jeder denke, wie es ihm gefällt![5]

Der ostentative Hinweis auf die ›groben Fehler‹ ist als ›fausseté significa-tive‹ zu werten: genauer gesagt als *editorialer Index* auf einen vermeintlichen Fehler mit dem Ziel, die Aufmerksamkeit nicht nur auf diesen inszenierten Fehler zu richten, sondern autoreferentiell die Inszenierungsbedingungen des fiktionalen Diskurses zu thematisieren. Dabei wird bei Rousseau die *Funktion Autor* als *Funktion Herausgeber* performativ in Szene gesetzt. Das Vorwort wird zu einer Art Bühne, zu einem, so Rüdiger Campe, »szenischen Rahmen des Schreibens«,[6] in dem die Funktion Herausgeber als Ensemble performativer Gesten vorgeführt und als Editions-Szene dargestellt wird.[7] In diesem Sinne kann man den, wie Gérard Genette es nennt, ›Vorwortakt‹ als grundlegenden performativen Rahmungsakt begreifen, als eine, wie Gerhard Neumann es genannt hat, ›Anfangs-Inszenierung‹.[8] Für Genette ist der ›Vorwortakt‹ der paradigmatische Fall dafür, was »Literatur schlechthin« ausmacht, und das Vorwortschreiben ist »unter allen literarischen Praktiken vielleicht die am typischsten literarische«.[9] Der Vorwortakt setzt das »spielerische Selbstbewußtsein« der poetischen Reflexion in Szene und wird dadurch zu einem »selbstgefälligen Abbild seiner eigenen Verfahren«.[10] Dabei dient die ›Vorredenreflexion‹ zum einen der Konstitution

---

3 Berthold: Fiktion und Vieldeutigkeit, S. 123.
4 Rousseau: Julie, S. 5.
5 Ebd.
6 Vgl. Campe: Die Schreibszene, S. 764.
7 Vgl. Wirth: Geburt des Autors.
8 Neumann: Anfang vom Ende, S. 484.
9 Genette: Paratexte, S. 280.
10 Ebd., S. 279.

eines ›Fiktivitätsbewußtseins‹ für den nachfolgenden Text.[11] Zum anderen besteht aber auch die Möglichkeit, bereits im Rahmen des Vorworts ein »schwindelerregende[s] Inkognito« zu inszenieren,[12] das sich gleichermaßen auf den nachfolgenden Text und auf das Vorwort selbst bezieht, dann nämlich, wenn sich der Autor als Herausgeber ›tarnt‹.[13] Insofern insbesondere die Romanvorrede des 18. und frühen 19. Jahrhunderts der ›Ort‹ und das ›Medium‹ einer »poetologischen Selbstdeutung des Romans« ist,[14] erlaubt eine Analyse der »Inszenierung der Textrahmen« Rückschlüsse auf die jeweils herrschenden »Konzepte der Autorschaft«.[15]

Doch fragen wir zunächst: Was ist mit der Formulierung ›Inszenierung von Textrahmen‹ gemeint? Aus einer theaterwissenschaftlichen Perspektive steht der Inszenierungsbegriff in einem Spannungsverhältnis zu dem Begriff der ›Performance‹ einerseits und dem Begriff der ›Performanz‹ andererseits. *Performanz* im Sinne Austins, das heißt also im Sinne der philosophischen *Speech-Act-Theory*, bezeichnet eine Klasse von Sprachverwendungen, bei denen durch das Äußern bestimmter Worte bestimmte *conventional procedures* vollzogen werden. Ausdrücke wie: »Hiermit verspreche ich«, »Hiermit erkläre ich«; »Hiermit befehle ich«. Hier werden durch das Ausführen von Sprechhandlungen Handlungen vollzogen, die soziale Tatsachen – Zustände – herstellen. Eine *Performance* im theaterwissenschaftlichen Sinne bezeichnet dagegen das Aufführen von Handlungen, nämlich den »Vorgang einer Darstellung durch Körper und Stimme vor körperlich anwesenden Zuschauern«, der verbunden ist mit einem inszenatorischen Modus der Zeichenverwendung.[16] Die Anfangs-Inszenie-rungen literarischer (aber auch nicht-literarischer) Texte unterscheiden sich von der theatralen Situation dadurch, dass es keine körperlich anwesenden Zuschauer gibt, sondern dass es sich um eine Kommunikation zwischen Abwesenden handelt, die sich nicht direkt wahrnehmen können, sondern nur vermittelt, über die Beobachtung von Schriftzeichen, das heißt: durch Akte des Lesens.

Niklas Luhmann hat diese Situation der schriftlichen literarischen Kommunikation im Rekurs auf den Briefroman des 18. Jahrhunderts als »Technik der Doppelrahmung« bezeichnet.[17] Die doppelte Rahmung etabliert ein Modell

---

11 Berthold: Fiktion und Vieldeutigkeit, S. 123.
12 Genette: Paratexte, S. 275.
13 Oura: Roman journale, S. 5.
14 Weber: Die poetologische Selbstreflexion, S. 19.
15 Rieger: Autorfunktion und Buchmarkt, S. 147.
16 Fischer-Lichte: Inszenierung, S. 86.
17 Luhmann: Kunst der Gesellschaft, S. 178.

durchschaubarer Täuschungen »deren Rahmen oder deren Bühne zugleich sicherstellt, dass man sie nicht mit der Außenwelt verwechselt«.[18] Luhmann nennt die perspektivische Malerei und das Bühnentheater, doch die Logik der Doppelrahmung determiniert auch den Vorwortakt als »szenischen Rahmen des Schreibens«,[19] mithin jene paratextuelle Zone, in der die Lesenden auf eine optimale Lesehaltung eingestimmt werden sollen. Dies betrifft nicht nur Inszenierungen im Rahmen des Theaters, sondern auch *im Rahmen* beziehungsweise *am Rahmen* von Texten, also in jener, mit Genette zu sprechen, *paratextuellen Zone*, in der die Lesenden auf das, was sie erwartet, vorbereitet werden. Genette bestimmt das Vorwort als

> Beiwerk, durch das ein Text zum Buch wird und als solches vor die Leser und, allgemeiner, vor die Öffentlichkeit tritt. Dabei handelt es sich weniger um eine Schranke oder eine undurchlässige Grenze als um eine *Schwelle* oder - wie es Borges anläßlich eines Vorwortes ausgedrückt hat - um ein ›Vestibül‹, das jedem die Möglichkeit zum Eintreten oder Umkehren bietet; um eine ›unbestimmte Zone‹ zwischen innen und außen, die selbst wieder keine feste Grenze nach innen (zum Text) und nach außen (dem Diskurs der Welt über den Text aufweist).[20]

Nun, das klingt etwas *fuzzy*: Aus der Doppelrahmung ist eine unterdeterminierte, unbestimmte Zone geworden. Bei seiner Definition des Vorworts als »unbestimmte Zone« rekurriert Genette auf eine Überlegung von Antoine Compagnon, der in *La Seconde Main* den Bereich zwischen dem *Hors-Texte* und dem Text als *Périgraphie* bezeichnet, als »zone intermédiaire«,[21] die man passieren muss, um – unter Vermittlung ›dazwischengeschalteter‹ Vorräume – Zugang zum Haupt-Text zu erhalten. Diese, wie man vielleicht genauer übersetzen könnte, *vermittelnde Zone*, ist insofern eine Übergangszone, als in ihr Vorwortverfasser und Leser mit Bezug auf den nachfolgenden Haupttext bestimmte Verstehensbedingungen aushandeln: Wird das, was folgt, als ›frei erfunden‹ deklariert oder als ›wahre Geschichte‹? Wird die Echtheit, sprich die Authentizität des Nachfolgenden versprochen? Wie eindeutig und glaubwürdig werden diese Deklarative und Kommissive ins Feld geführt? Kommt es im Rahmen des Vorworts zu einer Vermischung von Realem und Fiktionalem – und welche Signifikanz hat diese Vermischung für das Verstehen des nachfolgenden Textes? Zugleich rufen die Begriffe »*Périgraphie*« und »*Paratextualität*« die Frage nach dem Verhältnis von Schriftlichkeit und Performativität im Rahmen des »Vorwortakts« auf den Plan:

---

18 Luhmann: Kunst der Gesellschaft, S. 177.
19 Campe: Die Schreibszene, S. 764.
20 Genette: Paratexte, S. 10.
21 Compagnon: La Seconde main, S. 328.

eine Kopplung, die wir übrigens schon bei Michel Foucault angedeutet finden, wenn dieser zu Beginn seines Aufsatzes »Was ist ein Autor?« fragt: »Wie ist der *speech act* beschaffen, der zu sagen gestattet, dass ein Werk vorliegt?«.[22] Diese überdeutliche Anspielung auf Austins *Speech-Act-Theory* impliziert, dass es auch Foucault um die *performativen Rahmenbedingungen* der Beziehung zwischen Schrift, Text und Autor geht – das ist in meinen Augen, gerade auch mit Blick auf die eingangs zitierte *Zedler*-Definition des Autors interessant: Der Autor ist jemand, der nicht nur selbst Schreibakte ausführt, sondern das Selbstgeschriebene durch performative Sprechakte zum Werk macht. Der Ort, an dem es zur Kopplung zwischen Schreibakten und werkkonstitutiven Sprechakten kommt, ist der Paratext – allen voran das Vorwort, das sich gleich in dreifacher Hinsicht als ›Vor-Schrift‹ erweist: Es ist zunächst einmal allein schon dadurch Vorschrift, dass es *Vor* den Haupttext geschrieben wurde: Das Vorwort bildet einen typographisch wahrnehmbaren, also schriftlich verkörperten Rand und konstituiert dadurch auch auf der materiellen Ebene der Buchgestaltung einen szenischen Rahmen des Schreibens. Zweitens hat das Vorwort aber auch die Funktion eines direktiven Sprechakts, mit dessen Hilfe dem Leser eine ideale Lektürehaltung vorgeschrieben werden soll. Drittens folgt das Vorwort rhetorisch vorgeschriebenen Eingangsformeln, erweist sich mithin als performatives Ritual.

Der unter Punkt zwei genannte Instruktionscharakter des Vorworts rührt daher, dass es eine an den Leser gerichtete Lektüreaufforderung bzw. Lektüreanweisung darstellt, um ihm einen Zugang zum Werk zu eröffnen. Das Minimalziel ist dabei, wie Genette feststellt, dass das Vorwort überhaupt »eine Lektüre bewirkt«, das Maximalziel ist, dass »ein guter Verlauf der Lektüre« ermöglicht wird.[23] Als Lektüreanweisung übernimmt das Vorwort die illokutionäre Rolle eines direktiven Sprechakts. Sobald es darum geht, den logischen Status des nachfolgenden Haupttextes festzustellen, hat das Vorwort dagegen die Funktion eines Kommissivs oder eines Deklarativs. Seinen kommissiven Charakter offenbart das Vorwort sowohl bei ›autobiographischen Pakten‹[24] als auch bei ›Fiktionsverträgen‹[25] – beide versprechen, den logischen Status des Eingerahmten ›von vornherein‹, nämlich vom Vorwort her, zu determinieren, wobei freilich offen bleibt, ob und inwiefern dieses Versprechen jemals eingelöst wird. Zugleich kann das Vorwort als Ort gedeutet werden, an dem der logi-

---

22 Foucault: Was ist ein Autor?, S. 1004.
23 Genette: Paratexte, S. 191.
24 Lejeune: Der autobiographische Pakt, S. 231.
25 Genette: Paratexte, S. 209f.

sche Status des nachfolgenden Diskurses in Form eines ›poetischen Deklarativs‹ verkündet wird.

Der dritte Punkt impliziert aus einer ritualtheoretischen Perspektive, dass der Vorwortakt, wie Belliger und Krieger es formulieren, eine »meta-performative kommunikative Handlung« darstellt:[26] eine Handlung, die dem kommunikativen Handeln insofern vorausgeht als der Vorwortakt die Geltung bestimmter Konventionen allererst »etabliert, einführt und konstruiert«.[27] Dies ist etwa die Funktion der *Invocatio,* die traditionellerweise als Musenepiklese in Erscheinung tritt, allerdings schon in der Antike nicht mehr der religiösen Kontaktaufnahme mit den Göttern, sondern der rhetorischen Kontaktaufnahme mit dem Publikum dient. In eben diesem Sinne bezeichnet Max Kommerell die Vorrede als »ansprechende Gebärde«: als kommunikativen Versuch, mit dem Leser eine ›Verbindung‹ zu knüpfen.[28] Diese, durch das Vorwort verkörperte Gebärde, ist als rituelle, *performative Geste* zu deuten.

In allen drei Fällen werden wir mit einem Problem konfrontiert, das virulent wird, sobald wir es mit fiktionalen Texten zu tun haben: nämlich mit der Frage, ob man das Vorwort als einen Text betrachtet, der *vor,* sprich: *außerhalb* des eigentlichen Werkes steht, oder ob man das Vorwort als Teil des Werkes sieht. Die Antwort auf diese Frage wirkt sich direkt auf den logischen Status der im Vorwort vollzogenen Sprechakte aus. Gemäß der Auffassung von Austin, Searle und Habermas zeichnen sich fiktionale Diskurse durch eine »Einklammerung der illokutionären Kraft« aus, die sie vom pragmatischen Druck der »handlungsfolgenrelevanten Verbindlichkeiten« entbinden.[29] Dies betrifft natürlich auch den pragmatischen Druck, den Leseanweisungen ausüben. Eben deshalb ist es wichtig zu klären, ob Paratexte Teil des fiktionalen Diskurses sind – und wenn dies so ist, in welcher Form sie ihre rezeptionsästhetische Wirksamkeit entfalten können, obwohl sie keine illokutionäre Kraft in dem Sinne haben, wie es bei alltäglichen *performativa* der Fall ist: Das von einer literarischen Figur gegebene Versprechen interpretieren wir anders als das von einem Freund oder einem Kollegen gegebene Versprechen. Insofern interpretieren wir die *direktiva, deklarativa* und *kommissiva,* die am Rande fiktionaler Diskurse geäußert werden, in einem anderen Deutungsrahmen, wenn wir davon ausgehen, dass sie Teil des fiktionalen Diskurses sind. Die Aufgabe der Leserin und des Lesers besteht darin, die logischen Unbestimmtheitsstellen der paratextuellen *zone*

---

26 Belliger / Krieger: Ritualtheorien, S. 23.
27 Ebd.
28 Kommerell: Jean Paul, S. 158.
29 Habermas: Der philosophische Diskurs der Moderne, S. 236.

intermediaire auszutarieren. Dabei kommt es zu einer Überlagerung, zu einer Interferenz verschiedener Aspekte von Performativität: Das Vorwort erweist sich als *performative zone intermédiaire,* denn es ist eine Zone der ›Ausführung‹ und der ›Aufführung‹ von Rahmungsakten.

Eben diese Interferenz der verschiedenen Aspekte von Performativität lässt sich an dem merkwürdigen Vorwort-Ensemble beobachten, mit dem E.T.A. Hoffmanns *Lebens-Ansichten des Katers Murr nebst fragmentarischer Biographie des Kapellmeisters Johannes Kreisler in zufälligen Makulaturblättern* beginnen: »Keinem Buche ist ein Vorwort nötiger, als gegenwärtigem«, beginnt das Vorwort des Herausgebers, »da es, wird nicht erklärt, auf welche wunderliche Weise es sich zusammengefügt hat, als ein zusammengewürfeltes Durcheinander erscheinen dürfte. Daher bittet der Herausgeber den günstigen Leser, wirklich zu lesen, nämlich dies Vorwort«.[30]

Mit diesem Appell an den Leser, das Vorwort »wirklich zu lesen«, betritt der Vorwortverfasser den szenischen Rahmen des Schreibens, indem er auf seine Funktion verweist, den Leser über »die Ordnung und die Disposition« des Haupttextes zu unterrichten.[31] Das Vorwort der *Lebens-Ansichten des Katers Murr* wird seiner Instruktionsfunktion dadurch gerecht, dass es die Geschichte des Buches als Geschichte eines ›editorialen Fehlschlags‹ erzählt: Es handelt sich um ein Buch, in dem der Herausgeber als Verursacher einer strukturbestimmenden Textkonfusion auftritt, denn das Durcheinander der Autobiographie Murrs und der Biographie Kreislers ist das Resultat seiner editorialen Unzuverlässigkeit. Der Herausgeber ist offenbar unfähig, seiner einheitsstiftenden Funktion gerecht zu werden, also, mit Foucault zu sprechen, das »Prinzip einer gewissen Einheit des Schreibens« zur Anwendung zu bringen.[32] Das Nebeneinander der beiden Romantitel ist die Selbstdarstellung eines Konzepts, bei dem das Versagen des Herausgebers »zum fiktionsstiftenden Verfahren« wird.[33] Bereits der Titel *Lebens-Ansichten des Katers Murr nebst fragmentarischer Biographie des Kapellmeisters Johannes Kreisler in zufälligen Makulaturblättern* zeigt an, dass sich die heterogenen ›Papierstöße‹, aus denen der Roman zu-

---

30 Hoffmann: Lebens-Ansichten des Katers Murr, S. 11. Im Folgenden mit der Sigle M im Text zitiert.
31 In der Encyclopédie wird die »Préface« als ein »avertissement« definiert, das vor das Buch gestellt wird, »pour instruire le lecteur de l'ordre & de la disposition qu'on y a observé«. (Diderot / D'Alembert: Encyclopédie, Lemma »Préface«, S. 280).
32 Vgl. die ältere Übersetzung von Foucaults »Was ist ein Autor?« in: Schriften zur Literatur, S. 21.
33 Laußmann: Das Gespräch der Zeichen, S. 175.

sammengemischt wurde, einer »strikten Unifizierung« entziehen.[34] Die Konjunktion ›nebst‹ macht zunächst einmal explizit, »daß hier ein Nebeneinander zweier Werke geboten wird«:[35] ein Roman, der durch eine spezifische ›Doppelstruktur‹ ausgezeichnet ist. Die Tatsache, dass der erste Teil des Titels – *Lebens-Ansichten des Katers Murr* – in größerer Schrifttype geschrieben ist als der nachfolgende Teil – *nebst fragmentarischer Biographie des Kapellmeisters Johannes Kreisler in zufälligen Makulaturblättern* – fungiert als typographischer Hinweis darauf, dass die Lebensansichten des Katers als Haupttext zu werten sind,[36] die fragmentarische Biographie des Kapellmeisters dagegen als quasi-digressives Supplement. Im Verlauf des Romans wird sich dann freilich herausstellen, dass der Kreisler-Teil den Murr-Teil an Umfang und an Vielschichtigkeit bei weitem übertrifft.

Die Konjunktion ›nebst‹ verweist darüber hinaus aber auch auf ein »zusammengewürfeltes Durcheinander« (*M*, S. 11), das zugleich Indiz für einen Fehlschlag beim Vollzug der editorialen Tätigkeit ist.

Zu Beginn seines Vorworts berichtet der Herausgeber, ein Freund, mit dem er »ein Herz und eine Seele ist« (*M*, S. 11), habe ihn gebeten, für die Veröffentlichung der Autobiographie des Katers zu sorgen. Weiter heißt es: »Der Herausgeber versprach, sein bestes zu tun für den schriftstellerischen Kollegen« (ebd.). Erst nachdem er das Manuskript in den Druck gegeben hat und die ersten ›Aushängebogen‹ zu Gesicht bekommt, bemerkt der Herausgeber, »daß Murrs Geschichte hin und wieder abbricht und dann fremde Einschiebsel vorkommen« (*M*, S. 12). Dafür gibt er folgende Erklärung:

> Nach sorgfältiger Nachforschung und Erkundigung erfuhr der Herausgeber endlich folgendes. Als der Kater Murr seine Lebensansichten schrieb, zerriß er ohne Umstände ein gedrucktes Buch, das er bei seinem Herrn vorfand, und verbrauchte die Blätter harmlos teils zur Unterlage, teils zum Löschen. Diese Blätter blieben im Manuskript und – wurden, als zu demselben gehörig, aus Versehen mit abgedruckt! De- und wehmütig muß nun der Herausgeber gestehen, daß das verworrene Gemisch fremdartiger Stoffe durcheinander lediglich durch seinen Leichtsinn veranlaßt, da er das Manuskript des Katers hätte genau durchgehen sollen, ehe er es zum Druck beförderte [...] (*M*, S. 12).

Diese ›Erklärung‹ des Herausgebers ist Explanation und Deklaration zugleich. Sie hat nicht nur das Ziel, die editoriale Unzuverlässigkeit zu entschuldigen, sondern ist auch ein indirekter deklarativer Sprechakt: Die ›monumentale Tat-

---

34 Kittler: Aufschreibesysteme, S. 127.
35 Steinecke: Zu Textanordnung, S. 958.
36 Vgl. Nutt-Kofoth: Text lesen, S. 4.

sache‹, dass das Buch in seiner vorliegenden Form veröffentlicht wurde, erklärt das Nicht-Zusammengehörige für zusammengehörig.

Zugleich sind die Erklärungen des Vorwortverfassers als indirekte direktive Sprechakte zu werten: Sie sind Anweisungen an den Leser, den Roman als »vermeintlich ungeschicktes Arrangement zweier Lebensgeschichten« aufzufassen; sie sind aber auch Anweisungen an den Herausgeber selbst, den, wie es Almuth Grésillion einmal genannt hat, »Performance-Akt der Textwerdung« im Rahmen einer kritischen Reflexion seines eigenen Scheiterns zu rekonstruieren.[37] Der Grund für das Durcheinander von handgeschriebener Autobiographie und gedruckter Biographie ist der Leichtsinn des Herausgebers, der zunächst gar nicht bemerkt, dass es sich bei den Papierstößen, die er zum Druck befördert, um ein »verworrenes Gemisch fremdartiger Stoffe durcheinander« handelt. Dieses Nicht-Bemerken ist ein Indiz dafür, dass der Herausgeber seine Funktion als erster Leser nicht erfüllt hat: Er erweist sich beim editorialen Akt des Lesens als *performativer under-achiever*.

Die Bemerkung des Herausgebers, dass ihm der »Eingang der Historie« des Katers Murr »ziemlich gut stilisiert schien« (*M*, S. 11), lässt darauf schließen, dass seine Lektüre über diesen –»Eingang der Historie« niemals hinausgekommen ist – ansonsten hätte er nach dem ersten abrupten Abbruch von Murrs Manuskript das ›Durcheinander‹ mit der Biographie Kreislers bemerkt. Die späte Einsicht des Herausgebers, er hätte das Manuskript »genau durchgehen sollen, bevor er es zum Druck beförderte« (*M*, S. 12), gibt in Form einer »narrativen Implikatur« zu verstehen,[38] wie ungenau der Herausgeber das Manuskript durchgegangen sein muss: Um die mediale Differenz zwischen Murrs ›Handschrift‹ und Kreislers gedruckter Biographie festzustellen, bedarf es nämlich keiner sonderlich genauen Lektüre, sondern einer typographischen Phänomenbetrachtung. Hieraus kann geschlossen werden, dass die ›Leichtsinnigkeit‹ des Herausgebers wörtlich zu nehmen ist, das heißt, dass es sich der Herausgeber bei der Ausführung seiner editorialen Tätigkeit, und mithin beim Erfüllen seines schnell gegebenen Versprechens, zu leicht gemacht hat: Der fiktive Akt des Herausgebens zeichnet sich durch eine Aufwandsdifferenz aus, die in einem performativen Widerspruch gründet. Allerdings ist die Frage, worin dieser besteht, schwieriger zu beantworten, als es zunächst scheinen will.

Im Nachvollzug dieses Widerspruchs betritt eine weitere Instanz die Szene der Schrift: Diesmal ist es die Schrift selbst – in Form eines, mit Susanne Wehde

---

37 Grésillon: ›Critique génétique‹, S. 23.
38 Vgl. Henry: Pretending and Meaning, S. 107.

zu sprechen, »typographischen Dispositivs«.[39] Gemäß der inneren Logik der Herausgeberfiktion sind die diversen editorialen Indices – der Titel, das Vorwort, die Markierung der Ränder, die Fußnoten – erst nach der Lektüre der »ersten Aushängebogen« entstanden. Das bedeutet aber, dass der Herausgeber die Diskontinutität des Diskurses erst erkennt, *nachdem* die offensichtliche mediale Differenz zwischen der Handschrift des Katers und der Druckschrift der Kreisler-Biographie durch den Druckakt nivelliert wurde. Die Erkenntnis der Diskontinuität muss mithin das Resultat einer »akribischen Lektüre« sein,[40] die von den semantischen Inkohärenzen des Textes auf die monumentalen Brüche des Manuskripts zurückschließt. Hatte es sich der Herausgeber bei seiner ersten Lektüre zu leicht gemacht, so macht er es sich bei seiner zweiten Lektüre zu schwer. Infolge dieser performativen Aufwandsdifferenz wandelt sich die Funktion des Herausgebers: Er wird zu einem Editor zweiter Ordnung, der sich selbst beim Ausführen – respektive Nicht-Ausführen – seiner editorialen Tätigkeit beobachtet: Seine zweite Lektüre protokolliert mit Hilfe editorialer Indices akribisch die Leichtsinnigkeit der ersten Lektüre. So schreibt der Herausgeber in seinem Vorwort: »Fürs erste wird der geneigte Leser sich leicht aus der Sache finden können, wenn er die eingeklammerten Bemerkungen, *Mak. Bl.* (Makulatur-Blatt) und *M. f. f.* (Murr fährt fort) gütigst beachten will« (*M*, S. 12). Der Herausgeber in den *Lebens-Ansichten des Katers Murr* tritt mithin als Instanz auf, deren Funktion darin besteht, die Bruchstellen der ineinander geratenen Texte nachträglich mit Hilfe editorialer Indices zu markieren. Dabei belässt es der Herausgeber der *Lebens-Ansichten* bei einer ungeordneten Zusammenstellung des Materials, das folglich als »verworrenes Gemisch fremdartiger Stoffe durcheinander« erscheint (*M*, S. 12). Die eingeklammerten Bemerkungen »*(Mak. Bl.)*« und »*(M. f. f.)*« verweisen nicht nur als editoriale Indices auf jene Akte des Herausreißens, die der Kater ausgeführt hat, sondern auch auf die vom Herausgeber nicht ausgeführten Akte des Lesens: Die editorialen Indices markieren also jene Brüche, die aufgrund der unzuverlässig ausgeführten editorialen Tätigkeit überhaupt erst entstanden sind: Sie werden zu negativen Rahmungshinweisen, zu Indizien einer Rahmenkonfusion.

Diese Konfusion von Rahmen dient, wie Luhmann in *Die Kunst der Gesellschaft* dargestellt hat, dazu, die »Aufmerksamkeit für Rahmungen« zu erhöhen und dadurch das Bewusstsein für die Differenz von Deutungsrahmen zu schärfen.[41] Die Rahmenkonfusion ist mithin eine »Technik der Doppelrahmung«, mit

---

39 Wehde: Typographische Kultur, S. 14.
40 Zum Begriff der »akribischen Lektüre« vgl. Barthes: Lust am Text, S. 19.
41 Luhmann: Kunst der Gesellschaft, S. 415.

deren Hilfe die Rahmenbedingungen künstlerischer Diskurse performativ in Szene gesetzt werden. In eben diesem Sinne kann man das »Geflecht der Vorreden« zu Beginn von E.T.A. Hoffmanns *Kater Murr* nicht nur als Verkörperungsformen unterschiedlicher narrativer Instanzen betrachten,[42] sondern vor allem auch als Verkörperungsformen eines typographischen Dispositivs, das verschiedene szenische Rahmen des Schreibens am Rande des Textes auftreten lässt.

Es beginnt mit einem »Vorwort des Herausgebers« (*M*, S. 11–14), dem drei weitere Paratexte folgen, nämlich *erstens* die »Vorrede des Autors« (*M*, S. 15), das heißt die Vorrede des fiktiven Autors Kater Murr; *zweitens* ein »Vorwort. *Unterdrücktes des Autors*« (*M*, S. 16), das ebenfalls von Murr stammt, aber wegen seiner Unbescheidenheit zensiert werden sollte; *drittens* folgt eine Nachschrift (»N. S.«) des Herausgebers (»d. H.«), in der dieser mit den Worten »Das ist zu arg! – Auch das Vorwort des Autors, welches unterdrückt werden sollte, ist abgedruckt!« (*M*, S. 17) die Eigenwilligkeit des anonymen Druckers feststellt.

Mit Blick auf die Nachschrift des Herausgebers im Rahmen des Vorwort-Ensembles stellt sich die Frage: Warum ist es dem Herausgeber nicht möglich, das unterdrückte Vorwort des Autors aus der dem Leser präsentierten ›endgültigen Ausgabe‹ herauszunehmen, wo es ihm doch durchaus möglich ist, seinen Kommentar zum unterdrückten Vorwort des Autors hinzuzufügen? Offenbar wird der im Vorwort-Ensemble in Szene gesetzte performative Widerspruch als synekdochisches Vorspiel zur Selbstdarstellung jenes poetischen Konzepts, das dem gesamten Roman zugrunde liegt. Wesentliche Aspekte dieses Konzepts bestehen darin, dass der Text der Eigenwilligkeit des Druckers ausgeliefert ist. Er ist gleichsam die performative Maskierung des typographischen Dispositivs. Das gegen den Willen des Herausgebers abgedruckte ›unterdrückte‹ Vorwort wird zu einem Indiz für die diskursive Ohnmacht des Herausgebers. Während der Kater als Plagiator seine intertextuelle »Macht zum Mischen« demonstriert,[43] fehlt dem Herausgeber offensichtlich jene ›Macht zum Löschen‹, die ihm im Rahmen der Funktion Herausgeber zukommen sollte. Dergestalt verweist die Ohnmacht des Herausgebers als negative Geste auf das Dispositiv der drucktechnischen Rahmenbedingungen: Nicht der Herausgeber, sondern der anonyme Drucker ist die maßgebliche Instanz, die bis zuletzt eine Möglichkeit zum Eingreifen und Modifizieren des Textes besitzt.

---

42 Steinecke: Zu Textanordnung, S. 957.
43 Vgl. Barthes: La mort de l'auteur: »l'écrivain ne peut qu'imiter un geste toujours antérieur, jamais original; son seul pouvoir est de mêler les écritures« (S. 65).

An dieser Stelle sei daran erinnert, dass Roger Chartier in seinem Aufsatz »Figures de l'auteur« eine wohlfundierte Kritik an Foucaults Überlegungen zur *Funktion Autor* geäußert hat. Zum einen bemängelt er, dass Foucaults Frage nach dem Autor das editoriale Moment unberücksichtigt lässt, obwohl doch jeder Text einen ›Redactor‹ hat.[44] Zum anderen stellt Chartier die These auf, dass die *Funktion Autor* historisch betrachtet, nicht durch das individuelle Eigentumsrecht determiniert ist, sondern durch die institutionellen und technischen Rahmenbedingungen des Buchhandels und des Buchdrucks: Die Autorfunktion ist demzufolge gleichsam in das Innere der Druck-Kultur eingeschrieben.[45] In diesem Zusammenhang verweist Chartier auf einen Lexikoneintrag in Furetières *Dictionaire universel* von 1690. Danach kann der Begriff des »Auteur« nur für denjenigen verwendet werden, dessen Werke in gedruckter Form zirkulieren: »Einen Autor nennt man nur denjenigen, der gedruckt worden ist«.[46] Dem Akt des Druckens kommt also eine zentrale Bedeutung zu: Nicht nur, dass er die entscheidende Schwelle bei der Veröffentlichung des Werks markiert, eine Schwelle, die durch einen direktiven Sprechakt – das *imprimatur!* – überschritten wird, sondern der Akt des Druckens ist auch essentiell mit der *Funktion Autor* verknüpft. Man könnte sogar argumentieren, dass der auktoriale Akt der Publikation immer schon ein Akt der Herausgabe ist, nämlich ein Akt der *›Selbst‹-Herausgabe,* wobei nicht nur der Akt der Publikation, sondern auch der Akt der auktorialen Selbstkonstitution durch den Akt des Druckens ausgeführt wird.

In E.T.A. Hoffmanns *Kater Murr* tritt die zentrale Funktion des Druckers – die *Funktion Drucker,* wenn man so will – überdeutlich zu Tage: Der Drucker wird zur anonymen Personifikation jenes überpersönlichen »typographischen Dispositivs«, das *im Rahmen* der technischen Reproduktionsverfahren gleichermaßen für das Gelingen wie für das Scheitern der Verkörperungsbedingungen verantwortlich ist; und *am Rahmen*, also am paratextuellen Rand, in Szene gesetzt wird. Diese doppelte performative Rahmungsfunktion hat zwei Konsequenzen: *Erstens:* Insofern der Drucker zugleich als Setzer fungiert, der die vom Herausgeber zum Druck beförderte Vorlage druckfertig macht, ist er eine mediale Transformationsinstanz, die nur aufgrund der von ihr verursachten Satz- und Druckfehler aus ihrer anonymen Existenzweise hinter der literarischen Szene hervortritt. *Zweitens:* Insofern der Druckakt die entscheidende mediale Trans-

---

44 Chartier: Figures de l'auteur, S. 39.
45 Ebd., S. 59.
46 Vgl. Furetière: Dictionaire universel, Lemma »auteur«.

formation ist, die im Rahmen des Publikationsakts vollzogen wird,[47] wird der Drucker zur äußersten Rahmungsinstanz: eine Instanz, welche die performativen Verkörperungsbedingungen determiniert. Dadurch verfügt der Drucker als Medientechniker *par excellence* über eine nachgerade unbeschränkte Macht. Dies zeigt sich am Ende des Herausgebervorworts. Nach dem »de- und wehmütigen« Eingeständnis seiner eigenen gravierenden Fehler bei der Herausgabe der Autobiographie Murrs setzt der Herausgeber zu einer ironischen Attacke gegen die »gütigen Setzer« an, die durch »sogenannte Druckfehler« dem »Aufschwunge der Ideen« nachhelfen (*M*, S. 12). Dieser offene Angriff des Herausgebers wird vom Dru-cker-Setzer performativ beantwortet: Gegen den Willen des Herausgebers wird das unterdrückte Vorwort des Autors abgedruckt. Unklar bleibt dabei, wer die Kennzeichnung »*Unterdrücktes des Autors*« vornimmt. Ist es der Drucker, der die Spuren seiner Eigenwilligkeit nicht nur durch den performativen Akt der ungewollten Verkörperung, sondern auch noch mit Hilfe quasi-editorialer Indices explizit macht? Oder ist es der Herausgeber, der hier als akribischer Protokollant seiner eigenen Ohnmacht auftritt? In jedem Fall kann man sagen: Die *Lebens-Ansichten des Katers Murr* thematisieren *ex negativo* die performative Kraft der Funktion Drucker durch eine Inszenierung editorialer Fehlschläge. Die Konsequenzen dieser Fehlschläge werden durch die Struktur des Textes verkörpert. So ist die in der Nachschrift zum Vorwort – »Das ist zu arg!« – zum Ausdruck kommende Ohnmacht des Herausgebers nicht nur ein Indiz für die Eigensinnigkeit der Technik, sondern auch ein Indiz dafür, dass es eine Instanz gibt, die Autorschaft als Herausgeberschaft in Szene setzt. Diese Instanz sorgt mit einem gehörigen Maß an romantisch-performativer Ironie dafür, dass die (fiktive) Instanz des Druckers den (fiktiven) unzuverlässigen Herausgeber in einen ohnmächtigen Herausgeber transformiert. Zugleich führt diese Instanz, nennen wir sie ruhig einfach einmal *den realen Autor E.T.A. Hoffmann*, an sich selbst – an ihrer eigenen realen Autorschaft – die schrittweise Verwandlung in eine fiktive Instanz vor. Genauer gesagt: Sie führt vor, wie der Personenname des realen Autors E.T.A. Hoffmann zum Namen einer fiktiven *dramatis persona* wird.

Im Anschluss an Genette hatte ich bereits im vorangegangenen festgestellt, dass das Herausgebervorwort der *Lebens-Ansichten* zwischen auktorialer Verneinung und fiktiver Allographie changiert: Das verneinende auktoriale Vorwort tritt als allographes Vorwort auf, weil der mit »*E.T.A. Hoffmann*« signierende Vorredenverfasser durch den Titel »Vorwort des Herausgebers« die Autorschaft für die beiden miteinander vermischten Haupttexte leugnet. Die

---

[47] Červenka: Textologie und Semiotik, S. 144.

Autorschaft für die Autobiographie wird dem fiktiven Autor Murr zugeschrieben, die Autorschaft für die Biographie des Kapellmeisters Kreisler einem anonymen Verfasser, der ebenfalls den Status eines fiktiven Autors hat. Zu hinterfragen bleibt jedoch der Status des Vorwortverfassers, der mit »*E.T.A. Hoffmann*« signiert. Handelt es sich hier um einen *fingierten* Herausgeber, der seine reale Autorschaft leugnet, oder handelt es sich um einen *fiktiven* Herausgeber, der als Namensvetter des realen Autors auftritt?[48] Vielleicht stimmt ja beides?

Vielleicht handelt es sich bei der Unterschrift »*E.T.A. Hoffmann*« einerseits um die Signatur eines fingierten Herausgebers, der mit dem Namen des realen Autors unterschreibt.[49] Und vielleicht vollzieht sich andererseits im Verlauf des Vorworts *auch* eine Modulation des fingierten Herausgebers in einen fiktiven Herausgeber. Vorbereitet wird dieser Übergang vom Fingierten zum Fiktiven dadurch, dass Aussagen mit unterschiedlichem logischen Status vermischt werden: Aussagen mit eindeutig fiktionalem Status, etwa der Bericht des Herausgebers, er wolle für die Publikation der Autobiographie eines Katers Sorge tragen, ja, er habe diesen sogar »persönlich kennengelernt« (*M*, S. 14), wechseln sich mit Aussagen ab, die auf Realitäten verweisen, so der Name des Verlegers Dümmler, das Druckfehlerverzeichnis und die Datierung am Ende des Vorworts. Gerade weil diese Realitätsversatzstücke nicht im fiktionalen Kontext aufgehen, dienen sie dazu, einen Prozess der transfigurierenden Fiktionalisierung sichtbar zu machen – ihn im Rahmen einer paratextuellen Performance vorzuführen.

Das »Vorwort des Herausgebers« wäre dann als Zone des Übergangs anzusehen, in welcher der Name des realen Autors in den Namen eines fiktiven Herausgebers ›transfiguriert‹ wird: »the author fictionalizes and transfigures himself«.[50] Die fingierende auktoriale Verneinung auf dem Haupttitelblatt, in der E.T.A. Hoffmann nicht etwa als Autor, sondern als Herausgeber in Erscheinung tritt, wäre der Einsatzpunkt. Die Unterschrift »*E.T.A. Hoffmann*« am Ende des Vorworts würde dann den Schlusspunkt dieser transfigurierenden Fiktionalisierung markieren. Dergestalt wird das Vorwort zu einem performativen Rahmen, innerhalb dessen der schrittweise Übergang von der Instanz eines sich selbst verleugnenden realen Autors, der die Maske des Herausgebers wählt, zu seiner Figuration als fiktionaler Aussageinstanz vollzogen wird.

---

48 Vgl. Lejeune: Der autobiographische Pakt, S. 226.
49 Vgl. hierzu auch Kofman: Schreiben wie eine Katze, S. 57.
50 Vgl. Martínez-Bonati: On Fictional Discourse, S. 71.

Wir haben es bei den *Lebensansichten des Kater Murr* also genau genommen mit einer Poetik der verneinten Selbstautorschaft zu tun: eine Autorschaft, die Selbstherausgeberschaft als Fremdautorschaft in Szene setzt.

Bibliographie

Barthes, Roland: *Die Lust am Text* [1973], Frankfurt a. M. 1986.
Barthes, Roland: »La mort de l'auteur« [1968], in: *Essais Critiques IV: Le Bruissement de la langue*, Paris 1984, S. 61–67.
Belliger, Andréa / David J. Krieger: »Einführung«. In: dies. (Hrsg.): *Ritualtheorien. Ein einführendes Handbuch*. Opladen 1998, S. 7–34.
Berthold, Christian: *Fiktion und Vieldeutigkeit. Zur Entstehung moderner Kulturtechniken des Lesens im 18. Jahrhundert*. Tübingen 1993.
Campe, Rüdiger: »Die Schreibszene. Schreiben«. In: Gumbrecht, Hans Ulrich / K. Ludwig Pfeiffer (Hrsg.): *Paradoxien, Dissonanzen, Zusammenbrüche. Situationen offener Epistemologie*. Frankfurt a. M. 1991, S. 759–772.
Červenka, Miroslav: »Textologie und Semiotik«. In: Martens, Gunter / Hans Zeller (Hrsg.): *Texte und Varianten. Probleme ihrer Edition und Interpretation*. München 1971, S. 143–163.
Chartier, Roger: »Figures de l'auteur«. In: *L'ordre des livres. Lecteurs, auteurs, bibliothèques en Europe entre XIVe et XVIIIe siècle*. Aix-en-Provence 1992, S. 35–67.
Compagnon, Antoine: *La Seconde main ou le Travail de la citation*. Paris 1979.
Diderot, Denis / Jean Le Rond d'Alembert (Hrsg.): *Encyclopédie, ou Dictionnaire raisonné des sciences, des arts et des métiers*. Paris u. a. 1751–1780 (ND Stuttgart 1966), Bd. 13 (1765), Lemma »Préface«, S. 280.
Fischer-Lichte, Erika: »Inszenierung und Theatralität«. In: Willems, Herbert / Martin Jurga (Hrsg.): *Inszenierungsgesellschaft*. Opladen 1998, S. 81–90.
Foucault, Michel: »Was ist ein Autor? (Vortrag)«. In: *Dits et Ecrits. Schriften*, Bd. 1. Frankfurt a. M. 2001, S. 1003–1041 (ältere Fassung in: *Schriften zur Literatur*. Frankfurt a. M. 1993, S. 7–31).
Furetière, Antoine: *Dictionaire universel, Contenant generalement tous les Mots François* [...], 3 Bde. Den Haag / Rotterdam 1690, Lemma »auteur«.
Genette, Gérard: *Paratexte*, übers. v. Dieter Hornig. Frankfurt a. M. 1992 [frz.: *Seuils*, Paris 1987].
Grésillon, Almuth: »›Critique génétique‹. Gedanken zu ihrer Entstehung, Methode und Theorie«. In: *Quarto* 7 (1996), S. 14–24.
Habermas, Jürgen: *Der philosophische Diskurs der Moderne*. Frankfurt a. M. 1985.
Henry, Richard: *Pretending and Meaning. Toward a Pragmatic Theory of Fictional Discourse*. Westport 1996.
Hoffmann, E.T.A.: *Lebens-Ansichten des Katers Murr nebst fragmentarischer Biographie des Kapellmeisters Johannes Kreisler in zufälligen Makulaturblättern* [1820–1821]. In: *Sämtliche Werke*, Bd. 5, hrsg. v. Hartmut Steinecke / Gerhard Allroggen. Frankfurt a. M. 1992.
Kittler, Friedrich A.: *Aufschreibesysteme 1800/1900* [1985]. München 1987.

Kofman, Sarah: *Schreiben wie eine Katze. Zu E.T.A. Hoffmanns »Lebensansichten des Katers Murr«*. Übers. v. Monika Buchgeister / Hans-Walter Schmidt. Wien 1985 [frz.: *Autobiogriffures. Du chat Murr d'Hoffmann*, Paris 1986].
Kommerell, Max: *Jean Paul* [1957]. Frankfurt a. M. 1977.
Laußmann, Sabine: *Das Gespräch der Zeichen. Studien zur Intertextualität im Werk E. T. A. Hoffmanns*. München 1992.
Lejeune, Philippe: »Der autobiographische Pakt«. In: Niggl, Günter (Hrsg.): *Die Autobiographie. Zu Form und Geschichte einer literarischen Gattung*. Darmstadt 1989, S. 214–257.
Luhmann, Niklas: *Die Kunst der Gesellschaft*. Frankfurt a. M. 1999.
Martínez-Bonati, Félix: »On Fictional Discourse«. In: Mihailescu, Calin-Andrei / Walid Hamarneh (Hrsg.): *Fiction Updated: Theories of Fictionality, Narratology, and Poetics*. Toronto 1990, S. 65–75.
Neumann, Gerhard: »Der Anfang vom Ende. Jean Pauls Poetologie der letzten Dinge im *Siebenkäs*«. In: Stierle, Karlheinz / Rainer Warning (Hrsg.): *Poetik und Hermeneutik*, Bd. 16: *Das Ende – Figuren einer Denkform*. München 1996, S. 476–494.
Nutt-Kofoth, Rüdiger: »Text lesen – Text sehen: Edition und Typographie«. In: *Deutsche Vierteljahrsschrift für Literaturwissenschaft und Geistesgeschichte* 1 (2004), S. 3–19.
Oura, Yasusuke: »Roman journale et mise en scène éditoriale«. In: *Poétique* 69 (1987), S. 5–20.
Rieger, Stefan: »Autorfunktion und Buchmarkt«. In: Pechlivanos, Miltos / Stefan Rieger / Wolfgang Struck / Michael Weitz (Hrsg.): *Einführung in die Literaturwissenschaft*. Stuttgart 1995, S. 147–163.
Rousseau, Jean Jacques: *Julie oder Die neue Héloïse*, hrsg. v. Dietrich Leube, übers. v. Johann Gottfried Gellius / Dietrich Leube. München 1978.
Steinecke, Hartmut: »Zu Textanordnung, Textgestalt und Kommentarlage«. In: E.T.A. Hoffmann: *Sämtliche Werke*, Bd. 5. Frankfurt a. M. 1992, S. 899–995.
Weber, Ernst: *Die poetologische Selbstreflexion im deutschen Roman des 18. Jahrhunderts. Zur Theorie und Praxis von ›Roman‹, ›Historie‹ und pragmatischem Roman*. Stuttgart u. a. 1974.
Wehde, Susanne: *Typographische Kultur. Eine zeichentheoretische Studie zur Typographie und ihrer Entwicklung*. Tübingen 2000.
Wirth, Uwe: *Die Geburt des Autors aus dem Geist der Herausgeberfiktion. Editoriale Rahmung im Roman um 1800: Wieland, Goethe, Brentano, Jean Paul und E.T.A. Hoffmann*. München 2008.
Zedler, Johann Heinrich: *Grosses vollständiges Universal-Lexicon aller Wissenschafften und Künste*, 64 Bde. u. 4 Suppl.bde. Halle / Leipzig 1732–1754 [ND Graz 1961–1964], Lemma »Autor«.

Gero Guttzeit
Writing Backwards?
Autorpoetik bei Poe und Godwin

Abstract: In der paradoxen Vorstellung des writing backwards, einer Denkfigur, deren Formulierung sich in einem Brief von Charles Dickens (1812–1870) an Edgar Allan Poe (1809–1849) über William Godwin (1756–1836) findet, verdichtet sich die (teilweise virtuelle) Diskussion zwischen den drei Autoren, die am Anfang der in der Forschung als spezifisch modern angesehenen Autorpoetik steht. Diese besondere Form der selbstreflexiven Autorschaft, in der eine Autorin oder ein Autor einen eigenen Text poetologisch reflektiert und die Ergebnisse zu einer Poetik verallgemeinert, wird hier zunächst formal charakterisiert und anschließend analysiert: am Beispiel von Poes »The Philosophy of Composition« (1846), die das Verfassen von »The Raven« (1845) darstellt, und William Godwins »Preface to Fleetwood« (1832), einem Vorwort, in dem er das Verfassen seines bekanntesten Romans Caleb Williams (1794) reflektiert. Diese Texte, so die These im Folgenden, zeigen eine Grundeinstellung, welche sich nicht als in die Moderne verweisende mechanisch verstandene Technik, sondern als Ergebnis einer im 18. Jahrhundert noch selbstverständlichen rhetorisch-pragmatischen Tradition literarischen Schreibens erweist.

An author's own history of his production is always interesting.
[Anonym]: »Godwin's Caleb Williams:
From the London Literary Gazette«
Museum of Foreign Literature, Science and Art (1833)[1]

1 Poe, Dickens, Godwin und die Frage nach dem *Writing Backwards*

Am 6. März 1842, einen Tag nach seiner Ankunft in Philadelphia, einer weiteren Station auf der ersten seiner Lesereisen durch die Vereinigten Staaten, schrieb Charles Dickens eine kurze Antwort auf einen Brief des amerikanischen Zeit-

---

[1] Ganz im Sinne des Mottos möchte ich mich bedanken bei Prof. Dr. Ingo Berensmeyer (Gießen), der die Arbeit an diesem Aufsatz begleitet hat, und Prof. Dr. Dr. h.c. Heinrich Detering (Göttingen), der Poes *Philosophy* zu einem frühen Zeitpunkt mit mir diskutiert hat.

schriftenredakteurs, Kritikers und Schriftstellers Edgar Allan Poe. Poe hatte ihn um ein Gespräch gebeten und seinem Brief Bücher und Aufsätze beigelegt, vermutlich eine Ausgabe seiner *Tales of the Grotesque and Arabesque* (1839) und seine eigenen Rezensionen von Dickens' Roman *Barnaby Rudge*, die in der *Saturday Evening Post* vom 1. Mai 1841 und just einen Monat vor dem Treffen, im Februar 1842, in *Graham's Magazine* erschienen waren.² Letztere Rezension hatte Poe mit der für ihn typischen Einstellung, die ihm den Ruf eines *tomahawk reviewers* eingebracht hatte, mit einem Vergleich Dickens' mit dem englischen Schriftsteller und Philosophen William Godwin geschlossen: Was die Fähigkeit angehe, einen Roman zu *konstruieren*, sei Dickens Godwin bei weitem unterlegen. Zwar beherrsche es Dickens, Geschichten mit gewöhnlicher Abfolge zu schreiben, aber es fehle ihm »that metaphysical art in which the souls of all *mysteries* lie«.³ Ein Vorwurf, der umso stärker wog, als Poe den Fortgang der Handlung von *Barnaby Rudge* nach dem Erscheinen der ersten Episoden größtenteils richtig vorhergesagt hatte. Godwin habe, so schließt Poe aus dessen Roman *Caleb Williams* (1794), zwar nicht die Fantasie, um zum Beispiel Dickens' populären Roman *The Old Curiosity-Shop* (1840–41) zu verfassen, aber Dickens mangele es in gleicher Weise an der Fertigkeit zur Konstruktion: »Mr. Dickens could no more have constructed the one than Mr. Godwin could have dreamed of the other«.⁴

In der kurzen Notiz, mit welcher der ›Träumer‹ Dickens antwortete, lud er Poe zu sich in das Hotel ein und erwähnte die Schwierigkeiten, die der ›Konstrukteur‹ Godwin beim Verfassen von *Caleb Williams* gehabt habe; Schwierigkeiten, die sich für Dickens aus Godwins Verfahren des ›Rückwärtsschreibens‹ zu ergeben scheinen:

> Apropos of the ›construction‹ of Caleb Williams. Do you know that Godwin wrote it *backwards* — the last Volume first — and that when he had produced the hunting-down of Caleb, and the Catastrophe, he waited for months, casting about for a means of accounting for what he had done?⁵

Nicht anwesend bei dem Treffen, aber vielleicht Gegenstand des Gesprächs war Dickens' Haustier Grip, das im Jahr zuvor gestorben war, und das ihn vermutlich beim Schreiben von *Barnaby Rudge* inspiriert hatte: Grip war ein Rabe. Die rhetorische Situation, in der Poe und Dickens sich am Beispiel William Godwins

---

2   Vgl. Thomas / Jackson: Poe Log, S. 361–362.
3   Poe: Review of Barnaby Rudge, S. 244.
4   Ebd., S. 244.
5   Dickens: Letters, S. 107.

gegenseitig von den Vor- und Nachteilen des Planens und Konstruierens literarischer Texte zu überzeugen suchen, enthält *in nuce* den Anlass und die Grundmomente der Argumentation von Poes genrebegründendem Selbstkommentar über das Verfassen seines bekanntesten Gedichts »The Raven«: die Frage nach dem *writing backwards*.

2 *Auctoritas auctoris*? Zur Dialektik der Autorpoetik

Der auktoriale Kommentar zu einem eigenen Werk, wie ihn sowohl Poes »The Philosophy of Composition« (1846) als auch Godwins – seinen früheren Roman *Caleb Williams* (1794) behandelndes – »Preface to *Fleetwood*« (1832) darstellen, wird in der Forschung unter dem Begriff der Autorpoetik diskutiert. An einer exakten Definition der Autorpoetik mangelt es ebenso wie an einem Konsens über die Einschätzung ihres Werts für die literaturwissenschaftliche Kritik und Theorie.[6] Einen Vorschlag zur Klärung des Begriffs macht Matthias Bickenbach, der Autorpoetik als »alle in sich abgeschlossenen Äußerungen von Autoren über ihre Schreibverfahren« definiert und neben dem Merkmal der »abgeschlossene[n] Form« den »Bezug auf eigene Textherstellungsverfahren« und eine »selbstreflexive Kommentarstruktur« aufzählt.[7] Ein weiterer Definitionsvorschlag findet sich bei Gérard Genette, der das Genre als Paratext analysiert und »[s]päte Selbstkommentare« unter die Rubrik »Der öffentliche auktoriale Epitext« fasst.[8] Als wesentliches Merkmal tritt in beiden Definitionen die Reflexivität des Textes hervor, der auktoriale Bezug auf eigene Texte, wobei Genette die zeitliche und räumliche Distanz des Selbstkommentars zum literarischen Text betont.

Zu unterscheiden ist die Autorpoetik von anderen Arten poetologisch-diskursiver Texte wie Autoreninterviews beziehungsweise *Werkstattgesprächen*,

---

6 Für zusätzliche Verwirrung sorgen die Benennungen, die für das Phänomen im Umlauf sind. So findet sich neben ›Autorpoetik‹ auch ›Autorenpoetik‹ (z. B. Schmitz-Emans / Lindemann u. a.: Poetiken, S. 3, 38, 76, 211, 269, 298). Seltener sind ›Individualpoetik‹ und ›Werkstattpoetik‹; vgl. zu beiden Wohlleben: Poetics, S. 281. Die ebenfalls zu findende ›Autopoetik‹ ist nicht zu verwechseln mit dem Begriff der ›Autopoiesis‹ in der Systemtheorie (etwa bei Maturana / Varela oder Luhmann), sondern betont besonders den Selbstbezug der Autorpoetik (z. B. Schmitz-Emans / Lindemann u. a.: Poetiken, S. 209).
7 Bickenbach: Autorpoetik, S. 44f.
8 Genette: Paratexte, S. 350, 335.

in denen der Dialog durchaus autorpoetische Einsichten zu Tage fördert, die aber nicht in gleicher Weise der Formulierung einer Poetik dienen können.[9] Die von der Forschung oft vergessenen oder belächelten *Handbücher* besonders für kommerzielles Drehbuchschreiben und Populärliteratur, etwa von Autoren wie Sol Stein, Syd Field und Robert McKee, unterscheiden sich von der Autorpoetik durch ihren explizit didaktischen Charakter. Wenn eine Autorin oder ein Autor im Rahmen einer Poetikdozentur wie üblich das *eigene* Schaffen zum Gegenstand macht, dann ist die *Poetikvorlesung* eine mündliche Autorpoetik, da in beiden die gleiche autorpoetische Selbstrückbezüglichkeit vorliegt; oft werden die Poetikvorlesungen zudem später publiziert. Die explizite, diskursive Autorpoetik ist des Weiteren zu unterscheiden von poetologisch-literarischen Texten – *immanenten Poetiken* – deren prominenteste Art die poetologische Lyrik sein dürfte, in der sich die Lyrik *als Lyrik* auf sich selbst bezieht. Neben der poetologischen Lyrik sind Metadrama und poetologische Passagen in Romanen autorpoetisch nur in dem Fall, wenn sie selbstreflexiv eigene Werke der jeweiligen Autorin zum Gegenstand haben; zudem wirft hier die Fiktionalität des Textes von vornherein die Schwierigkeit einer Rekonstruktion der poetologischen Position auf und es besteht die Gefahr der Reduktion des spezifisch Literarischen auf eine diskursive Argumentation.[10] Schließlich kann man noch von einer in den literarischen Texten eines Autors impliziten Poetik sprechen, die jedoch wegen eines Mangels an Selbstbezüglichkeit nicht Autorpoetik sein kann; sie ist vielmehr die *implizite Poetik* eines Autors.

Die gattungsgeschichtliche Entwicklung auktorialer Kommentare zum eigenen Werk weist einen entscheidenden Bruch auf, an dem die meisten Forscher – je nach Verständnis – entweder den Beginn der *modernen* Autorpoetik oder der Autorpoetik *überhaupt* ansetzen. Im zweiten Fall wird Autorpoetik als ein Gegenbegriff zur Poetik im klassischen Verständnis gebraucht; der Begriff betont dann gegenüber den rhetorisch geprägten sogenannten ›Regelpoetiken‹ während und vor der Aufklärung den individuellen und ›subjektiven‹ Charakter der Poetiken in der Romantik und der Moderne. Genettes kurze Rekonstruktion der Geschichte der Autorpoetik in *Paratexte* ist hierbei aufschlussreich, weil er die Entwicklung an drei Tabus festmacht, die das Schreiben der Schriftsteller über ihre eigenen Texte bestimmen: dem Schicklichkeits-, Relevanz- und Kompetenztabu. Die ersten beiden beziehen sich besonders auf die literarischen

---

9 Vgl. Horst Bieneks Werkstattgespräche mit Böll, Frisch u. a.: »Grundgedanke dieser Gespräche war: den Phasen des schöpferischen Prozesses nachzugehen, den individuellen Spuren jener ›Philosophy of Composition‹, die Poe einst entworfen hat« (Bienek: Werkstattgespräche, S. 10). Vgl. auch Allemann: Ars poetica.
10 Vgl. zum Verhältnis von Autorpoetik und poetologischer Lyrik Richter: Poetiken, S. 13.

Epochen der Klassik (in der es sich für einen Autor nicht schickt, die eigenen Werke zu kommentieren) und der Romantik (in der die Autoren keinen Einblick in ihre *Herstellungsgeheimnisse* gewähren wollen). In der Moderne, merkt Genette an, sei man *aufgeschlossener* für solche Selbstkommentare, allerdings wirke hier das »Kompetenztabu der Selbstinterpretation«.[11] Letzteres werde durch entstehungsgeschichtliche Kommentare umgangen: durch Autorpoetiken.

Das Kompetenztabu der Selbstinterpretation zeigt einen alten Streit zwischen professionellen Literaturproduzenten und Literaturrezipienten an. Während Schriftsteller gleichsam gemäß eines alten Rechtsprinzips einen Anspruch auf die *auctoritas auctoris*, die Autorität des Hervorbringenden, geltend machen können, ist die Warnung vor der Unzuverlässigkeit eben dieses Selbstkommentars einer der Gemeinplätze literaturwissenschaftlicher Beschäftigung mit der Autorpoetik: »Nirgendwo steht geschrieben, daß die poetologischen Zeugnisse eines Dichters mit seiner Poesie übereinstimmen müssen«.[12] Ein solches Caveat bleibt jedoch auch innerhalb der Literaturwissenschaft nicht ohne Widerspruch, wo sich wiederum Gegner wie Fürsprecher der Autorpoetik finden. So wird argumentiert, dass schriftstellerische Selbstzeugnisse nicht so sehr für die Analyse und Interpretation ihrer eigenen literarischen Texte eine Rolle spielen sollten als vielmehr für die Literaturtheorie im Allgemeinen: »Gerade wenn es um das Literaturkonzept geht, das den Gegenstandsbereich und die Erkenntnisinteressen der Literaturwissenschaft zu bestimmen hat, sollte man die Schriftsteller selbst hören [...]. Die Autorenpoetik ist ein integraler Bestandteil der Literaturtheorie«.[13]

In der Diskussion sollte zu denken geben, dass sich in der Autorpoetik in gesteigerter Form eine Problematik innerhalb der zeitgenössischen Literaturwissenschaft wiederholt, die von Jannidis et al. (1999) und besonders Simone Winko (2002) diagnostiziert und jüngst von Marcus Willand (2011) bestätigt wurde: Theorie und Praxis der Literaturwissenschaft klaffen in Hinsicht auf den Autor so stark auseinander, dass oft zwar in der Theorie eine autorkritische Position vertreten wird, sie sich jedoch in der Interpretationspraxis nicht niederschlägt.[14] Im spezifischen Fall bedeutet das: Autorpoetiken dürfen weder als erschöpfende, autoritative Auslegungen literarischer Texte vergöttlicht, noch

---

11 Richter: Poetiken, S. 350, 337.
12 Kloepfer: Zu Brechts Essay, S. 129.
13 Schmitz-Emans: Lektüren und Kulturen, S. 265.
14 Vgl. Jannidis / Lauer u. a.: Rede; Winko: Autor-Funktionen; Willand: Autorfunktionen. Vgl. auch den Beitrag von Moritz Baßler in diesem Band.

als leere, auktoriale Selbstbespiegelungen abgetan werden, wenn sie angemessen behandelt werden sollen.

Die Hauptschwierigkeit im Umgang mit Autorpoetiken besteht darin, dass nicht nur alle denkbaren Autorschaftsmodelle auf der Skala von Autonomie und Heteronomie vertreten werden, sondern dass die Texte selbst als Überzeugungsmittel zwischen faktischer Darstellung und theatralischer Inszenierung schwanken.[15] Diese selbstreflexive Überkreuzung potenziert die Unbestimmtheiten in einer Weise wie wir sie eigentlich ausschließlich von literarischen Texten kennen. Poe und Godwin setzen sich nicht nur der Dialektik zwischen Konstrukteur und Träumer bewusst poietisch aus und spüren ihr theoretisch nach, sondern diese Dialektik zeigt sich auch in reflexiver Weise in ihren autorpoetischen Schriften.

3 Von der »Philosophy of Composition« (1846) zur *Philosophy of Rhetoric* (1776)

Die Frage, ob der Schriftsteller Konstrukteur oder Träumer sei, ist vermutlich nie eindeutiger beantwortet worden als von Poe. Die Betonung schriftstellerischer Autonomie und der metaphorische Vergleich des Verfassens eines Gedichts mit dem Lösen einer mathematischen Aufgabe hat zu einer systematischen Einschätzung von Poes Theorie als Ingenieurstechnik, Mechanismus oder Physikalismus geführt. Dies ist eine Einordnung, die durch den Vergleich mit William Godwin problematisch wird. Poes Autorpoetik steht allerdings auch deswegen im Zentrum der Geschichte der Autorpoetik, weil sie sich durch eine spezifische Reflexivität auszeichnet: »The Philosophy of Composition« gilt (meines Wissens unwidersprochen) als Begründung des Genres der Autorpoe-

---

15 Autonomie und Heteronomie als Analysekategorien sind dem einschlägigen Sammelband zum DFG-Symposion 2001 *Autorschaft. Positionen und Revisionen* entnommen. Die von Heinrich Detering kuratierte Sektion »Der autonome und der heteronome Autor« beschäftigt sich in systematischer Hinsicht v. a. mit den Punkten »Inspirationsmodelle vs. poetisches Handwerk« sowie »Instrumentelle Autorschaft vs. Autorschaft als emphatische Individualität« (Detering: Einführung, S. 3). Im Anschluss an Deterings Verwendung lassen sich Autonomie und Heteronomie von Autorschaft als diametral entgegengesetzte Endpunkte einer Skala begreifen, auf der Autormodelle hinsichtlich ihrer technischen und ethischen Dimension als selbst- oder fremdbestimmt situiert werden können. Vgl. auch die graphische Darstellung in Berensmeyer / Buelens u. a.: Authorship, S. 14.

tik.¹⁶ Wenn dies Poe in Foucaults Augen auch nicht zu einem *Diskursivitätsbegründer* wie Freud oder Marx macht, so bedeutet es doch eine besondere Stellung Poes als Genrebegründer – eine ähnliche Position also, wie sie gemäß Foucault Ann Radcliffe einnimmt.¹⁷ Dass bereits frühere Texte wie zum Beispiel das 1832 erschienene autorpoetische »Preface to *Fleetwood*« Godwins diese Ursprungsgeschichte stören, aber trotzdem an der historischen Einordnung festgehalten wird, liegt vermutlich zum einen an der größeren Provokation, die mit der Erklärung der Entstehung eines eigenen Gedichtes (und nicht des ›populären‹ Genres des Romans) verbunden ist. Zum anderen ist die Auslegung von »The Philosophy of Composition« von keiner anderen literaturhistorischen Einordnung so bestimmt worden wie von der französischen Rezeption. Von seinem Verehrer Baudelaire bis zu Valéry und in die akademische Forschungsrichtung der »critique génétique« besteht eine Traditionslinie wie sie weder in Poes Geburtsland noch in Großbritannien, geschweige denn in Deutschland bestanden hat.¹⁸ Aufschlussreich ist dabei, dass britisch-amerikanische Kritiker wie T.S. Eliot und Harold Bloom Poes Texte für so schlecht halten, dass sie nur von Nicht-Muttersprachlern für literarisch wertvoll gehalten werden können. Eliots Argumentation in seinem traditionsbegründenden Aufsatz »From Poe to Valéry« (1949) ist insofern paradigmatisch, als Eliot zwar die Bedeutung von Poes Aufsatz für die französischen Symbolisten anerkennt, die Frage, wie »The Philosophy of Composition« für sich zu lesen sei, aber gänzlich ablehnt.¹⁹ Eliot und seine Nachfolger interessierten sich ausschließlich für die » *art poétique* of which we find the germ in Poe, and which bore fruit in the work of Valéry«.²⁰ Der Einfluss Poes in Frankreich ist in der Forschung früh und extensiv behandelt worden; zeitgenössische und frühere Positionen, die Poe selbst beeinflussen, werden jedoch außer Acht gelassen.

Poes Anspruch, tatsächlich die »genèse d'un poème«²¹ zu beschreiben, ist sehr früh in Frage gestellt worden. Bereits 1939 konnte Roman Jakobson zusammenfassen, dass Kritiker »The Philosophy of Composition« eine »misleading mystification, a premeditated farce, unparalleled effrontery, and one of

---

16 So z. B. Bickenbach: »Als ›Gattungsbegründer‹ [der Autorpoetik] kann E.A. Poe mit seiner Philosophy of Composition (1846) gelten« (Bickenbach: Autorpoetik, S. 45).
17 Foucault: Was ist ein Autor?, S. 219.
18 Vgl. Quinn: French Face of Poe. Zu Poe und der *critique génétique* Blevins-Le Bigot: Valéry, Poe and Genetic Criticism.
19 Eliot: Poe to Valéry, S. 341.
20 Ebd., S. 342.
21 So Baudelaires Titel für den Text der *Méthode de Composition* und seine eigenen Anmerkungen.

his [Poes] mischievous caprices to catch the critics« genannt hatten.²² Am häufigsten wird vorgebracht: 1) Poes anscheinende De-Mystifikation sei nichts als eine weitere Mystifikation des poetischen Prozesses,²³ 2) seine Kritiken seien nichts weiter als eine Rationalisierung seiner persönlichen Vorlieben,²⁴ oder 3) Poe habe dem naiven Leser einen Bären aufgebunden wie zum Beispiel in dem nächträglich »The Balloon Hoax« (1844) betitelten fiktiven Bericht einer Atlantiküberquerung im Heißluftballon.

Die historischen Fakten können zur Klärung der Frage der Entstehung des *Raven* wenig beitragen. Offenkundig lässt sich die Genese eines literarischen Textes in bestimmter Hinsicht nie gedanklich nachvollziehen, da sich sowohl bewusste Gedanken als auch unbewusste Determinationen der Schreibenden den Interpretierenden entziehen. Im Falle des *Raven* ist jedoch noch nicht einmal die faktische Entstehung des Textes klärbar, da keine Entwürfe, sondern nur eine späte Reinschrift Poes, das sogenannte Whittaker-Manuskript, erhalten ist. Die besten Indikatoren für das Verfassen des Gedichts stammen aus dem Text selbst oder aus Rezensionen Poes; sie wirken jedoch eher ergänzend und stellen Poes Beschreibung der Methode nicht in Frage. So ist Poes Figur des Raben vermutlich von dem fiktiven Raben in *Barnaby Rudge* inspiriert, für den wiederum Dickens' Haustier Grip das Vorbild war.²⁵ Offenkundig beeinflusst ist »The Raven« von Elizabeth Barrett Brownings »The Lady Geraldine's Courtship« (1844), einem Gedicht, in dem einige Elemente wie das Metrum (trochäischer Oktameter) stark an Poe erinnern. Poe selbst soll gesagt haben, dass die Zeile »With a rushing stir uncertain, in the air, the purple curtain« den *Raven* inspiriert habe,²⁶ nennt sie allerdings in »The Philosophy of Composition« nicht.²⁷

---

22 Jakobson: Language in Operation, S. 12. Die Herausgeber der *Critical Theory* Poes, Stuart und Susan Levine, schreiben: »no critic, no literary historian, no poet has ever believed that Poe literally produced ›The Raven‹ as systematically and cold-bloodedly as he says« (Poe: Critical Theory, S. 57–58). Jakobson meint allerdings das genaue Gegenteil: »It is indeed difficult to understand now the continuous repudiations of Poe's piece of self-analysis« (S. 12).
23 So z. B. Leland S. Person, der schreibt: »Having demystified the compositional process, Poe proceeds to remystify it« (Person: Poe's Composition, S. 6).
24 Am deutlichsten die frühe psychoanalytische Auslegung bei Joseph Wood Krutch: Poes Theorie sei eine »rationalized defense of the limitations of his own taste« (Krutch: Philosophy, S. 29).
25 Poe hatte Dickens dafür kritisiert, die fantastische Qualität des Raben im Roman nicht angemessen eingesetzt zu haben: »Its croakings might have been prophetically heard in the course of the drama« (Poe: Review of Barnaby Rudge, S. 243).
26 Vgl. Kopley / Hayes: Raven, S. 193.

Auch die biographischen Daten erlauben kein Urteil. Zwar behauptete die Dichterin Susan Archer Talley Weiss (1822–1917), dass Poe ihr bei einem Treffen im Sommer 1849 in Richmond gestanden habe, seine Absicht in »The Philosophy of Composition« sei satirisch gewesen.[28] Dagegen steht allerdings Poes eigene Aussage in einem Brief an Philip Pendleton Cooke (9. Aug 1846): »I mail you a copy of my best specimen of analysis – ›The Philosophy of Composition‹«.[29]

Bei der Interpretation von »The Philosophy of Composition« sollte nicht aus den Augen verloren werden, dass Poe am Beispiel von »The Raven« seine Literaturtheorie illustriert, die er in unzähligen Kritiken und Aufsätzen entwickelt hat. Für Poe ist der wahre Künstler ein Dichter-Kritiker, ein *poet-critic*, und als solcher macht er das Verfassen des *Raven* zum Gegenstand, denn: »A theory is only good as such in proportion to its reducibility to practice. If the practice fail, it is because the theory is imperfect«.[30] »The Philosophy of Composition« handelt zwar vom Verfassen des *Raven*, der Text soll aber, wie der Titel sagt, allgemeine Grundlagen des literarischen Schreibens darstellen. Was ist also die allgemeine Form der Produktion eines literarischen Textes laut Poe? Was heißt und zu welchem Ende betreibt man in diesem Zusammenhang ›Rückwärtsschreiben‹?

Am Anfang des literarischen Prozesses steht die auktoriale Intention, deren Ursprung und Entstehung Poe signifikanterweise als »irrelevant to the poem per se« bezeichnet.[31] Überhaupt scheint Poes Gedicht »out of space« und »out of time« gemacht worden zu sein – so eine charakteristische Zeile aus seinem Gedicht »Dreamland« – und in starkem Kontrast zu Godwin, der genau die Wochen und Monate seines Schreibens angibt. Die auktoriale Intention bei Poe darf also nicht verwechselt werden mit einer biographischen Intention, dem Einfall, der sich aus der Biographie des Autors oder der Autorin erklären lässt. Vielmehr handelt es sich für Poe um eine Art ›technischer Intention‹, die eher logischer als psychologischer Art ist.

Diese Intention ist identisch mit der Wahl einer zu bewirkenden Wirkung.[32] »I prefer«, schreibt Poe, »commencing with the consideration of an effect«,

---

27 Barrett Browning: Lady Geraldine's Courtship, S. 261. Tatsächlich erhebt Poe nur Anspruch auf Originalität, was die »*combination into stanza*« angeht, und nicht für »rhythm or metre« (Poe: Philosophy, S. 67).
28 Vgl. die Vorbemerkung der Herausgeber in Poe: Philosophy, S. 58.
29 Poe: Letters, S. 329.
30 Poe: Review of Barnaby Rudge, S. 225.
31 Poe: Philosophy, S. 62.
32 Die nicht unbedingt schöne, aber glückliche Formulierung des ›Bewirkens einer Wirkung‹ ist übernommen von Niklas Luhmann, der in ihr die Besonderheit eines Verstehens von Han-

genau wie er schreibt: »We commence, then, with this intention«.[33] Poes Differenzierung möglicher Wirkungen liegt ein dreigliedriges Modell menschlicher Natur zugrunde, wie es sich oft im 18. Jahrhundert findet: dem Herzen entspricht *passion*, dem Verstand *truth* und der Seele *beauty*. Die Wahl der zu bewirkenden Wirkung bestimmt dann in hohem Maße das literarische Genre. So sei die Vermittlung von Wahrheit in Prosa deutlich einfacher, während Schönheit »the sole legitimate province of the poem« darstelle.[34] Mehrere Wirkungsarten können dabei kombiniert und einander subordiniert werden, sodass ein Kontrast zwischen Neben- und Hauptwirkung letztere umso deutlicher hervortreten lassen kann.

Für Poe ist offenkundig, dass die Planung, die »construction of the story«, abgeschlossen sein muss, bevor der eigentliche Schreibprozess beginnen kann: »Nothing is more clear«, behauptet Poe, »than that every plot, worth the name, must be elaborated to its dénouement before anything be attempted with the pen«. Ziel ist, dass der *plot* »an indispensable air of consequence, or causation« erhält. Der poetische Schaffensprozess verläuft dabei als eine Reihe technischer Entscheidungen, welche die Form von *conclusions* annehmen.[35] Diese Konklusionen sind Resultat von Schlüssen, die man am besten als deduktiv-synthetisch beschreibt: Die Prämissen der Schlüsse bilden allgemeine Regeln oder Prinzipien. Aus ihnen wird in jedem einzelnen Fall die Begründung für die jeweilige künstlerische Wahl von Stoff und Form deduziert. Der literarische Text als einzelnes Exemplar wird durch Deduktionen von der allgemeinen Form des Genres in Hinsicht auf die jeweilig-besondere Intention abgeleitet. Poe geht dabei so weit zu behaupten, dass im Falle des *Raven* »no one point in its composition is referrible either to accident or intuition – that the work proceeded, step by step, to its completion with the precision and rigid consequence of a mathematical problem«.[36]

---

deln in dem Zweck-Mittel-Schema erfasst und vom Alltagsverständnis der Handlung abgrenzt: »Nur in Problemsituationen verstehe ich mein Handeln ausdrücklich als Bewirken einer Wirkung und zerlege es dementsprechend in Zwecke und Mittel [...]. Das Zweck-Mittel-Schema zerlegt den natürlich-einheitlichen Vorgang des Handelns in zwei gegeneinander verselbständigte Stationen, die in bezug auf die andere jeweils als variabel gedacht werden [...]. Ein solches Schema ist nötig, um kausal verstandenes Handeln überhaupt entscheidbar zu machen« (Luhmann: Wahrheit, S. 72f.). Die Auffassung von Literatur als kausal verstandene Handlung liegt letztlich Poes Modell und darin insbesondere der Abgrenzung von Inspirationspositionen zugrunde.

33 Poe: Philosophy, S. 60, 62.
34 Ebd., S. 63.
35 Ebd., S. 60, 62, 61.
36 Ebd., S. 61f.

Mit dieser Provokation verabschiedet Poe sämtliche Vorstellungen heteronomer Autorschaft, sei es als göttliche Eingebung oder weltliche Inspiration, eine Verabschiedung, deren eigene Subversion von Heinrich Detering subtil nachgezeichnet worden ist.[37] In »The Philosophy of Composition« sieht Detering eine Dialektik aufgeklärter Poetik am Werke: »Die Heteronomie, die zu erledigen der Text unternahm, wird im Verfolgen dieses Ziels so auf die Spitze getrieben, daß der Wahnsinn, der ausgetrieben werden sollte, am Ende triumphiert«.[38] Detering sieht bewusst über die Frage nach der faktischen Adäquatheit des Textes in Bezug auf die Entstehungsgeschichte des Gedichtes und über den theoretischen Inhalt hinweg, um Poes narrative Inszenierung im Text zu untersuchen. Narrative Momente im Text wie das Auseinandertreten eines erzählenden und eines erlebenden Ich, das Einsetzen des *simple past* nach der theoretischen Einleitung (in Paragraph 12) und ein Zunehmen passivischer Konstruktionen im Verlauf des Textes führen Detering zu dem Schluss, dass eine zweite Stimme neben der Stimme des Autors im Text erscheint:

> Offenkundig, sonnenklar und taghell zeigt sich hier bloß die wirkungsästhetisch kalkulierende, ganz diesseitige Vernunft, rhetorisch inszeniert, nichts weiter. Nur daß sie eben in dieser Inszenierung genau so wie Homers Muse redet, als ein Anderes und Fremdes, das einem Ich die Worte eingibt – als eine vom Schreibsubjekt emanzipierte, autonom zu ihm redende Instanz.[39]

Für Detering stellt dies die »gespenstische Urszene einer aufgeklärt-modernen Poetik« von Poe bis Benn dar, in der die Vernunft durch einen dialektischen Umschlag alle Züge des Wahnsinns trägt. So überrascht es nicht, dass Detering den Erzähler der »Philosophy of Composition« mit dem Typ des wahnsinnigen Erzählers vergleicht, wie ihn Poe in »The Tell-Tale Heart« perfektioniert hat.[40]

Dieser Auffassung steht eine Interpretation des Textes gegenüber, welche Poes Text zunächst beim Wort nimmt und seinen expliziten theoretischen Anspruch prüft. Die Frage nach der Möglichkeit einer solchen Lesart hängt in einem überraschend großen Maß davon ab, mit welchem literarischen Genre der Text verglichen wird. Der stärkste generische Gegensatz in Poes Œuvre besteht zwischen den antagonistischen Genres der Schauergeschichte und der Detek-

---

37 Dass es sich hierbei um eine textimmanente Provokation handelt und nicht um Poes gänzliche Ablehnung von emotional-inspirativen Momenten für seine Literaturtheorie, zeigt sein Begriff des *poetic sentiment*, wie er ihn bes. in »The Poetic Principle« entwickelt. Vgl. Poe: Poetic Principle.
38 Detering: Wahnsinn, S. 303f.
39 Ebd., S. 309.
40 Ebd., S. 309, 311.

tivgeschichte. Auf der einen Seite stehen Poes *tales of the grotesque and arabesque* von »Metzengerstein« und »The Tell-Tale Heart« bis zu »The Fall of the House of Usher«, die den Grund dafür ausmachen, dass Poe von Allen Tate als »the transitional figure in modern literature« eingeschätzt wurde: Poe, so Tate, »discovered our great subject, the disintegration of personality«.[41] Auf der anderen Seite bestätigen die *tales of ratiocination* wie »The Murders in the Rue Morgue« oder »The Purloined Letter« die Macht der Vernunft, die Gründe der Angst zu erkennen und so den Zauber zu brechen, die Ordnung, die durch das Verbrechen zerstört wurde, wiederherzustellen. In beiden Genres werden paradigmatische Konfigurationen von Wahnsinn und Vernunft dargestellt, wobei in der Schauergeschichte der Wahnsinn in gleicher Weise dominiert wie in der Detektivgeschichte die Methode. Damit inszenieren die Genres auch die Dialektik von Heteronomie und Autonomie, welche letztlich Autorschaftsmodellen zugrundeliegt. Dabei ist jedoch zu bedenken, dass beide Genres letztlich von den Autoren auf bestimmte Weise gebaut werden und daraus ihre Wirkung beziehen: In allgemeinen Begriffen zeigt die Poesche Schauergeschichte den Verlust einer Ordnung, die zu Beginn der Erzählung zumindest dem Anschein nach noch besteht, während der Detektiv, wie erläutert, den Verlust der Ordnung durch Vernunft und Verstand überwindet. Aus dieser Bauform erhalten die Texte ihre jeweiligen Wirkungen, da der Stoff in beiden Genres durchaus der gleiche sein kann. Ein solches Verständnis des Autors geht in den Worten von Poes Nachfolger Valéry von Folgendem aus: »Selbst einer, der seinen Traum niederschreiben will, muß dazu hellwach sein«.[42] Wie kann also eine Interpretation der »Philosophy of Composition« aussehen, die zunächst von der inszenatorischen Dimension absieht, um den expliziten theoretischen Anspruch zu prüfen?

Um die inszenatorische Dimension des Textes, die man als eine Art Ausdehnung der theatralischen Bemerkungen am Anfang deuten kann,[43] in den Zusammenhang der Poeschen Theorie zu bringen, ist es nötig, das Verständnis der Regel beziehungsweise des Prinzips, wie es Poes Auffassung zugrundeliegt, zu differenzieren. Ob Poes Argument über den poetischen Prozess ein gültiges sein kann, hängt eben von der Vorstellung der Zielbestimmtheit des Ganzen, der Zweckmäßigkeit der Teile und dem Verständnis des Regelcharakters ab. Eine solche Differenzierung hat der amerikanische Kritiker Kenneth Burke in dem Aufsatz »The Principle of Composition« (1961) vorgeschlagen, der im Zusammenhang mit Poes Text nur selten zitiert wird. Burke schlägt eine Art Hand-

---

41 Tate: The Angelic Imagination, S. 461.
42 Valéry: Über den ›Adonis‹, S. 88.
43 Poe: Philosophy, S. 61.

lungsmodell des Textes vor, in dem jeder Text als Ergebnis einer Folge von Entscheidungen aufgefasst wird, eine Sicht, die unabhängig davon sinnvoll ist, ob der Autor eines Textes *bewusste* Entscheidungen getroffen hat oder nicht:

> [R]egardless of whether the author of the work explicitly asked himself why he formed the work as he did, the work embodies a series of decisions which *imply* answers to such questions. For instance, if the work is a play with a blood-and-thunder-ending, implicit in its sheer nature there is, first of all, a principle that amounts to saying: ›Resolved: That this kind of work should be a play with a blood and thunder ending‹ [...] insofar as a work is developed in accordance with the author's sense of propriety (insofar as he constructs it in ways that ›feel right‹ to him), then no matter how spontaneous and purely ›intuitive‹ his approach to his material may be, implied in all his choices there is a corresponding set of ›principles‹.[44]

Mit Burke können wir Poes Thesen als (Re-)Konstruktionen der Grundsätze und Operationen auffassen, die der Autor des *Raven* – bewusst oder unbewusst – ausgeführt haben muss, selbst wenn dieser Autor nicht Poe gewesen wäre. Poes inszenatorische Überhöhung besteht eben darin, dass er eine gänzliche Bewusstheit aller dieser Operationen vorgibt. Diese ist unwahrscheinlich, man kann allerdings, wie oben skizziert, weder sagen, dass sie nicht zutrifft noch dass sie zutrifft; in Hinsicht auf die Darstellung der Grundsätze des Schreibens macht das allerdings auch keinen Unterschied, da sie unabhängig davon geprüft werden müssen.

Was also bedeutet diese auf poetische Prinzipien im Sinne Burkes gegründete Auffassung Poes nun in Hinsicht auf das *writing backwards*? Poe argumentiert auf paradoxe Weise, das Kunstwerk habe »its beginning – at the end«.[45] Im *end* liegt der Anfang des Textes, was nicht zwangsläufig bedeutet, dass es sich um das Ende des Textes handelt. Die im Deutschen seit den Zeiten Schillers verschwundene Doppeldeutigkeit des ›Ende‹ als Endpunkt und *Zweck* hat sich im Englischen ›end‹ länger erhalten. An dieser Stelle muss begrifflich genau unterschieden werden zwischen dem Schluss, dem letzten Teil des Textes, und dem Zweck des Textes, das heißt seiner beabsichtigten Gesamtwirkung: Poes *effect*. Die Kunst stellt Mittel bereit, welche die Verwirklichung der Intention im Idealfall ermöglichen. Die Dickens'sche Metaphorik des Rückwärtsschreibens wird von Poe interpretiert als der rationale Zweck-Mittel-Zusammenhang literarischen Schreibens.

Dass der Erfinder der narrativen Form der Detektivgeschichte solche Grundsätze des Schreibens aufstellt, überrascht nicht, da solche *tales of ratioci-*

---

44 Burke: Principle, S. 49.
45 Poe: Philosophy, S. 66.

nation eine Planung voraussetzen, die der Beschreibung der logischen Form des poetischen Prozesses exakt gleicht. Während in bestimmten Genres, so merkt Kenneth Burke an, ›from pillar to post‹ geschrieben werden könne, sei es ›almost inconceivable‹, dass eine Geschichte wie »The Gold-Bug« in einer solchen Weise verfasst werden könne.⁴⁶ Die Detektivgeschichte ist das Paradigma des *writing backwards* und so wiederholt auch die Definition der Kunst der Detektivgeschichte, die Dickens laut Poe nicht beherrsche, die gleiche Dialektik von theoretischem Gehalt und verdunkelnder Inszenierung wie wir sie in »The Philosophy of Composition« finden: Weit davon entfernt eine Aufforderung zur Mystik darzustellen, meint also »that metaphysical art in which the souls of all *mysteries* lie«, dass die Seele aller Mysterien, Rätsel und Geheimnisse in der quasi-logischen Kunst des Detektivgeschichtenschreibens liegt und nicht in einer sich jedem Blick entziehenden mystischen Tiefe.⁴⁷

Das Wortspiel des *writing backwards*, das die semantischen Felder von ›beginning and end‹ und ›ends and means‹ verbindet, zeigt den rhetorisch-pragmatischen Kern einer Auffassung von Autorschaft, die in starkem Gegensatz steht zu der bis heute wirksamen romantischen Vorstellung von Autorschaft als quasi-natürlichem Prozess jenseits von Zielorientierung und Zweckmäßigkeit.⁴⁸ Damit zeigt sich in »The Philosophy of Composition« ein implizites Verständnis des poetischen Prozesses, das gerade nicht »die Rhetorik der autonomen Autorschaft« im Sinne einer ›bloß‹ rhetorischen Inszenierung darstellt,⁴⁹ sondern auf einer rhetorisch-pragmatischen Poetik basiert, wie im Folgenden ausführlich erläutert wird. In »The Philosophy of Composition« ist Poes Modell des Autors das eines Handwerkers, der deduktiv-synthetische Schlüsse vornimmt, ein Modell, das in seiner Darstellung inszenatorisch überhöht wird.

Diese logischen und performativen Aspekte der Poeschen Autorpoetik treffen sich in einem zentralen Punkt: Poes Ausrichtung auf den Leser. Wie in der Gleichsetzung der technischen Intention mit der Wirkung auf den Leser sichtbar wird, ist das grundlegende Prinzip der Poeschen Theorie das Zielen auf das Bewirken einer Wirkung und der Versuch, zweckmäßige Mittel zur Erreichung dieses Ziels einzusetzen. »Totality of effect« und »unity of interest« oder »unity of impression« sind die Begriffe, die Poe in seiner gesamten Kritiker-Karriere zur Benennung des gleichen Moments des poetischen Prozesses benutzt: einmal

---

46   Burke: Principle, S. 47.
47   Poe: Review of Barnaby Rudge, S. 244.
48   »The Romantic theory of authorship, in which the author is designated as autonomous, original and expressive, may be said to account for everything that is commonly or conventionally taken to be implied by talk of ›the author‹« (Bennett: Author, S. 56).
49   Detering: Wahnsinn, S. 305.

von der Seite des Autors als intendierte und antizipierte Wirkung und einmal von der Seite des Lesers als Eindruck, den der Text auf ihn macht.[50]

In *The Mirror and the Lamp*, seiner klassischen Studie der Literaturtheorie im 18. und 19. Jahrhundert, nennt M.H. Abrams ein solches Verständnis in Abgrenzung zu den *expressiven* Theorien der Romantik *pragmatisch* und definiert: pragmatische Kritik

> looks at the work of art chiefly as a means to an end, an instrument for getting something done, and tends to judge its value according to its success in achieving that aim. [...] [T]he central tendency of the pragmatic critic is to conceive a poem as something made in order to effect requisite responses in its readers; to consider the author from the point of view of the powers and training he must have in order to achieve this end; to ground the classification and anatomy of poems in large part on the special effects each kind and component is most competent to achieve; and to derive the norms of the poetic art and canons of critical appraisal from the needs and legitimate demands of the audience to whom the poetry is addressed.[51]

Noch genauer muss man eine solche Auffassung des literarischen Prozesses rhetorisch-pragmatisch nennen. Auf die Bedeutung der Tradition der Rhetorik weist bereits René Wellek hin, ohne den Gedanken jedoch weiter zu verfolgen: »Poe's ideal of planning for effect is, basically, a rhetorical concept that places aesthetic value on the emotional excitement caused by the poem«.[52] In einer weiten historischen Perspektive erweist sich Poes rhetorisch-pragmatische Position zwar als unzeitgemäß in Hinsicht auf die Romantik, aber historisch als alles andere als eine Ausnahmeerscheinung. Vor dem zentralen Bruch in der Autorschaftstheorie zwischen Neo-Klassizismus und Romantik finden sich rhetorisch-pragmatische Modelle in der Überzahl, »from the time of Horace through the eighteenth century«.[53]

Noch Poes Zeitgenossen philosophischer wie rhetorischer Ausrichtung fassten die Opposition von *rhetoric* und *poetry* überhaupt in Begriffen der Wirkung. So schreibt John Stuart Mill in »Thoughts on Poetry and its Varieties« (1833): »Eloquence supposes an audience; the peculiarity of poetry appears to us to lie

---

[50] Poe spricht sowohl von der »unity or totality of interest« (Poe: Essays and Reviews, S. 691, 877) als auch der »unity or totality of effect« (S. 152). Vgl. auch die »totality of effect or impression« (S. 71), die »unity of impression« (S. 15, 571), die »unity of effect« (S. 583) und die »totality of effect or impression« (S. 71).
[51] Abrams: Mirror, S. 15. Kenneth Burkes Rekonstruktion der Methode eines »architectonic criticism«, wie er ihn in »The Philosophy of Composition« angelegt sieht, stimmt genau mit Abrams' Beschreibung überein. Vgl. Burke: Principle of Composition, S. 52.
[52] Wellek: Age of Transition, S. 161.
[53] Abrams: Mirror, S. 20–21.

in the poet's utter unconsciousness of a listener«.⁵⁴ Noch deutlicher wird diese Fassung des Gegensatzes in den Arbeiten schottischer und amerikanischer Rhetoriker. George Campbell, einer der einflussreichsten Vertreter der schottischen *New Rhetoric* im 18. Jahrhundert, definiert: »Poetry indeed is properly no other than a particular mode or form of certain branches of oratory«.⁵⁵ Poes *philosophy of composition* erscheint auf diesem Hintergrund als ein Gegenstück zu einer *philosophy of rhetoric*.

Ein solches rhetorisches Verständnis erscheint bereits in der Wortwahl des Titels. Wie bis heute in amerikanischen Universitäten sichtbar, gehören dort »rhetoric and composition« und damit die Theorie und Praxis des Redens und Schreibens eng zusammen. Für den historisierenden Blick erweist ein Eintrag in der *Revised Edition* von Websters *Dictionary* (1848), dem Standard-Wörterbuch der Zeit, die rhetorische Prägung der literarischen Kultur; dort wird ›composition‹ definiert als: »In *literature*, the act of inventing or combining ideas, clothing them with words, arranging them in order, and, in general, committing them to paper, or otherwise writing them«.⁵⁶ Die Definition entspricht vier der fünf rhetorischen *officia* der Produktion eines Textes/einer Rede (*inventio*; *elocutio*; *dispositio*; *actio*; nur *memoria* erscheint aufgrund der schriftlichen Medialität nicht), und zwar bis in die Wortgestalt. Die gegenüber der Quintilianischen Anordnung deviant erscheinende Reihenfolge ist aristotelisch.⁵⁷

Bis in die zweite Hälfte des 19. Jahrhunderts werden, wie die neuere Forschung bestätigt hat, die Universitäten und der öffentliche Diskurs von rhetorischen Traktaten des 18. Jahrhunderts wie George Campbells *The Philosophy of Rhetoric* (1776) und Hugh Blairs allgegenwärtigen *Lectures on Rhetoric and Belles Lettres* (1783) bestimmt.⁵⁸ Auch wenn sich wenig direkte Einflüsse auf Poe feststellen lassen, erweist sich die Mehrzahl der Grundsätze seiner Theorie, und zwar insbesondere derjenigen, die von zeitgenössischen und modernen Positionen abweichen, als ebenfalls rhetorisch-pragmatisch geprägt.⁵⁹ Besonders erhel-

---

54 Mill: Thoughts on Poetry, S. 295.
55 Campbell: Philosophy of Rhetoric, S. lxxiii.
56 Webster: Dictionary, S. 203.
57 Im ersten Kapitel des dritten Buchs der Rhetorik des Aristoteles steht λέξις (elocutio) vor τάξις (dispositio) (Aristoteles: Rhetorik, S. 129; Paginierung nach Bekker: 1403b).
58 Innerhalb der rhetorischen Tradition stellt die schottische *New Rhetoric* die größte Veränderung seit Ramus' Einschränkung der Rhetorik zugunsten der Dialektik dar. Zur Bedeutung der Rhetorik in den USA im 19. Jahrhundert vgl. Johnson: Nineteenth-Century Rhetoric.
59 Ein Beispiel für einen Einfluss: In den Marginalia aus dem Januar 1848 (Poe: Essays and Reviews, S. 1419–1422) diskutiert Poe Charles Astor Bristeds Aufsatz über »The Scotch School of Philosophy and Criticism« (1845). R.D. Jacobs hat früh auf die Bedeutung der schottischen »school of common sense« für Poe hingewiesen und den Einfluss mit dem glücklichen Begriff

lend ist der Vergleich mit George Campbells *Philosophy of Rhetoric*, einem philosophischen Versuch in der Tradition Humes, die Rhetorik als allgemeine Kommunikationstheorie auf empiristischer Grundlage neu zu begründen. Poe geht in seiner *philosophy of composition* von der künstlerischen Absicht aus, die mit der Wahl einer zu bewirkenden Wirkung identisch ist. Poes als Beginn der Moderne aufgefasste Autorpoetik erscheint in gänzlich anderem Zusammenhang, wenn man sie mit den ersten beiden (Grund-)Sätzen in Campbells *philosophy of rhetoric* vergleicht: »In speaking there is always some end proposed, or some effect which the speaker intends to produce on the hearer. The word *eloquence* in its greatest latitude denotes, ›That art or talent by which the discourse is adapted to its end‹«.[60]

Nicht nur der Grundsatz der Bewirkung einer Wirkung und die Forderung nach Zweckmäßigkeit der einzusetzenden Mittel ist identisch. Auch das Ideal des Zusammenwirkens von Künstler und Kritiker findet sich bei Campbell ebenso wie die oben diskutierte Zielehierarchie bei der beabsichtigten Bewirkung einer Wirkung.[61] Nicht zuletzt findet sich bei Campbell auch ein Grundsatz, der Poes oft biographistisch als idiosynkratisch abgetanen Satz, der Tod einer schönen Frau sei »the most poetical topic in the world«, in einem anderen Licht erscheinen lässt: »Every body acknowledges that beauty is never so irresistible as in tears«.[62] Für beide, Campbell und Poe, wird Schönheit am besten mit einem melancholischen Gegenstand verbunden, um den Leser zu bewegen. Insgesamt zeigen die Gemeinsamkeiten zwischen Campbells *Philosophy of Rhetoric* und Poes »Philosophy of Composition«, dass das gleiche rhetorisch-pragmatische Denken die Theorien bestimmt und dass die meisten Propositionen in Poes Theorie den Rhetorikern des 18. Jahrhunderts näher stehen als den zeitgenössischen Romantikern: Poes Autorpoetik des *writing backwards* wird nur als eine rhetorische Poetik verständlich.

---

einer kritischen *Matrix* benannt (Jacobs: Poe, S. 19–33). Patrick Full verweist auf Campbell, aber erkennt nicht die Tragweite der rhetorischen Prägung Poes und stellt die problematische These einer »Neubestimmung der menschlichen Kreativität« durch Poe auf (Full: Abgesang, S. 73).
60 Campbell: Philosophy of Rhetoric, S. 1.
61 Ebd., S. lxxvi, S. 1; Poe: Philosophy, S. 63.
62 Campbell: Philosophy of Rhetoric, S. 133.

4 Godwins inkonsequentes *Writing Backwards*?

In jüngster Zeit ist Godwins *Things As They Are; or, The Adventures of Caleb Williams* (1794) verstärkt zum Gegenstand literaturwissenschaftlicher Auslegungen geworden, was von der späteren autorpoetischen Reflektion des Romans jedoch kaum gesagt werden kann. Der Roman erzählt die Geschichte des Dieners Caleb, der entdeckt, dass sein anscheinend tugendhafter Herr Ferdinando Falkland mehrere Morde auf dem Gewissen hat, und nach dieser Entdeckung vor Falkland flüchten muss. Auffällig ist, dass die meisten Beiträge Godwins autorpoetische Bemerkungen ignorieren oder sogar verwerfen, ohne jedoch deren Verhältnis zu dem Roman zu problematisieren.[63] Vor dem »Preface« von 1832, auf das Dickens anspielt, hatte Godwin bereits der Erstauflage von 1794 ein Vorwort voranstellen wollen, das jedoch, da der Verleger Bedenken wegen gleichzeitiger politischer Verhaftungen hatte, erst ab der zweiten Auflage 1795 erschien.[64] Dieses Vorwort stellt *Caleb Williams* als eine Art literarischen Begleiter dar zu Godwins ein Jahr zuvor erschienenem Traktat *Enquiry Concerning Political Justice* (1793), der als Gründungsdokument des philosophischen Anarchismus gilt. Godwin schreibt: »It is now known to philosophers that the spirit and character of the government intrudes itself into every rank of society« und geht in seiner Beschreibung des Zwecks des Romans so weit, ihn ein *vehicle* für »a general review of the modes of domestic and unrecorded despotism by which man becomes the destroyer of man« zu nennen.[65] Anders als dieser Appell zu einer politischen Lesart beschäftigt sich das *Preface* von 1832, das einer Ausgabe eines anderen seiner Romane, *Fleetwood* (Erstauflage 1805), vorangestellt ist, mit der (autor)poetischen Frage nach dem *Wie?* des Verfassens

---

[63] So stellt z. B. John Rodden in seinem Aufsatz von 2009 der durch Godwins erstes Vorwort bestimmten Auslegung des Romans eine psychoanalytische Lesart gegenüber, ohne jedoch auf das jüngere Vorwort oder das »Preface to *Fleetwood*« einzugehen (Rodden: Godwin's Caleb Williams, S. 119).

[64] Godwin selbst bemerkte in der zweiten Auflage: »Caleb Williams made his first appearance in the world, in the same month in which the sanguinary plot broke out against the liberties of Englishmen, which was happily terminated by the acquittal of its first intended victims, in the close of that year. Terror was the order of the day; and it was feared that even the humble novelist might be shown to be constructively a traitor« (Godwin: 1794 Preface, S. 312). Wie Pamela Clemit erläutert, bezieht sich Godwin hier auf die Verhaftung der Reformer Thomas Hardy (1752–1832) und Daniel Adams (fl. 1780–95) am 12. Mai 1794 wegen des Verdachts auf Hochverrat. Die beiden wurden jedoch wie neun weitere Männer entweder im Oktober des Jahres freigesprochen oder nie angeklagt (Godwin: Caleb Williams, S. 360).

[65] Godwin: 1794 Preface, S. 312.

von *Caleb Williams*; signifikanterweise enthält es keinerlei Hinweis auf eine politisch-didaktische Absicht. Im »Preface to *Fleetwood*« beschreibt Godwin seine Motivation, den Prozess des Planens und die Ausführung des Geplanten und stellt die Probleme dar, die in beiden Phasen auftreten.

Godwin selbst verwendet die Formulierung des *writing backwards* nicht, aber die Beschreibung, die er gibt, macht Dickens' Wortwahl verständlich. Die wichtigste Unterscheidung Godwins ist die zwischen der Erfindung der Handlung der einzelnen Bände des Romans und dem eigentlichen Schreiben, oder besser *Nieder*schreiben. Während Godwin behauptet, er habe die Bände in umgekehrter Reihenfolge erfunden, indem er mit dem letzten begonnen und dem ersten geendet habe, behauptet er zugleich, er habe die Bände in natürlich-chronologischer Reihenfolge verfasst, das heißt von der ersten Seite des ersten Buches bis zur letzten Seite des dritten Buches. Godwin beschreibt das Entstehen der technischen Intention und den Beginn der Planungsphase wie folgt: »I formed a conception of a book of fictitious adventure, that should in some way be distinguished by a very powerful interest. Pursuing this idea, I invented first the third volume of my tale, then the second, and last of all the first«.[66]

In der Folge beschreibt Godwin den antizipierten Inhalt des dritten Bandes (»the pursuer, by his ingenuity and resources, keeping his victim in a state of the most fearful alarm«), des zweiten (»a secret murder, to the investigation of which the innocent victim should be impelled by an unconquerable spirit of curiosity«) und des ersten Bandes (»the pursuer should be invested with every advantage of fortune, with a resolution that nothing could defeat or baffle, and with extraordinary resources of intellect«) und hält inne, um sein Vorgehen zu bewerten.[67] Godwins folgende Evaluation der Methode ähnelt Poe in verblüffendem Maß: »An entire unity of plot would be the infallible result; and the unity of spirit and interest in a tale truly considered, gives it a powerful hold on the reader, which can scarcely be generated with equal success in any other way«.[68] Die aristotelische »unity of plot« und auch »unity of spirit« klingen wie Begriffe aus Poes Kurzgeschichtentheorie. »Unity of interest« ist sogar genau der Begriff, bei dem üblicherweise davon ausgegangen wird, dass Poe ihn aus der englischen Ausgabe von August Wilhelm Schlegels *Lectures on Dramatic Art* (1833) übernommen habe.[69] Dass Godwin die Einheit der Fabel ein »infallible result« seiner Planungen nennt und behauptet, gleichartiger Erfolg könne kaum

---

66 Godwin: 1832 Account, S. 348.
67 Ebd., S. 348–349.
68 Ebd., S. 349.
69 Schlegel: Lectures, S. 189.

»in any other way« herbeigeführt werden, gehört nicht nur zum gleichen Register wie Poes Behauptung der Regelhaftigkeit der Kunst. Sie weisen vielmehr auf das gleiche Grundverständnis hin, darauf, dass die Autorpoetiken der beiden von den gleichen Grundparametern bestimmt werden: technische Intention, regelgemäßes und zweckmäßiges Vorgehen, antizipierte Wirkung auf den Leser. Das wird auch an Godwins weiterer Beschreibung deutlich, in einer Formulierung, die genau das Wesen des *writing backwards* paraphrasiert: Er spricht von »carrying back my intention from the ultimate conclusion to the first commencement of the train of adventures«.[70] Dickens' Formulierung des *writing backwards* ist also etwas unglücklich, was Godwins tatsächliches Vorgehen angeht. Die Reihenfolge des Verfassens, die Godwin darstellt, ist die ›normale‹ von der ersten zur letzten Seite, normal in dem Sinne, dass sie der Linearitäts-Konvention entspricht, die auch das Lesen bestimmt. Während Godwin also eigentlich vorwärts schreibt, plant er jedoch rückwärts im Poeschen Sinne: Er plant von dem Zweck des Romans aus und lässt das τέλος (télos) der Geschichte, ihre beabsichtigte Wirkung, die Wahl der Mittel bestimmen.

Dieser auf den ersten Blick nüchternen Darstellung unterliegt eine ähnliche Dialektik von Autonomie und Heteronomie, wie sie auch »The Philosophy of Composition« bestimmt. Eine Autorpoetik, die das technische Zentrum des Werks im Ziel/Zweck verortet, kommt in Erklärungsnöte, wenn sich das Ziel des Werkes im Prozess des Verfassens ändert. Eine solche Auskunft finden wir bei Godwin nicht, aber die Manuskripte sprechen hier für sich. Wie in der Forschung seit D. Gilbert Dumas (1966) bekannt,[71] veröffentlichte Godwin nicht das Manuskriptende, sondern ein überarbeitetes Ende, das von der ›Originalversion‹ deutlich abweicht. In der veröffentlichten Fassung hält Caleb Williams vor Gericht eine so aufrichtige Rede, dass Falkland die Morde gesteht: »Williams, said he, you have conquered! [...] the artless and manly story you have told, has carried conviction to every hearer«.[72] Drei Tage später stirbt Falkland, und der Roman endet damit, dass Caleb sich wegen seines Verhaltens Vorwürfe macht. Davon hebt sich das Manuskriptende deutlich ab: Vor Gericht wird Calebs Klage abgelehnt und er kommentiert: »Alas! alas! it too plainly appears in my history that persecution and tyranny can never die«.[73] Darüber verliert er (zumindest zum Teil) den Verstand und statt eines epideiktischen Nachrufs auf Falkland

---

70 Godwin: Caleb Williams, S. 349.
71 Dumas: Original Ending.
72 Godwin: Caleb Williams, S. 301. Vgl. zu Godwins politischer Rhetorik Myers: Ars rhetorica.
73 Godwin: Caleb Williams, S. 309.

besteht der frühere Schluss des Romans aus *Poe-esque* wirkenden Gedankenfetzen:

> Well then, – It is wisest to be quiet, it seems – Some people are ambitious – other people talk of sensibility – but it is all folly! – I am sure I am not one of those – was I ever? – True happiness lies in being like a stone – Nobody can complain of me – all day long I do nothing – am a stone – a GRAVE-STONE! – an obelisk to tell you, HERE LIES WHAT WAS ONCE A MAN![74]

Während das Originalende ein düsteres Bild von Recht und Gesellschaft zeichnet, das den Protagonisten in den Wahnsinn treibt, genügt in der publizierten Fassung eine aufrichtige, prä-romantisch ›authentische‹ Rede, um der Geschichte eine gute Wendung zu geben. Verglichen mit Godwins im ersten Vorwort ausgegebenem Ziel, scheint nur das Manuskriptende seiner genannten Intention zu entsprechen. Über die empirischen Gründe politischer und psychologischer Art für diese Diskrepanz lässt sich nur spekulieren und die Interpreten ergreifen je nach dem Skopos ihrer Interpretation des Romans Partei für das eine oder andere Ende.

Wesentlich für die Problematik der Autorpoetik ist die Frage, die an jede Autorpoetik, die sich dem *writing backwards* verschreibt, gestellt werden muss: Kann ein Text, dessen Ende neu geschrieben wird (und der zudem für spätere Auflagen stark überarbeitet wurde), überhaupt in Poes Sinne vom *end* her geschrieben sein? Auf den ersten Blick macht ein gegenüber dem früheren Manuskript neues Ende den Plan und damit die Autorpoetik Godwins wenn nicht ungültig, so doch problematisch, was in Interpretationen bereits früh erscheint.[75] Dass das spätere Ende die Autorpoetik ungültig macht, wäre jedoch zu kurz gedacht. Selbstverständlich erweist das erste Manuskriptende, dass der Bericht Godwins über das Verfassen verkürzt ist und eine Idealisierung des Prozesses darstellt. Es belegt allerdings nicht, dass Godwin der Form nach nicht so vorgegangen ist, wie er es behauptet, und in keinem Fall hebt es die Zweck-Mittel-Relation auf, die Poe und auch Godwin beschreiben. In diesem Modell ist das neue Ende ein Teil wie die anderen Teile des Romans auch, die alle Mittel zur Bewirkung der Wirkung des Textes sind. Ändert sich das Ende, hat sich auch die Wirkung und damit die Absicht geändert. Was in Godwins Fall zur Änderung seiner Absicht geführt hat, kann hier nicht mehr Gegenstand sein; eine Lesart, die von einer Verstärkung der revolutionären Absicht ausgeht,

---

74 Godwin: Caleb Williams, S. 311.
75 So z. B. bereits bei Dumas: »The sudden transformation of the resolution calls into question the thoroughness of Godwin's own account of the novel's composition [...]. One inescapably suspects that he is hiding something« (Dumas: Original Ending, S. 596).

scheint jedoch weitaus schwieriger zu verteidigen zu sein. Wie Poe beschreibt Godwin eine gültige logische Form, bei der man deswegen davon ausgehen kann, dass sie die Form der literarischen Produktion beschreibt, weil sie die allgemeine Form zielgerichteten und zweckgemäßen menschlichen Handelns beschreibt. Im Gegensatz zu Poe betont Godwin jedoch nicht die deduktiv-synthetische Sicherheit des Modells, sondern die pragmatisch-empirische Dimension seines Verfahrens. Dass hierbei der Prozess in anderer Weise idealisiert wird, zeigt, dass auch Autorpoetiken, die zunächst wie nüchterne Werkstattberichte aussehen, der gleichen Dialektik von Autonomie und Heteronomie des Autors und des Subjekts im Allgemeinen unterworfen sind. Sowohl bei Godwin als auch bei Poe wird jedoch in der Rückschau die logische Form des poetischen Prozesses herauspräpariert, den sie als einen fundamental rhetorischen und damit poietischen Prozess verstehen.

5 *Writing Backwards* jenseits von Poe und Godwin

Die Frage nach dem Begriff der Autorpoetik, wie sie bei Godwin und Poe vorliegt, ist also die Frage nach der Rationalität des poietischen Prozesses und der Möglichkeit einer bewussten Kunst des Schreibens. In den Antworten der beiden Schriftsteller erscheint eine allgemeine, zunächst moralisch neutrale τέχνη (téchnê) der Literatur, eine aristotelische ποίησις (poîesis), die in ihren Grundzügen der Rationalität von Handlungen, das heißt vernunftgemäßer Zielgeleitetheit und Zweckmäßigkeit im Allgemeinen, gleicht. Ob die Poetik bei Godwin zur Nutzung des Romans als Mittel zur politischen Einstellungsveränderung dient oder bei Poe das Gedicht als Mittel zur Erzeugung eines kognitiv-emotionalen Affekts angesehen wird: Bei beiden findet sich ein rhetorisch-pragmatischer Zugang zur Literatur, welcher der literaturästhetischen Doktrin eines Eigenwertes diametral entgegengesetzt ist. Die Denkfigur des *writing backwards* verweist auf die Existenz einer rhetorisch-pragmatischen Tradition der auktorialen Reflexion über Literatur im 19. Jahrhundert, welche die große Erzählung der Autonomisierung der Literatur problematisch werden lässt. Die Gefahr besteht dabei darin, dass idealistisch orientierte Ansätze im Selbstverständnis der Literaturwissenschaft, wie Katrin Kohl erläutert, zur Nichtbeachtung der eigentlichen Bedingungen der Produktion und Emergenz von Literatur führen können: »Wenn die Literaturwissenschaft die Autonomie der Literatur als Tatsache voraussetzt, verstellt sie sich den Blick sowohl für die Verbindungen als auch für die brisanten Spannungen, aus denen sich Literatur konstituiert«.[76] Ob der Zweck eines literarischen Textes Aufklärung, Revolution oder Unterhaltung ist, macht einen gewaltigen, wenn nicht den größten Unterschied. Gleich bleibt jedoch die allgemeine Zweck-Mittel-Relation und diese zu verschleiern, lässt das Reden über Literatur schwierig, wenn nicht unmöglich werden. Den Schriftsteller und die Schriftstellerin, die etwas über eine Sache sagen, jemanden zu etwas bewegen oder ein Gefühl vermitteln wollen, interessiert eben genau, wie sie das, was sie darstellen wollen, am besten darstellen können und Poe und Godwin geben ihre Antwort auf diese Frage.

In ihrem gegenüber der Moderne und Postmoderne fundamental andersartigen Charakter erinnern uns die beiden Texte an die prä-bürgerliche Geschichte der Literatur, in der die jeweiligen Funktionsbereiche der Gesellschaft sich noch nicht in modernem Maße ausdifferenziert haben. Sie erinnern uns mit einem Wort an die Tradition der Rhetorik, an die Auffassung von Poetik als einem regelgeleiteten Prozess, der zwar nicht ohne Inspiration auskommt, aber eben auch nicht ohne harte Arbeit. Trotz aller Theatralik und faktischer Unzuverlässigkeit erweisen sich die Texte damit als eigenartig ehrlich im Reden über Literatur als Teil des Kommunikationsprozesses, als Mittel, um Ziele zu erreichen, und nicht als eine von der Gesellschaft losgelöste Entität, die im luftleeren Raum schwebt. Das *writing backwards*, das Schreiben im Bewusstsein eines politischen, persönlichen oder künstlerischen Zieles, begreift Literatur als etwas Hergestelltes, Gemachtes, Produziertes und damit, was vielleicht noch wichtiger ist, als etwas, das es noch herzustellen gilt.

Poes *writing backwards* erweist sich nicht nur als eine systematisch angemessene Beschreibung einer zielorientierten rhetorischen Grundposition, sondern klingt heute beinahe wie ein auktorialer Selbstkommentar, der in seiner historischen Ironie noch über die bereits innerhalb des Textes bestehenden Ironien hinausgeht: Durch das Festhalten an rhetorischen Vorstellungen des Literaturprozesses, die eigentlich einen ›zurückgebliebenen‹ Eindruck machen, die *backwards* wirken, begründen Poe und Godwin im Geiste der Rhetorik die moderne Tradition der Autorpoetik im Sinne einer ποίησις des literarischen Prozesses.

---

76 Kohl: Poetologische Metaphern, S. 12.

Bibliographie

Abrams, Meyer H.: *The Mirror and the Lamp. Romantic Theory and the Critical Tradition*. London 1974.
Allemann, Beda (Hrsg.): *Ars poetica*. 2. Aufl. Darmstadt 1971.
[Anonym]: »Godwin's Caleb Williams. From the London Literary Gazette«. In: *Museum of Foreign Literature, Science and Art* 22 (1833 [in Philadelphia]), S. 403–405.
Aristoteles: »Rhetorik«. Hrsg. von Christof Rapp. In: *Aristoteles Werke. In deutscher Übersetzung*. Begründet von Ernst Grumach. Hrsg. v. Hellmut Flashar. Bd. 4. Berlin 2009.
Barrett Browning, Elizabeth: »Lady Geraldine's Courtship. A Romance of the Age«. In: *A Drama of Exile and Other Poems*. New York 1845, S. 223–265.
Bennett, Andrew: *The Author*. London 2005.
Berensmeyer, Ingo / Gert Buelens / Marysa Demoor: »Authorship as Cultural Performance: New Perspectives in Authorship Studies«. *Zeitschrift für Anglistik und Amerikanistik* 60 (2012) H. 1, S. 5-30.
Bickenbach, Matthias: »Autorpoetik«. In Nünning, Ansgar (Hrsg.): *Metzler-Lexikon Literatur- und Kulturtheorie*. Stuttgart 2008, S. 44–45.
Bienek, Horst: *Werkstattgespräche mit Schriftstellern*. 3. Aufl. München 1976.
Blevins-Le Bigot, Jane: »Valéry, Poe and the Question of Genetic Criticism in America«. In: *L'Esprit Créateur* 41 (2001) H. 2, S. 68–78.
Burke, Kenneth: »The Principle of Composition«. In: *Poetry* XCIX (1961), S. 46–53.
Campbell, George: *The Philosophy of Rhetoric* (1. Aufl. 1776). Hrsg. v. Lloyd F. Bitzer. Delmar, NY 1963.
Detering, Heinrich: »Wahnsinn und Methode. Poe, Benn und die Dialektik der aufgeklärten Poetik«. In: *Merkur* 54 (2000), S. 300–311.
Detering, Heinrich: »Der autonome und der heteronome Autor. Einführung«. In: ders. (Hrsg.): *Autorschaft. Positionen und Revisionen*. DFG-Symposium 2001. Stuttgart / Weimar 2002, S. 3–7.
Dickens, Charles: *The Letters of Charles Dickens: 1842–1843*. Hrsg. v. Madeline House / Graham Storey. Oxford 1974.
Dumas, D. Gilbert: »Things as They Were. The Original Ending of Caleb Williams«. In: *Studies in English Literature, 1500–1900* 6 (1966) H. 3, S. 575–597.
Eliot, T. S.: »From Poe to Valéry«. In: *Hudson Review* 2 (1949) H. 3, S. 327–342.
Foucault, Michel: »Was ist ein Autor?« In: Jannidis, Fotis / Gerhard Lauer / Matías Martínez / Simone Winko (Hrsg.): *Texte zur Theorie der Autorschaft*. Stuttgart 2000, S. 198–229.
Full, Patrick: *Der Abgesang der Imagination. Edgar Allan Poes Neubestimmung der menschlichen Kreativität*. Trier 2007.
Genette, Gérard: *Paratexte. Das Buch vom Beiwerk des Buches*. Frankfurt a. M. u. a. 1989.
Godwin, William: »1794 Preface to Caleb Williams«. In: *Caleb Williams*. Hrsg. v. Pamela Clemit. Oxford u. a. 2009, S. 312.
Godwin, William: »1832 Account of the Composition of Caleb Williams«. In: *Caleb Williams*. Hrsg. v. Pamela Clemit. Oxford u. a. 2009, S. 347–352.
Godwin, William: *Caleb Williams* [1794]. Hrsg. v. Pamela Clemit. Oxford u. a. 2009.
Jacobs, Robert D.: *Poe. Journalist and Critic*. Baton Rouge 1969.
Jakobson, Roman: »Language in Operation«. In: *Selected writings III. Poetry of Grammar and Grammar of Poetry*. Hrsg. v. Stephen Rudy. The Hague 1981, S. 7–17.

Jannidis, Fotis / Gerhard Lauer / Matías Martínez / Simone Winko: »Rede über den Autor an die Gebildeten unter seinen Verächtern«. In: dies. (Hrsg.): *Rückkehr des Autors. Zur Erneuerung eines umstrittenen Begriffs.* Tübingen 1999, S. 1–36.

Johnson, Nan: *Nineteenth-Century Rhetoric in North America.* Carbondale 1991.

Kloepfer, Albrecht: »›Was über allem Schein, trag ich in mir ...‹. Zu Brechts Essay ›Über reimlose Lyrik mit unregelmäßigen Rhythmen‹«. In: *Brecht Yearbook / Brecht-Jahrbuch* 24 (1999), S. 129–139.

Kohl, Katrin: *Poetologische Metaphern. Formen und Funktionen in der deutschen Literatur.* Berlin 2007.

Kopley, Richard / Kevin J. Hayes: »›The Raven‹ and ›Ulalume‹«. In: Kevin J. Hayes (Hrsg.): *The Cambridge Companion to Edgar Allan Poe.* Cambridge 2002, S. 191–204.

Krutch, Joseph Wood: »The Philosophy of Composition«. In: Regan, Robert (Hrsg.): *Poe. A Collection of Critical Essays.* Englewood Cliffs, NJ 1967, S. 15–30.

Luhmann, Niklas. »Wahrheit und Ideologie: Vorschläge zur Wiederaufnahme der Diskussion«. In: *Aufsätze zur Theorie sozialer Systeme.* 8. Aufl. Wiesbaden 2009, S. 68–82.

Mill, John Stuart: »Thoughts on Poetry and Its Varieties« [1833]. In: Robson, John M. / Jack Stillinger (Hrsg.): *Autobiography and Literary Essays. Collected Works of John Stuart Mill.* Bd. 1. Toronto 1981, S. 291–306.

Myers, Victoria: »William Godwin and the ars rhetorica«. In: *Studies in Romanticism* 41 (2002) H. 3, S. 415–446.

Person, Leland S.: »Poe's Composition of Philosophy. Reading and Writing ›The Raven‹«. In: *Arizona Quarterly* 46 (1990) H. 3, S. 1–15.

Poe, Edgar Allan: *The Letters of Edgar Allan Poe.* Hrsg. v. John Ward Ostrom. 2. Aufl. Bd. 2. New York 1966.

Poe, Edgar Allan: *Essays and Reviews.* Hrsg. v. Gary Richard Thompson. New York 1984.

Poe, Edgar Allan: *Critical Theory. The Major Documents.* Hrsg. v. Stuart Levine / Susan F. Levine. Urbana 2009.

Poe, Edgar Allan: »The Philosophy of Composition« [1846]. In: *Critical Theory. The Major Documents.* Hrsg. von Stuart Levine / Susan F. Levine. Urbana 2009, S. 55–76.

Poe, Edgar Allan: »The Poetic Principle« [1850]. In: *Critical Theory. The Major Documents.* Hrsg. v. Stuart Levine / Susan F. Levine. Urbana 2009, S. 175–212.

Poe, Edgar Allan: »Review of Barnaby Rudge, By Charles Dickens« [1842]. In Thompson, Gary Richard (Hrsg.): *Poe, Edgar Allan: Essays and Reviews.* New York 1984, S. 224–244.

Quinn, Patrick F.: *The French Face of Edgar Poe.* Carbondale 1957.

Richter, Sandra (geb. Pott): *Poetiken. Poetologische Lyrik, Poetik und Ästhetik von Novalis bis Rilke.* Berlin 2004.

Rodden, John: »Godwin's Caleb Williams. ›A Half-Told and Mangled Tale‹«. In: *College Literature* 36 (2009) H. 4, S. 119–146.

Schlegel, August Wilhelm von: *A Course of Lectures on Dramatic Art and Literature.* Transl. from the Original German by John Black. Philadelphia 1833.

Schmitz-Emans, Monika: »Lektüren und Kulturen. Aspekte des Dialogs zwischen Literaturwissenschaft und Kulturwissenschaft«. In: Burtscher-Bechter, Beate / Martin Sexl (Hrsg.): *Theory Studies? Konturen komparatistischer Theoriebildung zu Beginn des 21. Jahrhunderts.* Innsbruck 2001, S. 245–269.

Schmitz-Emans, Monika / Uwe Lindemann / Manfred Schmeling: *Poetiken. Autoren, Texte, Begriffe.* Berlin 2009.

Tate, Allen: »The Angelic Imagination: Poe and the Power of Words«. The Kenyon Review 14 (1952) H. 3, S. 455–475.
Thomas, Dwight / David K. Jackson: *The Poe Log*. Boston 1987.
Valéry, Paul: »Über den ›Adonis‹«. In: Allemann, Beda (Hrsg.): *Ars poetica*. Darmstadt 1971, S. 88–97.
Webster, Noah: *An American Dictionary of the English Language*. Revised and Enlarged by Chauncey A. Goodrich. New York 1848.
Wellek, René: *The Age of Transition. A History of Modern Criticism 1750–1950*. Bd. 3. London 1966.
Willand, Marcus: »Autorfunktionen in literaturwissenschaftlicher Theorie und Praxis. Eine Gegenüberstellung«. In: *Journal of Literary Theory* 5 (2011) H. 2, S. 279–302.
Winko, Simone: »Autor-Funktionen. Zur argumentativen Verwendung von Autorkonzepten in der gegenwärtigen literaturwissenschaftlichen Interpretationspraxis«. In: Detering, Heinrich (Hrsg.): *Autorschaft. Positionen und Revisionen*. Stuttgart / Weimar 2002, S. 334–354.
Wohlleben, Doren: »Poetics in Progress: Accusation and Announcement of Lying as a Literature Promoting Process«. In: Mecke, Jochen (Hrsg.): *Cultures of Lying. Theories and Practice of Lying in Society, Literature, and Film*. 2007, S. 279–292.

Marcel Schmid
Auto(r)referentialität am Beispiel einer Collage von Kurt Schwitters

Abstract: Autoreferentialität bezeichnet in der Regel eine spezifische Form der Selbstbezüglichkeit. Wenn davon ausgegangen wird, dass Texte nicht nur ihr Geschriebensein und ihre Interferenz mit Institutionen wie beispielsweise derjenigen der ›Literatur‹ – dies wäre Autoreflexivität – reflektieren, sondern diese Reflexion auch zu ihrer Referenz machen, dann handelt es sich um einen Prozess, der von dieser spezifischen Form der Selbstbezüglichkeit charakterisiert wird. Wenn sich die Reflexion selbst zur Referenz entwickelt, dann wird die Referenz problematisch, denn die Prozesshaftigkeit der Reflexion verhindert die Stabilisierung der Referenz. Die Reflexionen des Geschriebenseins und der Interferenz bilden so eine instabile Basis, wobei eine Referenz außerhalb des ›Kunstwerks‹, wie sie zum Beispiel ›der Autor‹ darstellt, für die Analyse irrelevant wird. Das heißt jedoch nicht – und das ist die Grundannahme dieses Beitrags –, dass der ›Autor‹ verschwindet. Im Gegenteil: Weil *Auto*referentialität jegliche Referenzstabilisierung subvertiert, (er)findet sich *Autor*ität in fortwährend sich wandelnder Funktion neu. Ziel dieses Beitrags ist es zunächst, Autoreferentialität als Terminus darzulegen, um danach am Beispiel einer Collage von Kurt Schwitters die Subversion in der fortwährend sich wandelnden Funktion von Autorschaft zu untersuchen.

1 Was heißt Autoreferentialität?

Elektrische Gitarren und immer diese Texte, das will doch keiner hören [...].[1]

Was *Die Ärzte* im Refrain des Liedes *Junge* wutentbrannt ins Mikrophon brüllen, zeigt auf bestechend einfache Weise das, was hier Autoreferentialität genannt wird: Texte, die sich selbst zu ihrer primären Referenz machen. »[...] *diese Texte, das will doch keiner hören* [...]«. »Diese Texte« sind genau dieselben, die im Moment vorgetragen werden. Sie schließen sich selbst mit ein. Es handelt sich um Texte, die »keiner hören« will, obwohl durch das »Hören« erst erkenntlich wird, dass sie »keiner hören« will. Der Witz liegt einerseits in der Ellipse, die zwischen »immer diese« und »Texte« ein negativ konnotiertes Adjektiv ersetzt. Andererseits liegt er auch darin, dass »diese Texte«, die »keiner hören« will, genau von

---
1 Die Ärzte: Junge.

jenen gehört wird, welche die Musik kaufen und diese Texte hören wollen. Nebst diesen ironischen Selbstbezeichnungen verweist die Tatsache, dass die Liedzeile gesungen wird, auf den Modus der Übertragung. Es wird nicht nur die Semantik des Textes kontaminiert, sondern auch die Form der Übertragung. Die Semantik des Textes korrespondiert mit seiner medialen Umsetzung. Die »elektrische(n) Gitarren« setzen genau dort ein, wo im Liedtext ihre Existenz formuliert wird.

Das Beispiel zeigt einen Text, der sein Potential unablässig aus den Selbstverweisen schöpft. Dieses Verfahren hat sich mittlerweile als ein Gegenstand literaturwissenschaftlicher Forschung etabliert und wird oft mit den Termini ›Autoreferentialität‹ oder ›Autopoiesis‹ in Verbindung gebracht.[2] Die Grundlage dafür liefert die Erkenntnis, dass viele Formen von Texten nicht einfach nur Aussagen etwa über religiöse, soziale, psychische oder politische Sachverhalte treffen, sondern immer auch – und offenbar unhintergehbar – ihre eigene textuelle Verfasstheit thematisieren.

Die Literaturwissenschaft bedient sich dabei meist des systemtheoretischen Begriffs der Autopoiesis. Niklas Luhmann verwendet damit einen Begriff, der durch den Biologen Humberto Maturana geprägt wurde: »An autopoietic system is, from the point of view of its dynamics of states, a system that, while autopoietic, only generates states in autopoiesis«.[3] Luhmann übersetzt und ergänzt: »Das System erzeugt sich selber. Es stellt nicht nur die eigenen Strukturen her, so wie gewisse Computer Programme für sich selber entwickeln können, sondern es ist auch auf der Ebene der Operationen autonom«.[4] Äußerst wichtig für ein Verständnis von Autopoiesis ist der Verfahrenscharakter des sich selber erzeugenden Systems, denn »[...] im Vollzug reproduziert sich das System laufend selbst, verfährt somit immer selbstreferentiell«.[5] Damit ist das Verfahren jedoch von einer »zirkulären Tautologie bedroht«, die durch die laufende Selbsterzeugung selbst erzeugt ist und »die letztlich den Stillstand des Systems [...] zur Folge hätte«.[6] Deshalb gibt es notwendigerweise immer ein Wechselspiel zwischen

---

2 Zur Autoreferentialität vgl. u. a. Seelhorst: Autoreferentialität, S. 29–36; Schwanitz: Systemtheorie, S. 55–101.
3 Maturana: Autopoiesis, S. 22.
4 Luhmann: Einführung, S. 110.
5 Lickhardt: Selbstreferenz/Fremdreferenz, S. 369. In Anlehnung an die Ausführungen Luhmanns in *Soziale Systeme* (vgl. Luhmann: Soziale Systeme, S. 59, 604) weist Maren Lickhardt auf den Verfahrenscharakter des Wechselspiels zwischen Selbst- und Fremdreferenz hin.
6 Lickhardt: Selbstreferenz/Fremdreferenz, S. 369.

Selbstreferenz und Fremdreferenz, um das System als Verfahren zu erhalten. [7] Unter diesen hier nur kurz skizzierten Prämissen fand Autopoiesis Einzug in die Literaturwissenschaft. Dabei herrscht weder Einigkeit, was Autopoiesis bezüglich der Literatur und insbesondere bezüglich der Semantik heißen soll, [8] noch existiert dazu eine konzise Untersuchung zum Verhältnis von Autopoiesis und Autoreferentialität.[9] So schlage ich vor, Autopoiesis vereinfachend als das Verfahren der kontinuierlichen Selbsterzeugung zu bezeichnen. Autoreferentialität würde dann auf die Referenzproblematik der Selbsterzeugung fokussieren. Wenn nun – um nochmals auf das Beispiel *Die Ärzte* zurückzukommen – »diese Texte« sich selber mit einschließen, dann lässt dies Rückschlüsse auf die Referenzproblematik zu. »Diese Texte« verweisen auf eine Referenz außerhalb des Textes – also auf eine Fremdreferenz – und auf eine Selbstreferenz, denn sie schließen auch die Buchstabenfolge »d/i/e/s/e T/e/x/t/e« ein. Es ist nun offensichtlich, dass daraus ein semantisches ›Problem‹ resultiert: Wenn »diese Texte« nicht nur auf Texte außerhalb des Textes referieren, sondern auf sich selbst, dann wird der Aussagegehalt problematisch. Was heißt »diese Texte«? Allerdings resultiert aus der Unmöglichkeit der Beantwortung der Frage auch ein Potential, nämlich das Nachdenken über Sprache und ihren Referenzbezug.

Wenn durch die Prozesshaftigkeit der Reflexion des Geschriebenseins jegliche Referenz destabilisiert wird, dann dürfte damit auch die Referenz außerhalb des ›Kunstwerks‹, wie sie zum Beispiel ›der Autor‹ darstellt, für die Analyse irrelevant sein. Die Kenntnis, dass die Worte »diese Texte« von *Die Ärzte* stammen, scheint zumindest auf den ersten Blick wenig zur Lösung des Referenzproblems beizutragen. Wenn davon ausgegangen wird, dass Autoreferentialität einen Prozess der Referenz-Entortung charakterisiert, dann ist ›der Autor‹ als Kategorie unsicher geworden, weil er als stabilisierende Referenz nicht mehr taugt. Das heißt jedoch nicht, dass ›Autorschaft‹ verschwindet. Im Gegenteil: Weil *Auto*referentialität jegliche Referenzstabilisierung subvertiert, (er)findet sich *Autor*ität in fortwährend sich wandelnder Funktion neu. Die Selbstbezeichnung durch »diese

---

[7] Vgl. Lickhardt: Selbstreferenz/Fremdreferenz, S. 370; Luhmann: Einführung, S. 82–83. Luhmann bezeichnet dabei ›Selbstreferenz‹ als dasjenige, »was im System läuft« und ›Fremdreferenz‹ als dasjenige, was die »internen und externen [...] Systemzustände« betrifft.
[8] So könnte man darüber streiten, ob selbstbezügliche Zeichen ›keine‹ Zeichen mehr sind. Vgl. Christoph Bode: Ästhetik der Ambiguität, S. 377: »Zeichen, die selbstbezüglich werden, sind – im gleichen Grade, wie dies gelingt – keine Zeichen im herkömmlichen Sinne mehr, sie bedeuten nur sich selbst, wollen auf gar nichts anderes verweisen, versuchen nur zu *sein*«.
[9] Die Ausnahme bilden zwei (systemtheoretische) Texte von David E. Wellbery, die sich dem Thema auch semiologisch annähern. Wellbery: Retrait/Re-entry, S. 194–207; Wellbery: Das Gedicht, S. 366–383.

Texte« lässt sich nicht durch *Die Ärzte* stabilisieren – darum geht es in der Untersuchung von Autoreferenzialität auch in keiner Weise –, sondern Texte entwerfen Autorschaft als Prozess mit. Der ironische Selbstkommentar »[...] und immer diese Texte [...]« sagt deshalb auch etwas über die Inszenierung von Autorschaft aus. Somit werden *Die Ärzte* durch ihre Texte entwickelt. Die Entwicklung von Autorschaft als Prozess hat vor allem in der Avantgarde um 1900 seine interessanten Vorläufer. Diese sind besonders anschaulich, weil oft kein ›direkter‹ Zugang über die Kategorie des Verstehens gefunden werden kann. Somit wird die Fokussierung auf formale Aspekte und auf das Verfahren des Kunstwerks erleichtert. Bezüglich des Surrealismus hat beispielsweise Walter Benjamin treffend formuliert, wo dessen Prinzip liege, nämlich dort: »[...],[wo]die Sprache nur sie selbst [ist], wo Laut und Bild und Bild und Laut mit automatischer Exaktheit derart glücklich ineinandergriffen, dass für den Groschen ›Sinn‹ kein Spalt mehr übrig blieb«.[10] Der ›Sinn‹ bleibt weg, so dass – nach Luhmann (und mit Novalis gesprochen) –: »[d]ie Sprache nur mit sich selbst [spielt]«.[11]

Die im Folgenden vorgestellte Collage von Kurt Schwitters ist ein Beispiel aus dem Dadaismus und soll zeigen, dass Autorschaft als Prozess im ›Taschenspielertrick‹ ausgestellt wird. Die titellose Collage, die 1945 bis 1947 entstanden ist,[12] bietet eine gute Basis, um über Autorschaft und die brüchige Grenze zwischen Autoreferentialität und Auto*r*referentialität nachzudenken. Dabei geht es weder darum, eine umfassende, semiologische Theorie von Autoreferenzialität zu entwickeln, noch darum, diesen Terminus zu historisieren. Vielmehr soll in Anlehnung an die Tradition des *close readings* Autoreferenzialität gerade in Verbindung mit der Autorschaftsthematik als ein Entstehendes skizziert werden,[13] welches notwendig keiner klar formulierbaren Theorie entspricht.

---

10 Benjamin: Der Sürrealismus, S. 150.
11 Luhmann: Gesellschaft, S. 994.
12 Schwitters: Ohne Titel, S. 287.
13 Dabei ist durchaus an dekonstruktive Spielarten dieses *close reading* zu denken, wie sie etwa Paul de Man in *Allegorien des Lesens* am Beispiel von Rilke, Proust oder Nietzsche exemplifiziert.

Auto(r)referentialität am Beispiel einer Collage von Kurt Schwitters — 409

2 August Heinrich Kerndörffer

Abb. 1: Ohne Titel. 1945–47. Collage. Privatbesitz

Dort, wo wir zu lesen beginnen würden, oben links, zeigt sich ein Name, der, anders als es zumindest Eigennamen meistens suggerieren, gerade nicht Gewähr für einen konkreten Quellenhinweis geben kann. »Kern-dörffer« sozusagen die Selbstbezeichnung *in nuce* zu Beginn ist nicht mehr Kurt Schwitters, sondern ein doppelter (raumzeitlicher) Witz. Erstens ist dieser – rhetorisch – als ein *hysteron proteron* zu verstehen, was die zeitliche Verschiebung des Autornamens zu einem mutmaßlichen Taschenspieler und Trivialisten zeigt, der hundert Jahre vor Schwitters gelebt hatte und zweitens ist er zugleich räumlich, denn die Verbindung zum »Kern«, zum Zentrum der Collage mit der Figur des Zauberers in der Mitte ist augenfällig.

Heinrich August Kerndörffer (1769–1846) ist ein Autor, der zwar Ende des 18. Jahrhunderts viel gelesen, von der heutigen Forschung jedoch fast gänzlich vergessen wurde.[14] Dabei ist nicht nur die Tatsache bemerkenswert, dass Kerndörffer als akademischer Lehrer an der Universität Leipzig Heinrich von Kleist – den Stotterer – in der Deklamationskunst unterrichtete.[15] Der Umfang der Kerndörffschen Publikationsliste und die Breite seiner Interessengebiete wären alleine schon eine Untersuchung wert.

So ist der Lehrer Kleists Herausgeber eines Modemagazins (*Leipziger Mode-Magazin*, 1801–1803)[16] und Verfasser mehrerer Deklamationshandbücher, darunter auch das dreibändige *Handbuch der Deklamation* (Leipzig 1813–15).[17] Zudem finden sich 21 pädagogische und ›erbauliche‹ Schriften, die sich vor allem an Kinder (zum Beispiel *Kleines Fabelbuch für Kinder edler Erziehung, oder Leben der Tugend und sittlichen Klugheit in Unterhaltung eines Lehrers mit seinen Zöglingen* , Leipzig 1802)[18] und insbesondere an die liebende Jugend richtete (zum Beispiel *Über die Liebe, allen liebenden Jünglingen und Mädchen gewidmet* , Leipzig 1794).[19] Doch Kerndörffer war den Zeitgenossen vor allem für seine Trivialromane und kompilatorischen Schauermärchenbände bekannt, die zwar hohe Auflagenzahlen erreichten, aber schon von der zeitgenössischen Kritik als ›belanglos‹ taxiert

---

14 Es gibt tatsächlich nur sehr wenige wissenschaftliche Arbeiten oder Einträge in Lexika zu Kerndörffer. Die Informationen zu ihm beruhen in erster Linie auf folgenden Texten: Meyer-Kalkus: Kleist und H.A. Kerndörffer, S. 55–88; Killy: Literatur Lexikon. Bd. 6, S. 299–300; Kosch: Deutsches Literatur-Lexikon, Bd. 8, S. 1085; Weidemeier: Kerndörffer.
15 Meyer-Kalkus: Kleist und H.A. Kerndörffer, S. 55, 62.
16 Weidemeier: Kerndörffer, S. 55.
17 Ebd., S. 53.
18 Ebd., S. 54.
19 Ebd., S. 55.

wurden.[20] Kerndörffers Textkonvolut beinhaltet somit eine beeindruckende Vielfalt an Gattungen. Dabei machen besonders die Abenteuerromane einen ziemlich abgedroschenen Eindruck. Dies zeigt sich schon am Beispiel des in mehreren Auflagen 1821 erschienenen Abenteuerromans *Lorenzo, der kluge Mann im Walde, oder das Banditenmärchen,* in dem ein zu Unrecht in den Wald verbannter »Staatsmann« mit dem Übernamen »Lorenzo« gegen die »Verschwörung vom schwarzen Bunde« des Staates Ysamo kämpft und selbstverständlich rehabilitiert wird.[21] Nach demselben Muster sind die meisten weiteren Räuber- und Abenteuerromane gestrickt: Ein Ausgestoßener, ein Außenseiter kämpft in einer wilden Welt (Wald, Gebirge, etc.) gegen einen bösartigen Feind, welcher nicht nur den Helden aus der Umgebung des Staates oder des Hofes intrigant und / oder gewaltsam entfernt hatte, sondern dadurch auch die (Hof-)Staatssicherheit gefährdet.[22]

3 Der collagierte Zaubertrick

In Zusammenhang mit der Collage von Kurt Schwitters sind die Lehrbücher für Zauberei und Kryptographie besonders interessant. Einen kleinen, (wohl gänzlich unfreiwillig) selbstbezüglichen Witz liefert ein Titel zur Kryptographie:

> Leicht fassliche Anleitung zur Kryptographie oder den verschiedenen Arten der geheimen Schreibekunst, in Verbindung mit der Stenographie und Tachygraphie oder Geschwindschreibekunst und ihrer Anwendung für die mannichfaltigen Verhältnisse und Angelegenheiten des Staatslebens neuerer Zeit (Leipzig 1835).[23]

Es scheint hier der gesamte Texttitel gegen die ersten drei Worte »Leicht fassliche Anleitung« angelegt zu sein. Genau dieser in sich selbst leicht kryptische Titel ist symptomatisch für die Figur Kerndörffers. Er verfügt über ein ›Leben‹ und ›Werk‹,

---

20 Z. B. in der *Neuen allgemeinen Bibliothek*, Siehe: Weidemeier: Kerndörffer, S. 80.
21 Weidemeier: Kerndörffer, S. 79–80.
22 Zudem nennenswerte, weil auch sprechende Titel sind zum Beispiel der in zwei Bänden erschienene *Ullo, der Barde des Gebirges oder Die Schreckgeister in den Klüften des Chilo-Felsens* von 1806 (vgl. Kosch: Deutsches Literatur-Lexikon, Bd. 8, S. 1085; Weidemeier: Kerndörffer, S. 81) oder *Dämonio, der umherwandelnde Unhold, oder Das verschleierte Bild auf den Höhen des Schreckhorns. Eine abenteuerliche Erzählung* (Leipzig 1807) (vgl. Kosch: Deutsches Literatur-Lexikon, Bd. 8, S. 1085; Weidemeier: Kerndörffer, S. 83).
23 Es erweist sich als schwierig, dieses Werk bibliographisch einzuordnen. So wird es zum Beispiel in einem umfassenden Band zur Stenographie von 1895 erwähnt. Faulmann: Stenographie, S. 98.

das genau diese beiden Kategorien unsicher werden lässt. Angesichts der Breite seiner Tätigkeiten und seiner schriftlichen Arbeit stellt sich die Frage, ob hier ein (literarischer) Taschenspieler am Werk ist. Im Zentrum der Collage findet sich ein Taschenspieler, der etwas mit der zu Beginn schon formulierten These zu tun hat: Autorschaft wird als Prozess im ›Taschenspielertrick‹ ausgestellt. Es ist eine Figur abgebildet, die ein Ei in der Hand hält und über einen Tisch mit einer Flasche und ausgelegten Spielkarten gebeugt ist. Im Vordergrund ist zudem eine weitere Hand zu sehen, die einen Becher hält. Um nochmals auf die Behauptung zurückzukommen, dass der oben links abgebildete Name Kerndörffer etwas mit der Figur im Zentrum zu tun habe, muss Folgendes vorausgeschickt werden: Kerndörffer machte sich nebst den oben erwähnten Bereichen zudem einen Namen als Verfasser und Herausgeber mehrerer Zauberbücher.

So finden sich Titel wie zum Beispiel Der kleine Taschenspieler und Magiker, oder Anweisung, verschiedene Taschenspielerkünste und magische Täuschungen mit wenigen Kosten nachzumachen. Zur Unterhaltung und Belehrung für manches unerklärbar Scheinende (Leipzig 1801)[24] und Carlo Boscos Zauberkabinet, oder das Ganze der Taschenspielerkunst, welches bis 1899 21 Auflagen erreichte.[25] Gerade letztgenanntes offenbar weitverbreitetes Werk birgt die Unsicherheit, ob Kerndörffer, der als Herausgeber erscheint, nicht doch auch Autor des Werks gewesen ist. Ob die Figur in der Mitte »Carlo Bosco« oder sonst einen prototypischen Zauberer darstellt, kann nicht abschließend geklärt werden. Entscheidend ist hier, wie Referenzbildung und die Unsicherheiten bezüglich dieser Referenzbildung auf der Ebene der Autorschaft konvergieren. Die Referenzen sind in vielerlei Hinsicht zweifelhaft. Das Phänomen ›Kerndörffer‹ führt gerade nicht in die Würde und (wissenschaftliche) ›Klarheit‹, die sich im ersten Wort der Collage manifestieren: »Professor«. ›Kerndörffer‹ verschiebt sich vielmehr zum Zauberer im Zentrum in doppelter Hinsicht: als Verfasser magischer Schriften und als Figur des Zauberers selbst. In beiden Fällen bleiben Kerndörffer und Bosco komplett unsichere Instanzen. Es scheint sich, wie es auf Italienisch der Name »Bosco« schon sagt, nicht ein statisches Zentrum, sondern – auf Deutsch – ein »Wald«, ein undurchsichtiges Geflecht zu eröffnen. So führt das Zentrum, in seiner Punktualität entäußert und einer rhizomatischen Struktur unterworfen, in die Paradoxie des ›Zentrums‹ ohne Zentrum. Und das ist zugleich der Taschenspielertrick und – auf Basis der Autorschaft – eine entscheidende Problematik von Referenz: Es gibt oft starke Hinweise, die auf den Pfad der Verortung des

---

24 Weidemeier: Kerndörffer, S. 54.
25 Ebd.

›Kunstwerks‹ führen, also Anreize schaffen, die der Referenzbildung dienen sollen, dabei jedoch nur ins Leere laufen lassen. Die Bedingung der Möglichkeit zur Referenzbildung ist selbst Grund, diese zu verhindern. Um diesen Prozess darzulegen, lohnt sich ein Blick auf die Fotographie Schwitters in der Collage.

4 Die Bilder Schwitters

Die Fotographie stellt zweifelsfrei Schwitters selbst dar. Es gibt nebst der ›Unterschrift‹, die hier – links oben – paradoxerweise als Überschrift fungiert, wohl kaum stärker verifizierende Hinweise auf die ›autoritäre‹ Referenz: das Erscheinen des Autors in Text und Bild. Beide, Bild und Unterschrift, stecken nicht nur das Territorium des geistigen Eigentums ab, sondern werden gerne als Folien von Sinnstabilisierungen benutzt. Schon die Tatsache, dass diese Referenzbildung hier im wahrsten Sinn des Wortes in-szeniert ist, disqualifiziert jeglichen Versuch, zum Zentrum der Collage vorzudringen. Jede Inszenierung entwirft selbst ein Bild und kann nicht selbst Ursprung sein. Die Tatsache, dass die Inszenierung der Selbst-Referenz auf dem Hintergrund einer Collage geschieht, ironisiert die Inszenierung zusätzlich.

Eine Collage vereint aus dem Zusammenhang gerissene Versatzstücke wie beispielsweise aus Text-, Bild- und Holzelementen und ordnet sie neu. Auf diese Weise wird das Durchbrechen einer sequentiellen, logischen Ordnung präsentiert, was wiederum eine Fokussierung auf formale Aspekte erleichtert. So wirkt sich auch die Autorität des Bildes Schwitters und seiner Unterschrift destabilisierend aus. Der Autor übernimmt keine Referenzfunktion, obwohl er und sein Schaffen immerfort inszeniert werden. Dies zeigt sich nicht nur an den Fotographien und an den Unterschriften. Bei den schwierig zu entziffernden handgeschriebenen Wörtern auf der linken Seite der Collage handelt es sich um einen Auszug aus dem lautmalerischen Gedicht *Nießscherzo* aus dem Jahre 1936.[26] Allerdings scheint das Gedicht für die Collage verändert worden zu sein. Die Reihenfolge der Lautzeilen »Tesch«, »Haisch«, »Tschiiaa«, »Haisch«, »Happaisch«, usw. stimmt nicht mit der Reihenfolge in Friedhelms Lachs Gesamtausgabe überein.[27] Das handschriftliche *Nießscherzo* mit der klar sichtbaren Fotographie

---

26 Wie Sigrid Franz richtig bemerkt, muss die Datierung in der von Friedhelm Lach herausgegebenen umfangreichen Werksausgabe korrigiert werden. Das Gedicht – so geht es aus einem Brief an Annie Müller-Widmann hervor – ist erst im Herbst 1937 entstanden. Franz: Merz-Ästhetik, S. 125.
27 Schwitters: *Nießscherzo*, S. 244–245.

Schwitters findet seine (subversive) Entsprechung auf der Seite rechts unten, nämlich dort, wo das Foto Schwitters verkehrt wird und dies gleich in doppelter Hinsicht: Einerseits ist Schwitters um die horizontale und vertikale Achse gedreht, andererseits wird er fotonegativ dargestellt, das heißt: hell wird dunkel und umgekehrt. Diese fiktiven Achsen schneiden sich in der Mitte der Collage, im Kopfbereich der zaubernden Figur. Betrachtet man die Farbgebung, so passt das Fotonegativ auf die Seite rechts unten schon nur aufgrund der ›Dunkelheit‹, als müsste sie auf die ›Nachtseite‹ unserer (lese)gewohnten Hierarchisierung aufmerksam machen: rechts unten, neben der ›Zahlenmagie‹ des *Gedichts 25 elementar*,[28] das sich drohend zum Kreuz formiert. Die ›Nachtseite‹ der Schrift (»vérité noire de l'écriture«) ist nach Roland Barthes jene ›Seite‹, die nicht der klaren Kommunikation dient, sondern verbirgt und für die Unwissenden sich hin zur Kryptographie entwickelt.[29] Auf dieser Seite wird Kurt Schwitters als klare Referenz tatsächlich gewesen sein, »ehemals«, wie schon ganz oben in der Collage ›angekündigt‹.

Beim *Gedicht 25 elementar* handelt es sich um ein lyrisches Werk Schwitters, welches schon um 1926 entstanden ist. Bemerkenswert ist also, dass Schwitters nicht nur seine Person in Verbindung mit Kerndörffer darstellt, sondern auch eigene Werke um die Figur des Zauberers anordnet. Dass gerade diese Gedichte die beiden Fotografien Schwitters umrahmen, scheint nicht zufällig. Der onomatopoetischen Seite (*Nießscherzo*) wird die Zahlenpoesie gegenübergestellt. Die bei Zahlenreihen übliche Logik ist allerdings nicht feststellbar. Dennoch verführt gerade das Gedicht zum Herstellen solcher Logiken, wie zum Beispiel in Zahlen, die für Buchstaben stehen, in Zahlen, die addiert, subtrahiert, multipliziert oder dividiert einen Sinn ergeben sollten, es aber in keiner Weise tun. Vielleicht liegt darin auch der Grund, wieso das *Gedicht 25 elementar* auf der ›dunklen Seite‹ liegt. Selbst Zahlen, die eigentlich einer streng logischen Funktionsweise folgen, sind hier in ihrer Kombination undurchschaubar, sodass auch sie nicht an das ›Licht‹ führen. Was sich somit hier deutlich zeigt: Trotz und gerade wegen dem

---

28 Schwitters: *Gedicht 25 elemtar*, S. 204.
29 Roland Barthes zeigt im Kapitel *Verbergen* in seinem Essay *Variations sur l'écriture* auf, dass die (zeitgenössischen) Sprachforscher sich zu sehr auf die kommunikative Funktion der Sprache stützen. Nach Barthes hat die Sprache auch eine verbergende Funktion. Dies zeigt sich zum Beispiel dort, wo sich die Sprache aus religiösen und sozialen Gründen nicht allen verfügbar macht. Dabei geht Barthes in erster Linie auf die immer auch mitzudenkende nicht-kommunikative Funktion der Schrift ein. Als einleuchtendes Beispiel erwähnt er das Manuskript, das umso persönlicher »gilt, je schwieriger sie [Schrift] zu lesen ist«. Barthes: Variations sur l'écriture, S. 23–27.

penetranten Verweis auf den Autor und seine Werke, werden *der* Autor und *sein* Werk immerfort subvertiert.

5 Zusammenfassung und Ausblick

Der Prozess in dieser Collage ist das gleichzeitige Verdecken und Enthüllen: Fotopositiv – Fotonegativ, Referenz – ~~Referenz~~, Schwitters – Kerndörffer, *Nießscherzo – Gedicht 25 elementar*. Diese Konstallation dynamisiert die nur scheinbar stabilen Begebenheiten und führt dazu, dass der Autor als stabile Entität unmöglich ist, aber gleichzeitig durch die Inszenierung der Autorität als Prozess ermöglicht wird. ›Taschenspielertrick‹ wurde dieser Prozess hier genannt, weil er nur verblüffend das (in sich selbst) unsichere Resultat eines Prozesses zum Vorschein bringt, eines Prozesses, der paradoxerweise die Verflüchtigung *der* Autorreferenz in der Fokussierung auf *die* Autorreferenz initiiert: die Entfokussierung oder Destabilisierung erfolgt durch die Fokussierung oder die mögliche Stabilisierung. Der ›Taschenspieler‹ in der Mitte steht für einen Prozess, an dem er gleich selbst beteiligt ist: Indem er in seiner gesamten materiellen Präsenz sich als Referenz auslöscht. Es ist die gleichzeitige Möglichkeit zur Referenzbildung und die Subversion dieser Möglichkeit oder anders gesagt: Das stetige Verweisen auf die Referenz der Autorschaft ist hier Taschenspielertrick.

Es ist schwierig, die Ebene der hier untersuchten Collage zu verlassen und den anfänglich erwähnten Bezug zwischen *Autor*referentialität und *Auto*referentialität zu verallgemeinern. Autoreferentialität heißt nicht, dass Autorschaft eine Rolle spielen muss. Vielmehr eröffnen sich am Beispiel der Autorschaft die wohl interessantesten und auch anschaulichsten Spielarten von Autoreferentialität. Im Zusammenhang mit der Collage sind zwei Punkte für eine zukünftige Forschung zentral: Es gibt gerade zu Schwitters »Merz«-Begriff zahlreiche fundierte Untersuchungen, die daraus – manchmal im Vergleich mit weiteren Dadaisten – ein ästhetisches Prinzip für die »Merzkunst« selbst und / oder die gesamte Avantgarde abzuleiten versuchen.[30] Vielleicht ist es ergiebiger, die Kunst aus ihrem hermetischen Dasein als spezifische Avantgarde- oder Dadakunst zu lösen und

---

30 Siehe dazu: Franz: Merz-Ästhetik; Fux: Merzwelt; Reumkens: Allotria ad absurdum; Winkelmann: Abstraktion. Die Ausnahme bilden hier Hans-Jürgen Hereths rezeptionsästhetisch orientierter Text *Die Rezeptions- und Wirkungsgeschichte von Kurt Schwitters, dargestellt anhand seines Gedichts ›An Anna Blume‹* und vor allem Beatrix Nobis lesenswerte Studie zu *Kurt Schwitters und die Romantische Ironie*. Nobis legt dar, wie Schwitters Schaffen in der Tradition der Romantischen Ironie steht und als philosophisch-ästhetisches Problem zu betrachten ist.

vermehrt in zwei Bereiche zu blicken: Zum einen betrifft dies den diskursgeschichtlichen Kontext. Es ist wohl kaum ein Zufall, dass die Dadaisten die Kunst in einer Zeit zu reformieren versuchten, die angelehnt an die verschiedenen »Lebensreformbewegungen« auch schon »Laboratorium der Moderne« genannt wurde.[31]

Zweitens lässt sich auch eine komplexe literaturtheoretische Beobachtung wie Autoreferentialität zweifelsohne gerade an Texten und Kunstwerken jenseits des literarischen Höhenkamms sehr anschaulich darlegen. Deshalb sollte hier auch klar geworden sein, dass Autoreferentialität nicht nur als Avantgarde-Collage fruchtbar wird, sondern auch – wie anfänglich gezeigt – als trivialer Spaß, mit dem nicht nur angehende Doktoren, sondern auch *Die Ärzte* gerne operieren.

Bibliographie

Barthes, Roland: *Variations sur l'écriture. Variationen über die Schrift.* Französisch – Deutsch. Mainz 2006.
Benjamin, Walter: »Der Sürrealismus. Die letzte Momentaufnahme der europäischen Intelligenz«. In: Opitz, Michael (Hrsg.): *Walter Benjamin. Ein Lesebuch*. Frankfurt a. M. 1996, S. 149–164.
Bode, Christoph: *Ästhetik der Ambiguität. Zur Funktion und Bedeutung von Mehrdeutigkeiten in der Literatur der Moderne.* Tübingen 1988.
Buchholz, Kai / Rita Latocha / Hilke Peckmann / Klaus Wolbert (Hrsg.): *Die Lebensreform. Entwürfe zur Neugestaltung von Leben und Kunst um 1900*, 2 Bde. Darmstadt 2001.
De Man, Paul: *Allegorien des Lesens.* Frankfurt a. M. 1988.
Die Ärzte, »Junge«. In: *Jazz ist anders* (Album). Berlin 2007, Stück Nr. 6.
Faulmann, Karl: *Geschichte und Litteratur der Stenographie.* Wien 1895.
Franz, Sigrid: *Kurt Schwitters' Merz-Ästhetik im Spannungsfeld der Künste.* Freiburg i. Br. u. a. 2009.
Fux, Evelyn: *Schnitt durch die verkehrte Merzwelt. Konzeptionen des Narrativen in der Prosa von Kurt Schwitters.* Berlin 2007.
Hereth, Hans-Jürgen: *Die Rezeptions- und Wirkungsgeschichte von Kurt Schwitters, dargestellt anhand seines Gedichts ›An Anna Blume‹.* Frankfurt a. M. 1996.
Killy, Walther (Hrsg.): *Literatur Lexikon. Autoren und Werke deutscher Sprache,* Bd. 6. Gütersloh / München 1990, S. 299–300.

---

[31] Umfassende Arbeiten zur Lebensreformbewegung, welche auch die jeweiligen Kunstrichtungen prominent behandeln – ohne jedoch genauer auf die Dadaisten einzugehen – gibt es einige. Die zwei wohl wichtigsten sind einerseits das von Kai Buchholz, Rita Latocha, Hilke Peckmann und Klaus Wolbert herausgegebene, zweibändige *Die Lebensreform* und andererseits das *Handbuch der Deutschen Reformbewegungen 1880–1933*, herausgegeben von Diethard Krebs und Jürgen Reulecke.

Krebs, Diethard / Jürgen Reulecke (Hrsg.): *Handbuch der Deutschen Reformbewegungen 1880–1933.* Wuppertal 1998.
Lach, Friedhelm (Hrsg.): *Kurt Schwitters. Das literarische Werk,* Bd. 1 (Lyrik). Köln 1973.
Lickhardt, Maren: »Selbstreferenz/Fremdreferenz – Joseph Roth«. In: Werber, Niels (Hrsg.): *Systemtheoretische Literaturwissenschaft. Begriffe – Methoden – Anwendungen.* Berlin / New York 2011, S. 363–372.
Luhmann, Niklas: *Soziale Systeme. Grundriß einer allgemeinen Theorie.* Frankfurt a. M. 1987.
Luhmann, Niklas: *Die Wissenschaft der Gesellschaft.* Frankfurt a. M. 1992.
Luhmann, Niklas: *Die Gesellschaft der Gesellschaft,* 2 Bde. Frankfurt a. M. 1998.
Luhmann, Niklas: *Einführung in die Systemtheorie. Vorlesungsskript.* Hrsg. v. Dirk Baecker. Heidelberg 2009.
Maturana, Humberto R.: »Autopoiesis«. In: Zeleny, Milan (Hrsg.): *Autopoiesis. A Theory of Living Organization.* New York / Oxford 1981, S. 21–33.
Meyer-Kalkus, Reinhart: »Heinrich von Kleist und Heinrich August Kerndörffer. Zur Poetik von Vorlesen und Deklamation«. In: Blamberger, Günter (Hrsg.): *Kleist-Jahrbuch 2001.* Berlin 2001, S. 55–88.
Nobis, Beatrix: *Kurt Schwitters und die romantische Ironie. Ein Beitrag zur Deutung des Merz-Kunstbegriffes.* Alfter 1993.
Reumkens, Noël: *Allotria ad absurdum. Schwitters' Merzlyrik als Resonanzdimension.* Bielefeld 2007.
Rupp, Heinz / Carl Ludwig Lang (Hrsg.): *Wilhelm Kosch. Deutsches Literatur-Lexikon. Biographisch-bibliographisches Handbuch.* 3. Aufl. Bd. 8. Bern 1981, S. 1085.
Schwanitz, Dietrich: *Systemtheorie und Literatur. Ein neues Paradigma.* Opladen 1990.
Schwitters, Kurt: »Gedicht 25 elementar«. In: Lach (Hrsg.): *Kurt Schwitters,* S. 204.
Schwitters, Kurt: »Nießscherzo. Das Ganze niesen«. In: Lach (Hrsg.): *Kurt Schwitters,* S. 244–245.
Schwitters, Kurt: »Ohne Titel (Collage)«. In: Lach (Hrsg.): *Kurt Schwitters,* S. 287.
Seelhorst, Jörg: *Autoreferentialität und Transformation.* Tübingen / Basel 2003.
Weidemeier, Hartmut: *Heinrich August Kerndörffer. Untersuchungen zum Trivialroman der Goethezeit.* Bonn 1967.
Wellbery, David E.: »Das Gedicht. Zwischen Literatursemiotik und Systemtheorie«. In: Fohrmann, Jürgen / Harro Müller (Hrsg.): *Systemtheorie in der Literatur.* Frankfurt a. M. 1996, S. 366–383.
Wellbery, David E.: »Retrait/Re-entry. Zur poststrukturalistischen Metapherndiskussion«. In: Neumann, Gerhard (Hrsg.): *Poststrukturalismus. Herausforderung an die Literaturwissenschaft.* Stuttgart / Weimar 1997, S. 194–207.
Winkelmann, Judith: »Abstraktion als stilbildendes Prinzip in der Lyrik von Hans Arp und Kurt Schwitters«. In: *Bochumer Schriften zur deutschen Literatur,* Bd. 47. Hrsg. v. Martin Bollacher / Hans-Georg Kempner / Uwe-K. Ketelsen / Paul Gerhard Klussmann. Frankfurt a. M. 1995.

Clemens Götze

»Ein Autor ist etwas ganz und gar erbärmliches und lächerliches« [1]

Autorschaft als Inszenierung bei Thomas Bernhard

Abstract: Dieser Beitrag widmet sich den bislang kaum erforschten Autorschaftskonzeptionen Thomas Bernhards am Beispiel des hier dem literarischen Gesamtwerk zugerechneten Leserbriefes. Die Untersuchung verdeutlicht, dass diese Art der öffentlichen Stellungnahme kaum für den Erkenntnisgewinn von Bernhards poetologischem Konzept herangezogen werden kann, da ihre Performativität im Sinne von Inszenierung und Performance dies nicht zulässt. Stattdessen wird der Begriff der Autorschaft für das Verständnis von Thomas Bernhards öffentlichen Auftritten fruchtbar gemacht, um so jener Forschungstendenz entgegenzuwirken, die das Werk des Autors vorwiegend vom Text losgelöst zu erklären versucht. Ausgehend von einer Kontextualisierung der rezeptionsästhetischen Wirkung Thomas Bernhards durch seine Interviewkunst richtet sich die Untersuchung auf die Analyse performativer Effekte seiner Autorschaft im Leserbrief und ermöglicht so, Bernhards öffentliche Statements neu zu bewerten und in ihrer Wirkungsweise sowie Produktivität als nicht nur durch die Medien gesteuerte Werkkomponente aufzufassen, sondern gleichsam den literarischen Stellenwert dieser Gespräche vor dem Hintergrund einer intensiven Autorreferenzialität abzubilden.

1 Der Interviewkünstler und Leserbriefverfasser Thomas Bernhard

Thomas Bernhard war ein Meister der Verstellung, der seine Selbstdarstellung bei öffentlichen Auftritten über Jahre hinweg perfektionierte. [2] Privatheit stets

---

[1] Fellinger / Huber u. a. (Hrsg.): Der Briefwechsel, S. 62.
[2] Zu den Inszenierungspraktiken von Autoren jenseits literarischer Textpublikation als »resonanzbezogene paratextuelle und habituelle Aktivitäten und Techniken« vgl. Jürgensen / Kaiser: Schriftstellerische Inszenierungspraktiken, S. 9–18 sowie Grimm / Schärf (Hrsg.): Schriftsteller-Inszenierungen. Zur Genese des Autoreninterviews vgl. Heubner: Das Eckermann-Syndrom.

ausblendend und das literarische Werk in den Vordergrund stellend schuf Bernhard einen Inszenierungskosmos mit frappanter Eigendynamik, der die Rezeption seines Werkes bis heute prägt, indem beispielsweise das Skandalöse seines Werkes die Rezeption der Texte überlagert.[3] Ein wesentlicher Grund für diesen Trend ist neben Bernhards prägnanter Medienpräsenz wohl sein Werk selbst, denn gerade weil Bernhards Texte »sich uns zu entziehen [scheinen], widmen wir uns – und das nicht ohne Grund – auch der Figur Bernhard«.[4] Daher ist die Frage nach der Inszenierung von Bernhards Autorschaft hinsichtlich des Werkverständnisses keinesfalls peripher, denn erstens wurde und wird das Interesse an diesem Autor durch das literarische Werk begründet und zweitens konzentriert sich die Selbstdarstellung Thomas Bernhards in der Öffentlichkeit auf eben dieses Thema einer gezielten Lancierung von Autorschaft.[5] »Bernhard ist zur Kunstfigur geworden, und sein Werk lässt sich nicht mehr ablösen von der Wirkung, die es gehabt hat«.[6] Die Wirkung des Werkes basiert überdies auf dem Phänomen der Medienfigur Thomas Bernhard, die gleichsam als Produkt ihrer Rezeption entsprechend kritisch bewertet werden muss: »Was wir heute ›Thomas Bernhard‹ nennen, ist auch eine mediale Kunstfigur, deren ›Eigenes‹ unter der Flut von Simplifikationen zerstört worden ist«.[7] Neben den öffentlichen Auseinandersetzungen um das Werk haben vor allem seine Interviews als Bausteine für das mediengemachte Bild der Autorfigur Bernhard fungiert, also jene später verschriftlichten und als Text publizierten Fernsehgespräche, an welche aufgrund eben dieser Medialität gewiss nicht grundsätzlich dieselben Analysemaßstäbe anzulegen sind als an von vornherein geschriebene (literarische) Texte.[8] Als schier unerschöpflicher Zitatfundus dienen sie der Illustration interpretativer Hypothesen zur Poetik[9]; die bedeutsame Stellung im Kontext des

---

3 Bentz: Dichtung als Skandal; Ellrich: Tragikomödie des Skandals; Konzett: Publikumsbeschimpfung.
4 Schmidt-Dengler: Der Übertreibungskünstler, S. 176f.
5 Wie Georg Franck anmerkt, ist der »verbindliche Stil unserer Epoche [...] eine Medienästhetik, weil alles, was öffentliche Geltung gewinnen will, entweder durch die Medien hindurch muß oder in der Konkurrenz mit der Attraktionskraft der Medien bestehen muß« (Franck: Ökonomie der Aufmerksamkeit, S. 174).
6 Schmidt-Dengler: Der Übertreibungskünstler, S. 130.
7 Pfabigan: Thomas Bernhard, S. 11.
8 Es wäre fatal, die Interviews rein paratextuell zu verorten. Genette verkennt das literarische Potenzial dieser Textsorte, auch wenn er von »einem gesellschaftlichen Spiel« spricht (vgl. Genette: Paratexte, S. 343–346).
9 So etwa bei Huntemann: Artistik und Rollenspiel; Mariacher: »Umspringbilder«; Kovács: Richter und Zeuge. Allgemein zu dieser Problematik von Autoreninterviews Hoffmann: Das Interview als Kunstwerk, S. 276.

Gesamtkunstwerks ›Thomas Bernhard‹ ist jedoch bisher nur unzureichend diskutiert. Da in jenen Texten auf nahezu allen Textebenen deutliche Parallelen zum literarischen Werk des Dichters auszumachen sind, fungieren sie als Bestandteil des literarischen Gesamtwerkes [10] und verdienen daher ebenso wie die zahlreichen Leserbriefe entsprechend Aufmerksamkeit. [11] Trotzdem sind die Arbeiten zu dieser Thematik bislang sehr überschaubar. [12]

Gleichwohl ist die Nähe von Gesprochenem und Geschriebenem bei Thomas Bernhard markant, denn »jene proto-poetischen Qualitäten des mündlichen Austausches [...], die sich im literarischen Werk schriftlich gesteigert und reflektiert finden«, lassen sich ebenso in den öffentlichen Stellungnahmen des Autors nachweisen, woraus zu schließen ist, dass in der Kunstfigur Bernhard ein Autorschaftskonzept über die Wirklichkeit der Texte hinaus getragen wird. [13] Das textuelle Kompositionsmuster des Werkes findet in Interviews und Leserbriefen nicht nur nachweislich seine struktural-thematische Fortsetzung, sondern dient zudem der Auratisierung von Thomas Bernhards Literatur. [14]

Das Filminterview *Drei Tage* (1970) stellt das Initiationsmoment für eine pauschal als Vermarktungsstrategie zu begreifende Autorschaftsdarstellung innerhalb seines Werkes dar, die mit den Interviewfilmen *Monologe auf Mallorca* (1981) und *Die Ursache bin ich* (1986) ihre künstlerisch-ästhetische Vervollkommnung findet. Darin kreiert Thomas Bernhard aus Werkzitaten Sentenzen, die vermeintlich erklärend Biographie und Schaffen beschreiben, und damit eine bis dahin beispiellose Symbiose aus Literatur und Autorperson begründen. Jenes Spannungsverhältnis seiner Autorschaft aus sich in die Texte einschreiben und gleichsam distanzieren beherrscht das literarische Werk ebenso wie die

---

10 Vgl. Janke: Schriftsteller als Ikonen, S. 79 sowie Billenkamp: Thomas Bernhard, S. 398. Andreas Herzog konstatiert, dass Thomas Bernhard seine Interviews »als gleichberechtigten Teil seines Werkes betrachtete« (Herzog: Vom Nutzen verlegerischer Wettkämpfe, S. 130).
11 Zum Quellenwert dieser Texte vgl. auch Schmidt-Dengler: Vorwort, S. 15.
12 Derzeit liegt lediglich eine umfangreiche Analyse zur Stilistik der Interviews vor (Stiftner: Thomas Bernhards Interviews) sowie ein Beitrag zu den Leserbriefen von Bayer: Das Gedruckte und das Tatsächliche.
13 Vellusig: Bernhards Gesprächs-Kunst, S. 32.
14 »Die mediale Präsenz Bernhards – am besten wahrnehmbar in den von ihm mit souveränem Witz gestalteten Interviews – diente so weniger seinem Werk als der Konturierung einer singulären Autorfigur, die sich der Öffentlichkeit um so deutlicher einprägte, je mehr sie sich ihr ostentativ entzog« (Huber / Schmidt-Dengler: Umspringbilder, S. 1770). Über den Umweg der Rezeption dieser Wirkung diente sie schließlich aber doch seinem Werk.

Interviews und Leserbriefe.[15] Durch dieses Rollenspiel erreicht er als Autor einen Wiedererkennungseffekt, der als Basis für die strategische Konstruktion fungiert: Bernhards literarische Autorschaft gründet sich auf eben dieses Moment, in welchem er unverkennbar mit seinem Werk verschmilzt und zu einer Art von kommentierendem Überautor wird, der auch sich selbst in einer fiktivkonstruierten, zugleich real-existierenden Welt als Kunstfigur erschafft und damit untrennbar wird von seiner Literatur.[16]

Mit der Rede über sich selbst, die eigentlich eine Rede über das Werk und sein Verständnis der eigenen Autorschaft ist, gelingt Thomas Bernhard die eigene figurale Überhöhung: »Ich bin ja auch irgend so eine Figur, die in der Gesellschaft auftritt, manchmal, und so was weismacht, von sich gibt, von sich spricht natürlich, auch Leute überzeugen will [...]«.[17] In dem Moment, da Bernhard sich selbst als Figur bezeichnet und im Hinblick auf sein autobiographisches Werk vom »Umweg über das Theatralische« spricht, gelingt ihm im Interview die Stilisierung des eigenen Lebens als Rolle in einer Art von Bühnenstück.[18] Was Robert Vellusig für das Prosawerk des Autors konstatiert, gilt in gleicher Weise für dessen öffentliche Auftritte:

> Die Inszenierungstechnik der Bernhardschen Prosa, die schriftliche Objektivierung der sprachlichen Selbstdarstellung, setzt die Redestrategien der literarischen Figuren der Reflexion und zunehmend [...] auch der Selbstreflexion aus. Als elementare Verfahrensweisen dieser Erlebnisverarbeitung nennt Bernhard die Beobachtungs- bzw. Übertreibungskunst, Wahrnehmungs- und Artikulationstechniken, also, die nicht im Sachbezug, sondern im Personbezug der Rede fundiert sind.[19]

Damit entwirft Thomas Bernhard ein performatives Konzept von Autorschaft,[20] das methodisch auf dem Wiederholungsschema[21] der Selbstzitation basiert.[22]

---

15 Bernhards literarisches Kompositionsprinzip hat grundsätzlich in der Konstruktion von Gegensatzpaaren und Ambivalenzstrukturen seine wohl deutlichste Ausprägung erfahren. Vgl. dazu Ludewig: Großvaterland, S. 60.
16 Schütte nennt dieses Vorgehen »eminent theatralische Inszenierungen«, wobei durch das Rollenverhalten Bernhards »viel über die Notwendigkeit, sich in der Öffentlichkeit einen ›Schutzpanzer‹ anzulegen« verraten werde. (Schütte: Thomas Bernhard, S. 114).
17 Bernhard: Wahrheit, S. 148.
18 Vgl. Stiftner: Thomas Bernhards Interviews, S. 106.
19 Vellusig: Gesprächs-Kunst, S. 43.
20 Zur konstitutiv-konstruktiven Funktion des Performativen vgl. Culler: Fortunes of the Performative, S. 507. Zum Zusammenhang von performativen Inszenierungen und Autorschaft vgl. Schaff: Der Autor als Simulant, S. 428.

Die Spezifik der performativen Inszenierung[23] gründet auf einem rhetorisch-performativem Prinzip innerhalb des Textes,[24] das die Autorinstanz immer wieder bestätigt und in Erinnerung ruft,[25] und schließlich die strategische Basis von Bernhards Autorschaft vor dem Hintergrund seiner Etablierung im literarischen Feld darstellt.[26]

Es ist bemerkenswert wie sehr der Autor Thomas Bernhard seine eigene Medienpräsenz forcierte, wohingegen die moderne Medienwelt – mit Ausnahme von Printerzeugnissen – in seinen Texten weitgehend unerwähnt bleibt.[27] Trotzdem war Thomas Bernhard stets ein fleißiger Leserbriefschreiber und wusste auf diesem Wege einen Teil der öffentlichen Aufmerksamkeit durch seine Inszenierung von Autorschaft zu beeinflussen. In Anlehnung an seine Interviews fungierten diese Leserbriefe, die meist in renommierten Tageszeitungen erschienen, als Träger seines performativen Autorschaftskonzeptes.[28] Hinsichtlich der Wirkung Thomas Bernhards fällt ihnen ein besonderer Stellenwert zu, weswegen es überrascht, dass bislang kaum nennenswerte Analysen zu diesem durchaus umfangreichen Textkorpus vorliegen.[29] Aus diesem Grund erscheint es notwendig, die Untersuchung auf diesen noch immer kaum ausgeleuchteten Aspekt von Bernhards Autorschaft auszurichten und beispiel-

---

21 Wie Sybille Krämer zeigt, ist die Wiederholung das konstitutive Element ursprünglicher Performativa, also das Ritual der »formelhaften Rede«. Vgl. Krämer: Gedanken über Performativität, S. 335.
22 Diese Verbindung sei im Sinne Fischer-Lichtes verstanden, die Performance als Paradigma zeitgenössischer Kunst auffasst, »weil in ihr referentielle und performative Funktion in ein neues spannungsvolles Verhältnis zueinander treten« (Fischer-Lichte: Performative Kultur, S. 293).
23 Zur Inszenierung als Erzeugungsstrategie vgl. Fischer-Lichte: Ästhetik des Performativen, S. 25.
24 Vgl. dazu Steiner: Dargestellte Autorschaft, S. 58.
25 »Das Performative ist dabei nicht etwas, was dem Text entgegengestellt wäre, was ihn transzendiert in eine andere Dimension, sondern ein immanentes Moment des Textes selbst: es gibt keinen Text ohne Performanz, und genausowenig gibt es auch eine Performanz ohne Text« (Bucher: Repräsentation als Performanz, S. 15).
26 Dazu als prägnante Überblicksdarstellung Billenkamp: Provokation und *posture*.
27 Vgl. Sorg: Thomas Bernhard, S. 171f.
28 »Performativ« meint in diesem Zusammenhang vor allem Performance im Sinne einer theatralen Inszenierung auf der definitorischen Basis Austins als »Ausführung einer Handlung« (Vgl. Austin: How to Do Things with Words, S. 60).
29 Die einzige differenzierte Auseinandersetzung mit diesem Werkbestandteil Bernhards stammt von Bayer: Das Gedruckte und das Tatsächliche.

haft aufzuzeigen, dass diese Texte nicht hinter dem literarischen Werk zurückstehen, sondern als ein bedeutendes Forschungsobjekt zu verstehen sind. [30]

2 Inszenierte Autorschaft am Beispiel des Leserbriefes

Um Thomas Bernhards Autorschaft als Produkt einer Inszenierung,[31] die über das geschriebene Werk hinaus geht und in Korrespondenz dazu gesehen werden muss, verstehen zu können, sei zunächst verdeutlicht, dass ›Autorschaft‹ in diesem Zusammenhang als eine Instanz verstanden werden soll, die den Text klassifiziert,[32] indem ein bestimmtes Bild des Autors impliziert und auf der Ebene des Figuralen in den Text selbst hinein transportiert wird: »Autorschaft erlebt sich über die eigene Einschreibung, die sich aller generierenden Subjektivität entkleidet hat und selbstmächtig als fremdes Gegenüber handelt«.[33] Sie erfährt nichtsdestoweniger ihre Rückbezüglichkeit durch den Rezipienten des Textes, der mit einer Vielzahl an Begriffen wie ›impliziter Autor‹, ›Erzähler‹ und so weiter operieren muss. »Selbstverständlich sind diese Konzepte nicht ins Belieben des Lesers gestellt, sondern bilden als Konventionen die Grundlage für Strategien des Autors, die Lektüre des Lesers zu bedingen«.[34]

> Schreiben als mimetische Praxis – an der Grenze zur Alienation, die das Subjekt aufzulösen droht – ist an eine Lizenz gebunden, an eine soziale Investitur und Institutionalisierung. Es setzt das Verschwinden oder den symbolischen Tod des privaten Schreiber-Subjekts zugunsten eines akkreditierten Autors voraus, welcher der fortwährenden Substitution und Konfusion von Identitäten einen Rahmen gibt.[35]

Jener akkreditierte Autor ist wiederum die Personifizierung eines Konstruktes, das der empirische Autor als Rolle einnehmen kann. Sie dient nur oberflächlich

---

30 Ähnlich argumentiert Torsten Hoffmann in Bezug auf die Interviews von Heiner Müller und W.G. Sebald. (Hoffmann: Das Interview als Kunstwerk, S. 290).
31 Zu Autor-Figurationen vgl. Meier / Wagner-Egelhaaf: Autorschaft, S. 15.
32 Wie Carlos Spoerhase konstatiert, dient die »historisierende[ ] Funktion von Autorschaft« der »Bezugnahme auf den empirischen Texturheber [...] der historischen Fixierung eines Textes« sowie der »Vermeidung und dem Ausschluss von anachronistischen Interpretationen« (Spoerhase: Autorschaft und Interpretation, S. 7). »Autorschaft und philologische Interpretation lassen sich nicht unabhängig voneinander denken« (Ebd., S. 439).
33 Kleinschmidt: Autorschaft, S. 105.
34 Jannidis: Zwischen Autor und Erzähler, S. 547.
35 Pornschlegel: Der Autor und sein Double, S. 269f.

als Referenzinstanz, die Folge davon ist offensichtlich: »Im Vexierspiel der Postmoderne taucht der Autor nur noch als Folie für verwirrende Spielereien und Spiegelungen auf, nicht mehr als ernst genommene Identität«.[36] Dies trifft insbesondere für den Fall Thomas Bernhard zu. »Die Unbestimmtheit literarischer Texte [...] [macht] den Leser rezeptionsästhetisch zum (Mit-)Autor. Er kann diese Rolle indes nur einnehmen, wenn er Autorschaft verinnerlicht, wenn er den Impuls der Maskierung auf sich überträgt und diese als sein Recht beansprucht«.[37] Dieses Agreement bedeutet jedoch gleichzeitig das Anerkennen des Autors als Intentionen generierende Instanz durch den Leser, was wiederum dem Zweck der Eingrenzung von Intentionspotenzial dient.[38] Bei Thomas Bernhard ist daher von einer Forcierung seiner Autorschaft auszugehen, bei welcher der Autorname als Paratextfunktion die »Lektüre des Haupttextes [steuert]«, indem er »über den Ort des Textes im Diskurs, über den Urheber oder den Besitzer der Urheberrechte, aber auch über den empirischen Autor oder ein bestimmtes Bild desselben« informiert.[39] Eine Positionierung im kulturellen und ökonomischen Feld der Literatur erfolgt über das Label Autor.[40] Sie ist eng an eine Autorinszenierung gebunden, welche der Rezipient der Texte über das Lesen wahrnimmt und in Kombination mit seinem Wissen um den jeweiligen Autor vervollständigt; die Interpretation eines Textes erfolgt schließlich auf der Grundlage dieses Wissens.[41] Der Autorname vermittelt ein Image, er fungiert gewissermaßen als Qualitätsmerkmal und ist daher »gerade in seiner klassifikatorischen Funktion nicht ohne den empirischen Autor zu denken, dessen Auftreten und Verhalten durch Texte stilisiert und verbreitet werden kann«.[42] Für das Beispiel Thomas Bernhard und seine Texte ist die Instanz des Autors eine notwendige Bezugsebene und brauchbare Konstruktion, weil über die Informationen im Text die Verbindung zu einer Kunstfigur hergestellt wird, welche die Masken der Figuren ihrer Texte trägt: »Bernhard lässt keinen Zweifel, wer der *Meta*-Schauspieler in seinen Werken und seiner selbst ist. Seine Selbstdarstellungen bei seinen [...] Fernsehauftritten haben die lässige, weltläufige Aura seiner Erzähler«.[43]

---

36 Schaff: Der Autor als Simulant, S. 427.
37 Kleinschmidt: Autorschaft, S. 96.
38 Zur Generierung von Autorkonstrukt und Interpretation vgl. Danneberg: Zum Autorkonstrukt, S. 100.
39 Niefanger: Autor, S. 525.
40 Ebd.
41 Zur Ordnungsinstanz des Autors vgl. Jannidis / Lauer u. a.: Einleitung, S. 7.
42 Niefanger: Autor, S. 539.
43 Honegger: Thomas Bernhard, S. 274.

Mit dem folgenden Beispieltext aus dem Jahr 1979, erschienen in den *Oberösterreichischen Nachrichten* in Linz, können im Wesentlichen drei Ebenen der Autorschaft Thomas Bernhards illustriert werden, deren explizite Trennung problematisch ist, da sie immer wieder ineinander greifen: 1. die individualstilistische Ebene (linguistisch-lexikalischer Ansatz); 2. die thematisch-motivische Ebene, die den Akt des Schreibens als Motiv im Text konstruiert sowie 3. jene wirkungsästhetisch-mediale Ebene, die auf das Auftreten Thomas Bernhards als Kunstfigur rekurriert und damit die öffentliche Wirkung ausmacht. Gerade diese letzte Ebene ist für den hier betrachteten Leserbrief von Bedeutung, der aus Anlass einer zu befürchtenden Klage wegen Verunglimpfung durch das Kurzprosastück *Exempel* in Bernhards *Der Stimmenimitator* (1978) entstand. Die Tochter des Linzer Senatspräsidenten Reinulf Zamponi hatte eine Klage beim Salzburger Landesgericht eingereicht, weil sie in Bernhards Text *Exempel* ihren 1977 verstorbenen Vater verunglimpft sah. Der hier besprochene Leserbrief war die öffentliche Antwort des Autors; die Klage wurde nach der von Bernhard selbst vorgeschlagenen Namensänderung von »Zamponi« in »Ferrari« schließlich zurückgezogen. So bezieht sich sowohl der Anfang als auch das Ende dieses Leserbriefes auf die Breitenwirkung des empirischen Autors Thomas Bernhard, indem er sowohl Namen des Verfassers, Ort und Datum wiedergibt und mit »Ihr sehr ergebener Thomas Bernhard« schließt.[44] Diese offensichtlichste Funktion der dargestellten Autorschaft[45] ist charakteristisch für das Medium des Leserbriefes und findet im übrigen Werk nicht diese explizite Ausformung. Formal erfüllt der Brief die typischen Konventionen dieser Textsorte, etwa durch Nennung des Verfassers (Bernhard) sowie des Adressaten (Zamponi), wodurch beiden Personen Aufmerksamkeit zuteil wird. Wendelin Schmidt-Dengler spricht in diesem Zusammenhang von einem Paradox, das den Text einerseits aufreibt, ihn andererseits aber auch in seiner Struktur zusammenhält: »Die Identität, die der Jurist [Zamponi] nicht nachweisen kann, kann der Dichter nicht leugnen. Die Person Zamponis war doch präsent, und der Name wurde als Stimulans für eine Provokation gesetzt, auch wenn die ›tatsächliche juristische Person‹ nicht ins Spiel kommen sollte«.[46] Dass daraus ein Problem in Form einer Klage erwachsen hat können, belegt einmal mehr die gezielte Autorschaftskonzeption Bernhards, »die paradoxale Struktur des poetischen Prozesses« aufzuzeigen, indem sich »das Authentische [...] just dadurch

---

44 Bernhard: Wahrheit, S. 157.
45 Zu diesem Begriff vgl. Steiner: Dargestellte Autorschaft.
46 Schmidt-Dengler: Der Übertreibungskünstler, S. 69.

[enthüllt], daß es verschleiert wird«.[47] Allein die doppelte Nennung des Verfassernamens indiziert die Urheberschaft des Leserbriefes und impliziert damit eine Autorschaftsassoziation, die als eine zwischen literarischen Texten und vermeintlichen Sekundärtexten wie Interviews und Leserbriefen changierende, intertextuelle, selbstzitierende Verweisstruktur bei Bernhard gewissermaßen Tradition hat. Thomas Bernhard zitiert sich durch die Aufnahme von Themen und Positionen aus seinem Werk in den öffentlichen Statements oft selbst und versucht damit eine noch stärkere Durchdringung seiner Bücher in der Öffentlichkeit zu bewirken. Diese Strategie funktionierte autark und war nicht gebunden an sein Image als Skandalautor, welches zwar ebenfalls auf der Ebene der Wirkung angesiedelt, aber nicht ursächlich der Praxis von performativer Autorschaft zuzuordnen ist.

Ganz anders erscheint dagegen das Argumentationsmuster des aufgebrachten Thomas Bernhard in diesem Leserbrief, wenn er angibt, sein Buch *Der Stimmenimitator* werde nun auch in Paris und Amerika verlegt und zudem »auch noch in sechs oder sieben andere Sprachen« übersetzt.[48] Die eigene Wirkung wird schließlich sogar ironisch kommentiert, um so die Stärke der eigenen Autorschaft abzubilden: »Sie sehen, wie groß die Wirkung eines Buches aus dem oberösterreichischen Ohlsdorf sein kann.«[49] Insbesondere die semantische Verknüpfung und ironisch-karikierende Gegenüberstellung der Städte Paris und Ohlsdorf verdeutlicht den Sinnzusammenhang dieser auf Öffentlichkeit und Provokation ausgerichteten Autorschaftsdarstellung. Es ist bezeichnend für Bernhards Rhetorik, dass dieser Argumentationskomplex am Schluss des Briefes angefügt wird. Damit entspricht das Kompositionsmuster des Leserbriefes jener Prosaminiatur *Exempel*, die der Text ja zum Anlass der Erwiderung nimmt; auch hier wird – wie in den meisten Fällen im *Stimmenimitator* – die Dramaturgie auf eine Schlusspointe hin ausgelegt, ein Formprinzip, dass sich in Bernhards Gesamtwerk durch alle Gattungen zieht.[50] Insofern bleibt die Nähe des Leserbriefes zum dichterischen Œuvre nicht ausschließlich durch die Nennung des literarischen Werkes gewährleistet, sondern wird durch die Übertragung auf

---

47 Ebd., S. 85.
48 Bernhard: Wahrheit, S. 157.
49 Ebd.
50 In der Werkgenese lässt sich diese Entwicklung zunehmend im späteren Werk – dort vor allem in den Dramen – ausmachen. Zum Beispiel der Schluss des Romans *Alte Meister* (1985) oder das Abbrechen des Balkons im Theaterstück *Elisabeth II.* (1987). Das frühe Prosawerk zeigt diese Tendenz nur in Ansätzen, z. B. mit *Die Mütze* (1965). Diese Diagnose lässt sich durchaus auch auf Interviews und Leserbriefe beziehen.

eine kompositorisch-strukturelle Ebene mit dem literarischen Werk zusätzlich in Korrespondenz gesetzt.

Auf der lexikalischen sowie der motivisch-thematischen Ebene wird Thomas Bernhards Autorschaft vor allem durch eine assoziative Sprachgestaltung des Schreibaktes und des Leserbriefes als Produkt der Autorschaft inszeniert. So spricht Bernhard in diesem Leserbrief von seinem Buch *Der Stimmenimitator* als einer Sammlung von »hundertvier freien Assoziationen und Denk-Erfindungen«, womit er symbolisch die eigene Autorschaft verkleinert; nämlich in dem Sinne, dass solch harmlose Textsammlung keine derartige Erregung und eine gerichtliche Klage nach sich ziehen kann. Seine Verharmlosung des Buches *Der Stimmenimitator* kehrt dabei einerseits durch die mehrfache Titelnennung seine Urheberschaft der Texte ausdrücklich hervor und nimmt sie zugleich partiell zurück, indem er suggeriert, es handele sich bei der vermeintlichen Klage um eine überzogene Reaktion, die in keinem Verhältnis zum Text und damit zu ihm als Autor steht. Bereits am Ende dieses ersten Satzes wird die Autorschaft jedoch wieder erhöht und damit sogar über jene Sphäre der Klägerin gehoben, was sich sowohl im Wortlaut wie auch in der Bildlichkeit nachweisen lässt. So habe Bernhard »Ihrem Herrn Vater [...], dem von mir [...] *hoch*geschätzten und von mir bis heute *hoch*verehrten Staatsanwalt Dr. Zamponi, ein, wie ich glaube, auf längere Dauer standfestes, wenn auch nur dichterisches Denkmal gesetzt«.[51] Im Insistieren auf die Wertschätzung Zamponis durch die Verwendung des Wortes *hoch* läuft die Verharmlosung der Autorschaft infolge der Abwertung des Textes in die entgegen gesetzte Richtung und gipfelt schließlich in der Bezeichnung des dichterischen Denkmals, mit der das Prosastück und somit Bernhards Autorschaft auratisiert wird. Zur argumentativen Untermauerung seines Denkmal-Bildes bezeichnet Bernhard sein Werk *Exempel* als Prosastück, »das nicht ohne Philosophie ist, was gesagt werden muß« und schließlich als eine »philosophische Dichtung als Huldigung Ihres Herrn Vaters«.[52] Damit erreicht er letztlich die Absonderung seiner Person als genialem Autor, indem er sein Werk auf die Stufe des Philosophischen hebt. Zugleich kommentiert er ironisch das Klischee einer großbürgerlichen Attitüde, die im Philosophischen stets sofort das Geniale zu erkennen glaubt. Diese Anspielung ist durchaus auf die 1971 publizierte Erzählung *Gehen* zu beziehen, in welcher es am Schluss heißt: »Der Zustand der vollkommenen Gleichgültigkeit, in welchem ich mich dann befinde, so Karrer, ist ein durch und durch philosophischer

---

51 Bernhard: Wahrheit, S. 157 [Herv. v. C.G.].
52 Ebd.

Zustand«.[53] Diesen inflationären Gebrauch des Philosophischen meint Bernhard auch in dem Interview *Monologe auf Mallorca*: »Na, der Geist ist gar nichts wert, solange er nicht zum Wort wird, weil Geist ist überall. Die ganze Welt erstickt ja fast am Geist«.[54] Insofern wird also die so genannte philosophische Huldigung Zamponis als Antwort auf einen fragwürdigen Zeitgeist entlarvt.

Obwohl einerseits im Modus der Selbstdarstellung agierend, gelingt dem Autor die Kontextualisierung des Werkes durch die Bezugnahme auf den als Vorbild fungierenden Zamponi, wodurch er schließlich die Autorschaft erneut relativiert. Immerhin habe sich Bernhard beim Schreiben seines Buches lediglich an die »außerordentlichen Qualitäten Ihres Vaters als Jurist [erinnert]«, was als Ursache der Prosaminiatur gelten müsse.[55] Autorschaft erscheint in diesem Zusammenhang als nicht kontrollierbar, wie überhaupt die Kunst als etwas Absonderliches erscheint. Schriftstellerische Kapazität im Sinne der Urheberschaft von Texten bleibt, so wird suggeriert, dem Diktat der Inspiration, und damit der dichterischen Freiheit, unterworfen; in diesem ganz speziellen Falle also der Erinnerung des Autors. Freilich darf die Ernsthaftigkeit dieser Diagnose eines so produktiven Autors wie Thomas Bernhard angezweifelt werden. Sein Prinzip der performativen Rhetorik zieht sich durch den gesamten kurzen Text und ist geradezu typisch für die Wiederaufnahme von Topoi und Motiven:

> Da ich die hohen Qualitäten Ihres Herrn Vaters auch heute noch sehr gut in meinem Kopf habe, denke ich, daß ihm das *Exempel* als Parabel, in welcher mit größtem Respekt sein Name genannt ist, sicher eine wenigstens kleine Freude gemacht hätte.[56]

Auch hier bleibt der semantische Verweis auf die hohen Qualitäten und den größten Respekt, die den Autor hinter seine Figur zu stellen scheinen. Durch diesen Kunstgriff wird schließlich die angestrebte Klage, die mit den im Text auch optisch hervorgehobenen Worten »Verunglimpfung« und »Ehrenbeleidigung« dargestellt wird, konterkariert.[57] Durch deren Hervorhebung im Gegensatz zu den ihnen entgegen stehenden positiv konnotierten Höflichkeitsfloskeln erlangt der Umstand der Klage nicht nur scheinbar die Übermacht, sondern sie erlebt die umgekehrte Bedeutsamkeitssteigerung in dem Maße, als sie durch den Autor selbst ins Spiel gebracht werden und somit einer Interpretation respektive Bewertung unterliegen. Denn indem Thomas Bernhard diese ihm vor-

---

53 Bernhard: Werke Band 12, S. 227.
54 Fleischmann: Thomas Bernhard, S. 85.
55 Bernhard: Wahrheit, S. 157.
56 Ebd.
57 Ebd.

geworfenen Worte als Autor bewusst hervorhebt beziehungsweise den Satz der Zeitung dazu veranlasst, wird das Potenzial der eigenen Autorschaft hinsichtlich intentionaler Steuerung sinnfällig.

Prägnant ist in diesem Zusammenhang auch der Beginn des Leserbriefes, bei dem wie erwähnt das Schreiben Bernhards mit den Assoziationsworten umrissen wird. Dies steht allerdings im markanten Gegensatz zu den Vorwürfen, welche die Klage gegen sein Schaffen erhebt, was durch die Wortwahl gekennzeichnet ist. Während sich Thomas Bernhard zu Beginn seines Briefes als schöpferisches Subjekt inszeniert, das einzig der Kunst verpflichtet ist, erscheinen ihm die Anschuldigungen, die gegen seinen Text erhoben werden als nicht nachvollziehbar. Sein Satz »Ich kann mir nicht vorstellen« steht in direkter Korrespondenz zum Beginn seines Leserbriefes, als er die Kraft der Assoziation aufruft um sein dichterisches Schaffen zu benennen.[58] Autorschaft gerät an dieser Stelle an die Grenze ihres Wirkungspotenzials, indem das Vorstellungsvermögen – so wird vermittelt – ausschließlich an die künstlerische Produktivität gebunden ist. Vor diesem Hintergrund erscheint ein weiterer Distanzierungsmechanismus Thomas Bernhards, der die Spannung seiner Autorschaft aufzeigt. Hier kennzeichnet Bernhard als Leserbriefschreiber die eigene Autorschaft als ironischen Akt der Selbstbespiegelung, gerade weil er sie kontrastiert und als etwas dem freien Willen Unterworfenes installiert.

Unumstrittener Höhepunkt dieses Aspektes ist das Angebot des Autors, den Text durch eine Änderung zu bearbeiten, was die Autorschaft erneut schmälert. Zum einen durch die erzwungene Überarbeitung, zum anderen jedoch durch die Einflussnahme Dritter, die in einem solchen Falle gewissermaßen selbst einen Teil der Autorschaft an diesem Werk, zumindest theoretisch, für sich beanspruchen können. Dadurch, dass sich der Autor selbst anbietet, die Namensänderung vorzunehmen, erlangt er trotz der Fremdeinwirkung auf den Text erneute Autonomie, wenn jene Einflussnahme auch im ersten Moment als Umkehrung der behaupteten Verunglimpfung erscheint, nämlich jener Verunglimpfung des Autors, dessen Urheberschaft damit zu einem nicht unwesentlichen Teil geschmälert wird. Die ironische Brechung erfolgt durch die Versicherung des Autors, wenn dieser feststellt:

> Sollten Sie den Wunsch haben, daß der Name Ihres Herrn Vaters aus dem *Exempel* und also auch aus dem Buch *Der Stimmenimitator* getilgt und durch einen anderen ersetzt wird, werde ich Ihren Wunsch selbstverständlich bei der erstbesten Gelegenheit erfüllen und

---

58 Bernhard: Wahrheit, S. 157.

den Namen *Zamponi* durch den Namen *Ferrari* oder *Macchiavelli* ersetzen, was ich aber bedauern würde.[59]

In dem Moment, in welchem der Name Zamponi geändert wird, erringt die Autorschaft des Namens Thomas Bernhard ihre Autorität zurück. Nicht zuletzt bildet die vom Autor intendierte vermeintliche Willkürlichkeit der Namen[60] in diesem Leserbrief die dichterische Freiheit ab, wodurch wiederum die angestrebte Klage desavouiert wird. Somit dokumentiert Bernhard die Selbstverteidigung seines Schriftstellerdaseins, indem er ironisch-sarkastisch die Einmischung in seine literarische Tätigkeit bloßstellt. Die immer wiederkehrende Ironie in diesem Leserbrief steigert das Abbild der von ihm eingenommenen Rolle einer selbstreflexiven Kunstfigur. In diesem Sinne gewinnt der Komplex Autorschaft an Brisanz, da sich die verschiedenen Texte Thomas Bernhards selbst kommentieren, ja sich sogar gegenseitig verteidigen. Damit gelingt es Bernhard eine Rolle einzunehmen, die trotz des Wortlauts keine offensiv angreifende, sondern eine an der Oberflächenstruktur des Leserbriefes der Klägerin entgegenkommende ist. Zweifel an seiner Autorität lässt er hingegen zu keinem Zeitpunkt zu, er dekonstruiert typischerweise auch für sein übriges Werk jedweden in dieser Richtung aufgebauten Argumentationspunkt im Nachgang sofort selbst.

Thomas Bernhards rhetorisches Prinzip der Selbstzitation und werkinternen Intertextualität findet dabei auch am Beispiel seiner Leserbriefe Anwendung und stellt den entscheiden Aspekt seiner Autorschaftsrekurrenz dar.[61] In dem Sinne wie nicht nur mehrfach sein Buch *Der Stimmenimitator* oder das Prosastück *Exempel* namentlich genannt werden, zitiert er eine Passage aus diesem Text, der zum *corpus delicti* geworden ist und die Klage der Leserin ausgelöst

---

59 Bernhard: Wahrheit, S. 157.
60 Es handelt sich bei diesem Paradigma ganz offensichtlich um ein assoziatives Wortspiel, bei dem es nicht nur um die lexikalische Referenz eines ähnlich klingenden Namens geht. Vielmehr verdeutlicht einerseits die Beliebigkeit der Namensgebung das spielerische Element der Autorschaft und ruft Assoziationen hervor wie etwa elitäres Gehabe, Statussymbole (Ferrari) sowie Einfluss, Machtausübung ohne Moral (Macchiavelli). Die triadische Wortkette Zamponi – Ferrari – Macchiavelli führt eine eindeutige Wertung der Person Zamponis vor, indem über das Verbindungsglied der bekannten Automarke zur Überheblichkeit der Mächtigen, wie es Machiavellis Werk impliziert, übergeleitet wird.
61 Wie Matías Martínez dargestellt hat, bedeutet das Vorhandensein von Intertextualität keineswegs das durch den poststrukturalistischen Diskurs postulierte Verschwinden des Autors, sondern konstituiert hingegen Autorschaft: »Der literarische Autor kann nicht durch das Konzept eines anonymen Intertextes, der aus vermeintlich autor- und ursprungslosen Texten besteht, ersetzt werden« (Martínez: Autorschaft und Intertextualität, S. 478).

hat. Eine stärkere Autor-Werk-Beziehung lässt sich kaum denken; und so kommt man nicht umhin, diese Leserbriefe wegen ihrer Kunstfertigkeit als die wohl wichtigste literarische Selbstdarstellung Thomas Bernhards zu verstehen, bei welcher das Konzept seiner Autorschaft besonders deutlich hervortritt. Das kompositorische Einerseits-Andererseits-Prinzip seines Werkes findet im Leserbrief durch die Vergegenwärtigung gegnerisch-konträrer Positionen seine direkte Fortschreibung. Wenn Thomas Bernhard schließlich als der Anwalt seiner Bücher auftritt, so zeugt dies wohl von der Einlösung seiner eigenen Projektion, die er gegenüber seinem Verleger Siegfried Unseld einmal als Bild beschrieben hat: »Bücher sind Kinder, Autoren sind Väter. Wird eines der Kinder des literarischen Vaters misshandelt und noch dazu auf die gröbste Weise, so hat dieser literarische Vater seine übrigen Kinder vor solcher grober Misshandlung zu schützen [...]«.[62] Bernhards Rolle des Übervaters muss als konkrete Personifizierung seiner Autorschaft verstanden werden. Durch sein Auftreten als Kunstfigur werden die Texte kontextualisiert, indem sie eine Bindung an ihren Urheber erfahren. Infolge der Fiktionalisierung des Urhebers hin zu einer Autorfigur werden sie aber gleichzeitig in eine Sphäre des Besonderen und Wertvollen exportiert.[63] Die Selbstreflexivität des Genres ›Leserbrief‹ spielt indes mit dem ambivalenten Vorgang zwischen Rückzug eines Schreibers und gleichzeitiger Abbildung des Autorssubjektes als Figur, und re-animiert dadurch das genieästhetische Autorschaftskonzept des 19. Jahrhunderts, welches sich brillant in Thomas Bernhards Figurenkosmos des »Geistesmenschen« integrieren lässt. Der Autor ist ähnlich dem goethischen Geniegedanken Schöpfer allein aus eigener Kraft. Grundlegend prägende göttlich-sakrale und ethisch-moralische Komponenten wie in den Konzepten des frühen 18. Jahrhunderts werden hinsichtlich des literarischen Schöpfungsaktes zugunsten eines Individualverständnisses eliminiert.[64] Bernhards Autorschaftsposition rekurriert damit auf frühromantische Positionen.[65] »Der inhaltliche Prozeß eines fiktiven Subjekt-

---

62 Fellinger / Huber u. a. (Hrsg.): Der Briefwechsel, S. 713.
63 »Zugang zur repräsentierend-repräsentativen, an alle, an kein Du adressierten literarischen Rede finden die Texte freilich nur, indem sie von ihrem empirischen Verfasser und seiner konkreten, sozialen Situation radikal abgetrennt und einem literarischen Autor übereignet werden. Der Verfasser wird notwendig fiktionalisiert oder ›eingeklammert‹. Er verwandelt sich in die Figur des Textes eines anderen, eben des Autors, und verliert seine faktische soziale Existenz. Der Schreiber – als Individuum unter anderen, eingebunden in dyadische Sprechsituationen – verschwindet, um den literarischen Text im Namen des Autors freizusetzen, im Namen einer sozialen Institution also« (Pornschlegel: Autor, S. 261).
64 Dazu Begemann: Der Körper des Autors.
65 Zur Romantik-Rezeption bei Bernhard vgl. Kaufmann: Romantische Aspekte im Werk Thomas Bernhards.

entwurfs wird auf der formalen Ebene gleichzeitig als Illusion entlarvt und in Folge kontinuierlich unterlaufen«.[66] Dies lässt sich nicht zuletzt am Titel des Prosabandes demons-trieren: *Der Stimmenimitator* avanciert zum Synonym für innovative Vielstimmigkeit und wird zum Sinnbild der Mehrsprachigkeit eines Dichtersubjektes, das mit den eigenen Positionen artistisch sein Vexierspiel mit dem Leser treibt. Dass es sich dabei um eine Machtdemonstration des autonomen Künstlers[67] handelt, ist offenkundig: der Autor wird als oberste und einzige Instanz für das Verständnis des literarischen Werkes gefeiert.

3 Fazit

Am Beispiel des hier untersuchten Leserbriefes wurde Thomas Bernhards inszenierte Autorschaft als ein performatives Kompositionsprinzip seiner Texte dargestellt. Für die Konstitution der individual-stilistischen Ebene von Bernhards Autorschaft im Leserbrief sind vor allem medienspezifische und stiltypische Aspekte[68] sowie eine selbstrefenzielle Intertextualität entscheidend. Erstere sind insofern bedeutsam, als darin ein wesentliches Konstruktionsmerkmal von Bernhards Autorschaft liegt, indem der Autor gewissermaßen zum Moderator seines Textes avanciert, und damit sowohl die Rezeption zu steuern und ein bestimmtes Selbstbild gezielt zu verbreiten bestrebt ist. Die thematische Reproduktion des Werkes in Verbindung mit der Performance einer Autorenkunstfigur in den öffentlichen Stellungnahmen indiziert den Zusammenhang eines Gesamtkunstwerkes.

Daher sollten diese Texte – sowohl Leserbriefe als auch Interviews – von der Wissenschaft nicht vordergründig zur Absicherung interpretativer Thesen herangezogen werden, sondern einer ausführlichen und umfangreichen Analyse

---

66 Kaufmann: Romantische Aspekte im Werk Thomas Bernhards, S. 109.
67 Ein interessanter Querverweis findet sich in einer Studie von Pia Claudia Doering zu literarischen Inszenierungen von Macht in Machiavellis Schriften, in denen politische Verschleierungstechniken gleichgesetzt werden mit »jene[n] mimetischen Verfahren, deren sich die Dichter bedienen« (Vgl. Doering: Literarische Inszenierungen, S. 211).
68 Zu wesentlichen Komponenten des Bernhardstils (Emphase, hyperbolische Sprechweisen, Absolutsetzung, Wiederholung, Entgegensetzungen, Inquit-Formeln, Konjunktive, Modalkonstruktionen, Neologismen / Komposita, Wortspiele, Pluralis Modestiae, »naturgemäß«, Syntax, Rhythmisierung / Musikalität der Sprache, Interpunktion usw.) vgl. Stiftner: Thomas Bernhards Interviews, S. 79–93.

zugeführt werden.[69] Nur so wird es irgendwann möglich sein, den Autor Thomas Bernhard mit Distanz zu seiner das Werk scheinbar so prägenden Wirkung zu verstehen.

Durch die Analyse von Bernhards Autorschaftskonzept wird der Bernhard-Forschung der Weg für ein neues Verständnis in dieser Richtung geebnet. Zukünftig sollte es den Interpreten vor allem darauf ankommen, die Aspekte des Spielerischen und der Selbstdarstellung Bernhards vor dem Hintergrund der Sprachstruktur seines Schaffens eingehend zu analysieren. Wie sich darüber hinaus zeigen ließ, geben die öffentlichen Stellungnahmen Thomas Bernhards zwar wenig über sein poetologisches Verständnis preis, sind jedoch hinsichtlich seiner Inszenierung als Autor umso aufschlussreicher. Autorschaft wird auch als Spiel eines Autors mit der Öffentlichkeit verstanden, seine Inszenierung erfolgt durch die Einnahme von Rollen und Masken, wobei deren künstlerische Umsetzung nicht hinter dem literarischen Werk zurücksteht. Diese performative Ästhetik weist sich »nicht als Sinnbild und Abbild menschlichen Lebens aus, sondern als das menschliche Leben selbst und zugleich als sein Modell«.[70] Eine Schlussfolgerung erscheint dabei eminent: Thomas Bernhard sieht es nicht ein, die Urheberschaft seines Werkes abzutreten an die Autarkie eines Textes, der sich die Gunst des Leser selbst erstreitet. Damit re-animiert Bernhard ein selbstreferenziell-kommentatorisches Autorkonzept, das nicht zuletzt visuell-ästhetisch auch außerhalb der Texte erfahrbar wird, indem die öffentliche Performance der Kunstfigur Thomas Bernhard dem Autornamen seine figurale Gestalt zurückgibt und damit als Paradigma für die Renaissance des Autors und dessen Erweiterung als »Autorfunktion« steht. Das Gesamtkunstwerk Thomas Bernhard gründet auf einer Autorschaft, die Literatur und Kunstfigur zu einer Einheit macht und zur gegenseitigen Folie der Rückbezüglichkeit avanciert, um so Bernhards herausragende Stellung als Autor im literarischen Feld zu festigen und unterstreichen zu können. In einem Interview, das beinahe zeitgleich zu jenem hier besprochenen Leserbrief entstanden ist, sagt Thomas Bernhard: »Ich hätt' wahrscheinlich alles getan, um berühmt zu sein«.[71] Diesen Weg ging Thomas Bernhard mit seinem charakteristischen Selbstbewusstsein, indem er den empirischen Autor einerseits bewusst vom Werk abtrennte und sich ande-

---

[69] Der vom Suhrkamp Verlag für das zweite Halbjahr 2012 angekündigte Band 22 der Werkausgabe stellt eine bedeutende erste Etappe für diese Entwicklung dar.
[70] Fischer-Lichte: Ästhetik des Performativen, S. 360.
[71] Thomas Bernhard im Interviewfilm *Die Feuer- und die Wasserprobe* von Norbert Beilharz aus dem Jahr 1978.

rerseits als vermeintlich selbstreflexive Kunstfigur in die Literaturgeschichte einschrieb.[72]

Bibliographie

Austin, John L.: *How to Do Things with Words*. Oxford 1962.
Bayer, Wolfram: »Das Gedruckte und das Tatsächliche. Realität und Fiktion in Bernhards Leserbriefen«. In: ders. (Hrsg.): *Kontinent Bernhard. Zur Thomas-Bernhard-Rezeption in Europa*. Wien u. a. 1995, S. 58–79.
Begemann, Christian: »Der Körper des Autors. Autorschaft als Zeugung und Geburt im diskursiven Feld der Genieästhetik«. In: Detering (Hrsg.): *Autorschaft*, S. 44–61.
Beilharz, Norbert: *Die Feuer- und die Wasserprobe* [Interviewfilm des SWR], 1978. (Quelle: http://www.youtube.com/watch?v=8t1OEw3j-YA (Stand: 30.12.2011)).
Bentz, Oliver: *Thomas Bernhard. Dichtung als Skandal*. Würzburg 2000.
Bernhard, Thomas: *Werke Band 12. Erzählungen II*. Hrsg. v. Hans Höller und Manfred Mittermayer. Frankfurt a. M. 2006.
Bernhard, Thomas: *Der Wahrheit auf der Spur. Reden, Leserbriefe, Interviews, Feuilletons*. Hrsg. v. Wolfram Bayer, Raimund Fellinger und Martin Huber. Berlin 2011.
Billenkamp, Michael: *Thomas Bernhard. Narrativik und poetologische Praxis*. Heidelberg 2008.
Billenkamp, Michael: »Provokation und *posture*. Thomas Bernhard und die Medienkarriere der Figur Bernhard«. In: Joch, Markus / York-Gothart Mix / Norbert Christian Wolf / Nina Birkner (Hrsg.): *Mediale Erregungen? Autonomie und Aufmerksamkeit im Literatur- und Kulturbetrieb der Gegenwart*. Tübingen 2009, S. 23–44.
Bucher, André: *Repräsentation als Performanz. Studien zur Darstellungspraxis der literarischen Moderne*. München 2004.
Culler, Jonathan: »Philosophy and Literature: The Fortunes of the Performative«. In: *Poetics Today* 21 (2000) H. 3, S. 503–519.
Danneberg, Lutz: »Zum Autorkonstrukt und zu einem methodologischen Konzept der Autorintention«. In: Jannidis, Fotis / Gerhard Lauer / Matías Martínez/ Simone Winko (Hrsg.): *Rückkehr des Autors. Zur Erneuerung eines umstrittenen Begriffs*. Tübingen 1999, S. 77–106.
Detering, Heinrich (Hrsg.): *Autorschaft. Positionen und Revisionen*. Stuttgart / Weimar 2002.
Doering, Pia Claudia: »Literarische Inszenierungen von Macht in den politischen Schriften Niccolò Machiavellis«. In: Meier, Christel / Martina Wagner-Egelhaaf (Hrsg.): *Autorschaft. Ikonen – Stile – Institutionen*. Berlin 2011, S. 195–212.
Ellrich, Lutz: »Die Tragikomödie des Skandals. Thomas Bernhards Roman ›Holzfällen‹ und der Ausbruch des Spiels in die Zeit«. In: Schößler, Franziska (Hrsg.): *Politik und Medien bei Thomas Bernhard*. Würzburg 2002, S. 148–190.
Fellinger, Raimund / Martin Huber / Julia Ketterer (Hrsg.): *Thomas Bernhard – Siegfried Unseld. Der Briefwechsel*. Frankfurt a. M. 2009.

---

[72] Der Verfasser dankt den Herausgebern des Bandes für Hinweise und Anregungen.

Fischer-Lichte, Erika: »Grenzgänge und Tauschhandel. Auf dem Wege zu einer performativen Kultur«. In: Wirth, Uwe (Hrsg.): *Performanz. Zwischen Sprachphilosophie und Kulturwissenschaften*. Frankfurt a. M. 2002, S. 277–300.
Fischer-Lichte, Erika: *Ästhetik des Performativen*. Frankfurt a. M. 2004.
Fleischmann, Krista (Hrsg.): *Thomas Bernhard. Eine Begegnung. Gespräche mit Krista Fleischmann*. Frankfurt a. M. 2006.
Franck, Georg: *Ökonomie der Aufmerksamkeit. Ein Entwurf*. München 1998.
Genette, Gérard: *Paratexte. Das Buch vom Beiwerk des Buches*. Frankfurt a. M. 2001.
Grimm, Gunter E. / Christian Schärf (Hrsg.): *Schriftsteller-Inszenierungen*. Bielefeld 2008.
Herzog, Andreas: »Vom Nutzen verlegerischer Wettkämpfe um Thomas Bernhard«. In: *Neue deutsche Literatur*. 476 (1992) H. 40, S. 123–130.
Heubner, Holger: *Das Eckermann-Syndrom. Zur Entstehungs- und Entwicklungsgeschichte des Autoreninterviews*. Berlin 2002.
Hoffmann, Torsten: »Das Interview als Kunstwerk. Plädoyer für die Analyse von Schriftstellerinterviews am Beispiel W.G. Sebalds«. In: *Weimarer Beiträge* 55 (2009), S. 276–292.
Honegger, Gitta: *Thomas Bernhard. »Was ist das für ein Narr?«* München 2003.
Huber, Martin / Wendelin Schmidt-Dengler: »Umspringbilder. Romanwerk und Leben Thomas Bernhards«. In: dies. (Hrsg.): *Thomas Bernhard. Die Romane*. Frankfurt a. M. 2008, S. 1769–1809.
Huntemann, Willi: *Artistik und Rollenspiel. Das System Thomas Bernhard*. Würzburg 1990.
Jannidis, Fotis: »Zwischen Autor und Erzähler«. In: Detering (Hrsg.): *Autorschaft*, S. 540–556.
Jannidis, Fotis / Gerhard Lauer / Matías Martínez / Simone Winko: Einleitung. Autor und Interpretation. In: dies. (Hrsg.): *Texte zur Theorie der Autorschaft*. Stuttgart 2000, S. 7–34.
Janke, Pia: »Schriftsteller als Ikonen. Aus Anlaß der Geburtstage von Thomas Bernhard (75) und Elfriede Jelinek (60)«. In: Ritter, Michael (Hrsg.): *Praesent 2007. Das literarische Geschehen in Österreich von Juli 2005 bis Juni 2006*. Wien 2006, S. 77–85.
Jürgensen, Christoph/ Gerhard Kaiser: Schriftstellerische Inszenierungspraktiken – Heuristische Typologie und Genese. In: dies. (Hrsg.): *Schriftstellerische Inszenierungspraktiken – Typologie und Geschichte*. Heidelberg 2011, S. 9–32.
Kaufmann, Silvia: Romantische Aspekte im Werk Thomas Bernhards. In: Schmidt-Dengler, Wendelin / Adrian Stevens / Fred Wagner (Hrsg.): *Thomas Bernhard. Beiträge zur Fiktion der Postmoderne. Londoner Symposium*. Frankfurt a. M. u. a. 1997, S. 93–109.
Kleinschmidt, Erich: *Autorschaft. Konzepte einer Theorie*. Tübingen / Basel 1998.
Konzett, Matthias: »Publikumsbeschimpfung. Thomas Bernhard's Provocations of the Austrian Public Sphere«. In: *German Quarterly* 78 (2005), S. 251–270.
Kóvacs, Edit: *Richter und Zeuge. Figuren des Autors in Thomas Bernhards Prosa*. Wien 2009.
Krämer, Sybille: »Sprache – Stimme – Schrift: Sieben Gedanken über Performativität als Medialität«. In: Wirth, Uwe (Hrsg.): *Performanz. Zwischen Sprachphilosophie und Kulturwissenschaften*. Frankfurt a. M. 2002, S. 323–346.
Ludewig, Alexandra: *Großvaterland. Thomas Bernhards Schriftstellergenese dargestellt anhand seiner (Auto)Biographie*. Frankfurt a. M. u. a. 1999.
Mariacher, Barbara: *»Umspringbilder«. Erzählen – Beobachten – Erinnern. Überlegungen zur späten Prosa Thomas Bernhards*. Frankfurt a. M. u. a. 1999.
Martínez, Matías: »Autorschaft und Intertextualität«. In: Jannidis, Fotis / Gerhard Lauer / Matías Martínez / Simone Winko (Hrsg.): *Rückkehr des Autors. Zur Erneuerung eines umstrittenen Begriffs*. Tübingen 1999, S.465–479.

Meier, Christel / Martina Wagner-Egelhaaf (Hrsg.): *Autorschaft. Ikonen – Stile – Institutionen*. Berlin 2011.
Niefanger, Dirk: »Der Autor und sein Label. Überlegungen zur *fonction classificatoire* Foucaults (mit Fallstudien zu Langbehn und Kracauer)«. In: Detering (Hrsg.): *Autorschaft*, S. 521–539.
Pfabigan, Alfred: *Thomas Bernhard. Ein österreichisches Weltexperiment*. Wien 1999.
Pornschlegel, Clemens: »Der Autor und sein Double. Zur literarischen Maskerade in Fritz Kochers Aufsätzen von Robert Walser«. In: Matala de Mazza, Ethel / ders. (Hrsg.): *Inszenierte Welt. Theatralität als Argument literarischer Texte*. Freiburg 2003, S. 253–270.
Schaff, Barbara: »Der Autor als Simulant authentischer Erfahrung. Vier Fallbeispiele fingierter Autorschaft«. In: Detering (Hrsg.): *Autorschaft,* S. 426–443.
Schmidt-Dengler, Wendelin: »Vorwort«. In: Dreissinger, Sepp (Hrsg.): *Von einer Katastrophe in die andere. 13 Gespräche mit Thomas Bernhard*. Weitra 1992, S. 13–18.
Schmidt-Dengler, Wendelin: *Der Übertreibungskünstler. Zu Thomas Bernhard*. Wien 2010.
Schütte, Uwe: *Thomas Bernhard*. Köln u. a. 2010.
Sorg, Bernhard: *Thomas Bernhard*. München 1992.
Spoerhase, Carlos: *Autorschaft und Interpretation. Methodische Grundlagen einer philologischen Hermeneutik*. Berlin / New York 2007.
Steiner, Felix: *Dargestellte Autorschaft. Autorkonzept und Autorsubjekt in wissenschaftlichen Texten*. Tübingen 2009.
Stiftner, Heidrun Isabella: *Thomas Bernhards Interviews: Ein Teil seines Werkes? Untersuchungen zu Textsorte und Stil*. [Typoskript] Diplomarbeit Universität Innsbruck 2005.
Vellusig, Robert: »Thomas Bernhards Gesprächs-Kunst«. In: Schmidt-Dengler, Wendelin / Adrian Stevens / Fred Wagner (Hrsg.): *Thomas Bernhard. Beiträge zur Fiktion der Postmoderne. Londoner Symposium*. Frankfurt a. M. u. a. 1997, S. 25–46.

Nina Maria Glauser
Bewegtes Sprachleben

Zum poetologischen Stellenwert des Autofiktionskonzepts im Werk Paul Nizons

Abstract: Seit jeher fungiert das Verhältnis zwischen Authentischem und Erdichtetem als Einordnungskriterium autobiographischer Texte. Paul Nizons autofiktionale Prosa steht und entsteht im Übergang vom Realen ins Imaginäre. Der Begriff ›Autofiktion‹ entwickelte sich in Frankreich in den späten siebziger Jahren und wird seither vehement diskutiert. Diese Diskussion scheint im deutschen Sprachraum allerdings erst seit einer Dekade denselben Stellenwert wie in der französischsprachigen Welt einzunehmen. Ein wichtiger Gewinn des Werkes des seit 1977 in Paris lebenden und von der französischen Kultur geprägten Paul Nizon liegt folglich darin, die beinah klassischen Fragen zum autobiographischen Schreiben auch im deutschsprachigen Raum neu zu beleuchten. Nebst einer Einführung in die Entstehungsgeschichte des Autofiktionskonzepts und dessen Funktionen soll im vorliegenden Beitrag die Frage gestellt werden, inwiefern Autorschaft im Werk Paul Nizons als Produkt des Textes zu verstehen ist und inwieweit Paratexte dabei über ein aussagekräftiges Mitschreiberecht verfügen.

1 Autofiktion – ein neues literarisches Genre?

Sowohl in produktions- als auch in rezeptionsästhetischer Hinsicht gelten klassische Autobiographien als authentische, objektive und wahrheitsgetreue Lebensbeschreibungen. Die Besonderheit des autobiographischen Schreibens liegt in der referentiellen Identität von Autor, Erzähler und Protagonist. Wenn sich ein Autor rückblickend an sein Leben erinnert und darüber berichtet, kann das Maß der angestrebten Objektivität des Dargestellten bezweifelt werden. Denn jede Erinnerung ist das Ergebnis einer subjektiven Wahrnehmung. Wie es die Kritik mitunter behauptet, prägt diese Erkenntnis bereits Goethes Autobiographieverständnis.[1] Bekanntlich bezieht er sich in seiner Autobiographie *Aus meinem Leben. Dichtung und Wahrheit* auf narrativ erdichtete Eigenschaften, um

---

[1] Vgl. dazu Wagner-Egelhaaf: Autofiktion, S. 137.

die dem Werk zugrunde liegende programmatisch ersehnte »höhere Wahrheit« überhaupt erst formulieren zu können.[2] Im autobiographischen Schreiben geht es folglich seit geraumer Zeit um das Verhältnis zwischen Fiktion und Empirie, zwischen Subjektivität und Objektivität – und seit dem ausgehenden zwanzigsten Jahrhundert zunehmend um die Gestaltung des Subjektiven durch das schöpferische Medium der Sprache. Indem sich die Aufmerksamkeit auf die materielle Dimension des Sprachlichen verschiebt, gewinnt diese im Laufe der Geschichte an Unabhängigkeit. In epistemologischer Hinsicht werden dabei der souveräne Status des Autors sowie die damit verbundenen Konzepte infrage gestellt. Die daraus resultierende Skepsis, die durch den *linguistic turn* noch verstärkt wurde, führte zur Zersplitterung der Gattung in ihrer klassischen Form. Dergestalt »löst sich der Text« – so Martina Wagner-Egelhaaf – »[z]unächst einmal [...] sowohl von seinem Produzenten, das heißt vom Autor, [...] als auch von seinem außertextuellen Bezug«.[3] In poststrukturalistischer Hinsicht wird der Autor zunehmend als textuelle Funktion wahrgenommen, die sich schreibend entwirft. In diesem wissenschaftlichen Umfeld wurde der Autofiktionsbegriff in Frankreich in den späten siebziger Jahren als Neologismus in die Autobiographiediskussion eingeführt. Er bezeichnet literarische Texte, die sowohl autobiographische als auch fiktionale Eigenschaften aufweisen. Seither wird er im französischsprachigen Raum als konstitutiver Bestandteil der Autobiographieforschung betrachtet und sorgt seit ungefähr dreißig Jahren für engagierte Debatten.[4] Im deutschen Sprachraum wurde er hingegen längere Zeit nicht wahrgenommen.

Dank der Forschungsarbeiten der Romanistin Claudia Gronemann[5] sowie der Germanistin und Autobiographieforscherin Martina Wagner-Egelhaaf[6] wird die Autofiktion in jüngster Zeit auch im deutschen Sprachraum auf ihre gattungstheoretischen Möglichkeiten geprüft. Im 2011 erschienenen *Handbuch der literarischen Gattungen* wird die Autofiktion sogar als eigenständige Teilgattung beschrieben. Frank Zipfel bemüht sich, dem Autofiktionsbegriff klassifikatorische Merkmale zu verleihen. Dabei teilt er die bekannten Autofiktionsdefinitionen (zum Beispiel von Vincent Colonna, Philippe Lejeune, Gérard Genette und Marie Darrieussecq) in drei Kategorien auf. *Erstens* stellt Zipfel fest, dass gewisse Autofiktionen eine »besondere Art [des] autobiografischen Schreibens« bil-

---

2 Goethe zitiert in Eckermann: Gespräche, S. 479.
3 Wagner-Egelhaaf: Autofiktion, S. 85. Der skizzierte historische Überblick beruht im Wesentlichen auf dieser Darstellung.
4 Vgl. dazu Utz: Erschriebenes Leben, S. 29.
5 Vgl. Gronemann: ›Autofiction‹, S. 237–262.
6 Vgl. dazu Wagner-Egelhaaf: Autofiktion, S. 135–149.

den (vgl. etwa Serge Doubrovsky).[7] *Zweitens* gibt es Autofiktionen, die er als »besondere Art des fiktionalen Erzählens« gelten lässt (vgl. etwa Jorge Luis Borges).[8] Und *drittens* erweisen sich gewisse Erzähltexte als autofiktional, da die Grenzen zwischen Authentischem und Erdichtetem ineinander überfließen und »dem Leser [dabei] sowohl den autobiografischen als auch den Fiktionspakt anbieten«.[9] Inwieweit Paul Nizons Texte dieser dritten Kategorie angehören, soll weiter unten genauer erläutert werden.

Zunächst aber noch einmal zurück zur Entstehungsgeschichte des Autofiktionsbegriffs: Dieser bezeichnete zuerst eine theoretisch plausible, aber angeblich inexistente Form des autobiographischen Schreibens. In seiner wegweisenden Studie *Der autobiographische Pakt* definierte Philippe Lejeune das Verhältnis von Autor, Erzähler und Protagonist als Einordnungskriterium autobiographischer beziehungsweise fiktionaler Texte. Am einen Pol sorgen sowohl die referentiell identische Trias der drei erwähnten Instanzen als auch die Wirkung eines »autobiographischen Pakts«[10] für die gattungstheoretische Bestimmung autobiographischer Texte. Am anderen Pol stehen die fiktionalen Werke, die unter der Obhut eines »Fiktionspakts«[11] keine referentielle Identität von Autor, Erzähler und Protagonist aufweisen. Für neuere Autobiographieformen erweisen sich die theoretischen Modelle, die sich zwischen den zwei genannten Polen situieren, als besonders aufschlussreich. Fiktionale Werke, die paradoxerweise auf der erwähnten Trias des Autobiographischen beruhen, bilden einen Sonderfall. Diesbezüglich äußert sich Philippe Lejeune wie folgt:

> Kann der Protagonist eines als solchen deklarierten Romans denselben Namen haben wie der Autor? Dem steht nichts im Wege, und hier liegt vielleicht ein innerer Widerspruch, dem sich interessante Effekte abgewinnen lassen könnten. Ein konkretes Beispiel für einen solchen Versuch fällt mir jedoch nicht ein.[12]

Obwohl zur Illustration des erwähnten Modells kein exemplarisches Beispiel gefunden wurde,[13] verleugnet der Autobiographieforscher keineswegs, dass sich

---

7 Zipfel: Autofiktion, S. 32.
8 Ebd., S. 33.
9 Ebd., S. 31.
10 Vgl. dazu Lejeune: Der autobiographische Pakt, S. 33. Im Sinne von Philippe Lejeune suggeriert der ›autobiographische Pakt‹ die referentiell identische Trias von Autor, Erzähler und Protagonist. Dabei wird deutlich, wie der Text sein Verhältnis zum Leser gestaltet.
11 Vgl. dazu Lejeune: Der autobiographische Pakt, S. 29.
12 Lejeune: Der autobiographische Pakt, S. 34.
13 Philippe Lejeunes Behauptung muss nuanciert werden. In den jüngst erschienenen Untersuchungen (vgl. dazu etwa Zipfel: Autofiktion, S. 35) gilt Dante Alighieris *Divina Commedia* zu

dabei eine interessante hybride literarische Form entwickeln könnte, die sich gattungstheoretisch zwischen Empirie und Fiktion einordnen ließe. Bekanntlich präzisiert Serge Doubrovsky im selben Jahr in einem Brief an Philippe Lejeune, dass die Poetik seines Romans *Fils*, der damals entstand, auf genau jenem Modell basiere. Das heißt, er schreibe ein Werk der Fiktion, das narrativ allerdings auf der autobiographischen Identität von Autor, Erzähler und Protagonist beruhe.[14] 1977, zwei Jahre später, wurde der Roman veröffentlicht. Auf dem Klappentext zeigte sich erstmals das Wort ›Autofiktion‹, das Serge Doubrovsky – der oftmals als Erfinder des Begriffs gilt – zur Kennzeichnung seines Werkes folgendermaßen beschreibt:

> Fiction d'évènements et des faits strictement réels, si l'on veut, autofiction, d'avoir confié le langage d'une aventure à l'aventure du langage, hors sagesse et hors syntaxe du roman, traditionnel ou nouveau. Rencontre, fils des mots, allitérations, assonances, dissonances, écriture d'avant ou d'après littérature, concrète, comme on dit musique. Ou encore, autofriction, patiemment onaniste, qui espère maintenant partager son plaisir.[15]

Ein Begriff wurde erfunden. Genauer: ein Konzept mit gattungstheoretischem Anspruch wurde anerkannt und verhalf der Autobiographie – zunächst einmal im französischen Sprachraum – zu neuen poetologischen Herausforderungen. Wie man dem obigen Zitat entnehmen kann, steht das Spiel mit der Sprache im Zentrum von Serge Doubrovskys autofiktionalem Anliegen. Seither wird die Autofiktion zunehmend auch in anderen kulturellen Bereichen mit großem Enthusiasmus gefeiert.[16] Dies lässt sich wohl nicht zuletzt als Entgegnung auf den poststrukturalistischen Zweifel an der Stabilität des Subjekts zurückführen.

Recht als mögliches Beispiel einer Fiktion, die auf der Identität von Autor, Erzähler und Protagonist beruht. Das Verdienst von Lejeunes Studie liegt aber darin, eine gattungstheoretische Möglichkeit des autobiographischen Schreibens erstmals explizit thematisiert zu haben, die damals sowohl in produktions- als auch in rezeptionsästhetischer Hinsicht kaum untersucht wurde.

14 Vgl. dazu Lejeune: Moi aussi, S. 63.
15 Doubrovsky: Fils, Klappentext. »Fiktion absolut realer Ereignisse und Fakten; Autofiktion gewissermaßen, bei der die Sprache eines Abenteuers dem Abenteuer Sprache überantwortet worden ist, außerhalb der Weisheit und der – traditionellen oder neuen – Syntax des Romans. Interaktionen, Wortketten, Alliterationen, Assonanzen, Dissonanzen, der Literatur vor- oder nach-geschrieben, konkret, wie man sagt, musikalisch. Oder auch Autofriktion, zunächst geduldig, onanistisch, nun aber vom Wunsch beseelt, die Lust zu teilen«. [Übers. v. N.M.G.]
16 Der Autofiktionsbegriff wird zunehmend auch in der bildenden Kunst, in den Medien sowie in den Filmwissenschaften verwendet. Zur Erforschung der Anwendungsbereiche der Autofiktion wurde eine vorzügliche Website erstellt [http://www.autofiction.org], die regelmäßig aktualisiert wird.

In einer Welt, in der das Individuum die Öffentlichkeit zu brauchen scheint, um sich seines Lebens zu versichern, ist es naheliegend, dass Authentisches und Erfundenes ineinander überfließen. Man denke an den Erfolg von zahlreichen Realityshows, in denen Privates nicht nur ans Tageslicht, sondern vor allem ins Rampenlicht gestellt wird.[17] In literarästhetischer Perspektive wird dadurch – in leicht veränderter Form – das poetologische Programm der autofiktionalen Dichtkunst definiert. Das Problem liegt allerdings darin, dass es heutzutage keine wissenschaftlich unwiderlegbare Definition des Autofiktionskonzepts gibt. Dabei droht es unglaubwürdig zu werden – zumindest als wissenschaftlicher Begriff mit klassifikatorischem Anspruch.

Der vorliegende Beitrag hegt keineswegs den Anspruch, die poetologische Vielfalt des Autofiktionskonzepts gattungstheoretisch zu systematisieren.[18] Vielmehr gilt es, dieses Konzept als methodisches Arbeitsinstrument wahrzunehmen, um Paul Nizons eigentümlich zwischen autobiographischem und fiktionalem Schreiben stehende Dichtkunst genauer zu untersuchen. Paul Nizon definierte sich einmal als »deutsch schreibender Pariser Autor mit Schweizer Paß«.[19] Für die deutsche Autobiographieforschung ist eine Erörterung von seinem literarischen Schaffen in zweierlei Hinsicht von Bedeutung. Einerseits bietet die Erforschung seines Œuvres – wie kaum ein Werk eines anderen deutschsprachigen Schriftstellers – einen Einblick in die französische Autofiktionsdebatte. Andererseits werden in seiner Prosa die Grenzen der poetologischen Stichhaltigkeit der Autofiktion im Sinne einer literarischen Gattung implizit thematisiert. Denn wie die folgenden Überlegungen zu zeigen suchen, entspricht Paul Nizons autofiktional geprägtes Unternehmen vielmehr einer Übertragung eines ästhetischen Prinzips als einer Gattungsbestimmung mit streng normativem Charakter.

Seit rund dreißig Jahren lebt Paul Nizon in Paris und wird inzwischen als französischer Schriftsteller wahrgenommen, der – so Dieter Bachmann – »die Marotte pflegt, deutsch zu schreiben«.[20] Seine Bücher sowie die entsprechenden französischen Übersetzungen erscheinen interessanterweise quasi simultan, werden aber unterschiedlich rezipiert. Während Paul Nizon in Frankreich als einer der größten Gegenwartsautoren gefeiert wird, sorgt die ich-bezogene Komponente seines Werkes im deutschsprachigen Raum manchmal immer

---

17 Vgl. dazu Wagner-Egelhaaf: Autofiktion, S. 98.
18 Einen wegweisenden Systematisierungsversuch hat Philippe Gasparini in seiner Studie *Autofiction. Une aventure du langage* 2008 vorgelegt. Vgl. dazu Zipfel: Autofiktion.
19 Nizon: Gespräch über die Wirklichkeit, S. 47.
20 Bachmann zitiert in Utz: Fundstellen des Fremden, S. 215.

noch für kontroverse Schlagzeilen.[21] Kurzum: Der Nizon der Franzosen ist wohl nicht der Nizon der Deutschen. Demnach kann sein Werk vor dem Hintergrund eines kulturellen Transfers gelesen und gedeutet werden. Dies wurde in der Nizon-Forschung insbesondere in Zusammenhang mit der Autofiktionsfrage noch kaum versucht. In der Auseinandersetzung mit den Rezensionen wird deutlich, dass Paul Nizons Ich-Berichte im französischen beziehungsweise im deutschen Kulturraum durch unterschiedliche poetologische Erwartungen bestimmt werden. Seine autobiographisch gefärbten Fiktionen lassen sich in der französischsprachigen Welt in eine Traditionsreihe einordnen, die im deutschsprachigen Raum nicht denselben Stellenwert einzunehmen scheint. Die sogenannte *écriture du soi* wird in Frankreich seit Langem trotz ihrer zuweilen auf die Spitze getriebenen subjektiven Dimension keineswegs als unverhüllte und egozentrische Nabelschau beklagt.[22] Interessanterweise partizipiert Paul Nizon, der sich stets auf der »Jagd nach dem eigenen Ich« befindet,[23] als deutschsprachiger Autor an dieser literarischen Tradition, die im französischen Sprachraum – von Montaigne über Michel Leiris bis Calaferte[24] – immer wieder lobende Worte erntet. Ferner werden auf dieser Suche nach dem Ich im Werk Paul Nizons Regelmäßigkeiten des autobiographischen Schreibens in geradezu programmatischer Weise umgedreht. Die retroaktive Lebensbeschreibung verwandelt sich allmählich in eine proaktive Lebenserdichtung.

Aus diesem grundlegenden Paradigmenwechsel kristallisieren sich Merkmale heraus, die sich in fünf Punkte gliedern lassen und die Paul Nizons autofiktional gefärbte Poetik – in Abgrenzung zu klassischen Autobiographieformen – kennzeichnen. Dabei handelt es sich um folgende Eigenschaften:[25] *Erstens* wird ein Abbild des zeitlich linearen Ablaufs der Chronologie für die Logik der autobiographisch geprägten Erzählungen nicht eingefordert. *Zweitens* erweist sich ein Spiel mit den außertextuellen, referentiell überprüfbaren Wirklich-

---

21 Vgl. dazu Kässens: Paul Nizon, S. 2.
22 Eine gründlichere Analyse der kulturell bedingten Wahrnehmung von Paul Nizons autobiographischen Texten wird anhand einer Gegenüberstellung der französischen und der deutschen Rezensionen von Paul Nizons Werk, die im Schweizerischen Literaturarchiv (SLA) in Bern liegen, gegenwärtig minutiös überprüft. Das Ergebnis dieser Untersuchung wird zu einem späteren Zeitpunkt in der Dissertation der Verfasserin des vorliegenden Beitrags einen wichtigen Stellenwert einnehmen.
23 Nizon: Am Schreiben gehen, S. 120.
24 Vgl. dazu De Decker: Paul Nizon, S. 3.
25 Vgl. dazu Utz: Erschriebenes Leben, S. 31. Laut Utz führen die fünf erwähnten Punkte (Chronologie, Referentialität, Bezug zum Leser, Reflexivität und Paratexte) zur Einordnung autofiktionaler Texte im Spannungsfeld zwischen der klassischen Autobiographie und dem autobiographischen Roman.

keitsanspielungen als konstitutiver Bestandteil der Texte. *Drittens* scheint sich der Autor dessen bewusst zu sein und lädt den Leser geradezu ein, an diesem Spiel teilzunehmen. *Viertens* steuern (selbst)reflexive Äußerungen die Wahrnehmung der textuellen Verwandlung des Ich-Erzählers in einen Ich-Erschreiber. Und *fünftens* partizipieren die Paratexte in rezeptionsästhetischer Hinsicht an der literaturtheoretischen Zuschreibung der Werke. Den zwei letzterwähnten Punkten – das heißt dem Stellenwert der Reflexivität sowie der Paratexte – soll nun anhand exemplarischer Textstellen sowohl aus dem epischen (2.) als auch aus dem diaristischen Werk Paul Nizons (3.) nachgegangen werden.

2 Zur Poetisierung des Ich

Paul Nizons Werk kreist um das (eigene) Leben. Diese zur Kunst werdende existenzielle Recherche steht im Zentrum seiner literarischen Ambition. Sie sollte aber nicht ausschließlich in ihrer mimetischen Dimension verstanden werden. Denn in seinem Werk verwendet Nizon das autobiographische Material als Inspirationsquelle für das Komponieren seiner fiktionalen Schriften. Demnach erweist sich die Sprechinstanz seiner Fiktionen als ein multiples Ich. Wie sich das erzählende Ich allmählich in ein erschriebenes Textwesen verwandelt und dabei einen Fiktionalisierungsprozess vollzieht, lässt sich anhand zentraler Stellen aus dem epischen Werk chronologisch nachzeichnen. Bereits in einer sehr frühen Schaffensphase proklamierte sich Paul Nizon zum »AUTOBIOGRAPHIE-FIKTIONÄR« und nahm damit an der französischen gattungsorientierten Entstehungsgeschichte des Autofiktionskonzepts teil.[26]

Die Gattungsfrage – oder genauer: das Bezweifeln dieser Frage – nahm bereits im frühen literarischen Œuvre Nizons einen bedeutenden Stellenwert ein. In seinem zweiten Buch *Canto* schildert er seine ›Flucht‹ aus der Schweiz, seinen Alltag in Rom sowie das Ringen um die Niederschrift des Werkes – womit er sich »selber [als Schriftsteller] zur Welt gebracht habe«.[27] Auffällig ist, dass dieses 1963 erschienene Prosawerk keine explizite Gattungsbezeichnung trägt. In literaturtheoretischer Hinsicht ist dieses bewusste Schweigen, diese gewählte Gattungslosigkeit von besonderer Bedeutung. Denn das literarische Genre wird zum Anti-Genre und das grenzenlose Schreiben – frei von jeglichen gattungsbedingten Verpflichtungen – zum eigentlichen literarischen Programm

---

26 Nizon: Am Schreiben gehen, S. 133.
27 Moser: Bibliothek Nizon, S. 1454.

Nizon'scher Prosa. So beantwortet das erzählende Ich in einer viel zitierten Passage aus dem Rom-Buch die Frage »Was haben Sie zu sagen?« wie folgt: [28]

> Nichts, meines Wissens. Keine Meinung, kein Programm, kein Engagement, keine Geschichte, keine Fabel, keinen Faden. Nur diese Schreibpassion in den Fingern. Schreiben, Worte formen, reihen, zeilen, diese Art von Schreibfanatismus ist mein Krückstock, ohne den ich glatt vertaumeln würde. Weder Lebens- noch Schreibthema, bloß matière, die ich schreibend befestigen muß, damit etwas stehe, auf dem ich stehen kann. [29]

Dieses eifrige Schreiben, dieser Kampf mit der Materialität der Sprache sowie das Wortwerden des sinnlich Erfahrbaren kennzeichnen Nizons Alltag, der wiederum zum Inhalt seiner Schrift wird. Die zirkuläre Wechselwirkung zwischen Leben und Werk wird zur dichterischen Obsession. Dabei ergibt sich eine Verschiebung von jener Wirklichkeitsaussage zur Fiktion, die die klassische Wahrnehmung des autobiographischen Schreibens neu beleuchtet. Im Schreibfluss seiner literarischen Tätigkeit wird ein Ich geboren, das nicht ausschließlich aus der Sicht des Autors spricht. Durch das Medium der Sprache bringt der Schriftsteller eine auktorial geprägte – aber autonom agierende – Figur zur Welt, die sich im Text als literarisches Konstrukt verselbstständigt. Das erzählende Ich erweist sich folglich als Erschaffer, als Erschreiber seiner selbst. In theoretischer Hinsicht klingt hier Roland Barthes' Diktum vom *Tod des Autors* mit, wobei die Sprache wohl ein Subjekt kennt, aber keine Person. Dieses beinah sprichwörtlich gewordene Plädoyer erschien 1968 und ist als literaturtheoretische Gegenposition zur damals im französischsprachigen Raum herrschenden *explication de texte* zu verstehen.[30] Während in dieser Untersuchungsmethode das Leben des Autors als Interpretationsinstrument fungiert, verschwindet das Deutungspotential der auktorialen Person in Barthes' theoretischem Ansatz sowohl in rezeptions- als auch in produktionsästhetischer Perspektive. Folgt man diesem Gedanken, sind literarische Texte »immer und notwendig autorlos«.[31] Paul Nizons Poetik beruht auf diesem Paradigmenwechsel, der in Frankreich damals vehement diskutiert wurde und sein literarisches Unternehmen ein Stück weit konstituiert.

Im 1975 erschienenen Roman *Stolz* inszeniert Paul Nizon gewissermaßen sein eigenes Sterben – beinahe: den ›Tod des Autors‹ –, um in späteren Texten einer auktorial geprägten literarischen Instanz das Wort zu erteilen. Dieser Roman beruht auf Büchners *Lenz* und schildert die Literarisierung eines tragi-

---

28 Nizon: Canto, S. 22.
29 Ebd., S. 22.
30 Vgl. dazu Jannidis / Lauer u. a. (Hrsg.): Autorschaft, S. 181.
31 Jannidis / Lauer u. a. (Hrsg.): Autorschaft, S. 182.

schen Dichterlebens. Wie bereits angedeutet, liegt dem Roman ein biographischer Stoff zugrunde. Diese Erzählung wird von einer personalen Erzählsituation bestimmt, die auf dem Weg zur Poetisierung des Ich paradoxerweise eine zentrale Rolle spielt. Inhaltlich wird die Geschichte des Iwan Stolz geschildert, der mit seinem Studium, mit seiner Rolle als Ehemann und Vater schlecht zurechtkommt. Durch die Initiative seines Schwiegervaters zieht er deshalb auf einen Hof im Spessart, wo er eine Studienarbeit abschließen soll. Hier findet er zwar die notwendige Ruhe, jedoch keine Konzentration. Stattdessen fällt er in eine chronische Schläfrigkeit, die ihn an einem Wintertag in den Tod führen wird.[32] Langsam – Wort für Wort – lässt der Verfasser im allerletzten Absatz des Buches Stolz ins Jenseits gleiten:

> Er schlummerte ein und schreckte wieder hoch, weil er Krämpfe verspürte. Aber die Müdigkeit war jetzt stärker als der Schmerz, stärker als alles. Einmal war ihm, als höre er nach sich rufen. Aber er war zu müde, um zu antworten, viel zu müde, um sich auch nur zu fragen, ob er richtig gehört habe. Er hatte nur den einen Wunsch: nicht geweckt zu werden.[33]

Wie der Protagonist des Textes zog sich auch der Autor im Jahre 1956 in den Spessart zurück, um an seiner Dissertation über van Gogh zu arbeiten. Der zivile Paul Nizon spiegelt sich also ein Stück weit in der Titelfigur der Erzählung. Daher erweist sich die oben zitierte Szene im Hinblick auf Nizons autobiographisch geprägte Dichtkunst als zentrales poetologisches Moment. Denn mit dem Tod von Stolz stirbt unweigerlich auch ein Stück biographischer Identität Nizons. Das seltsame Ableben der Hauptfigur wird in diversen Texten immer wieder aufgegriffen und bildet Anfangs- und Mittelpunkt von Nizons autofiktionaler Dichtkunst. Denn das Los des Protagonisten wird durch die Kraft der Sprache – durch die Möglichkeiten der Poesie – umgedeutet. Wie bereits zitiert, hatte Stolz am Ende des Buches »nur den einen Wunsch: nicht geweckt zu werden«.[34] Dies impliziert also kein Sterben. Vielmehr handelt es sich um ein Einschlafen, ein poetisches Entgleiten, das nicht so sehr den Tod verklärt, als vielmehr eine literarisch erfahrbare und erdichtbare Transitzone kreiert. Während Büchners Lenz am Ende der Novelle dahinlebt,[35] entgleitet Nizons Stolz dem Text schlafend – ohne »geweckt zu werden«.[36] In einer unveröffentlichten Vorfassung des Romans, die im Schweizerischen Literaturarchiv (SLA) in Bern liegt,

---

32 Vgl. Nizon: Am Schreiben gehen, S. 66–67.
33 Nizon: Stolz, S. 194.
34 Ebd., S. 194.
35 Vgl. Büchner: Lenz, S. 250: »--So lebte er hin«.
36 Nizon: Stolz, S. 194.

lautet das offene und wegweisende Ende der Buchfassung im Schlusssatz des Typoskripts wie folgt: »Sie fanden ihn andern Tags unter dem Baum«.[37] In einer späteren Überarbeitungsphase wurde dieser allerletzte Satz allerdings durchgestrichen. Stolz darf wohl nicht gefunden werden, vielmehr muss der autobiographisch geprägte Protagonist dem Text entkommen, um einer auktorialen Figur in späteren Werken die Möglichkeit zu schenken, sich als literarische Instanz zu verwirklichen. Dabei werden Weichen zu modernen Autortheorien gestellt, die Paul Nizon schreibend erkundet. Nach *Stolz* – oder genauer: nach dem Tod des Iwan Stolz – wird deutlich, dass das erzählende Ich nicht am Ursprung des Textes steht, sondern gleichzeitig mit dem Text entsteht. Insofern beschreibt die oben erwähnte Szene zwar ein Ableben einer biographisch geprägten Instanz – im übertragenen Sinn der biographischen *Person des Autors* –, erzeugt aber in Bezug auf das Gesamtwerk auch ein Überleben sowie ein literarisches Erschaffen einer neuen, noch nicht definierten *Figur des Autors*. Folglich trägt Paul Nizon mit seiner ich-bezogenen Erzählkunst paradoxerweise dazu bei, das Bild des Autors zu entpersonalisieren.

Die bisher nur programmatisch angestrebte Verschiebung des autobiographischen Subjekts in eine fiktionale Sprechinstanz wird dann im 1981 erschienenen Erfolgsbuch *Das Jahr der Liebe* poetologisch umgesetzt. In diesem Roman, der sich als Liebeserklärung an Paris lesen lässt, wird deutlich, wie sich im Werk Paul Nizons das literarisch schöpferische Moment im Schreibprozess zum inhaltlichen kristallisiert. Lebenserfahrungen strukturieren den narrativen Plot der Erzählung. Dabei vollzieht sich eine Verwandlung von Leben in Stoff. Das in *statu nascendi* erzählende Ich offenbart zunehmend Eigenschaften einer literarischen Instanz. Dank dieser künstlerischen Transposition, dank dieser »Operation« – um mit Michel Foucault zu sprechen –,[38] wird »ein gewisses Vernunftwesen konstruiert, das man Autor nennt«.[39] Dieses Wesen – im Werk Nizons lässt sich durchaus von einem künstlerisch gestalteten Textwesen sprechen –, unterscheidet sich sowohl vom Autor als auch vom Erzähler. Diese dritte Instanz, die im *Jahr der Liebe* durch das Medium der Sprache geboren wird, ist auf der Suche nach sich selbst, bis sie »mitten am Tage, mitten in Paris sagen kann: ich erinnere mich, guten Tag!«[40] Die Stimme, die in diesem zentralen Passus des Romans nur ganz flüchtig das Wort ergreift, verwirklicht sich dabei als literarisches Sprachwesen. Es ist wortwörtlich ein Sprachwesen, das sich

---

37 Nizon: Typoskripte, A-1-e-21.
38 Foucault: Was ist ein Autor?, S. 214.
39 Ebd., S. 214.
40 Nizon: Das Jahr der Liebe, S. 170.

allmählich ein Sprachleben zu erdichten scheint. Ferner generiert das dabei buchstabierte Leben ein literarisches Niemandsland, das zum unerlässlichen Ausgangspunkt von Paul Nizons autofiktionaler Dichtkunst wird. Im *Jahr der Liebe* heißt es diesbezüglich:

> An meinem Tisch konnte ich jene marternde Öde empfinden, die man als Kind erleidet. Dann war es wie in einem Nebenzimmer des Lebens, abgeschnitten von allem. Ich machte mich ans Schreiben, es war, wie wenn ich nur durch das Schreiben zu sehen, zu atmen, zu kommunizieren vermöchte; wie wenn der ungeschriebene Tag kein Tag wäre. *Mein Tag heute wird erst morgen* mein *Tag sein, wenn ich ihn in einer anderen Bleibe erinnere*.[41]

Aus dem räumlich eingeengten und geographisch nicht lokalisierbaren »Nebenzimmer des Lebens« wird Leben erschrieben.[42] Mittels der Erinnerung – die im obigen Zitat als Verräumlichung der Zeit zu verstehen ist –, kann aus dem Vergangenen Gegenwärtiges entstehen. Paul Nizons Schreiben entwickelt sich allmählich zum performativen Akt, wobei sich das Subjekt immer neu positionieren und erfinden muss. Interessanterweise entsteht dabei ein sprachlich wahrnehmbares Raumgefühl, das sich im Text als ästhetisches Phänomen artikulieren lässt. Denn die fiktionalisierende Genese des Ich spielt sich im Werk Paul Nizons nicht ausschließlich auf der sprachlichen Ebene ab. Vielmehr verfügen die körperlichen Raumerfahrungen über ein entscheidendes Mitspracherecht. Daher proklamierte sich der Schriftsteller 1985 nicht einfach nur zum »AUTOBIOGRAPHIE-FIKTIONÄR«,[43] sondern genauer zum »VORBEISTATIONIERENDE[N] AUTOBIOGRAPHIE-FIKTIONÄR«.[44] Inwiefern diese zeitliche und räumliche Präzisierung für Paul Nizons Autofiktionsverständnis ausschlaggebend ist und inwieweit diese Konzeption die aktuelle Autofiktionsdebatte bereichern kann, lässt sich anhand seiner diaristischen Mitschriften genauer zeigen.

3 Paratexte als Ort der angestrebten Fiktionalisierung

Paul Nizons Romane, Erzählungen und autobiographisch gefärbten Fiktionen werden als bedeutende Werke der Gegenwart gelesen. Weniger bekannt sind

---

41 Nizon: Das Jahr der Liebe, S. 197–198.
42 Ebd., S. 197.
43 Nizon: Am Schreiben gehen, S. 133.
44 Ebd., S. 133.

seine seit 1995 erschienenen Journalbände,[45] an denen sich jedoch in mancherlei Hinsicht zentrale literaturtheoretisch relevante Fragen kristallisieren. Paul Nizons Journale, die aus Tausenden von Typoskript-Blättern gewonnen wurden, bilden ein heterogenes literarisches Gewebe und implizieren sowohl dichterische als auch editorische Leistungen. Einerseits enthalten sie poetische Entwürfe, aus welchen sich die großen Prosastücke entwickeln konnten. Andererseits beeindrucken sie durch ihre stilistischen Eigenschaften und bilden demnach ein spezielles Notizsystem mit eigenen ästhetischen Anforderungen.[46] Die Forschung versteht Paul Nizons Mitschriften als *Werk hinter dem Werk*.[47] Diese Aussage lässt sich insofern bestätigen, als seine Notizen nicht zuletzt den Arbeitsvorgang an den epischen Schriften reflektieren. Für einen Autor wie Paul Nizon, der davon ausgeht, »nur die sprachgewordene [sei] an sich gebrachte Wirklichkeit«,[48] scheint das diaristische Projekt allerdings eine bedeutende Funktion auszuüben. Demnach lassen sich Paul Nizons tägliche Mitschriften genauer als *Werk im Werk* betrachten, als hätte der Verfasser, der sich stets auf der Suche seiner selbst befindet, im diaristischen Werk das passende Medium gefunden. Aus dem *Dialog mit dem grausamen Partner* – wie Elias Canetti das Tagebuchschreiben nannte – entwickelt sich das diaristische Unternehmen im Werk Paul Nizons zum introspektiven Monolog, der sich im eifrigen Schreibfluss zu Literatur entfalten kann.[49] Für die Autofiktionsdiskussion ist dies besonders interessant. Denn während im epischen Werk mit der referentiell identischen Trias von Autor, Erzähler und Protagonist spielerisch umgegangen wird und dabei neue poetologische Möglichkeiten erzeugt werden, scheint dies im diaristischen Werk von vornherein aus gattungsbedingten Gründen unmöglich zu sein. Folglich erweist sich das Überprüfen des mimetisch Bestimmbaren auf den ersten Blick als unnötiges Unternehmen.

Der Wunsch nach einer poetologischen Umsetzung des Autobiographischen ins Fiktionale ist aber auf einer metatextuellen Ebene auch im diaristischen Werk – insbesondere im zweiten Journalband – allgegenwärtig. Dabei wird deutlich, wie Paul Nizon den autobiographischen Stoff willkürlich und wissent-

---

[45] Gemeint sind in Reihenfolge des Erscheinens: Nizon / Gazzetti (Hrsg.): Die Innenseite des Mantels. Journal 1980–1989. Nizon / Kässens (Hrsg.): Die Erstausgaben der Gefühle. Journal 1961–1972. Nizon / Kässens (Hrsg.): Das Drehbuch der Liebe. Journal 1973–1979. Nizon / Kässens (Hrsg.): Die Zettel des Kuriers. Journal 1990–1999.
[46] Vgl. auch Bucheli: Ferne Bekannte, S. 57.
[47] Vgl. Moser: Bibliothek Nizon, S. 1448.
[48] Nizon: Am Schreiben gehen, S. 120.
[49] Vgl. dazu Sorg: Autofiktionalität und Heterotopie, S. 160.

lich als »Erzählmöglichkeit«[50] zu verstehen sucht. Im allerersten Beitrag des *Drehbuchs der Liebe* (die Jahre 1973 bis 1979 umfassend) präzisiert Paul Nizon in einem Brief an seinen Verleger Siegfried Unseld, er »werde [...] allerlei Erzählproben herstellen und Muster kleineren Formats durchspielen, bis [er] eine Formvorstellung habe, die das ›Fabulieren‹ ermöglicht«.[51] Der autobiographische Lebensstoff steht demnach unter Poetisierungsverdacht. Dieser Drang nach einem fiktionalen Schreiben bildet den thematischen Schwerpunkt dieses Journalbands und wird durch prägnante Paratexte – im Sinne Gérard Genettes – verstärkt. Genette hatte den Begriff »*paratexte*« in die literaturtheoretische Diskussion in den späten achtziger Jahren eingeführt.[52] Damit machte er darauf aufmerksam, dass Paratexte wie Titel, Untertitel, Gattungsbezeichnungen, Vorworte und Nachworte die Erwartungen der Leser und somit die Rezeption eines Textes steuern. Paratexte üben demnach poetologische Funktionen aus. Diese Erkenntnis weiß Paul Nizon in seinen – zwischen zwei Buchdeckeln – veröffentlichten Mitschriften produktiv umzusetzen. Während der angestrebte Fiktionalisierungsprozess im epischen Werk auf der textuellen Ebene stattfindet, verschiebt sich dieser in den publizierten Notizen vom Text in die Paratexte. Im diaristischen Werk erweisen sich diese als Ort der programmatisch angestrebten Fiktionalisierung und sind demnach für die Interpretation des Journalwerks von besonderer Bedeutung. Dergestalt verweigert Paul Nizon für die Kennzeichnung seiner diaristischen Mitschriften die Gattungsbezeichnung ›Tagebuch‹ zugunsten des neutraleren ›Journal‹-Begriffs und präzisiert: »Nein, es sind keine Tagebücher. Es geht um das Schriftstellerleben«.[53] Bücher waren es tatsächlich nie, da Paul Nizon seine Notizen auf losen Blättern niederschreibt. Bücher wurden es aber – durch die Publikation. Nebst den informativen Eckdaten werden die vier Journalbände (von den frühen *Erstausgaben der Gefühle* bis zu den 2008 erschienenen *Zetteln des Kuriers*) mit höchst poetischen Buchtiteln versehen. Interessanterweise wurden sie unter der Mitwirkung eines Herausgebers veröffentlicht: zuerst von Maria Gazzetti, dann von Wend Kässens. Dabei wird deutlich, daß die Herausgeberschaft im diaristischen Werk einen besonderen Stellenwert einnimmt. Zur Zusammenarbeit zwischen Autor und Herausgeber/in sowie zur Edition der Journale äußert sich Paul Nizon im Nachwort der *Innenseite des Mantels* wie folgt:

---

50 Nizon: Das Drehbuch der Liebe, S. 17.
51 Ebd., S. 13.
52 Vgl. dazu Genette: Paratexte.
53 Nizon zitiert in Kässens: Radiographie, S. 1472.

> Arbeitstechnisch gingen wir [Autor und Herausgeberin] wie Filmer vor, die ein umfangreiches Material zusammenschneiden und montieren. Wir sonderten das Briefwerk aus sowie alle Seiten familieninternen oder sonstwie privaten Charakters, sofern sie Nahestehende oder überhaupt lebende Personen betreffen. Die weiteren Eliminierungskriterien bezogen sich auf Längen, Wiederholungen, Unbeholfenheiten. Fest stand, daß eine stilistische Überarbeitung nicht in Frage kam. Man kann in solchen Fällen nur beschneiden, und das taten wir. Wir gingen mit Bleistift, Schere, Klebstreifen und Fotokopiergerät vor; im letzten Arbeitsgang gewissermaßen chirurgisch im Hinblick auf das Gefälle, den Lesefluß der ausgewählten Passagen. Wir reduzierten das vorliegende Material auf etwa ein Zehntel. Dieses Zehntel ist eines unter anderen möglich gewesenen Extrakten.[54]

Die Textfragmente, aus denen das Journalwerk gewonnen wurde, sind hauptsächlich Briefe. Im Sinne Michel Foucaults handelt es sich dabei um Texte ohne Autorfunktion.[55] Durch die Tätigkeit des Herausgebers entwickeln sie sich allerdings – so Uwe Wirth – zu Texten mit Autorfunktion.[56] In funktionaler Hinsicht fungiert der Autor Paul Nizon nebst den offiziellen Herausgebern der Journale bemerkenswerterweise als (Mit-)Herausgeber seines eigenen Werkes. Die durch die Edition gewonnene Autorschaft lässt sich im diaristischen Werk mit einem auktorialen Autoritätsprinzip koppeln.[57] Denn die Autorschaft, die der Leser im oben beschriebenen editorischen Umfeld wahrnehmen kann, ist nur eine mögliche unter vielen anderen.

Ferner gewinnt das Journalwerk dank der oben skizzierten Zusammenarbeit zwischen Autor und Herausgeber an poetologischer Vielfalt; seine Poetik spielt sich auf mehreren Ebenen ab: sowohl auf einer textuellen, paratextuellen und intertextuellen als auch auf einer intermedialen. Im Unterschied zum epischen Werk werden die Buchumschläge der Journale nämlich mit poetologisch aussagekräftigen Porträts des Autors versehen. Durch die Fotographien wird deutlich, worum es im Text geht. Ein Vorgehen, das dem Schriftsteller als promovierter Kunsthistoriker naheliegt und das in autobiographischen Schriften anderer Autoren bereits eingesetzt wurde. Man denke an Roland Barthes' Buch *Roland Barthes par Roland Barthes,* wo Porträts in poetologischer Hinsicht sowohl ein zentrales Mitsprache- als auch ein entscheidendes Mitschreiberecht haben.[58] Auf dem Buchumschlag des bereits erwähnten *Drehbuchs der Liebe* betrachtet sich Paul Nizon in seinem legendären »goldgerahmten« Spiegel (siehe: Abbil-

---

54 Nizon: Die Innenseite des Mantels, S. 332.
55 Vgl. Foucault: Was ist ein Autor?, S. 211.
56 Vgl. dazu Wirth: Geburt des Autors, S. 38.
57 Vgl. dazu Ebd. In dieser Studie bespricht Wirth die These, es gebe »keine Autorschaft ohne Herausgeberschaft« (S. 13). Diese These ließe sich auch anhand des diaristischen Werks von Paul Nizon ergründen.
58 Vgl. dazu Wagner-Egelhaaf: Autofiktion, S. 90–97.

dung 2).⁵⁹ Oftmals wurde dabei seine unverhüllte Ich-Bezogenheit beklagt. Beschränkt man sich auf eine solche Lesart, so wird man dem Gesamtwerk aber nicht gerecht. Vielmehr steckt in diesem Akt des Betrachtens eine poetologische Botschaft, die eine Umdeutung – beinah eine räumlich geprägte Umdrehung des monierten Narzissmus produziert. Ich wird ein anderer.⁶⁰ Dieses Streben nach einer Verdoppelung des eigenen Ich liegt jeglicher autofiktionalen Dichtung zugrunde und wird auf den Buchumschlägen der von Wend Kässens herausgegebenen Journalbände als Lektüre-Stütze wie folgt verbildlicht:

Abb. 1: © Copyright Suhrkamp: Umschlag Hermann Michels und Regina Göllner. Umschlagfoto Thomas Cugini

---

59 Nizon: Das Fell der Forelle, S. 7.
60 Vgl. dazu Rimbaud: Brief an Paul Demeny, S. 386.

Abb. 2: © Copyright Suhrkamp: Umschlag Hermann Michels und Regina Göllner. Umschlagfoto Oscar Wiggli

Abb. 3: © Copyright Suhrkamp: Umschlag Hermann Michels und Regina Göllner

Während sich der junge Nizon in den *Erstausgaben der Gefühle* im Sprachfluss des Schreibens ein Künstlerleben ertippt (siehe: Abbildung 1), begibt sich der ältere Nizon lesenderweise auf die Suche nach dem in den *Zetteln* autonom operierenden Ich (siehe: Abbildung 3). Diese Saga der bildlichen (Selbst-)Inszenierung ist noch im Entstehen begriffen. Im Herbst dieses Jahres wird unter dem Titel *Urkundenfälschung* der Band der Jahre 2000 bis 2010 erscheinen.[61] Auf dessen Umschlag prangt eine Abbildung des Autors, der – seinen ›Poetenmantel‹ um den Arm hängend – in die Ferne blickt, als verspräche er seinen Lesern damit, sich in diesem fünften Journalband in poetologischer Hinsicht um eine Kleiderschicht zu enthüllen. Kurzum: Der Mantel als Haut des Doppelgängers scheint ausgedient zu haben. In dieser Reihe erweist sich der zweite Band buchstäblich als ›Drehbuch‹ – ja: als Dreh- und Angelpunkt, in dessen Spiegelung sich das schreibende Ich in eine sprachlich erschaffene und erschriebene Alter-Ego-Figur verwandeln kann. Selbst der Buchumschlag übt zunehmend eine spiegelnde Funktion aus. Denn der Autor betrachtet sich im Spiegel, blickt aber zugleich aus diesem heraus. Die Grenzen zwischen Innen- und Außenwelt, zwischen textuellen und außertextuellen Gegebenheiten lösen sich allmählich auf.

Dabei ergibt sich eine Verschiebung von einer empirischen »Scheinwelt«[62] in eine sinnlich erfahrbare »Traumwelt«.[63] Der Leser folgt diesem permanenten Wechsel der Realitäten. Demnach geht es im Werk Nizons um ein textuelles *Movens* der Fiktionalisierung. In theoretischer Hinsicht ist es folglich nicht nur wichtig zu verstehen, *was* das autofiktionale Schreiben kennzeichnet und *wie* es entsteht, sondern vor allem *wo* sich das autofiktionale Schreibmoment ereignet. Mit einer größeren Überzeugung als je zuvor schreibt Paul Nizon am 27. Dezember 1977:

> Etwas ist auf das Vehementeste versucht worden. Etwas ist grauenhaft gescheitert, besser: gestorben. Und etwas (oder ich?) ist im Begriff geboren zu werden. Ich habe alle Brücken abgebrochen. Nun bin ich hier. Der Exodus war viel folgenschwerer als angenommen. Alle Geborgenheiten aufgegeben. Habe ich das Weite gewonnen? Oder gar das Künstlertum?[64]

---

61 Nizon / Kässens (Hrsg.): Urkundenfälschung. Dieser Band erschien 2012. Da er zur Zeit der Niederschrift des vorliegenden Beitrags noch im Druck war, wird er in diesem Artikel nur am Rande erwähnt.
62 Nizon: Das Drehbuch der Liebe, S. 64. Unter »Scheinwelt« versteht Nizon Lebenserfahrungen, die auf ihn zukommen und die sich literarisch nicht beeinflussen lassen.
63 Ebd. Unter »Traumwelt« versteht Nizon die Gegebenheiten des Lebens, die sich dichterisch ein Stück weit konstituieren lassen.
64 Ebd., S. 187.

In diesem Schlüsselzitat des *Drehbuchs der Liebe* lässt sich nachlesen, wie die thematisierte Genese des Ich im Journal immer mit dem Gewinn einer räumlich und zeitlich undefinierbaren, unfassbaren Dimension verbunden wird. In der »Weite« ist es eine raumlose und zeitlose Dimension,[65] die auf der textuellen Ebene ›Leere‹ generiert. Dabei handelt es sich um eine erschreibbare Gegenwelt, die sich Paul Nizon während der Pariser Jahre aus der Enge des Schachtelzimmers seiner »Tantenwohnung« in die poetische Unendlichkeit der Welt dichtet.[66] Diese Leere wird zum ästhetischen Textphänomen des diaristischen Werkes und erweist sich buchstäblich als springender Punkt von Paul Nizons Dichtkunst. Denn nur in dieser Leere – die zugleich eine sprachliche Schwebe erzeugt – kann anstelle der *Be*schreibung die Leben*ser*schreibung eintreten. Die raum- und zeitlose Ebene wird ausgefüllt von Leben, von Versprechen und Zukunft – und wird diesbezüglich zum Schauplatz der autofiktionalen Dichtung. Im *Drehbuch der Liebe* lässt sich das in folgendem grundlegenden Passus nachlesen:

> Paris, das sind auch: die Bürgersteige. Die Zonen der Straße zwischen Himmel, Haus und Boden. [...] Aber es mischt sich auf Schritt und Tritt der Traum der Erinnerung ins (Ansichts-)Bild. Das jetzige verhält sich zur Erinnerung ein wenig wie eine verblichene Photographie zur brausenden Lebensgegenwart. [...] Und jetzt muß ich dann bald in eigene Erinnerungen einsteigen, das heißt: diametral zu den Aufzeichnungen über die Stadt mit FABULIEREN beginnen. Erinnern als Fabulieren.[67]

In seinem poetischen Charakter lässt sich dieses Journalzitat von fiktionalen Texten nicht wesentlich unterscheiden. Wie im Paris-Roman *Das Jahr der Liebe* generiert der diaristische Text Zwischenräume, ein urbanes *no man's land*, das für die künstlerische Erschaffung des geschriebenen Subjekts eine entscheidende Rolle spielt. So ergänzt Paul Nizon ein paar Monate später: »Ich war eingesperrt und ausgesperrt vom Leben«.[68] Im Journal, das Nizon als die »ANDERE SEITE« seiner Bücher bezeichnet,[69] geht es folglich um ein Drinnen- und Draußensein zugleich. Raum und Zeit, die beiden Ingredienzen des diaristischen Werkes, fließen ineinander über. Denn auch die »Erinnerungen«, in die der Dichter »einsteigen« will, um »fabulieren« zu können,[70] lassen sich als eine räumliche Verinnerlichung eines unsagbaren, unschreibbaren Erfahrungspro-

---

65 Nizon: Das Drehbuch der Liebe, S. 187.
66 Nizon: Am Schreiben gehen, S. 79.
67 Nizon: Das Drehbuch der Liebe, S. 35–40.
68 Ebd., S. 204.
69 Nizon zitiert in Moser: Bibliothek Nizon, S. 1448.
70 Nizon: Das Drehbuch der Liebe, S. 40.

zesses betrachten. Das erinnerte, *ver*innerlichte und damit dargestellte Leben wird zur literarischen Konstruktion, und die Kunst, das Schreiben, zum Lebensersatz. Genau darin liegt der Kern der Nizon'schen Poetik. Denn im Werk Paul Nizons sollte der Autorbegriff keineswegs vor dem Hintergrund einer realen Entität gedacht werden. Vielmehr geht es um ein ›Losschreiben‹ vom Ich. Ein ›Losschreiben‹ in Richtung Erdichtung eines Kunstwesens, das im Akt des Schreibens geboren wird und im Text haust.

4 Fazit und Perspektivierung

Zusammenfassend lässt sich festhalten, dass die Debatte um das Autofiktionskonzept, die in Frankreich seit rund dreißig Jahren für Jubel und manchmal auch für Unstimmigkeiten sorgt, in gattungstheoretischer Perspektive noch zu keiner tragfähigen Definition gefunden hat.[71] Die Faszination dieses Konzepts liegt in seinem theoretischen Potential, das Paul Nizon auf eine originelle Weise literarisch umzusetzen weiß. Die Gefahr jedweder autorzentrierten Interpretation liegt für die Literaturwissenschaft aber darin, durch die poetologischen Selbstaussagen des Autors auf eine bestimmte Lesart konditioniert zu werden. Dabei sollten die Autofiktionstheorien, die im Entstehen begriffen sind, als methodisches Arbeitsinstrument fungieren, um neuere autobiographische Diskurse zwischen der klassischen Autobiographie und dem Roman neu einzuordnen. »Literarhistorisch interessant ist« ferner – so Frank Zipfel – »die Frage nach den möglichen Funktionen der Autofiktion«.[72] Nebst einer »poetologischen Funktion«,[73] die die Undurchdringlichkeit der Gattungsgrenzen infrage stellt, lässt sich festhalten, dass die Autoren von Autofiktionen einer Minderheit angehören. Daher werde »darüber spekuliert, ob autofiktionales Erzählen sich besonders zur Darstellung der Identität beziehungsweise Identitätssuche randständiger Autorinnen und Autoren eigne«.[74] Dieser Gedanke lässt sich anhand der Nizon'schen Poetik ein Stück weit ergänzen. Denn bei Paul Nizon scheint das autofiktionale Schreiben in erster Linie der Darstellung und demnach der Vereinigung einer – zwischen zwei Sprachen und Kulturen – zersplitterten

---

71 Vgl. dazu Zipfel: Autofiktion, S. 35. »Eine einheitliche Gattungsgeschichte der Autofiktion kann aufgrund der relativen Neuheit und der unterschiedlichen Auslegungen des Konzepts nicht geschrieben werden«.
72 Ebd., S. 36.
73 Ebd.
74 Ebd.

Identität zu dienen. Wie andere autofiktionale Schriften kreist Paul Nizons literarisches Unternehmen um das eigene Leben – um ›Leben‹ überhaupt erst sprachlich generieren zu können. Aus dem Vorhergehenden sollte deutlich geworden sein, dass eine systematische Erörterung von Paul Nizons literarischem Schaffen die aktuelle Autobiographieforschung für neue Interpretationsansätze sensibilisieren kann. Die Besonderheit von Paul Nizons autofiktionalem Schreiben liegt im Spannungsfeld einer doppelten Perspektive. Einerseits befindet sich sein Werk an einer Scharnierstelle und sollte demnach in Zukunft vor dem Hintergrund eines kulturellen Transfers untersucht werden. Andererseits spiegelt sich diese biographisch geprägte Transkulturalität auf der textuellen Ebene wider und erzeugt dabei ein ästhetisches Textphänomen, das die Aufmerksamkeit auf die dynamische Raumerfahrung in der (Selbst)konstitution der Sprechinstanz lenkt. Insofern wird im Werk Paul Nizons ein *bewegtes Sprachleben* erdichtet. Ein literarisches Leben also, das nicht zuletzt durch die poetische Bewegung der Sprache hervorgebracht wird.

Bibliographie

Alighieri, Dante: *La Divina Commedia*. Hrsg. v. Natalino Sapegno. Florenz 1985.
Barthes, Roland: »Der Tod des Autors« [1967/68]. In: Jannidis / Lauer u. a. (Hrsg.): *Autorschaft*, S. 185–193.
Barthes, Roland: *Roland Barthes par Roland Barthes* [1977]. Paris 2010.
Borges, Jorge Luis: *El Aleph*. Barcelona 1969.
Bucheli, Roman: »Ferne Bekannte. Vor achtzig Jahren wurden die Schriftsteller Hugo Loetscher und Paul Nizon geboren«. In: *Neue Zürcher Zeitung* (19.12.2009), S. 57.
Büchner, Georg: »Lenz« [1839]. In: *Sämtliche Werke*, Bd. I. Briefe und Dokumente. Hrsg. v. Henri Poschmann unter Mitarbeit von Rosemarie Poschmann. Frankfurt a. M. 1992, S. 223–250.
Canetti, Elias: *Dialog mit dem grausamen Partner* [1965]. Frankfurt a. M. 2005.
Colonna, Vincent: *Autofiction & autres mythomanies littéraires*. Paris 2004.
Darrieussecq, Marie: »L'autofiction, un genre pas sérieux«. In: *Poétique* 27 (1996), S. 367–380.
De Decker, Jacques: »Paul Nizon, l'intimité en partage«. In: *Les livres* (02.33.2007), S. 3.
Doubrovsky, Serge: *Fils*. Paris 1977.
Eckermann, Johann Peter: »Gespräche mit Goethe in den letzten Jahren seines Lebens 1823–1832« [1836]. In: *Sämtliche Werke,* Bd. II/12. Briefe, Tagebücher und Gespräche. Hrsg. v. Christoph Michel unter Mitwirkung von Hans Grüters. Frankfurt a. M. 1999, S. 9–913.
Foucault, Michel: »Was ist ein Autor?« [1969]. In: : Jannidis / Lauer u. a. (Hrsg.): *Autorschaft*, S. 198–229.
Gasparini, Philippe: *Autofiction. Une aventure du langage*. Paris 2008.
Genette, Gérard: *Paratexte* [1987]. Frankfurt a. M. 1989.
Genette, Gérard: *Fiction et diction*. Paris 1991.

Goethe, Johann Wolfgang von: »Aus meinem Leben. Dichtung und Wahrheit« [1833]. In: *Sämtliche Werke,* Bd. I/14. Briefe, Tagebücher und Gespräche. Hrsg. v. Klaus-Detlef Müller. Frankfurt a. M. 1986, S. 9-992.
Gronemann, Claudia: »›Autofiction‹ und das Ich in der Signifikantenkette. Zur literarischen Konstitution des autobiographischen Subjekts bei Serge Doubrovsky«. In: *Poetica* 31 (1999), S. 237-262.
Jannidis, Fotis / Gerhard Lauer / Matías Martínez / Simone Winko (Hrsg.): *Texte zur Theorie der Autorschaft.* Stuttgart 2000.
Kässens, Wend: *Paul Nizon – Essay,* 2004. http://www.klgonline.de/search/document?index=mol6&id=16000000421&type=text/html&query.key=Bs449Y1j&template=/publikationen/klg/document.jsp&preview (Stand: 1.06.2004).
Kässens, Wend: »›Die Radiographie der dazugehörigen schöpferischen Prozesse.‹ Zur Genese der Journale«. In: Nizon, Paul: *Romane Erzählungen Journale.* Frankfurt a. M. 2009, S. 1470-1481.
Lejeune, Philippe: *Moi aussi.* Paris 1986.
Lejeune, Philippe: *Der autobiographische Pakt* [1975]. Frankfurt a. M. 1994.
Moser, Samuel: »In der Bibliothek Nizon«. In: Nizon, Paul: *Romane Erzählungen Journale.* Frankfurt a. M. 2009, S. 1445-1481.
Nizon, Paul: *Typoskripte,* Schweizerisches Literaturarchiv, Bern.
Nizon, Paul: *Canto* [1963]. Frankfurt a. M. 1992.
Nizon, Paul: *Stolz* [1975]. Frankfurt a. M. 1978.
Nizon, Paul: *Das Jahr der Liebe.* Frankfurt a. M. 1981.
Nizon, Paul: *Am Schreiben gehen. Frankfurter Vorlesungen.* Frankfurt a. M. 1985.
Nizon, Paul: »›Ich bin ein Hund meiner Zeit.‹ Ein Gespräch über die Wirklichkeit des Schreibens mit Peter Henning und Horst Sumerauer«. In: Nizon, Paul: *Taubenfraß.* Frankfurt a. M. 1999, S. 47-60.
Nizon, Paul: *Das Fell der Forelle.* Frankfurt a. M. 2005.
Nizon, Paul / Maria Gazzetti (Hrsg.): *Die Innenseite des Mantels. Journal 1980-1989.* Frankfurt a. M. 1995.
Nizon, Paul / Wend Kässens (Hrsg.): *Die Erstausgaben der Gefühle. Journal 1961-1972.* Frankfurt a. M. 2002.
Nizon, Paul / Wend Kässens (Hrsg.): *Das Drehbuch der Liebe. Journal 1973-1979.* Frankfurt a. M. 2004.
Nizon, Paul / Wend Kässens (Hrsg.): *Die Zettel des Kuriers. Journal 1990-1999.* Frankfurt a. M. 2008.
Nizon, Paul / Wend Kässens (Hrsg.): *Urkundenfälschung. Journal 2000-2010.* Frankfurt a. M. 2012.
Rimbaud, Arthur: »Brief vom 15. Mai 1871 an Paul Demeney«. In: Jencolas, Claude (Hrsg.): *Les lettres manuscrites de Rimbaud.* Paris 1997, S. 385-391.
Sorg, Reto: »Autofiktionalität und Heterotopie. Paul Nizons Selbstfindung im ›schöpferischen Apparat‹ des Journals«. In: Elio Pellin / Ulrich Weber (Hrsg.): *»... all diese fingierten, notierten, in meinem Kopf ungefähr wieder zusammengesetzten Ichs«. Autobiographie und Autofiktion.* Zürich 2012, S. 153-182.
Utz, Peter: »Erschriebenes Leben. Ist Robert Walsers Poetenleben eine ›Autofiktion‹?«. In: Anna Fattori / Kerstin Gräfin von Schwerin (Hrsg.): *»Ich beendige dieses Gedicht lieber in Prosa«. Robert Walser als Grenzgänger der Gattungen.* Heidelberg 2011, S. 27-42.

Utz, Peter: »Fundstellen des Fremden. Paul Nizon, französisch gelesen«. In: *Akzente* 41 (1994), S. 215–222.
Wagner-Egelhaaf, Martina: »Autofiktion – Theorie und Praxis des autobiographischen Schreibens«. In: Berning, Johannes / Nicola Keßler / Helmut H. Koch (Hrsg.): *Schreiben im Kontext von Schule, Universität, Beruf und Lebensalltag.* Berlin 2006, S. 80–101.
Wagner-Egelhaaf, Martina: »Autofiktion & Gespenster«. In: *Kultur & Gespenster* 7 (2008), S. 135–149.
Wirth, Uwe: *Die Geburt des Autors aus dem Geist der Herausgeberfiktion.* München 2008.
Zipfel, Frank: »Autofiktion«. In: Lamping, Dieter (Hrsg.): *Handbuch der literarischen Gattungen.* Stuttgart 2009, S. 31–36.

Gerrit Lembke
Vielstimmiges Schweigen

Auktoriale Inszenierung bei Walter Moers

Abstract: Die Zamonien-Romane von Walter Moers sind nicht nur von Autorfiguren wie etwa Hildegunst von Mythenmetz bevölkert, auch in den paratextuellen Rahmen ist die Funktion ›Autorschaft‹ präsent. Auf der Ebene der Diegese der *Stadt der Träumenden Bücher* werden (1) historische Autorschaftsmodelle (poeta doctus, Genie, scripteur etc.) miteinander kontrastiert und in ein unauflösliches Amalgam überführt, in dem Literatur zum totalen *mashup*-Phänomen wird. Die darin sich manifestierende ›Poetik der Kopie‹ wird (2) in den Bereich der (Pseudo-)Paratexte überführt, wo Walter Moers nicht die Rolle des Verfassers einnimmt, sondern sich auf die Position des Übersetzers zurückzieht. Die Tradition der Herausgeberfiktion wird über die Titelblätter hinaus auch in den epitextuellen Interviews abgerufen, wo der Autor Mythenmetz mit seinem Übersetzer Moers über dessen Akkuratesse streitet. Schließlich wird ›Autorschaft‹ (3) auch *ex negativo* in dem Versteckspiel von Moers sichtbar: Der Verfasser generiert Aufmerksamkeit für sein Werk nicht durch seine mediale Dauerpräsenz, sondern gerade durch das Geheimnis, das er aus seiner Person macht. Auf verschiedenen Ebenen (Diegese – Peritext – Epitext) sind also Autoren beteiligt, deren Handeln von konkurrierenden Instanzen infrage gestellt wird. Auf der Ebene der Diegese dient dieses Verfahren der Kontrastierung verschiedener poetologischer Konzepte, während das (4) vielstimmige Neben- und Gegeneinander des schweigsamen Moers und des wortreichen Mythenmetz in den Interviews eine Strategie zur Aufmerksamkeitssteigerung in der literarischen Öffentlichkeit darstellt.

Die sechs bisher erschienenen Zamonien-Romane (*Die 13½ Leben des Käpt'n Blaubär, Ensel und Krete, Rumo, Die Stadt der Träumenden Bücher, Der Schrecksenmeister* und *Das Labyrinth der Träumenden Bücher*) haben Walter Moers zu einem der meistgelesenen Autoren der deutschen Gegenwartsliteratur gemacht.[1] Allesamt platzierten sie sich in den Top Ten der Spiegel-Bestsellerlisten und wurden in mehr als zwanzig Sprachen übersetzt.[2] Aber nicht nur bei den nichtprofessionellen Lesern, sondern auch beim akademischen und insbeson-

---

1 Vgl. Platthaus: Blick auf einen Unbekannten.
2 Vgl. eine Liste der zahlreichen Übersetzungen bei Lembke: Geschichte, S. 38–41.

dere philologischen Lesepublikum genießen die Romane einen hohen Stellenwert, wie die euphorischen Rezensionen von Andreas Platthaus in der *Frankfurter Allgemeinen Zeitung*[3] ebenso demonstrieren wie die sich allmählich entwickelnde Moers-Forschung innerhalb der Literaturwissenschaft.[4] Dieser homogenen positiven Rezeption steht ein polyphones Konstrukt von Autorschaft gegenüber, das zwar unter dem label ›Walter Moers‹ firmiert und damit Einheitlichkeit suggeriert, tatsächlich aber wesentlich komplexer ist.[5] Denn die sechs umfangreichen Romane, deren Zusammenhang durch den gemeinsamen Bezug auf den fiktiven Kontinent Zamonien gewährleistet wird, entfalten auf verschiedenen Ebenen ein literarisches Spiel um Autor-, Herausgeber- und Leserschaft:

In der *Stadt der Träumenden Bücher* (2004) wird ›Autorschaft‹ auf der Ebene der Diegese virulent: Autodiegetischer Erzähler ist der sprechende wie dichtende – und zudem pathologisch selbstbewusste – Hildegunst von Mythenmetz, der seinen Bildungsweg zum ›fertigen Autor‹ schildert. Indem im ersten Teil dieses Aufsatzes nicht nur dessen eigene Entwicklung, sondern auch seine Begegnungen mit verschiedenen historischen Konzepten von Autorschaft dargestellt werden, macht er ein heterogenes poetologisches Substrat des Romans sichtbar, das auf Barthes' Modell vom *scripteur* basiert.

Wie der zweite Teil zeigt, wird bei *Ensel und Krete* (2000) hingegen Autorschaft weniger in der Diegese thematisiert, als vielmehr an den ›Rändern‹ oder ›Schwellen‹ (›seuils‹) – in den Paratexten.[6] Dabei lässt sich wiederum – je nach der ›Distanz‹ zum Text – zwischen peri- und epitextuellen Phänomenen unterscheiden: (a) In den Peritexten, also den direkt am Buchkörper angelagerten Elementen wie Titelei, Vor- oder Nachwort, tritt der Autor in Erscheinung, indem er sich und sein Werk kontextualisiert und kommentiert; (b) in den Epitexten, wie zum Beispiel in Interviews in der *Frankfurter Allgemeinen Zeitung* sowie der *Zeit*, trifft der Leser keineswegs auf Walter Moers, sondern auf dessen fiktive Kunstfigur: Hildegunst von Mythenmetz, der seinen Übersetzer Moers beharrlich der mangelhaften Textarbeit beschuldigt.

---

3 Vgl. Platthaus: Stollentroll; Platthaus: Dichten.
4 Vgl. Lembke (Hrsg.): Zamonien-Romane; zuvor bereits Korten: 13½ Leben; Bunia: Mythenmetz & Moers; Friedrich: Erzählen.
5 Zum Begriff des ›labels‹ vgl. Niefanger: Autor.
6 Vgl. Genette: Paratexte. Da es sich bei den hier vorliegenden Texten um Elemente handelt, die Teil der Fiktion sind, mag es – streng genommen – sinnvoller sein, von ›Pseudoparatexten‹ zu sprechen. Aus sprachökonomischen Gründen wird im Folgenden auf diese Differenzierung verzichtet.

›Autorschaft‹ kann aber auch in noch größerer Distanz zum Erzähltext praktiziert und inszeniert werden, nämlich als spezifischer, nicht-textuell manifestierter Habitus oder ikonische Selbstinszenierung. Als beispielsweise Rainald Goetz während seiner Lesung zum Klagenfurter Ingeborg-Bachmann-Preis 1983 mit einer Rasierklinge eine blutige Furche in seine Stirn schnitt,[7] war dies zwar Bestandteil seiner Autorinszenierung, aber kein *Text*phänomen. Das Interesse, das sich an solche Inszenierungsformen knüpft, ist daher kein textanalytisches, sondern ein literatursoziologisches, das sich allerdings nicht auf die private Person, sondern den (öffentlichen) Inszenierungsakt der Autorinstanz bezieht. Der letzte Teil widmet sich daher den öffentlichen Auftritten von Walter Moers (bzw. deren Ausbleiben), die eine markante Leerstelle seines Werks darstellen.

An diesen drei Orten, an denen die Institution oder Funktion des Autors manifest werden kann, wird im Falle der Zamonien-Romane ein Phänomen inszeniert, das zwischen den Polen ›Vielstimmigkeit‹ und ›Schweigen‹ einerseits oszilliert und andererseits vermittelt: Die Vielzahl der auktorialen (oder ›editorialen‹) Stimmen sowohl in und neben als auch abseits der Texte kulminiert im Schweigen des Autors als reale Person, wohingegen ein erheblicher ›Lärm‹ von dem inszenierten Streit um Moers und Mythenmetz ausgeht und um das Werk herum entsteht.

1 Der Autor im Text: Die Stadt der Träumenden Bücher

Im Falle der *Stadt der Träumenden Bücher* wird ›Autorschaft‹ nicht nur auf dem Titelblatt verhandelt, sondern ist auch Gegenstand der Diegese, denn Hildegunst von Mythenmetz ist nicht nur Erzähler (und fingierter Autor) des Textes, sondern auch dessen Protagonist, der im Modus einer fiktiven Autobiographie retrospektiv von seinem Leben berichtet. Der Lindwurm Mythenmetz bricht nach dem Tod seines Dichtpaten, Danzelot von Silbendrechsler, von der Lindwurmfeste, seiner Heimat, auf und begibt sich auf die Suche nach einem Dichter, aus dessen Feder er ein Fragment von beeindruckender ästhetischer Qualität besitzt. Auf seiner Suche gelangt er zunächst in die Antiquariats- und Bücherstadt Buchhaim, von wo aus er in die unterirdische Welt der Katakomben eindringt. Nach einer abenteuerlichen *queste* durch das labyrinthische Tunnelsystem der Unterwelt findet er schließlich durch die Hilfe des Schattenkönigs,

---

7 Vgl. den Beitrag von Innokentij Kreknin in diesem Band.

der sich als Autor des besagten Manuskripts herausstellt, wieder zurück an die Oberfläche.

Die räumliche Organisation der fiktiven Welt ist nicht nur topographisch, sondern auch semantisch in distinkte Teilräume differenziert, die sich mit verschiedenen Konzepten von Autorschaft und Institutionen des literarischen Marktes korrelieren lassen. In dieser Welt finden wir Konzepte vom inspirierten *poeta vates* über den gelehrten *poeta doctus* und verschiedene Genie-Konstruktionen bis hin zu an die surrealistische Idee der *écriture automatique* oder die Gedichtmaschine Hans Magnus Enzensbergers[8] erinnernde Modelle ›schwacher Autorschaft‹. Diese Konzepte sind in der vertikal und horizontal organisierten Welt verschiedenen Räumen und Figurengruppen zuzuordnen.

Die Lindwurmfeste ist Ausgangs- und Endpunkt des literarischen Bildungswegs von Mythenmetz. Die dominante Figur dieses Raums ist dessen Dichtpate Danzelot von Silbendrechsler, der seine literarische Weisheit an dessen jungen, ›nur‹ 77 Jahre alten, Adlatus vermittelt.[9] Danzelots Dichtungsideal beruht auf der Kenntnis des literarischen Kanons und dem Erlernen handwerklicher Regeln zur Anfertigung von Poesie: »Ich beschloß, mein Leben in den Dienst der handwerklichen Aspekte des Schreibens zu stellen. Mich an die Dinge zu halten, die vermittelbar sind«.[10] Trotz der genetischen Disposition zum Verfassen von Literatur (auch Horaz erwähnt im Zuge seiner Ausführungen zum *poeta doctus* in der *Ars Poetica* neben der Ausbildung die Bedeutung der natürlichen Veranlagung[11]) bedarf es eines beharrlichen Studiums von Fertigkeiten, um zum Dichter zu reifen. Bereits der Eigenname ›Danzelot von Silbendrechsler‹ weist mit seiner Einbeziehung von Exklusivität (›von‹), Tradition (›Dante‹) und Handwerk (›Drechsler‹[12]) diesen als *poeta faber* (›handwerklichen Dichter‹) oder *poeta doctus* (›gelehrten Dichter‹) aus.[13] Die Lindwurmfeste ist damit der zamo-

---

8 Vgl. Enzensberger: Einladung.
9 Zum Alter von Mythenmetz vgl. Moers: Stadt der Träumenden Bücher, S. 15.
10 Moers: Stadt der Träumenden Bücher, S. 19.
11 »Ob durch Naturtalent eine Dichtung Beifall erringt oder durch Kunstverstand, hat man gefragt. Ich kann nicht erkennen, was ein Bemühen ohne fündige Ader oder was eine unausgebildete Begabung nützt; so fordert das eine die Hilfe des andren und verschwört sich mit ihm in Freundschaft« (Horaz: Ars Poetica, S. 31).
12 »*Mythenmetz* ist ein typischer Nachname der Bewohner der Lindwurmfeste, wie auch *Epenschmied*, *Versdrechsler* oder *Hymnengießer*, Namen, die gleichzeitig literarisches Feingefühl wie solide Handwerkskunst signalisieren sollten, denn fast alle der in der Feste lebenden Saurier waren praktizierende Literaten mit einer angeborenen Neigung zu handwerklicher Gründlichkeit«. (Moers: Ensel und Krete, S. 230).
13 Vgl. überblickshaft Hoffmann / Langer: Autor, S. 142f.

nische Ort der geregelten *Produktion* von Literatur durch die dichtenden Drachen, allen voran zunächst Danzelot von Silbendrechsler.

Zweite Station der Reise ist Buchhaim, die titelgebende *Stadt der Träumenden Bücher:*

> Buchhaim verfügte über fünftausend amtlich registrierte Antiquariate und schätzungsweise tausend halblegale Bücherstuben [...]. Es gab eine kaum meßbare Zahl von fliegenden Händlern, die auf rollenden Regalen, in Bollerwagen, Umhängetaschen und Schubkarren Druckwerk in jeder denkbaren Form feilboten. In Buchhaim existierten über sechshundert Verlage, fünfhundert Druckereien, ein Dutzend Papiermühlen und eine ständig wachsende Anzahl von Werkstätten, die sich mit der Herstellung von bleiernen Druckbuchstaben und Druckerschwärze beschäftigten.[14]

Der Erzähler präsentiert die Stadt nicht nur als numerisch vermessenen Wirtschaftsraum, sondern auch als kartographisch erfasst.[15] Die Stadt, die oberflächlich als kulturelles Idyll erscheint, erweist sich auf den zweiten Blick als von ökonomischen Marktmechanismen beherrschter Ort, dessen geographisches, politisches und wirtschaftliches Zentrum das Haus der korrupten Haifischmade Phistomefel Smeik ist.[16] Das Signet seines von weitreichenden Handelsbeziehungen geprägten Bücherimperiums ist der Dreikreis: »Er symbolisiert die drei Bestandteile der Macht: Macht, Macht und Macht«.[17] Neben dieser durch realmonetäres ebenso wie durch symbolisches Kapital definierten Macht wird die Ohnmacht der Dichtung topographisch auf einen Friedhof ausgelagert: »Das war der berühmt-berüchtigte *Friedhof der Vergessenen Dichter*. [...] In den Löchern hausten diejenigen Schriftsteller, die sich in Buchhaim kein Dach über dem Kopf leisten konnten. Sie dichteten auf Zuruf für die Touristen, für ein bißchen hingeworfenes Kleingeld«.[18] Dem Patriarchen Buchhaims ist an einer Kultur gelegen, in der herkömmliche Kunstformen keinen Platz mehr haben, wie Smeik selbst ausführt:

> Die Künstler werden am meisten unter meiner Herrschaft zu leiden haben, fürchte ich. Denn ich werde die Literatur abschaffen. Die Musik. Die Malerei. Theater. Tanz. Sämtliche Künste. Diesen ganzen dekadenten Ballast. Ich werde alle Bücher Zamoniens verbrennen lassen. Alle Ölbilder mit Säure abwaschen. Alle Skulpturen zerschlagen, alle Partituren

---

14 Moers: Stadt der Träumenden Bücher, S. 30.
15 Vgl. hierzu Lembke: Ompel.
16 Vgl. hierzu Goslar: Arkadien, S. 264–267.
17 Moers: Stadt der Träumenden Bücher, S. 146.
18 Ebd., S. 84; in Carlos Ruiz Zafóns *Der Schatten des Windes* (2001, dt. 2003), einem Roman, der von Labyrinthen, Büchern und Bibliotheken handelt, gibt es einen »Friedhof der Vergessenen Bücher« (vgl. Zafón: Schatten, S. 7–13).

zerreißen. [...] Und dann wird Ruhe herrschen – kosmische Ruhe und Ordnung. Dann können wir endlich aufatmen. Und einen Neubeginn wagen. Befreit von der Geißel der Kunst. Eine Welt, in der es nur noch die Wirklichkeit geben wird.[19]

Und er fährt fort: »Die Abschaffung aller Kunst wird wohl kaum ohne die Abschaffung aller Künstler vonstatten gehen. [...] Ja, Freunde werden sterben müssen«.[20] Den ›Tod des Autors‹ versteht Smeik hier allzu wörtlich, wenn er das Ende der Kunst und damit das Ende der Künstler prophezeit – geradezu eine forcierte Fehllektüre von Barthes. Sein Gegenentwurf zu den herkömmlichen Künsten besteht in der Etablierung einer neuen, höchst immersiven und manipulativen Kunstform: »Die einzige Kunst, die ich noch zulassen werde, werden Trompaunenkonzerte sein – weil es in Wirklichkeit gar keine Kunst ist, sondern Wissenschaft«.[21] Buchhaim ist ein Ort der reinen *Distribution* von Literatur. Hier sind die künstlerische Produktion und deren emphatische Rezeption zu Randphänomenen des Stadtlebens degradiert. Dieser Ort ist, legt man einen elitären Literaturbegriff zugrunde, der triviale Produkte der Kulturindustrie ausschließt, ein Raum ›verhinderter‹ Literatur.

Nach der Lindwurmfeste und Buchhaim ist die Lederne Grotte, in der die Buchlinge leben, der dritte Raum, den Mythenmetz auf seinem Bildungsweg durchwandert. Bei diesen handelt es sich um eine Zyklopenrasse von eher rezeptiv veranlagten Wesen, die sich von Literatur nicht nur bildlich, sondern ganz buchstäblich ›ernähren‹, wie sie selbst zugeben: »Es ist uns ein bißchen peinlich [...], daß etwas so Hochgeistiges wie Lesen mit etwas so Profanem wie Verdauung einhergeht. Aber so ist das nun mal. Wir ernähren uns vom Lesen!«[22] Über die Lektüre und bloß reproduzierende Zitation hinaus sind die Buchlinge aber völlig eigenschaftslos: »Jeder Buchling nimmt irgendwann den Charakter des Dichters an, den er auswendig lernt, das ist unvermeidlich. Das ist unser Schicksal. Von Natur aus sind wir leere Blätter, die beschrieben werden wollen, ohne eigene Persönlichkeit«.[23] Aber nicht nur die Persönlichkeit des rezitierenden Buchlings, sondern auch die Person des vorbildgebenden Dichters ist in diesem kulturellen Metabolismus ohne symbolisches Kapital: »Die Nasenhaare von Ojahnn Golgo van Fontheweg? Eine Socke von Gofid Letterkerl? Nein dan-

---

19 Moers: Stadt der Träumenden Bücher, S. 144.
20 Moers: Stadt der Träumenden Bücher, S. 145f.
21 Ebd., S. 145; zur Illusion und Immersion in den Zamonien-Romanen vgl. Lembke: Trugbilder.
22 Moers: Stadt der Träumenden Bücher, S. 257.
23 Ebd., S. 235.

ke. Es war das Werk allein, das zählte«.[24] Die Texte, die in dieser Teilwelt produziert werden, sind keineswegs einem Originalitätsideal unterworfen, sondern ganz im Gegenteil völlig dem Bewusstsein verpflichtet, dass jede Literatur bloße Wiederholung bereits geschriebener Texte sei. Es handelt sich um mit postmodernen Konzepten von Intertextualität und Autorschaft durchaus kompatiblen Ideen.[25] In ihrer künstlerischen Heteronomie und über bloße Traditionsverpflichtung hinausgehenden Literaturauffassung markieren sie ein Autorschaftsverständnis, das mit Roland Barthes' Modell des *scripteurs* zu identifizieren ist.[26] Der Autor wird hier seiner Autonomie beraubt und als Funktion der Sprache betrachtet. Demzufolge ist es »die Sprache, die spricht, nicht der Autor«.[27] Die Identität des *scripteurs* ist ein Resultat des Schreibens,[28] so wie auch die Buchlinge ihre Identität durch die literarische Rezeption und Repetition konstituieren. Dieser Raum, dessen paradigmatische Protagonisten die Buchlinge sind, ist ein Raum literarischer *Rezeption*.

Abschließend gerät Mythenmetz in der Unterwelt Zamoniens in das sogenannte Schloss Schattenhall, in dem der Schattenkönig lebt, der sich schließlich als der Verfasser des gesuchten Manuskripts herausstellt. Dieser unterrichtet Mythenmetz zwar im Verfertigen guter Literatur, greift aber immer wieder auf den Topos der ›unlernbaren Kunst‹ zurück: »»Bringst du es mir bei?‹, fragte ich dreist. ›Nein.‹ ›Warum nicht?‹ ›Weil es nicht vermittelbar ist. Ich kann dir auch nicht beibringen, das Orm zu erreichen. Entweder du schaffst es eines Tages, oder du schaffst es nie.‹«[29] Dennoch ist das Orm nicht völlig unabhängig von jeglichen Lernprozessen, denn Mythenmetz muss das ›Alphabet der Sterne‹ erlernen. Die Quelle der literarischen Fertigkeiten bleibt insgesamt diffus – wie auch die Raumgestaltung von Schloss Schattenhall sehr vage ist[30] – und die Ausbildung zum Dichter erfolgt zwar durch intensive Lektüre fremder Texte, beruht aber ebenso auf dem *ingenium* des Dichters wie auch seinen handwerklichen Fähigkeiten. Diesem Raum lässt sich – ebenso wenig wie seinen Bewohnern – kein eindeutiges Autorschaftsmodell zuordnen, wenngleich der Schattenkönig wiederholt als ›Genie‹ bezeichnet wird; vielmehr handelt es sich um

---

24 Ebd., S. 241; ›Ojahnn Golgo van Fonteweg‹ ist ein Anagramm von ›Johann Wolfgang von Goethe‹, ›Gofid Letterkerl‹ von ›Gottfried Keller‹.
25 Vgl. hierzu Conrad: Autoren.
26 Vgl. Barthes: Tod des Autors.
27 Ebd., S. 187.
28 Der *scripteur* »hat überhaupt keine Existenz, die seinem Schreiben voranginge oder es überstiege« (Barthes: Tod des Autors, S. 189).
29 Moers: Stadt der Träumenden Bücher, S. 377f.
30 Vgl. Lembke: Ompel, S. 105–110.

einen in höchstem Maße sämtliche Modelle synthetisierenden Raum, der sich weniger (positiv) durch seine vorhandenen Merkmale, sondern vielmehr (negativ) durch seine fehlenden Eigenschaften definiert: Der distributionelle Aspekt des öffentlichen Marktes, der in Buchhaim dominiert, ist hier völlig außer Acht gelassen und fungiert geradezu als Leerstelle des idealen literarischen Prozesses: Literatur wird (von jemandem) geschrieben, Literatur wird (von jemandem) gelesen, aber Literatur zirkuliert autonom. Und diese freie Zirkulation ist nicht nur ein Prozess, der literarische *mashups* generiert, sondern ist auch selbst ein solches Amalgam heterogener Konzepte von Autorschaft; insofern handelt es sich gewissermaßen um eine selbstreflexive Potenzierung des intertextuellen Prozesses.[31]

Den einzelnen Räumen sind Protagonisten zugeordnet, die tendenziell als Exponenten historischer Autorschaftsmodelle fungieren. Die vier räumlich wie konzeptuell zu differenzierenden Stationen des Bildungswegs sind also wie folgt in Hinblick auf ihren Fokus im Umgang mit Literatur, auf das dominierende Autorkonzept und auf die exponierten Figuren zu unterscheiden: Lindwurmfeste (Produktion = *poeta doctus* / *poeta faber* = Danzelot von Silbendrechsler) vs. Buchhaim (Distribution = *écriture automatique* = Phistomefel Smeik) vs. ›Lederne Grotte‹ (Rezeption = *scripteur* = Buchlinge) vs. Schloss Schattenhall (Produktion / Rezeption = *poeta doctus* / *poeta faber* / *écriture automatique* / *scripteur* / Genie = Schattenkönig).

›Schloss Schattenhall‹ ist nicht nur der Ort, an dem der Zugang zum mysteriösen Orm gegeben ist, sondern ist Archiv des kulturellen Wissens und literarischer Tradition. Rezeption und Produktion gehen ineinander über: Mythenmetz' Autobiographie *Die Stadt der Träumenden Bücher* – oder *Die Reiseerinnerungen eines sentimentalen Dinosauriers*, wie der Titel des zamonischen Originals lautet – ist letztlich das Produkt dessen, der seine Fähigkeiten in diesem letzten Raum erlangt hat. Der hohe Grad an intertextuellen Verweisen, die den Text zum hochgradig ›vielstimmigen‹ Kunstwerk (im Sinne von Bachtins bzw. Kristevas Konzept der Polyphonie) machen, zeugt von seiner doppelten Verpflichtung zur literarischen Tradition und ästhetischen Innovation.

---

31 Zum Kunstcharakter des *mashups* vgl. Gehlen: Mashup, v. a. S. 9–60.

2 Der Autor im Paratext: Von der Herausgeber- zur Interviewfiktion

2.1 Fiktive Autorschaft und Pseudoübersetzung

Vier der Romane *(Ensel und Krete, Die Stadt der Träumenden Bücher, Der Schrecksenmeister* und *Das Labyrinth der Träumenden Bücher)* inszenieren eine Autor- und Übersetzerfiktion. Man muss also zwischen realem (Moers) und fiktivem Verfasser (Mythenmetz) einerseits unterscheiden sowie zwischen diesen beiden und dem Übersetzer ›Moers‹, der zugleich als ein die Fußnoten organisierender Herausgeber auftritt: Neben die den Text konstituierende Einheit des Autors tritt die den Text manipulierende Größe des Editors, durch den die Erzählungen zu Pseudoübersetzungen werden.[32] In der Fiktion entfaltet sich eine komplexe Struktur von Verfasserschaftsbehauptungen und -leugnungen, deren Anleihen bei Umberto Ecos *Il nome della rosa* (1980) nicht zu übersehen sind:

> Der geneigte Leser möge bedenken: was er vor sich hat, ist die deutsche Übersetzung meiner italienischen Fassung einer obskuren neugotisch-französischen Version einer im 17. Jahrhundert gedruckten Ausgabe eines im 14. Jahrhundert von einem deutschen Mönch auf Lateinisch verfaßten Textes.[33]

In dieser Gestaltung der Vermittlungsstufen lässt sich eine Entwicklung innerhalb der Zamonien-Serie beobachten: In *Ensel und Krete* kommt diese Konstruktion erstmals zur Entfaltung.[34] Der Autor zieht sich auf dem Titelblatt auf die Rolle des Übersetzers zurück, die er fortan, mit Ausnahme von *Rumo*,[35] beibehalten wird. Walter Moers tritt hingegen ganz bescheiden nur als Übersetzer aus dem Zamonischen, als Illustrator, Kommentator und Kompilator in Erscheinung. Gleichzeitig wird mit Hildegunst von Mythenmetz eine fiktive Figur erschaffen, die sowohl schreibend als auch im Laufe der Serie handelnd (*Die Stadt der Träumenden Bücher*) agiert. Im *Schrecksenmeister* wird der Grad der Mediation auf die Spitze getrieben, wenn auch Mythenmetz nicht mehr die Rolle des

---

[32] Zu diesem Begriff vgl. Toury: Translation, 40–52.
[33] Eco: Der Name der Rose, S. 10; etwas weniger prominent, aber umso einflussreicher als Vorlage für die Rahmengestaltung ist William Goldmans *The Princess Bride* (1973) gewesen.
[34] Vgl. hierzu auch Lembke: ›Hier fängt die Geschichte an.‹, S. 26.
[35] *Rumo* ist nach eigenen Aussagen bereits wesentlich früher entstanden (vgl. Nüchtern: Zielpublikum).

originären Autors einnimmt, sondern wiederum nur als *rewriter* eines ursprünglich von Gofid Letterkerl stammenden Märchens auftritt. Damit wird die Anteilnahme Moers' im paratextuellen Spiel der Fiktion immer weiter reduziert: vom Verfasser in den *13½ Leben des Käpt'n Blaubär* über den Herausgeber und Illustrator in *Ensel und Krete* bis hin zum Herausgeber zweiter Stufe im *Schreckensmeister*.[36] Moers wird immer mehr zu einer »Nebenfigur am Rande der literarischen Bühne«,[37] aber er stellt sich paradoxerweise gleichzeitig immer weiter ins Rampenlicht, je intensiver er um seine Nivellierung bemüht ist.[38] Denn handelt es sich bei dem Zurücktreten vom Anspruch auf Autorschaft noch um eine Reduktion von Verantwortung, so erzielt doch die Vervielfältigung der fiktiv beteiligen Instanzen einen anderen Effekt: Der Schwächung der Autorfunktion steht eine erhebliche Stärkung der Herausgeberfunktion gegenüber: Wo der *Autor* ›Moers‹ von der ›Bühne der Literatur‹ zu verschwinden droht, da beginnt erst der Auftritt des umso wortreicheren *Herausgebers* Moers.

Die Ausdehnung der editorialen Eingriffe erstreckt sich nun nicht nur auf die Titelei und die Nachworte, sondern auch auf die Fußnoten, sodass die editoriale Rahmung die Erzählung immer wieder unterbricht und die Handlungsillusion stört.[39] Hier, in den Fußnoten, kommen verschiedene Stimmen zu Wort: Einerseits Prof. Abdul Nachtigaller, der zamonische Enzyklopädist und Universalgelehrte, aus dessen »Lexikon der erklärungsbedürftigen Wunder, Daseinsformen und Phänomene Zamoniens und Umgebung« reichlich zitiert wird, andererseits wiederum der Übersetzer, der zamonische Begriffe erläutert oder auf die Schwierigkeiten einer adäquaten Übersetzung hinweist:

> So peinlich auch Mythenmetz' prahlerischer Verweis auf seine artistischen Vorzüge sein mag (und sein geradezu taktloser, an solcher Stelle völlig unpassender und fast schon selbstzerstörerischer Eingriff in seinen eigenen Text), das erzählerische Kunststück im Original ist wirklich verblüffend (und, das muß zu seiner Verteidigung gesagt werden, ohne diesen Hinweis gar nicht zu bemerken.) Ich habe mehrere Wochen damit verbracht, diesen erzählerischen Zaubertrick mit den Mitteln unserer Sprache nachzuahmen. Es ist unmöglich. (Der Übersetzer).[40]

---

36 Im *Labyrinth der Träumenden Bücher* wird diese Entwicklung nicht durch eine weitere Verschachtelung auf die Spitze getrieben, sondern durch die Inszenierung eines umso ohnmächtigeren Übersetzers, der vor dem umfangreichen Mythenmetzwerk kapituliert, verlegerischen Zwängen gehorcht und einen unvollständigen Roman herauszugeben gezwungen ist (vgl. Moers: Labyrinth der Träumenden Bücher, S. 429).
37 Barthes: Tod des Autors, S. 189.
38 Vgl. hierzu Irsigler: Meister.
39 Zur Illusionsstörung in den Zamonien-Romanen vgl. Lembke: Trugbilder.
40 Moers: Ensel und Krete, S. 167.

Durch die offene Thematisierung des Verhältnisses von Original zu Übersetzung wird auch das Verhältnis des vorliegenden Textes zur fiktionsinternen Wirklichkeit in Frage gestellt und die Illusion einer adäquaten Darstellung zerstört. Diese ›ästhetische Illusion‹[41] ist das Ergebnis eines Leserkontrakts, in dessen Folge der Leser sich für die Dauer der Lektüre der Selbsttäuschung hingibt, das Geschilderte sei wahr und ereigne sich ›vor dessen Augen‹, was Samuel Taylor Coleridge als »willing suspension of disbelief« beschreibt.[42] Durch die Betonung des Fiktionscharakters der Illusion wird der poetische Charakter der Texte ostentativ. So wird die Aufmerksamkeit des Lesers von der ›Botschaft des Textes‹ auf die ›Botschaft seiner Medialität‹ (›the medium ist the message‹)[43] verschoben. Der Leser wird durch die Instanz des lesenden Herausgebers zum ›Beobachter zweiter Ordnung‹, und eine naive, immersive Lesart wird durch eine reflektierte Lektüre ersetzt.[44] Die Herausgeberfiktion fungiert als Multiplikator der Medialität und markiert die Distanz zwischen einem sich entfernenden Ursprung und dem entfernten und mehrfach vermittelten ›Jetzt‹. Diese Diskrepanz zwischen Original und Folgetext wird zum festen poetologischen Bestandteil der Romanserie, so auch im explizit von Moers unterzeichneten Nachwort der *Stadt der Träumenden Bücher*:

> *Reiseerinnerungen eines sentimentalen Dinosauriers* war das erste Buch von Mythenmetz, das in Zamonien in gedruckter Form erschien, aber es umfaßt in der Erstausgabe über zehntausend Seiten, verteilt auf 25 Bände, und würde mein komplettes Leben verschlingen, wollte man es in ganzer Länge übersetzen und herausbringen. Daher entschloß ich mich, die beiden ersten Kapitel aus diesem Buch zu nehmen und sie unter dem Titel *Die Stadt der Träumenden Bücher* zusammenzufassen. Ich hoffe, man wird mir diese editorische Freizügigkeit verzeihen – aber ich glaube fest daran, daß dieses Fragment alle Voraussetzungen für ein eigenständiges Buch besitzt.[45]

Die Übersetzung, dessen zamonisches Original von ausufernder Weitschweifigkeit geprägt ist, wird als Fragment inszeniert, dessen ursprüngliche Totalität dem Nichtzamonier unzugänglich bleiben muss. Und nicht nur *Die Stadt der Träumenden Bücher*, auch die anderen Romane sind Fragmente: Während in den *13½ Leben des Käpt'n Blaubär* bereits der Titel die eigene Unvollständigkeit markiert, ist dessen Thematisierung im *Schrecksenmeister* wiederum in die Paratexte verschoben, wo der Übersetzer gesteht: »[I]ch entschied mich, der übli-

---

41 Vgl. hierzu Wolf: Illusion.
42 Coleridge: Biographia Literaria, S. 6.
43 Vgl. McLuhan: Kanäle, S. 13–28.
44 Vgl. Luhmann: Kunst, S. 92–164.
45 Moers: Stadt der Träumenden Bücher, S. 459.

chen Werktreue abzuschwören, sämtliche Abschweifungen herauszunehmen und das Buch um 700 Seiten zu kürzen«.[46] Im *Labyrinth der Träumenden Bücher* ist die Fragmentarisierung nun auf die Spitze getrieben worden, indem der Text vor dem vermeintlichen Höhepunkt der Handlung abbricht und der Übersetzer im Nachwort behauptet, der Roman sei »nur Ouvertüre«.[47] Durch die illusionsstörenden Effekte und expliziten Hinweise auf die Fragmentarität der Erzählungen betonen die Texte ihren Status als ›sprachliche Kunstwerke‹ (Wolfgang Kayser).[48] Der ›Mythenmetz‹ ist eben, ganz wörtlich gesprochen, derjenige, der die Bausteine der Geschichten zu einem Kunst-Werk zusammenfügt, sodass der sprechende Name des Lindwurms eine poetologische Qualität bekommt. Der Übersetzer macht nichts anderes, wenn er den Steinbruch der vorliegenden Geschichten nach freiem Willen und mit editorischer Freizügigkeit plündert.

Die Autorfiktion um Hildegunst von Mythenmetz und die editoriale Rahmung durch den Übersetzer, Illustrator und Kommentator Moers stört die ästhetische Illusionsbildung und erhöht die Distanz des Lesers zum Geschehen. Die Medialität des Textes und die potentielle Unzuverlässigkeit der verschiedenen Stimmen treten im Zwischenspiel von Text und Fußnoten offen zutage.

2.2 Provokationsmanagement im Interview

›Autorschaft‹ ist aber nicht nur auf der Ebene der Diegese oder an den peritextuellen Rändern der Romane von Bedeutung, sondern ist auch Bestandteil der epitextuellen Inszenierungspraxis der Interviews, die Walter Moers gegeben hat. Auch hier hat Moers sich oft nicht in seiner Rolle als Autor, sondern in verschiedenen, fiktionalen, Rollen inszeniert. Der Stellenwert von Interviews als Instrument auktorialer Selbstinszenierung ist in der bisherigen literaturwissenschaftlichen Forschung noch nicht ausreichend gewürdigt worden.[49]

Im *Selbstgespräch mit Lügenbär* (1999) nimmt Moers selbst die Rolle des Fragenstellers ein, der mit seiner Kunstfigur ›Käpt'n Blaubär‹ über dessen Memoiren plaudert. Es sei zwar, wie Moers versichert, »ein seriöses Gespräch«,[50]

---

46 Moers: Schrecksenmeister, S. 382f.
47 Moers: Labyrinth der Träumenden Bücher, S. 430.
48 Vgl. Kayser: Kunstwerk.
49 Abgesehen von einzelnen Untersuchungen, beispielsweise zu den Interviews Heiner Müllers, hat lediglich Torsten Hoffmann sich für eine stärkere Beachtung von Autoreninterviews ausgesprochen; Hoffmann: Interview; Löschner: Geschichte.
50 Moers: Selbstgespräch mit Lügenbär.

allerdings ist es ganz offenkundig eine Fortführung der Fiktion im Rahmen des Interviews, also einer Textgattung, die eigentlich Authentizität verspricht.

Während Moers in den *13½ Leben des Käpt'n Blaubär* noch ganz konventionell als Autor fungiert, zieht er sich im Blaubär-Interview 1999 auf den Posten eines Beobachters zurück, der bestenfalls »bei der Abfassung behilflich« gewesen sei und als »lebendes Diktaphon« fungiert habe.[51] Hier ist bereits zaghaft präfiguriert, was in *Ensel und Krete* und vor allem in den späteren Interviews zum *Schrecksenmeister* zum Standardelement der Selbstinszenierung gehört: der Rückzug des Autors hinter den fiktiven Herausgeber. Dabei handelt es sich nun aber nicht nur um ein Instrument der Stilisierung der Romane als ›sprachliche Kunstwerke‹, sondern auch um ein um die Generierung von Aufmerksamkeit bemühtes Verfahren medialer Provokation.[52]

Bereits mit seinen Comics um die skandalöse Figur des *Kleinen Arschlochs*, die mit ungebrochener Vehemenz gegen gesellschaftliche Tabus verstößt, hat Moers große Popularität erlangt. So führten die provozierenden Szenen mit Behinderten, Homosexuellen und Ostdeutschen etc. 1995 zu einem Indizierungsverfahren der Bundesprüfstelle für jugendgefährdende Schriften, das allerdings erfolglos endete.[53] Während Moers die Figur des *Kleinen Arschlochs* seither nur noch vereinzelt wieder aufgegriffen hat, ist der Gestus der Provokation auch in seinen Zamonien-Interviews präsent geblieben. Er stilisiert sich als unliebsamer Antwortgeber und einsilbiger Gesprächspartner, mit dem der Interviewer erkennbare Mühe hat:

> WELT ONLINE: Welche Reaktionen bekommen Sie von Kindern auf ihre Blaubär-Geschichten?
> Walter Moers: Keine Ahnung, ich kenne keine Kinder.
> WELT ONLINE: Verstehen die Kinder immer, was Sie sagen wollten?
> Walter Moers: Ist mir wurscht.
> WELT ONLINE: Verstehen die Kinder manchmal mehr als Sie sagen wollten?
> Walter Moers: Ist mir auch wurscht.[54]

---

51 Ebd.
52 Zur ›Aufmerksamkeit‹ als bedeutende mediale Ressource vgl. Franck: Ökonomie. Diesen Effekt hat nicht zuletzt die Publikation von *Das Labyrinth der Träumenden Bücher* erzielt, wie die Kundenrezensionen des Internetverkaufsportals *amazon.de* demonstrieren. http://www.amazon.de/Das-Labyrinth-Tr%C3%A4umenden-B%C3%BCcher-Roman/product-reviews/38135039 33/ref=sr_1_1_cm_cr_acr_txt?ie=UTF8&showViewpoints=1 (Stand: 05.01.2012).
53 Vogt: 7½ Leben, S. 17–21.
54 Hoff: Walter Moers.

Noch pointierter und damit dichterisches Selbstbewusstsein bis zur Attitüde übersteigernd fährt Moers fort: »Mein Zielpublikum bin ich«[55] – etwas weniger aggressiv als Thomas Bernhard in seinen Mallorca-Interviews, dem das Publikum »verhaßt« war,[56] aber ähnlich in der Aussage. Dieses Kokettieren mit seiner Unbekümmertheit gegenüber den Lesern erweist sich als zutiefst widersprüchlich: Denn in anderen Interviews hebt er sein marktwirtschaftliches Interesse hervor, seine nicht auf symbolisches, sondern vielmehr auf ökonomisches Kapital abzielenden Bedürfnisse: Auf die Frage »Was wollen Sie?« entgegnet Moers schlicht: »Geld«.[57] Und auf die Werbeartikel zum Kleinen Arschloch angesprochen:

> Wir haben unser Merchandising-Programm mit Produkten angefangen, die parodistisch auf dieses Geschäft reagiert haben: Toilettenpapier, Kruzifixe mit dem ›Kleinen Arschloch‹, zweiteilige Puzzles für Doofe. Solche Sachen. Daß sie uns aus den Fingern gerissen wurden, hat mich am meisten erstaunt. Dann haben wir bemerkt, daß man damit Geld verdienen kann, und wir haben unsere Seelen verkauft. Ich rechne mit einer strengen Bestrafung im Jenseits.[58]

Diesen Widerspruch zwischen dem völligen Desinteresse am Leser und der exzessiven Marktorientierung mit einem lapidaren Hinweis auf vermeintliche Ironie aufzulösen, wird dem Inszenierungscharakter nicht gerecht und führt zu epistemologisch heiklen Intentionszuschreibungen. Vielmehr ist dieses Implementieren von ganz gegensätzlichen Behauptungen ein integraler Bestandteil der vielstimmigen Autorselbstinszenierung von Walter Moers. Ebenso wie andernorts jede Stilisierung als Vertreter des ›Schönen, Guten und Wahren‹ ein Positionierungsversuch im literarischen Feld[59] ist, so ist auch die Gegenposition des ›Schönen, Guten, Baren‹[60] bei Moers, der als Ziel angibt, »Geld verdienen« zu wollen, weniger eine Aussage über das Verhältnis der Person ›Moers‹ zu seinem Werk als vielmehr ein Teil der Inszenierung der Autorfigur ›Moers‹, die

---

55 Ebd.
56 »Das Publikum ist der Feind des Geistes, deshalb habe ich für das Publikum nichts übrig, es haßt den Geist und es haßt die Kunst und es will nur das Dümmste zur Unterhaltung, alles andere ist nichts als Lüge, mir aber ist das Dümmste zur Unterhaltung immer verhaßt gewesen, also muß mir das Publikum verhaßt sein, es ist und muß Feind bleiben, bin ich anderer Ansicht, gehöre ich auf den Misthaufen des Publikums, das ich heute verabscheue, denn es tritt mit Füßen, was mir das Wichtigste ist« (Bernhard: Monologe auf Mallorca). Vgl. den Beitrag von Clemens Götze in diesem Band.
57 Weidermann: Jenseits.
58 Ebd.
59 Vgl. Bourdieu: Regeln.
60 Vgl. Gernhardt: Vom Schönen, Guten, Baren.

sich vom autonomieästhetischen Ideal ›interesselosen Wohlgefallens‹ spielerisch distanziert.

Die Aussagen von Moers widersprechen also einander – aber auch mit den Gesprächspartnern läuft es nicht immer einvernehmlich: entweder aufgrund der simplen Verweigerung einer Antwort (»Also dazu fällt mir jetzt gar nichts ein«[61]), selbstreflexiver Verweise (auf die Frage »Was fehlt Ihnen zum Glück?« entgegnet er: »Eine geistreiche Antwort auf diese Frage«[62]) oder Nonsens-Antworten (auf die Frage »Was bezeichnen Sie als männlich?« reagiert er mit: »Einen Ball richtig werfen zu können«[63]). Indem Moers gegen verschiedene Konversationsmaximen[64] immer wieder verstößt und zugleich Gesprächspartner sowie Leser in ihrer Informationsneugier enttäuscht, inszeniert er Konfliktsituationen, die den Effekt erzielen, durch Verstöße gegen Konventionen und Erwartungen Aufmerksamkeit zu generieren.

In den Interviews, die nach der Publikation des *Schrecksenmeisters* erschienen sind, lässt sich in Bezug auf die Konfliktinszenierung ein Wandel beobachten: Im August 2007 beginnt Moers, die bisher in den Fußnoten der Romane angesiedelte Auseinandersetzung zwischen dem Autor Mythenmetz und dem Übersetzer Moers aus den Büchern in die Presse zu verlegen. Am 18. August beginnt die Auseinandersetzung mit einem Artikel von Mythenmetz in der *Frankfurter Allgemeinen Zeitung*, in dem dieser seinen Übersetzer als »Beutekünstler« beschimpft, der von seiner Originalität bloß profitieren würde.[65] Moers reagiert darauf mit einer Entgegnung in der *Zeit*,[66] Mythenmetz wiederum mit einem Fernsehinterview im ZDF (*Drachengespräche*, 2007), bis schließlich eine zaghafte Versöhnung in dem von Andreas Platthaus moderierten Scheingespräch in der FAZ, *Moers trifft Mythenmetz*,[67] den Streit vorläufig beilegt. Mit Mythenmetz und seinem Übersetzer treten sehr unterschiedliche Figuren gegeneinander an: Der selbstverliebte und sich im Elfenbeinturm der Künste wähnende Lindwurm pocht vehement auf seine Originalität und seinen Zugang zu quasi-göttlicher Inspiration. Der Übersetzer Moers hingegen ist bloß der bescheidene Textarbeiter. Allerdings: Beide Rollen sind nicht so konsequent kont-

---

61 [Anonym:] Interview. Wie sehr diese Antwort als inszenatorisches Mittel fungiert, zeigt ein früheres Interview, wo Moers ähnlich reagiert: »Da fällt mir auf Anhieb nichts ein« ([Anonym:] Auf Leben und Tod).
62 [Anonym:] Auf Leben und Tod.
63 [Anonym:] Auf Leben und Tod.
64 Vgl. Grice: Logik und Konversation.
65 Platthaus: Schriftsteller.
66 Moers: Herr von Mythenmetz.
67 Platthaus: Moers.

rär angelegt, wie die Selbstdarstellungen beider vermuten lassen, denn die Originalität Mythenmetz' wird durch den Palimpsestcharakter seiner Erzähltexte ganz offensichtlich unterlaufen.[68] Seine Redlichkeit steht fiktionsintern zur Debatte,[69] seine literarische Qualität bleibt alles andere als unwidersprochen.[70] Und der Übersetzer hat die Erzählungen, so stellt sich bei der Lektüre der Nachworte heraus, ganz wesentlich verändert, sodass beide Figuren in Hinblick auf die Originalität ihrer Texte und die Werktreue gegenüber den literarischen Quellen einander weitaus ähnlicher sind, als sie selbst behaupten. Der Streit zwischen beiden ist daher weniger eine Auseinandersetzung um ästhetische Positionen, sondern eher ein vielstimmiger Streit um seiner selbst willen und fungiert in einem literarischen Feld, in dem Skandale als Marketingeffekt stets willkommen sind, als ein Instrument zur Generierung der Ressource ›Aufmerksamkeit‹.[71] Moers bedient sich mit Mythenmetz (metaphorisch und wörtlich zugleich) einer Maske, deren Funktion sich nicht im Verheimlichen des eigenen Gesichts erschöpft, weil »das Verbergen den Betrachter gerade auf etwas« hinweist, »das verborgen werden soll«.[72] Kurzum: Die Mythenmetzmaske erfüllt den Zweck des Verbergens, aber indiziert damit auch ein dem Maskenspiel inhärentes Geheimnis, »dem allein schon aufgrund des Verbergens besonderes Gewicht zukommen muss«.[73] Der Autor, sein Gesicht und sein Name werden zum Objekt der Neugier.

3 Der Autor als Leerstelle: Die Inszenierung als Literaturphantom

> WELT ONLINE: Sie selbst halten sich bedeckt bis versteckt in Ihrer Abgeschiedenheit und tauchen so gut wie nie in der Öffentlichkeit auf. Warum eigentlich nicht?

---

68 Vgl. hierzu Irsigler: Meister, S. 70 und Lembke: Leichenfledderer.
69 »Mythenmetz war ein Meister darin, seine Lebensumstände zu verschleiern, zu glorifizieren, zu fälschen oder gar zu leugnen. Es ist schwierig, den Weizen der verbürgten Informationen von der Spreu der Gerüchte, gefälschten Tagebücher und Urkunden, der Legenden und üblen Nachreden zu trennen« (Moers: Ensel und Krete, S. 229).
70 Vgl. Moers: Ensel und Krete, S. 250f.
71 Vgl. hierzu Irsigler: Meister.
72 Olschanski: Maske, S. 45.
73 Ebd., S. 45.

Walter Moers: Ich tauche eigentlich jeden Tag in der Öffentlichkeit auf. Mich kennt nur keiner.[74]

Literaturpreise hat Moers nie persönlich entgegengenommen, er hält keine öffentlichen Lesungen ab und gibt Interviews grundsätzlich nur per Email: Dieser Autor macht sich rar. Was sich – wenn auch nicht ausschließlich – in den Texten manifestiert, ist der Habitus des zurückgezogenen Dichters, der sein Gesicht nicht vermarktet, sondern gerade seine ikonische Unsichtbarkeit in symbolisches Kapital umwandelt.[75] Dabei handelt es sich natürlich ebenso um eine Inszenierungsform wie im umgekehrten Fall der medialen Dauerpräsenz, wie sie etwa Wladimir Kaminer mit regelmäßigen Leseveranstaltungen pflegt. Von Moers existieren zwar einige wenige Photographien, diese sind aber keineswegs verlässlich.[76] Sie zeigen (womöglich) allesamt dieselbe Person in verschiedenen Altersstufen; ob dies aber tatsächlich Walter Moers ist, ist bereits angezweifelt worden, so etwa von Andreas Platthaus, der sich auf ›gute Freunde‹ beruft, die behauptet hätten, es handele sich bloß um einen Bekannten von Walter Moers: »Kein neueres Foto ist von ihm bekannt, die verfügbaren älteren sollen, so versichern Freunde, die es wissen müssten, andere Personen zeigen«.[77] Aber auch Andreas Platthaus ist nicht zuverlässig, denn auch er ist ein Akteur im fiktionalen Spiel: Sein Gesprächsbericht mit Mythenmetz in der *Frankfurter Allgemeinen Zeitung* – er gibt vor, den sprechenden Lindwurm in einer Kölner Hotelbar getroffen zu haben – ist reine Erfindung und hat tatsächlich via Email stattgefunden.

Es ist also nicht eindeutig, wie weit das Fiktionsspiel in die Realität ragt, welche Aussagen von Moers, Mythenmetz oder auch Andreas Platthaus authentisch, welche fiktional sind. Aber (frei nach Foucault): ›Wen kümmert's, wer lügt?‹[78] Aus literaturwissenschaftlicher Perspektive ist die Frage nach dem Modus der Inszenierung aufschlussreicher als die Frage nach dem tatsächlichen Aussehen des empirischen Autors: Und Moers' Methode hat Tradition, denn das

---

74 Hoff: Walter Moers.
75 Ein weiteres Phantom der Literatur- (und Musik-)Szene ist Peter Licht, der nicht nur versucht, sein Gesicht geheim zu halten, sondern diese Geheimhaltung zur Inszenierungsstrategie gemacht hat. »Auch in TV-Interviews doubelte ihn das Sitzmöbel, zwischen die Armlehnen wurde ein Mikrofon drapiert. Die Stimme wurde dann ins Studio zugeschaltet, das Phantom sprach via Telefon, aus dem geliebten Äther« (Herder: Phantom).
76 Hoff: Walter Moers; http://www.lastfm.de/music/Walter+Moers/+images/34425947 (Stand: 01.09.2011); http://fantlab.ru/autor2827 (Stand: 01.09.2011); Moers: Aha!
77 Platthaus: Spinne.
78 Vgl. Foucault: Was ist ein Autor?, S. 202; das Zitat geht Foucault zufolge auf Samuel Beckett zurück.

Mystifizieren des Autor-Egos ist keineswegs neu, und Moers ist sich dieser Tradition, wie er in einem Interview zeigt, durchaus bewusst, wenn er im Gespräch mit Volker Weidermann Ähnlichkeiten mit literarischen Vorbildern bemerkt: Auf Weidermanns Frage, ob er »in einer Künstlerkolonie zusammen mit Herrn Pynchon, Herrn Süskind und Herrn Salinger« wohne, entgegnet er: »Genau, Arno Schmidt und B. Traven wohnen auch hier. Herrenbesuch ist aber nicht gestattet«.[79] Auch diese Autoren haben sich als öffentlichkeitsscheue Phantome inszeniert: B. Traven etwa, der um seine Biographie und sein Aussehen, seine Herkunft und Tätigkeiten ein solches Geheimnis gemacht hat, dass man ihn wahlweise verdächtigt hat, der verstorbene Jack London, ein heimliches Autorenkollektiv oder ein amerikanischer Mörder auf der Flucht vor der Polizei zu sein.[80]

Ebenso wie die Authentizität der Bilder angezweifelt worden ist, so hat Remigius Bunia, durchaus mit zwinkerndem Auge, auch die Echtheit des Namens in Frage gestellt, denn ›Moers‹ sei ja schließlich auch ein Anagramm, von lat. ›mores‹ (Sitten) – wobei Moers sich um Sittlichkeit sicherlich am allerwenigsten bemüht hat.[81] Zu dieser Spielerei hat Moers nicht zuletzt selbst beigetragen, wenn er zahllose Akteure der Literaturgeschichte in zamonisierter, das heißt anagrammatischer, Verstellung in seinen Werken auftreten lässt: So werden seine Romane beispielsweise bevölkert von Gofid Letterkerl, PHT Farcevol, T.T. Kreischwurst und nicht zuletzt von Werma Tosler. Hinter diesen Namen verbergen sich, stellt man die Buchstaben um, Gottfried Keller, H.P. Lovecraft, Kurt Schwitters und zuletzt auch Walter Moers, dessen zamonisches Pendant Tosler als Romanillustrator der Erstausgabe von *Das Schweigen der Sirenen* aus der Feder Graf Klanthu zu Kainomaz' erwähnt wird.[82] Wohlgemerkt: als Illustrator, nicht als Autor.

Wenn man dieses auktoriale Versteckspiel in den Kontext der Postmoderne und in Zusammenhang mit der beinahe zur Phrase verblassten These vom ›Tod des Autors‹ bringt, wie etwa Maren J. Conrad dies getan hat,[83] muss man jedoch feststellen, dass die Verfahren, derer sich Moers bedient, keine literarischen

---

79 Weidermann: Jenseits.
80 Vgl. Guthke: Traven, S. 76 u. 116–121; vgl. hierzu höchst kritisch Hauschild: B. Traven – wer ist dieser Mann?
81 Vgl. Bunia: Mythenmetz & Moers, S. 199.
82 Moers: Stadt der Träumenden Bücher, S. 167; bei dem *Schweigen der Sirenen* handelt es sich um den Titel einer kurzen Erzählung von Franz Kafka; ›Graf Klanthu zu Kainomaz‹ ist zwar kein reales Anagramm, aber in der zamonischen Fiktion ist es ein Pseudonym; der Dichter hört eigentlich auf den konsonantenreichen Namen ›Per Pemmpf‹.
83 Vgl. Conrad: Autoren.

Innovationen oder Phänomene der letzten fünfzig Jahre sind. Das spielerische Verbergen der eigenen Identität hinter einem fingierten Herausgeber liegt bereits in Daniel Defoes *Robinson Crusoe* (1719) und noch offensiver in E.T.A. Hoffmanns *Lebensansichten des Katers Murr* (1819–21) vor.[84] Auch die Buchstabenspielereien der Anagramme sind keineswegs neu: Die ›Letterkehr‹, so die deutsche und ungebräuchliche Bezeichnung für die Buchstabenverkehrung, ist das poetische Verfahren, das den realen Gottfried Keller in den zamonischen Gofid Letterkerl verwandelt oder Walter Moers in einen zamonischen Illustrator namens Werma Tosler; aber es ist keineswegs postmodern und neu, sondern wir finden es auch bei Grimmelshausen (Samuel Greifenson von Hirschfeld, Michael Rehulin v. Sehmsdorf, German Schleifheim v. Sulsfort, Melchior Sternfels von Fuchshaim etc.) oder François Rabelais (d'Alcofibras Nasier).

Diese verschiedenen auktorialen Versteckspiele erweisen sich aber erst vor dem Hintergrund einer von Massenmedien und dem öffentlichen Bedürfnis nach Informationen über das Privatleben von Künstlern beherrschten Gesellschaft als sinnvolle Strategie. Die Verweigerung gegenüber der Öffentlichkeit kann erst dann als markante Strategie und – mit Bourdieu – als häretische Selbstpositionierung verstanden werden, wenn die publizistische Selbstdarstellung zur Regel geworden ist. Insofern stammen die Beispiele (Thomas Pynchon, Patrick Süßkind, B. Traven) nicht zu Unrecht aus dem 20. Jahrhundert, da erst in diesem die massenmedialen Voraussetzungen dafür geschaffen worden sind.

4 Zum Schluss: Vielstimmigkeit

In der Zamonien-Serie erscheint der Autor alles andere als tot, sondern vielmehr als quicklebendig, geradezu hyperaktiv. Walter Moers tritt als reale Person nicht in der Öffentlichkeit in Erscheinung, sondern als sprechender und exzentrischer Drache. Man mag sich dabei an E.T.A. Hoffmann als Ahnvater dieses Maskenspiels erinnern, der in der Öffentlichkeit auch in der Rolle einer seiner Figuren aus dem *Kater Murr,* Johannes Kreisler, aufgetreten sei.[85] Der empirische Autor Moers zeichnet sich durch sein beharrliches Schweigen im literarischen Diskurs aus – und noch mehr durch die Inszenierung dieses Schweigens. Diesem steht aber die Vielstimmigkeit seiner Autorfunktion sowie seiner Romane gegenüber, in denen Hildegunst von Mythenmetz, Gofid Letterkerl, Abdul Nachtigaller und

---

84 Vgl. hierzu Wirth: *Geburt des Autors*, S. 377–422; vgl. außerdem seinen Beitrag in diesem Band.
85 Vgl. Steinecke: Fantasie, S. 497.

schließlich auch: Walter Moers zur Sprache kommen. Dieses Konzept des ›vielstimmigen Schweigens‹ stellt ein wesentliches Element der impliziten Autorschaftspoetik der Zamonienserie dar.

Vielstimmig ist das auktoriale Schweigen somit in mehrfacher Hinsicht: Zum einen ist es die Vielfalt der verschiedenen Stimmen von Erzähler, Herausgeber und dem kommentierenden Lexikon, die als Stimmen – im Sinne Genettes[86] – narrativ miteinander konkurrieren und einander relativieren. In diesem Stimmengewirr stehen Mythenmetz und Moers in einem spannungsvollen Verhältnis, denn während der fiktive Autor Mythenmetz der dominante Erzähler ist, so hat doch der fiktive Herausgeber Moers das ›letzte Wort‹ im Akt der Textgenese. Diese Vielstimmigkeit prägt nicht nur die Texte selbst, sondern auch – und zunehmend – die Epitexte, in denen Mythenmetz und Moers miteinander diskutieren.

Die Vielstimmigkeit der Texte manifestiert sich aber auch in einem weiteren Zusammenhang: Polyphon – also vielstimmig im Sinne von Julia Kristevas Intertextualitätskonzept[87] – sind die Romane durch ihre offenen, intertextuellen Bezüge auf frühere Texte und Textgattungen. Denn Moers tritt weniger als genialischer Schöpfer auf, sondern vielmehr als bloßer *scripteur,* durch dessen Feder die Vielzahl bereits geschriebener Texte sich gleichsam von selbst manifestiert: So sind die Romane gleichermaßen gespickt von Einzeltext- und Systemreferenzen – von der mittelalterlichen Artusepik über den barocken Schelmenroman bis hin zu Mary Shelleys *Frankenstein* oder Gottfried Kellers Erzählungen.[88]

Was hier als Vielstimmigkeit bezeichnet wurde, ist also ein Phänomen auf zwei verschiedenen Ebenen: Auf der Textoberfläche zu verorten ist das Nebeneinander verschiedener Autoritäten, die nicht nur in den Texten miteinander um die Erzählhoheit konkurrieren, sondern auch außerhalb der Buchdeckel aneinandergeraten. Unter dieser Oberfläche entsteht eine andere Art von Vielstimmigkeit durch das Neben- oder Nach- und Übereinander verschiedener Bezugstexte.

Diese Phänomene von Vielstimmigkeit erzielen den gleichen Effekt: das Verlöschen der Autorstimme, die durch die stumme Geste des fremde Texte bloß noch arrangierenden *scripteurs* ersetzt wird. In der epitextuellen Inszenierung von Autorschaft entsteht durch den beträchtlichen Aufwand, den Autor zu ni-

---

86 Vgl. Genette: Erzählung, S. 151–188.
87 Vgl. Kristeva: Bachtin.
88 Vgl. Conrad: Blut; Kormann: Seemannsgarn; Schäbler: Frankenstein; Lembke: Leichenfledderer.

vellieren, allerdings – um im Bildbereich der Akustik zu bleiben – beträchtlicher ›Lärm‹, wenn Moers und Mythenmetz miteinander streiten. Der empirische Autor verliert in diesem Lärm an Relevanz, obwohl er doch dessen Ursache ist; seine Inszenierung hingegen gerät in den Vordergrund. Resultat dieses Prozesses der fortwährenden Widersprüchlichkeiten ist die Generierung eines im literarischen Feld ganz wesentlichen Gutes: Aufmerksamkeit.

Bibliographie

Primärliteratur

Bernhard, Thomas: *Monologe auf Mallorca + Die Ursache bin ich selbst. Die großen Interviews mit Thomas Bernhard*. Frankfurt a. M. 2008.
Eco, Umberto: *Der Name der Rose*. Übers. v. Burkhart Kroeber. 44. Aufl. München / Wien 1986.
Gernhardt, Robert: *Vom Schönen, Guten, Baren. Gesammelte Bildergeschichten und Bildgedichte*. Zürich 1997.
Moers, Walter: *Aha!* Frankfurt a. M. 1985.
Moers, Walter: »Selbstgespräch mit Lügenbär«. In: *Focus* (22.03.1999).
Moers, Walter: *Ensel und Krete. Ein Märchen aus Zamonien von Hildegunst von Mythenmetz. Aus dem Zamonischen übertragen, illustriert und mit einer halben Biographie des Dichters versehen von Walter Moers. Mit Erläuterungen aus dem Lexikon der erklärungsbedürftigen Wunder, Daseinsformen und Phänomene Zamoniens und Umgebung von Professor Dr. Abdul Nachtigaller*. Frankfurt a. M. 2000.
Moers, Walter: *Rumo & Die Wunder im Dunkeln. Ein Roman in zwei Büchern*. München 2003.
Moers, Walter: *Die Stadt der Träumenden Bücher. Ein Roman aus Zamonien von Hildegunst von Mythenmetz. Aus dem Zamonischen übertragen und illustriert von Walter Moers*. München 2004.
Moers, Walter: *Der Schrecksenmeister. Ein kulinarisches Märchen aus Zamonien von Gofid Letterkerl. Neu erzählt von Hildegunst von Mythenmetz. Aus dem Zamonischen übersetzt und illustriert von Walter Moers*. München 2007.
Moers, Walter: »Stellen Sie sich, Herr von Mythenmetz! Eine Erwiderung auf die haltlosen Vorwürfe des größten zamonischen Dichters«. In: *Die Zeit* (23.08.2007).
Moers, Walter: *Das Labyrinth der Träumenden Bücher. Aus dem Zamonischen übertragen und illustriert von Walter Moers*. München 2011.
Zafón, Carlos Ruiz: *Der Schatten des Windes*. Übers. v. Peter Schwaar. Frankfurt a. M. 2003.

Sekundärliteratur

[Anonym:] »Auf Leben und Tod. Max Frisch fragt …«. In: *Kölner Stadt-Anzeiger* (14./15.08.2004).

[Anonym:] »Interview mit Walter Moers«, 2005. http://www.literaturschock.de/autorengefluester/000085 (Stand: 31.08.2011).
Barthes, Roland: »Der Tod des Autors«. In: Jannidis, Fotis / Gerhard Lauer / Matías Martínez / Simone Winko (Hrsg.): *Texte zur Theorie der Autorschaft*. Stuttgart 2000, S. 185–193.
Bourdieu, Pierre: *Die Regeln der Kunst. Genese und Struktur des literarischen Feldes*. Übers. v. Bernd Schwibs / Achim Russer. Frankfurt a. M. 2001.
Bunia, Remigius: »Mythenmetz & Moers in der *Stadt der Träumenden Bücher* – Erfundenheit, Fiktion und Epitext«. In: Bareis, Alexander / Frank Thomas Grub (Hrsg.): *Metafiktion. Analysen zur deutschsprachigen Gegenwartsliteratur*. Berlin 2010, S. 189–201.
Coleridge, Samuel Taylor: *Biographia Literaria or Biographical Sketches of My Literary Life and Opinions*. Bd. 2. Hrsg. v. James Engell / W. Jackson Bate. Princeton 1983.
Conrad, Maren J.: »›Blut! Blut! Blut!‹ Die Artusepik als heroisches Erbgut wortkarger Wolpertinger«. In: Lembke (Hrsg.): *Walter Moers*, S. 235–258.
Conrad, Maren J.: »Von toten Autoren und Lebenden Büchern. Allegorien und Parodien poststrukturalistischer Literaturtheorie in den Katakomben der *Stadt der Träumenden Bücher*«. In: Lembke (Hrsg.): *Walter Moers*, S. 281–302.
Enzensberger, Hans Magnus: *Einladung zu einem Poesie-Automaten*. Frankfurt a. M. 2000.
Foucault, Michel: »Was ist ein Autor?«. In: Jannidis, Fotis / Gerhard Lauer / Matías Martínez / Simone Winko (Hrsg.): *Texte zur Theorie der Autorschaft*. Stuttgart 2000, S. 198–229.
Franck, Gustav: *Ökonomie der Aufmerksamkeit. Ein Entwurf*. München / Wien 1998.
Friedrich, Hans-Edwin: »Erzählen als Lügen. *Die 13½ Leben des Käpt'n Blaubär* von Walter Moers«. In: *Mitteilungen des Deutschen Germanistenverbandes* 57 (2010), S 148–161.
Gehlen, Dirk von: *Mashup. Lob der Kopie*. Berlin 2011.
Genette, Gérard: *Die Erzählung*. Übers. v. Jochen Vogt. 2. Aufl. München 1998.
Genette, Gérard: *Paratexte. Das Buch vom Beiwerk des Buches*. Übers. v. Dieter Hornig. Frankfurt a. M. 2001.
Goslar, Tim-Florian: »Zurück nach Arkadien. Die Kulturlandschaften Zamoniens in *Die Stadt der Träumenden Bücher*«. In: Lembke (Hrsg.): *Walter Moers*, S. 261–279.
Grice, Paul H.: »Logik und Konversation«. Übers. v. A. Kemmerling. In: Georg Meggle (Hrsg.): *Handlung, Kommunikation, Bedeutung*. Frankfurt a. M. 1993, S. 243–265.
Guthke, Karl S.: *B. Traven. Biographie eines Rätsels*. Zürich 1990.
Hauschild, Jan-Christoph: »B. Traven – wer ist dieser Mann?«, 2009. http://www.faz.net/aktuell/feuilleton/buecher/autoren/schriftsteller-geheimnis-b-traven-wer-ist-dieser-mann-1814167.html (Stand: 10.01.2012).
Herder, Daniel: »Das Phantom der Popper. PeterLicht«, 2006. In: *spiegelonline*. http://www.spiegel.de/kultur/musik/0,1518,416730,00.html (Stand: 10.01.2012).
Hoff, Hans: »Was Walter Moers über Barack Obama denkt. Interview mit Walter Moers«, 2008. http://www.welt.de/kultur/article2693143/Was-Walter-Moers-ueber-Barack-Obama-denkt.html (Stand: 29.08.2011).
Hoffmann, Torsten / Daniela Langer: »Autor«. In: Anz, Thomas (Hrsg.): *Handbuch Literaturwissenschaft. Gegenstände – Konzepte – Institutionen*. Bd. 1: Gegenstände und Grundbegriffe. Stuttgart / Weimar 2007, S. 131–170.
Hoffmann, Torsten: »Das Interview als Kunstwerk. Plädoyer für die Analyse von Schriftstellerinterviews am Beispiel W.G. Sebalds«. In: *Weimarer Beiträge* 55 (2009) H. 2, S. 276–292.
Horaz: Ars Poetica. *Die Dichtkunst*. Übers. v. Eckart Schäfer. Stuttgart 1980.
Irsigler, Ingo: »Ein Meister des Versteckspiels«. Schriftstellerische Inszenierung bei Walter Moers«. In: Lembke (Hrsg.): *Walter Moers*, S. 59–72.

Kayser, Wolfgang: *Das sprachliche Kunstwerk. Eine Einführung in die Literaturwissenschaft.* Bern 1948.

Kormann, Eva: »Seemannsgarn spinnen oder: im Malmstrom des lebensgeschichtlichen Fabulierens. Walter Moers' Variante des Schelmenromans«. In: Lembke (Hrsg.): *Walter Moers,* S. 157–171.

Korten, Lars: »In 13½ Leben um die Welt. Walter Moers' Zamonien global und regional betrachtet«. In: Hellström, Martin / Edgar Platen (Hrsg.): *Zwischen Globalisierungen und Regionalisierungen. Zur Darstellung von Zeitgeschichte in deutschsprachiger Gegenwartsliteratur*. München 2008, S. 53–62.

Kristeva, Julia: »Bachtin, das Wort, der Dialog und der Roman«. In: Ihwe, Jens (Hrsg.): *Literaturwissenschaft und Linguistik. Ergebnisse und Perspektiven. Bd. 3: Zur linguistischen Basis der Literaturwissenschaft II*. Übers. v. Michael Korinman / Heiner Stück. Frankfurt a. M. 1972, S. 345–375.

Lembke, Gerrit: »›Der Große Ompel‹. Kartographie und Topographie in den Romanen Walter Moers«. In: ders. (Hrsg.): *Walter Moers*, S. 87–119.

Lembke, Gerrit: »›Hier fängt die Geschichte an‹. Moers' Zamonien-Romane. Vermessungen eines fiktionalen Kontinents«. In: ders. (Hrsg.): *Walter Moers*, S. 15–41.

Lembke, Gerrit: »›Leichenfledderer sind wir alle‹. Die Palimpseststruktur in Walter Moers' *Der Schrecksenmeister*«. In: ders. (Hrsg.): *Walter Moers*, S. 305–325.

Lembke, Gerrit (Hrsg.): *Walter Moers' Zamonien-Romane. Vermessungen eines fiktionalen Kontinents*. Göttingen 2011.

Lembke, Gerrit: »Typographische Trugbilder. Illusionsbildung und Illusionsstörung in den Romanen Walter Moers«. In: Vanscheidt, Philipp S. / Markus F. Polzer (Hrsg.): *Fontes litterarum. Typographische Gestaltung und literarischer Ausdruck* [erscheint im Frühjahr 2012].

Löschner, Sascha: *Geschichte als persönliches Drama. Heiner Müller im Spiegel seiner Interviews und Gespräche*. Frankfurt a. M. u. a. 2002.

Luhmann, Niklas: *Die Kunst der Gesellschaft*. Frankfurt a. M. 1995.

McLuhan, Marshall: *Die magischen Kanäle. »Understanding Media«*. 2. Aufl. Düsseldorf / Wien 1970.

Niefanger, Dirk: »Der Autor und sein Label. Überlegungen zur fonction classificatoire Foucaults (mit Fallstudien zu Langbehn und Kracauer)«. In: Detering, Heinrich (Hrsg.): *Autorschaft. Positionen und Revisionen. DFG-Symposion 2001.* Stuttgart / Weimar 2001, S. 521–539.

Nüchtern, Klaus: »Mein Zielpublikum bin ich«. In: *Falter* 17/2003.

Olschanski, Reinhard: *Maske und Person. Zur Wirklichkeit des Darstellens und Verhüllens*. Göttingen 2001.

Platthaus, Andreas: »Wenn der Stollentroll kommt. Endlich: Die wahre Geschichte des Käpt'n Blaubär«. In: *Frankfurter Allgemeine Zeitung* (23.03.1999).

Platthaus, Andreas: »Blick auf einen Unbekannten. Der wahre Mythenmetz: Walter Moers ist der erfolgreichste deutsche Autor des letzten Jahrzehnts«. In: *Frankfurter Allgemeine Zeitung* (23.06.2000).

Platthaus, Andreas: »Zum Dichten geboren, zum Leser bestellt. Ein sensibler Lindwurm: Walter Moers verzaubert mit seinem neuen Roman aus Zamonien«. In: *Frankfurter Allgemeine Zeitung* (11.10.2004).

Platthaus, Andreas: »Der allergrößte Schriftsteller über seinen Schundheftzeichner«. In: *Frankfurter Allgemeiner Zeitung* (18.08.2007).

Platthaus, Andreas: »Moers trifft Mythenmetz. Natürlich bleibt Ihr Buch ein Schmarrn«. In: *Frankfurter Allgemeiner Zeitung* (04.10.2007).
Platthaus, Andreas: »Hui Spinne!«. In: *Frankfurter Allgemeine Zeitung* (14.05.2010).
Schäbler, Daniel: »*Frankenstein* und die Folgen. Zur Poetik des Monströsen bei Walter Moers«. In: Lembke (Hrsg.): *Walter Moers*, S. 139–154.
Steinecke, Hartmut: *Die Kunst der Fantasie. E.T.A. Hoffmanns Leben und Werk*. Frankfurt a. M. 2004.
Toury, Gideon: *Descriptive Translation Studies and Beyond*. Amsterdam u. a. 1995.
Vogt, Christine: »Die 7½ Leben des Walter Moers. Vom Kleinen Arschloch über Käpt'n Blaubär bis Zamonien«. In: dies. (Hrsg.): *Die 7½ Leben des Walter Moers. Vom Kleinen Arschloch über Käpt'n Blaubär bis Zamonien*. Bielefeld / Leipzig / Berlin 2011, S. 17–36.
Weidermann, Volker: »Im Jenseits werde ich streng bestraft«. Autor und Zeichner Walter Moers über Bin-Ladin-Comics, Hitler-Musicals und seinen neuen Roman *Rumo*«. In: *Frankfurter Allgemeine Sonntagszeitung* (20.04.2003).
Wirth, Uwe: *Die Geburt des Autors aus dem Geist der Herausgeberfiktion. Editoriale Rahmung im Roman um 1800: Wieland, Goethe, Brentano, Jean Paul und E.T.A. Hoffmann*. München 2008.
Wolf, Werner: *Ästhetische Illusion und Illusionsdurchbrechung in der Erzählkunst. Theorie und Geschichte mit Schwerpunkt auf englischem illusionsstörendem Erzählen*. Tübingen 1993.

Bildnachweise

http://www.lastfm.de/music/Walter+Moers/+images/34425947 (Stand: 01.09.2011).
http://fantlab.ru/autor2827 (Stand: 01.09.2011).

Innokentij Kreknin
Der beobachtbare Beobachter

Visuelle Inszenierung von Autorschaft am Beispiel von Rainald Goetz

Abstract: Die Fragestellung des Beitrags richtet sich darauf, welche Poetiken evoziert werden, wenn sich Autoren als Beobachter der Welt in ihre Werke einschreiben. Den theoretischen Hintergrund der Überlegungen bilden Roland Barthes' Texte zur Autorschaft und Fotografie, die mit einem semiotischen Ansatz gekoppelt werden. Anhand einer Analyse der Text-Bild-Collagen und Selbstfotografien von Rainald Goetz wird herausgestellt, wie diese daran beteiligt sind, eine Autor-Figur zu entwerfen, die auf den ersten Blick eine alltagsweltliche Referentialität für sich zu beanspruchen scheint, auf den zweiten Blick jedoch einer hybriden Poetik folgt. Dadurch, dass eine Autor-Figur explizit als Beobachter ausgestellt wird, rückt ein grundsätzliches Problem der Literatur ins Zentrum: Wie kommt ›Welt‹ in den Text und welche Instanz, welche Prozesse befinden sich dazwischen? Im Fall von Rainald Goetz wird deutlich, dass seit seinen frühsten Publikationen die prozessuale Aushandlung dieses Problems einen Kern seiner Poetik bildet. Die Autor-Figur maskiert sich als Autor-Person, die durch das Notieren und Fotografieren mit den ›Insignien der Autorschaft‹ versehen wird – zugleich bleibt sie jedoch stets eine Figur des Textes und betont die Fiktionalität ihrer eigenen Anlage. Zudem wird den Leser/innen eine entscheidende Rolle in der poetologischen Anlage zugewiesen: Erst dadurch, dass sie als Beobachter/innen der Beobachtungsinstanz fungieren, wird der poetische Fluchtpunkt der Werke komplettiert.

1 Doktor Diagoras

Zu Beginn eine kleine Geschichte aus der Feder von Stanisław Lem, genauer: Eine der ›Erinnerungen Ijon Tichys‹, die ihren Platz ganz am Ende der *Sterntagebücher* hat.[1] (Die Kenner von Lems Werk werden wissen, dass es sich dabei nicht um einen der eher humoristischen Texte handelt, sondern um einen, der den Tenor des Buches ins Ernste verschiebt.) Also: In einer nicht weiter präzi-

---

1 Vgl. Lem: Doktor Diagoras.

sierten Zukunft macht sich der Weltraumfahrer Ijon Tichy auf den Weg nach Kreta, um dort einen gewissen Doktor Diagoras zu treffen, von dem er nichts weiter weiß, als dass es sich dabei um einen Kybernetiker handelt, der in der Scientific Community ausgesprochen schlecht beleumundet ist und der sehr abgeschieden lebt. Auch wenn der Gast dem Wissenschaftler nicht besonders willkommen ist, kommt man ins Gespräch und der Doktor führt Tichy durch seine Laboratorien, ihm seine Errungenschaften präsentierend. Die ganze Energie des Wissenschaftlers gilt nur einer Sache: Er möchte Maschinen erschaffen, künstliche Lebewesen formen, die einen eigenen, von niemandem determinierten Verstand und einen eigenen Willen aufweisen. Und genau dieses Bestreben, so möchte ich argumentieren, rückt den Doktor Diagoras in die Nähe einiger Literaten:

> Ich könnte, wenn mir daran gelegen wäre, beliebige Welten erzeugen, aber was habe ich von Plagiaten...? [...] Diese Maschine besitzt Idiosynkrasien, Geschmack, sie weist bereits so etwas wie den Beginn eines Selbstwillens auf, sie hat ihre eigene Meinung, den Keim einer spontanen Verhaltensweise [...]. Ich habe auf die Souveränität, auf die Selbständigkeit meiner Konstruktionen gesetzt.[2]

Zugegeben, die wenigsten Autorinnen und Autoren würden ernsthaft eine Autonomie der von ihnen erschaffenen Figuren proklamieren, aber das Ziel des fiktiven Kybernetikers scheint im literarischen Feld dann umgesetzt worden zu sein, wenn Uwe Johnson ein Interview mit Marie Cresspahl publiziert[3] (»Wie fühlt es sich an, in einem Buch zu sein, Marie? [...] *Jahrestage*, Marie. Drei Bände bei Suhrkamp.«)[4] oder der Schriftsteller Alban Nikolai Herbst behauptet, selbst in gewisser Weise eine Erfindung von Hans Erich Deters zu sein – des Protagonisten der meisten Romane, für die Herbst als Autor verantwortlich ist.[5] Wenn man hier von einer poetologischen Rhetorik sprechen kann, dann wird Doktor Diagoras zum Autor der von ihm geschaffenen aber zugleich autonomen Kreaturen. Anders aber als Marie Cresspahl oder Hans Erich Deters, sind die Schöp-

---

2 Lem: Doktor Diagoras, S. 446f.
3 Vgl. Johnson: Marie H. Cresspahl.
4 Ebd., S. 90.
5 Dass Deters eine eigenständige Person sei, die auch den Autor Herbst durchaus kontrolliert, ist ein in Herbsts Werk immer wieder zu findender Topos. Vgl. dazu vor allem Herbst: Eine Beichte und Herbst: Geliebte Männer. In Herbsts Poetologien wird immer wieder eine Dehierarchisierung von Autor, Lesern und Figuren proklamiert. Vgl. hier seine Ausführungen über Autonomie in Herbst: Kybernetischer Realismus, S. 100–106. Siehe auch zu diesen poetologischen Verfahren Jürgensen: Ich sind auch andere; Jürgensen: Unwirkliche Städte, unwirkliches Ich.

fungen des Kybernetikers nicht der Beobachtung durch Leser/innen ausgesetzt, denn er weist sich allein das Privileg zu, ihr einziger Beobachter zu sein. Und ein professioneller noch dazu.

Waren die ersten seiner Kreaturen noch beschränkte Geschöpfe, die lediglich einen Freiheitsdrang verspürten, so wird dem staunenden Ijon Tichy am Ende des Rundgangs die höchste Stufe von Diagoras' Schöpfungen präsentiert. Und diese ist nichts anderes als die Umsetzung des Brain-in-a-vat-Prinzips. Zwei große Behälter, jeweils gefüllt mit einer sich selbst organisierenden und auf seine Umwelt reagierenden Substanz, zwei sich jeweils autonom verändernde Systeme, die Vollendung der künstlichen Intelligenz. Einer allerdings, die dem Forscher verschlossen bleibt, da jeder Kontakt mit ihr ausgeschlossen ist. Hier aber setzen die Probleme des Doktors an, die er dem Besucher schildert: Diese beiden Geschöpfe haben sich offensichtlich nicht auf den naheliegenden Solipsismus als Existenzform beschränkt, sondern angefangen, miteinander zu kommunizieren. Diagoras als professioneller Beobachter registrierte zunächst das abwechselnde Senden elektromagnetischer Wellen, später Ultraschall – er eliminierte alle möglichen Übertragungswege, schirmte die Behälter gegen Wärme und radioaktive Strahlung ab, trennte sie räumlich und stand, wie er dem Besucher verriet, nun trotzdem vor einem Dilemma: Es war ihm nach wie vor möglich, die Kommunikation der beiden Wesen zu beobachten, aber er konnte partout nicht feststellen, *wie* diese Kommunikation zustande kommen könnte, was ihr Kanal sei. In dieser Situation erweist sich der Besucher (Tichy) als Beobachter des Beobachters (Diagoras) und macht eine Entdeckung, die diesem entgangen war: Während Diagoras erst den einen, dann den anderen Behälter präsentiert, berührt er diese jeweils wiederholt mit seinen Händen und Ijon Tichy bemerkt, während er den Doktor betrachtet, wie dessen Handflächen bei der Berührung mit dem abschirmenden Metall leicht zittern. Dem Wissenschaftler als professionellem Beobachter war entgangen, dass er selbst zum Kanal der Kommunikation seiner beiden Geschöpfe geworden war, zum Medium, in dem sich der Austausch manifestiert. Ende der Geschichte.

Warum diese Einleitung? Zwei Punkte gilt es daraus festzuhalten, die im Weiteren relevant werden: Zunächst einmal wäre da ein Axiom aus der Luhmann'schen Systemtheorie, das besagt, dass die beobachtende Instanz einen ›Blinden Fleck‹ aufweist – sie ist prinzipiell nicht in der Lage, sich selbst beim Beobachten zu beobachten.[6] Der zweite Aspekt betrifft die Möglichkeiten der Beobachtung zweiter Ordnung, wie sie bei Lem der Besucher im Labor demonstrierte: Durch die Beobachtung von Beobachtern entsteht nicht nur ein Mehr an

---

6 Vgl. hierzu Luhmann: Die Kunst der Gesellschaft, S. 57, 94–97 und vor allem S. 101–105.

Informationen, das sonst verborgen bliebe, sondern die in zweiter Ordnung beobachtete Instanz (hier Doktor Diagoras) transformiert sich und wird nicht mehr nur als Beobachter, sondern auch als ein Teil oder Medium der Objekte wahrgenommen, die er eigentlich unter der eigenen Beobachtung zu stehen glaubt. Der in zweiter Ordnung beobachtete Beobachter wird damit mehr als nur ein registrierender Apparat: Aus der Perspektive des Besuchers figuriert sich Doktor Diagoras selbst als Verkörperung und Autor einer Beobachtungsinstanz, welche gleichzeitig die von ihm beobachteten Objekte als solche erst ermöglicht.

Von diesen Feststellungen aus lässt sich eine These aufstellen, die für Literatur relevant wird und die besagt: Autoren, die sich in ihren Werken in erster Linie als Beobachter profilieren, erhalten einen wesentlichen Satz der Eigenschaften, die ihnen im literarischen Feld als Autoren zukommen, eben aus dem Umstand, dass sie sich als Beobachter (der gegenwärtigen Welt zum Beispiel) der Beobachtung durch die Leserinnen und Leser aussetzen.

Beschränkt man sich von dieser Setzung aus auf den tatsächlich nur aus Buchstaben bestehenden literarischen Text, ist dabei eine Trennung von Autor und Erzähler durchaus möglich und die Konsequenzen unproblematisch: Die nicht durch den Text beobachtbaren Autoren formen die Erzähler als Beobachter. Für Fragen der Autorschaftsinszenierungen, wie sie in diesem Sammelband verhandelt werden, sind es jedoch die hybriden Fälle, die interessant werden, in denen auf den ersten Blick zwischen einem Erzähler und einem Autor nur schwer unterschieden werden kann. Solche hybriden Doppelfiguren – das ist die Ausgangsbasis der folgenden Ausführungen – treten am ehesten dann auf, wenn die Autoren sich selbst durch Bildmaterial zum Bestandteil der Texte machen. Ich möchte im Weiteren am Beispiel von Rainald Goetz beispielhaft demonstrieren, wie Fotos eines beobachtenden literarischen Autors der Beobachtbarkeit dargeboten werden und wie auf diese Weise wesentliche Eigenschaften einer so spezifisch konnotierten Autorschaft entstehen.

2 Doktor Goetz

Von den zahlreichen Aspekten, die man im Werk von Rainald Goetz behandeln könnte, ist das Verhältnis von Beobachtung und Beobachtbarkeit eines der naheliegendsten. So war das im Jahr 1993 erschienene dreibändige Werk *1989* explizit einem Beobachtungsparadigma verpflichtet und sollte eine »Zeitmitschrift der großen öffentlichen Rede in den Medien«[7] darstellen. Ohne jegliche Narration oder Kommentar waren darin Stimmen aus dem deutschen Fernsehen des namensgebenden Jahres aneinander montiert. Hierfür gilt jedoch: Keine Montage ohne Beobachter. War eine Erzählinstanz oder gar eine Autorfigur in diesem Werk noch nicht auszumachen, so rückte sie in den nachfolgend publizierten Bänden des Werkkomplexes *Heute Morgen* deutlich in den Mittelpunkt.[8] Vor allem in dem zunächst im Internet erschienenen und später – leicht überarbeitet – als ›Roman eines Jahres‹ bei Suhrkamp publizierten Projekt *Abfall für alle* wird eine Instanz etabliert, die das mediale Rauschen arrangierend und beurteilend ordnet und mit dem Autor Rainald Goetz identisch zu sein vorgibt.[9]

Die germanistische Forschung hat zahlreiche Versuche unternommen, das Verhältnis zwischen diesem Beobachter und dem beobachtbaren ›Material‹ zu bestimmen, das quasi immer im Gestus präsentiert wird, dass es unserer allgemein beobachtbaren Lebenswelt entstammt. Die Ergebnisse sind teils sehr unterschiedlich ausgefallen. Ist die Einschätzung der Form und Beschaffenheit des dargebotenen Materials noch recht homogen – zumeist wird ein rein dokumentarischer Duktus verneint und die spezifische ästhetische Form der arrangierten medialen Daten hervorgehoben[10] – divergieren vor allem die Einschätzungen der Funktion derjenigen Instanz, die als beobachtende installiert wird. Möchte man die Ansätze der Forschung systematisieren, so landet man bei zwei anscheinend konträren Positionen, die jedoch tatsächlich durch eine sie vermittelnde dritte wiederum vereint werden.

Die erste besagt, dass Goetz als Autorinstanz hinter den notierten und in die Bücher herübertransformierten medialen Daten, die unsere Wirklichkeit formen, zu verschwinden trachtet, um die Stimmen des Gegenwärtigen möglichst nicht zu beeinträchtigen – dieser ›unsichtbare Autor‹ sei Teil der ästhetischen

---

7 Goetz: 1989, Bd. 1, S. 2.
8 *Heute Morgen* besteht aus fünf Bänden und erschien zwischen 1998 und 2000 bei Suhrkamp. In der internen Zählung der Werke von Goetz kommt dem Komplex die primäre Ordnungszahl 5 zu. Es sind dies: 5.1. *Rave. Erzählung* (1998); 5.2. *Jeff Koons. Stück* (1998); 5.3. *Dekonspiratione. Erzählung* (2000); 5.4. *Celebration. 90s Nacht Pop* (1999) und 5.5. *Abfall für alle. Roman eines Jahres* (1999). Vgl. jeweils die Nummerierungen auf S. 2.
9 Vgl. zu den poetologischen Bedingungen des Projekts und zu den Überarbeitungen, die zwischen Online- und Druckversion lagen auch Kreknin: Das Licht und das Ich.
10 Vgl. hierzu vor allem Weingart: Global Village Berlin, S. 55; Hägele: Politische Subjekt- und Machtbegriffe, S. 12f.; Plass: Journalism, Television, Poetry, S. 204; Drügh: »Taping it all«, S. 154.

Anlage, die Goetz spätestens seit den 1990er Jahren verfolge.[11] In der dem gegenüberstehenden, zweiten Position werden all diese Effekte und Verfahren durchaus erkannt, aber völlig anders bewertet. Das Mitschreiben und Umschreiben des medialen Materials wird hier vor allem als Zweck gesehen, um die Autorschaftsposition der beobachtenden Instanz zu festigen – und dies durchaus in Anlehnung an altertümlich anmutende Genie-Konzepte. Eckhard Schumacher schreibt hierzu:

> Viele der Kontroversen, die sich um Goetz' Texte und seine öffentliche Inszenierung als Autor winden, lassen sich auf diese Kopplung des rezeptiven Mit- und Abschreibens mit einer sehr ausgeprägten und in vielen Punkten sehr traditionellen Vorstellung von Autorschaft zurückführen, auf die Kopplung von Pop-Verfahren des Zitierens und Inventarisierens mit einer in diesem Kontext nicht so verbreiteten Kunst-Emphase, die durchaus als Reaktivierung von Wertmaßstäben und narrativen Mustern aus dem 18. und 19. Jahrhundert verstanden werden können.[12]

Beide Positionen sind meines Erachtens legitim: Die erste als eine Feststellung über den *Gestus* vieler Texte von Goetz,[13] die zweite als die Beschreibung eines *Effekts,* der in erster Linie jenseits des Textes den Autor Goetz im literarischen Feld konsolidiert. Möchte man jedoch vorrangig Probleme der Poetik zum Gegenstand machen, erweist sich die dritte – zwischen beiden vermittelnde – Position als Königsweg.

Hier gilt es zunächst, einen Metastandpunkt zu den geäußerten Positionen einzunehmen und die Frage aufzustellen, wie die strukturelle Anlage sowohl der Texte von Goetz als auch seiner Autorposition miteinander interagieren. Man kommt dabei zu dem Ergebnis, dass das Verhältnis von Beobachtung (des Materials) und Beobachtbarkeit (der Autor-, bzw. Erzählerinstanz) als eines der Hauptelemente der Poetik von Rainald Goetz identifiziert werden kann. Der Autor ist dabei keine unbeteiligte Instanz, sondern schreibt sich als eine *Figur*

---

11 Vgl. diese Position vor allem bei Seiler: »Das einfache wahre Abschreiben der Welt«, S. 245, 249f.; Doktor / Spies: Gottfried Benn – Rainald Goetz, S. 125; Wicke / Warnke: Wenn es so würde, wie ich es mir denke, S. 571.

12 Schumacher: ›Das Populäre. Was heißt denn das?‹, S. 167. Eine ähnliche These, dass das Projekt *Heute Morgen* ein ›Originalgenie‹ impliziert, findet sich auch in Baßler: Der deutsche Pop-Roman, S. 145f. Vgl. ganz ähnlich auch Feulner: Vom Medienpessimismus zur Medienaffirmation, S. 241f. Ausführlicher zum Konzept der Autorschaft von Goetz in *Heute Morgen* vgl. auch den Beitrag Schumacher: ›Adapted from a true story‹.

13 Dieser Gestus macht sich als ein mögliches Rezeptionsergebnis bemerkbar, mithin als etwas, das primär durch den *Text* evoziert wird. Den in Anm. 11 gelisteten Positionen kann darum vorgeworfen werden, dass sie nach der Intention eines Autors oder Erzählers suchen und dabei den Gestus als wichtiger erachten als die Struktur der poetologischen Anlage.

des Textes in das Œuvre ein, das zugleich von ebenjener Autorinstanz organisiert zu sein scheint. Martin Jörg Schäfer und Elke Siegel schreiben ganz zutreffend:

> [...] Goetz himself has become a crafty manipulator of the media, such that, with the help of his publishing house Suhrkamp, he has managed to establish and maintain himself as a public figure of the German Kulturbetrieb. Goetz's talent for self-stylization is so pronounced that one has to count his public performances [...] among his oeuvre.[14]

Das, was man in den hier im Folgenden untersuchten Texten als Autorinstanz identifizieren kann, ist somit als ein Aspekt des Textes anzusehen und nicht als Verweis auf eine alltagswirkliche Person, die unter dem Namen Rainald Goetz die autorisierende Lenkung des Textes ›von außen‹ organisiert. Alle Referenzen, die scheinbar auf den Autor verweisen, müssen allerdings im Zuge einer Poetik untersucht werden, die gerade mit diesen möglichen Lesarten operiert. Die hier angesprochene ›dritte Position‹ besteht nun darin, eben diese Aushandlungen in den Mittelpunkt zu stellen und die Strukturen der Prozesse offen zu legen, die zu den beiden anderen Positionen führen.

Eine der in Bezug auf Goetz' Werk wichtigsten Feststellungen besteht darin, dass dort der Entwurf eines Autors geleistet wird, der in erster Linie als ›Leser‹ – mithin als Beobachter des dann zu verarbeitenden Materials auftritt. Natalie Binczek schreibt ganz treffend, dass in *Abfall für alle* eine scheinbar passive Erzähl- und Autorinstanz aufgebaut wird, um letztlich auf diese Weise »die Rollendistinktion in Autor und Leser inklusive der Aktiv/Passiv-Zuschreibung« zu problematisieren.[15] An diesem Punkt setzen die elaborierteren Auseinandersetzungen mit dem Problem von Beobachtung und Beobachtbarkeit im Werk von Goetz an. Denn die Überwindung der Rollendistinktion Autor–Leser beinhaltet nichts anderes, als dass den Lesern der Bücher von Goetz durch die poetologische Anlage der Texte eine komplizierte Funktion zugewiesen wird, die zugleich einen Bestandteil des ganzen poetologischen Gefüges darstellt: Der in die Texte eingeschriebene Autor verdoppelt seine Funktion, indem er nicht nur als Schöpfer von Text auftritt, sondern zugleich sich selbst als Leser beobachtet – und eben dieses komplexe Verhältnis wiederum von den Lesern der Bücher beobachten lässt. Was dabei als Problem zum Tragen kommt, ist die Crux der Authentizität, die sich an derjenigen Stelle, an welcher das ›Material‹ auf einen ›Autor‹ trifft, eben nicht lösen lässt: Die selbstproklamierte Doktrin einer ›Ge-

---

14 Schäfer / Siegel: The Intellectual and the Popular, S. 196.
15 Binczek: ›Was also ist der Ort des Textes?‹, S. 313. Vgl. ganz ähnlich auch Baisch / Lüdeke: Was kommt? Was geschieht? S. 154f.

schichtsschreibung der Gegenwart‹, welche den ganzen *Heute-Morgen*-Komplex bestimmt, hat keine andere Möglichkeit, als ›Literatur‹ zu verbleiben, sofern sie literarisch angegangen wird.[16] Walter Delabar bringt diese Anlage bereits im Jahr 1990 auf eine griffige Formel: »Dieser doppelte Charakter, Authentizität und Konstruiertheit, haftet jedem literarischen Text an, und Goetz selbst geht so weit, gerade dieses Problem des Literarischen zu thematisieren.«[17] *Gestus* und *Effekt* treten so in ein dynamisches Wechselverhältnis, das nicht aus dem Text heraus gelöst werden kann: So wie Doktor Diagoras sich selbst nicht beim Beobachten beobachten konnte, so ist diese Möglichkeit auch derjenigen Instanz verwehrt, die in den Büchern von Goetz als seine textuelle Manifestation auftritt. Den Leser/innen wird so als Beobachtern n-ter Ordnung eine konstitutive Position zugewiesen, womit die poetologische Struktur erst vervollständigt wird.

Es geht hier also im Folgenden eigentlich um ein prinzipielles Problem der Literatur, das gerade bei Goetz zu einem der poetologisch wichtigsten Aspekte seines gesamten Werks erhoben werden kann: Wie ist es für einen Autor möglich, die Welt wahrzunehmen und wiederzugeben? Und: Wie verändert sich dabei diese Welt und wie verändert sich dabei der Autor? Gabriele S. Feulner trifft dabei eine wichtige Feststellung, wenn sie anmerkt:

> Rainald Goetz konzipiert den medialen und medialisierten Raum als hochgradig vernetzten, hybriden Raum. Innerhalb dieses medial verflochtenen Raums wird der Künstler selbst zum Medium, zum »Welt-Text-Empfänger- und Forscher«, der die Datenströme aus der gegenwärtigen Alltagsrealität empfängt, in Form von Momentaufnahmen sammelt und archiviert, filtert, bewertet und in literarisierter Form weitersendet. Medien werden nicht [...] als Bedrohung künstlerischer Subjektivität betrachtet, sondern gerade als subjektkonstituierend angesehen.[18]

Die für uns als Leser beobachtbare Instanz, die wir oft genug geneigt sind, mit dem Autor zu identifizieren,[19] entsteht als Subjekt also erst in diesem zur Lektüre dargebotenen Prozess einer Beobachtung der Medien. Bei Goetz wird dabei eine Anlage angedeutet, die eben als das Prozessieren eines Problems lesbar

---

16 Eng mit dieser Doktrin verknüpft ist das Ideal des Zeitnotats, das vor allem in *Abfall für alle* präsent ist. Zu der Unmöglichkeit einer unmittelbaren Zeitmitschrift bei Goetz vgl. Schumacher: *Gerade Eben Jetzt*, S. 113–154, hier vor allem S. 121–142.
17 Delabar: Goetz, Sie reden wirres Zeug, S. 72.
18 Feulner: Vom Medienpessimismus zur Medienaffirmation, S. 236.
19 Vgl. diese Lesarten bei Oberschelp: Raserei, S. 171; Winkels: Einschnitte, S. 223; Wegmann: Stigma und Skandal, S. 210; Windrich: Technotheater, S. 58, 351; Hägele: Politische Subjekt- und Machtbegriffe, S. 20, 102, 157; Baumgart: Glücksgeist und Jammerseele, S. 227f.

wird: Vollkommene Reinheit der Schrift vs. Lenkung durch den Autor. In der Erzählung *Rave* schreibt die Erzählinstanz, die zumeist mit dem Autor als identisch ausgewiesen wird:[20]

> Tagebuch. Dienstag. Man müßte die Sprache von ihrer Mitteilungsabsicht frei kriegen können. Daß die Schrift nur noch so ein autistisches, reines, von der Zeit selbst diktiertes Gekritzel wäre. Atem. Jenseits des Todes. Aber auf dessen Eintreten muß sie dann warten, um Text zu werden.
> Schade ist das.[21]

Das Zitat lässt sich als eine direkte Anspielung auf Roland Barthes' Diktum vom ›Tod des Autors‹ lesen[22] und entwirft dabei das Ideal einer Existenzform der Schrift *und* einer Existenzform *durch* Schrift: Schrift als referenzloses Gekritzel (»von ihrer Mitteilungsabsicht frei«) wird als erwünschter Modus der Existenz der hier sich äußernden Instanz entworfen, dabei eine Grundvoraussetzung des Vitalismus anzitierend (»Atem«). Um aber als »Text« zu existieren, muss die Sprache »auf dessen Eintreten« warten, womit nichts anderes als der Tod gemeint sein kann. Damit scheint die Instanz des Textes ein Modell zu antizipieren, das Roland Barthes als andere Daseinsweise des Schriftproduzenten entwarf, den Schreiber:

> Der *Autor ernährt* vermeintlich das Buch. Er geht seinem Werk zeitlich voraus wie ein Vater seinem Kind. Hingegen wird der moderne Schreiber [*scripteur*] im selben Moment wie sein Text geboren. Er hat überhaupt keine Existenz, die seinem Schreiben vorangige oder es überstiege […]. Es gibt immer nur die Zeit der Äußerung und jeder Text ist immer *hier* und *jetzt* geschrieben.[23]

---

20 Vgl. beispielhaft Goetz: Rave, S. 29, 58f., 70, 132, 159, 189, 208f., 218. Vgl. dazu ebenfalls Hagestedt: Richtig hart Formuliertes, S. 14; Seiler: »Das einfache wahre Abschreiben der Welt«, S. 294.
21 Goetz: Rave, S. 262.
22 Vgl. Barthes: Der Tod des Autors.
23 Ebd., S. 189. Roland Barthes hat bereits in einem früheren, 1960 publizierten Essay, zwei Arten der Textproduktion unterschieden, die in der deutschen Übersetzung als ›Schreiber‹ und ›Schriftsteller‹ erscheinen, die vor allem dadurch geschieden werden, dass des ersten Tätigkeit eine transitive und des zweiten eine intransitive ist. Es ist jedoch anzumerken, dass dieses Konzept nicht unmittelbar mit der späteren Anlage in »Der Tod des Autors« verglichen werden kann: In dem früheren Text trägt der ›Schreiber‹ im Original die Bezeichnung »écrivant« und nicht »scripteur« und die spätere Positionierung des scripteur ist eher zwischen dem »écrivant« und seinem Pendant dem »écrivain« (dem Schriftsteller) zu verorten. Vgl. dazu Barthes: Schriftsteller und Schreiber.

Diese Anlage funktioniert nach Roland Barthes freilich nur dann, wenn die Sprache als Performativ angesehen wird und der Schreiber als derjenige, der sich qua dieses Performativs erschafft, indem er bereits vorhandene Versatzstücke in »einer reinen Geste der Einschreibung« vermischt und arrangiert.[24] Das in dem Zitat aus *Rave* oben angedeutete Modell eines Schreiber-Autors wird dann auch tatsächlich in fast allen Texten von Goetz identifizierbar, und dies bereits seit seinen frühesten Publikationen. Gleichwohl ist dabei anzumerken, dass es eben als die *Modellierung einer Geste* dabei in Erscheinung tritt, als Topos und textuelle Anlage, in welcher teilweise durch den Text selbst strukturelle Widersprüche evoziert werden, die dann durch die Performanz dieses Widerspruchs das Prozessieren des Problems formen: Wie kommt Welt in Text, wie kommt Text in Welt und was befindet sich dazwischen? Was sich dazwischen befindet – so die Suggestion – ist eine Autor-Figur, der man beim Beobachten und Schreiben über die Schulter blicken kann.

3 Der sichtbare Schreiber

Das Jahr 1983 war nicht nur dasjenige, in dem die interessierte Öffentlichkeit davon Kenntnis nehmen konnte, dass Rainald Goetz sich bei der Lesung des Ingeborg-Bachmann-Preises in Klagenfurt vor laufender Kamera in die Stirn schnitt und seinen Auftritt blutend beendete.[25] Es war auch nicht nur das Jahr, in dem sein erster Roman *Irre* in – zu seinem Stammverlag avancierten – Hause Suhrkamp erschien. Es war zudem noch das Jahr, in welchem zum zweiten Mal eine Anthologie mit zeitdiagnostischem bzw. kulturethnografischem Anspruch, herausgegeben von Michael Rutschky, veröffentlicht wurde,[26] in welcher ein

---

24 Vgl. Barthes: Der Tod des Autors, S. 190.
25 Vgl. zu den performativen Aspekten des Schnitts von Klagenfurt, zu der Bedeutung für die Poetik von Goetz und zu der Evozierung des ›Skandals‹ vor allem Wegmann: Stigma und Skandal. Vgl. weiterhin den schon älteren aber sehr lohnenswerten Beitrag von Doktor / Spies: Gottfried Benn – Rainald Goetz, vor allem S. 74–104. Ausführlich mit dem Auftritt beschäftigten sich weiterhin Müller / Schmidt: Goetzendämmerung in Klagenfurt; und Gropp: ›Ich / Goetz / Raspe / Dichter‹.
26 Es wäre insgesamt zu untersuchen, in welchem Maße die zeitdiagnostische und quasidokumentarische Poetik von Goetz sich kongruent zu dem herausgeberischen und schriftstellerischen Programm von Rutschky entwickelte und worin sich beide unterschieden. Rutschky realisierte von 1982 bis 1990 mehrere Projekte in Form von Büchern und einem Film, die eine Verwandtschaft zu vielen Publikationen von Goetz aufweisen. Eine Verbindung der beiden

Beitrag von Rainald Goetz zu finden war.[27] In »Das Polizeirevier« – so der Titel des Textes – wird sofort zu Beginn der sich als Bedrohung äußernde Umstand eingeführt, dass sich der Erzähler aus der Polizeistation gegenüber seiner Wohnung beobachtet fühlt. Was sich zunächst nur als Verdacht äußert, bedarf einer Verifizierung:

> Man beobachtet mich, man beobachtet mich nicht, man mich, man mich nicht, undsofort. So geht es nicht weiter. Die Frage kann nicht von einem zwangsgrübelnden Kopf entschieden werden, sondern einzig durch meinerseitige Beobachtung. [...] Die Beobachtungen müssen geordnet werden. [...] Die Ermittlungen haben begonnen.[28]

Im Text folgen nun, aufgeteilt in zwölf Abschnitte, die je für einen Monat der Observation stehen, die Ergebnisse dieser Beobachtungen. Und noch mehr als dies, denn der Erzähler erweist sich nicht nur als Gegenbeobachter des Polizeireviers, sondern auch als Selbstbeobachter, der die Art und Weise seiner Beobachtungen im Text immer wieder offenbart:

> Stehe ich nicht, geschützt von dem Mauervorsprung, links am Fenster, dann sitze ich, direkt vor dem Fenster, an einem Tisch (ehemals Eßzimmer), auf den ich eine Schreibmaschine gestellt habe. Ich habe auch ein Papier eingespannt, aber es steht nichts drauf. Manchmal mache ich Schreibmaschinengeräusche, das ergibt dann ein Buchstaben-, Zahlen- und Zeichenkauderwelsch (sieht so aus: wEs3+5ix7: öz̈ß wóA do dkw+1+,w W)[29]

Es ist aber nicht nur das mimetische Wiedergeben des Zeichenkauderwelschs, das eine quasi metaleptische Schließung zwischen Text und der Tätigkeit des Erzählers leistet, sondern vor allem das bildhafte Ausstellen der Observation. Dem Text sind insgesamt dreiundzwanzig Seiten mit Bildern angefügt, die jeweils eine ›Dossier‹ genannte Collage darstellen, deren Herstellung auch von dem Erzähler kommentiert wird.[30] Auf diesen Dossiers finden sich zumeist Aus-

---

legte Hubert Winkels bereits 1987 nahe. Vgl. Winkels: Ohrschaden, S. 72f. Vgl. auch Winkels: Einschnitte, S. 237 und Delabar: Goetz, Sie reden wirres Zeug, S. 70.

27 Goetz: Das Polizeirevier (1983). Der Beitrag erschien ebenfalls erneut, weitgehend zeichenidentisch, nur mit einer anderen Platzierung der Fotografien in Goetz: Kronos, S. 11–70. Da ich davon ausgehe, dass diese Ausgabe verbreiteter ist, wird im Folgenden aus dieser späteren Publikation zitiert. Der Text selbst ist bisher erst einmal zum Gegenstand einer ausführlichen Analyse geworden, vgl. Häusler: Tatort Polizeirevier. Allerdings legt Anna Häusler den Schwerpunkt ihrer Untersuchung eher auf die (Re)Konstruktion eines fiktiven Tatgeschehens, als auf den hier relevanten Aspekt der Einschreibung einer Beobachtungsinstanz.

28 Goetz: Das Polizeirevier (1993), S. 11f.

29 Ebd., S. 20f.

30 Vgl. die Abbildungen in Goetz: Das Polizeirevier (1993), S. 48–70. In der Originalpublikation von 1983 waren diese noch in den Text so eingestreut, dass ihre jeweilige Zuordnung zu

schnitte aus Zeitungen, offenbar Magazinen entstammende Fotografien, mit Schreibmaschine und Handschrift angefügte Kommentare und vor allem auch Skizzen und Fotografien die – so suggeriert der Text – von dem Erzähler angefertigt wurden. Zeigen einige von ihnen mit dem Polizeirevier das primäre Objekt der Beobachtung,[31] so referieren andere Fotografien auf den Topos der Beobachtung selbst: Immer wieder finden sich Fotos des abfotografierten Fernsehbildschirms, welcher zumeist historisch relevante und auch für heutige Leser referenzialisierbare Vorgänge zeigt. Diese Praxis der Dokumentation einer Beobachtungstätigkeit findet sich auch hiernach in vielen der kleineren Beiträge von Goetz und mündet schließlich in die Abschriften des dreibändigen Beobachtungsprojekts *1989*.[32]

Jedes Mal, wenn das flimmernde Bild eines Fernsehschirms, mit Vorliebe zudem im Moment einer eingeblendeten erklärenden Unterschrift eingefangen, in den Collagen reproduziert wird, vollführt dies zwei sich ergänzende Leistungen: Zum einen wird so stets aufs Neue die Referenz auf eine medial hergestellte und vermittelte historische Wirklichkeit geleistet. Und zum anderen wird auf diese Weise jedes Mal die Instanz der Beobachtung neu manifestiert. *Irgendjemand* muss im Moment der Fernsehübertragung auf den Auslöser gedrückt haben. Und dieses *Irgendjemand* kann schlecht der Erzähler einer fiktiven Handlung sein. Was bei Roland Barthes als ›Schreiber‹ angelegt war, wird bei Goetz erweitert zum Modell einer multifunktionalen Aufzeichnungsinstanz, die alle beobachteten Objekte und Medien zur sekundären Observation anbietet und auf diese Weise erst sich selbst als Instanz – Auge hinter der Kamera oder als schreibende / tippende Hand – erschafft.

Die in den Dossiers aufgenommenen Fotos lassen sich damit als Produkte einer beobachtenden Tätigkeit lesen – was an sich noch eine banale Feststellung ist. Entscheidend ist dabei, dass durch die Hereinnahme der Fotos in den Text eine Referenz hergestellt wird. Ob diese Referenz eine auf fiktive Objekte ist oder aber auf lebensweltliche, die auch ohne diesen Text existieren würden, ist damit noch nicht berührt. Signifikant ist zunächst der Umstand der Referenz an sich – der Modus der Objekte hingegen fällt in den Bereich einer zu erschließenden Poetik. Roland Barthes definiert in *Die helle Kammer* eben dieses »Es-ist-so-gewesen« als das Wesen der Fotografie:

---

einem der Monate erkennbar war. Zu der Herstellung der Dossiers vergleiche ebd., S. 17, 20, 32, 35.

31 Vgl. Goetz: Das Polizeirevier (1993), S. 50, 54, 56, 64.
32 Vgl. allein in Goetz: Kronos, S. 112, 114f., 119, 222, 225, 284f., 322, 344, 351, 360.

> »Photographischen Referenten« nenne ich nicht die *möglicherweise* reale Sache, auf die ein Bild oder ein Zeichen verweist, sondern die *notwendig* reale Sache, die vor dem Objektiv plaziert [sic] war und ohne die es keine Photographie gäbe. Die Malerei kann wohl eine Realität fingieren, ohne sie gesehen zu haben. Der Diskurs fügt Zeichen aneinander, die gewiß Referenten haben, aber diese Referenten können »Chimären« sein [...]. Anders als bei diesen Imitationen läßt sich in der PHOTOGRAPHIE nicht leugnen, daß *die Sache dagewesen ist*. Hier gibt es eine Verbindung aus zweierlei: aus Realität und Vergangenheit. Und da diese Einschränkung nur hier existiert, muß man sie als das Wesen, den Sinngehalt *(noema)* der PHOTOGRAPHIE ansehen. Worauf ich mich in einer Photographie intentional richte [...], ist weder die KUNST noch die KOMMUNIKATION, sondern die REFERENZ, die das Grundprinzip der PHOTOGRAPHIE darstellt.[33]

Die Fotos in den Dossiers erbringen damit die Leistung, dass die von ihnen abgebildeten Gegenstände als optional real angesehen werden müssen – und das umso eher, als sie gelegentlich in Form von Kontaktabzügen reproduziert werden.[34] Und dies ist auch exakt der Punkt, an dem sich im Werk von Goetz das Spannungsverhältnis von Welt und Text verorten lässt. Denn das Bildmaterial der Dossiers lässt sich in zwei Kategorien einteilen: In Material, das stets auf ›die Welt‹ verweist zum einen, und in ›Bildnisse der Beobachtungsinstanz‹ zum anderen, die – so wird noch nachzuweisen sein – sich meist als Autorenbildnisse präsentieren. In den häufigsten Fällen jedoch ist es eine Vermischung der beiden Kategorien, die sich darin bestimmen lässt, dass sich die Beobachtungsinstanz in das Material einschreibt.

Diese Einschreibungen lassen sich in allen frühen Dossiers finden, so z.B. auch in einer im Folgejahr publizierten Rutschky-Anthologie[35] und in einem *Merkur*-Beitrag von Goetz.[36] Der Stil bleibt der gleiche: vorwiegend Ausschnitte aus Tagespresse und Magazinen, Szenepublikationen und Fotografien privaten Charakters, die collagiert, handschriftlich überschrieben und mit Schreibmaschinentext assoziativ-literarischen Charakters versehen wurden.[37] Dabei erfolgt keine Wiedergabe ›reinen Materials‹, sondern die explizite Positionierungen einer Beobachtungsinstanz. Die ›privaten‹ Fotografien der Dossiers verweisen

---

33 Barthes: Die helle Kammer, S. 86f.
34 Bei diesem Verfahren werden die Negative mit Hilfe einer Glasplatte direkt auf dem Fotopapier fixiert und komplett – also auch mitsamt der Transportrillen des Kleinbildfilms – belichtet. Eine solche Reproduktion verweist noch stärker als ein vergrößertes Positiv auf die unmittelbare Materialität und damit auch Realität des Abgebildeten und partizipiert so direkt am Aufbau von Authentizität. Vgl. als Beispiele Goetz: Das Polizeirevier (1993), S. 54, 62, 66.
35 Vgl. Goetz: Wir Kontrolle Welt (1984). Auch dieser Text wird im Folgenden nach dem neueren Abdruck zitiert: Goetz: Wir Kontrolle Welt (1993).
36 Hier zitiert nach: Goetz: Der Attentäter.
37 Vgl. Goetz: Wir Kontrolle Welt (1993), S. 110–121; Goetz: Der Attentäter, S. 155–180.

wieder auf ein materiell gegebenes Auge hinter der Linse des Fotoapparats (oder zumindest auf einen echten Finger am Auslöser) und oft auch auf den Autor selbst als Objekt der Fotografie.[38] Es findet sich zudem in beiden Texten eine Neuerung, die äquivalent zur ›Selbstbeobachtung der Beobachtung‹ in »Das Polizeirevier« funktioniert: Jedes Blatt der Dossiers ist mit einem »KONTROLLIERT« lautenden Stempelaufdruck versehen, der zudem stets noch ein Datum ausweist.[39] Dieser Stempelaufdruck verweist meiner Lesart zufolge auf eine übergeordnete Instanz, die als Kontrolle der Beobachtung figuriert wird. Sie beobachtet das Arrangieren und Collagieren, bewertet es und verweist damit letztlich auf das Moment der reflexiven Selbstbeobachtung, die immer nur eine nachträgliche Beobachtung der Beobachtung der Welt ist. Was damit erschaffen wird, ist eine mehrfache Einschreibung: Zum einen die Einschreibung einer Figur, die als mit dem beobachtenden Autor identische ausgewiesen wird. Und zum anderen wird mit dem »Kontrolliert«-Stempel dieser beobachtende Autor als eine Figur des Textes beglaubigt.

Der authentische Status des ganzen Gefüges ist damit hochgradig gefährdet. Denn die beobachtbare Autor-Figur kann für sich selbst keine Authentizität irgendwelcher Art beanspruchen, da die einzige Referenz auf sie von ihr selbst geleistet wird.[40] Anders als bei der hierarchischen binären Konstellation ›Fotograf-Subjekt – Fotografierter-Objekt‹, umgeht Goetz qua Autorschaft eine eindeutige Bestimmung des Modus' der Referenz. Da er damit dem ganzen Material seinen eigenen ›Blinden Fleck‹ einschreibt, werden die durch die Fotos referentialisierbaren Objekte (einschließlich seiner selbst) potenziell fiktional, zumindest aber hybrid.

Auf die Hybridität des Materials und die Position einer sie ordnenden Instanz verweist auch das Aufkommen der Handschrift. Bereits in »Das Polizeirevier« finden sich Dossiers, die handschriftlich kommentiert sind oder selbstan-

---

38 Vgl. Goetz: Wir Kontrolle Welt (1993), S. 110, 113, 116, 118; Goetz: Der Attentäter, S. 157, 159f., 165, 170, 172ff.
39 Viele der Dossiers in »Wir Kontrolle Welt« weisen zudem noch den Stempelaufdruck »Sachlich und rechnerisch richtig« auf, vgl. Goetz: Wir Kontrolle Welt (1993), S. 110–117, 119f. Vgl. zu dem Terminus der ›Kontrolle‹ bei Goetz auch Seiler: »Das einfache wahre Abschreiben der Welt«, S. 243f.
40 Die übergeordnete Instanz, die den »Kontrolliert«-Stempel setzt, leistet strenggenommen keine Beobachtung, sondern nur ›Kontrolle‹, da sie nur durch diesen Stempel greifbar wird. Sie wird damit als eine zusätzliche ›Schicht‹ des Autors begreifbar, als eine poetologische Notwendigkeit, die das Gegenteil von dem realisiert, was sie vorgibt zu tun: Anstatt die dargestellten Objekte und Texte als ›wahr‹ zu modulieren, weist sie als methodisch höhere Instanz auf den Blinden Fleck jeder Beobachtung hin.

gefertigte Skizzen enthalten.[41] In dem 1984 zuerst publizierten Text »Der Attentäter« wird nun die handschriftliche Einschreibung zu einem wesentlichen Gestaltungsmerkmal der Collagen. Es finden sich eingefügte Skizzen, großflächige Überschreibungen des reproduzierten Materials, Übermalungen von Fotografien, längere handschriftliche Passagen, die teilweise den Text anderer Publikationen von Goetz enthalten.[42] Ebenso wie die selbstangefertigten Fotografien verweist die Handschrift auf die Materialität einer Instanz, die nicht der Erzähler eines fiktiven Textes sein kann, sondern eine alltagswirklich-reale Verkörperung erfordert. Zugleich weist die Handschrift auf die primäre Tätigkeit des Barthes'schen *scripteur* hin und scheint einen Beitrag zur Herstellung von Authentizität zu leisten und das Gefüge aus Text & Dossier von einer rein fiktiven Lesart auszuschließen, die Realität der Beobachtung durch eine sich im Text manifestierende Schreiber-Person zu beglaubigen. Die handschriftlichen Anfügungen werden damit als eine spezifische Art Selbstporträt lesbar, die eine Referenz auf den Autor leisten und damit zugleich auch immer seine sonstigen zur Lektüre ausgestellten Beobachtungen der Welt als materiell gegeben und ›wahr‹ ausweisen.

Tatsächlich ist es so, dass sich das Notieren der Beobachtungen, das Fotografieren der Welt und das Ausstellen der eigenen Handschrift zu einem Markenzeichen von Goetz entwickelten und heute wesentlich sein öffentliches Image als Autor bestimmen. Die Thematisierung der Praxis des handschriftlichen Notierens ist dabei eine derjenigen Eigenschaften, die den Erzählerfiguren / Protagonisten der Texte von Goetz immer wieder zugewiesen wird und sie als Beobachter der Welt zeichnet.[43] In den meisten Fällen werden die Erzähler / Protagonisten zugleich als mit dem Autor identisch ausgewiesen:[44] Handschrift / Notieren und Fotografieren verweisen somit immer wieder auf den Autor Goetz als Instanz der Beobachtung. Das Notizheft und der Fotoapparat werden dabei zu ›Insignien der Autorschaft‹, die damit die Tätigkeit der Autor-Person – scheinbar – beglaubigen sollen.[45]

---

41 Vgl. Goetz: Das Polizeirevier (1993), S. 49ff., 62, 69.
42 Vgl. Goetz: Der Attentäter (1993), S. 172f. Die hier eingefügte Bildgeschichte enthält den Text des ›Post Scriptum‹ eines zunächst in der *Spex*, später erneut im Sammelband *Hirn* publizierten Beitrags. Vgl. Goetz: Neue Massen (1984) und Goetz: Neue Massen (1986).
43 Vgl. u.a. Goetz: Irre, S. 22, 286; Goetz: Fleisch, S. 66; Goetz: Rave, S. 26f., 31, 43, 126, 264.
44 Vgl. dazu beispielhaft für *Rave* meine Anm. 20.
45 Bei dem großen Projekt einer »Zeitmitschrift der großen öffentlichen Rede in den Medien; [...] das Wortgebirge gegenwärtig gesprochener Sprache, in praktisch automatischer Textgestalt, die Stimme des reinen Materials« – kurz: bei dem dreibändigen *1989* (hier Bd., 1, S. 2) dienen die Cover der nummerierten, beschrifteten und oft auch überschriebenen Notizhefte der

Als ein aktuelles Beispiel für diese Praxis des Beglaubigens präsentiert sich der Beitrag »Rainald Goetz: open daily 6 am – 10 pm«:[46] Anlässlich des Erscheinens des Bandes *loslabern* im Jahr 2009 wurde Goetz die Gestaltung großer Teile des *Zeit Magazins* Nr. 41 überlassen. Das Ergebnis präsentiert sich als Variation der früheren Dossiers:[47] Ganzseitige Farbfotografien, überschrieben mit einzelnen Phrasen und Schlagworten, dazwischen schwarzweiße Doppelseiten, die aus Zeitungsausschnitten und Buchcovern montiert sind und so jeweils ein Plateau des ›Materials‹ bieten.[48] Der Beitrag wird abgeschlossen von sieben Seiten, die nichts anderes abbilden als die eingescannten / abfotografierten Notizen in der seit den Dossiers bekannten Handschrift. Allein schon die Menge der diesen Seiten potenziell zu entnehmenden Informationen macht dieses Ausstellen der Handschrift zum dominierenden Element des gesamten Beitrags.[49] Und auch wenn der Beitrag eigentlich das Erscheinen von *loslabern* zum Anlass nimmt, handelt es sich nicht erkennbar um den ›ursprünglichen‹ Text dieses Buches, sondern eher um Versatzstücke, die assoziativ damit in Verbindung stehen, eher um Einblicke in eine textuelle Asservatenkammer als um das Angebot eines Faksimiles.

Und um ein letztes anschauliches Beispiel zu geben: Ziemlich genau ein halbes Jahr nach Erscheinen dieser Offenbarung einer Schreibertätigkeit war Rainald Goetz in der Harald-Schmidt-Show in der ARD zu Gast.[50] Dabei sind

---

Firma Brunnen als Zwischentitel der einzelnen Abschnitte und weisen damit auf eine materielle Realität der Mitschriften hin. Vgl. die Cover in Goetz: 1989, Bd. 1, S. 95, 231, 357, 447. Diese Praxis findet sich in allen drei Bänden von *1989*. Der Umstand, dass die Notizhefte dabei zudem nicht durchgängig einer Nummerierung folgen, sondern nur einige wenige ausgewählte Exemplare darzustellen scheinen, verweist zudem auf ein potenziell riesiges Archiv von Mitschriften, das nur keinen Übergang in eine gedruckte Form gefunden hat. Es wird auf diese Weise eine Tätigkeit des Autors auch *jenseits* des gedruckten Buches suggeriert.
46 Vgl. Goetz: Loslabern / Rainald Goetz.
47 Mit dem Unterschied, dass hier die handwerkliche Tätigkeit des Collagierens offensichtlich durch die digitale Montage am Computer ersetzt wurde.
48 Vgl. Goetz: Loslabern / Rainald Goetz, S. 12f, 18f.
49 Es sind insgesamt 78 Seiten Notizen abgedruckt, die alle – sofern sie nicht digital durch Schlagworte überschrieben werden – gut lesbar sind.
50 An offizieller Stelle ist das Video dieses Auftritts leider nicht mehr verfügbar, es findet sich jedoch eine Aufzeichnung davon auf YouTube unter der URL http://www.youtube.com/watch?v=BqDv6F9eTHA (zuletzt eingesehen am 05.10.2012). Da der Anbieter des Videos keine offizielle Institution repräsentiert, ist es durchaus möglich, dass dieses Angebot demnächst aus dem Netz verschwindet. Die Erfahrung zeigt jedoch, dass gelöschte Videos mit Rainald Goetz immer wieder unter neuen Adressen von anderen Nutzern bereitgestellt werden. In solchen Fällen führt meist eine einfache Suche bei einer der bekannteren Suchmaschinen zum gewünschten Erfolg.

nicht so sehr der Inhalt des Gesprächs von Interesse oder der Umstand, dass sich Goetz tatsächlich und direkt als Person einer audiovisuellen Beobachtung ausstellte, als vielmehr sein Eintritt in die Show. Nachdem Harald Schmidt das Buch *loslabern* in die Kamera hält und den Gast ankündigt, betritt dieser die Bühne und geht zum Tisch des Gastgebers. Bei dem obligatorischen Händedruck der beiden wird für die Zuschauer sichtbar, dass Goetz in seiner linken Hand mehrere Gegenstände hält. Noch bevor er oder Schmidt sich hinsetzen, legt er diese auf den Tisch und sie werden erkennbar als mehrere Notizbücher und Zeitungen. Zudem holt Goetz gleichzeitig aus der rechten Hosentasche eine Kompaktkamera hervor, die er auf diesen Notizblöcken ablegt und die er noch extra so drapiert, dass sie als eine solche klar erkennbar ist. Daraufhin entwickelt sich folgender Dialog:

> SCHMIDT: Oh, Sie haben ja Einiges mitgebracht, wie ich sehe.
> GOETZ: Genau.
> SCHMIDT: Oh, um gleich hier weiter zu schreiben – oder?
> GOETZ: Nee, das ist so – das sind die Notizen.
> SCHMIDT: Aha. Die Sie sich wann gemacht haben?
> GOETZ: So jetzt in den letzten Tagen. [51]

Müßig zu erwähnen, dass in dem folgenden Gespräch der Autor weder notieren noch fotografieren wird.[52] Die Insignien der Autorschaft übernehmen hier also wie alle Insignien lediglich eine symbolische Funktion. Betrachtet man den Eintritt des Autors in die Show unter dem Aspekt der Performanz, wird Folgendes deutlich: Dass es sich bei dem eintretenden Menschen um den personifizierten Träger der Autor-Funktion Rainald Goetz handelt, wurde bereits vor seinem Eintreten von Harald Schmidt beglaubigt, indem das Buch *loslabern* in die Kamera gehalten wurde. Den so prominent eigeführten Notizen und dem Fotoapparat kommt demzufolge nur die Funktion zu, den Autor als *scripteur* im Sinne Roland Barthes' zu markieren, als eine Instanz also, die qua Beobachtung Welt in den Zustand des Textes versetzt und eben durch diese Insignien und die damit assoziierte Tätigkeit manifest wird.

Man kann den vorläufigen Schluss ziehen, dass diese Praxis des Einschreibens als Beobachter im Fall von Rainald Goetz sehr gut ›funktioniert‹. Nicht nur in Presse und Internet wird immer wieder darauf angespielt, dass Goetz ein

---

51 Vgl. auf dem derzeit verfügbaren Videoclip (Anm. 50) die Zeitspanne 0:09–0:23.
52 Lediglich einmal nimmt er aus dem Stapel einige Seiten des *FAZ*-Feuilletons zur Hand, um einen darin zu findenden Artikel mit Schmidt zu besprechen.

manischer Mitschreiber und Fotograf sei,[53] es finden sich auch literarische Fortschreibungen des Autors, die immer wieder auf nur diese eine Eigenschaft reduziert bleiben.[54]

Die so entwickelte Figur wird immer wieder nicht als private Person mit irgendwie der Öffentlichkeit verborgenen Idiosynkrasien, einem Freundeskreis, einer Familie etc. entwickelt, sondern stets in direkter Ableitung der Poetik seiner Bücher als ›Mitschreiber der Gegenwart‹, was besonders in der Erzählung »contrazoom« von Joachim Bessing deutlich wird:

> In einem Sessel in der Lobby saß Rainald Goetz und schrieb in sein Notizbuch. [...] »Hey super. Ihr hier. Was hast du denn da für einen supertollen Streifen auf deinem Hemd?« Ich fragte mich, warum er das fragte. [...] Das war bestimmt nur ein Versuch, mich zu einer Antwort zu bringen, die er irgendwann in seinen Büchern verwenden konnte. Seit seinem Buch »Rave« waren wir nämlich alle sehr mißtrauisch geworden. Darin hatte er die belauschten Drogengespräche vieler unserer Bekannten einfach aufgeschrieben, und denen war das im nachhinein ziemlich peinlich gewesen. [...] Rainald Goetz lachte ununterbrochen und schrieb alles mit.[55]

Es wäre allerdings falsch, davon auszugehen, dass diese Dynamik von Einschreibung und Fortschreibung so gelesen werden könnte, als wäre man Zeuge des Entstehens einer authentischen Figur, die sich als Medium des Materials präsentiert, das durch die Prozesse des Beobachtens und Aufzeichnens unverändert den Leserinnen und Lesern offenbart wird und so ein ›wahres‹ Bild der Welt zeichnet. Weiter oben war die Rede davon, dass bei Goetz das Problem des Verhältnisses von Welt und Text durch das prozessierte Aushandeln der dazwischen befindlichen Instanz in den Mittelpunkt rückt. Dieses Prozessieren ist nun mit am stärksten anhand eben jener Figur beobachtbar, als die sich schein-

---

53 Vgl. u.a. Fasthuber: Lockerheit: Trottelkategorie; Bernard: Simultandolmetscher des Jetzt; Schwartz: Überdurchschnittliche Tiraden; Altenburg: Alles Kohl; Stern: Lesung: Loslabern mit Rainald Goetz in Berlin; antjeverena: Stalking the Famous.
54 Vgl. u.a. Hennig von Lange / Müller-Klug / Haaksman: Mai 3D, S. 61f.: »Links neben dem Mischpult steht Rainald Goetz. Hellgrüne Bomberjacke, die Ärmel hochgekrempelt. [...] Jetzt hat er einen kleinen Block in der Hand und schreibt. Kann er überhaupt was sehen bei der Dunkelheit hier?«; Horzon: Das weisse Buch, S. 54: »Rainald Goetz kam, sah, lachte schrill und machte sich Notizen.« Und bei Benjamin von Stuckrad-Barre wird Rainald Goetz zum Fotografen eines Klatschmagazins, der ausschließlich darauf bedacht ist, Menschen durch sein Fotografieren bloßzustellen und dem Voyeurismus der Leser auszusetzen, was von einem Mitarbeiter der Zeitung folgend zusammengefasst wird: »Der Rainald! N komischer Typ, aber ich mag ihn, und er hats auch wirklich drauf, im richtigen Moment auf den Auslöser zu drücken, nämlich dauernd.« Stuckrad-Barre: Blackbox, S. 118. Vgl. dort auch weiterhin S. 81–84, 91, 105, 109–112.
55 Bessing: contrazoom, S. 113f.

bar der Autor mit Text und Bild in seine Werke einschreibt. Und dieser Figur sollte nicht alles unvoreingenommen für bare Münze abgehandelt werden.

4 Die Fälschung des Autorbildes

Man kann die oben geschilderte Anlage griffig zusammenfassen: Die scheinbar konsistente Autorfigur Rainald Goetz erweist sich bei genauerem Hinsehen als eine Reihe von identischen Fälschungen ohne Original. Wer hier nun sofort das Schlagwort des Simulakrums anbringen möchte, dem sei zur Vorsicht geraten, denn diese Fälschung hat eine durchaus alltagswirkliche Referentialität. Es ist eine komplizierte Geschichte, die wieder mit »Das Polizeirevier« begonnen werden soll.

Auf einem der ersten Blätter der Dossiers in »Das Polizeirevier« findet sich ein ausgeschnittener Artikel aus der *Süddeutschen Zeitung*[56] mit der Überschrift »›Punker‹ legen U-Bahn-Verkehr für eine halbe Stunde lahm«, illustriert mit einem Foto, das die mutmaßlichen Randalierer im Konflikt mit Ordnungskräften zeigt. Über dem Foto ist mit Schreibmaschine folgender Text eingefügt: »Die Schilderung der Vorgänge trifft im Wesentlichen zu. Das Foto zum Text zeigt in der Mitte verwaschen, dennoch unverkennbar: mich.«[57] Unter dem Artikel sind mit Schreibmaschine weitere Informationen hinzugesetzt, die den in der Zeitung geschilderten Sachverhalt in Hinblick auf den Erzähler konkretisieren bzw. richtigstellen. Auch wenn die Reproduktion des Artikels es von der Qualität her nicht erlaubt, die in Frage kommende Person tatsächlich genau zu identifizieren, ist doch mit diesem Medienzitat und diesen Einschreibungen eine bemerkenswerte Leistung vollbracht: Der Erzähler des Textes verortet sich als eine alltagswirkliche Person, die in einem *one-to-many*-Medium wie der *Süddeutschen Zeitung* beobachtet werden kann. Wäre zunächst der Text des »Polizeireviers« mit allen darin vorkommenden Figuren und Instanzen als fiktiv zu lesen, so wird hier eine alltagswirkliche Referentialisierbarkeit aufoktroyiert.

Eine weitere Fotografie ist in dieser Hinsicht von Interesse, da sie den Text ebenfalls zu entmetaphorisieren, oder zumindest alltagswirklich zu verbildlichen scheint. Sie korrespondiert dabei mit einer Textstelle, in welcher der Modus des Beobachtens kommentiert wird: »Ich behalte das Revier im Auge. Ich habe mir eine ordentliche Kamera besorgt, mit Teleobjektiv. Sie liegt auf dem

---

56 Vgl. Goetz: Das Polizeirevier (1993), S. 51. Auf dem Artikel sind Quelle und Datum handschriftlich vermerkt: »SZ 8.2.82 Seite 9«.
57 Ebd. (1993), S. 51.

Tisch neben mir [...]. Links von mir läuft der Fernseher, vorhin war Tagesschau, jetzt ohne Ton.«[58] Auf der Fotografie ist eben jene Szenerie zu sehen: Ein offenes Fenster, links davon ein laufender Fernseher, rechts davon an einem Tisch schemenhaft eine Gestalt in Rückenansicht, die den Blick auf das gegenüberliegende Haus zu richten scheint.[59]

Zwei Ableitungen lassen sich aus einer solchen Anlage ziehen: Zum einen ist das massenmediale Verorten (durch den Artikel in der SZ) und Verbildlichen der Beobachtungsinstanz daran beteiligt, die hier beim Beobachten beobachtbare Größe als alltagswirkliche Person zu entwerfen. Unterliegt ein Text wie »Das Polizeirevier« ebenso wie alle anderen vergleichbaren Texte in den Bänden *Hirn* und *Kronos* primär einer literarisch-fiktiven Konfiguration, so wird diese durch die Kopplung an eine der ›Wirklichkeit‹ und ›Wahrheit‹ verpflichtete Institution wie die *Süddeutsche Zeitung* potenziell in einen Status der ›Tatsächlichkeit‹ versetzt. Mit der Wirklichkeit der Beobachtungsinstanz (des Autors Rainald Goetz, so muss man schlussfolgern), werden auch seine uns zum Lesen dargebotenen Beobachtungen einer konsensuell verbindlichen Wirklichkeit zugeschlagen. Gemeinsam mit dem Collagieren der Presseausschnitte und den abfotografierten Fernsehbildschirmen scheint damit eine primär ›wahrhaft-dokumentarische‹ Poetik wirksam zu sein, wie sie auch in den weiter oben zitierten Fortschreibungen der Figur Rainald Goetz anklang. Und diese Poetik wird in starkem Maße über die Figur des ›Beobachters‹ Rainald Goetz reguliert, der nicht nur seine Beobachtungen beglaubigt (durch den Abdruck der Notizen usw.), sondern auch sich selbst als existierende Person, die in einem besonderen, quasi metaleptischen Verhältnis zu den von ihr organisierten Texten steht, in sein Werk einschreibt. Tatsächlich finden sich in fast allein Bildbeiträgen des Bandes *Kronos* Fotografien, die den Autor zeigen, der spätestens seit seinem Klagenfurt-Auftritt mit einer gewissen Bekanntheit seiner Physiognomie rechnen kann. Sein Gesicht ziert die Schutzumschläge der Erstausgabe von *Irre* wie auch seines zweiten Romans *Kontrolliert*. Zudem sind in einigen Publikationen seine Porträts quasi als Paratext angefügt,[60] in anderen Erstausgaben finden sie sich konventionell auf den hinteren Innenseiten der Schutzumschläge.[61] Und

---

58 Goetz: Das Polizeirevier (1993), S. 33.
59 Vgl. ebd., S. 56.
60 Vgl. u.a. Goetz: Hirn, S. 6 ein ganzseitiges Porträt; Goetz: Kronos, S. 6 ebenso fast ganzseitig. In Goetz: Rave vgl. S. 11 ebenfalls großformatig ein Foto, das Goetz gemeinsam mit dem Techno-DJ Sven Väth zeigt.
61 Auch in dem vorhin als Beispiel für das Ausstellen des Materials erwähnten Beitrag im *Zeit Magazin* ist die Autor-Person als Zitat hineinkopiert – hier in Form der Abbildung des Schutzumschlags des Bandes *loslabern*. Vgl. Goetz: loslabern / Rainald Goetz, S. 30.

selbst in einer Publikation, in welcher sich der Autor den Konventionen gemäß hinter der Linse des Fotoapparats befinden sollte, finden sich Bilder, die eindeutig ihn zeigen: In dem Bildband *elfter september 2010* ist Goetz zweifelsfrei auf zwei Fotos als Objekt der Beobachtung zu erkennen.[62] Er wird auf diese Weise ebenso als ›Person des öffentlichen Lebens‹ entworfen, wie die weiteren Bildobjekte dieses Bandes[63] – es sollten damit alle Zweifel daran ausgeräumt sein, dass es tatsächlich die Person Rainald Goetz ist, Verkörperung des Trägers der gleichnamigen Autorfunktion, die seit den Zeiten des »Polizeireviers« als Beobachter uns zur Beobachtung bereit steht.

Die zweite Ableitung betrifft die Funktion der Leserinnen und Leser – oder besser: der Beobachterinnen und Beobachter –, als deren methodischer Vertreter hier der Autor dieses Aufsatzes fungiert. Denn was diesen dabei zugemutet wird, ist eigentlich, eine Anlage zu vervollständigen, die auf einem Paradox beruht. Zunächst wäre da ihre aktive Rolle anzusetzen: Man kann mit guten Gründen die These formulieren, dass die Beobachtbarkeit der Figur Rainald Goetz als wesentlicher Teil der Poetik aller Werke anzusehen ist, die durch seinen Namen autorisiert werden. Die Werkkomplexe *Festung* ebenso wie *Heute Morgen* und *Schlucht* erhalten einen entscheidenden Teil ihres Gestus eben aus dem Umstand, dass hier ein Beobachter über den von ihm produzierten Text beobachtet werden kann. Sobald aber diese Anlage einen Großteil ihrer Funktion über das Autorbild erlangt, fängt das Gefüge an, einen Grad von Fälschung zu erhalten, der durch den Gestus teilweise substituiert wird.

Ganz sachlich gesprochen kann in den meisten Fällen ein Objekt, das visuell beobachtet werden kann, nicht gleichzeitig das Subjekt der Beobachtung sein. Das Bild eines Autors erfordert jemanden anderes, der / die auf den Auslöser drückt. Zwar gibt es durchaus Paradigmata, die im ästhetischen Bereich eben eine solche Situation zur Produktion von Kunst nutzen – zu denken wäre hier beispielsweise an die *Stills* von Cindy Sherman[64] oder an die Videokunst von Sophie Calle[65] – in allen solchen Fällen findet allerdings durch den Modus

---

62 Vgl. Goetz: elfter september 2010, S. 41, 85. Die Praxis des Fotografierens wird zudem immer wieder als Verfahren selbst thematisiert, wenn auf den Bildern Situationen festgehalten werden, in denen der Fotografierende selbst zum Objekt des Fotografierens wird (vgl. ebd., S. 68, 208) oder offenbar soeben geschossene Polaroid-Aufnahmen erneut abfotografiert werden (vgl. ebd., S. 51f.).
63 Zu den Fotografierten gehören verschiedene Größen aus Politik und Kultur, so beispielsweise Gerhard Schröder, Peter Struck, Angela Merkel, Franz Müntefering, Christian Kracht, Benjamin von Stuckrad-Barre.
64 Vgl. Sherman: Untitled Film Stills.
65 Vgl. zu dieser u.a. Kittner: Visuelle Autobiographien.

der Nachträglichkeit der Beobachtung eine Sezession statt: Objekt und Subjekt der Beobachtung können prinzipiell nie identisch sein, auch wenn sie scheinbar von einer Person verkörpert werden. Der Autor eines solchen Bildes / Textes kann sich immer nur als eine Autor-Figur einschreiben. Und als eine solche Figur ist ›Rainald Goetz‹ (das Objekt der Beobachtung) stets einer Fiktionalisierung durch den eigenen Text unterworfen.

Die oben zitierten Fälle der Fortschreibungen, in denen Goetz als Beobachter auftrat, vollführen eine Reduktion der poetischen Komplexität, die von seinen eigenen Texten immer wieder desavouiert wird – bereits der Entwurf des ›Skandals‹ von Klagenfurt basierte darauf, dass ein wesentlicher Teil des poetologischen Gehalts des gelesenen Textes »Subito« weitgehend ignoriert wurde.[66] Dieses Muster wiederholt sich seitdem immer wieder bei der Rezeption und Fortschreibung der Figur Rainald Goetz und folgt dabei dem Angebot der Authentizität und der autobiographischen Lesarten seiner Romane.[67] Tatsächlich jedoch betreiben die Texte einigen Aufwand, um *eben nicht* als authentische Dokumente lesbar zu sein. Im Roman *Kontrolliert* reflektiert der Erzähler eine Poetik des Mitschreibens, wie sie Roland Barthes dem *scripteur* zugewiesen hat:

> Ich zum beispiel [sic] wäre augenblicklich gern der Automat, der alle Äußerungen [...] Wort für Wort gespeichert hätte und hier schnell wiederholen könnte, und zwar allesamt auf einen Schlag. [...] Die Leidenschaft ist nur zu gut verständlich, die durch das Abschreiben von öffentlich gesagten Sachen, im Fernsehn etwa, in dem Schreiber, der das mitschreibt, sich entfacht, weil er schreibend wirklich mitschreibt mit der Wirklichkeit. Schließlich aber sind die Worte hin gedruckt nicht Hinweis auf sich selbst und ihre Wirklichkeit, [...] sondern viel stärker auf die Leidenschaft des Schreibers, der sie fest gebannt hat durch die Abschrift. [...] Der Abschreiber hält sich für unbestechlich, Wort für Wort erweist er sich jedoch als der Betrüger.[68]

Als Betrüger nicht nur am Wort, so muss man schlussfolgern, sondern auch an ›sich selbst‹, der er primär aufgrund der durch ihn autorisierten Worte und Fotos in den Kreis der Beobachtung treten kann. Ist das obere Zitat noch als Äußerung eines Erzählers in einem als Roman zu lesenden Werk zu interpretieren,[69]

---

66 Vgl. dazu ausführlich: Kreknin: Poetiken des Selbst.
67 Vgl. zu den autobiographischen Lesarten der Texte von Goetz: Oberschelp: Raserei, S. 171; Winkels: Einschnitte, S. 223; Wegmann: Stigma und Skandal, S. 210; Windrich: Technotheater, S. 58, 351; Hägele: Politische Subjekt- und Machtbegriffe, S. 20, 102, 157; Baumgart: Glücksgeist und Jammerseele, S. 227f.
68 Goetz: Kontrolliert, S. 49f.
69 Allerdings finden sich auch hier Beispiele aus der literaturwissenschaftlichen Forschung, die den Erzähler von *Kontrolliert* als Alter ego des Autors Goetz identifizieren und akribisch

so ist der Status des folgenden Zitats aus dem Text »Der Attentäter« noch direkter auf die Autor-Figur Rainald Goetz zurückzuführen und bietet zugleich einen Schlüssel zum Verständnis eines großen Teils der Poetik, der seine Werke größtenteils folgen:

> Täuschung ist alles, logisch, gezielte Fälschung zur Täuschung wessen, bis an den Rand der Selbsttäuschung getriebene Fälschung der vergangenen Zeit, akribische Vergangenheitsvernichtung durch Akribiefiktion, Fiktionsvernichtung durch scheinbare Authentizitätsakribie, Akribievernichtung durch doppelte Buchführung undsofort. Alles sei doppelte Buchführung, das sei die Wahrheit.[70]

Das Bemerkenswerte an dieser Passage besteht darin, dass sie in einem Text zu finden ist, der dem gleichen poetischen Paradigma folgt wie »Das Polizeirevier« – also zunächst einen dokumentarischen Gestus ausstellt. Zugleich folgen diese Sätze unmittelbar nach einem Kapitel, in dem der Ablauf des Monats Oktober 1984 in Manier eines Tagebuchs festgehalten wird und die Ereignisse und Erlebnisse eines Autorenlebens schildert. Kleine Details weisen darauf hin, dass hier ein Netz von Verweisen geknüpft wird, die dem Leben des Autors Goetz entspringen: Ein Symposium und eine Lesung in Graz werden darin für den 12. bis 14. Oktober gelistet und es lässt sich leicht nachweisen, dass eben jener Autor an eben jenen Tagen an einem solchen Symposium teilgenommen hat.[71] Die Rede von der »Akribiefiktion« und der »Fiktionsvernichtung durch scheinbare Authentizitätsakribie« weist diesen Informationen im Rahmen des Textes einen sehr unsicheren Status zu – und damit auch der hier in Frage stehenden Instanz des Beobachters. Generell lässt sich für alle Dossiers und quasidokumentarischen Texte von Rainald Goetz festhalten, dass die darin vorkommende Autorfigur gleichen Namens als eine fiktionale Figur des Textes anzusehen ist: Die vorgebliche Person wird zum Akteur, der einen beobachtenden Autor mimt und dabei die von ihm scheinbar unmittelbar zitierte Welt wie auch

---

nachweisen, welche biographischen Daten sich die beiden teilen. Vgl. Hägele: Politische Subjekt- und Machtbegriffe, S. 20f.

70 Goetz: Der Attentäter, S. 150.
71 Zunächst wären da die Spuren im Werk selbst: Der Sammelband *Hirn* enthält einen Beitrag namens »Kerker«, der einerseits offenbar dort in Graz vorgelesen wurde, andererseits dieses Symposium selbst zum Gegenstand hat, vgl. Goetz: Kerker. Weiterhin lässt sich die Teilnahme von Goetz auch von ›offizieller‹ Stelle belegen. In einer Publikation werden alle Veranstaltungen und Teilnehmer des *Steirischen Herbstes* von 1968 bis 1987 gelistet. Dort findet sich für das Jahr 1984, den 12.–14. Oktober ein Literatursymposium »Über die Lüge« in Graz mit u.a. dem Teilnehmer »Rainald Goetz«, vgl. Kaufmann: 20 Jahre Steirischer Herbst, S. 263.

sich selbst einer ›verfälschenden‹ Überarbeitung aussetzt mit dem Anspruch, auf diese Weise eine spezifische Art von ›Wahrheit‹ herzustellen.

5 *imago lucis opera expressa* semiotisch

Roland Barthes war es, der in *Die helle Kammer* bemerkte, die Fotografie erlange ihren Anschluss an die Künste nicht über die Malerei, sondern über das Theater.[72] Dieser Spur gilt es zu folgen und damit nicht nur einen Anschluss an den ›Tod des Autors‹ zu leisten, sondern allgemein die Funktionsweise von Poetiken zu beschreiben, die über eine (visuelle) Beobachtbarkeit der Beobachtung funktionieren. Rainald Goetz und seine bisher ausgearbeitete Poetik können weiterhin als Beispiele dienen, um generelle Strukturen aller ähnlich gelagerten Fälle zu skizzieren.

Das Foto für sich alleine ist Barthes zufolge kontingent: Es ist weder ein Zeichen noch eine Sprache (sprich: kein Code) und kann seine Bedeutung erst in einer ›Maskierung‹ erlangen, die dann dafür sorgt, dass Referenz aufgebaut wird.[73] Sofern ein solcher Referent erkannt wird, ist das Foto zeichenhaft tautologisch. Diese Tautologie ist dasjenige, was von C. S. Peirce in seinem triadischen Zeichenmodell als die ikonische Dimension des Zeichens definiert wurde:[74] Eine Pfeife ist hier – mit den Worten von Roland Barthes – stets und »unabdingbar« eine Pfeife,[75] oder um genauer zu sein: Das Bild einer Pfeife ist immer das Bild einer Pfeife. Wie ist nun die ›Maskierung‹ zu verstehen, die Barthes als so wichtig benennt? In meiner Lesart entspricht diese Maskierung der Leistung des Interpretanten, wie dies von Peirce entworfen wird. Eine reine Tautologie kann keine Referenz außerhalb ihrer selbst herstellen. Um eine zeichenhaft tautologische (man kann auch sagen: metonymische) Referenz herzustellen (auf einen bestimmten Autor wie Goetz zum Beispiel), muss das Ikon zusätzlich eine indexikalische Dimension erhalten. – Dies ist der Punkt, an dem das rigide Zeichenmodell von Peirce zum »Zeichenverbundsystem« erweitert werden muss. Dies bedeutet, knapp gefasst, dass jedes Zeichen sowohl eine ikonische als auch indexikalische und symbolische Dimension enthält, die

---

72 Barthes: Die helle Kammer, S. 40f.
73 Vgl. ebd., S. 13f., 44.
74 Vgl. Peirce: Phänomen und Logik der Zeichen, S. 64.
75 Vgl. Barthes: Die helle Kammer, S. 13.

jeweils innerhalb eines Zeichens dominant gesetzt werden können.[76] Erst mit einem solchen Verbund aus Ikon und Index kann ein Referent aufgebaut werden. Peirce nimmt hierfür eine Fotografie als Beispiel:

> Der bloße photographische Abzug selbst liefert [...] keine Information. Um ihn zu einem Decizeichen[77] zu machen, ist es notwendig, die *Tatsache* mit einzubeziehen, daß er determiniert wurde, punktweise den Lichtstrahlen des Objekts zu entsprechen, die wiederum einen Ausschnitt aus einer Projektion dieses Objekts bilden. Es bedarf nur eines kurzen Nachdenkens, so sieht man ein, daß kein Index Informationen vermitteln kann, wenn er nicht eine *Tatsache* oder Zweiheit ist oder enthält.[78]

Damit ein Foto als Decizeichen dient, müssen die spezifischen Funktionen der (analogen) Fotografie bekannt sein. Barthes identifiziert diese in erster Linie im unzweifelhaften Beglaubigen des »Es-ist-so-gewesen«: Die *imago lucis opera expressa* fixiert in einem chemischen Prozess die vormals realen Strahlen eines vormals realen Objekts und leisten eine »Emanation des Referenten«.[79] Von hier ausgehend lese ich die ›Maskierung‹ der Fotografie als eine Leistung, die erst durch das Wissen um diese Prinzipien ermöglicht wird. Die Tautologie des Bildes wird damit erst zeichenhaft, wenn man die Beglaubigung als Referenz auf ein unzweifelhaft reales Objekt lesen kann: Eben dies ist die ›Maske‹ der bedeutungstragenden Fotografie: Das Abgebildete entspricht einem Referenten, so wie ein Schauspieler im Theater eine Maske trägt und damit auf die von ihm personifizierte Figur referiert.[80]

Von diesen semiologischen Systematisierungen aus kann jede Fotografie, die Goetz darstellt oder auf seine Tätigkeit des Beobachtens und Notierens / Fotografierens verweist, als die tautologische Darstellung eines Akteurs gesehen werden. Das Spezifische dieser Anlage ist nun durch zwei Umstände gewährleistet: Zum einen ist dieser Akteur eine die Welt und sich selbst beobachtende Autor-Figur und folgt dabei einem ästhetisch-literarischen Programm (einer Poetik). Zum anderen verfügt dieser Akteur (zumindest zu Beginn seiner Tätigkeit als Autor) über das autoritäre Monopol bezüglich seiner ›Verfügbar-

---

76 Vgl. zum Zeichenverbundsystem Wirth: Die Geburt des Autors aus dem Geist der Heerausgeberfiktion, S. 56–67.
77 Im Modell von Peirce ist ein Decizeichen ein ›zweiwertiges Zeichen‹, das auf ein Objekt verweist, sprich: eine Referenz aufbaut, die qua Interpretanten hergestellt wird, wobei das Zeichen selbst zum Index des Objekts wird. Vgl. hierzu Peirce: Phänomen und Logik der Zeichen, S. 67–72.
78 Ebd., S. 71.
79 Barthes: Die helle Kammer, S. 90.
80 Dies entspricht simpel gesprochen dem Effekt des *being in character.*

keit‹: Leserinnen und Leser können ihn nur über Medienangebote wahrnehmen, die er selbst als Autor determiniert.[81] Sein Bild wird damit zwar zu einem »Beweisstück«,[82] aber zu einem Beweisstück von was?

Wenn im Zusammenhang mit der Fotografie von einer ›Selbstnachahmung‹ die Rede ist, von einer ›Befremdung‹ der fotografierten Person zu sich selbst,[83] dann ist dies bei Goetz (und in allen ähnlich gelagerten Poetiken) eben nicht der Fall: Der Akteur hat keine andere Daseinsweise als die fotografisch dargebotene, es gibt keine Orte der Abweichung, weil er selbst seiner eigenen Autorität untersteht. Alma-Elisa Kittner hebt zwar hervor, dass die Fotografie und die Autobiographie »auf mehreren Ebenen strukturell analog« sind,[84] argumentiert in ihrer Analyse aber letztlich so, wie es auch dem hier geschilderten Fall angemessen ist: Die Fotografie des Autors dient nicht der Herstellung eines autobiographischen, sondern wenn überhaupt, dann eines autofiktionalen Pakts:

> Wesentlich ist meiner Ansicht nach die Ambiguität des Genres und des Mediums: Als Zwitterwesen gehören sie sowohl zu dem Feld des Imaginären als auch dem des Realen. So oszillieren Fotografie und Autobiographie zwischen Fakt und Fiktion, zwischen Textualität und Referentialität. Es soll nicht auf die Referentialität zugunsten der Textualität verzichtet werden, »sondern bloß auf die illusorische Annahme eines unmittelbaren Zugangs zu einem nicht-sprachlichen Referenten«.[85]

Diese »Annahme eines unmittelbaren Zugangs zu einem nicht-sprachlichen Referenten«[86] wird auch hier trotz des Barthes'schen »Es-ist-so-gewesen«[87] nicht angenommen: Die Referenz mag unzweifelhaft bestehen, ihr Modus jedoch folgt den Gesetzen des Mediums und zudem noch der Poetik des gesamten Werkes, in das die Fotografie eingebunden ist, und dies macht den Modus – wie ich für Goetz herausgestellt habe – zu einem höchst zweifelhaften.

Wenn also ein ›Fluchtpunkt‹ des anhand von Goetz veranschaulichten Modells eines beobachtbaren Beobachters definiert werden kann, dann ist es nicht

---

81 Dies gilt auch für den Klagenfurt-Auftritt, da seine Performanz dort im Kontext eines poetologischen Programms gelesen werden muss: Der dort 1983 gelesene Text »Subito« ist eindeutig für die spezifisch in Klagenfurt gegebene Aufführungssituation geschrieben. Vgl. zu dem Text als »subpoetische[m] Text mit Manifestcharakter« Kühn: Rainald Goetz, S. 2. Siehe hierzu auch Wegmann: Stigma und Skandal, S. 210, 213ff.
82 Vgl. hierzu Bickenbach: Das Autorenfoto in der Medienevolution, S. 157.
83 Vgl. Barthes: Die helle Kammer, S. 22, 126ff. sowie Bickenbach (2010): Das Autorenfoto in der Medienevolution, S. 200–206.
84 Kittner: Visuelle Autobiographien, S. 101.
85 Ebd., S. 106.
86 Finck: Autobiographisches Schreiben nach dem Ende der Autobiographie, S. 39.
87 Barthes: Die helle Kammer, S. 87.

seine alltagswirkliche Referenz. Diese ist zwar konnotiert (das macht einen starken Reiz dieser Texte aus), aber nicht zentral. Der Fluchtpunkt ist vielmehr in einer komplexen poetologischen Anlage zu sehen, die an dem alten Problem partizipiert, wie Welt in Text kommen kann. (Bzw.: Wie wir als Leser/innen auf die Idee kommen, dass so etwas überhaupt möglich sei.) Und diese Struktur wird erst vervollständigt, wenn die Position der Leserinnen als Beobachter n-ter Ordnung darin integriert wird.

Um die semiotischen Bedingungen zu rekapitulieren: Zeichenhaft referentiell wird ein Foto erst, wenn die ikonische Dimension an eine indexikalische Dimension gekoppelt wird. Das Ikonische kann dabei – dem triadischen Zeichenmodell von Peirce zufolge – im Objekt (O) verortet werden [88] – also in der uns sichtbaren Fotografie, bzw. der Reproduktion einer solchen Fotografie. Der Wandel von einer reinen, nicht zeichenhaften Ikonizität zu einer zusätzlichen Indexikalität wird innerhalb des Zeichens durch einen Anschluss der Objektdimension (O) an die Symboldimension (S) geleistet – hier ist dies das Wissen um die Beobachtungstätigkeit der Figur Rainald Goetz und die Autorschaft von Rainald Goetz. Ein solcher Anschluss von (O) an (S) kann erst erfolgen, wenn die strukturelle Wirkung des Interpretanten (I) berücksichtigt wird, um den Verbund des Zeichens komplett zu machen. [89] Der Interpretant ist in diesem Fall dasjenige, was die Beziehung von (O) und (S) reguliert, oder simpel gesprochen: Es ist dasjenige »psychologische[] Ereignis im Geist eines möglichen Interpreten«,[90] das aus einem (visuellen) Reiz ein sinnhaftes Zeichen mit einer Referenzfunktion erschafft. Die Leserin / der Leser wird somit zumindest als methodische Komponente zu einem festen Bestandteil des gesamten Gefüges. Die Besonderheit des Modells bei Goetz besteht nun darin, dass sie hierbei nicht als Beobachter erster Ordnung auftreten, sondern im Zuge des Aufbaus des Interpretanten zu Beobachtern zweiter, dritter, n-ter Ordnung werden, da das von ihnen ›vervollständigte‹ zeichenhafte Bild sich selbst als Symbol mehrfacher Beobachtungshierarchien präsentiert.

---

88 Dies äußert sich in einer Identität oder relativen Äquivalenz von ›primärem‹ und ›sekundärem Objekt‹.
89 Vgl. Peirce: Phänomen und Logik der Zeichen, S. 72ff.
90 Eco: Im Labyrinth der Vernunft, S. 26.

6 ›Unsichtbares‹ punctum: *Autorschaft, Zeit*

Damit wären alle Komponenten beisammen, um eine Poetik der beobachtbaren Beobachtbarkeit zu formulieren. Zunächst wäre da die Welt zu nennen, die einer Beobachtung durch die Autorfigur unterliegt, wie es von mir anhand der Dossiers von Goetz demonstriert worden ist. Um die genaue poetologische Wirkung dieser Anlage zu beschreiben, bediene ich mich des *punctums*, wie es von Roland Barthes in die Diskussion eingeführt worden ist. Barthes unterscheidet zwei ›Wirkungsweisen‹ oder Praktiken bei der Betrachtung von Fotografien: Das *studium* ist demzufolge eine affektfreie Betrachtung von Fotos, das stets auf das Auffinden kulturell codierter Referenzen in einem Bild abzielt: Man kann dem Foto so ›Informationen‹ entnehmen.[91] Dem gegenüber steht das *punctum*, das, was einen besticht, ergreift, erschüttert, die Ordnung des Bekannten durchbricht und einen persönlichen Affekt auslöst. Barthes' eher hilflose Versuche, das *punctum* verschiedener Fotos zu benennen[92] machen deutlich, dass das *punctum* kein Decizeichen ist, es passiert die Grenze zwischen kommunikativem und psychischem System, ist aber nicht zweiwertig, es hat keine indexikalische Dimension und baut keine Referenz auf. Bei den untersuchten Dossiers von Goetz kann man streng genommen nicht von einem *punctum* sprechen, da es sich dabei nie um isolierte, ›genuine‹ Fotografien handelt, sondern solche stets in Collagen, in einem Medienverbund also aufgenommen sind. Ich möchte trotzdem die Idee des *punctums* von Barthes übernehmen und leicht modifizieren: In meiner Lesart wäre das *punctum* der Dossiers – und damit auch all jener Texte, die mit Dossiers ausgestattet sind oder denen selbstgemachte Fotografien angefügt wurden – *die Autorschaft*. Wenn man dies anlegt, wird auch leicht verständlich, warum die Insignien der Autorschaft (Notieren, Fotografieren) bei Goetz eine so prominente Funktion einnehmen. Sie dienen stets nur dem Zweck der Markierung einer Autorschaft, die sich als beobachtende Autorschaft und als Verweis auf eine schöpferisch-dokumentarische Instanz (Autor-Figur) zwischen ›Welt‹ und ›Text‹ zu installieren vorgibt.

Diese Autorschaft ist von mir weiter oben als die sinngenerierende ›Maskierung‹ dieser Fotos (dieser kompletten Texte, so muss man erweitern) benannt worden. Wenn man nun noch im Sinn hat, dass sich die Texte von Goetz der *Modellierung einer Geste* verpflichten, um diese Beobachter-Autorschaft als Existenz eines *scripteur* zu zeichnen, dann kommt man im gleichen Moment nicht darum herum festzustellen, dass diese Modellierung einer Geste stets nur

---

91 Vgl. zum *studium* Barthes: Die helle Kammer, S. 33–38.
92 Vgl. hierzu ebd., S. 33–38, 52–70.

über die Art von Autorschaft realisiert werden kann, der Barthes den Tod attestiert, um daraus den Leser als primäre Instanz der Deutung entstehen zu lassen.[93] Die Fotos nun mit ihrer Bekundung des »Es-ist-so-gewesen«, leisten genau die strukturelle Bedingung für diesen Effekt: Sie beglaubigen die Existenz einer ehemals unabdingbar vorhandenen Figur der Autorschaft. Der Modus dieser Figur ist jedoch ein hybrider: Er könnte durch das *studium* weiter verifiziert werden (z.B.: ob die geschilderten Ereignisse und Objekte ›tatsächlich‹ existierten) – dies würde jedoch den poetischen Fluchtpunkt der Texte verfehlen. Ihre poetische Funktion ist tatsächlich darin zu finden, das *punctum* der Autorschaft in den Leser/innen zu evozieren. Sobald dies geschehen ist, wird die Autor-Figur sekundär: Das *punctum* ist weder in ihr selbst angelegt, noch kann von einer intentionalen Anlage des *punctums* gesprochen werden. Die Texte ›funktionieren‹ in dem Moment, in dem das *punctum* der Autorschaft identifiziert worden ist: Im gleichen Moment verliert die konkrete Autor-Figur ihre Relevanz (mit den Worten von Barthes: Der Tod des Autors wird real.), die Sinnstiftung der Texte geht auf die Leser/innen über (mit den Worten von Barthes: Die Geburt des Lesers findet statt.).

Das *punctum* selbst ist nicht zeichenhaft, es hat aber sehr wohl das Potenzial einer modulierenden Struktur. In den hier verhandelten Fällen äußert sich diese Struktur durch eine Transformation des Interpretanten: Was als Beobachtung erster Ordnung begann (Leser/innen lesen einen Text und betrachten die Dossiers) wird zur Beobachtung zweiter, dritter, n-ter Ordnung. Was damit evoziert wird, ist eine strukturelle Äquivalenz, die eine Brücke zwischen der – nun sekundären – Autor-Figur und der nun primären Position der Leser/innen aufbaut. Und diese erlaubt es, die Tätigkeit der einen auf die andere zu übertragen, dies jedoch nicht konkret, sondern methodisch: Die Leser/innen können diejenigen Objekte, die durch die Autor-Figur beobachtet wurden, nicht selbst beobachten (in den meisten Fällen zumindest). Sie können aber sehr wohl eine ›Bekundung der Zeit‹ leisten: »Die Zeugenschaft der Fotografie bezieht sich nicht auf das Objekt, sondern auf die ZEIT.«[94] Interessanterweise ist eben dies das ›*punctum* zweiter Ordnung‹, das Roland Barthes entwirft. Die (analoge) Fotografie mit ihrem »Es-ist-so-gewesen« mag zwar Referenten bezeugen – aber nicht ihren Modus. Bei der Zeit ist dies nicht vonnöten: Sie ist entweder schon vergangen, oder im Prozess des Vergehens und wird vergangen sein. Das Notieren, Fixieren, Kerben der Zeit, das Serialisieren des Jetzt wird passenderweise

---

93 Vgl. Barthes: Der Tod des Autors, S. 191ff.
94 Ebd., S. 99.

von Eckhard Schumacher als einer der Kerne der Poetik von Goetz erkannt.[95] Der Interpretant der Dossiers verwandelt nun die Leser zu Vollstreckern der poetischen Ordnung der Texte: Sobald die Autor-Figur mit ihren Insignien sekundär wird und die Sinnstiftung auf die Leser/innen übergeht, passiert das Gleiche mit der Struktur der Zeit-Bezeugung. Das unzweifelhafte »Es-ist-so-gewesen« der Fotos und die Zeit-Stempel auf einigen der Dossiers markieren nur mehr eine Entfernung zu der Gegenwart der Leser/innen. Die Analogie der Beobachtung und der Zeitgebundenheit macht die Leser der Autor-Figur gleich – und sie damit auch zu Leser-*Figuren*. Es ist ein merkwürdiger Effekt, der dafür sorgt, dass die im literarischen Werk angelegte – vergangene – Gegenwart stets bei jedem Lesen immer wieder aufs Neue die ›eigene‹, soeben ablaufende Gegenwart als zukünftig vergangene markiert. Wenn das Werk von Rainald Goetz der 1990er Jahre explizit als eine »Geschichte der Gegenwart« angelegt war,[96] so kann man spätestens aus dem hier Dargelegten schlussfolgern, dass diese Poetik bereits ganz zu Beginn seiner literarischen Tätigkeit präsent gewesen ist.

Ermöglicht wird diese Anlage zu großen Teilen über die besonderen Eigenschaften der Autor-Figur und die damit assoziierte Poetik der Beobachtung, die erst mit Hilfe der (selbstautorisierten) Fotografien zu ihrer vollen Entfaltung kommen können – die Stärke der Referenz ist hier einfach ungleich stärker als bei einem ›reinen‹ Text. Ich möchte zum Abschluss argumentieren, dass das ›unsichtbare *punctum* Autorschaft und Zeit‹, das sich aus der Lektüre der Texte und Betrachtung der Fotos ergibt, hier und in allen ähnlichen Fällen den zentralen Ansatzpunkt der Analyse liefern kann.[97] Der poetische Kern der Beobachtbarkeit der Welt ist von da aus dann darin zu sehen, dass die Leser/innen die Beobachtbarkeit der Beobachtung antizipieren und sich in Analogie der Autor-Figur selbst wandeln: Sie sind notwendige Bestandteile des literarischen Werks. Es ist ganz ähnlich wie in der Geschichte von Stanisław Lem, die ganz am Anfang erzählt wurde: Wie Ijon Tichy halten die Leser/innen den schöpferischen (und auch etwas wahnsinnigen) Doktor (Diagoras / Goetz) unter Beobachtung, dabei feststellend, dass der Doktor zum Medium, zur notwendigen Bedingung der von ihm selbst beobachteten Objekte wird. Aber auch ebenso wie Ijon Tichy bleiben die Leser dabei Bestandteile des Textes. Sie sind nicht nur ›Zeugen‹, sondern die heimlichen Hauptfiguren dieser Kunstwerke und nehmen ihren Platz in deren poetologischer Struktur ein.

---

95 Vgl. dazu Plass: Journalism, Television, Poetry, S. 214, 218; Siegel: Remains of the Day, S. 245f.; und vor allem auch Schumacher: Gerade Eben Jetzt, S. 121–138.
96 Vgl. den Klappentext von Goetz: Abfall für alle.
97 So könnte beispielsweise das Werk von W. G. Sebald unter diesem Aspekt neue poetische Dimensionen eröffnen.

Bibliographie

Altenburg, Matthias: »Alles Kohl«. In: *Die Zeit* (19.04.2000).

antjeverena: »Stalking the Famous – a journalistic diary: Rainald Goetz in 2001«, gepostet am 01.10.2009. URL: http://www.flickr.com/photos/antjeverena/3971305953/ (zuletzt eingesehen am 05.10.2012).

Baisch, Martin / Roger Lüdeke: »Was kommt? Was geschieht? Was ergibt sich gleich? Textgenese in Rainald Goetz' Frankfurter Poetikvorlesung *Praxis*«. In: Haslinger, Adolf u. a. (Hrsg.): *Textgenese und Interpretation. Vorträge und Aufsätze des Salzburger Symposions 1997*. Stuttgart 2000, S. 139–173.

Barthes, Roland: »Schriftsteller und Schreiber«. In: ders.: *Literatur oder Geschichte*. Frankfurt a. M. 1981, S. 44–53.

Barthes, Roland: *Die helle Kammer. Bemerkung zur Photographie*. Frankfurt a. M. 1985.

Barthes, Roland: »Der Tod des Autors«. In: Jannidis, Fotis u. a. (Hrsg.): *Texte zur Theorie der Autorschaft*. Stuttgart 2000, S. 185–193.

Baßler, Moritz: *Der deutsche Pop-Roman. Die neuen Archivisten*. München 2002.

Baumgart, Reinhard: *Glücksgeist und Jammerseele. Über Leben und Schreiben, Vernunft und Literatur*. München 1986.

Bernard, Andreas: »Simultandolmetscher des Jetzt«. In: *Süddeutsche Zeitung* (09.10.2009).

Bessing, Joachim: »contrazoom«. In: Kracht, Christian (Hrsg.): *Mesopotamia. Ernste Geschichten am Ende des Jahrtausends*. Stuttgart 1999, S. 95–118.

Bickenbach, Matthias: *Das Autorenfoto in der Medienevolution. Anachronie einer Norm*. München 2010.

Binczek, Natalie: »›Was also ist der Ort des Textes?‹ – Rainald Goetz' *Abfall für alle*«. In: Gendolla, Peter u. a. (Hrsg.): *Formen interaktiver Medienkunst. Geschichte, Tendenzen, Utopien*. Frankfurt a. M. 2001, S. 291–318.

Delabar, Walter: »Goetz, Sie reden wirres Zeug. Rainald Goetz und sein Wahnsinns-Ritt in die Literaturszene.« In: *Juni* 4.4 (1990), S. 68–78.

Doktor, Thomas / Carla Spies: *Gottfried Benn – Rainald Goetz. Medium Literatur zwischen Pathologie und Poetologie*. Opladen 1997.

Drügh, Heinz: »Taping it all – Überlegungen zum Realismus der Popliteratur bei Rolf Dieter Brinkmann und Rainald Goetz«. In: Keller, Thomas (Hrsg.): *Transgressions, défis, provocations: transferts culturels franco-allemands; actes du colloque international du 28 au 30 octobre 2004 à Aix-en-Provence*. Aix-en-Provence 2005, S. 147–158.

Eco, Umberto: *Im Labyrinth der Vernunft. Texte über Kunst und Zeichen*. Leipzig 1990.

Fasthuber, Sebastian: »Lockerheit: Trottelkategorie«. In: *Der Standard* (27.02.2007).

Feulner, Gabriele S.: »Vom Medienpessimismus zur Medienaffirmation: zum Paradigmenwechsel im Medialitätsdiskurs der deutschsprachigen Gegenwartsliteratur von Peter Handke und Rainald Goetz«. In: Baumann, Mario / Yvonne Nowak (Hrsg.): *Vom Wettstreit der Künste zum Kampf der Medien?* Marburg 2008, S. 225–244.

Finck, Almut: *Autobiographisches Schreiben nach dem Ende der Autobiographie*. Berlin 1999.

Goetz, Rainald: »Das Polizeirevier«. In: Rutschky, Michael (Hrsg.): *1982. Ein Jahresbericht*. Frankfurt a. M. 1983, S. 211–264.

Goetz, Rainald: *Irre. Roman*. Frankfurt a. M. 1983.

Goetz, Rainald: »Wir Kontrolle Welt«. In: Rutschky, Michael (Hrsg.): *1983. Tag für Tag. Der Jahresbericht*. Frankfurt a. M. 1984, S. 68–107.

Goetz, Rainald: »Neue Massen. Hanoi Rocks im Gespräch«. In: *Spex* 11/84 (1984), S. 30–33.
Goetz, Rainald: *Hirn*. Frankfurt a. M. 1986.
Goetz, Rainald: »Fleisch«. In: *Hirn*, S. 57–87.
Goetz, Rainald: »Kerker«. In: *Hirn*, S. 106–113.
Goetz, Rainald: »Neue Massen«. In: *Hirn*, S. 114–126.
Goetz, Rainald: *Kontrolliert. Roman / Geschichte*. Frankfurt a. M. 1988.
Goetz, Rainald: *Kronos. Berichte*. Frankfurt a. M. 1993.
Goetz, Rainald: »Das Polizeirevier«. In: *Kronos. Berichte*, S. 11–70.
Goetz, Rainald: »Wir Kontrolle Welt«. In: *Kronos. Berichte*, S. 71–121.
Goetz, Rainald: »Der Attentäter«. In: *Kronos. Berichte*, S. 123–180.
Goetz, Rainald: *1989. Material*. Frankfurt a. M. 1993, 3 Bde.
Goetz, Rainald: *Rave. Erzählung*. Frankfurt a. M. 1998.
Goetz, Rainald: *Abfall für alle. Roman eines Jahres*. Frankfurt a. M. 1999.
Goetz, Rainald: »Loslabern / Rainald Goetz: open daily 6am–10pm«. In: *Zeit Magazin* 41 (01.10.2009), S. 10–31.
Goetz, Rainald: *elfter september 2010*. Berlin 2010.
Gropp, Petra: »›Ich / Goetz / Raspe / Dichter‹. Medienästhetische Verkörperungsformen der Autorfigur Rainald Goetz«. In: Grimm, Gunter E. / Christian Schärf (Hrsg.): *Schriftsteller-Inszenierungen*. Bielefeld 2008, S. 231–247.
Hägele, Christoph: *Politische Subjekt- und Machtbegriffe in den Werken von Rainald Goetz und Thomas Meinecke*. Innsbruck u. a. 2010.
Häusler, Anna: »Tatort Polizeirevier«. In: Häusler / Jan Henschen (Hrsg.): *Topos Tatort. Fiktionen des Realen*. Bielefeld 2011, S. 35–44.
Hagestedt, Lutz: »Richtig hart Formuliertes. Rainald Goetz über die Steinzeit der elektronischen Welt«. In: *Sprache im Technischen Zeitalter* 145 (1998), S. 4–17.
Hennig von Lange, Alexa / Till Müller-Klug / Daniel Haaksman: *Mai 3D. Tagebuchroman*. München 2000.
Herbst, Alban Nikolai: »Eine Beichte: Wie ich zum Schreiben kam«. In: Bongartz, Barbara / Herbst: *Inzest oder Die Entstehung der Welt. Roman in Briefen*. Hrsg. v. Norbert Wehr (*Schreibheft* Nr. 58 [2002]), S. 56–58.
Herbst, Alban Nikolai (2002): »Geliebte Männer«. In: Bongartz, Barbara / Herbst: *Inzest oder Die Entstehung der Welt. Roman in Briefen*. Hrsg. v. Norbert Wehr (*Schreibheft* Nr. 58 [2002]), S. 137–143.
Herbst, Alban Nikolai: *Kybernetischer Realismus*. Heidelberg 2008.
Horzon, Rafael: *Das weisse Buch*. Berlin 2010.
Johnson, Uwe: »Marie H. Cresspahl, 2.–3. Januar 1972«. In: Eberhardt Fahlke (Hrsg.): *»Ich überlege mir die Geschichte ...« Uwe Johnson im Gespräch*. Frankfurt a. M. 1988, S. 90–110.
Jürgensen, Christoph: »Ich sind auch andere. Zur Pluralisierung des Selbst in der Erzählprosa von Alban Nikolai Herbst«. In: Sagmo, Ivar (Hrsg.): *Moderne, Postmoderne – und was noch? Akten der Tagung in Oslo, 25.–26.11.2004*. Frankfurt a. M. 2007, S. 145–157.
Jürgensen, Christoph: »Unwirkliche Städte, unwirkliches Ich. Zum Verhältnis von Stadt und Individuum in Herbsts ›Buenos Aires. Anderswelt‹«. In: *Panoramen der Anderswelt. Expeditionen ins Werk von Alban Nikolai Herbst*. (*die horen. Zeitschrift für Literatur, Kunst und Kritik* 231 [2008]), S. 99–111.
Kaufmann, Paul (Hrsg.): *20 Jahre Steirischer Herbst, eine Dokumentation (1968–1987)*. Wien u. a. 1988.

Kittner, Alma-Elisa: *Visuelle Autobiographien. Sammeln als Selbstentwurf bei Hannah Höch, Sophie Calle und Annette Messager*. Bielefeld 2009.
Kreknin, Innokentij: »Das Licht und das Ich. Identität, Fiktionalität und Referentialität in den Internet-Schriften von Rainald Goetz«. In: Grabienski, Olaf / Till Huber / Jan-Noël Thon (Hrsg.): *Poetik der Oberfläche. Die deutschsprachige Popliteratur der 1990er Jahre*. Berlin u. a. 2011, S. 143–164.
Kreknin, Innokentij: *Poetiken des Selbst. Identität, Autorschaft und Autofiktion*. Berlin 2014.
Kühn, Rainer: »Rainald Goetz« (Artikel, Essay, Bibliographie). In: Arnold, Heinz Ludwig (Hrsg.): *Kritisches Lexikon zur deutschsprachigen Gegenwartsliteratur*. München 2004ff.
Lem, Stanisław: »Doktor Diagoras«. In: ders.: *Sterntagebücher*. Frankfurt a. M. 1978, S. 438–463.
Luhmann, Niklas: *Die Kunst der Gesellschaft*. Frankfurt a. M. 1997.
Müller, Philipp / Kolja Schmidt: »Goetzendämmerung in Klagenfurt: Die Uraufführung der sezessionistischen Selbstpoetik von Rainald Goetz«. In: Köhnen, Ralf (Hrsg.): *Selbstpoetik 1800–2000*. Frankfurt a. M. 2001, S. 251–270.
Oberschelp, Jürgen: »Raserei. Über Rainald Goetz, Haß und Literatur«. In: *Merkur* 41 (1987), S. 170–174.
Peirce, Charles S.: *Phänomen und Logik der Zeichen*. Frankfurt a. M. 1983.
Plass, Ulrich: »Journalism, Television, Poetry: Rainald Goetz's *1989*«. In: *The Germanic Review* 81.3 (2006), S. 202–220.
Schäfer, Martin Jörg / Elke Siegel: »The Intellectual and the Popular: Reading Rainald Goetz«. In: *The Germanic Review* 81.3 (2006), S. 195–201.
Schumacher, Eckhard: *Gerade Eben Jetzt. Schreibweisen der Gegenwart*. Frankfurt a. M. 2003.
Schumacher, Eckhard: »›Das Populäre. Was heißt denn das?‹ Rainald Goetz' ›Abfall für alle‹«. In: Arnold, Heinz Ludwig (Hrsg.): *Pop-Literatur*. München: 2003 (*Text + Kritik* Sonderband), S. 158–171.
Schumacher, Eckhard: »›Adapted from a true story‹. Autorschaft und Authentizität in Rainald Goetz' ›Heute Morgen‹«. In: Arnold, Heinz Ludwig (Hrsg.): *Rainald Goetz. Text + Kritik* 190, III/11 (2011), S. 77–88.
Schwartz, Tobias: »Überdurchschnittliche Tiraden«. In: *Märkische Allgemeine* (17.12.2009).
Seiler, Sascha: »*Das einfache wahre Abschreiben der Welt*«. Pop-Diskurse in der deutschen Literatur nach 1960. Göttingen 2006.
Sherman, Cindy: *Untitled Film Stills*. München 2003.
Siegel, Elke: »Remains of the Day: Rainald Goetz's Internet Diary *Abfall für alle*«. In: *The Germanic Review* 81.3 (2006), S. 235–254.
Stern, Caroline: »Lesung: Loslabern mit Rainald Goetz in Berlin«, gepostet am 17.05.2010. URL: http://suite101.de/article/lesung-loslabern-mit-rainald-goetz-in-berlin-a76130#ixzz0pQVoIEtp (zuletzt eingesehen am 05.10.2012).
Stuckrad-Barre, Benjamin von: *Blackbox. unerwartete Systemfehler*. Köln 2000.
Wegmann, Thomas: »Stigma und Skandal: oder ›The making of‹ Rainald Goetz«. In: Joch, Markus u. a. (Hrsg.): *Mediale Erregungen? Autonomie und Aufmerksamkeit im Literatur- und Kulturbetrieb der Gegenwart*. Tübingen 2009, S. 205–219.
Weingart, Brigitte: »Global Village Berlin: Rainald Goetz's Internet Journal *Abfall für alle*.« In: *Gegenwartsliteratur* 4 (2005), S. 48–70.
Wicke, Andreas / Ingo Warnke: »›Wenn es so würde, wie ich es mir denke, wird es so GEIL‹. Literatur- und sprachwissenschaftliche Perspektiven auf Rainald Goetz' Internetpublikati-

on *Abfall für alle*«. In: Kugler, Hartmut (Hrsg.): *www.germanistik2001.de,* Bd. 1. Bielefeld 2002, S. 567–578.

Windrich, Johannes: *Technotheater. Dramaturgie und Philosophie bei Rainald Goetz und Thomas Bernhard.* München 2007.

Winkels, Hubert: »Ohrschaden – zu Rainald Goetz und Texten«. In: *Literaturmagazin* 20 (1987), S. 68–84.

Winkels, Hubert: *Einschnitte. Zur Literatur der 80er Jahre.* Erw. u. bearb. Ausg. Frankfurt a. M. 1991.

Wirth, Uwe: *Die Geburt des Autors aus dem Geist der Heerausgeberfiktion.* München 2008.

Eva-Maria Bertschy
Der Autor ist anwesend!
Zur poetologischen Bedeutung des leiblichen Autors bei den Auftritten der Autorengruppe *Bern ist überall*

Abstract: Die Autorenlesung ist ein von der Literaturwissenschaft bisher weitgehend unbeachtetes Phänomen. Um als *öffentlicher Epitext* für die Interpretation von literarischen Texten relevant zu werden, hinterlässt sie in den meisten Fällen zu wenig Spuren und in ihrer traditionellen Form ist sie unter ästhetischen Gesichtspunkten nur selten interessant. Zudem ist das gleichzeitige Auftreten des leiblichen Autors mit seinen Texten bei vielen Formen von Literatur nicht vorgesehen.

Im folgenden Beitrag wird am Beispiel eines Auftritts der Autorengruppe *Bern ist überall* aufgezeigt, wie Autorenkörper auf der Bühne neben den Texten bedeutsam werden. Dabei wird der literarische Text verstanden als ein in gesprochener Sprache verkörperter Text. Um aufzuzeigen, wie die Anordnungen von Gegenständen und Körpern auf der Bühne, die Lichtverhältnisse, die Musik und die Stimmen der Autoren sich zu ihren Texten verhalten, muss ein hermeneutisches Vorgehen durch eine phänomenologische und semiotische Aufführungsanalyse ergänzt werden.

1 Schreibende treten auf!

Es gibt eine lange Tradition, in der literarische Autoren Vorbehalte gegenüber Autorenlesungen äußern oder zumindest Verwunderung oder Unverständnis gegenüber ihrer Popularität bekunden.[1] So eröffnet Jonathan Franzen beispielsweise seine erste Vorlesung im Rahmen der Tübinger Poetik-Dozentur mit folgender Feststellung:

> Für mich ist es ein Wunder, dass es immer noch Menschen gibt, die abends ausgehen, um einem Schriftsteller zuzuhören, statt zu Hause vor dem Fernseher oder dem Computer zu sitzen. Ich habe das gesamte letzte Jahr alleine in abgedunkelten Räumen verbracht und

---

[1] Nachzulesen beispielsweise bei Hesse: Die Nürnberger Reise; Carossa: Das Jahr der schönen Täuschungen.

deshalb finde ich es großartig, nach Tübingen zu kommen und so viele Menschen zu sehen, denen Bücher wichtig sind.[2]

Franzen tritt hier einem Publikum gegenüber, das sich durch ein Interesse an seinen Büchern auszeichnet, er tritt einer potentiellen Leserschaft gegenüber. Seine Verwunderung gegenüber dem Interesse der Zuhörer an der Begegnung mit dem Schriftsteller zeugt von einem Literaturverständnis, für das sowohl die Literaturproduktion als auch ihre Rezeption an einem anderen Ort stattfinden als im Bühnen- und Zuschauerraum einer Autorenlesung. Sie finden ›in abgedunkelten Räumen‹ statt, zu denen im einen Fall die Leser und im anderen Fall der Autor der Texte keinen Zutritt haben.

Autorenlesungen oder Dichterlesungen werden seit der Antike als stark ritualisierte Veranstaltungen beschrieben, die in verschiedenen Epochen unterschiedliche Gestalt annahmen und unterschiedliche Funktionen einnahmen.[3] Die Urszene der Dichterlesung im deutschen Sprachraum wird oft bei Gellert und Klopstock situiert.[4] Zu Beginn des 19. Jahrhunderts wurde die Deklamation von Gedichten als hermeneutische Technik verstanden, über die das Verstehen im Vorlesen hergestellt wird. So wurde in Lesegesellschaften und Studentenzirkeln vorgelesen, um dem ›eigentlichen Sinn der Literatur‹ auf die Spur zu kommen,[5] der sich nur über das Medium der Stimme ausdrücken kann.

Während man im 17., 18. und 19. Jahrhundert eher in kleinen Zirkeln, Freundeskreisen und Salons vor einem ausgesuchten und dem Autor meist bekannten Publikum vorlas,[6] wurde in den bürgerlichen Salons des 19. Jahrhundert der literarische Vortragskünstler geboren, deren bekanntester Vertreter Ludwig Tieck war.[7] Gleichzeitig begannen einige Schriftsteller Lesereisen zu unternehmen, die offensichtlich einerseits soziale Anerkennung und andererseits die Promotion der literarischen Texte zum Ziel hatten. So reiste Christian Andersen als Märchenerzähler von Hof zu Hof, während Charles Dickens vor bis zu 5000 Zuschauern seine Lesekünste zum Besten gab.[8]

---

2 Franzen / Haslett: Are we feeling better now?, S. 7.
3 Die ritualisierte Lesung bei Plinius wird beschrieben bei Manguel: Geschichte des Lesens, S. 441–445.
4 Vgl. Deutsche Schillergesellschaft (Hrsg.): Dichter Lesen, S. 24–44; Maye: ›Klopstock!‹; Bartmann: Dicht am Dichter, S. 121.
5 Maye: ›Klopstock!‹, S. 168–182.
6 Vgl. Grimm: Dichterlesung, S. 144.
7 Vgl. Bartmann: Dicht am Dichter, S. 122.
8 Vgl. Haag: Lesung & Vortrag, S. 54; Manguel: Geschichte des Lesens, S. 456–460; Bartmann: Dicht am Dichter, S. 122.

> Wie Plinius unterschied er [Dickens] zwei Arten von Lesungen: Die Autritte im Freundeskreis dienten ihm dazu, seinen Texten den letzten Schliff zu geben und ihre Wirkung auf die breite Leserschaft abzuschätzen; die öffentlichen Lesungen waren hingegen Darbietungen, die ihn in späteren Jahren berühmt machten.[9]

Im deutschsprachigen Raum kommt die Lesereise mit kommerzieller Absicht gegen Ende des 19. Jahrhunderts mit den *Literarischen Gesellschaften* auf.[10] Im Verlauf des 20. Jahrhunderts begannen die Verlage für ihre Schriftsteller immer häufiger Lesereisen in Buchhandlungen und Literaturhäusern, auf Literaturfestivals, an Instituten und Universitäten, auf Buchmessen, Schriftstellertreffen und Lesewettbewerben zu organisieren. Die Autoren treten an Veranstaltungen auf, die ich in einer verkürzten Darstellung hier die *Wasserglaslesung* nennen möchte. Ihre Dramaturgie lässt sich folgendermaßen skizzieren: Ein Autor oder eine Autorin liest aus einem eben erschienenen Buch vor, die Zuschauer stellen einige (für den Autor oder den Literaturwissenschaftler oft unzulässige) Fragen und lassen sich ihr Buch signieren. Auf der Bühne, die oft etwas erhöht ist, aber kaum heller beleuchtet als der Zuschauerraum, stehen ein Stuhl und ein Tisch, unter Umständen eine Lampe, ein Wasserglas und eine Flasche Wasser.[11]

Diese Lesungen haben bis heute vordergründig Promotion und Vermittlung von Literatur zum Ziel und werden oft auf eine ausschließlich literaturbetriebliche Funktion reduziert. Es wird behauptet, Autoren würden bei Lesungen in erster Linie aus ökonomischen Gründen auftreten, weil sie von ihren Verlagen dazu vertraglich verpflichtet wurden – obschon die Lesereise aus ökonomischen Gesichtspunkten kaum rentabel erscheint[12] – oder im besten Fall, weil der einsame Autor mit seinem Publikum Erfahrungen austauschen möchte.[13]

Das Unbehagen gegenüber der Autorenlesung rührt oft daher, dass hier der leibliche Autor und seine Texte gemeinsam auftreten, diese Verbindung jedoch in einem Literaturverständnis, das die Literatur als eine künstlerische Praxis definiert, die in der Schriftlichkeit aufgeht, nicht vorgesehen ist. John von Düffel beschreibt dieses Unbehagen folgendermaßen.

> Der Autor ist auf einmal nicht mehr das, was er schreibt, er wird gesehen und gehört. Und während er die Speichelbläschen auf der Zunge zerplatzen hört und mit kieferorthopädischen Artikulationsschwierigkeiten ringt, wünscht sich so mancher Schriftsteller an sei-

---

9 Manguel: Geschichte des Lesens, S. 456.
10 Vgl. Grimm: Dichterlesung, S. 147; Bartmann: Dicht am Dichter, S. 123.
11 Weitere Beschreibungen der traditionellen Autorenlesung finden sich bei Haag: Lesung & Vortrag, S. 34; Bartmann: Dicht am Dichter, S. 125.
12 Vgl. Steinfeld: Dichter Tourismus, S. 982.
13 Vgl. Grimm: Dichterlesung, S. 159–167.

nen Schreibtisch zurück: zurück zu der entleibten Literaturvermittlung unserer medialen Welt, zurück zu einer quasi-telepathischen Verbindung mit seinen Lesern und der Gedankenübertragung durch das lautlos geschriebene Wort.[14]

So wird bei der *Wasserglaslesung* der Körper des Autors, der sich beim Vorlesen manifestiert, oft als etwas Störendes empfunden. Das Wasserglas dient in diesem Sinne dazu, eine Spur des Körpers beim Lesen (die trockene Kehle) zum Verschwinden zu bringen. Ähnlich wie Boris Tomaševskij in seinem Essay *Literatur und Biographie* schreibt, dass nicht jede Schriftstellerbiographie für die Interpretation literarischer Texte relevant ist, möchte ich davon ausgehen, dass manche empirische Schriftstellerkörper eine Existenz fristen, die mit ihren Texten nichts zu tun haben und somit für die Interpretation von Literatur nicht relevant sind.[15] Neben den *Wasserglaslesungen* wurden im 20. Jahrhundert jedoch unterschiedliche Formen von Lesungen entwickelt, die dem Publikum und dem Auftretenden neben seinen Texten wieder einen Platz einräumten und dem Unbehagen gegenüber der Lesung entgegenwirkten, indem sie auf die Bedingungen des öffentlichen Auftrittes eines Schriftstellers eingingen. Kurz nach der Geburt der *Wasserglaslesung* wurde im expressionistischen Jahrzehnt von Kurt Hiller im *Neuen Club* in Berlin das erste *literarische Cabaret* veranstaltet[16] – eine Form der Lesung, die kurz darauf von den *Dadaisten* übernommen und weiterentwickelt wurde. Sie rückten den Erlebnischarakter von Literatur in den Vordergrund und suchten nach literarischen Formen,[17] die sich besser für den Vortrag vor Publikum eigneten und mehr theatralisierbare Aspekte enthielten, als die üblicherweise an Dichterlesungen vorgetragenen Texte.[18] Mit viel Lärm lasen sie kurze Prosatexte, Gedichte und Manifeste vor und verschrieben sich der »kleinen, aktuellen, improvisierten und spontanen Form«,[19] wie man sie auch in einem *Cabaret* finden würde.

> Die Lyrik wurde theatralisiert, sie wurde aus der relativ stillen Zweisamkeit von Gedicht und Leser herausgelöst und hineingesetzt in eine umso lautere und lärmendere Mehrsamkeit von Gedicht und Publikum.[20]

---

14 von Düffel: Autor als Medium, S. 52.
15 Vgl. Tomaševkij: Literatur und Biographie.
16 Vgl. Tgahrt (Hrsg.): Dichter Lesen 3, S. 28-40.
17 Vgl. Meyer: Dada, S. 24.
18 Vgl. Bohle: Theatralische Lyrik, S. 113.
19 Meyer: Dada, S. 24.
20 Bohle: Theatralische Lyrik, S. 116.

Nach dem zweiten Weltkrieg wurde diese Form der Lesung von der *Wiener Gruppe* um H.C. Artmann, Konrad Bayer, Friedrich Achleitner, Oswald Wiener, Gerhard Rühm wieder aufgenommen. Die zwei *literarischen Cabarets*, die sie zwischen 1958 und 1959 veranstalteten, gelten heute, ähnlich wie die Auftritte des *Dadaisten,* als *happenings* ›avant la lettre‹. Sie dauerten beide über fünf Stunden, wurden von der Polizei begleitet und mussten am Ende abgebrochen werden.[21] Auch sie stellten literarischen und philosophischen Texten die Ereignishaftigkeit ihres Auftritts gegenüber. Dabei griffen sie auf ähnliche Mittel zurück wie die Dadaisten: Sie stürmten gemeinsam die Bühne, machten viel Lärm mit Schreien, Trillerpfeifen und Trompeten, bearbeiteten einen Konzertflügel mit einem Beil, bis er in Trümmern vor ihnen lag und eine »mittellose musikstudentin im publikum einen weinkrampf bekam«, und so weiter.[22]

Bereits die *Dadaisten* und später auch die *Wiener Gruppe* ließen sich anlässlich ihrer Auftritte auf ein Spiel mit der Funktion der Dichterlesung zur Promotion der literarischen Texte und dem Gefeiertwerden ihres Autors ein. So vermarktete Tristan Tzara die Marke *Dada* wie ein handelsübliches Produkt und forderte, dass die Angelegenheiten des Marktes für Kunst und Kultur mit in eine literarische Poetik aufgenommen wurde.

> Der spielerische Umgang mit sich und der eigenen Sache, das Verlangen nach Wirkung der Kunst im Leben führten dazu, dass im Dadaismus eine Kunstbewegung sich selber propagierte – beflügelt durch das Zauberwort »Dada«.[23]

Und auch die *Wiener Gruppe* startete ihre erste Veranstaltung, indem sie simultan auf der Bühne, laut schreiend und gestikulierend darum buhlten, Lieblingsautor des Publikums zu werden.[24]

Diese Inszenierungen lassen an eine Form der literarischen Veranstaltung denken, die vierzig Jahre später aus den USA nach Europa importiert wurde. Der *Poetry Slam* ist ein Wettbewerb zwischen Poeten, die auf einer Bühne während je zehn Minuten ihre Texte vortragen. Am Ende wählt das Publikum oder eine aus dem Publikum rekrutierte Jury einen Sieger. Auch hier sind improvisierte und kurze Formen beliebt, der Auftritt des Autors, seine Inszenierung und der Vortrag wird mehr gewichtet als eine ›literarische Qualität‹, die sich in den schriftlichen Texten finden könnte. Mit dem *Poetry Slam* und ähnlichen Formen

---

21 Vgl. Rühm: ›wiener gruppe‹, S. 27.
22 Eine ausführliche Beschreibung der beiden *literarischen Cabarets* der *Wiener Gruppe* findet sich bei Wiener: das ›literarische cabaret‹.
23 Meyer: Dada, S. 50.
24 Vgl. Wiener: das ›literarische cabaret‹, S. 311.

von Literatur-Events findet die Literatur den Weg in lärmende Discotheken, Clubs und Bars.[25] Wenn die *Slam Poeten* in den neunziger Jahren vielleicht nicht die Literatur gerettet haben – wie Stephan Porombka behauptet[26] –, so haben sie immerhin die literarische Veranstaltung wiederbelebt und viele Autoren und Veranstalter dazu veranlasst, neue Formen von Lesungen zu entwerfen und neue künstlerische Strategien für ihre Auftritte zu entwickeln.

2003 gründen drei Schweizer Autoren und ein Musiker die Gruppe *Bern ist überall* mit dem erklärten Ziel, Literatur für die Bühne zu produzieren. Bei *Bern ist überall* treten Autoren auf, die ihre Texte auch, jedoch nicht nur, in Büchern publizieren und die Lesung als eine qualitativ andere, aber durchaus gleichwertige Form der Veröffentlichung betrachten. Die Gruppe hat sich seit ihrer Gründung und insbesondere in den letzten Jahren um einige Mitglieder erweitert. Seit 2009 haben sich ihr auch einige französischsprachige Schweizer Autorinnen und Autoren angeschlossen. An den Lesungen von *Bern ist überall* treten meist drei bis vier der insgesamt dreizehn Autoren und zwei der vier Musiker in wechselnden Formationen auf. Sie nehmen Elemente einer traditionellen Dichterlesung auf und verändern diese, indem sie auf die konkreten Möglichkeiten ihres Auftrittes als Schreibende eingehen und ihr literarisches Schaffen darauf ausrichten. Sie konzipieren die Autorenlesung als ein Ereignis, bei dem sich in der direkten Begegnung zwischen einem Autor und seinem Publikum, die Produktion und Rezeption von Literatur von den Arbeits- und Wohnzimmern auf die Bühne hin verlängern. Sie haben durchaus heterogene Vorstellungen von ihren Auftritten als Schreibende und teilen kein einheitliches Literaturverständnis. Gemeinsam ist ihnen, dass sie einer Hierarchisierung von literarischer Sprache entgegenarbeiten, indem sie die Grenzen zwischen gehobener Literatur und Unterhaltungskunst, Dialekt und Standardsprache aufweichen. Indes soll der Autor auf der Bühne nicht bloß diejenige literarische Produktion kommentieren, die normalerweise in Büchern resultiert; auf der Bühne sollen keine Nebenprodukte buchgebundener literarischer Kommunikation entstehen. Die Autoren von *Bern ist überall* nehmen ihre Erscheinung als Schreibende auf der Bühne, ihre Bewegungen, ihre Kleidung, ihre Sprechweise und so weiter in ein künstlerisches Gesamtkonzept auf. In einem Entwurf der *Richtlinien, Vorgaben und Strukturelemente* hält Beat Sterchi, einer der vier Gründer von *Bern ist überall*, fest:

---

25 Vgl. Porombka: Slam, Pop und Posse, S. 28 f.
26 Vgl. ebd., S. 33.

Die Auftretenden sind sich bewusst, dass Einzelheiten ihres Auftretens und ihrer äußeren Erscheinung durch die Bühnensituation vergrößert und ausgestellt werden und für das Publikum zu Zeichen werden, also von Bedeutung sind. [27]

Werden bei der Autorenlesung der Körper des literarischen Autors, die Einzelheiten seiner Erscheinung zu theatralen Zeichen erklärt, kann entsprechend die These formuliert werden, dass die Art von Literatur, die hier produziert wird, ohne den Auftritt und die leibliche Präsenz des Autors nicht auskommt.

Wie wird also der Körper wieder ins literarische Spiel gebracht? Wie kann ein Autorenkörper auf der Bühne im Akt des Lesens mit dem Inhalt und der Form seiner Texte korrespondieren? Mit welchen Strategien werden diese Verbindungen zwischen dem Autorenkörper und dem literarischen Text inszeniert?

2 Schriftstellerinszenierungen und *verkörperte Sprache*

Eine Inszenierung des leiblichen Autors und seiner Verbindung zu den Texten, die er spricht, soll hier weniger im Sinne einer Darstellung verstanden werden, als im Sinne einer Erzeugungsstrategie, wie sie Erika Fischer-Lichte in ihrer *Ästhetik des Performativen* beschreibt.[28] Es handelt sich dabei um einen Prozess der Anordnung von unterschiedlichen Elementen und der Planung von Vorgängen im Bühnenraum, die ermöglichen sollen, dass während einer Aufführung bestimmte Dinge in Erscheinung treten.

> Inszenierung läßt sich also als der Prozeß beschreiben, in dem allmählich die Strategien entwickelt und erprobt werden, nach denen was, wann, wo und wie vor den Zuschauern in Erscheinung treten soll. Inszenierung läßt sich entsprechend in der Tat als eine Erzeugungsstrategie bestimmen, nach der in der Aufführung die Gegenwart von Erscheinungen als eine flüchtige, ephemere in einer bestimmten zeitlichen Abfolge und in bestimmten räumlichen Konstellationen performativ hervorgebracht und präsentiert werden soll. [29]

Ich möchte in diesem Beitrag untersuchen, wie die Autoren ihre Positionen und Bewegung im Bühnenraum, die unterschiedlichen Gegenstände auf der Bühne, die Melodie und den Rhythmus der Musik, im Moment, da sie zu lesen beginnen, und die besondere Weise, in der das Licht auf sie fällt, einrichten, damit

---

27 Auszug aus einem unpublizierten Dokument.
28 Vgl. Fischer-Lichte: Ästhetik des Performativen.
29 Ebd., S. 325f.

ihr Auftreten als Schreibende, ihre leibliche Präsenz für die Interpretation der Texte, die sie lesen, relevant wird. Und wie letztlich die Literatur beschaffen ist, die aus dieser Verbindung erwächst.

Die Konstitution einer fiktiven Welt oder einer anderen textinternen Bedeutung kann während einer Lesung dann unterbrochen werden, wenn der Zuhörer seine Aufmerksamkeit dem phänomenalen Erscheinen anderer theatraler Elemente auf der Bühne zuwendet, einem gelangweilten Gesichtsausdruck des Autors oder einer Geste, die dem Text entgegenläuft.[30] Werden jedoch Gegenstände, Gesten und Lautliches, die theatralen Zeichen in ihrer Materialität mit semantischen und formalen Aspekten der Texte orchestriert, wird der Zuhörer folgen.

Der Text gilt in der Autorenlesung immer als das Vorgängige, das im Prozess der Inszenierung in sinnliche Gegenwart transformiert wird. Gesprochene und geschriebene Sprache unterscheiden sich jedoch nicht nur in der Erscheinung, sondern auch in der Art von Handlungen, die wir mit ihnen vollziehen können. Wenn wir eine Form von Literatur interpretieren, die im mündlichen Vortrag aufgeht, müssen wir von einem Begriff von Sprachlichkeit ausgehen, der den materiellen Verkörperungsbedingungen Rechnung trägt.

> ›Verkörperte Sprache‹ meint zuerst einmal: Es gibt keine Sprache jenseits des raumzeitlich situierten Vollzugs ihrer stimmlichen, schriftlichen oder gestischen Artikulation. Sobald wir Sprache als ein radikal zeitliches Phänomen erfassen, kommen die unausdrücklichen, die material und technisch gebundenen Bedingungen des Sprachgebrauches unausweichlich ins Spiel. Anders als bei der virtualisierten Sprache sind für die Konzeption der ›verkörperten Sprache‹ die Medien keine bloßen Realisierungsaspekte, die in Blickfeld treten, sobald es um die konkrete Verwendung von Sprache geht. Vielmehr sind Medien konstitutiv für die menschliche Sprachlichkeit, insofern verschiedene Medien immer auch verschiedenartige Sprachpraktiken eröffnen.[31]

Die heutigen Untersuchungen zu den *literarischen Cabarets* sowohl der *Dadaisten* als auch der *Wiener Gruppe* müssen insbesondere mit dem methodischen Problem umgehen, dass die Auftritte oft nur aus Selbstbeschreibungen der Autoren zu rekonstruieren sind, die wiederum viele Übertreibungen und Verzerrungen enthalten.[32] Dennoch ist die Datenlage für diese Form der Autorenauftritte immer noch besser als für die *Wasserglaslesungen*, die – anders als beispielsweise akademische Kolloquien unter Anwesenheit des Autors, Gespräche mit dem Autor im Fernsehen anlässlich eines eben erschienenen Buches

---

30 Vgl. Fischer-Lichte: Ästhetik des Performativen, S. 273.
31 Krämer: Sprache, S. 331.
32 Vgl. Strigl: Sprachingenieure, S. 10 und Melzer: Dada, S. xvi.

oder Interviews in Zeitungen – nur in seltenen Fällen medial gespeicherte Spuren jenseits der Autorensignatur hinter dem Buchdeckel hinterlassen. Dies mag ein weiterer Grund dafür sein, warum sie von den Literaturwissenschaften als *öffentliche Epitexte* meist vernachlässigt werden.[33]

Ich möchte im Folgenden den Blick auf einen Auftritt von *Bern ist überall* richten. Dieser fand im Februar 2011 im *Théâtre de la Grange* in Lausanne statt. Es handelt sich dabei um einen der ersten Lesungen der Autorengruppe in der französischsprachigen Schweiz. An diesem Abend stehen auf der Bühne: Guy Krneta, Noëlle Revaz, Antoine Jaccoud, Michael Stauffer und, als Gast der Gruppe, der Autor Eugène, gemeinsam mit zwei Musikern.[34]

Um sowohl der Literatur gerecht zu werden als auch der Aufführung, müssen wir eine hermeneutische Analyse der Texte durch eine Aufführungsanalyse ergänzen, die sich den phänomenalen Eigenschaften dessen, was auf der Bühne in Erscheinung tritt, und den theatralen Zeichen zuwendet.

3 Inszenierung der Unmittelbarkeit von literarischer Produktion und Rezeption

Wenn ein Autor seine Texte einem Publikum vorträgt, wird zumindest die Fiktion von Unmittelbarkeit der Kommunikation zwischen einem literarischen Autor und den Rezipienten hergestellt, während die Kommunikation über literarische Texte sonst immer ›verschoben‹ erscheint, weil der zeitliche und räumliche Kontext von Literaturproduktion und -rezeption nicht übereinstimmen.[35] Während sich bei der *Wasserglaslesung* der Schriftsteller bemüht, »aus dem vor Zeiten geschriebenen, tausendfach gedruckten Wort ein dialogisches Du herauszulesen« und so tut, »als käme ihm jedes Wort gerade von den Lippen«,[36]

---

33 Gérard Genette erwähnt die Lesung in den Paratexten auch deshalb nicht, weil die *Wasserglaslesung* in Frankreich in der hier beschriebenen Form nicht existiert. Dennoch kann sie durchaus der Kategorie der öffentlichen Epitexte zugeordnet werden. Vgl. Genette: Para-texte, S. 328–353.
34 Dieser Auftritt wurde neben einer ganzen Reihe von literarischen Lesungen im Rahmen des Forschungsprojektes »Autorinnen und Autoren im öffentlichen Auftritt. Selbstverständnis und Inszenierungen« der Hochschule der Künste Bern dokumentiert und analysiert. Dieses laufende Projekt widmet sich den künstlerischen Strategien von literarischen Autoren beim Auftritt bei Lesungen.
35 Vgl. Zumthor: Körper und Performanz, S. 707f.
36 Steinfeld: Dichter Tourismus, S. 979.

inszenieren *Bern ist überall* eine Unmittelbarkeit, die sich über die poetologischen Aspekte der vorgetragenen Texte herstellt.

Nach einem ersten Text, gefolgt von einer knappen Präsentation der Gruppe, zählen die Autoren simultan – jede Stimme verstärkt durch ein Mikrophon – die Bushaltestellen und Bahnhöfe auf, die sie passiert haben, um nach Lausanne zu gelangen. Im Gegensatz zum geschriebenen Wort erscheint das gesprochene Wort, wie diese Auflistung von Stationen, die zum Ort der Lesung hinführen, nicht nur in einem verbalen Kontext, sondern dringt auch in den Verlauf einer gegenwärtigen Situation ein, die es gleichzeitig verändert.[37] Hier im Publikum sitzend, klingt meine eigene Erfahrung nach, die ich vor einer Stunde gemacht habe, als ich zu dieser Lesung gefahren bin. Der Text erinnert mich daran, dass ich in einem gemeinsamen Raum mit den Autoren sitze, die ihre Texte zu mir hintragen. In diesem Hintragen wird wiederum die Medialität einer Lesung verdeutlicht: Hier wird Literatur über Autoren vermittelt, die an Orte hinreisen, nicht über das Buch, das über anonyme Vertriebswege zu seinen Lesern gelangt.

Die Autoren schreiben zuweilen ihre Texte im Zug auf dem Weg zu ihren Lesungen oder manchmal direkt auf der Bühne weiter und verändern sie. Als würden sie für genau diese Zuschauer schreiben, zu denen sie von der Bühne aus sprechen. In einem der Texte, die die Gruppe gemeinsam vorträgt, liest jeder Autor eine Zeile, die er im Hinblick auf die Lesung geschrieben hat.

> Il y a vingt ans et pendant un an, j'ai pendu toutes les affiches de la Grange de Dorigny dans Lausanne.
> Mal de gorge, mal de Grange.
> Elle a suivi l'ouvrier dans la Grange. Ils ont fait des cochonneries dans la Grange. On les a pendus tous les deux dans la Grange.
> Mieux vaut une Grange à Dorigny qu'un horrible nid à Grange.
> Es Füür ire Schüür isch unghüür, mais dans une Grange, il y a un ange.[38]

---

37 Vgl. Zumthor: Körper und Performanz, S. 711.
38 Bei diesem wie bei den folgenden Texten der Gruppe *Bern ist überall* handelt es sich um Zitate aus den mündlich vorgetragenen Texten, die nicht mit schriftlichen literarischen Texten zu verwechseln sind. Viele Texte von *Bern ist überall* sind nicht für die schriftliche Publikation vorgesehen und sollen hier nicht als solche verstanden werden. Übersetzung dt.: Vor zwanzig Jahren und während einem Jahr hängte ich alle Plakate der Scheune von Dorigny in Lausanne auf. / Halsschmerzen, Scheunenschmerzen. / Sie ist dem Arbeiter in die Scheune gefolgt. Sie machten Schweinereien in der Scheune. Man erhängte sie beide in der Scheune. / Besser eine Scheune in Dorigny als ein schreckliches Nest in der Scheune. / Ein Feuer in der Scheune ist ungeheuer, aber in der Scheune gibt es einen Engel. [Übers. v. E.-M.B.]

Nachdem alle ihren Text gesprochen haben, spielen die Musiker eine sehr kurze Einlage und dann entsteht plötzlich eine Stille. Die Autoren scheinen zu warten, ihre Blicke wenden sich Eugène zu, bis Michael Stauffer für jeden laut hörbar zu ihm sagt:

> Du muesch no mal säge Grange, öpis mit Grange, wo sich reimt oder so... Hesch no öppis?[39]

Hier wird klar, dass die Autoren im Vorfeld der Lesung festgelegt hatten, dass sie für die Lesung kurze Texte schreiben, die den Namen des Aufführungsortes und einen Reim enthalten. Diese Form der Textproduktion und der Performance erinnert an die Gemeinschaftsarbeiten der *Wiener Gruppe*, die nach vorher vereinbarten Spielregeln gemeinsam Texte schrieben und an den *literarischen Cabarets* vorlasen.[40] Mit diesen Texten bekennen sich die Autoren von *Bern ist überall* zum Kalauer – diesem nicht sehr geistreichen Wortspiel, das sich in geselliger Runde spontan den Sprechern aufdrängt und einzig in der jeweiligen Situation Lacher provoziert. In Text gefasst scheinen sie nur genau diesem Moment standzuhalten, in dem sie vorgelesen werden. Wie bei den Auftritten der *Wiener Gruppe* wird der Kalauer hier zur Provokation, das »banale wird zum eigentlichen erklärt«.[41] Obwohl keinesfalls geplant war, dass Eugène seinen Einsatz verpassen sollte, wird in der Anlage dieser Einheit der Lesung die Möglichkeit eines Scheiterns ins Spiel gebracht. Die Autoren inszenieren einen Dilettantismus, der im Gegensatz zu einem literarischen Schaffen steht, dessen Raffinement aus einer entschieden präzisen und beharrlichen Arbeit am Text erwächst. Mit dieser Inszenierung eines spontanen Ausdrucks des Literaten in Texten, erwecken sie beim Zuhörer den Verdacht, die übrigen Texte könnten unter ähnlichen Umständen entstanden sein. Dieser Verdacht, der bei der Interpretation der Texte mitschwingt, kann von nun an enttäuscht und kontrastiert werden.

4 Die Selbst-Entblößung der Autors

Gegen Ende der Lesung tragen Antoine Jaccoud und Guy Krneta gemeinsam, alternierend in Französisch und Schweizerdeutsch, den folgenden Text vor.

---

39 Dt.: Du musst noch etwas sagen, das mit ›Grange‹ beginnt und sich reimt. Hast Du noch etwas geschrieben? [Übers. v. E.-M.B.]
40 Vgl. Rühm: ›wiener gruppe‹, S. 21–22.
41 Ebd., S. 19.

> Je dois confesser quelque chose...
> I gibes zue...
> ... j'avais 10 ans lorsque mon père m'a emmené au Tiergarten de Berne, je voulais caresser une sorte de bouquetin. L'animal m'a alors bloqué le bras avec ses cornes et il me l'a presque cassé contre la barrière. Je ne suis pas retourné au Tiergarten depuis.
> ... i ha sibenehaub Jahr Schuufranzösisch hinger mir.
> Je dois confesser quelque chose...
> I gibes zue...
> ... mes parents n'avaient pas d'amis suisse-allemands.
> ... i bi vor füf Jahr zersch Mau z Paris gsi.[42]

Was hat dieses ›Ich‹ zu bedeuten, das die beiden Autoren auf der Bühne aussprechen? Aus der Sicht der Literaturwissenschaftlerin verweist das ›Ich‹ vorerst auf einen abwesenden, textinternen Erzähler, nicht zu verwechseln mit dem empirischen Autor. Die Körper von Guy Krneta und Antoine Jaccoud werden zu einem theatralen Zeichen, deren Attribute die Gestalt der Erzählerfigur ergänzen und ausfüllen, die im Text und in der Rede vorgezeichnet ist. Dementsprechend wird die Stimme von Guy Krneta an denjenigen Stellen lauter, wo die Texte inhaltlich darauf hinweisen, dass der textinterne Erzähler in Aufregung gerät. Gleichzeitig hält er aber einen Text in der Hand und markiert damit, dass er Autor und Verfasser der Texte ist, die er vorliest.

Nun verweisen die *confessions* auf die Gattung der Autobiographie. Obwohl im Text keine Hinweise auf einen fiktionalen Erzählmodus zu finden sind, bliebe der Leser unentschieden gegenüber der Frage, ob diese Erzählerfigur mit dem Autor der Texte übereinstimmt, wenn keine paratextuellen Hinweise die Frage klären. Diese Frage wird umso dringlicher, als der Text von einer Person gesprochen wird, wenn eine Stimme ihn *austrägt*. Die Person auf der Bühne wird zumindest scheinbar zu einem Zeugen, der leibhaftig dabei gewesen ist.[43]

> So lebt die Institution der Lesung geradezu davon, dass sie die anderswo (in der Literaturwissenschaft) längst dekretierte Trennung von Autor und Werk, von empirischen und fiktionalen Ichs aufhebt und die planmäßige Verwechslung beider Sphären zur Grundlage

---

42 Dt.: Ich gebe zu... / Ich gebe zu... / ... ich war 10 Jahre alt, als mein Vater mit mir in den Tiergarten in Bern ging. Ich wollte eine Art Steinbock streicheln, als das Tier mir mit seinen Hörnern den Arm festklemmte und ihn fast gebrochen hätte. Ich bin seither nie mehr in den Tiergarten zurückgekehrt. / ... ich habe siebeneinhalb Jahre Französischunterricht hinter mir. / Ich gebe zu... / Ich gebe zu... / ... meine Eltern hatten keine schweizerdeutschen Freunde. / ... ich war vor fünf Jahren zum ersten Mal in Paris. [Übers. v. E.-M.B.]
43 Vgl. Mersch: Präsenz, S. 231.

eines spekulativen Spiels erhebt, das zumindest die eine der Parteien vergnüglicher findet als die Fiktion selbst.⁴⁴

Obschon *Bern ist überall* die letzte Etappe der *Wasserglaslesung*, die moderierte Frageunde, abgeschafft hat, wird in diesem Text die klassische Frage aus dem Publikum ›Ist das ein autobiographischer Text?‹ vorweggenommen. Da an einer Lesung sowohl der Erzähler als der Autor von derselben Person verkörpert werden, wird diese Frage für den Zuschauer offensichtlich sogar dann relevant, wenn der Text eindeutig als fiktional gekennzeichnet ist. John von Düffel spricht in diesem Zusammenhang von der *autobiographischen Fiktion*.

> Man lobt den Schauspieler letztlich dafür, dass er die Verbindung zur Figur ›herstellt‹ und die Illusion des Selbsterlebten ›erzeugt‹. Beim Autorschauspieler ist diese Verbindung von vornherein da. Er muss sie nicht herstellen, sondern nur ›offenbaren‹, so will es zumindest ein Grossteil des Publikums. Er muss nicht aktiv ›schau-spielen‹, sondern gewissermaßen nur ›schau-sein‹. Daher die Momente von Nacktheit und Scham, die auch nach der tausendsten Lesung noch drohen.⁴⁵

Die Unmittelbarkeit der Situation, in der ein Text lautlich vollzogen wird, bringt auch eine Art »dialogischer Verbürgung [mit sich,] die dem Einwand gleichsam leiblich standzuhalten hat«.⁴⁶ Die Autoren setzen sich bei Auftritten leiblich den Reaktionen des Publikums auf ihre Texte aus. Dieses ›leibliche Sich-Aussetzen‹ wird von *Bern ist überall* hervorgehoben, indem sie den Blick auf den Körper der Autoren freigeben. Sie haben den Tisch abgeschafft, hinter dem ein Schriftsteller an *Wasserglaslesungen* seine Texte liest und sitzen stattdessen in einer Reihe auf fünf Stühlen, eineinhalb Meter vor ihnen fünf Mikrophone, links von ihnen zwei Musiker in derselben Reihe. Wenn einer der Autoren zu lesen beginnt, macht er einige Schritte nach vorne und richtet sich an das Publikum, während die übrigen Autoren im Hintergrund bleiben. Der Raum bei dieser Lesung ist so eingerichtet, dass der Autor lichtüberflutet auf der Bühne steht, während der Zuschauer im Dunkeln sitzt – eine weitere Neuerung der Autorengruppe gegenüber der *Wasserglaslesung*. Der Schriftsteller, der in dieser Situation dem Publikum seine *confessions* vorträgt, inszeniert seine *Selbst-Entblößung*, sein *Sich-selbst-zur-Schau-Stellen*. Hier wird vom Zuhörer ein skandalöses Bekenntnis erwartet, in dem ein Autor dem Publikum seine Verfehlungen preisgibt und ihm die Gelegenheit gibt, im Stillen über ihn zu urteilen. Die kurzen Anekdoten, in denen die Autoren von alltäglichen Vorkommnissen berichten, Episoden einer

---

44 Bartmann: Dicht am Dichter, S. 126.
45 von Düffel: Autor als Medium, S. 55.
46 Mersch: Was sich zeigt, S. 102.

Sozialisation, die dazu geführt haben, dass sie die Sprache des Anderen (Deutsch oder Französisch) nur sehr schlecht beherrschen, wirken in dieser Weise inszeniert komisch.

5 Der verkörperte Text

Während der autobiographische Text die Anwesenheit des leiblichen Autors ins Blickfeld rückt, trägt das äußere Auftreten der Autoren – sie tragen unauffällige Kleidung, dunkle Pullover oder Anzüge, weiße Hemden, ohne Krawatte – dazu bei, dass ihre Körper im Hintergrund bleiben, ohne dabei zu verschwinden. Es soll offensichtlich verhindert werden, dass sie von den Texten ablenken.

Der literarische Text tritt bei der Lesung in unterschiedlichen Formen auf. Als Buch, Karte, Zettel und so weiter, ist er eines der wichtigsten Requisiten auf der Bühne. Im Vortrag des Autors wird der literarische Text in gesprochener Sprache verkörpert. Dabei kann das Verhältnis zwischen Text als Zettel und gesprochenem Wort unterschiedlich inszeniert werden. Michael Stauffers Texte, die er auf der Bühne mit sich trägt, sind auf lose Blätter geschrieben. Wenn man etwas genauer hinsieht, erkennt man auf ihrer Rückseite das blasse Orange eines Schweizer Zahlscheins oder die Konturen anderer Druckerzeugnisse aus literaturfernen Kontexten. Mit der Schriftstellerfigur, die mit einem Kugelschreiber einen Text auf ein zufällig auf dem Bürotisch herumliegendes Blatt Papier geschrieben hat, wird für den Zuschauer ein privilegierter Einblick in eine Schreibwerkstatt inszeniert.

Der schriftliche Text auf losen Blättern ist immer ein Zwischenprodukt. Bei einer *Wasserglaslesung* würde man an ein Manuskript, eine Vorlage für einen gedruckten Text denken. Die Körperhaltung, die Michael Stauffer gegenüber den losen Blättern einnimmt, legt hingegen nahe, sie als eine Art Liedtext oder Partitur zu verstehen. So bewegt Michael Stauffer, immer wenn er das Wort ergreift, seine linke Hand an seinen Hosenbund, er stützt sie am Hosenbund ab, während er in der rechten Hand seine Blätter so hoch hält, dass er, den Kopf leicht nach hinten geneigt, zu ihnen hochblicken muss. In dieser Haltung erinnert er an einen volkstümlichen Sänger, der seine Lieder und Gedichte vorträgt.

Im Vortrag fügt Michael Stauffer schließlich den schriftlichen Texten mit Artikulation, Betonung, Akzentsetzung und Intonation eine wesentliche Dimension hinzu. Die hier beschriebene Anordnung lässt nicht zuletzt die Frage aufkommen, ob der schriftliche Text dem mündlichen Vortrag überhaupt vorausgeht oder ob seine Funktion nicht eher darin besteht, sprachliches Material, das über die Stimme und einen Sprechapparat erzeugt wird, festzuhalten und für den Vortrag anzuordnen. Viele, aber nicht alle Autoren von *Bern ist überall* publizieren die Texte, die sie an den Lesungen vortragen, in Büchern. So publiziert beispielsweise Noëlle Revaz nur ihre Romane in Büchern, während die kurzen Texte, die an der Lesung auf den losen Blättern stehen, immer an ihren Vortrag gebunden bleiben. Sie kann sie nur höchstpersönlich zu ihren Zuschauern hintragen. In ihrer schriftlichen Form können sie nur als Spuren derjenigen literarischen Texte verstanden werden, die in gesprochener Sprache verkörpert wurden.

Guy Krneta schreibt seine Texte für die Auftritte auf Karten im Format DIN A5. Trifft man ihn vor einer Lesung im Foyer der Spielstätte an, sieht man ihn in der Diskussion mit den übrigen Auftretenden – den Musikern und Autoren – seine Karten aus einem Zettelkasten ziehen, auf dem Tisch auslegen und ordnen. Von Zeit zu Zeit notiert er darauf die eine oder andere Änderung. Er bezeichnet die Texte auf den Karten als ›Partituren‹. In den kurzen Erzählungen sind ein Rhythmus und eine Musikalität angelegt, die im mündlichen Vortrag zutage treten. Wenn er seine Texte in Büchern publiziert, gibt er sie wie der Theaterautor seinen Stücktext oder der Musiker seine Partituren für die Interpretation frei.

Die Karten verweisen zudem auf ein literarisches Schaffen, das die einzelnen Texte bei jeder Lesung in neue Abfolgen einfügt. Die Abfolge der Texte ist bei Lesungen umso bedeutsamer, als der Zuhörer ihr nur folgen kann, während die Texte nachklingen und vorgreifen. Schließlich können Texte bei Lesungen auch gleichzeitig auftreten. In einem dieser mehrstimmigen Texte beginnt Noëlle Revaz eine Reihe von Sätzen, die den Satz ›Je suis Suisse‹ auf unterschiedliche Weise modifizieren (›Je suis celui qui suit.‹ oder ›Et celui qui essuie, est-ce qu'il est Suisse celui qui essuie?‹). Nach einer Weile erhebt sich Michael Stauffer und liest simultan eine ähnliche Abfolge von Sätzen mit scheinbar unerheblichen Abwandlungen des Satzes ›Ich schüsse uf alles‹. Es handelt sich dabei um eine Übertragung des französischen Textes ins Schweizerdeutsche, die auf einer Assonanz basiert – ›je suis‹ wird zu ›ich schüsse‹. Auf der semantischen Ebene weicht die Übersetzung von der Vorlage ab, antwortet dem ›je suis Suisse‹ mit ›ich schüsse uf alles‹.

Sobald die beiden Autoren ihre Texte simultan bei gleicher Lautstärke vortragen, werden sie für den Zuhörer zu einem Wortgemenge. Der Zuhörer kann den beiden Texten inhaltlich nicht mehr folgen, erahnt aber aufgrund der Wiederholungen die Komponenten der Texte. Aus dem Wortgemenge treten einzelne Sätze, die lauter und eindringlicher gesprochen werden, in besonderer Weise hervor. Sie werden dem Zuschauer eingeschärft, ja geradezu eingepeitscht und haken sich in seinem Gedächtnis fest. Diese formalen Eigenschaften des Vorgetragenen korrespondieren mit den Begriffen ›je suis‹ (im Sinne von: ›ich folge‹)

und dem ›ich schiesse auf alles‹. Die Autoren führen hier vor, dass in gesprochener Sprache verkörperte Texte nicht nur in linearen Abfolgen auftreten und verstanden werden. In der Gleichzeitigkeit drängen sich dem Hörer Korrespondenzen zwischen Texten auf und werden bedeutsam.

6 Die Performanz der Stimme

Neben dem Text ist das zweite sehr auffällige Requisit bei den Auftritten von *Bern ist überall* das Mikrophon, hinter das der Autor tritt, wenn er von seinem Stuhl aufsteht und sich ans Publikum richtet. Das Mikrophon verstärkt eine Stimme, deren Wirkung nicht zuletzt jenseits der semantischen Bedeutung zu suchen ist. Durch das Aussprechen oder die Musik im Hintergrund kann ein Text gegenüber dem geschriebenen Wort semantisch differenziert werden. Das gesprochene Wort geht in seiner lautlichen Materialität auf, die dem semantischen Gehalt etwas hinzufügt oder ihm unter Umständen zuwider läuft.[47] Die Stimme agiert oft mehr auf der Ebene einer affektiven Betroffenheit als auf einer inhaltlichen, sie rührt den Zuhörer an.[48]

In einem der Texte, den Antoine Jaccoud vorträgt, sagt die Intonation der Stimme und die untermalende Musik genau dasselbe, was bereits im Text steht: eine traurige Stimme und eine traurige Melodie entsprechen dem Satz ›Il est triste‹.

> Le petit cheval, il est seul dans le pré, il est triste. Tu lui donnes un autre cheval.
> Le petit poisson, il est seul dans le bocal, il est triste. Tu lui donnes un grand bocal.
> La chèvre, elle est seule accrochée au piquet, elle est triste, Tu la détaches. »Cours petite chèvre!«
> Le cochon d'inde, il est seul au fond du carton à chaussures, il est triste. Tu lui achètes un copain.[49]

In dieser überhöhten Rührseligkeit kommt die Ironie des Textes verstärkt zum Ausdruck, die Unmöglichkeit einer Ergriffenheit gegenüber dem Text wird un-

---

47 Vgl. Mersch: Was sich zeigt, S. 100–126.
48 Vgl. Mersch: Präsenz, S. 213; Krämer: ›Rehabilitierung der Stimme‹, S 280; Barthes: Rauheit der Stimme, S. 277.
49 Dt.: Das kleine Pferd ist einsam auf dem Feld, es ist traurig. Also gibst Du ihm ein zweites Pferd. / Der kleine Fisch ist einsam in seinem Glas, er ist traurig. Also gibst Du ihm ein größeres Glas. / Die Ziege ist einsam, angebunden am Holzpflock, sie ist traurig. Also bindest Du sie los. »Lauf kleine Ziege!« / Das Meerschwein sitzt alleine in der hinteren Ecke vom Schuhkarton, es ist traurig. Also kaufst Du ihm einen Freund. [Übers.v.E.-M.B.]

terstrichen, die Absurdität eines derartigen Mitfühlens mit Tieren vorgeführt. Hier wird der semantische Gehalt also verstärkt, ihm wird nichts entgegengesetzt.

Ähnlich verhält es sich vorerst in einem Text von Michael Stauffer über seine Katze. Er zeichnet mit seinen Gesten, seinem Gesichtsausdruck, dem Ton seiner Stimme die Gestalt eines Erzählers, die auf das Begriffspaar ›bête‹ und ›intelligent‹ im Text antwortet.

> Devant ma maison, il y a toujours des problèmes avec mon chat parce qu'il est très intelligent. Il va manger chez mon voisin quand je ne suis pas là. Et quand je rentre, il vient de nouveau manger chez moi. Tout le monde pense que mon chat est très intelligent. Moi, je pense qu'il n'est pas intelligent, il aime seulement manger. Si on interdit à un chat de manger, il devient tout de suite bête. Il est seulement intelligent si on lui donne de la nourriture, si non il est bête. Mon voisin est aussi bête. Je n'ai pas donné de la nourriture à mon voisin, mais lui, il a donné de la nourriture à mon chat. Mais mon chat il est intelligent, il a commencé à manger chez moi ET chez le voisin. Il a acheté des lunettes. Moi, je ne comprends pas mon chat. Il a acheté des lunettes. Il a la même tête que mon voisin maintenant. Il a des cheveux coupés d'une manière bizarre. Il a acheté un nouvel ordinateur. Mon chat sait écrire. Il fait une drôle de tête quand il écrit. Pendant qu'il écrit, il fait sortir de l'air du nez. Ça sonne un peu comme : HmmPfhh.[50]

Auf der semantischen Ebene bleibt hier offen, ob die Katze als intelligent zu bezeichnen oder doch nur ein Tier (›bête‹) ist. Gleichzeitig wird der Erzähler auf der Bühne als Figur gezeichnet, die wir als ›bête‹ im Sinne von ›dumm‹ bezeichnen möchten. So wird letztlich fragwürdig, ob die Erzählerfigur überhaupt in der Lage ist, über die Katze in dieser Hinsicht zu urteilen.

Darüber hinaus stellt Stauffer in seinem Vortrag etwas aus, das nicht in den Bereich der Expressivität fällt. Man könnte hierbei mit Roland Barthes von der *Rauheit der Stimme* sprechen. Die *Rauheit der Stimme* bezeichnet »den Körper in der singenden Stimme, in der schreibenden Hand, im ausführenden Körper-

---

50 Dt.: Vor meinem Haus habe ich immer Probleme mit meiner Katze, weil sie sehr intelligent ist. Sie frisst bei meinem Nachbarn, wenn ich weg bin. Und wenn ich nach Hause komme, frisst sie wieder bei mir. Alle denken, meine Katze sei sehr intelligent. Ich glaube, sie ist gar nicht intelligent. Sie frisst einfach sehr gern. Wenn man aufhört, eine Katze zu füttern, wird sie sehr schnell dumm. Sie ist nur intelligent, wenn man sie füttert. Wenn man das nicht tut, ist sie dumm. Mein Nachbar ist auch dumm. Ich habe meinen Nachbarn nie gefüttert, aber er hat meine Katze gefüttert. Aber meine Katze ist intelligent. Sie hat begonnen bei mir UND bei meinem Nachbarn zu fressen. Sie hat sich eine Brille gekauft. Ich verstehe meine Katze nicht mehr. Sie hat sich eine Brille gekauft. Sie sieht jetzt fast so aus wie mein Nachbar. Sie hat sich sogar die Haare so seltsam geschnitten. Sie hat sich einen neuen Computer gekauft. Meine Katze kann jetzt schreiben. Sie sieht seltsam aus, wenn sie schreibt. Während sie schreibt, schnaubt sie durch die Nase. Das klingt dann ungefähr so: HmmPfhh. [Übers. v. E.-M.B.]

teil«.⁵¹ In diesem Fall wird dieser Körper des Sprechenden in der Artikulation der Worte deutlich. Der Zuschauer der Lesung spürt, wie sich die französischen Worte dem Sprechapparat von Michael Stauffer querstellen. Dies kann als ein weiterer Hinweis auf die Unkultiviertheit des Erzählers gedeutet werden. Gleichzeitig stellt Michael Stauffer hier die mangelnde Sprachkompetenz des deutschsprachigen Schriftstellers aus, der den Versuch unternimmt, in Lausanne einen Text auf Französisch vorzutragen.

Eine andere Funktion hat die Stimme wiederum in einem Text von Noëlle Revaz über zwei Menschen, die versuchen sich unter einen Baum zu setzen. Wenn Noëlle Revaz diese Geschichte in einem plaudernden Ton vorträgt, verweist sie damit auf ein Erzählen, das zwischen zwei Nachbarn an einem Sonntag Nachmittag über den Gartenzaun hinweg stattfindet.

> Avec Philippe on cherchait un endroit où s'installer dans le jardin. Frédéric est arrivé et on lui a dit qu'on allait s'installer sous le bouleau. Mais il s'est moqué de nous. Il a dit que c'était pas un bouleau à cause de la couleur du tronc. Il a dit que c'était un hêtre.
> On s'asseyait sous le hêtre. Raymond est arrivé. On lui a dit de venir s'asseoir avec nous sous le hêtre. Mais Raymond a regardé, il a dit que ça pouvait pas être un hêtre à cause de la grandeur de l'arbre. Non, il a dit que ça devait être un noisetier. ⁵²

Das sprachliche Material in diesem Text suggeriert sowohl in semantischer als auch in expressiver Hinsicht vorerst eine Unmittelbarkeit der Erzählung. Diese Illusion wird jedoch gestört durch das einfache und durchsichtige Konstruktionsprinzip des Textes, dessen Logik einer realistischen Erzählung zuwiderläuft. Ähnlich wie in den Texten der *Wiener Gruppe* wird auch hier die Alltagssprache »zum Materiallieferanten für Neukonstruktionen, die niemals ihre Konstruiertheit hinter einer angeblichen Unmittelbarkeit verbergen«. ⁵³

In den Auftritten von *Bern ist überall* werden so auch sprachliche Formen, die einer vor allem mündlich praktizierten Mehrsprachigkeit entspringen, als Material für eine Literatur interessant, die ohnehin jeder scheinbaren Vertrautheit mit einer Sprache zuwiderläuft und jegliche Illusion eines authentischen

---

51 Barthes: Rauheit der Stimme, S. 277.
52 Dt.: Mit Philippe suchten wir nach einem Ort im Garten, wo wir uns hinsetzen konnten. Da kam Frédéric und wir sagten ihm, er soll sich doch zu uns unter die Birke setzen. Da machte er sich über uns lustig. Er sagte, das könne auf keinen Fall eine Birke sein, das sehe er an der Farbe vom Stamm. Er sagte uns, das sei eine Buche. / Also setzten wir uns unter die Buche, als Raymond vorbeilief. Wir sagten ihm, er soll sich doch zu uns unter die Buche setzen. Aber Raymond schaute uns an und sagte, es könne sich aufgrund der Größe des Baums auf keinen Fall um eine Buche handeln. Nein, meinte er, es sei bestimmt ein Nussbaum. [Übers. v. E.-M.B.]
53 Vgl. Innerhofer: Stimm-Bruch, S. 104.

Ausdrucks zunichtemacht. Dieses poetologische Prinzip wird von den Autoren in einem der Texte ausgeführt.

> Unsere Sprache ist ÜBERALL.
> Wir sprechen ÜBERALL. Wir schreiben ÜBERALL.
> ÜBERALL ist unsere Sprache, die uns nicht gehört.
> Alle Sprachen sind Fremdsprachen.
> ÜBERALL wird hier und heute gesprochen.
> Hier und heute werden viele Sprachen gesprochen.
> Sprachen schließen sich nicht aus.
> In unseren Köpfen ist Platz für viele Sprachen.
> ÜBERALL hat Rhythmus, Klang und Farbe.
> Sprachen entfalten sich im Mund.
> Es gibt keine hohen und niederen Sprachen.
> Jede Sprache ist eine Brücke in die Welt.

Die Idee einer mehrsprachigen Sprache, bei der die eigene Sprache immer auch andere Sprachen enthält, antwortet in diesem speziellen Fall auf den Kontext der Aufführung und die Bedingungen eines Auftritts, wo eine ursprünglich deutschsprachige und mittlerweile dreisprachige Autorengruppe erstmals vor einem französischsprachigen Publikum auftritt. Sie verweist nicht zuletzt auf die poetologische Forderung einer ›vereinfachten Weltsprache‹, die sowohl in den Lautgedichten der *Dadaisten* als auch der ›konkreten poesie‹ der *Wiener Gruppe* zugrunde lag.[54]

* * *

Die Autorengruppe *Bern ist überall* rückt sich mit ihren Lesungen in eine Tradition von literarischen Veranstaltungen und Inszenierungen, die das Auftreten des Schriftstellers, seine Gesten und Bewegungen, die Anwesenheit des Publikums, sowie die räumlichen und zeitlichen Aspekte einer Lesung mit in ein literarisches Spiel aufnehmen. Ihre Texte weisen - anders als literarische Formen, die nicht für die Bühne bestimmt sind – poetologische Aspekte auf, die erst mit dem Auftritt der Autoren bei den Lesungen ihre Wirkung entfalten. So wird über sie eine Unmittelbarkeit der Kommunikation zwischen einem literarischen Autor und seinem Publikum inszeniert, die wiederum denjenigen Texten zur Geltung verhelfen, die nur dem kurzen Moment des Vortrags standhalten. In dieser inszenierten Unmittelbarkeit tritt Literatur in die gegenwärtige Situation

---

[54] Vgl. Meyer: Dada, S. 29; Rühm: ›wiener gruppe‹, S. 21.

ein und verändert sie, während die Anordnungen von Körpern und Gegenständen im Raum umgekehrt auf den Text einwirken.

Die Autoren gestalten ein Spiel mit der Erzählerfigur, die verkörpert vom Autor des Textes auf der Bühne zum Zeugen des Erzählten oder zum Autobiographen werden kann. Sie spielen eine Erzählerfigur und stellen gleichzeitig den Text als Requisit in den Mittelpunkt, so dass sich der Zuschauer vor einer Unentscheidbarkeit befindet, welchem Subjekt Eigenschaften und Erzählungen zuzuordnen sind und in welchem Verhältnis fiktionale und faktuale Elemente stehen.

Die Texte auf Zetteln und Blättern geben gleichzeitig Auskunft über eine Schreibpraxis und über das Verhältnis zwischen den schriftlichen Texten und den in gesprochener Sprache verkörperten Texten. Letztere treten immer in bedeutsamen Abfolgen auf und werden über die Expressivität und *Rauheit* der Stimmen der Autoren auf der Bühne semantisch differenziert. Das sprachliche Material der Texte von *Bern ist überall* umfasst oft Formen, die auf eine im Alltag gesprochene Sprache verweisen und eine Unmittelbarkeit des Ausdrucks suggerieren, während die einfachen und durchsichtigen Konstruktionsprinzipien der literarischen Texte dieser Illusion entgegenlaufen.

Auch wenn nicht jeder Autorenkörper neben seinen Texten relevant werden muss, können die Inszenierungsstrategien von Autoren bei Lesungen, die Formen der literarischen Texte, die unter diesen Gegebenheiten in Erscheinung treten, die Kommentare und poetologischen Konzepte, die anlässlich dieser Veranstaltungen formuliert werden, für die Literaturwissenschaft also durchaus interessant werden. Wenn wir Lesungen als Orte einer literarischen Praxis ernst nehmen, eröffnet sich ein Feld der Untersuchung, das bisher weitgehend brachgelegen ist. Dabei gilt es einerseits die Spuren vergangener literarischer Lesungen zusammenzutragen und zu analysieren und andererseits die aktuellen Lesungen zu dokumentieren, sodass in Zukunft auf der Grundlage einer ausreichenden Materialbasis eine fundierte Forschung ihre Arbeit aufnehmen kann.

Bibliographie

Barthes, Roland: »Die Rauheit der Stimme«. In: *Der entgegenkommende und der stumpfe Sinn – Kritische Essays III*. Frankfurt a. M. 1990, S. 269–278.

Bartmann, Christoph: »Dicht am Dichter. Die Lesung als Ritual und Routine«. In: Hill-Zenk, Anja / Karin Sonsa (Hrsg.): *To read or not to read. Von Leseerlebnissen und Leseerfahrungen, Leseförderung und Lesemarketing, Leselust und Lesefrust*. München 2004, S. 120–129.

Bohle, Jürgen F.E.: *Theatralische Lyrik und lyrische Theater im Dadaismus. Eine Untersuchung der Wechselbeziehung zwischen lyrischen und theatralischen Elementen in dadaistischer Aktion*. Saarbrücken 1981.
Carossa, Hans: *Das Jahr der schönen Täuschungen*. Leipzig 1941.
Deutsche Schillergesellschaft e. V. (Hrsg.): *Dichter Lesen. Von Gellert bis Liliencron*. Marbach am Neckar 1984.
Düffel, John von: »Der Autor als Medium«. In: Thomas Böhm (Hrsg.): *Auf kurze Distanz. Die Autorenlesung: O-Töne, Geschichten, Ideen*. Köln 2003, S. 49–56.
Fischer-Lichte, Erika: *Ästhetik des Performativen*. Frankfurt a. M. 2004.
Franzen, Jonathan / Adam Haslett: *Are we feeling better now? Fiktion und Autobiografie: Tübinger Poetik Dozentur 2009*. Künzelsau 2010.
Genette, Gérard: Paratexte. *Das Buch vom Beiwerk des Buches*. Frankfurt a. M. 1989.
Grimm, Gunter E: »Nichts ist widerlicher als eine sogenannte Dichterlesung«. Deutsche Autorenlesungen zwischen Marketing und Selbstpräsentation. In: ders. / Christian Schärf (Hrsg.): *Schriftsteller-Inszenierungen*. Bielefeld 2008, S. 141–167.
Haag, Klaus: *Lesung & Vortrag: Theorie und Praxis der öffentlichen Leseveranstaltung*. Speyer 2001.
Hesse, Hermann: *Die Nürnberger Reise*. Frankfurt a. M 1994.
Innerhofer, Roland. »Stimm-Bruch. Akustische Inszenierungen der Wiener Gruppe«. In: Eder, Thomas / Juliane Vogel (Hrsg.): *Verschiedene Sätze treten auf. Die Wiener Gruppe in Aktion*. Wien 2008, S. 99–118.
Krämer, Sybille: »Sprache – Stimme – Schrift: Sieben Gedanken über Performativität als Medialität«. In: Wirth, Uwe (Hrsg.): *Performanz Zwischen Sprachphilosophie Und Kulturwissenschaften*, 323–347. Frankfurt a. M. 2002, S. 323–347.
Krämer, Sybille: »Die ›Rehabilitierung der Stimme‹. Über die Oralität hinaus«. In: Kolesch, Doris / Sybille Krämer (Hrsg.): *Stimme. Annäherung an ein Phänomen*. Frankfurt a. M. 2006, S. 269–295.
Manguel, Alberto: *Eine Geschichte des Lesens*. Berlin 1998.
Maye, Harun: »›Klopstock!‹ Eine Fallgeschichte zur Poetik der Dichterlesung im 18. Jahrhundert«. In: ders. / Cornelius Reiber / Nikolaus Wegmann: *Original / Ton. Zur Mediengeschichte des O-Tons*. Konstanz 2007, S. 165–190.
Melzer, Annabelle Henkin: *Dada and Surrealist Performance*. Baltimore u. a. 1994.
Mersch, Dieter: *Was sich zeigt: Materialität, Präsenz, Ereignis*. München 2002.
Mersch, Dieter: »Präsenz und Ethizität der Stimme«. In: Kolesch, Doris / Sybille Krämer (Hrsg.): *Stimme. Annäherung an ein Phänomen*. Frankfurt a. M. 2006, S. 211–236.
Meyer, Raimund: »Dada ist gross Dada ist schön«. Zur Geschichte von »Dada Zürich«. In: Bolliger, Hans / Guido Magnaguagno / Raimund Meyer: *Dada in Zürich*. Zürich 1994, S. 9-81.
Porompka, Stephan: »Slam, Pop und Posse. Literatur in der Eventkultur«. In: Harder, Matthias (Hrsg.): *Bestandsaufnahmen. Deutschsprachige Literatur der neunziger Jahre aus interkultureller Sicht*. Würzburg 2001, S. 27–42.
Rühm, Gerhard: »das phänomen ›wiener gruppe‹ im wien der fünfziger und sechziger jahre«. In: Weibel, Peter (Hrsg.): *Die Wiener Gruppe. Ein Moment der Moderne 1954–1960*. Wien / New York 1997, S. 17–29.
Steinfeld, Thomas: »Dichter Tourismus. Der Schriftsteller und die literarische Reise«. *Merkur* 11 (1988), S. 978–987.

Strigl, Daniela: »Ihr Auftritt, bitte! Sprachingenieure als Entertainer«. In: Eder, Thomas / Juliane Vogel (Hrsg.): *Verschiedene Sätze treten auf. Die Wiener Gruppe in Aktion*. Wien 2008, S. 9–28.
Tgahrt, Reinhard (Hrsg.): *Dichter Lesen 3. Expressionismus und Nachkriegszeit*. Marbach a. N. 1995.
Tomaševkij, Boris: »Literatur und Biographie«. In: Jannidis, Fotis / Gerhard Lauer / Matias Martinez / Simone Winko: *Texte zur Theorie der Autorschaft*. Stuttgart 2000, S. 57–61.
Wiener, Oswald: »das ›literarische cabaret‹ der wiener gruppe«. In: Weibel, Peter (Hrsg.): *Die Wiener Gruppe. Ein Moment der Moderne 1954–1960*. Wien /New York 1997, S. 309–323.
Zumthor, Paul: »Körper und Performanz«. In: Gumbrecht, Hans Ulrich / Karl Ludwig Pfeiffer / Monika Elsner (Hrsg.): *Materialität der Kommunikation*. Frankfurt a. M. 1988, S. 703–713.

Birgitta Krumrey
Autorschaft in der fiktionalen Autobiographie der Gegenwart: Ein Spiel mit der Leserschaft

Charlotte Roches *Feuchtgebiete* und Klaus Modicks *Bestseller*

Abstract: Der vorliegende Beitrag geht von der Beobachtung aus, dass sich in der deutschsprachigen Gegenwartsliteratur eine Vielzahl an fiktionalen Autobiographien ausmachen lässt, die entgegen der polemischen Rede vom ›Tod des Autors‹ und in Abwendung früherer Vertreter des Subgenres zunehmend das Autor-Subjekt in den Vordergrund ihrer Werke stellt. Autoren dieser Texte nutzen den mit autobiographischem Material und dem Gestus autobiographischen Erzählens scheinbar einhergehenden Wahrheitsanspruch; eine einheitliche Funktionszuschreibung dieser Verweise auf die Gattung Autobiographie fällt jedoch schwer. Anhand der paratextuellen Marketingstrategien von Charlotte Roche in Bezug auf ihre *Feuchtgebiete* (2008) beziehungsweise *Schoßgebete* (2011) und der Thematisierung von Autorschaft auf Ebene der Diegese in Klaus Modicks *Bestseller* (2006) wird exemplarisch aufgezeigt, wie vielschichtig der funktionale Zusammenhang zwischen Autobiographie und Autorschaft für ein Spiel mit der Leserschaft ist.

1 Die fiktionale Autobiographie und der ›Tod des Autors‹

Im Kontext der Diskussionen um Roland Barthes' Schlagwort vom ›mort de l'auteur‹ und der sich anschließenden Frage Foucaults »Qu'est-ce qu'un auteur?« kommt der Autobiographie ein Sonderstatus zu.[1] Offenbar unbeeindruckt von seiner ›Totsagung‹[2] ist der lebensweltliche Verfasser für dieses literarische Genre in seiner traditionellen Form die Bezugsgröße geblieben.[3] Dass Autorschaft jedoch auch für die Rezeption fiktionaler Werke von zentraler Bedeutung

---

1 Vgl. Barthes: La mort de l'auteur; Foucault: Qu'est-ce qu'un auteur?
2 Vgl. Spoerhase: Autorschaft und Interpretation, S. 11–13.
3 Vgl. Wagner-Egelhaaf: Autobiographie, S. 10–12.

ist und sich die Rede vom ›Tod des Autors‹ seit Roland Barthes als problematisch erweist, ist Thema neuer Autorschaftsdebatten, die sich mit Beginn der 2000er Jahre unter dem Stichwort ›Rückkehr des Autors‹[4] entfaltet haben.[5]

Für Forschungen zu Formen und Funktionen von Autorschaft bildet das autobiographische Schreiben ein ergiebiges und relevantes Forschungsfeld. Wie Michael Grote und Beatrice Sandberg konstatieren, hat sich das

> autobiographische Schreiben immer mehr zu einem Schreiben an der Grenze entwickelt – einem Schreiben an der Grenze zwischen Autor und Text ebenso wie an der Grenze zwischen Wirklichkeitsbezug und Fiktion oder zwischen privat und öffentlich, zwischen individueller Erinnerung und kollektivem Gedächtnis oder zwischen ›Heimat‹ und ›Fremde‹.[6]

Bezüglich des Verhältnisses von Autor und Text ist insbesondere das derzeit auffällig produktive Subgenre der fiktionalen Autobiographie in der Gegenwartsliteratur aufschlussreich, da die Erzählung eines autodiegetischen Lebensberichtes den Autor und seine Funktion für die Rezeption der Texte in den Mittelpunkt rückt.

Als ›fiktionale Autobiographie‹ gilt grundsätzlich ein Text, in dem eine fiktive Figur eine fiktive Lebensgeschichte erzählt. Texte dieser Art werden in der ersten Person erzählt und imitieren Strukturbesonderheiten der faktualen Autobiographie, ohne Anspruch auf dokumentarische Glaubwürdigkeit zu erheben. Sie gelten als genuin fiktional, wofür als frühe Beispiele etwa Grimmelshausens *Der abenteuerliche Simplicissimus Teutsch* (1668) oder Daniel Defoes *Roxana* (1724) zu nennen sind. In Anlehnung an Martin Löschnigg, der die fiktionale Autobiographie in der englischsprachigen Literatur untersucht hat, kann man dieses Subgenre wie folgt definieren:

> Unter dem Begriff ›fiktionale Autobiographie‹ ist eine narrative Langform zu verstehen, in der eine fiktive Figur ihre eigene Lebensgeschichte oder zumindest Ausschnitte aus dieser Lebensgeschichte erzählt. Diese Figur trägt in der Regel einen anderen Namen als der empirische Autor […]. Erzähltheoretisch gesprochen handelt es sich bei diesen Romanen nach Genette um autodiegetische Erzählungen […] zum [sic] Unterschied von anderen

---

4 Jannidis / Lauer u. a. (Hrsg.): Rückkehr des Autors.
5 Sowohl wichtige Handbücher als auch grundlegende Sammelbände sind in diesem Kontext erschienen. Maßgeblich zu nennen sind die Anthologie zur Autorschaftsforschung von Fotis Jannidis, Gerhard Lauer, Matías Martínez und Simone Winko (vgl. Jannidis / Lauer u. a. (Hrsg.): Rückkehr des Autors), der Sammelband derselben Herausgeber (vgl. Jannidis / Lauer u. a. (Hrsg.): Texte zur Theorie der Autorschaft), das DFG-Kolloquium zur Autorschaft, dessen Beiträge Heinrich Detering herausgegeben hat (vgl. Detering (Hrsg.): Autorschaft), sowie die Monographie von Carlos Spoerhase: Autorschaft und Interpretation.
6 Grote / Sandberg: Einleitung, S. 8.

Formen, in denen ein Ich-Erzähler vorkommt, der aber nicht die Hauptfigur ist [...]. Die Lebensgeschichte der fiktiven Erzählerfigur kann sich mit der des empirischen Autors oder der Autorin durchaus decken [...]. Es empfiehlt sich daher, dann, wenn es vornehmlich um den Bezug der fiktionalen Fakten zur Biographie des empirischen Autors geht, [...] den Begriff ›autobiographischer Roman‹ zu verwenden. Der Begriff ›fiktionale Autobiographie‹ hingegen legt den Akzent auf die Form eines Romans, konkret auf die formale Mimesis der faktualen Autobiographie, also dem konventionellen Verständnis nach einer nicht-fiktionalen Gattung.[7]

Die Trennung zwischen autobiographischem Roman und fiktionaler Autobiographie kann angesichts neuer Texte des autobiographischen Schreibens nur schwer aufrechterhalten werden. Auch wenn der Akzent der Erzählung weiterhin auf der Nachahmung der Form einer faktualen Autobiographie liegt, so spielt in gegenwärtigen fiktionalen Autobiographien nun auch die Verbindung zum lebensweltlichen Autor eine immer entscheidendere Rolle.[8] Die an klassische Autobiographien und autobiographisches Material gekoppelten Rezeptionserwartungen werden hier für ein Spiel mit Autor- und Leserschaft genutzt.[9]

Die zu betrachtenden Spielarten von beziehungsweise mit Autorschaft bei gegenwärtigen Vertretern dieses Sub-Genres umfassen ein Spektrum, das von paratextuellen Inszenierungsstrategien (wie etwa bei Charlotte Roches *Feuchtgebiete* [2008]), über Romane, die auf der Ebene der Diegese Autorschaftsmodelle verhandeln, (zum Beispiel Klaus Modicks *Bestseller* [2006] und Walter Moers' *Die Stadt der Träumenden Bücher* [2004]),[10] bis hin zu autofiktionalen Texten (wie Heinz Strunks *Fleisch ist mein Gemüse* [2004]) reicht. Zudem finden sich Werke sogenannter ›fingierter Autorschaft‹, wie im Fall Binjamin Wilkomirskis, in dem sich der Autor und sein vermeintlicher autobiographischer

---

7 Löschnigg: Die fiktionale Autobiographie in der englischen Literatur, S. 15f.
8 Um diese Grenzverschiebungen zu erfassen, ließe sich ebenfalls der alternative Begriff ›Autofiktion‹ verwenden. Allerdings wird dieser in der deutschsprachigen Forschung zunehmend weit gefasst und etwa allgemein auf literarische Werke bezogen, die »den fiktionalen Status autobiographischen Schreibens selbstreflexiv thematisieren« (Benne: Was ist Autofiktion?, S. 294). Um die hier zu untersuchenden Phänomene präziser zu benennen, ziehe ich daher den Begriff ›fiktionale Autobiographie‹ vor, der den Akzent auf die Erzählform legt. Vgl. zum Begriff ›Autofiktion‹ die Beiträge von Nina-Maria Glauser und Innokentij Kreknin in diesem Band.
9 Auf die Frage, ob nicht jede Autobiographie als solche bereits fiktional ist, und wie in diesem Zusammenhang der Begriff ›fiktionale Autobiographie‹ zu bewerten ist, kann im Kontext dieses Beitrags nicht eingegangen werden. Vgl. dazu Martin Löschnigg: Die fiktionale Autobiographie.
10 Vgl. dazu den Beitrag von Gerrit Lembke in diesem Band.

Hintergrund als Fiktion entpuppen.[11] Eine einheitliche Funktionszuschreibung dieser verschiedenartigen Verweise auf das Autor-Subjekt, etwa die Unterstellung einer Realitätsillusion oder die einer Gattungskritik beziehungsweise eines Gattungsgedächtnisses,[12] ist nicht zu erkennen. Vielmehr scheint es sich um Spielformen zu handeln, die auf unterschiedlichen Ebenen anzusiedeln sind und die zunächst für sich genommen erschlossen werden müssen.13 Je nachdem, auf welche Weise und an welchem Ort Autorschaft und Autobiographisches verschränkt werden, lassen sich dabei verschiedene Thematisierungsformen von Autorschaft beobachten. Aus den vorangegangenen Überlegungen ergibt sich die Zielsetzung dieses Beitrags, der mit Charlotte Roches Feuchtgebiete beziehungsweise Schoßgebete [2011] und Klaus Modicks Bestseller für den Forschungsbereich ›Autorschaft‹ in der fiktionalen Autobiographie der Gegenwartsliteratur besonders prägnante Einzelfälle herausgreift. Die paratextuelle Marketingstrategie von Charlotte Roche in Bezug auf die erwähnten Romane sowie die Thematisierung von Autorschaft auf der Ebene der Diegese in Modicks *Bestseller* sollen im Folgenden einander gegenübergestellt werden, um den funktionalen Zusammenhang zwischen Autobiographie und Autorschaft näher zu bestimmen. Im ersten Fall handelt es sich um eine Inszenierung autobiographischer Authentizität, die über ein Interesse an der Person Charlotte Roche funktioniert und einem besonderen Rezeptionsinteresse Rechnung trägt. An diesem Beispiel lässt sich veranschaulichen, in welchem Maße Paratexte im

---

11 Vgl. Wilkomirski: Bruchstücke. Binjamin Wilkomirskis *Bruchstücke. Aus einer Kindheit 1939–1948* ist 1996 als faktuale Autobiographie im zur Suhrkamp-Gruppe gehörenden Jüdischen Verlag veröffentlicht worden. Wilkomirski erzählt darin, wie er als Waisenkind ins KZ Auschwitz-Birkenau gebracht wird und sich schließlich in einem Waisenhaus in Krakau wiederfindet. Das Werk wurde zunächst als bedeutendes Zeugnis der Holocaust-Literatur wahrgenommen. Drei Jahre nach der Veröffentlichung der *Bruchstücke* enttarnt der Journalist Daniel Ganzfried Wilkomirskis Werk als eine Fälschung; Wilkomirski, alias Bruno Dössekker, sei nie in Auschwitz gewesen und auch weitere als autobiographisch ausgegebene Erlebnisse stimmten nachweislich nicht mit dem realen autobiographischen Hintergrund des Autors überein. Fingierte Autorschaft, wie bei Wilkomirski, ist als ein Grenzfall sogenannter ›Spielformen von Autorschaft‹ zu begreifen, da sie »außerhalb ironischer Darstellungskonventionen« liegt (Schaff: Der Autor als Simulant authentischer Erfahrung, S. 439).
12 Vgl. Nünning: Fiktionale Metaautobiographien.
13 Obwohl autobiographisches Schreiben, insbesondere autofiktionales Erzählen, in den letzten Jahren die Aufmerksamkeit der Forschung auf sich gezogen hat und auch die Auseinandersetzung mit Autorschaft für einzelne fiktionale Autobiographien untersucht worden ist, mangelt es bisher an einer präzisen Beschreibung und Auswertung der oben erwähnten Phänomene. Insbesondere die Thematisierung von Autorschaft auf der Ebene der Diegese neuerer fiktionaler Autobiographien, die einen Postmoderne-Diskurs voraussetzen und ihn überbieten, ist Gegenstand meines Dissertationsprojektes.

Literaturbetrieb der Gegenwart personalisiert und als Marketinginstrument eingesetzt werden. Klaus Modicks Satire auf den Literaturbetrieb hingegen reflektiert Autorschaft im Text und ironisiert jene Marktmechanismen, die bei Autoren wie Charlotte Roche eine Rolle spielen. Zudem inszeniert der Autor ein poetologisches Spiel mit der vermeintlichen Identität zwischen sich und dem autodiegetischen Erzähler.

2 Paratextuelle Marketingstrategie bei Charlotte Roche

Ein Beispiel für eine gelungene Marketingstrategie, in der Autorschaft und Autobiographie im Paratext miteinander verbunden werden und die damit den Autor *nachträglich* ins Zentrum des Werks rückt, liefert Charlotte Roche mit ihrem Roman *Feuchtgebiete*, der bereits kurz nach Erscheinen Platz 1 der *Spiegel Bestsellerliste* besetzt und sich bis heute zwei Millionen Mal verkauft hat.[14] Vor allem aber hat der Text hitzige Diskussionen über den ›guten Geschmack‹ in der deutschen Literaturlandschaft ausgelöst.[15] Der Roman weist aufgrund seiner pornographischen Passagen Skandalpotenzial auf, das Charlotte Roche medienwirksam umgesetzt hat. Eine Betrachtung der *Feuchtgebiete* ist daher weniger wegen dieser Inhalte als vielmehr wegen der sich anschließenden paratextuellen Inszenierung seiner Autorin relevant.

Um die Phänomene, die im Folgenden untersucht werden, weiter zu differenzieren, bietet sich die Paratext-Theorie von Gérard Genette an. Darin unterscheidet dieser Paratexte hinsichtlich ihrer Entfernung zum Basistext. Der im direkten Umfeld des Textes angelagerte *Peritext* umfasst Elemente wie Schutzumschlag, Titel, Gattungsangabe, Vor- und Nachwort. Der mit dem Basistext weniger eng verbundene *Epitext* bezeichnet hingegen Textergänzungen, wie zum Beispiel das Interview, Stellungnahmen, Debatten in unterschiedlichen Medien oder aber private Kommunikation wie Briefwechsel.[16] Paratext und Text sind miteinander verknüpft; der Paratext *präsentiert* den literarischen Text.[17]

In der autodiegetischen Erzählung *Feuchtgebiete* schildert die 18-jährige homodiegetische Erzählerin Helen Memel die Zeit ihrer Kindheit und Jugend.

---

14 Hensel: Lass uns über Sex reden, S. 13.
15 Vgl. Meier: Immer sehr unmädchenhaft.
16 Genette: Paratexte, S. 12. Genette unterscheidet den *Epitext* ferner in *privat* und *öffentlich*. Vgl. ebd., S. 328.
17 Ebd., S. 9.

Sie berichtet von ihren bisherigen sexuellen Erfahrungen, ihrer Einstellung zu Körperausscheidungen und »lässt dabei kein Detail der weiblichen Anatomie«[18] aus. Der Roman provoziert sowohl durch seine ausführlichen Beschreibungen der sexuellen Vorlieben der Erzählerin als auch durch deren offene Thematisierung von Körperflüssigkeiten.[19] Der Inhalt der *Feuchtgebiete* wird von Charlotte Roche in den zahlreichen Interviews, die sie nach Erscheinen ihres Erstlingswerkes gibt, folglich auch gezielt mit Schwerpunkt auf das *Anstößige* zusammengefasst. So antwortet Charlotte Roche in der *NDR Talk Show* vom 29.02.2008 auf die Frage, wovon das Buch handle:

> Je nachdem, wem ich erklären muss, was da drin vorkommt, dann ist die Geschichte ganz anders. [...] Ja, ob ich abschreckend erzählen möchte, weil ich nicht möchte, dass diese Person das liest, zum Beispiel wie bei meiner Mutter, würd' ich sagen: Es geht die ganze Zeit nur um Masturbation bei einer Frau und das Buch ist total pornografisch. [...] Bei Ihnen würde ich sagen [zu Hubertus Meyer-Burkhardt], dass das Buch sich hervorragend als Wichsvorlage eignet und dass man nebenbei noch ganz viel lernt über den weiblichen Körper.[20]

Darüber hinaus betont Roche, dass sie ihre Protagonistin als Sprachrohr für eine Kritik an der ›Saubermann-Gesellschaft‹ nutze, um auf drastische und tabubrechende Weise gegen den Wasch- und Rasurzwang der Frau sowie für eine freie Sexualität zu kämpfen.[21]

Obwohl der Inhalt der *Feuchtgebiete* immer wieder für autobiographisch gehalten worden ist,[22] sind derartige Inhalte dem Roman zunächst kaum zu unterstellen: Betrachtet man die Eckdaten der Lebensläufe, haben die 18-jährige Helen Memel und die Autorin des Romans wenig gemein. In diesem Zusammenhang ist insbesondere zwischen der Autorin als authentische beziehungsweise private Person und dem Bild der Autorin in der Öffentlichkeit zu unterscheiden. Denn relevant ist für die Rezeption eine mögliche Übereinstimmung der Erzählerin mit der Medienbiographie ihrer Autorin, also mit den in der Öffentlichkeit bekannten biographischen Informationen über Charlotte Roche.

---

18 Meier: Immer sehr unmädchenhaft, S. 232.
19 Vgl. Roche: Feuchtgebiete, S. 51–58. Vgl. auch Meier: Immer sehr unmädchenhaft, S. 231.
20 Roche in *NDR Talk Show* (NDR, 29.02.2008); vgl. auch Roche in *Schmidt und Pocher* (ARD, 22.05.2008): »Ich wollte tatsächlich ein Buch schreiben, was Euch beiden gleichermaßen gefällt. Nämlich mit den großen Themen: [zu Oliver Pocher] Muschi und [zu Harald Schmidt] Hämorrhoiden«. Vgl. auch: Encke: Interview mit Charlotte Roche, S. 25.
21 Vgl. dazu Roche in *NDR Talk Show* (NRD, 29.02.2008).
22 Hensel: Lass uns über Sex reden, S. 14.

Auch peritextuelle Hinweise auf eine vermeintliche autobiographische Identität zwischen der Protagonistin des Romans und Charlotte Roche sind nicht erkennbar: der Buchtitel, die Gattungsangabe *Roman* und der Klappentext verweisen einzig und allein auf Fiktion. Noch dazu sind die Autorinformation und der Klappentext im Buchumschlag eher einer Autorin geschuldet, die es bis dahin verstanden hat, ihre öffentliche Person sowie ihre schillernden Medienauftritte gekonnt von ihrem Privatleben zu trennen:[23]

> Charlotte Roche ist 1978 in High Wycombe/England geboren und wuchs in Deutschland auf. Für ihre Arbeit als Fernsehmoderatorin u. a. für Viva, arte und das ZDF wurde sie mit dem Grimme-Preis und dem Bayrischen Fernsehpreis ausgezeichnet. Charlotte Roche lebt in Köln, sie ist verheiratet und hat ein Kind. Feuchtgebiete ist ihr erster Roman.[24]

Grundsätzlich kann *Feuchtgebiete* weit gefasst als fiktionale Teil-Autobiographie gelten (in dem Sinne, dass der Schwerpunkt der Erzählung auf Schilderungen von Episoden des bisherigen Lebens der Erzählerin liegt), in der eine fiktive Figur ihre fiktive Lebensgeschichte wiedergibt. Ein autobiographischer Bezug liegt hier offenkundig nicht vor. Einzig und allein die Vorliebe der Verfasserin und ihrer Protagonistin für Provokation und Tabubrüche scheint eine Verbindung zwischen beiden nahe zu legen: Die ausführlichen Beschreibungen Helen Memels zu Sexualpraktiken und ihre Einstellung zu den gesellschaftlichen Ansprüchen an die moderne Frau erinnern aufgrund ihrer Unverblümtheit an die einstige Viva-Moderatorin, die aus Protest gegen den Rasurzwang und den durch die Medien proklamierten Schönheitswahn ihre Achselhaare im Fernsehen zur Schau gestellt hat.

Allerdings – und dies ist für den Kontext von Autorschaft und Autobiographik besonders interessant – versucht Charlotte Roche im *öffentlichen Epitext*, eine autobiographische Verbindung zu ihrer homodiegetischen Erzählerin herzustellen und ihren Roman nicht nur als Produkt von *Charlotte Roche* zu markieren, sondern als »autobiographische Betroffenheitslektüre«[25] zu inszenieren. Damit bietet Charlotte Roche eine zusätzliche Lesart des Romans an, die der Text an sich nicht einfordert. In mehreren Interviews weist Roche dezidiert auf

---

23 Als Beispiele können angeführt werden, dass sowohl ihre Tochter als auch ihr Lebenspartner nicht in der Öffentlichkeit sichtbar sind als auch ihr Vorgehen gegen die *Bild*-Zeitung 2001. Die *Bild*-Zeitung hatte nach einem tödlichen Verkehrsunglück ihrer drei Brüder Fotos des Unfallortes veröffentlicht. Um ihre Privatsphäre zu schützen, ist Roche massiv gegen die Veröffentlichung vorgegangen und führt seitdem eine Privatfehde gegen den Zeitungsverlag, die sie in ihrem Folgeroman *Schoßgebete* (2011) fiktionalisiert.
24 Roche: Feuchtgebiete, Umschlagstext.
25 Meier: Immer sehr unmädchenhaft, S. 233.

die vermeintlich autobiographischen Züge in dem Roman hin. So erklärt sie in der *NDR Talk Show* vom 29.02.2008:

> Das Buch ist sehr stark autobiographisch, ja! [...] Es kommen noch andere Themen vor als Masturbation und Hämorriden. Also zum Beispiel – jetzt ganz im Ernst, eine ernste Geschichte: Ein großes Scheidungskind-Drama oder so, das ist auf jeden Fall autobiographisch.[26]

Diese Aussage wiederholt sie unter anderem in der Sendung *Johannes B. Kerner* am 06.03.2008:

> aber bei der Grundgeschichte dieses Buches, was ja leider immer wieder vergessen wird [...], ist, dass das eine sehr ernste, traurige Geschichte ist [...]. Genau, es geht um ein Scheidungskind-Drama. Also in Wirklichkeit versucht Helen Memel in dem Buch ihre Eltern wieder zusammenzubringen und leidet sehr unter der Scheidung ihrer Eltern, und das ist der einzige Punkt, den ich zugebe, dass das wirklich autobiographisch ist, dass das mein Leben ist.[27]

Tatsächlich sind sowohl Helen Memel als auch Charlotte Roche Scheidungskinder, so dass hier zumindest von einer biographischen Analogie gesprochen werden kann.[28] Die Scheidungskind-Problematik wird im Roman bereits auf der ersten Seite aufgerufen:

> Ich halte sehr viel von Altenpflege im Kreise der Familie. Als Scheidungskind wünsche ich mir wie fast alle Scheidungskinder meine Eltern wieder zusammen. Wenn sie pflegebedürftig werden, muss ich nur ihre neuen Partner ins Altersheim stecken, dann pflege ich meine geschiedenen Eltern zu Hause, wo ich sie in ein und dasselbe Ehebett reinlege, bis sie sterben. Das ist für mich die größte Vorstellung von Glück.[29]

Und auch im Fortgang der Handlung wird deutlich, dass die Scheidung der Eltern eine prägende Rolle in dem Leben der Erzählerin und Protagonistin spielt.[30] Durch die Affirmation dieser Lebensparallele bietet Roche ein fakultatives Textverständnis an. Dass hierfür insbesondere die Erzählsituation nicht unerheblich ist und Roche eine zusätzliche Angriffsfläche bietet, eine Nähe zwischen sich und ihrer Heldin zu proklamieren, veranschaulicht ihre Äußerung im Interview mit *Koelner.de* anlässlich ihrer Lesungen in Köln am 02.03. und 28.03.2008:

---

26 Charlotte Roche in *NDR Talk Show* (NDR, 29.02.2008).
27 Roche in *Johannes B. Kerner* (ZDF, 06.03.2008).
28 Vgl. Meier: Immer sehr unmädchenhaft, S. 234.
29 Roche: Feuchtgebiete, S. 7.
30 Vgl. etwa ebd., S. 176.

> Ich fände es total lächerlich, wenn ich in der Ich-Form schriebe und dann sagen würde: ›Ich bin eine große Blondine mit kurzen Haaren.‹ Also, um es optisch von mir wegzuhalten. Ich finde, man muss auch selber eine gewisse Coolheit haben, wenn man sich so weit aus dem Fenster lehnt mit solchen Themen. Da kann ich dann nicht sagen: ›Das ist alles Fantasie!‹, sondern muss schon sagen, dass das viel mit mir zu tun hat.[31]

Die von Roche hier vorgenommene Verschränkung von Autorschaft und Autobiographik im Epitext kann jedoch nicht darüber hinwegtäuschen, dass dieser »individualpsychologische[n] Deutung [...] nicht recht zu trauen ist«.[32] Die offenkundigen Übertreibungen und karikierenden Elemente des Romans – man denke an Helen Memels »Muschihygieneselbstexperiment«[33] auf öffentlichen Toiletten – erschweren es, den Roman einzig und allein im Lichte einer solchen Scheidungskind-Dramen-Problematik zu lesen. Darüber hinaus hat Albert Meier herausgearbeitet, dass die Selbstäußerungen der Autorin zu einer möglichen autobiographischen Lektüre nicht stimmig sind. Er führt dazu Roches Aussagen im *Spiegel*-Interview vom 25.02.2008 sowie in der *BRIGITTE* vom 03.03.2008 an.[34] Während Charlotte Roche im *Spiegel*-Interview betont: »Etwa 30 Prozent sind erfunden, etwa 70 Prozent bin ich«,[35] heißt es in der *BRIGITTE*: »Das Buch ist eine Geschichte, eine Phantasie, ein völlig übertriebenes Rumgemansche«.[36] Tatsächlich lassen sich solche gegenteiligen Äußerungen beliebig ergänzen – teils verringert die Autorin den Abstand zwischen sich und ihrer Heldin, teils vergrößert sie ihn wieder, ohne dass hier eine Zielgruppenorientierung oder medienspezifische Strategie nachgewiesen werden könnte.[37]

Noch dazu distanziert sich die Autorin immer wieder von der Drastik und Unverblümtheit ihrer Heldin und setzt sich selbst dieser entgegen: »Ich wollte, dass das Buch eine richtig derbe Sprache hat und die Dinge beim Namen nennt

---

31 [Anonym]: Charlotte Roche – das ausführliche Interview.
32 Meier: Immer sehr unmädchenhaft, S. 234.
33 Roche: Feuchtgebiete, S. 20.
34 Meier: Immer sehr unmädchenhaft, S. 235.
35 von Uslar / Voigt: Ich bin gar nicht so frech, S. 164.
36 Leister: Ich bin auch verklemmt.
37 Vgl. Encke: Interview mit Charlotte Roche, S. 25: »Sie dürfen mich ruhig fragen, wie ich war, als ich achtzehn war. [...] Seitdem ich mein Buch geschrieben habe, lese ich Literaturkritiken. Und da stelle ich fest, dass die literarische Leistung immer dann besonders hervorgehoben wird, je weniger das Buch autobiographisch ist. Ich aber mag meine Figur so gerne, dass ich das Gefühl hätte, ich würde sie verraten, wenn ich sie weit von mir weg schieben und sagen würde: Entschuldigen Sie, das bin doch nicht ich! Natürlich hat sie viel von mir, was sonst. Aber sie hat auch ganz viel von dem, wie ich gerne wäre«. Vgl. dazu ebenfalls Roche in *Kulturzeit* (3sat, 13.03.2008). Hier erhält Roche die Distanz zu ihrer Heldin bewusst aufrecht und thematisiert die Scheidungskind-Problematik im Roman nicht.

[...] Ich bin selber nicht so cool. Ich musste beim Schreiben meine eigene Scham überwinden«.[38] Zudem entstehen diese konträr erscheinenden Äußerungen in recht knapper zeitlicher Folge und in äußerst populären Medien. Es kann daher nicht behauptet werden, es handele sich bei diesen Bemerkungen um einen Umschwung innerhalb einer bis dahin in sich konsistenten auf eine autobiographische Lesart abzielende Interview-Taktik, hingegen ist dieses *Verwirr-Stück* selbst der Inhalt einer gezielten Marketing-Strategie, die es auf ein Spiel mit Zuschauer- beziehungsweise Lesererwartungen absieht.

2.1 Das Label *Charlotte Roche* und seine Vermarktung

Für die Vermarktung der *Feuchtgebiete* ist der Autorname beziehungsweise die öffentliche Person hinter dem Buch entscheidend; das Label *Charlotte Roche* ist ein maßgeblicher Distributions- und Werbefaktor. Dirk Niefanger betont, dass der »empirische Autor ein nicht zu unterschätzendes ›Stellenglied‹«[39] im literarischen Feld verkörpere, weil der tatsächliche Verfasser und sein Habitus die Vorstellungen eines Rezipienten von und über den Autor mitbestimmen. Auf der anderen Seite beeinflusse nicht nur der Autorname den Text, sondern auch der Text wiederum den Autornamen.[40] Die entscheidende Leistung dieses Labels sieht Niefanger in einer rechtlichen, ökonomischen und literaturpragmatischen Funktion (im Sinne einer Steuerung des Haupttextes über den Autornamen) für den Literaturbetrieb.[41] Was Niefanger in Ergänzung zu Foucaults ›fonction classificatoire‹[42] als Funktion des Autornamens im literarischen Feld definiert, ist im Fall Roches besonders genau zu betrachten. Denn bereits vor Veröffentlichung der *Feuchtgebiete* und damit vor ihrer öffentlichen Rolle als Autorin gilt Charlotte Roche als Vertreterin einer neuen feministischen Generation, die bestimmte Standpunkte des klassischen 1970er-Jahre-Feminismus einer Alice Schwarzer – wie etwa die Ablehnung von Pornographie – für überholt hält. Als TV-Moderatorin und Entertainerin ist sie eine Person des öffentlichen Lebens, die sich gern als Tabubrecherin inszeniert und kein Blatt vor den Mund nimmt. Dieses in der Öffentlichkeit bekannte Bild von Charlotte Roche verknüpfen Rezipienten bereits bei der Veröffentlichung mit dem Autornamen.

---

38 Leister: Ich bin auch verklemmt.
39 Niefanger: Der Autor und sein Label, S. 526.
40 Ebd., S. 526.
41 Ebd., S. 525.
42 Vgl. Foucault: Qu'est-ce qu'un auteur?

Roches Label dürfte daher maßgeblich sowohl die Rezeption des Romans als auch zunächst die Kaufentscheidung beeinflussen.

Die die Veröffentlichung der *Feuchtgebiete* begleitende Selbstinszenierung der *Autorin* Charlotte Roche durch Talkshow-Auftritte, ihre Lesereise oder Interviews in Zeitungen und Zeitschriften aller Art, trägt dazu bei, »die tatsächliche Position des Autors im literarischen Feld zu stärken«.[43] Charlotte Roche nutzt hier ihre Autorschaft gekonnt, um relativ schnell nach Erscheinen des Romans mit einer vermeintlich autobiographischen Identifikation zu spielen und das Interesse an ihrem Roman noch stärker mit einem Interesse an ihrer Person zu verquicken, indem sie die Verarbeitung einer persönlichen Erfahrung ihres eigenen Lebens der Geschichte zugrunde legt. Das persönliche Scheidungskind-Schicksal als autobiographischer Anteil des Buches wird dann ebenso wie ihre Aufklärungslektüre für die von den Medien in ihrem Selbst beschnittene Frau[44] Teil ihrer Interviewstrategien. Pornographische Szenen gepaart mit ›vorlauter Klappe‹ und möglichen autobiographischen Anteilen gleich Bucherfolg – so lautet offenbar die Rechnung dieses paratextuellen Marketings. Die Inszenierung der Autorin durch Interviews erscheint in diesem Fall als zusätzlicher Text, der die Lektüre der *Feuchtgebiete* nicht nur als »Beiwerk, durch das ein Text zum Buch wird«,[45] beeinflussen kann. Dieser Text ist als Distributionsfaktor zu begreifen und durch seine Widersprüchlichkeit und ›Gemachtheit‹ bereits selbst wieder ein zu interpretierender Text.[46] Roche liefert aufgrund ihrer bereits vor der Veröffentlichung bestehenden Popularität ein Extrembeispiel dafür, was Marc Reichwein bezüglich der Inszenierung von Paratexten in der Literaturvermittlung festhält:

> Wo aber Para- und Kontexte als inszenierte Begleittexte von Literatur ein allenthalben bedeutsames Aktionsfeld des Aufmerksamkeits-Marketings markieren, sind sie – diesseits und jenseits des Skandals – schon lange nicht mehr nur Beiwerk, geschweige denn bloßer Zufall. Vielmehr erscheinen sie immer öfter als gezielte Konfektion einer Vermittlung und Vermarktung von Literatur, die in ihrer inszenatorischen Praxis der allgemeinen Professionalisierung der Kulturvermittlung folgt.[47]

---

43 Niefanger: Provokante Posen, S. 87.
44 Vgl. dazu Encke: Interview mit Charlotte Roche, S. 25.
45 Genette: Paratexte, S. 10.
46 Vgl. dazu Hoffmann: Das Interview als Kunstwerk.
47 Reichwein: Diesseits und jenseits des Skandals, S. 97.

2.2 Die endgültige Zurücknahme der autobiographischen Identifikation und ihre Neubegründung

Dass Charlotte Roche die Leser tatsächlich gezielt hat täuschen beziehungsweise verwirren wollen und die autobiographische Nähe zwischen ihr und Helen Memel eigentlich nicht gegeben sei, betont sie nun 2011 angesichts ihres nun ›tatsächlich‹ autobiographischen Romans *Schoßgebete*. In einem Gespräch mit Jana Hensel im *Zeit*-Magazin heißt es:

> Hensel: Mit Helen Memel hat Elizabeth anscheinend nicht viel zu tun.
> Roche: Gar nichts. Elizabeth ist älter, vernünftiger als Helen. Und sie ist viel tiefer beschädigt.
> Hensel: Ich würde sogar sagen: Im Rückblick erscheint Helen Memel aus *Feuchtgebiete* als reine Kunstfigur.
> Roche: Das war sie auch.
> Hensel: Viele haben *Feuchtgebiete* für autobiographisch gehalten. Nun stellt sich das als eine sehr geschickt gelegte, aber falsche Fährte heraus. Du hast die Leser und die Kritiker also ziemlich an der Nase herumgeführt.
> Roche: Total. Aber hey, komm, das muss man auch machen. Ja, das war sehr lustig.[48]

Hinsichtlich der oben zitierten Äußerungen im Jahr 2008 ist dies nicht als Kehrtwende zu verstehen, sondern als Überbietungsstrategie. Denn was sonst macht einen Roman mit autobiographischen Zügen aus, der zudem als sexuell anstößig wahrgenommen wird, wenn er nur als Wiederholung des vorangegangenen gelesen würde? Als Konsequenz wird die 2008 geschickt ausgelegte Fährte als *Spiel* entlarvt und die autobiographische Nähe zurückgenommen. Erst die jetzige Heldin Elizabeth Kiehl aus *Schoßgebete* löst demnach das Versprechen von damals ein, Charlotte Roche zu zeigen.

Erfolgte die autobiographische Behauptung in *Feuchtgebiete* aufgrund partieller Analogien der Biographien von Roche und ihrer fiktionalen Figur aus rein marketingrelevanten Zwecken *nachträglich*,[49] ist in *Schoßgebete* das Autobiographische im Text bereits bewusst und deutlich gesetzt, und auch die Erzählweise entspricht noch stärker einem Lebensbericht im Sinne einer Autobiographie. Zwar trägt die Heldin des Romans nicht den gleichen Namen wie die Autorin und auch ihr Beruf ist ein anderer, jedoch sind für die Leser sowohl Lebensdaten als auch einzelne Erlebnisse der Erzählerin und Protagonistin leicht mit der Biographie der Autorin zu vereinbaren. Zum einen betrifft dies

---

48 Hensel: Lass uns über Sex reden. Vgl. auch von Lovenberg: Ich bin keine Frau, die andere Frauen verrät.
49 Vgl. Genette: Paratexte, S. 13.

Elemente, die in dem kurzen biographischen Abriss der Autorin im Klappentext erwähnt werden: So ist die autodiegetische Erzählerin etwa im gleichen Alter wie Charlotte Roche, sie ist ebenfalls in England geboren und hat eine Tochter.[50] Zum anderen erleidet Elizabeth Kiehl den gleichen Schicksalsschlag, der ihrer Autorin widerfahren ist. Wie Charlotte Roche, so verliert auch Elizabeth drei ihrer Brüder bei einem Verkehrsunfall, als diese auf dem Weg zu ihrer geplanten Hochzeit nach England sind.

Der Unfall von Charlotte Roches Familie 2001 hat damals ebenso wie ihre Fehde mit der *Bild*-Zeitung Schlagzeilen gemacht. Die Verarbeitung eben dieser Erlebnisse, die den meisten heutigen Rezipienten aufgrund des medialen Aufsehens noch präsent sein dürften (beziehungsweise für andere anhand von Zeitungsartikeln nachprüfbar sind), legen eine autobiographische Lesart des Romans nahe. Anders als in *Feuchtgebiete* wird die autobiographische Lektüre damit hier bereits im Text eröffnet und zudem mit einer sexuellen Freizügigkeit gekoppelt, die man – aufgrund der gerade genannten Parallelen – geneigt ist, auch der Autorin zuzuschreiben. Erneut nutzt Roche überdies das Interview als Marketinginstrument, mit dem sie eine Identifikation zwischen ihrer Heldin und sich zu verstärken sucht. Charlotte Roche bleibt jedoch keineswegs dabei stehen, das bereits offenkundig Nachprüfbare als autobiographisches Material zu betonen, sondern bietet dem Leser zusätzliche bis dahin verborgene Details aus ihrem Leben an,[51] die die autobiographische Nähe noch unterstreichen. Bestimmte Passagen der *Schoßgebete* werden dadurch noch deutlicher autobiographisch decodierbar. Mit Blick auf Roches Mitteilsamkeit führt Sabine Vogel aus:

> Roche macht keinen Hehl daraus, dass ihre neurotische Heldin Elizabeth stark autobiografische Züge hat. Sie selbst zögert nicht, mit ihrer Magersucht, Alkoholabhängigkeit, Sexbesessenheit öffentlichkeitswirksam hausieren zu gehen. Die Fiktionalisierung, sofern überhaupt vorhanden, liegt in der Zuspitzung der Macken und der Selbstironie, wenn sie sich als eifersüchtige Furie und ›Beziehungsterroristin‹ darstellt. Bei all den Selbstzerfleischungen sind solche Sätze dann schon nett: »Schlimmere Probleme als Nicht-Zähneputzen vorm ins-Bett-Gehen haben wir meistens nicht mit unseren Kindern.[52]

Bei so viel Offenheit der Autorin erscheint es regelrecht ironisch, dass der Verlag im Peritext verlauten lässt: »Dieser Roman basiert auf einer wahren Begebenheit. Darüber hinaus ist jede Ähnlichkeit mit lebenden oder toten Personen

---

50 Vgl. Roche: Schoßgebete, Klappentext.
51 Vgl. von Gorris / Voigt: Guckt mal, was jetzt kommt.
52 Vogel: Seelenstriptease.

sowie realen Geschehnissen rein zufällig und nicht beabsichtigt«.[53] So sehr hier versucht wird, trotz aller autobiographischen Verarbeitung den Text als Roman zu markieren, so vehement unterläuft Charlotte Roche dies in ihren Interviews. Allerdings, und insofern bleibt sie sich treu, legt die Autorin diesbezüglich ihre Inszenierung offen:

> Bei mir ist alles, was ich tue, massiv geplant. Ich mache mir sehr viele Gedanken über das, was ich tue. [...] Meine Lesungen sind der reinste Fake, ich spiele, dass ich authentisch bin. Denn ungebrochene Authentizität ist das Langweiligste, was es gibt.[54]

Es lässt sich festhalten, dass Charlotte Roche sich in verschiedenen Medien bewusst inszeniert und den Paratext als Marketing-Instrument personalisiert. Es geht sowohl bei den *Feuchtgebieten* als auch in den *Schoßgebeten* weniger um eine Buch-PR als vielmehr um die Vermarktung der Autorin Charlotte Roche. Marc Reichwein erklärt: »In der Summe solcher Paratexte konstituiert sich das, was Norbert Bolz ›literarisches Kultmarketing‹ nennt: ein Image, eine unverwechselbare Autoren-Marke im Literaturbetrieb«.[55] Charlotte Roche belässt es jedoch nicht bei einer bloßen Etikettierung ihrer Romane, die durch ihr Autoren-Label entsteht. Sie nutzt das Interesse an ihrer Person, um im Paratext Autorschaft und Autobiographie miteinander zu verknüpfen und das Interesse an ihrer Person in die Romane hineinzutragen. Beiden Romanen versucht sie so eine Realitätsillusion hinter der Fiktion zuzusprechen. Infolge einer derartigen Professionalisierung der Autorinterviews sind diese als einschlägige Texte zu begreifen, die in einer intermedialen Beziehung zum Roman stehen und denen damit für die Interpretation eine zentrale Bedeutung zukommt.

3 Klaus Modicks *Bestseller*: Autorschaft auf Ebene der Diegese

Klaus Modick widmet sich in seinem *Bestseller* jenen Marketing-Spielen im Literaturbetrieb der Gegenwart, die am Beispiel Charlotte Roches gezeigt worden sind. Der Roman verortet sich damit in einer Reihe sogenannter Literatur- und Kulturbetriebsromane der Gegenwart, die von Martin Walsers *Tod eines Kritikers* (2002) über Bodo Kirchhoffs *Schundroman* (2002) bis zu Thomas Glavinics *Das*

---

53 Roche: Feuchtgebiete, Vorsatzblatt.
54 Hensel: Lass uns über Sex reden, S. 14.
55 Reichwein: Diesseits und jenseits des Skandals, S. 91.

bin doch ich (2007) reicht.[56] Autorschaft sowie Autorkonzepte und -funktionen werden im Roman thematisiert; noch dazu stellt Modick im Text einen Bezug zu seinem eigenen Autornamen und Œuvre her, um – wie im Folgenden gezeigt werden soll – ein poetisches Spiel zu entfalten.

Für seine Literaturbetriebssatire wählt der Autor die Form der fiktionalen Teilautobiographie, um mit dem Wahrheitsgehalt zu spielen, der scheinbar mit einer Autobiographie einhergeht. Denn trotz ihrer explizit subjektiven Perspektive und dem poetologischen Wissen, dass auch die Textsorte ›Autobiographie‹ unvermeidlich der Eigengesetzlichkeit jeder fiktionalen Narration unterliegt, wird ihr zumindest vom Lesepublikum nach wie vor ein höherer Objektivitätsanspruch zugesprochen als dem genuin fiktionalen Roman.[57] Bereits auf den ersten Seiten schreibt sich Lukas Domcik in die Tradition autobiographischen Erzählens mit gleichzeitiger ironischer Durchdringung und Zurücknahme dieser ein:

> Höchste Zeit, die Wahrheit zu sagen. ›Nichts als die Wahrheit‹ (Dieter Bohlen). Um falschen Erwartungen vorzubeugen, gebe ich allerdings zu bedenken, daß es ›die‹ Wahrheit nicht gibt, sondern bestenfalls meine subjektive Wahrheit der leidigen und extrem dumm gelaufenen Affäre. Die ›volle‹ oder ›ganze‹ Wahrheit ergäbe sich vielleicht, wenn alle Beteiligten ihre Sicht der Sache darlegten; aber es wäre von mir zu viel verlangt und Ihnen als Leser nicht zuzumuten, all diese Hochstapler und Schwadroneure, Schaumschläger und Betriebsnudeln noch einmal zu Wort kommen zu lassen. Die ›reine‹ Wahrheit also? Unmöglich. Außer in der Waschmittelwerbung ist auf dieser Welt rein gar nichts rein nicht einmal das sprichwörtliche Glas Wasser, das bekanntlich von Bakterien nur so wimmelt. [...] Okay, ich weiß natürlich, daß die Floskeln von der ›ganzen‹, ›reinen‹ und ›nackten Wahrheit‹ nur Metaphern sind. Ich mußte aber diese kleinkarierte Klärung der Begriffe vorausschicken, damit Sie erstens wissen, was ich unter Wahrheit verstehe, und sich zweitens nicht der Illusion hingeben, dass ich mir hier, wiederum metaphorisch gesprochen, die Brust aufreiße, um mit Herzblut zu schreiben, oder gar, wie man sagt, die Hosen runterlasse, um Ihnen Einblicke ins säuische Getümmel meiner Obsessionen zu gewähren.[58]

Der autodiegetische Erzähler und Protagonist, Lukas Domcik, schildert im Folgenden sein Leben als mäßig erfolgreicher Schriftsteller im Literaturbetrieb der Gegenwart. Trotz einzelner literarischer Achtungserfolge kann sich Domcik nicht zu den Bestsellerautoren zählen, die im deutschen Literaturbetrieb gefeiert werden. Er selbst versteht sich als eine Mischung aus Originalgenie und *poeta doctus*, der über die Gabe der Rhetorik verfügt, äußerst belesen ist und

---

56 Vgl. Braun: Gegenwartsliteratur, S. 15.
57 Vgl. Wagner-Egelhaaf: Autobiographie, S. 1.
58 Modick: Bestseller, S. 6–9.

seine Werke gern zur Postmoderne in Beziehung setzt.[59] Dementsprechend begreift er seine Romane als niveauvolle Literatur, die er für ein anspruchsvolles Publikum schreibt. Der im Roman abgebildete Literaturbetrieb hingegen – verkörpert durch seinen Lektor Ralf Scholz – richtet sich zunehmend danach aus, was sich auch in Hollywood verkaufen ließe.[60] Wie seine früheren Veröffentlichungen verheißt auch Domciks neuester Roman *Der König von Elba* kein großer Kassenschlager zu werden, sodass ihm sein Verleger nachdrücklich dazu rät, auf den neuesten Trend aufzuspringen und mit Autobiographie, Authentizität und Dokumentation gepaarte Fiktion zu schreiben, namentlich Dokufiktion.[61]

Als Domcik von seiner verstorbenen Tante Thea Briefe, Gedichte und entsprechende Tagebucheinträge erbt, die den Kenntnissen Domciks über seine Tante eklatant widersprechen und offenbar die eigene Biographie nachträglich in ein anderes Licht rücken, entschließt er sich dazu, dieses Material in einem ›Schundroman‹ zu verarbeiten. Er will sich und dem Verlag beweisen, dass er sehr wohl einen Bestseller zu schreiben in der Lage ist, dies jedoch wenig mit literarischer Qualität zu tun hat. Ein solcher Roman soll jedoch nicht mit seinem Namen verknüpft und mit seinen bisherigen literarischen Werken in Verbindung gebracht werden. Eine Strohpuppe, die junge und äußerst attraktive Engländerin Rachel Bringman, soll daher mit ihrem Gesicht und Namen für den Roman herhalten, ihn als den ihrigen ausgeben und dem Verlag anbieten.

Domcik schreibt schließlich einen Roman im Sinne des Autorschaftskonzeptes der *Copy & Paste*-Generation. Tagebucheinträge und Briefe seiner verstorbenen Tante werden integriert, verändert und in einen neuen Kontext gestellt. Um die Maskerade zu vervollständigen, erhält Rachel als vermeintliche Verfasserin des Romans einen fingierten Namen und einen dazugehörigen fingierten autobiographischen Hintergrund: Die junge Engländerin Rachel Bringman-Levison sei die Enkelin der Romanheldin, die nach den Wirren des Zweiten Weltkrieges nach England übergesiedelt sei. Mit *Vom Memelstrand zum Themseufer* liefere die junge Autorin einen dokufiktionalen Roman, der auf autobiographischen Elementen der verstorbenen Großmutter beruhe.

Nachdem Rachel das fertige Manuskript von Domcik erhalten hat, trickst sie ihn aus, behält den vom Verlag erhaltenen Vorschuss ein und bricht jeden Kontakt zu ihm ab. Als Rachel Bringman-Levison verkauft sie den von Domcik geschriebenen Roman im Anschluss als autobiographischen Familienroman und

---

59 Vgl. Modick: Bestseller, S. 67.
60 Vgl. ebd., S. 68.
61 Ebd., S. 75.

lässt sich dank großer Marketingkampagne auf der Leipziger Buchmesse begeistert mit ihrem ›Bestseller‹ als Jungautorin feiern.

3.1 Autorschaftskonzepte und der gespiegelte Literaturbetrieb der Gegenwart

Im Zuge dieser vordergründig unterhaltsam erzählten Geschichte thematisiert der Roman Autorschaftkonzepte und die Funktion des Autors im Literaturbetrieb. Dieser wird als Markt beschrieben, der sich mehr und mehr den ökonomischen Interessen verpflichtet sieht. Nur aus Gründen der »Autorenpflege« beziehungsweise »Verlagstreue«[62] werden Romane wie Domciks, die er selbst als »witzig, satirisch, ironisch und unterhaltsam, aber nicht trivial«[63] beschreibt, noch verlegt. Dieses Bild des Literaturbetriebs unterstreicht Domcik, indem er Beispiele für Bestseller der vergangenen Jahre nennt, die entweder wie Frank Schätzings *Der Schwarm* (2004) aufgrund vermeintlich authentischen Materials das Interesse der Leserschaft geweckt haben oder aber mit Skandalen beziehungsweise dem sogenannten *Fräuleinwunder* Aufsehen erregen konnten. Dabei greift Klaus Modick nicht nur auf aus der Wirklichkeit entlehnte Beispiele zurück. Vielmehr zeichnet sich *Bestseller* durch eine Vermischung von ›realen‹ und fiktiven Vorkommnissen aus: So verknüpft er zum Beispiel die Ereignisse um George Forestier 1952[64] mit der fiktiven Geschichte von Karlheinz Sommer alias Amadeus Maria Winter alias Maximilian von Ludendorff.[65] Modick spiegelt damit nicht einfach den Literaturbetrieb der Gegenwart in seinen Roman hinein, sondern verortet ihn in einem Feld zwischen Fakten und Fiktion.

In dem so charakterisierten Literaturbetrieb der Gegenwart ordnet sich der Schriftsteller Lukas Domcik als ein Autor ein, der auf dem Buchmarkt der Gegenwart keinen Platz mehr findet. Während er nach eigener Einschätzung auf literarische Qualität und poetologische Vielschichtigkeit setzt, richtet sich der Literaturbetrieb auf Konzepte wie Authentizität, Realität und Dokumentation aus. Hier obsiegt die untalentierte, aber aufgrund ihres Aussehens für Medien und Literaturrezipienten anziehende Rachel mit einem gestohlenen und noch

---

62 Modick: Bestseller, S. 69.
63 Ebd., S. 70.
64 Ebd., S. 95. George Forestier war ein deutsch-französischer Dichter, dessen Bücher äußerst erfolgreich ab 1952 erschienen. 1955 stellte sich heraus, dass sein Leben und Werk von Dr. Karl Emerich Krämer, Schriftsteller und Verlagsleiter, frei erfunden worden waren. Vgl. dazu: Schmitt: Der Fall Forestier.
65 Modick: Bestseller, S. 98.

dazu fingierten autobiographischen Projekt gegenüber dem langjährig bekannten, aber wenig medienwirksamen Autor Lukas Domcik. Damit wird der klassische Literaturgegensatz von Trivial- beziehungsweise Unterhaltungsliteratur – metonymisch sichtbar gemacht durch die attraktive Autorin – und sogenannter ernsthafter Literatur mit schöpferischer Tiefe inszeniert. Der Literaturbetrieb wird auf die Leipziger sowie die Frankfurter Buchmesse reduziert, in denen die Verlage und Medien durch scheinbar Authentisches, Skandalöses oder Neues einen Wettlauf um Authentizität und Dokumentations-Hunger zu befriedigen suchen. Zudem wird mit der Vermarktung von *Vom Memelstrand zum Themseufer* die Aufspaltung von Autorschaft und Urheberschaft thematisiert. Weniger der im juristischen Sinne als *Urheber* definierte Autor ist für die Vermarktung und damit für den Roman als solchen relevant. Vielmehr sind es die Autorfunktion und das Autor-Label, die – so das Rezept für einen Bestseller – möglichst auffällig und adrett ausgefüllt werden müssen, um das Werk bestmöglich auf dem Buchmarkt zu platzieren und die »Ökonomie der Aufmerksamkeit«[66] zu garantieren. Dass es dabei keineswegs literarischer Qualität bedarf, wird in Domciks Reaktion auf seine Arbeit an dem Manuskript des Bestsellers deutlich: »Ich hatte mein Bestes getan, um das Schlechteste zu geben. Mehr war ohne Brechreiz einfach nicht drin, aber sehr viel abgeschmackter ging ja wohl auch kaum«.[67]

Wie einfach darüber hinaus *Auto*biographisches fingiert werden kann, führt der Roman *par excellence* vor. Denn sowohl der Text als auch der autobiographische Hintergrund der vermeintlichen Autorin werden fingiert, um letzten Endes authentisch zu wirken. Anders als etwa im realen Fall Wilkomirski wird Rachels Schauspiel im Roman nicht entlarvt. Hingegen hat der Urheber das Nachsehen und wird aufgrund fehlender juristischer Beweise von seinem Anwalt zum Stillschweigen verpflichtet.[68] Die fingierte Autorschaft der Rachel Bringman ist durch die Abspaltung von Urheberschaft und Autorschaft zudem anders gelagert als etwa bei Binjamin Wilkomirski, alias Bruno Dössekker: Nicht nur der Text als solcher und der vermeintliche autobiographische Hintergrund der angeblichen Autorin Rachel sind fiktional, das Werk ist zudem von einem Ghostwriter verfasst worden. Autorschaft, Urheberschaft sowie Autobiographismus als Garant für Authentizität werden auf der diegetischen Ebene als Trugbilder entlarvt, die geschickt inszeniert sehr wohl für ökonomischen Erfolg sorgen und von Verlagen gern angenommen werden.

---

66 Franck: Ökonomie der Aufmerksamkeit.
67 Modick: Bestseller, S. 192.
68 Ebd., S. 254.

In satirischer Absicht wird hier überzeichnet, was im realen Literaturbetrieb angelegt ist: der Autor erfüllt im Literaturbetrieb eine Funktion, die abgekoppelt vom eigentlichen Schaffen ist. Der Autorname als *Label* und die mitgelieferte Medienbiographie sind für die Rezeption und zunächst für die Kaufentscheidung der Werke von Belang.

3.2 Der Autor in seinem Text: Ein poetologisches Spiel

Zusätzlich zur Thematisierung von Marktmechanismen des Literaturbetriebs und der Stellung sowie Funktion des Autors wird das Prinzip ›Autobiographisches gleich Authentizität‹ in Bezug zum realen Autor Klaus Modick durchgespielt.

Der Roman beruht auf einer scheinbar geringen Distanz zwischen dem Autor und dem Erzähler. In Anlehnung an Hans Jakob Christoffel von Grimmelshausen, der unter anderem als Melchior Sternfels von Fuchshaim, Simon Leugfrisch von Hartenfels oder Michael Rechulin von Sehmsdorff bekannt wurde, nutzt auch Modick hier eine alt bewährte Verschlüsselungsstrategie: die des Anagramms. So ist der Name des Protagonisten und autodiegetischen Erzählers des Romans, Lukas Domcik, ein schnell zu dechiffrierendes Anagramm des Autornamens Klaus Modick. Autor und Erzähler werden auf diese Weise zueinander in Beziehung gesetzt. Darüber hinaus sind weitere autobiographische Züge aufgrund der geringen Verfremdung schnell mit dem Verfasser Klaus Modick in Verbindung zu bringen, wie etwa die Werke *Novemberblues*[69] in Anlehnung an Modicks *September-Song* (2002) oder *Ferne Farne*[70] in Bezug auf Modicks Novelle *Moos* (1984). Das Alter und der Verlag des autodiegetischen Erzählers lassen ebenfalls auf den Autor als realen Referenten schließen.[71] Diese deutlich gesetzten Ähnlichkeiten vermögen die Interpretation des Textes nachhaltig zu beeinflussen. Der Autor[72] wird ins Zentrum einer Gattung gerückt, in der er nach dem ursprünglichen Konzept und der klassischen Definition der fiktionalen Autobiographie nichts zu suchen hatte.

Der Bezug zum Autor des Textes funktioniert bereits durch wenige, nahezu minimale Übereinstimmungen mit der Biographie des Verfassers Klaus Modick. Eine Kenntnis über die Werke und die Eckdaten seines Lebenslaufes, die der

---

69 Modick: Bestseller, S. 21.
70 Ebd., S. 65.
71 Vgl. ebd., Klappentext.
72 Gemeint ist nicht der Verfasser als empirische Person, sondern dezidiert die in der Öffentlichkeit sichtbare, zum Teil stark inszenierte Person.

Klappentext ebenfalls liefert,[73] reichen dazu aus. Klaus Modick arbeitet hier, anders als Charlotte Roche, ohne zusätzlichen Paratext und ohne Preisgabe von bisher verborgenen persönlichen Erlebnissen.

Dennoch belässt es der Roman nicht dabei, eine autobiographische Nähe des fiktionalen Textes durch Anspielungen auf den realen Autor anzubieten. Das Spiel mit dem Autor wird potenziert, wenn Domcik vorgibt, er würde zu einer Lesung des verfeindeten Schriftstellers Klaus Modick gehen, der den Roman *Weg war weg* geschrieben habe.

> ›Ich bin grade auf dem Weg zu einer –, äh, Lesung.‹
> Lesung? Wo ich denn heute lesen würde?
> ›Ich lese nicht. Ich höre mir eine Lesung an.‹
> Tatsächlich? Wessen Lesung denn?
> ›Dings, äh, Klaus – Modick.‹
> Der Weg-war-weg-Modick etwa? Ob ich mit dem nicht verfeindet sei?
> ›Gott ja, was heißt hier schon verfeindet?‹[74]

In einem Roman von Klaus Modick gibt die Figur Lukas Domcik vor, einen Autor namens Klaus Modick zu kennen, der den Text *Weg war weg* geschrieben hat – ein real existierendes Werk Modicks, in dem Lukas Domcik ebenfalls die Hauptfigur ist. Die hier vorliegende Spiegelung steigert die Fiktionalität des Romans: Eine Lesart von *Bestseller*, die sich auf die autobiographischen Übereinstimmungen Lukas Domciks mit der Autorperson Klaus Modick stützt, wird hier jäh enttäuscht. Es kommt zu einer Aufsplittung der *personae*, die der Leser bis dahin noch versuchen konnte, zusammenzubringen. Dies wird nicht zuletzt dadurch untermauert, dass Modicks *Bestseller* nicht einfach als Fortsetzung zu *Weg war weg* (1998) gelesen werden kann. Zwar gibt es Verweise zu Romanen, die bereits in *Weg war weg* als Werke des Autors Lukas Domcik ausgewiesen worden sind,[75] allerdings handelt es sich nicht um die gleiche Figur Domcik, denn unter anderem ist sein familiärer Kontext ein anderer.[76]

In *Bestseller* inszeniert Klaus Modick den Einfluss des Autors für seine Werke als rezeptionslenkende Instanz. Denn nur durch die auf seinen Autornamen und die Biographie gesetzten Referenzen ist das Spiel mit realem Bezug und fiktionaler Durchdringung zu begreifen. Der Autor schreibt sich selbst in den

---

73 Modick: Bestseller, Klappentext.
74 Ebd., S. 102–103.
75 Vgl. dazu ebd., S. 67 und Modick: Weg war weg, S. 106.
76 So heißt die Ehefrau des Autors Lukas Domcik in *Weg war weg* Nora, die Kinder, die im Kindergartenalter sind, Anna und Jakob. In *Bestseller* heißen die erwachsenen Kinder hingegen Marie und Till, seine Ehefrau Anne. Von einer zweiten Ehe ist jedoch nicht die Rede.

Text ein und wird damit Teil einer Textstrategie. Wie omnipräsent der Autor für die Werbung eines Romans sein kann, veranschaulicht hier die vordergründig erzählte Geschichte; wie relevant der Autorname und eine biographische Nähe zum Autor für die Interpretation sind, wenn es um ein ästhetisches Spiel geht, zeigt die genannte Verschlüsselungsstrategie.

4 Zusammenfassung

Im vorliegenden Beitrag wurden zwei markante Thematisierungen von Autorschaft in der fiktionalen Autobiographie der Gegenwart untersucht und die Bedeutung des Autors für diese Spiele mit der Leserschaft herausgearbeitet. Die Inszenierung Charlotte Roches in Interviews liefert dabei ein Beispiel für die Personalisierung des Paratextes durch eine autobiographische Verknüpfung zum Text, welche die Autorin erfolgreich als Marketinginstrument einsetzt. Klaus Modick hingegen ironisiert jene von autobiographischem Material vermeintlich ausgehende Authentizität, die Charlotte Roche für den ökonomischen Erfolg ihres Romans einsetzt. Er verrät damit ein Bewusstsein von Autoren der Gegenwart über Verlagsstrategien und Autorinszenierungen im Literaturbetrieb. Anders als Roche spielt Modick mit seiner Autorschaft beziehungsweise mit der Leserschaft nicht *außerhalb* des Textes, sondern *im* Text. Darüber hinaus ist der Effekt des Einschreibens des Autors in seinen Text ein anderer: Bei Modick wird aus einer vermeintlichen Identität zwischen Autor und Erzähler sowie aus der autodiegetischen Erzählsituation nicht wie bei Roche Authentizität proklamiert. Vielmehr ist der Effekt ein poetologischer; Modick entfaltet ein komplexes satirisches und reflexives Spiel – die vermeintliche Authentizität wird genutzt, um letztlich die Fiktionalität des Textes zu potenzieren. Während Charlotte Roche eine fakultative Lesart durch ihre Verschränkung von Autobiographie und Autorschaft im Paratext anbietet, ist es für die Interpretation von Modicks *Bestseller* obligatorisch, den Bezug zum realen Autor mitzudenken, um das poetologische Spiel zu begreifen. Trotz dieser gegenteiligen Funktionalisierung spielt in beiden Fällen die Erzählform des autodiegetischen Lebensberichtes eine entscheidende Rolle: Beide Autoren greifen auf die in der Rezeption immer noch verankerte Illusion von Authentizität durch Autobiographisches zurück, um den Leser dadurch zu beeinflussen.

Diese hier vorgestellten Einzelfälle eines Spiels mit Autor- und Leserschaft können einander komplementär zugeordnet werden und veranschaulichen die Relevanz des Autors und der Autorfunktion beziehungsweise des Autorlabels. Zu prüfen bliebe, welche weiteren Thematisierungen von Autorschaft in diesem

Subgenre festgestellt, welche Funktionszuschreibung von Autorschaft und Autobiographie hier vorgenommen werden können und wie sie mit den bereits untersuchten Spielformen in Beziehung zu setzen sind. Insbesondere eine Analyse autofiktionaler Texte – wie Heinz Strunks *Fleisch ist mein Gemüse* oder Wolfgang Welts *Doris hilft* (2009) – sowie eine diachrone Betrachtung solcher Autorschaftsspiele in autobiographischen Genres könnten diesbezüglich wichtige Beiträge liefern.

Bibliographie

Primärliteratur

Modick, Klaus: *Weg war weg. Romanverschnitt.* Reinbek bei Hamburg 1988.
Modick, Klaus: *Bestseller. Roman.* Frankfurt a. M. 2006.
Roche, Charlotte: *Feuchtgebiete. Roman.* Köln 2008.
Roche, Charlotte: *Schoßgebete. Roman.* München / Zürich 2011.
Wilkomirski, Binjamin: *Bruchstücke. Aus einer Kindheit. 1939–1948.* Frankfurt a. M. 1996.

Sekundärliteratur

[Anonym]: »Charlotte Roche – das ausführliche Interview. Literarisches Randalekind« [Interview mit Charlotte Roche]. http://www.koelner.de/interviews/interviews/553/ (Stand: 17.09.2011).
Barthes, Roland: »La mort de l'auteur«. In: Marty, Éric (Hrsg.): *Œuvres complètes. Bd. 2: 1966–1973.* Paris 1994, S. 491–495.
Benne, Christian: »Was ist Autofiktion? Paul Nizons erinnerte Gegenwart«. In: Parry, Christoph / Edgar Platen (Hrsg.): *Autobiographisches Schreiben in der deutschsprachigen Gegenwartsliteratur. Bd. 2: Grenzen der Fiktionalität und der Erinnerung.* München 2007, S. 293–303.
Braun, Michael: *Die deutsche Gegenwartsliteratur. Eine Einführung.* Köln / Weimar / Berlin 2010.
Detering, Heinrich (Hrsg.): *Autorschaft. Positionen und Revisionen. DFG-Symposion 2001.* Stuttgart / Weimar 2002.
Encke, Julia: »Interview mit Charlotte Roche«. In: *Frankfurter Allgemeine Sonntagszeitung* (24.02.2008), S. 25.
Foucault, Michel: »Qu'est-ce qu' un auteur?« In: Defert, Daniel / François Ewald (Hrsg.): *Dits et écrits. 1954–1988. Bd. 1: 1954–1969.* Paris 1994, S. 789–809.
Franck, Georg: *Ökonomie der Aufmerksamkeit. Ein Entwurf.* München 1998.
Genette, Gérard: *Paratexte. Das Buch vom Beiwerk des Buches.* Übers. v. Dieter Hornig. Frankfurt a. M. 1992.

Gorris, Lothar von / Claudia Voigt: »Guckt mal, was jetzt kommt« [SPIEGEL-Gespräch mit Charlotte Roche]. In: *Spiegel Online*, 08.08.2011. http://www.spiegel.de/spiegel/print/d-79805397.html (Stand: 16.09.2011).

Grote, Michael / Beatrice Sandberg: »Einleitung«. In: dies. (Hrsg.): *Schreiben in der deutschsprachigen Gegenwartsliteratur. Bd. 3: Entwicklungen, Kontexte, Grenzgänger*. München 2009, S. 7–14.

Hensel, Jana: »Lass uns über Sex reden« [Gespräch mit Charlotte Roche]. In: *Zeit Magazin* Nr. 33 (11.08.2011), S. 10–15.

Hoffmann, Torsten: »Das Interview als Kunstwerk. Plädoyer für die Analyse von Schriftstellerinterviews am Beispiel W. G. Sebalds«. In: *Weimarer Beiträge* 55 (2009) H. 2, S. 276–292.

Jannidis, Fotis / Gerhard Lauer / Matías Martínez / Simone Winko (Hrsg.): *Rückkehr des Autors. Zur Erneuerung eines umstrittenen Begriffs*. Tübingen 1999.

Jannidis, Fotis / Gerhard Lauer / Matías Martínez / Simone Winko (Hrsg.): *Texte zur Theorie der Autorschaft*. Stuttgart 2000.

Leister, Inga: »Ich bin auch verklemmt« [Interview mit Charlotte Roche]. In: *BRIGITTE.de*, 03.03.2008. http://www.brigitte.de/liebe/sex/interview-roche/ (Stand: 18.09.2011).

Löschnigg, Martin: *Die englische fiktionale Autobiographie. Erzähltheoretische Grundlagen und historische Prägnanzformen von den Anfängen bis zur Mitte des neunzehnten Jahrhunderts*. Trier 2006.

Löschnigg, Martin: »Die fiktionale Autobiographie in der englischsprachigen Literatur«. In: Grote, Michael / Beatrice Sandberg (Hrsg.): *Autobiographisches Schreiben in der deutschsprachigen Gegenwartsliteratur. Bd. 3: Entwicklungen, Kontexte, Grenzgänger*. München 2009, S. 15–31.

Lovenberg, Felicitas von: »Ich bin keine Frau, die andere Frauen verrät« [Gespräch mit Charlotte Roche]. In: *FAZ Online*, 10.08.2011. http://www.faz.net/artikel/C30437/ein-gespraech-mit-charlotte-roche-ich-bin-keine-frau-die-andere-frauen-verraet-30482153.html (Stand: 16.09.2011).

Meier, Albert: »Immer sehr unmädchenhaft. Charlotte Roche und ihre *Feuchtgebiete*«. In: Friedrich, Hans-Edwin (Hrsg.): *Literaturskandale*. Frankfurt a. M. 2009, S. 231–241.

Niefanger, Dirk: »Der Autor und sein Label. Überlegungen zur *fonction classificatoire* Foucaults(mit Fallstudien zu Langbehn und Kracauer)«. In: Detering, Heinrich (Hrsg.): *Autorschaft. Positionen und Revisionen. DFG-Symposion 2001*. Stuttgart / Weimar 2002, S. 521–539.

Niefanger, Dirk: »Provokante Posen. Zur Autorinszenierung in der deutschen Popliteratur«. In: Pankau, Johannes G. (Hrsg.): *Pop-Pop-Populär. Popliteratur und Jugendkultur*. Bremen / Oldenburg 2004, S. 85–101 u. 214–217.

Nünning, Ansgar: »Metaautobiographien: Gattungsgedächtnis, Gattungskritik und Funktionen selbstreflexiver fiktionaler Autofiktionen«. In: Parry, Christoph / Edgar Platen (Hrsg.): *Autobiographisches Schreiben in der deutschsprachigen Gegenwartsliteratur. Bd. 2: Grenzen der Fiktionalität und der Erinnerung*. München 2007, S. 269–292.

Reichwein, Marc: »Diesseits und jenseits des Skandals. Literaturvermittlung als zunehmende Inszenierung von Paratexten«. In: Neuhaus, Stefan / Johann Holzner (Hrsg.): *Literatur als Skandal. Fälle – Funktionen – Folgen*. Göttingen 2007, S. 89–99.

Schaff, Barbara: »Der Autor als Simulant authentischer Erfahrung. Vier Fallbeispiele fingierter Autorschaft«. In: Detering, Heinrich (Hrsg.): *Autorschaft. Positionen und Revisionen. DFG-Symposion 2001*. Stuttgart / Weimar 2002, S. 426–443.

Schmitt, Hans-Jürgen: »Der Fall Forestier«. In: Corino, Karl (Hrsg.): *Gefälscht! Betrug in Politik, Literatur, Wissenschaft, Kunst und Musik*. Frankfurt a. M. 1996, S. 317–329.
Spoerhase, Carlos: Autorschaft und Interpretation. Methodische Grundlagen einer philologischen Hermeneutik. Berlin 2007.
Uslar, Moritz von / Claudia Voigt: »Ich bin gar nicht so frech« [SPIEGEL-Gespräch mit Charlotte Roche]. In: *DER SPIEGEL* Nr. 9 (25.02.2008), S. 164–166.
Vogel, Sabine: »Seelenstriptease auf Roche-Art«. In: *Frankfurter Rundschau Online*, 11.08.2011. http://www.fr-online.de/kultur/schossgebete-seelenstriptease-auf-roche-art,1472786,9284640.html (Stand: 18.09.2011).
Wagner-Egelhaaf, Martina: *Autobiographie*. Stuttgart / Weimar 2005.

Fernsehbeiträge

[Anonym]: Charlotte Roche in *Kulturzeit* (3sat, 13.03.2008);
    http://www.3sat.de/mediathek/?mode=play&obj=7836 (Stand: 17.09.2011).
Charlotte Roche in der *NDR Talk Show* (29.02.2008);
    http://www.ndr.de/flash/mediathek/mediathek.html?broadcastid=29 (Stand: 25.08.2011).
Charlotte Roche in *Johannes B. Kerner* (ZDF, 06.03.2008);
    http://www.tvl.at/view/1611/charlotte-roche-bei-johannes-b-kerner (Stand: 19.08.2008).
Charlotte Roche in *Schmidt und Pocher* (ARD, 22.05.2008);
    http://www.ardmediathek.de/ard/servlet/content/608710 (Stand: 17.08.2008).

Teil IV: Praktiken wissenschaftlicher Autorschaft

Felix Steiner
Wissenschaftliche Autorschaft zwischen Zeitschrift und Handbuch

Überlegungen zu einer am Autorbegriff orientierten Poetologie wissenschaftlicher Texte

Abstract: In zwei Domänen werden Aussagen üblicherweise besonders strikt als Aussagen von Autoren aufgefasst: in der literarischen und in der wissenschaftlichen. Die Diskussion um den literarischen Autorbegriff hat die Charakteristik der Autor-Werk-Verbindung im Hinblick auf Lektüre und Interpretation von literarischen Texten intensiv differenziert. Der wissenschaftliche Autorbegriff wird bis jetzt vergleichsweise wenig diskutiert. Die mit Wissenschaftstexten befasste Fachsprachenforschung konstatiert vor allem die Ausblendung des Autorsubjekts als prägendes Merkmal der Wissenschaftskommunikation. Die Wissenschaftsforschung konzentriert sich auf das synthetisierende Konzept der »Scientific Persona«. Der vorliegende Beitrag unterbreitet im Rückgriff auf Ludwik Flecks begriffliche Opposition von »Zeitschrift-« und »Handbuchwissenschaft« (1935) einen Vorschlag zur Beschreibung der Autorschaftsdarstellung in wissenschaftlichen Texten. Domänentypische Handlungen wie »ein Forschungsproblem lösen« oder »methodisch schrittweise vorgehen« verweisen auf eine gleichzeitig individuell als auch diskursspezifisch wahrnehmbare Autorinstanz hinter dem Text. Mit Fleck lassen sich zwei Prototypen wissenschaftlicher Autorschaft definieren, die mit zwei Grundkonsistenzen des wissenschaftlichen Wissens konvergieren, dem unsicheren, erkenntnishaften und dem gesicherten, verfestigten Wissen. Der Beitrag modelliert die Darstellung wissenschaftlicher Autorschaft als disziplinübergreifendes poetologisches Verfahren, welches die Voraussetzung dafür schafft, den Autor-im-Text als Instanz wahrzunehmen, die eine epistemische Position einnimmt und die Voraussetzungen für die Validierung von Aussagen im Sinne eines Übergangs von unsicherer Erkenntnis hin zu gesichertem Wissen vorbereitet.

1 Zum Begriff der wissenschaftlichen Autorschaft

Der vorliegende Beitrag plädiert dafür, den Autorbegriff in einer ähnlichen Modellierung, wie er in literaturtheoretischer und hermeneutischer Hinsicht für literarische Texte reklamiert wird,[1] mit Blick auf wissenschaftliche Texte umzumünzen und fruchtbar zu machen. Dass der »Textkosmos« (Harweg) mit literarischen und fachlichen Texten in zwei Hemisphären geteilt ist, denen komplementäre Auffassungen über die Referenzwirklichkeit zugrunde liegen, soll hier allerdings nicht den Ausgangspunkt bilden, sondern vielmehr der Umstand, dass der Bedarf nach einer Autorinstanz gerade nicht gekoppelt ist an die für die Hemisphärentrennung entscheidende Frage, ob ein Text erfundene oder nichterfundene Wirklichkeit enunziere. Die Kategorie des Autors ist für die literarische *und* wissenschaftliche Textdomäne zentral,[2] weil in beiden komplizierte Intentionen textförmig dargestellt werden, die auf personal gedachte Instanzen beziehbar sein müssen, um in ihrer Intentionalität verantwortet und damit glaubhaft zu erscheinen.[3] Die textförmige Darstellung dieser Verantworterfigur ist historisch gewachsen. So führt die spätestens mit der Aufklärung einsetzende Differenzbildung zwischen literarischer und wissenschaftlicher Domänen dazu, die Demarkierungen gegen alle Verbindungen zu betonen. Mit der Ausdifferenzierung der Textdomänen korrespondiert der Übergang von einem mit Autoritätsinsignien ausgestatteten Autortyp des „Gelehrten" hin zum modernen Typus des »Wissenschaftlers«, der einem Autortypus entspricht, der das methodisch-objektive Prozessieren bei der Erkenntnisproduktion als Geltungs-

---

[1] Auf die Positionsbezüge in der literaturtheoretischen Diskussion soll hier nicht eingegangen werden, auch wenn nicht unerhebliche Berührungen vorhanden sind etwa zum hier nicht diskutierten Konzept des *Implied Author:* Vgl. hierzu die ausführliche Problemdarstellung bei Kindt/ Müller: Implied Author. Die Landkarten der literaturtheoretischen Autorschaftsdiskussion, die an Foucaults »Autorfunktion« (1969) anschließen, sind in Carlos Spoerhases Arbeit zu *Autorschaft und Interpretation* (2007) in bestechender Klarheit ausgelegt.
[2] Eine der ersten texttheoretischen Arbeiten, welche eine Charakterisierung des Gegensatzes zwischen literarischen und wissenschaftlichen Texten auf dem Hintergrund von systematischen Darstellungsdifferenzen zulässt, ist Roland Harwegs *Pronomina und Textkonstitution* (1968). Harwegs Erkenntnisse lassen sich im Hinblick auf den Begriff der Textdomäne grob zusammenfassen: Literarische Texte folgen dem Substitutionsprinzip, während wissenschaftliche dem Rekurrenzprinzip gehorchen. Diese Darstellungsprinzipien werden als übergreifende Prinzipien befolgt. Wenn ich hier von literarischer und wissenschaftlicher Textdomäne spreche, dann verstehe ich darunter diese oberste Kategorie, der einzeltext- und textsortenunabhängig Darstellungsprinzipien zugeschrieben werden kann und die den »Textkosmos« (Harweg: Pronomina, S. 143) damit unterteilt.
[3] Vgl. Goffman: The Lecture, S. 167.

grund für die auch losgelöst von der Prozesssituation erkennbaren Wahrheiten darstellt.⁴

Dass die Produktion von *wissenschaftlicher Wahrheit* nur graduell mit einer Darstellung korreliert, welche die Produktionsrealität abbildet (zum Beispiel Daten aus Experimenten) und daneben einer ganzen Reihe von wissenschaftssprachlichen, rhetorischen, das heißt ästhetischen Prinzipien verpflichtet ist, muss meines Erachtens zu einem Autorschaftsbegriff führen, der beide Aspekte berücksichtigt: die konstativen Aspekte der beigebrachten Aussagen und die performativen Aspekte der Darstellung. Unter dem Autor ist also eine personal zu denkende Instanz zu verstehen, die mit dem Text beigebrachte Intentionen verantwortet, mit dem Begriff der Autorschaft das Prinzip der dargestellten Verantwortung, welches sich auf die Gleichzeitigkeit von Performativität und Konstativität im Text beziehen lässt. Ich verstehe den titelgebenden Begriff der »Poetologie wissenschaftlicher Texte« in diesem Sinn als programmatischen Begriff. Das Ineinander von konstativer und performativer Ebene, wie es in wissenschaftlichen Texten emergent wird, soll hier nicht entlang der klassisch-begrifflichen Entgegensetzung von wissenschaftlichem Objekt und Subjekt modelliert werden. Der Autor-im-Text, wie ich ihn hier verstehen will, ist nicht identisch mit dem Autor*subjekt*, das in der Erkenntnis- und in der Textproduktion realiter seinem Objekt gegenübersteht. Wenn, wie Lorraine Daston und Peter Galison in ihrer Geschichte der »Objektivität« (2007) zeigen, Autoren in der zweiten Hälfte des 19. Jahrhunderts beginnen, vor allem bildgebende Techniken zu entwerfen, um ihre Subjektivität in Schach zu halten, so gleicht die Darstellungspraxis im Text einer entsprechend konstruierten Poetologie der Objektivität etwa mittels Bild-Text-Bezügen, in denen die Autorinstanz die gestaltende, ordnende, passiv-interpretierende und insgesamt die wissenschaftlichen Aussagen *aufführende* Instanz markiert.⁵

Das mit diesem Beitrag vorgetragene Plädoyer kann und will selbstverständlich nicht die Differenzbildung zwischen literarischer und wissenschaftlicher Textdomäne in Frage stellen. Es geht vielmehr darum, die schriftstellerischen Prinzipien, die wissenschaftlichen Texten nicht nur im Sinne einer Praxis

---

4 Ich habe die Frage, wie man den domänenspezifischen Begriff des wissenschaftlichen Autors modellhaft charakterisieren kann, in der Monographie *Dargestellte Autorschaft: Autorkonzept und Autorsubjekt in wissenschaftlichen Texten* (2009) ausführlich beantwortet. Die hier angesprochene Verschiebung zwischen dem Sozialtypus des »Gelehrten« und dem des »Wissenschaftlers« ist im zweiten Kapitel dargestellt. Der vorliegende Beitrag schließt zum Teil nahe an die Arbeit von 2009 an, zum Teil versucht der Beitrag auch, sich davon zu distanzieren.
5 Vgl. Daston / Galison: Objektivität.

der autorschaftlichen Textproduktion, sondern im Sinne von *dargestellten Entscheidungen*, die den Text in seiner *gemachten Gestalt* prägen, in den Blick zu nehmen. Ich glaube, dass ein wesentlicher Ausgangspunkt letztlich in einer trivialen und leicht beobachtbaren, aber selten analytisch ausformulierten Verfasstheit des wissenschaftlichen Textes liegt: Würde man leuchtkräftige Werke der Vergangenheit etwa in den Sozial- und Geisteswissenschaften wie die Werke Foucaults oder Luhmanns auf die Frage nach der Konstituenz ihres Erfolgs hin untersuchen, so wäre gerade die Untrennbarkeit von schriftstellerisch-performativer und wissenschaftlich-konstativer Qualität im Sinne des dargestellten Erkenntnisgewinns zentral. Allerdings bliebe zunächst zu klären, was in diesen bereits so komplementären Fällen unter der schriftstellerisch-performativen Leistung genau zu verstehen ist. Dass wissenschaftliche Texte genauso wie literarische auf dem Hintergrund von zunächst diffusen Qualitätskriterien wie »inhaltlicher Gehalt«, »Stil«, sprachschöpferische »Originalität«, argumentatives »Wagnis« (als neue metaphorische Modellvorstellung etwa) und damit auf dem Hintergrund von nicht genuin wissenschaftlichen, sondern wissenschaftsästhetischen Kriterien beschrieben und beurteilt werden können, scheint evident.[6] – Was in der bewertenden Beschreibung der *großen Autoren* mitschwingt, wenn man ihre Funktion nicht nur darauf festlegt, sie als Revolutionäre eines Aussagesystems zu apostrophieren, sondern sie gleichzeitig als Begründer eines eigenen Sprachgebrauchs zu sehen, kann für *normale wissenschaftliche Autoren* zwar nicht in dieser affirmativen Weise postuliert werden, graduell sind aber vergleichbare Kriterien wie »inhaltlicher Gehalt«, »Stil« (oder Stilbruch), »Originalität« (oder sprachlich-denkstilistische Konventionalität) und argumentatives »Wagnis« anwendbar.

Selbstverständlich ist vor dem Hintergrund dieses Beispiels einzuwenden, dass sich das sozial- und geisteswissenschaftliche Sprachverständnis und die Darstellungskonventionen im Text von den naturwissenschaftlichen stark unterscheiden und dass deshalb der zugrunde liegende Autorschaftsbegriff nicht

---

6 Die spezifisch »rhetorische Konsistenz« wissenschaftlicher Aussagesysteme wird von einem institutionell schwer eingrenzbaren Zweig der Wissenschaftsforschung untersucht, der unter dem Label der »Rhetoric of Science« gefasst wird. Ein wichtiger Teil der Diskussionen, die in den späten 80er- und 90er-Jahren geführt wurden, drehte sich um die Frage nach der Gewichtung der »rhetorischen Anteile« im Text. Eine radikal »rhetorische Position«, wie sie Alan Gross gegen Charles Bazerman vertrat, erklärt den wissenschaftlichen Text selbst als referenzlos »rhetorisch« konstituiert, während eine eher traditionelle Auffassung, wie sie Bazerman einnahm, sozusagen von »rhetorischen« und »nicht-rhetorischen« Verteilungen ausgeht. Vgl. Gross: The Rhetoric of Science. Vgl. auch die klassische Arbeit von Bazerman: Shaping Written Knowledge.

als übergreifender Begriff postuliert werden kann. Es soll im Folgenden auch darum gehen, dieses Argument schrittweise zu entkräften und übergreifende Eigenschaften von wissenschaftlichen Texten in den Blick zu nehmen.

1.1 Das Ich-Tabu

Der Ausgangspunkt für die hier angestellten Überlegungen zur poetologisch zu reflektierenden Seite der Autorschaft in wissenschaftlichen Texten liegt in einem vor allem deutschsprachigen Topos der pragmalinguistisch orientierten Fachtextforschung, die in der sprachlichen Ausblendung des Autorsubjekts ein prägendes Merkmal der Wissenschaftskommunikation und im Ich-Gebrauch sozusagen den wichtigsten Index dieses Subjekts vermutet. Die Kritik an der Untermarkiertheit der Sprecherdeixis, die auch im Alltag zum Klischee des unpersönlichen Wissenschaftstextes gerinnt, basiert einerseits wesentlich auf einer vorschnellen Gleichsetzung von *Ich-Markierung* und *Subjekt-Anwesenheit*, andererseits auf einer Art Abbildlichkeitsmodell des realiter vorhandenen Handlungssettings der Instanzen unter den schriftlichen Bedingungen des Textes.[7] In der hier geführten Argumentation geht es weder darum, den Begriff des wissenschaftlichen Autors im Bild der *Anwesenheit*, noch im Modell des Ich-Verbots (Weinrich), bzw. Ich-Tabus (Kretzenbacher) zu verankern. Wissenschaftliche Autoren treten prototypisch mit einem argumentativen Geltungsanspruch innerhalb eines bestimmten epistemischen Kontexts auf, um eine autorschaftliche Position einzunehmen, wobei der Begriff des Autor*subjekts* signalisiert, dass die Geltungsgründe auf eine *Subjektposition* beziehbar sein sollen. Dass der Anspruch auf Geltung nicht unmittelbar auf reale Entitäten bezogen wird, sondern in der Lektüre schrittweise mit einer autorschaftlichen Position assoziiert werden muss, macht gerade der Umstand deutlich, dass Propositionen im wissenschaftlichen Text nicht zwingend die schlichte Form von »x + y = z« annehmen, sondern eine autorschaftliche Rahmung andeuten, die hilft, die Bedingungen des Positionsbezugs nachzuvollziehen. Domänentypisch sind etwa Formulierungen wie: »*Es zeigt sich*, dass unter den gegebenen Bedingungen aus der Summe von x und y z resultiert« oder: »*Es ist anzunehmen*, dass z resultiert, wenn x und y addiert werden«.

---

[7] Peter von Polenz weist in einem frühen Beitrag (1981) darauf hin, dass Handlungsprädikate im wissenschaftstypischen Sprachgebrauch deagentiviert werden und Abstrakta in die Subjekt-Stelle verschoben werden. Vgl. Polenz: Jargonisierung.

Diese Beispielsätze verdeutlichen einerseits, dass mit solchen Ausdrucksoptionen funktionale Äquivalente zur Ich-Form in domänentypischer, das heisst verfestigter Form vorliegen, andererseits verdeutlichen die Beispiele auch, dass es sich um disziplinär und historisch konventionalisierte Muster eines institutionellen Sprachgebrauchs handelt, der Alternativen eher aus formalen denn aus funktionalen Gründen ablehnt. Ein Wandel der Konventionen ist deshalb grundsätzlich jederzeit möglich. Aus funktionaler Pespektive ist der Rahmen-Ausdruck »es ist anzunehmen« dem Ausdruck »ich nehme an« äquivalent. Wenn Mitglieder einer wissenschaftlichen Disziplin sich daran halten, den ersten Ausdruckstypus zu präferieren, wie es im deutschsprachigen Raum für viele Disziplinen in der Vergangenheit zum wissenschaftssprachlichen Standardrepertoire gehörte, bringt das den Vorteil mit sich, dass sich Mitglieder nicht nur als Funktionsgemeinschaft mit gemeinsamen diskursiven Zielen manifestieren, sondern mittels formaler Konsistenz auch eine »Sprach- und Textgemeinschaft« bilden.[8] Mit der jüngeren Tradition der pragmatisch orientierten Wissenschaftslinguistik lässt sich in diesem Zusammenhang die Einsicht formulieren, dass sich die Typik des wissenschaftlichen Standardsprachgebrauchs zwar mittels funktionaler Eigenschaften wie Eindeutigkeit, Präzision, Durchsichtigkeit etc. herleiten lässt, dass aber die höhere Ich-Frequenz, wie sie etwa in der angelsächsischen Wissenschaftsliteratur verbreitet ist, mit den gleichen funktionalen Kriterien ableiten lässt.[9] Diese Konventionen im Bereich des Standardrepertoires haben zwar einen Signalcharakter für die Abgrenzung von Gemeinschaften, allerdings sind gerade Brüche mit der Konvention auch eine Möglichkeit, um symbolisch Sub-Gemeinschaften auszubilden oder einen Generationswechsel auf der Ebene des kurzzeitig unverbindlich gewordenen Sprachgebrauchs zu unterstreichen. Seit den 90er-Jahren sind im deutschsprachigen Raum vor allem in den Geisteswissenschaften in vielen Subdisziplinen solche Traditionsbrüche zu beobachten. Eine breit angelegte, korpusgestützte Untersuchung dieses Wandels fehlt allerdings bis jetzt.

Eine weitere, zentrale Erkenntnis der jüngeren Wissenschaftslinguistik erscheint mit Blick auf den zu problematisierenden Begriff des Ich-Tabus wesentlich. Wie bereits gesagt referiert »ich« im wissenschaftlichen Kontext grob gesagt nicht deiktisch auf die sprechende Instanz, sondern »ich« bezeichnet eine je nach funktionaler Einbindung des entsprechenden Textteils ausdifferenzierte Handlungsrolle. Diese Rollen lassen sich als unterschiedliche »Ich-Typen« beschreiben. Torsten Steinhoff (2007) unterscheidet drei solche Typen: Verfasser-

---

[8] Pohl: Studien zur Ontogenese wissenschaftlichen Schreibens, S. 111.
[9] Vgl. hierzu ebd., S. 97–111.

Ich, Forscher-Ich und Erzähler-Ich.[10] Mir scheint für die hier geführte Argumentation in Abgrenzung zu dieser Konzeption bei Steinhoff (2007) wichtig, dass bei dem Begriff der Autorschaft, wie ich ihn für wissenschaftliche Texte reklamieren will, davon ausgegangen wird, dass rezeptionsseitig auch mittels sehr impliziter Signale, die nicht wie die »Ich-Typen« mit deiktischer Markierung korrespondieren, die autorschaftliche Instanz rekonstruierbar wird und sich damit sowohl die Rede vom Ich-Tabu als auch deren Substituierung durch »Ich-Typen« als obsolet erweist.

Ich werde im dritten Kapitel auf dem Hintergrund von Bühlers Begriff des »Sprachwerks« den Begriff der autorschaftlichen Position vom Begriff des Autorsubjekts zu differenzieren versuchen. Die Argumentation geht mit den im zweiten Kapitel im Rückgriff auf Ludwik Flecks »Zeitschrift-« und »Handbuchwissenschaft« formulierten Entgegensetzung von »persönlicher« und »unpersönlicher« Autorschaft davon aus, dass Aussagen in unterschiedlicher Abstufung auf Autoren beziehbar sind. Im folgenden Unterkapitel 1.2 soll das Autorkonzept abgegrenzt werden gegen das wissenschaftsgeschichtlich und rhetorisch motivierte Konzept der wissenschaftlichen Persona.

1.2 Wissenschaftliche Persona

In ihrer breit angelegten, historischen Untersuchung zur Begriffsgeschichte der »Objektivität« haben sich Daston und Galison ausführlich mit der Frage nach dem »wissenschaftlichen Selbst« befasst.[11] Daston und Galison (2007) verstehen unter dem »wissenschaftlichen Selbst« etwas Ähnliches wie Daston und Sibum (2003) bereits andernorts unter der »wissenschaftlichen Persona« verstehen: Als »Persona« oder »Selbst« wird der Typus des Naturwissenschaftlers im Sinne einer Art Hypostase der darunter subsumierten, regulativen Ideen konzipiert, es wird also nicht etwas unmittelbar Personbezogenes im Sinne einer individuellen Biographie darunter verstanden, allerdings auch nicht etwas wie eine soziale Rolle, sondern vor allem synthetisierte Denk- und Urteilsmuster, die zum Beispiel auf eine prototypische Vorstellung des Naturwissenschaftlers bezogen werden.[12] Die Leistungsfähigkeit dieses Ansatzes liegt darin, diachron Konjunkturen dieses »Selbsts« als Veränderung im Produktionsdispositiv von wissen-

---

10 Vgl. Steinhoff: Wissenschaftliche Textkompetenz, S. 180–204.
11 Vgl. Daston / Galison: Das wissenschaftliche Selbst, S. 201–265.
12 Vgl. Daston / Sibum: Introduction, vor allem S. 3f.

schaftlichen Erkenntnissen identifizieren zu können. Gleichzeitig scheint es auch möglich, die epochenübergreifende Konstanz des Phänomens zu beobachten. Daston und Sibum (2003) betonen die relativ kleine Zahl von »Personae« und ihre unifizierende Funktion als perzeptive Maske über die Disziplinen- und Subdisziplinengrenzen hinweg, wenn sie sagen: »The word ›scientist‹ bears witness to a persona that resists the multiplication of identities even at the disciplinary level, not to speak of the level of the individual«.[13]

Daston und Galison (2007) weisen der mit Kant wirkungsmächtig eingeführten Entgegensetzung zwischen dem Subjektiven (Erfahrung, Empfindung, Empirisches) und Objektivem (allgemeingültige apriorische Bedingungen) ebenfalls einen mit dem »Selbst« assoziierten, nicht-persönlichen Ort zu, an welchem aktiv und mittels Verstandesgebrauch sowohl auf Subjektives wie Objektives zugegriffen werden kann, indem durch »Verstandesbegriff die Verknüpfungen der Vorstellungen [...] als allgemeingültig bestimmt wird« (Kant).[14] Die Entgegensetzung, wie sie Daston und Galison mit Kant vorführen, geht nicht in die Richtung einer Diskriminierung der Subjektivität im Sinne ihrer Verdrängung zugunsten eines im wissenschaftlichen Kontext verabsolutierten Objektivitätsprinzips. Das ist zentral mit Blick auf Autorschaft, weil Autoren in Texten beides darstellen. Meines Erachtens liegt ein gewichtiges Problem in der begrifflichen Bestimmung des »wissenschaftlichen Selbst« bei Daston und Galison darin, dass sie den Begriff ausschließlich in den Praktiken der Wissens *herstellung* verankert sehen (zum Beispiel »das Selbst des Beobachters«) und dass sie zwar im Zusammenhang etwa mit der Selbst-Stabil-isierung des »Selbst« auch von Schreibpraktiken ausgehen, zum Beispiel in der Form von Beobachtungstagebüchern, dass aber an keiner Stelle die Möglichkeit in den Blick genommen wird, das »Selbst« an der Schnittstelle zwischen Wissensherstellung und Wissensdarstellung zu suchen. Oder anders gesagt: Wissenschaft im Sinne der Wissensgenerierung und wissenschaftlicher Text im Sinne der Darstellung der Wissensgenerierung wird zu stark gleichgesetzt. Ein synchron aufgefasstes »Selbst« müsste *auch* mit der Autorrolle assoziiert werden, weil der wissenschaftliche Erkenntnisprozess nicht als dem Textmedium äußerlich oder völlig nachgeordnet gelten kann. Ich sehe den Begriff der wissenschaftlichen Autorschaft, wie ich ihn hier verstanden haben möchte, deshalb nicht alternativ, sondern komplementär zum hypostasierenden Begriff des »Selbst« bei Daston und Galison. Die wesentliche Differenz zum Begriff des »Selbst« liegt vor allem darin, dass mit dem Begriff des Autors ein *gleichzeitig* domänentypisch präfigu-

---

13 Daston / Sibum: Introduction, S. 4.
14 Daston / Galison: Das wissenschaftliche Selbst, S. 219f.

riertes als auch – das scheint mir zentral – individuell ausdeutbares Phänomenbündel angesprochen ist.

2 »Persönliche« und »unpersönliche« Autorschaft im »wissenschaftlichen Denkkollektiv«

Nicht Texte sind angewiesen auf die Zuschreibung an einen Autor, sondern die Aussagen, die mit ihnen gemacht werden. Die Aussage, die mit einem Text eine spezifische Gestalt annimmt, ist nicht identisch mit dem Text, es handelt sich vielmehr um eine zusammenfassende Reduktion im Sinne einer rezeptionsseitig zugeschriebenen, zusammengefassten Intention. Weder der wissenschaftliche noch der literarische Diskurs lassen es zu, eine autorfreie Aussage zu realisieren, die etwa die Form eines Satzes haben könnten, gerade *weil* aktuelle Wahrheiten sonst nicht von bereits geteilten im Sinne etwa der Common-Sense-Topoi unterscheidbar wären. Autoren realisieren mit Texten zuerst einmal unbekannte, neue Aussagen. Mit dem Text werden Voraussetzungen dafür geschaffen, dass eine Aussage als solche akzeptiert werden kann. Die etwas läppisch gestellte Lehrerfrage: Was will uns der Autor mit seinem Text sagen? referiert also weder ausschließlich auf Texte, die ihre Intention absichtsvoll verrätseln, noch kann sie sich auf die Gesamtheit der Verstehensvoraussetzungen gleichzeitig beziehen, sondern sie bezieht sich gerade auf eine in der Lektüre nicht selbstverständlich ableitbare autorinstanzliche Kondensation davon. Welche begrifflichen und hermeneutischen Probleme mit dieser Abstraktionsleistung mit Blick auf die Lektüre literarischer Werke verbunden sind, zeigen die literaturtheoretischen Arbeiten unter dem Etikett der »Rückkehr des Autors« ausführlich und überzeugend auf.[15] Mit Blick auf wissenschaftliche Autorschaft fällt auf, dass die Zuschreibungen von Aussagen an Autoren tendenziell in einem realistisch-naiven Modell der Gleichsetzung von intendierter und verstandener Aussage

---

15 In der literaturtheoretischen Diskussion wird in der zweiten Hälfte des 20. Jahrhunderts das auf biographischen Modellen aufbauende Autorkonzept grob gesagt für unbrauchbar erklärt. Allerdings aufersteht das Modell unter dem Vorbehalt der leserseitigen Rekonstruktion seit den 90er Jahren zu neuem Leben. Eine präzise Darstellung dieser Diskussion liefert Fotis Jannidis: Figur und Person, S. 20–28. Dass es sich allerdings bei der »Rückkehr« des Autors genau genommen gar nicht um eine solche handelt, darauf weist Carlos Spoerhase (Spoerhase: Autorschaft, S. 11–38) überzeugend hin.

verhaftet sind. Entsprechend gilt der Autor als unproblematische Konstruktion, jedenfalls scheint das übergreifende wissenschaftliche Gebot der Explizitheit mit dazu beizutragen, dass grundsätzlich davon ausgegangen wird, dass die Rezeption (auch über speziell dafür prädestinierte Teiltexte wie Abstract, Zusammenfassung, Fazit etc.) entsprechend unmissverständlich auf die Kondensation hingewiesen werde, so dass keine interpretativen Spielräume klaffen und der Autor überhaupt zu einer problematischen Instanz geraten würde, die der Analyse bedürfte.[16]

Was im Hinblick auf wissenschaftliche Autorschaft mit der Monographie von Ludwik Fleck »Entstehung und Entwicklung einer wissenschaftlichen Tatsache« (1935) zu einer ausführlichen, wissenschaftsgeschichtlich motivierten Reflexion gerinnt, ist die Frage, wie sich Aussagen von ihrem ursprünglichen Kontext lösen und zu unpersönlichen »Tatsachen« werden. Fleck liefert mit seinem Erklärungsansatz einen wichtigen Grundstein zu einer Poetologie der wissenschaftlichen Aussagesysteme: Im zweitletzten Kapitel stellt er disziplinübergreifende Merkmale des »modernen wissenschaftlichen Denkkollektivs« heraus.[17] Ich beschränke mich hier auf die von Fleck pointierte Polarität zwischen »Zeitschriftwissenschaft« und »Handbuchwissenschaft«. Sie bildet für Fleck die im engeren Sinn expertenschaftliche, »esoterische Wissenschaft« im Gegensatz zu der im gleichen Kapitel thematisierten populären und didaktischen Orientierung von Wissenschaft, die Fleck als »exoterische Wissenschaft« bezeichnet. Zwischen den Polen der »Zeitschriftwissenschaft« und der »Handbuchwissenschaft« besteht, was die Qualität der »denksozialen Form« von Aussagen und damit das zugrunde liegende Autorkonstrukt angeht, ein deutlicher Unterschied.[18] Für Fleck ist diese Polarität vor allem durch den Gegensatz von »persönlicher« und »unpersönlicher« Qualität gegeben. Etwas vergröbert kann man sagen: »Zeitschriftwissenschaft« teilt persönliche, wissenschaftliche *Erkenntnis* mit, die vorläufigen Geltungsanspruch erhebt. Im Kontrast dazu steht die »Handbuchwissenschaft«, sie ist funktional nicht als Mitteilung zu verste-

---

[16] In der Diskussion, die im Anschluss an das Referat »Qu'est-ce qu'un auteur?« (1969) von Michel Foucault geführt wird, ist beispielhaft nachzuvollziehen, was es heißt, eine Aussage von einem Autor zu verstehen. Foucault verwahrt sich nach der ausführlichen Invektive von Lucien Goldmann dagegen, mit seiner Aussage wie Roland Barthes verstanden zu werden: »ich habe nicht gesagt, dass der Autor nicht existierte. Ich habe es nicht gesagt, und ich bin erstaunt, dass meine Rede zu einem solchen Widersinn geführt haben sollte« (Foucault: Was ist ein Autor?, S. 266).
[17] Vgl. Fleck: Tatsache, S. 146–164.
[18] Mir geht es im Folgenden vor allem um die Polarität der von Fleck beschriebenen Darstellungsformen und weniger um Metamorphosen zwischen ihnen.

hen, sondern als synthetisierender Bericht, als unpersönliches, kondensiertes Wissensarchiv:

> Das Handbuch entsteht also nicht einfach durch Summation oder Aneinanderreihung einzelner Zeitschriftarbeiten, denn erstere ist unmöglich, weil diese Arbeiten oft einander widersprechen, und letztere auch kein geschlossenes System ergäbe, worauf die Handbuchwissenschaft zielt. Ein Handbuch entsteht aus den einzelnen Arbeiten wie ein Mosaik aus vielen farbigen Steinchen: durch Auswahl und geordnete Zusammenstellung. Der Plan, dem gemäss die Auswahl und Zusammenstellung geschieht, bildet dann die Richtungslinien späterer Forschung: er entscheidet, was als Grundbegriff zu gelten habe, welche Methoden lobenswert heissen, welche Richtungen vielversprechend erscheinen, welchen Forschern ein Rang zukomme und welche einfach der Vergessenheit anheimfallen.[19]

Das Zitat macht deutlich, dass Autorschaft im Fall des Handbuchs auf drei aufeinander bezogenen Ebenen kontrastiv gekennzeichnet ist: 1. Der Handbuch-Autor selegiert aus einem vorfindlichen Aggregat von Erkenntnissen, seine Wahl ist durch denksoziale Konventionen geprägt. 2. Der Handbuch-Autor baut die gewählten Erkenntnisse zu einer neuen Ordnung um, die den Erkenntnissen selbst eine neue Qualität verleihen und sie epistemisch in ein tendenziell auf Geschlossenheit zielendes System überführen. 3. Der Handbuch-Autor historisiert und validiert wissenschaftliche Erkenntnis. Mit der Historisierung ist eine Konsistenzänderung hin zum *geteilten Wissen* verbunden, wenn der konventionelle Aspekt in den Vordergrund gerückt wird und in ihrer kondensierten Form für künftige Anschlüsse prädestiniert werden.

Der von Fleck beschriebene Antagonismus zwischen »persönlicher« und »unpersönlicher« Autorschaft ist für die wissenschaftlichen Validierungsprozeduren zentral. Nach Fleck kann man die »unpersönliche« Autorschaft verstehen als Bewertungszuschreibung an ein bestimmtes Bündel von »persönlichen« Aussagen. Interessant und gleichzeitig problematisch scheint mir an der Formulierung von Fleck, dass die Differenz zwischen der dargestellten, textsortentypischen Emergenz (»das Handbuch«) und dem zugrunde liegenden Erkenntnis- oder Wissenssubstrat eingeebnet zu sein scheint. Der Text ist für Fleck weder einfach Ergebnis des wissenschaftlichen Prozessierens oder schlichtes Instrument für weiteres Prozessieren, er ist selbst die »denksoziale Form« der Wissenschaft. Das heißt, Fleck geht eigentlich nicht nur von der Textförmigkeit des wissenschaftlichen Wissens aus, sondern die symbolische Bedeutung der Repräsentation wird selbst hypostasiert und mit der wissenschaftlichen Praxis identifiziert. Wissenschaft und wissenschaftlicher Text werden auch hier in eins gesetzt. Ich werde darauf weiter unten zurückkommen.

---

19 Fleck: Tatsache, S. 158.

Die Textförmigkeit von Erkenntnissen und damit ihre Autorgeprägtheit stellt Fleck ins Zentrum seiner Charakterisierung der »Zeitschriftwissenschaft«:

> Die Zeitschriftwissenschaft trägt also das Gepräge des Vorläufigen und Persönlichen. Das erste Merkmal zeigt sich zunächst darin, dass trotz der ausgesprochenen Begrenztheit der bearbeiteten Probleme, doch immer ein Streben betont wird, an die ganze Problematik des betreffenden Gebietes anzuknüpfen. Jede Zeitschriftarbeit enthält in der Einleitung oder in den Schlussfolgerungen eine solche Anknüpfung an die Handbuchwissenschaft als Beweis, dass sie ins Handbuch strebt und ihre gegenwärtige Position für vorläufig hält. [20]

Der Begriff des Autors, den Fleck hier im Kontext des wissenschaftlichen Erkenntniszugewinns konzeptualisiert, ist stark an die innovatorische Leistung gebunden. Aussagen entsprechen komplizierten, textförmigen Geflechten. Dass die Textförmigkeit der autorschaftlichen Aussage die Voraussetzung für ihre Validierung im »Handbuch« beibringen muss und mit diesen Voraussetzungen »ins Handbuch strebt«, ändert für Fleck nichts daran, dass die Textform selbst geprägt ist von Anpassungsleistungen an den »Prozess der Kollektivisierung«:

> Die Fragmentarität der Probleme [...], kurz die Ein- und Erstmaligkeit des Arbeitsstoffes verbinden ihn untrennbar mit dem Verfasser. Dessen ist sich jeder Forscher bewusst und fühlt zugleich das Persönliche seiner Arbeit als Fehler: fast immer will er seine Person verschwinden lassen. [21]

Dass das Textmedium selbst Möglichkeiten bereithält, den kollektiven »Denkverkehr« als eine Art autorschaftliche ›Zwiesprache‹ darzustellen, welche die Reflexivität des Textmediums nutzt und etwa die Differenzen zwischen Positionen darstellt, betont Fleck vor allem im Kontext mit den inkriminierten Anpassungsleistungen:

> Dieser esoterische Denkverkehr vollzieht sich zum Teil schon innerhalb der Person des Forschers selbst: er hält mit sich selbst Zwiesprache, wägt ab, vergleicht, entscheidet sich. Je weniger diese Entscheidung auf Anpassung an die Handbuchwissenschaft beruht, je origineller und kühner also der persönliche Denkstil, desto länger dauert es, bis der Prozess der Kollektivisierung seiner Ergebnisse vollzogen ist. [22]

Versteht man also unter Autorschaft zusammenfassend das die Autorinstanz bestätigende performative Prinzip im Text, so können mit Ludwik Fleck (1935/1980) zwei grundlegende, komplementäre Tendenzen der wissenschaftlichen Autorschaft differenziert werden.

---

20 Fleck: Tatsache, S. 156.
21 Ebd., S. 157.
22 Ebd., S. 157.

1. Die »persönliche« Zeitschrift-Autorschaft, die für neue Aussagen im Sinne des wissenschaftlichen Zugewinns an Erkenntnissen bürgt. Bestätigt wird hier eine »Schöpfer«-Instanz, die von Anzeichen der Unsicherheit und der Vorläufigkeit begleitet wird.
2. Die »unpersönliche« Handbuch-Autorschaft, die Aussagen selegiert, ordnet und validiert. Bestätigt wird hier eine diskrete, gleichzeitig autoritäre, im »Denkkollektiv« verankerte Instanz, die mit Anzeichen der Sicherheit und des historischen Kommentars ausgestattet ist. »Versteht man unter Tatsache Feststehendes, Bewiesenes, so ist sie nur in der Handbuchwissenschaft vorhanden«.[23]

Ich verstehe die hier mit Fleck angedeutete Autorschaftstypologie nicht an die Textsortengrenzen gebunden, wie das Fleck tut. Die Polarität zwischen »persönlich« und »unpersönlich« ist meines Erachtens mit einem zugrunde liegenden Handlungsstereotyp verbunden, das textsorten- und disziplinübergreifend wirksam ist. Die intertextuelle Verankerung von Aussagen in wissenschaftlichen Aufsätzen etwa, die stetige Verankerung von Aussagen im Forschungsstand des »Denkkollektivs«, fußt in einer *poetologischen Strategie*, welche die Vorbereitung von Akzeptanz bereits an intersubjektiv geteilte Geltungsgründe anschliesst (validierte Daten, wiederholte Experimente, bestätigte Interpretationen etc.). Weder unpersönliche, noch persönliche Autorschaft sind an Text- oder Textsortengrenzen gebunden. Aussagen lassen sich selbstverständlich trennen von ihrem autorschaftlichen Entstehungskontext. Als textunabhängiges Wissen, das nicht mehr problematisiert werden soll, sind anonyme »Tatsachen« von Vorteil. Die Loslösung selbst allerdings – das ist mit Fleck wichtig zu betonen – erscheint nicht anonym, sondern »unpersönlich«, sie ist angewiesen auf eine autorschaftliche Rahmung im »Handbuch«.

3 Warum (nicht alle) Sachtexte auf die Autorfunktion angewiesen sind

Für die pragmatisch-textlinguistische bzw. enger die pragma-stilistische Perspektive auf Text ist das der Sprechakttheorie entnommene Konzept der sprach-

---

23 Fleck: Tatsache, S. 164.

lichen Handlung zentral.[24] Mit Sachtexten wird *sachlich* gehandelt, über Funktionsindikatoren sind Handlungsschemen zu inferieren. Eine Gebrauchsanweisung *weist an*, ein Gesetzestext *normiert*, ein Wetterbericht *prognostiziert*. Die Inferenz solcher Handlungsschemen wird, wenn nicht bereits mit dem Titel angedeutet (oder etwa mit entsprechenden Präambeln), über texttypische Ausdrücke indiziert: Textsortentypische Ausdrücke wie »Vor Gebrauch sorgfältig durchlesen« oder »zunehmende Gewitterneigung« etc. lassen entsprechende Rahmenerwartungen zu, die mit Handlungsschemen rezeptionsseitig koordiniert werden. – Mir geht es hier um die Frage, für welche Texte es angebracht scheint, die mit Foucault reklamierte Autorfunktion zu inferieren. Die Hinweise, die bei Foucault mehr oder weniger apodiktisch angeführt sind: »Ein privater Brief kann einen Unterzeichner haben, aber er hat keinen Autor« (Foucault 1969: 245) sollen dabei einer Überprüfung unterzogen werden. Gleichzeitig verbinde ich mit dieser zugeschriebenen bzw. inferierten Autorfunktion in der Welt der Fachtexte auch eine Kritik am Handlungsschema der pragmatischen Textlinguistik und der Pragma-Stilistik.

Kommunikation wird üblicherweise als (beabsichtigter) Austausch zwischen (mindestens) zwei Partnern konzipiert: Ein Sender gibt dabei einem Empfänger mittels Zeichen etwas zu verstehen. Schriftliche Texte können gelesen werden, ein rückgekoppelter Austausch wie in einem Gespräch kann nicht stattfinden, die Rezeption ist durch den Sender nicht kontrollierbar und der Empfänger kann keine Rückfragen stellen. Trotzdem wird im Alltag üblicherweise von Kommunikation mit schriftlichen Texten gesprochen, weil vielen schriftlichen Texten diese Modellierung typischerweise vorausgeht.

Der für die pragmatisch orientierte Linguistik zentrale Sprachtheoretiker Karl Bühler unterscheidet in der Gesamtheit der denkbaren Einsatzmöglichkeiten von Sprache kategorial zwei Funktionstypen: Zum einen die in eine bestimmte Situation eingebundene »Sprechhandlung« und zum andern das situationsenthobene »Sprachwerk«. Die bühlerschen »Sprechhandlungen« sind als autor-freie Texte anzuschauen, die »Sprachwerke« sind angewiesen auf die Autorfunktion. Eine »Sprechhandlung« zu vollbringen heißt nach Bühler, eine Aufgabe »aus der Lebenslage« heraus und für den Moment sprechend oder lesend zu lösen.[25] Eine Gebrauchsanweisung wird so verwendet. Ein Witz wird so erzählt. Eine Party-Konversation wird so geführt. Den zuletzt genannten Sprachgebrauch kann man sich auf einer graduellen Skala zwischen ›aus-

---

24 Vgl. zu den pragmatischen Konzeptualisierungen der Textlinguistik den Handbuchartikel von Feilke: Die pragmatische Wende.
25 Bühler: Sprachtheorie, S. 53.

schliesslich kommunikativ‹ und ›gar nicht kommunikativ‹ der Tendenz nach bei ›ausschliesslich kommunikativ‹ vorstellen. Das »Sprachwerk« markiert die andere Seite der Skala. Bühler sagt: »Das Sprachwerk als solches will entbunden aus dem Standort im individuellen Leben und Erleben seines Erzeugers betrachtbar und betrachtet sein«.[26] Für die Lektüre und das Verstehen von Texten im Sinne des bühlerschen Spachwerks ist es wichtig, eine Vorstellung zu haben vom Autor des Textes, weil mit diesem primären Kontext auch Vorstellungen über die Bezugswelt und den Geltungsanspruch verbunden sind. Gerade weil das kybernetische Bild des Senders und des Sendens stark impliziert, dass das, was »gesendet wird«, im Sinne eines kommunikativen Monitorings auch ankommt, ist der Begriff des Autors hier vorzuziehen. Ich kann Aussagen auf Autoren beziehen, indem ich sie als kommunikative Instanzen präsupponiere und rekonstruiere. Gleichzeitig spielt die konkrete Ausdrucksgestalt des Textes vor allem die Rolle des Inferenzhintergrundes. Die Frage nach den Ich-hier-jetzt-Koordinaten im Sinne einer axialen Rekonstruktion von als ›ursprünglich‹ gedachten Indizierung von Kommunikation wird weitgehend obsolet. Die Versetzung ins bühlersche »Sprachwerk« ist angewiesen auf die Inferenz eines Autors.

Die Frage, wann ein Text den Status eines »Sprachwerks« erreicht, ist nicht *apriori* beantwortbar. Wann etwa ein Brief einfach im Sinne einer unmittelbar situationsverstrickten »Sprechhandlung« realisiert oder wann mit einem Brief eine völlig situationsenthobene Aussage gemacht wird, kann nicht unabhängig von der konstativen und performativen Gestalt dieses Briefs gesagt werden. Mir scheint wichtig, dass nicht einfach der wissenschaftliche oder literarische Diskursrahmen den Autor praktisch per Automatismus entsprechend inferierbar macht, sondern typische Indizierungen *in* bestimmten Texten auf eine Intention schließen lassen, die mit einer diskurstypischen Autorintention assoziiert wird. Die Unterscheidung zwischen kategorialer und semantischer Intention, wie sie Carlos Spoerhase (2007) trifft, kann mit Blick auf die Charakterisierung des bühlerschen Sprachwerks hilfreich sein: »Während sich die semantischen Intentionen darauf beziehen, was ein Autor in oder mit einem Text ›sagen‹ möchte, beziehen sich die kategorialen Intentionen darauf, welchem Genre ein Autor seinen Text zugeordnet sehen möchte«.[27] Bei der rezeptionsseitigen Rekonstruktion des Autors überlagern sich Indizierungen, die mit semantischen Intentionen korrespondieren, mit Indizierungen, die auf eine kategoriale Intention verweisen. Für die Rezeption von Texten ist es zentral, dass zwischen Zuschreib-

---

26   Ebd., S. 53f.
27   Spoerhase: Autorschaft, S. 123.

ung an die Instanz des Autors und Indizierung im Text eine entsprechende Verbindung besteht. An der Grenze zwischen Diskurs- und Textlinguistik bietet sich der Autorbegriff als ein wesentlicher Scharnierbegriff an, der bislang noch undiskutiert geblieben ist.[28]

Diese Überlegungen sollen auch verdeutlichen, warum der mit der Sprechakttheorie austinscher und searlescher Prägung beschriebene Handlungscharakter von Sätzen wie: »Ich taufe dich auf den Namen X« oder »Ich verurteile den Angeklagten zur Strafe Z« nicht unmittelbar auf die Konstitution von Sprachwerken übertragbar ist. Das der Sprechakttheorie zugrunde liegende Handlungsmodell baut einerseits auf der unmittelbar-dialogischen Inferierbarkeit der sprechhandelnden Instanzen auf, andererseits orientiert sich die Sprechakttheorie stark an der Satzförmigkeit von Sprechakten. Dieses Handlungsmodell lässt sich unter pragmalinguistischen Vorzeichen nur dann sinnvoll auf die Konstitution von Texten übertragen, wenn man radikal davon absieht, unter schriftlichen Bedingungen von real sprechhandelnden Instanzen mit Intentionen auszugehen, wie sie für unmittelbar-dialogische Kommunikationssettings typisch sind. Ich will hier die pragmalinguistischen Anstrengungen zur Übertragung des angesprochenen Handlungsmodells auf Sprachwerke mit zwei Problemlagen konfrontieren, die üblicherweise mit wissenschaftlichen Texten assoziiert werden:
1. Sprachliche Handlungen wie jene des Taufens oder Verurteilens in den obigen Beispielen sind Belege dafür, dass Sprechakte eine deutliche Rollenverteilung mit Blick auf Agens und Patiens der Handlung vornehmen und sie im Sprechakt selbst darstellen. Unter den Bedingungen, wie sie schriftliche, wissenschaftliche Texte üblicherweise aufweisen, stellt sich vor allem mit Blick auf unpersönliche Aussagen vom Typus »1 + 1 = 2« die Frage, ob das Handlungsmodell auch dann sinnvoll inferiert werden kann, wenn der Standpunkt, von dem aus die Aussage autorseitig realisiert wird, identisch ist mit dem Standpunkt, der rezeptionsseitig eingenommen werden muss, um die Aussage anzunehmen oder abzulehnen. Sprachliches Handeln kann in diesem Fall nicht wie etwa bei einer Gebrauchsanweisung auf eine Rollenverteilung abstellen, die klar asymmetrisch ist, indem die eine Instanz etwa ausschliesslich instruiert.
2. Es stellt sich auch die Frage, ob es opportun sei, einzelne Textsequenzen wie jene unpersönlichen zu isolieren und auf ihren Handlungscharakter hin

---

28 Vgl. zu den Berührungsflächen zwischen Text- und Diskurslinguistik den Problemaufriss bei Spitzmüller / Warnke: Diskurs und Text.

zu beschreiben, wenn doch Handlungen in Texten kompliziert aufeinander bezogen und ineinander verknüpft sind. Es fragt sich, ob nicht, um die typische Konstitution wissenschaftlicher Texte zu charakterisieren, der Handlungs*aufbau* und das Zusammenspiel von Handlungselementen innerhalb einer makrostrukturell angelegten Handlungsdramaturgie beschrieben werden müsste, etwa im Sinne von typischen Aufbaumustern in Texten (Zusammenfassung, Problemstellung, Methodenerörterung, Ergebnisse, Diskussion).

In den nachfolgenden drei Kapiteln sollen Überlegungen dazu angestellt werden, wie man sich den angesprochenen Indizierungshintergrund des Autors-im-Text vorstellen kann. Ziel dieser Ausführungen ist es nicht, Untersuchungsergebnisse zu präsentieren, sondern Möglichkeiten für eine korpusbasierte Analyse aufzuzeigen. Kapitel 4 streicht die mit Blick auf den Begriff des wissenschaftlichen Autors triviale und gleichzeitig vor allem informationswissenschaftlich untersuchte Ebene der epistemischen Einbettung von Aussagen qua Zitationsverhalten heraus. Es geht im Unterkapitel 4.1 um die Frage, wie man über das Mischverhältnis von eigenen und übernommenen Aussagen den Autor-im-Text bestimmen kann. Das Unterkapitel 4.2 stellt die Frage nach entsprechenden disziplinären Konjunkturen von solchen Mischverhältnissen. Kapitel 5 verortet den Autor-im-Text im makrostrukturellen Schema von Problemstellung und Problemlösung, wobei die flecksche Opposition von »Zeitschrift« und »Handbuch« konkretisiert werden soll mit Blick auf den Autor-im-Text. Kapitel 6 stellt die Frage nach dem Autor als Ordnungsinstanz.

4 Die Mischverhältnisse zwischen »persönlicher« und »unpersönlicher« Autorschaft

Zur Etablierung des wissenschaftlichen Autors-im-Text ist eine gleichzeitig konventionelle und habituelle Konstruktion disziplinunabhängig üblich in der Form von Anbindungen der eigenen Aussagen an jene der *Scientific Community*. Der Informationswissenschaftler Howard D. White spricht im Zusammenhang mit dieser expliziten, intertextuellen Selbsteinbettung von einer »Citation Identity«, der Historiker Heiner Fangerau bezeichnet den gleichen Sachverhalt in Anlehnung an Fleck als »Topographien von Denkkollektiven«.[29] Die »Citation

---

29 Vgl. White: Authors as Citers over Time; Vgl. Fangerau: Austausch.

Identity« muss verstanden werden als übereinzeltextliche Konstanz von kookkurrierenden Autor-Zitationen bei einem Autor.[30] Etwas polemisch zugespitzt könnte man sagen, dass die »Identity« eines Autors aus den immer gleichen Adressen besteht, auf denen die eigene Arbeit aufgebaut ist. Wenn Zitieren aus der Produktionsperspektive allgemein als »Effizienz des Anknüpfens an Bestehendes« (Eva-Maria Jakobs) bezeichnet werden kann, dann kann man das Zitieren der immer mehr oder weniger gleichen Literatur als Steigerung dieser Effizienz auffassen. White stellt die Praxis, bei der übrigens das Selbstzitat eine auffallend hohe Frequenz erreicht, in einen Zusammenhang mit einer Rezykliertätigkeit, bei der die Vertrautheit in einem bestimmten Detaillierungsgrad und die Zugänglichkeit im Sinne der Konsultierbarkeit ausschlaggebend sind. Je zugänglicher im Sinne der Bekanntheit eine Adresse für einen Autor ist, desto eher wird sie wieder zitiert. White erklärt so auch die häufigen Selbstzitationen.[31] Die zentralste Erkenntnis aus den bibliometrischen Untersuchungen, wie sie White in seinem Beitrag von 2011 zusammenfasst, belegt allerdings nicht in erster Linie die Konstanz der zitierten Adressen, sondern im Hinblick auf das über Einzelautoren hinweg zugrunde liegende Verteilungsmuster von Zitationen in einzelnen Texten eine erstaunliche Gleichförmigkeit.[32] Die übergreifende Regel ist grob auf folgenden Nenner zu bringen: Wenn wissenschaftliche Autoren zitieren, dann zitieren sie einige wenige Autoren oft und viele Autoren wenig. Diese Regel wird in bibliometrischen Untersuchungen als »reverse-J«-Regel apostrophiert. White (2011: 3351) charakterisiert die Regel als kleinen Kern mit gestreuter Peripherie. Mit dem Kern würden intellektuelle Koalitionen eingegangen, mit der Peripherie nicht. Das poetologische Prinzip scheint divergent. Im Falle des Kerns stellen Autoren einen im Sprachwerk ausführlich dargestellten Dialog her, epistemisch geht es hier darum, sich symbolisch einen Platz in der *Community* zu ergattern. Im Falle der Peripherie wird ein schriftstellerisches Verfahren evident, welches symbolisch Lektüre akkumuliert, ohne sie dialogisch zu akkulturieren.

Wenn wissenschaftliche Anfänger sich im Hinblick auf die konkreten Anforderungen der Textproduktion fragen, wie viele Zitationen pro Seite ungefähr erwartet würden, so bringen sie indirekt die Paradoxie zur Sprache, dass man, um andere Autoren dialogisch im eigenen Text zu akkulturieren, bereits eine epistemische Position als Autor einnehmen muss, die man als Anfänger noch

---

30 Vgl. White: Relevance theory, S. 3354.
31 »We rarely learn exactly why authors self-cite, but the record shows that, as they consider what is relevant in given contexts, their preferences frequently lead them to choose their own works« (White: Relevance theory, S. 3351).
32 Vgl. White: Relevance theory.

nicht haben kann. Die Lösung, die von Studierenden in der Regel für dieses Problem favorisiert wird, ist die der akkumulierenden Aneinanderreihung von Zitationen. Dass sich für dieses »Anfänger-Problem« keine befriedigende Anleitung formulieren lässt, scheint darauf hinzudeuten, dass für die Mustererfüllung ein Spielraum besteht, der auch als typische Abweichung (»studentische Erstlingsarbeit«) von einem erwarteten Muster wahrnehmbar ist. Ich glaube, dass zwei Fragestellungen in diesem Zusammenhang interessant sind, die mit Blick auf den spezifisch wissenschaftlichen Autorbegriff miteinander verbunden werden müssen. Die Anbindung und Abgrenzung von eigenen Aussagen kann inhaltlich sowohl im Hinblick auf die individuelle Autorkonstruktion als auch im Hinblick auf die disziplinären Konventionen als einer der wesentlichsten Indexe gelten, weil damit praktisch die epistemische Positionierung vollzogen wird.

4.1 Individuelle Mischverhältnisse

Mir scheint es nahe liegend, dass eine Teilkonstruktion des Autors-im-Text, wie sie mit der »Citation Identity« (White 2011), in Relation zu einer Aspiration gesehen wird, welche die argumentative Zweckbindung der Zitationen auch mit symbolischem Reputationsgewinn verbunden sieht. Dieser Aspekt ist auf dem Hintergrund der bibliometrisch-quantifizierenden Auswertung nicht erfassbar. Ich glaube allerdings, dass es sich auf dem Hintergrund einer stärker auf funktionale Qualitäten gerichtete Korpusanalyse zeigen ließe, dass die Darstellung des Autors-im-Text mit zunehmender Etabliertheit eines realen bzw. historischen Autors diskreter erfolgt, dass die Abgrenzungsgesten weniger frontal und die peripheren Zitationen im Sinne der ausführlichen ›Lektürebeweise‹ weniger deutlich erfolgen.[33] Im Gegenzug könnte man auch korpusanalytisch zu zeigen versuchen, dass die Verankerungsgestik im Umfang mit angestrebtem Statusgewinn korreliert.[34] Ein sehr schlichter Index für das Mischverhältnis wäre dabei zuerst die schiere Anzahl der beigebrachten Zitationen im Verhältnis zur Text-

---

33 Ich habe in *Dargestellte Autorschaft* (2009) an einem Beispiel-Autor nachzuweisen versucht, wie sich die Abgrenzungs- und Affirmierungsgestik mit zunehmender Etablierung der Autor-Biographie von Emmert verändert. Vgl. hierzu vor allem Steiner: Dargestellte Autorschaft, S. 235–237.
34 Zur Textvernetzung im vor allem fachlichen Kontext vgl. die Monographie von Eva-Maria Jakobs: Textvernetzung. – Meiner Erinnerung nach wird in dieser Darstellung an keiner Stelle das Korpus quantitativ nach funktionalen Kriterien, wie sie im fünften Kapitel beschrieben werden, ausgewertet.

länge. Die Analyse von *Mischverhältnissen*, wie sie hier vorgeschlagen wird, ist nicht in Analogie zu sehen mit den quantifizierenden Institutionen etwa des *Science Citation Index*, welcher bloße Zitationsfrequenzen ermittelt. Die Abbildlichkeit dieses Verhältnisses ist auch nicht als eine unmittelbare zu interpretieren, sondern wie angedeutet im *verstrickten Verhältnis* von »persönlicher« und »unpersönlicher« Erkenntnis- bzw. Wissenskonsistenz zu suchen.

4.2 Disziplinäre Mischverhältnisse

Selbst bei einem nur flüchtigen Blick auf die divergierenden disziplinären Auffassungen darüber, welche Funktion den Beiträgen in der »Zeitschriftwissenschaft« (Fleck) zukommt, fällt auf, dass sie sich gerade in ihrem Mischverhältnis zwischen eigenen und zitierten Aussagen diametral unterscheiden. Damit verbunden sind selbstverständlich (zumindest der Tendenz nach) divergierende Autorschaftsbegriffe. Ich möchte das hier nur vage skizzieren, die Überlegung müsste an einer breit angelegten Korpusanalyse erhärtet werden: Am einen Ende des Spektrums vermute ich theoretisch orientierte Subdisziplinen wie etwa jene der Mathematik, die eine wissenschaftliche ›Poetologie der reinen Erörterung‹ betreiben. Ich will das zuspitzen: In der subdisziplinären Tradition ist hier vorstellbar, als Autor-im-Text ohne jeden Verweis auf andere Autoren auszukommen. Auf der anderen Seite des Spektrums vermute ich in medizinischen Subdisziplinen, die sich auch unter entsprechenden ökonomischen Zwängen stark eingebunden sehen in disziplinäre ›Marschrichtungen‹ und sich entsprechend ›lektüreabhängig‹ präsentieren. Vor dem Hintergrund dieser divergierenden wissenschaftspoetologischen Traditionen müssen selbstverständlich die individuellen Passungen des Autors-im-Text gesehen werden. Individuelle Dissidenz ist ausschließlich der Bruch mit den disziplinären Erwartungen.

5 Das Erlösungsschema zwischen wissenschaftlicher »Zeitschrift« und »Handbuch«

Bei einem generalisierenden Blick auf die *poetologische Konstruktion* des Autors in wissenschaftlichen Texten im Sinne der felckschen »Zeitschriftwissenschaft« fällt als kleinster gemeinsamer Nenner auf, dass sie ihrer makrostrukturellen Dramaturgie nach ausnahmslos einem einfachen Schema gehorchen. Sie formulieren zuerst ein Problem, eine Forschungslücke. Eine gewichtige autorschaftliche Teilleistung besteht darin, diese Lücke erkannt zu haben. Im Hinblick auf die autorschaftliche Originalität ist es nicht erforderlich, eine völlig neue Thematik zur Disposition zu stellen, sondern vielmehr innerhalb der paradigmatischen Vorgaben des Denkkollektivs auf eine Lücke hinzuweisen. Der Autor-im-Text ist jene Instanz, die in diese Lücke springt und methodische Handlungen (Experimente, Berechnungen, Argumentationen, Beweise etc.) zu ihrer Beseitigung präsentiert. Beiträge in diesem Sinn zu verstehen bedeutet in erster Linie, die responsive Klammer innerhalb dieses Schemas nachzuvollziehen, das heißt das Problem als Frage und die Problemlösung als Antwort zu verstehen. Wenn in der metawissenschaftlichen Literatur im Zusammenhang mit dem Begriff der wissenschaftlichen Autorschaft die Frage gestellt wird, wie Autorschaft und Vertrauenskredit zusammenhängen,[35] so scheint es mir wichtig auf diese schematische Ebene des Textnachvollzugs hinzuweisen. Einem Autor mit seinem Beitrag zuzustimmen, heißt nicht zwingend, dass jeder einzelnen Verstehensbedingung zugestimmt wird, gerade weil bereits die Voraussetzungen im schriftlichen Text notgedrungen abstrahieren etwa von der Ebene der Beobachtung. Einem Autor zuzustimmen heißt möglicherweise vielmehr, dem angesprochenen Kohärenzschema beizupflichten und sich damit vor allem auf der weiter oben mit Spoerhase (2007) angesprochenen Ebene der kategorialen Intention zu bewegen. In diesem Sinn einer autorschaftlichen Aussage zuzustimmen hieße, dem Autor einen Vertrauenskredit zu gewähren. Dies würde erklären, warum in den bekannten Fällen von wissenschaftlichen Parodien diese nicht unmittelbar als solche erkannt wurden.[36] Man stimmt einer zusammengefassten Aussage zu, die mit einer kategorialen Intention korrespondiert, nicht einem Text. Ich glaube, dass hier mit Blick auf die spezifisch empirische Erfor-

---

[35] Judy Segal und Alan Richardson stellen etwa in ihrer Einleitung zum Sammelband *Scientific Ethos* die basale Frage, wie man die Glaubwürdigkeit von Wissenschaft beschreiben und erklären könne. Sie weisen zu Recht darauf hin, dass nicht den wissenschaftlichen Aussagen pauschal Vorschusskredit gezollt wird, sondern dass die soziale Institution das zugrunde liegende Schema mit einer Art ›Verstehenskredit‹ bevorschusst.

[36] Das vielleicht berühmteste Beispiel für eine solche Parodie ist vor allem unter dem Etikett »Sokal-Debatte« bekannt geworden. Der Physiker Alan Sokal hat 1996 unter dem Titel »Transgressing the Boundaries« in der Zeitschrift *Social Text* einen ›Nonsense-Beitrag‹ publiziert. Ein wichtiges Problem im Zusammenhang mit dem zugrunde liegenden Parodiebegriff liegt allerdings darin, dass die Einheit von Meinen und Sagen nicht durchgängig dissoziiert wird. Manche Textteile scheinen (etwa die ausführlichen und unverändert belassenen Zitate) so gemeint, wie sie in ihrem ursprünglichen Kontext gemeint waren, andere gerade wieder nicht. Das heißt der ›Nonsense-Charakter‹ hält sich vergleichsweise verdeckt. Vgl. Sokal: Grenzen überschreiten.

schung von wissenschaftlicher Autorschaft ein wichtiges Desiderat besteht: In der ›normalen Wissenschaft‹ geht man davon aus, dass Autoren von anderen Autoren ›richtig‹ zusammengefasst und nicht einfach für ihre Zwecke ›umgebogen‹ werden. Die Wissenschaftsgeschichte zeugt aber auch von autorschaftlichen Konflikten nicht unbedingt nur, was die Widerlegung von Aussagen angeht, sondern vor allem auch, was ›falsches Verständnis‹ angeht. Meines Erachtens wäre hier Stoff für eine kommunikationsgeschichtliche Arbeit zur ›autorschaftlichen Konfliktkultur‹ angelegt.

Das responsive Muster von Fragestellung und Antwort ist mit Blick auf die Instanz des Autors ein ausgesprochen produktives. Im Schema wird deutlich zum Ausdruck gebracht, dass der Wissenszuwachs einer autorschaftlichen Leistung entspricht. Autorschaft (hier verstanden als Autorität des Autors) stellt sich erst in einer die Teilziele des Textes unter das globale Ziel der Problemlösung subordinierenden Dramaturgie des Textes her. Das Schema sieht vor, dass der Autor mit einem Defizit startet, dem die gesamten Lösungen im Text kompensatorisch untergeordnet werden, um ihn zum Schluss des Textes als ›Befreier‹ von diesem Defizit im epistemischen Feld zu präsentieren. Gleichzeitig zeigt sich der Autor aber in diesem Schema nicht als persönliche Instanz, sondern wichtig ist bereits beim ›Lückenstart‹, dass das epistemische Feld ›bevölkert‹ erscheint von Autoren, die analog zum Autor selbst als Abgrenzungs- und Affirmierungsfiguren zur Verfügung stehen. Der »Zeitschrift-Autor« drängt so nicht nur, wie Fleck sagt, »ins Handbuch«, sondern er bereitet die Validierung praktisch vor, indem er seinen Beitrag mit entsprechenden »unpersönlichen Aussagen« unterfüttert.

Als makrostrukturelle Konstruktion taucht das »Erlöserschema« im Sinne einer Synthese von Problemlösungen, der kollektiv bewerkstelligten Befreiung von Unwissen auch im Handbuch wieder auf, allerdings in deutlich veränderter Konsistenz; wenn man so will im historischen Rückblick. »Beiträge« werden hier als Autorpositionen synthetisiert in eine denkstilistisch konvergente Form zum Ausgangspunkt der Darstellung gedreht. Der Forschungsstand, der als unzulänglicher und lückenhafter Ausgang für den »Zeitschrift-Autor« dient, wird hier als kollektiv-autorschaftliches Gesamtresultat dargestellt. Das heißt nicht, dass hier ausschließlich harmonisiert wird, Divergenzdarstellungen sind auch verbreitet, aber im Grunde wird (wie Fleck sagt) die Marschrichtung des Kollektivs betont, die nicht als völlig sinnlose Drift auseinandergeht, sondern etwa als schulische Alternativen. Ich glaube, dass hier vor allem mit Blick auf die Loslösung von Aussagen aus ihrem autorschaftlichen Ursprungskontext

Forschungsbedarf besteht.[37] – Ein wesentlicher Ausgangspunkt bildet dabei die bereits bei Fleck angesprochene Ausdruckstypik: Fleck weist darauf hin, dass zeitschrifttypische Wendungen die entsprechende autorschaftliche Unsicherheit mitenunziieren. Die spezifische Vorsicht sei erkennbar an charakteristischen Wendungen wie: »es konnte nicht nachgewiesen werden, dass...« während die unpersönliche Handbuchwissenschaft Wendungen wie »es gibt so und so etwas...« favorisiere.[38] Diese auf dem Hintergrund von entsprechender Lektüreerfahrung gemachte Behauptung müsste an einem umfangreichen Textkorpus detailliert analysiert werden. Gleichzeitig müssten die Korrespondenzen zwischen der mikrostrukturellen Typik und der makrostrukturellen Konstruktion des skizzierten Schemas aufgezeigt werden, das heißt vor allem mit Blick auf die Übergänge zwischen persönlicher Erkenntnis und unpersönlichem Wissen.

6 Autorschaftliche Handlungen: Beispiel Ordnen

Eine der wesentlichen Leistungen moderner Wissenschaftlichkeit liegt in ihrer Systematizität. Sie bildet allerdings nicht nur auf der Ebene des wissenschaftlichen Handelns, Erklärens, Beschreibens etc. eine wesentliche Voraussetzung für die Akzeptanz der entsprechenden Wissensproduktion, sondern sie bildet vor allem auf der Ebene der Darstellung eine der zentralen performativen Eigenschaften, die den Eindruck wissenschaftlicher Lektüren prägen. Das heißt konkret: Wenn der wissenschaftliche Text als gegliederter Text etwa in der Form einer Inhaltsübersicht einen systematischen Eindruck auf einen Adressaten macht, decken sich sozusagen die poetologischen Erwartungen an die Organisiertheit des Textes mit den Erwartungen an die Systematizität der zugrunde liegenden Wissenschaftlichkeit. Der mit dem Inhaltsverzeichnis gegebene Teiltext, der zumindest wissenschaftlichen Büchern obligatorisch vorausgeht, hat die Funktion, die systematische Ordnung überblickbar zu machen. Durch eine solche metatextuelle Thematisierung des Textes wird es einem Adressaten möglich, Text als strukturierte, autorschaftlich geplante und gegliederte Einheit

---

[37] Uwe Pörksen hat in einem Beitrag von 1998 im Rückgriff auf Fleck gezeigt, wie sich erfolgreiche wissenschaftliche Modellvorstellungen aus ihrem Ursprungskontext lösen und für völlig andere Aussage-Kontexte anschlussfähig werden. Einerseits zeigt er das am Beispiel von Darwins Idee der Evolutionslehre und andererseits am Beispiel der Doppel-Helix von Crick / Watson. Meines Erachtens zeigen aber gerade die Beispiele von Pörksen nicht eigentlich den Übergang zu »unpersönlichem Wissen«, sondern vielmehr eine eigenwillige, »exoterische« Metamorphose des zugrunde liegenden, metaphorischen Modells. Vgl. Pörksen: Blickprägung.
[38] Fleck: Tatsache, S. 157.

wahrzunehmen. Ordnung herzustellen und Ordnung im Text darzustellen ist autorschaftliche Aufgabe, wobei der Autor-im-Text durch explizite Thematisierungen dieser Ordnung besonders deutlich indiziert wird. Implizit rückt der Autor-im-Text in ein Kontiguitätsverhältnis mit der Systematizität, weil die Subordinierung von Textteilen dem Eindruck von Systematizität entgegenkommt.

6.1 Konventionelle Ordnung: Hierarchie und Kapitelsymmetrie

Man kann vermuten, dass konventionelle wissenschaftliche Ordnungssysteme mit Blick auf die Darstellung zwei wesentliche Eigenschaften mit sich bringen, was aber ebenfalls noch an einem entsprechenden Korpus überprüft werden müsste: Die numerischen Ordnungen bleiben überschaubar, das heißt die ›systemischen Ordnungen‹ ähneln im Grunde körperlichen: Gezählt wird in der Regel bis höchstens fünf, jedenfalls tendieren sie zur ›überschaubaren Zahl‹. Für Unterordnungen zum Beispiel in wissenschaftlichen Monographien gilt die dritte Unterordnung noch als konventionell und als nachvollziehbar. Diese Konventionalität der Subordination müssten mit entsprechenden autorschaftlich-metatextuellen Thematisierungen verglichen werden. Ich vermute, dass Gliederungshinweise in der Regel ohne begründende Hinweise gemacht werden, der Autor-im-Text tritt als gestaltende Instanz auf (zum Beispiel »im Folgenden sind drei Aspekte zu unterscheiden«), ohne dass gleichzeitig ›wissenschaftliche Systemeigenschaften‹ dafür verantwortlich gemacht würden.

Die zweite Eigenschaft der konventionellen Poetologie ist die harmonisierende Einhaltung von Symmetrien, was das ›Gewicht‹ von Kapiteln angeht. Auch das ist eine Vermutung, die an einem entsprechenden Korpus überprüft werden müsste. Die Erwartung geht in die Richtung, dass je »unpersönlicher« eine bestimmte Textgruppe sich funktional im Hinblick auf ihren Inhalt bestimmen lässt, desto symmetrischer werden Kapitellängen eingepasst, während die »persönliche« Erkenntnis auch einem entsprechend asymmetrisch indizierten Autor-im-Text entspricht.

6.2 Unkonventionelle Ordnung: Überhierarchisierung und Asymmetrie

Ausgehend von der eben beschriebenen, konventionellen Subordination müsste man mit Blick etwa auf ›abweichende‹ Inhaltsverzeichnisse sagen: Die ›übertriebene‹ Hierarchie ist vor allem ein Beleg dafür, dass diese Ordnungsentscheide im Sinne eines stets drohenden ›denkstilistischen‹ Normverstoßes gelesen und im Hinblick auf einen entsprechenden Autor ausgedeutet werden. Gleiches gilt möglicherweise auch für übertrieben ›flache‹ Strukturierung. Im Grunde wird bei ›übertriebenen Hierarchien‹ besonders deutlich, was bei konventionellen der Tendenz nach unbeobachtet bleibt, die »Gemachtheit« der Ordnung.

Möglicherweise wäre es hier (ähnlich wie bei den bereits unter 4.2 skizzierten Mischverhältnissen) interessant, die disziplinären Konjunkturen der Subordination zu untersuchen. Bereits bei einem flüchtigen Blick etwa auf Disziplinen wie die Germanistische Linguistik und die Germanistische Literaturwissenschaft fällt auf, dass hier sehr divergente zugrunde liegende Poetologien zu beobachten sind: Während in der Linguistik eine tendenziell an naturwissenschaftlichem Vorbild angelehnte Konvention des Subordinierens gepflegt wird und die Systematizität der Darstellung damit stark herausgestrichen wird, scheint in der literaturwissenschaftlichen Tradition eine Art subdisziplinäre Fraktionenbildung beobachtbar zu sein. Jedenfalls fällt sicher jene kulturwissenschaftlich angelehnte Fraktion auf, welche mit betont flachen Hierarchien auf die Nähe zur ›literarischen Intelligenz‹ beziehungsweise auch zu betont ›unnaturwissenschaftlicher Systematik‹ aufwartet.

Die mit den Kapiteln 4, 5 und 6 angestellten Überlegungen verstehen sich als Vorüberlegungen zu einer am Autorbegriff orientierten Untersuchung der disziplinübergreifend aufgefassten, poetologischen Konstitution wissenschaftlicher Texte. Ich glaube, dass neben der metawissenschaftlichen Untersuchungstradition, wie sie seit den 1980er-Jahren von Bruno Latour, Karin Knorr-Cetina und anderen stark gemacht wurde, auch eine intensiver textbezogene Tradition fortgeführt werden müsste, wie sie etwa mit der angelsächsisch geprägten »Rhetoric of Science« in den 1980er- und 1990er-Jahren angestossen wurde.[39] Der im vorliegenden Beitrag im Grunde mehr oder weniger implizit verwendete Begriff der »poetologischen Konstitution« selbst bedarf im Anschluss an literaturwissenschaftlich inspirierte, poetologische Ansätze wie jener Hayden Whites im Hinblick auf eine am Autorbegriff orientierte Poetologie wissenschaftlicher Texte einer weiteren wissenschaftslinguistischen und literaturwissenschaftlichen Fundierung.

---

[39] Vgl. hierzu auch Fußnote 6 des vorliegenden Beitrags. Die unter dem Label der »Rhetoric of Science« gefassten Forschungsrichtungen sind bei Steiner: Dargestellte Autorschaft, S. 59–65 im Kapitel 1.2.1 skizziert.

Bibliographie

Bazerman, Charles: *Shaping Written Knowledge. The Genre and Activity of the Experimental Article in Science*. Madison, Wisconsin 1988.

Biagioli, Mario/ Peter Galison (Hrsg.): *Scientific authorship: Credit and intellectual property in science*. New York 2003.

Bühler, Karl: *Sprachtheorie. Die Darstellungsfunktion der Sprache* [1934]. Stuttgart 1999.

Chartier, Roger: »Foucault's Chiasmus: Authorship between Science and Literature in the Seventeenth and Eighteenth Centuries«. In: Biagioli, Mario / Peter Galison (Hrsg.). *Scientific Authorship. Credit and Intellectual Property in Science*. New York 2003, S. 13–32.

Danneberg, Lutz/ Jürg Niederhauser (Hrsg.): *Darstellungsformen der Wissenschaften im Kontrast. Aspekte der Methodik, Theorie und Empirie*. Tübingen 1998.

Daston, Lorraine/ Peter Galison: »Das wissenschaftliche Selbst«. In: dies.: *Objektivität*. Frankfurt a. M. 2007, S. 201–265.

Daston, Lorraine / Otto H. Sibum (Hrsg.): »Introduction: Scientific Personae and Their Histories«. In: *Science in Context* 16 (2003) H. 1–2, S. 1–8.

Fangerau, Heiner: »Der Austausch von Wissen und die rekonstruktive Visualisierung formeller und informeller Denkkollektive«. In: ders. / Thorsten Halling (Hrsg.): *Netzwerke. Allgemeine Theorie oder Universalmetapher in den Wissenschaften? Ein transdisziplinärer Überblick*. Bielefeld 2009. S. 215–246.

Feilke, Helmut: »Die pragmatische Wende in der Textlinguistik«. In: Brinker Klaus / Gerd Antos / Wolfgang Heinemann / Sven F. Sager (Hrsg.): *Text- und Gesprächslinguistik. Ein internationales Handbuch zeitgenössischer Forschung*. Berlin / New York 2000, S. 64–82.

Fleck, Ludwik: *Entstehung und Entwicklung einer wissenschaftlichen Tatsache: Einführung in die Lehre vom Denkstil und Denkkollektiv* [1. Ausg. 1935]. Frankfurt a. M. 1994.

Foucault, Michel: »Was ist ein Autor?« [1969]. In: *Schriften zur Literatur*. Frankfurt a. M. 2003, S. 234–270.

Foucault, Michel: »Die Aussagefunktion«. In: ders.: *Archäologie des Wissens* [1969]. Frankfurt a. M. 1992, S. 128–153.

Goffman, Erving: »The Lecture«. In: ders.: *Forms of Talk*. Oxford 1981, S. 162–196.

Gross, Alan G.: *The Rhetoric of Science*. Cambridge, MA 1990.

Gross, Alan G.: *Starring the Text. The Place of Rhetoric in Science Studies*. Carbondale 2006.

Harweg, Roland: *Pronomina und Textkonstitution*. München 1968.

Jakobs, Eva-Maria: *Textvernetzung in den Wissenschaften: Zitat und Verweis als Ergebnis rezeptiven, reproduktiven und produktiven Handelns*. Tübingen 1999.

Jannidis, Fotis: *Figur und Person. Beitrag zu einer historischen Narratologie*. Berlin /New York 2004.

Kindt, Tom / Hans-Harald Müller: *The Implied Author. Concept and Controversy*. Berlin / New York 2006.

Latour, Bruno: *Science in action: How to Follow Scientists and Engineers Through Society*. Cambridge, MA 1987.

Maingueneau, Dominique: »Das Ethos in der Diskursanalyse: Die Einverleibung des Subjekts«. In: *Zeitschrift für Literaturwissenschaft und Linguistik* 26 (1996), S. 114–134.

Myers, Greg: »Texts as Knowledge Claims: The Social Construction of Two Biology Articles«. In: *Social Studies of Science* 15 (1985), S. 593–630.

Oksaar, Els: »Das Postulat der Anonymität für Fachsprachengebrauch«. In: Hoffmann, Lothar / Hartwig Kalverkämper / Herbert E. Wiegand (Hrsg.). *Fachsprachen: Ein internationales Handbuch zur Fachsprachenforschung und Terminologiewissenschaft.* Berlin / New York 1998, S. 397–401.

Pohl, Thorsten: *Studien zur Ontogenese wissenschaftlichen Schreibens.* Tübingen 2007.

Polenz, Peter von: »Über die Jargonisierung der Wissenschaftssprache und wider die Deagentivierung«. In: Bungarten, Theo (Hrsg.): *Wissenschaftssprache: Beiträge zur Methodologie, theoretische Fundierung und Deskription.* München 1981, S. 85–110.

Pörksen, Uwe: »Blickprägung und Tatsache: Veranschaulichungsstufen der Naturwissenschaften – von der hypothetischen Skizze bis zum öffentlichen Idol«. In: Danneberg, Lutz/ Jürg Niederhauser (Hrsg.): *Darstellungsformen der Wissenschaften im Kontrast: Aspekte der Methodik, Theorie und Empirie.* Tübingen 1998, S. 321–349.

Rauter, Jürgen: »Textvernetzungen und Zitationsnetzwerke«. In: Fangerau, Heiner / Thorsten Halling (Hrsg.): *Netzwerke. Allgemeine Theorie oder Universalmetapher in den Wissenschaften? Ein transdisziplinärer Überblick.* Bielefeld 2009, S. 247–266.

Segal, Judy / Alan Richardson: »Introduction: Scientific Ethos: Authority, Authorship, and Trust in the Sciences«. In: *Configurations* 11 (2003) H. 2, S. 137–144.

Sokal, Alan: »Die Grenzen überschreiten: Auf dem Weg zu einer transformativen Hermeneutik der Quantengravitation«. In: ders. / Jean Bricmont: *Eleganter Unsinn: Wie die Denker der Postmoderne die Wissenschaften missbrauchen.* München 1999, S. 262–309.

Spitzmüller, Jürgen/ Ingo H. Warnke: »Diskurs und Text«. In: dies.: *Diskurslinguistik. Eine Einführung in Theorien und Methoden der transtextuellen Sprachanalyse.* Berlin 2011, S. 114–116.

Spoerhase, Carlos: *Autorschaft und Interpretation. Methodische Grundlagen einer philologischen Hermeneutik.* Berlin / New York 2007.

Steiner, Felix: *Dargestellte Autorschaft. Autorkonzept und Autorsubjekt in wissenschaftlichen Texten.* Tübingen 2009.

Steinhoff, Torsten: *Wissenschaftliche Textkompetenz. Sprachgebrauch und Schreibentwicklung in wissenschaftlichen Texten von Studenten und Experten.* Tübingen 2007.

White, Howard D: »Authors as Citers over Time «. In: *Journal of the American Society for Information Science* 52 (2001), S. 87–108.

White, Howard D.: »Relevance theory and citations«. In: *Journal of Pragmatics* 43 (2011), S. 3345–3361.

Christina Riesenweber
Reputation, Wahrheit und *Blind Peer Review*

Eine systemtheoretische Perspektive auf anonymisierte Autorschaft als Qualitätssicherungsstandard der Wissenschaften

Abstract: Dieser Beitrag setzt sich mit der Rolle von wissenschaftlicher Autorschaft in Verfahren zur Qualitätssicherung auseinander, wie sie im gegenwärtigen wissenschaftlichen Betrieb praktiziert werden. Peer Review ist dabei eine maßgebliche Praxis zur Bewertung von wissenschaftlichen Leistungen. Für akademische Zeitschriften ist die Beurteilung von eingereichten Manuskripten durch externe Gutachter zum Ausweis von Qualität avanciert. Aus verschiedenen Gründen wird dabei häufig die Identität der Autorinnen maskiert. Diese Praxis des *Blind Peer Review* ist in empirischen Studien auf seine Effektivität hin geprüft worden, die Ergebnisse bleiben bislang aber widersprüchlich. Eine theoretische Modellierung des Prozesses der Anonymisierung von wissenschaftlicher Autorschaft im Sinne der Systemtheorie Niklas Luhmanns zeigt, dass es strukturelle Aspekte des *Blind Peer Review* gibt, die in bisherigen Studien unberücksichtigt geblieben sind: Die Idee der Ent-Subjektivierung von Wahrheit und Wissen ist gekoppelt an bestimmte Prämissen, unter anderem an das Konzept des universalen Wissens. Dieses Konzept steht im Widerspruch zu einigen grundsätzlichen epistemologischen Annahmen, die in der Wissenschaft, und besonders in den Geisteswissenschaften, weit verbreitet sind.

1 Wissenschaftliche Autorschaft und Qualitätssicherung

Folgt man den Ausführungen Michel Foucaults zur Bedeutung von Autorschaft im gegenwärtigen Wissenschaftssystem, dann stößt man auf zwei Befunde. Einerseits, so Foucault, sei die Funktion Autor in der Wissenschaft »verwischt«, die »Wahrheit« würde durch die »Zughörigkeit zu einem systematischen Ganzen« abgesichert, nicht durch den Rückverweis auf eine bestimmte Person. Gleichzeitig, so Foucault weiter, sei aber in bestimmten Disziplinen die Namensnennung »ein ›Glaubwürdigkeits‹-Indiz«.[1] Die Rezeption der Forschungs-

---
[1] Foucault: Was ist ein Autor?, S. 12–13.

ergebnisse hängt hier somit von dem Namen des wissenschaftlichen Autors ab. Unabhängig davon, ob man Foucaults Ausführungen als historisch angemessene Rekonstruktion der Entwicklung der Autor-Funktion versteht, ist diese doppelte Belegung des Autornamens in der Wissenschaft eine auch heute noch feststellbare Tatsache im Alltag wissenschaftlichen Handelns.[2] Einerseits ist die Nennung von Eigennamen im Zusammenhang mit Forschungsergebnissen gängige Praxis: Wissenschaftliche Schriften werden mit Verweis auf den Namen ihrer Autorinnen zitiert und Literaturverzeichnisse in der Regel ebenfalls nach Namen sortiert. Auf der anderen Seite gibt es einen Teilbereich der wissenschaftlichen Praxis, in dem gerade nicht die Nennung des Autornamens, sondern der Verzicht darauf die Glaubwürdigkeit der Handelnden sicherstellen soll. Beim *Blind Peer Review* werden wissenschaftliche Forschungsergebnisse beurteilt, ohne dass den Wertenden der Name der Autorin des in Frage stehenden Textes bekannt ist. Bevor ich diese Praxis mit Hilfe einer systemtheoretischen Modellierung analysieren werde, möchte ich im Folgenden zunächst das Phänomen selbst skizzieren und auf einige bestehende Forschungen zum Thema *Peer Review* und *Blind Peer Review* hinweisen. Dies geschieht auch in der Annahme, dass die Praxis des *Peer Review* im Allgemeinen und des *Blind Peer Review* im Speziellen für die meisten Wissenschaftlerinnen zwar eine Selbstverständlichkeit darstellt, die wenigsten sich aber tatsächlich mit dem Für und Wider dieser gängigen Praktiken auseinandergesetzt haben und seine wissenschaftsgeschichtliche Entwicklung wenig bekannt ist.

1.1 Peer Review

Peer Review bedeutet die Evaluation von Wissenschaft durch Wissenschaftler und hat sich als zentraler Bestandteil der gegenwärtigen akademischen Praxis etabliert. Bei der Vergabe von Fördergeldern für Projektfinanzierungen oder Stipendien wird das Prinzip des *Peer Review* ebenso eingesetzt wie bei der Entscheidung für oder gegen die Aufnahme eines Textes in ein Verlags- oder Zeitschriftenprogramm. Wenn für die Vergabe einer Leistung, sei es die Publikation in einer Fachzeitschrift oder die Finanzierung eines Forschungsprojekts, die Meinung von Kollegen hinzugezogen wird, spricht man von *Peer Review*.[3] In diesem Sinne ist *Peer Review* der zentrale Evaluationsmechanismus von Wissenschaft im aktuellen akademischen System.

---

2 Zur kritischen Diskussion von Foucaults Thesen vgl. Chartier: Foucault's Chiasmus.
3 Es hat sich hier auch im Deutschen der englischsprachige Begriff durchgesetzt.

Im Folgenden soll ein spezieller Fall von *Peer Review* im Mittelpunkt stehen, und zwar *Peer Review* im Kontext von wissenschaftlichen Zeitschriftenpublikationen. Hier bedeutet *Peer Review*, dass ein wissenschaftlicher Beitrag vor seiner Veröffentlichung von Fachkollegen begutachtet wird, die dann über dessen Publikationswürdigkeit entscheiden.[4] In dieser Form ist *Peer Review* mindestens seit dem 18. Jahrhundert bekannt. Je nachdem, welche Traditionslinien man als relevant ansieht, kann die genaue Datierung unterschiedlich erfolgen. John C. Burnham nennt als Ursprungsdatum das Jahr 1752, als die *Royal Society of London* für ihre Zeitschrift *Philosophical Transactions* ein ›Committee on Papers‹ einführt.[5] Mario Biagioli verlegt die Ursprünge des heutigen *Peer Review* bereits in das 17. Jahrhundert.[6]

Als weit verbreitete, etablierte Praxis lässt sich *Peer Review* aber erst seit Mitte des 20. Jahrhunderts beobachten.[7] In dieser Form des *Peer Review* sind mit den *Peers* in der Regel Fachkollegen gemeint, die nicht gleichzeitig Herausgeber der entsprechenden Fachzeitschrift sind: *Peer Review* meint also heute meist externe Gutachter.[8] Erst nach dem zweiten Weltkrieg nutzen wissenschaftliche Zeitschriften auf breiter Basis regelmäßig solche Gutachter, um über die Qualität zu publizierender Artikel zu entscheiden.[9]

Diese Praxis ist zwar mittlerweile weit verbreitet, wird aber aus verschiedenen Gründen kritisiert. Der wichtigste Kritikpunkt lautet: Es ist nicht bewiesen –

---

4 Auch die Bewertung eines Beitrags durch Fachkollegen *nach* der Veröffentlichung kann mit dem Terminus »*Peer Review*« bezeichnet werden, liegt aber hier nicht im Zentrum des Interesses. Zum damit verbundenen Stichwort des *Open Review* s. Fitzpatrick: Peer-to-peer Review.
5 Burnham: Journal Editors, S. 56.
6 Biagioli: Censorship, S. 14. Biagioli nimmt mit Bezug auf Michel Foucault eine radikale historische Positionierung des *Peer Review* vor, wenn er die Verbindung des *Imprimatur* der *Académie des Sciences* und der *Royal Society of London* mit staatlichen Zensurpraktiken hervorhebt: »Still, it may not be out of place to view the long-term trajectory of the disciplining of printed texts as moving from early modern book-burning (the public material destruction of the text as object) to modern peer review (the internal disciplining of a text and its author)« (ebd., S. 11). Vgl. zur Verbindung von *Peer Review* und Zensur auch Casadevall / Fang: Censorship. Die Traditionslinien können noch weiter zurückgeführt werden. Ray Spier datiert »[p]erhaps the first documented description of a peer-review process« auf das 9. Jahrhundert (Spier: History, S. 357). Sein sehr weiter Begriff von ›*Peer*‹ macht aber eine Vergleichbarkeit eigentlich unmöglich, wie er selbst zugesteht.
7 Vgl. Burnham: Journal Editors, S. 55 und Haack: Peer Review, S. 794.
8 So auch die Definition von Ann Weller: »A peer-reviewed journal is one that has a portion of submitted manuscripts evaluated by someone other than the editor of the journal« (Weller: Editorial Peer Review, S. 16).
9 Vgl. für die historische Entwicklung u. a. Weller: Editorial Peer Review; Burnham: Journal Editors; Fitzpatrick: Peer-to-peer Review.

und womöglich nicht beweisbar – dass die Wirkung des *Peer Review* den Aufwand lohnt. Eine Meta-Studie aus dem Jahr 2002 kommt zu dem Schluss: »Editorial peer review, although widely used, is largely untested and its effects are uncertain«.[10] Eine weitere Studie aus dem gleichen Jahr benennt ein wichtiges Problem in der Untersuchung von *Peer Review*: Die Ziele des *Peer Review* sind nicht eindeutig formuliert, weswegen es methodisch problematisch ist, seine Effektivität zu messen.[11]

Historisch gesehen, ist *Peer Review* ursprünglich als *quantitativer* Filter etabliert worden, um eine Vorauswahl wissenschaftlicher Arbeiten zu treffen. Susan Haack weist darauf hin, dass *Peer Review* aber heute häufig als positiver Indikator von *Qualität* verstanden wird. Während der Prozess ursprünglich nur sicherstellen sollte, dass minimale Standards erfüllt werden, verstehen manche das Label *peer reviewed* heute als Ausweis der Richtigkeit und Qualität eines wissenschaftlichen Beitrags. *Peer Review*, so Susan Haack, wird in seinen Funktionen überschätzt: »[A]s pre-publication peer review has spread and become entrenched in academic publishing and in the academy itself, some are tempted to exaggerate its virtues – to think of the system, not just as a rough-and-ready preliminary filter, but as a strong indication of quality«.[12]

Zu einem ähnlichen Schluss kommt Kathleen Fitzpatrick wenn sie feststellt, dass der Ausweis *peer reviewed* zum Beispiel in Berufungskommissionen häufig als Qualitätsindikator verstanden wird, um die tatsächliche Lektüre der Schriften der Kandidaten einzusparen.[13] Eine Untersuchung der *Modern Language Association of America* kommt zu einem ähnlichen Schluss.[14]

Aber trotzdem scheint *Peer Review* ein alternativloses Prozedere zu sein, von dem große Teile der *scientific community* überzeugt sind. Herausgeber und Verlage halten an dem Prinzip des *Peer Review* fest. Richard Smith, ehemaliger Herausgeber des *British Medical Journal* bemerkt zu diesem Umstand: »How odd that science should be rooted in belief«.[15]

---

10 Jefferson / Alderson u. a.: Effects, S. 2784.
11 Vgl. Jefferson / Wagner u. a.: Quality, S. 2786.
12 Haack: Peer Review, S. 796.
13 Fitzpatrick: Peer-to-Peer Review, S. 170.
14 Die Kommission der *MLA* stellt in Bezug zu *Peer Review* in Universitätsverlagen fest: »this apparatus of external peer review also created the conditions whereby individual departments can practically abdicate their responsibility to review the scholarly work of the very colleagues they have appointed to tenure-track positions« (*Modern Language Association of America*: Report, S. 56).
15 Smith: Peer review, S. 182.

Dieser Mangel an verlässlichen Forschungsarbeiten zu *Peer Review* betrifft alle Disziplinen.[16] In Bezug auf die Geisteswissenschaften führt Fitzpatrick zwei mögliche Begründungen für diese Forschungslücke an. Zum einen vermutet sie, dass es eine Art Angst vor den Ergebnissen einer solchen Untersuchung geben könnte. Die geisteswissenschaftliche Tradition, so Fitzpatrick unter Berufung auf David Shatz[17] und Donald Hall,[18] müsste in der Rückschau maßgeblich reevaluiert werden, wenn sich herausstellen würde, dass *Peer Review* im momentan praktizierten Sinne nicht optimal sei. Es gäbe in den *humanities* aber konservative Impulse, die eine solche Neubewertung etablierter Praktiken verhindern möchten.[19] Als zweite Begründung, warum *Peer Review* nicht der kritischen Untersuchung unterzogen wird, mit der Geisteswissenschaftler sich üblicherweise ihren Gegenständen widmen, führt Fitzpatrick ein spezifisches Verständnis von ›Wahrheit‹ an, das die Geisteswissenschaften von den *sciences* unterscheide.[20] Da die Richtigkeit geisteswissenschaftlicher Forschungsergebnisse häufig, insbesondere im Bereich der Theoriebildung, nicht geprüft oder falsifiziert werden kann, ist es auch schwieriger, über die Güte von Forschungsbeiträgen zu befinden. Deswegen lassen sich auch die Erfolge und Misserfolge von *Peer Review* in den Geisteswissenschaften nur schwer analysieren und messen.

1.2 Blind Peer Review

An der Omnipräsenz von *Peer Review* im akademischen Alltag gibt es eine Reihe von Kritikpunkten. Eine häufig wiederholte Klage lautet dabei, dass *Peer Review* den subjektiven Präferenzen der Gutachter unterläge, und damit eine bewusste oder unbewusste Benachteiligung einzelner Wissenschaftler oder Wissenschaftlergruppen einherginge.[21] Eine verbreitete Maßnahme, um diesen Vor-Urteilen entgegenzuwirken, ist die Maskierung der Identitäten durch das Entfernen der Namen von Autorinnen und/oder Gutachterinnen aus den zu beurteilenden Manuskripten.

Es hat sich für diese Praxis noch keine einheitliche Terminologie durchgesetzt; ich verwende hier die Begriffe von Ann Weller, die *Anonymous Peer Re-*

---

16 Zu den »Dangers of Studying Journal Practices« vgl. auch Chubin / Hackett: Peerless Science, S. 96–98.
17 Shatz: Peer Review.
18 Hall: Academic Self.
19 Vgl. Fitzpatrick: Peer-to-Peer Review, S. 163.
20 Ebd., S. 163.
21 Vgl. z. B. Smith: Peer Review, S. 180; Weller: Editorial Peer Review, S. 207–240.

view, *Single Blind Peer Review* und *Double Blind Peer Review* unterscheidet.[22] Für das Verfahren, bei dem allen Beteiligten alle Namen bekannt sind, gibt es keinen gängigen Begriff. *Anonymous Peer Review* bedeutet, dass den Autorinnen nicht mitgeteilt wird, wer ihre Texte begutachtet. Anonym bleibt hier nur der Gutachter. Dies ist die älteste und üblichste Variante der Anonymisierung.[23] *Single Blind Peer Review* meint, dass die Gutachterinnen die Namen der Autoren nicht kennen, den Autoren aber der Name der Gutachterinnen mitgeteilt wird. Diese Praxis ist eher selten. *Double Blind Peer Review* schließlich bedeutet, dass weder die Gutachter die Namen der Autorinnen kennen noch die Autoren die Namen der Gutachterinnen, hier bleiben also beide Seiten einander anonym. Gelegentlich wird ein weiteres Verfahren unterschieden, bei dem auch die Herausgeber den Namen der Autorin nicht kennen.[24] Für meine Fragestellung nach der Rolle der Namen von wissenschaftlichen Autoren sind sowohl *Single* als auch *Double Blind Review* relevant. Da *Double Blind Review* in der Publikationspraxis wesentlich häufiger vorkommt, werde ich mich im Folgenden vor allem auf diesen Prozess beziehen. Als Oberbegriff für *Single* und *Double Blind Review* verwende ich *Blind Review* für alle Praktiken, bei denen der Name des Autors anonymisiert wird.[25]

Eine zusätzliche Unterscheidung kann zwischen *Closed* und *Open Review* gemacht werden. *Closed Review* ist dabei ein Oberbegriff für alle *Review*-Verfahren, die unter Ausschluss der Öffentlichkeit zwischen Herausgeberinnen, Gutachterinnen, Autorinnen und gegebenenfalls Redakteurinnen ablaufen, unabhängig davon, welche Anonymisierungen vorgenommen werden. Dieser Umstand trifft auf die meisten der hier diskutierten Beispiele zu. *Open Review* hingegen meint eine Reihe von Praktiken, bei denen auf solche Ausschlüsse verzichtet wird und Texte zum Beispiel im Internet frei für Kommentare zugänglich sind.[26] Sie sollen aber hier nicht Gegenstand der Untersuchung sein.[27]

---

22 Da die Forschungsliteratur zum Thema zum überwiegenden Teil auf Englisch erschienen ist, benutze ich die englischen Termini. Es existieren deutschsprachige Entsprechungen, die allerdings auch in der deutschsprachigen Forschungsliteratur nicht konsequent verwendet werden. Gerhard Fröhlich spricht z. B. von ›(Einfach-)Blindverfahren‹ und ›Doppelblindverfahren‹ (Fröhlich: Anonyme Kritik, S. 39).
23 Vgl. Weller: Editorial Peer Review, S. 211.
24 Fröhlich nennt dies ›Dreifachblindverfahren‹ (Fröhlich: Anonyme Kritik, S. 39).
25 Ich widme mich im Rahmen dieses Aufsatzes nur den Folgen, die eine Anonymisierung von Autornamen als Urhebern von zu veröffentlichenden Artikeln mit sich bringt. Ein Großteil der folgenden Ausführungen kann aber auch auf die Anonymisierung der Namen der Gutachter übertragen werden, die in ihrer Tätigkeit als Autoren von Gutachten ähnlichen Strukturen unterliegen.
26 Vgl. hier zum Beispiel das Projekt *MediaCommons Press*.

Für den Zeitraum bis 1999 lässt sich anhand der Meta-Studien von Weller feststellen, dass der Trend in vielen Disziplinen zum *Double Blind Peer Review* geht.[28] Sie weist außerdem darauf hin, dass in den Sozial- und Geisteswissenschaften die Praxis des *Double Blind Peer Review* weiter verbreitet ist als in den naturwissenschaftlichen Fächern.[29] Weller bezieht sich dabei auf eine Studie von 1984, aber auch in der jüngeren Vergangenheit scheint es sich zu bestätigen: Uwe Thomas Müller untersuchte 3.084 internationale *Open-Access-Journals* und stellte auch hier fest, dass *Double Blind Peer Review* in den Geistes- und Sozialwissenschaften häufiger praktiziert wird als in Natur- und Ingenieurswissenschaften.[30] Zu den Unterschieden zwischen den *humanities* und den *sciences* in Bezug auf *Peer Review* liegen bislang aber kaum Untersuchungen vor.

Bemerkenswert an dieser Entwicklung ist Folgendes: Auch die Einführung des *Double Blind Peer Review* – als Verbesserung des Vorurteils-anfälligen nicht-anonymisierten *Peer Review* – geschieht vor allem im *Glauben* daran, dass dieses Verfahren besser sei als eine Begutachtung, bei der den Gutachtern der Name der Verfasser bekannt ist. Seine Effektivität ist bislang nicht bewiesen. Weller analysiert eine Reihe der bis 1999 verfügbaren Studien, die die Auswirkungen von Anonymisierung auf Gutachterentscheidungen untersucht haben. Sie kommt unter anderem zu dem Schluss, dass in mehr als einem Drittel der Fälle die Gutachter ohnehin treffsicher raten können, von wem ein Artikel geschrieben ist.[31] Nach der vergleichenden Analyse von sieben verschiedenen Studien zur Effektivität von *Blind Peer Review*-Prozessen fasst Weller zusammen: »The data are not overly helpful but do show a weak support for a blind-review system«.[32] Ähnlich wie bei der Analyse von *Peer Review* im Allgemeinen

---

27 Für eine Diskussion von *Open Review* siehe Fitzpatrick: Peer-to-Peer Review, bes. S. 166–168. Für eine deutliche Position gegen jede Form von *Closed Review* siehe Moran: Silencing Scientists. Moran identifiziert Misstrauen und Geheimniskrämerei (›secrecy‹) als zentrale Komponenten von *Closed Review* und betrachtet diese als forschungsfeindlich. Morans Untersuchung argumentiert zwar stellenweise eher normativ als sachlich begründet, liefert aber eine Reihe interessanter Aspekte zum Thema, da seine Beispiele sowohl den Geistes- als auch den Naturwissenschaften entstammen; Moran selbst ist Kunsthistoriker.
28 Vgl. Weller: Editorial Peer Review, S. 238 und Snodgrass: Reviewing, S. 17. Ausnahmen sind u. a. im Bereich der sog. ›Big Science‹ zu verzeichnen, weil hier z. B. »die verwendeten Großapparaturen bzw. Verfahren die Forschergruppen hinreichend identifizieren« (Fröhlich: Anonyme Kritik, S. 37).
29 Vgl. Weller: Editorial Peer Review, S. 214.
30 Vgl. Müller: Peer-Review-Verfahren, S. 171.
31 Vgl. Weller: Editorial Peer Review, S. 216.
32 Weller: Editorial Peer Review, S. 239.

sehen sich empirische Studien zur Effektivität von *Blind Peer Review* mit dem Problem konfrontiert, dass die *intendierten Effekte* von *Blind Review* nicht klar formuliert sind.

Diese Studien beschäftigen sich zum Beispiel mit der Qualität der angenommenen und abgelehnten Beiträge, mit der Qualität der Gutachten selbst oder mit der Zufriedenheit der Autorinnen. Außerdem nehmen sie in den Blick, inwiefern *Blind Peer Review* ›fairer‹ ist als nicht-anonymisierte Verfahren. Hier scheint sich abzuzeichnen, dass *Blind Peer Review* einige Gruppen *schützt*, zum Beispiel Frauen, junge Wissenschaftler oder Wissenschaftler von weniger renommierten Institutionen.[33] Aber auch hier gibt es noch Unklarheiten und widersprüchliche Studien. Es ist zum Beispiel zu vermuten, dass gerade renommierte Wissenschaftler auch nach der Anonymisierung leichter erkannt werden und der Effekt der größeren Fairness dadurch nicht zustande kommt.[34]

Zusammengefasst: *Blind Peer Review*, also die Anonymisierung eines wissenschaftlichen Textes vor seiner Evaluation, wird in zunehmendem Maße in weiten Teilen der Wissenschaft eingesetzt. Gleichzeitig ist nicht klar formuliert, zu welchen Zwecken dies geschieht. Die angenommenen und unterstellten möglichen Zwecke, wie Fairness oder Verbesserung der Qualität, lassen sich zudem empirisch nur schwer nachweisen.

Was die qualitativen und quantitativen Studien zur Effektivität des *Blind Review* Prozesses vollziehen, ist eine Überprüfung der möglichen *intendierten Effekte* dieses Prozesses. Sie verbleiben dabei auf wissenschaftssoziologischem Boden und untersuchen das Handeln der Teilnehmerinnen an diesem Prozess durch empirische Studien. Ich möchte nun die Perspektive verändern, und versuchen, das Phänomen *Blind Peer Review* stärker *theoretisch* zu modellieren. Wenn man die Strukturen in den Blick nimmt, in denen *Blind Peer Review* vollzogen wird, werden womöglich Eigenschaften des *Blind Peer Review* sichtbar, die über das wissenschaftliche Alltagshandeln hinausgehen. Dabei möchte ich möglichst stark von den tatsächlichen Prozessen abstrahieren und auf die Unterstellung von Handlungsmotiven der einzelnen Akteure verzichten.

---

33 Vgl. für eine Übersicht über verschiedene Studien: Weller: Editorial Peer Review, bes. Kapitel 7: Reviewers and their Biases, S. 207–240. Vgl. außerdem z. B. Justice / Cho u. a.: Masking Author, oder Budden / Tregenza u. a.: Female authors.
34 Vgl. Hill / Provost: Double-Blind Review?, S. 179: »One main motivation for double-blind review is to eliminate bias in favor of well-known authors. However, identification accuracy for authors with substantial publication history is even better (60% accuracy for the top-10% most prolific authors, 85% for authors with 100 or more prior papers)«. Die Aussagen beziehen sich auf eine Studie zur automatischen Identifizierung von Autoren.

Ich werde deswegen nun die eben beschriebenen Prozesse des *Blind Peer Review* im Rahmen der Luhmann'schen Systemtheorie reformulieren. Ziel ist es dabei, Effekte des *Blind Peer Review* aufzuzeigen, die in den Studien zur Wirksamkeit dieses Prozesses nicht berücksichtigt worden sind. Wie zu zeigen sein wird, ist das Prinzip der Anonymisierung wissenschaftlicher Autorschaft aus dieser Perspektive nicht nur ein Prozess zur Verbesserung der Qualität wissenschaftlicher Publikationen oder der wissenschaftlichen Fairness, sondern transportiert gleichzeitig Aussagen über ein bestimmtes wissenschaftliches Selbstverständnis.

2 *Blind Peer Review* im Wissenschaftssystem

Luhmann identifiziert als den *Code* des Wissenschaftssystems mit Bezug auf das generalisierte Kommunikationsmedium ›Wahrheit‹ die Unterscheidung wahr/unwahr.[35] Wissenschaft verteilt mithilfe ihrer systemeigenen Strukturen und Prozesse die Zuordnung dieser Unterscheidung. Gleichzeitig bestimmt Luhmann als *Nebencode* der Wissenschaft die ›Reputation‹. Diese wird, wiederum aufgrund systemeigener Strukturen und Prozesse, als ein Mehr oder Weniger an Reputation innerhalb des Sozialsystems Wissenschaft verteilt. Reputation dient der Orientierung, Selektion und damit der Reduktion von Komplexität. Beide Codes, Wahrheit und Reputation, spielen für das Prinzip der Anonymisierung wissenschaftlicher Arbeiten zur Qualitätssicherung eine Rolle.

2.1 Reputation

Der intuitiv leichter zu erschließende dieser beiden Codes ist der Nebencode ›Reputation‹. Reputation spiegelt auf leicht ersichtliche Weise die Tatsache, dass Wissenschaft ein *soziales* System ist, also auf Kommunikation beruht, oder, präziser ausgedrückt, durch Kommunikation seine Autopoiesis betreibt. Der Code ›Reputation‹ ist bei Luhmann explizit an den Namen des Wissenschaftlers gekoppelt: »Reputation wird an Eigennamen verliehen, also an semantische Artefakte mit eindeutiger, rigider Referenz. Die Namen selbst haben,

---

35 Ich verzichte an dieser Stelle auf eine ausführliche Einführung in die Terminologie Luhmanns, da die in Frage stehenden Strukturen sich auch mit einem basalen Verständnis der Systemtheorie nachvollziehen lassen sollten. Ich beziehe mich im Folgenden mit allen Begriffsverwendungen und Zusammenfassungen auf Luhmann: Wissenschaft der Gesellschaft.

eben wegen dieser Rigidität, keine eigene wissenschaftliche Bedeutung«.[36] Reputation wird nicht grundlos an solche Namen verteilt: »Kein Reputationssystem könnte sich halten, wenn die Reputation willkürlich oder in vielen Fällen ganz unverdient erworben werden könnte«.[37] Er schränkt aber zusätzlich ein, dass die Vergabe von Reputation notwendigerweise Übertreibungen und Untertreibungen einschließt: »Wer oder was Reputation hat, hat mehr Reputation, als er, sie oder es verdienen«.[38] Die Verteilung von Reputation, so Luhmann, beruht zum Teil auf Reputation selbst, ist also ein »selbstreferentielle[r] Vorgang der Kondensierung von Aufmerksamkeit«.[39] Die Bündelung von Aufmerksamkeit unter Bedingungen der Zeitknappheit ist es, was Reputation leistet: Bei einer Überfülle von Möglichkeiten – also aus einer Fülle von potenziell wahren wissenschaftlichen Aussagen – dient Reputation als Vor-Selektor dessen, was zur Kenntnis genommen werden muss. Reputation ist an Namen gekoppelt, Verzicht auf Namen bedeutet also Verzicht auf Reputation. Sie, die Reputation, dient auf diese Weise der Reduktion von Komplexität.

Der Nebencode der Reputation erleichtert also die Bewertung von Aussagen innerhalb des Systems Wissenschaft. Gleichzeitig funktioniert der Code ›Reputation‹ aber gegenläufig zu bestimmten sozialen Normen des Wissenschaftssystems: »Der Reputationsmechanismus widerspricht der Norm kollegialer Gleichheit«.[40] Das Prinzip der kollegialen Gleichheit nennt Luhmann auch die »Fiktion der Gleichheit der Forscher«,[41] welche die Normen im wissenschaftlich-sozialen Umgang maßgeblich bestimmt. Sie ist, wie ich gleich zeigen werde, unmittelbar an den Begriff der ›Wahrheit‹ gebunden.

Zusammengefasst: Reputation ist der Nebencode der Wissenschaft. Sie dient der Reduktion von Komplexität. Sie widerspricht aber den sozialen Normen desjenigen Systems, zu dessen Selbsterhaltung sie gleichzeitig beiträgt.

Da die Reputation an den Namen der Wissenschaftlerin gebunden ist, kann in einem einfachen Schritt bestimmt werden, was die Anonymisierung wissenschaftlicher Texte innerhalb des Sozialsystems Wissenschaft bedeutet: Ohne Namen gibt es keine Reputation. Ohne die Möglichkeit der Referenz auf Reputation ist ›Wahrheit‹, also die Entscheidung wahr oder unwahr, alleiniger Code der Wissenschaft. Ohne Reputation fehlt eine Selektionsorientierung, ein Mechanismus zur Reduktion von Komplexität entfällt und das System erscheint

---

36 Luhmann: Wissenschaft der Gesellschaft, S. 246.
37 Ebd., S. 251.
38 Ebd., S. 247.
39 Ebd., S. 251.
40 Ebd., S. 354.
41 Ebd., S. 324.

dementsprechend komplexer. Ohne Reputation kann zudem die Fiktion der Gleichheit der Forscher intakt bleiben, da es keinen Maßstab mehr gibt, mit dem Unterschiede festgestellt werden könnten. Alle drei Punkte sind direkt an das generalisierte Kommunikationsmedium ›Wahrheit‹ mit seinem Code wahr/unwahr gekoppelt.

2.2 Wahrheit

Die Suspension des Nebencodes Reputation durch Anonymisierung von Autorschaft führt also notwendigerweise zu einer Verstärkung der Bedeutung von ›Wahrheit‹. Ich möchte mich deswegen nun in einem zweiten Schritt dem Medium ›Wahrheit‹ und seiner Bedeutung für das soziale System Wissenschaft zuwenden.

2.2.1 Die Konstruktion universalen Wissens

Luhmanns Systemtheorie ist prinzipiell konstruktivistisch und verneint durch das Prinzip der operationalen Geschlossenheit von Systemen die Möglichkeit eines direkten Zugriffs auf die Umwelt. Systemtheoretisch gedacht gibt es Wahrheit immer nur für einen Beobachter. ›Wahrheit‹ kann also systemtheoretisch *beobachtet* werden, und zwar als symbolisch generalisiertes Kommunikationsmedium im System Wissenschaft.

Für die systemtheoretische Beobachterin wird die Zuordnung ›wahr‹ durch die Wissenschaft nicht für Sachverhalte verliehen, die auch außerhalb der Wissenschaft mit der Wirklichkeit übereinstimmen: Auch Wissenschaftler haben keinen unmittelbaren Kontakt zur Welt. Auch Wissenschaftlerinnen können nicht beobachten, was ›ist‹, und dann sagen: »Das ist wahr«. Was Wissenschaft stattdessen leistet, ist ein komplexes System zu entwickeln, mit dessen Hilfe bestimmt wird, was als ›wahr‹ oder ›unwahr‹ markiert werden soll. Wissenschaft stellt also nicht fest: »Das ist wahr«, sondern schafft zuallererst die Möglichkeit überhaupt festzulegen, was als wahr bestimmt werden kann. Und dies vollzieht die Wissenschaft nicht im Rückgriff auf die Welt, sondern auf sich selbst. »Dies heißt nicht, Umwelt zu leugnen, aber die Form, mit der sich das System zur Umwelt in Beziehung setzt [...] ist eine Eigenleistung des Systems«. [42] Gleichzeitig bildet das Sozialsystem Wissenschaft Strukturen aus, die es ihr

---

42 Luhmann: Wissenschaft der Gesellschaft, S. 288.

ermöglichen, so zu sprechen als *würde* sie sich auf die Welt beziehen. Denn das System – von innen betrachtet – reflektiert den Konstruktionscharakter von ›Wahrheit‹ nicht notwendigerweise. Dies wird erst aus der Perspektive eines Beobachters der Wissenschaft möglich.

Mit Luhmann lässt sich die Perspektive der Wissenschaft auf diese Sachverhalte wie folgt zusammenfassen: In der modernen Wissenschaft unserer Gesellschaft ist eine der Strategien der Konstruktion von Weltbezug an das Konzept eines erkennenden Subjekts geknüpft. *Innerhalb* des Systems Wissenschaft nimmt das Subjekt eine privilegierte Position ein, weil es dasjenige ist, das die Wahrheit erkennt, sie entdeckt und mitteilt. Die Gültigkeit dieser wissenschaftlichen Wahrheit ist an Intersubjektivität beziehungsweise kommunikative Nachvollziehbarkeit geknüpft: Wissenschaftlich wahr ist nicht nur das, was ein einzelnes wissenschaftliches Subjekt erkennt, sondern wahr ist nur das, was prinzipiell von *jedem* erkannt werden könnte. Das heißt, die Wahrheit selbst wird von dem Subjekt erkannt, ist aber nicht mit ihm verbunden, sondern liegt *außerhalb* des Subjekts, und kann dort von jedem, der weiß, wonach er zu suchen hat, erkannt werden. Wissenschaftliche Wahrheiten sind Objekte, die man entdecken, finden, aufspüren kann. Auf diese Art und Weise funktioniert das System Wissenschaft. Diese Art von Wahrheit produziert und prozessiert das System Wissenschaft.

Wenn die erkenntniskritische Systemtheorie nun dieses System beobachtet, kann sie feststellen: Das Finden von Wahrheit außerhalb des Systems Wissenschaft, das Finden von universalem Wissen also, ist eine Konstruktion des Wissenschaftssystems selbst. Um verstehen zu können, wie diese Konstruktion abläuft, benötigt man die Unterscheidung zwischen Erleben und Handeln: »Von Erleben soll immer dann die Rede sein, wenn die Zustandsänderung eines Systems (=Verhalten) dessen Umwelt zugerechnet wird. Von Handeln soll die Rede sein, wenn die Zustandsänderung eines Systems diesem selbst zugerechnet wird«.[43] Erleben ist also die passive Wahrnehmung eines Ereignisses, dessen Ursache als außerhalb des Subjekts liegend beobachtet wird, während beim Handeln das Subjekt selbst als Ursache attribuiert wird. Der Begriff ›Zurechnung‹ meint in diesem Zusammenhang »immer Beobachtungen eines Beobachters«, denn »ein Beobachter kann als Erleben zurechnen, was ein anderer als Handlung sieht, und umgekehrt«.[44] Ob eine Zustandsänderung als Handlung oder Erleben zugerechnet wird, liegt also nicht im Wesen der Zustandsänderung

---

43 Ebd., S. 140–141.
44 Ebd., S. 141.

selbst begründet, sondern hängt vom Beobachter und dessen Systemzugehörigkeit ab.

Das Prinzip der erfahrbaren, wissbaren Welt, das es der Wissenschaft ermöglicht, universal gültiges Wissen zu entdecken, beruht auf der Konvention, Zustandsänderungen des Systems als ›Erleben‹ zuzurechnen. Das Ereignis wird außerhalb des beobachtenden Systems verortet, in diesem Fall außerhalb der Wissenschaft, und ist deswegen auch für alle anderen wissenschaftlichen Beobachter potenziell erlebbar. Es erfüllt damit das Wahrheitskriterium der modernen Wissenschaft.

2.2.2 Universales Wissen und Anonymität

Im Zusammenhang von Erleben und Handeln bringt Luhmann den Begriff der ›Anonymisierung‹ erstmals ins Spiel:

> Auf ihre Funktion hin betrachtet, dient die Zurechnung als Erleben [...] der *Anonymisierung der Teilnehmer*. Wo Handeln interferiert, muß man wissen, wer handelt und welche Interessen und Motive er einbringt. Das gilt auch, wenn es sich um Handeln zum Zwecke des Wissensgewinns handelt. Das Wissen selbst hat seine Geltung dagegen in einer anonym konstituierten Welt. Es kann als Wissen nur überzeugen, wenn man es für prinzipiell gleichgültig hält, wer es erkennt [...].[45]

Die Bedeutung des wissenschaftlich erkennenden Subjekts, die Zurechnung auf Erleben und die daraus resultierende Indifferenz gegenüber eben jenem Subjekt funktionieren allesamt als Fluchtlinien auf einen Punkt hin: auf den des universal gültigen Wissens. »Die Reduktion auf Erleben und die Anonymisierung der Erlebenden ist Grundlage für die Prätention, Wissen sei universales Wissen, das heißt: für jeden Beobachter erreichbar«.[46]

Nur um Missverständnissen vorzubeugen: Der Begriff ›Prätention‹ zeigt noch einmal an, dass das hier vorgestellte Prinzip die Strukturen des Sozialsystems Wissenschaft bezeichnet, nicht aber Luhmanns eigene Erkenntnistheorie. Diese ist, wie eingangs betont, konstruktivistisch erkenntnisskeptisch. Das Prinzip des universal wissbaren, wissenschaftsunabhängig wahren Wissens ist nur eine Eigenschaft des Wissenschafts-systems.[47]

---

45 Ebd., S. 143.
46 Ebd., S. 145.
47 Die scheinbare Paradoxie, dass Luhmann selbst als Soziologe innerhalb des Wissenschaftssystems operiert, berührt diesen Umstand nicht.

3 Konsequenzen

Nur mit der Anonymisierung der Teilnehmer durch Zurechnung auf Erleben kann die »Prätention, Wissen sei universales Wissen«[48] aufrecht erhalten werden. Diese ist damit unmittelbar gekoppelt an die Fiktion der Gleichheit der Forscher: Nur wenn alle Forscher gleich und ihre Namen also gleich *gültig* sind, kann die Wahrheit als Eigenschaft der Umwelt zugerechnet werden, und ist nicht mehr die Konstruktions-Handlung eines einzelnen, wahrnehmenden Subjekts.

Vor diesem Hintergrund erscheint der Autor in der Wissenschaft als Störfaktor. Der Name des Autors, und mit ihm die Reputation, gefährden den Anspruch, universal erlebbares Wissen zu produzieren beziehungsweise zu entdecken. Der Name des wissenschaftlichen Autors gefährdet die Wissenschaftlichkeit der Wissenschaft nach ihren eigenen Regeln. Der Name des Autors schwächt das Prinzip des universalen Wissens.

Dennoch scheint das gegenwärtige Wissenschaftssystem nicht ohne Namen auskommen zu können. Luhmann hält den Namen des Wissenschaftlers für so maßgeblich im System Wissenschaft, dass er das Prinzip ›Nebencode‹ konzipiert, um die ›Reputation‹ ins Spiel bringen zu können. Eine Wissenschaft ohne die Namen von Wissenschaftlern erscheint zwar einerseits das erstrebenswerte Ideal, ist andererseits aber mit ihren sozialen Praktiken nicht zu vereinbaren. Der Rückgriff auf Namen ist der Wissenschaft als Sozialsystem inhärent, aber ihr Konzept der Wahrheit ist damit nur schwer vereinbar.

Das Prinzip der Anonymisierung von wissenschaftlichen Artikeln zum Zwecke ihrer Evaluation scheint deswegen eine deutliche Funktion zu erfüllen: Wissenschaft kann nicht ohne den Namen, kann nicht ohne Reputation funktionieren, aber sie kann eine Art Nische schaffen, in der das Wissen mit Anspruch auf Universalisierbarkeit freien Lauf erhält: Wie würde dieser Text verstanden werden, wenn er keinen Autor hätte? Wie würde dieser Text verstanden werden, wenn niemand für ihn bürgte außer der erlebbaren Welt? *Blind Peer Review* schafft eine Praxis, in der Wissen als nicht an die Erkenntnis eines spezifischen Subjekts gebunden präsentiert wird und realisiert so die »Fiktion der Gleichheit der Forscher«.

Ich hatte die Frage gestellt, welche Effekte die Anonymisierung von Autorschaft haben könnte, die nicht offen zutage treten und die in den Studien zu *Peer Review* und *Blind Peer Review* möglicherweise nicht berücksichtigt worden sind.

---

[48] Luhmann: Wissenschaft der Gesellschaft, S. 145.

Einer dieser strukturellen Effekte kann jetzt benannt werden. *Die Anonymisierung der Teilnehmer an Wissenschaft ist immer auch eine Positionierung zum Prinzip des universalen Wissens: die Bewertung von Wissenschaft soll ausschließlich an erlebbarer Wahrheit orientiert sein.*

Das Prinzip der Anonymisierung von wissenschaftlicher Autorschaft kann also als Verstärkung einer bestimmten epistemologischen Position verstanden werden: Anonymisierung installiert das Prinzip des intersubjektiven oder subjektlosen Erkennens in der Wissenschaft. In der Praxis des *Blind Peer Review* geschieht dies an einer wichtigen Entscheidungsschwelle für wissenschaftliche Sichtbarkeit und Anerkennung, nämlich *vor* der Publikation wissenschaftlicher Ergebnisse. *Blind Peer Review* führt bei genauerer Betrachtung vor Augen, dass der Autor, das Subjekt, der Urheber, ein Störfaktor in der Produktion von wissenschaftlicher Wahrheit ist.

Blind Peer Review als Qualitätssicherungsstandard der Wissenschaft ist eine Erfindung des zwanzigsten Jahrhunderts. Nicht erst dieses Jahrhundert ist aber geprägt durch eine große Zahl erkenntniskritischer Unternehmungen, die das Prinzip der universal gültigen Wahrheit theoretisch unterlaufen. Luhmann ist nur *ein* Beispiel für ein post-ontologisches, konstruktivistisches Modell. Es ist deswegen mehr als fraglich, ob Luhmanns Rekonstruktion des Wissenschaftssystems tatsächlich auf alle Bereiche der gegenwärtigen Wissenschaft anwendbar ist. Unter der Bezeichnung ›Wissenschaft‹ agieren in der heutigen akademischen Landschaft durchaus Teilsysteme, die den Wahrheitsbegriff – wie ja auch Luhmann selbst – kritisch hinterfragen und mit konstruktivistischen Theorien arbeiten. Einige Teile insbesondere der kulturwissenschaftlich orientierten Literaturwissenschaft fallen in diese Kategorie.

Was Luhmann als Teil der dem System *verborgenen* Eigenschaften von Wissenschaft beobachtet – die Konstruktion von Wahrheit *innerhalb* des Systems – ist auch Teil von Theorien, mit denen diese Wissenschaft operiert. Die Skepsis an universal wissbarem, ›wahren‹ Wissen ist kein Privileg einer systemtheoretischen Beobachterin, sondern Teil von Kultur- und Gesellschaftstheorien, mit denen innerhalb des Systems Wissenschaft gedacht und gearbeitet wird.[49] Auch in diesen Wissenschaftszweigen aber wird *Blind Peer Review* angewendet, obwohl es an das Prinzip des universal wissbaren Wissens gebunden ist. Diesen Widerspruch kann man nun auf zwei Weisen interpretieren:

1. Das Prinzip des universal wissbaren Wissens kann, bei aller konstruktivistischen Theoriearbeit, nicht aus den Arbeitsweisen der Wissenschaft ver-

---

49 Vgl. z. B. Clam: Differenz.

bannt werden. Dass über den Prozess des *Blind Peer Review* an zentraler Stelle weiterhin unter Bedingungen der erlebbaren Erkenntnis und daraus resultierender Wahrheit operiert wird, zeigt, dass auch konstruktivistisch-reflektierte Teilsysteme der Wissenschaft sich von diesem Grundsatz nicht oder nur schwer lösen können.

2. Gerade die Tatsache, dass eigens Strukturen geschaffen werden, um das subjektlose Erkennen zu *simulieren*, zeigt, wie schwach dieses Prinzip in der gegenwärtigen Wissenschaft verankert ist. Wenn das Prinzip des universal wissbaren Wissens ein Grundsatz jeglicher Wissenschaft wäre, bräuchte es keinen eigenen Prozess, um diesen Umstand abzusichern und zu prüfen. Wenn es eine komplizierte Nische braucht, um so zu tun, als wäre Wahrheit ohne Autorschaft zu haben, dann liegt es daran, dass Autorschaft, das erkennende Subjekt und seine jeweiligen Konstruktionsleistungen eigentlich als maßgeblich erkannt worden sind.

Der oben zitierte *Glaube* an das Prinzip des *Blind Peer Review* könnte also zwei Effekte für die Wissenschaft haben: Entweder ist *Blind Peer Review* eine wichtige Bastion der universalen Wahrheit in wissenschaftlichen Erkenntnisprozessen, oder aber es ist, als ausgegliederte Nische, ein Abgesang auf die Rolle, die wahre Wahrheiten für die Wissenschaft haben können. Die Diskussion um die Bedeutung *wissenschaftlicher* Autorschaft liefert also eine Reihe weiterer zu erforschender Fragen. Insbesondere wird es darum gehen müssen, eine Untersuchung der gängigen Praktiken nicht nur mit empirischen Methoden nachzuvollziehen, sondern mit kritischem Blick auch zugrundeliegende Strukturen offenzulegen. Dazu muss immer auch die Perspektive der Wissenschaftsforschung gehören, mit deren Hilfe die Strukturen der Wissenschaft auf diese selbst angewendet werden können. Erst vor dem Hintergrund einer solchen theoretisch informierten Analyse sollten aufbauende empirische Studien durchgeführt werden.[50]

---

[50] Ich danke den Teilnehmerinnen und Teilnehmern an der Diskussion zu meinem Vortrag für wertvolle Hinweise und den Herausgebern für ihre klugen Ergänzungen zu meinem Text.

Bibliographie

Biagioli, Mario: »From Book Censorship to Academic Peer Review«. In: *Emergences: Journal for the Study of Media & Composite Cultures* 12 (2002) H. 1, S. 11–45.

Budden, Amber E. / Tom Tregenza / Lonnie W. Aarssen / Julia Koricheva / Roosa Leimu / Christopher J. Lortie: »Double-blind review favours increased representation of female authors«. In: *Trends in Ecology and Evolution* 23 (2008) H. 1, S. 4–6.

Burnham, John C.: »How Journal Editors Came to Develop and Critique Peer Review Procedures«. In: H.F. Mayland / R.E. Sojka (Hrsg.): *Research Ethics, Manuscript Review, and Journal Quality*. Madison, WI 1992, S. 55–62.

Casadevall, Arturo / Ferric C. Fang: »Is Peer Review Censorship?«. In: *Infection and Immunity* 77 (2009) H. 4, S. 1273–1274.

Chartier, Roger: »Foucault's Chiasmus. Authorship between Science and Literature in the Seventeenth and Eighteenth Centuries«. In: Mario Biagioli / Peter Galison (Hrsg.): *Scientific Authorship. Credit and Intellectual Property in Science*. New York / London 2003, S. 13–31.

Chubin, Daryl E. / Edward J. Hackett: *Peerless Science. Peer Review and U.S. Science Policy*. Albany, NY 1990.

Clam, Jean: *Was heißt, sich an Differenz statt an Identität orientieren? Zur De-ontologisierung in Philosophie und Sozialwissenschaft*. Konstanz 2002.

Fitzpatrick, Kathleen: »Peer-to-peer Review and the Future of Scholarly Authority«. In: *Social Epistemology* 24 (2010) H. 3, S. 161–179.

Foucault, Michel: »Was ist ein Autor?«. In: Jannidis, Fotis / Gerhard Lauer / Matías Martínez / Simone Winko (Hrsg.): *Texte zur Theorie der Autorschaft*. Stuttgart 2000, S. 198–229.

Fröhlich, Gerhard: »Anonyme Kritik. Peer Review auf dem Prüfstand der Wissenschaftsforschung«. In: *medizin bibliothek information* 3 (2003) H. 2, S. 33–39.

Haack, Susan: »Peer Review and Publication: Lessons for Lawyers«. In: *Stetson Law Review* 36 (2007) H. 3, S. 789–819.

Hall, Donald: *The Academic Self: An Owner's Manual*. Columbus 2002.

Hill, Shawndra / Foster Provost: »The Myth of the Double-Blind Review? Author Identification using only Citations«. In: *SIGKDD Explorations* 5 (2003) H. 2, S. 179–184.

Jefferson, Tom / Elizabeth Wagner / Frank Davidoff: »Measuring the Quality of Editorial Peer Review«. In: *Journal of the American Medical Association* 287 (2002), S. 2786–2790.

Jefferson, Tom / Philip Alderson / Elizabeth Wagner / Frank Davidoff: »Effects of Editorial Peer Review. A Systematic Review«. In: *Journal of the American Medical Association* 287 (2002), S. 2784–2786.

Justice, Amy C. / Mildred K. Cho / Margaret A. Winker / Jesse A. Berlin / Drummond Rennie: »Does Masking Author Identity Improve Peer Review Quality?«. In: *Journal of the American Medical Association* 280 (1998), S. 240–242.

Luhmann, Niklas: *Die Wissenschaft der Gesellschaft*. Stuttgart 1992.

MediaCommons Press, http://mediacommons.futureofthebook.org/mcpress/ (Stand: 22.08.2011).

Modern Language Association of America: Report of the MLA task force on evaluating scholarship for tenure and promotion, 2006.
http://www.mla.org/pdf/task_force_tenure_promo.pdf (Stand: 25.08.2011).

Moran, Gordon: *Silencing Scientists and Scholars in Other Fields: Power, Paradigm Controls, Peer Review, and Scholarly Communication.* Greenwich, CT 1998.

Müller, Uwe Thomas: *Peer-Review-Verfahren zur Qualitätssicherung von Open-Access-Zeitschriften. Systematische Klassifikation und empirische Untersuchung.* Berlin 2008.

Shatz, David: *Peer review: A critical inquiry.* Lanham, MD 2004.

Smith, Richard: »Peer review: a flawed process at the heart of science and journals«. In: *Journal of the Royal Society of Medicine* 99 (2006), S. 178–182.

Snodgrass, Richard: »Single- Versus Double-Blind Reviewing: An Analysis of the Literature«. In: *SIGMOD Record* 35 (2006) H. 3, S. 8–21.

Spier, Ray: »The history of the peer-review process«. In: *Trends in Biotechnology* 20 (2002) H. 8, S. 357–358.

Weller, Ann: *Editorial Peer Review: Its Strengths and Weaknesses.* Medford, NJ 2001.

Teil V: Auswahlbibliographie

Matthias Schaffrick / Marcus Willand
Auswahlbibliographie

Autorschaftsforschung zwischen 2000 und 2014

Die folgende Bibliographie stellt eine Auswahl von etwa 550 wichtigen Forschungsbeiträgen zur Autorschaftstheorie und -praxis seit 2000 dar. Die Rubrizierung der Kapitel orientiert sich weitestgehend an der auch für die Einleitung verwendeten Systematik; Studien zu einzelnen Texten, Autoren oder Epochen wurden – wie auch Anthologien, Handbuch- und Lexikonartikel – am Ende separat gelistet. Bibliographierte Rezensionen sollen nicht als Wertung des darin besprochenen Werks verstanden werden, sondern als erwähnenswerte Beiträge zum Thema.

Aufbau

1	**Hermeneutische Autorschaftskonzeptionen** —— 617	
1.1	Epistemologie und Hermeneutik —— 617	
1.2	Intentionalismusforschung —— 618	
1.2.1	Faktischer Intentionalismus —— 619	
1.2.2	Hypothetischer Intentionalismus —— 619	
1.2.2.1	Kognitionswissenschaftliche, sozialphilosophische und linguistische Fundierungen —— 620	
1.3	Poetik, Rhetorik und Generik —— 620	
1.4	Stilometrie und quantifizierende Verfahren —— 621	
1.5	Historisierende Literaturwissenschaft —— 623	
1.5.1	Linguistische Fundierungen —— 624	
1.5.2	Empirische Fundierungen —— 625	
2	**Poststrukturalistische Autorschaftskonzeptionen** —— 626	
2.1	Subjektkritik —— 627	
2.2	Diskursanalyse —— 628	
2.3	Autobiographie und Autofiktion —— 628	
2.4	Systemtheorie —— 629	
2.5	Autorschaft und Geschlecht / Weibliche Autorschaft —— 630	
2.6	Auktorialität —— 631	

3	**Autorschaft in fiktions- und erzähltheoretischen Ansätzen** —— 631	
3.1	Narratologie und Fiktionstheorie —— 631	
3.2	Herausgeberfiktion —— 633	
3.3	Der implizite Autor —— 633	
4	**Inszenatorische Autorschaftskonzeptionen** —— 634	
4.1	Mediale Inszenierungen —— 636	
4.1.1	Multiple Autorschaft / Literarische Gruppen —— 637	
4.1.2	(Anonyme) Autorschaft im Internet —— 638	
4.1.3	Film und Autorschaft —— 639	
4.1.4	Lesung, Bühne und Performance —— 640	
4.1.5	Authentizität —— 640	
4.2	Sozialstrukturelle Inszenierungen —— 641	
4.2.1	Autorschaft in der Wissenschaft —— 641	
4.2.2	Autorschaft und Religion —— 642	
4.2.3	Autorschaft und Übersetzung —— 643	
4.2.4	Autorschaft, Copyright und Plagiarismus —— 643	
4.3	Inszenierungsanalyse —— 644	
4.3.1	Skandale —— 644	
4.3.2	Interviews —— 645	
4.4	Literaturbetrieb —— 645	
5	**Studien zur historischen und künstlerischen Autorschaft** —— 646	
5.1	Antike —— 646	
5.2	Mittelalter und Renaissance —— 646	
5.3	16. und 17. Jahrhundert —— 647	
5.4	18. Jahrhundert —— 647	
5.5	19. Jahrhundert —— 648	
5.6	20. Jahrhundert —— 648	
5.7	Musik —— 649	
5.8	Bildende Künste —— 650	
5.9	Studien zur Autorschaft einzelner Autoren oder Texte —— 651	
6	**Anthologien und Überblicksdarstellungen** —— 653	

1 Hermeneutische Autorschaftskonzeptionen

1.1 Epistemologie und Hermeneutik

Barudi, Malek: *Autor und Werk – eine prägende Beziehung? Die urheberrechtliche Prägetheorie im Spiegel der Literaturwissenschaft.* Tübingen 2013.
Birus, Hendrik: »Hermeneutik und Strukturalismus. Eine kritische Rekonstruktion ihres Verhältnisses am Beispiel Schleiermachers und Jakobsons«. In: Birus, Hendrik / Sebastian Donat / Burkhard Meyer-Sickendiek (Hrsg.): *Roman Jakobsons Gedichtanalysen. Eine Herausforderung an die Philologien*. Göttingen 2003, S. 11–37.
Bühler, Axel (Hrsg.): Hermeneutik. Basistexte zur Einführung in die wissenschaftstheoretischen Grundlagen von Verstehen und Interpretation. Heidelberg 2008.
Danneberg, Lutz: »Besserverstehen. Zur Analyse und Entstehung einer hermeneutischen Maxime«. In: Jannidis, Fotis / Gerhard Lauer / Matías Martínez / Simone Winko (Hrsg.): *Regeln der Bedeutung. Zur Theorie der Bedeutung literarischer Texte*. Berlin 2003, S. 644–711.
Danneberg, Lutz: »Epistemische Situationen, kognitive Asymmetrien und kontrafaktische Imaginationen«. In: Raphael, Lutz / Heinz-Elmar Tenorth (Hrsg.): *Ideen als gesellschaftliche Gestaltungskraft im Europa der Neuzeit. Exempel einer neuen Geistesgeschichte.* München 2006, S. 193–221.
Danneberg, Lutz: »Schleiermacher und die Hermeneutik«. In: Baertschi, Annette M. / Colin G. King (Hrsg.): Die modernen Väter der Antike. Die Entwicklung der Altertumswissenschaften an Akademie und Universität im Berlin des 19. Jahrhunderts. Berlin 2009, S. 211–276.
Danneberg, Lutz / Carlos Spoerhase: »Auctoritas und Testimonium: Epistemologien der Glaubwürdigkeit und des Vertrauens«.: In: http://www.fheh.org/index.php/projekte/historische-epistemologie/36/101-auctoritas-und-testimonium-epistemologien-der-glaubwuerdigkeit-und-des-vertrauens (07.09.2009).
Danneberg, Lutz / Friedrich Vollhardt (Hrsg.): *Wissen in Literatur im 19. Jahrhundert.* Tübingen 2002.
Donovan, Stephen / Danuta Zadworna-Fjellestad / Rolf Lundeén (Hrsg.): *Authority Matters. Rethinking the Theory and Practice of Autorship*. Amsterdam 2008.
Fricke, Harald / Ralph Müller: »Cognitive Poetics Meets Hermeneutics. Some Considerationsabout the German Reception of Cognitive Poetics«. In: Mythos-Magazin (2010): www.mythosmagazin.de/erklaerendehermeneutik/hf-rm_cognitivepoetics.pdf
Jannidis, Fotis / Gerhard Lauer / Matías Martínez / Simone Winko: »Der Bedeutungsbegriff in der Literaturwissenschaft. Eine historische und systematische Skizze«. In: Jannidis, Fotis / Gerhard Lauer / Matías Martínez / Simone Winko (Hrsg.): *Regeln der Bedeutung. Zur Theorie der Bedeutung literarischer Texte*. Berlin 2003, S. 3–30.
Kühne-Bertram, Gudrun / Frithjof Rodi (Hrsg.): Dilthey und die hermeneutische Wende in der Philosophie. Wirkungsgeschichtliche Aspekte seines Werkes. Göttingen 2008.
Maltzahn, Henrik von: Das Zeugnis anderer als Quelle des Wissens. Ein Beitrag zur sozialen Erkenntnistheorie. Berlin 2006.

Müller, Ralph: »Literatur der Leser und Literatur der Interpreten. Zur Arbeitsteilung von Kognitiver Poetik und Erklärender Hermeneutik«. In: *Mythos-Magazin* (2011): www.mythos-magazin.de/erklaerendehermeneutik/rm_leser.pdf.

Schmidt, Sibylle / Sybille Krämer / Ramon Voges (Hrsg.): *Politik der Zeugenschaft. Zur Kritik einer Wissenspraxis*. Bielefeld 2011.

Scholz, Oliver Robert: *Verstehen und Rationalität. Untersuchungen zu den Grundlagen von Hermeneutik und Sprachphilosophie*. Frankfurt/Main 2001.

Scholz, Oliver Robert: »Das Zeugnis anderer. Prolegomena zu einer sozialen Erkenntnistheorie«. In: Grundmann, Thomas (Hrsg.): *Erkenntnistheorie. Positionen zwischen Tradition und Gegenwart*. Paderborn 2003, S. 354–375.

Spoerhase, Carlos / Dirk Werle / Markus Wild (Hrsg.): *Unsicheres Wissen. Skeptizismus und Wahrscheinlichkeit 1550–1850*. Berlin / New York 2009.

Tepe, Peter: „Kooperation und Arbeitsteilung mit Ralph Müller". In: *Mythos-Magazin* (2011), http://www.mythos-magazin.de/erklaerendehermeneutik/pt_replik-leser.pdf.

Tepe, Peter: Tepe, Peter: »Zur Diskussion um die kognitive Hermeneutik«. In: *Mythos-Magazin* (2010): www.mythos-magazin.de/erklaerendehermeneutik/pt_diskussion.pdf.

Winko, Simone: »Autor-Funktionen. Zur argumentativen Verwendung von Autorkonzepten in der gegenwärtigen literaturwissenschaftlichen Interpretationspraxis«. In: Detering, Heinrich (Hrsg.): *Autorschaft. Positionen und Revisionen*. Stuttgart [et al.] 2002, S. 334–354.

1.2 Intentionalismusforschung

Bacharach, Sondra / Deborah Tollefsen: »We Did It: From Mere Contributors to Coauthors«. In: *The Journal of Aesthetics and Art Criticism* 68 (2010) H. 1, S. 23-32.

Bevir, Mark: »Meaning and Intention: A Defense of Procedural Individualism«. In: *New Literary History* 31 (2000) H. 3, S. 385–403.

Carroll, Noël: *Beyond Aesthetics. Philosophical Essays*. Cambridge / New York 2001.

Carroll, Noël: »Interpretation and Intention. The Debate Between Hypothetical and Actual Intentionalism«. In: *Metaphilosophy* 31 (2000), S. 75–95.

Detel, Wolfgang: *Geist und Verstehen. Historische Grundlagen einer modernen Hermeneutik*. Frankfurt/Main 2011.

Hirsch, Eric D.: »Objektive Interpretation«. In: Jannidis, Fotis / Gerhard Lauer / Matías Martínez / Simone Winko (Hrsg.): *Texte zur Theorie der Autorschaft*. Stuttgart 2003, S. 157–180.

Jannidis, Fotis: »Autor, Autorbild und Autorintention«. In: *Editio* 16 (2002), S. 26–35.

Kindt, Tom / Tilmann Köppe: »Conceptions of Authorship and Authorial Intention«. In: Dorleijn, Gillis J. / Ralf Grüttemeier / Liesbeth Korthals Altes (Hrsg.): *Authorship Revisited. Conceptions of Authorship Around 1900 and 2000*. Leuven [et al.] 2010, S. 213–227.

Kreft, Jürgen: *Theorie und Praxis der intentionalistischen Interpretation. Brecht – Lessing – Max Brod – Werner Jansen*. Frankfurt/Main [et al.] 2006.

Livingston, Paisley: *Art and Intention. A Philosophical Study*. Oxford 2005.

Spoerhase, Carlos: *Autorschaft und Interpretation. Methodische Grundlagen einer philologischen Hermeneutik*. Berlin 2007.

1.2.1 Faktischer Intentionalismus

Bühler, Axel: »Die Funktion der Autorintention bei der Interpretation«. In: Schönert, Jörg / Friedrich Vollhardt (Hrsg.): *Geschichte der Hermeneutik und die Methodik der textinterpretierenden Disziplinen*. Berlin 2005, S. 463–472.
Bühler, Axel: »Ein Plädoyer für den hermeneutischen Intentionalismus«. In: Reicher, Maria E. (Hrsg.): *Fiktion, Wahrheit, Wirklichkeit. Philosophische Grundlagen der Literaturtheorie*. Paderborn 2007, S. 178–198.
Bühler, Axel: »Grundprobleme der Hermeneutik«. In: Bühler, Axel (Hrsg.): *Hermeneutik. Basistexte zur Einführung in die wissenschaftstheoretischen Grundlagen von Verstehen und Interpretation*. Heidelberg 2008, S. 3–19.
Bühler, Axel: »Die Überprüfung von Hypothesen über Autorabsichten«. In: *Journal of Literary Theory* 4 (2010) H. 1, S. 141–156.
Hogan, Patrick Colm: *How Authors' Minds Make Stories*. Cambridge 2013.
Köppe, Tilmann: »E. D. Hirsch versus M. C. Beardsley und W. K. Wimsatt. Zu einem Konzept des Fortschritts in der Debatte um den ›intentionalen Fehlschluss‹«. In: Klausnitzer, Ralf / Carlos Spoerhase (Hrsg.): *Kontroversen in der Literaturtheorie – Literaturtheorie in der Kontroverse*. Bern [et al.] 2007, S. 299–310.
Lintott, Sheila: »When Artists Fail: A Reply to Trivedi«. In: *The British Journal of Aesthetics* 42 (2002), H. 1, S. 64–72.
Stecker, Robert: »Interpretation and the Problem of Relevant Intention«. In: Matthew Kieran (Hrsg.): *Contemporary Debates in Aesthetics and the Philosophy of Art*. Oxford 2006, S. 269–281; Übers. v. Tilmann Köppe: Stecker, Robert: »Probleme des Intentionalismus«. In: Kindt, Tom / Tilmann Köppe (Hrsg.): *Moderne Interpretationstheorien. Ein Reader*. Göttingen 2008, S. 130–158.

1.2.2 Hypothetischer Intentionalismus

Currie, Gregory: *Arts and Minds*. Oxford 2004.
Jannidis, Fotis: »Zur kommunikativen Intention«. In: Eibl, Karl / Katja Mellmann / Rüdiger Zymner (Hrsg.): *Im Rücken der Kulturen*. Paderborn 2007, S. 185–204.
Jannidis, Fotis: »Verstehen erklären«. In: Huber, Martin / Simone Winko (Hrsg.): *Literatur und Kognition. Bestandsaufnahmen und Perspektiven eines Arbeitsfeldes*. Paderborn 2009, S. 45–62.
Spoerhase, Carlos: »Hypothetischer Intentionalismus. Rekonstruktion und Kritik«. In: *Journal of Literary Theory* 1 (2007), S. 81–110.
Tepe, Peter: *Kognitive Hermeneutik. Textinterpretation ist als Erfahrungswissenschaft möglich*. Würzburg 2007.
Tepe, Peter / Jürgen Rauter / Tanja Semlow: *Interpretationskonflikte am Beispiel von E.T.A. Hoffmanns ›Der Sandmann‹. Kognitive Hermeneutik in der praktischen Anwendung*. Würzburg 2009.
Trivedi, Saam: »An Epistemic Dilemma For Actual Intentionalism«. In: *The British Journal of Aesthetics* 41 (2001), H. 2, S. 192–206.

1.2.2.1 Kognitionswissenschaftliche, sozialphilosophische und linguistische Fundierungen

Kannetzky, Frank: »Die kooperative Struktur individuellen Handelns und Intendierens. Überlegungen zur Topologie der Begriffe des Sozialen«. In: Albert, Gert / Rainer Greshoff / Rainer Schützeichel (Hrsg.): *Dimensionen und Konzeptionen von Sozialität*. Wiesbaden 2010, S. 65–85.
Schmid, Hans Bernhard: *Wir-Intentionalität. Kritik des ontologischen Individualismus und Rekonstruktion der Gemeinschaft*. Freiburg [et al.] 2005.
Schmid, Hans Bernhard: »Zweck und Norm – Verteidigung eines sozialtheoretischen Intentionalismus«. In: Albert, Gert / Rainer Greshoff / Rainer Schützeichel (Hrsg.): *Dimensionen und Konzeptionen von Sozialität*. Wiesbaden 2010, S. 87–112.
Tomasello, Michael: *Origins of Human Communication*. Cambridge, MA 2008.
Tomasello, Michael: *Why We Cooperate*. Cambridge, MA 2009.

1.3 Poetik, Rhetorik und Generik

Beifuss, Annika Katja: *Rhetorischer Spagat. (Selbst-)Inszenierungen englischer Autorinnen in der frühen Neuzeit* (Diss. Tübingen) 2011.
Berndt, Frauke: »Die Erfindung des Genies. F.G. Klopstocks rhetorische Konstruktion des Au(c)tors im Vorfeld der Autonomieästhetik«. In: Detering, Heinrich (Hrsg.): *Autorschaft. Positionen und Revisionen*. Stuttgart [et al.] 2002, S. 24–43.
Böhm, Alexandra: *Heine und Byron. Poetik eingreifender Kunst am Beginn der Moderne*. Berlin [et al.] 2013.
Dürr, Claudia: »›Das Gegenwärtige ist immer flüchtig‹. Zur Erfassung des literarischen Schaffensprozesses«. In: Brodowsky, Paul / Thomas Klupp (Hrsg.): *Wie über Gegenwart sprechen? Überlegungen zu den Methoden einer Gegenwartsliteraturwissenschaft*. Frankfurt/Main 2010, S. 91–104.
Fischer, Tilman: *Reiseziel England. Ein Beitrag zur Poetik der Reisebeschreibung und zur Topik der Moderne (1830–1870)*. Berlin 2004.
Giuriato, Davide / Martin Stingelin / Sandro Zanetti (Hrsg.): *»Schreibkugel ist ein Ding gleich mir: von Eisen«. Schreibszenen im Zeitalter der Typoskripte*. München 2005.
Giuriato, Davide / Martin Stingelin / Sandro Zanetti (Hrsg.): *»System ohne General«. Schreibszenen im digitalen Zeitalter*. München 2006.
Guttzeit, Gero: »Writing Backwards? Autorpoetik bei Poe und Godwin«. In: Schaffrick, Matthias / Marcus Willand (Hrsg.): *Theorien und Praktiken der Autorschaft*. Berlin 2014, S. siehe oben.
Haas, Rosemarie: »Poetische Inauguration. Zu Jean Pauls Poetik der Autorschaft«. In: *Jahrbuch der Jean-Paul-Gesellschaft* 47 (2012), S. 107–124.
Haynes, Christine: »Reassessing ›Genius‹ in Studies of Authorship: The State of the Discipline«. In: *Book History* 8 (2005), S. 287–320.
Klausnitzer, Ralf: »Autorschaft und Gattungswissen. Wie literarisch-soziale Regelkreise funktionieren«. In: Schaffrick, Matthias / Marcus Willand (Hrsg.): *Theorien und Praktiken der Autorschaft*. Berlin 2014, S. siehe oben.

Kohl, Katrin Maria: *Poetologische Metaphern. Formen und Funktionen in der deutschen Literatur*. Berlin 2007.
Lüdeke, Roger: *Wiederlesen. Revisionspraxis und Autorschaft bei Henry James*. Tübingen 2002.
Müller, Hans-Harald: »Eco zwischen Autor und Text. Eine Kritik von Umberto Ecos Interpretationstheorie«. In: Kindt, Tom / Hans-Harald Müller (Hrsg.): *Ecos Echos. Das Werk Umberto Ecos: Dimensionen, Rezeptionen, Kritiken*. München 2000, S. 135–148.
Nickel-Bacon, Irmgard / Norbert Groeben / Margrit Schreier: »Fiktionssignale pragmatisch. Ein medienübergreifendes Modell zur Unterscheidung von Fiktion(en) und Realität(en)«. In: *Poetica. Zeitschrift für Sprach- und Literaturwissenschaft* 32 (2000) 3/4, S. 267–299.
Richter, Sandra: *Poetiken. Poetologische Lyrik, Poetik und Ästhetik von Novalis bis Rilke*. Berlin 2004.
Schmitz-Emans, Monika / Uwe Lindemann / Manfred Schmeling (Hrsg.): *Poetiken. Autoren – Texte – Begriffe*. Berlin / New York 2009.
Spoerhase, Carlos: »›Mere reading‹. Über das Versprechen eines ›posthermeneutischen‹ Verstehens«. In: Lepper, Marcel / Steffen Siegel / Sophie Wennerscheid (Hrsg.): *Jenseits des Poststrukturalismus? Eine Sondierung*. Frankfurt/Main 2005, S. 15–36.
Stingelin, Martin (Hrsg.): »*Mir ekelt vor diesem tintenklecksenden Säkulum*«. *Schreibszenen im Zeitalter der Manuskripte*. Paderborn 2004.
Volk, Ulrich: *Der poetologische Diskurs der Gegenwart. Untersuchungen zum zeitgenössischen Verständnis von Poetik dargestellt an ausgewählten Beispielen der Frankfurter Stiftungsgastdozentur Poetik*. Frankfurt/Main [et al.] 2003.
Volmer, Annett: *Die Ergreifung des Wortes. Autorschaft und Gattungsbewusstsein italienischer Autorinnen im 16. Jahrhundert*. Heidelberg 2008.
    [Rezension] Segler-Messner, S.: »Annett Volmer: Die Ergreifung des Wortes. Autorschaft und Gattungsbewusstsein italienischer Autorinnen im 16. Jahrhundert«. In: *Archiv für das Studium der neueren Sprachen und Literaturen*, (2011) H. 1, S. 229–233.
    [Rezension] Wend, Petra: »Annett Volmer: Die Ergreifung des Wortes: Autorschaft und Gattungsbewustein italienischer Autorinnen im 16. Jahrhundert«. In: *Renaissance quarterly*, (2009) H. 1, S. 204–205.
Williams, Seán M.: »C.F. Gellert als Vorredner des Genies«. In: Schaffrick, Matthias / Marcus Willand (Hrsg.): *Theorien und Praktiken der Autorschaft*. Berlin 2014, S. siehe oben.
Zemanek, Evi / Susanne Krones (Hrsg.): *Literatur der Jahrtausendwende. Themen, Schreibverfahren und Buchmarkt um 2000*. Bielefeld 2008.

1.4 Stilometrie und quantifizierende Verfahren

Baayen Harald / Hans van Halteren / Anneke Neijt / Fiona Tweedie: »An experiment in authorship attribution«. In: *Journees internationales d'Analyse statistique des Données Textuelles* 6 (2002), o. S.
Brocardo, Marcelo Luiz / Issa Traore / Sherif Saad / Isaac Woungang: »Authorship verification for short messages using stylometry«. In: *Proc. of the IEEE Intl. International Conference on Computer, Information and Telecommunication Systems* (CITS 2013). Piraeus-Athens, S. 1–6: http://www.uvic.ca/engineering/ece/isot/assets/docs/Authorship_Verification_for_Short_Messages_using_Stylometry.pdf (19.08.2014).

Burrows, John: »All the Way Through: Testing for Authorship in Different Frequency Strata«. In: *Literary and Linguistic Computing* 22 (2007), H. 1, S. 27–47.
Burrows, John: »Delta: A Measure for Stylistic Difference and a Guide to Likely Authorship«. In: *Literary & Linguistic Computing* 17 (2002), H. 3, S. 267–287.
Burrows, John: »The Englishing of Juvenal: Computational Stylistics«. In: *Style* 36 (2002), H. 4, S. 677–699.
Craig, Hugh / Arthur F. Kinney: »Methods«. In: Craig, Hugh / Arthur F. Kinney (Hrsg.): *Shakespeare, Computers, and the Mystery of Authorship*. Cambridge 2009, S. 15–39.
Craig, Hugh: »Is the Author Really Dead? An Empirical Study of Authorship in English Renaissance Drama«. In: *Empirical Studies of the Arts* 18 (2000) H. 2, S. 119–134.
Dalen-Oskam, Karina van / Joris van Zundert: »Delta for Middle Dutch – Author and Copyist Distinction in Walewein«. In: *Literary & Linguistic Computing* 22 (2007) H. 3, S. 345–362.
Eder, Maciej / Jan Rybicki: »Do Birds of a Feather Really Flock Together, or How to Choose Training Samples for Authorship Attribution«. In: *Literary & Linguistic Computing* 28 (2013) H. 2, S. 229–236.
Eder, Maciej / Rybicki, Jan: »Stylometry with R«, in: *Digital Humanities 2011: Conference Abstracts*. Stanford: Stanford University 2011, S. 308–311.
Fobbe, Eilika: *Forensische Linguistik*. Tübingen 2011.
Grzybek, Peter / Emmerich Kelih: »Zur Vorgeschichte quantitativer Ansätze in der russischen Sprach- und Literaturwissenschaft«. In: Köhler, Reinhard / Gabriel Altmann / Rajmund G. Piotrowski (Hrsg.): *Quantitative Linguistik / Quantitative Linguistics. Ein internationales Handbuch / An International Handbook*. Berlin 2005, S. 23–64.
Grzybek, Peter / Ernst Stadlober / Emmerich Kelih / Gordana Antić: »Quantitative Text Typology: The Impact of Word Length«. In: Weihs, Claus / Wolfgang Gaul (Hrsg.): *Classification: The Ubiquitous Challenge*. Heidelberg, New York 2005, S. 53–64.
Halteren, Hans van / Harald Baayen / Fiona Tweedie / Marco Haverkort / Anneke Neijt: »New Machine Learning Methods Demonstrate the Existence of a Human Stylome«. In: *Journal of Quantitative Linguistics* 12 (2005) H. 1, S. 65–77.
Hartling, Florian: »Literarische Autorschaft«. In: Grond-Rigler, Christine / Wolfgang Straub (Hrsg.): *Literatur und Digitalisierung*. Berlin [et al.] 2012, S. 69–93.
Hoover, David L.: »Testing Burrows's Delta«. In: *Literary & Linguistic Computing* 19 (2004) H. 4, S. 453–475.
Hoover, David L.: »Delta Prime«. In: *Literary & Linguistic Computing* 19 (2004) H. 4, S. 477–495.
Hoover, David L.: »Word frequency, statistical stylistics and authorship attribution«. In: Archer, Dawn (Hrsg.): *What's in a Word-list? Investigating Word Frequency and Keyword Extraction*. Farnham [et al.] 2009, S. 35–52.
Jannidis, Fotis: »Der Autor ganz nah. Autorstil in Stilistik und Stilometrie«. In: Schaffrick, Matthias / Marcus Willand (Hrsg.): *Theorien und Praktiken der Autorschaft*. Berlin 2014, S. siehe oben.
Juola, Patrick: »Authorship Attribution«. In: *Foundations and Trends in Information Retrieval* 1 (2006), H. 3, S. 233–334.
Jockers, Matthew Lee: *Macroanalysis. Digital Methods and Literary History*. Urbana 2013.
Kelih, Emmerich: *Geschichte der Anwendung quantitativer Verfahren in der russischen Sprach- und Literaturwissenschaft*. Hamburg 2008.
Koppel, Moshe / Jonathan Schler / Shlomo Argamon: »Computational Methods in Authorship Attribution«. In: *Journal of the American Society for Information Science and Technology* 60 (2009) H. 1, S. 9–26.

Labbé, Cyril / Dominique Labbé: »Inter-textual Distance and Authorship Attribution Corneille and Molière«. In: *Journal of Quantitative Linguistics* 8 (2001), H. 3, S. 213–231.
Love, Harold: *Attributing Authorship*. Cambridge 2002.
Kestemont, Mike: *Het gewicht van de auteur. Stylometrische auteursherkenning in Middelnederlandse literatuur*. Gent 2013.
Kestemont, Mike / Kim Luyckx / Walter Daelemans: »Cross-Genre Authorship Verification Using Unmasking. Cross-Genre Authorship Verification Using Unmasking«. In: *English Studies* 93 (2012), H. 3, S. 340–356.
McEnery, T. / M. Oates »Authorship identification and computational stylometry«. In: Dale, Robert / Hermann Moisl / Harold Somers (Hrsg.): *Handbook of natural language processing*. New York 2000, Kap. 23.1.
Pennebaker, James W.: *The Secret Life of Pronouns. What Our Words Say About Us*. New York 2013.
Rybicki, Jan / Maciej Eder: »Deeper Delta Across Genres and Languages: Do We Really Need the Most Frequent Words?« In: *Literary & Linguistic Computing* 26 (2011) H. 3, S. 315–321.
Schöch, Christof: »Corneille, Molière et les autres. Stilometrische Analysen zu Autorschaft und Gattungszugehörigkeit im französischen Theater der Klassik«. In: Schöch, Christof / Lars Schneider (Hrsg.): *Literaturwissenschaft im digitalen Medienwandel. Philologie im Netz*, (2014) Beiheft 7, S. 130–157: http://web.fu-berlin.de/phin/beiheft7/b7t08.pdf (19.08.2014).
Schöch, Christof: »Fine-tuning our Stylometric Tools: Investigating Authorship, Genre, and Form in French Classical Theather«. In: *Digital Humanities 2013: Conference Abstracts*. Lincoln: University of Lincoln. http://dh2013.unl.edu/abstracts/ab-270.html (19.08.2014).
Schöch, Christof: »A Stylometric Murder Mystery, or: Poetic Justice by Mitzi Morris«. In: *The Dragonfly's Gaze* (27.01.2013): http://dragonfly.hypotheses.org/225 (19.08.2014).
Stamatatos, Efstathios: »A survey of modern authorship attribution methods«. In: *Journal of the American Society for Information Science and Technology* 60 (2009) H. 3, S. 538–556.

1.5 Historisierende Literaturwissenschaft

Braun-Rau, Alexandra: »Copy-text-Edition und Historisch-kritische Ausgabe. Ein Vergleich der editorischen Verfahrensweisen in Bezug auf Autor- und Textmodell«. In: Henges, Christiane / Harald Saller (Hrsg.): *Text und Autor. Beiträge aus dem Venedig-Symposium 1998 des Graduiertenkollegs ›Textkritik‹ München*. Tübingen 2000, S. 207–222.
Fleig, Anne: »Kleists Briefe – Versatzstücke der Autorschaft. Eine Einleitung«. In: *Kleist-Jahrbuch* (2013), S. 23–30.
Hämmerle, Christa / Edith Saurer: *Briefkulturen und ihr Geschlecht. Zur Geschichte der privaten Korrespondenz vom 16. Jahrhundert bis heute*. Wien 2003.
Hempfer, Klaus W.: *Grundlagen der Textinterpretation*. Stuttgart 2002.
Hoffmann, Thorsten / Daniela Langer: »Autor«. In: Anz, Thomas (Hrsg.): *Handbuch Literaturwissenschaft. Gegenstände und Grundbegriffe*. Stuttgart 2007, S. 131–170.
Jannidis, Fotis: *Figur und Person. Beitrag zu einer historischen Narratologie*. Berlin 2004.
Jannidis, Fotis: »Analytische Hermeneutik. Eine vorläufige Skizze«. In: Klein, Uta / Katja Mellmann / Steffanie Metzger (Hrsg.): *Heuristiken der Literaturwissenschaft. Disziplinexterne Perspektiven auf Literatur*. Paderborn 2006, S. 131–144.

Kleinschmidt, Erich: »Autor und Autorschaft im Diskurs«. In: Bein, Thomas / Rüdiger Nutt-Kofoth / Bodo Plachta (Hrsg.): *Autor, Autorisation, Authentizität*. Tübingen 2004, S. 5–16.
Landwehr, Achim: *Geschichte des Sagbaren. Einführung in die historische Diskursanalyse*. Tübingen 2001.
Landwehr, Achim: *Historische Diskursanalyse*. Frankfurt/Main [et al.] 2009.
Lavialle, Nathalie / Jean-Benoît Puech (Hrsg.): *L'auteur comme œuvre. L'auteur, ses masques, son personnage, sa légende*. Orléans 2000.
Martus, Steffen: Werkpolitik. Zur Literaturgeschichte kritischer Kommunikation vom 17. bis ins 20. Jahrhundert mit Studien zu Klopstock Tieck Goethe und George. Berlin [et al.] 2007.
Meyer, Andreas / Ullrich Scheideler: »Einleitung«. In: Meyer, Andreas (Hrsg.): *Autorschaft als historische Konstruktion. Arnold Schönberg – Vorgänger, Zeitgenossen, Nachfolger und Interpreten*. Stuttgart [et al.] 2001, S. 9–28.
Parr, Rolf / Jörg Schönert: *Autorschaft. Eine kurze Sozialgeschichte der literarischen Intelligenz in Deutschland zwischen 1860 und 1930*. Heidelberg 2008.
  [Rezension] Braun, Rebecca: »Rolf Parr / Jörg Schönert: Autorschaft: Eine kurze Sozialgeschichte der literarischen Intelligenz in Deutschland zwischen 1860 und 1930«. In: *The modern language review*, (2010) H. 2, S. 596.
Rescher, Nicholas: »Hermeneutische Objektivität«. In: Bühler, Axel (Hrsg.): *Hermeneutik. Basistexte zur Einführung in die wissenschaftstheoretischen Grundlagen von Verstehen und Interpretation*. Heidelberg 2008, S. 177–190.
Schneider, Jost: *Sozialgeschichte des Lesens. Zur historischen Entwicklung und sozialen Differenzierung der literarischen Kommunikation in Deutschland*. Berlin / New York 2004.
Willand, Marcus: »Autorfunktionen in literaturwissenschaftlicher Theorie und interpretativer Praxis. Eine Gegenüberstellung«. In: *Journal of Literary Theory* 5 (2011) H. 2, S. 297–301.
Zembylas, Tasos / Claudia Dürr: *Wissen, Können und literarisches Schreiben. Eine Epistemologie der künstlerischen Praxis*. Wien 2009.

1.5.1 Linguistische Fundierungen

Busse, Dietrich: »Linguistische Epistemologie – Zur Konvergenz von kognitiver und kulturwissenschaftlicher Semantik am Beispiel von Begriffgeschichte, Diskursanalyse und Frame-Semantik«. In: Kämper, Heidrun / Ludwig M. Eichinger (Hrsg.): *Sprache – Kognition – Kultur. Sprache zwischen mentaler Struktur und kultureller Prägung* . Berlin [et al.] 2008, S. 73–114.
Hermanns, Fritz / Werner Holly (Hrsg.): *Linguistische Hermeneutik. Theorie und Praxis des Verstehens und Interpretierens*. Tübingen 2007.
Hermanns, Fritz / Werner Holly: »Linguistische Hermeneutik. Versuch eines Anfangs«. In: Hermanns, Fritz / Werner Holly (Hrsg.): *Linguistische Hermeneutik. Theorie und Praxis des Verstehens und Interpretierens*. Tübingen 2007, S. 1–7.
Kämper, Heidrun / Ludwig M. Eichinger (Hrsg.): *Sprache – Kognition – Kultur. Sprache zwischen mentaler Struktur und kultureller Prägung*. Berlin [et al.] 2008.
Linz, Erika: »Sich sprechend verstehen. Zur Nachträglichkeit des Äußerungssinns in der Rede«. In: Hermanns, Fritz / Werner Holly (Hrsg.): *Linguistische Hermeneutik. Theorie und Praxis des Verstehens und Interpretierens*. Tübingen 2007, S. 43–58.

Nickel-Bacon, Irmgard / Norbert Groeben / Margrit Schreier: »Fiktionssignale pragmatisch. Ein medienübergreifendes Modell zur Unterscheidung von Fiktion(en) und Realität(en)«. In: *Poetica. Zeitschrift für Sprach- und Literaturwissenschaft* 32 (2000) 3/4, S. 267–299.

Schwarz-Friesel, Monika: »Sprache, Kognition, Emotion: Neue Wege in der Kognitionswissenschaft«. In: Kämper, Heidrun / Ludwig M. Eichinger (Hrsg.): *Sprache – Kognition – Kultur. Sprache zwischen mentaler Struktur und kultureller Prägung*. Berlin [et al.] 2008, S. 277–301.

Willand, Marcus: »Intention in romantischer Hermeneutik und linguistischer Pragmatik«. In: Meierhofer, Christian / Eric Scheufler (Hrsg.): *Turns und Trends der Literaturwissenschaft: Literatur, Kultur und Wissenschaft zwischen Nachmärz und Jahrhundertwende im Blickfeld aktueller Theoriebildung*. Zürich 2011, S. 28–49.

1.5.2 Empirische Fundierungen

Ajouri, Philip / Katja Mellmann / Christoph Rauen (Hrsg.): *Empirie in der Literaturwissenschaft*. Münster 2013.

Bortolussi, Marisa / Peter Dixon: *Psychonarratology. Foundations for the Empirical Study of Literary Response*. Cambridge 2003.

Cosmides, Leda / John Tooby: »Consider the Source. The Evolution of Adaptations for Decoupling and Metarepresentation«. In: Sperber, Dan (Hrsg.): *Metarepresentations. A Multidisciplinary Perspective*. Oxford 2000, S. 53–115.

Eibl, Karl: »Ist Literaturwissenschaft als Erfahrungswissenschaft möglich? Mit einigen Anmerkungen zur Wissenschaftsphilosophie des Wiener Kreises«. In: Ajouri, Philip / Katja Mellmann / Christoph Rauen (Hrsg.): *Empirie in der Literaturwissenschaft*. Münster 2013, S. 19–46.

Eibl, Karl: Animal Poeta. Bausteine der biologischen Kultur- und Literaturtheorie. Paderborn 2004.

Eibl, Karl / Katja Mellmann / Rüdiger Zymner (Hrsg.): *Im Rücken der Kulturen*. Paderborn 2007.

Hillebrandt, Claudia: »Emotional Functions of Unreliable Narratives. An Outline for Future Research«. In: *Journal of Literary Theory* 5 (2011) H. 1, S. 19–36.

Hogan, Patrick Colm: Cognitive Science, Literature, and the Arts. A Guide for Humanists. New York et al. 2003.

Holm-Hadulla, Rainer Matthias: *Kreativität. Konzept und Lebensstil*. Göttingen 2005.

Holm-Hadulla, Rainer Matthias: *Kreativität zwischen Schöpfung und Zerstörung. Konzepte aus Kulturwissenschaften, Psychologie, Neurobiologie und ihre praktischen Anwendungen*. Göttingen 2011.

Huber, Martin / Simone Winko (Hrsg.): *Literatur und Kognition. Bestandsaufnahmen und Perspektiven eines Arbeitsfeldes*. Paderborn 2009.

Journal of Literary Theory 1 (2007) H. 1 (Themenheft: »In What Direction Is Literary Theory Evolving?«).

Koepsell, Kilian / Carlos Spoerhase: »Neuroscience and the Study of Literature. Some Thoughts on the Possibility of Transferring Knowledge«. In: *Journal of Literary Theory* 2 (2008) H. 2, S. 363–374.

Lauer, Gerhard: »Going Empirical. Why We Need Cognitive Literary Studies«. In: *Journal of Literary Theory* 3 (2009) H. 1, S. 145–154.

Mansour, Julia: »Stärken und Probleme einer kognitiven Literaturwissenschaft«. In: *KulturPoetik* 7 (2007) H. 1, S. 107–116.

Mansur, Julia: »Chancen und Grenzen des Transfers kognitionspsychologischer Annahmen und Konzepte in der Literaturwissenschaft – das Beispiel der Theory of Mind«. In: Huber, Martin / Simone Winko (Hrsg.): *Literatur und Kognition. Bestandsaufnahmen und Perspektiven eines Arbeitsfeldes*. Paderborn 2009, S. 155–163.

Martindale, Colin: »Response: Psychological Foundations of Literary Theory«. In: *Journal of Literary Theory* 1 (2007) H. 2, S. 447–457.

Mellmann, Katja: *Emotionalisierung – Von der Nebenstundenpoesie zum Buch als Freund. Eine emotionspsychologische Analyse der Literatur der Aufklärungsepoche*. Paderborn 2006.

Mellmann, Katja: »Biologische Ansätze zum Verhältnis von Literatur und Emotionen«. In: *Journal of Literary Theory* 1 (2007) H. 2, S. 357–375.

Mellmann, Katja: »Objects of ›Empathy‹. Characters (and Other Such Things) as Psycho-Poetic Effects«. In: Eder, Jens / Fotis Jannidis / Ralf Schneider (Hrsg.): *Characters in Fictional Worlds. Understanding Imaginary Beings in Literature, Film, and other Media*. Berlin [et al.] 2010, S. 416–441.

Richardson, Alan / Francis F. Steen: »Literature and the Cognitive Revolution. An Introduction«. In: *Poetics today* 23 (2002) 1, S. 1–8.

Schiewer, Gesine Lenore: »Kognitive Emotionstheorien – emotionale Agenten – Narratologie. Perspektiven aktueller Emotionsforschung für die Sprach- und Literaturwissenschaft«. In: Huber, Martin / Simone Winko (Hrsg.): *Literatur und Kognition. Bestandsaufnahmen und Perspektiven eines Arbeitsfeldes*. Paderborn 2009, S. 99–114.

Schwarz-Friesel, Monika: »Sprache, Kognition, Emotion: Neue Wege in der Kognitionswissenschaft«. In: Kämper, Heidrun / Ludwig M. Eichinger (Hrsg.): *Sprache – Kognition – Kultur. Sprache zwischen mentaler Struktur und kultureller Prägung*. Berlin [et al.] 2008, S. 277–301.

Winko, Simone: *Kodierte Gefühle. Zu einer Poetik der Emotionen in lyrischen und poetologischen Texten um 1900*. Berlin 2003.

Winko, Simone: »Über Regeln emotionaler Bedeutung in und von literarischen Texten«. In: Jannidis, Fotis / Gerhard Lauer / Matías Martínez / Simone Winko (Hrsg.): *Regeln der Bedeutung. Zur Theorie der Bedeutung literarischer Texte*. Berlin 2003, S. 329–348.

Zunshine, Lisa: *Why We Read Fiction. Theory of Mind And the Novel*. Columbus 2006.

Zymner, Rüdiger: »Körper, Geist und Literatur. Perspektiven der ›Kognitiven Literaturwissenschaft‹ – Eine kritische Bestandsaufnahme«. In: Huber, Martin / Simone Winko (Hrsg.): *Literatur und Kognition. Bestandsaufnahmen und Perspektiven eines Arbeitsfeldes*. Paderborn 2009.

2 Poststrukturalistische Autorschaftskonzeptionen

Barthes, Roland: »Vom Werk zum Text«. In: Ders.: *Das Rauschen der Sprache. (Kritische Essays IV)*. Frankfurt/Main 2006, S. 64–72.

Blödorn, Andreas / Daniela Langer: »Implikationen einen metaphorischen Stimmenbegriffs: Derrida – Bachtin – Genette«. In: Blödorn, Andreas / Daniela Langer / Michael

Scheffel (Hrsg.): *Stimme(n) im Text. Narratologische Positionsbestimmungen*. Berlin [et al.] 2006, S. 53–82.
Blödorn, Andreas / Daniela Langer / Michael Scheffel (Hrsg.): *Stimme(n) im Text. Narratologische Positionsbestimmungen*. Berlin [et al.] 2006.
Bossinade, Johanna: *Poststrukturalistische Literaturtheorie*. Stuttgart [et al.] 2000.
Busse, Dietrich: »Linguistische Epistemologie – Zur Konvergenz von kognitiver und kulturwissenschaftlicher Semantik am Beispiel von Begriffsgeschichte, Diskursanalyse und Frame-Semantik«. In: Kämper, Heidrun / Ludwig M. Eichinger (Hrsg.): *Sprache – Kognition – Kultur. Sprache zwischen mentaler Struktur und kultureller Prägung*. Berlin [et al.] 2008, S. 73–114.
Gallop, Jane: The Deaths of the Author. Reading and Writing in Time. Durham, NC [et al.] 2011.
Gunia, Jürgen: »Die Souveränität der Sprache. Der Tod als Denkfigur in der neueren Literaturtheorie: Barthes, Foucault, Derrida«. In: Begemann, Verena (Hrsg.): *Der Tod gibt zu denken. Interdisziplinäre Reflexionen zur (einzigen) Gewissheit des Lebens*. Münster 2010, S. 111–133.
Härtel, Insa: »Symbolische Ordnungen umschreiben. Autorität, Autorschaft und Handlungsmacht. Schneider ; Wedler«. In: *Psyche* (2012) H. 2, S. 185–188.
Horn, Eva: »Literatur. Gibt es Gesellschaft im Text?«. In: Moebius, Stephan / Andreas Reckwitz (Hrsg.): *Poststrukturalistische Sozialwissenschaften*. Frankfurt/Main 2008, S. 363–381.
Peters, Karin: »Bataille und der gespenstische Souverän. Der ›Tod des Autors‹ revisited«. In: Schaffrick, Matthias / Marcus Willand (Hrsg.): *Theorien und Praktiken der Autorschaft*. Berlin 2014, S. siehe oben.
Städtke, Klaus / Ralph Kray / Ingo Berensmeyer (Hrsg.): *Spielräume des auktorialen Diskurses*. Berlin 2003.
Unzeitig, Monika: *Autorname und Autorschaft. Bezeichnung und Konstruktion in der deutschen und französischen Erzählliteratur des 12. und 13. Jahrhunderts*. Berlin / New York 2010.

2.1 Subjektkritik

Agamben, Giorgio: »Der Autor als Geste«. In: Ders.: *Profanierungen*. Frankfurt/Main 2005, S. 57–69.
Barthes, Roland: *Die Vorbereitung des Romans. Vorlesung am Collège de France 1978–1979 und 1979–1980*. Frankfurt/Main 2008.
Baßler, Moritz: »Mythos Intention. Zur Naturalisierung von Textbefunden«. In: Schaffrick, Matthias / Marcus Willand (Hrsg.): *Theorien und Praktiken der Autorschaft*. Berlin 2014, S. siehe oben.
Bogdal, Klaus-Michael: »Problematisierungen der Hermeneutik im Zeichen des Poststrukturalismus«. In: Arnold, Heinz Ludwig / Heinrich Detering (Hrsg.): *Grundzüge der Literaturwissenschaft*. München 2005, S. 137–156.
Burke, Seán: *The Death and Return of the Author. Criticism and Subjectivity in Barthes, Foucault and Derrida*. Edinburgh 2008.
Frank, Manfred: *Die Unhintergehbarkeit von Individualität. Reflexionen über Subjekt Person und Individuum aus Anlass ihrer ›postmodernen‹ Toterklärung*. Frankfurt am Main 2006.

Linz, Erika: »Sich sprechend verstehen. Zur Nachträglichkeit des Äußerungssinns in der Rede«. In: Hermanns, Fritz / Werner Holly (Hrsg.): *Linguistische Hermeneutik. Theorie und Praxis des Verstehens und Interpretierens*. Tübingen 2007, S. 43–58.

Neumann, Maik: »Der Autor als Schreibender. Roland Barthes' Konzept einer ›freundschaftlichen Wiederkehr des Autors‹«. In: Schaffrick, Matthias / Marcus Willand (Hrsg.): *Theorien und Praktiken der Autorschaft*. Berlin 2014, S. siehe oben.

Peters, Karin: *Der gespenstische Souverän. Opfer und Autorschaft im 20. Jahrhundert*. München 2013.

Pritsch, Sylvia: *Rhetorik des Subjekts. Zur textuellen Konstruktion des Subjekts in feministischen und anderen postmodernen Diskursen*. Bielefeld 2008.

Reckwitz, Andreas: *Subjekt*. Bielefeld 2008.

Reckwitz, Andreas: *Das hybride Subjekt. Eine Theorie der Subjektkulturen von der bürgerlichen Moderne zur Postmoderne*. Weilerswist 2010.

2.2 Diskursanalyse

Foucault, Michel: »Was ist ein Autor?«. In: Defert, Daniel / François Ewald / Jacques Lagrange (Hrsg.): *Schriften in vier Bänden. Dits et Ecrits. Band I. 1954–1969*. Frankfurt/Main 2001, S. 1003–1041.

Foucault, Michel: *Die Ordnung des Diskurses*. Frankfurt/Main 2007.

Foucault, Michel: »Technologien des Selbst«. In: Foucault, Michel (Hrsg.): *Ästhetik der Existenz. Schriften zur Lebenskunst*. Frankfurt/Main 2008, S. 287–317.

Foucault, Michel: »Über sich selbst schreiben«. In: Foucault, Michel (Hrsg.): *Ästhetik der Existenz. Schriften zur Lebenskunst*. Frankfurt/Main 2008, S. 137–154.

Horn, Eva: »Literatur. Gibt es Gesellschaft im Text?«. In: Moebius, Stephan / Andreas Reckwitz (Hrsg.): *Poststrukturalistische Sozialwissenschaften*. Frankfurt/Main 2008, S. 363–381.

Städtke, Klaus: »Auktorialität. Umschreibungen eines Paradigmas«. In: Städtke, Klaus / Ralph Kray / Ingo Berensmeyer (Hrsg.): *Spielräume des auktorialen Diskurses*. Berlin 2003, S. VII–XXVI.

2.3 Autobiographie und Autofiktion

Dünne, Jörg / Christian Moser (Hrsg.): *Automedialität. Subjektkonstitution in Schrift, Bild und neuen Medien*. München 2008.

Farron, Ivan: »Die Fallen der Vorstellungskraft. Autofiktion – ein Begriff und seine Zweideutigkeit(en)«. In: *Neue Zürcher Zeitung*, 31. Mai 2003.

Glauser, Nina Maria: »Bewegtes Sprachleben. Zum poetologischen Stellenwert des Autofiktionskonzepts im Werk Paul Nizons«. In: Schaffrick, Matthias / Marcus Willand (Hrsg.): *Theorien und Praktiken der Autorschaft*. Berlin 2014, S. siehe oben.

Gronemann, Claudia: *Postmoderne/postkoloniale Konzepte der Autobiographie in der französischen und maghrebinischen Literatur*. Hildesheim 2002.

Hinck, Walter: *Selbstannäherungen. Autobiographien im 20. Jahrhundert von Elias Canetti bis Marcel Reich-Ranicki*. Darmstadt 2004.

Kreknin, Innokentij: *Poetiken des Selbst. Identität, Autorschaft und Autofiktion*. Berlin 2014.
Krumrey, Birgitta: »Autorschaft in der fiktionalen Autobiographie der Gegenwart: Ein Spiel mit der Leserschaft. Charlotte Roches Feuchtgebiete und Klaus Modicks Bestseller«. In: Schaffrick, Matthias / Marcus Willand (Hrsg.): *Theorien und Praktiken der Autorschaft*. Berlin 2014, S. siehe oben.
Langer, Daniela: *Wie man wird, was man schreibt. Sprache Subjekt und Autobiographie bei Nietzsche und Barthes*. Paderborn [et al.] 2005.
Lippert, Florian: *Selbstreferenz in Literatur und Wissenschaft. Kronauer, Grünbein, Maturana, Luhmann*. Paderborn 2013.
Ott, Christine / Weiser, Jutta (Hrsg.): *Autofiktion und Medienrealität. Kulturelle Formungen des postmodernen Subjekts*. Heidelberg 2013.
Schabacher, Gabriele: *Topik der Referenz. Theorie der Autobiographie, die Funktion ›Gattung‹ und Roland Barthes' »Über mich selbst«*. Würzburg 2007.
Schmid. Marcel: »Auto(r)referentialität am Beispiel einer Collage von Kurt Schwitters«. In: Schaffrick, Matthias / Marcus Willand (Hrsg.): *Theorien und Praktiken der Autorschaft*. Berlin 2014, S. siehe oben.
Volkening, Heide: *Am Rand der Autobiographie. Ghostwriting – Signatur – Geschlecht*. Bielefeld 2006.
Wagner-Egelhaaf, Martina (Hrsg.): *Auto(r)fiktion. Literarische Verfahren der Selbstkonstruktion*. Bielefeld 2012.
Wagner-Egelhaaf, Martina: »Autofiktion & Gespenster«. In: *Kultur & Gespenster* (2008) H. 7, S. 135–149.
Wagner-Egelhaaf, Martina: »Dead Author's Identity in Doubt; Publishers Defiant. Zu Uwe Johnsons Selbstnachruf«. In: Suntrup, Rudolf / Kristina Rzehak / Iraida Borisova (Hrsg.): *Usbekisch-deutsche Studien III. Sprache – Literatur – Kultur – Didaktik*. Münster 2010, S. 201–213.
Zipfel, Frank: »Autofiktion. Zwischen den Grenzen von Faktualität, Fiktionalität und Literarität?«. In: Winko, Simone / Fotis Jannidis / Gerhard Lauer (Hrsg.): *Grenzen der Literatur. Zu Begriff und Phänomen des Literarischen*. Berlin / New York 2009, S. 285–314.
Zipfel, Frank: »Autofiktion«. In: Lamping, Dieter (Hrsg.): *Handbuch der literarischen Gattungen*. Stuttgart 2009, S. 31–36.

2.4 Systemtheorie

Kampmann, Sabine: »Funktionsrolle Autor – Andrea Fraser«. In: Werber, Niels (Hrsg.): *Systemtheoretische Literaturwissenschaft. Begriffe – Methoden – Anwendungen*. Berlin / New York 2011, S. 147–158.
Kampmann, Sabine: *Künstler sein. Systemtheoretische Beobachtungen von Autorschaft: Christian Boltanski / Eva & Adele / Pipilotti Rist / Markus Lüpertz*. Paderborn / München 2006.
Schaffrick, Matthias: *In der Gesellschaft des Autors. Religiöse und politische Inszenierungen von Autorschaft*. Heidelberg 2014.
Schreiber, Dominik: »Literarische Kommunikation. Zur rekursiven Operativität des Literatursystems«. In: *Textpraxis. Digitales Journal für Philologie* 1 (2010): http://www.uni-muenster.de/Textpraxis/sites/default/files/beitraege/dominik-schreiber-literarische-kommunikation.pdf (19.08.2014).

Werber, Niels: »Kunst ohne Künstler – Künstler ohne Kunst. Paradoxien der Kunst der Moderne«. In: Hellmold, Martin / Sabine Kampmann / Ralph Lindner / Katharina Sykora (Hrsg.): *Was ist ein Künstler? Das Subjekt der modernen Kunst*. München 2003, S. 149–162.

2.5 Autorschaft und Geschlecht / Weibliche Autorschaft

Ackermann, Georg / Walter Delabar: *Schreibende Frauen. Ein Schaubild im frühen 20. Jahrhundert*. Bielefeld 2011.
Becker-Cantarino, Barbara: *Schriftstellerinnen der Romantik. Epoche, Werke, Wirkung*. München 2000.
Bergman, David: *Gay American autobiography. Writings from Whitman to Sedaris*. Madison, 2009.
Bollmann, Anne: *Ein Platz für sich selbst. Schreibende Frauen und ihre Lebenswelten (1450–1700)*. Frankfurt/Main 2011.
Böning, Sylvia: *Weiblichkeit, weibliche Autorschaft und Nationalcharakter. Die frühe Wahrnehmung Mme. de Staels in Deutschland (1788–1818)*. Jena 2013.
Eckold, Steffi: »*Es ist für ein Weib sehr gefährlich zu dichten.« (Verhüllungs-)Strategien weiblicher Autorschaft um 1800*. Saarbrücken 2008.
Fähnders, Walter / Helga Karrenbrock (Hrsg.): *Autorinnen der Weimarer Republik*. Bielefeld 2003.
Gallop, Jane: *The Deaths of the Author. Reading and Writing in Time*. Durham, NC [et al.] 2011.
Gronemann, Claudia / Tanja Schwan / Cornelia Sieber (Hrsg.): *Strategien von Autorschaft in der Romania. Zur Neukonzipierung einer Kategorie im Rahmen literatur-, kultur- und medienwissenschaftlich basierter Geschlechtertheorien*. Heidelberg 2012.
Günter, Manuela: »Geld oder Leben. Diverses zur Subjektform ›Autorin‹ um 1800«. In: Kyora, Sabine (Hrsg.): *Subjektform Autor. Autorschaftsinszenierungen als Praktiken der Subjektivierung*. Bielefeld 2014, S. 23–37.
Heinen, Sandra: *Literarische Inszenierung von Autorschaft. Geschlechtsspezifische Autorschaftsmodelle in der englischen Romantik*. Trier 2006.
Heipcke, Corinna: *Autorhetorik. Zur Konstruktion weiblicher Autorschaft im ausgehenden 18. Jahrhundert*. Frankfurt a. M, New York 2002.
Horstkotte, Silke: *Androgyne Autorschaft. Poesie und Geschlecht im Prosawerk Clemens Brentanos*. Tübingen 2004.
Jung, Ursula: »Weibliche Autorschaft im spanischen Barock: Selbstinszenierung als das Andere bei María de Zayas und Feliciana Enríquez de Guzmán«. In: Schabert, Ina / Michaela Boenke (Hrsg.): *Imaginationen des Anderen im 16. und 17. Jahrhundert*. Wiesbaden 2002, S. 237–261.
Jung, Ursula: *Autorinnen des spanischen Barock. Weibliche Autorschaft in weltlichen und religiösen Kontexten*. Heidelberg 2010.
Kaminski, Nicola: »Gottsched/in oder Umwege weiblicher Autorschaft. »Die Vernünftigen Tadlerinnen« – »Die Pietisterey im Fischbein-Rocke; Oder die Doctormäßige Frau« – »Herr Witzling« / Nicola Kaminski«. In: Pabst, Stephan (Hrsg.): *Anonymität und Autorschaft. Zur Literatur- und Rechtsgeschichte der Namenlosigkeit*. Berlin 2011, S. 89–127.

Keck, Annette / Manuela Günter: »Weibliche Autorschaft und Literaturgeschichte. Ein Forschungsbericht«. In: *Internationales Archiv für Sozialgeschichte der deutschen Literatur* 26 (2001) H. 2, S. 201–233.
Kulessa, Rotraud von: *Entre la reconnaissance et l'exclusion. La position de l'autrice dans le champ littéraire en France et en Italie à l'époque 1900*. Paris 2011.
Poor, Sara S.: *Mechthild of Magdeburg and her Book. Gender and the Making of Textual Authority*. Philadelphia 2004.
Rinnert, Andrea: *Körper, Weiblichkeit, Autorschaft. Eine Inspektion feministischer Literaturtheorien*. Königstein 2001.
Spanily, Claudia: *Autorschaft und Geschlechterrolle. Möglichkeiten weiblichen Literatentums im Mittelalter*. Frankfurt/Main / New York 2002.
Zwierlein, Anne-Julia (Hrsg.): *Gender and Creation. Surveying Gendered Myths of Creativity, Authority, and Authorship*. Heidelberg 2010.

2.6 Auktorialität

Fountoulakis, Evi: »›Der Finger des Himmels‹. Zur Frage der Autorität in Adalbert Stifters ›Der fromme Spruch‹«. In: Gisi, Lucas Marco / Urs Meyer / Reto Sorg (Hrsg.): *Medien der Autorschaft. Formen literarischer (Selbst-)Inszenierung von Brief und Tagebuch bis Fotografie und Interview*. München 2013, S. 47–57.
Iser, Wolfgang: »Auktorialität. Die Nullstelle des Diskurses«. In: Städtke, Klaus / Ralph Kray / Ingo Berensmeyer (Hrsg.): *Spielräume des auktorialen Diskurses*. Berlin 2003, S. 219–241.
Pečar, Andreas: »*Autorität durch Autorschaft?*«. *Friedrich II. als Militärschriftsteller*. (Hallesche Universitätsreden) Halle an der Saale 2013.
Stein, Daniel: »Superhero Comics and the Authorizing Functions of the Comic Book Paratext«. In: Stein, Daniel / Jan-Noël Thon (Hrsg.): *From Comic Strips to Graphic Novels: Contributions to the Theory and History of Graphic Narrative*. Berlin 2013, S. 115–189.

3 Autorschaft in fiktions- und erzähltheoretischen Ansätzen

3.1 Narratologie und Fiktionstheorie

Abel, Julia / Andreas Blödorn / Michael Scheffel (Hrsg.): *Ambivalenz und Kohärenz. Untersuchungen zur narrativen Sinnbildung*. Trier 2009.
Ajouri, Philip: *Erzählen nach Darwin. Die Krise der Teleologie im literarischen Realismus: Friedrich Theodor Vischer und Gottfried Keller*. Berlin 2007.
Alward, Peter: »For the Ubiquity of Nonactual Fact-Telling Narrators«. In: *The Journal of Aesthetics and Art Criticism* 65 (2007) H. 4, S. 401–404.

Bareis, J. Alexander: Fiktionen als *Make-Believe*. In Klauk, Tobias / Tilmann Köppe (Hrsg.): *Fiktionalität. Ein interdisziplinäres Handbuch*. Berlin 2014, S. 50–67.
Bareis, J. Alexander: *Fiktionales Erzählen. Zur Theorie der literarischen Fiktion als Make-Believe*. Göteborg 2008.
Begley, Louis: *Zwischen Fakten und Fiktionen. Heidelberger Poetikvorlesungen. Aus dem Amerikanischen von Christa Krüger*. Frankfurt/Main 2008.
Blume, Peter: *Fiktion und Weltwissen. Der Beitrag nichtfiktionaler Konzepte zur Sinnkonstitution fiktionaler Erzählliteratur*. Berlin 2004.
Currie, Gregory: *Narratives and Narrators. A Philosophy of Stories*. Oxford 2012.
Detering, Heinrich: *Der Antichrist und der Gekreuzigte. Friedrich Nietzsches letzte Texte*. Göttingen 2010.
Fludernik, Monika: *Einführung in die Erzähltheorie*. Darmstadt 2006.
Gölz, Christine: »Autortheorien des slavischen Funktionalismus«. In: Schmid, Wolf (Hrsg.): *Slavische Erzähltheorie. Russische und tschechische Ansätze*. Berlin / New York 2009, S. 187–237.
Herman, David (Hrsg.): *Narrative Theory and The Cognitive Sciences*. Stanford, CA 2003.
Jannidis, Fotis: »Zwischen Autor und Erzähler«. In: Detering, Heinrich (Hrsg.): *Autorschaft. Positionen und Revisionen*. Stuttgart [et al.] 2002, S. 540–556.
Kablitz, Andreas: »Literatur, Fiktion und Erzählung – nebst einem Nachruf auf den Erzähler«. In: Rajewsky, Irina O. / Ulrike Schneider (Hrsg.): *Im Zeichen der Fiktion. Aspekte fiktionaler Rede aus historischer und systematischer Sicht; Festschrift für Klaus W. Hempfer zum 65. Geburtstag*. Stuttgart 2008, S. 13–44.
Kania, Andrew: »Against the Ubiquity of Fictional Narrators«. In: *Journal of Aesthetics and Art Criticism* 63 (2005), S. 47–54.
Kania, Andrew: »Against Them, Too. A Reply to Alward«. In: *Journal of Aesthetics and Art Criticism* 65 (2007), S. 404–408.
Kindt, Tom / Hans-Harald Müller: »Wie viel Interpretation enthalten Beschreibungen? Überlegungen zu einer umstrittenen Unterscheidung am Beispiel der Narratologie«. In: Jannidis, Fotis / Gerhard Lauer / Matías Martínez / Simone Winko (Hrsg.): *Regeln der Bedeutung. Zur Theorie der Bedeutung literarischer Texte*. Berlin 2003, S. 286–305.
Klauk, Tobias / Tilmann Köppe (Hrsg.): *Fiktionalität. Ein interdisziplinäres Handbuch*. Berlin 2014.
Köppe, Tilmann / Jan Stühring: »Against Pan-Narrator Theories«. In: *Journal of Literary Semantics* 40 (2011) H. 1, S. 59–80.
Lembke, Gerrit: »Vielstimmiges Schweigen. Auktoriale Inszenierung bei Walter Moers«. In: Schaffrick, Matthias / Marcus Willand (Hrsg.): *Theorien und Praktiken der Autorschaft*. Berlin 2014, S. siehe oben.
Ludorowska, Halina: *Strategien der Selbstdarstellung in Schriftstellerautobiographien aus der DDR*. Lublin 2006.
Müller, Hans-Harald / Jan Christoph Meister: »Narrative Kohärenz oder: Kontingenz ist auch kein Zufall«. In: Abel, Julia / Andreas Blödorn / Michael Scheffel (Hrsg.): *Ambivalenz und Kohärenz. Untersuchungen zur narrativen Sinnbildung*. Trier 2009, S. 31–54.
Schmid, Wolf (Hrsg.): *Slavische Erzähltheorie. Russische und tschechische Ansätze*. Berlin / New York 2009.
Schmid, Wolf: *Elemente der Narratologie*. Berlin [et al.] 2005.
Schönert, Jörg: »Author«. In: Hühn, Peter / John Pier / Wolf Schmid / Jörg Schönert (Hrsg.): *Handbook of Narratology*. Berlin 2009, S. 1–13.

Thon, Jan-Noël: »Who's Telling the Tale? Authors and Narrators in Graphic Narrative«. In: Stein, Daniel / Jan-Noël Thon (Hrsg.): *From Comic Strips to Graphic Novels. Contribution to the Theory and History of Graphic Narrative*. Berlin 2013, S. 67–99.

Thon, Jan-Noël: »Fiktionalität in Film- und Medienwissenschaft«. In: Tobias Klauk / Tilmann Köppe (Hrsg.): *Fiktionalität. Ein interdisziplinäres Handbuch*. Berlin 2014. S. 443–466.

Weidacher, Georg: *Fiktionale Texte – fiktive Welten. Fiktionalität aus textlinguistischer Sicht*. Tübingen 2007.

Zipfel, Frank: *Fiktion, Fiktivität, Fiktionalität. Analysen zur Fiktion in der Literatur und zum Fiktionsbegriff in der Literaturwissenschaft*. Berlin 2001.

3.2 Herausgeberfiktion

Menhard, Felicitas: *Conflicting Reports. Multiperspektivität und unzuverlässiges Erzählen im englischsprachigen Roman seit 1800*. Trier 2009.

Pietsch, Yvonne: »Der »Hundeblick« des Kommentators. Kommentierung und Herausgeberfiktion in Ingo Schulzes »Neue Leben««. In: Zemanek, Evi / Susanne Krones (Hrsg.): *Literatur der Jahrtausendwende. Themen, Schreibverfahren und Buchmarkt um 2000*. Bielefeld 2008, S. 331–342.

Takeda, Arata: *Die Erfindung des Anderen. Zur Genese des fiktionalen Herausgebers im Briefroman des 18. Jahrhunderts*. Würzburg 2008.

Wirth, Uwe: »Autorschaft als Selbstherausgeberschaft. E.T.A. Hoffmanns Kater Murr«. In: Schaffrick, Matthias / Marcus Willand (Hrsg.): *Theorien und Praktiken der Autorschaft*. Berlin 2014, S. siehe oben.

Wirth, Uwe: »Der Tod des Autors als Geburt des Editors«. In: *Text+Kritik* (2001) H. 152, S. 54–64.

Wirth, Uwe: *Die Geburt des Autors aus dem Geist der Herausgeberfiktion. Editoriale Rahmung im Roman um 1800: Wieland, Goethe, Brentano, Jean Paul und E. T. A. Hoffmann*. München 2008.

[Rezension] Vellusig, Robert: »Wirth, Uwe Die Geburt des Autors aus dem Geist der Herausgeberfiktion«. In: *Arbitrium* 28 (2010) H. 3, S. 236–238.

Wirth, Uwe: »Erzählen im Rahmen der Herausgeberfiktion«. In: Erhart, Walter / Lothar van Laak (Hrsg.): *Wissen – Erzählen – Tradition. Wielands Spätwerk 2010*, S. 121–138.

3.3 Der implizite Autor

Abbott, H. Porter: »Reading Intended Meaning Where None Is Intended: A Cognitivist Reappraisal of the Implied Author«. In: *Poetics Today* 32 (2011) H. 3, S. 461–487.

Booth, Wayne C.: »Der implizite Autor«. In: Jannidis, Fotis / Gerhard Lauer / Matías Martínez / Simone Winko (Hrsg.): *Texte zur Theorie der Autorschaft*. Stuttgart 2003, S. 142–152.

Booth, Wayne C.: »Resurrection of the Implied Author: Why Bother?« In: Phelan, James / Peter J. Rabinowitz (Hrsg.): *A Companion to Narrative Theory*. Malden, Oxford 2008, S. 75–88.

Diengott, Nilli: »The Implied Author in the Conceptual Context of Hypothetical Intentionalism: A Good Explication of the Concept? On Kindt and Müller's *The Implied Author: Concept and Controversy*«. In: *Journal of Literary Semantics* 39 (2010) H. 2, S. 183–188.
Genette, Gérard: »Implizierter Autor, implizierter Leser?«. In: Jannidis, Fotis / Gerhard Lauer / Matías Martínez / Simone Winko (Hrsg.): *Texte zur Theorie der Autorschaft*. Stuttgart 2003, S. 233–246.
Kindt, Tom / Hans-Harald Müller: »Der implizite Autor. Zur Karriere und Kritik eines Begriffs zwischen Narratologie und Interpretationstheorie«. In: *Archiv für Begriffsgeschichte* 48 (2006), S. 163–190.
Kindt, Tom / Hans-Harald Müller: *The Implied Author. Concept and Controversy*. Berlin 2006.
Lanser, Susan S.: »(Im)plying the Author«. In: *Narrative* 9 (2001) H. 2, S. 153–160.
Nünning, Ansgar: »Totgesagte leben länger:. Anmerkungen zur Rückkehr des Autors und zu Wiederbelebungsversuchen des ›impliziten Autors‹«. In: *Literaturwissenschaftliches Jahrbuch* 42 (2001), S. 353–385.
Phelan, James / Peter J. Rabinowitz (Hrsg.): *A Companion to Narrative Theory*. Malden, Oxford 2008.
Schmid, Wolf: *Elemente der Narratologie*. Berlin [et al.] 2005.
Willand, Marcus: *Lesermodelle und Lesertheorien. Historische und systematische Perspektiven*. Berlin 2014.
Zipfel, Frank: *Fiktion, Fiktivität, Fiktionalität. Analysen zur Fiktion in der Literatur und zum Fiktionsbegriff in der Literaturwissenschaft*. Berlin 2001.

4 Inszenatorische Autorschaftskonzeptionen

Amstutz, Nathalie: *Autorschaftsfiguren. Inszenierung und Reflexion von Autorschaft bei Musil, Bachmann und Mayröcker*. Köln 2004.
Blumenkamp, Katrin: »Typologie des ›Als ob‹. Praktiken der Autorinszenierung um die Jahrtausendwende«. In: Jürgensen, Christoph / Gerhard Kaiser (Hrsg.): *Schriftstellerische Inszenierungspraktiken – Typologie und Geschichte*. Heidelberg 2011, S. 363–381.
Bogner, Ralf Georg: »Andreas Tscherning: Konstruktionen von Autorschaft zwischen universitärem Amt, urbaner Öffentlichkeit und nationaler Literaturreform«. In: *Chloe,* 43 (2010) H. 1, S. 185–196.
Chamayou, Anne / Nathalie Solomon (Hrsg.): *Fantômes d'écrivains*. Perpignan 2011.
Dilks, David: *Samuel Beckett in the Literary Marketplace*. Syracuse, NY 2011.
Dönike, Martin: »Anonymität als Medium inszenierter Öffentlichkeit. Das Beispiel Winckelmann«. In: Pabst, Stephan (Hrsg.): *Anonymität und Autorschaft. Zur Literatur- und Rechtsgeschichte der Namenlosigkeit*. Berlin 2011, S. 151–175.
Draxler, Helmut: *Shandyismus. Autorschaft als Genre*. Stuttgart 2007.
Dreyer, Gunda: »Anonymität und Autorschaft heute. Aktuelle Probleme anonymer Publikationen im Internet«. In: Pabst, Stephan (Hrsg.): *Anonymität und Autorschaft. Zur Literatur- und Rechtsgeschichte der Namenlosigkeit*. Berlin 2011, S. 359–368.
Fastert, Sabine (Hrsg.): *Die Wiederkehr des Künstlers. Themen und Positionen der aktuellen Künstler/innenforschung*. Köln [et al.] 2011.
Frank, Susi K.: *Mystifikation, Autorschaft, Original*. Tübingen 2001.

Götze, Clemens: »»Ein Autor ist etwas ganz und gar erbärmliches und lächerliches«. Autorschaft als Inszenierung bei Thomas Bernhard«. In: Schaffrick, Matthias / Marcus Willand (Hrsg.): *Theorien und Praktiken der Autorschaft*. Berlin 2014, S. siehe oben.
Grimm, Gunter E. / Christian Schärf (Hrsg.): *Schriftsteller-Inszenierungen*. Bielefeld 2008.
Heinen, Sandra: *Literarische Inszenierung von Autorschaft. Geschlechtsspezifische Autorschaftsmodelle in der englischen Romantik.* Trier 2006.
Hoffmann, Torsten: »Das Interview als Kunstwerk. Plädoyer für die Analyse von Schriftstellerinterviews am Beispiel W.G. Sebalds«. In: *Weimarer Beiträge* 55 (2009) H. 2, S. 276–292.
Ingold, Felix Philipp: »Ego_Firmen im Alltagsdiskurs«: http://www.perlentaucher.de/artikel/4757.html (19.08.2014).
Irsigler, Ingo: »Dem ›besseren Selbst‹ auf der Spur. Inszenierte Autorschaft in Adelbert von Chamissos »Peter Schlemihls wundersame Geschichte« (1814)«. In: Jürgensen, Christoph / Gerhard Kaiser (Hrsg.): *Schriftstellerische Inszenierungspraktiken – Typologie und Geschichte*. Heidelberg 2011, S. 199–213.
Jaschke, Beatrice / Charlotte Martinz-Turek / Nora Sternfeld (Hrsg.): *Wer spricht?* Wien 2005.
John-Wenndorf, Carolin: *Der öffentliche Autor. Über die Selbstinszenierung von Schriftstellern*. Bielefeld 2014.
Jürgensen, Christoph: »Ins Netz gegangen. Inszenierungen von Autorschaft im Internet am Beispiel von Rainald Goetz und Alban Nikolai Herbst«. In: Jürgensen, Christoph / Gerhard Kaiser (Hrsg.): *Schriftstellerische Inszenierungspraktiken – Typologie und Geschichte*. Heidelberg 2011, S. 405–422.
Jürgensen, Christoph / Gerhard Kaiser (Hrsg.): *Schriftstellerische Inszenierungspraktiken – Typologie und Geschichte*. Heidelberg 2011.
Jürgensen, Christoph / Gerhard Kaiser: »Der Dichter als Kritiker und der Kritiker als Dichter. Schriftstellerische Inszenierungspraktiken um »1800« und »1900« am Beispiel von Friedrich Schiller und Alfred Kerr«. In: *Deutsche Vierteljahrsschrift für Literaturwissenschaft und Geistesgeschichte* 86 (2012) H. 1, S. 87–120.
Kathrein, Julia Elisabeth: *Weibliche Autorschaft und Strategien der Autorinszenierung. Eine Analyse am Beispiel von Vea Kaiser, Anna Weidenholzer und Cornelia Travnicek*. Innsbruck 2014.
Kleinschmidt, Erich: »Autorschaft der Stimme(n)«. In: *Neue Rundschau* 121 (2010) H. 4, S. 240–254.
Kreiler, Kurt: *Der Mann, der Shakespeare erfand. Edward de Vere, Earl of Oxford*. Berlin 2011.
Kreknin, Innokentij: »Der beobachtbare Beobachter . Visuelle Inszenierung von Autorschaft am Beispiel von Rainald Goetz«. In: Schaffrick, Matthias / Marcus Willand (Hrsg.): *Theorien und Praktiken der Autorschaft*. Berlin 2014, S. siehe oben.
Künzel, Christine / Jörg Schönert (Hrsg.): *Autorinszenierungen. Autorschaft und literarisches Werk im Kontext der Medien*. Würzburg 2007.
Kyora, Sabine (Hrsg.): *Subjektform Autor. Autorschaftsinszenierungen als Praktiken der Subjektivierung*. Bielefeld 2014
Kyora, Sabine: »»Ich habe kein literarisches Interesse, sondern bestehe aus Literatur«. Praxeologische Perspektiven auf Autorinszenierungen und Subjektentwürfe in der Literaturwissenschaft«. In: Alkemeyer, Thomas / Gunilla Budde / Dagmar Freist (Hrsg.): *Selbst-Bildungen. Soziale und kulturelle Praktiken der Subjektivierung* . Bielefeld 2013, S. 251–274.
Meier, Christel / Martina Wagner-Egelhaaf (Hrsg.): *Autorschaft. Ikonen – Stile – Institutionen*. Berlin 2011.

Neuhaus, Stefan: »Der Autor als Marke. Strategien der Personalisierung im Literaturbetrieb«. In: *Wirkendes Wort,* 61 (2011) H. 2, S. 313–328.
Pabst, Stephan: »Hoffmann macht sich einen Namen. Zur Konstitutionsgeschichte eines Autornamens«. In: *Schriftstellerische Inszenierungspraktiken* (2011), S. 175–198.
Schäfer, Martin Jörg / Annina Klappert (Hrsg.): *Inszenierungen von ›Intensität‹ und ›Lebendigkeit‹ in der Gegenwartsliteratur.* Stuttgart [et al.] 2013.
Scherer, Stefan: »Dichterinszenierung in der Massenpresse. Autorpraktiken in populären Zeitschriften des Realismus – Storm (C.F. Meyer)«. In: Jürgensen, Christoph / Gerhard Kaiser (Hrsg.): *Schriftstellerische Inszenierungspraktiken – Typologie und Geschichte.* Heidelberg 2011, S. 229–249.
Schley, Fridolin: *Kataloge der Wahrheit. Zur strategischen Inszenierung von Autorschaft bei W. G. Sebald.* Göttingen 2012.
Sina, Kai: »Maskenspieler, Stellvertreter, Märtyrer. Formen und Funktion der Autorinszenierung bei Walter Kempowski«. In: Jürgensen, Christoph / Gerhard Kaiser (Hrsg.): *Schriftstellerische Inszenierungspraktiken – Typologie und Geschichte.* Heidelberg 2011, S. 341–362.
Strobel, Jochen: *Vom Verkehr mit Dichtern und Gespenstern. Figuren der Autorschaft in der Briefkultur.* Heidelberg 2006.

4.1 Mediale Inszenierungen

Bickenbach, Matthias: *Das Autorenfoto in der Medienevolution. Anachronie einer Norm.* München 2010.
Caduff, Corina: *Autorschaft in den Künsten. Konzepte, Praktiken, Medien.* Zürich 2008.
Chartier, Roger: *The Author's Hand and the Printer's Mind.* Cambridge 2014.
Chris, Cynthia / David A. Gerstner (Hrsg.): *Media Authorship.* New York 2013.
Gabler, Hans Walter: »Wider die Autorzentriertheit in der Edition«. In: *Jahrbuch des Freien Deutschen Hochstifts* (2013), S. 316–348.
Gisi, Lucas Marco / Urs Meyer / Reto Sorg (Hrsg.): *Medien der Autorschaft. Formen literarischer (Selbst-)Inszenierung von Brief und Tagebuch bis Fotografie und Interview.* München 2013.
Gray, Jonathan / Derek Johnson: *A Companion to Media Authorship.* Malden, MA 2013.
Hörisch, Jochen: »Autor(itäts)-Probleme. Heißes Blut und kalte Buchstaben«. In: *Neue deutsche Literatur* 49 (2001) H. 539, S. 126–137.
Joch, Markus / York-Gothart Mix / Norbert Christian Wolf (Hrsg.): Mediale Erregungen? Autonomie und Aufmerksamkeit im Literatur- und Kulturbetrieb der Gegenwart. Tübingen 2009.
Jürgensen, Christoph: »›Ich bin kein unfairer Autor!‹ Zu Georg Kleins Inszenierung von Autorschaft als Geburt aus dem Geiste der Schundlektüre«. In: Jürgensen, Christoph / Tom Kindt (Hrsg.): *»›Wie in luzidem Schlaf‹«. Zum Werk Georg Kleins.* Berlin 2013.
Krumrey, Birgitta / Ingo Vogler / Katharina Derlin (Hrsg.): Realitätseffekte in der deutschsprachigen Gegenwartsliteratur. Schreibweisen nach der Postmoderne? Heidelberg 2014.
Meier, Albert: »Realitätsreferenz und Autorschaft«. In: Krumrey, Birgitta / Ingo Vogler / Katharina Derlin (Hrsg.): *Realitätseffekte in der deutschsprachigen Gegenwartsliteratur. Schreibweisen nach der Postmoderne?* Heidelberg 2014, S. 23–24.

Meyer, Urs: »Tagebuch, Brief, Journal, Interview, Autobiografie, Fotografie und Inszenierung. Medien der Selbstdarstellung von Autorschaft«. In: Gisi, Lucas Marco / Urs Meyer / Reto Sorg (Hrsg.): *Medien der Autorschaft. Formen literarischer (Selbst-)Inszenierung von Brief und Tagebuch bis Fotografie und Interview*. München 2013, S. 9–16.
Plotke, Seraina: »Autorschaft durch Autorisierung. Bearbeitungen des Alexanderstoffs als Modellfall differenter Verfasserkonzeptionen«. In: *Beiträge zur Geschichte der deutschen Sprache und Literatur* 134 (2012) H. 3, S. 344–364.
Reuß, Roland: Autorschaft als Werkherrschaft in digitaler Zeit. Symposium Frankfurt 15. Juli 2009. Frankfurt/Main 2009.
Scherer, Stefan: »Dichterinszenierung in der Massenpresse. Autorpraktiken in populären Zeitschriften des Realismus – Storm (C.F. Meyer)«. In: Jürgensen, Christoph / Gerhard Kaiser (Hrsg.): *Schriftstellerische Inszenierungspraktiken – Typologie und Geschichte*. Heidelberg 2011, S. 229–249.
Simanowski, Roberto (Hrsg.): *Literatur.digital. Formen und Wege einer neuen Literatur*. München 2002.
Stein, Daniel / Jan-Noël Thon (Hrsg.): *From Comic Strips to Graphic Novels: Contributions to the Theory and History of Graphic Narrative*. Berlin 2013
Thon, Jan-Noël: »Toward a Transmedial Narratology. On Narrators in Contemporary Graphic Novels, Feature Films, and Computer Games«. In: Alber, Jan / Per Krogh Hansen (Hrsg.): *Beyond Classical Narration. Transmedial and Unnatural Challenges*. Berlin 2014. S. 25–56.
Wagner-Egelhaaf, Martina: »Ikonoklasmus. Autorschaft und Bilderstreit«. In: Meier, Christel / Martina Wagner-Egelhaaf (Hrsg.): *Autorschaft. Ikonen – Stile – Institutionen*. Berlin 2011, S. 347–363.
Wirth, Uwe: »Medien der Autorschaft in E. T. A. Hoffmanns Lebens-Ansichten des Katers Murr«. In: Gisi, Lucas Marco / Urs Meyer / Reto Sorg (Hrsg.): *Medien der Autorschaft. Formen literarischer (Selbst-)Inszenierung von Brief und Tagebuch bis Fotografie und Interview*. München 2013, S. 17–28.

4.1.1 Multiple Autorschaft / Literarische Gruppen

Austen, Jane / Seth Grahame-Smith: *Pride and Prejudice and Zombies: The Classic Regency Romance-Now with Ultraviolent Zombie Mayhem*. Philadelphia, PA 2009.
Burnett, Colin: »Hidden Hands at Work: Authorship, the Intentional Flux, and the Dynamics of Collaboration«. In: Gray, Jonathan / Derek Johnson (Hrsg.): A Companion to Media Authorship. Chichester 2013, S. 112–132.
Consalvo, Mia: »Dubbing the Noise: Square Enix and Corporate Creation of Videogames«. In: Gray, Jonathan / Derek Johnson (Hrsg.): A Companion to Media Authorship. Chichester 2013, S. 324–345.
Gabrielli, Sophia: »Der lange Schatten der Vergangenheit. Herta Müller, Oskar Pastior, der Literatur-Nobelpreis und ein Skandal«. In: Literaturkritik.at (2012): http://www.uibk.ac.at/literaturkritik/zeitschrift/978389.html (19.08.2014).
Loescher, Jens: »Ein neues Feld, ein alter Habitus und eine Erfindung. »Gruppen« in der jüngeren ostdeutschen Literatur«. In: *Zeitschrift für deutsche Philologie* 125 (2006) H. 2, S. 276–297.

Mader, Rachel: *Kollektive Autorschaft in der Kunst. Alternatives Handeln und Denkmodell.* Bern 2012.
McCall, Sophie: *First Person Plural. Aboriginal Storytelling and the Ethics of Collaborative Authorship.* Vancouver [et al.] 2011.
Pérez Zancas, *Rosa: Den Holocaust (weiter) schreiben. Intertextualität und Ko-Autorschaft bei Ruth Klüger.* Marburg 2013.
Plachta, Bodo / Winfried Woesler: *Literarische Zusammenarbeit.* Tübingen 2001.
Santoni, Anna (Hrsg.): L'autore multiplo. Pisa, Scuola normale superiore, 18 ottobre 2002. Pisa 2005.
Stähli, Thomas: »Spuren ›multipler Autorschaft‹ in Heinrich Heines autobiografischen und kulturgeschichtlichen Schriften«. In: Gisi, Lucas Marco / Urs Meyer / Reto Sorg (Hrsg.): *Medien der Autorschaft. Formen literarischer (Selbst-)Inszenierung von Brief und Tagebuch bis Fotografie und Interview.* München 2013, S. 59–68.
Uidhir, Christy Mag: »Comics and Collective Authorship«. In: Meskin, Aaron / Roy T. Cook (Hrsg.): *The Art of Comics: A Philosophical Approach.* Chichester 2012, S. 47–67.

4.1.2 (Anonyme) Autorschaft im Internet

Biendarra, Anke S.: »Autorschaft 2.0. Mediale Selbstinszenierungen im Internet (Deutschland/USA)«. In: Amann, Wilhelm / Georg Mein / Rolf Parr (Hrsg.): *Globalisierung und Gegenwartsliteratur. Konstellationen – Konzepte – Perspektiven.* Heidelberg 2010.
Dreyer, Gunda: »Anonymität und Autorschaft heute. Aktuelle Probleme anonymer Publikationen im Internet«. In: Pabst, Stephan (Hrsg.): *Anonymität und Autorschaft. Zur Literatur- und Rechtsgeschichte der Namenlosigkeit.* Berlin 2011, S. 359–368.
Eick, Dennis: *Digitales Erzählen. Die Dramaturgie der neuen Medien.* Konstanz / München 2014.
Giacomuzzi, Renate: »Zur Veränderung der Autorrolle im Zeichen des Internet«. In: *Zeitschrift für Literaturwissenschaft und Linguistik* 39 (2009) H. 154, S. 7–30.
Giuriato, Davide / Martin Stingelin / Sandro Zanetti (Hrsg.): »*System ohne General*«. *Schreibszenen im digitalen Zeitalter.* München 2006.
Hartling, Florian: »Literarische Autorschaft«. In: Grond-Rigler, Christine / Wolfgang Straub (Hrsg.): *Literatur und Digitalisierung.* Berlin [et al.] 2012, S. 69–93.
Hartling, Florian: *Der digitale Autor. Autorschaft im Zeitalter des Internets.* Bielefeld 2009.
  [Rezension] Heibach, Christiane: »Florian Hartling: Der digitale Autor. Autorschaft im Zeitalter des Internets.«. In: *Medien & Kommunikationswissenschaft,* 58 (2010) H. 4, S. 587.
  [Rezension] Krapp, Peter: »Florian Hartling: Der digitale Autor. Autorschaft im Zeitalter des Internets«. In: *Monatshefte für deutschsprachige Literatur und Kultur,* 102 (2010) H. 2, S. 231–232.
  [Rezension] Braun, Rebecca: »Florian Hartling: Der digitale Autor: Autorschaft im Zeitalter des Internets«. In: *The modern language review,* 106 (2011) H. 3, S. 926.
Jürgensen, Christoph: »Ins Netz gegangen. Inszenierungen von Autorschaft im Internet am Beispiel von Rainald Goetz und Alban Nikolai Herbst«. In: Jürgensen, Christoph / Gerhard Kaiser (Hrsg.): *Schriftstellerische Inszenierungspraktiken – Typologie und Geschichte.* Heidelberg 2011, S. 405–422.

Plumpe, Gerhard: »Der Autor im Netz. Urheberrechtsprobleme neuer Medien in historischer Sicht«. In: Städtke, Klaus / Ralph Kray / Ingo Berensmeyer (Hrsg.): *Spielräume des auktorialen Diskurses*. Berlin 2003, S. 177–194.
Reuß, Roland: *Autorschaft als Werkherrschaft in digitaler Zeit*. Symposium Frankfurt 15. Juli 2009. Frankfurt/Main 2009.
Simanowski, Roberto: »Autorschaft und digitale Medien. Eine unvollständige Phänomenologie«. In: Gisi, Lucas Marco / Urs Meyer / Reto Sorg (Hrsg.): *Medien der Autorschaft. Formen literarischer (Selbst-)Inszenierung von Brief und Tagebuch bis Fotografie und Interview*. München 2013, S. 257–261.
Simanowski, Roberto: »Autorschaften in digitalen Medien. Eine Einführung«. In: *Text + Kritik (Sonderheft: Digitale Literatur)* 152 (= Digitale Literatur) (2001), S. 3–21.
Thon, Jan-Noël: ›Narrativity‹«. In: Ryan, Marie-Laure / Lori Emerson / Benjamin Robertson (Hrsg.): *Johns Hopkins Guide to Digital Media*. Baltimore 2014. S. 351–355.
Tuschling, Jeanine: *Autorschaft in der digitalen Literatur*. Bremen 2006.

4.1.3 Film und Autorschaft

Caldwell, John T. »Authorship Below-the-Line«. In: Gray, Jonathan / Derek Johnson (Hrsg.): *A Companion to Media Authorship*. Chichester 2013, S. 349–369.
Dannenberg, Pascale Anja: *Das Ich des Autors Autobiografisches in Filmen der Nouvelle Vague*. Marburg 2011.
Gray, Jonathan / Derek Johnson: »Introduction: The Problem of Media Authorship«. In: Gray, Jonathan / Derek Johnson (Hrsg.): *A Companion to Media Authorship*. Chichester 2013, S. 1–19.
Livingston, Paisley: »Cinematic Authorship«. In: Allen, Richard / Murray Smith (Hrsg.): *Film Theory and Philosophy*. Oxford 1997, S. 132–148
Lodemann, Caroline A.: *Regie als Autorschaft. Eine diskurskritische Studie zu Schlingensiefs ›Parsifal‹*. Göttingen 2010.
Nieberle, Sigrid: *Literarhistorische Filmbiographien. Autorschaft und Literaturgeschichte im Kino. Mit einer Filmographie 1909 – 2007*. Berlin 2008.
Sayad, Cecilia: *Performing Authorship. Self-Inscription and Corporeality in the Cinema*. London [et al.] 2013.
Sellors, C. Paul: *Film Authorship. Auteurs and other Myths*. London / New York 2010.
Sellors, C. Paul: »Collective Authorship in Film«. In: The Journal of Aesthetics and Art Criticism 65 (2007) H. 3, S. 263–271.
Wetzel, Michael: »Die Angst des Kameramannes bei der Einstellung. Peter Handke und Wim Wenders zwischen Autorenfilm und Literaturverfilmung«. In: *Sprache und Literatur* 34 (2003), H.2, S. 84–95.
Wetzel, Michael: »Autor – Film – Schrift: ›Passages de l'image‹. In: *Sprache und Literatur* 34 (2003), H.1/2, S. 141–150.

4.1.4 Lesung, Bühne und Performance

Bertschy, Eva-Maria: »Der Autor ist anwesend! Zur poetologischen Bedeutung des leiblichen Autors bei den Auftritten der Autorengruppe Bern ist überall«. In: Schaffrick, Matthias / Marcus Willand (Hrsg.): *Theorien und Praktiken der Autorschaft*. Berlin 2014, S. siehe oben.

Calero Valera, Ana R. (Hrsg.): *Literatur als Performance. Literaturwissenschaftliche Studien zum Thema Performance*. Würzburg 2013.

Hachmann, Gundela: »Poeta doctus docens. Poetikvorlesungen als Inszenierung von Bildung«. In: Kyora, Sabine (Hrsg.): *Subjektform Autor. Autorschaftsinszenierungen als Praktiken der Subjektivierung*. Bielefeld 2014, S. 137–155.

Hagestedt, Lutz: »8.3 Autorenpräsentation und -förderung: Lesungen, Ausstellungen, Preise«. In: Anz, Thomas (Hrsg.): *Handbuch Literaturwissenschaft. Gegenstände, Konzepte, Institutionen. Bd. 1 Gegenstände und Grundbegriffe*. Stuttgart /Weimar 2007, S. 296–306.

Ulmer, Judith S.: Geschichte des Georg-Büchner-Preises. Soziologie eines Rituals. Berlin 2006.

4.1.5 Authentizität

Bein, Thomas / Rüdiger Nutt-Kofoth / Bodo Plachta (Hrsg.): *Autor, Autorisation, Authentizität*. Tübingen 2004.

Dammeyer, Albrecht: *Pathos – Parodie – Provokation. Authentizität versus Medienskepsis bei Friedrich Nietzsche und Gustav Mahler*. Würzburg 2005.

Frank, Susi K.: *Mystifikation, Autorschaft, Original*. Tübingen 2001.

Knaller, Susanne / Harro Müller (Hrsg.): *Authentizität. Diskussion eines ästhetisches Begriffs*. München 2006.

Martens, Gunter: »Autor – Autorisation – Authentizität. Terminologische Überlegungen zu drei Grundbegriffen der Editionsphilologie«. In: Bein, Thomas (Hrsg.): *Autor – Autorisation – Authentizität*. Tübingen 2004, S. 39–50.

Milnes, Tim (Hrsg.): *Romanticism, Sincerity and Authenticity*. Basingstoke [et al.] 2010.

Schmid, Gerhard: »Autor – Autorisation – Authentizität bei amtlichen Schriftstücken«. In: *editio* 16 (2002), S. 57–69.

Schumacher, Eckhard: »›Adapted from a true story‹. Autorschaft und Authentizität in Rainald Goetz' ›Heute Morgen‹«. In: *Text + Kritik*, (2011) H. 190, S. 77–88.

Selleri, Andrea: »Authorship, Authenticity and the Perceptual/Non-Perceptual Devide«. In: *Journal of Literary Theory* 7 (2013), S. 154–166.

Wetzel, Michael: »Wie wirklich ist es? Authentizität als Schwindel oder: *Vertigo* der Autorschaft«. In: Knaller, Susanne (Hrsg.): *Realitätskonstruktionen in der zeitgenössischen Kultur. Beiträge zu Literatur, Kunst, Fotografie, Film und zum Alltagsleben*. Wien 2008.

Wetzel, Michael: »Artefaktualitäten. Zum Verhältnis von Authentizität und Autorschaft«. In: Knaller, Susanne / Harro Müller (Hrsg.): *Authentizität. Diskussion eines ästhetisches Begriffs*. München 2006, S. 36–54.

Wiefarn, Markus: *Authentifizierungen. Studien zu Formen der Text- und Selbstidentifikation*. Würzburg 2010.

4.2 Sozialstrukturelle Inszenierungen

Bogdal, Klaus-Michael: »Deutschland sucht den Super-Autor. Über die Chancen der Gegenwartsliteratur in der Mediengesellschaft«. In: Kammler, Clemens / Torsten Pflugmacher (Hrsg.): *Deutschsprachige Gegenwartsliteratur seit 1989. Zwischenbilanzen – Analysen – Vermittlungsperspektiven*. Heidelberg 2004, S. 85–94.
Brodowsky, Paul: »Die Erosionen wahrnehmen. Politische Literatur in Zeiten der funktionalisierten Krise«. In: *Bella triste* (2011) H. 29, S. 76–86.
Gendolla, Peter / Erhard Schüttpelz / Tristan Thielmann (Hrsg.): *Akteur-Medien-Theorie*. Bielefeld 2008.
Klett, Michael: »Autor und Autorschaft, verlagsseitig gesehen«. In: Figal, Günter / Georg Knapp (Hrsg.): *Autorschaft – Zeit*. Tübingen 2010, S. 25–41.
Koschorke, Albrecht / Konstantin Kaminskij (Hrsg.): *Despoten dichten. Sprachkunst und Gewalt*. Konstanz 2011.
Meier, Christel / Martina Wagner-Egelhaaf (Hrsg.): *Autorschaft. Ikonen – Stile – Institutionen*. Berlin 2011.
Rademacher, Lars: »Politik als Autorschaft. Bemerkungen zu einem alternativen Erklärungsmodell politischen Kommunizierens«. In: Rademacher, Lars (Hrsg.): *Politik nach Drehbuch. Von der Politischen Kommunikation zum Politischen Marketing*. Münster 2005, S. 52–61.
Schönberger, Christoph: »Autorität in der Demokratie«. In: *Zeitschrift für Ideengeschichte* 4 (2010) H. 4, S. 41–50.

4.2.1 Autorschaft in der Wissenschaft

Biagioli, Mario: »L'autore della scienza: Definizioni e paradossi«. In: Santoni, Anna (Hrsg.): *L'autore multiplo. Pisa, Scuola normale superiore, 18 ottobre 2002*. Pisa 2005, S. 75–100.
Biagioli, Mario / Peter Galison (Hrsg.): *Scientific Authorship. Credit and Intellectual Property in Science*. New York, London 2003.
Chartier, Roger: »Foucault's Chiasmus. Authorship between Science and Literature in the Seventeenth and Eighteenth Centuries«. In: Biagioli, Mario / Peter Galison (Hrsg.): *Scientific Authorship. Credit and Intellectual Property in Science*. New York, London 2003, S. 13–31.
Reulecke, Anne-Kathrin (Hrsg.): *Fälschungen. Zu Autorschaft und Beweis in Wissenschaften und Künsten*. Frankfurt/Main 2006.
Reuß, Roland: *Autorschaft als Werkherrschaft in digitaler Zeit*. Symposium Frankfurt 15. Juli 2009. Frankfurt/Main 2009.
Rieble, Volker: *Das Wissenschaftsplagiat. Vom Versagen eines Systems*. Frankfurt/Main 2010.
Riesenweber, Christina: »Reputation, Wahrheit und Blind Peer Review. Eine systemtheoretische Perspektive auf anonymisierte Autorschaft als Qualitätssicherungsstandard der Wissenschaften«. In: Schaffrick, Matthias / Marcus Willand (Hrsg.): *Theorien und Praktiken der Autorschaft*. Berlin 2014, S. siehe oben.
Segal, Judy / Alan Richardson: »Introduction Scientific Ethos:. Authority, Authorship, and Trust in the Sciences«. In: *Configurations* 11 (2003) H. 2, S. 137–144.
Steiner, Felix: *Dargestellte Autorschaft. Autorkonzept und Autorsubjekt in wissenschaftlichen Texten*. Tübingen 2009.

Steiner, Felix: »Wissenschaftliche Autorschaft zwischen Zeitschrift und Handbuch. Überlegungen zu einer am Autorbegriff orientierten Poetologie wissenschaftlicher Texte«. In: Schaffrick, Matthias / Marcus Willand (Hrsg.): *Theorien und Praktiken der Autorschaft*. Berlin 2014, S. siehe oben.

4.2.2 Autorschaft und Religion

Edelman, Bernard: *Le sacre de l'auteur*. Paris 2004.
Haug, Walter: »Die theologische Leugnung der menschlichen Kreativität und die Gegenzüge der mittelalterlichen Dichter«. In: Schlesier, Renate / Beatrice Trînca (Hrsg.): *Inspiration und Adaptation. Tarnkappen mittelalterlicher Autorschaft*. Hildesheim 2008, S. 73–87.
Jaroš, Karl: Das Neue Testament und seine Autoren. Eine Einführung. Köln, Weimar, Wien 2008.
Kirchhofer, Anton: »Refined out of Existence? Modernist Authorship and the ›Deaths‹ of God and of the Author«. In: Dorleijn, Gillis J. / Ralf Grüttemeier / Liesbeth Korthals Altes (Hrsg.): *Authorship Revisited. Conceptions of Authorship Around 1900 and 2000*. Leuven [et al.] 2010, S. 175–193.
Lane, Keith H.: *Kierkegaard and the Concept of Religious Authorship*. Tübingen 2010.
Marx, Friedhelm: »Heilige Autorschaft? Self-Fashioning-Strategien in der Literatur der Moderne«. In: Detering, Heinrich (Hrsg.): *Autorschaft. Positionen und Revisionen*. Stuttgart [et al.] 2002, S. 107–120.
Meier, Christel / Martina Wagner-Egelhaaf (Hrsg.): *Prophetie und Autorschaft. Charisma, Heilsversprechen und Gefährdung*. Berlin 2014.
Schaffrick, Matthias: »Martin Mosebachs Politische Theologie der Autorschaft«. In: Sieg, Christian / Martina Wagner-Egelhaaf: *Autorschaften im Spannungsfeld von Religion und Politik*. Würzburg 2014, S. 119–143.
Schmitz, Barbara: *Prophetie und Königtum. Eine narratologisch-historische Methodologie entwickelt an den Königsbüchern*. Tübingen 2008.
Sieg, Christian: »Schriftsteller als ›Gewissen der Nation‹. Religiöse und politische Aspekte eines Autorschaftskonzepts der Nachkriegszeit«. In: Meier, Christel / Martina Wagner-Egelhaaf (Hrsg.): *Autorschaft. Ikonen – Stile – Institutionen*. Berlin 2011, S. 317–330.
Sieg, Christian / Martina Wagner-Egelhaaf (Hrsg.): *Autorschaften im Spannungsfeld von Religion und Politik*. Würzburg 2014.
Teuber, Bernhard: »Sacrificium auctoris. Die Anthropologie des Opfers und das postmoderne Konzept der Autorschaft«. In: Detering, Heinrich (Hrsg.): *Autorschaft. Positionen und Revisionen*. Stuttgart [et al.] 2002, S. 121–141.
Walters, Patricia: *The Assumed Authorial Unity of Luke and Acts. A Reassessment of the Evidence*. Cambridge, UK, New York 2009.
Weidner, Daniel: »Himmelskarten und Erdkarten. Gott und der Romanerzähler bei Fielding und Jean Paul«. In: Meier, Christel / Martina Wagner-Egelhaaf (Hrsg.): *Autorschaft. Ikonen – Stile – Institutionen*. Berlin 2011, S. 231–251.

4.2.3 Autorschaft und Übersetzung

Buffagni, Claudia / Beatrice Garzelli / Serenella Zanotti (Hrsg.): *The Translator as Author. Perspectives on Literary Translation*. Berlin /Münster 2011.
Ellerbrock, Karl Philipp: *Ästhetische Differenz. Zur Originalität von Baudelaires Poe-Übersetzungen*. Paderborn 2014.
Dueck, Evelyn: »Diener zweier Herren. Der Übersetzer zwischen Fergendienst und Autorschaft.«. In: Schaffrick, Matthias / Marcus Willand (Hrsg.): *Theorien und Praktiken der Autorschaft*. Berlin 2014, S. siehe oben.
Summers, Caroline: »Patterns of Authorship. The Translation of Christa Wolf's ›Kindheitsmuster‹«. In: *German Life and Letters* 67 (2014), S. 378–398.

4.2.4 Autorschaft, Copyright und Plagiarismus

Achermann, Eric: »Ideenzirkulation, geistiges Eigentum und Autorschaft«. In: Schmidt, Harald / Marcus Sandl (Hrsg.): *Gedächtnis und Zirkulation. Der Diskurs des Kreislaufs im 18. und frühen 19. Jahrhundert*. Göttingen 2002, S. 127–144.
Bolz, Norbert: »Der Kult des Authentischen im Zeitalter der Fälschung«. In: Reulecke, Anne-Kathrin (Hrsg.): *Fälschungen. Zu Autorschaft und Beweis in Wissenschaften und Künsten*. Frankfurt/Main 2006, S. 406–417.
Bracha, Oren: »The Ideology of Authorship Revisited. Authors, Markets, and Liberal Values in Early American Copyright«. In: *Yale Law Journal* 186 (2008) H. 2, S. 188–271.
Chervel, Thierry: »Diesen Kuss der ganzen Welt« (16.02.2012): http://www.perlentaucher.de/blog/258_diesen_kuss_der_ganzen_welt (19.08.2014).
Clery, Emma J.: *Authorship, Commerce and the Public. Scenes of writing 1750 – 1850*. Basingstoke 2002.
Doll, Martin: Plagiat und Fälschung. Filiationen von Originalität und Autorschaft. Berlin 2011.
Dommann, Monika: *Autoren und Apparate. Die Geschichte des Copyrights im Medienwandel*. Frankfurt/Main 2014.
Dorleijn, Gillis J. / Ralf Grüttemeier / Liesbeth Korthals Altes: »Aspects of Authorship: Professionalising – Posturing – Intention. An Introduction«. In: Dorleijn, Gillis J. / Ralf Grüttemeier / Liesbeth Korthals Altes (Hrsg.): *Authorship Revisited. Conceptions of Authorship Around 1900 and 2000*. Leuven [et al.] 2010, S. xi–xvi.
Haferkamp, Hans-Peter: »Anonymitätsstrategien juristischer Autoren im Vormärz«. In: Pabst, Stephan (Hrsg.): *Anonymität und Autorschaft. Zur Literatur- und Rechtsgeschichte der Namenlosigkeit*. Berlin 2011, S. 249–264.
Hawthorn, Jeremy: »Authority and the Death of the Author«. In: Donovan, Stephen / Danuta Zadworna-Fjellestad / Rolf Lundeén (Hrsg.): *Authority Matters. Rethinking the Theory and Practice of Autorship*. Amsterdam 2008, S. 65–88.
Hegemann, Helene: »Literatur an den Grenzen des Copyrights«: http://www.zeit.de/2010/08/ Copyrights (19.08.2014).
Institut für Textkritik: »Heidelberger Apell für Publikationsfreiheit und Wahrung der Urheberrechte«. http://www.textkritik.de/urheberrecht/ (19.08.2014).

Horn, Mirjam: »»Breeding monsters out of its own flesh«. Der multiple Autor in postmoderner Plagiatsliteratur«. In: Schaffrick, Matthias / Marcus Willand (Hrsg.): *Theorien und Praktiken der Autorschaft*. Berlin 2014, S. siehe oben.
Otto, Martin: »Von Urheberrollen und Nebenluftausgaben. Eine rechtshistorische Annäherung an die anonyme Autorschaft in Deutschland«. In: Pabst, Stephan (Hrsg.): *Anonymität und Autorschaft. Zur Literatur- und Rechtsgeschichte der Namenlosigkeit*. Berlin 2011, S. 265–287.
Pabst, Stephan: »Anonymität und Autorschaft. Ein Problemaufriss«. In: Pabst, Stephan (Hrsg.): *Anonymität und Autorschaft. Zur Literatur- und Rechtsgeschichte der Namenlosigkeit*. Berlin 2011, S. 1–34.
Pabst, Stephan: »Zerstreute Autorschaft. Anonymität als Autorisierungsfunktion Grimmscher Märchen«. In: *Fabula* 54 (2014) H. 1, S. 135–152.
Rieble, Volker: *Das Wissenschaftsplagiat. Vom Versagen eines Systems*. Frankfurt/Main 2010.
Rife, Martine Courant: *Invention, Copyright, and Digital Writing*. Carbondale, Ill. [et al.] 2013.
Rife, Martine Courant / Shaun Slattery / Dànielle Nicole DeVoss (Hrsg.): *Copy(write). Intellectual Property in the Writing Classroom*. Fort Collins, Colo 2011.
Schneider, Irmela: »Konzepte von Autorschaft im Übergang von der ›Gutenberg-‹ zur ›Turing‹-Galaxis«. In: *zeitenblicke* 5 (2006) H. 3, o.S.
Theisohn, Philipp: *Plagiat. Eine unoriginelle Literaturgeschichte*. Stuttgart 2009.
Wetzel, Michael: »Der Autor zwischen Hyperlinks und Copyrights«. In: Detering, Heinrich (Hrsg.): *Autorschaft. Positionen und Revisionen*. Stuttgart [et al.] 2002, S. 278–290.
Woodmansee, Martha: »Das Urheberrecht als Anreiz/Hemmnis für die schöpferische Produktion«. In: Reulecke, Anne-Kathrin (Hrsg.): *Fälschungen. Zu Autorschaft und Beweis in Wissenschaften und Künsten*. Frankfurt/Main 2006, S. 291–306.

4.3 Inszenierungsanalyse

Dawidowski, Christian: »»Habemus Papam‹. Strukturale und narratologische Befunde zur Inszenierung von Autorschaft in Franz Werfels ›Der veruntreute Himmel‹«. In: *Euphorion* 105 (2011) H. 4, S. 391–413.
Love, Harold: *Attributing Authorship*. Cambridge [et al.] 2002.

4.3.1 Skandale

Fricke, Hannes: »Ein früher Literaturskandal. Über Goethes zuerst anonym und ohne dessen Wissen veröffentlichtes Gedicht ›Prometheus‹ und den Stolz des Autors«. In: Pabst, Stephan (Hrsg.): *Anonymität und Autorschaft. Zur Literatur- und Rechtsgeschichte der Namenlosigkeit*. Berlin 2011, S. 205–215.
Meyer, Therese-Marie: *Where Fiction Ends. Four Scandals of Literary Identity Construction*. Würzburg 2006.
Wagner-Egelhaaf, Martina: »Autorschaft als Skandal. Matthäus – Passolini – Stadler«. In: *Deutsche Vierteljahrsschrift für Literaturwissenschaft und Geistesgeschichte* 85 (2011) H. 4, S. 585–615.

4.3.2 Interviews

Götze, Clemens: »»Ein Autor ist etwas ganz und gar erbärmliches und lächerliches«. Autorschaft als Inszenierung bei Thomas Bernhard«. In: Schaffrick, Matthias / Marcus Willand (Hrsg.): *Theorien und Praktiken der Autorschaft*. Berlin 2014, S. siehe oben.
Hoffmann, Torsten / Gerhard Kaiser (Hrsg.): *Echt inszeniert. Interviews in Literatur und Literaturbetrieb*. Paderborn 2014.
Hoffmann, Torsten: »Das Interview als Kunstwerk. Plädoyer für die Analyse von Schriftstellerinterviews am Beispiel W.G. Sebalds«. In: *Weimarer Beiträge* 55 (2009) H. 2, S. 276–292.
Schaffrick, Matthias: »Das Interview als Roman. Das Wetter vor 15 Jahren von Wolf Haas«. In: Hoffmann, Torsten, Gerhard Kaiser (Hrsg.): *Echt inszeniert. Interviews in Literatur und Literaturbetrieb*. Paderborn 2014, S. 417–430.

4.4 Literaturbetrieb

Arnold, Heinz Ludwig / Matthias Beilein (Hrsg.): *Literaturbetrieb in Deutschland*. München 2009.
Degner, Uta: »Die Kinder der Quoten. Zum Verhältnis von Medienkritik und Selbstmedialisierung bei Elfriede Jelinek«. In: Joch, Markus / York-Gothart Mix / Norbert Christian Wolf (Hrsg.): *Mediale Erregungen? Autonomie und Aufmerksamkeit im Literatur- und Kulturbetrieb der Gegenwart*. Tübingen 2009, S. 153–168.
Lämmert, Eberhard: *Respekt vor den Poeten. Studien zum Status des freien Schriftstellers*. Göttingen 2009.
Plachta, Bodo: *Literaturbetrieb*. München 2008.
Schöttker, Detlev: »Ruhm und Rezeption. Unsterblichkeit als Voraussetzung der Literaturwissenschaft«. In: Schönert, Jörg (Hrsg.): *Literaturwissenschaft und Wissenschaftsforschung*. Stuttgart, Weimar 2000, S. 472–487.
Sina, Kai: »Kafkas Nachlassbewusstsein. Über Autorschaft im Zeitalter des Literaturarchivs«. In: *KulturPoetik* 2 (2013), S. 218–235.
Schöttker, Detlev: »Kampf um Ruhm. Zur Unsterblichkeit des Autorsubjekts«. In: *Sinn und Form* 53 (2001) H. 2, S. 267–273.
Theisohn, Philipp / Christine Weder (Hrsg.): *Literaturbetrieb. Zur Poetik einer Produktionsgemeinschaft*. München 2013.
Wirth, Uwe: »Herr Maier wird Schriftsteller (und Schreiber). Oder: Die ›Literaturwissenschaft‹ der Literatur«. In: *Zeitschrift für Germanistik* 17 (2007) H. 1, S. 128–138.

5 Studien zur historischen und künstlerischen Autorschaft

5.1 Autorschaft in der Antike

Asper, Markus (Hrsg.): *Writing Science. Medical and Mathematical Authorship in Ancient Greece*. Berlin 2013.
Beecroft, Alexander: *Authorship and Cultural Identity in Early Greece and China. Patterns of Literary Circulation*. Cambridge / New York 2010.
Kimmel, Meike: *Motive und Rollen des Autors in Vergils Eklogen, den Oden des Horaz und den Elegien des Properz*. Münster 2014.
Kleinschmidt, Anika Lisa: *Ich-Entwürfe in spätantiker Dichtung. Ausonius, Paulinus von Nola und Paulinus von Pella*. Heidelberg 2013.
Römer, Thomas / Philip R. Davies (Hrsg.): *Writing the Bible. Scribes, Scribalism and Script*. Durham 2013.

5.2 Mittelalter und Renaissance

Aurnhammer, Achim / Rainer Stillers (Hrsg.): *Giovanni Boccaccio in Europa. Studien zu seiner Rezeption in Spätmittelalter und Früher Neuzeit*. Wiesbaden 2014.
Bolens, Guillemette (Hrsg.): *Medieval and Early Modern Authorship*. Tübingen 2011.
Bromilow, Pollie (Hrsg.): *Authority in European Book Culture 1400–1600*. London 2013.
Claussen, Peter Cornelius: »Autorschaft als Egotrip im 12. Jahrhundert?«. In: Hegener, Nicole / Florian Horsthemke (Hrsg.): *Künstler-Signaturen von der Antike bis zur Gegenwart*. Petersberg 2013, S. 76–89.
Coxon, Sebastian: *Presentation of Authorship in Medieval German literature 1220–1290*. Oxford 2010.
Fisher, Matthew: *Scribal Authorship and the Writing of History in Medieval England*. Columbus 2012.
Kapfhammer, Gerald / Stephanie Altrock (Hrsg.): *Autorbilder. Zur Medialität literarischer Kommunikation in Mittelalter und Früher Neuzeit*. Münster 2007.
Keller, Wolfram R.: »Chaucer und Boccaccio. Literarische Autorschaft zwischen Mittelalter und Moderne«. In: Aurnhammer, Achim / Rainer Stillers (Hrsg.): *Giovanni Boccaccio in Europa. Studien zu seiner Rezeption in Spätmittelalter und Früher Neuzeit*. Wiesbaden 2014, S. 261–275.
Kern, Manfred: »Schere, Stein, Papier. Alterszäsuren, Autorschaft und Werk in der mittelalterlichen Liebeslyrik«. In: Fitzon, Thorsten / Sandra Linden / Kathrin Liess / Dorothee Elm von der Osten (Hrsg.): *Alterszäsuren. Zeit und Lebensalter in Literatur, Theologie und Geschichte*. Berlin 2012, S. 299–321.
Klein, Dorothea: »Inspiration und Autorschaft. Ein Beitrag zur mediävistischen Autorschaftsdebatte«. In: *Deutsche Vierteljahrsschrift für Literaturwissenschaft und Geistesgeschichte* 80 (2006) H. 1, S. 55–96.

Mahlmann, Theodor / Barbara Mahlmann: »Iliada post Homerum scribere. Prüfstein frühneuzeitlicher Autorschaft«. In: Bogner, Ralf / Ralf Georg Czapla / Robert Seidel / Christian Zimmermann von (Hrsg.): *Realität als Herausforderung. Literatur in Ihren konkreten historischen Texten,* S. 47–91.

Meier, Christel: »Autorschaft im 12. Jahrhundert. Persönliche Identität und Rollenkonstrukt«. In: Moos, Peter von (Hrsg.): *Unverwechselbarkeit. Persönliche Identität und Identifikation in der vormodernen Gesellschaft.* Köln [et al.] 2004, S. 207–266.

Nemes, Balázs J.: *Von der Schrift zum Buch, vom Ich zum Autor. Zur Text- und Autorkonstitution in Überlieferung und Rezeption des ›Fliessenden Lichts der Gottheit‹ Mechthilds von Magdeburg.* Tübingen 2010.

Nyffenegger-Staub, Nicole: Authorising History. Gestures of Authorship in Fourteenth-Century English Historiography. Newcastle (upon Tyne) 2013.

Ranković, Slavica (Hrsg.): *Modes of Authorship in the Middle Ages.* Toronto 2012.

Schlesier, Renate / Beatrice Trînca (Hrsg.): *Inspiration und Adaptation. Tarnkappen mittelalterlicher Autorschaft.* Hildesheim 2008.

Unzeitig, Monika: *Autorname und Autorschaft. Bezeichnung und Konstruktion in der deutschen und französischen Erzählliteratur des 12. und 13. Jahrhunderts.* Berlin / New York 2010.

5.3 16. und 17. Jahrhundert

Conrad, Bastian: *Der wahre Shakespeare: Christopher Marlowe. Zur Lösung des Jahrhunderte alten Autorschaftsproblems.* München 2014.

Edmondson, Paul / Stanley William Wells (Hrsg.): *Shakespeare Beyond Doubt. Evidence, Argument, Controversy.* Cambridge 2013.

Henkel, Nikolaus: »Der Dichter spricht. Autorschaft im frühen Buchdruck und Sebastian Brants Verzeichnis der Errata im Druck der ›Varia carmina‹«. In: Gosman, Martin / Volker Honemann (Hrsg.): *Geistliche Literatur des Mittelalters und der frühen Neuzeit: Festgabe für Rudolf Suntrup.* Frankfurt/Main 2013, S. 155–168.

Schabert, Ina / Michaela Boenke (Hrsg.): *Imaginationen des Anderen im 16. und 17. Jahrhundert.* Wiesbaden 2002.

Tietz, Manfred / Marcella Trambaioli: *El autor en el Siglo de Oro. Su estatus intelectual y social.* Vigo 2011.

Wagner, Birgit / Christopher F. Laferl (Hrsg.): *Anspruch auf das Wort. Geschlecht, Wissen und Schreiben im 17. Jahrhundert.* Wien 2002.

5.4 18. Jahrhundert

Griffin, Dustin H.: *Authorship in the Long Eighteenth Century.* Newark 2014.

Hottmann, Katharina: »›Ein solcher Ehrgeiz hat mein Gemüth nicht bezaubert‹. Inszenierungen von männlicher und weiblicher Autorschaft in Lieddrucken des 18. Jahrhunderts«. In: Knaus, Kordula / Susanne Kogler (Hrsg.): *Autorschaft – Genie – Geschlecht. Musikalische Schaffensprozesse von der Frühen Neuzeit bis zur Gegenwart.* Köln 2013, S. 85–114.

Lauer, Gerhard: »Offene und geschlossene Autorschaft. Medien, Recht und der Topos von der Genese des Autors im 18. Jahrhundert«. In: Detering, Heinrich (Hrsg.): *Autorschaft. Positionen und Revisionen*. Stuttgart [et al.] 2002, S. 461–478.
Müller, Olaf: *Literatur im Exil zur Konstitution romantischer Autorschaft in Frankreich und Italien*. Frankfurt/Main 2012.
Powell, Manushag N.: *Performing Authorship in Eighteenth-Century English Periodicals*. Lewisburg 2012.
Weiß, Michael Bastian: *Der Autor als Individuum. Die Wende zum Subjekt in Ästhetik und Kunst des achtzehnten Jahrhunderts*. Hildesheim [et. al.] 2007.
Zelle, Carsten: »Auf dem Spielfeld der Autorschaft. Der Schriftsteller des 18. Jahrhunderts im Kräftefeld von Rhetorik, Medienentwicklung und Literatursystem«. In: Städtke, Klaus / Ralph Kray / Ingo Berensmeyer (Hrsg.): *Spielräume des auktorialen Diskurses*. Berlin 2003, S. 1–37.

5.5 19. Jahrhundert

Easley, Alexis: *Literary Celebrity, Vender, and Victorian Authorship, 1850 – 1914*. Newark [et al.] 2011.
Kümmel-Schnur, Albert: »Zirkulierende Autorschaft. Ein Urheberrechtsstreit aus dem Jahre 1850«. In: Gendolla, Peter / Erhard Schüttpelz / Tristan Thielmann (Hrsg.): *Akteur-Medien-Theorie*. Bielefeld 2008, S. 201–234.
Müller, Olaf: *Literatur im Exil. Zur Konstitution romantischer Autorschaft in Frankreich und Italien*. Frankfurt/Main 2012.
Scherer, Stefan: »Dichterinszenierung in der Massenpresse. Autorpraktiken in populären Zeitschriften des Realismus – Storm (C.F. Meyer)«. In: Jürgensen, Christoph / Gerhard Kaiser (Hrsg.): *Schriftstellerische Inszenierungspraktiken – Typologie und Geschichte*. Heidelberg 2011, S. 229–249.
Spoerhase, Carlos: »Die spätromantische Lese-Szene:. Das Leihbibliotheksbuch als ›Technologie‹ der Anonymisierung in E.T.A. Hoffmanns *Des Vetters Eckfenster*«. In: *Deutsche Vierteljahrsschrift für Literaturwissenschaft und Geistesgeschichte* 83 (2009) H. 4, S. 577–596.
Sütterlin, Nicole A.: »Clemens Brentanos ›anderes Alphabet‹. Das Aufschreibesystem der Linder-Briefe«. In: Gisi, Lucas Marco / Urs Meyer / Reto Sorg (Hrsg.): *Medien der Autorschaft. Formen literarischer (Selbst-)Inszenierung von Brief und Tagebuch bis Fotografie und Interview*. München 2013, S. 37–45.

5.6 20. Jahrhundert

Adam, Christian: *Lesen unter Hitler. Autoren, Bestseller, Leser im Dritten Reich*. Berlin 2010.
Bunia, Remigius: »Überlegungen zum Begriff des Realismus. Am Beispiel von Uwe Johnsons ›Jahrestage‹ und Rainald Goetz' ›Abfall für alle‹«. In: *Zeitschrift für Literaturwissenschaft und Linguistik* 35 (2005) H. 120, S. 134–151.

Emmerich, Wolfgang: »Autonomie? Heteronomie? DDR-Autoren zwischen Fremd- und Selbstinszenierung«. In: Jürgensen, Christoph / Gerhard Kaiser (Hrsg.): *Schriftstellerische Inszenierungspraktiken – Typologie und Geschichte.* Heidelberg 2011, S. 293–312.
Figal, Günter / Georg Knapp (Hrsg.): *Autorschaft – Zeit.* Tübingen 2010.
Hillgärtner, Rüdiger: *Kreative Individualität als Kunstfigur. Versuche zur Autorschaft im 20. Jahrhundert.* Oldenburg 2005.
Küpper, Stephan: *Autorstrategien im Moskauer Konzeptualismus. Il'ja Kabakov, Lev Rubinštejn, Dmitrij A. Prigov.* Frankfurt / New York 2000.
Landfester, Ulrike: »Ein offenes Buch? Autorschaft im Zeitalter der Informationsgesellschaft«. In: Bohnenkamp-Renken, Anne (Hrsg.): *Medienwandel, Medienwechsel in der Editionswissenschaft.* Berlin [et al.] 2013, S. 9–18.
Leake, Elizabeth: *After Words. Suicide and Authorship in Twentieth-Century Italy.* Toronto [et al.] 2011.
Metzler, Jan Christian: *De-Formationen. Autorschaft, Körper und Materialität im expressionistischen Jahrzehnt.* Bielefeld 2003.
Peters, Karin: *Der gespenstische Souverän Opfer und Autorschaft im 20. Jahrhundert.* Paderborn 2013.
Schaffrick, Matthias: »Helmut Schmidt im Nicht-Krieg. Souveräne Autorschaft und postsouveränes Erzählen bei Delius, Goetz und Strubel«. In: *Zeitschrift für Literaturwissenschaft und Linguistik* 43 (2013) Heft 170, S. 135–153.
Schley, Fridolin: *Kataloge der Wahrheit. Zur Inszenierung von Autorschaft bei W.G. Sebald.* Göttingen 2012.
van Laak, Lothar: »Bertolt Brechts Entwurf von Autorschaft in Kritik und Abgrenzung zu Stefan George«. In: *George-Jahrbuch* 9 (2012) H. 1, S. 197–218.
Wagner-Egelhaaf, Martina: »Auf der Intensivstation. Oder: Die Autormaschine. Zu John von Düffels Missing Müller (Müllermaschine) (1997)«. In: Hellmold, Martin / Sabine Kampmann / Ralph Lindner / Katharina Sykora (Hrsg.): *Was ist ein Künstler? Das Subjekt der modernen Kunst.* München 2003, S. 195–211.
Wetzel, Michael: »Der Autor-Künstler. Von der Wiederkehr eines ästhetizistischen Konzepts in der Kunstpraxis der Gegenwart«. In: Hellmold, Martin / Sabine Kampmann / Ralph Lindner / Katharina Sykora (Hrsg.): *Was ist ein Künstler? Das Subjekt der modernen Kunst.* München 2003, S. 229–241.

5.7 Musik

Calella, Michele: »Patronage, Ruhm und Zensur. Bemerkungen zur musikalischen Autorschaft im 15. Jahrhundert«. In: Meier, Christel / Martina Wagner-Egelhaaf (Hrsg.): *Autorschaft. Ikonen – Stile – Institutionen.* Berlin 2011, S. 145–162.
Clausen, Hans Dieter: »Händel oder Smith? Neue Aspekte zur Autorschaft der neu komponierten oder bearbeiteten Arien und Chorsätze in den Oratorienaufführungen zwischen 1752 und 1759«. In: *Aria* (2011), S. 317–330.
Grotjahn, Rebecca: »›Mein bessres Ich‹. Schumanns Myrthen als Selbstbildnis des Künstlers«. In: Knaus, Kordula / Susanne Kogler (Hrsg.): *Autorschaft – Genie – Geschlecht. Musikalische Schaffensprozesse von der Frühen Neuzeit bis zur Gegenwart.* Köln 2013, S. 159–178.

Höink, Dominik / Andreas Jacob: »Krisen der Autorschaft bei Bruckner und Reger als Insignien der beginnenden musikalischen Moderne«. In: Meier, Christel / Martina Wagner-Egelhaaf (Hrsg.): *Autorschaft. Ikonen – Stile – Institutionen*. Berlin 2011, S. 299–316.
Klimek, Sonja: »›Betragt Euch schön romantisch!‹ Autorschaft als Rollenspiel in Robert Schumanns musikjournalistischem Werk«. In: Gisi, Lucas Marco / Urs Meyer / Reto Sorg (Hrsg.): *Medien der Autorschaft. Formen literarischer (Selbst-)Inszenierung von Brief und Tagebuch bis Fotografie und Interview*. München 2013, S. 29–36.
Knaus, Kordula / Susanne Kogler (Hrsg.): *Autorschaft – Genie – Geschlecht. Musikalische Schaffensprozesse von der Frühen Neuzeit bis zur Gegenwart*. Köln 2013.
Kölbl, Bernhard: *Autorität der Autorschaft. Heinrich Glarean als Vermittler seiner Musiktheorie*. Wiesbaden 2012.
Koska, Bernd: »Bach oder Dobenecker? Zur Frage der Autorschaft von BWV Anh. 85 und 101«. In: *Bach-Jahrbuch*, 97 (2011), S. 259–263.
Meyer, Andreas (Hrsg.): *Autorschaft als historische Konstruktion. Arnold Schönberg – Vorgänger, Zeitgenossen, Nachfolger und Interpreten*. Stuttgart [et al.] 2001.
Stefanija, Leon: »Authorship in an Era Without Genuises«. In: Knaus, Kordula / Susanne Kogler (Hrsg.): *Autorschaft – Genie – Geschlecht. Musikalische Schaffensprozesse von der Frühen Neuzeit bis zur Gegenwart*. Köln 2013, S. 241–251.
Unseld, Melanie: »Genie und Geschlecht. Strategien der Musikgeschichtsschreibung und der Selbstinszenierung«. In: Knaus, Kordula / Susanne Kogler (Hrsg.): *Autorschaft – Genie – Geschlecht. Musikalische Schaffensprozesse von der Frühen Neuzeit bis zur Gegenwart*. Köln 2013, S. 23–45.
van Orden, Kate: *Music, Authorship, and the Book in the First Century of Print*. Berkeley 2014.

5.8 Bildende Künste

Abramović, Marina: *Marina Abramović. The Artist is Present* [DVD]. New York 2010.
Barthofer, Magdalena: *Autorschaft*. (Wien, Univ. für angewandte Kunst, Abt. Kunstgeschichte, Dipl.-Arb., 2013).
Draxler, Helmut: *Shandyismus. Autorschaft als Genre*. Stuttgart 2007.
Fastert, Sabine (Hrsg.): *Die Wiederkehr des Künstlers. Themen und Positionen der aktuellen Künstler/innenforschung*. Köln [et al.] 2011.
Ganahl, Natalia: »Das Werk von Vladimir Arkhipov. Über die Humanität des Archivs und die regressive Autorschaft des Sammlers«. In: *Kunsttexte.de* (2013) 1.
Hegener, Nicole / Florian Horsthemke (Hrsg.): *Künstler-Signaturen von der Antike bis zur Gegenwart*. Petersberg 2013.
Hellmold, Martin / Sabine Kampmann / Ralph Lindner / Katharina Sykora (Hrsg.): *Was ist ein Künstler? Das Subjekt der modernen Kunst*. München 2003.
Pooth, Alexia: *Kunst, Raum, Autorschaft. Der Nachlass des US-amerikanischen Malers C. H. Phillips (1889 – 1975) aus autorgeografischer Perspektive*. Bielefeld 2014.
Richter, Dorothee: *Fluxus. Kunst gleich Leben? Mythen um Autorschaft, Produktion, Geschlecht und Gemeinschaft*. Stuttgart 2012.
Sunier, Sandra (Hrsg.): *Autorschaft in Museen*. Baden 2011.
Wetzel, Michael: »Der Künstler als inframediales Gesamtkunstwerk. Inszenierungen und Autorisierungen von Schöpfertum als kleiner Unterschied bei Richard Wagner und Marcel

Duchamp«. In: Fastert, Sabine (Hrsg.): *Die Wiederkehr des Künstlers. Themen und Positionen der aktuellen Künstler/innenforschung*. Köln [et al.] 2011, S. 271–290.

5.9 Studien zur Autorschaft einzelner Autoren oder Texte

Bigler, Regula: »Friedrich Dürrenmatts Autorschaft im Spiegel des Bildes. Das Prosafragment ›Der Schachspieler‹ mit Illustrationen von Hannes Binder«. In: Gisi, Lucas Marco / Urs Meyer / Reto Sorg (Hrsg.): *Medien der Autorschaft. Formen literarischer (Selbst-)Inszenierung von Brief und Tagebuch bis Fotografie und Interview*. München 2013, S. 203–215.

Birus, Hendrik / Sebastian Donat / Burkhard Meyer-Sickendiek (Hrsg.): *Roman Jakobsons Gedichtanalysen. Eine Herausforderung an die Philologien*. Göttingen 2003.

Bosincu, Mario: *Autorschaft als Widerstand gegen die Moderne. Über die Wende Ernst Jüngers*. Würzburg 2013.

Cramm, Michael: Ghost/Writer. Autorschaft in Heiner Müllers Spätwerk. Würzburg 2009.
[Rezension] Müller-Schöll, Nikolaus: »Michael Cramm: Ghost/Writer. Autorschaft in Heiner Müllers Spätwerk. Nikolaus Müller-Schöll«. In: *Zeitschrift für deutsche Philologie*, (2009) H. 4, S. 636–638.

Czezior, Patricia: »Das Konzept der Autorschaft in E. T. A. Hoffmanns Novelle ›Des Vetters Eckfenster‹«. In: Kühndel, Diana (Hrsg.): *Sieben Säulen DaF. Aspekte einer transnationalen Germanistik*. Heidelberg 2013, S. 115–126.

Doms, Misia Sophia: »Ambivalente Bewertungen eigener und fremder Autorschaft in Bertolt Brechts ›Flüchtlingsgesprächen‹«. In: *Zeitschrift für Literaturwissenschaft und Linguistik* (2012) H. 165, S. 106–124.

Espagne, Geneviève / Christian Helmreich: *Schrift- und Schreibspiele. Jean Pauls Arbeit am Text*. Würzburg 2002.

Ewers, Hans-Heino: »Ein orientalischer Märchenerzähler, ein moderner Schriftsteller? Überlegungen zur Autorschaft Rafik Schamis«. In: Ewers, Hans-Heino (Hrsg.): *Literaturanspruch und Unterhaltungsabsicht. Studien zur Entwicklung der Kinder- und Jugendliteratur im späten 20. und frühen 21. Jahrhundert*. Frankfurt/Main 2013.

Fricke, Hannes: »Ein früher Literaturskandal. Über Goethes zuerst anonym und ohne dessen Wissen veröffentlichtes Gedicht ›Prometheus‹ und den Stolz des Autors«. In: Pabst, Stephan (Hrsg.): *Anonymität und Autorschaft. Zur Literatur- und Rechtsgeschichte der Namenlosigkeit*. Berlin 2011, S. 205–215.

Fuchs, Tobias: *Büchermachen Autorschaft und Materialität des Buches in Jean Pauls ›Leben Fibels‹*. Hannover 2012.

Gawe, Nina: »Genie oder Geschäftsmann? Autorschaft zwischen Natur und Literaturbetrieb in Kleists Briefen«. In: *Kleist-Jahrbuch* (2013), S. 207–218.

Giuriato, Davide: *Mikrographien. Zu einer Poetologie des Schreibens in Walter Benjamins Kindheitserinnerungen (1932–1939)*. München [et al.] 2006.

Gronemann, Claudia: »Liminalidad y transgresión: una reflexión sobre el concepto de autoría en María de Zayas y Sotomayor«. In: Albers Irene / Uta Felten (Hrsg.): *Escenas des transgresión. María de Zayas en su contexto literario-cultural*. Frankfurt/Main 2009, S. 97–108.

Hammerschmidt, Claudia: *Autorschaft als Zäsur. Vom Agon zwischen Autor und Text bei d'Urfé, Rousseau und Proust*. München 2010.

[Rezension] Nelting, David: »Claudia Hammerschmidt: Autorschaft als Zäsur. Vom Agon zwischen Autor und Text bei d'Urfé, Rousseau und Proust«. In: *Germanisch-romanische Monatsschrift,* (2011) H. 2, S. 221.

Höller, Hans: »Unheimliche Autorschaft. Zu Ruth Klügers ›Mit einem Jahrzeitlicht für den Vater‹«. In: *Mitteilungen aus dem Brenner-Archiv* 30 (2011), S. 69–78.

Irsigler, Ingo: »Dem ›besseren Selbst‹ auf der Spur. Inszenierte Autorschaft in Adelbert von Chamissos ›Peter Schlemihls wundersame Geschichte‹ (1814)«. In: Jürgensen, Christoph / Gerhard Kaiser (Hrsg.): *Schriftstellerische Inszenierungspraktiken – Typologie und Geschichte.* Heidelberg 2011, S. 199–213.

Jannssen, Mathias: »Findet den, der es gemacht hat! – Über Autor, Text und Edition bei J. J. Bodmer und J. Grimm«. In: Henges, Christiane / Harald Saller (Hrsg.): *Text und Autor. Beiträge aus dem Venedig-Symposium 1998 des Graduiertenkollegs ›Textkritik‹ München.* Tübingen 2000, S. 5–32.

Kindt, Tom / Hans-Harald Müller (Hrsg.): *Ecos Echos. Das Werk Umberto Ecos: Dimensionen, Rezeptionen, Kritiken.* München 2000.

King, Martina: *Pilger und Prophet. Heilige Autorschaft bei Rainer Maria Rilke.* Göttingen 2009.

[Rezension] Bridge, Helen: »Martina King: Pilger und Prophet: Heilige Autorschaft bei Rainer Maria Rilke«. In: *The modern language review,* (2011) H. 1, S. 287.

Kleindienst, Robert: *Beim Tode! Lebendig! Paul Celan im Kontext von Roland Barthes' Autorkonzept; eine poetologische Konfrontation.* Würzburg 2007.

Kreiler, Kurt: *Der Mann, der Shakespeare erfand. Edward de Vere, Earl of Oxford.* Berlin 2011.

Leahy, William: *Shakespeare and his Authors. Critical Perspectives on the Authorship Question.* London 2010.

Lehmann, Martin: »Die ›Der Welt Kugel‹. Der Nachweis der Autorschaft Martin Waldseemüllers«. In: *Wolfenbütteler Renaissance-Mitteilungen,* 32 (2011) H. 2, S. 153–162.

Maack, Ute: *Ironie und Autorschaft. Zu Friedrich Schlegels Charakteristiken.* Paderborn 2002.

Mansbrügge, Antje: *Autorkategorie und Gedächtnis. Lektüren zu Libuše Moníková.* Würzburg 2002.

Mertens, Mathias: *Figurationen von Autorschaft in Öffentlichkeit und Werk von Günter Grass* 2005.

Neubert, Christoph: *Wezel. Autor – Werk- Konstruktionen.* Würzburg 2008.

Niehaus, Michael: *Autoren unter sich. Walter Scott, Willibald Alexis, Wilhelm Hauff und andere in einer literarischen Affäre.* Heidelberg 2002.

Polaschegg, Andrea: »Die stete Plötzlichkeit des Fremd-Gehens. Morphologie, Erotik und orientalische Autorschaft in Goethes ›West-östlichem Divan‹«. In: Rohde, Carsten / Thorsten Valk (Hrsg.): *Goethes Liebeslyrik. Semantiken der Leidenschaft um 1800.* Berlin 2013, S. 279–297.

Przybilski, Martin (Hrsg.): *Studien zu ausgewählten Fastnachtspielen des Hans Folz. Mit Beiträgen von Theresia Biehl, Christoph Gerhardt und Stefan Hannes.* Wiesbaden 2011.

Regn, Gerhard: »Mythopoiesis, Kosmogonie und Autorschaft in Dantes ›Commedia‹. Zu Vergils ›Vielleicht‹ in Inf. XXXIV, 106–126«. In: *Germanisch-Romanische Monatsschrift* 63 (2013) H. 3, S. 313–328.

Reuter, Christina: *Autorschaft als Kondeszendenz. Johann Georg Hamanns erlesene Dialogizität.* Berlin 2005.

Rohde, Carsten / Thorsten Valk (Hrsg.): *Goethes Liebeslyrik. Semantiken der Leidenschaft um 1800.* Berlin 2013.

Sanchiño Martínez, Roberto: *Aufzeichnungen eines Vielfachen. Zu Friedrich Nietzsches Poetologie des Selbst.* Bielefeld 2013.
Sauder, Gerhard: »›Komet‹(en)-Autorschaft«. In: *Jahrbuch der Jean-Paul-Gesellschaft* 38 (2003), S. 14–29.
Schley, Fridolin: *Kataloge der Wahrheit. Zur strategischen Inszenierung von Autorschaft bei W. G. Sebald.* Göttingen 2012.
Schmidt-Hannisa, Hans-Walter: »Lesarten. Autorschaft und Leserschaft bei Jean Paul«. In: *Jahrbuch der Jean-Paul-Gesellschaft* 37 (2002), S. 35–52.
Schmitz-Emans, Monika: »Autorschaft als Maskenspiel des Ichs bei Jean Paul. Schmitz-Emans, Monika«. In: Bartoli Kucher, Simona / Dorothea Böhme / Tatiana Floreancig (Hrsg.): *Das Subjekt in Literatur und Kunst. Festschrift für Peter von Zima*. Tübingen 2011, S. 63–84.
Schöning, Matthias: *Ernst-Jünger-Handbuch. Leben – Werk – Wirkung*. Stuttgart, Weimar 2014.
Schuller, Albin Anton: *Der Autorschaftsdiskurs im Werk Peter Handkes*. Wien 2013.
Schulz-Buschhaus, Ulrich: »Flauberts Poetik des deus absconditus und die Erzähltraditionen auktorialer Autorität und auktorialer Kontingenz«. In: Ders.: *Das Aufsatzwerk – eine digitalisierte Gesamtausgabe* (http://gams.uni-graz.at/usb, 12.08.2014), S. 1–20.
Shapiro, James S.: *Contested Will. Who wrote Shakespeare?* London 2011.
Sina, Kai: »Maskenspieler, Stellvertreter, Märtyrer. Formen und Funktion der Autorinszenierung bei Walter Kempowski«. In: Jürgensen, Christoph / Gerhard Kaiser (Hrsg.): *Schriftstellerische Inszenierungspraktiken – Typologie und Geschichte*. Heidelberg 2011, S. 341–362.
Stamm, Ulrike: »Fanny Lewald. Autorschaft im Zeichen der Vernunft«. In: *Zeitschrift für Germanistik,* (2012) H. 1, S. 129–141.
Świerszcz, Agnieszka: *Die ›literarische Persönlichkeit‹ von Anna Achmatova. Eine Rekonstruktion*. Hamburg 2003.
Weingärtner, Mathias: »… bis daß der Tod euch scheidet.« – *Autorschaft und Ehediskurs in Jean Pauls Blumen-, Frucht- und Dornenstücke oder Ehestand, Tod und Hochzeit des Armenadvokaten F. St. Siebenkäs' und Goethes Die Wahlverwandtschaften*. Frankfurt 2000.
Wenzel, Franziska: *Meisterschaft im Prozess. Der Lange Ton Frauenlobs – Texte und Studien; mit einem Beitrag zu vormoderner Textualität und Autorschaft*. Berlin 2012.
Winter, Christian: *Angst und Autorschaft. Umrisse einer Physiognomie des zerquälten Schriftstellers am Beispiel Franz Kafka*. Marburg 2009.
Wolff, Lynn L.: *W. G. Sebald's Hybrid Poetics. Literature as Historiography*. Berlin / New York 2014.

6 Anthologien und Überblicksdarstellungen

»Authorship« (E-Journal): http://www.authorship.ugent.be/ (19.08.2014).
Bannert, Herbert / Elisabeth Klecker (Hrsg.): *Autorschaft. Konzeptionen, Transformationen, Diskussionen*. Wien 2013.
Bein, Thomas / Rüdiger Nutt-Kofoth / Bodo Plachta (Hrsg.): *Autor, Autorisation, Authentizität*. Tübingen 2004.
Benedetti, Carla: *The Empty Cage. Inquiry Into the Mysterious Disappearance of the Author*. Ithaca 2005.

Bennett, Andrew: *The Author*. London 2005.
Burke, Seán: *The Death and Return of the Author. Criticism and Subjectivity in Barthes, Foucault and Derrida*. Edinburgh 2008.
Detering, Heinrich (Hrsg.): *Autorschaft. Positionen und Revisionen*. Stuttgart [et al.] 2002.
Donovan, Stephen / Danuta Fjellestad / Rolf Lundén (Hrsg.): *Authority Matters. Rethinking the Theory and Practice of Authorship*. Amsterdam 2008.
Dorleijn, Gillis J. / Ralf Grüttemeier / Liesbeth Korthals Altes (Hrsg.): *Authorship Revisited. Conceptions of Authorship Around 1900 and 2000*. Leuven [et al.] 2010.
Hadjiafxendi, Kyriaki / Polina Mackay (Hrsg.): *Authorship in Context. From the Theoretical to the Material*. Basingstoke 2007.
Hayez-Melckenbeeck, Cécile / Michel Lisse (Hrsg.): *Apparitions de l'auteur. Études interdisciplinaires du concept d'auteur*. Bern / New York 2005.
Henges, Christiane / Harald Saller (Hrsg.): *Text und Autor. Beiträge aus dem Venedig-Symposium 1998 des Graduiertenkollegs ›Textkritik‹ München*. Tübingen 2000.
Hoffmann, Thorsten / Daniela Langer: »Autor«. In: Anz, Thomas (Hrsg.): *Handbuch Literaturwissenschaft. Gegenstände und Grundbegriffe*. Stuttgart 2007, S. 131–170.
Irwin, William (Hrsg.): *The Death and Resurrection of the Author?* Westport Conn. u.a 2002.
Künzel, Christine / Jörg Schönert (Hrsg.): *Autorinszenierungen. Autorschaft und literarisches Werk im Kontext der Medien*. Würzburg 2007.
Kyora, Sabine (Hrsg.): *Subjektform Autor. Autorschaftsinszenierungen als Praktiken der Subjektivierung*. Bielefeld 2014
Jannidis, Fotis / Gerhard Lauer / Matías Martínez / Simone Winko (Hrsg.): *Texte zur Theorie der Autorschaft*. Stuttgart 2003.
Jannidis, Fotis / Gerhard Lauer / Matías Martínez / Simone Winko: »Autor und Interpretation«. In: Jannidis, Fotis / Gerhard Lauer / Matías Martínez / Simone Winko (Hrsg.): *Texte zur Theorie der Autorschaft*. Stuttgart 2003, S. 7–29.
Jones, Stacy Holman (Hrsg.): *Handbook of Autoethnography*. Walnut Creek, CA 2013.
Meier, Christel / Martina Wagner-Egelhaaf (Hrsg.): *Prophetie und Autorschaft. Charisma, Heilsversprechen und Gefährdung*. Berlin 2014.
Meier, Christel / Martina Wagner-Egelhaaf (Hrsg.): *Autorschaft. Ikonen – Stile – Institutionen*. Berlin 2011.
Nünning, Ansgar: »Totgesagte leben länger: Anmerkungen zur Rückkehr des Autors und zu Wiederbelebungsversuchen des impliziten Autors«. In: *Literaturwissenschaftliches Jahrbuch* 42 (2001), S. 353–385.
Parr, Rolf / Jörg Schönert: *Autorschaft. Eine kurze Sozialgeschichte der literarischen Intelligenz in Deutschland zwischen 1860 und 1930*. Heidelberg 2008.
Schaffrick, Matthias / Marcus Willand: Autorschaft im 21. Jahrhundert. Bestandsaufnahme und Positionsbestimmung. In: Schaffrick, Matthias / Marcus Willand (Hrsg.): *Theorien und Praktiken der Autorschaft*. Berlin 2014, S. siehe oben.
Schönert, Jörg: »Author«. In: Hühn, Peter / John Pier / Wolf Schmid / Jörg Schönert (Hrsg.): *Handbook of Narratology*. Berlin 2009, S. 1–13.
Sieg, Christian / Martina Wagner-Egelhaaf (Hrsg.): *Autorschaften im Spannungsfeld von Religion und Politik*. Würzburg 2014.
Spoerhase, Carlos: *Autorschaft und Interpretation. Methodische Grundlagen einer philologischen Hermeneutik*. Berlin 2007.
Wagner-Egelhaaf, Martina (Hrsg.): *Auto(r)fiktion. Literarische Verfahren der Selbstkonstruktion*. Bielefeld 2012.

Wetzel, Michael: »Autor/Künstler«. In: Barck, Karlheinz / Martin Fontius (Hrsg.): *Ästhetische Grundbegriffe. Historisches Wörterbuch in sieben Bänden*. Stuttgart / Weimar 2000, S. 480–543.

www.ingramcontent.com/pod-product-compliance
Lightning Source LLC
Chambersburg PA
CBHW050417240426
43661CB00055B/2178